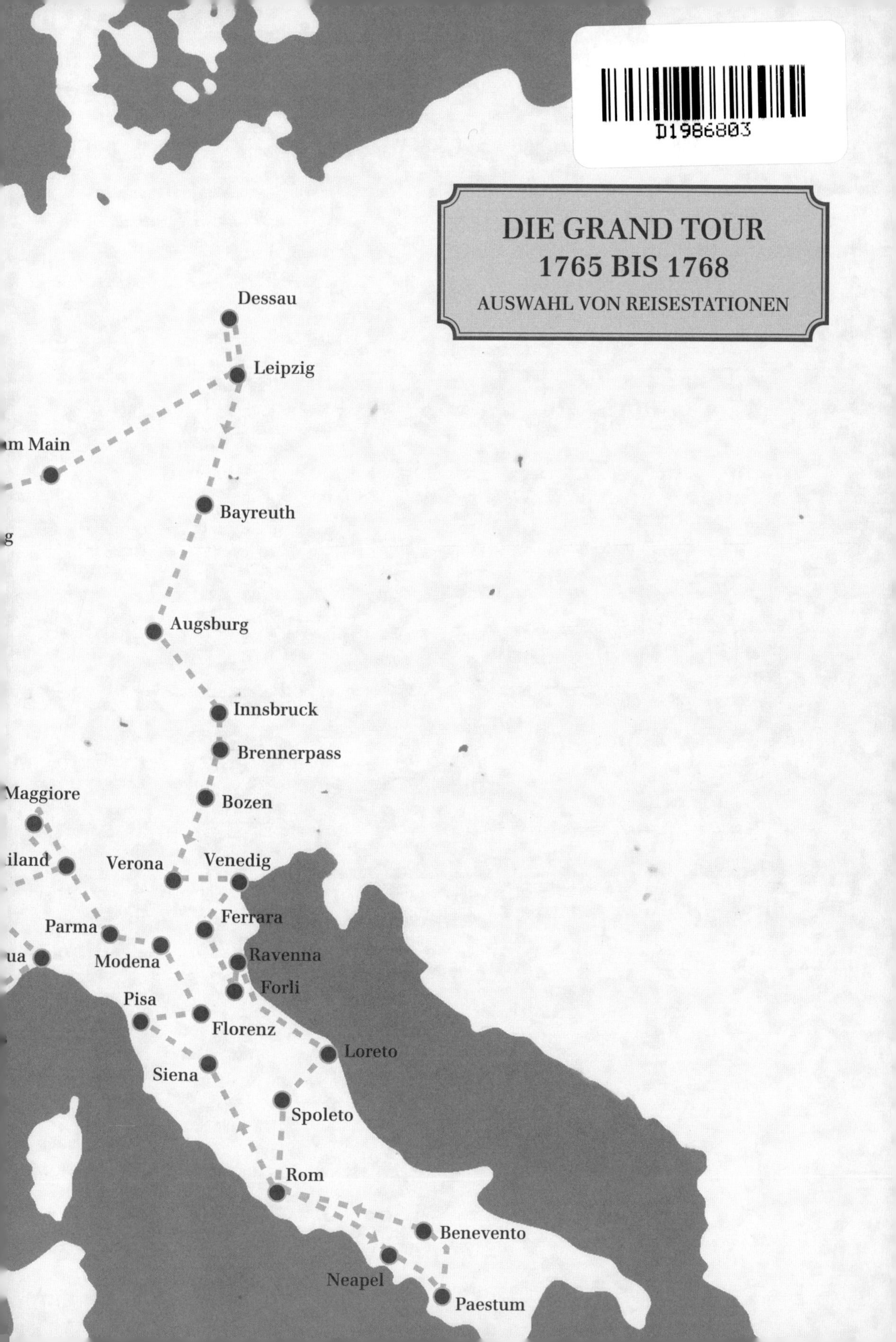
DIE GRAND TOUR
1765 BIS 1768
AUSWAHL VON REISESTATIONEN
Dessau
Leipzig
m Main
Bayreuth
g
Augsburg
Innsbruck
Brennerpass
Maggiore
Bozen
iland
Verona
Venedig
Ferrara
Parma
ua
Modena
Ravenna
Forli
Pisa
Florenz
Loreto
Siena
Spoleto
Rom
Benevento
Neapel
Paestum

DIE GRAND TOUR DES FÜRSTEN FRANZ VON ANHALT-DESSAU UND DES PRINZEN JOHANN GEORG DURCH EUROPA

Band 1

DIE GRAND TOUR DES FÜRSTEN FRANZ VON ANHALT-DESSAU UND DES PRINZEN JOHANN GEORG DURCH EUROPA

Aufgezeichnet im Reisejournal des Georg Heinrich von Berenhorst 1765 bis 1768

Herausgegeben und kommentiert von Antje und Christophe Losfeld
unter Mitarbeit von Uwe Quilitzsch

Im Auftrag der Kulturstiftung DessauWörlitz

Band 1: Einleitung, deutsche Übersetzung, Anmerkungen

mitteldeutscher verlag

Kataloge und Schriften der
Kulturstiftung DessauWörlitz
Hg. von Thomas Weiß
Bd. 32

Sachsen-Anhalt und das 18. Jahrhundert

Anhalt 800

Gefördert durch das Kultusministerium
des Landes Sachsen-Anhalt

Umschlagabbildung: Der Markusplatz in Venedig; Gemälde der Canaletto-Schule, um 1770
Vorsatz: Auswahl von Reisestationen der Grand Tour 1765 bis 1768
Nachsatz: Schloss Wörlitz, zentrales Deckenmedaillon im Wohnzimmer des Herrn von Berenhorst; Stuckarbeit um 1773 (Fotomontage)
Frontispiz: Georg Heinrich von Berenhorst; Gemälde von Christoph Friedrich Reinhold Lisiewsky, um 1760

Bibliografische Information der Deutschen Nationalbibliothek
Die Deutsche Nationalbibliothek registriert diese Publikation in der Deutschen Nationalbibliografie; detaillierte bibliografische Daten im Internet unter http://d-nb.de.

www.mitteldeutscherverlag.de

Gesamtherstellung: Mitteldeutscher Verlag, Halle (Saale)

ISBN 978-3-89812-931-2

Printed in the EU

INHALT

BAND 1

BAND 2

Anhang

VORWORT

„Das Gartenreich Dessau-Wörlitz ist ein herausragendes Beispiel für die Umsetzung philosophischer Prinzipien der Aufklärung in einer Landschaftsgestaltung, die Kunst, Erziehung und Wirtschaft harmonisch miteinander verbindet.“ Mit dieser Begründung verlieh die UNESCO im Jahr 2000 das Prädikat Welterbe an das Gartenreich. Die Kulturstiftung DessauWörlitz hat die ehrenvolle Aufgabe, diese einzigartige Bildungslandschaft aus der Epoche der Aufklärung zu erhalten und zu erschließen. In diesem Sinne ist die Erforschung und Vermittlung ihrer Entstehungsgeschichte unabdingbar. Die Veröffentlichungen von Schriftzeugnissen in diesem Zusammenhang ist sowohl reiz- als auch besonders anspruchsvoll. Die diesbezügliche Quellenlage zum Gartenreich Dessau-Wörlitz ist durch Kriegsverluste leider bedeutend geschwächt. Die in Frage kommenden Bestände des ehemaligen „Anhaltischen Haus- und Staatsarchivs“, besonders die Archivalien der Abteilung Dessau, darunter persönliche Papiere des Fürstenhauses, Reiseunterlagen, Rechnungen usw., sind als Totalverluste zu beklagen.

Vor vielen Jahren hat es sich die Kulturstiftung zur Aufgabe gemacht, relevante Quellen aufzuspüren und sie zu veröffentlichen. Im Jahr 2001 konnte das Reisejournal des Friedrich Wilhelm von Erdmannsdorff nach Italien 1765 bis 1766 publiziert werden. Bald darauf erschien die 1775 nach England unternommene Reise der Fürstin Louise von Anhalt-Dessau. Nach fünfjähriger Bearbeitungszeit wurden die Tagebücher der Fürstin Louise von Anhalt-Dessau der interdisziplinären Forschung 2010 zugänglich gemacht. Es folgt nun die letzte große bekannte Quelle zur Entstehungsgeschichte des Gartenreichs: Die Grand Tour des Fürsten Franz von Anhalt-Dessau, aufgezeichnet von Georg Heinrich von Berenhorst (1733–1814) in den Jahren 1765 bis 1768. Das erstgenannte Journal des Architekten des Gartenreichs, Erdmannsdorff, erfährt nun eine einzigartige und höchst begrüßenswerte Erweiterung und Fortsetzung durch die Aufzeichnungen des Reisemarschalls.

Obwohl Immanuel Kant Königsberg nie verlassen hat, ist auch ihm bewusst geworden, welche Bedeutung Reisen für die Bildung des Menschen haben: „Das Reisen bildet sehr; es entwöhnt von allen Vorurteilen des Volkes, des Glaubens, der Familie, der Erziehung. Es gibt den humanen duldsamen Sinn, den allgemeinen Charakter. Wer dagegen nichts sah, was ihn in der Sphäre, worin er lebt, umgibt, hält leicht alles für notwendig und einzig in der Welt, weil es in seiner Heimat dafür gilt."

Fürst Franz von Anhalt-Dessau und Friedrich Wilhelm von Erdmannsdorff unternahmen 1763 bis 1764 gemeinsam eine Reise durch Deutschland und Holland nach Großbritannien. Interessiert an Lebenskultur im weitesten Sinne, lernten sie hier, dass zur Ausbildung eines modernen Aristokraten eine Bildungsreise nach Italien unabdingbar wäre.

Diese, zusammen mit seinen beiden wichtigen Begleitern, 1765/66 unternommene Grand Tour führte Fürst Franz von Anhalt-Dessau, den Architekten von Erdmannsdorff und den Reisemarschall Georg Heinrich von Berenhorst an die wichtigsten europäischen Kulturstätten des 18. Jahrhunderts. Letzterer verfasste das offizielle Reisejournal. Die Reisen dienten keinem Selbstzweck: Im Gartenreich kann man an vielen Orten die damals umgesetzten Reiseimpressionen noch erleben. Ganz im Sinne der pädagogischen Intentionen der Dessauer Aufklärer wurde den Zeitgenossen Bildung durch Anschauung vermittelt. Das vielleicht eindrucksvollste „Unterrichtsmittel" ist die Felseninsel Stein in Wörlitz.

Berenhorst war ein natürlicher Sohn des Fürsten Leopold I. von Anhalt-Dessau (1677–1745). Er diente als Adjutant Friedrichs des Großen in der preußischen Armee, bekam aber bereits 1762 seinen Abschied. Auf Wunsch des Fürsten Franz von Anhalt-Dessau übernahm Berenhorst in der Folgezeit unter anderem die Hofämter des Hofmarschalls und Prinzenerziehers. Großes Ansehen verschaffte er sich darüber hinaus mit gelehrten Literaturrezensionen und Theaterkritiken. Besonderes Aufsehen erregten seine „Betrachtungen über die Kriegskunst" (1797/1799), eine schonungslose Abrechnung mit dem Kriegswesen unter Friedrich dem Großen.

1775 legte er das Reisejournal seinem Fürsten vor. Dieses Manuskript wurde von Eduard von Bülow 1847 in seiner Schrift „Aus dem Nachlasse von Georg Heinrich von Berenhorst. Zweite Abtheilung. Aus dem Tagebuche einer Reise durch Italien, Frankreich und England in den Jahren 1765–68" allerdings nur unvollständig publiziert. In seinem Vorwort schilderte er die Gründe für das Kürzen: „Das ganze Manuskript, etwa noch dreimal so stark als diese Auszüge, drucken zu lassen, schien mir in jeder Hinsicht unrathsam zu sein, da die darin ausführlich behandelten örtlichen Schilderungen einem mit Reisebeschreibungen so überhäuften Publikum, als dem heutigen, kein mehr ausreichendes Interesse bieten, und die eben so umständlichen Schilderungen von Gegenständen der Kunst des Alterthums und Mittelalters, eines Theils vielleicht der erforderlichen Urtheilsfähigkeit in Berenhorst ermangeln, anderntheils eben sowohl zu spät kommen würden. Auch hat mein Onkel nie daran gedacht, das Ganze, so wie er es aus Tagebüchern und Briefen zusammenstellte, für die Öffentlichkeit zu bestimmen."

Jedoch nur der gesamte Text, der hiermit im Jubiläumsjahr „Anhalt 800" vorgelegt werden kann, gibt einzigartige Auskünfte über die entscheidende Reise des Fürsten Franz. Unmittelbar nach der Rückkehr wurden in Wörlitz die bereits 1764 begonnenen Anlagen im modernen englischen Stil mit großer Energie vorangetrieben und die ersten Bauwerke des Klassizismus und der Neugotik in Deutschland errichtet. Diese umfangreiche Quelle wird mit ihrer Erschließung für die Forschung, aber auch für die denkmalpflegerische Praxis eine heute noch gar nicht abschätzbare Bedeutung erlangen. Berenhorst berichtete in seinem Reisejournal nicht nur über die einzelnen Stationen der Grand Tour, sondern beurteilte das Gesehene und Erlebte mit den Worten des Fürsten Franz. Sehr aufschlussreich für die Forschung sind die geschilderten Kontakte zu Zeitgenossen wie Johann Joachim Winckelmann, Kardinal Alessandro Albani und Charles-Louis Clérisseau in Rom, Sir William Hamilton in Neapel, Madame Geoffrin in Paris, Lord Spencer, dem Herzog von Newcastle, dem Herzog von Northumberland, dem Herzog von Portland, Lady Stanhope und Lady Shelbourne in England – um nur einige zu nennen.

Das originale Manuskript, in französischer Sprache verfasst: „Georg Heinrich v. Berenhorst: Journal de voyage des princes Léopold Frédéric Francoise et Jean George d'Anhalt du 18. Octobre 1765 jusqu'au 3. Mars 1768, conduit par de Berenhorst 19. Avril 1775", wurde 1934 aus Privatbesitz an die Anhaltische Landesbücherei Dessau übergeben. Im gleichen Jahr wurde es maschinenschriftlich dokumentiert. Diese Ausgabe dient nunmehr mit 339 Seiten Umfang als Quellenvorlage, da das handschriftliche Original zu den Kriegsverlusten der Anhaltischen Landesbücherei Dessau zählt.

Die zahlreichen Versuche in der Vergangenheit, „den gesamten Berenhorst" zu übersetzen und kommentiert herauszugeben, scheiterten. Der Referatsleiter der Bibliothek und des Archivs der Kulturstiftung DessauWörlitz, Uwe Quilitzsch, hat seine Idee jedoch nie verworfen, rief das anspruchvolle Projekt ins Leben und betreute es über die Jahre hinweg mit großem Engagement.

Im Rahmen der Landesinitiative „Sachsen-Anhalt und das 18. Jahrhundert" fand die Publikation des Reisejournals seit dem Jahr 2008 Aufmerksamkeit und seither finanzielle Unterstützung durch das Kultusministerium. Für die in der Tat außergewöhnliche Förderung sei an dieser Stelle herzlich gedankt, insbesondere Referatsleiter Ingo Mundt. Die Fördermittel für das Projekt reichten Ulrike Reichmann und Claudia Herrmann vom Landesverwaltungsamt aus. Monique Peintner aus unserem Hause kümmerte sich mit der angemessenen Sorgfalt um den Verwendungsnachweis. Die Direktorin der Anhaltischen Landesbücherei, Gabriele Schneider, war so freundlich, über zehn Jahre hinweg unser Vorhaben positiv zu begleiten und das Manuskript zur Verfügung zu stellen. Dafür sind wir ihr zu großem Dank verpflichtet.

In Antje und Christophe Losfeld aus Halle (Saale) fanden wir schließlich die kompetente und fachliche Unterstützung für die Übersetzung des Manuskripts und dessen ausführliche Kommentierung. Sie haben den Mut nie verloren, waren sie doch seit Anbeginn auch mit dem Herzen bei der Sache. Beiden gilt unser ausgesprochener Dank!

Bei den Bildleihgebern bedanke ich mich ebenso wie bei Ute Winkelmann und Heinz Fräßdorf vom Bildarchiv der Kulturstiftung DessauWörlitz.

Mit dem Mitteldeutschen Verlag stand uns zum wiederholten Mal ein verlässlicher Partner bei der Drucklegung zur Seite.

Ihnen allen ist zu verdanken, dass wir die Ambitionen des Fürsten Franz von Anhalt-Dessau, die er in seinem Landesverschönerungsprogramm bildhaft umgesetzt hat, nun noch besser verstehen lernen.

Begleiten Sie anhand der Lektüre die fürstliche Reisegesellschaft auf deren Grand Tour nach Italien, erleben Sie deren Abenteuer auf der Reise und entdecken Sie aus diesem erweiterten Blickwinkel das Gartenreich Dessau-Wörlitz.

Thomas Weiß
Schloss Großkühnau im April 2012

EINLEITUNG

1. BIOGRAPHISCHE SKIZZE

Georg Heinrich von Berenhorst (1733–1814) wurde am 16. Oktober als unehelicher Sohn des Fürsten Leopold I. von Anhalt-Dessau (1676–1747)[1] und der Eleonore Söldner, Tochter eines Schultheißen, in der anhalt-dessauischen Exklave Sandersleben geboren. Seine Schulausbildung kann auch nach Maßstäben der damaligen Zeit als nicht besonders tiefgründig erachtet werden: Erst spät erlernte er die französische Sprache und der lateinischen war er nie kundig. Der Schwerpunkt seiner Schulausbildung lag in der Einweisung in die reformierte Religion und die damit einhergehende intensive Lektüre der Bibel:

> „In meiner frühesten Jugend, bei einer trübseligen Erziehung, hatte ich viel zu viel von der Bibel gehört und gelesen, nämlich sie ganz, vom ersten Buche Mose bis zu den letzten Zeilen der Apokalypse. – Daß dies Alles Gottes Wort sei, daß Gott so rede und so handle, wie bisweilen da erzählet wird, ward mir schwer zu begreifen. [...] Dann folgte der weitere gewöhnliche, dogmatische und unpraktische Unterricht in einem halbjüdischen Christenthume, der nichts aussäete, kein Gefühl weder erweckte noch veredelte“.[2]

Diese religiöse Erziehung, die Berenhorst später sehr kritisch beurteilte, war der ausdrückliche Wunsch seines Vaters, der ebenfalls bestimmte, dass sein Sohn eine militärische Laufbahn einschlagen sollte.[3] Daher trat Berenhorst fünfzehnjährig als Fähnrich dem in Halle stationierten Infanterieregiment Nr. 3 „Alt-Anhalt“ bei, das sein Vater befehligte.

Während des Siebenjährigen Krieges nahm er als Offizier zunächst an den blutigen Schlachten von Lobositz, Prag, Kolin und Rossbach teil.[4] Ab 1758 erhielt er dank der Hilfe eines Offiziers namens von Wreech seine Versetzung[5] und diente nunmehr als Stabsoffizier bei Prinz Heinrich von Preußen (1726–1802). Ob dieser, der in der freimaurerischen Bewegung eine sehr aktive Rolle spielte,[6] ihn in die Geheimnisse dieses Ordens einführte, ist schwer zu beweisen. Da die Freimaurerei in Anhalt-Dessau verboten war, hätte Berenhorst selbst im Falle einer Mitgliedschaft keine Spuren derselben hinterlassen, auch wenn eine Randbemerkung im Reisetagebuch vermuten lässt, dass er über eine gewisse Kenntnis der freimaurerischen Regeln verfügte.[7] Sicher ist hingegen, dass Berenhorst den Prinzen Heinrich sehr schätzte[8], zumal dieser zu einer Verbesserung seiner Bildung beitrug: Da er wünschte, dass Berenhorst „kein deutsches Beest"[9] bleiben möge, empfahl er ihm, die französische Sprache zu erlernen und sich mit Philosophie und Literatur zu beschäftigen.[10] Während Berenhorst eine grundsätzlich positive Beziehung zu Heinrich von Preußen unterhielt, war sein Verhältnis zu dessen Bruder, dem preußischen König Friedrich II. (1712–1786), in dessen Generalstab er 1759 berufen wurde, ambivalent. Unter Friedrich II. erlebte Berenhorst die Schlacht von Torgau, bei der er in Ungnade fiel, und zwar aus Gründen, die nie eindeutig geklärt wurden.[11] Nachdem der König von einer Kugel getroffen worden (die vielschichtige Kleidung, die er trug, hatte ihn allerdings vor einer ernsten Wunde geschützt) und vom Pferd gefallen war, eilte Berenhorst ihm zu Hilfe. Statt ihm zu danken, entwickelte der König Berenhorst gegenüber eine Abneigung, die er ihn bereits am Tage nach der Schlacht spüren ließ: Als Berenhorst dem König Bericht über die starken Verluste am Vortag erstattete, erwiderte dieser: „Es kostet ihm [sic] seinen Kopf, wenn je die Zahl ruchbar wird".[12]

Diese Erfahrung verstärkte die seit 1757 bei Berenhorst festzustellende ablehnende Einstellung zum Soldatentum, das er später ein „trauriges Handwerk"[13] nennt. In Briefen beklagte er die Unmenschlichkeit des Krieges und sehnte sich nach dem Frieden oder zumindest nach dem Winterquartier[14], weil er dann wieder nach Dessau fahren könnte, wo der Erbprinz Leopold Friedrich Franz von Dessau bereits verweilte, hatten jenen doch nicht ausschließlich Gesundheitsprobleme gezwungen, seinen militärischen Einsatz frühzeitig zu beenden.

Seine Absicht, dem Erbprinzen[15] zu dienen, tat Berenhorst bereits im November 1757 kund. In einem Brief aus Merseburg schrieb er: „Ich erwarte nur diesen glücklichen Zeitpunkt [des Friedens], um mich frei zu machen und alsdann beständig des Glücks zu genießen, um Sie, durchlauchtigster Fürst, zu sein und Sie durch alle meine Handlungen zu überzeugen, daß ich Sie auf das Allervollkommenste verehre".[16] Einige Monate später bat er um einen Urlaub, den er auch erhielt. Nach dessen Ende schrieb er an den Erbprinzen: Er wolle nicht mehr „Automat der Heinrich'schen Hofstatt" sein, denn: „Ich bin sonst nirgends an meinem rechten Orte, als bei Ihnen, mein Fürst".[17] Anfang 1759 wurde der Ton noch überschwänglicher: „Mein Fürst! O Vaterland! O Deßau! Heilige Freundschaft du O Ruhe! Warum muß ich dich missen?"[18]

Die Beendigung der Regentschaft Dietrichs von Dessau und der Beginn der Herrschaft von Franz unter dem Titel Leopold III. Friedrich Franz am 20. Oktober 1758 verstärkte Berenhorsts Wunsch, die Armee zu verlassen. Bereits am 28. schrieb er dem jungen Fürsten: „Meine Dimißion hoffe ich ohne viele Umstände zu erhalten“[19], und ein Monat später:

> „Die Hoffnungen, die mir neues Leben einflössen, kreisen um Sie allein. Erfahren Sie bitte, worin Sie bestehen. Anscheinend wird unser Hauptquartier in diesem Winter in Leipzig sein. Sobald wir dort angekommen sind, werde ich mich in meinem Zimmer einsperren, das ich nicht mehr verlassen werde. Mit einem grünen Band werde ich mir die Augen verbinden. Allmählich wird die Öffentlichkeit sich daran gewöhnen, dass ich krank bin, und wird mich alsbald vergessen. Dann werde ich einen grauen Rock und eine schwarze Perücke anziehen und eine hässliche Schindmähre, die ich extra dafür besitze, wird mich zu Ihren Füßen führen. Wenn ich dann zurückkomme, wird ein Brief für meinen Herrn [den König von Preußen] vorbereitet sein, in dem ihm mitgeteilt ist, dass eine Augenentzündung mich befallen hat, die mich langsam erblinden lässt. Da ich zum überflüssigen Instrument werde, werde ich ihn anflehen, mir meinen Rücktritt zu gewähren, damit ich nach Arzneimitteln suchen und dem kläglichen Schicksal entkommen kann, das Augenlicht gänzlich zu verlieren. Er selbst weiß, wie kurzsichtig ich bin und bei Bedarf könnte jeder bezeugen, wie reell diese Kurzsichtigkeit ist. Sogar eine chirurgische Untersuchung könnte diese beweisen. In Anbetracht von all diesem rechne ich sehr damit, dass es mir gelingen wird.“[20]

Nach einem langen Verfahren und einer vom misstrauisch gewordenen König veranlassten medizinischen Untersuchung erhielt Berenhorst tatsächlich und nicht zuletzt mittels der Intervention eines Fürsten von Anhalt-Bernburg, dem Inhaber des Regiments Berenhorsts, seinen Abschied im Januar 1762.[21]

Bald nach seiner Rückkehr in Dessau wurde er zum Kammerherrn und Schlosshauptmann ernannt. Im Herbst 1765 fragte ihn Franz, ob er bereit wäre, ihn und seinen Bruder Johann Georg (der auch den Vornamen Hans Jürge führte, 1748–1811) während der Reise, die sie nach Italien, England und Frankreich planten, zu begleiten. Nach dieser Reise, die zwischen Oktober 1765 und April 1768 stattfand und in deren Verlauf Berenhorst zahlreiche Notizen verfasste, setzte er seine Karriere am Dessauer Hof fort und wurde ab 1776 Kammerpräsident, Hofmarschall sowie Oberhofmeister.[22] Über sein genaues Wirken bei diesen Aufgaben ist wenig bekannt. Die vereinzelten Zeugnisse seines Handelns deuten allerdings darauf hin, dass er um eine Verbesserung der Lebensverhältnisse der Dessauer Bevölkerung bemüht war,[23] ganz im Sinne des auf diesem Gebiet aktiven aufgeklärten Absolutismus.[24] Aus dieser Perspektive heraus darf man Berenhorst als einen Vertreter der Beamten[25] betrachten, die eben zum Träger der für das 18. Jahrhundert charakteristischen Bewegung wurden,[26] die sich bemühte, „von oben" Reformen anzubahnen.

Die Sorge um das allgemeine Wohl kommt bei Berenhorst auch in seiner schriftstellerischen Tätigkeit zum Ausdruck, der er sich ab 1790, nachdem er sich von allen seinen Pflichten hatte entbinden lassen, gänzlich widmete. Insbesondere setzte er sich mit militärischen und strategischen Fragen auseinander – einer Thematik, die ihn seit seinen früheren Jahren beschäftigte,[27] wie dies auch aus dem Reisetagebuch ersichtlich ist. Diese Studien mündeten in dem zwischen 1797 und 1799 veröffentlichten Werk *Betrachtungen über die Kriegskunst, ihre Fortschritte, ihre Widersprüche und ihre Zuverlässigkeit. Auch für Laien verständlich, wenn sie nur Geschichte wissen*[28], das als erstes militärgeschichtliches und strategisches Traktat kantischer Prägung gilt.[29]

2. BERENHORSTS REISETAGEBUCH VON 1765 BIS 1768

Zu Lebzeiten Berenhorsts blieb hingegen das Reisetagebuch unveröffentlicht, das er 1775 auf der Grundlage von Notizen redigierte, die er während der „Cavalierstour"[30] des Fürsten von Dessau und seines Bruders in den Jahren 1765–1768 verfasst hatte. Berenhorsts Tagebuch steht an der Schnittstelle der beiden Traditionen, die Hans Erich Bödeker zu den Reisen im 18. Jahrhundert ausgemacht hat.[31]

Erstens galt Berenhorsts Aufmerksamkeit „den repräsentativen Institutionen der Ständegesellschaft und den Zentren des höfisch-gesellschaftlichen Austauschs".[32] Dies kommt darin zum Tragen, dass Berenhorst teilweise sehr ausführlich beschreibt, wie der Fürst und sein Bruder[33] von bedeutsamen Persönlichkeiten in den von ihnen besuchten Städten und an allen Höfen eingeladen wurden und an den verschiedenen Formen höfischen Lebens (Bälle, Salons, Diners) teilnahmen, wurde doch damals diese Erfahrung als notwendig erachtet, um einem jungen Mann von Stand den letzten Schliff im gesellschaftlichen Umgang zu geben. Auch das Interesse für militärische Fragen ist als standesgemäß zu erachten.

Nicht zuletzt die Tatsache, dass der Fürst „inkognito" unter dem Namen „Graf von Sandersleben" reiste, ist auf eine Konvention der höfischen Gesellschaft zurückzuführen, die auf den inoffiziellen

Charakter der Reise hindeutete, wobei die wahre Identität allen bekannt war (sie wurde sogar in der Presse kundgegeben[34]), was auch zur Qualität des Empfangs beitrug, der den Reisenden zuteil wurde: So hing die Herzlichkeit der Aufnahme in England sicherlich mit der Erinnerung an die Heldentaten des Alten Dessauers, Leopolds I., während des Spanischen Erbfolgekrieges zusammen.

Zweitens trug die Reisebeschreibung der Bildungsabsicht einer Kavalierstour Rechnung.[35] Zusätzlich zum Erlernen von Fremdsprachen[36] bedeutete dies selbstverständlich, vor allem in Bezug auf Italien, eine systematische Entdeckung der Bau- und Kunstwerke der Antike, die unter der kundigen Führung von Erdmannsdorff[37] oder von Spezialisten erfolgte, die die Reisegesellschaft vor Ort kennenlernte. Dabei ist vor allem Johann Joachim Winckelmann (1717–1768) zu erwähnen, zu dem Berenhorst ein ambivalentes Verhältnis hatte, aber auch Raimondo Cocchi (1735–1775) oder auch Sir William Hamilton.[38] Nicht nur die theoretische Seite der Kunst, sondern auch ihre praktische Dimension entdeckten die Reisenden: So trafen sie Maler wie Anton von Maron (1731–1808), der eines der bekanntesten Bilder vom Fürsten Franz malen sollte,[39] oder Georg Philipp Rugendas den Jüngeren (1701–1774). Allerdings zeigte Berenhorst daran nicht das gleiche Interesse wie Erdmannsdorff.[40]

Eine solche systematische Entdeckung künstlerischer Zeugnisse unterliegt einer seit der Renaissance festzustellenden gewissen Normierung[41] des Reisetagebuchs als Gattung. So listet zum Beispiel eine in den *Deliciae* (1594) von Nathan Chytraeus erstmals gedruckte Anweisung bereits alles auf, was während einer Reise zu betrachten ist.[42] Ein Reisender habe demnach sowohl die physische als auch das, was man als humane Geographie bezeichnen könnte, zu berücksichtigen. Nach einer solchen Typologie richtete sich auch Berenhorst, der systematisch Landschaften, Flüsse, Berge und Monumente schilderte, wobei er bei Letzteren wie vorbestimmt vorging, indem er diese stets von außen beschrieb, bevor er fokussierend deren Räume veranschaulichte, um sie dann zeitlich und stilistisch zuzuordnen. Dies impliziert (im Einklang mit den Regeln des Reisens) eine gründliche Vorbereitung in der Form von Sammlung von Informationen und der Lektüre von gedruckten Beschreibungen. Dabei sind zwei Werke zu erwähnen, die damals Klassiker der Reisebeschreibung von Italien[43] waren und die Berenhorst im Vorfeld nachweislich gelesen hat: Johann Georg Keyßler (1693–1743), *Neueste Reisen durch Deutschland, Böhmen, Ungarn, die Schweiz, Italien und Lothringen worinnen der Zustand und das Merkwürdigste dieser Länder beschrieben, und vermittelst der Natürlichen, Gelehrten und Politischen Geschichte, der Mechanik, Maler- Bau- und Bildhauerkunst, Münzen und Alterthümer, wie auch mit verschiedenen Kupfern erläutert wird*, Hannover 1740/41[44] und die *Description historique et critique de l'Italie ou Nouveaux mémoires sur l'état actuel de son gouvernement, des sciences, des arts, du commerce, de la population et de l'histoire naturelle*, Dijon/Paris 1766 von Abbé Jérôme Richard (1720–ca. 1800). Auf diese zwei Werke verweist er öfter, er schreibt sie z. T. sogar wortwörtlich ab.[45] Dies gilt auch für ein Buch, das er erst während der Reise gekauft hat: die *Éclaircissemens sur les antiquités de la ville de Nismes*, Nimes 1766 von Ch. Chaumette, das er seitenweise kopiert.

Trotz dieser belegbaren Sorge Berenhorsts um fundierte Beschreibungen handelt es sich allerdings bei ihm nicht um eine neutrale Bestandsaufnahme dessen, was er im Laufe der Reise wahrnimmt. Sein Journal spiegelt dadurch die Entwicklung der Gattung der Reisebeschreibungen im 18. Jahrhundert wider: Während ein Jahrhundert zuvor die Reisenden um eine genaue und „objektive" Widergabe bemüht waren, spielt in der Zeit der Aufklärung die Subjektivität bzw. eine Beurteilung der gesehenen Gegenstände eine stets wachsende Rolle:

> „Die von Reflexionen und Kommentaren durchsetzten Darstellungen begannen, die exakte Abbildung zielenden Beschreibungen zu verdrängen. [...] In dieser Distanzierung von den systematischen Reisebeschreibungen spiegelten sich zwar auch die Bestrebungen um die theoretischen Absicherungen der Eigenbeobachtungen, vor allem aber die Veränderungen des Wirklichkeitsverständnisses. Daher mußte jeder Autor, darin stimmten die Aufklärer überein, auch stärker über die eigene Individualität als die Bedingungen jeder Realitätswahrnehmung berichten. [...] Die aufklärerischen Reisebeschreibungen boten immer weniger ein Panorama als vielmehr eine reflektierte Perspektive."[46]

Die Subjektivierung des Reisetagebuchs geht also mit Urteilen einher, die Berenhorst im Laufe seiner Reise trifft, Urteile, die er nicht reflektiert, die es allerdings dem Leser ermöglichen, herauszufinden, was Berenhorsts Interesse leitet bzw. sein Urteil motiviert: Dies gilt selbstverständlich für die zahlreichen Beschreibung von Festungen oder kriegerischen Schauplätzen oder von Truppen, die aus der Perspektive eines ehemaligen Soldaten und zukünftigen Militärhistoriker erfolgen.[47] Viel öfter noch werden Berenhorsts Beschreibungen durch seine implizit aufklärerischen Grundeinstellungen geprägt. So lehnt er (allerdings nicht nur als Aufklärer, sondern auch als Reformierter) auf dem Gebiet der Religion[48] viele Seiten der katholischen Kirche ab: Die Heiligen- und Marienverehrung ist für ihn bloßer Aberglaube. Vor allem ist ihm der unglaubliche Luxus, der solche Kultstätten charakterisiert, ein Dorn im Auge, da das Gold, das sie ziert, viel besser zur wirtschaftlichen Entwicklung des Landes beitragen könnte.[49] Eine gleiche Überlegung motiviert die Kritik, die Berenhorst an der Intoleranz der katholischen Kirche ausübt: Eine liberale Politik den Juden gegenüber wirkt sich positiv auf die wirtschaftlichen Verhältnisse einer Gegend aus, wie das Beispiel von Livorno belegt.[50] Von seinem breitflächigen Angriff auf die katholische Kirche spart Berenhorst die Kleriker aus, die sich für den Erhalt oder das Blühen der Künste engagieren, wie Kardinal Alessandro Albani (1692–1779) oder sogar Jesuiten, die in der Gegend von Rom ein Dach über ein antikes Mosaik hatten errichten lassen.[51] In letzter Instanz bleibt dennoch die Pflege der Kunst dem Wohl der Bevölkerung und der Sorge um eine gute „Polizey“ untergeordnet. Diese bezeichnet im 18. Jahrhundert Gesetze, „die auf den Wohlstand einer gantzen Republick oder des gemeinen Wesens gehen, damit die Unterthanen und Einwohner eines Landes oder Stadt in Ruhe und Friede, und bey gutem Auskommen verbleiben können“.[52] Diesem Aspekt schenkt Berenhorst eine außerordentlich große Aufmerksamkeit: Wie sind die Bauern bekleidet, denen er begegnet? Wie sind die Felder bestellt? Wie werden die Kanäle und die Straßen unterhalten? Sind Letztere breit genug, sauber und beleuchtet?[53] In welchem Zustand befinden sich private und öffentliche Bauwerke? Diese Leitfragen in Berenhorsts Beobachtungen sind ein zusätzlicher Hinweis auf seine aufklärerische Grundrichtung.[54] Diese belegt ebenfalls sein Interesse für pädagogische Fragen: Auch wenn er sich erst gegen 1770 intensiv mit der Reformpädagogik des Philanthropismus befasste,[55] zeugen bereits einige Bemerkungen in dem Reisetagebuch von seinem Interesse für die Pädagogik, denn er lehnt entschieden sowohl den Pedantismus ab, zu dem der hergebrachte Unterricht führen würde[56] als auch die Ignoranz, die lange von den traditionellen Universitäten verbreitet wurde, die zu Recht dem Verfall preisgegeben wären.[57] Wohlwollend registriert er hingegen die Schaffung von spezialisierten Schulen, die offenbar für ihn der Garant einer effizienten Ausbildung[58] sind.

Über die reformbejahende[59] Einstellung Berenhorsts hinaus liefert das Reisetagebuch weitere Belege für die Subjektivierung dieser Gattung im Verlauf des 18. Jahrhunderts, sei es, wenn er auf seine Präferenzen in Bezug auf Frauen hinweist,[60] sei es, wenn er sich in der Beschreibung der Natur einer präromantisch anmutenden Stimmung hingibt,[61] oder auch wenn er etwa zugibt, er kenne sich zu wenig in der Malerei und in der Architektur aus, um ein kompetentes Urteil fällen zu können.[62] Seine Zweifel betreffen sogar seine grundsätzliche Schreibfähigkeit.[63]

Gerade dies erweist sich als ein Leitmotiv in den Notizen Berenhorsts: Lassen sich die ersten Zeilen der redigierten Fassung noch als eine klassische captatio benevolentiae interpretieren, so bleibt der Text gespickt von Bemerkungen, in denen Berenhorst spüren lässt, wie schwer ihm das Schreiben fällt: Mal befürchtet er, langweilig zu wirken,[64] mal gesteht er, wie unzufrieden er mit seinen Notizen ist: „Bis hierhin habe ich also mein Tagebuch geführt und ich wäre zutiefst erfreut, wenn der wohlwollende Leser damit zufriedener wäre, als ich es selbst bin. Denn, um ehrlich zu sein, gefällt mir diese Arbeit wenig."[65] Oder er verrät, dass er sich gewissermaßen in der Gattung des Reisetagebuchs nicht wohl fühlt: Er erachte es nicht für notwendig, Beschreibungen von Gebäuden und Bauwerken vorzunehmen, die bereits durch Darstellungen in Reiseberichten oder in Kupferstichen ausreichend bekannt seien.[66] An anderer Stelle beklagt er, dass die Zeit oder die notwendigen Kenntnisse, um sinnvoll zu beschreiben, ihm oft fehlten.[67] Er trifft daher bei der Redaktion seines Tagebuchs 1775 die Entscheidung, in seinem Tagebuch andere Dokumente zu integrieren: u.a. Briefe aus seinem Briefwechsel mit einem Freund in Dessau,[68] mit dem Fürsten, Briefe des Prinzen Johann Georg oder auch kurze Nachrichten der Madame Geoffrin.

Warum er sich erst knapp sieben Jahre nach Beendigung der Reise entschloss, seine zum Teil schwer lesbaren Notizen[69] zu bearbeiten und in Form zu bringen, erklärt er in einer Art Einleitung: Er habe dies unternommen, um die Erinnerungen an die Grand Tour zu bewahren, wenn er auch lange gezögert habe, diesen Text auf Französisch zu verfassen, einer Sprache, die er noch nicht perfekt beherrsche.[70] Ob andere Gründe eine Rolle gespielt haben, wie z. B. der Wunsch, etwaige Dissonanzen zu glätten,[71] dem Fürsten seine Treue und Ergebenheit zu versichern, sich für neue Aufgaben zu profilieren,[72] oder der Wille, in seiner literarischen Tätigkeit mehr als nur Theaterkritiken zu verfassen,[73] kann hier nicht beantwortet werden.

Auf jeden Fall gewährt Berenhorst mit seinem Reisetagebuch einen Blick in die komplexe Gedankenwelt eines Menschen des 18. Jahrhunderts und kann damit einen Beitrag leisten, um aus der Perspektive der Kulturgeschichte besser zu verstehen, was es bedeutet hat, in der Aufklärungszeit zu leben.

3. EDITIONSPRINZIPIEN

Die hier vorliegende Übersetzung basiert auf einem maschinengeschriebenen Text auf Französisch, der in der Anhaltischen Landesbücherei Dessau aufbewahrt ist. Dieser wurde zwischen den zwei Weltkriegen auf der Grundlage einer Abschrift des Originals,[74] die sich im herzoglichen Besitz befand (Registrierungsnummer: HB 23841) angefertigt. Diese Abschrift ist im Laufe des Zweiten Weltkrieges verschollen. Bereits im 19. Jahrhundert unternahm Eduard von Bülow eine z. T. sehr freie und stark gekürzte Übersetzung der

Reisebeschreibung, von der er einige Seiten in der von Victor Aimé Huber herausgegebenen Zeitschrift Janus. Jahrbücher deutscher Gesinnung, Bildung und That[75] vorabdruckte und dann im zweiten Band von Aus dem Nachlasse von Georg Heinrich von Berenhorst. Verfasser der „Betrachtungen über die Kriegskunst“[76] publizierte.

Die Fassung aus der Anhaltischen Landesbücherei stellt die Grundlage des im zweiten Band dieser Edition vorliegenden französischen Textes dar. Die ursprüngliche Paginierung wird zwischen zwei Querstrichen angegeben. Die „sic“-Anmerkungen der Person, die damals den Text transkribiert hat, wurden angesichts der Tatsache, dass die Rechtsschreibung bzw. die Grammatik der französischen Sprache im 18. Jahrhundert ohnehin einige Freiheiten erlaubte, weggelassen. Aus dem gleichen Grund wurde auf eine Vereinheitlichung der Orthographie verzichtet.[77] Nur in äußerst wenigen Fällen ist ein offensichtlicher Irrtum in der ursprünglichen Transkription stillschweigend berichtigt worden. War davon auszugehen, dass ein Fehler die semantische Kohärenz des Textes gefährdet, wurde dies in den Anmerkungen der Übersetzung kommentiert.

Der Sinn einer Edition liegt selbstredend darin, eine Quelle dem interessierten und wenn möglich breiten Publikum zugänglich zu machen. Daher ist erstens beschlossen worden, den Text nicht nur in der Originalsprache, sondern auch in deutscher Übersetzung zu edieren. In dieser wurden die Ortsnamen, sofern möglich, in ihrer aktuellen Rechtschreibung angegeben und die von Berenhorst falsch geschriebenen Personennamen korrigiert. Zweitens wirkt sich dies auf die grundsätzliche Gestaltung der Anmerkungen aus. Sie sollen vor allem die Lektüre erleichtern, wenn der Inhalt aus dem Kontext des Reisetagebuchs nicht klar ist oder dessen Verständnis die Heranziehung außertextueller Zeugnisse und Dokumente implizierte. Die Anmerkungen zu den Beschreibungen von Gebäuden dienen demzufolge nur dazu, die Bauwerke zu identifizieren oder auf die von Berenhorst offensichtlich verwendeten Quellen zu verweisen. Bei den Personen wurde in der Regel, sofern der Kontext oder die Lesbarkeit es nicht erforderten, umfangreichere Angaben zu machen, nur der vollständige Name und das Geburts- und Sterbedatum angegeben. War Berenhorsts Schreibweise falsch, wurde ein (*) hinzugefügt.

4. DANKSAGUNG

Dem Kultusministerium des Landes Sachsen-Anhalt und Dr. Thomas Weiß, Direktor der Kulturstiftung DessauWörlitz, die dieses Projekt ermöglicht haben, sei hier herzlich gedankt.

Dank gebührt ebenfalls Uwe Quilitzsch (Kulturstiftung DessauWörlitz) für seine zahlreichen Ratschläge, seine konstruktive

Lektüre des Manuskripts sowie die Auswahl und Zusammensetzung der Illustrationen, Dr. Stefano Sasso (Institut für Romanistik der Martin-Luther-Universität Halle-Wittenberg) für die Übersetzung der italienischen Zitate sowie Dr. Kurt Fricke vom Mitteldeutschen Verlag für die hervorragende Zusammenarbeit.

Nicht zuletzt möchten wir hier unseren Kindern sowohl für ihre Geduld als auch für ihre Nachsicht herzlich danken.

ANMERKUNGEN

1 Leopold I. erkannte 1738 seine Vaterschaft an. Siehe Dietrich Allert, Georg Heinrich von Berenhorst. Bastard des alten Dessauers (Beiträge zur Landesgeschichte, 7), Halle 1996, S. 12. Zu Berenhorsts Familie vgl. auch Dietrich Allert, Arbeit für Berenhorst: Zur Biografie eines Anhaltiners, Halle 1999).

2 Selbstbekenntnisse. In: Eduard von Bülow (Hg.): Aus dem Nachlasse von Georg Heinrich von Berenhorst. Verfasser der „Betrachtungen über die Kriegskunst", Dessau 1847, Bd. 2, S. 3 (hier zitiert nach dem Nachdruck Osnabrück 1978 [Bibliotheca Rerum militarum. Quellen und Darstellung zur Militärwissenschaft und Militärgeschichte. XXXVIII, 2]). Dieses nachträglich abgelegte Zeugnis ist allerdings vielleicht ein wenig überspitzt und nur auf dem Hintergrund der gesamten Argumentation der Selbstbekenntnisse zu interpretieren.

3 Ebd., S. /21/.

4 Zu Berenhorsts Zeit in der Armee siehe Allert, Bastard des alten Dessauers, S. 28 ff., sowie Rudolf Bahn, Georg von Berenhorst, der Verfasser der „Betrachtungen über die Kriegskunst", Univ.-Diss., Halle 1911, S. 5 ff. Letztere Arbeit erfüllt oft den wissenschaftlichen Standard nicht, rekurriert jedoch auf Quellen, die während des Zweiten Weltkrieges verschollen sind.

5 Vgl. Allert, Arbeit für Berenhorst, S. 21. Allert spricht von „einem Herrn von Weerch". Bei diesem handelt es sich um Friedrich Wilhelm Feodor von Wreech (1733–1785), den Berenhorst während der Grandtour wiedersah und der sich später mehrmals in Dessau aufhielt.

6 Siehe Eugen Lennhoff/Oskar Posner/Dieter A. Binder, Internationales Freimaurerlexikon, 2. Aufl., München 2003.

7 Vgl. in der vorliegenden Edition: Georg Heinrich von Berenhorst, Reisetagebuch, S. /67/.

8 Siehe den Brief, den Berenhorst dem Erbprinzen von Dessau im Mai 1758 schrieb: „Der Prinz ist der gnädigste Herr von der Welt. Er ist derjenige, der er scheint. Großmütig, leutselig, gelehrt und – warum soll ich dies alte Wort nicht gebrauchen? – ehrlich ist sein Charakter" (Briefe. In: von Bülow [Hg.], Aus dem Nachlasse von Georg Heinrich von Berenhorst, Bd. 2, Dessau 1847, S. 147). – Grundsätzlich ist anzumerken, dass Fürst Franz nach dem Abschied vom Militärdienst den Kontakt zum in künstlerischen Fragen gleich gesinnten Prinzen Heinrich suchte, der Prinz und sein Favorit von Kapphengst sich mehrfach in Dessau aufhielten.

9 Zitiert nach Bahn, Georg von Berenhorst, S. 6.

10 Im Nachhinein betrachtete Berenhorst diese Zeit in einem negativen Licht: Vor allem warf er den französischen Materialisten wie Julien Offray de La Mettrie (1709–1751) und Claude Adrien Helvétius (1715–1771) sowie religions-oder kleruskritischen Autoren wie Pierre Bayle (1647–1706) und Voltaire (1694–1778) vor, sie hätten aus ihm einen Epikureer gemacht (Selbstbekenntnisse, S. 4 f.).

11 In seinem Reisetagebuch erzählt Berenhorst diese Anekdote ausführlich (S. /161/). Zur Beziehung zwischen Berenhorst und Friedrich dem Großen vgl. Eberhard Kessel, Berenhorst und Friedrich der Große. Ein Nachtrag zur Lebensgeschichte von Georg Heinrich von Berenhorst. In: Archiv für Kulturgeschichte 39 (1957), S. 378–382.

12 Zitiert nach Bahn, Georg von Berenhorst, S. 11.

13 Ebd., S. 4. Ironisch nennt er das militärische Handwerk im Journal die „edle und nützliche Kunst […] sich gegenseitig zu töten" (S. 212).

14 Vgl. Allert, Bastard des alten Dessauers, S. 32 f.

15 1751 starb Franzens Vater Leopold II. (geb. 1700). Da Leopold Friedrich Franz noch zu jung war, um zu herrschen, übernahm sein Onkel Dietrich von Anhalt-Dessau (1702–1769) die Regentschaft.

16 Brief vom November 1757. In: Briefe, S. 146.

17 Brief vom 8. Mai 1758. In: ebd., S. 147.

18 Brief vom 13. Februar 1759, zitiert nach Bahn, Georg von Berenhorst, S. 14. Eine solche Verbundenheit zu seinem Fürsten, die auch die im Reisetagebuch abgedruckten Briefe widerspiegeln, führten bei ihm zur Entstehung einer gewissen Eifersucht gegenüber Friedrich Wilhelm von Erdmannsdorff (1736–1800), der jahrzehntelang der engste Berater von Leopold III. war und der Hauptagent der architektonischen Erneuerung in Anhalt-Dessau wurde. Vgl. hierzu z. B. Hans-Joachim Kadatz, Friedrich Wilhelm von Erdmannsdorff: Wegbereiter des deutschen Frühklassizismus in Anhalt-Dessau (1736–1800), Berlin, 1986. Einen eindrucksvollen Beleg für die zwiespältigen Gefühle Berenhorsts zu Erdmannsdorff liefert D. Allert: In einem Brief von September 1759 schreibt Berenhorst an den Fürsten: „Ich bin wie ein verliebter, ich bin eifersüchtig, weil ich sehr verliebt bin. Haben Sie den Erdmansdorf noch bey sich?" (Bastard des alten Dessauers, S. 43).

19 Zitiert nach Allert, Bastard des alten Dessauers, S. 38.

20 In: Briefe, S. 150: « Les espérances, qui, pour ainsi dire, me vivifient à présent ne roulent que sur Vous, et voyez en quoi ils consistent. Il y a beaucoup d'apparence, que le quartier général pour cet hiver sera à Leipsic ; donc y étant arrivé, je m'enfermerai dans ma chambre, ne sortirai plus, et un bandeau vert me couvrira les yeux. Peu à peu le public s'accoutumera à me savoir malade, et bientôt j'en serai oublié. Alors je prendrai casaque grise, perruque noire, et une haridelle hideuse, que je conserve expressement pour cela, me portera à Vos genoux. Revenant de là, une lettre pour mon maître est déjà toute prête, elle lui dira qu'une fluxion qui m'est tombée sur les yeux, commençoit à me priver de la lumière du jour; étant ainsi devenu instrument inutile je le suppliois de m'accorder ma demission, pour chercher, s'il étoit possible, des remèdes, à éviter le sort déplorable de devenir entièrement aveugle. Lui-même il sait déjà que j'aie la vue fort basse, et en cas de besoin, tout le monde peut rendre témoi-

gnage que cela n'est que trop vrai, et même une examen chirurgique l'affermiroit. Considérant tout cela je dis que je me flatte de réussir ».

21 Siehe Bahn, Georg von Berenhorst, S. 16f. Im April 1762 wurde ihm mitgeteilt, dass nach Untersuchung der Gutachten, die die Professoren Pallas und Brebisch zu seiner Augenkrankheit verfasst hatten, „auch Sr. Königl. Mayest, [ihm] die Erlaßung [seiner] Dienste wiewohl ungern doch endlich accordierte und das Avancement aprobieret". Zitiert nach Allert, Arbeit für Berenhorst, S. 26.

22 „Seit dem Jahre 1776 bekleidete Berenhorst das Amt eines Aufsehers und Vorstehers des gesammten fürstlichen Hauswesens, das in den vereinbarten Geschäften eines Präsidenten der Rechnungskammer, eines Hofmarschalls [...] Oberstallmeisters und Schloßhauptmanns bestand, und war in allen wichtigen Angelegenheiten zu Rathe gezogen". Von Bülow (Hg.), Aus dem Nachlasse von Georg Heinrich von Berenhorst, Bd. 1, S. xviif. – 1785 wurde Berenhorst die Aufgabe übertragen, Erzieher des Erbprinzen Friedrich von Anhalt-Dessau (1769–1814) zu werden. Die in diesem Zusammenhang vom Fürsten Franz verfassten Briefe, die von seiner Wertschätzung für Berenhorst zeugen, wurden von Gerhard Knoll ediert (Nachklapp zu einem Besuch im Gartenreich 1987. In: Dessau in der Literaturgeschichte – Dessau-Wörlitz Beiträge 1989, III [wissenschaftliche Zeitschrift, MLU Halle-Wittenberg, XXXXI. Jg./1992, Heft 4], S. 57–59).

23 Vgl. Allert, Bastard des alten Dessauers, S. 48f.

24 Vgl. die monumentale Monographie von Erhard Hirsch, Die Dessau-Wörlitzer Reformbewegung im Zeitalter der Aufklärung. Personen – Strukturen – Wirkungen (Hallesche Beiträge zur Europäischen Aufklärung, 18), Tübingen 2003.

25 Vgl. etwa Christophe Losfeld, Les récits de voyage ou le reflet brisé de la représentation des vecteurs de l'Aufklärung. Joachim Heinrich Campe et Gerhard Anton v. Halem à Paris (1789–1790). In: Werner Schneiders (Hg.): The Enlightenment in Europe (Concepts & symboles du Dix-Huitième Siècle Européen, 3), Berlin 2003, S. 311–328.

26 Auf die Debatte zu diesem Begriff kann hier nicht eingegangen werden. Für eine Übersicht zu dieser Streitfrage in der Geschichtsschreibung vgl. z.B. die Einleitung von Helmut Reinhalter zu dem von ihm und Harm Klueting herausgegeben Band Der aufgeklärte Absolutismus im Europäischen Vergleich, Wien/Köln/Weimar 2002, S. 11–20.

27 Eine Vielzahl von kleineren Beobachtungen und Analysen hat Bülow in Aus dem Nachlasse von Georg Heinrich von Berenhorst, Bd. 1 publiziert.

28 Dieses Werk ist als Nachdruck der dritten Edition (Leipzig 1827) zugänglich. Es wurde 1978 im Osnabrücker Biblio-Verlag in der Reihe „Bibliotheca Rerum militarum. Quellen und Darstellung zur Militärwissenschaft und Militärgeschichte" (XXXVIII, 1) veröffentlicht.

29 Vgl. dazu Georg Eckert, Von Valmy bis Leipzig. Quellen und Dokumente zur preußischen Heeresreform, Hannover 1955, S. 52–68; Ernst Hagemann, Die deutsche Lehre vom Kriege, Bd. I: Von Berenhorst zu Clausewitz, Berlin 1940; Eckhardt Opitz, Georg Heinrich von Berenhorst. In: Detlef Bald/Uwe Hartmann/Claus von Rosen (Hg.), Klassiker

der Pädagogik im deutschen Militär, Baden-Baden 1999, S. 37–61; Heinz Stübig, Berenhorst, Bülow und Scharnhorst als Kritiker des preußischen Heeres der nachfriderizianischen Epoche. In: Peter Baumgart/Bernhard R. Kroener/ Heinz Stübig (Hg.), Die Preußische Armee zwischen Ancien Régime und Reichsgründung, Paderborn 2008, S. 107–120.

30 Vgl. dazu Attilio Brilli, Als Reisen eine Kunst war – Vom Beginn des modernen Tourismus: Die „Grand Tour", Berlin 2001.

31 Hans Erich Bödeker, Reisebeschreibung im historischen Diskurs der Aufklärung. In: Hans Erich Bödeker/Georg G. Iggers/Jonathan B. Knudsen/Peter H. Reill (Hg.), Aufklärung und Geschichte. Studien zur deutschen Geschichtswissenschaft im 18. Jahrhundert (Veröffentlichungen des Max-Planck-Instituts für Geschichte, 81), Göttingen 1981, S. 279. Zur die Programmatik solcher Reisen vgl. William E. Stewart, Die Reisebeschreibung und ihre Theorie im Deutschland des 18. Jahrhunderts (Literatur und Wirklichkeit, 20), Bonn, 1978.

32 Bödeker, Reisebeschreibung im historischen Diskurs, S. 279.

33 Bereits die persönliche und materielle Ausstattung der Reisegesellschaft war ein Tribut, der der höfischen Gesellschaft gezollt wurde: Die Gruppe bestand aus den Fürsten Franz und Johann Georg, aus Berenhorst und Erdmannsdorff, dem Bildhauer Christian Ehrlich, den Musikern Georg Wilhelm Kottowski und Friedrich Wilhelm Rust, den zwei Kammerherren Georg Christoph Hezechiel und Andreas (Brasilius), dem Koch Jaenicke, dem Friseur Beuchling sowie aus Reith und Stockmann, den Dienern von Erdmannsdorff und Berenhorst. Und alle reisten mit zwei Wagen, von dem einer von Berenhorst als „wahres Kriegsschiff" bezeichnet wird. Für biographischen Aufgaben zu den Reisenden vgl. Ralf-Torsten Speler (Hg.): Friedrich Wilhelm von Erdmannsdorff. Kunsthistorisches Journal einer fürstlichen Bildungsreise nach Italien 1765/66 (Kataloge und Schriften der Kulturstiftung Dessau-Wörlitz, 12), München/Berlin 2001, S. 35 ff.

34 Vgl. z. B. Fortgesetzte neue genealogisch-historische Nachrichten vornehmsten Begebenheiten, welche sich an den europäischen Höfen zugetragen, Bd. 71, Leipzig 1767, S. 348: „Leopold Friedrich Franz, Fürst von Anhalt=Dessau, hat mit seinem Bruder, Prinz Johann Georgen, abermals eine Reise in fremde Länder unter dem Namen der Grafen von Sandersleben gethan". Siehe auch Augspurgische Ordinari-Post-Zeitung, N° 87, 14. April 1766 oder Gazette de France: journal politique, N° 57, 18. Juli 1766, S. 231.

35 Dabei handelt es sich aber nicht um „gelehrte Reise" im klassischen Sinne des Wortes, dienten diese doch entweder der Kontaktpflege zwischen Wissenschaftlern oder der Verifizierung einer Hypothese (für eine genaue Typologie dieser Art von Reisen vgl. Winfried Siebers, Beobachtung und Räsonnement. Typen, Beschreibungsformen und Öffentlichkeitsbezug der frühaufklärerischen Gelehrtenreise. In: Hans-Wolf Jäger (Hg.), Europäisches Reisen im Zeitalter der Aufklärung (Neue Bremer Beiträge, 7), Heidelberg, 1992, S. 16–34.

36 So brachte Berenhorst dem Prinzen Johann Georg jeden Tag die französische Sprache bei (S. /60/), und Fürst Franz stellte einen Engländer ein, um mit ihm Englisch zu üben (S. /283/).

37 Dieser verfasst selbst ein Reisetagebuch, das unter dem Titel Kunsthistorisches Journal einer fürstlichen Bildungsreise nach Italien 1765/66 ediert wurde. Vgl. Speler (Hg.), Friedrich Wilhelm von Erdmannsdorff. Kunsthistorisches Journal.

38 Die Bekanntschaft mit ihm steht an der Schnittstelle zwischen den zwei hier aufgeführten Dimension der Reise.

39 Vgl. Berenhorst, Reisetagebuch; S. /114/.

40 In Rom trafen sie z. B. Charles-Louis Clérisseau, einen Maler und Architekten aus Frankreich. Während Berenhorst ihn nur lapidar in seiner Liste der Personen erwähnte, denen er in Rom begegnet war, verbrachte Erdmannsdorff ganze Abende mit ihm. Vgl. hierzu Speler (Hg.), Friedrich Wilhelm von Erdmannsdorff. Kunsthistorisches Journal, S. 55.

41 Eine solche Normierung gilt bereits für die gewählte Reiseroute.

42 Hier nach Ludwig Schudt, Italienreisen im 17. und 18. Jahrhundert, Wien/München 1959, S. 139f. Die auf Lateinisch verfasste Liste empfiehlt die Betrachtung folgender Aspekte: In peregrinationibus observanda: I. Regio, in qua consideranda nomina vetera; recentia; saepe mutata. / II. Ditio hominum superiorum; nostrorum. III. Nomen urbis, ratio nominis, si extet. Item, conditor, amplificator, aut instaurator alicujus / loci. / IIII. 1. Flumina eaque aut allabentia; propè distantia; deducta. / 2. Mare alluens, aut portus. / 3. Montes. / 4. Sylvae, nemora, vel si quid aliud insigne. / V. Opera, & haec vel publica: sacra: Basilicae, Monasteria, Templa; profana: palatia, arces, fora, armamentaria, propugnacula, turres & ratio munitionis privata, ut quae in civium aedibus sunt insignia, veluti horti, picturae, fontes, statuae / VI. Ratio gubernationis, ad qua pertinent / 1. Curia, in qua senatores, & familiae civium honestae. / 2. Scholae, ut ratio educationis & institutionis pueritiae. Item, viri docti bibliothecae. / 3. Vulgi mores; quo pertinent, ratio victus vestitus. Item opificia. – Zu einer umfassenden Darstellung der Italienreisen, vgl. auch Attilio Brilli, Reise in Italien. Die Kulturgeschichte der klassischen Italienreise, Köln 1987.

43 Diese sind z.B. im Katalog der fürstlichen Bibliothek von Wörlitz aufgelistet: Karin von Kloeden/Uwe Quilitzsch, Der Blick ins Innere. Das Verzeichnis der fürstlichen Bibliothek zu Wörlitz 1778 (Kataloge und Schriften der Kulturstiftung Dessau-Wörlitz, 27), Dessau 2008, S. 58 und 113, wenn auch im Falle von Keysslers Neueste Reise in der dritten Ausgabe von 1776.

44 Bei der Kommentierung des Journals wurde die Ausgabe von 1751, die unter der Adresse zeno.org verfügbar ist, verwendet.

45 Andere bekannte Reisebeschreibungen sind Berenhorst auch bekannt, wenn er sie auch weniger schätzt und sie höchstens bei der Redaktion seines Journals verwendet, wie Johann Jakob Volkmann, Historisch-kritische Nachrichten von Italien welche eine genaue Beschreibung dieses Landes, der Sitten und Gebrauche, der Regierungsform, Handlung, Oekonomie, des Zustandes der Wissenschaften, und insonderheit der Werke der Kunst enthalten, 3 Bde., Leipzig 1770/71 oder Jérôme de Lalande, Voyage d'un François en Italie, fait dans les années 1765 & 1766 contenant l'Histoire & les Anecdotes les plus singulières de l'Italie., & sa description; les Mœurs, les Usages, le Gouvernement, le Commerce,

la Littérature, les Arts, l'Histoire Naturelle, & tes Antiquités; avec des jugemens sur les Ouvrages de Teinture, Sculpture & Architecture & les Plans de toutes les grandes villes d'Italie, Venedig/Paris 1769.

46 Hans Erich Bödeker, Reisebeschreibung im historischen Diskurs, S. 292 f. William E. Stewart bezeichnet die zunehmende Neigung, alles auf das Ich zurückzuführen, als „Autopsie" (Reisebeschreibung und ihre Theorie im Deutschland des 18. Jahrhunderts, S. 40).

47 So leitet er aus den in seinem Auge positiven Auswirkungen der Disziplin in der preußischen Armee eine eindeutige Sympathie für die in Frankreich von dem Herzog von Choiseul unternommene Reform der Armee ab.

48 Vgl. dazu Christophe Losfeld, La religion de Georg Heinrich de Berenhorst. In: Thomas Bremer (Hg.), Vernunft, Religionen, Volksglauben in der Aufklärung. Wissenszirkulation und Öffentlichkeit in den deutschsprachigen Gebieten, erscheint 2013 (die dort gemachten biographischen Bemerkungen zu Berenhorst übernehmen weitgehend den Text dieser Einleitung).

49 Zu der Kirche in Loretto vermerkte er z. B.: „Dort sind Gold und Diamanten reichlich vorhanden. Da sie aber hier unbenutzt bleiben, werden sie wieder zu dem, was sie für gewöhnlich waren: nutzlose Nichtigkeiten. Die Börse, die ich in der Tasche trage, hat mehr realen Wert als dieser Plunder der Göttin der Jesuiten". Berenhorst, Reisetagebuch, S. /49/.

50 Vgl. ebd., S. /133 f./. Dabei konnte Berenhorst hier auf eigene Erfahrung zurückgreifen, hatte doch bereits Leopold I. jüdischen Händlern die Erlaubnis erteilt, sich in Wörlitz niederzulassen und sogar Land zu kaufen. 1758, als Franz Herrscher wurde, lebten 169 jüdische Familien in Dessau und ein Jahr später 214. Franz ging jedoch nicht so weit, die spezielle, die jüdische Bevölkerung betreffende Gesetzgebung aufzuheben. Siehe dazu Erhard Hirsch, Die Dessau-Wörlitzer Reformbewegung im Zeitalter der Aufklärung, S. 151 ff.; Frank Kreißler, „Die Toleranz ist in Dessau ganz zu Hause ... – Fürst Franz und die jüdische Gemeinde in Dessau im Spiegel der fürstlichen Verordnungen. In: Holger Zaunstöck, Das Leben des Fürsten. Studien zur Biografie von Leopold III. Friedrich Franz von Anhalt-Dessau (1740–1817), Halle 2008, S. 82–93. – An anderer Stelle wird ebenfalls der Wunsch Berenhorsts nach einer die Konfessionen überwindenden sozialen Gemeinschaft deutlich: So bezieht er implizit den blühenden Zustand der Stadt Augsburg darauf, dass ihre Einwohner die konfessionellen Unterschiede überwunden haben, so dass ihr Magistrat ein Simultaneum darstellen kann. Berenhorst, Reisetagebuch; S. /8/.

51 Vgl. ebd., S. 107. Ein solches Lob ist umso erstaunlicher, als die Jesuiten normalerweise eins der Lieblingsziele deutscher Aufklärer waren.

52 Johann Heinrich Zedler (Hg.): Grosses vollständiges Universal-Lexicon Aller Wissenschafften und Künste ..., Bd. 28, Leipzig/Halle, 1741, S. 615.

53 Die Straßenbeleuchtung war eines der Aufgabengebiete Berenhorsts in Dessau. Vgl. Allert, Bastard des alten Dessauers, S. 48). Diese Aufgabe ist von der Sorge Franzens um gute Straßen nicht zu trennen. Vgl. Hirsch, Die Dessau-Wörlitzer Reformbewegung, S. 100 ff.; Jürgen Schmidt, Schöne und nützliche Verbindungen. Die Straßen in

Anhalt-Dessau. In: Heinrich Dilly/ Holger Zaunstöck, Fürst Franz. Beiträge zu seiner Lebenswelt in Anhalt-Dessau 1740–1817, Halle 2005, S. 109–115.

54 Nicht zufällig empfiehlt am Ende des 18. Jahrhunderts der Vertreter des aufgeklärten und fortschrittlichen Bürgertums in Goethes Hermann und Dorothea während einer Reise genau solche Gegenstände aufmerksam zu betrachten: „Sieht man am Hause doch gleich so deutlich, wes Sinnes der Herr sei, / Wie man, das Städtchen betretend, die Obrigkeit beurteilt. / Denn wo die Türme verfallen und Mauern, wo in den Gräben / Unrat sich häufet und Unrat auf allen Gassen herumliegt, / Wo der Stein aus der Fuge sich rückt und nicht wieder gesetzt wird, / Wo der Balken verfault und das Haus vergeblich die neue / Unterstützung erwartet / der Ort ist übel regieret (Hermann und Dorothea. In: Werke (Hamburger Ausgabe), Bd. 2: Gedichte und Epen II, München 1998, S. 456, Gesang III, 12–18).

55 Vgl. dazu Bahn, Georg von Berenhorst, S. 25f. Zum Dessauer Philanthropin vgl. Erhard Hirsch, Das meiste neue pädagogische Licht ist von Dessau ausgegangen. Zum 275. Geburtstag Basedows und 225. Gründungstag des Dessauer Philanthropins. In: Jörn Garber (Hg.), „Die Stammutter aller guten Schulen". Das Dessauer Philanthropinum und der deutsche Philanthropismus 1774–1793 (Hallesche Beiträge zur Europäischen Aufklärung, 35), Tübingen 2008, S. 23–82. Bei aller Sympathie für diese Reformbewegung steht Berenhorst der „Schwärmerey" von Basedow sehr kritisch gegenüber. Vgl. Selbstbekenntnisse, S. 8.

56 Vgl. Berenhorst, Reisetagebuch, S. /5/.

57 Vgl. ebd., S. /128, 130 und 132/.

58 Vgl. ebd. S. /218/.

59 Berenhorst verließ dabei jedoch nie den Rahmen der Standesgesellschaft, so dass für ihn nur begrenzt gilt, was man von den Reisebeschreibungen der Spätaufklärung hat behaupten können – sie stellten den Versuch dar, „räumliche Bewegung direkt in soziale Anstöße umzusetzen" (Wolfgang Griep, Reiseliteratur im späten 18. Jahrhundert. In: Rolf Grimminger [Hg.], Deutsche Aufklärung bis zur Französischen Revolution 1680–1789 [Hansers Sozialgeschichte der deutschen Literatur vom 16. Jahrhundert bis zur Gegenwart, 3], München 1980, S. 749). Die kritischen Bemerkungen Erdmannsdorffs (S. /249/) zur Freiheit in England (die sonst im Europa des 18. Jahrhunderts Begeisterung hervorruft, vgl. z.B. Josephine Grieder, Anglomania in France: 17401789; fact, fiction, and political discourse, Genf/Paris 1985) haben möglicherweise Berenhorst anfängliche Euphorie gedämpft.

60 Vgl. z.B. seine Beschreibung von jungen Bäuerinnen in Südfrankreich. Berenhorst, Reisetagebuch, S. /225/.

61 An solchen Stellen wird Berenhorst überschwänglich und seine sonst oft sachliche Sprache betont poetisch und malerisch (vgl. ebd., S. /57, 133 und 164/).

62 Vgl. z.B. ebd., S. /59/: „An einem der Hauptziele unserer Reise angelangt, überlasse ich die Feder meinem Freund Erdmannsdorff. Er kennt sich sehr gut aus, ist selbst Maler und Architekt".

63 Vgl. ebd., z.B. S. /57, 84/.

64 Vgl. ebd.. S. /109/.

65 Vgl. ebd., S. /246/.

66 Vgl. z.B. ebd., S. 18, 89, 139.

67 Vgl. z.B. ebd., S. /187 und 314/.

68 Vgl. z.B. ebd., S. /59/. Dieser Freund starb am 1. Juni 1769. Mög-

licherweise handelt es sich bei diesem „Freund in Dessau“ um einen Halbbruder B.s. Seine Mutter Eleonore Söldner (1710–1779) war mit Johann August Rode (1695–1773) verheiratet und hatte mit ihm zehn Kinder, von denen zwei Söhne bekannt sind: Karl Rode (1750–1796) und August Rode (1751–1837). Zu einem anderen, der bisher unbekannt geblieben ist, schreibt B. in seinen Selbstbekenntnissen: „Bey meiner Rückkunft [von der Reise] im Jahr 1768. fand ich meinen vertrauten, um einige Jahre jüngeren Freund, einen Bruder von Mutterseite, wieder [...]. Er war von Jugend auf zur Auszehrung geneigt gewesen und gegenwärtig sehr kränkelnd. Er trat förmlich zur Kirche zurück. Ich ließ das geschehen ohne davon besonders gerührt zu werden; ich hatte ihn nie für einen ganz vorzüglich hellen Kopf gehalten und schrieb seine Bekehrung seiner Schwachheit zu. Die Krankheit ging indessen zum Tode; zur Hektik gesellten sich Gicht, Auslenkung eines Schenkels, offene Schäden: er litte unaussprechlich, aber seine Geduld hielt seinen Leiden das Gleichgewicht und er starb mit der frohesten Zuversicht auf die Verheißungen seines Erlösers“. Von Bülow (Hg.), Aus dem Nachlasse von Georg Heinrich von Berenhorst, Bd. 2, S. 5.

69 Vgl. ebd., S. /220/: „Was ist über diese Orte in meinen Notizen geschrieben habe, kann ich nicht mehr entziffern: Zum Teil wegen der Undeutlichkeit der Schrift und zum Teil wegen des Aneinanderreibens der Blätter“.

70 Seine zeitweilige Unsicherheit kommt z.B. dadurch zum Ausdruck, dass er bei einigen Bezeichnungen den deutschen Begriff im Klammer nach dem fremdsprachlichen Wort schreibt: So ergänzt er (S. /272/) das Wort „Courtands de boutique“ durch die Bezeichnung „Laden Diener“, und zwar zu Recht, da das französische Wort für Ladendiener eigentlich „courtier de boutique“ heißt. Möglicherweise hatte diesbezüglich Berenhorst ursprünglich „courtaud“ geschrieben, was durch einen Transkriptionsfehler zu „courtand“ wurde.

71 Dass die Beziehung zu Prinz Johann Georg nicht immer reibungslos war, ist aus einer Bemerkung des Reisetagebuchs (S. /44/) ersichtlich.

72 Bereits 1776 wurde er Vorsteher des fürstlichen Hauswesens. Sollte die Redaktion des Reisetagebuchs dieses Ziel gehabt haben, so würde es auch erklären, warum Berenhorst darauf bestand, dieses auf Französisch zu verfassen und somit seine Kenntnis dieser in der damaligen Zeit bei den Eliten notwendigen Sprache unter Beweis zu stellen.

73 Die literarischen Kritiken, die Berenhorst ab 1773 verfasste, hat Bülow abgedruckt. Vgl. von Bülow (Hg.), Aus dem Nachlasse von Georg Heinrich von Berenhorst, Bd. 2, S. 131 ff.

74 Dies ergibt sich aus einer Bemerkung des anonym gebliebenen Transkriptors: „Im Original sind in der Nummerierung zehn Seiten übersprungen. Auf Französisch: „Hier hat der Schreiber begonnen, sich bei der Nummerierung der Seiten zu irren, es fehlt vielleicht gar keine?“ (S. /163/).

75 Bd. 2 (1845), Heft 21 S. 513–538, bzw. Heft 22, S. 577–602.

76 Dessau 1847, Bd. 2, S. 22–128.

77 Nur die in alten Schriften gebräuchliche und von Berenhorst manchmal praktizierte Verdoppelung der Konsonanten „m“ und „n“ durch einen Strich auf dem Buchstaben, ist hier aufgelöst worden.

BIBLIOGRAFIE DER EINLEITUNG

Quellen

Augspurgische Ordinari-Post-Zeitung, N° 87, 14. April 1766.

Berenhorst, Georg Heinrich von: Aus dem Nachlasse von Georg Heinrich von Berenhorst. Verfasser der „Betrachtungen über die Kriegskunst“, hg. von Eduard v. Bülow (Bibliotheca Rerum militarum. Quellen und Darstellung zur Militärwissenschaft und Militärgeschichte, XXXVIII, 2), Osnabrück 1978 (Nachdruck der Ausgabe Dessau 1847).

Berenhorst, Georg Heinrich von: Betrachtungen über die Kriegskunst, ihre Fortschritte, ihre Widersprüche und ihre Zuverlässigkeit. Auch für Laien verständlich, wenn sie nur Geschichte wissen (Bibliotheca Rerum militarum. Quellen und Darstellung zur Militärwissenschaft und Militärgeschichte“, XXXVIII, 1), Osnabrück 1978 (Nachdruck der Ausgabe Dessau 1847).

Chaumette, Ch.: Éclaircissemens sur les antiquités de la ville de Nismes, Nimes 1766.

Erdmannsdorff, Friedrich Wilhelm von: Kunsthistorisches Journal einer fürstlichen Bildungsreise nach Italien 1765/66, hg. von Ralf-Torsten Speler (Kataloge und Schriften der Kulturstiftung Dessau-Wörlitz, 12), München/Berlin 2001.

Fortgesetzte neue genealogisch-historische Nachrichten vornehmsten Begebenheiten, welche sich an den europäischen Höfen zugetragen, Bd. 71, Leipzig 1767.

Gazette de France: journal politique, N° 57, 18. Juli 1766.

Goethe, Johann Wolfgang von: Hermann und Dorothea. In: Werke (Hamburger Ausgabe), Bd. 2: Gedichte und Epen II, München 1998.

Keyßler, Johann Georg: Neueste Reise durch Deutschland, Böhmen, Ungarn, die Schweiz, Italien und Lothringen, worinnen der Zustand und das Merkwürdigste dieser Länder beschrieben, und vermittelst der Natürlichen, Gelehrten und Politischen Geschichte, der Mechanik, Maler- Bau- und Bildhauerkunst, Münzen und Altertümer, wie auch mit verschiedenen Kupfern erläutert wird, 2 Bde., Hannover 1751.

Richard, Jérôme: Description historique et critique de l’Italie ou Nouveaux mémoires sur l’état actuel de son gouvernement, des sciences, des arts, du commerce, de la population et de l’histoire naturelle, Dijon/Paris 1766.

Zedler, Johann Heinrich: Grosses vollständiges Universallexikon aller Wissenschaften und Künste …, Bd. 28, Leipzig/Halle 1741.

Sekundärliteratur

llert, Dietrich: Georg Heinrich von Berenhorst. Bastard des alten Dessauers (Beiträge zur Landesgeschichte, Bd. 7), Halle 1996.

Allert, Dietrich: Arbeit für Berenhorst: Zur Biografie eines Anhaltiners, Halle 1999.

Bahn, Rudolf: Georg von Berenhorst, der Verfasser der „Betrachtungen über die Kriegskunst“, Univ.-Diss., Halle 1911.

Bödeker, Hans Erich: „Reisebeschreibung im historischen Diskurs der Aufklärung“. In: Hans Erich Bödeker/Georg G. Iggers/Jonathan B. Knudsen/Peter H. Reill (Hg.), Aufklärung und Geschichte: Studien zur deutschen Geschichtswissenschaft im 18. Jahrhundert (Veröffentlichungen des Max-Planck-Instituts für Geschichte, 81), Göttingen 1981, S. 276–298.

Brilli, Attilio: Als Reisen eine Kunst war – Vom Beginn des modernen Tourismus: Die „Grand Tour", Berlin 2001.

Brilli, Attilio: Reise in Italien. Die Kulturgeschichte der klassischen Italienreise, Köln 1987.

Eckert, Georg: Von Valmy bis Leipzig. Quellen und Dokumente zur preußischen Heeresreform, Hannover 1955.

Erhard Hirsch: „Das meiste neue pädagogische Licht ist von Dessau ausgegangen. Zum 275. Geburtstag Basedows und 225. Gründungstag des Dessauer Philanthropins". In: Jörn Garber (Hg.): „Die Stammutter aller guten Schulen" Das Dessauer Philanthropinum und der deutsche Philanthropismus 1774–1793 (Hallesche Beiträge zur Europäischen Aufklärung, 35), Tübingen 2008, , S. 23–82.

Erhard Hirsch: Die Dessau-Wörlitzer Reformbewegung im Zeitalter der Aufklärung. Personen – Strukturen – Wirkungen (Hallesche Beiträge zur Europäischen Aufklärung, 18), Tübingen 2003.

Grieder, Josephine: Anglomania in France: 1740–1789; fact, fiction, and political discourse. Genf/Paris 1985.

Griep, Wolfgang: Reiseliteratur im späten 18. Jahrhundert. In: Rolf Grimminger (Hg.), Deutsche Aufklärung bis zur Französischen Revolution 1680–1789 (Hansers Sozialgeschichte der deutschen Literatur vom 16. Jahrhundert bis zur Gegenwart, 3), München, 1980, S. 739–764.

Hagemann, Ernst: Die deutsche Lehre vom Kriege, Bd. I: Von Berenhorst zu Clausewitz, Berlin 1940.

Kadatz, Hans-Joachim: Friedrich Wilhelm von Erdmannsdorff: Wegbereiter des deutschen Frühklassizismus in Anhalt-Dessau (1736–1800), Berlin (Ost) 1986.

Kessel, Eberhard: Berenhorst und Friedrich der Große. Ein Nachtrag zur Lebensgeschichte von Georg Heinrich von Berenhorst. In: Archiv für Kulturgeschichte 39 (1957), S. 378–382.

Kloeden, Karin von/Quilitzsch, Uwe: Der Blick ins Innere. Das Verzeichnis der fürstlichen Bibliothek zu Wörlitz 1778 (Kataloge und Schriften der Kulturstiftung Dessau-Wörlitz, 27), Dessau 2008.

Knoll, Gerhard: Nachklapp zu einem Besuch im Gartenreich 1987. In: Dessau in der Literaturgeschichte – Dessau-Wörlitz Beiträge 1989, III (wissenschaftliche Zeitschrift, MLU Halle-Wittenberg, XXXXI. Jg./1992, Heft 4), S. 57–59.

Lennhoff, Eugen/Posner, Oskar/Binder, Dieter A.: Internationales Freimaurerlexikon, 2. Aufl., München 2003.

Losfeld, Christophe: Les récits de voyage ou le reflet brisé de la représentation des vecteurs de l'Aufklärung. Joachim Heinrich Campe et Gerhard Anton v. Halem à Paris (1789–1790). In: Werner Schneiders (Hg.), The Enlightenment in Europe (Concepts & symboles du Dix-Huitième Siècle Européen, 3), Berlin 2003, S. 311–328.

Losfeld, Christophe: La religion de Georg Heinrich de Berenhorst. In: Thomas Bremer (Hg.), Vernunft, Religionen, Volksglauben in der Aufklärung. Wissenszirkulation und Öffentlichkeit in den deutschsprachigen Gebieten, erscheint 2013.

Opitz, Eckhardt: Georg Heinrich von Berenhorst. In: Detlef Bald/Uwe Hartmann/Claus von Rosen (Hg.),

Klassiker der Pädagogik im deutschen Militär, Baden-Baden 1999, S. 37–61.
Reinhalter, Helmut: Einleitung. In: Harm Klueting/Helmut Reinalter (Hg.), Der aufgeklärte Absolutismus im Europäischen Vergleich, Wien/Köln/Weimar 2002, S. 11–20.
Schudt, Ludwig: Italienreisen im 17. und 18. Jahrhundert, Wien/München 1959.
Siebers, Winfried: Beobachtung und Räsonnement. Typen, Beschreibungsformen und Öffentlichkeitsbezug der frühaufklärerischen Gelehrtenreise. In: Hans-Wolf Jäger (Hg.), Europäisches Reisen im Zeitalter der Aufklärung (Neue Bremer Beiträge, 7), Heidelberg 1992, S. 16–34.
Stewart, William E.: Die Reisebeschreibung und ihre Theorie im Deutschland des 18. Jahrhunderts (Literatur und Wirklichkeit, 20), Bonn 1978.
Stübig, Heinz: Berenhorst, Bülow und Scharnhorst als Kritiker des preußischen Heeres der nachfriderizianischen Epoche. In: Peter Baumgart/Bernhard R. Kroener/Heinz Stübig (Hg.), Die Preußische Armee zwischen Ancien Régime und Reichsgründung, Paderborn 2008, S. 107–120.

GEORG HEINRICH v. BERENHORST

REISETAGEBUCH DER FÜRSTEN
LEOPOLD FRIEDRICH FRANZ UND
JOHANN GEORG VON ANHALT
VOM 18. OKTOBER 1765 BIS ZUM 3. MÄRZ 1768

/1/

Meine illustren Brüder
Meine sehr gnädigen Fürsten und Schutzherren!

Ich bin weit davon entfernt, diesem Tagebuch Ihrer Reisen, das ich die Ehre habe, Ihnen zu präsentieren, den geringsten Wert zuzusprechen: ohne Bildung, vieler nötiger Kenntnisse entbehrend und nur ein wenig belesen, durch welches Wunder wäre ich in der Lage, etwas der Aufmerksamkeit Würdiges hervorzubringen? Das ist der Grund, aus dem ich so lange diese Papiere vernachlässigt habe, die meine Bemerkungen enthielten. Im Monat Januar des letzten Jahres kam mir dennoch der Gedanke, sie abzuschreiben und ins Reine zu bringen, ich überlegte mir, dass ich, indem ich Ihnen die Strecke nachzeichne, die Sie zurückgelegt haben, indem ich Ihnen einige Aspekte ins Gedächtnis zurückrufe, die die Zeit schon beginnt aus Ihrem Gedächtnis zu löschen, mich mit einer Sache beschäftigen würde, die dazu dienen könnte, Sie eine Zeitlang zu unterhalten. Ich habe dazu meine Vormittage im Winter genutzt, die Rückkehr der schönen Jahreszeit hat meine Arbeit unterbrochen: ich habe sie mit dem Beginn dieses Jahres wieder aufgenommen und sie jetzt gerade beendet. Eine weitere große Unzulänglichkeit meines Werkes: Ich habe es auf Französisch verfasst, sicher nicht in dem irrtümlichen Glauben, mich besser in einer Fremdsprache ausdrücken zu können als in der Unseren (ich bin zu sehr davon überzeugt, dass trotz allen möglichen Geschicks, es immer die Muttersprache ist, die man am besten kennt), es war im Gegenteil nur das Bedürfnis, das ich hatte, mich in einer Sprache auszudrücken, die in ganz Europa geläufig ist, das mich dazu bewog, sie zu benutzen. Vielleicht hätte ich übersetzen sollen, statt zu verfassen, aber davon abgesehen, dass das Zweite mir kürzer erschien, hätten meine Ausdrücke, meine Art zu erzählen bei der Übersetzung die wenige Energie verloren, die die Lebhaftigkeit des ersten Entwurfes ihnen verliehen haben kann. Soweit, meine illustren Brüder, die Bemerkung, die ich über mein Tagebuch machen wollte. Haben Sie bei dieser Gelegenheit die Güte, noch einmal meine bescheidene Dankbarkeit dafür entgegenzunehmen, dass Sie mich ausgesucht haben, um Sie zu begleiten, und seien Sie versichert, dass mein dankbares Herz zu diesem Zeugnis Ihres Wohlwollens auch alle anderen Wohltaten zu zählen weiß, die Sie mir von Ihrer zartesten Kindheit bis zum heutigen Tag erwiesen haben.

Dessau, am heutigen 19. April 1775
von Berenhorst

/2/

ERSTER TEIL

Der regierende Fürst hatte, nachdem er beschlossen hatte, eine Reise in fremde Länder gemeinsam mit seinem Bruder, dem durchlauchtigen Fürsten Johann Georg, zu machen, die Güte, Herrn Erdmannsdorff und mich auszuwählen, um sie zu begleiten.

Den Rest der Reisegesellschaft bildeten folgende Personen: die Herren Kottowski und Rust – Kammermusiker, Hesekiel – Kammerdiener und Beuchling – der Friseur des regierenden Fürsten, Meister Ehrlich – Bildhauer, Jaenicke – Koch, André, genannt Bresilius – Kammerdiener des Prinzen Johann Georg, Stockmann – Diener des Herrn Erdmannsdorff und Reith – mein Diener. Wir hatten zwei Wagen; in dem ersten ganz neuen, aber äußerst gewichtigen, einem wahren Kriegsschiff (wie wir ihn scherzend nannten) waren die zwei Fürsten, Herr Erdmannsdorff und ich: der zweite war eine offene Chaise nach der Art derjenigen, die man früher Landauer nannte.

Am 18. Oktober 1765
fuhren wir los und kamen noch am selben Abend in Leipzig an, wo wir am nächsten Tag die Bekanntschaft des berühmten Professors Gellert[1] machten, der, wie wir fanden, ein bescheidener und sanfter Mensch ist, in der Unterhaltung mitnichten so gehemmt, wie man es uns beschrieben hatte.

Am 20.
Wir sahen uns das Schlachtfeld von Breitenfeld an, welches bekannt ist durch /3/ den Sieg Gustav Adolphs 1631. Wir bedienten uns der Beschreibung, die man in dem von Herrn Harthe aus dem Englischen übersetzten Leben dieses Königs findet[2], aber es war ziemlich schwierig, eine genaue Vorstellung dieses Tages zu bekommen, da das Terrain nur eine kahle Ebene ohne die kleinste Erhebung war, bis wir die Erzählungen eines Mannes namens Brosigke[3], Eigentümer des Dorfes Breitenfeld, hörten, der die Überlieferungen ziemlich gut kannte, der uns die Orte zeigte, wo man die Toten begraben hatte, und andere, wo man beim Ackern Kugeln, Munition usw. gefunden hatte. Daraus und in Verbindung mit der oben genannten Beschreibung schlossen wir, dass die Kaiserliche Armee wahrscheinlich so aufgestellt war: die linke Seite zum Dorf

Breitenfeld und zum nahegelegenen Wald, die rechte in Richtung des Dorfes Seehausen, und somit mit den Dörfern Groß und Klein Wiederitzsch im Rücken. Nachdem der rechte Flügel geschlagen wurde, hat sich die Armee im Wald von Breitenfeld, den man auch den Wald Lindenthal nennt, wieder zusammengeschlossen.

In Leipzig hielt sich die Theatertruppe von Koch[4] auf, von der wir drei Vorstellungen sahen, die mir ziemlich gut erschienen.

Am 21.
Nachdem wir zärtlich Abschied von den Personen genommen hatten, die uns begleitet hatten, fuhren wir von Leipzig los und verbrachten die Nacht in Gesnitz.

Am 22.
Von Gesnitz nach Reichenbach. Die Wege waren so außergewöhnlich schlecht, dass wir von morgens bis abends nur drei einhalb Meilen zurücklegen konnten.

Am 23.
Von Reichenbach nach Hof

Am 24.
Von Hof nach Bayreuth. Diese Stadt ist von mittlerer Größe. Die Straßen sind zumeist breit und gerade. Alles, was in der letzten Zeit dort gebaut worden ist, d. h. die Hälfte der Stadt, ist aus Stein und nach soliden Grundsätzen errichtet. Mehrere Häuser /4/ dürfen sogar als Paläste betrachtet werden, vor allem dasjenige, das man gerade für einen gewissen Herren von Reizenstein[5] baut, der in seiner Person mehrere und widersprüchliche Aufgaben vereinigt, denn er ist zugleich Präsident der Finanzkammer und Husarenoberst. Allerdings ist zu bemerken, dass man meiner Meinung nach nirgendwo in Deutschland so preiswert wie hier baut. Erstens ist das Land reich an Bauhölzern und zweitens liegt der große Steinbruch von Dohndorff nur ein kleines Stück von der Stadt entfernt, so dass Quadersteine normaler Größe zum Preis von nur zwei Groschen pro Stück verkauft werden.

Das Opernhaus[6] ist ein schönes Gebäude. Die Fassade, obwohl sie nicht sehr groß ist, hat dennoch eine gute Architektur. Innen gibt es vier Reihen von schön geschmückten Logen. Das Theater ist weiträumig genug. Kurzum, dort fehlt nichts. Es wurde vom letzten Markgrafen[7] gebaut.

Colmberg ist ein hübsches kleines Haus in unmittelbarer Nähe der Stadt. Es gehörte damals der seligen Markgräfin[8], der Schwester des preußischen Königs. Nunmehr gehört es einem Privatmann. Die Lage der Eremitage ist denkbar angenehm.

Dazu hat die Natur viel beigetragen und obwohl das, was hier gemacht worden ist, nicht von edlem Geschmack ist, halte ich diesen Ort dennoch für sehr sehenswürdig. Ein Hauptgebäude in der Mitte eines Gartens, daneben mehrere separate Wohnungen in Form von Hütten und versteckt in einer Art kleiner Einöde, scheinen den Eindruck einer zarten und friedlichen Gesellschaft auszustrahlen und zeugen vom Charakter der Personen, nunmehr tot und vergessen, die dort einen Teil ihrer Tage verbrachten. Es ist sehr zu bedauern, dass diese verschiedenen Gebäude nicht solider gebaut wurden, da sie jetzt, wo man sie vernachlässigt, schon zum großen Teil einzustürzen drohen. Aber das ist ein Schicksal, das offenbar Vergnügungsorte unserer Fürsten und Herrscher in Deutschland teilen: selten gefällt es dem Erben, die Werke seiner Vorgänger zu unterhalten und zu bewahren.

/5/ Das Haus des Brandenburgers verdient nicht die Aufmerksamkeit eines Fremden. Das Äußere, die innere Aufteilung, die Möblierung und der Garten, alles ist schlecht und gewöhnlich.

Der heutige Markgraf, Friedrich Christian[9], der von traurigem und dunklem Gemüt ist, bildet einen völligen Kontrast zu diesem freundlichen und glänzenden Friedrich[10], auf den er folgte. Dies schlägt sich anscheinend in der Stadt nieder. Ohne am Hofe erschienen zu sein, fuhren wir von dort

am 26. ab.
Wir fuhren nachts und kamen

am 27.
in Nürnberg an, einer ziemlich großen, aber nicht zu sehr bevölkerten Stadt, wie mir scheint. Die Straßen dort sind unregelmäßig und eng und die Häuser (die wegen der unendlichen Anzahl an Wohnungen, die sie beherbergen, nicht wenig Bienenstöcken ähneln) hoch und altmodisch gebaut, was die Straßen noch dunkler macht; diese sind jedoch sauber und gut gepflastert. Damals blühte hier der Handel, heute stockt er. Dafür gibt es mehrere Gründe. Einer davon kann sein, dass man alte Gesetze zu genau beachtet.

Wir haben uns alles zeigen lassen, was man für das Beachtenswerteste hält: Die Gegenstände, die zur Krönung der Kaiser dienen, wie das Schwert, die Krone, der Reichsapfel und das Zepter von Karl dem Großen mit einer bedeutenden Anzahl an Reliquien, deren Duft der Heiligkeit sich hier verflüchtigt hat. Weiterhin einen Brunnen aus Bronze, der noch nicht aufgestellt ist, und die Bibliothek. Einer der wichtigsten Priester, namens Solger[11], war dort Bibliothekar. Wir fanden in ihm einen letzten Sprössling der Pedanten, für die unser Vaterland im vorigen Jahrhundert berühmt war. Ein dreiundsiebzigjähriges Leben, das er damit verbracht hatte, alte Pergamente und Manuskripte zu durchsuchen, hatte auf seine Stirn Falten gezeichnet, die (und dies ohne Übertreibung) wie griechische und hebräische Buchstaben aussahen. Er sprach die Fürsten in allen toten Sprachen des Universums an und ahnte dabei nicht einmal, /6/ dass es Leute gibt, die sie nicht beherrschen. Was die modernen Sprachen betrifft, kannte er sogar unsere nicht ordentlich. Trotz alledem war er lebhaft und auf seine Art heiter und ein fanatischer Lutheraner. Er besitzt selbst eine Bibliothek, die fast so bedeutsam ist wie die der Stadt.

Wir besichtigten noch die Manufakturen mit einer großen Anzahl von Werkstätten der verschiedensten Handwerker. Wir versäumten es auch nicht, nach Fürth zu fahren, um dort mehrere Fabriken und Arbeiter verschiedener Berufe kennen zu lernen.

Die Umgebung von Nürnberg ist sehr schön; in einer der fruchtbarsten und der am besten bewirtschafteten Gegenden ähneln die Dörfer kleine Städten. Kurzum man sieht hier, wie ermutigend allein die Vorstellung der Freiheit ist.

Am 31.
Wir verließen Nürnberg und fuhren nachts.

Am 1. November.
Wir kamen am Morgen in Donauwörth an, einem kleinen und altertümlichen Ort an der Donau, der überhaupt nicht beachtenswert ist, es sei denn aufgrund der Schlacht, die sich am 4. Juli 1704 vor den Toren der Stadt auf dem Berg namens Schellenberg die Armee der Allierten unter dem Prinzen Eugen[12] und dem Herzog von Marlborough[13] und französische und bayerische Truppen unter General Graf d'Arco[14] geliefert haben. Die Schützengräben, die Letzterer hatte ziehen lassen, kann man heute noch fast vollständig sehen. Ein starker Regen, der vom Morgen bis zum Abend andauerte, zwang uns an diesem Tag in der Unterkunft zu bleiben.

Am nächsten Tag, dem 2.
Wir mieteten Postpferde, um das Gebiet von Donauwörth bis Höchstädt zu erkunden, das die Militärgeschichte des jetzigen Jahrhunderts so unvergesslich gemacht hat. Wir hatten nicht nur die Darstellung von Quincy[15] mitgenommen, sondern auch mehrere handschriftliche Berichte, mit deren Hilfe wir es ziemlich gut schafften, die verschiedenen Manöver der zwei dort ausgefochtenen Schlachten nachzuvollziehen, erstens der Schlacht

zwischen dem General Graf von Limburg-Styrum[16] gegen den Kurfürsten von Bayern[17] und den Marschall von /7/ Villars[18] am 20. September 1703 und zweitens der von Prinz Eugen und dem Herzog von Marlborough gegen die Marschälle von Tallard[19] und Marcin[20] am 13. August 1704. Ich muss erstens bemerken, dass der Nebelbach, der in allen diesen Berichten sehr hohe Ufer hat, hier an keiner Stelle solche besitzt. Es gibt hingegen morastige Wiesen beiderseits. Zweitens sind die Hecken der Dörfer von Lützingen und Oberklau, die dort erwähnt werden, sofern sie existiert haben, nicht mehr da. Drittens ist das Dorf von Blindheim eher klein als groß, und man wird sich stets zurecht wundern können, dass es dem Marschall von Tallard gelungen ist, dort 27 Bataillone unterzubringen, auch wenn sie zahlenmäßig klein gewesen sind, wie es Quincy behauptet. Ich möchte betonen, dass ich mich bei den älteren Einwohnern erkundigt habe, die mir versichert haben, dass das Dorf am Tag der Schlacht nicht niedergebrannt worden war, und dass es jetzt noch aussieht wie damals. Der Marquis de Feuquières[21], der nicht Augenzeuge gewesen ist, scheint ziemlich schlecht darüber informiert zu sein, was an diesem Tag passierte, so dass die Schlüsse, die er zieht, nicht begründet sind.

Am 3.
Wir erreichten Augsburg. Während der gesamten Fahrt habe ich beobachtet, dass man überall damit angefangen hat, die Wege zu reparieren. Seit zwei Etappen vor Nürnberg reisen wir die meiste Zeit auf Chausseen.

Der Handel scheint in Augsburg zu blühen. Die Stadt ist bevölkert und viel besser gebaut als Nürnberg. Das Rathaus hat eine schöne Architektur. Es befindet sich dort ein sehr schöner Saal und, was man in einer kaiserlichen Stadt nicht vermuteten würde, stellen die Grotesken, die an der Mauer gemalt sind, eine Vielfalt von obszönen Posen und Figuren dar, wie Lafage[22] sie malt und sogar noch anstößiger. Der Architekt heißt Holl[23]. Er hat ebenfalls das Arsenal[24] gebaut und noch ein anderes öffentliches Gebäude, das zur Einnahme der Wein- und Biersteuer dient[25]. Alle diese Bauwerke sind sehr geschmackvoll.

/8/ Die Kirche Sankt Ulrich ist voller Verzierungen. Auf der linken Seite des Hauptaltars sieht man das Grabmal des Heiligen[26], das der letzte Bischof, ein Fürst aus dem Hause Hessen[27], hat bauen lassen. Marmorplastiken, Statuen, Trumeaus[28], nichts ist vergessen worden. Es ist ein kleines, sehr schönes Grab und der Bezwinger der Hunnen kann mit Recht behaupten, er liege angenehm begraben. Darüber befindet sich ein Altar und diesem gegenüber ein weiterer, der mit drei schönen Bronzestatuen geschmückt ist.

Die Kathedrale oder der Dom ist gewaltig und von gotischem Stil wie alle Gebäude dieser Art, da die Lust, solche zu bauen, seit Jahrhunderten verschwunden ist.

Viele Bronzebrunnen tragen zur Verschönerung der Stadt bei. Eine hydraulische Maschinerie mit drei Wassertürmen versorgt mittels unterirdischer Röhren, die durch alle Häuser laufen, die gesamte Stadt.[29]

Ich werde nicht von einer anderen mechanischen Erfindung sprechen, welche dazu dient, die Zugbrücke herunter zu lassen und drei Türen eines Eingangs zu öffnen und zu schließen, durch den man des nachts läuft, wenn die anderen Türen der Stadt geschlossen sind. Es ist eine große Apparatur, die wenig bewirkt und die allem Anschein nach beweist, dass in den Überlieferungen die Unternehmen der damaligen Einwohner dieses Landkreises nicht alle so unbegründet als lächerlich dargestellt werden wie man denkt.

Der Magistrat ist halb evangelisch und halb katholisch. Ein sehr kluger Bürger, der durch die Gründung einer Tapetenfabrik mehr als tausend Arbeiter leben lässt, versicherte uns, dass er mit den Gesetzen und den Verfassungen seiner Heimat sehr zufrieden sei. Ich schlussfolgere daher, dass sie gut sind.

Wie wir es gewohnt waren, gingen wir uns die Fabriken und die Handwerker anschauen. Man verarbeitet hier sehr viel Silber, das in halb Europa vertrieben wird. Bei zwei Händlern sahen wir riesige Silberbestände. Sie erzählten uns, dass es mehr als 300 Kunstschmiede in der Stadt gebe.

Hier lebt noch ein Sohn[30] des ziemlich bekannten Rugendas[31], der Kupferstecher, Maler /9/ und ein sehr guter Zeichner war. Thema seiner Werke sind Märsche und Kämpfe. Der regierende Fürst kaufte drei dieser Gemälde[32]. Das wäre nahezu alles, was ich über Augsburg berichten möchte. Ziemlich zufrieden verließen wir die Stadt und setzten unsere Reise fort.

Am 6.
Nach Stetten über Wege, die repariert und in gutem Zustand waren.

Am 7.
Vor dem Morgengrauen fuhren wir los. Als es hell genug war, um in der Ferne die Gegenstände zu sehen, befanden wir uns am Fuße der hohen Berge Tirols. Es war ein bewundernswertes Schauspiel für uns, die wir so etwas bisher noch nie gesehen hatten. Die Sonne durchbrach gerade die Wolken, ohne sie zu vertreiben. Diese lagen noch mitten in den Bergen und ließen von Zeit zu Zeit deren schneebedeckte Gipfel erscheinen, die sozusagen wie neue Berge im Himmel aussahen. Wenn man

den Weg über Füssen weiter verfolgt, fährt man noch einige Stunden lang am Lech vorbei, dessen Gewässer grün aussehen wie im Allgemeinen auch alle anderen dieses Gebirges. Der Kniepass, eine kleine Festung, die damals gebaut worden ist, befindet sich ungefähr eine Meile entfernt von Füssen. Nicht weit von Kniepass fährt man in eine tiefe und enge Schlucht zwischen zwei steilen Bergen. Auf der Rechten gibt es eine Zitadelle; eine andere Festung verhindert unten den Zugang zur Schlucht. Das Ganze nennt sich die Ehrenberger Klause. Die Armee von Xerxes würde ohne Erfolg versuchen, hier in das Land einzudringen. Eine ganze Weile ist der Weg sehr mühsam, da er ständig aufwärts und durch Mulden führt, in denen die Sonne nie scheint. Danach ist er hingegen sehr angenehm, da er durch ein wenig breites, aber ebenes Tal führt, in dem viele Häuser gebaut sind. Unsere Unterkunft war heute in Lermes.

Am 8.
Zwischen Lermes und einem anderen Ort namens Parvis wird es noch interessanter. Wenn man über sich /10/ die unerreichbaren Felsen sieht, die einen umgeben, wähnt man sich in Abgründen. Wenn man jedoch nach unten schaut, sieht man echte Abgründe, auf deren Grund sich dunkelgrüne Seen befinden, die das Bild des Himmels und der tiefen Klüfte widerspiegeln und sie scheinen somit große Löcher in der Erde zu sein, durch die sich der Himmel der anderen Seite der Welt zeigt. Der Weg windet sich auf vielfältige Weise, und der Ausblick ist stets abwechslungsreich. Mal sieht man Berge, die mit einem dunklen und dichten Wald aus Tannen und Lärchen bedeckt sind, mal kahle Felsen, die so aussehen, als ob sie aus einem Stapel von riesigen Steinen bestünden. Ab und zu stürzen sich Gebirgsbäche vom Gipfel der Felsen. Dort fließt ein Fluss gischtend und laut auf Steinen und ergießt sich in einem Tal, das er verlässt, indem er sich durch enge Stellen zwängt. Kurzum, ich würde nie fertig werden, wenn ich die Absicht hätte, die großartigen Bilder dieser Gegend zu beschreiben.

Die Straße, die man befährt, ist schön und überall ausreichend breit. Sie führt durch die Täler oder erhebt sich bis zur Hälfte der Bergeshöhe. In diesem Fall wurde sie in den Felsen gehauen oder von dicken Mauern gestützt, wenn dies notwendig war.

Wenn man in die Ebene des Inn hinunterfährt, entdeckt man unendlich viele Marktflecken und Dörfer, die an die Hänge der hohen Berge geklebt zu sein scheinen, die sie beiderseits umgeben. In der Nähe des Dorfes Zürll befindet sich ein Felsen namens Martinswand, an dem der Kaiser Maximilian I. stecken blieb[33], als er zu eifrig einer Gämse hinterher kletterte. Man bezweifelt dieses

Ereignis, aber ich weiß nicht warum. Es gibt nichts Natürlicheres für einen so leidenschaftlichen Jäger, wie es Maximilian war, als ein solcher Unfall. Der Abgrund ist furchtbar und gerade wie eine Wand. Ungefähr im dritten Teil seiner Erhöhung sieht man eine Höhle, in der, so die Überlieferung, der Kaiser Rast machte. Seitdem ist ein Weg am Felsen entlang gebaut worden und am Eingang der Höhle hat man, /11/ um an dieses Ereignis zu erinnern, ein Kruzifix mit den Statuen der Jungfrau und des Heiligen Johannes errichtet, die zwar größer sind als Menschen, aber von unten so klein aussehen, dass man sie nur mit Mühe erkennen kann; und die ganze Öffnung sieht nicht größer aus als die eines Kaninchenbaus. Ich gebe zu, dass mir schon beim Anschauen schwindlig wurde.

Innsbruck befindet sich auf der anderen Seite des Flusses und ist von Weitem sehr gut zu sehen. Dort kamen wir gegen Abend an. Diese Hauptstadt der Grafschaft von Tirol ist nicht sehr groß, aber ziemlich hübsch; sie hat keine Stadtmauern. Dort sind mehrere schöne Häuser zu sehen. Die größte Straße endet an einem schönen Tor mit einem Triumphbogen, den die Kaiserin und Königin gerade hat errichten lassen.[34] Diesen Bogen zieren ihre Büste aus Marmor, die des Kaisers[35], ihres Ehemannes, sowie die Büsten der meisten Mitglieder ihrer Familie.

Das Schloss[36] ist alt und die Ausstattung der Wohnungen wenig bequem, jedoch hat der Hof vor kurzem mehrere Wochen hier verbracht, um die Hochzeit des Erzherzogs Leopold mit der Infantin aus Spanien[37] zu vollziehen. Die Möbel, die bereits wieder zurückgeschickt worden sind, waren aus Wien antransportiert worden. Wie man weiß, erlitt der selige Kaiser Franz I., als er den König der Römer[38], seinen Sohn, besuchen wollte, einen Gehirnschlag zu dem Zeitpunkt, zu dem er das Vorzimmer betrat, und er starb fast sofort[39]. Seine Witwe, die Kaiserin macht dieses Vorzimmer zu einer Kapelle und gründet eine Kongregation adeliger Damen[40], die im Schloss verweilen werden. An der Hauptfassade der Kanzlei[41] hängt eine Art Balkon, den die Erzherzöge Österreichs am Anfang des 16. Jahrhunderts mit Gold haben bedecken lassen, um ihren Reichtum zu zeigen. Da die Blätter ein wenig dünn sind, glaubt man jedoch nicht, dass dieses Wunder mehr als 250 000 Ecus der heutigen Währung wert wäre. Die katholische Kirche[42], die an das Schloss angrenzt, ist sehr schön, es gibt darin sehr viel roten Marmor. Der Garten des Schlosses ist völlig vernachlässigt und verwildert; darüber hinaus ist er sehr klein. Ihn zu besuchen lohnt sich nur wegen einer Reiterstatue /12/ aus Bronze mit fünf Okeaniden aus dem gleichen Metall, die sehr schön gestaltet sind.

Die Franziskanerkirche[43] beherbergt das schöne Monument zu Ehren Maximilians I., der jedoch dort nicht begraben ist.[44] Dieses Monument besteht aus vierundzwanzig Reliefs aus Alabaster, die mit schwarzem Marmor eingerahmt sind. Die Reliefs stellen die erinnerungswürdigsten Taten des Begründers der österreichischen Macht dar. Der Bildhauer heißt Collin aus Mecheln[45] und er hat es 1560[46] geschaffen.

Das Schloss von Ambras, das eine halbe Meile von Innsbruck entfernt ist, wurde auf den Hängen der südlichen Berge gebaut. Die seltenen und wertvollen Gegenstände, die dort aufbewahrt sind, wurden von den österreichischen Erzherzögen, die Tirol innehatten, zusammengetragen. Ansonsten gibt es nur einen alten Wachturm, der alles andere als außergewöhnlich ist. Im ersten Saal, in den man geführt wird, befinden sich allerhand Arten von zum Angriff oder zur Verteidigung von Menschen und Pferden dienenden Waffen, wie sie im 14., 15. und 16. Jahrhundert in Mode waren. Im zweiten Rüstungen mit den ausgestopften und in Positur gestellten Kampfpferden von verschiedenen berühmten Fürsten und Kämpfern wie Franz I., König von Frankreich[47] oder dem Herzog von Alba[48] usw. In einem dritten die Bekleidung der zwei Sforzas[49] und ihre Pferde (die wie oben beschrieben präpariert worden sind) mit einer großen Anzahl festlicher Rüstungen mehrerer Kaiser, Erzherzöge, Könige und anderer berühmter Personen. Einige dieser Rüstungen bilden in Eisen die Mode und die Art der Kleider nach, wie man sie damals in Stoff trug. Die außergewöhnlichste ist eine Hochzeitsrüstung eines gewissen Erzherzogs Ferdinand.[50] Kleinere Kinderrüstungen für die jungen Fürsten des Hauses sind nicht weniger bemerkenswert. Im vierten Saal werden mehr als zwanzig Reiterfiguren aufbewahrt, die Hofherren darstellen: ihr Gesicht ist aus Wachs und sie tragen spanische Kleider mit hässlichen Federbüschen. Wenn man diesen Saal betritt, wähnt man sich inmitten einer Schwadron von Gespenstern. Ich übergehe stillschweigend eine unendliche Zahl von Waffen jeglicher Art und weitere seltsame Erfindungen, unter denen mir eine allerdings recht lustig erschien: es handelt sich um einen Stock, der ungefähr /13/ sieben Fuß lang und armdick ist; über die gesamte Länge gespalten und, wenn man ihn auseinander nimmt, wird er zu einer Leiter. Die Verliebten in der Zeit Maximilians ließen solche Geräte vor sich her tragen, wenn sie ihr Liebesglück[51] versuchten. Ein Zimmer in der Nähe ist mit Trophäen geziert, die man bei verschiedenen Gelegenheiten den Türken abgenommen hat, wie Flaggen, Pferdeschwänze, Säbel, Lanzen, Bögen, Turbane, Schilde und Pferdegeschirre. Von dort sind wir zu einer Galerie hochgestiegen, in der sich das befindet, was man den Schatz nennt. Ich verzichte darauf, davon eine genaue Beschreibung zu machen, denn das ist außerhalb meiner Fähigkeit; eines ist aber sicher: man findet dort sehr viele bemerkenswerte Sachen, seien es Produkte der Natur oder Meisterwerke der Kunst. Die Kenner schätzten sehr die umfangreiche und vollständige Sammlung von Gold-, Silber- und Kupfermünzen. Zahlreich sind auch die Vasen und andere Sorten von Utensilien aus Kristall und viele kunstvoll bearbeitete Edelsteine. Dort findet man auch eine große Menge an Möbelstücken aus massivem Gold. Unter anderem erinnere ich mich an ein ziemlich schweres und schön bearbeitetes Tintenfass, das Neptun und Amphitrite darstellt, und das Karl IX., König von Frankreich[52], dem Kaiser Maximilian II.[53] geschenkt hat. Dazu gehören auch das Jagdhorn samt Koppel, das Maximilian I. gehörte, sowie ein Schwert von Karl V.[54], das sehr fein bearbeitet worden ist. Eine andere Galerie ist mit den Bronzeköpfen der zwölf ersten Cäsaren und einigen Marmorbüsten, die vermeintlich antik sind, geziert. Dies gehört alles zu dem, was der Kaiser Karl V. bei dem Heiligen Vater[55] nach der Eroberung von Rom im Jahre 1527 erbeutet hat. Eine Geschichte der Turniere und Feierlichkeiten, die am österreichischen Hof im dreizehnten und vierzehnten Jahrhundert stattgefunden haben und die auf einem illustrierten Pergament niedergeschrieben ist[56], erschien mir sehr sehenswert und zeigt ausgezeichnet den Geschmack für Unterhaltung in längst vergangenen Zeiten.

Die Ausstattung des Schlosses ist sehr altertümlich und obwohl es eine Vielzahl an Gemälden gibt, ist darunter dennoch kein gutes. Von den oberen Räumen hat man eine wunderbare Aussicht. Das ganze Inntal von /14/ Hall bis weit über Innsbruck, zeigt sich mit tausend Variationen. Auf der gegenüberliegenden Seite gibt es klippenartige Felsen, die höchsten der gesamten Gegend. Auf ihren unerreichbaren Gipfeln findet man viele Gämsen, die in den Schluchten leben. Eine Meile unterhalb von Innsbruck liegt die kleine Stadt Hall. Das Salz, das man als Stein im Innersten der Berge findet, wird in Süßwasser aufgelöst und von dort in Röhren hierher gebracht. Vor nicht langer Zeit hat ein Arzt aus Innsbruck[57] eine neue Methode gefunden, welche die Verdampfung und Zubereitung erheblich verkürzt, und man hat gerade schöne und stabile Bauwerke nach seinen Prinzipien fertiggestellt.

Am 11.
Sobald man die Stadt Innsbruck verlässt, nähert man sich dem Schönberg, dem einzigen Berg des Gebietes, den man bis zum Gipfel besteigen muss. Der Weg dorthin ist breit und man hat ihn mit der größtmöglichen Sorgfalt eingeebnet. Ein dicker Nebel oder eher die Wolken, die uns umhüllten, ließen uns nicht weit sehen. Noch am gleichen Tage fuhren wir über den Brenner, der

dadurch nicht so beachtlich erscheint, dass der Schönberg ihm als Fundament dient. Es ist jedoch die höchste Erhebung der Tiroler Alpen und die Flüsse, die an diesem Ort entspringen, fließen nach Norden und Süden. Die Etsch entspringt einem See oder genauer gesagt einem Teich in der Nähe des Ortes, wo man die Pferde wechselt. Sie fließt ganz ruhig direkt neben der Straße unter dem Namen Eisack. Diese Gegend sieht rauh und wild aus. Wir verbrachten die Nacht im Dorf Mittwald.

Am 12.
Allmählich sieht man hier und dort Bäume. Die Eisack, die zusehends breiter wurde, war immer noch an unserer Seite. Wir haben sie an diesem Tag mehrmals überquert. Brixen ist ein kleiner Ort, der bereits nach italienischer Art mit Bögen unter den Häusern gebaut worden ist. Zwischen hier und Kolmau, unserer ersten Etappe, ist alles sehr malerisch. Von dort nach Deutschen, unserer zweiten /15/ Etappe, ist die Gegend trockener als alles, was wir bisher gesehen hatten. Was für eine grobe Mischung aus Tausenden von Steinen! Die steilen Felsen, die den Himmel berühren, sind manchmal krumm und hängen über den Reisenden. Sehr oft jagt der Absturz einer Reihe von Steinen den Fluss aus seinem Bett und dieser scheint vor Wut zu schäumen. Man neigt dazu zu glauben, dass sich hier der Schoß der Erde geöffnet hat, und dass man auf dem Grund des Spaltes wandelt. In der Tat sieht es so aus, als ob die Felswände früher zusammengehörten, und die riesigen Felsenstücke, die hier und dort liegen, scheinen Trümmer des Erdstoßes zu sein, der sie getrennt hat. Mehrere Schlossruinen passen vollkommen zu dem Ganzen. Nach all dem ist man angenehm überrascht, wenn sich plötzlich die Szene ändert. Die Felsen werden fruchtbar und tragen Weinstöcke, man sieht wieder Obstbäume in stets größerer Zahl, die Wellen der Etsch hören auf zu gischten, die Hänge sind mit Landhäusern übersät und alles gipfelt in einer blühenden Stadt in einem Tal von Bergen umgeben.

Bolzano ist klein aber gut bevölkert. Diese Stadt macht der Handel reich. Jedes Jahr finden dort vier Messen statt; die Einwohner sehen wohlhabend aus. Wir verbrachten die Nacht in einer Herberge, deren Zimmeraufteilung unsere Neugier weckte, da die Art und Weise zu bauen, sich von der unseren merklich unterscheidet.

Am 13.
Zwischen dieser Stadt und Trient führt der Weg immer an der Etsch entlang und das Tal, das ein wenig breiter wird, ist voller Bäume, die die Felder säumen und die Weinstöcke stützen.

Am 14.
die Einwohner von Trient sind weder Deutsche noch Italiener und sie sprechen die beiden Sprachen gleichermaßen schlecht.*

/16/ Der Palast des Bischofs[58] ist ein sehr altes Gebäude. Ein Turm, der dazu gehört, ist, nach dem, was hier erzählt wird, sogar noch älter. Einer der letzten Bischöfe[59] hat einen Flügel hinzugefügt, in dem seine Nachfolger leben. Dieser Flügel ist einigermaßen gut eingerichtet. Der Dom ist eine Kopie im Kleinen vom Petersdom in Rom. Santa Maria Maggiore, wo das berühmte Konzil[60] gehalten wurde, besitzt eine sehr schöne Orgel.[61] Ein Privatmann hat sie auf eigene Kosten am Anfang des 16. Jahrhunderts damit ausgestattet. Sie kann mit Feinheit die Töne einer Vielzahl von Instrumenten klingen lassen.

Die Stadt ist in unmittelbarer Nähe von hohen Bergen und Felsen umgeben. Von einem entspringt ein Bach in der gleichen Höhe wie die höchsten Glockentürme. Wir fuhren weiter.

Der 15.
Die Umgebung von Rovereto, vor allem in Richtung Ala, ist vielleicht die bemerkenswerteste von ganz Europa und ich wundere mich, dass man davon so wenig hört. Es ist wahrhaft die Natur in Ruinen und nichts in der Welt beweist besser die große Störung, die in früheren Zeiten unserer Erde widerfuhr. Soweit das Auge reicht, sieht man keinen einzigen Baum, keinen einzigen Grashalm. Alles scheint das traurige Gemälde der Umwälzung der Schöpfung darzustellen. Die ganze Gegend ist mit einer dicken Schicht aus schwarzen und verbrannten Steinen und schrecklichen Felsenstücken bedeckt, zwischen denen man von Zeit zu Zeit einheitliche, ein wenig schiefe Flächen entdeckt, die aus zusammengefügten aschgrauen Schiefern bestehen, welche jedoch so gleichmäßig und glatt sind, dass man aus der Ferne dazu neigen würde, sie für Wasserflächen zu halten. Es ist mir nicht möglich, den Eindruck wiederzugeben, den diese Szene auf mich machte: sie erweckte in mir das lebhafteste Bild der Zerstörung eines Planeten.

---

* Darauf bin ich beim letzten Posthaus vor Trient hereingefallen: ich ging in die Küche – aus welchem Grund weiß ich nicht – und erblickte im Ofen oder Herd etwas Lebendiges, das sich heftig bewegte. Neugierig zu wissen, was es wohl sein könnte, fragte ich einen jungen Mann aus dem Hause, was sie in ihrem Ofen gefangen hielten. „*Ein indianisch Vogel*“[62] sagte er mir. Ein Vogel aus Indien in einem solchen Käfig weckte meine Neugier noch mehr. „*Zeigen Sie mir dieses Tier, ich bitte Sie!*“. Der junge Mann geht raus und holt eine Dienerin, die es schließlich nach manchen Anstrengungen im Inneren des Ofens schaffte, einen ganz gewöhnlichen Truthahn am Schwanz herauszuziehen.

/17/ In Borghetto betritt man das Gebiet von Venedig und die Berge werden allmählich kleiner. Die Etsch bewässert Landstriche, die den Namen „Garten" verdienen. Diese befinden sich an beiden Seiten der Straße und alle zwanzig Fuß werden sie von langen Baumreihen durchzogen; der Weinstock vermählt sich mit dem Brombeerstrauch und verbindet sich mit seiner Nachbarin durch lange Ranken. Es sind zwar keine Dörfer zu sehen, aber die gesamte Landschaft ist bewohnt. Wenn mehrere Häuser nebeneinander stehen, bilden sie Marktflecken, die in der Regel ziemlich gut gebaut worden sind, bis auf die Fenster, in denen es keine Scheiben gibt, obwohl das Klima mir hierfür nicht angenehm genug erscheint. Wir verbrachten die Nacht in einem kleinen Ort namens Peri.

Am 16.
Neun italienische Meilen von Peri entfernt erreicht man endlich eine Ebene. Das Land ist weiterhin mit Weinstöcken und Brombeersträuchern übersät, zu denen noch Olivenbäume hinzukommen. Die Stadt Verona bildet den Abschluss des Tages.

Diese Stadt, die ein bedeutendes Ausmaß hat, wird von der Etsch in zwei Teile getrennt. Ich zögere, ob ich sie als schön bezeichnen soll oder nicht. Neben Palästen, die die schönste Architektur aufweisen, sieht man eine große Anzahl von alten und hässlichen Häusern. Keine dieser Städte Italiens lässt sich mit den unsrigen vergleichen; alles dort zeigt, wie alt sie sind und die Gebäude sind aus Trümmern und Ruinen entstanden. In den Städten wie auf dem Land haben die meisten Fenster keine Scheiben, und wenn es welche gibt, sogar in den Palästen, sind sie in einem solchen schlechten Zustand und so schmutzig, dass das Tageslicht nur mühsam eindringt. Die Unsauberkeit geht sehr weit, die Vorhallen der größten Häuser dienen allen als Latrinen und dies verletzt den Geruchssinn, sobald man eintritt. Die übrigens nicht breiten Straßen von Verona sind mit Unrat übersät. Nur einige wenige bilden eine Ausnahme. Eine große Anzahl an Geschäften verleiht ihnen noch einen neuen Glanz. Alles in allem sieht Verona dennoch wie eine Großstadt aus: sie zieren verschiedene schöne Plätze, vor allem der des Corsos, das Amphitheater, ein wunderbarer Palast[63], obwohl er unvollständig geblieben ist, für /18/ den Befehlshaber, ein altes Tor von Theoderich[64], dem König der Lombarden und die Akademie.

Das Amphitheater, eines der interessantesten Monumente der Antike, ist zu bekannt und zu oft beschrieben worden, als dass ich dessen Beschreibung wage. Es befindet sich mitten in der Stadt und ist aus einer Art rötlichem Marmor gebaut worden, den man in einem Steinbruch in der Nähe, bei der Chiusa[65], abbaut.

Man kann es von außen umrunden, aber die Arkaden, die in Geschäfte und Werkstätten umgewandelt worden sind, mindern sehr den Glanz dieses Überrestes der römischen Pracht. Im Inneren befinden sich noch 45 vollständig erhaltene Zuschauerränge, von denen einige restauriert worden sind, vor allem die unteren.

Die Anzahl der anderen Zeugnisse der Antike ist so zahlreich, dass nur Rom mehr aufweisen kann. Laut einigen antiken Autoren war Verona sehr groß, aber man kann daran zweifeln. Die vollständig erhaltene Porta Galliena[66] und das Löwentor[67], das mit seinen Schießscharten mitten auf einer Straße zu sehen ist, zeigen ausreichend, wo die alte Stadtmauer gestanden hat und befinden sich somit sehr weit entfernt von der neuen. Theoderich, der König der Lombarden, der die Stadt sehr erweitert hat, hat ein Tor errichten lassen, das ebenfalls erhalten ist. Auf einer anderen Seite hat er in der Mauer, mit der er diese Erweiterung umgeben hat, den Zugang zu einem Grab der Familie der Gavi integriert, der in gewisser Weise wie ein Triumphbogen[68] aussieht. Das Forum Justitiae[69], dessen Tor noch existiert, ist anscheinend sehr klein gewesen. Die zwei Sockel der Pfeiler des letzten Bogens* der Brücke stammen aus der römischen Antike. Am Fuße des Berges des Schlosses Sankt Pietro vermutet man ein Theater: als man den Aushub für ein Haus machte, das an dieser Stelle gebaut worden ist, hat man Fragmente von Säulen und Gesims mit anderen Verzierungen aus Marmor gefunden, die wie die Trümmer eines solchen Gebäudes aussehen. Von allen diesen Monumenten lohnt sich nur noch der Anblick des gallianischen Tores. /19/ An allen anderen würde man hundertmal vorbeilaufen, ohne sich einfallen zu lassen, etwas Außergewöhnliches zu suchen, wenn man im Vorfeld nicht informiert wäre.

Eine Brücke aus dem Mittelalter[70], mit drei sehr breiten Bögen – vor allem der dritte ist diesbezüglich bemerkenswert – führt zum alten Schloss[71]. Die Republik[72] hat dort gerade eine Militärschule[73] einrichten lassen, und seit acht Tagen hat man vierundzwanzig junge Adlige, allesamt Söhne von Offizieren versammelt, um sie zu erziehen und auszubilden. Man zeigte uns, wie sie paradieren. Dem Anschein nach zu urteilen wird es noch lange dauern, bis es gelingt, den kämpferischen Geist wieder zu wecken, der sich im vorigen Jahrhundert traute, den Osmanen die Eroberung der Candia[74] so tapfer streitig zu machen.

Man findet in Verona nicht weniger Zeugnisse der modernen Architektur als der alten. Gegen Mitte des 16. Jahrhunderts

---

* Ich habe es versäumt, aufzuschreiben, wie diese Brücke heißt; vielleicht steht der Name in dem Reisetagebuch von Herrn von Erdmannsdorff.

lebte hier ein Architekt namens Michele Sanmicheli[75]. Dieser Mann verfügte zweifelsohne nicht nur über ein großes Talent in seiner Kunst, sondern auch über eine große Fähigkeit zu überzeugen, denn es ist kaum zu glauben, wie viele Gebäude er errichtet oder angefangen hat. Der größte Teil der Kirchen, der Altäre, der öffentlichen Gebäude und fast alle Paläste sind von seiner Hand.[76] Darüber hinaus war er Bildhauer und Ingenieur; man behauptet, dass der Gedanke, Brüstungen aus Erde zu bauen, von ihm stammt. Was ihm am meisten zur Ehre gereicht, sind ein Tor nach Mantua, das man „Porta Palio"[77] nennt, und das man, da es nicht fertig gebaut worden ist, als Arsenal benutzt, die Kapelle der Pellegrini in der Kirche San Bernardo, und die Paläste der Canossa, Bevilacqua und Maffei.

Die Philharmonische und philotanische Akademie ist berühmt[78]; der Vorhof ist von einem Korridor umgeben, in dessen Mauer der bekannte Marquis Maffei[79] alle Marmorsteine, Basreliefs und Inschriften hat einlegen lassen, die er hatte sammeln können. Für einen Beobachter der Antike gibt es hier Beschäftigung für mehrere Tage. Das Theater der Oper bildet einen Teil dieses Gebäudes. Dort sahen wir uns anlässlich der Herbstmesse die Oper „Antigonus Gonatus"[80] an. Der wohlbekannte Virtuose /20/ Manzoli[81] in Begleitung einer jungen Sängerin namens L'Aguiari[82], die erst seit Kurzem auf der Bühne ist, sangen die ersten Teile und fanden allgemeinen Beifall. Das Schauspiel war glänzend, die Musik gut, und unsere deutschen Herrscher, die dafür so viel ausgeben, erleben sicherlich nichts besseres in dieser Gattung als der Adel von Verona, den die gesamte Unternehmung nur 2 500 Zechinen gekostet hat.*

Die Dekorationen, die diesem Adel gehören, sind von Bibiena.[83]

---

* Es ist es wert zu erzählen, wie die Italiener an diesem Vergnügen teilnehmen. Jede Familie hat ihre eigene Loge. Diese Logen sind tapeziert, mit Spiegeln und Kronleuchtern verziert und mit Sofas oder anderen gut gepolsterten Sitzmöglichkeiten ausgestattet. Dort hält sich die Dame auf, umgeben von ihren *cavalieri serventi*. [dienenden Kavalieren] Während des Schauspiels erstattet man einander Besuche; wenn der Raum allmählich eng wird, gehen vor allem die Cicisbei raus, um Platz zu schaffen. Diese Unterhaltungen finden laut statt, manchmal wird sogar gespielt. Das Parterre schweigt auch nicht. Das Ganze stellt ein so ohrenbetäubendes Getöse dar, das es nicht möglich macht, die Musik zu hören. Man ist nur ruhig, wenn einer der Hauptakteure seine Arie singt; unmittelbar danach setzt der Lärm wieder ein. Solche Gebräuche gelten überall im Lande, nur in Rom verhält man sich ein wenig ruhiger.

Die schöne Gesellschaft von Verona empfing uns mit Höflichkeit, da Gastfreundschaft in diesem Lande noch üblich ist.[84] Zwei Brüder, Marchesen von Canossa[85], die wir rein zufällig kennen lernten, bemühten sich auf die liebenswürdigste Art, uns ihre Heimat zu zeigen und uns in die wichtigen Häuser einzuführen. Es gibt nichts Leichteres als dies, da ihre Landsleute den Fremden gegenüber liebenswürdig und zuvorkommend sind. Französisch wird hier wenig gesprochen, aber deswegen ist man nicht weniger höflich! Diese guten Leute sind nicht reich und laden daher nicht zum Essen ein. Kann man sie dafür tadeln?* /21/

Die Marchesen de Bevilacqua besitzen sehr schöne Statuen und antike Büsten.[86] Eine Ceres, eine Bacchantin und eines der Kinder der Niobe, das auf dem Rücken liegt, alle sind so groß wie in der Wirklichkeit, gut erhalten und verdienen, gesehen zu werden. Es gibt auch einen Kopf der Livia und einen anderen von Augustus mit der Bürgerkrone, die beide berühmt sind. Ebenfalls schön ist ein liegender, ungefähr einen Fuß langer Hermaphrodit. Ihr Palast ist geschmackvoll ausgestaltet und mit den Gemälden der besten Meister aus Italien verziert.

Den Garten der Grafen Giusti[87] haben mehrere Reisebeschreibungen berühmt gemacht. Er ist voll mit Sockeln, Gesimsen und anderen Marmortafeln mit römischen Inschriften. Er befindet sich am Fuße eines Berges und geht bis zu dessen Gipfel. Er sieht sehr vernachlässigt aus; das Beste darin sind sehr hohe Zypressen die 260 Jahre alt sind. Der Steilhang ist sehr gut angelegt. Nachdem man hoch gestiegen ist, findet man kleine Tempel, von denen man über die Gipfel der Zypressen hinaus die gesamte Stadt mit ihren drei Schlössern oder Festungen sehen kann.

---

* Diesbezüglich möchte ich Folgendes bemerken. Als wir ankamen, und sobald wir in der Herberge abgestiegen waren, kam ein Mietlakai. Es war ein schon alter Mann, schlecht angezogen, dem allerdings ein Degen, ein Stock und der Hut unter dem Arm ein gewisses Aussehen verliehen. Am gleichen Tag fuhren die Fürsten noch zur Oper. Nachdem er die Tür der Kutsche zugemacht hatte, nahm dieser Mann eine Laterne in die Hand und fing an, neben der Kutsche zu laufen. *Ist die Oper weit?* wurde er gefragt. *Sehr weit* antwortete er. *Steigen Sie doch auf den Wagen. Meine Herren, das ziemt sich für mich nicht. Und warum denn? Weil ich ein Mann von Stand namens Conte de la Cisa bin.* Er sagte die Wahrheit, denn er gehörte tatsächlich zum Haus der Bevilacqua. Daher, als wir am Morgen zu den wichtigen Häusern fuhren, wurde nicht versäumt, ihm wie uns eine Tasse Schokolade anzubieten. Im Übrigen machte er nicht die geringsten Schwierigkeiten, alle Aufgaben eines Dieners zu übernehmen, bis auf das Aufsteigen auf die Kutsche, was er bereits am ersten Tag ausdrücklich sagte.

Der berühmte Paul Veronese hat seine Heimat mit vielen Zeugnissen seiner Geschicklichkeit bereichert. In der Kirche San Giorgio[88], bei den Bevilacqua und im Haus von Gherardini[89] findet man viele seiner Werke. Da ich es nicht genau beurteilen kann, beschränke ich mich darauf zu sagen, dass ein „Loth mit seinen Töchtern" mir sehr gut gefallen hat. Die meisterhaften Züge in den besten Werken, die die Kenner entzücken, berühren mich Unwissenden nur wenig. Dennoch, wenn die Wahl des Themas und der Glanz der Farben in mir angenehme oder (ich wage es, zuzugeben) sinnliche Ideen entstehen lassen, so arbeitet meine geweckte Einbildungskraft und ich vergnüge mich. Aus diesem Grund konnte ich nicht umhin, mir mit Freude mehrere Mädchenbüsten des Grafen Rotari[90] anzuschauen, obwohl diese, ich weiß es sehr wohl, keine erhabenen Werke sind.

/22/ Von den lebenden Malern in Verona haben wir den Signor Cignaroli[91] besucht, den ganz Italien kennt. Seine Werke schienen uns sehr anmutig. Sollte ich irren, so bitte ich um Verzeihung.

In der reichen Gemäldesammlung des Marquis Gherardini zeigte man uns ein Bild von Alexander Turchi, das die Anbetung der Heiligen drei Könige zeigt. Man erzählt, dass der selige König von Polen, August III.[92], dafür 2 000 Ecus bezahlt hätte. Der unheilvolle letzte Krieg, der dazwischen ausbrach, hat ihn daran gehindert, das Geschäft abzuschließen. Aber auch ohne unheilvolle Ereignisse ist es meines Erachtens die höchste Summe, die einem Herrscher erlaubt ist, für ein Gemälde zu zahlen und sei es von Apollo selbst gemalt worden.

Im Haus unserer dienstfertigen Canossa habe ich zwei schöne Decken gesehen. Die eine, die den Triumph von Herkules zeigt, ist von Tiepolo[93] aus Venedig.

Das ehemalige Marsfeld dient heute einem ganz anderen Zweck. Es ist von einer viereckigen Mauer umgeben und dort finden in Boutiquen, die eine kleine Stadt bilden, deren Straßen einen Stern bilden, Messen statt. Dem Haupteingang gegenüber befindet sich ein Saal, Sitz eines Justiztribunals, das Streitfälle sofort entscheiden kann. Während dieser Messe gibt es immer einen starken Andrang von Fremden und am Abend gehen dort die Kavaliere und die Damen spazieren.

Nunmehr komme ich zur Beschreibung eines Ortes, den man die Brücke von Veja[94] nennt, in der Nähe von Peri und im unfruchtbarsten Teil der Bolessines[95] von Verona gelegen. Diesen seltsamen Ort haben die Veroneser vernachlässigt, bis ein Holländer namens Vander Nesse, der hierher kam, um sich etwas so Seltenes anzuschauen – und dem man nur mit Mühe den Weg dorthin zeigen konnte – es zur

Mode machte, dorthin zu gehen. Wir nahmen eine Sedia[96], um die ersten acht Meilen* bis nach Lugo[97] zu fahren.

Dort hatte man uns für den Rest des Weges (fünf Meilen) Esel bestellt. Die zwei Fürsten hatten sich mit Satteln und Zaumzeug ausgerüstet, um in solchen Fällen bequem reisen zu können. Es war ein lustiges /23/ Schauspiel, diese zwei Grautiere mit einem englischen Geschirr, aber als diese zwei großen Jünglinge darauf stiegen, wurde es noch lustiger. Dennoch setzte sich die Schwadron in Bewegung. An der Spitze lief der Conte de la Cisa, der auch jetzt weder auf seinen Degen noch auf seine Geldbörse verzichtet hatte. Das Unternehmen war schwierig: ein enger Weg führte an abscheulichen Abgründen vorbei und unsere Hengste aus Arkadien, die sich ungern zügeln ließen, liefen nach eigener Laune. Endlich erreichten wir den Fuß des betreffenden Felsens. Ich weiß nicht, ob ich es schaffen werde, eine Idee dieses Spiels der Natur wiederzugeben, die, indem sie eine Brücke baute, den Architekten gespielt hat. Von unten erscheint der Felsen wegen seiner großen Höhe riesig. Oben teilt er sich in zwei Gipfel, die ein natürlicher Bogen verbindet. Dieser Bogen oder diese Brücke geht auf einer Seite zum Tal. Auf der anderen gibt es eine ziemlich ausgedehnte Ebene. Von dort fließt ein Bächlein unter dem Bogen entlang und stürzt ungefähr 60 Fuß in die Tiefe. Auf der steilen Seite befindet sich eine nymphäumförmige Höhle, auf der besagter Bogen wie auf einem Sockel steht. Der kleine Wasserfall stürzt breitflächig gerade am Eingang der Höhle herunter und das Wasser sammelt sich in einem Becken am gleichen Ort und fällt danach bis zum Grund des Tales. Dies ist reizend und nachdem ich mich im Nymphäum eingenistet hatte und den durchsichtigen Vorhang und das Becken zu meinen Füßen vor mir sah, und als ich das mit hängendem Gras gezierte Gewölbe betrachtete, dachte ich, ich sei für die Mühen reichlich entlohnt, mit denen ich stets an den Wasserfällen vorbei geklettert war, um diesen Ort der Erholung zu erreichen. Wenn man aus der Höhle herauskommt, findet man linker Hand den Eingang einer Kaverne. Anfangs ist sie ziemlich breit und sechs bis sieben Fuß hoch. Danach muss man ungefähr fünfzig Schrittlängen auf allen Vieren kriechen, und das Tageslicht weicht der tiefsten Dunkelheit. Man läuft weiter mit Fackellicht. Eine Zeit lang läuft man aufwärts. Dann wird die Höhle breiter und hat ein schönes Gewölbe. Ich brauche nicht zu sagen, welchen Eindruck ein halbes Dutzend /24/ Bauern mit Fackeln und Pechfaschinen in dieser Finsternis hervorrief. Ganz

---

* Hier wie im ganzen Reisetagebuch, wenn von diesem Land die Rede ist, handelt es sich um italienische Meilen.

hinten ist die Kaverne am breitesten und sie endet in mehreren Schächten, in denen man unmöglich laufen kann. Viele Namen und Daten zeugen von den Neugierigen, die die Kühnheit hatten, sich hierhin zu begeben. Nachdem wir wieder das Sonnenlicht erblickt und verschnauft hatten, stiegen wir schließlich auf die Brücke. Sie ist 60 Schritt lang, 25 bis 30 breit und wenn der Rest des Gebiets es ermöglichte, könnten die Kutschen sie bequem befahren. Auf einer Ebene daneben findet man eine große Anzahl an Steinen, die alle Sockeln von Säulen ähneln. In der Nähe hat ein Eremit seine Bleibe gefunden, der sich dem Verkehr mit den anderen Menschen so gut es geht entzieht. Die Leute dieser Gegend wissen nicht, wann und woher er gekommen ist. Der allgemeinen Meinung nach handelt es sich um den König Theodor von Korsika[98], den unglücklichen Gegenstand so vieler Fabeln und Überlieferungen.

Bevor wir Verona verließen, kaufte der Prinz Johann Georg einen leichten zweisitzigen Wagen. Ich fuhr mit ihm in diesem und unsere zwei Lakaien liefen davor. Der Landauer, der drohte, Schiffbruch zu erleiden, wurde hier in Verona verkauft.

Am 22.
Zwischen Verona und Vicenza ist der Weg breit und gut. Die Landschaft ist gleichmäßig. Die Felder sind von Bäumen umgeben, die nicht zu nah aneinander gereiht sind. Linker Hand sieht man ganz deutlich die Tiroler, aber auch die Trentiner Berge, die nicht weit entfernt sind. Zwei oder drei Flüsse, die man überquert, liegen höher als die Ebene, so dass sie ohne die Deiche, die sie eingrenzen, die ganze Gegend überschwemmen würden.

Die Stadt Vicenza liegt am Fuß einer Reihe von Hügeln, die man rechts entdeckt. Sie scheint weniger umfangreich als Verona zu sein, wird aber von vielen Palästen geschmückt, die zwar nicht sehr groß sind, aber eine schöne Architektur aufweisen. Die entspricht vorzüglich dem Geschmack des berühmten Palladios, dessen Heimat Vicenza ist. Man konnte ihn mit dem Bau eines gewöhnlichen Hauses beauftragen; dank seiner /25/ Talente und durch gewählte Verzierungen gelang es ihm, daraus einen Palast zu machen. Vor allem die einfache Schönheit der Landhäuser, die er entworfen hat, ist unübertroffen; jedes von ihnen gibt einem die Lust, dort seine Tage bis zum Tode weit von der Welt und deren Treiben zu verbringen. Das Haus der Marchese Capra[99], das nicht weit von der Stadt liegt, ist sehr schön. Ganz in der Nähe befindet sich eins, das dem Conte Valmarana[100] gehört; ich zweifle, dass es von Palladios Hand ist. Alle Räume sind mit Fresken von Tiepolo geschmückt. Mit viel Anmut hat dieser Maler verschiedene Themen aus dem *Orlando furioso* und der *Äneis* illustriert.[101] In einer Zimmerflucht hinter einer Galerie abseits des Hauses hat der gleiche Meister eine Vielzahl von Masken dargestellt, die man auch nicht ohne Genuss betrachtet.

Die Kirche della Madonna in Monte gehört zu einem überaus reichen Kloster der Serviten.[102] Sie ist auf dem Gipfel der bereits erwähnten Hügel gebaut und bietet eine Aussicht auf die gesamte breite Ebene, die sich zur Bucht von Venedig erstreckt. Im Refektorium befindet sich ein großes und schönes Gemälde von Paulo Veronese, das ein Gastmahl Jesus Christus' mit dem Papst und den Kardinälen darstellt, die von griechisch[103] bekleideten Pagen bedient werden.[104] Von diesem Kloster läuft man in die Stadt hinunter über einen Weg, der mindestens über die Länge von 2000 Schritten mit Arkaden überdeckt ist. Dieses Bauwerk, das ungeheure Summen kostet, ist noch nicht ganz fertig. Es wird mit Almosen gebaut, damit es die Pilger bequemer haben.

Eine große Wiese vor dem Tor nach Verona wird Marsfeld genannt; an dessen Eingang steht ein Triumphbogen, den Palladio entworfen hat[105]. Obwohl er ganz schlicht ist und nicht viel kostete, ist er wertvoll.

Der Palast der Familie Vecchia[106] im Vorort verdient es, von allen aufmerksam betrachtet zu werden, die im Stande sind, Häuser zu bauen. Habe ich in meinem Leben ein freundliches, geschmackvoll ausgestattetes und bequem zugeschnittenes Haus gesehen, so ist es dieser anmutige Palast. Vier Gemälde von Giordano Luca schmücken den Salon.[107]

Die Piazza Maggiore ist der bemerkenswerteste Platz von allen. Das Stadthaus, das /26/ man hier *Casa della Raggione*[108] nennt, ist ein altes und gotisches Gebäude, dem Palladio wieder einen gewissen Glanz verliehen hat, indem er es mit einem Gang umgab, der auf Säulen ruht. Der gleiche Architekt hat auch in der Olympischen Akademie die Vorstellung verwirklicht, die er sich von einem antiken Theater gemacht hat[109]. Das Proszenium ist klein im Verhältnis zu dem ohnehin nicht sehr großen Theater. Die Bühne besteht aus einem Bauwerk, das mit Basreliefs, Säulen und Büsten verziert ist. Durch drei Türen, die eingebaut worden sind, sieht man drei Straßen in Perspektive. Die Schauspieler können nur durch diese Türen ein- und ausgehen. Ich kann nicht behaupten, dass dieses Theater sehr wirkungsvoll ist, es sei denn, es ist festlich beleuchtet. Das Amphitheater besteht aus zwölf Zuschauerrängen; ganz oben stehen eine Kolonnade und Statuen. Das ganze Theater ist zum Teil aus Holz, zum Teil aus Gipsmörtel. Im Übrigen wird es nicht benutzt.

Das Haus von Palladio[110] zeugt noch mehr von seinem Genie als seine Paläste. Obwohl es nur zwei Fenster breit ist, ist es ihm gelungen, es außen angenehm für das Auge und innen bequem zu gestalten.

In Vicenza habe ich die erste italienische Komödie[111] gesehen. Es war eine Opera seria von Metastasio. Schon diese Ernsthaftigkeit kündigte nichts Gutes an. Jedoch machten es die Schmierenkomödianten, die ihrem Verhalten nach Lastträger und ihrer Deklamation nach wahrhafte Zahnbrecher sind, noch schlechter. Mir wäre es lieb gewesen, wenn alle unsere Landsleute, die unsere Schauspieler so gern demütigen, diesem Schauspiel beigewohnt hätten. Dabei möchte ich ergebenst darum bitten, dass man nicht vergisst, dass Vicenza jedoch sehr viele Einwohner und darunter eine große Anzahl von Adligen hat.

Am 24.
Zwischen Vicenza und Padua ist die Straße breit und sehr befahren, aber nicht sehr gut. Dadurch, dass man viele Postchaisen mit zwei Rädern (Sedia) und andere Kutschen trifft, bemerkt man, dass man sich Venedig nähert. Man fährt durch eine ebene und gleichmäßige Landschaft, die allmählich in allen Richtungen breiter wird.

Die Stadt Padua ist sehr groß, aber im Vergleich zu den zwei Städten, von denen ich gerade sprach, schlecht gebaut. /27/ Die erste Etage aller Häuser ruht auf Arkaden, so dass man bei jedem Wetter trockenen Fußes und im Schatten spazieren gehen kann. Davon abgesehen trägt die Finsternis, die in diesen bedeckten Alleen herrscht, nicht wenig zum dunklen Aussehen dieser antiken Stadt bei. Ich brauche nicht zu erwähnen, wie berühmt ihre Akademie damals war; vor allem Vertreter unserer Nation studierten gern hier. Nun ist dieser Glanz verschwunden und ungefähr 200 Studenten, mit der pedantischen Art in der Lehrweise der vergangenen Jahrhunderte, sind alles, was davon bleibt.[112]

Unter Rekurs auf einen Abschnitt der Äneis[113] glaubt man hier gern, dass Antenor der Gründer von Padua gewesen wäre und man bildet sich ein, die Gebeine dieses trojanischen Helden entdeckt zu haben. Man hat für ihn schon zu Beginn des XIII. Jahrhunderts ein Grabmal[114], auch wenn er wirklich nicht zur Kirche gehörte, errichtet, dessen gotische und romanische Struktur eine schöne Theatergestaltung ausmachen würde, zumal es von Bauten gleichen Geschmacks umgeben ist. Antenor ist jedoch nicht der einzige seines Glaubens, der hier mit einem Grabmal beehrt worden ist: Titus Livius hat sein eigenes im großen Saal der *Casa della raggione*.[115] Dort wird einer seiner Arme, wenn nicht als religiöse, so zumindest als literarische Reliquie aufbewahrt. Da indes jeder an seiner Stelle und in seinem Rang stehen soll, hat hier Sankt Antonius, der große Prediger der Fische, immerhin ein viel luxuriöseres Grab. In einem ihm geweihten Tempel ist sein Grabmal von unglaublichen Reichtümern aus Gold und Silber bedeckt und umgeben. Seine

Anbetung geht so weit, dass die Marmorplatten, unter denen er liegt, die Spur von unzähligen Küssen, die ihm seit Jahrhunderten gegeben worden sind, aufweisen. Das ist nicht nur rhetorisch gemeint; alle diejenigen, die nach Padua kommen werden, können sich davon überzeugen und zwei abgetragene und abgerundete Stellen neben einer Ritze (aus der ein Rosenduft strömt) sehen: die obere stammt von den Küssen und den Berührungen mit der Stirn, die untere von den Kniebeugen.

Die Sankt Justine Kirche ruft von außen in keiner Weise Aufmerksamkeit hervor, obwohl /28/ sie sehr groß ist, aber das Innere ist schön und verdient, gesehen zu werden. Eine Schlichtheit, derer sich keine andere katholische Kirche rühmen kann, und zugleich die schönsten Gegenstände aus Marmor machen sie bemerkenswert.

In Padua kaufte der regierende Fürst ein Vis-à-vis, das den Gebräuchen des Landes angemessener ist und ließ die große Kutsche bis zu seiner Rückkehr aus Italien im Gasthof. Selbstverständlich blieben auch die anderen Wagen während des Ausfluges nach Venedig in Padua.

Der 26. November
Von Padua nach Venedig. Wir gingen an Bord eines dieser Kähne, die auf dem Kanal der Brenta zwischen Padua und Venedig ununterbrochen hin und her fahren. Die Objekte, die wir während der Fahrt sehen konnten, entzückten mich. Ich freue mich sehr, bisher so wenig solche Erfahrungen gemacht zu haben: dadurch berührt die schöne Ausonia alle meine Sinne und jeden Tag empfinde ich neue Genüsse, wenn ich sie bereise. Die Hälfte der 25 Meilen der Strecke ist von den reichsten Ländereien bedeckt, die dem Venediger Adel gehören. Darunter findet man wunderschöne Gebäude, die als Beispiel der Baukunst dienen können und daneben kleine hübsche Häuser, die noch schöner sind, so dass man lange zögern würde, sollte man sich eins aussuchen.

Die Hauptstraße führt am Kanal entlang, der genau so voll mit Kähnen und Schiffen ist, wie die Straße mit Kutschen und Wagen. Drei Marktflecken, dazwischen Lusthäuser, säumen das Ufer. Fast jede Meile findet man kleine Läden, in denen man Erfrischungen zu sich nehmen kann. Kurzum, es gibt nichts Lebhafteres als diese Wasser- und Landstraße. Das Wetter war mild und heiter und wir speisten gut auf unserem Kahn, der sauber und gut ausgestattet war.

In Fusina fährt man in die Lagune hinein, die für alle, die das Meer noch nicht gesehen haben, als solches gelten kann. Vor sich sieht man in einer Entfernung von sechs Meilen die einzigartige Stadt Venedig, die aus den Wellen zu ragen scheint. Gerade ging die Sonne unter; weit weg /29/ sahen wir rechts auf einem blauen

Hintergrund die Schiffe der Reede von Malamocco. In der Nähe der Stadt war die ganze Lagune mit Kähnen und Gondeln bedeckt, die sich im Wasser widerspiegeln. Der Mond, der immer die Objekte vergrößert, leuchtete uns bei der Einfahrt in den großen Kanal und, wenn man so will, auch beim Betreten unserer Herberge.

Man erwarte hier nicht eine Beschreibung der Kirchen, Kanäle und öffentlichen Plätze. Fast alle kennen sie, sei es durch die zahlreichen Kupferstiche, die man davon besitzt und die sich alle ähneln.[116] Im Allgemeinen werde ich mich über die großen Städte am wenigsten auslassen. Sie wurden so oft beschrieben und werden in Gesprächen so oft thematisiert, dass jeder darüber Bescheid weiß. Ich werde nur sagen, dass ich mir gedacht hatte, dass Venedig glanzvoller sei.

Alle Reisenden stimmen überein, dass die zwei Plätze von San Marco zu den schönsten in ganz Europa gehören. Die Rialtobrücke mit dem Viertel Merceria, die jeden Abend beleuchtet sind, erinnern zu allen Jahreszeiten an diese kleine Ecke von Leipzig zur Zeit der Messe, die man Auerbachs Hof nennt und die in Sachsen so berühmt ist. Allerdings scheint mir, dass dieser Eindruck wegen der großen Unsauberkeit, des schlechten Zustandes der Fenster und des düsteren Aussehens, das alles andere kennzeichnet, verwischt. Der angenehmste Anblick ist zweifelsohne das vielseitige Bild von Booten und Gebäuden, das der Teil des Kanals der Giudicca bietet, d. h. zwischen dem kleinen Platz San Marco, San Georgio Maggiore und dem Arsenal.

Letzteres bildet fast eine separate Stadt für sich und beherbergt die gesamten Vorräte der Republik für Kriege auf See oder auf dem Land. Diese sind nicht besonders beachtlich, aber das Depot der Marine ist vielleicht eins der umfangreichsten, die es gibt. 25 Kriegsschiffe und die gleiche Anzahl an Galeeren, im Trockenen in großen Hallen und auf Gerüsten, können jederzeit zu Wasser gelassen werden. Man versichert, dass 3 000 Menschen jeden Tag in den verschiedenen Werkstätten und Magazinen dieses umfangreichen Geländes arbeiten. Allerdings glaube ich nicht an die 10 000 Kanonen, die sich dort befinden sollen.

/30/ Die Seekräfte der Venezianer bestehen hauptsächlich aus Galeeren. Davon sieht man eine große Anzahl an verschiedenen Stellen der Lagune; sie sind klargemacht und können jederzeit auslaufen. Die Gefangenen geben ausreichend Anlass, über das menschliche Elend nachzudenken, das hier sicherlich seinen Gipfel erreicht.

Der Saal des Großen Rates befindet sich im Palast San Marco[117] und ist sowohl wegen seines Ausmaßes als auch der riesigen Gemälde von Tintoretto[118] bemerkenswert. Acht- bis neunhundert Adlige glauben, dort die Staatsangelegenheiten zu regeln, aber in Wirklichkeit leitet sie der Große Rat mit seinen zehn Mitgliedern allein. Der Doge, der, wie man weiß, über keine Macht verfügt, bewohnt einen Teil dieses Palastes, und die übrigen Räume dienen als Versammlungsort für verschiedene andere Räte sowie für die Gerichte. Man darf die Gerichtssäle betreten und den Verhandlungen beiwohnen; diese werden mit einer für einen Fremden übertriebenen und lächerlichen Heftigkeit geführt. Ich habe selbst gesehen, wie einer dieser Anwälte so schrie und tobte, dass er wie ein Athlet schwitzte. Ich kann nicht umhin, auf die erschreckende Unsauberkeit des Eingangs, der Korridore und der Vorzimmer hinzuweisen. Alle diese Räume sind so voll mit Unrat, dass man fast in Ohnmacht fällt, wenn man dadurch läuft. Und dies gilt nicht nur für den Palast San Marco: überall ist es das gleiche. Um ihre Hauseingänge vor solchen Verunglimpfungen zu schützen, versehen einige Privatpersonen den unteren Teil der Mauer mit gemalten Kreuzzeichen, jedoch umsonst, man macht sich darüber lustig und alles dient in Venedig als Kloake.

Das Wahrsagen, eine früher geschätzte, in Europa nunmehr fast in Vergessenheit geratene Kunst, wird noch in den Säulengängen von San Marco praktiziert. Propheten und Prophetinnen, die sich hier drängen, bieten den Passanten für ein sehr kleines Entgelt ihre Dienste an. In den Säulengängen befinden sich auch die Maskarone, die geheime Denunziationen ermöglichen: jeder darf in die geöffneten Münder kleine Zettel werfen. Über jedem Maskaron steht eine Inschrift, die angibt, für welche Art der Meinungsäußerung er bestimmt ist. Diese Zeugnisse einer despotischen und misstrauischen Regierung finden sich auch an den Ecken /31/ und auf den Treppen der meisten öffentlichen Gebäude.

Dem Palast gegenüber steht die Bibliothek.[119] Ihre Treppe ist wunderbar. Da man gerade dabei war, die Ablagen zu erneuern, hatte man die meisten Bücher ausgelagert. In der Sammlung von antiken Statuen und Büsten heben sich zwei Gruppen von Kunstwerken hervor, die Phydias der Überlieferung nach geschaffen haben soll. Sie sind ungefähr zwei Fuß hoch. Die eine stellt Leda dar, die den Schwan zwischen ihren Schenkeln umklammert, die andere Jupiter in Gestalt eines Adlers, Ganymedes auf dem Rücken, den er in die Lüfte entführt. Alles, was von sonderbarem Geschmack und in unseren Breiten unbekannt ist, alles was Sinnlichkeit und Reiz haben kann, kommt in diesen Marmorstatuen zum Tragen.

Das Fondaco[120] ist ein Gebäude, das die Republik für die Geschäftsleute der deutschen Nation hat errichten lassen. Sie genießen erhebliche Vorteile. Diejenigen, die ledig sind, können dort sehr angenehm wohnen. Der Speisesaal ist mit Gemälden von Tizian[121] geschmückt, von denen mehrere sehr beschädigt sind und nur drei, die schöne Themen zeigen, sind noch in einem guten Zustand und verdienen es, gesehen zu werden.

Die Liebhaber der Malerei versäumen es nicht, das Refektorium des Klosters San Giorgio Maggiore zu besuchen, um die *Hochzeit zu Kanaa* von Paul Veronese zu betrachten[122]. Dies Bild ist außerordentlich groß und schön. Hinter dem Kloster befindet sich ein Garten, der woanders keiner Beachtung würdig wäre. An einem Ort hingegen, der mitten im Meer liegt und an welchem es demnach so wenig Land gibt, wird ein solcher Garten durch seine Lage erwähnenswert. Allerdings findet man noch einige Gärten auf der Insel der Guidecca, sowie eine Reitbahn mit einigen elenden Pferden für junge Adlige.

Genau wie die Geschäftsleute unserer Nation besitzen die Türken in Venedig auch ein großes Haus[123], aber sie stehen wegen einiger Extravaganzen, zu denen die Asiaten neigen, ein wenig unter der Fuchtel. Genau in der Zeit des Ave sperrt man sie ein und ihr Gouverneur zeigte sie uns in ihren Zimmern, die an einem Korridor entlang liegen, /32/ genau wie man seltene Tiere zeigt. Ein junger Knabe, den sie bei sich hatten, schien mir jedoch der aufmerksamen Weisheit des Senats entgangen zu sein.

Über die Sitten und den Charakter der Venezianer kann ich nichts sagen. Die wenige Zeit, die wir dort geblieben sind, erlaubte uns nicht, die Bekanntschaft von Leuten zu machen. Im Allgemeinen hatte ich den Eindruck, dass man ihnen kein Unrecht tut, wenn man sie bezichtigt, ungesellig und misstrauisch zu sein. Angesichts ihrer Regierungsform wäre es erstaunlich, wenn es anders wäre.

Seit dem 4. Oktober geht man hier wieder maskiert. Dies dauert bis zum Ende des Karnevals, so dass die Straßen Tag und Nacht Versammlungen von maskierten Personen ähneln, die man bei uns „Redoute"[124] nennt. Sonst tragen hier fast alle lange Mäntel verschiedener Farbe. Auch in den anderen Teilen Italiens sind die Mäntel sehr gebräuchlich. Man nennt sie *Ferrajuoli*[125]. Das einfache Volk trägt fast nichts anderes.

Während des Herbstes dieses Jahres wurden sieben Theater eröffnet, die allerdings nicht immer voll waren. Das Eintrittsgeld ist hier nicht genau definiert: auf dem Platz San Marco kauft man den Schlüssel für eine Loge zu einem Preis, den man aushandeln kann. Die Komische Oper[126], die im Theater San Moise gegeben wurde, gefiel mir mehr als alle anderen. Alle Frauen, die Schauspielerinnen wie die Tänzerinnen, waren sehr hübsch und so jung, dass die Bühne während der Balletteinlagen ein wahrhafter Tempel von Hebe zu sein schien. Die Lehre dieses entzückenden Schauspiels war allerdings ganz schlecht: die ganze Handlung des Stückes bestand darin, dass ein Mann von Stand einen Schrank öffnete, um eine Geldbörse zu stehlen. Nie habe ich eine Vorstellung dieser Oper gesehen, ohne dass die Schauspieler genötigt wurden, diese Szene zu wiederholen. In einem Ballett drückte ein Liebhaber zwei Taschenpistolen an die Brust seiner zwei Nebenbuhler, die sich, in Angst und Schrecken versetzt, plötzlich auf den Boden warfen. Auch dies erntete großen Beifall. /33/ Die schönste Musik bieten die Kirchen der zwei Krankenhäuser des Mendicanti und della Pieta[127], die Waisen und Findelkinder aufnehmen. Alle Instrumente werden von Mädchen gespielt, und die Stimmen, die man dort hört, sind zweifelsohne die schönsten auf dieser Welt. Diesen Mädchen ist es zwar erlaubt zu heiraten, man bemüht sich dennoch, die fähigsten hier zu behalten und das auf jegliche Art. Darüber hinaus müssen sie geloben, sich nie auf einer Bühne zu zeigen. Die Dirigenten der Orchester, die von der Republik einen guten Unterhalt bekommen, sind immer gelehrte Musiker und bekannte Komponisten.

Die Gondeln übertreffen an Bequemlichkeit alle Arten von Fahrzeugen. Es ist nur schade, dass sie allesamt schwarz sind, ohne Unterschied. Wenn man jemanden besuchen oder eine Runde drehen möchte, braucht man keinen weiteren Diener als diese Gondoliere, die kluge und geschickte Jungen sind und alle mögliche Aufgaben übernehmen. In Venedig sind es sehr nützliche Diener, die zugleich als Zugpferd und als Lakai dienen.

Wenn die Venezianer von ihrem Herrscher reden, sagen sie: der Fürst oder Heiliger Markus. Ganz besonders gefällt es ihnen, Untertanen des Letzteren zu sein, wobei sie nicht Unrecht hätten, wenn dies wahr wäre. Ein Herrscher von diesem Schlag ist weit weniger unbequem als mehrere andere, die voller Leben sind.

Sobald man weiß, dass es in Venedig kein Süßwasser gibt und dass jenes, das man dort gebraucht, vom Festland gebracht wird oder gesammeltes Regenwasser ist, wundert man sich, dass es klarer und reiner ist als überall. Der Grund dafür liegt in den Zisternen, die sehr kunstvoll gebaut sind. Das Wasser wird durch Kies und Schwämme gefiltert und von den kleinsten fremden Teilen gereinigt.

Neben der möblierten Unterkunft, wo wir untergebracht waren, gab es eine kleine und dunkle Straße. In einem offenen Toreingang hatte ich /34/ mehrere Abende nacheinander eine der billigsten Kurtisanen bemerkt, die in einem umfangreichen Abschnitt der *Lettres Juives* des Marquis d'Argens[128] beschrieben sind. Um zu überprüfen, was er beschreibt, begab ich mich in das Haus. Es war eine wahrhafte Werkstatt ohne Fenster, dessen einziger Ausgang die ebenerdige Tür zur Straße war. Eine Lampe, ein Bett, ein Betstuhl vor einer Madonna und ein Vorhang daneben, dies war die ganze Ausstattung. Kurzum, es entsprach vollkommen dem Bericht des Marquis. Wie können Sie bloß hier wohnen, frage ich die kleine Person. „Ich wohne hier nicht", antwortete sie, „ich komme erst abends hierhin, um zu arbeiten". Es sei angemerkt, dass sie an einer Handarbeit saß.

In Venedig hatte ich die Gelegenheit, mich ein wenig mit der Seefahrt vertraut zu machen, was ich mir seit meiner frühen Jugend gewünscht hatte. Aus diesem Grund unternahm ich mehrere Spaziergänge zum Lido und zum Hafen von Malamocco. Eines Tages bestiegen die zwei Fürsten mit mir ein englisches Schiff, das vor dem Kastell de Bovedia vor Anker lag. Der Kapitän, dessen Bekanntschaft ich gemacht hatte, als ich bei ihm eine Uhr kaufte, bewirtschaftete uns mit der Herzlichkeit, die so gut zu seiner Nation passt. Während wir zu Tisch saßen, zog ein Landwind auf, der so stark war, dass unsere Gondoliere zögerten, ob sie uns wieder nach Hause fahren sollten. „Coglioni"[129] rief unser Wirt, dem der Punsch ein wenig zu Kopf gestiegen war. Darauf bestieg er die erste unserer zwei Gondeln und befahl, in Richtung Malamocco zu fahren. Das war nicht weit vom Schiff. Nachdem er an Land war, lief er so schnell er konnte zur anderen Seite der kleinen Insel, d. h. zum Meer hin, um uns dieses zu zeigen. Es war sehr bewegt und jagte uns diese Art von Schrecken ein, den jeder sicherlich empfindet, wenn er es zum ersten Mal in einem solchen Zustand sieht. Der geschickte Seemann war hingegen begeistert und fühlte sich sehr stolz in seinem Element; er nahm den Prinzen Georg an der Hand und fragte ihn: „Mein Herr, wie gefällt Ihnen das Meer". Dann ließ er die Abdeckung einer Gondel abnehmen, lud uns ein, uns alle drei mit unserem Diener hinzulegen, überließ uns die vier Gondolieri. /35/ Er gebot ihnen, richtig zu arbeiten, und uns, nichts zu befürchten. Dann schickte er uns los. Ich kann mich allerdings nicht rühmen, diesen Befehl getreu befolgt zu haben, vor allem kurz nach der Abfahrt nicht. Jedoch schöpfte ich allmählich Vertrauen. Die Lagune war in der Tat sehr bewegt, und während der fünf Viertelstunden der Fahrt ließ der Wellengang die Gondel wie eine Nussschale hin und her rollen und da die Wellen gegen die Planken brandeten, wurden wir bis auf die Knochen nass.

Die Herren Kottofski, Rust und der Bildhauer Ehrlich wurden mit der Post nach Rom geschickt.

Am 7. Dezember
Rückfahrt nach Padua über den gleichen Weg wie bei der Hinfahrt.

Am 8. Dezember
Zwischen Padua und Rovigo fährt man am Kanal von Ferrara entlang, zuerst auf der rechten Seite, dann, nachdem man ihn überquert hat, auf der anderen Seite. Dieser Kanal ist eine große

Bauleistung und an verschiedenen Stellen so hoch, dass die kleinen Bäche, die seinen Verlauf kreuzen, unter ihm durch Gewölbe fließen. Auf dieser Strecke genießt man eine sehr heitere Aussicht. Es erscheint ein schönes, hübsch gelegenes Landhaus nach dem anderen. Ich habe sogar bewundert, mit welchem Fleiß und welchem Geschmack die Bauern sich hier und dort unter den Bäumen, die diesen Landstrich reichlich bedecken, kleine hübsche Hütten bauen. Das Land ist morastig und voller Gräben, so dass es unmöglich ist, nur eine Meile abseits der Landstraße zu fahren. In der Nähe von Monselice stehen die Berge, die „Monte galdo" genannt werden, und die gesamte Gegend umgeben. Acht Meilen von Monselice entfernt, haben wir die Etsch überquert, die an dieser Stelle ziemlich breit ist. Wir verließen diese, nachdem wir also gesehen hatten, wie sie entspringt und größer wird. Rovigo, wo wir die Nacht verbrachten, ist eine wenig bedeutsame Stadt.

Am 9.
Nachdem wir den Weißen Kanal[130] hinter uns gelassen hatten, fuhren wir /36/ aus dem Gebiet von San Marco und begaben uns in das von San Pietro. Dieser scheint nicht so gut zu regieren wie Ersterer, dessen Untertanen es anscheinend viel besser geht. Der Fluss Po, den wir in Francolino überquerten, ist an dieser Stelle von beträchtlicher Breite; seine Gewässer sind schlammig wie die der Etsch, als sie Tirol verlassen hatte.

Ferrara ist eine schöne, große und gut gebaute Stadt, in deren langen und ausgedehnten Straßen man allerdings nur wenige Menschen sieht. Wir hielten dort nicht an und fuhren bis zu einer Herberge namens S. Nicolo. Eigentlich war das Land, das wir an diesem Tag durchquerten, äußerst unbefahrbar, denn stets trifft man auf Gräben, Deiche und dicht belaubte Bäume, was uns in dieser Jahreszeit sehr sonderbar vorkam.

Am 10.
Der Unterschied zwischen dem Klima hier und dem unsrigen wird sehr deutlich; heute war es extrem heiß. In Bastia haben wir den Po primario überquert und dann in San Lorenzo den Fluss Santerno.[131] Gewiss ist dieser Landstrich einer derjenigen, der sich in der Welt am schwersten befahren lässt. Er ist morastig, von Flüssen, Gräben und kleinen Schluchten quer durchzogen und man findet dort weder Wege noch Brücken. Selbst den kleinsten Fluss muss man mit Fähren überqueren, die jederzeit unterzugehen drohen. Der Boden scheint viel weniger fruchtbar als im Gebiet von Venedig zu sein, Häuser sieht man hier viel seltener und Lusthäuser gar nicht. Kurzum, das ganze Land strahlt diese heilige Armut aus, die denjenigen, die den Fuß darauf setzen, so gut bekäme.

Wir hielten uns in Lugo auf, einer kleinen stark bewohnten Stadt. Von dort bis nach Ravenna gibt es nur zwei Etappen. Dennoch waren die Wege, obwohl es seit drei Wochen nicht geregnet hatte, durch die Überschwemmung der Gebirgsbäche und Flüsse so beschädigt, dass wir gezwungen wurden, am Tage darauf nach Faenza zu fahren, um zu versuchen, von dort Ravenna zu erreichen.[132]

Am 11.
Der Weg ist sehr schlecht. Solange er am Kanal del Molino entlang führt, /37/ ist er von sehr hohen Deichen umgeben, da das Flussbett auf gleichem Niveau mit dem Land liegt. In der Nähe von Castel Bolognese wird das Gelände offener und die Felder sind nicht von Bäumen umgeben. Aber die Gräben werden nicht weniger. Am Tor der soeben genannten Stadt fährt man auf die Straße nach Bologna, die direkt nach Faenza führt. Diesen Ort fand ich schön und ziemlich weitläufig.

Manchmal, wenn wir durch ähnliche Städte fuhren, begaben wir uns, der Prinz Johann Georg und ich, während die Pferde angespannt wurden in die so sauberen und hübschen Kaffeehäuser, um eine Tasse Schokolade zu uns zu nehmen und um uns mit den Leuten, die dort saßen, zu unterhalten. Man erzählte uns hier, dass es viele Adlige und zwei Theater gibt.

Nachdem wir festgestellt hatten, dass die Verbindung zwischen Faenza und Ravenna unterbrochen war, fuhren wir auf der gleichen Straße bis nach Forli. Dort kamen wir ziemlich früh an, so dass wir uns noch einige Gemälde in den Kirchen anschauen konnten, bevor wir zu Bett gingen. Forli ist weder so schön gebaut, noch so gut bevölkert wie Faenza.

Eine schlechte Gewohnheit gibt es in diesem Lande: Wenn man in einer Herberge ankommt, findet man immer eine Anzahl an dienstbeflissenen Personen vor, die unaufgefordert und sogar unerwünscht beim Entladen helfen, damit sie hinterher um einen Umtrunk bitten können (*la buona mancia*).[133] Man misstraut zu Recht dieser lästigen Hilfe, denn hier wurden dem Fürsten ein Degen und ein schönes Pistolenpaar gestohlen. Den Dienern wurde befohlen, diese Gehilfen nicht mehr in die Nähe kommen zu lassen, was in der Folgezeit mehrere Faustkämpfe zwischen den Untertanen seiner Heiligkeit und denjenigen des Fürsten von Anhalt-Dessau hervorrief.

Am 12.
Es gelang uns nur sehr mühsam, den Kutscher der ordentlichen Post zu überzeugen, uns nach Ravenna zu fahren. Dies akzeptierte er nur unter der Bedingung, dass wir es auf eigenes Risiko machen.

Und es wurde wahrhaft nicht ungefährlich: mein Lebtag sah ich noch nie /38/ einen tieferen und schlammigeren Weg. Zwanzig Meilen lang führt er so nah an den steilen Hängen des Flusses Ronco vorbei, dass man sofort darin versinken würde, wenn der Wagen kippen sollte. Darüber hinaus war der Boden nicht stabil und drohte bei jedem Schritt abzurutschen. Da an einigen Stellen die Pferde nicht im Stande waren, die Wagen zu ziehen, wurden sie von Ochsen abgelöst, die man mitgenommen hatte. An diesem Tag war es wieder einmal sehr warm. Im Übrigen gibt es nichts Ärmlicheres als diese ganze Gegend. Was die Habgier der Herrscher hier noch lässt, wird von der Natur selbst geraubt. Wegen der großen Anzahl an Flüssen und Gebirgsbächen, die dem sehr nahen Apennin entspringen und sich mit großer Geschwindigkeit ins Meer stürzen, ist dieses arme Gebiet ständigen Überschwemmungen ausgesetzt, obwohl ohne Unterlass daran gearbeitet wird, es davor zu schützen. Wir überwanden alle Schwierigkeiten und kamen glücklich in Ravenna an.

Die Häfen von Ravenna und Miseno waren die zwei wichtigsten Kriegshäfen des römischen Kaiserreiches. In dieser Zeit war die Stadt fast vollständig vom Meer umgeben. Nunmehr hat sich das Meer um mindestens drei Meilen von dem Gemäuer der Stadt zurückgezogen. Wie viel zerstört und ändert die Zeit! Sie schont nicht einmal das, was ihr anscheinend am meisten widerstehen sollte! Vor dem Cybo-Tor [134] zeigt man noch zwei alte Türme; einer davon ist fast vollständig erhalten. Sie dienten dazu, so erzählt man, die zwei Ketten zu verankern, mittels derer der Zugang zum Hafen gesperrt wurde. Einige hier ziehen diese überlieferte Meinung in Zweifel und ich weiß nicht, was ich davon halten soll, denn es stimmt, dass diese Türme äußerst schmal sind; darüber hinaus stehen sie nur ca. 300 Schritt vom Tor entfernt. Das Becken, das sie schützen sollten, schien demnach nicht groß genug gewesen zu sein, um die Hälfte der Seestreitkräfte eines so mächtigen Reiches aufnehmen zu können. Es ist ebenfalls sehr schwierig, mit Sicherheit zu bestimmen, wo der antike Hafen stand. Die Ruinen des Leuchtturmes liegen fast auf der entgegengesetzten Seite, anderthalb Meilen von der Stadt entfernt, mitten in einem Obstgarten. Er ist noch 40 bis 45 Fuß hoch. 10 bis 12 Fuß liegen nunmehr unter der Erde, da der Boden entsprechend höher ist als damals. Auf dem Rumpf des damaligen Turmes wurde /39/ ein kleiner Turm gebaut, der dem angrenzenden Kloster als Glockenturm dient.

Die runde Kapelle außerhalb der Stadt zwischen dem Cybo- und dem Pamphili-Tor wurde der allgemeinen Meinung nach von Amalasuntha[135], der Königin der Goten als Grab für ihren Vater Theoderich erbaut. Sie ist in einem sehr schlechten Zustand. Alle äußeren Verzierungen sind verschwunden. Im Inneren ist sie voller Wasser und sie hat 9 bis 10 Fuß an Höhe eingebüßt, da der Boden rundherum wegen der Trümmer höher ist und das Gebäude sich unter der Last des riesigen einzelnen Steines, der die Kuppel bildet, gesenkt hat. Es ist unmöglich, sich vorzustellen, wie dieser Stein an diesen Ort gebracht worden ist, ganz zu schweigen von den Mitteln, die notwendig waren, um ihn zu heben und die Kapelle damit zu bedecken. Ein Architekt aus der Stadt erzählt uns, er sei der Meinung, dass der Stein aus Griechenland gebracht worden sei und dies sei wohl für eine riesige Geldsumme möglich gewesen, die der Herrscher ausgegeben habe. Denkt man allerdings an die damalige Epoche und über welche Macht Theoderich und Amalasuntha verfügten, so wird man finden, dass es für sie bestimmt sehr schwierig war, sich mit einem so hohen Kostenaufwand begraben zu lassen.

In einer Straße der Stadt sieht man die Überreste einer Fassade des hinteren Teils des Palastes von Theoderich, der keinen Glanz ausstrahlt. Das Abbild des gesamten Gebäudes, das sich in Mosaikform in der Kirche Sankt Apollinaris[136] befindet, belegt, dass dieser Palast weder groß noch prunkvoll gewesen ist. Am Fuße des Fassadenfragmentes erscheint ein im Mauerwerk eingelassener Sarg aus Porphyr.[137] Angeblich ist es derjenige des Eroberers, der von der Kuppel der Rotunde entfernt worden sei.

Die traurige Umgebung von Ravenna hat ein ungesundes und schädliches Klima und alles dort zeugt von Armut. Die Unzuträglichkeit der Luft macht es schwer, an einigen Orten zu leben. So haben die Mönche von Classe[138] und San Maria in Porto[139] ihre Klöster verlassen und sind in die Stadt gezogen. Diese ist schlecht gebaut, nicht groß und so leer an Menschen, dass das Gras auf den Straßen wächst. Dort trifft man nur Landstreicher, die einen bei jedem Schritt angreifen, was einem Fremden sehr lästig ist, /40/ der wie wir gern herumschweift. Allerdings habe ich hier eine ziemlich glänzende Art und Weise zu betteln beobachtet. Eines Tages begegneten wir zwei Pilgern, die gut bekleidet und gepudert und so schön waren, dass wir uns darüber wunderten. Viel größer war aber unser Erstaunen, als sie uns mit viel Würde und keinerlei Verlegenheit um ein Almosen baten. Erdmansdorff gab ihnen eine Kleinigkeit, sie bedankten sich sehr bescheiden und zogen weiter. Am Tage darauf besuchten sie uns und teilten uns mit, dass sie die jüngsten Kinder von Familien aus dem Venezianer Staat seien, die vor hatten, als Pilger ganz Italien, Spanien, Frankreich, einen Teil Deutschlands zu bereisen und sich dann nach Jerusalem zu begeben. Für diese Tour planten sie nicht weniger als sechs Jahre. Sie waren wohlerzogene junge Leute, die uns jedoch anschließend erneut um ein Almosen baten.

Im Dom und in den Kirchen Sant'Apollinare und San Vitale sieht man viele schöne antike Marmorstatuen. Letztere zieren darüber hinaus mehrere Säulen und Stücke aus Porphyr. Das Schiff der Kirche im Kloster von Classe, zwei Meilen von Ravenna entfernt, ruht auf zwei Reihen von Säulen aus griechischem Marmor. Diese bestehen alle aus zwölf Teilen und – was seltener ist – sie sind in der Breite und nicht in der Länge, d. h. nicht der Maserung des Marmors nach behauen, wie es gewöhnlich der Fall ist. Alle diese Marmorplastiken sind in der Regel von antiken Monumenten entfernt worden. In Bezug auf das Kloster in Classe ist zu bemerken, dass es dem Namen nach wahrscheinlich aus Trümmern eines römischen Lagers[140] oder, wie man heute sagt, einer Kaserne der Marinetruppen gebaut worden ist. Die meisten Gewölbe dieser vier Kirchen sind mit Mosaikfiguren und -bildern geschmückt. Wäre diese Kunst heutzutage nicht in Vergessenheit geraten* oder zu teuer, könnte man viel Schönes mit ihr schaffen, wenn man bedenkt, welche Wirkung die Werke hier erzielen, obwohl sie so alt und grotesk gezeichnet sind.

/41/ Als Gemälde findet man im Dom ein Bild von Guido Reni[141], das darstellt, wie Moses Manna vom Himmel regnen lässt und in der Sakristei von San Vitale das Martyrium des gleichnamigen Heiligen, gemalt von Barocci[142], der aus Ravenna stammt und den ich, sofern ich davon etwas verstehe, dem anderen bevorzuge.

Die kleine Kapelle, das Mausoleum der Galla Placidia[143], der Tochter Theodosius' des Großen, grenzt an einen Teil des Klostergartens von San Vitale. Neben Galla liegen dort auch ihr Ehemann Constantius, ihr Sohn Valentinian III.[144] und ihr Bruder Honorius[145]. Es gibt allerdings dort nur drei Alabastersärge, da der Vater und der Sohn im gleichen liegen. Von außen ist die Kapelle nicht vielversprechend und im Inneren findet man nur eine viereckige Gruft, die zu einem Dom gewölbt ist. Die Pflasterung aus antikem Marmor ist größtenteils abgetragen worden. Von oben bis unten ist alles mit Mosaiken ausgelegt. Trotz der Umwälzungen von dreizehn Jahrzehnten ist dieses Werk erhalten und glänzt immer noch. Jeder, der eine Inspiration

---

* Ich irrte. Diese Kunst ist neu entdeckt worden. Sie wird in Rom dank der Freigiebigkeit der Päpste angewandt, die in der Kirche St. Pierre die größten Bilder mit dieser schönen Erfindung verewigen ließen. Man hat sie sogar schon zu einer höheren Vollkommenheit als die der Vorfahren gebracht.

für die in Mode gekommenen Ornamente schöpfen möchte, die man „nach griechischer Art“ nennt, sollte unbedingt dieses Grab besuchen, in dem diese Art des Verzierens, und das mit mehreren Farben, auf reichste und ordentlichste Art zum Tragen kommt.

Es ist erstaunlich, wie wenig die Italiener alle diese Monumente schätzen, die ihr Land interessant machen. So hat man große Mühe, sie zwischen den baufälligen Gebäuden, die sie umgeben, zu entdecken. Das Grabmal von drei Kaisern dient zum Teil als Lager für das Feuerholz der Mönche und um zur Rotunde von Amalasuntha zu gelangen, muss man durch einen Schweinestall laufen, usw.

So hätte es ein Fremder schwer, trotz der zahlreichen Beschreibungen, die zur Verfügung stehen, die Sehenswürdigkeiten zu suchen, die seine Neugier erwecken. Zum Glück begegnet man in allen diesen alten Städten einer Art von Menschen, die sich zum Beruf gemacht haben, die Sehenswürdigkeiten gegen ein geringes Entgelt zu zeigen. /42/ Diese Leute wissen zu gut über Sachen Bescheid, die es am allerwenigsten verdienen, gesehen zu werden. Manchmal lassen sie den Ausländer, der von der anderen Seite der Alpen kommt, und den sie führen, einen riesigen Ausflug wegen einer Lappalie unternehmen. Hier und dort trifft man allerdings auf einige, die in der Geschichte keinesfalls unwissend sind. Diese prahlen dann in der Regel gerne mit ihrem Wissen und überschütten einen mit einem wahren Wortschwall. Aus diesem Grund, glaube ich, wurde ihnen der hochtrabende Titel „Cicerone“ verliehen. Sollte der Konsul[146], der diesen Namen inspirierte, zurückkommen, so würde es seinem Stolz wenig schmeicheln, einige seiner Urenkel zu sehen: Oft sind es elend bekleidete Bettler, die, solange man es nicht besser weiß, einen in Erstaunen versetzen, wenn sie fragen: „Möchten Sie, dass ich Ihr Cicerone bin?“

Das Cybo-Tor, obgleich modern, ist ein schönes Stück Architektur. Von den Glockentürmen* von Ravenna konnte ich bis zu den Tiroler Bergen sehen, die man auf der anderen Seite von den Ufern der Donau entdeckt.

Am 15.
Auf dem Weg nach Rimini lässt man linker Hand den alten und großen Wald von Pigni, der dem Auge eines Deutschen

---

* Zu den Glockentürmen sei vermerkt, dass wir nirgendwo anhalten, ohne sie zu besteigen. Es ist eine nützliche Methode, die ich wirklich allen Reisenden empfehlen kann, die sich für die Topographie mindestens so interessieren wie für die Spiele, die in der guten Gesellschaft beliebt sind.

einen gänzlich neuen Anblick eröffnet. Ein Historiker des sechsten Jahrhunderts (Jornandes) erwähnte bereits diesen Wald.[147] Das Gebiet, durch das man fährt, ist morastig. Auf der rechten Seite sieht man, so weit das Auge reicht, nur Wasserlöcher, die mit Binsen und Schilf bedeckt sind. Dann fährt man über Cervia, eine kleine Stadt, die wegen der schlechten Luft eine Meile von ihrem alten Sitz entfernt zum heutigen Ort verlagert wurde.[148] Dies scheint unglaublich zu sein, aber die Erfahrung zeigt, wie sich die gesundheitliche Zuträglichkeit der Luft manchmal innerhalb einer kleinen Entfernung ändert. Die Sonne auf dieser Seite ist so stark, dass sie während der Sommermonate das Meerwasser, das man bei der Flut /43/ durch Schleusen in eine gewisse Anzahl an Feldern eindringen lässt, in 24 Stunden in Salz verwandelt. Die Salzgewinnung stellt eins der beträchtlichsten Einkommen dieser Gegend dar.[149]

Zwischen Cervia und Rimini fährt man im Abstand von einigen Hundert Schritten am Meer entlang. Die Apenninen zeigen sich rechts in einer Entfernung von 15 bis 20 Meilen. Soweit das Auge reicht, ist die Landschaft traurig und besteht nur aus sandigen und morastigen Flächen ohne Bäume und Sträucher. Cesenatico[150] verfügt über einen kleinen Hafen, der eigentlich nur der Kanal eines Flusses[151] ist, der hier ins Meer mündet. In der Nähe fließt ein kleiner, in der Geschichte berühmter Fluss: der Rubikon von Cesar, den man heutzutage Pisatello nennt. Die Brücke, die über ihn führt ist 30 Schritt lang. Er vereinigt sich hier mit dem Fiumicino* und beide münden dann im nur 400 Schritt vom Zusammenfluss entfernten Meer.

Rimini ist anscheinend besser bevölkert als Ravenna, aber sieht noch älter aus. Die Augustus – und Tiberius – Brücke[152] ist so gut konserviert, dass man den Eindruck hat, sie sei erst neulich errichtet worden. Sie weist eine erhabene Architektur auf. Sie spannt sich über die Marecchia, deren Mündung als Hafen dient (dieser war ursprünglich mit Marmor verkleidet). Der Triumphbogen des Kaisers Octavius[153] ist eins der hervorragenden Monumente, die uns erhalten worden sind. Die zwei kleinen Seitentüren sind verschwunden, aber der Rest scheint vollständig erhalten zu sein. Ganz oben haben die Goten Schießscharten[154] errichtet, die ihn ein wenig verunstalten. Er steht mitten in einer Straße, nur wenige Schritte vom Pesaro – Tor entfernt.

---

* Für diesen Fluss hatten die Kutscher keinen anderen Namen. Vielleicht ist es hier wie in Pommern, wo die Persante bloß unter der ausdrucksstarken Bezeichnung „das Water“ bekannt ist.

Pandolfo Malatesta[155] hat dessen Motiv in der Kirche San Francesco[156], die mit dem Marmor gebaut wurde, der vom Hafen abgetragen worden ist, nachgebildet. Dennoch hat diese Kirche in ihrem Gesamtbild einige gotische Züge. Auf dem Hauptplatz zeigt man einen Sockel, von dem, so die Überlieferung, der glückliche Aufständische nach der Überquerung des Rubikons eine feierliche Ansprache an seine Soldaten gehalten haben soll, um sie auf den Bürgerkrieg einzustimmen.[156a] Der alte Leuchtturm hat an Höhe nichts eingebüßt, aber ist nur noch halb so breit wie damals. Wie der /44/ von Ravenna steht er jetzt ziemlich weit entfernt vom Meer. Eine kleine Kapelle ist in der Nähe des Hafens zur Erinnerung an den Heiligen Antonius errichtet worden, der an dieser Stelle aus Spaß die Wirkung seiner rhetorischen Künste an Fischen erprobte.[157] Zweieinhalb Arkaden, Teile einer runden Festung, die zur Verteidigungsmauer der Stadt gehören, sind Reste eines Amphitheaters, wie es eine Inschrift oben an der Befestigungsmauer erklärt.[158]

Am 16.
Die Reise war heute sehr angenehm. Zwischen Rimini und Cattolica[159] ist das Ufer nicht sehr hoch, so dass man ziemlich weit auf das Meer* sehen kann. Dieses war sehr bewegt und bot mir, der ich es sicher aus dem hinteren Teil des Wagens sah, ein sehr unterhaltsames Schauspiel.

Rechter Hand erscheint der unfruchtbare Felsen, der das gesamte Gebiet der kleinen und armen Republik San Marino ausmacht. Es wird hier erzählt, dass ihre Einwohner so sehr vor dem Umgang mit anderen Menschen flüchten, dass sie sich bei der Ankunft eines Fremden, der neugierig ist, ihre

---

* Mein ganzes Leben werde ich die entzückenden Momente nie vergessen, die ich während dieser Reise neben meinem lieben Prinzen verbracht habe. Vor unseren Augen zogen stets neue Schöpfungen einer mal majestätischen, mal heiteren Natur vorbei; wir sahen und fühlten auf sehr ähnliche Weise und teilten uns unsere Gedanken mit einer inneren und beidseitigen Zufriedenheit mit. „Es brachen wohl trotz der Harmonie Ihrer Charaktere von Zeit und Zeit Streitigkeiten aus", wird man behaupten. Nein, nicht trotz, sondern vielmehr wegen dieser Harmonie. Ich habe den Eindruck, dass, wenn die Gefühle und der Geschmack dieselben sind, man sowohl durch die Unterschiede als auch durch die Übereinstimmung der Meinungen in Einklang sein kann. Die zarte Übereinstimmung, die zwischen den Seelen herrscht, besteht eben nicht darin, immer „ja" zueinander zu sagen oder die „nein", die man ausspricht, in zuckersüßen Formulierungen zu verkleiden. Ich möchte, dass mein Freund es wagte, mir zu widersprechen, und der Fürst wollte es ebenfalls.

Stadt zu entdecken (in der es ohnehin keinen Verkehr gibt), zu Hause verstecken und die Straßen dann leergefegt sind.

In der Cattolica wird die Landschaft bergig, aber die Berge werden bewirtschaftet. Die ganze Gegend sieht allmählich dem Venezianer Staat ähnlich, d. h. man sieht dort Bäume, Weinberge und Brachland. Je mehr man sich Pesaro nähert, desto angenehmer ist der Anblick. Sogar der Platz /45/ ist von einer guten Befestigungsmauer aus Quadersteinen umgeben, mit einem trockenen Graben. Bevor man in die Stadt kommt, überquert man den Fluss Foglia, dessen Mündung als Hafen benutzt wird (wie die von der Marrechia in Rimini). Pesaro, eine große bevölkerte Handelsstadt, kann als eine der besten gelten, durch die wir in diesem Teil Italiens bisher gefahren sind. Eine Beata Michelina von der Hand Baroccis[160], die in der Kirche San Francesco zu sehen ist, ist für mich eins der besten Gemälde. Wir waren bereits aus der Stadt gefahren, um unseren Weg fortzusetzen, als der regierende Fürst sich wegen seines elenden Blutspuckens so schlecht fühlte, dass wir gezwungen waren, kehrt zu machen und hier zu übernachten.

Am 17.
Gegen Morgengrauen fuhren wir von Pesaro los und sofort begann ein Anstieg. Als wir auf dem Gipfel des Berges waren, erhob sich die Sonne plötzlich aus dem Schoß des Meeres, das sich während der Nacht beruhigt hatte. Die grünblaue Farbe der Wellen, das Morgenrot, das den Horizont färbte, vor uns am Fuß des Berges eine weitläufige Reede, die sich halbmondförmig nach Fano, dieser Stadt in der Ferne ausstreckt, und dahinter der Höhenzüge von Ancona, dies alles bildete ein Gemälde, das dem Pinsel von Claude Lorrain[161] würdig wäre.

Fano ist klein, aber es befinden sich dort ein hübsches Theater[162] sowie ein Brunnen auf dem Hauptplatz.[163]. Das bemerkenswerteste Monument ist ein Triumphbogen, der wie der von Rimini Augustus gewidmet, aber weniger gut erhalten ist.[164] Wenn man ihn von der Seite der Stadt betrachtet, hält man ihn eher für eine Toreinfahrt als für den Überrest des römischen Glanzes. Nur von der entgegengesetzten Seite bemerkt man, was er ursprünglich war. Eines der kleinen Tore wird von einer Kirche verdeckt[165]. Das andere dient als Eingangstür eines kümmerlichen Häuschens, das direkt an den Triumphbogen gebaut worden ist. Oben sieht man zwei Säulen, die zur Hälfte stehen, während mehrere andere umgestürzt sind. Die Inschrift[166], die nicht beschädigt ist, füllt einen beträchtlichen Teil des Giebels. Gräser und Gestrüpp bedecken das Monument an mehreren Stellen, und tragen dazu bei, dass es in seinem jetzigen Zustand schöner aussieht. Auf der Mauer /46/ der Kirche, die einen der Eingänge verdeckt, erkennt man, in Stein gehauen, den mutmaßlichen Plan des gesamten Werkes. In der Kirche San Pietro hängt ein schönes Gemälde von Guido, das darstellt, wie der gleichnamige Heilige die Schlüssel bekommt[167]. Fano hat einen dieser kleinen Häfen[168], die ich bereits beschrieben habe, der aus der Mündung eines Flusses besteht. Am Nachmittag setzten wir unseren Weg fort. Die Gegend ist nicht sehr schön, aber eben. Man durchquert den Metauro, nach dem die berühmte Niederlage der von Hasdrubal geführten Karthager[169] benannt worden ist, und der Fluss heißt weiterhin so. Das Meer war wieder bewegt und stürmisch geworden. Der Weg an ihm entlang führt zuletzt durch den Sand der Reede; so dass die Wellen, die sich am Ufer brachen, unter die Wagen und darüber hinaus flossen. Sechs große Kähne fuhren in der gleichen Richtung wie wir auf dem Festland. Seit Fano sahen wir, wie sie gegen die Wellen kämpften. Unsere Diener, die die Seefahrt nicht einmal von Bildern kannten, glaubten sie hundert Mal verloren als sie sie nah am Wind fahren und sich daher fast auf die Seite legen sahen. Gegen Abend fuhren sie zu dem Zeitpunkt in den Hafen von Senigallia ein, zu dem wir durch das Tor in diese Stadt hinein fuhren.

Dieser Ort ist sehr gut gebaut, und man errichtet dort gegenwärtig eine Vielzahl von Gebäuden. Kurzum, dort blüht der Handel. Der Hafen, das heißt die Mündung des Flusses Misa, ist mit Quadersteinen ausgelegt. Die Gebäude des Kais an diesem Fluss entlang sind wunderbar und ich kenne keinen Ort in Venedig, den man diesem bevorzugen sollte. Eine gute und verputzte Stadtmauer mit einem Trockengraben umgibt die Stadt. Beim Ein- und Ausfahren fiel mir die gute Qualität der Befestigungsanlagen auf.

Wir fuhren weiterhin am Meer entlang, das in der Nacht sein Tosen scheinbar verdoppelt hatte und kamen sehr spät in Ancona an.

Diese Stadt wurde am Hang eines Vorgebirges errichtet, das sich bogenförmig ins Meer ausstreckt. Ihr Hafen, der als wichtigster des adriatischen Golfes gilt, ist ein wahrhaftes Kunstwerk. Der Kaiser Trajan hatte ihn erweitert und der schöne Triumphbogen auf der ehemaligen Mole ist ein Zeugnis /47/ der Dankbarkeit des Senats und des Volkes von Ancona[170]. Darauf sind für die Nachwelt die Namen des Kaisers, seiner Gattin und seiner Schwester festgehalten.[171] Dieser Triumphbogen wurde aus einem sehr weißen Marmor errichtet und obwohl zahlreiche Verzierungen aus Bronze, die ihn schmückten, entfernt worden sind[172], glänzt er noch so sehr, dass man beim ersten Blick dächte, er sei erst kürzlich gebaut worden. Die großen quadratischen Teile halten noch fest zusammen. Allein der Schlussstein auf der Seite zur Stadt ist ein wenig beschädigt, offenbar durch die Erdbeben, die von Zeit zu Zeit hier stattgefunden haben. Damals stand darauf eine Reiterstatue. Davon zeugt noch ein in der Mauer oberhalb der Hauptsaaltür des Rathauses inkrustierter Pferdefuß[173]. Da die erste Mole nicht ausreichte, um den Hafen zu schützen, haben die Päpste sie verlängern und darauf ebenfalls einen Triumphbogen nach eigener Art errichten lassen.[174] Heutzutage arbeitet man noch an einigen Bauwerken, die im Meer liegen und an denen sich die Wellen krachend brechen. Da diese Bauwerke nur sehr wenig über dem Meeresspiegel lagen, goss das brandende Meer jedes Mal eine Menge Wasser darauf, welches ohne Unterlass auf der anderen Seite abfloss. Ob man von der Mole aus zur Stadt hin oder vom auf dem Gipfel des Berges stehenden Dom zum Meer sieht, der Ausblick ist wunderbar. Die Anzahl der Schiffe, die im Hafen vor Anker lagen, war nicht beträchtlich.

Der regierende Fürst wurde hier sehr krank. Daher nahm ein ungeschickter Chirurg einen Aderlass vor und fügte ihm am Fuß eine tiefe Verletzung zu, die ihn bis nach Rom zum Krüppel machte.

Am 19.
Von Ancona nach Loreto. Zu ersten Mal stelle ich bei meinem Freund Keyßler einen Fehler fest: er meinte, dass die Strecke zwischen Ancona und Loreto eine schöne Ebene sei[175]. Stattdessen fahren wir durch eine bucklige Gegend und der Berg von Camonaro ist nicht einer der kleinsten Italiens.

Loreto, dieses moderne Delphi, ist eine kleine, sehr mittelmäßige Stadt, die in der Länge auf dem Kamm eines Hügels gebaut worden ist. Der Hauptplatz[176] ist schön /48/ und stellt ein Viereck dar. Ein Gebäude mit zwei Reihen von Arkaden bildet zwei Seiten. Es wird dazu benutzt, die Pilger von hohem Stand (sofern es welche gibt), den Gouverneur und die Priester, die im Tempel ihren Dienst verrichten, zu beherbergen. Die dritte Seite besteht aus der Fassade der Kirche und die vierte aus privaten Häusern, die ziemlich schlecht zu dem Rest passen. Am Fuße der Außentreppe der Kirche sieht man einen Brunnen und die bronzene Statue von Sixtus V.* Die Kirche selbst zählt weder zu den größten noch zu den prachtvollsten, aber sie umgibt und beinhaltet das Wunder[177], das die Frommen und die Reisenden gleichermaßen anzieht. Es ist schwer zu sagen, wie es eigentlich aussieht, aber versuchen wir mal, eine Vorstellung davon zu geben.

---

* Alle Statuen der Päpste zeigen, wie sie auf dem Papststuhl sitzen und ihren Segen spenden.

Nicht nur, dass das Heilige Haus mitten im Tempel steht, es wird noch dazu von einem Bau aus weißem Marmor bedeckt, in dem es eingesperrt ist wie eine Tabakdose in ihrem Futteral. Die schmalere Seite dieses Baus, die als längliche Hülle dient, steht dem Haupteingang der Kirche gegenüber und man verwendet sie als Hauptaltar. Mehrere bekannte Bildhauer [178] haben mit ihrem Talent nicht gegeizt, um die drei anderen Seiten zu verzieren. Unten sieht man die Statuen von zehn Propheten, oben die gleiche Anzahl von Sybillen. Der Rest besteht aus Halbreliefs, die entweder Themen aus der Bibel zeigen oder andere, die einen Bezug zur Geschichte des Wunders haben, wie zum Beispiel seine wunderbare Ankunft usw. Innen ist das Heilige Haus in zwei Räume geteilt. Der größere ist das Vorzimmer. Man betritt ihn durch zwei gegenüberstehende Türen, die von der gleichen Anzahl päpstlicher Posten mit aufgepflanzten Bajonetten bewacht werden. Silberne Lampen, die außerordentlich groß sind und so nah wie möglich beieinander hängen, beleuchten diesen ersten Teil. Ohne sie würde man nichts sehen, da das einzige Fenster dort, ohne welches der Engel der Verkündung gezwungen gewesen wäre, durch die Tür zu gehen, verhüllt ist. Es zeigt auf den Tisch des Hauptaltars, von dem ich bereits sprach. /49/ Dem Fenster gegenüber steht ein kleiner, von den Aposteln geweihter Altar[179] und dahinter ein silbernes Gitter, das das Allerheiligste von der Kapelle trennt. Damit die Beschreibung vollkommen ist, stellen Sie sich eine Hütte aus unverputzten und schlecht verfugten Ziegelsteinen vor, aus der sie alles, sogar die Dachsparren, herausgenommen hätten; sie ist schwarz vor Ruß und mit ungefähr 30 riesigen silbernen Laternen gefüllt. Zwischen den zwei Räumen gibt es keine Verbindung. Man geht erst wieder in die Kirche, um dann bei der Madonna einzutreten. Dies geschieht durch eine einzige Tür, da die zweite Tür im ersten Raum zugemauert ist. Der Raum ist sehr eng und sechs Personen füllen ihn vollständig aus. Aber die Goldmenge, die sich in dieser kleinen Kammer befindet und die unendliche Zahl an Edelsteinen, die das triste Götzenbild bedecken, ist unglaublich. Derjenige, der bloß die Putte aus massivem Gold besäße, wäre sehr reich. Das Holzbild ist wegen des Qualms der Lampen so schwarz, dass ein Unkundiger glauben könnte, er sähe den Kopf einer Negerin, der auf einem Bienenstock aufgestellt ist. Nie hat ein heidnischer Tempel so viele Reichtümer geborgen. Vergleicht man aber die schöne Venus aus Athen mit der hässlichen Maria de Loreto, so trägt die Mythologie den Sieg über die darauf folgende Legende davon. Unterhalb der Madonna befindet sich der verputzte und versilberte Kamin. Dies alles ist jedoch wenig im Vergleich zum Schatz der großen Galerie neben der Kirche. Dort sind Gold und Diamanten reichlich vorhanden. Da sie aber hier unbenutzt bleiben, werden sie wieder zu dem, was sie für gewöhnlich waren: nutzlose

Nichtigkeiten. Die Börse, die ich in der Tasche trage, hat mehr realen Wert als dieser Plunder der Göttin der Jesuiten. Inmitten eines solchen Prunks, der von schwachen und leichtgläubigen Seelen ergaunert worden ist, verfault das menschliche Geschlecht im Elend und stirbt vor Hunger. Eine Menge von Bettlern, die nur mit Lumpen und Ungeziefer bedeckt sind, umgab uns und ihre Schreie waren lauter als die Hymnen der verstümmelten Korybanten der Jungfrau. Diese verfügt nicht nur über alles, was notwendig ist, um einen kompletten Haushalt zu bilden, sondern sie hat auch ihr Arsenal unter der Leitung einer alten Frau, die es allen zeigt. Nach der Schlacht von Belgrad[180]/50/ schickte der große Prinz Eugen der Madonna einen Pferdeschwanz und mehrere Flaggen. Man kann sie in einer Ecke der Kirche sehen. Eine andere Art von Schwäche, offensichtlich der Aberglaube, war dafür der Grund, denn man wird diese Trophäen hier noch lange sehen. In einer der Sakristeien habe ich eine große Darstellung der Heiligen Familie sowie eine kleinere von Raphael[181] gesehen, gleichen Orts zog eine Mädchenschule von der Hand Guidos[182] meine Aufmerksamkeit durch einen poetischeren Pinselstrich auf sich.

Die Hauptstraße von Loreto ist voller Läden, in denen man Rosenkränze in jeder Preislage, Agnus Dei[183] und gesegnete Glöckchen, die gegen den Donner sehr wirksam sind, verkauft. Maße der Länge, Breite und Dicke der Heiligen Jungfrau, sowie Fetzen ihrer sterblichen Überreste finden sich auch dort. In solchen Geschäften und in dem, was die Wirte an den Ausländern verdienen, besteht der gesamte Handel der Stadt.

Am 20.
Die Landschaft zwischen Loreto und Tolentino ist nicht bemerkenswert. Wie ich bereits sagte, ist es ab Ancona bergig. Ich beobachte bloß, dass die Städte in den Bergen nicht wie in Deutschland fast ausnahmslos in den Tälern, sondern auf den Gipfeln gebaut worden sind. Zwangsweise führt dies zu Nachteilen, wie die Notwendigkeit, Aquädukte zu bauen, aber es zeugt auch vom kriegerischen Wesen der ehemaligen Einwohner dieser Länder, die sich nur zu einer Gesellschaft zusammenschlossen, um Festungen zu errichten.

Tolentino ist am Fuß der Berge des Apennins. Diese sind mit Schnee bedeckt. Ansonsten sind sie weit davon entfernt, den Tiroler Bergen zu ähneln. Das Wetter war so mild, dass man gern auf jegliche Heizung hätte verzichten können.

Am 21.
Wir fanden viel Schnee in den Bergen. Diese sind nicht sehr hoch, aber kahl und ohne Gehölz, obwohl es dort nur wenige Felsen

gibt. Der Hauptweg ist ziemlich gepflegt und er führt oft /51/ an Abgründen entlang, ohne dass es dort Geländer gibt, die man in Tirol immer sorgfältig an den gefährlichen Stellen baut. Zwischen Serravalle und Tolentino erstreckt sich eine Ebene, die einen Durchmesser von drei Meilen hat. Rund herum stehen Berge, so dass sie wie die Arena eines Amphitheaters von Riesen aussieht.

Obwohl man diesen Ort für den am höchsten gelegenen des Gebirges hält, ist er dermaßen schlammig, dass man alle zwanzig Schritte einsinkt. Daher betteln die Landstreicher von Serravalle nie, ohne zu versprechen, die Heilige Jungfrau zu bitten, einem bei einer so schwierigen Durchfahrt beizustehen.

Einige dürftige Hütten in einem tiefen Tal tragen den Namen Case nuove. Wir verbrachten die Nacht in dieser Art Mördergrube.

Am 22.
Beim Aufstieg treffen wir zunächst rechter Hand auf den Marktflecken von der befestigten Stadt Castro Pales. Wir stiegen dort aus unseren Wagen, um uns eine Höhle anzusehen, die Keyßler erwähnt.[184] Am Fuße eines beträchtlich hohen Felsens befindet sich ein alter und antiker Palast, der jedoch noch nicht fertig gestellt ist (wie es ein Drittel der Kirchen und Paläste, die wir bis hierhin gesehen haben, auch nicht war). Von einem der Räume des Erdgeschosses hat man Zutritt zu der kleinen Höhle. Nachdem man 12 bis 15 Schritte durch einen äußerst engen Gang nach unten gelaufen ist, kommt man in ein rundes Gewölbe von ungefähr 10 bis 12 Schritten Umfang. Zahlreiche kleine natürliche Säulen, die wie das Gewölbe von gotischer Architektur zu sein scheinen, umgeben es und bilden daneben mehrere andere kleine Nischen und Hallen. Der Stoff, den die Natur benutzt hat, ist mineralhaltiges Wasser, das beim Tropfen hart geworden ist. Man bemerkt diese Art des Entstehens vor allem bei den Säulen, die geriffelt sind wie eine Kerze, deren Wachs übergelaufen ist. Mehrere bekannte Persönlichkeiten waren schon nacheinander hier, um diese seltsame Höhle zu besichtigen, wie die Inschriften zeigen.

Foligno, eine der erstrangigen Städte des Kirchenstaates, /52/ befindet sich am Fuß der Appeninen auf dieser Seite. Wir sahen dort in der Kirche des Klosters der Franziskanerinnen,[185] „Die Gräfinnen" genannt, einen schönen Raphael, von dem Addison redet.[186] Er zeigt die Heilige Jungfrau, die dem Heiligen Johannes erscheint.

Wenn man Foligno verlässt, kommt man in eine schöne Ebene, in deren Mitte ein kleiner, im Heidentum unter dem Namen Clitumnus bekannter Fluss fließt. Heutzutage trägt er den ziemlich unbekannten Namen „Wasser der Vene".[187] Der Gott dieses Flusses hatte hier einen geweihten Wald, seinen Kult und seinen Tempel. Nur dieser letzte hat der Zeit widerstanden, aber die mit Schilf gekrönte Gottheit hat dem Engel Platz gemacht, der die Auferstehung verkündigen wird. Eine Widmung auf dem Fries des Frontispizes zeigt den neuen Besitzer[188], man merkt jedoch, dass sie an die Stelle der ehemaligen gesetzt wurde. Obgleich der Tempel nicht sehr groß ist, ist er von sehr angenehmem Aussehen. Er befindet sich am Fuß eines Hanges, über ihm liegt das Dorf Pissignano[189], früher Piscina Jani. Direkt hinter dem Tempel führt der große Weg entlang und er verläuft fast in der Höhe seines Daches. Das kann schon immer so gewesen sein, vielleicht hat sich auch das Gelände nach und nach abgesetzt. Von dieser Seite hier sieht man auf dem Frontgiebel ein Basrelief aus Marmor, welches ein Kreuz aus Ranken darstellt, wie es auch ein ähnliches auf der anderen Seite an der gleichen Stelle über dem Portal gibt. Diese Kreuzzeichen, in Verbindung mit der Inschrift, überzeugen viele davon, dass dieses Monument seit seinem Ursprung christlich gewesen ist. Allerdings kann keiner auf der Welt behaupten, jemals eine Kapelle, aus welcher Epoche auch immer, in diesem Stil gesehen zu haben. Meines Erachtens konnten diejenigen, die aus dem Tempel eine Kapelle machten, auch die Inschrift ohne große Schwierigkeit ändern und die besagten Basreliefs auf die Frontgiebel der beiden Seiten setzen.

Fast am Fuß des Tempels entspringt dem Berg eine ergiebige Quelle, deren Wasser so klar wie Kristall ist. Sie ergießt sich direkt in den Clitumnus, der bereits reich an Wasser ist, obwohl die Stelle, an der er aus dem Berg durch drei oder vier Adern fließt, nur 700 Schritte von hier entfernt ist. Der Tempel spiegelt sich in den Fluten des Baches wider, /53/ der ruhig in einem von Gräsern bedeckten Flussbett fließt. Wenn man auf dem Hang des Weinbergs ein wenig oberhalb des Tempels spazieren geht, entdeckt man eine anmutige Landschaft voller Bäume, vor allem Olivenbäume, die im Winter grün sind. In der Ferne erblickt man die Stadt Spoleto[190], die in den Bergen liegt.

Wir kamen noch rechtzeitig, um uns den alten Aquädukt[191] genau ansehen zu können, den die Pontifices restauriert haben. Das Wasser, das einem hohen Berg entspringt, wird an einem anderen Berg entlang bis zu den Reservoirs geführt, und nachdem es aufgefangen wurde, wird es in den Kanal des Aquädukts geleitet. Dieses Bauwerk besteht aus zehn sehr engen, dafür aber sehr hohen Arkaden: die mittlere, die an der Stelle steht, wo das Tal am tiefsten ist, ist mindestens 450 Fuß hoch. Die Mauer über den Bögen der Arkaden dürfte 8 Fuß breit sein. Sechs dienen als Weg, den man benutzen kann, um vom Berg, wo die Reservoirs stehen zu dem gegenüber, auf dem das Schloss ist, zu gelangen. Leidet man unter Schwindelgefühl, so sollte man dabei nicht nach unten blicken. Auf den restlichen zwei Fuß Breite verläuft die ca. 24 Fuß hohe Mauer, die den Kanal trägt, der ohne Dach und nur einen Fuß breit ist. Nachdem wir das Schloss durchquert haben, kommen wir auf einen großen Platz, wo all das Wasser aus einer Fontäne fließt und in ein Becken fällt. Von dort fließt es weiter in Röhren, die es in der gesamten Stadt verteilen. Ganz Spoleto ist an dem Hang und um den gleichen Berg gebaut, auf dessen Gipfel das Schloss steht. Diese Stadt sieht gut aus, hat jedoch die gleiche sonderbare Eigenschaft wie Venedig, wenn auch aus einem anderen Grund: Sie ist für alle Arten von Wagen unzugänglich. Innerhalb der Befestigungsmauern, die sich am Fuße des Berges befinden, umgibt die öffentliche Straße die Stadt, ohne hinein zu führen.

Auf dem Weg nach Terni passiert man den Berg mit dem Namen Somma, der wegen seiner Abgründe sehr gefährlich ist. Mehr als einmal ist die Straße so eng, dass nur noch ein Fuß zwischen den Rädern des Wagens und einem schauerlichen Abgrund bleibt. Beim Passieren des Berges fährt man /54/ 5 Meilen aufwärts, um dann 6 abwärts zu fahren. Diesen Teil der Reise machten wir nachts, aber sofern ich im Mondlicht etwas erkennen konnte, ist die Gegend ausgesprochen schön. Viele Felsen, die aus Stufen quaderförmiger Steine bestehen, sehen wie riesige Ruinen aus, und die Natur hatte Freude daran, sie noch dazu mit Baumgruppen zu schmücken, die trotz der Jahreszeit noch Blätter trugen. Der Rest des Weges war gut und angenehm. Gegen Mitternacht erreichten wir Terni.*

---

* Ein wohlerzogener Reisender lässt sich normalerweise nicht leicht herab, von Postillionen zu erzählen. Ich sehe nicht, was mich daran hindern sollte, diese Art von Menschen zu erwähnen, die so nützlich sind und außerdem mit mir und meinen Mitbrüdern, d. h. denjenigen, die diese Route zurücklegen, in einer so engen Verbindung stehen. Die Postillione Italiens also tragen weder die Livree noch das Horn wie bei uns, lenken dafür viel besser als alle Postillione in Niederdeutschland. Für gewöhnlich sind es wirklich Tollpatsche mit einem sehr energischen Aussehen, so dass man sie, wenn sie nicht arbeiten, leicht für Banditen halten könnte. Sie fluchen und lästern Gott auf erstaunliche Weise, sogar manchmal mit auserlesenen Ausdrücken und diesbezüglich glaube ich nicht, dass ihresgleichen auf der ganzen Welt, wo es Postillione gibt, existieren. Diejenigen, die zum Klerus gehören, übertreffen noch alle anderen. Bei jedem Schritt, ein *busara!* Wenn man sich der Hauptstadt nähert, so ändert sich der dominierende Ausdruck: sie sagen dann *Managio di San Pedro*, was eine dreiste Herausforderung an diesen Fürsten der Apostel ist.[192] Von einer Paraphrase des ersten Spruchs sehe ich ab.

Am 23.
Den Vormittag nutzen wir, um den Katarakt von Velino[193] in der Nähe von Papigno, ca. 4 Meilen von Terni entfernt, zu besuchen. Von Papigno aus, das auf einem runden und steilen Berg liegt, fährt man in das Tal herunter, durch das der Velino fließt. Es ist voll von Oliven-, Orangen- und Lorbeerbäumen, und das waren die ersten Bäume dieser Art, die direkt in der Erde wuchsen. Sobald man am Fuße des Berges ist, überquert man den Fluss, den man dann anschließend entlang fährt, indem man ihn rechter Hand lässt. Es ist wahrhaft der angenehmste Spaziergang, den man sich vorstellen kann. Stets fährt man unter einem Gewölbe aus malerischen Felsen, durch Alleen von Orangen-, Lorbeerbäumen und immergrünen Eichen, die Licini genannt werden. Der Velino, der seinen Fall immer noch nicht vergessen kann, strömt ungestüm auf einem Bett großer Kieselsteine. Auf der anderen Seite erblickt man eine Bergkette mit Olivenbäumen, Pinien und Licinigebüsch. /55/ Je mehr man sich nähert, desto stärker wird das Getöse des Wasserfalls, das bereits von fern wahrzunehmen war. Als wir angekommen waren, stiegen wir auf einen Felsen gegenüber, der ungefähr 300 Schritte entfernt steht. Der Berg, von dem sich das Wasser in die Tiefe stürzt, hat eine beträchtliche Höhe. Ich schätze, dass die Höhe des ersten Falls, bei dem das Wasser in eine Felsmulde fällt, mindestens 200 Fuß beträgt; wonach es dann noch ca. hundert Fuß über eine Reihe von Wasserfällen nach unten zurücklegt. Oben kommt der Fluss aus einem üppigen, tiefgrünen Wald. Alle angrenzenden Berge sind genauso mit dichtem Gestrüpp bedeckt. Neben dem Hauptstrom gibt es drei oder vier Bachläufe, die sich ebenfalls in die Tiefe stürzen. Vom Wasser ist unten nur Gischt zu sehen. Ein weißer Rauch steigt aus dem Abgrund und in die Luft, viel höher als die Berge. Vom schrecklichen Lärm betäubt, der es verhindert, dass man sich untereinander hört, blieben wir sprachlos auf der kleinen Ebene, von welcher wir dieses große und wunderbare Schauspiel beobachteten.

Sobald wir wieder in Terni waren, setzten wir unseren Weg durch das Tal der Nera, damals Nar, fort. Sie fließt am Fuße des Berges, auf dem die Stadt Narni liegt. Als wir uns diesem genähert hatten, stiegen wir aus den Wagen aus, um uns die Ruinen der Brücke anzusehen, von der man glaubt, sie sei von Augustus.[194] Von allen antiken Bauwerken, die ich bis heute gesehen habe, ist dieses das majestätischste. Es bestand aus vier Arkaden, die eine erstaunliche Höhe aufweisen. Von drei existieren nur noch die Säulen. Allein die vierte, die an die Stadt angrenzt, ist noch vollkommen erhalten. Völlig im Trockenen, kann man unter der Brücke entlanglaufen, und man staunt nicht ohne Grund, wenn man riesige Steinmassen über seinem Kopf hängen sieht, durch deren Spalten man hier und dort den Himmel erblicken kann, weil die Fugen nicht mehr in Ordnung sind. Jeder Stein (bis auf die Steine des Gewölbes) ist facettiert und das gesamte Bauwerk wurde ohne Zement und Bauklammern errichtet. Nicht wegen des Flusses wurde die Brücke so hoch gebaut, sondern weil man vorhatte, gleichzeitig die zwei /56/ Berge beiderseits zu verbinden, um einen mühsamen Ab- und Aufstieg zu ersparen. Das Stadttor ist altertümlich und aus den gleichen behauenen Steinen konstruiert wie die Brücke. Es ist darüber hinaus schräg gebaut, so dass es mit der Brücke eine gerade Linie bildet. Allerdings hat die Zeit die Chaussee, die zur Brücke führte, bis zum kleinsten Rest zerstört, sowie auch ihre Fortsetzung auf der anderen Seite, wo es nur noch einen unerreichbaren Felsen gibt, von dem man große abgelöste Stücke in der Mitte des Flusses sieht. Man erklärt die Zerstörung dieser Brücke unter anderem dadurch, dass die dritte Säule von der Stadt aus auf einem Grund ruhte, der nicht stabil genug war: sie sei dann abgerutscht und riss den Bogen mit sich, den sie trug. Diese Meinung erscheint plausibel, da man tatsächlich feststellt, dass die Säule um mindestens 6 Fuß abgesackt ist. Alle diese Ruinen sind mit Gestrüpp bedeckt, eine Verzierung, die nicht wenig dazu beiträgt, sie in ihrem Zustand des Verfalls zu verschönern. Darüber hinaus habe ich bemerkt, dass die Brücke so schmal war, dass ich nicht weiß, ob zwei unserer Wagen hätten aneinander vorbeifahren können.

Zwischen Narni und Otricoli zählt die Gegend zu den schönsten, die es gibt, hauptsächlich in der Nähe von Narni, aber wir haben sie in der Dunkelheit durchfahren. Wir waren ziemlich müde, als wir in Otricoli anhielten, um Abend zu essen und uns einige Stunden zu erholen.

In einem der Zimmer des Gasthofes begegnete der regierende Fürst einem hübschen kleinen Jungen von 4 bis 5 Jahren. Er streichelte ihn und nahm ihn an die Hand, worauf das Kind anfing, mit aller Kraft zu brüllen. Die Wirtin, zu der er gehörte, trat plötzlich ein und der Fürst fragte sie: „Was hat dieses Kind? Es erstarrt vor Angst und zittert, obwohl ich mich freundschaftlich zeige.“ „Das werde ich Ihnen gleich sagen, mein Herr“, erwiderte sie. „Er hält sie für einen Chirurgen, weil ich vor kurzer Zeit einen solchen habe kommen lassen, der an ihm eine Operation durchführen sollte.“ – „Eine Operation! Was fehlte ihm denn?“ – „Nichts, mein Herr. Ich habe aus ihm einen Musiker machen lassen.“ – „Du lieber Gott! Wie konnten Sie eine so barbarische Tat begehen?“ – „Ach! Mein Herr, mit der Zeit wird er *un bravo musico*[195] und /57/ seinem Vater, seiner Mutter und seiner ganzen Familie einen großen Reichtum verschaffen.“ – „Sie wagen es, dies zu tun, ohne gestraft zu werden?“ – „Wir regeln dies mit dem Chirurgen, der uns bescheinigt, dass die Operation wegen eines natürlichen Defekts notwendig gewesen sei.“

Viele dieser unglücklichen Opfer werden trotz der Verstümmelung nicht Musiker. Sie finden dann in Loreto Unterschlupf, wo sie mit Nächstenliebe aufgenommen werden und als Diener des Heiligtums arbeiten sollen.[196] Somit unterstützt man einen für die Menschheit so grausamen wie erniedrigenden Brauch.

Am 24.
Wenn man Otricoli verlässt, fährt man auf rechter Hand an einigen baufälligen Häusern vorbei, den Resten der alten Stadt Ocriculum, deren Gebiet nunmehr aus beackerten Feldern besteht, dann an einem alten Schloss[197], das vielleicht zu der gerade erwähnten Stadt gehörte, aber darüber konnte ich nichts in Erfahrung bringen. An diesem Ort erblickten wir zum ersten Mal den Tiber, den man wenig später in der Nähe von Borghetto über eine schöne Steinbrücke überquert.

Civita Castellana, vermutlich die ehemalige Stadt Fescennium[198], hat eine ganz sonderbare Lage: sie steht auf einem Felsen, den tiefe Abgründe von den anderen trennen. Die Felsen und diese Abgründe haben eine Farbe, die man nirgendwo sonst findet und sie sind darüber hinaus dermaßen mit Gräsern und wilden Pflanzen bedeckt, deren lange grüne Fasern herunterhängen, so dass sie in der schönen Jahreszeit wie Laubdächer aussehen müssen. Einige der zahlreichen Höhlen und Kavernen sind in Behausungen umgewandelt worden. Das Ganze bildet ein Gemälde, das nur gemalt, aber nicht mit der Feder beschrieben werden kann. Eins trug nicht wenig dazu bei, diesen Objekten einen angenehmen Glanz zu verleihen: alle weiblichen Geschöpfe, die ich während der Fahrt bemerkte, schienen mir von einer außergewöhnlichen Schönheit. Da dies sich sehr leicht ändern kann, möchte ich für diese Behauptung nicht länger als höchstens fünf Jahre bürgen. Diese Erfahrung habe ich mit unserem getreuen Keyßler bereits gemacht. Dieser brave Mann /58/ meint, er habe beobachtet, wie die häufige Durchreise von Fremden und Pilgrimen dazu beigetragen habe, dass die Frauen an der adriatischen Küste zwischen Ravenna und Loreto nicht nur einen gewissen Grad an Schönheit erreicht haben, sondern ihre Vollkommenheit von Generation zu Generation gepflegt wird.[199] Hat er sich in seiner Vermutung nicht geirrt, so sieht es so aus, als ob Fremde und Pilgrime sich nunmehr weniger Mühe geben müssen, denn alles, was sich meinen und den Augen meiner illustren Reisebegleiter während besagter Strecke gezeigt hat, dementierte seine Aussage.

Wenn man von Civita Castellana nach Rignano fährt, hat man den Berg San Orest auf kurzer Distanz links neben sich. Es ist genau der Berg, von dem Horaz in seiner Ode an Taliarcus unter dem Namen Soracte berichtet.[200] Zwischen Otricoli und Rom verliert man ihn nie aus dem Blickfeld.

Nach Rignano betritt man die Via Flaminia. Zwei Etappen lang ist sie in gutem Zustand und fast vollständig erhalten. Nur gelegentlich fehlt ein 5 bis 6 Zoll hoher Rand aus auf die schmale Seite gestellten Steinen (auf Französisch: posées de champ). Das Pflaster besteht sonst aus einer Art runder und sehr flacher Steine, die so gleichmäßig geformt sind, dass man denkt, sie wurden in der Mitte durchgeschnitten. Dennoch schränken die harten Stöße, die man während der Fahrt spürt, die Freude, auf einer römischen Chaussee zu fahren, ein wenig ein. Diese Unannehmlichkeit nimmt danach an den Stellen zu, an denen die Straße mit gewöhnlichen Steinen repariert worden ist. Diese alte Chaussee ist höchstens 12 Fuß breit. Dazu kommt, dass sie je nach Gelände auf- und abwärts führt und wie ein beliebiger Querfeldeinweg tausendfach gebogen ist, was man sehr oft hätte vermeiden können.

Ab 35 Meilen vor Rom ist die Gegend das schlimmste Brachland, das es gibt: die Felder sind bloß von Dornenranken und Disteln bedeckt, es ist kein einziges Haus zu sehen und die kleinen Marktflecken der Etappen sind eher Zufluchtsstätte für Räuber als Wohnsitz für Bürger. Kurzum, noch nie war ich durch eine traurigere Landschaft von so großem Umfang gefahren. /59/ Daran ist allerdings nicht die Qualität des Bodens schuld: dieser scheint einigermaßen gut zu sein, und ich bin überzeugt, dass er mit Fleiß und Arbeit binnen kurzer Zeit fruchtbar wäre. Angesichts des Verkehrs auf der Straße hatte ich nicht den Eindruck, dass wir uns einer großen Stadt nähern: einige Maultiertreiber mit ihren Tieren; das war alles, was wir getroffen haben.

In einer Entfernung von 21 Meilen erkennt man bereits sehr deutlich die Kuppel vom Petersdom. Nicht weit von Rom überquerten wir erneut den Tiber über eine sehr schöne Steinbrücke. Es war bereits nachts, als wir in diese Hauptstadt kamen. Dennoch näherte sich ein Mietlakai, der an der Porta del popolo noch sein Glück versuchte, unserem Wagen und führte uns durch verlassene und nicht beleuchtete Straßen zu einer möblierten Unterkunft an der Piazza di Spagna.

Die Lust, etwas zu sehen und sich zu bilden, regte sich in unseren Fürsten so lebhaft, dass wir, während unsere Diener damit beschäftigt waren, die Wohnung einzurichten, in eine Pferdedroschke stiegen, um uns das Kapitol im Mondschein anzusehen. Und keiner wird daran zweifeln, dass wir uns am folgenden Tag sehr früh zum Petersdom begaben.

Die Jahreszeit war sehr günstig. Einen Monat lang blieb der milde Himmel Italiens heiter und wolkenlos, so dass wir einen Winter von unserem Leben werden abziehen können.

An einem der Hauptziele unserer Reise angelangt, überlasse ich die Feder meinem Freund Erdmannsdorff. Er kennt sich sehr gut aus, ist selbst Maler und Architekt. Daher wird es ihm besser als mir gelingen, alle bemerkenswerten Gegenstände zu behandeln, die im Auge der Kunstliebhaber aus Rom die erste Stadt des Universums machen.[201] Um mein Tagebuch nicht gänzlich zu unterbrechen, werde ich einige der Briefe abschreiben, die ich an einen Freund in Dessau geschrieben habe. Mögen sie so gut wie es geht die Lücke füllen, die ich lasse.

1. Brief Rom, den 16. Januar 1766
Wir sind so gut untergebracht, wie es in diesem Land möglich ist, in dem man weder einen Holzfußboden, noch Türen, noch /60/ Fenster erwarten darf. Wenn Sie das erschreckt, dann relativieren Sie ein wenig diese Redefigur, die dann ungefähr Folgendes bedeuten wird: dass dies alles in ziemlich schlechtem Zustand ist, dass Türen und Fenster nicht gut schließen, und dass der Boden aus schlecht gepflegten Ziegelsteinen ist usw.

Der regierende Fürst bewohnt mit Erdmannsdorff die erste Etage einer möblierten Unterkunft, die am Ende der Piazza di Spagna liegt, am Eingang der kleinen Straße, die zur Villa Medici führt. Der Prinz Johann Georg und ich sind 150 Schritte davon entfernt in einem anderen Haus untergebracht, das demselben Besitzer gehört. Um von der Wohnung des regierenden Fürsten zu unserer zu gelangen, biegt man am Ende der Straße nach links um die Ecke und erblickt dann gegenüber unsere Unterkunft, ein Hauptgebäude mit zwei Flügeln. Man läuft durch einen kleinen Vorhof und betritt unsere Wohnung, die von dieser Seite ebenerdig liegt. Von der Gartenseite betrachtet, liegt sie hingegen in der ersten Etage über einem Erdgeschoss, da das Haus am Hang eines Hügels gebaut ist. Direkt oberhalb unseres Hauses liegt die Villa Medici.

Jeden Morgen stehe ich um fünf Uhr auf, um einem Abbé eine Audienz zu geben, der mich die italienische Sprache lehrt. Zwischen sieben und neun Uhr übernehme ich selbst eine ähnliche Tätigkeit, indem ich dem Prinzen Johann Georg die französische Sprache, so wenig schlecht wie ich kann, beibringe, denn Sie kennen wohl meine Stärke in der Grammatik. Dann ziehen wir uns an und gehen durch diese so bemerkenswerte Stadt spazieren. Unserer Neugier entgeht nichts, und unsere Anstrengung trägt umso mehr Früchte, als wir das Altertum unter der Leitung des berühmten Abbé Winckelmann, der Unterbibliothekar im Vatikan ist, studieren. Als Cicerone in der Stellung eines kleinen

Angestellten beschäftigt der regierende Fürst einen gewissen Herrn Reiffenstein[202], der aus Königsberg in Preußen kommt und diesen Beruf bei vornehmen Ausländern ausübt. Er ist ein gebildeter Mann, der die Sprache des Landes gut beherrscht; er trägt den Titel eines Hofrates des Landgrafen von Hessen-Kassel.[203]

Ich werde Ihnen nicht von allen diesen sehr ungewöhnlichen Gegenständen, Spuren /61/ der Größe der Weltherrscher oder von den Meisterwerken der Bildhauerei erzählen, die bis in unsere Tage erhalten sind. Ebenfalls werde ich über die Wunder schweigen, die die Malerei in den letzten zwei Jahrhunderten geschaffen hat, sowie über unzählige bewundernswerte Sachen, die aus Rom eine beachtliche Stadt gemacht hätten, auch wenn sie niemals so mächtig gewesen wäre. Dies alles werden Sie nach unserer Rückkehr in dem Tagebuch nachlesen können, das Erdmannsdorff verfasst hat.[204]

Um auf die Einzelheiten unseres Tagesablaufs zurückzukommen, sage ich Ihnen, dass wir gegen 3 Uhr zum Essen zurückkommen. Da wir den ganzen Vormittag damit verbracht haben, neue und verschiedene Ideen zu erwerben, können Sie sich vorstellen, dass unser Gespräch während der Mahlzeit sehr lebhaft ist. Reiffenstein ist gewöhnlicher Tischgast, Winckelmann gesellt sich sehr oft zu uns und weitere Fremde nehmen von Zeit zu Zeit daran teil, unter denen ich bloß den Prinzen Georg August von Mecklenburg-Strelitz[205], den jüngsten Bruder der Königin von England mit seinen zwei Begleitern, dem Hofrat Goessel[206] und einem Kammerherrn von Dewitz[207] erwähnen möchte. Es ist wirklich bedauerlich, dass unser ältester Fürst, der von den Fremden als auch von seinem Bruder und uns, seinen Untertanen, geliebt wird, an der Freude der Tischgesellschaft nicht ganz teilhaben kann. Ein hiesiger Arzt namens Frey[208] (der deutscher Herkunft, aber hier geboren worden ist) hat ihm eine strenge Diät verschrieben, so dass er sich abwechselnd nur von gemahlener Gerste und Mehlbrei ernähren darf. Zu unserer großen Zufriedenheit ist ihm das sehr zuträglich, so dass seine Gesundheit nichts zu wünschen übrig lässt.

Nachdem wir mit dem Essen fertig sind und bis sechs Uhr verdaut haben, setzen wir unser Studium fort. Manchmal besuchen wir Schauspiele, um uns zu entspannen und uns aufzumuntern. Diese finden in Rom nur zur Zeit des Karnevals statt. Ansonsten sind die Theater das ganze Jahr zu. Während des jetzigen Karnevals werden zwei Opera seria und zwei Burlesken in vier unterschiedlichen Theatern angeboten. In einem fünften werden Possen gespielt.

Ich weiß nicht, ob Sie bereits wissen, dass das schöne Geschlecht in der heiligen Stadt von der Bühne ausgeschlossen ist;

Kastrierte spielen hier die Rollen von /62/ Iphigenie, Roxellane[209] usw. Wie dem auch sei, ich kann nur hervorheben, wie leicht sich das Auge daran gewöhnt, diese künstlichen Hermaphroditen in Frauenkleidung zu sehen, die größtenteils sehr hübsch und gelungene Imitatoren der weiblichen Anmut sind.*

Die Tänzerinnen in den Balletten sind Jungen, die in ihrer Verkleidung stets sehr anmutig aussehen. Kurzum, wenn das Gesetz darauf abzielt, den Versuchungen vorzubeugen, so scheint mir, dass es sein Ziel doppelt verpasst: denn diese verstümmelten Herren stehen bei den Frauen in großer Gunst. Es gibt einige unter ihnen, die ihre Freude und ihr Vergnügen daran haben, diese Herren herzurichten und herauszuputzen, wenn sie ins Theater spielen gehen.

Wir haben gerade ein Schauspiel ganz anderer Natur, aber in seiner Art nicht weniger interessant erlebt: wir haben die kirchliche Garnison dieser Hauptstadt inspiziert. Am Neujahrstag starb der alte Thronanwärter, den man hier Jakob III.[210], König von England nennt. Während seiner Bestattung, die mit größtem Prunk gefeiert worden ist, waren alle monastischen Orden und Bruderschaften unter Waffen. Ich kann Ihnen versichern, dass dies eine richtige Armee darstellte, die in verschiedenen Uniformen in Kolonnen defilierte; ziemlich oft während des letzten Krieges sah sich der Fürst Heinrich von Preußen an der Spitze eines Armeekorps, das zahlenmäßig weit kleiner war als diese psalmodierenden Scharen.

Bis jetzt waren die Fürsten einzig und allein bei Kardinal Albani[211], dem Beschützer der deutschen Nation vorstellig; /63/ Wir verschieben das Kennenlernen der guten Gesellschaft auf die Zeit, in der wir nichts Besseres zu tun haben werden. Ich

---

* Diesbezüglich hat man mich mit einer lustigen Anekdote erfreut. Ein Engländer, den man von diesem Brauch nicht in Kenntnis gesetzt hatte, wohnte einer Opera buffa bei. Die Hauptdarstellerin spielte so wunderbar, dass es ihr gelang, einen nachhaltigen Eindruck im Herzen des kühnen Briten zu hinterlassen. Als dieser vom Theater zurückkam, konnte er nicht umhin, von der Vollkommenheit der hübschen Sängerin zu berichten. Seinen Mietlakai machte er zu seinem Vertrauten und er sagte ihm schlussendlich, er würde ich weiß nicht wie viel geben, um die Möglichkeit zu haben, mit ihr unter vier Augen zu speisen. „Mylord" erwiderte der Lakai, „es gibt nichts Leichteres auf der Welt" und er geht und bringt ihr diese Botschaft. Der Eunuch fühlt sich durch eine solche Höflichkeitsbezeigung geschmeichelt, und versäumt nicht, pünktlich zum Zeitpunkt der Verabredung in seiner gewöhnlichen Kleidung zu erscheinen. Wie erstaunt ist der arme Liebhaber, der sich in seinen Erwartungen so enttäuscht sieht. Am Anfang konnte er sich nicht überzeugen, dass es sich um eine Verwechslung handelt und er brauchte lange, sagte man mir, um seine schöne Leidenschaft zu überwinden.

möchte allerdings nicht vergessen, Ihnen zu erzählen, wie ich die Gelegenheit hatte, einen besonderen und speziellen Segen *di Sua Santita de nostro padre*[212] zu erhalten. Dies passierte folgendermaßen: Das Sakrament wird abwechselnd jeden Tag in einer der Pfarrgemeinden der Stadt ausgestellt. Wenn es ihm seine Gesundheit erlaubt, versäumt es der wahrhaft fromme Clemens XIII.[213] nie, sich zu der entsprechenden Kirche zu begeben. Wir sahen wie dieser verehrungswürdige Greis vor dem Altar kniend inbrünstig betete. Als er fertig war, stand er auf, um sich zurückzuziehen. Er ging raus, gestützt von zwei Personen, die ihn unter den Armen hielten und erteilte rechts und links seinen Segen. Alle knieten nieder, als er vorbeiging. Um ihn besser sehen zu könne, hatte ich mich am Eingangstor der Kirche postiert und als er näher kam, tat ich wie alle anderen und kniete nieder. Daraufhin, als er an meiner Haltung sah, dass ich mit einer solchen Zeremonie nicht vertraut war, hielt er an, drehte sich zu mir, beugte sich ein wenig und erteilte mir seinen Segen aus einer solchen Nähe, dass nur noch das Handauflegen fehlte, und mit einer so liebevollen und väterlichen Miene, dass es mich bewegte.

Zweiter Brief. Rom, den 27. Januar
Neulich habe ich Ihnen erzählt, dass wir in keinem anderen Haus außer dem des Kardinals Albani verkehrten. Seither ist das Haus der Gräfin Cherofini dazugekommen, das in Verbindung zum ersteren steht.[214] Bevor ich es erkläre, möchte ich von einer anderen Beziehung dieser Eminenz berichten, die für uns interessanter ist: dem Abbé Winckelmann. Der Kardinal lässt ihn in seinem Palast wohnen, und er öffnet ihm nicht nur seinen Tisch, sondern schenkt ihm eine Pension und auch sein Vertrauen. Im Bezug auf die zwei letzteren Aspekte handelt der Kardinal Stoppani[215] ähnlich, was zwischen den zwei Kardinälen diesen Gelehrten betreffend zu einer Art Konkurrenz führt, die beide ehrt. Winckelmann bezieht darüber hinaus einiges von seiner Stelle als Unterbibliothekar, /64/ so dass sich sein Einkommen auf 400 Scudi pro Jahr belaufen kann.

Der Kardinal Albani ist 80 und ein paar Jahre alt. Er ist so gut wie blind, aber er hat immer noch genug Lebhaftigkeit behalten, die er mit einer gewissen amüsanten Rauheit verbindet. In seiner Jugend war er Hauptmann bei den Grenadieren, als sich der Heilige Stuhl 1708 – diese Episode ist berühmt – gegen die kaiserlichen Truppen bewaffnete, die von Ferrara und Commanchio Besitz ergriffen hatten.[216] Er kennt sich in der Antike sehr gut aus und ist im Allgemeinen ein Kenner und Beschützer der schönen Künste. Als wir ihn zum ersten Mal besuchten – Winckelmann hatte uns zu ihm geführt – sagte er zum regierenden Fürsten, dass er unter den Leuten, die nicht zum Schoß der Kirche gehörten, die

Protestanten sehr diesen unglücklichen Franzosen vorziehe, die mal glauben und mal nicht und im Grunde nur reine Atheisten seien. Abends trifft sich bei ihm eine Art Versammlung, zu der hauptsächlich Fremde gehen. Er spielt dann Tressette[217], die meiste Zeit mit der Gräfin Cheroffini, seiner ehemaligen Freundin. Über sie sagte auch der selige Papst Benedikt XIV.[218], als er sie mit einer schönen goldenen Uhr an der Seite sah, die der Kardinal ihr zum Geschenk gemacht hatte: *die Opfergabe ist auf dem Altar.**

Diese Gräfin hat einen Sohn und zwei Töchter, die der Kardinal liebt, als wären sie seine eigenen Kinder. Der Sohn ist Fähnrich bei der Garde in Avignon. Die ältere Tochter ist mit einem gewissen Marquis Lepri verheiratet und gilt als eine der schönsten Personen in Rom. Es verhält sich mit der jüngsten Tochter ein wenig anders.[219] Ihre Haare sind mehr als braun, sie muss dennoch einen gewissen Reiz besitzen, da jemand unter uns – weder der ältere Fürst, noch Erdmannsdorff, noch ich selbst – sie sehr nach seinem Geschmack findet.

Ich war ein wenig überrascht, als ich zum ersten Mal sah wie Albani, dieser Kirchenfürst, seine Partie spielte. /65/ Er trug die gewöhnliche Kleidung der Kardinäle, d. h. einen kurzen Mantel und rote Beinkleider, aber auch eine weiße Nachtmütze auf dem Kopf. Wenn es vorkam, dass die anderen nicht nach seinem Gefallen spielten, gingen ihm Flüche so leicht über die Lippen als spräche er Segnungen aus und er schlug mit der Faust auf den Tisch, so dass die Tafelleuchter und Kerzenlöscher einen Sprung machten. Sein Lieblingsfluch gehört nicht zu den Worten, die man in einer guten Gesellschaft wiederholt. Dennoch passierte neulich dem Kardinal Folgendes, als er den Prinzen von Mecklenburg während einer Audienz beim Papst vorstellte: Er stieß mit dem Fuß gegen die Türschwelle, strauchelte und rief aus: „Cazzo del Diavolo“[220]. Und während er dies sagte, führte er weiter den Prinzen zu den Füßen des Papstes. So wie er ist, ist es unvermeidlich, dass der gutmütige Papst ihn kaum mag. Wie dem auch sei: Clemens will den Frieden und versucht nicht, den Lauf der Welt zu ändern.

Die Fürsten haben nicht vor, beim Papst vorstellig zu werden. Angesichts seiner einsamen Lebensweise brächte es

---

* Der gleiche Papst, der ein berühmter Erzähler von Bonmots war, erhielt eines Tages eine Antwort des damals jungen und nunmehr regierenden Markgrafen von Ansbach[221], die erhaltenswürdig ist. „Trinkt man noch so viel an Ihren deutschen Höfen?“ fragte er mit Leichtsinnigkeit „Nein, sehr Heiliger Vater“, antwortete der Markgraf. „Diesen Brauch gibt es nur noch an kirchlichen Höfen.“ Dies ist an sich so berechtigt, dass der Markgraf vielleicht einfach antwortete, um die Wahrheit zu sagen, und dabei nicht verletzen wollte.

nichts. Dazu kommt, dass die Zeremonie des Pantoffelkusses, auch wenn man nur so tut, von welcher Seite man es auch betrachtet, für denjenigen, der sich ihr unterwirft, nichts Ruhmreiches hat.

Dritter Brief. Rom, den 4. Februar.
Der erste Versuch, uns Zugang zu den Damen zu verschaffen, ist so lustig gescheitert, dass ich Ihnen diese Geschichte nicht vorenthalten möchte. Nachdem wir schon so lange die schönen Künste studiert hatten, befand man, dass es Zeit wäre, vor unserer für Mitte Februar geplanten Reise nach Neapel mit dem Studium der schönen Gesellschaft anzufangen. Alle rieten uns, gute Gerüche jeder Art zu vermeiden, weil die Römerinnen sie so hassen, dass sie ihnen gar die schlechten vorziehen, die Ihnen nicht so entgegenstehen. Man sagte uns, dass das Erste, worüber sie sich beim Anblick eines Fremden informieren, sei: „Was für einen Geruch hat er?", und dass man in ihrer Anwesenheit ungestraft übel riechen kann. Hauptsache, man sei nicht parfümiert. Keiner von uns war es, bis auf /66/ den regierenden Fürsten, der ein wenig Puder à la maréchale[222] in seinem Koffer hatte. Er befahl, die Kleider einige Tage lang zu lüften, so dass weder Winckelmann noch ein anderer den kleinsten Geruch wahrnehmen konnte.

Die Versammlung, (die man *Conversazione* nennt), fand bei der Prinzessin Barberini Palestrina statt. Nachdem es Abend geworden war, kam der Prinz von Mecklenburg, der uns einführen sollte, um unsere Fürsten und uns abzuholen. La *Padrona di Casa*[223] empfing uns sehr höflich am Eingang des Saales, aber kaum hatte sich der Fürst verbeugt, drehte sie den Kopf weg; und als der jüngste Fürst, den sie schon nicht mehr anschaute, ihr vorgestellt wurde, wandte sie sich ab und ging weg.

Einen Moment später kam sie wieder zurück und hatte die Nasenlöcher voll von Matricaria (zu Deutsch Katzenkraut)[224] – ein Kraut, das die Römerinnen immer bei der Hand haben. Dennoch konnte sie nicht lange bleiben. Die Männer, die die Peinlichkeit der Szene gesehen hatten, umgaben uns und bemühten sich, ein Gespräch anzufangen. Währenddessen kam ein dumpfes Murmeln auf: die Cicisbei* zogen aus ihren Taschen Briefumschläge und verbrannten deren Siegel.

Um die Fassung wiederzugewinnen, näherten sich einige von uns den Spieltischen und wollten die Damen ansprechen, jedoch standen diese sofort auf, als hätten sie einen Pestkranken gesehen. Darauf kam der Cicisbeo der Familie und entschuldigte sich überschwänglich beim Fürsten

* Zum großen Teil Kirchenmänner, *Monsignore* und Äbte.

für die extreme Abneigung der Damen gegen alles, was wohlriechend ist. Der Fürst erwiderte, er habe selbst vielmehr um Entschuldigung zu bitten: Nach allen Vorsichtsmaßnahmen, die er getroffen hatte, habe er nicht gedacht, noch irgendwie zu duften; er werde sich jedoch verabschieden, um der Prinzessin und ihrer Gesellschaft nicht weiter unangenehm zu sein.

Es war allerdings zu spät. Die ganze Luft war bereits verpestet. Auf der Treppe fanden wir die meisten Frauen auf der Flucht, die von ihren *Cavaglieri serventi*[225] fortgebracht wurden. Kurzum, der Zusammenbruch war perfekt, /67/ das schöne Geschlecht verließ das Haus genauso wie eine Taubenschar den Taubenschlag, in dem ein Wiesel wütet.

Diese übernatürliche Abscheu ist jedoch nicht unbegründet: Uns wurde von erwiesenen Geschichten erzählt, wonach Frauen eine Fehlgeburt erlitten, nachdem sie unerwartet Düfte gerochen hatten oder andere, die davon schwer erkrankten. Im vorigen Jahr war ein Franzose gezwungen, sich vom Kopf bis Fuß neu anzukleiden und seine gesamte Wäsche einen Monat lang im Tiber einweichen zu lassen. Seitdem ist es zum Brauch geworden, keinen einzigen Vertreter dieser parfümierten Nation zuzulassen, es sei denn, jemand bürgt für ihn.

Guten Abend, mein lieber Freund! Genießen
Sie die Erlaubnis, die man bei uns hat, gut zu duften.
Wir werden uns rühmen, schlecht zu riechen.

Vierter Brief. Rom, den 13. Februar
Der Karneval, der vorgestern endete, wird in den letzten vierzehn Tagen seiner Herrschaft sehr prachtvoll. Davor ist er der spärlichste in ganz Italien und gäbe es nicht die Oper, so würde man ihn gar nicht wahrnehmen, da Bälle und Tänze in der Stadt genauso verboten sind, wie im Theater das, was zum Ausschluss aus dem Freimaurerorden führt.[226] Während dieser vierzehn Tage also (Sonn- und Feiertage nicht eingerechnet) geben Kanonenschüsse aus dem Schloss San Angelo gegen drei Uhr Nachmittag das Startsignal. Dann füllt sich der Corso*, eine schöne, gerade, breite und lange Straße, die von der Piazza del Popolo bis zum Fuß des Bergs Capitol führt (für die Strecke braucht man eine Stunde), mit Maskierten, die zu Fuß gehen oder in Kutschen fahren.

Diese Kutschen bilden zwei Reihen: Die eine fährt aufwärts, die andere zur gleichen Zeit abwärts, so dass man nacheinander alle Wagen sieht und von allen gesehen wird. Kutscher, Diener,

---

* Man fährt mit den Kutschen auf dem Korso auch den Rest des Jahres spazieren, im Winter allerdings nur nachmittags.

selbst die Pferde sind kostümiert. Der Bürgersteig beiderseits, /68/ sowie der Raum zwischen den Wagen wimmelt von einer riesigen Menge von Maskierten. An den Häusern hängen Tücher und Tapisserien und die Fenster sind gefüllt mit Menschen. Dies alles bildet einen herrlichen Anblick, der in mir den in dieser Reise so häufigen Wunsch hervorruft, Ihnen dies zeigen zu können.

Die Damen halten neben sich große Säcke voller Dragees, die aus Gipsmörtel hergestellt werden, damit die Ausgaben nicht zu exorbitant sind. Begegnen sie jemandem zu Fuß oder in einem Wagen, den sie zu erkennen wähnen, so werfen sie ihm eine Handvoll Dragees an den Kopf, um ihm ihr Wohlwollen zu bekunden. Ohne die vor dem Gesicht getragene Maske könnte die Ladung einem ein Auge ausschlagen. Die gleichen Dragees lässt man mit vollen Händen von den Fenstern herunterregnen.

Bei dieser Gelegenheit sind die Römer sehr heiter und gut gelaunt. Mal steigen sie auf den Tritt der Kutsche, um spaßig mit den Insassen zu reden, mal beginnt ein *Dottore* einen Streit über lustige Themen mit einem *Pulcinello*[227] und sehr oft kann man angesichts ihres Witzes und der Wortgewandtheit, die sie dabei zeigen, nicht anders als Beifall zu spenden.

Hat dieses Leben einige Stunden gedauert, so ertönt erneut das Signal der Kanone. Die Kutschen halten an und parken an den beiden Seiten der Straßen, so dass die Mitte frei bleibt. Da, wo die Menschen standen, platziert man nunmehr ein Dutzend Pferde, die hinter einem Seil, das sie aufhält, angeordnet werden. Diese Pferde gehören den Fürsten und den Edlen. Sie haben keinen Sattel, und nur die trägsten bekommen auf dem Rücken eine Art Geschirr, das sich beim Galopp bewegt und sie dann ein wenig piekt und anspornt. Aber eigentlich ist es nicht nötig: sie brennen zu sehr darauf, loszustürzen.

Beim dritten Signal fällt das Seil und die Pferde galoppieren wie der Blitz los. Um ein Rennpferd in seiner stolzen Schönheit zu malen, müsste man gesehen haben, wie diese Berber* rennen, die Mähne im Wind, das sprühende Feuer unter ihren Hufen. /69/

---

* Mehrere dieser Fürsten züchten sehr rassige Pferde, aber im Allgemeinen sind die Italiener, abgesehen von den Neapolitanern, schwache Reiter, so dass derjenige, der es wagt zu galoppieren, für äußerst kühn erachtet wird. Während unseres zweiten Aufenthaltes in Rom durchquerten wir eines Morgens einen der Höfe des Palastes der Colonna. Vier bis fünf Stallburschen waren damit beschäftigt, ein Seil an einen Pfeiler festzubinden, der mittig im Hofe stand. Zusammen hielten sie das eine Ende der Longe, das andere führte in einen Pferdestall, dessen Tür offen stand. Sie zogen mit aller Kraft und entfernten sich dabei vom Pfeiler. Wir wussten nicht, was das werden würde, aber den Vorbereitungen nach

Die Tollkühnheit der Leute aus dem Volke diesbezüglich ist unvorstellbar, sie füllen ohne Nachzudenken den Platz, der für die Pferde bestimmt ist und geben den Weg erst nach und nach frei, wenn diese sich nähern. Aus diesem Grund passiert es ab und zu, dass Menschen umgestoßen oder sogar getötet werden.

Das andere Ende des *Corsos* ist durch Jagdnetze abgesperrt. Das erste und zweite Netz sind unten nicht festgemacht, so dass sie wie Gardinen flattern. Die Pferde, die mit größtem Ungestüm ankommen, passieren sie gewöhnlich und erst bei dem dritten halten sie an, nachdem sie ihren Lauf verlangsamt haben.

Die Preise, die man gewinnen kann, sind in der Regel Stücke von Seidenstoff, die von den Juden geliefert werden, die man hier unter der Bedingung toleriert, dass jede Familie einmal in der Woche eines ihrer Mitglieder in die Araceli-Kirche[228] entsendet, damit es sich eine Bekehrungspredigt anhört. Um den Bemühungen, sie zu erretten, zu entgehen, haben diese ungläubigen Seelen oft den Predigten mit Ohren voll Watte beigewohnt. Schließlich ist man dahinter gekommen und nun, wenn sie die Kirche betreten, werden zuerst ihre Hörorgane von wachsamen Mönchen untersucht.

Offenbar ist es der letzte Brief, den ich während des jetzigen Aufenthalts in Rom schreibe, da wir in etwa acht Tagen wegfahren wollen./70/

Der 21. Februar 1766
Um nach Neapel zu fahren, verlässt man Rom
durch das San Giovanni Tor.*[229]

---

dachten wir, es handele sich mindestens um einen wütenden Stier, den man schlachten wollte. Dann aber erschien ein junges, mit zwei oder drei sehr festen Halftern aufgezäumtes Pferd, dessen Augen verbunden waren. Es leistete ein wenig Widerstand aber ließ sich ziehen. Schließlich stand es ganz regungslos mit dem Kopf an dem Pfeiler. Die Stallburschen hielten sich um die Länge der gesamten Longe entfernt auf. Es entstand eine Debatte, um zu entscheiden, wer es auf einen Versuch ankommen lassen sollte. Derjenige der es machen wollte, näherte sich mit der größtmöglichen Vorsicht, nahm das Band ab und sprang davon. Das Pferd indes blieb das ruhigste der Welt und wir brachen in lautes Gelächter aus.

* Herr Kottowski und Herr Rust wurden dorthin mit dem Stadtpostboten (Procaccio[230]) geschickt. Herr von Erdmannsdorff ritt zu Pferd, und der regierende Fürst nahm Herrn Reiffenstein mit sich in seinem Vis-à-vis. Am Tag unserer Abfahrt wurde in Rom das *Lotto der Genuesen*[231] gezogen, das so leidenschaftlich im ganzen Lande gespielt wird, dass Bauern, die ihr Feld umpflügten, ihren Pflug stehen ließen, als sie Erdmannsdorff erblickten, um ihn zu fragen, welche Zahlen gezogen worden waren.

Noch eine ganze Strecke von Rom entfernt entdeckt man ab und zu Trümmer von Ruinen, die Reste der Gräber sind, die die Alten an den großen Straßen entlang errichtet hatten. In der Nähe von Mezzavia, unserer ersten Etappe, führt der Weg durch die wunderschönen Aquädukte von Claudius und Caracalla.[232] Die ersten sind noch in gutem Zustand und befördern weiterhin Wasser. Diese weite Landschaft, die nichts als Ruinen darbietet, ruft schöne Gedanken über das Auf und Ab der Dinge hervor und bietet einen seltenen und malerischen Anblick.

Marino ist die zweite Etappe. Diese Stadt befindet sich am Fuß der zwei Berge, die Cavo und Artemisio genannt werden. Zum großen Teil sind sie mit Wäldern bedeckt, was, wie man vermutet, nicht wenig dazu beiträgt, Rom von den schlechten Ausdünstungen der Pontinischen Sümpfe zu schützen.

Wenn man eine gewisse Höhe erreicht hat, entdeckt man unten hinter sich den See von Albano und auf seinen hohen Ufern Castel Gandolfo, das Lusthaus der Pontifices Maximi. Nach anderthalb Etappen auf dem Rücken dieser beiden Berge, fährt man drei Meilen von Velletri entfernt abwärts. Während jener Abfahrt genießt man eine wunderbare Aussicht auf diese Stadt, wobei man rechter Hand auf einem Hügel Civita Lavinia[233] (die Heimatstadt von Antoninus Pius) sieht und in der Ferne das Meer, den großen Felsvorsprung von Kirke[234] und die Inseln von Ponza und San Maria.

Velletri ist eine schöne Stadt, die als die Heimat von Augustus gilt. Nachdem man sie durchquert hat, begibt man sich in eine große Ebene, die auf der linken Seite den hohen Berg Cora[235] hat, in dessen Schoß die gleichnamige Stadt liegt (damals eine der Hauptstädte der Volsker[236]) /71/ und auf dem Gipfel Rocca Massima und Norma.

Cisterna bleibt rechter Hand. Auf dieser Seite fängt ein riesiger Wald an, der sich bis zum Sumpf erstreckt. Dann biegt der Weg nach links Richtung Sarmoneta ab[237]. Wenn man sich dieser Stadt nähert, entdeckt man in der Ebene am Fuß des Berges die Ruinen von Norba.[238]

Jenseits von Sarmoneta entspringt dem Berg eine schwefelhaltige Quelle, die die Luft mit übel riechenden Ausdünstungen füllt und die sich in dem ganz nah liegenden Morast ergießt.[239] Bevor man die nächste Etappe erreicht, fährt man noch an den Ruinen der „drei Wirtshäuser“ vorbei, einem Gasthaus, das in der Apostelgeschichte[240] erwähnt wird. Piperno auf dem Gipfel eines Berges, den man sehr mühsam besteigt, ist ein kleiner Ort. Der Gasthof ist einer der schmutzigsten und ließ befürchten, dort recht schlecht zu übernachten.

Am 22.
Nachdem wir von dem Berg heruntergefahren waren, auf dem Piperno wie fast alle Städte in dieser Umgebung errichtet worden ist, fährt man durch einen schönen, zwei Meilen langen Korkeichenwald; dann reist man stets mit der Bergkette von gestern auf der linken Seite und auf der rechten hat man, wenn auch in einer gewissen Entfernung, die Pontinischen Sümpfe. Der Raum dazwischen besteht aus relativ gut bewirtschafteten Feldern, was in diesem Land eine ziemlich seltene Erscheinung ist. Der Weg ist furchtbar wegen der zahlreichen Steine, die die nicht gepflasterten Stellen bedecken und dort, wo eine Pflasterung existiert, ist diese so schlecht unterhalten, dass die Fahrt genauso anstrengend ist. Ungefähr drei Meilen von Terracina entfernt trifft man auf die Via Appia, die rechter Hand mitten aus den Sümpfen und dem Schilf kommt. Sie ist vielerorts zerstört, so dass man nur von Zeit zu Zeit einige erhaltene Abschnitte findet. Nicht weit von der Stadt säumen 25 oder 26 verfallene Grabmäler die beiden Seiten der Straße.

Terracina[241] ist eine kleine und schlecht gebaute Stadt. Obwohl sie ganz nah am Meer liegt, hat sie keinen Hafen. Ihre zum Meer hin steilen Felsen bieten eine ausgezeichnete Aussicht zum Meer. /72/ Den Felsen über der Stadt verzieren schöne und große Ruinen[242], während auf dem anderen eine Festung errichtet worden ist, aber nicht auf dem Gipfel, sondern sie bildet einen Gang rund um den Felsen herum und der einzige Zugang zu ihr befindet sich unten und wurde, wie auch die Treppe und die Unterkünfte der Garnison ins Felsgestein gehauen. Hier begrüßten wir zum ersten Mal das Mittelmeer. An ihm fährt man einige Meilen entlang, bevor man nach links in das Landesinnere biegt. Das ist eine fruchtbare Landschaft voller Vieh und vor allem Büffel. Der Weg führt dicht an den Bergen entlang und lässt den großen See von Fondi auf der rechten Seite. Obwohl das Territorium von Neapel schon in unmittelbarer Nähe von Terracina beginnt, erreicht man erst nach einigen Meilen einen befestigten Turm, wo man durchsucht wird. Eine entzückende Landschaft mit vielen Orangenbäumen und Myrte eröffnet sich dann dem Blick. Zwei schöne, vollkommen erhaltene Grabmäler scheinen das Sinnbild zu sein für die Ruhe und die Stille, die dieser Ort ausstrahlt. Nachdem wir noch mehrere umgestürzte Monumente getroffen hatten, sahen wir Fondi mitten aus einem kleinen Orangenbaumwald erscheinen, bei dem die Fülle an goldenen Früchten das Grün der Blätter verwischte.[243]

Am 23.
Fondi, die Stadt Fundanum der Alten, stellt eine Ausnahme zur allgemeinen Regel dar, da sie auf freiem Feld am Fuß der Berge gebaut ist. Auf der anderen Seite der Stadt gibt es ebenfalls viele

Orangenbäume und das Gestrüpp besteht aus Myrten. Trotzdem ist die Gegend sehr karg. Von hier bis zu der drei Etappen entfernten Stadt Garigliano ist die Via Appia zum großen Leid der Reisenden vollkommen erhalten, denn es ist ausgemacht, dass kein Weg auf der Welt mühseliger ist. Furchtbare Mengen flacher Steine, die nicht mehr gleichmäßig sind, beschädigen die Fahrzeuge und brechen die Knochen der Insassen. Drei Meilen hinter Fondi endet die Ebene und Berge bilden den Rest der Strecke bis zum Meer. Beim Anstieg wird der verfluchte Weg doppelt unangenehm, und /73/ das Beste ist noch, zu Fuß zu gehen. Die Felsen beiderseits sind vollkommen nackt und kahl und die kleinen bewirtschafteten Felder, die man hier und da sieht, sind mit Steinen übersät.

Die Lage von Itri ist besser und von dort nach Mola fährt man durch Obstplantagen, die mit Myrten- und Lorbeerhecken umfriedet sind. Das Brennholz in diesem Landkreis macht man aus Reisigbündeln von dem oben erwähnten Gestrüpp. Der Rauch, der entsteht, ist so wohlriechend, dass man, wenn man sich den Häusern nähert, eine wirklich parfümierte Luft einatmet. Rechts sieht man den Berg, den die Alten Cäcub nannten, der wegen der guten Weinreben[244] berühmt war, die hier auf den gleichen Flächen wuchsen, auf denen jetzt kaum Büsche wachsen. Der Golf von Gaeta bietet einen sehr angenehmen Anblick und die Stadt selbst ist auf dem Felsenvorsprung gebaut worden. Nach links geht es nach Mola, das damals Formium[245] hieß. Der Vesuv, die steile Küste von Sorrent, die Inseln Capri und Ischia verschönern das maritime Gemälde, das man in diesem kleinen Hafen genießt.

Das Gebiet zwischen Mola und Garigliano ist eine fruchtbare, bewirtschaftete Ebene, in der man von Zeit zu Zeit Trümmer von zerstörten Grabmälern findet. Eine Reihe von Hügeln erstreckt sich am Fuß des dahinter liegenden Apennins. Hier könnte man den Ort des Landguts vermuten, von dem Horaz meint, er habe es in der Nähe von Fortium und Minturno, auf den Hängen von Lucretile besessen.[246] Die Ruinen von Minturno befinden sich in der Nähe des Posthauses, das wegen des dortigen Flusses Garigliano genannt wird. Ein Aquädukt, das von Traetta[247] auf den Hügeln kommt, ein Amphitheater, ein Theater, umgeben von mehreren Ruinentrümmern, sind auch hier zu sehen. Meine Begleiter gingen voran, um anspannen zu lassen, während ich auf einen Steinhaufen des zerstörten Amphitheaters stieg. Meine Blicke ließ ich umherschweifen. Das frische Grün dieser einsamen Felder, die Hänge, von denen die Rohrflöte eines Hirten erklang, das Meer, so viele Beweise der Unbeständigkeit der menschlichen Dinge, die mich umgaben, ließen in meiner Seele zarte traurige Töne erheben. Meine Gedanken drehten sich natürlich um den Augenblick, in dem unsere Existenz in den

Abgründen der Zeit verschwindet. Ich hatte den Eindruck, klar zu sehen, /74/ dass unser gesamtes Schicksal in diesem Leben, sieht man von einigen mehr oder weniger unterschiedlichen Vorfällen ab, hauptsächlich darin besteht, sich von den uns liebgewordenen Verbindungen zu lösen und sie nacheinander zu verabschieden. Diesen Gedanken widmete ich mich mit großer Aufmerksamkeit und als ich mich von meinem Platz losriss, war ich in einer solchen Gemütslage, dass ich meine Reisegefährten mit Tränen in den Augen und Herzbeklemmung betrachtete.

Wir durchquerten mit der Fähre den Garigliano (den Liris der Römer). Der Rest der Strecke war gut und angenehm. Sie führte uns durch eine Ebene mit dem *Capo dragone*[248], ehemals Berg Falernus zur Rechten. In einem kleinen Dorf namens Santa Agatha, in der Nähe von Sessa[249], übernachteten wir in Zimmern, die bloß Fensterläden aber keine Scheiben haben. Aus einer Bank machten wir einen Tisch, an welchem wir in Ruhe und Einklang *Ova di Buffalo*[250] aßen.

Am 24.
Auf der Durchfahrt durch Sezze entdeckte ich sogar in der Stadt einige Überreste der Via Appia, konnte gestern allerdings nicht feststellen, an welcher Stelle sie den Liris genau überquerte. Zweifelsohne könnte man es aber herausfinden, wenn man sich dafür die Zeit nähme und sich Mühe gäbe.

Nicht weit von Sezze fährt man über einen Gebirgsbach: er ist tief und seine Ufer steil. Danach betritt man eine nicht sehr umfangreiche Ebene, die gänzlich von Bergen umgeben ist. Sollte ich Vermutungen anstellen, so würde ich denken, dass hier der Ort ist, wo Hannibal laut Titus Livius von Fabius umzingelt wurde.[251] Die tiefe und schwer zugängliche Schlucht von Francolissi hat mich in dieser Annahme bestärkt. Die ganze Strecke dieser Etappe ist die Straße sehr schlecht, obwohl man dort mehrere lügnerische Inschriften lesen kann, die die Reparaturen lobpreisen, die vermeintlich hier gemacht worden sind. Nach Francolissi beginnen die fruchtbaren Ebenen Kampaniens. Links werden sie von den Apenninen gekränzt, hinten liegt der Capo dragone, gegenüber erblickt man den Vesuv und die Berge von Sorrent, die sich in der Ferne bis zum Meer ausstrecken. Rechts scheint die Insel Capri den Golf zu schließen. Aus dem Vesuv stieg Rauch, aber, soweit man es von hier sehen konnte, nicht sehr viel. /75/

Capua ist schön gebaut, obwohl ihr Umfang nicht sehr groß ist: Ihre Befestigungen sind nicht der Rede wert, auch wenn die Garnison ihren Dienst dort verrichtet, als ob es sich um die wichtigste Festung handelte, und die Tore werden bei der Dämmerung sofort geschlossen. Wir kamen hier ungefähr gegen 11 Uhr morgens an und nahmen sofort *Carozzini**, um uns Caserta anzuschauen.

Es ist die schönste Spazierfahrt, die man sich vorstellen kann. Sie führt uns durch eine Ebene sehr gut bebauter Felder und von Landleuten bewohnter Dörfer. Knapp zwei Meilen von der Stadt entfernt trifft man zunächst auf die Reste der alten Stadt Capua (das jetzige Capua hieß damals *Casilinum*). Ein Tor mit zwei Zugängen (der eine für den Ein-, der andere für den Ausgang, nach der Mode der Antike) ist das erste, was man erblickt. Ein wenig mehr auf der linken Seite steht, umgeben von Obstbäumen, ein Amphitheater, das ungefähr so groß wie das in Verona sein dürfte. Davon ist noch sehr viel erhalten, aber das, was übrig geblieben ist, wird von Tag zu Tag weniger, da es jedem erlaubt ist, Ziegelsteine mitzunehmen. Einer der Haupteingänge ist das Stück, was am besten erhalten ist, und die Anordnung, die man noch erkennt, beweist, dass dieses Gebäude in Zeiten guten Geschmacks errichtet worden ist.[252] Fast am gleichen Ort gibt es noch zwei weitere Ruinen, die ich wage, für Tempel zu halten, obwohl man sie normalerweise als Grabmäler betrachtet. Es stimmt zwar, dass ihre Größe nicht beträchtlich ist, aber beachtet man die Tatsache, dass die antiken Tempel in Rom klein sind, ausgenommen das Pantheon, so wird man meine Vermutung nicht zu unwahrscheinlich finden.

Nachdem man den Markflecken von Sancta Maria de Capua, der zum Teil auf den Ruinen der antiken Stadt gebaut wurde, hinter sich gelassen hat, findet man zwei wirkliche Grabmäler, die ziemlich vollständig sind, aber deren Architektur spüren lässt, dass der Geschmack zum Zeitpunkt ihres Baus bereits unterging.[253]

Endlich erreichen wir den Ort[254], wo seit dreizehn Jahren[255] der prächtige Palast des Königs beider Sizilien /76/ gebaut wird.[256] Jetzt ist er bis zur zweiten Etage fertig. Nach oben ist er folgendermaßen aufgeteilt: ein Kellergeschoss, Bedienstetenräume, Zwischengeschosse, zwei Etagen, Mezzaninen. In der Mitte dominiert eine große Säulenhalle und das gesamte Bauwerk bildet ein lang gestrecktes Viereck, das in vier Höfe unterteilt ist. Es ist sehr umfangreich und wird, sobald es fertig gebaut ist, eins der schönsten Bauwerke unseres Jahrhunderts. Die meiste Arbeit erledigen afrikanische Sklaven und Sträflinge. Uns wurde erzählt, dass der finanzielle Aufwand 8000 Dukaten monatlich betrage. Das erstaunlichste ist, dass das ganze Werk aus einer Art lehmiger Erde gebaut wird[257], die hier vor Ort zu finden ist und härter und

---

* Typischer Wagen in diesem Lande: er hat nur zwei Räder, aber der Rumpf ist aus einem Stück und hat drei Fenster wie eine Kutsche. In Neapel habe ich sehr hübsche gesehen.

zugleich leichter wird, wenn sie mit der Luft in Berührung kommt. Ich brauche Ihnen nicht zu sagen, wie dieser Umstand den Bau erleichtert. Da wir Angst hatten, vor dem geschlossenen Stadttor zu bleiben, machten wir kehrt in der Absicht, am folgenden Tag wiederzukommen und fuhren an diesem wunderschönen Abend durch die Ebene, durch welche wir gekommen waren, zurück.

Am 25.
Heute Morgen sind wir erneut nach Caserta gefahren und haben das alte Schloss[258] besichtigt, das der Hof damals bewohnte. Es ist so einfach und bescheiden wie das neue prächtig und groß. Von ihm könnte man behaupten, es sei genauso unter der Würde eines Königs beider Sizilien wie das andere über dieser Würde. Dann besuchten wir den Aquädukt, der zur Bewässerung der Gärten gebaut worden ist.[259] Der Weg führt nach Maddaloni[260], das am Fuße des Berges liegt. Diesen besteigt man über einen sehr guten Weg; auf dem Gipfel gibt es eine Stelle, von welcher man eine Aussicht auf den großen Teil dieser schönen, gleichmäßigen, flachen Gegend hat, die mit einer unendlichen Zahl von Marktflecken und Häusern übersät ist. Nach einer Stunde des Wegs kommt man am Aquädukt an, der in der Nähe eines Ortes namens *la Valle di Maddaloni* liegt. Er verbindet zwei Berge durch drei Reihen übereinander gebauter Arkaden in ansehnlicher Höhe, die ganz oben eine Läge von 800 Schritt haben. /77/ Meiner Meinung nach ist dieser Aquädukt der einzige unter den modernen Monumenten, die wir bisher gesehen haben, das auf die gleiche Stufe wie der Petersdom gestellt werden kann. Ich wünschte nur, dass die Entscheidung, dieses schöne Bauwerk zu errichten, einer nützlicheren Notwendigkeit entstammte, als bloß der Lust, in einem großen Garten, der die Natur verfälscht*, Wasser herausquellen zu sehen.

Ein Weg, der unten durchführt und fast stets voller Menschen ist, trägt nicht wenig dazu bei, die Landschaft malerisch zu machen, die im Übrigen nicht zu den lieblichsten gehört. Im Hintergrund sieht man den Vesuv.

Als wir wieder in Caserta angekommen waren, besichtigten wir zum zweiten Mal den Palast.[261] Die Qualität dieses weichen Gesteins, den man *Piètra morta* nennt und hier verwendet, so wurde uns gesagt, sei zweifelhaft: er ziehe die Feuchtigkeit an, würde nie einen vernünftigen Trockenheitsgrad erreichen, so dass sich alles, was damit bisher errichtet worden sei, sehr schlecht erhalten habe. Es wäre schade, wenn solche Erscheinungen bei

---

* Dieser Garten verfälscht die Natur sowohl durch den Ort, an dem er angelegt wurde, als auch durch die Art und Weise, wie er eingerichtet ist.

diesem Bauwerk aufträten. Allerdings findet man noch nicht die geringste Spur eines Absinkens oder einer Schwäche des Gebäudes, das, wie ich oben schon sagte, bereits seit 13 Jahren im Bau ist.

Der Weg zwischen Caserta und Neapel ist sehr gut und sorgfältig gepflegt. Die Gegend, die übrigens schön ist, wird bei Neapel ein wenig morastig. Es herrschte schon eine gewisse Dunkelheit, als wir die Stadt betraten; wir brauchten mehr als eine gute halbe Stunde, um vom Tor bis zu unserer Unterkunft zu gelangen, die am Meer, in der Nähe des Castel dell'Ovo lag. Von unseren Wohnungen aus genossen wir eine Aussicht auf den ganzen Golf zwischen der Insel Capri und dem Vesuv, der von Zeit zu Zeit kleine Rauchfahnen ausstieß.

Der Dom[262] ist dem heiligen Januarius[263] gewidmet. Der Kopf und die Phiolen mit dem Blut dieses Götzen der Neapolitaner werden in einem silbernen Schrank hinter dem Altar in einer der Kapellen aufbewahrt. /78/ Diese hallte vom Geschluchze von vier oder fünf Frauen wider, die eine Kopfbedeckung trugen und auf dem Boden lagen; ein noch frömmerer Greis verschlang mit seinen Küssen die Türen des Schrankes. So viel Inbrunst erstaunte uns, aber jemand informierte uns darüber, dass es sich oft um bezahlte Anbeter handelt, die gegen ein Entgelt das Gelübde von anderen erfüllen. In einer unterirdischen Kapelle unter dem Hauptaltar liegen die Überreste des Gerippes dieser berühmten Person, die trotz der großen Anbetung, die ihr zu Teil wird, mir nicht so wohlhabend erscheint wie ihr Kollege Antonius von Padua, der hundert Mal besser eingerichtet ist. Das lustigste an dem Kult, den man mit Januarius treibt, erscheint mir die Zeremonie, bei der man zwei Mal im Jahr seinen Kopf auf öffentlichen Tribünen ausstellt, die ausdrücklich zu diesem Zweck konstruiert worden sind. Die Reliquien anderer Heiliger, sogar das Bild der Heiligen Jungfrau, machen ihm dann den Hof. Diese Reliquien werden allesamt von einem behänden und prunkvollen Gespann von Bischöfen, Mönchen und anderen Arten von Geistlichen getragen.

Der Palast des Königs beider Vulkane[264] ist nicht bedeutsam. Unter den Palästen in Rom gibt es nur wenige, die ihn nicht in jeder Hinsicht übertreffen, sieht man vom Schmutz ab, der hier jedenfalls nicht gering ist. Alle Arten von Kinderspielen, die in den Gemächern des kleinen Herrschers herumliegen, zeugen davon, dass er noch mit Sachen spielen darf, die in keiner Weise dem Alter[265], das er erreicht hat, entsprechen. Ansonsten wird behauptet, dass er mit Strenge und unter großen Zwang erzogen wird.

Das große Hoftheater ist sehr schön und gerade so umfangreich, dass die Stimmen sich darin nicht verlieren. Die sehr großen Logen sind so aufgeteilt, dass man sogar von den entlegensten Ecken noch die Bühne sehen kann. Im Winter werden dort drei unterschiedliche Opern aufgeführt, im Sommer hingegen nur eine. Daher ist es im Laufe des Jahres nur in der Fastenzeit geschlossen. Außer diesem besitzt Neapel zwei weitere Theater für die Possen und die komische Oper[266].

Der Hafen, den eine Mole einschließt, ist klein und daher sehr voll von Booten. Nicht nur fremde Schiffe, sondern auch der größte Teil der /79/ königlichen Marine befindet sich hier. Diese besteht im Großen und Ganzen aus einem Schiff mit 54 Kanonen, das gerade fertig gebaut worden ist, zwei Fregatten, 4 Galioten, 5 Galeeren und 6 Schebecken.[267]

Das Arsenal liegt ebenfalls am Meer und umschließt ein kleines, sehr praktisches Becken, das dem Bau sowie der Wartung der Schiffe dient, von denen hier stets einige vor Anker liegen.

Auf dem Berg *Capo di Monte* hat der Spanische König, als er noch König beider Sizilien[268] war, einen Palast anfangen lassen, den er nach dem Tod der Königin, seiner Gemahlin[269], nicht zu Ende bauen ließ. Darin werden die meisten Gemälde der Krone aufbewahrt. Einige, die sehr schön sind[270], sind dort allerdings mit vielen mittelmäßigen vermischt. Das Bemerkenswerteste in diesem Palast ist die kostbare Münzensammlung, die noch dazu sehr praktisch zur Schau gestellt ist, da alle notwendigen Informationen mit angegeben sind. Sie enthält auch eine Kupfermünze des Kaisers Otto, die mit allen Echtheitszeugnissen versehen ist. Die Kamee- und Gemmensammlung ist zweifelsohne die vollständigste ihrer Art und sie übertrifft bei weitem die der Jesuiten in Rom.

Für den Fall, dass man sich rudimentäre Kenntnisse der Sitten und der Sprache der Chinesen aneignen will, sollte man es nicht versäumen, das Seminar dieser Nation zu besuchen[271]. Sieben junge Chinesen und die Geistlichen, die sie erziehen, empfingen uns sehr höflich. Sie zeigten uns allerhand Kleider, Utensilien und andere Gegenstände aus ihrer Heimat, deklamierten, schrieben und sangen in ihrer Sprache. Die Deklamation der Verse schien mir sehr erstaunlich: sie besteht in einer Art Gesang, der die Metrik und die Harmonie der Verse markiert. Nach Abschluss ihrer Studien erhalten sie die Priesterweihe und sie werden zurückgeschickt, um den Glauben zu verbreiten, was sie sehr umsichtig machen müssen, um nicht entdeckt zu werden. In diesem Seminar gab es auch einige junge Griechen, die zum gleichen Zweck erzogen werden. Ihre Physiognomie kontrastierte wunderbar mit der der chinesischen Gesichter.

Das Armenhaus vom Heiligen Januarius[272], das außerhalb der Stadtmauer liegt, ist eine schöne /80/ Stiftung. Mehr als 1 500 junge Mädchen werden dort auf einem geschlossenen

Gelände erzogen und 7 bis 800 Unglückliche finden dort ein barmherziges Asyl. Wenn man auf der rechten Seite die Kirche verlässt, betritt man zwei Höhlen, die den Eingang eines dreietagigen Ensembles riesiger Katakomben bildet. Sie wurden in einen Tufffelsen gehauen und die gewaltige Arbeit, die dies gekostet hat, zeigt zur Genüge, dass die ersten Christen in den Zeiten der Verfolgung derartige Bauwerke nie heimlich hätten anfangen können. Es ist jedoch wohl möglich, dass diese ihnen als Zufluchtsort gedient haben. Nunmehr werden allein zwei Etagen gezeigt: die dritte, die sehr verzweigt ist und sich sehr weit erstreckt, wurde zugemauert. Um davon eine Vorstellung zu geben, vergliche ich sie gern mit gewölbten Kellerräumen, die miteinander in Verbindung stehen. Die Wände weisen längliche Vertiefungen auf, die wie Schubladen aussehen. Es handelte sich offenbar um Grabstätten von gemeinen Leuten, die nicht reich genug waren, um sich verbrennen zu lassen. Die Gebeine, die dort lagen, sind woanders begraben worden oder wurden benutzt, um daraus Reliquien zu machen und die große Anzahl an Skeletten, die sich dort immer noch befindet, sind die Folge einer großen Pest, die in der Mitte des vorigen Jahrhunderts in Neapel wütete.[273] In diesem Ort der Finsternis und des Schreckens wandert man mit der Fackel in der Hand.

Möchte man die eindrucksvollste Aussicht genießen, die es auf der Erde gibt (ich sage nicht die umfangreichste, denn in diesem Sinne würde das Panorama vom Gipfel des Ätnas diese übertreffen), so muss man zur Kartause von Sankt Martin[274] aufsteigen. Eine große, schöne, bevölkerte Stadt zeigt sich dem Blick so detailliert, dass man die Personen und die Wagen auf der Straße erkennen kann. Eine unendlich abwechslungsreiche Landschaft, ein Hafen, ein Golf, ein Vulkan, das Meer und Inseln bilden, wenn ich diesen Ausdruck wagen darf, eine Enzyklopädie von Gegenständen, die dem Beobachter nichts zu wünschen übrig lässt. Der fleißige Sterbliche sei gesegnet, der durch die Erfindung des Glasschleifens meiner /81/ Seele eine Fähigkeit verliehen hat, die Grund einer so reichhaltigen Befriedigung ist, während mein Schicksal mir dies hatte entziehen wollen![275] Sollte ein anderer als diejenigen, die dies mit mir gesehen haben, dieses Tagebuch lesen, so möchte ich ihn um Entschuldigung bitten, dass ich so oft bei Beschreibungen von *Ansichten* verweile. Aber ohne zu zögern gebe ich zu, dass nichts in dem Teil Europas, den wir befahren haben, mich mehr als diese Aussicht beeindruckt hat. Um sowohl die Menschen als auch die kleinen Unterschiede zu beobachten, die diese in den kultivierten Ländern charakterisieren, muss ich wirklich mein Fernrohr gegen ein Mikroskop austauschen, wenn ich etwas zum Notieren finden will.

Am 28.
An diesem letzten Tag des Monats fuhren wird los, um den Vesuv zu besteigen. Nachdem wir mit Eseln die mühsame Strecke zwischen Portici*, am Fuß des Berges, und der Stelle, wo der Anstieg anfängt, zurückgelegt hatten, stiegen wir von unseren Reittieren ab und vertrauten uns der Führung von Bauern an, die uns bis zur Öffnung des Vulkans geschleppt haben. Ich kann bestätigen, dass es ein hartes, schweißtreibendes Unterfangen ist, mal auf der spitzen Oberfläche der Lava, mal bis zu den Knien in Asche zu laufen.

Während der gesamten Strecke hatten wir bemerkt, dass es aus dem Berg jede 20 Minuten laut tönte. Als wir jedoch den Trichter erreichten – zu diesem Zeitpunkt waren wir schon eine ganze Weile durch den Rauch gelaufen, der überall aus dem glühenden Boden herausdrang, – wurde dieses Geräusch, das uns aus der Ferne dumpf erschienen war und nunmehr von einem unterirdischen Dröhnen begleitet wurde, zu einem solchen gewaltigen Krach, dass auch die Mischung von Salven mehrerer Bataillone und Kanonenschüssen ihn kaum wiederzugeben vermochten. Sowohl wir als auch unsere Führer glaubten, dass der gesamte Berg einstürzen würde und gingen mehrere Schritte zurück, vor allem nachdem eine reichliche Ladung von Steinen nach dem Krachen herunterfiel.** /82/

Nachdem wir uns vom Schreck erholt hatten, konnten wir uns den Abgrund so lange ansehen, wie es der Rauch erlaubte. Ich brauche nicht zu sagen, welche schöne Aussicht die Städte Neapel und Pontici, der Golf, das Meer und die Inseln bieten, die man von hier aus der Vogelperspektive entdeckt. Der Abstieg ist viel leichter: Dort, wo keine Steine liegen, braucht man nur auf Asche zu laufen, die dann ins Rutschen gerät und die Füße mitnimmt. Als wir wieder die Stelle erreichten, an der wir unsere Esel gelassen hatten, trafen wir den Eremiten des benachbarten Berges, der auf einem ziemlich sauberen Tischtuch allerhand Erfrischungen serviert hatte. Er war französischer Nationalität und behauptete, unter Ludwig XIV. gedient zu haben.[276]

---

* Das Wetter war so mild, dass wir vor dem Ausflug zum Vesuv in einem Garten in Portici an der frischen Luft Mittag aßen, wie wir es kaum bei uns im Monat Mai hätten machen können.

** Wenige Tage nach unserer Abfahrt aus Neapel erging es einer englischen Gesellschaft aus diesem Grund recht schlecht: es wurden nicht nur einige leicht verletzt, sondern Mr. Hervey[277], dem Bruder von Mylord Bristol, wurde der Arm gebrochen. Dieser Mr. Hervey war Kaplan des Vizekönigs von Irland, eine Stelle, die der gleichnamige Mylord damals innehatte, und der seinem Bruder später ein Bistum (Londondery) vermittelte.

Wir versäumten es nicht, mit einigen Leuten Bekanntschaft zu machen, die durch ihr Wissen, oder zumindest ihre Neigung zu den Wissenschaften berühmt geworden sind.

Der Prinz von San Severo Sangro[278] gilt unter ihnen als ein großer Chemiker und er prahlt damit, (dank einer dieser Zufälle, die in der Chemie stattfinden und zur Entdeckung dessen, was nicht gesucht wird, führen) eine Art unsterblichen, sich von Luft ernährenden Feuers gefunden zu haben. Diesen kostbaren Rohstoff (den er nicht wiederherstellen kann) hebt er für eine Lampe auf, die neben seinem Grab stehen soll.[279] Unter vielen belanglosen Erfindungen fand ich zwei am seltsamsten: eine Technik, den Marmor aus Carrara zu färben und eine andere, um mit Wachs zu malen.

Der Herzog von Noja[280] ist ein ziemlich gebildeter Mann. Er besitzt eine Vielzahl von etruskischen Vasen, sowie eine Münzensammlung aus allen griechischen und etruskischen Städten, die in der gesamten Gegend existierten, die das jetzige Königreich von Neapel darstellen.

Es gelang uns, hauptsächlich die Gunst des herrschenden Fürsten sowie /83/ die Freundschaft des Paters de la Torré – des königlichen Bibliothekars und Präsidenten der Druckerei – zu erwerben. Er ist ein großer Physiker, den die Publikation *Les nouvelles observations sur l'histoire naturelle*, eine *Histoire du Vesuve*[281] in der Gelehrtenrepublik berühmt gemacht haben. Am Hof schätzt man ihn.*

Reise nach Pesto.
Am 2. März.
Sobald man Neapel verlässt, beginnt man, ohne es zu merken, am Fuß des Berges Vesuv zu reisen. Kurz nach Portici[282] überquert man den Lavastrom des Vulkanausbruchs des Jahres 1760, der sich bis nah ans Meer ausgebreitet hat. Dieser Ausbruch geschah nicht aus der üblichen Öffnung, sondern aus drei Hügeln am unteren Teil des Berges. Mitten in diesem versteinerten Fluss sieht man noch die Trümmer mehrerer Häuser, die er mitgerissen hatte.

---

* Dieser gelehrte Mann hat eine große Schwäche für kleine Hunde. Er hat immer fünf oder sechs in seinem Zimmer, das aus diesem Grund wie ein Zwinger riecht. Er liebt es, sie zu verarzten und nicht selten, wenn man ihn besucht, ist er gerade dabei, einen unter dem linken Arm zu halten und ihm mit der rechten Hand einen Einlauf zu machen. Hat man ihn lange nicht in den Häusern gesehen, in denen er verkehrt, so braucht man ihm nur mitzuteilen, dass der Hund krank ist und er kommt sofort. Der Hof unterhält für ihn einen Wagen mit zwei Maultieren.

Nach der ersten Etappe in einem Marktflecken namens Torre dell'Annunziata fährt man an den Weinbergen entlang, die Pompeji bedecken und lässt sie auf der linken Seite. Dann entfernt man sich vom Meeresufer und fährt an den Felsen von Amalfi oder Sorrent vorbei. Diese Gegend von öden Bergen bleibt auf der rechten Seite, während der Weg durch eine gut bewirtschaftete Landschaft mit zahlreichen Weinbergen führt, die im Osten von den Apenninen begrenzt liegt.

Hinter Cava fährt man von den Bergen herunter in Richtung des Golfes von Salerno. Diese Schlucht voller kleiner hübscher Städte, die so geschmacksvoll angelegt worden sind, wie der geschickteste Maler es hätte tun können, ist einer der bezauberndsten Landstriche Italiens. Das Reich von Thetis /84/ war heute so glatt wie ein Spiegel. Nur kleine ablandige Winde kräuselten von Zeit zu Zeit die grüne Oberfläche. Bei solchen Gelegenheiten bedauere ich immer, dass die Ausdrücke nicht ausreichen, um die schönen Bilder der Natur darzustellen. Was für eine Freude wäre es, wenn ich sie malen könnte, wie ich sie sehe, und wenn ich dem Leser das mitteilen könnte, was ich in diesen glücklichen Momenten empfinde.

Der Weg biegt dann plötzlich nach links; in den Felsen gehauen, fällt er sanft am Meer entlang Richtung Salerno ab. Diese ist eine ziemlich gut aussehende Stadt, obwohl die Straßen sehr eng sind. Ich hatte den Eindruck, dass man hier ein wenig Handel treibt.

Bis Evoli durchfährt man noch eine weite Ebene zwischen dem Apennin und dem Meer; Evoli liegt unten, am Ende derselben. Wir bezogen unser Quartier in einem Gasthof außerhalb der Stadt. Die Wege der ganzen heutigen Strecke waren sorgfältig unterhalten und auch die Postpferde waren gut.

Am 3.
In Neapel hatte man uns mit der Behauptung, die Fahrt zwischen Evoli und Pesto sei extrem schwierig, Angst eingeflößt. Für diese Expedition nahmen wir daher Sedias[283]. Wir verließen die Hauptstraße und zogen zum Meer. Nach einer vierstündigen Reise durch ein morastiges Gebiet, das zum größten Teil als Büffelweide dient, erreichten wir die Ruinen von Pesto[284], die in einer von Bergen und vom ungefähr 300 Schritten entfernten Meer umgrenzten Landschaft liegen.

Nachdem die Krotoner sie verjagt hatten, kamen die Sybariten nach Pesto und gaben ihr den Namen Possidonium[285]. Im Lauf der Zeit setzte sich der Name Pesto erneut durch. Die Monumente dieser Stadt sind vielleicht nach den Pyramiden von Ägypten die ältesten Zeugnisse der Architektur; die Stadt bildete ein langes Viereck. Die an einigen Stellen

24 Fuß hohe Befestigungsmauer existiert noch. Anderthalb Stunden haben wir gebraucht, um sie zu umrunden./85/

Eins der Tore[286] ist ebenfalls erhalten und die anderen sowie zwei Türme sind noch zu erkennen. Drei majestätische, noch fast vollständige Tempel stehen in der Mitte. Alle drei sind quadratisch, lang gestreckt und ruhen auf Säulen. Ihre Architektur ist nicht besonders schön, wenngleich man darin bereits die Grundsätze der Kunst entdeckt, die später verbessert wurde.[287] Die Säulen sind angesichts ihrer Höhe unverhältnismäßig dick, so dass sie oben in der Nähe der Kapitelle, wo sie rasch dünner werden, fast wie ein Konus aussehen. Letztere sind flach und haben wie die Säulen einen unverhältnismäßigen Umfang. Das Ganze wurde aus einem sehr harten, porösen Stein gebaut, der jedoch nicht der *Travertino*[288] ist. An einer anderen Stelle liegt ein Trümmerhaufen mit den Überresten der Säulen eines großen Bauwerks und nicht weit davon entfernt erkennt man den Ort, an dem ein kleines Amphitheater gestanden hat. Das einsame Bild dieser zerstörten Stadt, ihrer Tempel, der aufgewühlten und von Steinen bedeckte Ringmauer ist melancholisch und traurig. Es ruft dieses zarte Gefühl des Schreckens, das die Dichter „heilige Schauer"[289] nennen, hervor. Die Tempel, die Mauer, die Türme, alles ist mit den gleichen Quadersteinen gebaut, und ähnelt sich durch die Anordnung der Architektur. Dies könnte dazu verleiten zu denken, dass die gesamte Stadt auf einmal und zur gleichen Zeit gebaut worden ist. Sie war völlig in Vergessenheit geraten.[290] Wegen der schlechten Luft, die hier im Sommer herrscht, kommen nur arme Feldarbeiter in der Zeit zwischen der Aussaat und der Ernte hierhin, um zu arbeiten. Seit Generationen kannten sie diese Tempel und waren weit davon entfernt, darin etwas Außergewöhnliches zu vermuten, bis ein französischer Maler sie vor 8 oder 10 Jahren während einer malerischen Reise entdeckte, die er unternommen hatte, und er sorgte dafür, dass sie das Ansehen genießen, das sie verdienen. Seitdem hat der Bischof der Diözese außer einigen Scheunen und landwirtschaftlichen Gebäuden auch ein Landhaus an diesem Ort errichten lassen. /86/

Am 4.
Bei unserer Rückkehr schauten wir uns die Ausgrabungen von Pompeji an.[291] Diese Stadt wurde nicht wie Herculaneum von einem Lavastrom überschwemmt, sondern bloß unter einer dicken Schicht aus Asche und kleinen Steinen begraben, die der Vulkan zur Zeit seines schrecklichen Ausbruchs unter dem Kaiser Titus Vespasianus ausspie.[292] Die Schicht, unter der sie liegt, ist allenfalls so hoch wie die Gebäude selbst, ja an mehreren Stellen nicht einmal so hoch. Obwohl es somit einfach

war, sie wiederzufinden, wurde sie erst 1748 entdeckt.[293] Ein Theater mit angrenzendem Tempel, der, wie eine Inschrift es bestätigt, Isis geweiht worden sind, ist das Bemerkenswerteste. Beide Gebäude sind erst vor 18 Monaten entdeckt worden.*[294]

Vom Theater waren lediglich die äußeren Sitzreihen sowie die Hälfte der Bühne freigelegt. Ich habe festgestellt, dass sich Palladio de Vicenza in seinen Vermutungen bezüglich der antiken Theater keineswegs geirrt hat. Der Tempel, das schönste Zeugnis der Antike, das hier zu sehen ist, ist klein, daher wirkt seine Ausstattung wie Tand. Außerdem ist er nur aus Ziegelsteinen gebaut. Jedoch erscheint dort alles so weiß und so neu, dass der Tempel eher einem Gebäude ähnelt, das gerade errichtet wird als einer Ruine, die man ausgräbt.

Die Nische oder das Häuschen des Götzenbildes ist vorne offen und liegt am Ende des Vorplatzes, der von einer quadratischen Mauer umgeben ist. Entlang dieser Mauer steht eine Säulenhalle aus stuckverputzten Ziegelsteinen. Diese Säulenhalle wurde mit einem Dach versehen, das an der Mauer angelehnt ist und dient als Schuppen. Auf der gleichen Mauer kann man Arabesken sehen, die so frisch wirken, als ob der Maler sich gerade verabschiedet hätte. Neben der Nische sieht man eine kleine einsame Kammer, die einige Basreliefs aus Gipsmörtel zieren. Sie wurde anscheinend /87/ von den Priestern als Umkleideraum benutzt. Nicht ganz in der Mitte des Vorplatzes, aber im Freien, steht der Opfertisch. Er ist quadratisch, ungefähr viereinhalb Fuß hoch. Man war gerade dabei, die Erdmassen abzutragen; unter denen die Knochen der letzten Opfer lagen: es waren Tauben. Andere kleine Altäre, die offenbar zur Verbrennung von Weihrauch dienten, befinden sich ebenfalls in der Galerie zwischen den Säulen. Auch ein Brunnen ist dort zu sehen. Vom Geschmack her sieht der gesamte Tempel der Architektur ähnlich, die wir chinesisch nennen. Umsonst hat man nach dem Bild der Göttin gesucht. Es wurden nur zwei Statuen, sowie einige Vasen und Bronzeleuchter gefunden. Hinter der Mauer des Tempels hat man fünf Arkaden freigelegt, die anscheinend zu einem Saal mit Stuckmalereien führen, aber man ist mit dem Räumen hier noch nicht fertig.

Um sich eine Vorstellung zu machen, wie langsam diese Arbeit vonstatten geht, kann ich sagen, dass wir hier nur 40 Arbeiter trafen. Vor 200 Jahren wurde, um einen Bach umzuleiten, ein

---

* Sollte mein übrigens ziemlich gutes Gedächtnis mich nicht täuschen, steht diese Inschrift auf einem Stück Marmor, das in der Mauer wie ein gemeiner Stein verwendet wurde und scheint mir deshalb ein Fragment eines früheren Tempels zu sein.

unterirdischer Kanal genau unter der Stelle des Tempels gezogen. Nunmehr fließt dieses Wasser auf dem Grund des erwähnten Brunnens. Da man sich damals um derartige Forschungen nicht kümmerte, wird man sie wohl vernachlässigt haben. Die Erdmassen, die das 600 Schritt vom Tempel entfernte Amphitheater bedecken, sind nicht hoch genug, damit man nicht wahrnimmt, dass es sich um ein solches handelt. Dennoch ist es wegen der schlechten Luft (*Mofeta*), die darin eingeschlossen ist, nicht möglich, es freizulegen.[295] Vier Männer, die sich vorgenommen hatten, eine der Grüfte aufzumachen, erkrankten plötzlich, und ein Hund, der dort hineinrutschte, starb in der folgenden halben Stunde. Das gleiche gilt für mehrere andere unterirdische Gänge, die aus diesem Grund nicht weiter erforscht worden sind. An einer anderen Stelle sahen wir uns eine Haustür an, die bereits freigelegt worden ist und unweit davon drei Zimmer eines angrenzenden Hauses. Diese Räume sind sehr klein und ohne Fenster, aber mit hübschen Stuckmalereien. /88/ Von dieser Wohnung aus betritt man eine Art Vestibül, in dessen Mitte ein rundes Marmorbecken stand, das sich jetzt im Museum von Portici befindet. Der Rest des Pflasters, mit dem das Becken umgeben war, besteht aus Mosaik. Das Tor, das nach Herculaneum führte, ist zum größten Teil freigelegt; daneben gibt es zwei kleine Eingänge oder Türchen, wie sie Triumphbögen haben. Wenn man Pompeji verlässt, zeigt sich zuerst auf der rechten Seite der Sockel einer monumentalen Statue. Die Statue selbst wurde nicht wiedergefunden. Dem Sockel gegenüber links stehen zwei halbrunde Sitze aus Stein, auf denen jeweils ungefähr fünfzehn Personen Platz nehmen konnten. Von dem einen der beiden sieht man nur noch, wo er gestanden hat: der Sitz selbst ist im Hof des Museums ausgestellt. Die Straße, die über ungefähr 30 Fuß freigelegt worden ist, ist wie alle großen Wege in der Antike gepflastert. Sie weist aber die Besonderheit auf, dass der Hauptteil dieses Pflasters aus Lava besteht, wie man sofort erkennt. Dies ist allerdings nicht der einzige Beweis dafür, dass der Vesuv bereits vor der Eruption unter Titus ausgebrochen war, denn man kann mühelos in den Mauerwerken zahlreiche verbrannte Steine ausmachen, die der Vulkan ausgespien hat. Sowohl die Gebäude als auch der sichtbare Umfang von Pompeji belegen ausreichend, dass die Stadt nicht sehr groß war. Man stelle sie sich in ihrem heutigen Zustand so vor: ein dichter Obstgarten, hier und dort gegrabene Löcher und darin zerstörte ärmliche Häuser.

Auf dem Rückweg begegneten wir mehreren Kutschen. Wir erfuhren seitdem, dass die eine die Kutsche der Ehefrau des Premierministers[296] war. Sie war nach Pompeji eingeladen worden, um einigen Entdeckungen beizuwohnen, die, so vermutete man, kurz bevorstanden: Man hat in der Tat in ihrer Anwesenheit eine Isis-Statue und die Fragmente einer weiteren in einer Ecke der quadratischen Säulenhalle des Tempels ausgegraben. Wir erinnerten uns dann, genau an diesem Ort einen Trümmerhaufen gesehen zu haben.

Da unsere Unterkunft am Schloss von Pizzifalcone und somit in der Nähe des Kastells dell Uovo[297] lag, fuhren wir an der ganzen Stadt auf dem /89/ Kai unmittelbar am Meer entlang. Wegen eines ziemlich starken Windes war dieses sehr bewegt, und ich fand großen Gefallen daran, in einer Straße voller Menschen und Kutschen zu fahren, und dabei auf der einen Seite Häuser und Geschäfte, auf der anderen das gischtende, von Kähnen und Booten bedeckte Meer zu sehen.

Langsam wäre es jetzt Zeit, von Herculaneum und vom Portici-Museum zu berichten. Aber beide sind zu sehr bekannt, als dass ich anfange, ausführlich darüber zu berichten. Ich lasse also jegliche Gelehrsamkeit beiseite, sage jedoch, dass man wohl täte, bevor man Neapel verlässt, um diese Sehenswürdigkeiten zu besichtigen, erstens den Marchese Galiani, den Übersetzer Vitruvs[298], zu besuchen, um sich das Modell des Theaters von Herculaneum, das er angefertigt hat, zeigen zu lassen, und zweitens die zwei Briefe des Abbé Winckelmann an den Grafen von Brühl bzw. an Herrn Füssli, zu lesen[299], die das Portici-Museum betreffen. Ohne eine solche Vorbereitung werden die Ergebnisse der eigenen Forschungen nur wenig ertragreich sein.

In der Mitte der Stadt Portici findet man in einer kleinen Straße den Eingang des Theaters, das selbst 50 Fuß unter der Erde liegt. Eine Schicht Asche sowie ein riesig dicker Lavastrom bedecken es. Auf einer Treppe geht man wie in einen Keller herunter. Dann läuft der wissbegierige Engländer oder Deutsche gebeugt durch unterirdische Gänge. Ein Maurer führt ihn und erklärt ihm alles, was er darüber jemals hat faseln hören. Wenn man möchte, kann man weitergehen, aber dies wäre völlig umsonst.

Bei den Ausgrabungen Herculaneums wird wie im Bergbau vorgegangen: wenn man ein Haus entdeckt, geht man hinein, indem man ein Rohr vor sich her schiebt, stochert in der Asche, nimmt das, was man findet und geht weiter. Darüber hinaus gilt als sicher, dass alle Gebäude zerdrückt oder zerstört worden sind.

Die Malereien, die entweder in Herculaneum oder in Pompeji entdeckt worden sind, werden in drei Räumen des Königlichen Palastes von Portici[300] aufbewahrt. Sie sind alle auf Gipsmörtel. Man beherrscht hier die Kunst, sie in großen Stücken von der Mauer zu nehmen, ohne sie dabei zu zerbrechen. Man muss für die teure Antike /90/ sehr voreingenommen sein, um in diesen Bildern den höchsten Grad der Schönheit zu sehen, die in der Kunst der Malerei oder der Zeichnung erreicht werden kann. Dennoch findet man darunter auch recht anmutige Figuren. Ich empfehle dennoch denjenigen, die sie sich gern anschauen möchten, sich zu beeilen. In der Überzeugung, sie damit besser zu schützen, hat man einen gewissen Firnis auftragen lassen. Da die Beschaffenheit der Farbe nicht gut untersucht worden war, platzt dieser Firnis ab und reißt mit sich, was Feuer, Wasser und 1 700 Jahre verschont hatten.

Das Museum bildet einen separaten Flügel des Palastes. Die seltenen und kostbaren Altertümer, die es enthält, sind dort mit Sorgfalt und Geschmack angeordnet. Anhand der Möbel, der sakralen oder profanen Utensilien und der Gemälde, die hier ausgestellt sind, kann man sich wirklich eine ziemlich genaue Idee der Sitten und des privaten Lebens der Alten machen. Mir scheint es, dass sie keine unserer Bequemlichkeiten und Annehmlichkeiten entbehrt haben. Alle Erfindungen, die wir auf diesem Gebiet genießen, finden sich bereits dort, sogar das Überflüssigste. Dies bezeugt eine Dose aus Bergkristall, die voller Schminke ist. Es gibt heutzutage nichts, das annähernd so prachtvoll wäre. Die einfachsten Dinge sind so elegant und geschmacksvoll verarbeitet, dass sie den modernen Künstlern als Beispiel dienen sollten. Ich war wahrhaft entrüstet, als ich darüber nachdachte, wie selten man sogar unter unseren wertvollsten Möbeln ein anerkennungswürdiges Stück findet, während selbst die einfachsten notwendigen Gegenstände in Herculaneum, Pompeji, Stabia, die kleine provinzielle Städte waren, von der Klugheit und dem Geschmack der Handwerker geprägt sind, die sie geschaffen haben.

Der Palast von Portici ist ein Werk, das den guten Bauprinzipien widerspricht. Für gewöhnlich entschuldigt sich man hier damit, dass man behauptet, die Schuld daran treffe die selige Königin, die als die Hauptarchitektin dieses schönen Wunders gilt.

Nunmehr habe ich allem Rechnung getragen (selbstverständlich auf meine eigene Art), was auf der Südseite von Neapel zu sehen ist. Wenden wir uns jetzt der Nordseite zu. Dort ist zunächst der Berg Posillipo, der die Stadt von dieser Seite bedeckt /91/ und sich spitzenförmig zum Meer erstreckt. Das Grab, das man „Grab des Vergil" nennt, liegt oberhalb des Wegs, den man in der Nähe der Stadt nehmen muss, um durch den Berg zu gehen. Nachdem man auf den Felsen gestiegen ist, sieht man dieses Grab in der Ecke eines kleinen Gemüsegartens. Die Überlieferung beruht auf einem Zeugnis aus dem 16. Jahrhundert, wonach die Urne Maros[301] hier wiedergefunden worden sei.[302] Dieses Monument sieht auf den existierenden Kupferstichen und Zeichnungen viel besser aus als in Wahrheit. Der Weinbauer, der es besitzt, wusste nichts anderes zu berichten, als dass Virgil Engländer und ein ziemlich guter Schulmeister gewesen sei. Indem er dies sagte, rupfte er ohne Erbarmen einen kleinen Lorbeerbaum, der auf dem First gepflanzt worden oder einfach gewachsen war, um uns Zweige zu schenken.

Die Höhle von Posillipo, d. h. der Gang durch den Berg, ist 900 Schritt lang – die Schluchten an beiden Enden, die keine Decke haben, nicht eingerechnet. Dort herrscht eine ewige Nacht sowie ein Staub, der das gleiche Attribut verdient. Man ist gewohnt und gleichzeitig gezwungen, durch diesen Gang mit Fackeln zu laufen.

Wenn man aus dieser Finsternis kommt, betritt man eine schöne Landschaft voller Bäume und Weinberge. Zwei Wege führen gleichermaßen nach Pozzuoli. Der Weg rechter Hand führt am Agnanosee entlang. Dieser See ist eine Art Kessel, der von Bergen umgeben ist. Ein kleines Loch in einem Felsen des Ufers führt den Namen „Hundsgrotte", da ein solches Tier üblicherweise Opfer eines kleinen Experiments wird. Nachdem ihm sein Herrchen die Pfoten zusammengebunden hat, lässt er ihn in die Höhle herunter. Nach kurzer Zeit beginnt der Hund zu zucken und ließe man ihn dann noch einige Minuten dort, so stürbe er zweifelsohne. Allerdings geschieht es wahrscheinlich selten, dass man es so weit treibt, denn jener Hund, den wir dort sahen, übt seit Jahren die gleiche Tätigkeit aus. Als der Mann ihn aus der Höhle zog, blieb der Hund einige Zeit regungslos und kam erst allmählich zu sich.[303] Ich brauche nicht hinzuzufügen, dass dies alles eine Folge der giftigen Ausdünstungen dieses Schlundes ist. Wenige Schritte davon entfernt gibt es weitere, die nicht so gefährlich sind. /92/ Ein schwefeliger und extrem heißer Dampf strömt aus der Erde. Dieser Ort ist von einem kleinen Gebäude überdacht, das in unterschiedlich warme Zellen unterteilt ist. Mit Erfolg wird es benutzt, um durch Schwitzen gewisse Krankheiten zu kurieren, die man sich nicht durch Frieren zuzieht, so wird behauptet. Die Leute, die die Aufsicht hatten, erzählten uns arglos, dass die meisten ihrer Kranken Kirchenleute waren.

Von hier geht man nach Pozzuoli, einer gegenwärtig wenig ansehnlichen Stadt. Auf ihrem Markplatz sieht man den Sockel der Statue des Kaisers Tiberius[304], den vierzehn Städte in Kleinasien gestiftet hatten, um an die Gnaden zu erinnern, die er ihnen gewährt hatte, nachdem ein Erdbeben sie fast vollständig zerstört hatte. Alle diese Städte finden sich in einem Basrelief dargestellt. Nicht weit vom Hafen stehen die Ruinen des Tempels von Jupiter Serapis, wie man ihn hier gern nennt, die seit ca. fünfzehn Jahren ausgegraben sind. Nichts zeigt deutlicher die verschiedenen Umwälzungen dieser Küste als besagtes Monument. Es lag mindestens 18 Fuß unter der Erde, jedoch befindet sich in allen Säulen bis zu einer gleichen Höhe eine große Anzahl von in ihren Löchern versteinerten Pholaden.*

---

* Kleine Muscheln, die unter Wasser in Steinen leben, welche sie durch eine sanfte, aber kontinuierliche Bewegung aushöhlen.

Dies ist ein Beweis dafür, dass diese Ruinen eine Zeit lang unter Wasser gewesen sein müssen und erst später unter der Erde. Die Reste einer Mole mit Pfeilern, die den Hafen einschloss, sind kaum zu erkennen.

Das Amphitheater über der Stadt auf dem Hang des Berges ist nach dem Kolosseum und dem Amphitheater von Verona das besterhaltene, das ich jemals gesehen habe, wobei es nicht klein ist. Der Legende nach wurde St. Januarius dort enthauptet, nachdem ihn die Löwen, die ihn bereits angeleckt hatten, nicht wagten, ihn zu fressen. Von diesem Amphitheater aus nahmen wir den Weg, der zum Gipfel der Anhöhe führt, wo sich die Solfatara befindet. Ein breiter Krater mit hohen Rändern /93/ zeigt offensichtlich die Spuren eines ehemaligen Vulkans. Wenn man ihn betritt, blendet der Boden, der so hell wie Bleiweiß ist. In einer Ecke dieser weißen Ebene speien einige kleine Öffnungen ungestüm und ohne Unterlass schwefeligen Rauch aus. Ich wüsste nichts, was dieses Bild natürlicher wiedergeben könnte, als der Hals unserer Teekessel, wenn das Wasser kocht. Der gesamte Boden dieser Gegend ist hohl. Um sich davon zu überzeugen, braucht man bloß einen Stein mittleren Gewichts auf die Erde zu werfen.

Da ich finde, dass meine Briefe hier und dort einige Einzelheiten enthalten, die eine Beziehung zu diesem Tagebuch haben, werde ich weiterhin daraus entnehmen, was hier eingefügt werden kann.

V. Brief. Neapel, den 7. März.
Seit dem 4. sind wir von einer Reise durch das Land zurück, die wir unternommen hatten, um die berühmten Tempel von Pesto[305] zu besichtigen. Sie sehen also, dass ich meine Sonnenwende bereits vollzogen habe: Nachdem ich den entferntesten Punkt hinter mich gebracht habe, nähere ich mich allmählich wieder. Angesichts der Kürze unseres Aufenthaltes in Neapel werden wir uns nicht die Mühe geben, zum Hofe zu gehen oder die sachkundigen Leute kennen zu lernen. Eine Entschädigung für den Verlust, den wir vielleicht so machen, finden wir dadurch, dass wir in den Häusern des Gesandten und des Konsuls von England verkehren.[306] Denn Sie müssen wissen, dass unser herrschender Fürst von dieser Nation überall wie ein verehrter und geliebter Landsmann empfangen und behandelt wird.

Gestern hat der Vesuv angefangen, Flammen zu spucken und ich weiß noch nicht, was er heute Abend macht. Um es in Erfahrung zu bringen, bräuchte ich eigentlich nur vom Tisch aufzustehen, auf dem ich schreibe.

Alle Mitglieder der Karawane sind bei guter Gesundheit. Der Fürst hat vor, sofern es die Jahreszeit erlaubt,[307] nach Rom übers Meer zurückzufahren.

Sollten Sie an Amulette glauben, sende ich Ihnen anbei /94/ ein Lorbeerblatt vom Grab Virgils. Sollte es Ihnen nicht helfen, Dichter zu werden, so hoffe ich mindestens, dass es aus Ihnen einen Prosaschriftsteller in der Briefkunst machen wird, da Sie sonst definitiv ein träger Briefpartner sind. Ich könnte auf mehrere Details eingehen, aber da Sie meinen Briefen nicht genug Beachtung schenken, will ich einen Undankbaren nicht zwingen. Darüber hinaus schicke ich Ihnen diesen direkt, ohne eine andere Adresse anzugeben, so dass ich zweifle, dass er Sie erreicht. Leben Sie wohl.

Am 10. nahmen wir einen Kahn mit 6 Rudern, um uns den Meerbusen zwischen Pozzuoli und Baja anzusehen. An diesem Tag war das Meer in der Tiefe ein wenig bewegt. Dennoch wurde diese kleine Reise zu einer äußerst angenehmen Spazierfahrt. Die Aussicht auf Neapel von der Meeresseite ist wunderschön, denn die Stadt zeigt sich dem Blick in der Form eines riesigen Amphitheaters. Die Neapolitaner sind selbst davon so überzeugt, dass sie sprichwörtlich sagen: „Quando Dio vuol darsi un piacera, s'effacia in finestra, vede Napoli e se negode".[308] Der Vesuv zeigt sich, den Kopf in Rauchwolken gehüllt. Portici und Resina erheben sich am Fuß des Vesuvs und man sieht zuletzt die Felsen von Sorrent sowie die Insel Capri, die sozusagen hinter demjenigen steht, der Neapel vom Meerbusen her betrachtet.

Nachdem wir das Kap von Posillipo über die Meerenge, die *Schule Vergils*[309] genannt wird, umschifft und die Insel Nisita passiert hatten, fuhren wir direkt zum Misenum-Kap; wo wir nach zwei Stunden Seefahrt landeten. Es wäre genau so schwierig, alle Ruinen zu beschreiben, die sich an diesem Ufer befinden, als eine Erklärung zu jeder abzuliefern. Ich werde mich daher begnügen, sie kurz zu erwähnen: Die Grotta Dragonara[310] am Fuß des Berges, der das Kap bildet, ist ein Labyrinth von gewölbten Galerien, dessen Bedeutung unmöglich zu erraten ist. Sie zu besichtigen ist schwer genug, da sie als Zufluchtsort für gehörntes Vieh dient. Unter den anderen Zeugnissen der antiken Stadt kann man ein Theater und Bäder erkennen. Die Landzunge, die dieses Kap mit dem Festland verbindet, /95/ ist flach und schmal. Nach kaum 300 Schritten vom Landeort, indem man das Kap links lässt, trifft man erneut auf das Meer und sieht vor sich in weniger Entfernung die Inseln von Procida und Ischia.

Wir stiegen wieder ins Boot, um über einen kleinen Meerbusen zu fahren, der, so wird vermutet (und so war es wahrscheinlich auch) den Hafen darstellte, wo die Flotte vor Anker lag.*

Nach einer zweiten Landung bereisten wir die Umgebung eines Sees, der durch eine Schleuse mit dem Meerbusen verbunden ist. Dieser Ort, der voller Gräber ist, von denen mehrere sehr gut erhalten sind, wird „Elysische Felder" und der See Acheron genannt. Von dort bestiegen wir einen Hügel, um zu dem großen Süßwasserreservoir hinab zu steigen, das für die Marine gebaut wurde und mit Wasser aus der Nähe von Caserta versorgt wird.[311] Dieses unterirdische Gebäude hat auf der Erdoberfläche zwei Öffnungen, durch die man es über eine Treppe betreten kann. Er besteht aus fünf langen Galerien, die 13 weitere durchkreuzen. Das gesamte Gebäude befindet sich in einem guten Zustand und der Salpeter, der die Wände wie eine Beschichtung aus Stein bedeckt, zeigt offenbar, dass es lange voll Wasser gewesen ist. Einige hunderte Schritte weiter sieht man einen fast ähnlichen, zweietagigen Bau, den das Volk die „Verliese Neros"[312] nennt. Die Bezeichnung „Grab der Agrippina", der Mutter dieses Kaisers verdankt man ebenfalls den Einwohnern. Es lohnt sich nicht, auf allen Vieren hinein zu kriechen, was man sonst tun muss, um es zu betreten. Die wenigen Leute, die an diesem Ort leben, wohnen meistens in Grabstätten, die sie zum Wohnhaus umgewandelt haben.

Während wir zu Fuß liefen, fuhr unser Kahn an der Küste entlang. Wir /96/ stiegen wieder ein, um dann unterhalb des Schlosses von Baia an Land zu gehen. Es bleibt jedem überlassen, eine beliebige Gottheit den drei Tempeln, die hier stehen, zuzuschreiben, denn dazu ist keine Überlieferung erhalten. Ihre Ruinen stellen schöne und abwechslungsreiche Motive für die Malerei dar. Wir hatten einen Cicerone aus Pozzuoli bei uns, und zwar einen Cicerone der schlechtesten Sorte, nur um uns den Weg zu zeigen, den man nehmen muss. Nachdem er von sich aus den besterhaltenen Tempel Venus zugeschrieben hatte, zeigte er mir mit dem Finger die Reste der Mole von Pozzuoli, auf der anderen Seite der Reede und fragte mich dabei, ob ich wisse, was das sei. Da ich verneint hatte, erklärte er mir mit erhobener Stimme: „Es ist

---

* Der kleine Umfang, den ich bei diesem Hafen feststellte, lässt mich glauben, dass man sich bei der Bestimmung des Ortes in Ravenna, wo sich der andere befand, nicht irrt. Fazit: Die Schiffe der Alten waren klein und ihre Seestreitkräfte von geringer Bedeutung. Wie würde ein stolzer Konsul staunen, wenn er in seiner Trireme einem englischen Kriegsschiff begegnete, das auf seinem Oberdeck statt einer Schaluppe, den Konsul selbst, seinen Adjudanten und sein gesamtes Boot mitführen könnte.

eine Brücke, die Nero, dieser ketzerische Tyrann, bauen ließ, um zu der keuschen Göttin, die hier lebte, zu kommen und sie zur Heirat zu zwingen. Wenige Tage zuvor fragte Herr von Erdmannsdorff diesen gelehrten Mann, während er uns zum Serapis-Tempel fuhr, woher er wohl wisse, dass dieser Tempel Jupiter gewidmet war. „Durch die Grabinschrift, die gefunden wurde" antwortete er. In den einen dieser Tempel, den der Berg zur Hälfte zugeschüttet hat und der voller Wasser ist, wird man von den Leuten aus der Gegend getragen. Ein solcher Reiterzug erschien uns umso lächerlicher, als wir um einen Kopf höher als unsere „Reittiere" waren.

Eine dritte Seefahrt führte uns bis zu den warmen Bädern, die als „Neros Bäder"[313] bezeichnet werden. Von dort setzten wir unsere Reise auf dem Land und zu Fuß fort und liefen um den Lucrino-See in Richtung Averno-See. Ersteren bedeckt nunmehr zum großen Teil der Neue Berg, Reste eines Vulkans, der 1538 ausbrach. Der zweite ist ganz von Bergen umgeben. Wenn man nach links abbiegt, betritt man die dunkle Sibyllengrotte von Cumae. Nach dreihundert Schritten geradeaus erreichten wir eine Stelle, in der Trümmer die Höhle versperren. „Dort", sagte unser geschickter Antikenspezialist, „war der Palast der Prophetin". Gleichzeitig zeigte er uns rechts eine Tür, durch die er uns weiter hinunter gehen lassen wollte, damit wir ihr Badezimmer sehen. /97/ Da wir jedoch, um das zu tun, wegen des Wassers erneut auf unsere Pferde hätten steigen müssen und wir nach so vielen unterirdischen Spaziergängen bereits sehr müde waren, hatte niemand Lust, einen weiteren anzufangen. Auf der anderen Seite des Sees, fast der Grotte gegenüber, steht der Apollo-Tempel[314]. Orangen- und Lorbeerbäume, die absichtlich auf die Trümmer gepflanzt worden sind, verschönern diese ehrwürdige Ruine noch mehr und scheinen dem Gott, dem sie gewidmet sind, noch zu huldigen.

Nach einem mühevollen Aufstieg auf den Berg, der, wie ich bereits notiert habe, den Averno-See umgibt, fanden wir Sedias, die uns, indem sie der Via Appia folgten, (von der jedoch gar nichts übrig geblieben ist) zu dem Ort brachten, wo ehemals die Stadt Cumae war. Von den Überresten dieser Stadt, die damals existierte, betrachteten wir eines der Tore. Hier erholten wir uns ein wenig, wozu die schöne Sicht aufs Meer einerseits und auf die Ebene nach Capo Dragone andererseits, einlud, die sich von dieser Erhebung eröffnet. Dann kehrten wir um und sahen uns anschließend die Rudera de Campana und zahlreiche Grabmäler auf beiden Seiten der Via Appia an. Unter diesen gibt es mehrere, die recht hübsch sind, sofern dies von Gegenständen, die den Tod darstellen, behauptet werden kann.

Durch die Skizze, die ich soeben gemacht habe, wird man wenigstens sehen, wie reich diese bekannte Gegend an

Städten, Bauten aller Art und Wohnstätten war. Stellen Sie nunmehr mit dem Zauberstab der Einbildungskraft diese maroden Häuser wieder her, geben Sie ihnen den Glanz und die Perfektion, die sie zur Zeit Augustus' unter Marcus Aurelius hatten, lassen Sie die Generation von Menschen, von denen es in ihnen wimmelte, wieder auferstehen und Sie werden sowohl die Zufriedenheit nachvollziehen, die die bekannten Persönlichkeiten von Rom empfanden, als sie zur Entspannung hierher kamen, als auch verstehen, warum sie die Ufer von Baia und Pozzuoli so dermaßen lobten.

Der sich neigende Tag erinnerte uns daran, dass es Zeit war, an den Rückzug zu denken. Wir fuhren demnach nach Pozzuoli und durchquerten die schöne Landschaft zwischen dieser Stadt und der Höhle von Posillipo und waren dabei mit unserem Tag vollkommen zufrieden. /98/ Als wir in Neapel einfuhren, erfreute uns noch der Vesuv mit mehreren Feuerschwaden, die er von Zeit zu Zeit ausspie und die das Meer mit einem dunklen und majestätischen Pinsel in seinen Wellen widerspiegelte.

Ich habe bereits einiges über die Marine dieses Königreiches erwähnt. Das Heer besteht insgesamt aus 28 000 Leuten, obwohl man rechnet, dass der Staat zu seiner vollständigen Sicherheit 35 000 bräuchte. Diese Truppen, vor allem die Infanterie, sind sicherlich die schlechtesten in Europa. Ohne sie gesehen zu haben, kann man sich nicht vorstellen, wie weit die militärische Disziplin vernachlässigt werden kann. Das Regiment der Schweizergarde, sowie vier deutsche und ein albanisches Regiment sind die einzigen, denen man die Ehre eines Vergleiches mit den päpstlichen Truppen machen könnte. Der Rest besteht nur aus zwangsrekrutierten Landstreichern. In keiner Armee der Welt sieht man eine solche Vielfalt von Uniformen. Man sieht dort alle möglichen Farben. Die Dragoner sind gut zusammengesetzt und anständig ausgestattet, aber sie können weder reiten noch ein Schwert halten. Die Hierarchie ist so gut etabliert, dass es keine Seltenheit ist, einen Kampf zwischen Soldaten und ihren Offizieren zu sehen, und als der König zum ersten Mal einer Sitzung seines Kriegsrates beiwohnte, musste er einen Soldaten begnadigen, der seinen Feldwebel ermordet hatte.

Das Einkommen des Königreichs beträgt nach den sichersten verfügbaren Mitteilungen ungefähr 2 Millionen Zechinen. Der Rest ist in der Hand sowohl des Klerus' als auch eines mächtigen Adels.

Solange der König minderjährig ist[315], werden die meisten Staatsangelegenheiten vom Marquis Tanucci abgewickelt, einem Staatssekretär und gebürtigen Florentiner, der in Pisa Jura gelehrt hat. Hier fing er als Generalkommissar der Armee während des letzten italienischen Krieges an. Dann rückte er bis zu dem Posten auf, den er jetzt innehat. Seine Uneigennützigkeit sowie sein Eifer bei den Staatsgeschäften werden sehr gelobt. Von der Erleuchtung seines Geistes hingegen ist man nicht zu erbaut, und noch weniger von der Art, wie er seine Untergebenen befiehlt, denn diese ähnelt dem Despotismus. /99/ Der Fürst San Nicandro[316] aus Genua ist der Erzieher des Königs und nimmt auch großen Anteil an den Staatsgeschäften.

Der König selbst soll trotz seines Alters noch sehr unreif sein, denn alle seine Beschäftigungen sind sehr kindisch. Ein Befehl seines Vaters, dem König, zwingt ihn, so oft wie möglich, die Jagdlust zu genießen. Um ihn noch mehr dazu zu bewegen, sorgt man dafür, dass auf seinem Weg allerlei verletztes oder totes Wild versteckt wird. Später lässt man ihn darauf schießen und ihn glauben, dass er es selbst getötet oder verletzt hat. Es wird behauptet, dass er, ungeachtet dieser Ermunterung, unendlich lieber die Zeit mit seinen Puppen vertreibt oder jungen Hofleuten Bubenstreiche spielt. So geschieht es oft, dass der erste Hofmarschall den Edelmännern des königlichen Hauses mitteilt, sie sollen am Hof in einer Lazzaroni-Verkleidung[317] erscheinen.*[318]

Dann bereitet Ihnen der König eine *Cocagna*[319] mit Konfitüren, die sie kämpfend erbeuten, wie es die Leute tun, die sie gerade nachahmen.

Der Infant Felipe Antonio[320], der ältere Bruder des Königs, wurde für dumm erklärt und somit unfähig zu herrschen. Er wird jedoch mit seinem Bruder zusammen erzogen. Er folgt ihm entweder nach Portici oder Caserta und überall ist seine Unterkunft neben der des Königs. Sie sehen sich oft und gute Physiologen haben mir versichert, dass der Unterschied zwischen diesen zwei königlichen Genies nicht sehr beträchtlich sei.

---

* Ich weiß nicht, wie es den jungen Herren gelingt, diese Kleidung zu verschönern, die ihrer Natur nach zu den einfachsten gehört und nur aus drei Teilen besteht: einem Hut, einem Hemd und einer Hose, die vorn und hinten wie Frauenunterhosen offen sind. Durch diese Öffnungen lässt man ein Stück des Hemdes hängen und das war's. Diese bequeme Kleidung wird von allen Kindern getragen, die nicht von Rang sind. Allein den Hemdzipfel lässt man manchmal aus. Diese Kinder tragen diese Kleidung manchmal sehr lange. Die Mütter spüren eine große Neigung für diese Mode. Möchten Sie wissen warum? Hier sind die Gründe: Herr Hamilton hatte einen Diener, der in Neapel geheiratet hatte. Von Zeit zu Zeit besuchte seine Frau Hamilton und brachte ihren hübschen kleinen Jungen mit sich. Frau Hamilton liebkoste das Kind, sagte aber eines Tages zu der Mutter: ziehen Sie ihn ein wenig dezenter an und geben Sie ihm eine ganze Hose, worauf diese antwortete: „Ah no, Signora! L'impedisce di crescere".

Diese meisten dieser Anekdoten verdanke ich Herrn Hamilton, dem englischen Gesandten, /100/ und ich kann daher für ihre Wahrheit bürgen.

Die Stadt Neapel ist sehr bevölkert. Behauptet wird sogar, dass 400 000 Seelen dort leben, aber das ist sicherlich übertrieben. Obwohl hier viel gebaut wurde, ist die neapolitanische Architektur keineswegs zu empfehlen.*

Hingegen ist die Kunst, alle Arten von Wagen herzustellen und sie zu führen, hier zu einem sehr erhabenen Grad entwickelt worden. Es ist ein einmaliges Schauspiel, die *Strada Nova* bei feierlichen Anlässen zu sehen, sowohl in Bezug auf die hohe Anzahl, die Schönheit und die Vielfalt der Kutschen als auch auf die Geschicklichkeit, mit der man sie zu lenken versteht. Ein guter Kutscher ist eine Hauptperson in einem Haus, das über Pferde verfügt. Die Kutscher fahren sehr schnell und sie sind fähig, mit voller Geschwindigkeit so nah aneinander zu fahren, dass sich die Radachsen sozusagen berühren. Mancher Herr, der sonst niemandem etwas zu essen geben würde, unterhält bis zu zwanzig Equipagen. Sie seien, so sagt man, auch leidenschaftliche Spieler und wenig gesellig. Mir steht es nicht zu, darüber zu urteilen, da wir mit ihnen nicht verkehrt haben.

Nach alledem, was ich im Allgemeinen beobachtet habe, sehe ich wohl, dass ein König beider Sizilien, sofern er wollte und die Fähigkeit dazu hätte, der glückliche Herrscher eines zufriedenen und ehrenhaften Volkes sein könnte. Nicht nur, dass die beiden Königreiche über sichtbare und große Vorteile für den Handel verfügen. Sie liegen auch weit von ehrgeizigen und mächtigen Nachbarn entfernt, was sie vor den Unruhen schützt, mit denen eine ungünstige Lage oft den bestgesinnten Monarchen konfrontiert. Diese Nation zeigt viele Eigenschaften, die eine vielfältige Verbesserung ermöglichen und das Land erzeugt alles, was erforderlich ist, um seinen Einwohnern eine notwendige Unabhängigkeit den anderen Staaten gegenüber zu gewähren.

Wir haben eine sehr freundliche Beziehung zu Herrn Hamilton und zu seiner Gattin geknüpft. Die Pflichten der Höflichkeit lassen sich mit dem Eifer der Freundschaft kaum besser verbinden, /101/ als es dieses erlesene Paar uns gegenüber gemacht hat. Herr Jemineau[321], Generalkonsul der gleichen Nation, hat uns ebenfalls mit Höflichkeitsbezeigungen überhäuft.**

---

* Um etwas als sehr barock in der Verzierung zu bezeichnen, gibt es nunmehr bei uns ein Sprichwort: es ist von neapolitanischem Geschmack.

** Sowohl bei Herrn Hamilton als bei Herrn Jemineau versammelten sich alle möglichen englischen Frauen, da das schöne Geschlecht

Der Gesandte verfügt über alle Kenntnisse, die ein Mann von Welt besitzen soll, mit einer großen Gelehrsamkeit und einer entschiedenen Neigung für die schönen Künste und das Studium der Naturgeschichte. Er setzt zurzeit eine Sammlung von etruskischen und griechischen Vasen zusammen, die für das Museum Britannicum in London bestimmt ist.[322] Er hat bereits viel gesammelt und sein Projekt ist weit fortgeschritten. Frau Hamilton[323] ist eine der liebenswürdigsten Damen. Neben vielen anderen Talenten ihres Geschlechtes, die sie besitzt, spielt sie Cembalo mit einer solchen Perfektion, dass sie den Beifall

---

dieser reisefreudigen Nation nicht gern allein zu Hause bleibt. Da die Reichtümer in derselben besser verteilt sind, haben Eheleute und Väter die süße Zufriedenheit, ihren geliebten Menschen alle diese Wunder zeigen zu können, die wir selbst allein besuchen. Mylord Hilsborough[(a)324] hatte gerade seine Frau[(b)] in Neapel verloren, wohin er mit ihr und seiner ganzen Familie gereist war. Diese bestand aus einem kleinen Jungen und zwei entzückenden Mädchen von 13 bzw. 14 Jahren. Ein gewisser Mister Sharp[(c)], Chirurg aus Bath, bereiste die Welt mit drei weiblichen Sprösslingen, die so hässlich waren, wie die gerade erwähnten schön. Herr Hervey, von dem bereits die Rede war[(d)], reiste in Begleitung seiner Frau und weiterer Damen. Ebenfalls in Neapel lernten wir diesen Sterne kennen, der später unter dem Namen Yorick eine solche Berühmtheit erlangte. Durch seinen *Tristam Shandy*[(e)], dessen Absatz ihm das Verreisen ermöglicht hatte, war er bereits seinen Landsleuten bekannt. Gleichzeitig galt er unter ihnen als ein wenig verrückt, was oft den großen Genies widerfährt.[(f)] Allerdings muss man zugeben, dass er sich sonderlich benahm: Eines Abends, als wir bei Herrn Jemineau waren, spielte er mit den Damen. Seine Verrenkungen, seine Grimassen und seine Worte hätten bei einem Volk, das weniger unerschütterlich wäre und weniger an Sonderlinge gewohnt wäre, gereicht, um ihn für geistesgestört erklären zu lassen. Ohne Unterlass leckte er die Hände einer der Töchter von Sharp (der Smelfungus seiner *Sentimental travels*[(g)]). Ich stand an einem Fenster, um die zeitweiligen Feuerausbrüche des Vesuvs zu beobachten und unterhielt mich mit ihm darüber. „Kommen Sie", sagte ich ihm. „Gleich kommt es zu einem neuen Ausbruch." „Mein Herr", antwortete er mir voller Pathos, „mich interessiert vielmehr das Feuer, das aus den Augen von Miss Sharp emporschießt". Leider hatten diese Augen nie daran gedacht, Feuer zu speien, aber jeder Gegenstand war ihm gerecht, wenn er in Ekstase geraten war. In Rom stand ich neben ihm, als in der Sixtinischen Kapelle das berühmte Miserere der Heiligen Woche[(h)] gesungen wurde. Die düstere Zeremonie inspirierte ihn zu dermaßen vielen Bemerkungen, die er nicht zurückhalten konnte, dass er sie mir pausenlos ins Ohr flüsterte und oft mit einer derartigen Lautstärke, dass seine Stimme zusammen mit dem Eunuchenchor zu hören war. „Im Name Gottes, mein lieber Herr", sagte ich zu ihm, „man wird uns schändlich hinauswerfen." Schlussendlich verlor ich jegliche Hoffnung, ihn zum Schweigen zu bringen und sah mich gezwungen, aufzustehen aller Kenner verdient. Nach drei oder vier Jahren Ehe ist sie immer noch sehr verliebt in ihren Mann. Weit entfernt, mit ihrer Neigung zu prahlen, ist sie vielmehr bemüht, sie zu verbergen, um diesbezüglich Herrn Hamilton einen Gefallen zu tun, der es anscheinend so möchte. Trotz ihrer Anstrengungen sickert ihre Leidenschaft dennoch überall durch (das klare Zeichen einer wahren Leidenschaft) und zwar durch kleine aufrichtige Bemerkungen, die dem sehr schmeicheln, an den sie gerichtet sind. Eine davon möchte ich hier erwähnen, die mir ganz besonders gefallen hat: Herr Jemineau hatte die Kopie eines Cupidos (von Van

---

und nach einem anderen Platz zu suchen. Wir sahen Sterne wieder in London.[i] Seine Hoheit, der regierende Fürst, versicherte mir, er habe ihn im St. James Club sitzen lassen müssen, nachdem dieser anstößige Reden ihm gegenüber gehalten habe. Als er von seinem Tristam Shandy erzählte, sagte er dem Fürsten, er habe mehrere vernünftige Bücher geschrieben, aber ohne Erfolg. Aus diesem Grunde habe er ein Buch voller extravaganter Sonderlichkeiten verfasst, von denen er selbst oft nichts verstünde und dennoch habe ihm das Buch Geld und Ruf gebracht. Er sei auch dabei, ein weiteres zu schreiben, in dem er uns erwähnen werde, vielleicht im zweiten Teil seiner *Travels*, in denen er auf Italien eingeht.[j] Am Tage nach der Abfahrt des regierenden Fürsten aus London, traf ich ihn auf der Straße. „Wie geht es Ihrem Fürsten?" fragte er mich. Gestern ist er nach Deutschland abgereist, sagte ich ihm und ich bin sehr betrübt, wenn ich an die Fahrt nach Dover denke, denn ein heftiger Wind weht gerade. Darauf machte er seinen Finger nass, erhob den Arm und nachdem er einige Augenblicke in dieser Haltung geblieben war, sagte er „Fürchten Sie nichts, der Wind ist günstig" und lief davon. Es war das letzte Mal, dass ich ihn sah. In Italien trug er einen Degen und eine Börse. Der Kupferstich am Anfang der deutschen Übersetzung seiner Predigten[k] /102/ ähnelt ihm sehr. Er schien mir rothaarig zu sein; er hatte eine blasse Gesichtsfarbe und trug vereinzelte, schwarze Narben von den Blattern. Sein Smelfungus stellte einen weiteren Sonderling dar. Eines Tages wollte er mich davon überzeugen, Englisch zu lernen. „Die ganze Schwierigkeit", sagte er „besteht in der Aussprache des Doppellautes „The". Wenn Sie die Zunge auf eine besondere Art falten, werden Sie diese Schwierigkeit sofort überwunden haben. Ich als Anatom muss es wohl wissen. Sehen Sie, wie ich es mache." Er machte das Maul auf und zeigte mir seine Zunge. "Sehen Sie, wie man es machen muss. Sagen Sie „The!", „The!". Aus Gefälligkeit versuchte ich dieses Wort ein paar Mal auszusprechen, als ich plötzlich die Finger von Herrn Sharp im Mund hatte, der sich bemühte, mir die Zunge zu richten. In allen Kirchen und an allen öffentlichen Orten war er zu sehen, immer mit seiner Schreibtafel in der Hand und einem *Cicerone* an der Seite. Er schrieb auf, was dieser ihm diktierte. Aus diesen Beobachtungen und den Abenteuern in Gasthöfen sind die *Lettres sur l'Italie*[l] erwachsen, die während unseres Aufenthaltes in England gekauft und mit einer solchen Begierde gelesen wurden, dass ich nicht daran zweifle, dass er aus dem Verkauf dieses Buches die Reisekosten decken konnte.

Loo[325], glaube ich) anfertigen lassen, der in Herrn Hamiltons Besitz war. Die zwei Liebesgötter stellte man nebeneinander und befand, dass sie unmöglich zu unterscheiden seien. Frau Hamilton näherte sich unmerklich ihrem Mann und sagte ihm mit leiser Stimme: „Hamilton, den Ihrigen erkenne ich an seiner schelmischen Miene".

Diese Dame war in den zwei Klöstern für hochadlige Mädchen sehr beliebt. /103/ Sie hatte die Güte, uns eines Morgens dahin zu führen. Im ersteren, in dem strenge Regeln herrschten, schickte man ihr drei Frauen. Hätte man die Absicht gehabt, die drei Alter der Schönheit der Frau darzustellen, jedes in dem glänzendsten Beispiel, das möglich ist, hätte man es nicht besser machen können. Die Mutter war eine verlockende Person zwischen 28 und 30 Jahren, deren Reize ihre Reife erreicht hatten. Ihre bescheidene und anständige Haltung zeugte von keinerlei Bigotterie. Die zweite war ungefähr 17 oder 18 Jahre alt und entsprach allen Bedeutungen des Wortes „schön"; sie ähnelte den Madonnenbildern der geschicktesten Maler. Sie stand kurz davor, den Schleier zu nehmen und ihr Gelübde abzulegen. Frau Hamilton unternahm den Versuch, sie davon abzubringen, aber die Schwärmerei hatte von ihrem unerfahrenen Herzen Besitz genommen: weit entfernt, über die Beweggründe von Frau Hamilton nachzudenken, bemühte sie sich vielmehr, sie zu bekehren und davon zu überzeugen, der Welt und ihrem Mann den Rücken zu kehren. Ein solcher Vorschlag, der unserer Botschafterin unterbreitet wurde, führte zu mehreren erfreulichen Szenen. „Wie schade,", rief die arme Unschuldige aus, „dass eine Seele wie die dieser lieben Ketzerin verloren gehen soll!". Während dieser Kontroverse ließ das kleinere 11 oder 12 Jahre alte Mädchen verschmitzte Blicke durch das Gitter umherschweifen, die genug zeigten, wie es den Worten der barmherzigen Engländerin Beifall spendete.

In dem zweiten Kloster[326] war viel weniger Zwang festzustellen: das Sprechzimmer hatte nur eine offene Tür und bloß die Schwelle auf dem Parkett markierte die Grenze. Der Herzog von Noja, der dort drei Töchter hat, begleitete uns. Herr Hamilton schäkerte mit den jungen Nonnen. Er tat so, als ob er über die Grenze schreiten wollte; lachend baten sie ihn darum, es nicht zu versuchen; Herr Hamilton setzte zumindest ein Bein in das verbotene Gebiet und die kleinen Nonnen eilten, um ihn zurückzudrängen. Dieser Scherz belebte die Gespräche, die heiterer nicht hätten sein können.

Am 11. /104/
Am Nachmittag verließen wir Neapel. Der Weg bis nach Arienzo ist sehr gut und führt zuerst durch eine Ebene, dann aber durch

eine Schlucht, die sich bis zum Apennin erstreckt und dabei immer enger wird. In der Nähe eines Dorfes namens Arpaia zeigen die Einwohner ungefähr den Ort der Kaudinischen Pässe, deren Name sich wenigstens bei ihnen erhalten hat.[327] Der Durchgang durch die Berge verfügt jedoch über alle Eigenschaften, die zu einem Ereignis dieser Art beigetragen haben müssen und nachdem ich das Ganze untersucht habe, zweifle ich fast nicht mehr daran, dass er tatsächlich hier stattgefunden hat. Als wir spät in Montesarchio ankamen, fanden wir im Schloss ein fertiges Abendessen und vorbereitete Zimmer vor. Dies hatte der Marquis del Vasto Avalos[328] angeordnet, dem dieser Ort gehört.

Am 12.
In aller Frühe fuhren wir nach Benevento. Da fast alle Wege für Wagen unpassierbar sind, hatte unser großzügiger Gastgeber, den wir nicht einmal vom Sehen kannten, dafür gesorgt, dass uns vier schöne und wunderbar angeschirrte Maultiere geschickt wurden. Es ist sicher, dass man diesen Weg unmöglich mit Pferden zurücklegen könnte, während Maultiere mit einer bewundernswerten Umsichtigkeit laufen: nie treten sie auf, ohne im Vorfeld überprüft zu haben, ob alle Steine fest sind. Ich sah ziemlich hohe Berge in dieser Gegend, in der früher das kämpferische Volk der Samniten lebte, denen diese Berge als Schutzwall gegen die römische Habgier dienten. Wir stiegen in Benevento nur ab, um uns den schönen Triumphbogen von Trajan anzusehen[329], den einzigen von so vielen anderen Monumenten dieser Art, der vollständig erhalten ist. Er ist so reich an Ornamenten und Basreliefs, dass er beim ersten Anblick fast missfallen könnte. Dieser Triumphbogen ist jedoch dahingehend einzigartig, dass er keine Seitentore, sondern nur einen Haupteingang hat. Die Schäden, die an den vorspringenden Teilen des Basreliefs zu sehen sind, wurden weder von der Zeit noch von den Revolutionen, die stattgefunden haben, verursacht, sondern dadurch, dass sich die Straßenjungen dort an Feiertagen versammeln und versuchen, /105/ mit Steinwürfen, diese Relikte des Heidentums zu vernichten, die, so die Vorstellung dieses Pöbels, nicht zu einer christlichen Stadt passen.

Nach unserer Rückkehr in Montesarchio um ein Uhr nachmittags, fuhren wir noch bis nach Capua. Soviel ich sehen konnte, sind die Ebenen dieses Königreichs gut bestellt und fruchtbar. Sogar in den Bergen habe ich auf der Fahrt nach Benevento umgepflügte Felder gefunden. Diese Gegend erschien mir einigermaßen bevölkert, wenn man berücksichtigt, dass die ansteckende Krankheit, die hier vor zwei Jahren wütete, mehr als 400 000 Menschen dahingerafft hat.[330] Dem volkstümlichen Vorurteil nach sind die Neapolitaner hinterlistig und bösartig.

So habe ich sie jedoch nicht erlebt. Ich fand im Gegenteil, dass die gemeinen Leute, mit denen man es während einer Reise für gewöhnlich zu tun hat, einen guten Charakter haben. Ihr Land erzeugt alle notwendigen Produkte und sogar einige überflüssige. Getreide, Reis, Zucker, Wein, eine große Zucht von Hornvieh und von guten Pferden, eine ertragreiche Seidengewinnung. Sizilien liefert Eisen. Allesamt Waren, die für den Handel geeignet wären! Dennoch existiert ein solcher hier nicht. Man denkt nicht einmal daran. Kurzum, wie ich es bereits schrieb, bieten das Volk und das Land ihrem jungen König zahlreiche und dankbare Möglichkeiten, ruhmreich zu sein, indem er Gutes tut. Aber angesichts der Erziehung, die ihm zuteil wird und seiner Talente, die er zeigt, wird diese Nation unter seiner Herrschaft nicht gedeihen.

Am 13.
Fahrt von Capua nach Fondi.

Am 14.
Fahrt von Fondi nach Piperno. Wie man sieht, kehren wir zurück. Daher notiere ich keine Bemerkung bis auf folgende: ich hatte den Eindruck, dass der gesamte Pflasterstein der Via Appia aus Lava bestand. Und sollte man daran zweifeln, dass er vom Vesuv kommt, so könnte ich meine Vermutung mit dem Verweis auf die erloschenen Vulkane der Insel Ischia untermauern, die heute noch /106/ genug Lava liefern könnten, um alle großen Straßen Italiens zu pflastern.

Am 15.
Von Piperno nach Rom. An diesem Tag trafen wir auf die ordentliche Postkutsche. Die Zusammensetzung der Fahrgäste war recht hübsch: In jeder der fünf oder sechs Sedia saß ein dicker und kräftiger Mönch neben einem vergnügt aussehenden Mädchen. Wenn ich an die Nächte denke, die diese erlesene Gesellschaft unterwegs in den Gasthöfen verbringen wird, muss ich zwangsweise lachen.

Brief VI
In Rom, am 17. März 1766
Nun sind wir nach Rom zurückgekehrt, allerdings nicht übers Meer, wie es unsere ursprüngliche Absicht war. In Neapel fanden wir kein englisches Schiff, das bereit war, nach Civita Vecchia oder Fiumicino zu segeln. Was die italienischen Schiffe betrifft, so sind sie nicht nur unsauber, sondern man läuft auch Gefahr, wenn man diese benutzt, dass sie von einem der Barbaresken geentert werden, die diese Seegebiete ohne Unterlass heimsuchen,

und Sie werden wohl verstehen, dass ich kein Interesse habe, Ihnen aus Algier oder Tripoli zu schreiben. Dennoch kamen wir ein wenig mit dem flüssigen Element in Berührung, indem wir von Neapel nach Misenum mit dem Schiff fuhren. Das Meer war bewegt genug, um unser Boot sanft zu schaukeln, eine Bewegung, die den Prinzen Johann Georg zwang, sich in den Schoß der Amphitrite zu erbrechen. Wir anderen blieben aber standhaft.

Hier werden wir uns wahrscheinlich noch mehrere Wochen aufhalten. Dem stimme ich gern zu, denn hier habe ich meine kleinen Bequemlichkeiten und befleißige mich, die italienische Sprache zu lernen. Beschlösse man dennoch, vor dieser Frist abzureisen, wäre ich auch nicht verärgert, denn erst indem wir eine Stadt nach der anderen hinter uns lassen, werde ich unsere Penaten wiedersehen.

Der Tod des armen Muftis[331] tut mir aufrichtig Leid. Er mochte mich und ein Lebewesen zu verlieren, das uns liebt, ist immer ein Verlust, auch wenn nicht bewiesen ist, dass seine Seele existiert.

Grüßen Sie Karl[332] für mich und sagen Sie ihm, dass ich mir alle mögliche Mühe geben werde, /107/ seine Erwartungen zu erfüllen. Allerdings zweifle ich daran, dass man hier Waffen produziert. Ein paar Ablässe wären hier leichter zu finden als ein paar Pistolen.

Reise nach Castel Gandolfo und Porto d'Anzo
Am 19.
Nachdem der Kardinal Albani dem Fürsten das verlockende Angebot unterbreitet hatte, seine Landhäuser zu besuchen, fuhren wir in Begleitung des Prinzen von Mecklenburg-Strelitz, seiner zwei Reisebegleiter und des Abbé Winckelmann los, um die Gegend im Süden von Rom zu erkunden. Wir fuhren zuerst nach Frascati. Diese Stadt liegt zwölf Meilen von Rom entfernt am Fuße eines Teiles dieser Berge, die auf einer Seite *Monte Cavo* und auf der anderen *Monte Artemisio* heißen. Diese Gegend war damals voller Landhäuser von Leuten, die zu den bekanntesten Vertretern der Republik gehören – und auch daran fehlt es heutzutage nicht. Wir besuchten folgende Villen: La Taverna, Monte Dragone, die Villa der Jesuiten[333], le Belvedere und die der Conti. Im Landhaus von Monte Dragone befindet sich ein monumentaler Kopf von Antinoos, dem Herr Winckelmann wegen seiner künstlerischen Schönheit nur den Apollo vorzieht.[334] Der Wasserfall von Belvedere ist wahrhaft sehr schön, die herausströmenden Gewässer werden vielfach auf eine sehr angenehme Art benutzt. In der Villa der Conti habe ich die Höhe der Bäume bewundert, die tatsächlich so hoch sind, wie es die Maler so oft auf ihren Zeichnungen angeben. Alle diese Villen,

die am Hang des Berges oberhalb von Frascati gebaut worden sind, haben ihre wichtigste Aussicht auf die Hauptstadt. Jedoch finde ich nicht, dass diese weite Ebene, die dem Blick keinerlei Bäume, Sträucher, Wasser und Dörfer bietet, ein angenehmer Anblick ist.

Auf dem Gipfel des Berges angelangt, sieht man ein Mosaik, über das die ehrwürdigen Jesuitenpater, die die Besitzer sind, ein kleines Gebäude haben errichten lassen, um es vor dem Zahn der Zeit zu schützen. Die mittlere Fliese stellt einen Minervakopf[335] dar und die Überlieferung besagt, dass dieser Fußboden ein Rest des Hauses Ciceros sei, welches /108/ in dieser Gegend lag. Gegenüber, auf dem Gipfel eines angrenzenden Berges, erscheinen die Ruinen von Tusculum, die aus eingefallenen Häusern und aus von Gestrüpp bedeckten Steinstücken bestehen.

Die Straße zwischen Frascati und Grotteferrara führt zwischen Hecken entlang, die so gepflegt sind, dass man denkt, stets durch einen Garten zu reisen. Gegen Abend erreichten wir das Haus unseres guten Kardinals in Castello, wo sowohl saubere und bequeme Räumlichkeiten als auch die gute Gesellschaft, die wir dort antrafen, einen reizenden Aufenthalt verhießen.

Der Albaner See scheint ein großes Rechteck von ca. 6 Meilen Umfang zu bilden. Ein Deich aus hohen Bergen umgibt ihn, aber wie schön zeigt sich dieser Rahmen demjenigen, der auf seinem Kamm wandert. Alles, was an einem Ort lieblich anmuten kann, schmückt beide Böschungen und bei jedem Schritt erscheint eine neue Szene. Das Flachland, Rom, das Meer, der Felsvorsprung von Kirke, Wälder bestehend aus Zypressen, Lorbeerbäumen und Lecini, Hügel, dies alles erscheint in zahlreichen Perspektiven.

Castel Gandolfo liegt auf dem bereits erwähnten Rand auf der Seite nach Rom. Auf der anderen Seite, an der Stelle, wo damals Alba Longa lag, sieht man das Kloster von Palazzuolo[336], und darüber erhebt sich der Gipfel des Monte Cavo, auf dem ein Kloster auf dem Fundament des Tempels Jupiter Latiaris[337] gebaut worden ist, zu dem sich das gesamte Latium zu verschiedenen Anlässen begab, um Opfer zu bringen, und der vom ganzen Latium gesehen werden konnte.

Wenn man diesen großen Rand des Sees außen umringt, ist Albano der Marktflecken, der Castillo am nächsten liegt. Diese zwei Orte werden durch Gärten, die durch mehrere schöne und große Ruinen verschönert sind, Landhäuser, Alleen mit hohen Bäumen verbunden. Vor dem Albaner Tor befindet sich auf rechter Hand der Rest eines Mausoleums, in dem, so sagt man hier, der große Pompeius liegt.[338] Zwischen Albano und La Riccia steht das berühmte Monument, das als Monument der Horatier[339] bekannt ist. Von dort besteigt man in Richtung Genzano einen anderen Berg, /109/ der den Nemisee umschließt, so wie der Albaner See von den Albanerbergen umschlossen ist. Der Marktflecken von Nemi befindet sich Genzano gegenüber. Unten am Wasser sieht man einige eingefallene Häuser: die Ruinen des Tempels, der *Diana Taurica*[340] geweiht war, die man hier *Nemonensis* nennt. Stets war ein Gladiator der erste Priester dieses Tempels. Er war verpflichtet, gegen jeden weiteren Gladiatoren anzutreten, der nach diesem blutigen Posten trachtete, und derjenige, der den anderen tötete, hatte ihn nunmehr inne.

Möchte man wahrhaft poetische Orte sehen, Orte, die unsere Phantasie gern in ihren melancholischen Träumen durchschreitet, so muss man bis zu den Ufern des Albaner Sees hinunter gehen. Zwei Höhlen oder Nymphäen, die offensichtlich den Oreaden[341] geweiht waren, mit vielen dazu gehörenden Gegenständen und die prachtvolle Schleuse oder Emissarium, wie sie genannt wird, werden Sie zweifeln lassen, ob Sie nicht träumen. Titus Livius hat bereits von diesem Emissarium berichtet[342], einem der großen Unternehmen der antiken Architekten. Ich sehe von einer Beschreibung dieses Bauwerks und seiner Umgebung ab: es hat so viele Details, die ich nicht wiedergeben könnte, ohne mich zu langweilen. Und wenn dies geschieht, ist es sicher, dass man auch seinen Leser langweilt.

In Castello waren wir alle sehr gut gelaunt. Unter anderem spielte sich zwischen dem Prinzen von Mecklenburg und Winckelmann eine burleske Szene ab. Letzterer hatte sich freiwillig verpflichtet, unser Lieferant zu sein und der Hofmeister des Kardinals hatte ihm zwei Esel mit Proviant geschickt. Am letzten Tag zeigte sich, dass die deutsche Gier die italienische Voraussicht in Verlegenheit gebracht hatte. Beim Mittagessen aßen wir die letzten Lebensmittel, so dass es nichts mehr zum Abendessen gab. Winckelmann war darüber sehr betrübt, ja sogar beschämt und ich weiß nicht, ob es unseretwegen oder seines Kardinals wegen war. Er bemühte sich jedoch, darüber hinweg zu täuschen. Der Prinz von Mecklenburg bemerkte es aber sehr wohl, und da er sich sehr gern über ihn lustig macht und sich darüber hinaus ärgerte, nüchtern ins Bett gehen zu müssen, redete er ohne Unterlass davon und machte wiederholt Winckelmann Vorwürfe. Bald wurde dieser ungeduldig und nach einem Wortgefecht /110/ wurden sie handgreiflich. Zwar lachten sie dabei, aber die Schläge beiderseits waren keineswegs ohne Härte.

Am 22.
Von Castello aus begab sich unsere kleine Gesellschaft nach Porto d'Anzo. Wenn man von Castel Gandolfo herunter fährt, begibt man sich in eine kleine Ebene, die sich bis zum Meer erstreckt. Man lässt linker Hand Velletri am Fuße einer Bergkette, die sich

in Richtung Terracina ausdehnt. Hier ist die flache Gegend, die an die Pontinischen Sümpfe angrenzt. Nach einem 5 Meilen langen Weg erreicht man einen Wald, der mit den oben genannten Sümpfen verbunden ist. Aus diesem Wald kommt man erst in unmittelbarer Nähe von Porto d'Anzo heraus. Dort diente uns ein weiteres Landhaus des gastfreundlichen Albani sofort als ein Refugium, das fast so schön war wie dasjenige, das wir gerade verlassen hatten. Es wurde am Meeresufer gebaut, vor ihm der kleine Hafen und es bietet eine bewundernswerte Aussicht. Auf der rechten Seite erstrecken sich am Ufer entlang die Ruinen von Antium und seiner Hafenmole, auf der linken sieht man zwei weitere Landhäuser mit ihrem Garten, sowie die Stadt Nettuno. Zu allen diesen Orten fuhren wir und besichtigten sie.

In der Zwischenzeit waren die übermäßig beladenen Esel von Winckelmann zurück; dieser rief seinen Widersacher, den Prinzen, und uns alle und fragte uns, ob wir zufrieden seien und ob wir wenigstens die Träger nicht essen würden. Um ihn dafür zu bestrafen, sprachen wir uns ab, alles zu machen, um ihn erneut zu plündern, aber er hatte diesmal seine Vorkehrungen so gut getroffen, dass unsere Mühen umsonst waren.

Danach setzten wir unseren Ausflug fort und fuhren bis zum Torre Astura, sieben Meilen von Porto d'Anzo entfernt, um dort die großen Bauten unter Wasser zu sehen, auf denen dieser befestigte Turm errichtet worden ist. Auf dem Weg dahin begegnet man noch mehreren anderen Ruinen, die das Meer bedeckt, die sich zweifelsohne als überflutete Landhäuser identifizieren lassen.

Das schönste Schauspiel allerdings, das ich während unseres Aufenthaltes zu sehen bekam, /111/ war das aufgebrachte und tobende Meer. Ein ungestümer Nordwestwind hatte es 36 Stunden lang gepeitscht, so dass die Wellen eine außerordentliche Höhe erreichten. Ich muss dennoch zugeben, dass meine Einbildungskraft die Wirklichkeit übertroffen hatte. So schrecklich ein Sturm anscheinend auch ist, die Vorstellung, die ich davon hatte, war es weit mehr. Der Lärm, den er verursachte, überraschte mich am meisten. Nichts in der Natur ist vergleichbar. Sogar der Donner hält einem Vergleich damit nicht stand.

Am 26.
Zurück in Rom. Die schöne Jahreszeit beginnt ihre Herrschaft, aber sie kommt erst unmerklich, so dass der Wechsel nicht so auffällt wie in unserem Klima. Der Grund dafür ist, dass ein großer Teil der Bäume in diesem Land seine Blätter behält, so dass der Winter grün bleibt, wenn auch von dunklem und schwärzlichem Farbton. Bei uns hingegen ist der Winter, wenn nicht weiß, dann braun, so dass die Rückkehr des Frühlings einen gänzlichen

Wechsel der Szene, einen wahrhaften Theatercoup verursacht. Das Auge ergötzt sich umso mehr an dem neuen Grün, da es dieses sechs Monate lang entbehren musste, nicht eingerechnet dass die grüne Farbe der Bäume, die ihre Blätter verlieren, ganz anders ist als das Grün der Bäume, die sie behalten. Ein ewiger Frühling wäre für mich nicht mal ein halber Frühling und riefe bei mir Monotonie hervor. Und warum sollte diese in der Natur angenehmer sein als in der Musik oder der Malerei?

Brief VII
Rom, am 2. April
Gerade bin ich aus erster Hand exkommuniziert worden (wie der selige Kardinal Passionei[343] gesagt hat), und zwar unter Berufung auf den Artikel zu Piraten und Kalvinisten, denn so klassifiziert die Bulle *In Cena Domini*[344] diejenigen, die sie verdammt. Wir wohnten der so eitlen wie erhabenen Feier des Gründonnerstags bei, sozusagen unter den Fittichen des Pontifex Maximus oder genauer gesagt, in unmittelbarer Nähe der von /112/ Kammerdienern in Soutane getragenen Sänfte, von der er seine Blitze schleudert, dargestellt durch eine mittelgroße Kerze.

Diese Handlung erfolgt auf der großen Tribüne oder Loge, die auf der Vorhalle der Basilika St. Peter steht.*

Bei dieser Gelegenheit wurde mir erneut die Seelengüte des jetzigen Papstes[345] bewiesen: Während er den Exkommunikationsspruch sagte, flossen reichlich Tränen aus seinen Augen, die uns kurz zuvor voller Liebe und Mitgefühl betrachtet hatten. Die Kardinäle schienen mir ein wenig verlegen. Einige lächelten.

Neapel haben wir ungefähr 8 Tage zu früh verlassen. Sonst wären wir Zeuge eines großen Naturereignisses geworden, da Don Vesuv ca. um diese Zeit nach unserer Abfahrt anfing, gewaltig zu speien, so dass jetzt Lava in großen Feuerströmen von ihm herunter fließt.

Seitdem wir nach Rom zurückgekehrt sind, hat sich unsere Lebensweise gänzlich geändert. Vor diesem Zeitpunkt widmeten wir uns nur Winckelmann und unseren Studien, so dass wir allen Ausländern, die hier wohnen, als Beispiel dienten. Jetzt haben wir den Ruinen Adé gesagt und angefangen, in der schönen Welt zu verkehren und alles geht seinen Gang. Sie können sicher sein, dass wir in Bezug auf Düfte besser auf der Hut sind. Demnach

---

* Der Abbé Richard, in seiner *Description historique et critique de l'Italie*, Bd. 5, S. 27–37 beschreibt sehr detailliert und mit einem schönen Stil alle Aufgaben der Karwoche.[346]

werden wir überall sehr gut nach der Art des Landes empfangen, die weder Einladungen zu Mittag- noch zu Abendessen vorsieht.

Hier in Kürze die Verfahrensweise in Rom. Gegen 8 Uhr abends begibt man sich zur *Prima Sera*[347] zu den Damen. In der Regel kommen nur Männer dahin und manchmal wird gespielt. Nach 9 Uhr kommt die Zeit der *Grand Conversazione*.[348] Man trifft sich fünf Mal in der Woche der Reihe nach in den Häusern, die daran teilnehmen. Die Wohnungen sind sehr weiträumig. Die Damen sitzen wohlgeordnet an der Wand. Jede von ihnen versammelt um sich einen Hof von Cicisbei. /113/ Diese Herren verhandeln eine Zeit lang, um die Spielrunden zu organisieren. Sobald dies erledigt ist, laufen zwei Göttinnen aufeinander zu bis zu einem Spieltisch, der mitten im Raum steht. Zwei Herren sind auch dabei, während die Anderen einen Kreis um sie bilden. Danach werden Sorbets und Schokolade serviert.

Unter den Römischen Damen gibt es sehr schöne, die sich hauptsächlich durch ihren Wuchs auszeichnen, denn sie sind meist groß und wohlgeformt. Vor allem möchte ich die Herzoginnen von Arci[349] und Grillo[350], Frau Piccolomini und Frau Marescotti (eine Blonde) erwähnen. Keine von ihnen kann französisch, aber wenn man sie auf italienisch anspricht, so schlecht die Aussprache auch ist, erweisen sie sich als anmutig und höflich. In ganz Rom ist Frau Boccapaduli[351] die einzige, die Französisch kann: Sie hat es von dem französischen Gesandten gelernt, der ihr Liebhaber ist. Ich weiß nicht, ob sie aus diesem oder einem anderen Grund, wie mir schien, wenig geschätzt wird. Sie nimmt auch nicht an den *Conversazioni* teil.

Im Allgemeinen sind die Italiener dafür zu loben, dass sie ihre eigene Sprache recht mögen und dass sie sie bei Gesprächen allen anderen vorziehen. Gleichzeitig sind sie weit davon entfernt, sich im Geringsten dafür zu schämen, dass sie Französisch nicht perfekt beherrschen. Sind sie gezwungen, diese Sprache zu sprechen, so handeln sie beherzt, komme was wolle. Vor kurzem wollte der Stadtgouverneur, Herr Piccolomini[352] etwas erzählen und sagen „Wir waren dabei, ‚leeres Zeug' daherzureden". Er sagte stattdessen, „Wir waren dabei, ‚Mist' zu erzählen". Jemand verbesserte ihn. Darauf erwiderte er „Na, eben leeres Zeug." und fuhr fort, ohne sich aus der Fassung bringen zu lassen. Es steht aber fest, dass in Rom mit einer solchen Feinheit gesprochen wird, dass das bloße Zuhören entzückt. Sogar die gemeinen Leute drücken sich elegant aus.

Unsere zwei Fürsten kaufen abwechselnd Marmorplastiken und Gemälde und es ist schwer, etwas dagegen zu unternehmen, wenn man *qualche denaro*[353] in der Tasche hat. Ich Bedeutungsloser[354] war so frei, mir einen antiken Venuskopf zu kaufen, sowie eine andere moderne Kopie der im Kapitol[355] aufbewahrten Büste von Diogenes von Sinope. Der herrschende Fürst /114/ lässt sich in Originalgröße von Maron*, einem deutschen Maler, porträtieren und lässt diesen auch einige bekannte und schöne Gemälde kopieren, was dieser Künstler sehr geschickt kann.

Reise nach Tivoli
Am 3. April
Der Abbé Winckelmann und ein gewisser Herr von Nisemanschell[356] waren auch dabei. Die schöne Umgebung von Tivoli wirkt dadurch noch schöner, dass man, aus Rom kommend, durch eine brachliegende und unfruchtbare Ebene fahren muss. Es sah so aus, als ob der Frühling vom Himmel heruntergekommen wäre, um uns dort zu empfangen. Alles blühte, der Pfirsichbaum unterbrach mit seinen roten Farbnuancen das zu eintönige Weiß der anderen Bäume, und das Dunkelgrün der Olivenbäume hob diese angenehme Mischung hervor. Der Anio, den man heutzutage Teverone[357] nennt, fließt an dieser Stelle vom Gipfel des Apennins herunter und vereinigt sich mit dem Tiber. Er fließt durch die Öffnungen der Berge, biegt sich, fällt und stürzt auf vielfache Weise in die Tiefe, und eine reiche Natur entfaltet sich an seinem Lauf. Damals schmückten prächtige Gebäude die Abgründe seines Ufers und noch heute werden diese von Ruinen verschönert. Vergeblich würde ich versuchen, mit Worten dieses bewundernswerte Bild zu malen: Sein Thema ist zu vielseitig und reich.

Sobald man anfängt, die Höhen zu besteigen, fährt man ganz dicht am Grab der Plautier[358] vorbei, das während der Herrschaft Augustus' gebaut worden ist. Es ist ein großes, schönes, rundförmiges Gebäude, das dem Grab von Metella[359] sehr ähnelt, das man unter der Bezeichung *capo di bove* kennt und das vor dem Tor San Sebastiano in Rom steht. Danach lässt man den Fluss immer linker Hand.

Auf halber Höhe des Berges beginnt die Stadt. Ein Teil davon liegt auf dieser Seite des Teverone aber ganz oben erstreckt sich die Stadt auch auf der anderen. An der Stelle, wo Tivoli auf beiden Seiten des Flusses gebaut wurde, sieht man einen großen Wasserfall. Von dort teilt sich der Fluss in mehrere breite und schmale Arme, /115/ und es gibt viele Kaskaden bis sich der gesamte Fluss auf dem Grund des Tals wieder vereint. Um dieses Schauspiel zu genießen, sollte man die Stadt durch das obere Tor verlassen. Bevor man dieses erreicht, läuft man über eine Brücke,

---

* Nunmehr befindet sich dieses Bild[360] im Esszimmer von Wörlitz.

die die zwei Teile der Stadt verbindet und unter welcher das Wasser gischend in tiefen Abgründen zwischen den Felsen verschwindet.[361]

Nachdem man die Stadt verlassen hat, biegt man nach links, um dem Lauf des Flusses zu folgen. Das erste, was man dann erblickt, ist der Tempel der Sybille[362]. Dieser steht zwar in der Stadt, aber von keiner anderen Stelle sieht man ihn so vorteilhaft wie von dort. Er ruht auf einem außerordentlich hohen Sockel, so dass der Anio nur ungefähr 50 Klafter darunter fließt.

Nachdem man fast eine halbe Stunde in besagter Richtung auf einem Weg gelaufen ist, der in halber Höhe des Berges verläuft, erreicht man den ersten Teil der Cascatelle (der zweite befindet sich ca. 600 Fuß davon entfernt). Man kann ganz nah an den Fluss heran gehen, der links aus den Felsen strömt, um diese Wasserfälle von unten zu betrachten, begibt man sich hingegen zu einer Anhöhe auf der entgegengesetzten Seite, so entdeckt man sie von oben. Aus beiden Perspektiven ist die Aussicht bezaubernd. Neun oder zehn Gebirgsbäche stürzen sich stets auf unterschiedliche Weise an verschiedenen Orten in die Tiefe. Der eine springt ungestüm von einem Felsen zum anderen, ein anderer schleicht langsam durch das Gras, ein weiterer sammelt sich in einem Becken, schlängelt sich ungefähr dreißig Schritte auf einem Abhang, bevor er wieder fällt. Dies alles geschieht am Hang eines mit Grün bedeckten Berges unterhalb von Tivoli.

Die großen Ruinen der Villa Maecenas[363] schmücken den zweiten Teil der Cascatelle, der nicht so schön ist wie der erste. Durch eine der Öffnungen oder Fenster dieses antiken Palastes strömt ein dritter Arm des Flusses, der sich dann in die Tiefe stürzt und gerade an der gleichen Stelle /116/ sprießt ein dichter Efeu, erstreckt sich in die Ferne und verkleidet die Mauern.

Um in die Stadt zurückzufahren, muss man bis ganz unten ins Tal herunter laufen. Unter zwei antiken Arkaden findet man eine Quelle, die in den zwei großen Trögen aus Travertin[364] aufgefangen wird und als Tränke für die Herden dienen. Nichts ist klarer und reiner als diese Quelle, der uralte Bäume einen angenehmen Schatten spenden. Winckelmann ist der nicht unbegründeten Meinung, dass man hier den *Fons Blandusiae* von Horaz[365] vermuten könnte.

Dann läuft man wieder über eine andere Brücke über den Teverone und geht wieder hoch nach Tivoli auf dem antiken Pflaster der Straße, die in die Sabina führt, die der Anio vom Latium trennt.

Die Villa Adriani[366] liegt in einer Ebene vier Meilen von Tivoli in der Richtung von Palestrina entfernt. Weinberge am Fuß der Berge bedecken nunmehr ihre imposanten Ruinen. Wüsste man nicht eindeutig, dass diese Villa sich hier befand, so könnte man glauben, man stünde vor den Resten einer beachtlichen Stadt. Gleichzeitig ist die Fläche so umfangreich, dass es unmöglich ist, sich eine Vorstellung des ursprünglichen Plans dieses riesigen Hauses zu machen. Ich werde die Säulengänge, die Kryptoportikus, die Säle, die Bäder und andere Wohnräume nicht näher beschreiben, und mich darauf beschränken zu sagen, dass sich hier drei Tempel und zwei Theater befanden, die besser als die meisten Ruinen dieser Art erhalten sind, die man woanders sieht. Ein großer Bau, den man *Cento camerelle* nennt, könnte nach dem Urteil von Herrn Winckelmann eine Art Kaserne für die Prätorianergarde gewesen sind.[367] Die Vielzahl von Zimmern, die untereinander keine Verbindung haben, lässt diese Vermutung als sehr wahrscheinlich erscheinen.

Wir brauchten vier Stunden, um dieses Labyrinth von eingefallenen Gebäuden zu durchlaufen und zu besichtigen. Dennoch mussten wir einige Teile unbesichtigt lassen. Die wertvollsten Statuen von Rom, abgesehen vom Apollo und vom Laokon, sind hier gefunden worden. Wahrscheinlich fände man noch mehr, wenn man sorgfältige Ausgrabungen veranlasste. /117/

Die *Villa d'Este*[368] in Tivoli verdient wegen der Aussicht nach *Monte Celio* und *Palombara* mehr Aufmerksamkeit als durch ihre Galerie von Springbrunnen und einige andere Fontänen.

Am 5.
Von Tivoli nach Rom. Der See der schwimmenden Inseln[369] ist nicht weit von Tivoli entfernt und der Straße nach Rom sehr nah. Es handelt sich eigentlich um einen mittelgroßen Teich, auf dem man tatsächlich einige Insel sehen kann, die in einem schwefeligen, ekelhaft aussehenden Wasser schwimmen. Die größte dieser Inseln hat, glaube ich, nicht mehr als 30 Schritt Umfang und mehrere der kleineren könnten bequem weggetragen werden. Leicht erkennt man, dass alle nur aus Schilfrohr und Binsen bestehen, die sich vom Ufer gelöst haben und wegen der dickflüssigen Substanz des Wassers weiter gewachsen sind. Gewöhnlich befinden sie sich gruppenweise in einer Ecke des Sees. Ändert sich aber die Windrichtung, so werden sie in eine andere getrieben. Aus diesem See fließt ein schwefelartiger Bach, der die Ebene durchquert und die Luft mit seinen Ausdünstungen verpestet. Einer seiner Arme verschwindet unter der Erde.

Hin- und Rückreise nach Fiumicino.
Am 9.
Auf dieser Seite des Tibers sind die Ufer besser bestellt als in der übrigen Umgebung von Rom. Bevor man das Becken von Trajan[370] erreicht, lässt man rechter Hand die Ruinen eines Tempels hinter

sich, dessen Gewölbe erst kürzlich zusammengestürzt ist. Der Hafen oder das Becken selbst ist immer noch voller Wasser, aber es gibt keinerlei Verbindungen mehr zum Meer. Eine hohe von Gestrüpp bedeckte Verkleidung umgibt es. Der Hafen von Claudius[371] liegt daneben. Er ist aber voller Schlamm, so dass er nur noch ein Sumpf ist. Beide Häfen, zusammen mit dem Rest der Gegend bilden ein trauriges und unangenehmes Bild. Ein kleines mittelalterliches Kastell namens Porto[372] in unmittelbarer Nähe des trajanischen Hafens dient als Gastherberge. Von dort sind es noch drei Meilen bis zur Tibermündung, die von einem quadratischen und befestigten Turm verteidigt wird.[373] Eine gewisse Anzahl an Hütten, die auf dem rechten Ufer liegen und von Seeleuten benutzt werden, /118/ und ein Landhaus mit Nebengelassen, das auf der anderen Seite liegt, tragen den Namen Fiumicino. Alles wird allerdings im Sommer wegen der schlechten Luft verlassen. Die Mündung hier ist die einzige, die schiffbar ist, denn die zweite Mündung, drei Meilen weiter unten in der Nähe von Ostia, ist nicht mehr passierbar. Die Schifffahrt in Fiumicino ist unbedeutend: einige Fischerkähne und wenige kleine Schiffe, die höchstens bis nach Neapel oder Livorno segeln, mehr gibt es nicht.

Brief VIII
Rom, den 12. April.
Der Papst[374], der trotz allem, was gesagt wird, meine Freundschaft zu erwerben wusste, mischt sich wenig in die Staatsangelegenheiten ein. Seine einzige Leidenschaft besteht darin, gut zu essen, und dabei richtet er sich nach der Etikette, die bestimmt, dass er allein essen soll. Der Haushofmeister[375], der zweite seiner Neffen[376], den er den anderen beiden vorzieht, wohnt stehend dem Essen bei. Darüber hinaus ist dieser auch Großprior des Malteserordens und Kriegsminister. Man sagt, dass er seinen Onkel gut zu unterhalten versteht, ohne seine Gespräche mit Lästereien zu würzen. Ich habe beobachtet, dass er demzufolge überall gern gesehen ist. Im Übrigen wirkt sein Aussehen nicht einladend, denn er ist klein und verwachsen, aber er genießt gern das Leben und besucht Schauspiele, ohne dass sein Onkel davon weiß, der sonst sicherlich jammern würde, da der Klerus es nicht wagt, unter der Herrschaft von Clemens XIII. Vorstellungen öffentlich beizuwohnen. Unter Benedikt XIV.[377] wurde es praktiziert, und der Papst selbst wagte es ein einziges Mal, inkognito zur Oper zu fahren, aber am Tage darauf fand man an der Tür des Theaters die Inschrift: „Vollkommener Ablass".

Der Erstgeborene der Familie Rezzonico, der die Kardinalswürde trägt[378], führt, obwohl er in den besten Jahren ist, ein äußerst beispielhaftes Leben.

Der jüngste, den man Don Abbondio nennt[379], bekleidet das Amt eines Senators von Rom, welches weltlich ist (das einzige bedeutsame Amt dort). Seine Schönheit macht aus ihm einen wahrhaften Antinoos, und sein Verhalten ist durch Sanftheit, Liebenswürdigkeit und Höflichkeit gekennzeichnet. Ich vergaß zu sagen, dass auch Monsignore Rezzonico sich sehr der Höflichkeit rühmt. Weder der eine noch der andere, so wie es aussieht, kümmert sich um Staatsgeschäfte, /119/ so dass alle hier mit dem jetzigen Nepotismus ziemlich zufrieden sind. Der Kardinal Torreggiani[380], ein Florentiner, sitzt als Staatssekretär am Ruder. Wie ich höre, beschwert man sich über ihn, aber ich bin nicht im Stande zu ergründen, ob es zu Recht ist oder nicht.

Der Abbé Winckelmann hat mir gesagt, dass der Heilige Stuhl nicht so reich wäre, wie man es bei uns vermutet, und dass sein Einkommen (die Datarie eingeschlossen) nicht mehr als zwei Millionen Scudi übersteigt. Die Haushaltsführung am Hof der Pontifex maximus scheint dies zu bestätigen: Eine sehr große Sparsamkeit herrscht überall bei den Möbeln. In Castel Gandolfo habe ich Holzstühle in den Zimmern gesehen, selbst da, wo sich der Pabst aufhielt.

Das normale Gefolge des Heiligen Vaters, wenn er ausgeht, wirkt zunächst ziemlich eigenartig bis man sich daran gewöhnt hat. Ein Kommando seiner leichten Reiterei bildet die Spitze und die Reiter halten ihre Pistole in der Hand, genauso wie im Krieg ein Kavallerietrupp seine Flanqueure[381] vorschickt. Dann folgen der „Kornett" auf einem Maulesel, d.h. ein Prälat, der das Kreuz trägt, und weiterhin mehrere Kleriker, teils auf Pferden, teils auf Mauleseln, der Postillion und der Kutscher ohne Hut, aber mit großen quadratförmigen Perücken. Die Kutsche ist übermäßig groß und sieht wie ein fahrbarer Salon aus. Dann kommt noch eine weitere Kutsche und eine Brigade von Kürassieren der Garde bildet den Schluss des Zuges.

Die leichte Reiterei und die Kürassiere tragen mit Gold und Silber geschmückte Uniformen, und die Schabracken sind ebenso. Ich habe jedoch bemerkt, dass einige der letzten Reiter ihren Panzer mit Schnüren befestigt haben. In der Regel muss man lachen, wenn man sieht, wie ungeschickt und bürgerlich sie wirken. Eines Tages aber rief mich die Gräfin Cheroffini zum Fenster, um mir diese Truppen des Landesvaters zu zeigen, und sie fragte mich anschließend, ob ich jemals so gewandte Reiter gesehen hätte.

Diese Dame ist sonderbar. Auch eine gewisse Anzahl an *Konklaven*, in denen sich der Heilige Geist nicht unterstand, Albani ernennen zu lassen, hat sie keineswegs entmutigt und sie hofft immer noch, ihn auf dem Stuhl Petri zu sehen. /120/ Da sie registriert hatte, dass der Prinz Johann Georg an ihrer jüngeren Schwester, der schönen Lena, Gefallen hat, hat sie ihm anvertraut, dass er, sobald er von der Wahl des Kardinals Albani zum Papst erfahre, sofort nach Rom zurückkehren solle, und sie deutete dabei an, dass ihm alle bedeutenden Posten, zum Beispiel als Befehlshaber der Armee, zur Verfügung stünden.

Sie bitten mich darum, mein lieber Freund, einige Charakterzüge des Abbé Winckelmann zu beschreiben: Er ist ein sehr feuriger Mensch, der nie ein längeres Gespräch führen kann, ohne lebhaft zu werden. Verfügte er nicht über so viele Fähigkeiten, so würde man behaupten, er sei kategorisch, aber ein Gelehrter seines Schlags hat das legitime Privileg zu entscheiden. Dennoch hat er Vorurteile, die allen auffallen, sogar denjenigen, die im Vergleich zu ihm wie blind sind. Dessen ungeachtet empfehle ich, ihm nicht zu widersprechen, vor allem wenn er zu Tische sitzt, wo der Orvieto-Wein, den er als ein guter Deutscher besonders mag, ihm oft in den Kopf steigt. Es kam vor, dass er in einer solchen Situation vom König von Neapel sprach und behauptete, *er sei ein Dummkopf*. „Bedenken Sie, Herr Abbé“, erwiderte der Prinz von Mecklenburg, der sich in diesem Augenblick erinnerte, dass der König sein Schwager war, „dass Sie von einem gekrönten Haupt sprechen, das in wenigen Tagen für volljährig erklärt wird. „Bei Gott“ rief dann Winckelmann aus, „dann wird er ein Hauptdummkopf sein!“. Offenbar mag ihn das einfache Volk nicht. Dies liegt zum Teil an seinen schroffen Manieren und zweitens daran, dass die Römer für skandalös halten, dass ein Vandale, wie sie sagen, zu ihnen kommt und ihnen ihre antiken Schätze mit einer Gelehrsamkeit erklärt, die ihre gesamten Kenntnisse übersteigt und sie verwundert. Er ist mittelmäßig groß, ziemlich hager und sein Rücken ist ein wenig krumm, seine Augen grau und lebhaft, die Knochen seines Gesichts sind vorspringend und seine Nase bogenförmig. Er hat Pockennarben und läuft schnell und hastig.

Man vermutet, dass Rom 150 000 Einwohner hat. Daran zweifle ich nicht, obwohl die Plätze und Straßen dort im Allgemeinen ziemlich leer sind. Dort herrscht auch eine große Eintönigkeit, da man /121/ dort fast nur Kleriker und Mönche sieht.

Auch verheiratete Personen kleiden sich hier wie Äbte, weil diese Kleidung das größte Ansehen verschafft, genauso wie damals die meisten Amtsleute vom Geheimrat bis zum Zollschreiber in den preußischen Staaten ein soldatisches Aussehen pflegten und enge, kurze blaue Röcke trugen.

Die Bettlerei ist in Rom sehr verbreitet. Wenn man einen Kardinal erstmals besucht, kommt am nächsten Tag seine *famiglia* angelaufen, das heißt eine Abordnung seiner Bediensteten, der man Trinkgeld gibt, *buono mancia*[382], ein Wort, das überall in Italien schallt.

Reise von Rom nach Palestrina und zurück.
Am 17. April
Palestrina, das antike Praeneste[383] liegt 24 Meilen von Rom entfernt. Die Ereignisse, die sie in der Geschichte berühmt gemacht haben, sind wohlbekannt. Dort befand sich damals ein ziemlich großer, der Fortuna geweihter Tempel. Damit der Hang des Berges dieses Gebäude tragen konnte, wurde er in sieben mit Galerien und Säulengängen geschmückte Terrassen geteilt. Heute ruht der Palast der Barberini, denen auch Palestrina gehört, auf dem Fundament dieses Tempels, sowie der Rest der Stadt teilweise auf den Stützmauern der Terrassen erbaut worden ist. Von letzteren erkennt man nur die drei unteren deutlich. Beim Anblick aller dieser Ruinen kann man sich vorstellen, wie dieses kolossale Bauwerk damals aussah. Der Berg scheint mir zur Kette des Apennins zu gehören; in der Nähe des Gipfels lässt sich in ihrem ganzen Umfang die ehemalige Stadtmauer von Praeneste ausmachen – die heutige Stadt liegt nur zu einem kleinen Teil am Ort der antiken – aber nur die Basis der Mauer ist erhalten. Gegenüber erstreckt sich eine Ebene, die von Hügeln umgeben ist, nur in der Richtung von Rom bleibt eine weiträumige Schlucht offen. Vom Schloss aus sieht man über die Hügel hinweg und ungefähr in Richung Nettuno erblickt man zwischen den zwei hohen Bergen von Cavo und Coré das Meer. /122/ Solange der Tempel existierte, konnte man ihn sicherlich von weiten Teilen des Landes sehen. Im gleichen Schloss wurde uns ein sehr antikes Mosaikpflaster gezeigt. Winckelmann führt es auf die Zeit Syllas zurück und meinte, es sei das älteste Mosaik, das er kenne.[384] Wir waren Zeuge der Entdeckung eines anderen Mosaikpflasters – das der Kardinal Albani seither gekauft hat[385] – außerhalb der Stadt, in einem Weinberg am Fuß des Berges.

Brief IX.
Rom, am 20. April.
Wir stehen jetzt kurz vor der Abreise. Um seine Wohltaten zu krönen, hat der Kardinal Albani in seiner *Villa* ein Festessen zubereiten lassen. Wir aßen einen Pfau und einen Schwan, und nicht zu vergessen die *Maccaroni* und noch weniger die *Granelli frittati*. Dieses Essen, sowie ein oder zwei weitere bei Monsignor Pergen, Mitglied der Rota[386], obwohl er ein Deutscher ist, sind die einzigen, die wir erlebt haben, das heißt bei den Römern selbst, denn ansonsten essen die Ausländer sehr häufig unter sich. Der gleiche Kardinal machte dem regierenden Fürsten einen betrunkenen Herkules, eine antike, zwei Fuß

hohe und sehr geschätzte Plastik zum Geschenk[387] und der Gouverneur, Monsignor Piccolomini[388] hat ihm seinerseits ein schönes Bild von Vernet[389] geschenkt: debbono esser paghi.[390]

Sie fragen, ob ich mit der Gesellschaft in diesem Lande zufrieden bin? Nicht allzu sehr, denn sie ist weder lehrreich noch fröhlich. Die Männer schätze ich kaum und ziehe ihnen um vieles die Frauen und wenn nötig die Kastrierten vor. Unter letzteren gibt es einige, die man wirklich nicht verachten kann. Hören Sie doch, was Winckelmann über sie kürzlich erzählte: „Questi sfortunatacci, muojono per la maggior parte del mal francese."[391] Dies beweist, dass sie zumindest aus einem gewissen Blickwinkel nicht so unglücklich sind wie man annimmt.

Anbei sende ich Ihnen einige geschliffene Steine. Angesichts des geringen Preises, den man bei den Landsleuten dafür bezahlt, kann man ihre Echtheit nicht bezweifeln. Es wäre allerdings schwierig zu sagen, zu welchem Zweck die Alten sie gebraucht haben, findet man doch so viele davon. Diejenigen, die ich Ihnen sende, stellen /123/ eine sitzende Roma, eine Wasservenus, einen Apoll, ein Opfer für Priapus und anschließend ihr Lieblingstier, die Chimäre, dar.

Die Skorpione sind hier nicht so selten, wie man es allgemein behauptet. Wir haben bereits fünf von diesen Teufeln gefunden. Sie sind wahrhaftig nicht so groß wie die afrikanischen Skorpione, die ich in naturwissenschaftlichen Kabinetten gesehen habe, aber man muss trotzdem auf der Hut sein, vor allem jetzt, da der Frühling und die Wärme diese Insekten nach draußen locken.

Dieser Brief wird mein letzter aus Rom sein. Bei der ersten Gelegenheit, voraussichtlich in Florenz, werde ich Ihnen schreiben. Sind Sie selbst bei Ihrer Korrespondenz pünktlich, so können Sie damit rechnen, mit jedem Paket, das wir schicken, einen neuen Brief von mir zu erhalten. Leben Sie wohl.

Bevor ich aufhöre, über Rom zu berichten, noch einige Bemerkungen über die Umstände unserer Weiterfahrt. Herr von Erdmannsdorff ist in Rom geblieben und soll erst nach unserer Abfahrt aus Florenz wieder zu uns stoßen. Herr Rust ist Anfang des Monats in Begleitung von Herrn Benda, dem Kapellmeister am Gothaer Hof[392] abgereist, in der Absicht, vom berühmten Nardini[393] zu profitieren, der sich gerade in Livorno aufhält. Während der Abwesenheit des Herrn von Erdmannsdorff leistete Herr Kottowski dem regierenden Fürst in dessen Vis-à-vis Gesellschaft. Im Übrigen war unsere Gruppe um eine Person größer geworden: Der regierende Fürst hatte nach seiner Ankunft in Rom gewünscht, einen französischen Literaten zu finden, der laut mit ihm lesen könnte, damit er sich an die Aussprache dieser fränkischen Sprache des Abendlandes gewöhnen könnte. Ihm wurde ein junger Mann aus dem Lütticher Kolleg empfohlen, mit dem er dann die römische Geschichte las. Durch sein ehrbares Verhalten und seine angenehme Manieren genoss er bald auch das Wohlwollen der beiden Brüder sowie unsere Freundschaft. Der Prinz Georg, der einer richtigen Aussprache noch mehr bedurfte, beschloss, /124/ ihn an sich zu binden. Zwei Tage vor unserer Abreise unterbreitete er ihm diesen Vorschlag und Herr Le Roy zögerte nicht lange, seine Abtkleidung gegen einen Gehrock und Stiefel zu tauschen. So ausgestattet stieg er fröhlich auf seinen Postesel.

Da ich versäumt hatte, eine Liste unserer Bekanntschaften in Rom zu machen, hat mir Herr von Erdmannsdorff folgende Liste gegeben. Darin findet man auch einige Namen von Personen, die wir in Neapel kennen gelernt oder wieder gefunden haben.

Römer oder in Rom lebend
Der Kardinal Alexander Albani
Der Kardinal Jean-François Albani[394]
Der Kardinal Serbelloni[395]
Der Kardinal Orsini[396]
Der Kardinal Oddi[397]
Der Kardinal Feroni[398]
Der Kardinal Cavalchini[399]
Der Kardinal Rezzonico
Monsignore Rezzonico
Senator Rezzonico
Der Gouverneur von Rom, Monsignore Piccolomini
Das Mitglied der Rota Comte Pergen
Prinz Albani[400]
Prinz Borghese[401]
Prinz Borghese, Bruder der Prinzessin Altieri
Der Herzog von Grillo
Der Herzog von Landi
Der Prinz Milliani mit seinen zwei Brüdern
(davon ist einer Kleriker)
Monsignore Palestrina, Sohn der Prinzessin
Herr Piccolomini, Ehemann einer schönen Frau
Der Marquis de Breteuil, Gesandter aus Malta
Herr von St. Odile, Gesandter aus Toskana[402]
Herr Bianconi, Gesandter aus Sachsen
Herr Melon, Botschaftssekretär von Frankreich
Kapitän Ravena
Der Fähnrich Cheroffini
Herr Clerisseau, Maler

Damen
Herzogin Grillo
Herzogin d'Arci
Herzogin Landi
Fürstin Palestrina
Fürstin Albani, Schwägerin des Kardinals
Fürstin Milliani und ihre Mutter, der Tochter der Fürstin Albani
Fürstin Cella mara
Fürstin Altieri
Frau Marescotti
Frau Piccolomini
Frau Carpegna
Frau Bolognetti
Frau Accajuoli, aus Florenz, Nichte der Vorigen
Frau Valentiniani
Frau Boccapaduli
Gräfin Cheroffini
Frau Lepri und Signa. Lena, ihre Töchter
Frau D'Onis
Frau Clerisseau

Ausländer anderer Nationen
Der Graf von Rosenberg aus Wien, designierter
Botschafter in Spanien
Fürst de Los Barbaces, Spanier, mit seiner Frau und seinem Sohn
Graf Rasumowski, Hetman der Kosaken.[403]
Herr Lelerc, seine Reisebegleiter, Arzt[404]
Herzog von San Nicola di Gaete
Graf von Paar aus Wien
Der Oberstleutnant O'Flanagan, Ire, sein Erzieher
Herr Affligio, Oberstleutnant aus Österreich
Marquis Dupleix, Franzose
Herr von Niesenmanschel, Kapitän aus Sachsen
Graf Crotti aus Cremona
Abbé Longo aus Mailand
Herr Simonetti, Ritter aus Malta
Herr Nunetz
Herr Sarristori, Florentiner, Cicisbeo von Frau Accajuoli

Engländer
Mylord Hilsborough mit seinen zwei Töchtern
Mylord Tylney[405]
Mr Child, sein Neffe
Mr. Skrine
Mr. Errington

Mr. Sterne
Mr. Backford
Mr. Trent, Amerikaner
Mr. Fuller
Mr. Macdonald, Schotte
Mr. Stevard, Fregattenkapitän
Mr. Cocks
Mr. Jenckins, Trödler
Sharp mit drei Töchtern

/126/
Am 23. April 1766
Es ist mir unmöglich, die Gegend dieser ganzen Reise, detailliert zu beschreiben. Sie ist gleichzeitig zu abwechslungsreich und zu eintönig. Eintönig, weil sie überall hügelig und bergig ist. Abwechslungsreich, da der stetige Wechsel von Hügeln, Tälern und Bergen dafür sorgt, dass sie in regelmäßigem Abstand sehr unterschiedliche Aussichten bietet. Der Weg folgt im Übrigen dem Verlauf der *Via Cassia*[406], die ehemals Rom und Siena verband. Einige Überreste nahm ich zwischen dem ersten und dem zweiten Posten wahr. Unter anderem sieht man dort noch einen 400 bis 500 Schritt langen Abschnitt, der vollständig erhalten ist. Danach allerdings sieht man derartiges nicht mehr.

In Ronciglione verließen wir, die zwei Fürsten und ich, die Hauptstraße und nahmen die Reitpferde, um uns in Caprarola den bekannten pentagonalen Palast der Familie Farnese anzusehen, der nunmehr dem König beider Sizilien gehört.[407] Dieser Weg kann als einer der schwierigsten für einen Reiter gelten. Zweimal ritten wir herunter in tiefe Täler und dann wieder bergauf auf einem einsamen Pfad voll Dornenranken und dichten Gestrüpps.

Ich erspare mir die Beschreibung der Einzelheiten dieses Palasts, der im Übrigen die Aufmerksamkeit eines Reisenden sehr verdient und übergehe stillschweigend die Bilder, die sich dort befinden. Dies alles wurde bereits beschrieben[408], gezeichnet und in Kupfer gestochen. Allein ein Medaillon, das auf das Fries eines der Schlafgemächer im Erdgeschoss gemalt wurde, erschien mir sonderbar: es stellt alle Aspekte einer Entbindung dar, so dass sich der erste Eintritt in die Welt direkt und unverschleiert zeigt.[409] Dies lässt ein wenig auf die Vorstellung, die man sich von Schamhaftigkeit im 16. Jahrhundert machte, schließen.

Die Lage des Schlosses, auf einem hohen Berg, ist unvergleichbar. Vor ihm erstreckt sich zwischen zwei schönen Tälern die Stadt auf einer tiefer liegenden Landzunge. Hinter einer endlosen Ebene hebt der Monte Soratte in der Ferne seinen bläulichen Kopf bis zu den Wolken. /127/

Um zur Straße zurückzukehren, durchquerten wir einen schönen Wald auf der Kuppe des Berges. Dabei sahen wir den Vicosee unten links. In Monte di Viterbo, der Postetappe zwischen Viterbo und Ronciglione, fanden wir die Kutschen wieder. Seit diesem Ort nähern wir uns sehr dem oben erwähnten See.

Heute fand ich mehr bestellte Felder als nirgendwo sonst im Kirchenstaat (dies ist allerdings nicht besonders schwer).

Viterbo, wo wir übernachteten, ist eine beträchtlich große und sehr gut gebaute Stadt. Sie hat schöne Gebäude mit breiten Straßen, die gut mit viereckigen Steinen gepflastert sind. Während wir auf das Essen warteten, besuchten wir die Heilige Rosa[410], die Schutzheilige der Stadt. Diese junge Heilige (sie verstarb im Frühling ihres Lebens) schenkte uns gewisse kleine Bänder von wundersamer Wirkung bei Entbindungen.

Am 24.
Wir haben Acht gegeben, die beiden Dinge nicht zu verpassen, die jeder pflichtgetreue Reisende unbedingt tun soll, wenn er durch Montefiascone fährt – das man eigentlich nicht betritt, da das Posthaus vor dem Tor der Stadt liegt: Erstens eine Kirche zu besuchen, die ebenfalls außerhalb der Stadt liegt, um sich die Grabinschrift von Est Est anzusehen oder den Stein, der die Gebeine eines guten deutschen Landmanns bedeckt, dem der Wein dieser Gegend vor Jahrhunderten das Leben kostete und zweitens dann vom gleichen Rebensaft zu kosten, in dem er ertrank und von dem ich versichern kann, dass er köstlich ist. Das Bild, das auf dem Stein eingraviert ist, zeigt einen Kirchenmann mit Mitra. Die Schenke, in der sich die Katastrophe ereignete, existiert noch.[411]

Der Weg von Montefiascone nach Bolsene führt am gleichnamigen See auf einem Felsrand entlang, der die Wagen beschädigt. Dieser See hat einen Umfang von 15 bis 20 Meilen. Er bietet zusammen mit den zwei Inseln, die er einschließt, einen sehr angenehmen Anblick.

Castel San Lorenzo, die nächste Postetappe liegt in einem kleinen Tal. Von dort besteigt man einen riesigen Berg. /128/

Acquapendente sieht aus, als ob es ganz zerstört wäre. Dornenranken und andere Gräser, die für gewöhnlich alte eingefallene Häuser bedecken, zieren diese prächtig. Man nähert sich durch einen Grund, den von Bäumen und Sträuchern bewachsene Hügelrampen umrahmen. Die Stadt zeigt sich gegenüber auf einem Berg und beim Eintreten ist man verwundert, dass in diesen Ruinen Leute, wenn auch nur wenige, wohnen.

Hinter Acquapendente gibt es nur noch verwilderte und brachliegende Felder, obwohl die Menge der wilden Pflanzen, die auf ihnen wächst, auf ihre Fruchtbarkeit hindeutet.

Dies geht so weit, dass man an mehreren Stellen nicht das geringste Anzeichen von Bevölkerung findet, ausgenommen die große Straße. Als ich durch diese Region fuhr, bekam ich eine Vorstellung dessen, was die Entdecker neuer Länder oder unbewohnter Inseln wohl gespürt haben müssen.

Ein Bächlein, das auf einem breiten Kiesbett fließt, trennt voneinander die Toskana und den Staat der Nachfolger Petri. Wenn man diese betritt, sieht man zuerst eine schöne Straße als Beweis einer aufmerksameren Ordnungsaufsicht. Jedoch ist diese Landschaft hier zweifelsohne eine der undankbarsten des gesamten Erdballs. Die Straße führt aufwärts auf einen hässlichen und kahlen Berg, fast ohne Erde und auch alle anderen, soweit das Auge reicht, sehen so aus. Das Schloss mit dem Marktflecken von Radicofani liegt auf dem Gipfel dieses Berges. Dort übernachteten wir und kosten den Montepulciano-Wein.

Am 25.
Die Landschaft in den zwei Etappen nach Radicofani bleibt trocken und unfruchtbar. Danach wird sie allerdings freundlicher, so dass sie das Auge versöhnt. Die Anzahl der Bewohner steigt, man erblickt Leute, die anscheinend gern arbeiten und die keine Lumpen mehr tragen, wie es im unglücklichen Kirchenstaat der Fall ist. Sogar die Menschen scheinen hier liebenswürdiger.[412] Ich habe unter den Bäuerinnen mit ihren Strohhüten einige gesehen, *die ein König nicht verachten würde*[413], wie es la Fontaine sagte. Viele dieser schönen Kreaturen sind mit dem Hüten der Herden beschäftigt, man ist entzückt zu sehen, wie einige der Bilder aus den Idyllen und Hirtengedichten, die wir gelesen haben, zur Wirklichkeit werden. /129/

In der Ferne auf einem hohen Berg erscheint Siena. Ich würde sie gern *die Saubere* nennen, denn statt den Schmutz der anderen Städte Italiens, in denen man zwangsweise die Luft halten muss aus Angst, Kot einzuatmen, findet man hier saubere und vom Dreck befreite Straßen. Die Universität dieser Stadt ist bedeutungslos geworden.[414] Am bemerkenswertesten sind erstens die Branda oder der große Platz, der einen Halbkreis vor dem Rathaus bildet[415] und zweitens der Dom. Jener ist ein schönes Monument, das nach den Prinzipien der besten gotischen Architektur errichtet worden ist (die, was immer man auch sagt, nicht so schockierend ist, wie man behauptet). Er ist innen wie außen aus sich abwechselnden Streifen aus weißem und schwarzem Marmor gebaut worden.[416] Dies gibt dem gesamten Gebäude das Aussehen eines preußischen Schilderhäuschens. Auf dem Pflaster vor dem Hauptaltar sind Themen aus der heiligen Geschichte abgebildet, die mit viel

Anmut und Genauigkeit auf dem Marmor dargestellt und durch eingelassene, graufarbige Stücke nuanciert sind.

Siena hat darüber hinaus den Vorteil, die Heimat der heiligen Katharina zu sein, die Jesus Christus versprochen, wenn nicht sogar mit ihm verheiratet war (die Legende entscheidet darüber nicht definitiv). Sie lebte gegen Ende des XIV. Jahrhunderts und vollbrachte während ihres Lebens und nach ihrem Tod Wunder.[417] Alle Zimmer des Hauses, das sie bewohnte, sind zu Kapellen umgewandelt worden; verschiedene Gemälde behandeln Liebesszenen zwischen der schönen Heiligen und ihrem Liebhaber, der sie oft besuchte.[418] Eins dieser Bilder zeigt, wie Maria sie mit ihrem Sohn verlobt und wie David bei der dieser Zeremonie auf der Harfe spielt.[419] Sollte es in Siena Beichtväter geben, die so pervers sind, um den Glauben ihrer zarten Beichtkinder zu missbrauchen, wie geeignet müssen diese Bilder für sie sein!

Am 26.
Wir fahren einen guten Teil des Weges am Elsa-Fluss entlang, der am Ende im Arno mündet. Alles, was die schöne Natur und der Frühling von einer Meile zur anderen an verschiedenen Ansichten erzeugen können, wenn sie /130/ einig sind, hat sich an diesem Tag meinen entzückten Augen gezeigt. Die Tiroler Alpen bieten allerlei Überraschungen, die Umgebung von Tivoli und dem Albano-See ruft Bewunderung hervor. Aber allein die schöne Toskana schmeichelt sanft und ruhig den Sinnen. Es sind Landschaften, die man schon gesehen zu haben glaubt, die aber trotz dieser Vertrautheit entzücken und die man vergeblich überall anders suchen würde.

Die Lage der Stadt Pisa ist außerordentlich günstig. Der Arno teilt die Stadt mitten auf einer von drei Seiten von Bergen umgebenen, angenehmen Ebene in zwei Teile. Die Straßen sind breit und gut gepflastert und die Häuser gut gebaut. Die Luft ist sauber und rein. Dennoch ist die Stadt wenig bewohnt. Der Universität widerfährt das gleiche Los wie allen anderen Universitäten in Italien, das heißt sie verfällt gänzlich.[420] Als öffentliche Bauwerke sind drei Brücken über den Arno zu nennen. Die in der Mitte ist durch den Kampf berühmt, der dort jedes dritte Jahr stattfindet. Sie ist ein sehr schönes Bauwerk aus Marmor.[421] Der herzogliche Palast[422] auf dem rechten Ufer des Flusses hat hingegen ein so mittelmäßiges Aussehen, dass es schwer fällt, es von den privaten Häusern zu unterscheiden. Der Dom[423] ist gotisch, wie der von Siena, allerdings größer. Der schiefe Turm, das Baptisterium und der campo santo (ein großer öffentlicher Friedhof), ebenfalls gotische Bauwerke, schließen ihn ein und sie verleihen dem Platz einen Anschein von später Antike, der gefallen kann.

Der schiefe Turm ist ein seltsames Gebäude aus dem 12. Jahrhundert. Er hat eine solche Neigung, dass man ihn anfangs mit Schauder betrachtet. Zu diesem Turm sind die Meinungen geteilt. Einige meinen, er sei ursprünglich gerade gewesen und erst später wegen seines Gewichts abgesackt. Diese Meinung kann ich nicht teilen, denn es ist allgemein bekannt, wie diese Zeit an aller Art von Wunderbarem Geschmack fand. Darüber hinaus passen die großen Marmorstücke, aus denen er gebaut ist, noch so genau zueinander und alle Teile des Turms neigen sich so regelmäßig zur Seite, dass man mühelos bemerkt, dass dies nicht zufällig sein kann*./131/

Am Fuß der Freitreppe vor dem Dom sieht man eine Marmorvase, die auf einer kleinen Granitsäule steht. Es ist eine schöne Plastik und zeigt, dass sie aus den besten Epochen der Kunst stammt. Allerdings war die Ignoranz der Universität Pisa so unerhört, sie lange für ein Getreidemaß zu halten, dem sich Caesar bedient haben sollte, um den Zehnt der Stadt einzutreiben.[424] Erst vor wenigen Jahren wurde eine Inschrift, die diesen Blödsinn behauptete, entfernt.

Ein antiker Sarkophag, der als Grabstätte für Beatrix[425], der Mutter der Gräfin Mathilde[426], also der bekannten Wohltäterin Gregors VII.[427] gedient hat, ist in der Außenmauer der Kirche eingelassen. Dieser Sarkophag ist dahingehend bemerkenswert, als er zur Renaissance des guten Stils in der Bildhauerei und der Zeichenkunst beigetragen hat, wobei die Kunst, die man darauf entdeckt, nichts Besonderes ist. Die Basreliefs stellen eine Jagd von Meleagros dar, ein in solchen Bauwerken unendlich oft behandeltes Motiv.

Am 28.
Mit Betrübtheit stelle ich fest, dass in diesem Tagebuch langsam eine gewisse Monotonie herrscht. Trotz aller Mühe gelingt es mir jedoch nicht, sie zu vermeiden: ich muss stets von Städten und Bauwerken berichten und es übersteigt meine Fähigkeiten, den Stil genug zu variieren, damit er weniger schleppend bei der Beschreibung von sich stets ähnelnden

---

* Der Herr Graf von Lamberg erzählt in seinen Memoiren eines Weltmanns: „ich glaube nicht, dass der Turm abgesackt sei, da die Mauern unterschiedlich breit sind. Wenn der Turm sich gesenkt hätte, müsste das Innere schräg sein. Lord Baltimore hat in den Vororten von Pisa folgende Inschrift gefunden, die dies bestätigt [in der überlieferten Transkription steht auf deutsch: „das folgende ist abgeschnitten“]. *Des Grafen Maximilian Joseph von Lamberg Tagebuch eines Weltmanns. Übersetzt von Heinrich Leopold.*

Gegenständen wird. Was kann man über eine Stadt oder ein Bauwerk sagen, wenn nicht, dass es groß oder klein ist, gut oder schlecht gebaut usw.? Dazu kommt, dass meine Notizen nur als Stütze oder Aufhänger für mein Gedächtnis dienen sollen. Wenn ich unsere Reise überlebe[427a], hoffe ich, indem ich diese Fetzen lese, mich vollständig an Bilder zu erinnern, die ohne diese Skizzen allmählich und spurlos aus meinem Gedächtnis verschwänden. Also werde ich beherzt fortsetzen. /132/

Der Weg zwischen Pisa und Livorno führt durch ein einheitliches und sandiges, die meiste Zeit mit Wäldern bedecktes Gebiet. Damals bestand es aus Sümpfen, so dass man über viele Kanäle fährt, die zu ihrer Trockenlegung gezogen worden ist. Wenn man Livorno betritt, wähnt man sich nicht mehr in Italien. Statt der den anderen Völkern dieses Landes so lieben Müßigkeit ist hier alles beschäftigt und umtriebig. Vierzigtausend Einwohner bevölkern alle Ecken dieser kleinen Stadt, die trotz des wenigen Raums, den sie einnimmt, alles bietet, was man in den größten findet. Der Exerzier- oder Markplatz ist so weiträumig, dass es abgesehen von der Piazza Navona in Rom keinen vergleichbaren in Italien gibt. In dieser Stadt stehen mehrere schöne Häuser. Ein Viertel, das von Kanälen durchzogen ist, auf denen es von Booten wimmelt, sieht Venedig vollkommen ähnlich (und es trägt auch dessen Namen[428]). Eine gute Befestigung sowie drei zitadellenartige Bauwerke[429] machen aus Livorno eine Festung. Kurzum, dieser Ort wird jedem gefallen, der ihn besucht. Dort sind alle Nationen versammelt, so dass türkische, griechische und afrikanische Gestalten sich angenehm von den zu eintönigen Kleidern der Europäer abheben. Der Hafen beweist zur Genüge, dass hier ein beträchtlicher Handel stattfindet. Er beherbergt zu jeder Zeit eine Vielzahl von Schiffen, die unter allen möglichen Flaggen fahren. Sowohl die Bauten am Hafen als auch dessen Mole sind wunderbare Konstruktionen. Vom Leuchtturm aus, der auf einem Felsen mitten im Meer errichtet worden ist, entdeckt man sehr deutlich die Inseln von Elba, Pianosa, Caproja und Gorgona, ja sogar bei klarem Wetter Korsika.

In Livorno ist eine Garnison von fünf Bataillonen zu je 400 Mann stationiert, die unter dem Befehl des Generals Bourbon del Monte[430], Gouverneur der Stadt, stehen. Dieser ist ein feiner und entgegenkommender Mann, der uns während unseres Aufenthaltes allerhand Höflichkeiten erwiesen hat, die bis zu einer Einladung zum Abendessen gingen. Herr Dyck[431], der englische Konsul, hat uns aber wie Freunde behandelt, die er seit langem kennt. Dank seiner Hilfe konnten wir viele Händler seiner Nation kennenlernen. Diese waren zum großen Teil /133/ verdienstvolle Leute, die viel mehr wussten, als es ihr Stand erforderte. Ich traf außerdem in Herrn Langen, dem Platzkommandanten, einen sehr gelehrten Menschen.

Livorno hat ein kleines Theater, das ganzjährig offen ist und in dem komische Opern aufgeführt werden. Die gute Gesellschaft besteht hier aus Händlern, unter denen die Engländer den ersten Rang würdig bekleiden. Als wir uns dort aufhielten, waren alle mit den Vorbereitungen der Feierlichkeiten beschäftigt, die man dem Erzherzog und der Erzherzogin, den neuen Herrschern der Stadt, bereiten wollte, die man für den 18. Mai erwartet.[432]

Um noch ein Wort zum Handel hinzuzufügen, soll man sagen, dass er größtenteils in den Händen der Engländer steht. Sie haben uns versichert, dass allein die rohe Seide damals mehr als eine Million Pfund Sterling eingebracht habe. Seitdem sie in South Carolina angebaut sei, sei dieser Handelszweig allerdings fast gänzlich eingeschlafen. Die gleichen Händler behaupten, dass Livorno allein das Einkommen des Großherzogtums Toskana ausgleiche, das sie auf die Summe von 1,2 Millionen deutsche Taler schätzen.

Ein bedeutender Teil der Baumwolle des Morgenlandes wird in einem Krankenhaus außerhalb der Stadt aufbewahrt. Diese Ware sowie die Leute, die aus dem Morgenland kommen, werden mit äußerster Vorsicht behandelt. Die normale Quarantäne beträgt vierzig Tage, die außerordentliche hundertzwanzig. Viel Baumwolle wird nach England transportiert, ein Teil wird jedoch auch hier in diesem Land verarbeitet.

Die Korallenzweige, die die Neapolitaner und die Genueser im sizilianischen und sardinischen Meer fischen, werden von Juden aus Livorno gekauft, die sie, nachdem sie ihnen die Form gegeben haben, meist an barbarische Nationen verkaufen.

Ein Ölgeschäft, in dem das Öl in Schieferkisten aufbewahrt wird, ist so ordentlich und sauber, dass es verdient, besucht zu werden. /134/

Die Engländer, Holländer und die weiteren Protestanten besitzen außerhalb der Stadt einen kleinen Friedhof, der den schönsten Ort dieser Art darstellt. Er besteht aus einem Garten, der in mehrere Blumenbeete unterteilt ist, die von den Grabmälern aus weißem Marmor verziert werden.

Die Juden verfügen hier, wie man weiß, über umfangreiche Privilegien; ihre Synagoge ist groß und schön, auch wenn ich finde, dass sie nicht so prunkvoll ist, wie die Beschreibung anderer Reisender, z. B. des Abbé Richard[433] es denken lässt. Die Inquisition kümmert sich nicht um die Juden, die bloß den alten Frauen misstrauen, denn es passiert, dass sie sich ein jüdisches Kind schnappen, das allein ist, und es taufen, indem sie ihm eine Handvoll Wasser auf den Kopf werfen, bevor sie es als einen Proselyten zum Sanctum officium[434] bringen, was den Eltern großen Kummer bereitet.

Bekanntschaften in Livorno*
Baron Bourbon del Monte, Gouverneuer
Oberst Theilléres
Herr von Langen, Platzkommandant
Herr von Meinhardi, Major der Artillerie
Herr Graf d'Aspremont, Hauptmann
Herr Dyck, Englischer Konsul
Herren Robertford, Sapte, Radenau, englische Händler
Herr Logier, Sohn des schwedischen Konsuls in Algier
Herr Barnaby, englischer Kaplan
Frau Dick
Frau Pettochi
Frau Cambiasi
Frau Schmedt

Am 27. Mai
Livorno ist eine Sackgasse. Der Weg aus Pisa, der allein dahin führt, führt auch /135/ von dort zurück. Zu den Zeiten der Römer existierte die Via Emilia, die von Livorno nach Rom durch eine Gegend führte, die heute kaum noch zu Fuß zu bereisen ist.

Drei Meilen von Pisa entfernt, am Fuße des Berges San Giuliano gibt es warme Thermen.[435] Der Graf de Richecourt, Gesandter des Kaisers in der Toskana[436], ließ sie vor 25 Jahren im Stil der Alten prachtvoll wieder errichten. Er hat sie noch mit allen vorstellbaren Bequemlichkeiten ergänzt. Die Umgebung ist außerordentlich heiter. Ich wünschte mir, eine Saison dort in einer erlesenen Gesellschaft zu verbringen.

Dann fährt man über eine breite und ebene Schlucht voller Bäume, Weinberge, bestellter Felder und Dörfer durch die Berge, die die Gebiete von Pisa und Lucca trennen. Plötzlich betritt man eine von Bergen umgebene Ebene, die wie ein großes Becken wirkt. Mitten darin erhebt sich Lucca und bietet einen einzigartigen Anblick. Auf den ersten Blick entdeckt man nur den Schutzwall einer antiken aber modern aussehenden Befestigung, auf deren gesamter Länge Espen und Eschen in einer beträchtlichen Höhe stehen. Diese Bäume verstecken alles, was man von

---

* Es sei hier darauf hingewiesen, dass ich hier und ab jetzt in dieser Rubrik nur die Namen derjenigen angeben werde, mit denen wir näher zu tun hatten.

der Stadt sehen könnte, bis auf einige Glockentürme, deren Spitzen die hohe grüne Wand überragen.

Die Stadt bietet nichts Bemerkenswertes, es sei denn ihre aristokratische Verfassung. Ein Rat von 80 Personen regiert, aus deren Kreis jeden zweiten Monat ein Bannerherr und neun Räte gewählt werden, die die oberste Macht innehaben. Diese zehn Personen werden während ihrer vorübergehenden Herrschaft aus der Schatzkammer der Republik (im Palast) unterhalten. Ihnen dienen Fußbediente, die eine Livree der Stadt tragen und eine 80 Mann starke Schweizergarde sorgt für die Sicherheit des zweimonatigen Fürsten. Nach Ablauf dieser Frist verlassen der Fürst und seine neun Assistenten den Palast, der sofort von /136/ ihren Nachfolgern besetzt wird.

Die Stadt Lucca ist sehr bevölkert, aber ich hatte nicht den Eindruck, dass sie einen so großen Handel betreibt, wie man es mich glauben lassen wollte. Ihre Straßen sind eng und dunkel und mit großen, sehr breiten und unregelmäßigen Steinplatten gepflastert. Die Stadt beherbergt eine übermäßig große Anzahl von Männer- und Frauenklostern. Erwähnenswerter sind die Schutzwälle, auf denen man die Stadt im Schatten der Eschen umrunden kann, von denen ich bereits berichtet habe. Bei der Dämmerung begibt sich ganz Lucca dorthin, so dass ein einziger Abend reicht, um alle Frauen der Stadt Revue passieren zu lassen, die mehrheitlich sehr hübsch und gut gekleidet sind.

Wir bestiegen einen Turm, um uns fast das gesamte Gebiet dieser kleinen Republik anzuschauen, das aus der Ebene und den sie umgebenden Bergen besteht, dessen größter Ausläufer sich in Richtung Pistoja erstreckt. Diese Gegend ist wie keine andere bewohnt und ihre Felder gut bebaut. Bis zum Gipfel der Berge stehen Häuser. Dort stehen auch Türme, auf denen Feuer entzündet werden können, um Alarm zu schlagen, sobald die Stadt das Zeichen dazu gibt. In diesem Fall laufen alle waffenfähigen Männer zusammen – die Zahl könnte sich auf dreißig Tausend belaufen, sagte man mir. Im Waffenlager finden sie alle notwendigen Waffen und die Schutzwälle sind mit zahlreichen Kanonen bestückt. Obwohl die Ringmauern gut und stark sind, bleiben die spitzen Winkel ohne Schutz. Im Übrigen gibt es keine vorspringenden Bauten, nicht einmal einen überdachten Wehrgang.

Auf der Spitze eines alten baufälligen Turms, der auf dem Stadtgebiet steht, wachsen mehrere Orangenbäume, von denen 3 oder 4 nicht unbeträchtlich hoch sind.

Im Frühling, vor dem Beginn der Landarbeiten, kommen die jungen Bäuerinnen gruppenweise aus den Bergen in die Stadt, um zu musizieren. Sie haben antike Tamburine, Geigen und Becken, mit denen sie ihren Gesang begleiten. Dies bildet eine fröhliche Harmonie, die dem Auge sowie dem Ohr schmeichelt. Wir genossen diese /137/ in unserem Gasthof mehrmals. Diese gut gelaunten Musikerinnen laufen bis zu den angrenzenden Gegenden, aber begeben sich vor allem per Schiff nach Livorno, wo sie Geld verdienen und obendrein oft noch einen kleinen Seemann mit nach Hause bringen.

Am 4.
Die Gegend zwischen Lucca und Florenz ist sehr schön. Oft reist man durch Landschaften, die, könnte man sie herausnehmen und einzäunen, den Gärten ähnelten, die die Kunst in England nach dem Modell der Natur zu gestalten versucht. Man fährt durch die Vororte von Pistoja. Wenn man Prato verlässt, dem letzten Posten vor Florenz, zeigt sich diese Stadt auf 8 Meilen Entfernung wunderschön umgeben von 5 000 Landhäusern.*

Der allgemeinen Meinung nach wohnen in Florenz 80 000 Seelen. Diese Zahl erscheint mir einigermaßen vernünftig. An dem Abend (es war ein Sonntag), an dem wir in Florenz ankamen, hatte ich die Gelegenheit, mir eine passende Vorstellung davon zu machen. Alle Promenaden um die Stadt herum waren voll von außergewöhnlich vielen Menschen, die sich massenweise durch die Tore drängten, die bald geschlossen werden sollten.

Florenz hat mehrere breite Straßen, aber auch diejenigen, die es nicht sind, fallen immerhin durch ihre Sauberkeit auf. Die einen wie die anderen sind mit diesen großen, flachen Steinplatten gepflastert, die ich schon in Lucca erwähnt habe, aber die hier so gut aneinandergefügt sind, dass man keine Erschütterung spürt, wenn man darauf mit der Kutsche fährt. Verschiedene Paläste und öffentliche Gebäude mit zahlreichen Statuen schmücken die Plätze. Vier schöne Steinbrücken[437] ermöglichen eine Verbindung zwischen den zwei vom Arno getrennten Stadtvierteln. Das breite Bett dieses Flusses ist meist ausgetrocknet und das Wasser immer schlammig. /138/

Auf dem linken Ufer, das kleiner ist als das andere, steht der Palazzo Pitti[438], der gewöhnliche Wohnsitz der Großherzöge der Toskana. Wäre er nach den ursprünglichen Plänen fertig gebaut worden, wäre er fast eine Nachahmung des Fortunatempels in Palestrina. Jetzt fehlen eine ganze Etage und die äußeren Zugänge. Seine Ausstattung ist keinesfalls prachtvoll und das Wertvollste ist eine Vielzahl von Gemälden bedeutender und berühmter Maler.[439]

---

* Zumindest wird es behauptet. Wenn es übertrieben ist, dann nicht um vieles. Florenz wird von drei Seiten durch hohe Berge umgeben. Nur in Richtung Pistoja erstreckt sich eine Ebene, die bis 10 Meilen breit sein kann.

Der Garten hinter dem Palast erhebt sich stufenweise bis zu einem Hügel, von dem man eine Aussicht auf ganz Florenz und einen beträchtlichen Teil der Umgebung hat. Dort steht auch eine Art kleine Zitadelle, die „alte Festung“[440] genannt wird. Die restliche Fläche der Anhöhe dient als Garten und man muss zugeben, dass die Kunst nicht schlecht die reiche und glückliche Lage des Ortes genutzt hat.*

Am Fuß des Gartens oder des Hügels trifft man auf das Römische Tor. Sobald man aus diesem Tor herausfährt, sieht man eine schöne Zypressenallee, mit einem sanften und kaum merkbaren Anstieg Richtung Poggio Imperiale[441], die auf einem anderen Hügel liegt. Dazu sage ich nichts weiter, da dort alles eher gewöhnlich ist.

In dem Teil von Florenz, der auf dem rechten Ufer des Arnos liegt, stellt das Gebäude degli Uffici[442] das bemerkenswerteste Bauwerk dar. Es ist ein langes Rechteck mit drei Etagen, das zum Platz hin offen und zum Fluss hin geschlossen ist. Alle Gerichte, die mit der Polizei der Stadt zu tun haben, tagen in der ersten Etage, wo auch ihre Mitglieder untergebracht sind. In der zweiten wohnen allerhand Menschen, die für den Hof arbeiten, und vor allem für diese nutzlosen Künstler, die diese /139/ langen, ja sogar unendlichen Werke aus hartem Stein[443] schaffen. Solche Werke sollte jeder geschmackvolle Mann verabscheuen. Aus diesem Material habe ich Altäre[444] gesehen, ziemlich bunte um die Wahrheit zu sagen, die jedoch nicht nur extrem viel Geld, sondern auch mehr als drei Jahrhunderte Zeit gekostet haben: wenn man die Zeit zusammenrechnet, die verschiedene Menschen damit verloren haben. Der Hauptaltar, der für die neue Kapelle der Kirche San Lorenzo bestimmt war, wo die Großherzöge begraben sind, ist zu zwei Dritteln noch nicht fertig, obwohl 25 Leute 158 Jahre daran gearbeitet haben – noch dazu ist dieser Altar nicht sehr groß. Die dritte Etage bildet diese berühmte Florentiner Galerie, die das Haus der Medici angehäuft und

---

* Dieser so genannte Boboli Garten[445] hat maßgeblich zur Entstehung einer bereinigten Gartenkunst beigetragen. Die Engländer waren die ersten, die beobachtet haben, dass die verschönerte Natur weit mehr wirkt als die traurige Symmetrie, die damals in den anderen Ländern herrschte. Da sie über Geld verfügten, verwirklichten sie zu Hause, was sie in Italien gesehen hatten. Dennoch glaube ich nicht, dass es diese Verfeinerung war, die die Italiener die richtigen Grundsätze gelehrt hat. Vielleicht, wenn sie es gekonnt hätten, hätten sie ihre Hänge und Hügel eingeebnet. Dennoch zwang sie die Natur, die bei ihnen sozusagen stärker ist als die Kunst, ihr nachzugeben, ihr zu folgen und sich damit zu begnügen, sie milder zu gestalten und sie zu schmücken.

gesammelt hat, das sowohl wegen seiner Ausschweifungen als seiner Verdienste für die Künste und die Literatur bekannt ist.*

Die Galerie nimmt innen die gesamte Länge des Gebäudes auf der Hofseite ein. Nach außen ist das Gebäude in mehrere große Räume unterteilt. Statuen und Büsten aus Marmor sind beiderseits so aufgestellt, dass sich stets Statuen und Büsten abwechseln, wobei die gegenüberliegenden Seiten symmetrisch sind. Die Büsten stellen die Reihenfolge der Kaiser mit ihren Gemahlinnen dar, von Caesar bis zum gänzlichen Verfall des Reiches. Die anderen bilden Philosophen ab. Es bleibt nicht aus, dass diese Werke sehr unterschiedliche Stile aufweisen und es ist erstaunlich, wie schnell die Kunst stufenweise verfallen ist. Zwischen den Statuen stehen schöne griechische Plastiken aus den besten Schaffensperioden /140/ sowie zwei moderne von Buonarotti[446]. Die wichtigsten Werke sind jedoch in einem runden Salon zu sehen, den man Tribuna der Venus nennt.** [447]

Drei Darstellungen dieser großen Göttin verzieren sie. Die mittlere wurde in der *Villa* Hadriana bei Tivoli vor fast drei Jahrhunderten entdeckt und sie trägt vorzugsweise den Namen Venus von Medici.[448] Ich brauche nicht zu sagen, wie schön oder eher anziehend sie ist. Darüber sind sich alle einig. Ihre Physiognomie, ihre Haltung, ihr goldenes Haar, kurzum, alles, was sie dem Blick bietet, ist bereits bekannt und beschrieben worden. Alles lässt auf eine mollige Frau von 23 bis 25 Jahren schließen.

---

* Über den alten Großherzog dieser Linie pflegt man noch mehrere Anekdoten zu erzählen. Wie man weiß, verbrachte er die Zeit seines Lebens im Bett, obwohl er eigentlich sehr gesund war. Als er ermahnt wurde, das Bett zu verlassen, antwortete er „ho veduto tutto porce uscierei di lo letto". Sein größter Genuss, den er sich in dieser Situation gönnte, bestand darin, die Frischvermählten zu sich kommen zu lassen, die gerade den Segen erhalten hatten, damit sie in seiner Anwesenheit die Ehe vollziehen. Ich verstehe, welche Freude er daran fand, aber kann kaum glauben, was man hinzufügt: dass er die Libation, die den Juristen nach unerlässlich ist, damit die Ehe vollzogen ist, auf eine Weise abfing, die die Einbildungskraft empören muss. Als er am Ende seines Lebens wirklich krank war und sah, wie der Tod nahte, nahm sich ein Beichtvater vor, ihn darauf vorzubereiten. So beschrieb er ihm wunderbar das Paradies und die Glückseligkeiten im anderen Leben. „Puoesser", sagte er, „ma sto anche bene in casa Pitti." In seiner Jugend fuhr er nach Mannheim, um seinen Schwager, den Kurfürst der Pfalz zu besuchen. Dieser ließ ihn, um das gute Essen zu krönen, die besten Weine des Rheins kosten, wonach er ihn fragte, wie er ihn fände. „Povretto! Vorrebbe esser vino" bekam er zur Antwort.[449]

** Die Tribuna, sowie alle Räume und Salons, von denen ich berichten werde, bilden, wie bereits gesagt, die Außenhälfte der Galerie.

Dem Künstler gefiel es, durch unaussprechliche aber signifikante Züge auszudrücken, dass sie nicht mehr jungfräulich ist: einige leichte Falten auf dem Unterleib geben Zeugnis davon, dass sie bereits gebar. Ihre Gefährtin links zeigt das Gegenteil. Ein nicht weniger geschickter Meister verlieh dieser Venus alle Indizien einer unberührten Jungfräulichkeit: ein schüchterner Gesichtsausdruck, eine kleine, straffe und spitze Brust, ein gewölbter Bauch, ein Gesäß, eine Hüfte und ein Rücken von bewundernswerter Zartheit. Dies alles sind Attribute und Vorzüge des Frühlings des Lebens und verwirklichen wunderbar die Absicht des Künstlers. Schade nur, dass ein Tuch Oberschenkel und Beine versteckt. Die Kenner der Antike nennen erstere eine „allen zugängliche" oder „maritime Venus", da ihr im Zuge der Restaurierung ein Delphin beigefügt worden ist und die zweite wegen des Diadems, das sie trägt, die „Himmlische". Die dritte Venus, auf der rechten Seite, ist eine gewöhnliche, die mit gesunden und nicht zu verachtenden Reizen versehen ist. Sie hält den erhaltenen Apfel in der Hand. Aus diesem Grund wird sie die „siegreiche Venus" genannt. Die anderen Plastiken der Tribuna sind ein Faun[450], der Scherenschleifer[451] und die Ringkämpfer[452], allesamt Meisterwerke. Dort befindet sich auch die Venus von Tizian sowie einige schöne Werke dieses Malers. Als eine Art Entsprechung zu diesem Gegenstand findet man in einem Kabinett nebenan einen riesigen Priapus aus Marmor, der auf zwei Löwenfüßen steht. Zur Zierde trägt er /141/ ein Halsband, das aus schönen, kleinen Priapen verschiedener Größen besteht.[453] Er ist mit einem schönen Löwenkopf aus gepresster Pappe ausstaffiert, damit der Anstand nicht verletzt wird. Ein Salon, der wie die Tribuna aussieht, ist mit einer Sammlung von Selbstporträts der bekanntesten Maler[454] ausgestattet. Dies ehrt nicht nur den Beruf des Künstlers, es hat auch den Vorteil, dass man sich mit einem Schlag den Namen und das Aussehen eines Malers einprägen kann und sich dabei Wissen über seine Methode und sein Art aneignet. Der Herr Mengs[455] allerdings war so respektlos, die Anfertigung eines solchen Selbstbildnisses, um das man ihn gebeten hatte, abzulehnen.[456] Zwar gibt es in dieser Sammlung einige Maler, die mit ihm nicht verglichen werden dürfen, aber dieser Herr hat auch nicht berücksichtigt, dass sich darunter etliche befinden, denen er niemals das Wasser reichen kann. In einem dritten Salon mit einem angrenzenden Zimmer ist ein Kabinett, in dem Kameen, geschliffene Steine und Medaillen aufbewahrt werden. Ein junger Wissenschaftler namens Cocchi, der es beaufsichtigte, zeigte es uns. Ich kann sagen, dass seine persönliche Bekanntschaft, die ich bei der Gelegenheit gemacht habe, mir genauso viel Freude bereitet hat wie die Raritäten, die er uns erklärte. Unter ihnen bevorzugte ich einen gravierten

Stein, der das Lieblingsobjekt der Alten darstellte: Leda in einer anmutigen und reizvollen Haltung. Sie steht und beugt ein wenig die Knie, indem sie den verliebten Schwan zwischen ihren Oberschenkeln festhält. Ihr Kopf ist nach vorne geneigt. Der Schwan zwickt sie aus übermäßiger Wollust, die, wie man weiß, allen Vögeln eigen ist, unter dem Haarknoten in den Nacken.

Die anderen Zimmer und Salons beinhalten noch zahlreiche Gemälde der geschicktesten Maler, wertvolle Gegenstände, vielseitige Raritäten, seltene und einfallsreiche Arbeiten, astronomische und mathematische Instrumente, eine sehr große Anzahl von kleinen Bronzeplastiken aus der Antike, wie Hausgötter, Opferschalen usw. Darunter sind meines Erachtens eine Mauerkrone, ein Adler der Legion und zwei Siegesgöttinnen, die einen toten Krieger mit sich nehmen, die bemerkenswertesten.

Die Stadt Florenz ist mit Theatern gut ausgestattet. Das größte, /142/ in dem man ernste Opern (Opéra sérieux) gibt, hat nichts Außergewöhnliches. Es heißt *„della Pergola"*[457]. Das *Cucumero-Theater* ist mittelgroß, aber sehr hübsch. Seine Gänge sind alle sehr sauber und sogar breit im Verhältnis zur Größe des Theaters. Während unseres Aufenthaltes gab man dort abwechselnd Komödien und Burletta[458]. Die Schauspieltruppe will diese Bezeichnung nicht akzeptieren und bezeichnet sich als Mitglieder der Akademie. Es sind in der Tat Leute, die das nicht zum Beruf gemacht haben, sondern die andere Berufe oder Tätigkeiten ausüben. Sie glauben, die besten ganz Italiens zu sein. Ich weiß nicht, inwieweit diese Meinung über ihre Verdienste begründet sein kann, was jedoch Frankreich und England angeht, ja selbst bei uns wären sie nur wenig bewundert. Die Tänzer waren besser. Ein Harlekin machte unter anderem ein wenig Eindruck.

Die Kathedrale ist ein riesiges gotisches Bauwerk mit einem Turm von außergewöhnlicher Höhe. Sowohl der Turm als auch die Kirche sind mit Marmor verschiedener Farben verkleidet, wobei hellbraun und schwarz dominieren.[459] Das Ganze bekommt somit eine gewisse Ähnlichkeit mit unseren großen Nussbaumschränken.

Die Bibliothek von St. Lorenzo[460] besteht nur aus den seltensten Manuskripten: Es gibt darunter eins von Vergil aus dem V. Jahrhundert[461] – das älteste, das bekannt ist. Die Galerie, in der diese Bibliothek aufbewahrt wird, ist von Buonarotti konzipiert worden.[462] Die Kirche gleichen Namens (St. Lorenzo) verdient es, wegen ihrer zwei Kapellen besichtigt zu werden. Die eine, die ebenfalls von Buonarotti entworfen ist, ist sehr schlicht und dient als Grabstätte der Familie Medici.[463] Die andere[464], die durch das gleiche Geschlecht begonnen wurde und dem gleichen Zweck bestimmt war, ist nach dessen Aussterben[465] unvollendet geblieben. Sie hat riesige Summen gekostet und würde auch weiterhin Unmengen verschlingen, wenn man sie beenden wollte. Es gibt sieben Denkmäler für die sieben Herzoge, die regiert haben, bis zum Gesims aus Marmor der verschiedensten Farben, mit vergoldeter Bronze. Aber gerade diese Buntheit nimmt ihnen einen Teil ihres Wertes, indem sie dem schlechten Geschmack des letzten Jahrhunderts Ausdruck verleiht.

/143/ Das Grabmal für Michelangelo Buonarotti, das man in der Kirche Santa Croce[466] sieht, ist, wie auch seine Büste, von ihm selbst. Das Andenken dieses großen Mannes, der in bewundernswürdigem Maß verschiedene Talente in der Malerei, Bildhauerei und Architektur besaß, findet noch große Verehrung bei seinen Landsleuten und seine Nachkommen sind noch heute erfolgreich. Ich habe einen Marquis de Buonarotti kennengelernt und besucht, der direkt von ihm abstammt.

Ich darf nicht vergessen, eine Art Kolonnade an der „Piazza del Gran Duca“[467] zu erwähnen, die man „La Loggia“ nennt. Da sich unter der Öffnung dieser Bögen das Meisterwerk der modernen Bildhauerkunst befindet, das den bekanntesten Werken der Antike den Platz streitig macht. Ich möchte von der Figurengruppe namens „Il Ratto“ von Jean de Bologne reden. Alles, was Keyßler und Abbé Richard darüber sagen, ist wahr.[468] Je mehr man die Sabine ansieht, desto mehr verzaubert sie. Sinnlichere und anregendere Konturen als die dieses Marmors sind nicht vorstellbar. Das geht soweit, dass ich die Möglichkeit des Frevels dieses unbesonnenen Jungen geahnt habe, von dem Lukian in seinem Dialog, betitelt: „les *Amours*“, berichtet (Bd. 1, Seite 481, Übersetzung von Ablancourt, Pariser Ausgabe 1664[469]) oder der Escapade eines Spaniers auf dem Grab von Papst Paul III. (Keyßler, Bd. I, S. 561[470])

Die Promenaden von Florenz sind schön und die Florentiner nutzen sie gern. Jeden Abend findet man dort sämtliche Kutschen der Stadt. Sonntags und an anderen Feiertagen begibt sich die ganze Bevölkerung dorthin. „Alle Cassine“[471] ist ein Hochwald mit dichtem Dickicht. Dieser Wald erstreckt sich am Arno. Eine große, schöne Allee aus Pinien von beachtlicher Höhe und Breite verläuft parallel zum Fluss und hundert andere kleine Alleen durchkreuzen den Wald und die Wiesen auf verschiedene Art. Es ist ein angenehmes Schauspiel, sie von so vielen Menschen bevölkert zu sehen, die zufrieden und gut gekleidet sind.

Die toskanische Bevölkerung hat im Allgemeinen /144/ den anderen Völkern Italiens gegenüber einen großen Vorzug.

Sie ist sanftmütig, arbeitsam und wohltätig. Es ist sehr selten, dass es während ihrer Belustigungen Zwischenfälle gibt und falls doch, so sind Faustschläge das Schlimmste, da, wo andere schon das Stilett ziehen würden.

Die Promenade vor dem Tor „San Gallo“ ist nicht so weitläufig. Sie besteht aus einem Kreis einiger Baumreihen, die ein Triumphbogen schmückt, der zu Ehren des (jetzt) seligen Kaisers errichtet wurde, als dieser 1735 in die Toskana kam.[472] In der Ferne sieht man die antike Stadt Fiesoli auf einem hohen, fast runden Berg. Von ihr ist heute nichts außer der Kathedrale von alter, gotischer Architektur, ein Kloster und einige andere Gebäude geblieben. Gegen Abend reinigt ein wenig frischer Wind, der von besagtem Berg kommt, die Luft und mildert die Hitze des Tages. Daher sagten wir: „Andiamo alla porte di San Gallo, per pigliare una boccata d’aria Fiesolana.“[473]

Eine große Baumallee umgibt außerdem die ganze Stadt nördlich des Arnos, mit einem Wort, die Umgebung von Florenz ist so schön, dass man überall auf Promenaden trifft.

Keine andere Stadt der Welt ist so reich an Krankenhäusern und anderen glänzend ausgestatteten Institutionen, aber obwohl man hier eine große Zahl Kranker aufnimmt und man sie passabel pflegt, gibt es viel Missbrauch in der Verwaltung der Gelder der frommen Stiftungen. Die, denen es gut geht, essen den Kranken teilweise das Brot weg.

Man hatte uns das Palais Gerini und Riccardi[474] sowie mehrere andere wegen ihrer Möbel und Malereien angepriesen, wir haben jedoch nichts gefunden, was über das Mittelmäßige hinausginge. Wenn man Rom nicht gesehen hat, wird man von Florenz entzückt sein. Hat man jedoch mit der ersteren Stadt begonnen, so lernt man, genau zu schätzen, was man hier vorfindet.

Der Großherzog[475] vollendete gerade sein neunzehntes Lebensjahr an dem Tag, als wir ihm vorgestellt wurden.

Er wirkt von der Physiognomie her nicht sehr geistreich, nicht einmal sehr wach, aber sonst hat er eine sehr gute Figur. /145/ Für sein Alter sieht er erstaunlich ernst aus – sei es von Natur aus oder aufgesetzt – und dies ruft alles andere als Respekt hervor. Obendrein ist er verlegen und wenn er spricht, wirkt er wie ein rezitierender Schüler. Er erzählt sehr wenig. Nur wenn es am Hofe eine Gesellschaft gibt oder ein Musikabend stattfindet, redet er mit einigen seiner Hofleute, die ungeduldig auf diese Ehre warten und das Knie beugen, sobald er sich ihnen nähert. Alles was ich von ihm hörte, betraf belanglose Gegenstände, d. h. Pferde, Unfälle, die passieren können, wenn man reitet und vor allem über die Umstände seiner eigenen Gesundheit, hatte er doch gerade ein Magenfieber überstanden. Es gelingt ihm, diese oberflächlichen Unterhaltungen in die Länge zu ziehen und der ganze Hof ist trotzdem davon erbaut. Seine Verfassung muss sehr schwach sein, wenn es stimmt, dass die ersten Nächte nach der Hochzeit ihn umgeworfen haben sollen.*

Die Infantin[476] scheint hingegen nicht unter Unpässlichkeiten, die die gleiche Ursache hätten, zu leiden. Vielmehr könnte man auf sie anwenden, was La Fontaine so ausdrückt „Sie ist gemacht, um ein Bett auszurüsten".[477] Sie ist sehr liebenswürdig, und wenn sie redet, dann mit einer anmutigen Naivität. Was ihren Geist angeht, so muss sie ihn noch entwickeln. Als sie sich mit unserem erstgeborenen Fürsten unterhielt, erzählte sie ihm vertraulich, dass sie sich vor Livorno (der Hof stand kurz davor, dahin zu reisen) wegen der Juden fürchtete und dass die Polizei diesbezüglich in Spanien viel besser sei, die dieses Gesindel dort ohne Umstände verbrenne. Ihr Blick ist ein wenig verstört, aber man kann nicht umhin, sich für sie zu interessieren.

Die gewöhnliche Beschäftigung dieses erlauchten Paares besteht darin, abends mit der Kutsche spazieren zu fahren und regelmäßig ins Theater zu gehen, das beide sehr mögen; damit sie dort nichts ablenkt, /146/ verfügen sie über eine eigene Loge auf der Bühne, in der sie sich allein aufhalten. Es ist kaum zu glauben, wie sich das Volk drängt, um sie zu sehen, wenn sie spazieren gehen oder im Theater erscheinen. Die Hofleute versäumen es nicht, die Ursache darin in einer übertriebenen Liebe der Untertanen zu sehen und dies nicht ohne Grund, denn natürlich ist es einer Nation sehr angenehm, Ihre Herrscher vor Ort zu haben. Es ist hingegen bewiesen, dass während der 27-jährigen Herrschaft von Franz I. fast 30 Millionen toskanischer Gulden das Land verlassen hatten, so dass der Handel bald erlahmt wäre, hätte man dieser Sache nicht rasch Abhilfe geschaffen. Aber abgesehen davon, dass der Anblick eines Hofes für die Florentiner neu ist, so tragen die für die Italiener typische Neugier und Gafferei das Ihrige dazu bei. Überall, wohin man fährt, wenn man nur über einen einigermaßen ansehnlichen Wagen verfügt, verursacht man ein ähnliches Erstaunen. Wenn man in den Posthäusern die Pferde austauscht, bleiben hundert oder sogar zwei Hundert Zuschauer mit offenem Mund während der ganzen Rast stehen.

Der Großherzog befindet sich in halbwegs der gleichen Situation wie der König beider Sizilien: Er kann ohne Widerstand das

---

* Spötter behaupteten, dass die Kaiserinmutter ihm darauf verboten habe, die ehelichen Pflichten bis auf weiteres fortzusetzen und dass *Seine Königliche Hoheit der Erzherzog Großherzog* (so lautet der Titel dieses Prinzen in der Sprache des Hofes), der daran gewohnt ist, blind zu gehorchen, sich nach dieser Anordnung wie nach einem Religionsgebot richtete, obwohl er vollkommen genesen ist.

Gute bewirken und alles unterstützt ihn dabei. Die Umstände tragen noch maßgeblich dazu bei, dass er leicht geliebt werden kann. Die frühere Verwaltung machte sich dadurch verhasst, dass ihr einziges Ziel darin bestand, die gesamte Provinz nach und nach auszusaugen, um einen Geldbeutel nach dem anderen nach Wien in den Tresor des Kaisers zu senden. Und dem alten Marschall Botta[478], dem Gouverneur des Staats gelang es, durch seine unfreundlichen und strengen Manieren den äußersten Hass zu schüren. Nach reiflicher Überlegung zweifle ich allerdings, dass Seine Königliche Hoheit die richtige Entscheidung treffen wird, denn es entspricht anscheinend nicht seinem Charakter, den notwendigen Scharfsinn zu zeigen und die erforderliche Tätigkeit zu entfalten. Die listigen Italiener, die ihn umgeben, werden es sicherlich bemerken, und auch wenn der Marschall, der bis jetzt an Einfluss nicht eingebüßt hat, von ihm ferngehalten werden sollte, wie man es gerade beabsichtigt[479], werden sie weiterhin ihren Herrn mit Kleinigkeiten und nichtigen Projekten belustigen, /147/ da dieser Prinz, der nach Beschäftigung sucht, nicht genug Gespür hat, um das Nützliche und das wirklich Vorteilhafte von den Sachen, die es nicht sind, zu unterscheiden.*

Das Zeremoniell am Hof ist stark ausgeprägt und man kehrt so gut wie möglich das Königliche heraus. Anscheinend ist es sogar eine ansteckende Krankheit, denn die meisten Hofleute haben sich in einen Ton verstiegen, der sie entstellt, weil er ihnen nicht eigen ist, denn sonst sind diese Florentiner doch grundsätzlich gutmütige Leute.

Der Großherzog unterhält eine adlige Garde von ein wenig mehr als 60 Soldaten. Um Mitglieder derselben zu werden, muss man nur adlige Ahnen vorweisen können. Die einfachen Gardisten sind Leutnante, die Korporäle Hauptmann und der Hauptmann Generalmajor. Die meisten unserer Könige besitzen keine so prunkvolle Leibgarde. Das preußische Dragonerregiment des Prinzen Eugen von Württemberg[480] kann sich dessen rühmen, dass seine Uniform für diese vornehme Truppe kopiert worden ist. Wenn am Hof gespielt wird oder ein Konzert stattfindet, halten zwei Gardisten mit ihrem Karabiner Wache im Zimmer, während die anderen, die Bereitschaft haben, in schweren Stiefeln und mit Wehrgehänge mit den Damen kokettieren.

---

* Ich bin hochbeglückt, mich geirrt zu haben. Der allgemeinen Meinung nach tut dieser Herrscher Wunder; er schützt die Kunst, fördert die Landwirtschaft und – was leider noch seltener und in unserem erpresserischen Jahrhundert fast unglaublich ist – er senkt die Steuer, die ohnehin vor seiner Herrschaft nicht so bedrückend waren wie in anderen Ländern.

Wenn die Zeit der Wachablösung kommt, nähern sich zwei Gardisten gemessenen Schrittes, laufen durch die Reifröcke und exerzieren mit der bestmöglichen Genauigkeit. Dies alles stellt ein ziemlich eigenartiges militärisches Schauspiel dar.

Die Einrichtung des Hofes hat der Gesellschaft und dem reichen Handel geschadet, die bisher in der Stadt existiert hatten. Die Einteilung des Adels hat Neid zwischen den Familien hervorgerufen, und eine Art Zensur der Sitten des schönen Geschlechts, die an das Keuschheitstribunal in Wien erinnert, hat diese liebenswürdigen Personen viel vorsichtiger gemacht. /148/ Trotz dieser Einschränkungen bleibt Florenz ein reizender Ort. Die Damen sind zuvorkommender und höflicher als überall sonst. Nur wenige können Französisch sprechen, obwohl sie fast alle diese Sprache verstehen. Zuallererst möchte ich die Marquise von Ximènes wegen ihres Geistes und ihres edlen und liebenswürdigen Verhaltens erwähnen. Die weiteren Damen, die ich näher kennen gelernt habe, sind die Gräfin Viciardini und die Frauen Orlandini, Giani, Forzoni und Pagliotti.

Um sich eine Idee der Lebensweise der Florentiner machen zu können, müsste man präzise diese Art von Rittertum beschreiben, die man Cicisbeismus nennt und das Motiv jeglicher Handlung hier darstellt und von der man eine ziemlich falsche Vorstellung in anderen Ländern hat. Diese Verpflichtungen, die man meist aus Eitelkeit und Gewohnheit eingeht, sind dem ehelichen Band nicht so schädlich wie es von weitem scheint. Indessen wäre man sehr gutgläubig, wenn man dächte, dass sie nie die Grenzen einer platonischen Liebe überschreiten, wie man es hier gern glauben ließe, vor allem wenn der *Cavalier servante*, (der dienende Ritter) und seine Dame zusammen verreisen, wie es oft vorkommt. Im Grunde genommen verlieren dabei die Ehemänner nur so viel sie wollen, da keiner ohne eine solche Verbindung lebt und das Talionsprinzip genau beachtet wird. Nach dem zu urteilen, was ich hier beobachte, werde ich immer mehr in meiner Meinung bestätigt, dass sich die großen Städte in Bezug auf die Galanterie ähneln und dass die Frauen in diesen, obwohl sie über eine größere Freiheit verfügen, nicht ausschweifender leben als die Frauen woanders. Allerdings amüsierte es mich zu hören, wie es mir mehrmals passiert ist, dass sie sich für Lucretia halten, wenn sie sich mit den Berlinerinnen vergleichen, denen sie vorwerfen, um Güter zu feilschen, die man großzügig und kostenlos verschenken sollte.

In der Person des Abbé Antonio Nicolini[481] fanden wir einen wahrhaft verdienstvollen Freund und einen wirklichen Philosophen. Er verfügt über ein sehr großes Wissen, das er mit einer nicht weniger großen Einfachheit und Bescheidenheit verbindet. Er ist wohlhabend, begnügt sich selbst mit dem Notwendigen, so dass er den Rest verwendet, um das öffentliche Elend zu mildern. Von England und Deutschland hat er eine perfekte Kenntnis, da er sich in diesen Ländern lange aufgehalten hat. Mehr als einmal wurden ihm /149/ vornehme Stellen angeboten, die er jedoch stets abgelehnt hat, da er die Freiheit eines Weisen dem leeren Glanz von Titeln vorzieht. Dennoch hat er stets seinem Vaterland und der Kirche in wichtigen Angelegenheiten gedient. Kann man einen solchen Charakter genug loben? Sowohl der Hof als auch seine Mitbürger schätzen ihn allgemein.

Von den Vertretern der englischen Nation werden wir weiterhin sehr gut aufgenommen: der Ritter Mann[482], der außerordentliche Gesandte am toskanischen Hof, hätte dem ersten Pair seines Vaterlandes keinen besseren Empfang als den bereiten können, den er unserem Fürsten und seinem Bruder gegeben hat. Dieser Ritter ist nicht nur ein sehr verdienstvoller Mensch, sondern auch sehr liebenswürdig und einfach im Umgang. Seit 35 Jahren hält er sich in Florenz auf, und obwohl sein Hof ihm gern äußerst bedeutende Aufgaben anvertraut hätte, zog er es vor, hier zu bleiben, wo er alle Annehmlichkeiten des Lebens genießt, und dies umso mehr, als er sich einer allgemeinen Gunst erfreut. Zu dieser Entscheidung trug zu Recht die Signora Clarice Minerbetti[483] bei, der er mit einer der Zeit trotzenden Beharrlichkeit dient.

Aus einem ähnlichen Grund verweilt Mylord Cowper[484] in dieser Hauptstadt seit mehr als zwölf Jahren. Mylord Tylney wohnt ebenfalls hier, sowie die Mutter von Lord Oxford.[485]

Ich müsste sehr wählerisch sein, um mit dem Florentiner Adel nicht zufrieden zu sein. Von ihm haben wir alles erhalten, was ein Fremder während eines sehr kurzen Aufenthaltes sich vernünftigerweise wünschen darf. Ich vergesse auch nicht zu erwähnen, dass die Adligen uns zum Essen eingeladen haben. Dies bedeutet viel in einem Lande, wo es Leute gibt, die seit 20 Jahren miteinander verkehren und niemals zusammen gegessen haben.

Der Marschall Botta hat sein Bestes gegeben, um den Fürsten seinen guten Willen zu bekunden; zwar sind seine Manieren nicht einladend, aber dies stößt einen Deutschen sicherlich weniger vor den Kopf, da er aufgrund seines österreichischen Ursprungs zu unserem halben Landsmann geworden ist. In Bezug auf seine Manieren hätte das Leben am Hof etwas mehr bewirken können. Bedenke ich jedoch, dass das erlauchte Paar noch keine Lebensart hat und dass /150/ der eine nur den steifen Prunk Wiens kennt und die andere in den einsamen Herrlichkeiten Madrids groß geworden ist, versöhnt es mich mit ihm und ich bin mit ihm zufrieden.*

Die Gegend um Florenz ist, glaube ich, die weltweit reichste an Lusthäusern. Von denen, die dem Großherzog gehören, haben wir Poggio Imperiale, Poggio Cajana, Petraja, Castello und Lapeggi und sogar den Berg Fiesole gesehen. Alle diese Orte bieten eine unvergleichbare Aussicht auf dieses schöne, gepflegte und gut bewohnte Land. Glücklich sei seine königliche Hoheit, wenn sie eines Tages am Fenster eines dieser Häuser steht und mit dem König aus der Oper *Der König und der Bauer* singen kann:

„Gibt es eine Glückseligkeit,
die dem Vergnügen eines Herrschers vergleichbar ist,
der zu sich sagen kann:
alles was der Himmel mir unterwarf,
alle Untertanen meines Reiches
sind meine Kinder und meine Freunde".[486]

Zuletzt möchte ich vermerken, dass die normalen Ernten im Großherzogtum Toskana Getreide nur für neun Monate erbringen, so dass die Nahrungsmittel für die restlichen drei Monate aus dem Ausland bezogen werden müssen.

Brief X.
Florenz, den 23. Mai 1766
Die Toskana ist wahrscheinlich die schönste Gegend, die wir bisher gesehen haben und der Frühling hebt ihre Anmut noch mehr hervor, wenn er auch in diesem Klima kurz vor seinem Ende ist und der Hitze des Sommers weicht, der langsam sehr deutlich zu spüren ist.

/151/ Der Österreichische Hof, der sich hier eingerichtet hat, hat einen schrecklich arroganten und steifen Charakter, was daher rührt, dass er sich königliche Ehren anmaßt. In dieser Hinsicht ist ihm gerade eine sehr heilvolle Demütigung

---

* Die Zeit war noch nicht gekommen, in der ein Joseph II., der zu scharfsinnig ist, um nicht zu spüren, dass die Arroganz eines Herrschers nicht die Bewunderung eines aufgeklärten Jahrhunderts erzwingt, es gewagt hätte, die lächerliche Etikette als einen alten Plunder abzuschaffen, der für die dunklen Zeiten gemacht worden war, die wir gerade hinter uns gelassen haben. Dieser Monarch, der den entgegengesetzten Weg nahm und sich den Menschen als ihr Mitbruder zeigte (eine Sache, die sogar Alexander ihnen nicht verhehlen konnte), fand den willigen und sicheren Beifall nicht nur seiner Untertanen, sondern auch seiner gesamten Zeitgenossen.

widerfahren: In dem Brief, in dem er seine Ankunft in Florenz mitteilte, beliebte es dem Großherzog, den englischen König mit dem zarten Namen „Bruder“ zu ehren. Dieser allerdings ließ ihm zu verstehen geben, dass er zwar seine Person unendlich schätze, jedoch so frei sei, ihn zu bitten, sich nach dem üblichen Gebrauch zu richten und somit auf das Bruderschaftsverhältnis zu verzichten, das ohnehin zwischen ihnen nicht existiere.

Bis zu dieser Zeit hatte der Marschall Botta die Amtsgeschäfte als Vizekönig geleitet. Jetzt regiert er als eine Art Premierminister. Obwohl seine Integrität keineswegs angezweifelt werden kann, beschwert man sich in scharfen Tönen über seine Handlungsweise.[487] Da ich zu ihm gesandt worden war, um die Ankunft unserer Fürsten anzukündigen, begab ich mich früh zum Palazzo Pitti. Dort steht dem Marschall ein Appartement zur Verfügung, obwohl er eigentlich in der Stadt wohnt. Nachdem ich eine gewisse Zeit in einem leeren Vorzimmer gewartet hatte, kam er von seiner alltäglichen Audienz beim Großherzog zurück. Ich wurde dann sofort zu ihm geführt und von ihm sehr gut empfangen. Da ich nicht wusste, ob er die großen Geschlechter unserer Heimat ausreichend kennt, stellte ich ihm ein wenig ausführlich das Anhaltiner Geschlecht vor und versäumte es nicht, den Ruf des Prinzen Leopold, des Großvaters unserer Fürsten, hervorzuheben. Jedoch war er über dieses Geschlecht ziemlich gut informiert und als vom alten Fürsten die Rede war, wurde er offensichtlich lebendig. „Sprechen Sie doch mit mir Deutsch“, sagte er zu mir. „Glauben Sie denn, dass ich Ihre Sprache nicht spreche?“ Am Ende unserer Unterhaltung sagte er mir: „Versichern Sie Ihre Fürsten meines Respekts und der Achtung, die ich für ihre illustre Familie hege. Heute ist am Hofe ein großer Tag, der Geburtstag des Großherzogs.[488] Laut Zeremoniell soll er heute allein mit seiner Gattin Abend essen. Die Fürsten sollen mir die Ehre erweisen, zu mir zum Abendessen zu kommen. Danach werden sie vom Großherzog empfangen.“ Dann ging ich weg. Wir beide hatten dennoch etwas vergessen, so dass er mich zurückrief: „Sind sie vielleicht ein Edelmann?“ „Ja“. Welchen Titel haben Sie?“ /152/ „Keinen. Ich war aber Hauptmann in der preußischen Armee.“[489] „Nanu! Dann kommen Sie ebenfalls zu mir zum Abendessen. Und Sie sollen auch vom Großherzog und von der Großherzogin empfangen werden. Ich bitte Sie um Verzeihung, dass ich mich nicht früher erkundigt hatte“. In dieser Vorgehensweise war wahrhaft nichts Unfreundliches. Später stellte ich freilich fest, dass er sich nicht allen gegenüber so wohlwollend zeigt, und dass das Urteil der Öffentlichkeit daher nicht ungerecht ist.

Am 14. fuhren die königlichen Erlauchten nach Pisa und Livorno, um die schönen Städte zu besuchen, die sie besitzen.

Solange sie sich in Florenz aufhielten, machten wir ihnen dreimal unsere Aufwartung und einmal aßen die Fürsten mit ihnen.

Die Infantin ist bei weitem anmutender und freundlicher als der durchlauchtige Großherzog. Vor allem hat sie eine sehr angenehme Art, das Französische auszusprechen, obwohl sie eigentlich diese Sprache nur ziemlich schlecht kann. Von beiden erhielt ich eine Privataudienz, da es gegen die Etikette verstoßen hätte, wenn ich gleichzeitig mit den Fürsten vorgestellt worden wäre. Die Oberhofmeisterin[490] stand unmittelbar hinter der Infantin, die das Gespräch sofort anfing und zu plaudern begann. Sie fragte mich, ob ich sie verstünde, denn, wie sie erzählte: „Es geschieht mir fast jeden Tag, dass man mich nicht versteht. Sie müssen wohl wissen, dass ich keine Sprache beherrsche: Während meiner Kindheit in Neapel wurde ich von der Königin, meiner Mutter[491], und von Kammerzofen auf Deutsch erzogen, so dass dies meine erste Sprache wurde. Dann verlangte man von mir, dass ich Italienisch lerne. Kaum hatte ich darin einige Fortschritte gemacht, so fuhr man mich nach Spanien, wo ich mich der Landessprache befleißigen musste. Hier fängt man wieder mit Italienisch an und bringt mir auch Französisch bei, aber Sie sehen, wie es geht" usw. Die Oberhofmeisterin musste mehrmals am Kleid der Infantin ziehen, um ihr zu bedeuten, dass es Zeit war, das Abschiedszeichen zu geben, bevor es ihr tatsächlich gelang, ihren Redefluss zu unterbrechen.

Der ganze Hof besteht bis auf zwei Personen aus Florentinern, die sehr stolz auf ihren neuen Rang sind. Die Menschen in der Stadt /153/ sind hingegen so höflich wie man es sich vorstellen kann und die Ausländer loben zu Recht Florenz. Der Cicisbeismus, der sich hier in seiner ganzen Pracht entfaltet, stellt ein sehr lustiges Schauspiel dar. Dies geht so weit, dass für den Fall, dass eine Zwistigkeit zwischen der Dame und ihrem dienenden Ritter entsteht, es dem Ehemann zukommt, beide zu versöhnen, denn sein Ruf hängt davon ab, ob seine Frau nicht verlassen wird. Wird der Cicisbeo krank, so begibt sich die Dame zu ihm und pflegt ihn; sie erscheint je nach Grad der Erkrankung nicht oder nur selten in der Öffentlichkeit und möchte man erfahren, wie es dem Kranken geht, so muss man sich an sie wenden. Diese Pflichten gelten gegenseitig. Der Cicisbeo oder die Cicisbea suchen selbst den Arzt aus und bezahlen ihn. Kurzum, jeder Ehemann hat anscheinend zwei Frauen, und jede Ehefrau zwei Männer. Um sich nach dem Brauch zu richten, hat sich der Prinz Georg dieser Liebesmiliz angeschlossen und dient ein wenig einer gewissen Signora Orlandini. Dies gefällt allen und sorgt dafür, dass er ein allgemeines Wohlwollen genießt, da die Florentiner es mögen, wenn man ihre Sitten annimmt.

Ein Mann, den ich nur von einer Abbildung her kannte, war mir in Florenz sehr nützlich. Eines Tages, als ich bei Mylord Tylney

Abend aß, sprach mich ein dicker und großer Mann auf Deutsch an. Ich bezeugte ihm, dass er unsere Sprache ziemlich gut spricht. Das ist ziemlich natürlich, erwiderte er, da ich viele Jahre dem Preußischen König gedient habe. Ich fragte, in welchem Regiment er seinen Dienst geleistet hatte und erfuhr, dass er zuerst im Rosetti-Regiment und dann im Anhalt-Regiment in Halle war. Darauf erinnerte ich mich sofort an seine Geschichte, die nicht besonders schön ist. Um ihm jegliche Verlegenheit zu ersparen, gab ich ein anderes Regiment an, als ich ihm sagte, dass ich in der gleichen Armee wie er selbst gedient habe. Später verstand ich, dass er nicht wusste, was über ihn nach seiner überstürzten Abreise geredet wurde. Seither hatte er in den toskanischen Regimenten gedient, die unter dem seligen Kaiser mit den österreichischen Truppen im letzten Krieg gekämpft haben und dort erreichte er den Rang eines Majors.[492] /154/ Da diese Armeekorps zum Teil nach dem Friedensabschluss reformiert worden sind, erhält er einen halben Sold. Da er aus einem sehr guten Geschlecht dieses Landes stammt, lebt er in Florenz, wo er mit vielen Menschen Umgang hat und angesehen ist. Er war mir sehr zugetan. Ich habe durch ihn mehrere Bekanntschaften gemacht, die ich ohne ihn nicht gemacht hätte.

Ein Hauptmann deutscher Nationalität, Adjutant des Marschalls, versuchte ebenfalls, mir eine Freude zu machen. Es ist ein angenehmes Gefühl, in Orten, in denen man unbekannt ist, solche umgänglichen und hilfsbereiten Charaktere zu treffen. Dies bringt auf der anderen Seite die Verpflichtung mit sich, nach der Rückkehr in die Heimat, einem Ausländer entgegenzukommen, der auf uns zukommt und um unsere Unterstützung bittet.

So weit zu Florenz, das ich morgen fröhlich verließe, wenn ich die kleinste Nachricht aus Dessau erhalten hätte. Wir fahren nach Bologna und von dort nach Mailand.

Bekanntschaften in Florenz

Marschall Marquis de Botta.
Abbé Marquis Niccolini.
Graf Thurn, Generalmajor und Kapitän der
Nobelgarde. Deutscher Herkunft
Ritter Pasquali[493]
Conte della Gerardesca, Brigadier derselben Garde.[494]
Senator Serristori, Kammerherr[495].
Major Rosetti.
Herr Pavini, Sekretär im Außenministerium.[496]
Doktor Cocchi[497].
Principe Corsini aus Rom.
Ritter Corsini, Großstallmeister
General Orlandini der österreichischen Armee.[498]

Marchese Corsi, Jägermeister.[499]
Ritter Mann. Außerordentlicher Gesandter Englands.
Mylord Cowper.
Graf Rosenberg, aus Rom zurück.[500]
Graf Wilczek aus Milano, Kammerherr des Wiener Hofes, Deutscher[501]
Gräfin Thurn, Oberhofmeisterin, Schwägerin des Grafen. Deutsche.[502]
Marchesa Ximénés.[503]
Frau General Orlandini, eine Deutsche.
Frau Giani.
Contessa Guicciardini.
Marchese Corsi.
Principessa Corsini aus Rom.
Frau Minorbetti.
Frau Alemanni.
Marchesa Allessandi Guadagni[504]
Frau Vanini, unsere Gastgeberin, eine der schönsten
Frauen, die ich jemals gesehen habe.

/155/
Den 24. Mai
Alles, was ich von der Toskana sehe, ist bergig aber sehr gut bewirtschaftet. Eine sehr gut in Stand gehaltene Straße führt von Florenz nach Bologna stets hügelauf und ab. Ungefähr 20 Meilen von Florenz entfernt kommt man in die Apenninen, die man durchfahren muss. Links erstrecken sie sich bis zum Territorium von Genua. Obwohl sie nicht gerodet sind, sind sie viel weniger karg als an vielen Orten, denn sie sind sowohl von Gras bedeckt als auch von Bäumen.

In der Romagna wird die Gegend wieder schön, die Berge sind nicht mehr so hoch und die kleinsten Flächen, die dazu geeignet waren, wurden in Weinberge oder Brachfelder umgewandelt. Der Anblick dieser Reihe von Hängen und Tälern, die sich abwechseln, alle mit Getreide, Weinbergen und dichten Bäumen bedeckt, ist ein Trost für das Auge und strahlt eine ruhige und friedliche Schönheit aus. Erst sehr spät kamen wir in Bologna an, nachdem wir oft durch hohe gotische Gewölbe aus Zweigen und tausend grüne Ar gefahren waren, die von den Lichtstrahlen des Mondes beleuchtet waren, der in seinem vollen Glanz in dieser Nacht den Himmel durchlief.

In Bezug auf die Fläche von Bologna und ihre Einwohnerzahl schätze ich, dass sie Florenz in nichts nachsteht, wobei diese zwei Städte eigentlich nicht ähnlich sind. In ersterer gibt es viel mehr Paläste, die allerdings in einem anderen Stil gebaut sind. Vor allen privaten Häusern steht diese Art von Arkaden, von denen ich aus Padua bereits berichtet habe, und sie erzielen die gleiche Wirkung: Sie machen die Straßen eng und dunkel. Jedoch sind diese sauber, wie auch die Paläste und die anderen öffentlichen Gebäude. Seitdem wir in der Toskana sind, hat diese furchtbare Schweinerei aufgehört und ich bin äußerst erfreut, dass sie hier nicht wieder zu finden ist.

Mitten in der Stadt steht ein Turm der zugleich übermäßig hoch und dünn ist, was aus einer gewissen Entfernung noch auffallender ist.[505] Von seiner Spitze aus erkennt man ganz eindeutig die Tiroler Berge. Wenn man den Blick nicht so weit richtet, bemerkt man, dass Bologna so liegt, dass sich auf der einen Seite die den Apenninen angrenzenden Hügel befinden /156/ und auf der anderen die Ebenen der Lombardei, die wegen der großen Anzahl an Bäumen und Weinbergen wie ein dichter Wald aussehen. Nur wenige Schritte von dem bereits erwähnten Turm entfernt steht ein weiterer, der bis zur Hälfte zerstört worden ist. Was übrig blieb, ist so schief, dass es Angst einflößen könnte. Es ist der dritte schiefe Turm, den wir in Italien sehen, aber dieser neigt sich bestimmt nicht absichtlich zur Seite.

Anstelle des vom Feuer zerstörten Theaters[506], hat die Stadt ein neues Gebäude errichtet, das feuerfest ist.[507] Alle Logen und die gesamte Einrichtung sind aus Stein und Ton. Das Theater ist weiträumig, groß und prachtvoll, aber bei der Innenausstattung hat man sich zu wenig nach den Grundsätzen einer guten Architektur gerichtet. Dies ist umso mehr zu bedauern, als ich in Bezug auf die Räume hinter den Logen, die Räume für die Schauspieler und die Verteilung der Zugänge noch nichts Derartiges gesehen habe.

Bevor man so viel für das Vergnügen ausgegeben hat, hat man noch viel mehr für die Religion unternommen. Auf dem Gipfel eines Hügels in der Nähe der Stadt liegt das Frauenkloster San Domenico[508] mit, ich weiß nicht was für einem Wunderbild der Jungfrau Maria.[509] Ihr zu Ehren und um einfacher zum Kloster zu gelangen (sei es anlässlich einer Prozession oder für eine Wallfahrt), hat man einen Säulengang vom Stadttor bis zur Kirche gebaut: er ist drei Meilen lang und besteht aus 900 Arkaden. Bei einem geraden Weg wären nicht so viele notwendig, aber er verläuft im Zickzack, damit der Anstieg nicht zu anstrengend ist.

Die einst so berühmte Akademie von Bologna ist fast nur noch einen Schatten ihrer ehemaligen Pracht[510] und dies trotz des Baus kostspieliger Einrichtungen, mit denen die Universitäten unseres Vaterlandes sich nicht rühmen können. Das öffentliche Gebäude der Akademie, das man „Il Studio[511]" nennt, ist ein großer und prunkvoller Palast und der des Instituts steht ihm nicht nach. Letzterer ist eine gemeinsame Stiftung Clemens XI.[512], der Stadt Bologna sowie eines Privatmannes, des Grafen Marsigli.[513] /157/ Dieses Institut widmet sich hauptsächlich der Architektur, der

Bildhauerei, der Medizin, der Anatomie, der Chemie und der Physik. Unter anderen fähigen Lehrern unterrichtet hier Dr. Galli[514] die Obstetrik. Um seine Lehre vor allem den Hebammen, die er vorzugsweise ausbildet, klarer und verständlicher zu machen, bedient er sich zahlreicher, aus Wachs geformter Gebärmütter mit den natürlichen Teilen. Diese Modelle stellen die Stufen einer Schwangerschaft im Abstand von jeweils zwei Wochen dar, sowie alle Vorfälle von anormalen Geburten, die er im Verlauf seiner sehr langen Praxis beobachten konnte. Nachdem mehrere Professoren so freundlich waren, uns mehrere Experimente in ihren jeweiligen Fächern zu zeigen, entsprach dieser nützliche Gelehrte, dem bereits eine beträchtliche Anzahl seiner Mitbürger und Mitbürgerinnen ihr Leben verdanken, unserem Wunsch und bot uns eine zweistündige Vorlesung an, in denen er uns erstens die verschiedenen Theorien zur Fortpflanzung erklärte und zweitens alles, was die Schwangerschaft und die Geburt samt Vorfällen und Folgen betrifft.

Die Paläste in Bologna haben den Vorzug einer guten und bequemen Architektur. Darüber hinaus sind sie, wie die Kirchen der Stadt, an Gemälden reich geziert, so dass nur Rom meines Erachtens sie diesbezüglich übertrifft. Es gibt fast keinen großen Meister, dessen Werke nicht vertreten wären, insbesondere Bilder von Guido Reni, Albani, Rafael, Domenichino, Franceschino, Guercino und Carracci.[515]

Ich sehe davon ab, von den unterschiedlichen Zweigen des Handels in Bologna zu sprechen, da dies ausreichend bekannt ist. Einer ist allerdings lustig: der Verkauf von hässlichen Hunden, in die Frauen von fremden Ländern vernarrt sind. Diese kleinen Monster werden in kleinen durchlöcherten Körben verkauft, die den Transport erleichtern.

Am 29. hatten wir die Gelegenheit, das Fronleichnamsfest zu sehen, das glanzvoll war. In den langen Straßen werden gleichfarbige Tapisserien aufgehängt und ausgelegt, die Säulengänge entlang der Häuser werden ebenfalls damit geschmückt, in den /158/ Öffnungen der Arkaden stehen blühende Orangenbäume, die eine genauso prunkvolle Wirkung auf das Auge, wie angenehme auf den Geruchssinn hatten. Über die Prozession selbst sage ich nichts: viele kirchliche Truppen waren dabei gut ausgestattet und ernährt, hier wie in Rom.

Der herrschende Fürst traf in Bologna den Marquis d'Angelelli[516], den er in der preußischen Armee kennen gelernt hatte. Er bot sich an, uns bei den bedeutenden Familien einzuführen, aber da wir nur wenig Zeit übrig hatten, konnten wir von seinem Angebot nicht den Gebrauch machen, den wir gewünscht hätten. Dennoch hat er uns dem Marschall Graf Pallavicini[517] und einigen Damen vorgestellt.

Nach dem wenigen, das ich sehen konnte, scheint mir die Lebensweise des hiesigen Adels nicht sehr abwechslungsreich zu sein: Abends ein Spaziergang an der Promenade und eine Komödie in einem kleinen privaten Theater bilden offensichtlich die erwähnenswertesten Höhepunkte des Lebens. Die Schauspieler, die dort spielten, waren aus Venedig. Sie gaben eine *Delle comedie improvisate*[518], eine Gattung, in der man sie für geschickt befand. Die Frauen des guten Bürgertums tragen den Zendale[519] (ein großes Stück schwarzen Seidenstoffes), der in diesem Teil Italiens sehr üblich ist, wenn sie damit auch nicht das Gesicht bedecken, wie es woanders der Fall ist: Sie verstehen es, ihn so zurechtzumachen, dass er nur die Schulter umhüllt, den Rest der Taille hingegen unbedeckt lässt und diese mittels eines großen Knotens am Kreuz betont. Ich habe unter diesen Frauen lange und schlanke Figuren gesehen. Diese Eigenschaften scheinen mir weit verbreitete Vorzüge des weiblichen Geschlechts Italiens zu sein.

Ein Landhaus namens *Il Sole*[520], das sechs Meilen von Bologna, in Richtung Modena liegt, verdient eine Sonderreise. Seine eigenartige, aber edle Bauweise ist dennoch weniger seltsam als ein großer und schöner Saal ungewöhnlichen Stils. Von den oberen Etagen dieses Hauses hat man eine wundervolle Aussicht und es befindet sich mitten in einer lieblichen Ebene voller Wiesen und Felder. Sein jetziger Besitzer ist der Senator Albergati.[521]

Die Hitze ist nicht mehr so stark. In den letzten Tagen war sie nicht heftiger als manchmal bei uns in dieser Jahreszeit. /159/ Kleine Gewitter haben auch gelegentlich Regen gebracht.

Hier in Bologna stieß, aus Dessau kommend, der Herr Charles l'Amerique, der Mohr des herrschenden Fürsten zu uns. Dort fanden wir auch den großen Wagen wieder, den wir in Padua gelassen hatten, während Herr Kottowski und Meister Ehrlich nach Venedig abreisten, um dort auf Herrn Rust zu warten, mit welchen Sie dann gemeinsam nach Deutschland in einem Vis-a-vis zurückkehren wollen.

11. Brief

In Bologna, am 26. Mai.

Vier Ihrer Briefe habe ich auf einen Schlag erhalten. Ich bin Ihnen für die Mitteilungen, die Sie mir freundlicherweise gemacht haben, sehr verpflichtet. Sie können sicher sein, dass Sie, weit entfernt davon, mich zu langweilen, stets zu meiner Unterhaltung beitragen. Fahren Sie bitte fort und schreiben Sie mir alles, was Sie wissen und alles, was sie können, sofern es Ihnen keinerlei Umstände bereitet. Es gibt Zeiten, in denen unser Geist, unfruchtbar und widerspenstig, jeglichen Dienst verweigert, aber auch andere, in denen Gedanken schneller aus unserem Gehirn fließen als die Tinte auf das Papier;

man muss sich unbedingt danach richten. Aber ob Ihre Briefe lang oder kurz sind, ich werde mich immer über sie freuen.

Wenn man reist, findet man so viel Beschäftigung und Unterhaltung, dass die Zeit mit riesigen Schritten voranschreitet. Wäre ich weniger beschäftigt, so wäre ich von Zeit zu Zeit schwermütig, denn ich kann Ihnen nicht sagen, wie gern ich mich in die Arme meiner lieben Einsamkeit werfen und mich wieder dieser arbeitsreichen Muße, die für mich so reizvoll ist, widmen würde.

Dieser Brief wird einige Tage offen bleiben: bevor wir Godowsky abreisen lassen, müssen wir auf Erdmannsdorff warten, der in Rom geblieben ist. Geschieht etwas bis dahin, so werde ich einen neuen Absatz anfangen. Sonst sage ich Ihnen bis zum nächsten Brief Lebewohl.

Der 30. Mai /160/
Ich fahre mit dem Schreiben doch fort, um Ihnen von einer kleinen Episode zu berichten, die ich als bemerkenswert in meiner Geschichte betrachte. Sie erinnern sich bestimmt, dass ich Ihnen von der Schlacht von Torgau[522] erzählte und ihnen sagte, wie der König in der Nacht nach dem Sieg fast in Gefangenschaft geraten wäre, ein Zwischenfall, den (wie der seiner Prellung) eine tiefe Vergessenheit sozusagen wie ein Schleier verbergen und verhüllen will. Während unseres Aufenthaltes in dieser Stadt trafen wir zwei oder drei weitere Ausländer, den Grafen von Reischach[523], Oberst der Kavallerie und Kommandant des Regiments „Fürst Albert von Sachsen" der österreichischen Armee. Nachdem er erfahren hatte, dass der ältere Fürst und ich selbst in der preußischen Armee gedient hatten, unterhielten wir uns gemeinsam über die Ereignisse und Operationen des letzten Krieges. „Meine Herren", sagte er dann, „ich werde Ihnen eine Anekdote erzählen, die ich mich hüte, allen zu erzählen. Vielleicht werden Sie schwanken, ob Sie ihr Glauben schenken sollen oder nicht. Ich kann Ihnen aber mein Ehrenwort geben, dass sie exakt der Wahrheit entspricht. Bei der Schlacht von Torgau kommandierte ich eine Schwadron des --- Kürassierregiments*[524].

Nachdem ich die Kavallerie eurer linken Flanke bekämpft und zurückgedrängt hatte, ließ ich mehrmals meine Schwadron Ihre Infanterie angreifen. Diese zog sich ohne Ordnung zurück, wie Sie wissen. Dadurch hatte ich mich so weit von dem Hauptteil unserer Truppen entfernt, dass ich gänzlich von ihnen getrennt

---

* Der Name ist auf dem Originalbrief verschwommen und es ist mir unmöglich, mich daran zu erinnern.

war, als die Nacht einbrach. Nach mehrmaligen Versuchen, mich ihnen wieder anzuschließen, verlor ich jegliche Orientierung. Beim Warten hörte ich die Schüsse der angreifenden Truppen vom General Zieten[525] und meine Flankeure berichteten mir, dass sich die gesamte Ebene auf unserer Seite mit euren Bataillonen füllte, die zurück kamen. Darauf beschloss ich, tiefer in den Wald einzudringen und auf den folgenden Tag zu warten. Schließlich endete der Kampf und die Nacht war äußerst dunkel; als ich gegen 9 Uhr, so meine Schätzung, hörte, wie sich mir eine Truppe näherte und mich von hinten angreifen wollte. Ich machte gerade in dem Augenblick des Angriffs eine Kehrtwendung. Nach einem ziemlich weichen Zusammenprall, dem ein kurzer Kampf folgte, /161/ und da ich nicht wusste, mit wem ich es zu tun hatte, zog ich mich weiter zurück. Nachdem ich meine Leute gesammelt hatte, stellte ich fest, dass wir zwei oder drei Meister verloren hatten, dafür einen Leutnant des Bayern-Regiments[526] namens „Tschirnhausen“ gefangen genommen hatten. Dieser Offizier sagte mir, er sei mit ungefähr dreißig Dragonern auf Patrouille gewesen. Nach Anbruch des Tages setzte ich meinen Weg fort, kam aber erst am folgenden Tag nach zahlreichen Umwegen und über abseitige Wege beim Armeecorps von Lascy[527] wieder an. „Mein Herr“, sagte mir dann mein Gefangener, „wissen Sie, dass Sie den König so leicht hätten gefangen nehmen können wie mich? Er war mitten im Gefecht mit seiner gesamten Gefolgschaft, die ich eskortierte. Ich wiederhole es“, fuhr der Graf von Reischach fort, „ich erzähle es ihnen Wort für Wort und Sie können mir glauben.“ Ich erwiderte ihm, ich sei umso weiter davon entfernt, an seiner Geschichte zu zweifeln, da ich selbst zur Gefolgschaft seiner Majestät gehört habe und somit nicht weit von dem Grafen selbst gestanden habe, den ich nun die Ehre hatte, kennen zu lernen. Danach erzählte ich ihm in allen Einzelheiten, wie sich die Sache abgespielt habe.* /162/

---

* Nachdem die Schlacht gänzlich gewonnen worden war, stand der König an der Spitze des Bayreuther-Regiments. Er erteilte die notwendige Befehle und fügte hinzu, dass er die Nacht im Dorf von Neiden verbringen werde. Dort solle man ihm auch Bericht erstatten. Darauf fragte er, ob jemand den Weg dahin kenne. Ein Jäger bot sich als Führer an und der König mit seinem gesamten Gefolge ritt im Schritt davon. Herr von Krusemarck[528], der Generaladjutant, entfernte sich nur ein wenig, kam dann zurück und sagte zum Oberst von Bülow, dem Kommandanten dieses Regiments: „Schnell, geben Sie uns einen Trupp als Escorte“, was dieser sofort tat. Wir ritten sehr langsam wegen der Dunkelheit, der Jäger ganz vorn, dann der General von Krusemark und ich selbst und wenige Schritte dahinter, die Dragoner am Schluss des Zuges. Nach einer guten Viertelstunde hielt der Jäger an. „Am Horizont sehe ich Reiter“, sagte er uns. Wie er sahen

Endlich habe ich für Karl ein paar Pistolen gefunden. Sie stammen aus einer Fabrik in Brescia und sind guter Qualität. Kottowski wird sie Ihnen mit einer Schachtel römischer Schokolade überreichen. Raten Sie, wer sie zuerst besaß? Ein Mönch, ein

---

wir sie ganz nah bei uns. Sie begannen sich zu bewegen und an ihrem Akzent erkannten wir, dass es sich um Feinde handelte. „Dragoner, Marsch" schrie der General, wir gingen zum Angriff über und vertrieben sie. Diese Blätter, anscheinend das Einzige, das die Erinnerung an mich ein wenig überdauern wird, dienen mir, Ihnen noch folgendes Abenteuer anzuvertrauen. Während der heftigsten Phase des Gefechts, zu dem Zeitpunkt, zu dem unsere Infanterie auf allen Seiten nachgab, hielt sich der König in der Mitte unserer Linien auf. Neben ihm standen nur der Graf Friedrich von Anhalt und ich mit zwei jungen Pagen (namens Podewils und Wagner) und ein Stallbursche. Zwei österreichische Grenadiere, die von ihrer Kompanie desertiert waren, flüchteten sich zu uns. „Wie steht es auf Ihrer Seite?" fragte sie der König. „Der Marschall selbst befiehlt gerade beim Angriff die Reserve" antworteten sie. Währenddessen gingen unsere Truppen immer weiter zurück, so dass kein Mann mehr zwischen dem König und dem Feind stand. So verlassen befand sich dieser Monarch auf einer kleinen Erhebung, gerade am Rand des Waldes gegenüber dem Dorf Süpptitz. Links von ihm stand der Graf von Anhalt, und ich 8 bis 10 Schritte hinter ihm. Ich sah gerade woanders hin, als der Graf von Anhalt mit einer angstvollen Stimme schrie „Berenhorst!" Ich hob den Blick und sah, wie der König den Zügel losließ und nach hinten sank. Ich kam noch rechtzeitig, um zu verhindern, dass er vom Pferde fiel. Der Graf von Anhalt mit seinem verstümmelten Arm konnte nichts machen; der Stallbursche und die zwei Pagen sprangen auf den Boden und kamen angerannt. Einer der letzteren wurde zu Fuße des Königs schwer verletzt und im gleichen Augenblick wurden das Pferd des Königs sowie mein eigenes getroffen, da wir in der Nähe der heranrückenden feindlichen Linie standen. Wir mussten uns zuerst in Sicherheit bringen. Der Stallbursche führte die Pferde, ich hielt den König in meinen Armen und dieser war in so einem Zustand, dass wir ihn ohnmächtig in den Wald brachten. Eine Kugel war gegen seine Brust geprallt und hatte ihm den Atem verschlagen. Am Tage darauf fand man sie in seinem Hemd. Sie hatte den pelzgefütterten Mantel durchbohrt, wie auch den Überrock, das Wams (die beide zugeknöpft waren) und die Weste. Ohne diesen Schutz hätte die Kugel, die von so nah abgefeuert worden war, ihn unweigerlich getötet. Nach 5 oder 6 Minuten kam der König wieder zu sich: „Sehen Sie nach, ob ich blute.", sagte er zu mir. Ich knöpfte die Kleider auf und fand nichts. „Mein Leben ist heute das, was mich am allerwenigsten interessiert", fuhr er fort „Los, tun wir unsere Pflicht und wehe denjenigen, die sie nicht tun". Ich gebe gern zu, dass der Dienst, den wir dem König in dieser Situation erwiesen haben, nicht außerordentlich war, obwohl die Gefahr groß war und er ohne unsere Mühe mindestens in Gefangenschaft geraten wäre. Ich weiß aber auch, dass jeder andere Held, dem man einen solchen Dienst erwiesen hätte, sich, glaube ich, herabgelassen hätte, davon zu berichten, was dieser nicht tat.

Frato[529], der sie benutzte als er nachts zu seiner Mätresse ging. Ein neuer, strengerer Prior hat diese nächtlichen Ausflüge verboten und gerade seine Mitbrüder gezwungen, die Waffen niederzulegen und ihrer Arbeit bei den bußfertigen Damen ohne Waffen nachzugehen. Daher hat sich der Mönch davon getrennt. Morgen fahren wir weg.

B e k a n n t s c h a f t e n a u s B o l o g n a
Marschall Graf Pallavicini
General Marquis d'Angelelli
Sein Bruder der Abbé d'Angelelli
Marquis de Marulli, Schwiegersohn des Marschalls
Dr. Galli
Graf Mazzolani aus Faenza, Kammerherr des Kaisers
Graf von Sylva. Über diesen kleinen Offizier wurde uns gesagt, dass er von der Zarin wohlwollend aufgenommen worden sei.
Graf von Reischach, Oberst der Kavallerie und Kommandant des Regiments „Fürst Albert von Sachsen"
Baron von Nesselroth, Edelmann des Hauses der Kurfürsten, Kurfürst von Sachsen
Gräfin Pallavicini[530]
Frau Linghiani und die Marquise Marulli[531], ihre Töchter
Marquise Malvasia
/163/[532]

Am 1. Juni
Von Bologna bis Milano bleibt die Landschaft fast immer die gleiche. Sie ist durchzogen von vielen Flüssen oder eher Gebirgsbächen, die aus den Apenninen kommen und Richtung Po fließen. Ansonsten ist sie ein fortlaufender Garten, gefüllt mit Landhäusern. Ein großes grünes, von Obstbäumen umgebenes Karree grenzt an das nächste und da die Natur nichts Monotones hat, haben diese beim Aufzählen so gleichförmigen Objekte in der Realität unendlich viele Varianten. Das Auge kann nicht den Ranken der Weinreben folgen, die sowohl am Wegrand als auch um jedes Feldstück herum vorherrschen. Die Luft, die man einatmet, kam vorher an Milliarden Blüten vorbei. So zeigt sich im Allgemeinen das Bild der Lombardei. Die Wege bis nach Piacenza sind teilweise befestigt und ziemlich gut.

Modena ist eine kleine, ein wenig befestigte Stadt. Ohne die neue Straße und ein gewisse Anzahl anderer erst kürzlich erbauter Häuser würde sie sehr schlecht aussehen. Das Schloss der Herzöge ist noch nicht vollendet, obwohl man es vor einem Jahrhundert begonnen hat.[533] Was mich dort am meisten überraschte, war die große Zahl verschiedener Uniformen, von denen es hier überall wimmelt. Ich dachte wirklich, mich in einem

Hauptquartier einer zahlenmäßig großen Armee zu befinden, als ich erfuhr, dass die Streitkräfte Ihrer Hoheit 3 000 Mann nicht übersteigen, wovon ein Drittel hier stationiert sein könnte.

Reggio ist fast bedeutsamer als Modena. Wir sind eine Stunde durch die Stadt gelaufen, aber davon abgesehen, wüsste ich über sie nichts zu sagen, außer dass wir dort die Nacht verbracht haben.

Am 2.
Parma, eine flächenmäßig ziemlich große Stadt, ist nicht schlecht gebaut. Die Hauptstraßen sind breit und gerade und seit Bologna habe ich keine Paläste mehr gesehen. Der Fluss Parma fließt durch die Stadt, /164/ die in einer Ebene liegt, in der nur ein kleiner Kreis um die Befestigungen licht und ohne Bäume ist. Vom Glockenturm von S. Giovanni[534] aus kann man die Grenzen fast der ganzen Lombardei sehen. Im Osten, auf der Seite von Ferrara und Padua, sieht man die Ebenen, die sich Richtung Golf von Venedig eröffnen und im Westen erheben die Schweizer Alpen hochmütig ihre Köpfe. Richtung Norden zeigen sich die Gebirge von Verona und Bressan in einer Entfernung von etwa 25 bis 30 Meilen und gegenüber, Richtung Süden, jedoch viel näher, liegen die Apenninen und namentlich der San Pelegrino mit dem Gebirge von Genua. Von Bologna nach Milano reist man zwischen diesen beiden Gebirgsketten, das heißt, die von Verona und Bressan auf der Rechten und die Apenninen auf der Linken.

Der Palast des Herzogs von Parma[535] ist genauso wenig fertig gebaut wie der des Herzogs von Modena. Seit eineinhalb Jahrhunderten ist einer der größten Säle, die es gibt, in ein Theater umgewandelt worden. Das ist das berühmte Theater von Parma[536], von dem man viel erzählt. Ich hatte mir viel davon versprochen, bevor ich es gesehen hatte. Das Amphitheater oder der Raum für die Zuschauer bildet keinen Halbkreis wie in der Antike. Es ist von länglicher Form und sieht eher wie die Hälfte eines Zirkus' aus. Die Zuschauerreihen, in denen es zwei Vomitoria gibt, werden noch von zwei aufeinander stehenden Säulengängen überragt. Die Architektur des Ganzen wäre nicht schlecht, bestünde sie nicht aus bemalten Brettern, die überall verrotten und deren Farben seit langem verschwunden sind. Aber die Ausbreitung des Tons ist wunderbar. Derjenige, der sich am Eingang des Saales aufhält, hört auf eine Entfernung von 120 Schritt genau, was ein anderer im Fond des Theaters deklamiert, ohne die Stimme mehr als gewöhnlich zu erheben.

In der Nähe dieses Saales befindet sich eine Galerie mit Gipsmodellen der besten Statuen aus Rom und Florenz.[537] Sie dienen der Ausbildung der jungen Leute, die sich der Bildhauerei und der Malerei widmen wollen. Es gibt ebenfalls zwei große Statuen aus Marmor, zwei kleine aus Bronze, mehrere Gedächtnistafeln und Inschriften mit /165/ weiteren Fundstücken aus der antiken Stadt Macinesso, die, wie man vermutet, durch den Einbruch eines Berges verschwand und erst 1760 freigelegt worden ist[538]. Der Ort, wo sie in den Bergen des Gebietes von Piacenza entdeckt worden ist, heißt Valleja.[539] Der selige Infant[540] ließ dort zwei Holzhäuser errichten, weil er sich ab und zu in dieser Gegend aufhielt. Von dieser Entdeckung kann ich kein vernünftigeres Detail schildern, da ich Latein nicht genug kann, um alle Inschriften zu verstehen, vor allem die einer großen Kupfertafel, die vor Kurzem im Jahre 1747 gefunden worden ist.*

Im Übrigen war der Wächter dieser Galerie eine alte Frau, die unfähig war, die kleinste Erklärung abzugeben. In dieser Galerie ist auch das berühmte Gemälde Corregios zu sehen, das zeigt, wie eine unaussprechlich schöne Magdalena den großen Zeh des Jesuskindes küsst.[541]

Der Palast des Gartens mit dem Garten, der ihn umgibt, ist kaum einer Erwähnung wert. Der junge Infant, der Herzog[542], geht jeden Abend dort spazieren.

Die Befestigungen von Parma sind in einem sehr schlechten Zustand; die Festung außerhalb der Stadt schien mir besser in Stand gehalten zu sein und der Verteidigung dienen zu können, aber ich habe sie nur vom Glockenturm aus gesehen.

Am 3.
Der Prinz Georg und ich fuhren aus Parma in einer Sedia, da der Wagen, den wir aus Verona mitgenommen hatten, so kaputt war, dass wir ihn umsonst abgeben mussten. Beim Verlassen der Stadt warf uns in einer sehr belebten Straße plötzlich ein Unbekannter zwei Briefe in die Sedia vor die Füße und lief wortlos weiter. Ich hob sie auf und bemerkte, dass der eine nach Lodi, der andere nach Mailand adressiert war. Diese Art, jemand zu einem Briefträger zu machen, schien uns recht neu zu sein. /166/ Um das Vertrauen unseres Kommittenten dennoch nicht zu enttäuschen, habe ich allerdings darauf geachtet, dass sie die geplante Adresse erreichen.

Wir fuhren zuerst nach Piacenza. Nach unserer Ankunft gingen wir durch die Straßen spazieren und bestiegen anschließend den Glockenturm.[544] Im Allgemeinen ist die

---

* Unter dieser Tafel habe ich folgende Worte auf Italienisch gefunden: „Trovato nel anno 1747 nella villa di Macinesso fra i Moni e le Colline del Territorio Piacentino di qua dalla Nura e 18 Milia lunge d'alla citta die Piacenza".[543]

Stadt schlecht gebaut und die Straßen sehr eng. Bezüglich ihrer Größe übertrifft sie Parma, die Lage ist genau die gleiche, abgesehen davon, dass der Po hier sehr nahe fließt.

Von Piacenza nach Cremona fährt man noch 18 Meilen am Po entlang auf einem Querfeldeinweg, der leicht überflutet werden kann. Wir fanden ihn gut, aber in den nassen Jahreszeiten ist er anscheinend unbefahrbar. Vor Cremona überquert man den Po, der an dieser Stelle sehr breit ist, auf einer Fähre.

Am Tage darauf bestiegen wir einen Turm, der der höchste in ganz Italien sein soll.[545] Die Treppe ist so praktisch wie es in einem Gebäude dieser Art der Fall sein kann. Sie endet in einem kleinen Salon, wo nichts die Aussicht stört, so dass er wunderbar ist. Wir sind hier im Herzen der Lombardei, gleichermaßen von den Bergen von Parma und Piacenza und von denjenigen von Brescia und Bergamo entfernt. Der Po, der sich auf verschiedene Art windet, hat an diesem Ort seit sehr langer Zeit fast vollständig seinen Verlauf geändert. Die Stelle, an der sich noch 1703 eine Brücke befand, ist jetzt im Trockenen. Auf der anderen Seite der Stadt hingegen hat sich der Fluss der Befestigung dermaßen genähert, dass er sie fast berührt.

Die Befestigungen sind nicht nur nach sehr alter Manier gebaut, sondern noch dazu in einem sehr schlechten Zustand und alles, was ich sehen konnte, scheint zu bestätigen, dass sie sich zum Zeitpunkt des großen Überraschungsangriffs[546] in keinem besseren Zustand befanden. Die Kanalisation, durch den die Truppen von Prinz Eugen in die Stadt drangen[547], existiert unverändert weiter. Sie war fast voll vom Wasser, das in die Stadt geleitet wird. An der Stelle, wo die Kirche Santa Maria Nuova stand, die die Franzosen aus Rache zerstörten, wurde eine neue errichtet, die den Namen Santa Maria *Stelle* trägt. /167/

Vom Haus des Priesters sieht man keinerlei Spuren mehr. Wir liefen an der Befestigungsmauer entlang zum Allerheiligen-Tor und von dort in Richtung Sankt Margarita-Tor bis zum Quartier der Iren, das nunmehr vom ungarischen Forgasch-Regiment[548] bewohnt ist.

Am Tage davor hatten wir gesehen, wie dieses Regiment auf dem Platz vor der Zitadelle exerzierte.*

Ich muss zugeben, dass mich die Akkuratesse und die Schnelligkeit, mit denen dieses Korps die Waffen bediente, beeindruckt haben. Die Übungen, die bis auf wenige Änderungen, gänzlich von den Preußen übernommen worden sind, wurden mit

---

* In Cremona war auch das Clerici-Regiment stationiert.[549] Von dem berichte ich nicht, da es in jeder Hinsicht schlechter ist als das andere.

einer Präzision durchgeführt, die einem preußischen Regiment in den besten Zeiten Ehre gemacht hätte. Auch die Exerzierübungen auf der Stelle gelangen genauso gut, aber die Heerschwenkungen, das heißt die Exerzierübungen bei der Bewegung vor und zurück, mit den verschiedenen Arten zu defilieren, sich zu formieren, auseinander zu gehen und sich wieder zu gruppieren, entsprachen nicht der Qualität der ersten Übungen, auch wenn sie genauso getreu nachgeahmt wurden wie die Waffenübungen.

Es ist mit der Militärkunst wie mit den anderen Künsten: Die Erfinder behalten lange die Oberhand. Diese Ungarn konnten alles, nur nicht sich bewegen. Dies hat mich noch in der Meinung bestärkt, die ich schon immer hatte, dass nicht allein die Beweglichkeit (die bis jetzt die preußischen Truppen vor allen auszeichnet), sondern auch das einfache Marschieren, der schwierigste und gleichzeitig der wesentlichste Punkt jeglicher Taktik ist.

Cremona ist nicht klein, aber sehr schlecht gebaut. Dort wohnen viele Menschen.

Am 4.
Pizzighettone, eine Etappe von Cremona entfernt, ist, sofern ich es bei einer bloßen Durchfahrt beurteilen konnte, eine kleine, aber sehr gute Festung. Lodi, zwei Etappen von Mailand entfernt, scheint ziemlich groß, gut gebaut und bevölkert zu sein. Nach Pizzighettone durchschneiden unendlich viele Kanäle das Land, die Felder und Wiesen bewässern. /168/ Solche Kanäle gibt es auch zu beiden Seiten der Hauptstraße. Zwischen Cremona und Mailand ist die Straße nicht repariert: daher ist sie in der Regenzeit wahrscheinlich schlecht befahrbar.

Um meine Bemerkungen über diese letzte Reise zu beenden, werde ich noch vermerken, dass die Befestigungen in Modena, Reggio, Parma, Piacenza, Cremona und Lodi alle sehr ähnlich sind: ein altes verkleidetes Hauptgebäude, ein trockener, zur Hälfte zugeschütteter Graben und die Reste eines Wehrgangs.

Mailand erinnert bezüglich der Anzahl an Häusern an Rom. Ihre Qualität ist allerdings viel schlechter. Darüber hinaus ist Rom viel ausgedehnter als Mailand. Dennoch kann diese Stadt nach Rom und Neapel als die größte Stadt Italiens bezeichnet werden, wie auch als reichste nach Venedig. Die Felder, oder eher die Obstgärten, gehen bis zu den Toren der Stadt, so dass es in der Umgebung der Stadt keine freie Fläche gibt.

Die Kathedrale[550], ein sehr umfangreiches gotisches Bauwerk, das fast so groß ist wie der Petersdom, wurde noch nicht fertiggebaut. Davon ist sie sogar noch weit entfernt, obwohl tagtäglich daran gearbeitet wird*, wobei es ein sonderbares Schauspiel ist, zu sehen, wie man heutzutage in einem barbarischen Stil baut, den es seit Jahrhunderten nicht mehr gibt.

Der Platz vor dieser Kathedrale, der einzige, mit dem sich Mailand brüsten kann, ist ziemlich hässlich. Dies gilt auch für das Theater.[551] Hier gibt es nur eins, das sehr groß, aber nicht schön ist. Mailand zählt 130 000 Einwohner. Offenbar ist diese Zahl nicht übertrieben, da sogar nachts die Straßen ununterbrochen menschenvoll sind. Diese sind eng und nicht gerade. Nur wenige haben eine gewisse Breite.

Die Zitadelle[552] liegt auf dem Rand der kreisförmigen Stadt, so dass /169/ sie nur zur Hälfte außerhalb der Stadt und zur anderen innerhalb dieser liegt. Die Häuser auf dieser Seite stehen aus diesem Grund sehr nah am Gegenwall. Dennoch gibt es noch zwischen der Stadt und dem Wehrgang eine ziemlich breite Esplanade, wo man spazieren gehen kann. Das Schloss, das die Usurpatoren[553] gebaut haben, mehr um sich vor der Stadt zu schützen als um diese zu verteidigen, umgaben die Spanier mit modernen Bauten, die ein perfektes Sechseck bilden. Alle Räume dieses Schlosses wurden in Wohnungen für Soldaten oder Lager umgewandelt. Mehrere Gebäude, die demselben Zweck dienen, wurden auch errichtet.

Die Truppen in Mailand sind in der Zitadelle stationiert, die Stadt hat das Privileg, keine Soldaten beherbergen zu müssen. Zum Zeitpunkt unseres Aufenthaltes war das Infanterie-Regiment von Baden-Baden[554] dort. Als die Fürsten die Zitadelle besuchten, waren die Soldaten im ersten Hof für eine Parade aufgereiht, wie es der Feldmarschall Serbelloni[555] befohlen hatte. Die weiße Uniformfarbe ist das einzige, was von der alten Kleidung dieses Regiments übriggeblieben war. Der Rest ist sklavisch von den Preußen übernommen worden. Trotz aller Bemühungen ist dieses Regiment sehr unordentlich und zeigt viel weniger Disziplin als das Forgatsch-Regiment.

Der Schutzpatron von Mailand[556], den man hier verehrt, erscheint mir als ehrwürdigster unter all seinen Kollegen. Stets kümmerte er sich darum, seiner Stadt Gutes zu tun und zum Glücke seiner Mitbürger beizutragen. Karl Borromäus verdient in gewisser Hinsicht die Ehren, die man seinem Gedächtnis erweist. Diese gehen allerdings viel weiter. Sein Leichnam ruht

---

* Wegen einiger beträchtlicher Summen, die für den Bau vermacht worden sind, wird penibel darauf geachtet, dass dieser nicht fertig wird, da diese Summen an ihre Spender zurückgehen sollen, sobald nichts mehr zu tun ist.

unter dem Hauptaltar des Doms in einem Reliquienschrein aus Bergkristall. Der Rest des Grabmals ist mit Silber reich verziert und mit goldenem Webstoff ausgelegt. Bevor sie das Tuch, das den Reliquienschrein umhüllt, hochheben, werfen sich der Domherr und seine zwei Gehilfen auf den Boden, um den Heiligen anzubeten. Erst danach darf man diesen betrachten. Wenn er wieder bedeckt ist, vollzieht der Domherr das gleiche Ritual. /170/

In der Sakristei werden die Geschenke gezeigt, die treue Herzen dem Heiligen Karl seit seiner Seligsprechung gemacht haben. Es sind nicht wenige Geschenke zu sehen, aber der gesamte Besitz dieses Heiligen kann wohl nicht mit den Reichtümern der Madonna von Loreto verglichen werden.

Als Zeugnisse der römischen Antike findet man in Mailand bloß eine Reihe von 16 Säulen in der Nähe des Tors nach Pavia.[557] Während der Plünderung der Stadt durch Friedrich I. wurden nur sie sowie drei Kirchen geschont: sonst wurde alles zerstört.[558]

Der Graf Firmian[559] regiert als bevollmächtigter Minister sowohl die Stadt als auch den gesamten Staat, während der Herzog von Modena den Titel eines Generalvikars[560] in Italien führt. Dieser Graf ist ein entgegenkommender Herr, der sich allen gegenüber höflich zeigt. Neben den umfangreichen Kenntnissen, die sein Amt fordert, pflegt er die schöngeistige Literatur. Er verfügt über gute Manieren, und obwohl er eines der ersten Ämter des Wiener Hofes innehat, findet sich in ihm keine Spur der Arroganz, die man sonst und, wie ich glaube, nicht ohne Grund, den meisten Hofleuten dieser Hauptstadt vorwirft. Kurzum, das gesamte Verhalten dieses Ministers zeugt von einem Geist, der über dem schwachen Stolz steht, einen Titel zu besitzen. Als ich mich vor ihm verbeugen wollte, um ihm die Komplimente meiner Fürsten auszurichten, empfing er mich mit einer Güte, die alle meine Erwartungen übertraf. Eins könnte allerdings dem günstigen Eindruck schaden, den sein Umgang zuerst erweckt: dass man später bemerkt, dass seine Höflichkeit nicht ganz natürlich, sondern vielmehr einem Gesetz verschuldet ist, das er sich selbst auferlegt hat, um jedermanns Wohlwollen zu erhalten. Ich bereue aber fast meine Bemerkung, da es eine entschiedene Sache ist, dass man die Menschen ihren Handlungen nach beurteilen muss und weder die geheimen Motive, die sie bestimmen, im Auge haben, noch hören soll, was sie zu tun versprechen.

Der Herzog von Modena, der unter der Vormundschaft des Grafen Firmian steht, muss nicht so ehrenhaft erwähnt werden. Die Gestalt, mit der er auftritt, /171/ ist sowohl äußerst seltsam als auch sehr unerwartet. Trotz seiner 68 Jahre legt er Puder und Rouge an; eine Perücke sowie der Rest seiner Kleidung stammen noch aus der Zeit der

Regentschaft des Herzogs von Orleans[561], von dem er auch treu die Verhaltensweisen beibehalten hat.*

In Bezug auf seine Denkart, kann ich nichts Gutes von einem Menschen denken, der bei sich der Herr sein könnte und dennoch von einem anderen abhängt und sich mit einem Amt brüstet, das er nur dem Anschein nach hat. Er erzählt nicht viel, aber seine Worte sind gut formuliert. Im Übrigen nimmt man ausreichend an seinem Verhalten wahr, wie ihn die geplante Verbindung zwischen seiner Enkelin und dem Bruder des Kaisers[562] ehrt.

Diese Prinzessin ist keineswegs schön. Sogar die Jugend, die sonst alles verschönert, nutzt ihr nichts, was sehr bedauerlich ist, denn sie ist anmutig und zeigt eine gewisse Lebhaftigkeit. Italienisch und Französisch sind ihre zwei Muttersprachen; beide spricht sie sehr gut, und dies ist kein kleiner Verdienst, wenn man bedenkt, wie schwer es ist, sie ordentlich zu beherrschen. Seit zwei Jahren hofft sie, den Erzherzog zu heiraten und befleißigt sich seither, Deutsch zu lernen, was ihr gelingt. Leider wird ihr der österreichische Dialekt beigebracht.

Der Feldmarschall Serbelloni befiehlt alle Truppen der Lombardei. Er machte mir die Ehre, mir viele seiner Maximen und Grundsätze zum Kriegshandwerk anzuvertrauen. Diese lassen sich auf folgende Regeln zusammenfassen: eine große Umsichtigkeit, viel Nachdenken, bevor man etwas unternimmt, die schnellen Angriffe der Kavallerie abwehren, da sie äußerst gefährlich sind. Seine Aussprache ist sowohl auf Deutsch als auch auf Französisch schlecht; /172/ er gilt als ehrlich aber geizig.

Die Familie Litta[563] bemühte sich, den Fürsten Höflichkeiten zu erweisen und wir haben einmal in ihrem Haus, zwei Mal am Hof und ansonsten beim Grafen Firmian gegessen. Der Herzog von Modena nimmt an den Essen in der Stadt teil, aber nicht die Prinzessin.

Es gab eine italienische Komödie während unseres Aufenthaltes in Mailand, wo ich mich nicht rühmen kann, viele Leute kennengelernt zu haben. Dafür fehlte mir ein Vertrauter

---

* Jetzt, da ich dieses Journal ins Reine schreibe, bin ich bei diesem Punkt milder. Ich verstehe, dass ein Greis die Moden aus seiner Jugendzeit liebhaben kann, sind sie doch Erinnerungen an vergangene Freuden. Dieser Herzog war an dem ausschweifenden, brillanten und geistreichen Hof des Regenten von Frankreich empfangen worden und er heiratete eine seiner unehelichen Töchter. Hunderte von Gründen vermögen zu erklären, warum der Schwiegervater sich offensichtlich bemühte, einen solchen Schwiegersohn gut zu behandeln. Was wundert also, dass dieser sich gern in eine Epoche seines Lebens zurückversetzt, die er den anderen wahrscheinlich vorzieht.

und ohne einen Menschen, der uns ein klein wenig mit einer fremden Welt in Verbindung bringt, ist es sehr schwierig, sich dieser in so knapper Zeit anzuschließen und etwas Interessantes über diejenigen, in Erfahrung zu bringen, die die gute Gesellschaft bilden. Oft ist es sogar mühsam, bloß ihre Namen zu erfahren. Die Sitten hier ähneln den französischen sehr und mischen sich unter sie. Die Französische Sprache ist auch sehr verbreitet. In einem Wort, die Einwohner der Lombardei gehören nicht mehr der gleichen Nation an wie die anderen Italiener.

Herr von Erdmannsdorff holte uns wenige Tage nach unserer Ankunft ein.[564] Er war in Ronciglione durch den Eisenhaken einer Sedia verletzt worden, die von hinten ganz nah an ihm vorbei fuhr. Sie hatte ihm eine tiefe Verletzung an den fleischigen Teilen des Körpers zugefügt und dieser Zwischenfall hatte seine Reise verlangsamt.

Der Prinz Johann Georg kaufte einen neuen Wagen, der wie der erste über zwei Sitzplätze verfügte. Er hat bis zu seiner Rückkehr nach Dessau gedient.

In Mailand trafen wir Frau Lepri aus Rom mit ihrem Ehemann* wieder, den wir erst kennenlernten, da beide zum Zeitpunkt unseres Aufenthaltes in Rom ein gespanntes Verhältnis hatten.[565] Der Herr Hetman de Rasumowski erreichte uns ebenfalls in Mailand und ließ sich in unserer Herberge nieder. Er scheint mir vom Charakter ein richtiger Russe** /173/ und

---

* Ihr Fall war vor einem Gericht und in Drucksachen: Daraus ging hervor, dass der Herr Lepri sich über einige Schwierigkeiten und Unannehmlichkeiten beschwerte, die einen anderen vielleicht nicht geärgert hätten. In ihren Antworten wälzte Frau Lepri zu Recht den Fehler auf ihn. Nun leben sie in einer völligen Harmonie, so dass man glauben darf, dass alles geregelt und die Hindernisse überwunden worden sind.

** Damit man sich einen nicht zu vernachlässigenden Aspekt des Charakters dieser Nation vorstellen kann, die auf der europäischen Bühne allmählich sehr präsent ist, erzähle ich hier eine kleine Episode, die dem Grafen Rasumowski in Rom widerfahren ist. Während des feierlichen Gottesdienstes durch den Papst im Petersdom befand er sich ganz nah am Thron zwischen zahlreichen Ausländern unterschiedlicher Konfession. Alle, seien sie Engländer, Deutsche oder Holländer richteten sich nach dem Brauch und knieten an den erforderlichen Stellen nieder. Allein der Russe verschmähte es, dies zu tun (obwohl der Ritus bei ihm auch solche Elemente aufweist) und blieb wie angewurzelt stehen. Dieses Verhalten stach angesichts seiner riesigen Größe allen ins Auge; einer machte ihn darauf aufmerksam und empfahl ihm, einen Skandal zu vermeiden, aber er reagierte keineswegs darauf. Erst ein wenig später, als ein Vertreter des heiligen Kollegiums zum ihm kam und ihn bat, entweder die Gepflogenheiten zu beachten oder sich aus dem Staub zu machen, fiel mein Kosakenhetman sofort auf die Knie.

man wundert sich, dass es ihm noch gelungen ist, seinen Geist zu erhellen, da er erst in einem reifen Alter am Petersburger Hof und noch dazu im Zustand eines halben Wilden erschien.

Er kennt unter anderem die deutsche und die französische Sprache ziemlich gut. Herr Leclerc, sein Arzt und Reisebegleiter, ist ein Franzose wie man sie üblicherweise trifft: auf vielen Gebieten kundig, ein wenig Dichter, reich an Anekdoten, fähig, ohne zuviel Schüchternheit zu entscheiden und im Übrigen angenehm im Umgang. Es sei hinzugefügt, dass wir sie in Turin, Paris und London erneut trafen. Ich darf auch nicht vergessen zu erwähnen, dass wir hier in Mailand den erstgeborenen Sohn unserer lieben Canossa aus Verona trafen, der sich beim Kaiserlichen Dragonerregiment verpflichtet hat.

Reise zu den Borromäischen Inseln[566]
Am 9.
In zwei Sedia fuhren wir los. Wir schickten die Diener auf den kürzesten Weg, nahmen aber unsererseits die Straße über Varese. Vier Meilen vor diesem Marktflecken fängt der Aufstieg an. Dann fährt man durch die Voralpen, das heißt durch Felsen, die so hoch wie die Apenninen sind, aber niedriger wirken, da die majestätischen Alpen sie um eine furchterregende Höhe überragen. Linker Hand lässt man den Varese-See und rechter Hand den Lugano-See; Letzteren sieht man allerdings nicht, während der Weg am ersteren entlang führt. /174/ Nach 42 Meilen erreichten wir einen kleinen Ort namens Laveno[567], der am Ufer des Lago Maggiore liegt. Dieser See bietet eine der prunkvollsten, malerischsten und auffallendsten Aussichten, die wir während unserer Reise erlebten. Er war an diesem Abend so ruhig, dass man die kleine Furche, die unser Kahn beim Gleiten auf der spiegelnden Fläche verursachte, unendlich lang sehen konnte. Die Berge rundherum sind mit Häusern und Dörfern bedeckt. Ganz oben zeigen die Gletscher von der Schweiz und von Savoyen ihre schneeweißen Häupter. Unzählbare Städte und Felder säumen unten alle Ufer und das Wasser vermehrt sie, indem es sie abbildet. Im Gewölbe des Himmels war keine Spur von Wolken zu sehen, sondern nur der reinste Äther. O Leser, mein Freund! Ich überlasse es Deiner Fantasie, dieses Gemälde zu vervollkommnen, das ich bloß skizzieren kann. Meine gab sich entzückt, es aus der Mitte einer klaren und kristallreinen Flut zu betrachten.

500 Fuß von der *Isola Madre*[568] entfernt wurden wir plötzlich von einer aromatischen und nach blühenden Orangenbäumen, Nelken und Rosen duftenden Luft umgeben. So wäre, denke ich, der Eingang des Paradieses von Mahomet[569], wenn es existierte. Die Schifffahrt von Laveno hatte insgesamt eine gute Stunde gedauert.

Wir gingen an Land. Die Natur hat im Kleinen sicher nichts *Liebenswürdigeres* und Verführerischeres als diese Insel hervorgebracht, die wie ein flacher Berg von 1500 bis 1600 Fuß Umfang aus dem See emporragt. Zwei hohe Baumgruppen zieren die restlichen Schönheiten, die diese Insel birgt, ohne dass sich offenbar die Hände eines Sterblichen eingemischt hätten. Es ist wie die Insel Tinian des Admirals Anson[570] im Kleinformat, oder auch wie die Insel der Kalypso[571]. Ich hatte gegen meine Einbildungskraft zu kämpfen, die mich jeden Moment Nymphen im Schatten der Wäldchen aus Myrten und Lorbeeren sehen lassen wollte. Die menschliche Tätigkeit zeigt sich nur in einigen Terrassen, Rundbögen und Spalieren. /175/ Der jüngste Sohn[572] der Familie bewohnt dort ein bequemes Haus. Die Aussicht, die dieser zauberhafte Ort anbietet, ist im Allgemeinen die gleiche wie diejenige, die ich gerade beschrieben habe. Möchte man präziser sein, so wäre zu erwähnen, dass man hier auf einer Seite die Stadt Palenza in einer Entfernung von ca. zwei Meilen sieht und auf der anderen die *Isola Bella*, die nicht so weit entfernt ist.

Es fiel mir schwer, so schnell die entzückende *Isola madre* zu verlassen. Wie glücklich dieser Borromeo ist, der hier sein Leben verbringt (obwohl man von ihm behauptet, er sei hypochondrisch und schwachsinnig). Bevor ich wieder auf das Boot ging, legte ich mich in das Gras des Ufers als Akt der imaginären Inbesitznahme. Wir ruderten bis zur *Isola Bella*, wo unsere Leute, die wir dorthin vorausgeschickt hatten, bereits auf uns mit dem Abendessen warteten. Dort kamen wir kurz vor Nachteinbruch an.

Am 10.
Am Morgen darauf betrachteten wir unsere Unterkunft. Es war ein sehr schöner Palast*. Indem die ganze Insel (die ein wenig

---

* Folgenden Abschnitt schreibe ich aus dem Buch des Abbé Richard ab, dem ich vollkommen zustimme, Bd. 1 S. 285.[573] „Meines Erachtens ist im Palast der *Isola Bella* die Wohnung im Erdgeschoss das schönste, was dort zu sehen ist. Diese stellt eine rustikale, gepflasterte Grotte dar. Sie ist gepflastert, verputzt und überdacht, wobei das Dach mit kleinen bunten Steinen verziert ist. Sie besteht aus mehreren Räumen und einer Säulenhalle, von welcher man eine Aussicht auf den See und weitere Inseln hat. Diese Wohnung dient bloß zur Erfrischung und ist sicherlich ein vorzüglicher Aufenthaltsort in der warmen Jahreszeit. Nichts ist einfacher und zugleich angenehmer als diese Art Bau, die keinen fremden Schmuck erfordert". Angesichts der Tatsache, dass ich den Äußerungen dieses Autors zu dem Herrn Borromeo, der auf der *Isola madre* wohnt; widerspreche, bin ich ein wenig ratlos. Ich erwähne das, was ich

größer als die andere ist) zu einem symmetrischen Garten umgewandelt wurde, hat die Kunst den örtlichen Charakter verunstaltet. Dort findet man so viele gemauerte Terrassen, so viele architektonische Verzierungen, dass der Garten so aussieht, als wäre er aus Stein, und dass das Ganze wie ein Dessertservice aussieht. Daher beschlossen wir, dass die *Isola Bella* im Vergleich zu der anderen, weniger geschmückten Insel, sehr trostlos ist. Während des gesamten Ausflugs hatten wir den Eindruck, seit gestern Abend in einem Roman gelebt zu haben.

Gegen 10 Uhr morgens fuhren wir weg. Der See war ein wenig unruhig und man berichtete uns, dass die Wellen ziemlich hoch seien, so dass es /176/ oft unmöglich war, darauf zu fahren, vor allem im Sommer, da es in dieser Jahreszeit häufig Böen gäbe. Wir brauchten für die Fahrt ein wenig mehr Zeit als gestern für die Fahrt nach Laveno.

In Varese lud uns der Marchese von Menafoglio[574], den der Graf Firmian benachrichtigt hatte, zum Essen ein. Ein bequem und nach bester Art aufgeteiltes und möbliertes Haus, mehrere gute Bücher, die auf Kaminsimsen und Sofas verstreut waren, riefen bei uns eine gewisse Gunst den Bewohnern gegenüber hervor. Und wahrhaft widerlegten weder der Marquis, noch seine Gattin oder ein weiteres Mitglied der Gesellschaft, die dort wohnt, diesen ersten positiven Eindruck. Alle waren Menschen, die sehr gebildet waren, und genau wussten, was gesagt werden darf oder nicht, und sie waren darüber hinaus sehr entgegenkommend und verfügten über sehr gute Umgangsformen. Nach dem Essen gingen wir im Garten spazieren. Als ein geschmackvoller Mann hatte sich Menafoglio begnügt, die Natur zu unterstützen, nach deren Absichten er sich richtete. In einem Land wie diesem lässt eine solche Methode stets Schönes entstehen. Dieser Garten liegt wie das Haus auf dem Gipfel eines Berges und noch auf einem Teil des Hanges, so dass sich wunderbare Dinge dem Blick eröffnen: die Alpen, Seen, Wiesen und der schöne Marktflecken Varese am Rand des Abgrundes. Um Mitternacht trafen wir wieder in Mailand ein.

Reise zum Schlachtfeld von Cassano[575].
Am 13.
Dazu kann ich nur sagen, dass die Beschreibung des Geländes, die der Chevalier de Folard[576] geliefert hat, absolut korrekt ist, fast alles befindet sich noch im gleichen Zustand wie 1705. Die zwei Vorwerke auf dem Kanal Ritorto, die vor dem Kampf durchbrochen

---

in Mailand und vor Ort gehört habe. Vielleicht reden wir nicht von der gleichen Person, da der Abbé die *Isola madre* bereits 1761 besichtigt hat.

wurden, sind fast unverändert erhalten, da sie aus Stein waren. Ebenfalls kann man im Schloss von Cassano sehr gut die Stelle erkennen, wo die Franzosen die Kanonen aufgestellt hatten, die die kaiserlichen Truppen unter Beschuss nahmen. Sowohl vom Graben als vom Schutzwall des Brückenkopfs, obwohl dieser dem Boden gleichgemacht worden ist, /177/ sind noch Spuren zu sehen.

Die Gegend um Mailand ist die fruchtbarste in Italien und die Produktion übersteigt bei weitem den Bedarf der Einwohner, obwohl diese sehr zahlreich sind. Aus diesem Grund ist der Export von Getreide, Seide, Vieh, Käse usw. beträchtlich: Von dem Gewinn, den die Kaiserin daraus zieht, auch nachdem die Ausgaben und der Unterhalt der 12 dort stationierten Regimente bezahlt sind, fließen noch große Summen nach Wien.

Brief XII aus Mailand, 16. Juni 1766

Nachdem nun die Koffer gepackt sind und wir uns von allen verabschiedet haben, will ich auf einige Schlafstunden verzichten, um Ihnen diesen Brief zu schreiben, da wir bereits morgen abreisen. Bevor die Fürsten dem Herzog von Modena ihre Aufwartung machten, besuchte sie einer seiner irischen Offiziere. Er lenkte das Gespräch auf seinen Herren und sagte, dass die Ausländer oft über sein Aussehen verblüfft seien. Er wolle sie daher warnen, dass sie einen alten Mann sehen würden, der nach uralter Mode gekleidet sei, eine sonderbare Perücke trage und dazu geschminkt sei. Diese Vorsichtsmaßnahme erwies sich in der Tat als nicht überflüssig. Dieser Herzog lebt mit seiner Enkelin, der Prinzessin Maria Beatrix[577] in Mailand. Der Rest der Familie verweilt in Modena[578], wo der Herzog den Erbfürsten[579], seinen Sohn, in einer Art Gefangenschaft hält, da er, wie man munkelt, der Hochzeit seiner Tochter mit dem Erzherzog Ferdinand[580] nicht zustimmt. Hier in Mailand wohnt der Herzog im Palast der Gouverneure. Zum größten Teil besteht sein Hof aus Offizieren seiner Truppen, deren Chef den Grad eines General de bataille[581] hat, ein sehr hochtrabender Titel für den Hauptmann von 3 000 Leuten einer friedfertigen Miliz.

Während unseres Aufenthaltes in Mailand haben wir zwei in ihrer Art sehr unterschiedliche Ausflüge unternommen. Der erste, von dem wir heute zurückgekehrt sind, führte uns bis zum Schlachtfeld von Cassano[582]: Einige bleiche und moosbedeckte Gebeine, die barmherzige Bauern aufgesammelt /178/ und auf kleinen Holzbänken mit einem Kreuz daneben deponiert haben, sind stumme Zeugen der Barbarei ihrer Herren, die sie hier geopfert haben. Es handelt sich um Deutsche und Franzosen. Mit welchen Mühen und Anstrengungen hatten ihre Besitzer ihre Knochen hierhin geschleift, um einen leidvollen und blutigen Tod zu finden!

Grüne Sträucher umgeben diese traurigen Monumente am Ufer eines klaren Baches. Ach! Wenn die Väter der Völker an solchen Orten spazieren gingen; sie würden sich der armen Menschheit erbarmen, die sie bei so vielen Gelegenheiten klagen lassen.

Verzeihen Sie mir bitte diese antiheldischen Bemerkungen. Ich werde Sie mit der Beschreibung von zwei reichbegüterten Inseln ergötzen, die sie für übertrieben und romantisch halten werden und die dennoch der Wahrheit entspricht.[583] – Als der Prinz Johann Georg und ich uns dahin begaben, nachdem wir uns an den Felsen und Abgründen sattgesehen hatten, überließen wir uns in unserer Sedia dem süßen Schlaf, der unsere Lider schwer gemacht hatte. Plötzlich fühlten wir uns jedoch, wie von einem Katapult geschleudert. Ich hatte den Eindruck, einen Sprung von mehreren hundert Klaftern Höhe zu tun. Da mein Kopf voller Bilder von Abgründen war, können sie sich leicht denken, wie ich erschrak. Als ich die Augen öffnete, sah ich mich im Gras neben meinem Prinzen liegen und wir sahen, wie unsere Sedia weiter hinter der anderen fuhr, ohne dass der Postillion auch nur geruhte, nach hinten zu schauen. Wir schrieen laut. Der regierende Fürst, Erdmannsdorff, die Postillione kamen angelaufen und man stellte uns wieder auf die Beine. Keiner konnte verstehen, welche Zauberei uns aus unseren Sitzen gehoben hatte, zumal unser Kutscher schwor, dass die Sedia nicht einen Augenblick angehalten hatte und dass er von unseren Schreien nichts bemerkt hätte. Am folgenden Tag erhielten wir die Antwort auf dieses Rätsel. Wie gewöhnlich fuhr die Sedia des regierenden Fürsten vor und der Prinz Johann Georg und ich hatten gerade die Augen auf sie gerichtet als große Steine auf dem Weg ihr Stöße versetzten und infolgedessen der Kasten des Wagens von einer Seite auf die andere schwankte. Durch ein Hindernis schließlich, das die Kutschenriemen zu heftig hob, neigte sich der Kasten der Sedia plötzlich nach links, /179/ kippte die zwei Herren (Erdmannsdorff darunter auf dem Rücken und der Fürst darüber auf dem Bauch) ordentlich in ein Bächlein, das an den Spurrillen entlang führte und richtete sich sofort wieder auf. Dann verstanden wir, dass an unseren Wagen ein gewisser Riemen fehlte, der den Kasten und die Gabeldeichsel verbindet und somit vermeidet, dass dieser hin und her geworfen wird, auf eine Seite kippt und wie hier seinen Inhalt ausschüttet.

Bekanntschaften aus Mailand
Der Graf von Firmian.
Der Feldmarschall Serbelloni
Der alte Marquis Litta, Generalkommissar
Der Marquis de Litta, sein Sohn

Der Graf von Vilseck, erster Untergebener des Grafen von Firmian, der gerade aus Florenz zurückkam
Herr Selvatico, Großmeister des Herzogs von Modena
Herr Gonfaloniere[584], Kammerherr der Prinzessin Beatrix
Der General Castiglioni
Der Baron von Straas, Oberstleutnant im Regiment von Baden-Baden, Ritter des Militärordens von St. Theresa
Der Graf Corruvias de Leyva, General de bataille des Herzogs von Modena
Herr Menifi, Ire, Offizier und Kammerherr des Herzogs von Modena
Der Marquis de Carpena Schriftsteller
Der Marquis Beccaria[585] Schriftsteller
Der Graf Allepri aus Wien
Herr Lepri aus Rom, Schwiegersohn seiner Exzellenz, des Kardinals A.
Der Marquis Menafoglio und seine Gattin in Varese

Damen
Die Marquise Litta
Die Gräfin von Castel Barco
Frau Cusani, Tochter der Marquise Litta

Am 14. Juni
Zwischen Mailand und Pavia ist die Landschaft sehr schön: Bäche und Kanäle, die voll von reinem und klarem Wasser sind, bewässern unendlich viele, von unglaublich hohen Eschen und Buchen umrandete Wiesen. Diese Bäume stellen eine Perspektive dar, die das Auge des Reisenden der Reihe nach wahrnimmt und die er mit einer unsagbaren Freude betrachtet.

Vier Meilen vor Pavia wichen wir ein wenig vom Weg ab, um uns die bekannte Kartause anzusehen, die Galeace Visconti[*][586] 1392 gründete./180/

Nur wenige Klöster in Europa können in Bezug auf den Prunk mit diesem mithalten, das über eine der schönsten Kirchen Italiens verfügt. Vor allem entdeckt man dort, wie weit sich die Bildhauerei im Verlauf des 15. und 16. Jahrhunderts bereits entwickelt hatte. Die Fortschritte, die sie seither gemacht hat, sind wahrhaft nicht erheblich. Von den 56 Mönchen, die in dieser angenehmen Einsamkeit ernährt werden, genießen ungefähr 23 das Privileg, in schönen kleinen individuellen Wohnungen untergebracht zu sein. Das Erdgeschoss bildet eine Sommerwohnung mit einem Kabinett, das zu einer kleinen offenen Galerie oder Säulenhalle führt,

* Keyßler meint, er sei 1494 gestorben. Siehe Bd. 1, S. 298.

über die man zu einem genauso großen Garten gelangt. Darüber findet man ähnliche Räumlichkeiten für den Winter und einige kleine Zimmer, die mehrere Zwecke erfüllen und zum Beispiel als Lager für Brennholz dienen usw. Diese sind ziemlich sauber und ordentlich ausgestattet; so dass man nach Erreichen eines gewissen Alters, wenn man gern liest und der Welt überdrüssig ist, offensichtlich hier ohne Bedauern und Sorgen leben könnte.

Pavia ist nach der gleichen Art wie die anderen oben erwähnten Orte befestigt. Es ist eine ziemlich große und übermäßig alte Stadt. Der Tessino umspült ihre Mauern. In der Stadt befindet sich ein Schloss, das man als Quartier für die Garnison benutzt. Vor dem Bischofspalast steht eine Reiterstatue in Bronze, die einen Kaiser darstellt. Sowohl das Pferd als auch der Reiter sind schlecht gearbeitet und scheinen uralt zu sein. Den Kopf, der besserer Qualität ist, erkennt man leicht als ein Bild von Mark Aurel[587]. Wir aßen in Pavia* Mittag und fuhren dann weiter.

Nicht weit von Tesino fährt man über den Bravalone-Kanal. Nach Verlassen der Fähre betritt man die Staaten des Königs von Sardinien.[588] Die Gegend ist flach und mit Bäumen bedeckt, /181/ soweit das Auge reicht. Nur in der Richtung von Genua sieht man einige Hügel. Bei Einbruch der Dunkelheit überquerten wir den Fluss Po an einem Ort, an dem es keinerlei Häuser gab. Wegen der Dunkelheit gelang es mir nicht, das Gelände bis nach Voghera zu betrachten, welches ein großer Marktflecken ist, wo wir die Nacht verbrachten. Die Wege, die wir am heutigen Tag befuhren, waren nicht repariert und in einem einfachen Naturzustand. Die Hitze begann, mit Gewalt spürbar zu werden.

Am 15.
Die Ebene wird sehr breit und nichts bis auf die Berge von Genua, die sich am Horizont abzeichnen, begrenzt den Blick. Die Landschaft ist im Vergleich zu der, die wir gerade verlassen haben, wenig abwechslungsreich. Eine große Baumallee führt nach Tortona, das man von weitem sieht. Die Stadt liegt am Fuße eines Berges. Auf diesem Berg, den man auf dem Weg von Voghera linker Hand lässt, steht die Festung.[589] Die Befestigungen von Tortona, schienen mir unregelmäßig gebaut und vernachlässigt. Die Stadt ist von mittlerer Größe. Mehr kann ich dazu nicht sagen, wir haben dort nur die Pferde gewechselt.

---

* Es ist hier Mode, dass nicht nur Frauen, sondern auch Männer Fächer tragen. Die Offiziere der Garnison, hauptsächlich handelt es sich um Kroaten, sahen mit dieser Waffe in der Hand, die mit ihrem Schnurrbart und dem Rest ihrer Figur nicht wenig kontrastiert, sehr hübsch aus.

Die Landschaft zwischen Tortona und Alexandria bleibt genauso eine große Ebene. Wir fuhren durch Alexandria und durch Asti ohne anzuhalten. Ich behalte mir vor, über diese Landschaft mehr zu berichten, wenn ich sie auf dem Weg nach Genua erneut durchqueren werde.

Am heutigen Tag erreichten wir erst nach Mitternacht die Tore von Turin. Wegen des absurden, wenn auch sehr verbreiteten Brauchs, diese nachts zu schließen, als ob Krieg herrschte, waren wir gezwungen, in einer schlechten Herberge in den Vororten von Ballon zu übernachten. Was mich betrifft, so beschloss ich zu versuchen, ein wenig im Wagen zu schlafen. Dies sorgte bei mir keinesfalls für gute Laune, da mich die zu große Hitze am Tag gekocht hatte und mich die Flöhe in Voghera in der Nacht zuvor fast in Stücke gerissen hatten. Im Allgemeinen ist Italien mit diesem schrecklichen Ungeziefer verpestet, was für mich während der Reise eine der größten Unannehmlichkeiten wurde. Wie viele Nächte /182/ habe ich dort schlaflos verbracht, obwohl ich gern geschlafen hätte und es auch nötig hatte!

Turin ist nicht groß, aber eine der schönsten Städte Italiens.[590] Allerdings lässt sich ein gewaltiger Unterschied zwischen der Altstadt und den Vierteln feststellen, die danach gebaut wurden. In letzteren sind die Straßen sehr breit und wie mit einer Richtschnur gezogen und sie bilden eine gerade Linie zwischen den Stadtmauern, so dass man von mehreren Straßen aus beide gegenüberliegenden Stadtmauern zugleich sehen kann. Die Häuser sind schön. In der Mitte der Straßen läuft ein kleiner Kanal mit fließendem Wasser, der zur Sauberkeit dient. Die Po-Straße und diejenige, die vom Schloss zum neuen Tor führt, sind beachtlich breit.

Auf dem Glacis der Festung sind sehr zahlreiche Linden gepflanzt worden. Auf der einen Seite bilden sie Alleen, auf der anderen sind sie versetzt angeordnet. Somit entsteht eine sehr angenehme Promenade. Zwei weitere Promenaden sind öffentlich: die Valentinpromenade*, vor dem neuen Tor und der Garten hinter dem königlichen Palast, der erst während unseres

---

* Zu dieser Promenade, sehen Sie die *Description historique et critique de l'Italie* vom Abbé Richard, Bd. 1, S. 59.[591] Generell empfehle ich, auf dieses Buch zurückzugreifen, wenn ich bei den Beschreibungen nicht ins Detail gegangen bin, vor allem hier in Turin, wo ich mich begnügen musste, in Eile einiges zu kritzeln, da ich keine Zeit hatte. Der Abbé Richard besitzt vollkommen die Fähigkeit, zu beschreiben, was er gesehen hat. In Bezug auf die Gelehrsamkeit übertrifft ihn Keysler. Beide zusammen sind die Schriftsteller, die meiner Meinung nach, am besten Italien behandelt haben, und dabei vergesse ich weder Herrn de la Lande noch seinen Scholiast Herrn Volckmann.

Aufenthaltes in Turin frei zugänglich wurde.[592] Davor musste man warten, dass der Hof abwesend ist, um ihn zu besuchen.

Der Exerzierplatz, oder Platz des Heiligen Karls[593] bildet ein großes, schönes und langes Quadrat. Die beiden Hauptseiten bestehen aus symmetrischen Gebäuden, deren erste Etagen auf Arkaden ruhen.

Hauptsächlich der Palast des Fürsten von Piemont[594] verleiht dem Schlossplatz seinen Glanz. Dieser Palast liegt in der Mitte des Platzes und teilt ihn somit in zwei Teile. Der Teil, unmittelbar von dem königlichen Schloss, darf als einer der besten öffentlichen Plätze erachtet werden, die es gibt: /183/ Auf der einen Seite steht das bereits erwähnte Schloss, ihm gegenüber sind private, mit Säulengängen geschmückte Häuser zu sehen und links (wenn man vom Schloss kommt) der Palast von Piemont mit einer sehr schönen modernen Fassade, die einen alten Gebäudekorpus verdeckt. Diesem gegenüber stehen ebenfalls Häuser mit Säulengängen. Stünde noch ein Brunnen oder eine Statue in der Mitte, so bliebe nichts zu wünschen übrig. Den hinteren Teil des Palastes von Piemont bilden die vier Seiten der zweiten Hälfte des Platzes: Die Schreibstuben auf gleicher Linie mit dem Schloss, das große Theater wie ein Flügel des quadratischen Gebäudes der Akademie und schöne private Häuser, die man als Paläste bezeichnen könnte. Rund um diesen Platz, wie auch in der gesamten Po-Straße, gibt es Arkaden.

Es ist zu bedauern, dass die Häuser in Turin in der Regel nicht verputzt sind, was dem Anblick ein wenig schadet.*

Hinter dem königlichen Schloss, den Schreibstuben und der Akademie[595] einerseits und dem Boulevard andererseits streckt sich der Garten aus, der fast so groß ist wie drei Bastionen. Hauptsächlich schmücken ihn schöne Lindenlauben, die in diesem Lande sehr selten sind, sowie ein großes Wasserbecken. Am schönsten ist er jedoch abends, da er dann voller Leute ist, die dort spazieren gehen. Zu dieser Zeit gibt es Wasserspiele und man achtet darauf, nur gut gekleidete Menschen einzulassen.

---

* Unter den Städten, an die ich mich erinnere, ordne ich Leipzig, Livorno, Turin und Bath in dieselbe Gruppe, da ich zwischen diesen Städten eine gewisse Ähnlichkeit festzustellen glaube. Allerdings muss man zugeben, dass die erste den anderen in jeder Hinsicht nachsteht. Darüber hinaus stelle ich fest, dass die Einwohner Turins nicht dieses *prachtvolle und opulente Aussehen* haben, das der Abbé Richard wahrgenommen hat (Bd. 1, S. 89); was nicht bedeutet, dass ich leugnen würde, dass sie sich wohl fühlen. Und eine unglaublich hohe Zahl an schwangeren Frauen hat mir bewiesen, dass man sich hier zumindest recht freudig vermehrt, was kein unbedeutendes Zeichen des Wohlstands ist.

Ich unterlasse es, die Festungen der Stadt zu beschreiben, da ich sie zu wenig kenne. Auf dem ausdrücklichen Befehl des Königs wurde uns die Zitadelle[596] gezeigt. Es ist eine Gunst, die er nur selten erteilt. Die unterirdischen Gänge, die dieses Festung so furchterregend machen,zu durchlaufen, wäre ein so schwieriges wie unnützes Unternehmen; /184/ Wir haben nur so viele besichtigt wie nötig waren, um uns eine Vorstellung von derartigen Bauten machen zu können, die um Turin herum existieren, zumal ich nicht glaube, dass es in der Welt eine Festung gibt, die diese in Bezug auf unterirdische Gänge und Verteidigungsmöglichkeiten übertrifft. Und obwohl sie nicht sehr groß ist, bietet sie einer großen Garnison durch die zahlreichen Kasematten und gewölbten Räume, mit der die Festung ausgestattet ist, einen vollkommenen Schutz vor Bomben.

Die Umgebung von Turin ist so schön, wie es die Natur möglich machen kann: In Richtung Osten erhebt sich ein runder Hügel*, inmitten der Ebene von Piemont; in Richtung Westen erstrecken sich die Alpen in einem majestätischen Halbkreis, den eine üppige Landschaft umgibt. Vom neuen Tor führt eine gerade, mehrere Meilen lange Allee aus Bäumen nach Stupinigi[597] und vom Susina-Tor eine genauso gerade, jedoch noch längere, nach Rivoli, und ich übergehe in meiner Beschreibung eine große Anzahl an ähnlichen Allen, die fast alle Wege säumen, die durch die Gegend führen.

Die Venaria[598], zwei Stunden von Turin entfernt, bildet nunmehr eine kleine Stadt. Der Königspalast ist ein Bau, der ein wenig unregelmäßig ist und aus Teilen besteht, die zu unterschiedlichen Zeiten errichtet worden sind. Das Hauptgebäude ist dabei das kleinste von allen; von dort geht ein sehr langer Flügel ab, der durch eine Galerie sowohl mit der Kapelle als auch den Ställen und der Orangerie, einem sehr großen Gebäude, in Verbindung steht. Obwohl der Garten nicht ohne Reiz ist, bietet er nichts Außergewöhnliches. Aber die Art und Weise, wie der nachbarliche Wald für die Hirschjagd eingerichtet worden ist, die zahleichen Alleen, die ihn durchqueren und aus unendlich vielen, in einer Reihen stehenden Pappeln** bestehen, sind

---

* Dieser Hügel ist nicht klein. Er steht auf dem anderen Ufer des Pos und auf ihm liegen *La Madonna della Vittoria*, Chiere, Moncalieri und mehrere andere Ortschaften.

** Diese Baumart ist eine der schönsten im Pflanzenreich. Abgesehen davon, dass Pappeln sehr schnell wachsen, ergötzen sie durch ihr anmutiges Aussehen das Auge und wirken wie Obelisken aus Blättern, deren hohe Wipfel sich in der Luft hin und her bewegen.

allerdings einmalig. Der Jagdzug hält sich in der Regel hier auf. Im Frühling findet die Hetzjagd auf Hirsche in der Umgebung statt, /185/ während im Herbst in Stupinigi gejagt wird.

Das letztere Jagdschloss liegt ebenfalls 2 Stunden oder 5 piemontesische Meilen von Turin entfernt. Eine Baumallee, die wie oben schon gesagt, am neuen Tor anfängt und sich bis zum Hof des Schlosses erstreckt, führt dahin. Die Form des Gebäudes stellt einen Bogen dar, in dem sich nur eine kleine Öffnung als Eingang befindet. Im Übrigen setzt sich das Jagdhaus aus so vielen Pavillons und anderen kleinen Bauten zusammen, dass es schwer fällt, sich von der Zimmerverteilung eine Vorstellung zu machen.

Weder in Stupinigi noch in Veneria fällt der Prunk der Möblierung ins Auge. Alles zeigt im Gegenteil, dass man sich an diesem Hof keineswegs durch Pracht auszeichnen möchte. Von drei Seiten wird Stupinigi von Wald umgeben und im Mittelpunkt des großen Salons treffen sich die fünf Alleen. An diesem Ort findet sich bis auf ein Haus, das man links lässt, wenn man aus Turin kommt, keine weiteren Gebäude.

Der alte Bergfried von Moncalieri ist bloß wegen der Katastrophe, die dort den König Viktor Amadeus ereilte, bekannt.* [599] Er steht unten am Berge, so dass er die gleichnamige kleine Stadt überragt, die ganz unten am Ufer des Pos liegt. Von ihm aus hat man eine schöne Aussicht;

---

* Zu diesem Ereignis füge ich der Bemerkung vom Abbé Richard (Bd. 1, S. 31) nur das hinzu, was mir erzählt wurde. Den Gouverneur der Zitadelle hatte der König in keiner Weise für sich gewonnen, obwohl er damit gerechnet hatte, dass der Gouverneur sich für ihn erklären würde, da er seine Kreatur war und ihm alles zu verdanken hatte. In dieser Hoffnung war der König mitten in der Nacht zu Festung gekommen und strebte danach, eingelassen zu werden. Besagter Gouverneur aber zögerte keine Sekunde zwischen der Treue zu seinem tatsächlichen König und den eventuellen Verpflichtungen zum anderen, hatte unter Scheinargumenten die Öffnung der Tore hingezogen und während dieser Zeit den jungen König benachrichtigt. Diese Nachricht bestürzte diesen, der in aller Eile seinen Rat berief, um zu entscheiden, ob er die Krone abgeben oder sie behalten sollte. Er war sehr geneigt, ersteres zu machen, da er den Respekt, den ein Sohn seinem Vater schuldet, allen anderen Überlegungen vorzog, und dies wenngleich der Erzbischof und die weiteren Mitglieder des Rates ihm dargestellt hatten, dass eine solche Entscheidung bedeuten würde, dass er dadurch sich und den Staat den Launen einer ehrgeizigen Frau überließe, die über einen senilen Greis herrsche. Der König Karl Emmanuel gab ihrem Drängen und ihren eindringlichen Bitten erst nach, als der Marquis d'Ormea, sein Minister und Günstling, sah, dass der König fest entschlossen war, aufzugeben, sich zu seinen Füßen warf und ihn um mindestens so viel Zeit bat, seinen Kopf in Sicherheit zu bringen.

aber in diesem schönen Land ist jede Aussicht schön, sobald man sich auf einer Erhöhung befindet. /186/

Am 23. Juni hat der Principe di Carignano[600] die Freundlichkeit gehabt, uns in sein Schloss von Raconi zu führen, wo er einen Zug für die Hirschjagd unterhält. Sein Jagdhaus ziehe ich allen vor, von denen ich gerade berichtet habe.[601] Es steht mit der Vorderseite zur Stadt Raconi und hat auf der anderen Seite einen umfangreichen Garten oder Park, der in seiner Art der schönste ist, den ich jemals gesehen habe. Einfache Gruppen von Buchen bzw. Weißbuchen sind so gut angeordnet, dass man glaubt, mal in einem wilden Wald, mal in einem gepflegten Garten zu sein. Die Schuppen sind voll von Fasanen, die der Principe hier züchtet und mit größter Sorge betreuen lässt. Näher am Schloss erfüllen Blumenbeete und Orangenbäume die Luft mit ihren Düften. Das Schloss selbst bildet ein volles Quadrat, d. h. ohne Innenhof. Der Kern des Gebäudes ist alt aber durch Reparaturen und beträchtliche Veränderungen hat der jetzige Besitzer daraus ein modernes Gebäude gemacht. Die Räume sind leicht und geschmackvoll möbliert und die Verzierungen sind verhältnismäßig und wurden gut ausgesucht. Eine beispielhafte Sauberkeit erstreckt sich bis zu den Ställen und den Zwingern. Erwähnt man zusätzlich die Art und Weise, wie er seine Hunde füttern und pflegen lässt, dann wird man finden, dass die Lebensbedingung eines Jagdhundes des Principe di Carignano die bestmögliche für ein solches Tier ist.

Sobald wir angekommen waren, stiegen wir auf unsere Pferde, um das Land und die Wälder um Raconi zu besichtigen. Die meisten dieser Wälder hat der Principe selbst pflanzen lassen, der dabei sein Vergnügen und seine Leidenschaft für die Jagd mehr berücksichtigt hat als den Vorteil, den er aus diesen Flächen gezogen hätte, wenn er sie als Ackerland gelassen hätte. Ein gutes Mittagessen aus verschieden zubereiteten Fasanen erwartete uns nach unserer Rückkehr, das uns unser Gastgeber, der Fürst, mit der Herzlichkeit und der Offenheit anbot, die offenbar /187/ den Soldaten und den Jägern, ihren Brüdern, vorenthalten ist.

Um vier Uhr früh waren wir aus Turin abgereist und kamen, obwohl die Strecke 14 Meilen beträgt, um zwei Uhr nachmittags wieder dort an, um bei dem Marquis d'Aglie[602] zu essen, einem der besten Stallmeister des Königs. Der Principe di Carignano, der selbst sehr gern und sehr schnell ein Gespann lenkt, verlor diesmal ein Pferd, das in der folgenden Nacht starb.*

---

* Der Principe ist ein sehr schöner Mann und dazu sehr freundlich, höflich und mitteilsam. Letzteres ist er sogar ein wenig zu sehr, denn er sprach erstaunlich viel. Unser herrschender Fürst meinte,

Am 27. fuhren wir nach Susa, einer Stadt, vier Stationen von Turin entfernt. Vom Hof war der Befehl vorausgeschickt worden, die Fürsten so ausgezeichnet wie denkbar zu behandeln. Dementsprechend wurden sie vom Grafen de Frinc[603], dem Gouverneur, und dem General Fatio[604], der ein schweizerisches Regiment befiehlt, empfangen. Im Haus des Letzteren wurden sie untergebracht, und er lud uns auf Kosten des Königs zum Essen ein und beköstigte uns freundlichst. Ich bedauere, mich nicht weiter über das, was wir hier erlebten auslassen zu können, denn wir beeilen uns allmählich dermaßen, dass mir die Zeit zum Schreiben absolut fehlt.

Die Altstadt von Susa besitzt bloß eine alte Ringmauer. Diese Stadt ist klein, schlecht gebaut und sieht wie zerstört aus. Die Schlucht, in der sie gebaut wurde, wird von dem Rocciamelone, einem sehr hohen alpinen Berg, in zwei Teilen getrennt. Auf der rechten Seite sperrt eine Festung namens La Brunette[605] das Tal, die nah genug an der Stadt gebaut ist, um ihr als Zitadelle zu dienen. Dieses sonderbare Gebäude ist zwar überall von Bergen umgeben, die es überragen, aber es ist trotzdem für die Verteidigung sehr dienlich, denn die Kunst des Krieges hat es im Widerspruch zu den eigenen Regeln und Grundsätzen gebaut und daraus eine der sichersten Festungen im kriegerischen Europa gemacht. Sie verdiente eine viel präzisere Beschreibung, die ich dennoch nicht liefern kann, da ich mich weder genug in der Kriegstechnik auskenne noch ausreichend Zeit habe. /188/ Die gesamte Verbindung zwischen den Bastionen, den Vorwällen usw. erfolgt durch sehr breite unterirdische Gänge. Die Bauten selbst verfügen alle über eine gewölbte und gepanzerte Überdachung, so dass von allen Soldaten der bewaffneten Garnison nur wenige Wachposten sichtbar sind.

Ohne dass ich es vorher gewusst hätte, entdeckte ich in unmittelbarer Nähe des Hauses von General Fatio in einer Art Garten einen römischen Triumphbogen.[606] Er ist nicht sehr beschädigt, aber im Verhältnis zu denen, die ich bereits erwähnt habe, nicht besonders bemerkenswert.*

Am Tage darauf, dem 28., besuchten wir Exilles in Begleitung des Generals und mehrerer Offiziere des Fatio-Regiments. Nicht nur

---

dass er in Bezug auf die Manieren nicht zwei Männer kennen würde, die ähnlicher wären als der Principe di Carignano und der Graf Schafgotsch[607], Großstallmeister am Preußischen Hofe.

* Der Abbé Richard beschreibt ihn in T. 1, S. 27 und misst ihm dabei eine zu große Bedeutung zu, anscheinend weil dieser Tempel der erste war, den er zu Gesicht bekam.

dieses Regiment, sondern auch ein piemontesisches ist sowohl in Susa als auch in La Brunette stationiert. Exilles sperrt das Tal nach links, liegt allerdings zwei Stunden von Susa entfernt. Es handelt sich um einen einsamen Felsen, den man durch immense Arbeiten uneinnehmbar (im üblichen Sinne des Wortes) gemacht hat, die zum Zeitpunkt unseres Besuchs noch nicht abgeschlossen waren. Gräben und Kasematten sind in den Fels gehauen und erstere sind so tief wie Abgründe. Auf einer Seite überragt ihn dennoch ein benachbarter Berg, aber diesem Nachteil wusste man durch Quergräben und gemauerte Schutzwälle zu begegnen, d.h. durch Werke, die man hier ausgezeichnet ausführt, da sie wegen der Lage aller Festungen in den Alpen* oft zur Anwendung kommen. Auf diesem Berg steht als einziges Gebäude ein alter Bergfried.

Nachdem der General Fatio und seine Offiziere, von denen ich namentlich nur Herrn Dunant und den Leutnant Fatio, den Sohn des Generals[608], und den Fähnrich Garnier erwähne, uns mit Höflichkeitsbekundungen überhäuft hatten, /189/ verließen wir Susa nach dem Mittagessen und erreichten am Abend Rivoli. Dort begegneten wir dem Chevalier d'Antoni[609], der im Artillerie- und Kriegstechnikcorps als Major dient. Er hatte einen großen und exakten Plan der Schlacht von Turin[610] sowie einige Notizen zu diesem Ereignis bei sich, die aus dem königlichen Archiv stammten. Im Auftrag des Königs sollte er die Fürsten führen und ihnen das Gelände erklären, nachdem diese Seiner Majestät gegenüber den Wunsch geäußert hatten, auf dem Weg von Susa dieses berühmte Schlachtfeld zu sehen. Er hatte auch nicht vergessen, Reitpferde aus den königlichen Ställen mit sich zu bringen.

An diesem Abend gingen wir, bevor wir uns hinlegten, zum Schloss spazieren, das auf einem Hügel am Fuße der hier beginnenden Berge liegt. Es ist noch nicht fertiggebaut und wird es voraussichtlich nie sein.[611] Daher betraten wir es nicht. Von dort ist die Aussicht sowohl auf die Ebene direkt davor als auch auf die Stadt unvergleichlich. Die Stadt Rivoli, die unten am Hügel liegt, ist nicht sehr groß, aber große Städte gibt es im Piemont

---

* Die Piemontesen sind sehr vorsichtig und hüten sich sorgsam davor, sie den Ausländern zu zeigen, vor allem ihren Nachbarn. Der Graf Frinc erzählte uns, dass vor kurzem ein bedeutender Offizier in der Absicht zu ihm gekommen sei, die Brunette zu besichtigen. Nachdem er eine Absage erhalten hatte, sagte er: „Sie zeigen sich aber sehr spröde! Kommen Sie zu uns nach Frankreich, dann werde ich Ihnen alle unsere Festungen zeigen". „Das wundert mich nicht", erwiderte der Graf. „Ihr Herr, der König, hat mächtige Armeen, die sie halten können. Da der meinige nicht über so viele verfügt, bitte ich zu akzeptieren, dass wir unsere Meisterwerke vor ihnen ein wenig verstecken".

sowieso kaum. Von der herrlichen, mit Bäumen gesäumten Straße, die von hier bis zum Susa-Tor führt, habe ich bereits berichtet.

Am 29. machten wir bei Tagesanbruch einen Ausritt. Nachdem wir uns die Stellung der Alliiertenarmee zwischen Rivoli und der Dora Baltea aufmerksam angesehen hatten, überquerten wir diesen Fluss in Alpignano und folgten somit dem Weg, den diese Armee bis zu ihrem Feldlager bei Venaria genommen hatte. Unterwegs betraten wir das Schloss von Pianezza, anderthalb Stunden vom Schlachtfeld entfernt. Noch heute erkennt man dort einige Spuren des Handstreiches, mit dem es der Fürst Leopold zwei Tag vor dem Kampf eroberte.[612] In mehreren der Löcher, die Kugeln und Kanonengeschosse hinterlassen haben, findet man noch das Eisen und das Blei, das sie verursacht haben. Der unterirdische Gang, den er benutzte, um sich Eingang zu verschaffen, sowie die Geheimtreppe, mit Hilfe derer er in einem Zimmer des Erdgeschosses auftauchte, sind gleichermaßen unversehrt. Die Erinnerung an diesen Fürsten ist hierzulande noch sehr lebendig und jeder erzählt von ihm /190/ und von seinen Heldentaten. Im Übrigen möchte ich betonen, dass das Schloss von Pianezza[613] keineswegs ein alter gotischer Bergfried ist, wie ich ursprünglich dachte, sondern ein moderner, gut aussehender Bau, wenn er auch unbewohnt und unmöbliert ist. Danach erkundeten wir das Feldlager bei Venaria sowie die verschiedenen Wege, die die Kolonnen von Soldaten verwendeten, um die Verschanzung anzugreifen.

Mit großer Aufmerksamkeit durchquerten wir anschließend die berühmte Ebene, in der unsere Nation am 7. September des Jahres 1706 über die Franzosen triumphierte und den Herzog von Savoyen und seine Hauptstadt rettete. Dank unseres Wegbegleiters und seines Plans und anhand zahlreicher Steine und Grenzsteine, die die Richtung des befestigten Lagers zeigen, gelang es uns leicht, uns eine Vorstellung von diesem unvergesslichen Ereignis* zu machen, obwohl sich das Gelände seit dieser Zeit sehr verändert und sich die Anzahl der Pachthöfe, Bäume und kleinen Kanäle zur Bewässerung der Äcker[614] sehr erhöht hat. Die zweite Stellung der französischen Armee nach dem Sturm und der Eroberung der ersten Linie, sowie eine letzte, wo ein großes Armeekorps die Waffen niederlegte, sind ebenfalls mit Steinen markiert, die alle das Datum 1706 tragen.

Der Prinz Johann Georg hatte in Rivoli nicht angehalten. An einer heftigen Kolik leidend, die ihn in Susa befallen hatte, fuhr er im Wagen direkt nach Turin.

---

* Dem Abbé Richard ist eine große Dummheit herausgerutscht, als er geschrieben hat (Bd. 1, S. 69[615]), dass der Prinz Eugen Glück hatte, durch die Zitadelle durchzukommen.

Wir fanden ihn in den Händen eines königlichen Arztes, den der König gesandt hatte, als er von seiner Unpässlichkeit erfuhr. Einige Tage später kehrte ich mit dem Prinzen zum Schlachtfeld zurück, um es ihm zu zeigen. Nachdem wir alles gesehen hatten, begaben wir uns zum Kloster der Kapuziner der Heiligen Jungfrau des Landes[616], um das Grabmal des Marschalls de Marsin[617] zu besichtigen. Als wir wieder aus der Kirche kamen, sahen wir uns im Kreuzgang des Klosters ein Gemälde an, das die Rettung Turins darstellt.[618] /191/ Obwohl es ziemlich schlechter Qualität ist, erkennt man mühelos drei Figuren im Vordergrund an ihren Uniformen und Kennzeichen als den Herzog von Savoyen, Prinz Eugen und Fürst Leopold.

Ich fragte die Pater, wer die Person mit einem blauen Rock und einem gelben Band wäre. „Es ist der Fürst von Dessau", erwiderten sie, „der als erster mit seinen Truppen die Verschanzung betrat und der darüber hinaus dank seines außerordentlichen Mut maßgeblich zum Sieg an diesem Tag beigetragen hat". Wir verließen das Kloster und waren im Begriff, auf unsere Pferde zu steigen, als die gesamte Bruderschaft angerannt kam und sich um uns herum stellte, um sich den Prinzen Johann Georg anzusehen. Dabei standen alle Brüder mit offenem Mund da und sie machten eine tiefe Verbeugung nach der anderen. Da wir nicht verstanden, was es zu bedeuten hatte, sagte uns ein Knappe des Grafen Khevenhüller[619], der uns begleitete, dass er beim Rausgehen den Kapuzinern gesagt habe: „Wissen Sie eigentlich, dass der junge Herr dort der Enkel des Fürsten von Dessau ist, von dem Sie vorhin erzählten". Darauf seien diese braven Leute Hals über Kopf rausgerannt, ihre Brüder zu rufen, damit diese auch den Fürsten sehen konnten.

Sie ahnen wohl, dass wir es nicht versäumten, an einem anderen Tag die Kirche *della Superge* oder *Madonna della Vittoria*[620] zu besichtigen. König Viktor hatte gelobt, im Falle eines Sieges eine Kirche zu errichten und er ließ diese bauen, um sein Gelübde zu erfüllen. Sie ist ein herrliches Gebäude, das zugleich als Grabstätte der königlichen Familie dient. Dies beweist zur Genüge, für wie wichtig der Stifter den Erfolg dieses Tages hielt. Die Bibliothek des Monasteriums verfügt über einen ziemlich reichen Bestand an modernen, vor allem auf Französisch verfassten Büchern.

Der König[621] ist schmal und nicht sehr groß. Er ist einfach bekleidet und redet mit Bescheidenheit. Als wir ihn zum ersten Mal sahen, hatte er eine Kleidung aus braun-grauem Tuch mit einer goldenen Litze an. Er trug eine runde Perücke, die nach hinten ein wenig länger ist und mit einem Knoten endet, eine dicke weiße Krawatte statt eines Kragens, einen sehr kurzen Degen, einen kurzen Stock, Schuhe mit kleinen Schnallen. Ich muss zugeben, dass sein

1 Georg Heinrich von Berenhorst; Gemälde von Christoph Friedrich Reinhold Lisiewsky, um 1760

2 Leopold I. Fürst von Anhalt-Dessau, Vater des Georg Heinrich von Berenhorst; Gemälde von Christoph Friedrich Reinhold Lisiewsky nach Antoine Pesne, um 1750

3 Ansicht von Schloss Sandersleben, Geburtsort des Georg Heinrich von Berenhorst; Kupferstich (Ausschnitt) aus Johann Christoph Beckmann: Historie des Fürstenthums Anhalt, Zerbst 1710

4 Leopold III. Friedrich Franz Fürst von Anhalt-Dessau in Rom; Gemälde von Wilhelm Hartkopf nach dem Originalgemälde Anton von Marons von 1766 (vgl. Seite 97 des Journals)

5 Prinz Johann Georg von Anhalt-Dessau; Gemälde von Christoph Friedrich Reinhold Lisiewsky, um 1765 (Kriegsverlust)

6 Friedrich Wilhelm von Erdmannsdorff; Pastell von Johann Friedrich August Tischbein, um 1795

7 Venedig: Ansicht des Canale Grande mit San Maria del Carmine und SS. Simeon und Juda; Wandmalerei von Johann Fischer im Wohnzimmer des Herrn von Erdmannsdorff im Schloss Wörlitz

8 Venedig: Die Rialto-Brücke; Wandmalerei von Johann Fischer im Wohnzimmer des Herrn von Erdmannsdorff im Schloss Wörlitz

9 Venedig: Blick auf den Dogenpalast von der Isola di San Giorgio Maggiore; Wandmalerei von Johann Fischer im Wohnzimmer des Herrn von Erdmannsdorff im Schloss Wörlitz

10 Venedig: Der Markusplatz mit dem Aufbruch des Dogen zur Vermählung mit der Adria; Wandmalerei von Johann Fischer im Wohnzimmer des Herrn von Erdmannsdorff im Schloss Wörlitz

11 Venedig: Mündung des Canale Grande und Einfahrt in die Stadt; Wandmalerei von Johann Fischer im Wohnzimmer des Herrn von Erdmannsdorff im Schloss Wörlitz

12 Rom: Das Pantheon; Wandmalerei von Johann Fischer im Wohnzimmer des Prinzen Johann Georg im Schloss Wörlitz

13 Rom: Das Colosseum; Wandmalerei von Johann Fischer im Wohnzimmer des Prinzen Johann Georg im Schloss Wörlitz

14 Rom: Die Villa des Maecenas; Wandmalerei von Johann Fischer im Wohnzimmer des Prinzen Johann Georg im Schloss Wörlitz

15 Rom: Das Goldene Haus des Nero; Wandmalerei von Johann Fischer im Wohnzimmer des Prinzen Johann Georg im Schloss Wörlitz

16 Rom: Das Grab der Caecilia Metella; Wandmalerei von Johann Fischer im Wohnzimmer des Prinzen Johann Georg im Schloss Wörlitz

17 Neapel: Die Grotta di Posillipo bei Pozzuoli; Wandmalerei von Johann Fischer im Wohnzimmer des Prinzen Albert im Schloss Wörlitz

18 Neapel: Das sogenannte Grabmal des Vergil; Wandmalerei von Johann Fischer im Wohnzimmer des Prinzen Albert im Schloss Wörlitz

19 Neapel: Ein antiker Grabturm in San Vito bei Pozzuoli; Wandmalerei von Johann Fischer im Wohnzimmer des Prinzen Albert im Schloss Wörlitz

20 Neapel: Das Castell Nuovo mit Blick auf den Vesuv; Wandmalerei von Johann Fischer im Wohnzimmer des Prinzen Albert im Schloss Wörlitz

21 Neapel: Der Palazzo Donn' Anna mit Blick auf den Vesuv; Wandmalerei von Johann Fischer im Wohnzimmer des Prinzen Albert im Schloss Wörlitz

22 Neapel: Der „Tempel der Diana“ in Bajae; Wandmalerei von Johann Fischer im Wohnzimmer des Prinzen Albert im Schloss Wörlitz

23 Neapel: Der „Tempel der Venus“ in Bajae; Wandmalerei von Johann Fischer im Wohnzimmer des Prinzen Albert im Schloss Wörlitz

24 Florenz: Die Uffizien; Wandmalerei von Johann Fischer im Wohnzimmer der Hofdamen im Schloss Wörlitz

25 Florenz: Die Villa Poggio a Caiano; Wandmalerei von Johann Fischer im Wohnzimmer der Hofdamen im Schloss Wörlitz

26 Florenz: Die Villa della Lina bei Florenz; Wandmalerei von Johann Fischer im Wohnzimmer der Hofdamen im Schloss Wörlitz

27 Florenz: Blick auf den Arno mit der Porta della Croce; Wandmalerei von Johann Fischer im Wohnzimmer der Hofdamen im Schloss Wörlitz

28 Florenz: Die Piazza SS. Nunziata mit der Reiterstatue Ferdinand I.; Wandmalerei von Johann Fischer im Wohnzimmer der Hofdamen im Schloss Wörlitz

29 Florenz: Das Hospital und die Piazza SS. Nunziata; Wandmalerei von Johann Fischer im Wohnzimmer der Hofdamen im Schloss Wörlitz

30 Florenz: Die Ponte Santa Trinitá und der Platz vor SS. Rucellai; Wandmalerei von Johann Fischer im Wohnzimmer der Hofdamen im Schloss Wörlitz

31 Entsatz von Turin am 7. September 1706; Gemälde von Christian Jacob Paritius im Gotischen Haus Wörlitz, um 1708 (vgl. Seite 161 des Journals)

32 Florenz: Der Dom
Santa Maria del Fiore;
Wandmalerei von Johann
Fischer im Kirchensaal
im Gotischen Haus

33 Mailand: Der Dom Santa Maria Nascente; Wandmalerei von Johann Fischer im Kirchensaal im Gotischen Haus

34 Paris: Die Kathedrale Notre Dame de Paris; Wandmalerei von Johann Fischer im Kirchensaal im Gotischen Haus

35 London:
Westminster Abbey;
Wandmalerei von Johann
Fischer im Kirchensaal
im Gotischen Haus

36 Lincoln: Die Kathedrale St Mary; Wandmalerei von Johann Fischer im Kirchensaal im Gotischen Haus

37 York: Die Kathedrale St Peter (York Minster); Wandmalerei von Johann Fischer im Kirchensaal im Gotischen Haus

38 North Yorkshire: Die Ruine von Fountains Abbey; Wandmalerei von Johann Fischer im Kirchensaal im Gotischen Haus

39
Leeds: Die Ruine von Kirkstall Abbey; Wandmalerei von Johann Fischer im Kirchensaal im Gotischen Haus

40 Windsor: Fort Belvedere auf Shrubs Hill im Königlichen Park von Windsor; Wandmalerei von Johann Fischer in der Garderobe des Fürsten Franz im Schloss Wörlitz

41 West Wycombe: Der Venus-Tempel und die Walton Bridge im Garten von West Wycombe, Besitz des Sir Francis Dashwood, 15th Baron le Despencer (1708–1781); Wandmalerei von Johann Fischer in der Garderobe des Fürsten Franz im Schloss Wörlitz

42 West Wycombe: Das Schloss im Garten von West Wycombe, Besitz des Sir Francis Dashwood, 15th Baron le Despencer (1708–1781); Wandmalerei von Johann Fischer in der Garderobe des Fürsten Franz im Schloss Wörlitz

43 West Wycombe: Der See und die Kaskade im Garten von West Wycombe, Besitz des Sir Francis Dashwood, 15th Baron le Despencer (1708–1781); Wandmalerei von Johann Fischer in der Garderobe des Fürsten Franz im Schloss Wörlitz

44 London: Blick auf den Kanal und den gotischen Turm im Garten von Whitton bei Twickenham/London, Besitz des Archibald Campbell, 3th Duke of Argyll (1682–1761); Wandmalerei von Johann Fischer in der Garderobe des Fürsten Franz im Schloss Wörlitz

45 Plymouth: Das „Block House“ im Garten von Mount Edgcumbe bei Plymouth, Besitz des George Lord Edgcumbe, 1st Earl of Mount Edgcumbe (1720–1795); Wandmalerei von Johann Fischer in der Garderobe des Fürsten Franz im Schloss Wörlitz

Aussehen somit nicht auf einen König deutet. /192/ Jemand, der ihn nach seinem Erscheinungsbild beurteilte, würde sich sehr irren. Auf allen Gebieten, über die er sich unterhält, erweist er sich als sehr informiert. Im Allgemeinen ist er allen Ausländern gegenüber sehr freundlich und er bemühte sich, unseren Fürsten den vornehmsten Empfang zu bereiten. Der Graf von Khevenhüller, Gesandter des Wiener Hofes, stellte sie dem König vor. Dieser sagte zu ihnen „Meine Herren! Ich bin hochbeglückt, die Neffen[622] eines großen Mannes in unserem Haus zu sehen, dem wir und mein Staat so viel zu verdanken haben. Während Ihres Aufenthaltes werde ich versuchen, meinen Verpflichtungen bestmöglich nachzugehen". Ein paar Minuten nach dem Empfang der Fürsten wurden Herr von Erdmannsdorff und ich ebenfalls eingeführt. Seine Majestät war so gütig, an jeden von uns beiden einige Worte zu richten, bevor er dann mit allen redete. Ich war erstaunt, einen König zu hören, der wie ein Privatmann spricht. Als er von seinem Reich, seinen Truppen und seinen Anordnungen oder auch von seinen Kriegen sprach, sagte er immer „wir" und niemals „ich". Wüsste man nicht, dass er ein Herrscher ist, so hätte man es nie vermutet. Später suchte er jede Gelegenheit in der Öffentlichkeit, sich mit den Fürsten zu unterhalten, und er sprach vor allen anderen mit ihnen. Sie bekamen für ihre Fahrten in der Stadt einen Wagen des Hofes, den derselbe Kutscher lenkte, der gewöhnlich die königliche Kutsche lenkt, sowie ein Sechsergespann für die Spazierfahrten auf dem Lande. Darüber hinaus konnten sie nach Belieben Reitpferde des königlichen Stalls reiten. Wir anderen hatten genauso unsere Kutsche und die Livrée des Königs. Allerdings mussten wir davor zu Kammerherren des Regierenden Fürsten ernannt werden, damit der Etikette Rechnung getragen wurde.

Lassen Sie uns weiter vom König erzählen. Sehr gern berichte ich von einem Sterblichen, der des Thrones so würdig ist und über alle Talente zur Ausübung seiner Herrschaft verfügt. In Kriegszeiten leitete er seine Truppen selbst und im Frieden regiert wiederum er selbst: Seine Minister sind bloße Werkzeuge in seiner Hand, die er benutzt, um zu regieren. Obwohl er mit einer Strenge regiert, die sogar ein wenig dem Despotismus ähnelt, /193/ dürfen alle seine Untertanen mit ihm reden und sich bei ihm beschweren. Es wird ihm vorgeworfen, nach zu viel Sparsamkeit zu streben, aber bedenkt man, in welcher Lage er sich befindet, so wird man erkennen, dass er dazu verpflichtet ist. Ich brauche nicht die geschickte Politik zu erwähnen, die dieser Hof immer betrieben hat. Sicher weicht der König Karl Emmanuel davon nicht ab. Alle Provinzen werden bestens verwaltet und in Turin gibt es sämtliche Einrichtungen, die der Hauptstadt eines Staates notwendig sind: Hospitäler, Waisen- und Armenhäuser usw.[623] Während man im restlichen Italien stets von einer Menge von Bettlern umgeben ist, bittet hier keiner um Almosen. Der König ist ein großer Freund der Ordnung und fast zu pünktlich. Seitdem er herrscht, verläuft jeder Tag seines Lebens gleich. Man weiß auf die Minute genau, wann er aufsteht, zur Messe geht, sich an den Tisch setzt und wieder aufsteht. Kurzum, alles was er macht und unternimmt ist zeitlich minutengenau geregelt.*

Ein Offizier, der lange Page seiner Majestät war, versicherte mir, diese habe niemals nach etwas zu trinken verlangen müssen, da er genau den Zeitpunkt gekannt habe, zu dem ein Getränk gereicht werden sollte. Damit diese Ordnung aufrechterhalten bleibt, findet man überall Uhren in allen Vorzimmern und ein Uhrmacher wird ausschließlich dafür bezahlt, sie jeden Morgen aufzuziehen und richtig zu stellen. Während des Karnevals beginnt die Oper um 5 Uhr und so vielen Minuten, und der Vorhang fällt pünktlich um 10 Uhr. Der Edelmann, der mit der Organisation der Schauspiele beauftragt ist, hält eine Uhr in der Hand, um das Ganze so zu lenken, dass die Vorstellung weder eine Minute zu früh noch eine zu spät endet.

Es gibt mehrere Bräuche an diesem Hof, zum Beispiel denjenigen, die Haare zum „Fuchsschwanz"** zu formen und nicht als „Beutel", wenn man die Ehre hat, mit dem König oder der königlichen Familie zu sprechen /194/

Im Übrigen gibt es nichts Regelmäßigeres als diesen Hof. Verweilt er in Turin, so sieht sein Tagesablauf stets so aus: Morgens vor 11 Uhr versammelt er sich im Vorzimmer des Herzogs von

---

* Einige Hofleute habe ich gefragt, ob diese Exaktheit sie nicht stört. Sie meinten, das Gegenteil sei der Fall: sie sei ihnen angenehm, da sie sie vom Verdruss befreit, Maulaffen feil zu halten und den ganzen Tag wartend zu verbringen.

** Fuchsschwanz: die Haare sind wie üblich nach hinten gebunden, aber statt danach ein Band um sie herum zu wickeln, um daraus einen Schwanz zu machen, lässt man sie offen und dreht am Ende einige Locken. Hat jemand zu wenig natürliche Haare, nimmt er künstliche, die hier fertig zu kaufen sind. Vor nicht langer Zeit hatte der Englische Gesandte, der einen *Gentleman* seiner Nation vorstellen sollte, zu jenem gesagt: „Sehen Sie für morgen einen Fuchsschwanz vor. Vergessen Sie es nicht." Am nächsten Morgen bringt er seinen Landsmann zum Hof. Als beide die große Treppe hochgehen, bemerkt der Gesandte dann, dass sein Begleiter seine Haare in einem Beutel zusammengebunden hat. „Aber, mein lieber Freund! Hatte ich Ihnen gestern nicht gesagt, Sie sollen einen Fuchsschwanz haben?" „In der Tat, mein Herr, und ich habe auch einen bei mir", erwidert dieser und zieht aus seiner Tasche einen wirklichen Fuchsschwanz und schwört, dass es sehr schwer gewesen sei, einen solchen zu finden.

Savoyen; gegen 11 Uhr erscheint seine Königliche Hoheit und spricht mit einigen, vor allem mit Ausländern. Kurz vor halb zwölf meldet ein Hofkavalier die Uhrzeit und der Hof zieht sich umgehend in sein Zimmer zurück, um sich danach über eine Geheimtreppe zum König zu begeben. Die Herzogin von Savoyen[624], der Herzog von Chablais[625] und die zwei Prinzessinnen[626] tun das Gleiche und alle, Ausländer wie Hofleute, laufen zum Vorzimmer des Königs. Pünktlich um halb zwölf werden die zwei Türflügel geöffnet und jeder betritt nach seinem Rang das Zimmer. Nur die königliche Familie geht bis unmittelbar vor den König. Dann hört man die Messe. Wenn diese vorbei ist, zieht man sich in derselben Ordnung zurück. Anschließend unterhält sich der König noch einige Minuten mit den Botschaftern und den Abgesandten und denjenigen, die das Privileg des sogenannten freien Zutritts haben. Dann setzt er sich zu Tisch. Die gesamte königliche Familie isst immer zusammen und kein weiterer, welchen Ranges er auch ist, wird dazu zugelassen. Am Nachmittag kümmert sich der König noch einmal um die Staatsgeschäfte und die Prinzen und Prinzessinnen gehen manchmal spazieren. Von Zeit zu Zeit verbringt der König die Nacht in Stupinigi. Um 8 Uhr abends versammeln sich die Damen und diejenigen, die es mögen, in den Vorzimmern des Königs. Wenige Minuten später, zu einer klar bestimmten Zeit, wie man es sich denken kann, tritt die Gesellschaft ein. Die Prinzessinnen sitzen und die Damen, allesamt /195/ in Kleidern (ein Kleidungsstück, dass die Prinzessinnen und ihre Kammerdamen stets tragen) ordnen sich im Halbkreis um sie an. Der König und die Prinzen stehen vor dem zweiten Fenster und die Gesandten sowie die Hofleute, die einen freien Zutritt zu ihm haben, umgeben ihn ebenfalls. Die Prinzessinnen stehen auf und gehen eine nach der anderen zu ihren Damen und richten einige Worte an sie, während ein Hofkavalier ihren Rockschoß trägt. Der König und der Herzog von Savoyen gehen ebenfalls zu ihren Hofleuten. Nach einer guten Viertelstunde verbeugt er sich und alle ziehen sich zurück. Diese Gesprächsrunde heißt nicht zu Unrecht „Kreis". Der Herzog von Chablais erscheint dort nicht, denn man will ihn nicht den Versuchungen des Fleisches aussetzen, indem er die Damen in dieser Art Nacktheit sähe, zu der sie das Tragen eines Kleides nötigt.

Es ist nicht zu glauben, unter welchem Zwang dieser Prinz sowie sein ältester Bruder leben. Das ist das Einzige, das meines Erachtens dem König nicht zu verzeihen ist und seine Familie hofft zwangsweise, davon befreit zu werden. Der Herzog von Chablais wird genau wie ein Kind gehalten: immer steht sein Erzieher hinter ihm, obwohl er in seinem 25. Lebensjahr ist. Derselbe Erzieher schläft ebenfalls überall neben seinem

Bett. Hört man diesen Prinzen sprechen, wird klar, mit welcher Treue er die Absichten des Königs, seines Vaters, unterstützt, denn seine Stimme ist abwechselnd stark und schwach, wie es bei Jugendlichen von 15 oder 16 Jahren ist, bei denen sich die Pubertät erst ankündigt. Der Herzog von Savoyen selbst, obwohl er 40 Jahre alt und Vater einer großen Familie ist, hat bis jetzt viele Aufgaben wahrzunehmen, die ihn um mindestens 25 Jahre jünger erscheinen lassen. Er genießt überall Achtung und Liebe und wahrhaft verdient es keiner mehr. Seine Freundlichkeit, seine umfangreichen Kenntnisse und seine Bescheidenheit tragen dazu bei, dass er allgemeinen Beifall findet. Darüber hinaus ist er ein guter Vater und ein beispielhafter Ehemann, denn es ist eine beschlossene Sache, dass er nie gegen die eheliche Treue verstoßen hat. Allerdings muss man vermerken, dass es ihm unmöglich gewesen wäre, anders zu handeln./196/

Trotz dieser Verdienste muss der Herzog von Savoyen mit Verdruss feststellten, dass der Herzog von Chablais und nicht er selbst Nachfolger würde, wenn sein Vater, der König, darüber entscheiden könnte.[627] Um so gut wie möglich diesen geliebten, aber vom Schicksal benachteiligten Sohn zu entschädigen, hat der König ihm eine Apanage zugewiesen, die, so wird behauptet, so groß ist, dass es im Missverhältnis zu den Staatseinkünften steht. Daher sagt man Meinungsverschiedenheiten zwischen den zwei Brüdern voraus. Der Herzog von Chablais verfügt über eine schnelle Auffassungsgabe und alles, was eine gepflegte Erziehung verleihen kann, aber, ich weiß nicht, man steht ihm nicht so positiv gegenüber wie seinem älteren Bruder.

Leicht bemerkt man, dass die Herzogin von Savoyen nie schön war. Und selbst wenn sie diesen Vorteil gehabt hätte, so hätte sie ihn durch die ständigen Schwangerschaften eingebüßt.[628] Sie liebt ihren Gatten und beobachtet alle seinen Vorlieben, um ihnen von selbst zu entsprechen. Nach reiflicher Überlegung rechtfertigen die zehn Kinder, die er ihr in 15 Jahren Ehe geschenkt hat, eine gewisse Dankbarkeit ihrerseits. Denn nur selten erfahren die Infanten dieses Glück. Ansonsten zeigt sie den gleichen Charakter wie die anderen Mitglieder der königlichen Familie: eine freundliche Höflichkeit. Ihren Verstand lobt man in den höchsten Tönen.

Die Prinzessinnen werden sichtlich älter, man sieht jedoch, dass sie mal Anmut besaßen, und dass ihr Schicksal nicht ihrer Bestimmung entspricht.[629] Angesichts dessen, was zum Schutz der Unschuld des Herzogs von Chablais unternommen wird, lässt sich leicht denken, welche Vorsichtsmaßnahmen bei den Prinzessinnen getroffen werden: Davon zeugt ihr gesamter Gesichtsausdruck, der Wehmut bekundet, und sie erwecken den lebhaftesten Eindruck einer Blume, die am Stängel verwelkt. Ihnen gilt mein ganzes Mitleid. Nicht dass mir nicht bekannt wäre, wie viele Prinzessinnen es auf der Welt gibt, die nicht heiraten. Aber dass sie ihre Schätze gänzlich unversehrt behalten, nachdem sie das Alter erreicht haben, in dem die Politik nicht mehr mit ihnen rechnet, und in dem sich *Mutter Natur* gewöhnlich am wirksamsten spüren lässt, hängt mit einer gewissen Willkür zusammen. /197/ In Turin ist es vollkommen anders: Dort ist man nicht nur Jungfrau, sondern man muss es absolut bleiben, ohne *Wenn* und *Aber*. Beide Prinzessinnen haben sehr gute Manieren, und es bedeutet nicht wenig, diese in dem Zustand der Abgeschiedenheit von der Welt gelernt zu haben, in dem sie sich befinden. Die dritte Prinzessin lebt in Chieri in einem Kloster. Ab und zu besuchen sie die anderen.

Alle Kammerdamen wetteifern um Alter und Hässlichkeit. Man muss sie nur in Kleidern mit entblößtem Hals und Schultern sehen, um sich vorzustellen, welche Stufen die Gebrechlichkeit hat und wie sich das Alter schrittweise auf den menschlichen Leib auswirkt.

Das größte Vergnügen des Königs und seiner Söhne ist die Jagd, vor allem die Hirschjagd. Der Herzog von Savoyen zeichnet sich darin aus, sowohl durch seine Unerschrockenheit als auch durch seine Geschicklichkeit bei der Hatz. Gleiches galt für den König, als er noch Vitalität besaß. Jetzt reitet er noch gut, aber bei der Jagd zeigt er nun mehr Vorsicht und er setzt sich der Gefahr weniger aus, wenn er auch für sein Alter immer noch sehr viel Temperament dabei zeigt. Der Herzog von Savoyen muss auch, um seine Ruhe zu haben, seine Vorteile vorsichtig nutzen: Er vermeidet oft, beim Töten des Hirsches dabei zu sein, wenn der König nicht anwesend ist.

Der Graf von Viry[630] hat das Departement der auswärtigen Angelegenheiten inne. Es kann als sicher erachtet werden, dass hier niemand beschäftigt wird, wenn er nicht mindestens die notwendigen Talente besitzt, um sein Amt ausüben zu können. Der Graf von Viry beschränkt sich allerdings nicht darauf: Als Botschafter in London war er im Jahr 1762 der Urheber der Vermittlung, die sein Herr zwischen den zwei Kriegsmächten unternahm.[631] Er ist ein großer kränklicher Mann, der nie sein Zimmer verlässt. Der Cavaliere Raiberti[632], erster Schreiber im gleichen Departement, ist sein Gehilfe. /198/ Dieser ist ein verdienstvoller Mann, der mehr als einmal die Geschäfte geleitet hat, als das Amt des Ministers unbesetzt war. Um mit einem einzigen Zug die Sparsamkeit dieses Landes und die dort herrschende Ablehnung des Luxus' anschaulich zu machen, weise ich darauf hin, dass der Cavaliere Raiberti über keinen Wagen verfügt und daher zu Fuß durch die Stadt läuft. Sein Gehalt beträgt 6 000 piemontesische Livres, die er allerdings erst seit sehr kurzer Zeit erhält, denn davor war seine Apanage noch geringer.

Der Graf von Bogino[633], der Kriegsminister, genießt beim König großes Ansehen und seine Macht übersteigt die aller Minister. Von niederer und bescheidener Herkunft ist er Stufe für Stufe gestiegen, bis er seinen jetzigen Posten erreicht hat. Er war den Fürsten gegenüber sehr höflich und mir scheint, dass seine Untergebenen ihn nicht zu sehr hassen. Der Generalleutnant Graf della Rocca[634] ist Inspektor der Infanterie, aber seine Macht in der Armee ist durch die Befugnisse des Grafen Bogino sehr eingeschränkt.

Da der Piemont ein militärischer Staat ist[635], der sich trotz seiner mächtigen Nachbarn durch Eroberungen vergrößert hat, genießt hier der Kriegsberuf eine große Wertschätzung*. Aus diesem Grund dienen alle Standesleute, oder sie haben gedient.

Sonst nimmt der Hof keineswegs Rücksicht auf die Geburt. Jeder muss auf den unteren Stufen anfangen, und nur selten wird eine Ausnahme gemacht und jemand befördert, der angesichts seines Dienstalters nicht an der Reihe wäre. Es dauert demnach immer lange, befördert zu werden, da der Grundsatz, die alten Offiziere zu verabschieden, hier noch nicht verankert ist. Daher ergibt sich, dass die in Bezug auf ihre Geburt ersten Damen Frauen von Leutnanten, ja sogar von Fähnrichen sind. Dies erschien uns am Anfang ein wenig seltsam, weil diese niederen Ränge in anderen Truppen in der Regel /199/ von den jüngsten Söhnen oder jungen Leuten bekleidet werden. Dass ein Mann von Stande und Familienvater bloß Fähnrich wäre, würde man in Berlin, Paris usw. als höchst lächerlich ansehen.

Die Kriegsleute seiner Majestät von Sardinien haben nicht das, was man heutzutage ein gutes soldatisches Aussehen nennt, da der König seit seinem Machtantritt nicht die kleinste Veränderung in der Kleidung, der Bewaffnung oder gar in der Disziplin vorgenommen hat.**

Die Infanterie steht Wache, greift an und schießt ohne aufgepflanztes Bajonett. Hat man auf Bildern die preußischen

---

* Daher wundere ich mich, dass weder der König noch die Prinzen seines Geschlechts jemals die Uniform tragen. Im Grunde genommen bedeutet es dennoch nichts, findet man dort genug Prinzen, die ihren stolzen Kriegern diese imaginäre Ehre erweisen und dabei durch ihr normales Verhalten zeigen, wie wenig sie innerlich diese ehrwürdige Klasse von Staatsbürgern achten, die ihnen ihr Leben und ihr Blut weihen.

** Frankreich, Österreich und einige kleinere Staaten ändern hingegen seit zwanzig Jahren ihre Vorschriften dazu so gut wie monatlich.

Soldaten des Anfangs des Jahrhunderts gesehen, so hat man auch den heutigen piemontesischen Infanteristen gesehen. Die nationalen Truppen werden sehr schlecht bezahlt, die deutschen ein wenig besser und die schweizerischen hervorragend. Unter letzteren habe ich sehr gebildete und verdienstvolle Offiziere getroffen. Zurzeit besteht die Armee aus 32 Bataillonen: 14 piemontesischen (einschließlich der Artillerie), 10 schweizerischen, 4 deutschen, 2 savoyischen und 2 französischen. 12 Bataillone der Miliz können innerhalb von sechs Tagen einberufen werden.[636] Die Kavallerie ist schwach (in Anbetracht der Beschaffung des Landes braucht man diese auch kaum): Sie setzt sich aus 6 Regimenten à 5 Schwadronen in Kriegs- und 3 in Friedenszeiten zusammen. Das ist alles. Die Staatseinkünfte betragen zehneinhalb Millionen Florins.

Es ist fast eine ausgemachte Sache, dass unsere Fürsten an jedem Hof in Italien einen ausländischen Gesandten finden, der für sie Zuneigung empfindet und sie mit Freundschaft und Höflichkeitsbekundungen überhäuft. Hier ist es der Graf Khevenhüller, den ihr guter Stern mit dieser großzügigen Aufgabe anvertraut hat. Er geht dieser so gut nach, dass ich zweifle, dass er mehr zugunsten eines Erzherzogs täte, der Sohn seiner Herrscherin wäre. Auch wenn seine Manieren weniger einnehmend sind als die des Grafen Firmian, /200/ so tut er einen Gefallen nicht aus seiner Erziehung heraus, sondern weil eine innere Neigung ihn sozusagen dazu zwingt, einen Gefallen zu tun. Deswegen muss man dem Grafen Khevenhüller, so scheint es mir, umso mehr verbunden sein, was ich auch von ganzem Herzen bin. Seine Gattin, eine geborenen Prinzessin von Lichtenstein[637], ist eine sehr liebenswürdige Frau. Beide weisen eine für ihr Alter beachtliche Nachkommenschaft auf. Ich habe davon abgesehen, zu vertiefen, wie ihr Verhältnis tatsächlich ist, denn ich glaube, Hinweise gefunden zu haben, dass es um die Ehe nicht sehr gut steht. Die Frau des Grafen zeigt einem Mann gegenüber viel Wohlwollen, obwohl man diesem eigentlich nicht genug Charme zutrauen würde, um einen Ehemann wie Herrn von Khevenhuller vergessen zu machen. Ahnt dieser die wirkliche Lage nicht, so ist er nicht dafür zu tadeln, dass er von sich selbst eine so schlechte Meinung hat, dass er einen Hinterhalt seitens des erwähnten Mannes fürchtet.

Nach dem Vorbild des Hofes ist man in Turin nicht sehr großzügig mit Einladungen zum Essen. Der Marquis von Aglie war der einzige der piemontesischen Herren, der uns mit einem Essen erfreute. Nur zwei Mal in der Woche finden öffentliche Versammlungen statt, jeweils bei den Gesandten vom Wiener Hof und von Madrid. Letzterer heißt Graf de la Torre Palma, bei welchem wir auch gegessen haben. Vom ersteren erzähle ich nicht. Wir waren bei ihm wie zu Hause. Der englische Gesandte war zum Zeitpunkt unseres Aufenthaltes nicht in Turin.

Die Damen von Turin, die von den Reisenden so gepriesen werden, sind nicht wirklich schön. Zugegebener Weise verweilten einige auf dem Lande, als wir uns in Turin aufhielten. Unter denjenigen, die ich dort gesehen habe, verdient die Gräfin de Piozzo als einzige dieses Attribut. Frau Borgharetti könnte ebenfalls den Anspruch darauf erheben, aber angesichts einiger Mittel, die sie nunmehr fleißig verwendet, streiche ich sie meinerseits von der Liste. Frau de Rivarola, die Favoritin des Principe di Carignano und Frau von Chatillon sind sehr hübsch, aber den ganzen Rest, mein lieber Leser, kann man vergessen, das können Sie mir aufs Wort glauben. Bezüglich ihres Charakters schrieb unser Landsmann Keyßler vor 37 Jahren Folgendes: /201/ Bd. 1, S. 201 „Was die Lebensart der Damen in Turin anlangt, so ist solche sehr frey, sie sprechen viel mit Mannspersonen, und lachen so viel und ausgelassen, daß man an andern Orten leichtlich etwas dawider zu sagen haben würde. Jede hat ihren Liebhaber und Unterhändler ihrer Liebeshändel, mit welchem sie in Assembleen sich unterhält. Allein für Fremde, die nicht sehr großes Geld verzehren wollen, ist wenig zu thun, und keine sonderliche Bekanntschaft zu hoffen. Der Ehrgeiz und die Begierde, gelobt zu werden, machet, daß sie ihnen aufs höflichste begegnen, vor ihnen, wenn sie in Gesellschaften kommen, aufstehen, auch mit ihnen vom Wetter, der Oper und dergleichen Dingen reden; dabey aber bleibt es. Wie sie gegen einen Fremden in der ersten Woche gewesen, so sind sie auch nach einem Viertheljahre, und verringert sich vielmehr der höfliche Umgang, wenn sie vermuthen, man bleibe lange am Hofe oder in der Stadt. Sie sprechen wenig französisch und meistentheils ihr piemontesisch, welches ein Mischmasch von der französischen und italienischen Sprache ist.“ Hier handelte es sich um die Mütter und Großmütter der jetzigen Generation, die jedoch ihre Sitten ihren Töchter so gut vererbt haben, dass die Beschreibung auf die Frauen, die ich dort getroffen habe, noch gänzlich zutreffend ist, bis auf die Französische Sprache, die sie nunmehr sehr gut sprechen. Hingegen kennt so gut wie keiner die italienische Sprache.*

Die Piemonteser zählen sich auch nicht zu den Italienern. Sie sagen zum Beispiel: „Sie fahren nach Italien?“ oder „Sie kommen aus Italien?“ Sie maßen sich an, eine eigene Nation zu sein.

---

* Das Volk bedient sich noch dieser Sprache in seinem Dialekt. Französisch versteht hingegen jeder und alle, sogar die Handwerker, sprechen es.

Zunächst nach dem Essen besucht man hier die Damen und läuft dann durch mehrere Räume, aus denen das Licht gebannt ist und wo nur die tiefste Finsternis herrscht. Im letzten findet man sie schließlich, stets in Begleitung von einigen Männern, nie von Frauen. /202/ Ich kann mir vorstellen, dass man sehr früh kommen muss, um als erster diese vorteilhafte Dunkelheit ausnutzen zu können, in der die später Kommenden, die vom Licht geblendet sind, einige Minuten verbringen, ohne irgendetwas zu sehen. Dies gilt natürlich nur für den Sommer. Wie man sich hingegen im Winter aus der Affäre zieht, weiß ich nicht. Nach 4 Uhr gehen die Damen raus, um spazieren zu gehen und von da zum Schauspiel, das an diesem Tag nicht gerade überragend war, da eine Truppe von schlechten Komödianten sich eingebildet hatte, ernsthafte Stücke auf der Bühne Carignanos zu spielen.

Im Allgemeinen findet Thalia, wenn sie sich in ihrer wohlanständigen Kleidung zeigt, keine guten Anhänger in diesem Land, in dem ihre Kunst auferstanden ist. Sobald sie jedoch die Hose der Possenreißer oder den Pet-en l'air[637a] einer Zotenreißerin anzieht, ist das Ergebnis ein wenig besser.

Ich komme noch einmal auf die Frauen zu sprechen. Leute mit einer guten Kenntnis der Sachlage haben mir versichert, dass man ihnen gegenüber keineswegs ungerecht ist, wenn man sie für etwas mehr als zuvorkommend hält und dass ihre Schamlosigkeit so weit geht, dass sie unter sich kein großes Geheimnis von ihren Abenteuern oder von den Folgen machen, die diese oft in diesem heißen Klima haben. Frau Borgharetti betrachte ich als den besten Beweis hierfür: Schon bei unserem ersten Besuch verheimlichte sie uns nicht ihre Krankheit. Im Gegenteil, sie beschrieb deren unterschiedlichen Symptome und fragte uns nach unserer Meinung. Sie musste stets lachen, als sie sich an die zahlreichen Gelegenheiten erinnerte, in denen sie sich diese Krankheit eingehandelt hatte. Dennoch litt sie unter gewaltigen Schmerzen und musste stets das Bett hüten.

Damit Sie sich vorstellen können, wie romantisch die Italiener noch heute sind und wie stark ihre Neigung zum Rittertum ist, mache ich darauf aufmerksam, dass der neapolitanische Gesandte, Graf Pignatelli[638], der über alle Maßen in Frau Borgharetti verliebt war, jeden bedrohte, der sich erdreistete zu glauben, dass ihre Krankheit keine natürliche und unschuldige Ursache hätte. /203/ Er zweifelte keinesfalls an ihrer Tugend, während sie selbst sich über die Visionen dieses freiwilligen Paladins lustig machte. Sie erzählte uns, er verehrte sie seit vier oder fünf Jahren, und hatte es nie gewagt, sie um die kleinste Gefälligkeit, ja sogar nicht einmal um einen Kuss zu bitten. Dennoch fehlt es diesem Mann weder an Geist noch an Kenntnissen, und er spricht mehrere Sprachen, unter anderem Deutsch, obwohl er niemals in diesem Land war.*

In Turin begegneten wir dem Grafen von Paar[639] mit seinem Mentor, dem Oberstleutnant O' Flanagan. Dieser Mentor hielt es für richtig, sich in Frau Borgharetti zu vernarren, obwohl er wusste, warum sie so viele Medikamente einnimmt. Dieses Pärchen passte recht gut zusammen, denn das kleine Gut, das sie bereits besaß, hätte der Herr Oberstleutnant mit der Gicht und dem Gries bereichern können, zwei Krankheiten, die ihn abwechselnd plagten. Angesichts der gegenwärtigen Gesundheitslage beider führte die schöne Leidenschaft des irischen[640] Herrn bloß zu galanten Worten beiderseits.

Herr Rust stieß hier von Genua über Livorno zu uns. Er wurde nach Venedig zu Herrn Kottowski geschickt, mit welchem er nach Dessau zurückkehren sollte. Der Friseur Beuchling bat in Turin um seinen Abschied und erhielt ihn auch.

Bekanntschaften:[641]
Der Marquis de Viry, Minister der ausländischen Angelegenheiten
Der Graf von Bogino, Kriegsminister
Der Graf della Rocca, Generalleutnant und Inspektor der Infanterie
Der Graf von Brisquerasque, Gouverneur der Zitadelle[642]
Der Graf von Frinc, Gouverneur von Susa
Der General Fatio, Chef eines schweizerischen Regiments in Susa
Der Cavaliere Raiberti, erster Schreiber im Ministerium
für ausländische Angelegenheiten
Don Emmanuel Valguarnera, aus Sizilien, Generalleutnant[643]
Der Marquis de Fleury, ehemaliger Erzieher
des Herzogs von Savoyen[644]
Der Erzieher des Fürsten von Piemont[645] /204/
Der Marquis d'Ormea[646].
Der Marquis d'Aglié, Erster Stallmeister des Königs
Der Cavaliere d'Antoni, Major der Artillerie
Der Cavaliere von Piozzo, Zeremonienmeister
Der Comte Piozzo[647], Ehemann einer schönen Frau[648]
Der Marquis d'Aigueblanche[649], erster Stallmeister
des Herzogs von Savoyen

---

* Der Herzog von San Nicola, den wir in Rom kennen lernten und in Neapel, seiner Heimat, erneut trafen, sprach auch ein wenig Deutsch und übte immer noch fleißig. Anscheinend ist dies seit der seligen Königin beider Sizilien, einer sächsischen Prinzessin, zur Mode geworden. Der Prinz Johann Georg, der diesen Herzog ins Herz geschlossen hatte, schickte ihm später aus London eine Sammlung der besten Autoren unserer Nation.

Der Principe di Cisterna[650], Sohn der Marquise de Voghera[651], einer Dame, der wir oft begegnet sind und Mutter von Frau von Piozzo
Der Herzog von Pecquigny, Franzose[652]
Der Herzog von Sambiasi, Spanier
Der Graf von Khevenhüller, Gesandter Wiens
Der Graf von Pignatelli, neapolitanischer Gesandter
Der Graf della Torre-Palma, Botschafter Spaniens[653]
Der Abbé Morelli, Resident des Römischen Hofes
Herr von Ménézes, Gesandter Portugals
Herr v. Zieten, Oberst, Besitzer eines deutschen Regiments in Turin[654]
Baron von Leuchtrum, Oberstleutnant des Zieten-Regiments[655]
Baron von Schulenburg, Hauptmann im selben Regiment
Herr von Seffreis, Botschaftssekretär der Wiener Botschaft
Herr von Rivarola, jüngster Sohn des Marquis d'Aglié[656]
Der Marquis von St. Marsan
Der Graf von Mezin
Der Prinz Doria aus Rom
Der Marquis Rossi, sein Gouverneur
Der Graf d'Antoni
Der Cavaliere Tomasi aus Sizilien, Reisender
Der Cavaliere de Surri, Oberst des Fatio-Regiments in Susa
Herr Dunant, Oberleutnant des Fatio-Regiments in Susa
Herr Fatio, Leutnant des Fatio-Regiments in Susa
Herr Garnier, Fähnrich des Fatio-Regiments in Susa
Der Graf von Carpenet, Vater von Frau de Chatillon, Freund der Familie de K.

Am 5. Juli
Um am schnellsten von Turin nach Alexandria zu reisen, müsste man nur die Po-Brücke überqueren, auf den Berg steigen und geradeaus nach Chieri zu fahren. Damit man jedoch einem zu harten und zu schwierigen Aufstieg entkommt, fährt man aus dem neuen Tor hinaus, überquert den Po erst in Moncalier und steigt von dort nach Chieri auf, einer ziemlich großen Stadt, die allerdings schlecht gebaut ist und aussieht wie zerstört. Da sie hoch liegt, hat man von dort eine der umfangreichsten Aussichten auf die Ebene und bis zu den Alpen. Der Ort, an dem wir die Pferde wechseln sollten, ist außerhalb der Stadt. Von dort aus konnten wir einen letzten Blick auf einen guten Teil des Piemonts werfen.

In San Michele, der dritten Station, fährt man die Hügel hinunter, die ab diesem Ort auf beiden Seiten bleiben und sich in Richtung Asti verbreitern. Dieses Asti besitzt nur eine alte Befestigungsmauer.[657] Fährt man weiter, so erreicht man wieder ein hügeliges Gelände. Alexandria liegt in der

Ebene zwischen den Flüssen Tanaro und Bormida. /205/
Man lässt die Zitadelle linker Hand hinter sich und überquert den Tanaro, um in die Stadt zu kommen. Dort kamen wir bei einer brütenden Hitze gegen 3 Uhr nachmittags an.

Wir hatten uns gerade in einer Herberge niedergelassen, als Graf d'Entremont[658], Gouverneur, und Graf de San Michele, Kommandant, an der Spitze ihres gesamten Generalstabs erschienen, um die Fürsten zu empfangen und zu begrüßen. Nachdem diese ihnen gesagt hatten, dass sie vorhätten, gleich am nächsten Tag weiter zu reisen, wurde beschlossen, die Zitadelle[659] sofort zu besichtigen. Dahin begaben wir uns alle zu Fuß. Sie ist an einer Stelle errichtet worden, die zu der kleinen Stadt namens Il Borgo gehörte. Der König Victor begann mit dem Bau der Zitadelle, die sechseckig ist und drei Kurtinenkatzen einschließt. Die Gräben sind zugeschüttet worden, damit die Luft besser wird. Dennoch ist sie trotz dieser Maßnahme immer noch so ungesund, dass hier keine Garnison stationiert ist.

Nachdem wir uns alles angesehen hatten, führte man uns durch die Stadt (die groß ist und, soweit ich sehe, gut bevölkert) zu einem Haus, das für die Gäste seiner sardinischen Majestät vorbereitet wurde. Eine ganze Kompanie samt Fahne bildete eine Ehrengarde.*

Wir zogen rasch unsere Festkleidung an, um beim Herrn Gouverneur zu erscheinen. Alle Adligen beider Geschlechter, alle Offiziere der Garnison mit ihren Frauen und Töchtern machten eine zahlreiche und prunkvolle Versammlung aus. Wir wurden links und rechts vorgestellt, tauschten Höflichkeiten mit diesem und jenem, wie es bei solchen Gelegenheiten üblich ist. Danach unterhielten wir uns.

Bedenkt man, wie wir den Tag verbracht haben, wird man mir sicher glauben, wenn ich sage, dass ich todmüde war und darüber hinaus sehr hungrig, so dass ich mich wirklich nach dem Essen sehnte, das jedoch noch lange nicht anstand. /206/
Nach einer Weile entstand eine gewisse Bewegung, die allerdings nur dem Aufstellen von Spieltischen diente. Erst spät endete das Spiel und als die Tische entfernt wurden, dachte ich, meine Hoffnung würde jetzt erfüllt. Leider war es nur, um die Gespräche wieder aufzunehmen. Ich wandte mich an einen Anwesenden und fragte, ob die Leute hier wohl nie äßen. „Doch", erwiderte er, „ein gutes Abendessen ist für Sie vorgesehen, aber heute ist Fastentag, und daher warten wir bis Mitternacht, damit sie auch Fleisch essen können." Jämmerliche Lösung dieses Problems!

---

* Gleiches war in Susa bereits geschehen.

Es blieb nichts anderes übrig, als bis zum Schluss zu warten und sich wie alle anderen mit Geduld zu wappnen. Am Ende gab es doch dieses so ersehnte Essen. Die Gesellschaft war nicht zahlreich, aber auserlesen und der Rest des Abends verlief ziemlich angenehm. Anschließend schliefen wir gut, wenn auch zu kurz.

Am 6.
Das Überqueren des Bormidas erfolgt mit einer Fähre in der Nähe der Stadt, auf der Straße nach Tortona, die man danach sofort verlässt, indem man nach rechts Richtung Novi abbiegt. Dort findet man nur eine unfruchtbare Ebene und schlechte Wege. Novi liegt am Fuß der Apenninen. Der Staat Genua beginnt hier. Die Stadt ist voller Menschen. Enge Straßen, hohe Häuser, aber überall hat man hier den Eindruck, dass ein breiter Wohlstand herrscht, das deutliche Zeichen einer republikanischen Herrschaft, welche genaue Form sie auch annimmt.

Bis Gavi sind die Berge nicht brachliegend. Erst danach sind sie ein wenig wild. Die Festung von Gavi[660] sieht man, vor allem wenn man von Genua kommt, auf einem malerischen Felsen. Der mit Steinen gepflasterte Weg schlängelt sich durch die Berge. Das Schloss della Bochette auf ihrem Gipfel verschließt die Passage. Von dort aus entdeckt man auf dem Kamm der Berge gegenüber, die zum Meer abfallen, die Stadtmauer von Genua.

Der Abstieg von diesen Apenninen eröffnet dem Auge die schönsten Dinge wie Häuser, Obstgärten und bestellte Felder. Bei der letzten Station folgt der Weg dem Fluss Polcevera, den Landhäuser säumen, welche /207/ in unmittelbarer Nähe der Stadt einen langen und einmalig schönen Vorort bilden (San Pedro d'Arena). Es gibt nichts Lieblicheres als diese Straße. Ich sollte davon mit mehr Anschaulichkeit berichten, aber mein Wortschatz ist erschöpft. Möge der Leser die Güte haben, sich vorzustellen, dass ich bisher noch nichts Reizvolleres gesehen hatte, vor allem in Bezug auf die schönen Landhäuser.

Unsere Ankunft in Genua ähnelte ein wenig der in Florenz. Nur kamen wir in Genua zu einer günstigeren Stunde an, d. h. als alle Leute zum Spaziergang ausgingen, was dieses entzückende Bild noch lebendiger machte.

Da wir in dieser Stadt nur zwei Tage verweilten, habe ich darüber wenig zu erzählen. Dennoch muss ich zugeben, dass mich Genua in Erstaunen versetzte, obwohl ich bereits Rom*, Neapel und Venedig gesehen habe.

---

* Wahrscheinlich ist Rom viel majestätischer, aber da ihm das Meer fehlt und somit alle Aspekte der Seefahrt, des Handels und

Zweifelsohne ist Genua die schönste Stadt von Italien und ich rechne nicht mehr damit, eine zu sehen, die sie überträfe. Um sie in wenigen Worten zu skizzieren, kann ich nur sagen, dass es ein Amphitheater von Palästen, Kirchen und Läden ist, welches einen großen Hafen umgibt, der von einem Wald aus Masten und Segeln bedeckt ist. So gab es schon 24 Boote nur aus England.

Fast alle Paläste haben entweder von vorne oder von hinten eine Aussicht aufs Meer. Die Sicht, die man vom Doria-Palast[661] in Nachbarschaft des Fanals[662] hat, stellt das schönste Seestück dar, das man sich vorstellen kann. Mehrere dieser Paläste sind am Hang gebaut und verfügen über schöne Gärten auf der Höhe der ersten Etage. Es ist so angenehm wie ungewöhnlich, eine ganze Reihe von Räumen zu sehen, die mit einem Blumenbeet oder einer grünen Laube enden, wohin man sich begeben kann, ohne eine Treppe zu steigen. Es gibt sogar ein Haus (dessen Name mir entfallen ist), bei dem dies auf einer Seite auf der Höhe der zweiten Etage erfolgt, so dass eine Gruppe von Orangenbäumen direkt neben dem Schlafzimmer des Hausherren steht. /208/

Alle diese Gebäude sind geschmackvoll und nicht ohne Luxus ausgestattet. Darin herrscht Sauberkeit und es gibt keine Spur von dem Schmutz, den man in Venedig oder Rom erlebt.

Ich habe bemerkt, dass einige der Privathäuser bis zu sieben Stockwerke haben. Die meisten Straßen bilden wegen der amphitheatralischen Form der Stadt einen Prospekt. Aus dem gleichen Grund verkehren in der Stadt weder Wagen noch Kutschen. Die Enge der Straßen wird durch ihre Frische und Klarheit ausgeglichen. Allerdings sind die Strada nova[663] und die Strada Balbi[664], die breiter gestaltet worden sind, schöner und freundlicher als die Straßen und die Paläste, die man auf den besten Holzschnitten sieht, auch wenn diese farbig sind, da die Gebäude in diesen beiden Straßen ebenfalls farbig, ja sogar bunt gestrichen sind.

Von dem Platz vor der Kirche Santa Maria[665], die sehr hoch gelegen ist, hat man eine unendliche Aussicht aufs Meer. Uns wurde erzählt, dass man von ihrer Kuppel bei klarem Wetter bis nach Korsika sehen könnte. In der Nähe befindet sich auch die berühmte Brücke von Sauli, deren Beschreibung bei Keyßler gelesen werden kann.[666]

Wir knüpften keine Bekanntschaften, bis auf die des britischen Konsuls[667], den wir besuchten, und der uns später während unseres gesamten kurzen Aufenthalts begleitete. Es war

---

des Lebens, die dieses Element den ihm benachbarten Städten verleiht, wage ich, Genua als schöner zu bezeichnen.

kein Dyck[668], sondern ein braver Händler, der auf seine Weise sehr hilfsbereit war. Er schenkte uns am Vortag unserer Abreise eine Bootstour auf dem Meer, welches, obwohl es ruhig und glatt wie Eis war, sich dennoch sanft bewegte, wie das Wasser einer randvollen Vase, die man unmerklich bewegt. Der Abend wurde sehr schön. Weit in der nassen Ebene am Ende des Horizonts nahmen wir Delphine wahr, die in den Wogen spielten. Es war ein schönes Seestück, das der Anblick des prachtvollen Genuas und des Hafens dennoch in den Schatten stellte. Wir genossen es aber nicht lange. Der regierende Fürst fühlte sich langsam schlecht und er begann, ausgiebig Blut zu speien. /209/ Daher beeilten wir uns, wieder zu unserer Unterkunft zu kommen.

Über einen Schabernack, der uns gespielt wurde, lache ich noch heute: ein Maler hatte scheinbar sehr kunstvoll einen Skorpion auf die Mauer direkt neben einem Spiegel gemalt, als ob er im Begriff wäre, sich hinter dem Rahmen zu verstecken. Alle ohne Ausnahmen, jeder auf seine Art, fielen auf diesen dauerhaften Bubenstreich herein.

Am 9.
Gegen Mittag schifften wir uns auf drei Feluken ein. Die eine war für uns und einige Diener; die zweite für die anderen und die Wagen, die man auseinander gebaut hatte und die dritte, um voraus zu fahren und um das Meer* zu erkunden, da sich manchmal in diesen Gegenden afrikanische Piraten herumtreiben.

Diese Feluken haben drei Masten, sind offen, klein und sehr unbequem. Sie fahren unter der Flagge Jerusalems, die die Herren aus Algier oder Tripoli nicht sonderlich achten, obwohl sie heilig ist.

Wie ich es gelegentlich bereits sagte, ist die Sicht zum Meer von Genua aus eine der malerischsten in ganz Europa. Nur in Neapel hat man eine ähnliche. Bald verdrängte der Brechreiz das Vergnügen des Anblicks. Herr Le Roy litt als erster darunter und die beiden gnädigen Herren folgten seinem Beispiel. Als ich ebenfalls die Schmerzen der Niederkunft spürte, legte ich mich der Länge nach auf einem kleinen Stück des Oberdecks in der Richtung des Hecks, um den Schlag abzuwenden. An

---

* Herr Dyck aus Livorno hatte den Commodore Spry[669], Kapitän der *Centurion*, benachrichtigt, so dass er mehrere Tage gewartet hatte, um uns an Bord zu nehmen und uns nach Frankreich zu bringen. Nur zwei Tage vor unserer Ankunft hat er die Segel gesetzt, da er nicht länger warten konnte. Sonst hätten wir sozusagen die Genugtuung gehabt, auf diesem berühmten Schiff zu fahren.

diesem Tag war es absolut windstill, dennoch war der Grund des Meeres ein wenig bewegt, /210/ und gerade die sanften und unregelmäßigen Bewegungen des Boots verursachen Übelkeit und Erbrechen. Gegen Abend hatten wir einen sehr widrigen Wind, so dass wir in Arenzano, auf dem Gebiet der Republik, einlaufen mussten. In einer kleinen Herberge fanden wir eine Unterkunft.

Am 10.
Um zwei Uhr nachts stachen wir erneut in See. Der Wind war kühler als am Vortag, aber kaum günstiger. Es war ein überaus langweiliger Tag. Wir waren an unsere Matratzen gefesselt, die im Freien ausgebreitet waren, und die Matrosen traten uns von Zeit zu Zeit auf den Bauch. Allein der Prinz Johann Georg stand mehrmals auf, da das Meer ganz besonders auf ihn einwirkte und so krank wir auch waren, konnten wir nicht umhin zu lachen, als wir ihn auf seinem kurulischen Stuhl am Bug des Schiffes sitzen sahen, unterstützt durch Brasilius André[670] und zwei Matrosen, die neben dem Thron standen.

Gegen Mittag wurde der Wind wieder widrig, so dass wir das *Capo delle Melle*[671] unmöglich umschiffen konnten. Ein zweites Mal waren wir daher gezwungen anzuhalten, diesmal in *L'Anguelia*, immer noch auf dem Gebiet Genuas.

Wir erblickten in der Nähe des Ufers ein Haus, das dem Augenschein nach sehr schön war. Wir ließen uns dort nieder im Glauben, dort eine ruhige und erholsame Nacht zu verbringen. Leere Illusion! Alle Wanzen, alle Flöhe, alle Schnaken dieser Reede hatten sich versammelt, um uns in dieser Spelunke anzugreifen. Kaum war ich im Bett, wurde ich daraus vertrieben. Ich begab mich in den Raum, wo der herrschende Fürst schlief und fand ihn im Kampf gegen das Ungeziefer, aber bald musste auch er seinen Posten verlassen. Kurz darauf stieß Erdmannsdorff ebenfalls zu uns. Allein der Prinz Johann Georg zeigte sich standhaft und nachdem wir ihn geweckt hatten, beklagte er sich bloß über einige Schnakenstiche.

Am 11.
/211/ Nach Mitternacht drehte der Wind und kam nunmehr aus dem Osten. Wir lichteten den Anker, die Segel blähten sich auf und unsere Feluken fingen an, schnell durch die Wellen zu schießen.

Es ist angenehm, diese Schiffe mit einem günstigen Seitenwind segeln zu sehen. Man legt sie alle auf die Seite und die dem Wind entgegengesetzte Seite streift sozusagen das Wasser. Wir umschifften das Capo Verde[672]. Die Berge zogen wie beflügelt an uns vorbei und wir fuhren sieben bis acht italienische Meilen pro Stunde.

Allmählich wehte der Wind stärker. Das Meer wechselte von grün zu dunkelblau und Gischt bedeckte die höher werdenden Wellen. Dies war ein seltener Anblick für uns, die mitten auf dem Festland geboren wurden und groß geworden sind. Die Seeleute lachten über unsere Besorgnis. Der Kapitän der Feluke befahl, Kurs aufs offene Meer zu nehmen und die französische Küste direkt anzusteuern. Müde durch die anstrengende Arbeit in der Nacht, legten sich dann alle schlafen und nur der Matrose am Ruder und wir selbst schliefen nicht.

Es ist schon erstaunlich, dass man Erleichterung findet, sobald die Bewegungen des Schiffes regelmäßiger, obgleich stärker sind. Wir machten alle diese Erfahrung. Währenddessen wurde der Wind immer heftiger und die Wellen wurden sehr hoch. Dies missfiel mir ein wenig und ich teilte es dem Steuermann mit, dem einzigen, der nicht schnarchte, wie ich schon gesagt hatte. „*No si dubiti*", erwiderte dieser Schelm, „*è un vero tempo de dame, un tempo per andar da per tutto*".[673] Trotz allem, was er mir versicherte, hatte Aiolos etwas anderes im Sinn: das Wetter wurde vollkommen stürmisch und eine oder zwei starke Erschütterungen weckten alle Schlafenden. Gerade *Non si dubiti* war der erste, der die Miene verzog. Es war ungefähr neun Uhr morgens und uns war nicht zum Spaßen, denn diese Feluken sind nicht gebaut, um einem Unwetter auf hoher See standzuhalten und wären wir in eine Bö geraten, wäre es um uns geschehen.

Obwohl es sich dabei nicht genau um das handelte, was in der Fachsprache ein Seesturm genannt wird, /212/ muss ich dennoch zugeben, dass keine der Gefahren, denen mein Leben im Krieg ausgesetzt wurde, bei mir einen so nachhaltigen Eindruck hinterlassen hatte wie der Sturm an diesem Tag. Die gischtenden und schwarzen Wellen, auf die die Sonne bloß ein trauriges Licht warf, nur um sie noch erschreckender zu machen, malten in meiner Einbildungskraft die Gefahr mit finstereren Farben, als es Feuer und Eisen im Krieg jemals getan hatten.

Das kleine Boot an der Spitze verlor sein Ruder und war äußerst bedroht. Der Koch Jänicke, der sich auf ihm befand, hat mir seither versichert, dass er in seinem ganzen Leben noch nie vor Schweiß so getrieft habe. Zum Glück segelten wir vor dem Wind und wie durch Zauber fuhren wir zwölf Meilen pro Stunde. Gegen elf erblickten wir die Berge der Provence und eine halbe Stunde später entdeckten wir die Glockentürme* von Antibes, in dessen Hafen wir bald einliefen.

---

* Die Kirche „Notre-Dame de la Garde"[674], die auf einer Erhöhung gebaut wurde, sieht man zuerst.

Es war eine so plötzliche wie wohltuende Veränderung, im Hafen vor dem tobenden Meer geschützt, so ruhig wie auf einem Teich zu segeln, auf dem man einen kleine Spazierfahrt unternimmt. Dieser Erfahrung folgte eine weitere, nicht minder angenehme: Das heißt, wir fanden in einer ziemlich sauberen Herberge ein gutes, bereits bereitetes Essen, wo einige Gläser Burgunder uns bald die Risiken und die Unannehmlichkeiten der Seefahrt vergessen ließen.

Das Erste, was wir beim Verlassen der Herberge erblickten, war eine Fechtschule: Ein Grenadier der Garnison hatte sie in einem Stall etabliert, wo er unter zahlreichen Schreien und Grimassen seine Kameraden in der edlen und nützlichen Kunst unterrichtete, sich gegenseitig zu töten. Seit der Schlacht von Rosbach[675] hatte ich keine Krieger dieser Art gesehen und hatte große Mühe, sie zu erkennen, da ihr Aussehen sich gänzlich geändert hat. Sie waren preußisch angezogen mit französischem Einschlag, der diesem Stil angepasst war und überaus gut zu ihm passte. /213/ Darüber hinaus waren sie sehr sauber, eine Eigenschaft, die ihnen damals grundsätzlich fehlte.

Die Stadt ist sehr klein und schlecht gebaut, die Befestigungen hingegen (die noch nicht ganz fertig sind) sind guter Qualität. Die Aussicht von der Befestigungsmauer zum Meer wird von der Stadt und dem Hafen dominiert.

Am 12.
Zwischen Antibes und Cannes fährt man fast immer am Meer entlang. Die Berge lässt man rechts. Gegenüber von Cannes, wo es einen kleinen Hafen gibt, zeigen sich nicht sehr weit vom Festland entfernt die Insel Saint Honorat und die Insel Sainte Marguerite mit ihrer Festung.[676] Der Gedanke an die armen Unglücklichen, die in diesem Staatsgefängnis eingesperrt sind, stimmt den Anblick traurig. Nach Cannes fährt man in die Richtung der Berge und bald erreicht man sie. Sie sind sehr hoch und wild. Zu einem solchen Eindruck trugen auch die Spuren eines Brandes bei, der einen uralten Wald verwüstet hat, den sie einschließen.

Esterelles liegt jedoch in einer bildschönen Gegend. Wir nahmen ein delikates Mittagessen in dieser Herberge, das uns wegen der guten Laune und der Zufriedenheit der Seele noch köstlicher erschien, die uns dieser romantische Ort im Schatten hoher und majestätischer Bäume verlieh.

Wir fuhren weiter hinauf. Granatapfel- und Feigenbäume, sowie blühende Myrten zierten diese Landschaft. Von der höchsten Erhebung erblickt man das Flachland, das eigentlich nicht richtig flach, sondern eher hügelig ist. Dann fuhren wir nach Fréjus herunter.

Diese Stadt ist, wenngleich sehr klein, nicht unangenehm und sie liegt viel weiter vom Meer entfernt als früher, so dass man sie überhaupt nicht sehen kann, solange man auf freiem Feld ist. Wir hatten noch die Zeit, die Reste eines kleinen römischen Amphitheaters[677] zu besichtigen: Die Zuschauerränge oder Sitze existieren nicht mehr; das Fundament des äußeren Kreises ist bis zu einer Höhe von mehreren Fuß erhalten. Die Herberge, in der wir übernachteten war ordentlich, wie schon in Antibes, und daher im starken Gegensatz zu den Herbergen der kleinen italienischen Städte. /214/

Am 13.
Vor der Abreise ging ich noch mit dem Prinzen Johann Georg vor den Toren der Stadt spazieren. Wir entdeckten ein antikes Tor und in den Gärten daneben auch die Reste eines Aquädukts. Diese bestanden aus mehreren Stücken der Pfeiler, die es damals getragen hatten. Danach reisten wir ab.

Das Land ist nicht gut bestellt und sieht daher arm und unfruchtbar aus. Dort wechseln sich Hügel und Felsen ab. Weiterhin sieht man Myrten, Granatapfelbäume und tausende Arten von duftenden Kräutern. Die kleinen Städte oder Marktflecken, durch die man fährt, sind gut bevölkert, aber schmutzig, die Wege hier sind schlecht. Sie bestehen nur aus großen Steinen, die planlos gelegt worden sind, ohne dass man sich die Mühe gemacht hätte, ein richtiges Pflaster daraus zu machen. Wegen eines Unfalls – ein Rad des Wagens vom herrschenden Fürsten brach – kamen wir erst spät in Toulon an.

Nichts ist grundsätzlich leichter, als die Bekanntschaft mit dem französischen Militär zu knüpfen. Noch einfacher ging es in diesem Fall allerdings dank des Grafen von Paar und seines Mentors, die sich hier bereits seit einigen Tagen aufhielten, als wir ihnen begegneten. Er führte uns zuerst zu Herrn de Bompart[678], Generalleutnant der Seestreitkräfte und Kommandant des Bezirks von Toulon. Er ist ein verdienstvoller Mann, der während des letzten Krieges mit großem Ruf gedient hat, und in dem er sich mehr als alle anderen Chefs der französischen Marine ausgezeichnet hat. Dann zu Herrn de Coincy[679], ein Maréchal de camp der Infanterie, zum Marquis du Luc[680] und zum Grafen de Lastic[681], der Eine Oberst im Royal-Corse Regiment und der Andere Oberst und Kommandant des Lamballe-Regiments, und dann noch zu mehreren anderen Offizieren, die verschiedene Corps befehlen. Alle diese Herren wetteiferten untereinander, uns ohne Ausnahme zu zeigen, was wir zu sehen wünschten, wie die Stadt, den Hafen, die Arsenale, die Befestigungen und die Forts.

Diese Stadt ist mittelmäßig groß, verfügt aber über weit weniger Gebäude als die italienischen Städte gleichen Umfangs. /215/ Allein das Rathaus verdient es, erwähnt zu werden, vor allem wegen der Hermen, die den Anschein erwecken, dass sie den Balkon über dem Eingang zum Kai tragen. Der berühmte Puget[682] hat sich einen Spaß daraus gemacht, eine Ähnlichkeit zwischen ihnen und zwei vornehmen Bürgern zu schaffen, die er nicht mochte. Die Esplanade oder der breite Kai dem Hafen gegenüber ist hübsch, obwohl keines der Häuser eigentlich sehr schön aussieht. Der Hafen selbst bildet ein beträchtliches Viereck, das mit dem großen Becken des Arsenals, das rechts liegt, wenn man vom Kai zum Hafen blickt durch zwei Kanäle verbunden wird. 22 abgetakelte Kriegsschiffe lagen dort. Eines Abends begab ich mich mit dem Prinzen Johann Georg an Bord der *Tonnant*[683], die über 90 Kanonen verfügt. Es war auch das erste Kriegsschiff, das wir zu Gesicht bekamen. Daher besichtigten wir auch die *Languedoc*[684].

Die Arsenale* erschienen uns nicht besonders gut ausgestattet zu sein. Als Arbeiter sahen wir kaum andere als mehrere Reihen von Galeerensträflingen.[685] Diese armen Leute erwecken umso mehr Mitleid, als es in diesem Land sehr leicht ist, dass ein Unschuldiger ein so grausames Schicksal erleidet.

Die Befestigungsmauer von Toulon sowie die Bauten außerhalb sind im besten Zustand der Welt, fast alles ist dort neu.[686] Zurzeit arbeitet man fleißig an mehreren vorgerückten Forts. Die Herren Offiziere stellten uns liebenswürdigerweise Reitpferde zur Verfügung, damit wir folgende Bauten besichtigen können: das Fort La Marque[687], das auf einem Hügel liegt, wo man damals den besten Wein der gesamten Gegend produzierte, das Fort Pharaon[688] sowie zwei weitere, die den Zugang zum Tal sperren. Auf dem Rückweg sahen wir uns den Ort der Schlacht vom 15. August 1707[689] an, die dazu führte, dass die Alliierten die Belagerung aufhoben.

Die Garnison bestand aus elf Bataillonen. Wir wohnten allen Paraden bei. Wie ich es bereits sagte, sieht das französische Militär nunmehr anders aus. /216/ Der Geist einer überaus großen Exaktheit hat, vor allem in der Kleidung und den Uniformen, von allen Köpfen Besitz genommen. Wams, Rock, Hosen, Ärmelaufschläge, alles ist jetzt kürzer und enger. Die Offiziere tragen einen roten Kragen, weil sie behaupten, dies sei in der preußischen Armee üblich, an der sie sich ein Beispiel nehmen. Als Waffe haben sie ein Gewehr mit Bajonett und die Patronentasche. Über der Weste tragen sie ein bleiweißes Koppel sowie ein Wehrgehänge gleicher

---

* Ich schreibe „Arsenale“, da ein Arsenal hier aus einer Vielzahl von Gebäuden, Lagern, Schuppen usw. besteht.

Farbe. Im Allgemeinen unterscheidet sich ihr Aussehen von dem der einfachen Soldaten bloß durch den Ringkragen, die Tresse am Hut, die Schulterklappe und den feineren Stoff des Rocks, dessen Schöße wie bei den Soldaten umgeschlagen sind. Nach reiflicher Überlegung gefällt mir die Aufmachung der Truppen ziemlich gut, sie sehen wie preußische Truppen aus, aber ein wenig hübscher, wobei sie dem Charakter ihrer Nation treu bleiben und fast ein wenig übertreiben, so dass sie fast komisch aussehen. So soll das Band, das sie ins Haar schlingen, um es zum Haarknoten zu binden, von der gleichen Farbe wie die Ärmelaufschläge sein: aus diesem Grund gibt es gelbe, rote, grüne und blaue Haarknoten. Tragen sie einen Zopf, so soll dieser ebenfalls die gleiche Farbe haben.

Der Herzog von Choiseul[690] beschloss, um die deutsche Disziplin einzuführen, deren Nützlichkeit man während des letzten Krieges verstanden hat, Stockschläge als Strafe zu etablieren, die seither sehr großzügig erteilt werden. Diese Neuerung missfällt den Soldaten sehr und verbreitet unter ihnen eine schlechte Stimmung. Umfangreiches Desertieren ist die Folge davon. Herr Lastic, der darauf achtet, dass die Soldaten gut dienen, hat gerade ein Lied komponieren und vertonen lassen, das die Seinen aufheitern soll. Er behauptete, sie durch diesen einfallsreichen Ausweg zurück zu halten und an die Einschränkungen zu gewöhnen. Hier das Lied. Es ist charakteristisch und zeigt den Gemütszustand des französischen Soldaten.

Galante Offiziere Frankreichs,
meine Kameraden, meine Freunde,
von den *wichtigen Punkten der Verordnung*
werde ich euch genau berichten
Aus den Lektionen, die ich unterbreite,
zieht eure Lehren, charmante Krieger,
und ich verspreche euch die Rose,
die Amor den Liebenden vorbehält.

/217/
Zeigt sich eine Schöne liebenswerten Aussehens.
Euren verliebten Augen
Richtet eure sorgfältigen Blicke
Zunächst auf die Wäsche und die Schuhe.
Kontrolliert dann ihre Miene, ihre Haltung,
Ihre Frisur und ihre Kleidung.
Das war schon die *Inspektion*.

Wenn das Mädchen unerfahren ist,
lockert sie zunächst ein wenig auf,

Zeigt ihr von der Übung immer
Die weniger starken Handgriffe.
Klagt nicht über eure Mühe
Seid sanft und geduldig,
sollte sie auch 14 Tage lang
bei *den kleinen Griffen* bleiben.

Kommt dann zu glänzenden und starken Schritten,
die sich sehr schnell vollziehen müssen;
sie sollen nah am Körper verlaufen,
indem sie immer, jedoch ohne Hast
die rechte Hand passieren,
damit sich die Waffe aufrichtet.
Und das ist der *große Vorgang.*

Damit euer *Angriff* schnell erfolgt,
unterbrecht niemals!
Schießt und lasst einen anderen all die Treffer zählen,
die ihr erzielt.
Instruiert vor allem die Schöne,
nur mit euch loszugehen;
Nur wenn man dem *Flügelmann* folgt,
ist das Vergnügen süßer.

Um das Geheimnis besser zu verstecken,
und alle Eifersüchtigen zu täuschen,
geht *gewöhnlichen Schrittes,*
wenn ihr euch zum Stelldichein begebt.
Nähert euch argwöhnisch,
wenn man euch gehört hat;
Haltet an in großer Stille,
und bleibt unbeweglich.

Nähert euch dem Objekts, das euch reizt,
Mit *kleinen Schritten.*
Ihr könnt in diesem Fall
Auch den *schrägen Schritt* benutzen.
Falls euer Glück durch Argus oder
Die Mutter gestört wird,
marschiert rückwärts,
und dann mit *doppeltem Schrittempo*!

Ankommen, eine Schöne erobern,
So war der *Befehl,*
Mit einer Feder seines Flügels,

Hat ein charmanter Gott ihn geschrieben.
Eine so süße Verordnung
Sei eure tägliche Übung
Und wir werden Frankreich dienen
Genauso wie der Liebe.[691]

/218/
Die Verordnung bezüglich der Taktik ist zum zweiten Mal innerhalb von 18 Monaten geändert worden. Die aktuelle gilt erst seit März. Daher können sie sie noch nicht gut anwenden. Dennoch gelang es Herrn de Montabonne, Hauptmann im Beauce-Regiment und gebildetem Offizier, der seinen Beruf leidenschaftlich liebt, es einzurichten, dass 400 Elitesoldaten seines Regiments vor den Fürsten manövrierten. Und ich muss sagen, dass diese Truppe alle Bewegungen bestens ausführte. Der Douplirschritt schien mir eine sehr gute Erfindung zu sein, sowohl um die Truppen zusammenzuziehen, damit sie eine Kolonne bilden können, als auch um sie marschieren zu lassen oder sie auseinanderzubreiten. Zwar vermute ich, dass wohl einige unserer gestelzten Militärs über diese Bewegung lachen würden, aber was bedeutet dies schon, denn es steht außer Zweifel, dass ein solcher Schritt in den oben erwähnten Fällen von großem Nutzen sein kann. Es erfordert allerdings behände und muntere Soldaten und Tölpel haben bei diesem Manöver nichts zu suchen.

Die Herren der Marine erfreuten uns ebenfalls mit ihrem Fachwissen. Sie zeigten uns die Soldaten der Marinegarde* [692] in ihrer Schule im Arsenal, wo in einem großen Saal senkrecht stehende Masten mit Segeln, Seilrollen und Tauwerk aufbewahrt sind und wo Ladeluken mit Kanonen an der Wand angebracht worden sind. Durch diese Methode werden ihnen die Grundkenntnisse ihres Berufs beigebracht, die sie später an Bord von Fregatten anwenden sollen, die regelmäßig zu diesem einzigen Zweck hierfür in See stechen. /219/

Herr de Bompart erwies den Fürsten die Aufmerksamkeit, sie zum Essen einzuladen. Daran nahmen sowohl die bedeutenden Offiziere seiner Marineabteilung als auch die der Infanterie teil. Anwesend waren sogar einige Frauen, wie zum Beispiel Madame de Coincy und Madame de Foulconnis. Ich unterhielt mich vor allem mit einem gewissen Herrn de Sabran-Grammont[693], Konteradmiral, der, wie ich entdeckte, gelassen, ruhig und höflich ist und somit Charakterzüge besitzt, die ziemlich oft in den Vertretern dieser Nation anzutreffen sind, sobald das Feuer

* Davon leben dort bis 180.

der Jugend geschwunden ist und ihr Sturm sich gelegt hat. Wie andere behauptete er, dass die ganze Reede von Toulon wegen ihres schlammigen Grundes so sicher sei wie das beste Fort.

Vom Charakter ist Herr de Bompart aufrichtig, offen und sehr freundlich, und dies natürlich und ungekünstelt. Wegen seiner edlen Uneigennützigkeit genießt er hohes Ansehen und diese Denkart hat ihn neulich dazu gebracht, die Ehe mit einer Witwe abzulehnen, die es auf seinen Rang abgesehen hatte. Er erhält aber die höchste Belohnung, die ein Krieger bei seinen Handlungen im Auge haben kann: die Genugtuung, von allen seinen Mitbürgern geschätzt zu sein. Davon sah ich einen Beweis, als er eines Abends aus Höflichkeit den Fürsten gegenüber ins Theater ging (denn ansonsten geht er nicht dorthin): Die Schauspielerinnen unterbrachen ihr Spiel, um sich vor ihm tief zu verbeugen. Und dies geschah, wie ich es in Erfahrung gebracht habe, nicht durch Gepflogenheit, sondern war ein spontaner Ausdruck ihres Respekts.

Melpomene und Thalia werden auf Kosten der Garnison in einem bescheidenen Ballhaus gepflegt[694]. Dekore und Verkleidung entsprechen zwar der Bescheidenheit des Theaters, aber die Schauspieler schienen ausgezeichnet im Vergleich zu den italienischen, die ich neulich gesehen hatte. Zwei Grenadiere, die ganz hinten auf der Bühne Wache standen, erinnerten mich an das Lied von Lastic und an die bunten Haarknoten.

Am 16. fand der Stapellauf der *Marseillais*, eines Schiffes mit 74 Kanonen statt.[695] Wir wohnten diesem Ereignis bei, das von vielen Feierlichkeiten begleitet wurde. Auf der Werft waren Holzamphitheater für die Zuschauer errichtet worden, /220/ auf denen ich Platz nahm. Einer meiner Nachbarn war ein alter Abbé. „Mein Herr“, sagte er zu mir, „wahrscheinlich sehen Sie hier nichts Neues, denn ich vermute, dass Sie Engländer sind“. „Verzeihen Sie mir, ich bin Deutscher und habe so etwas noch nie erlebt“. Darauf vermutete er, ich käme aus Straßburg und fing an, mich zu den Angelegenheiten des Domkapitels dieser Stadt zu befragen. Im Verlauf des Gesprächs erwies er sich als sehr unwissend in der Geografie und fragte mich dennoch aus welchem Teil Deutschlands ich käme. Ich sagte ihm dann, ich sei aus einem Land in unmittelbarer Nähe von den Staaten des Preußischen Königs. „Ach! So ein großartiger König!“ rief er. „Wie oft habe ich mich mit ihm während des letzten grausamen Krieges beschäftigt, den er geführt hat! Lebt er jetzt in Frieden mit allen seinen Feinden?“ „Du lieber Himmel! Haben Sie nicht gehört, dass der Friede in Hubertusburg[696] im Februar des Jahres 1763 geschlossen wurde?“ „Natürlich habe ich davon gehört. Was ich Sie frage, ist, ob er jetzt friedlich mit den anderen wilden Nationen wie den Kosaken, den Kalmücken, den Panduren usw. lebt?“.

Nachdem ich meinen Reisegefährten diese Anekdote erzählt hatte, sagte uns der Graf von Paar, dass Herr de Coincy ihm vor wenigen Tagen die Frage gestellt habe, ob der Kaiser Träger des Blauen Bands[697] sei. Der gleiche Graf hat den Schlüssel des Kammerherrn inne, den er gezwungenermaßen zu Hause lassen muss, da er der Neugier der zahlreichen Menschen nicht mehr Genüge leisten konnte, die alle wissen wollten, was das für ein großer Schlüssel sei, den er an der Seite trage und außerdem werde der Schlüssel selbst nur immerzu von Hand zu Hand gereicht.

Am 17.
Nichts bringt die Gegend um Toulon großzügiger hervor als Kapern. Diese findet man sogar auf allen felsigen Ebenen. Vaux d'Ollioules[698] schreckenerregende Landschaft, nackte und ausgebrannte Felsen, traurige Gegend, mit einem spärlichen Boden, der oft nur aus einer Art Kalk besteht. Bausset. Cièges. La Baume*.

/221/ Marseille kann man aus der Ferne nicht sehen, da der Weg stets zwischen Steilwänden verläuft, unerträglich heiß und staubig.

Wir hielten uns zwei Tage in Marseille auf und verbrachten die Zeit damit, uns in dieser schönen Handelsstadt herumzutreiben. Der Hafen war voller Schiffe, meistens französische oder italienische.**

Der Hafen ist länger als breit und führt zu einem Platz. Beiderseits befinden sich Kais. Am Kai auf der rechten Seite in Richtung Meer liegen schöne Häuser. Dort geht man im Schatten der Segel und der Wimpel spazieren, die über den Köpfen und fast bis zu den Fenstern der ersten Etage der Häuser gegenüber an den Bugsprieten hängen. Ein solches Gemälde mit Meeres- und Handelsmotiven mag ich außerordentlich.

Hinter diesem Kai befindet sich die Altstadt. Eine lange, sehr enge Straße, die parallel zum Kai verläuft, durchquert sie und führt bis zum Zentrum. Dieser Teil von Marseille ist sehr bevölkerungsreich. Die Häuser sind hoch und haben mehrere Etagen. Die Neustadt[699] ist in regelmäßige Quadrate unterteilt. Ihre Straßen sind breit und schnurgerade und man sieht dort schöne Gebäude, an denen nichts mehr an die italienische Architektur erinnert. Die Promenade ist schön breit und mit Bäumen bepflanzt. Wenn sie voller Menschen ist, eröffnet sich dem

---

* Was ist über diese Orte in meinen Notizen geschrieben habe, kann ich nicht mehr entziffern: Zum Teil wegen der Undeutlichkeit der Schrift und zum Teil wegen des Aneinanderreibens der Blätter.

** Da der Hafen von Toulon nur der Kriegsmarine dient, ist der Hafen von Marseille dem Handel vorbehalten.

Blick ein lebhaftes Wimmeln. Gegen Abend konnte man mehrere Musikergruppen hören und mit dem provenzalischen Tamburin wurde der Takt ihrer Lieder fröhlich hervorgehoben. Zahlreiche Spaziergänger und Spaziergängerinnen kamen und gingen.

Der Theatersaal[700] ist im Vergleich zum Ballhaus von Toulon recht prächtig. Dieser Pracht entsprechen auch die Schauspieler, Dekore und alles, was dazu gehört.

Am Ende des Kai links in Richtung Meer steht nah am Hafeneingang die Abtei Sankt Viktor, die oberhalb der Grotte von Sankta Magdalena[701] gebaut worden ist. Daneben befinden sich umfangreiche Katakomben.

Wir machten zwei Ausflüge. Bei dem einen fuhren wir mit dem Schiff zur Spitze eines der Felsen, die die Reede bilden. /123/ Von dort betrachteten wir die Stadt, den Hafen, das Meer und die kleinen Inseln, sowie die Feluken, die Boote und Schiffe, die pausenlos hin und her fahren. Wunderbarer Anblick, der sich dem Gedächtnis *pia cevolmente*[702] einprägt. Den zweiten Ausflug unternahmen wir mit den Pferden zur Kirche, zum Kloster und zum Schloss von Notre-Dame de la Garde, die auf dem Gipfel des höchsten Berges der gesamten Küste liegen. Dieses Schloss[703] oder, um genauer zu sein, dieser flache und offene Turm, ist nicht so erbärmlich, wie es Bachaumont und Chapelle in ihrer bacchischen Reise behauptet haben.[704] Es ist ein gotischer Bergfried mit einer sehr stabilen Bausubstanz und auch das Innere ist ordentlich gepflegt. Das Bild eines Schweizersoldaten mit seiner Hellebarde ist am Tor noch zu sehen.[705] Zu dessen Erhaltung trägt ein Vordach bei, das es vor dem Zahn der Zeit schützt. Die Aussicht, die man von der Plattform oder der Terrasse hat, ist eine der bemerkenswertesten unserer Reise. Man kann sich davon eine Vorstellung machen, wenn man bedenkt, dass ein großer Teil der Provinz, die Stadt mit einer Vielzahl von Landhäusern in ihrer Umgebung, der Hafen, die Reede, die mit kleinen Inseln übersäte Meeresebene, dass dies alles dem Betrachter, der sich von oben diese großen und abwechslungsreichen Objekte ansieht, wie aufgebaut zu Füße liegt.

Hier trafen wir erneut den Grafen von Paar und Herrn O'Flanagan. Wir begegneten ebenfalls Herrn Logier, der per Schiff aus Livorno in diese Stadt gekommen war. Auch in Marseille und Toulon muss ich mich über die Herbergen beklagen, die nicht dem entsprachen, was man in Städten wie diesen erwarten konnte.

Am 20.
Ein Meile von Marseille entfernt sieht man noch, wenn man sich umdreht, die Reede, die Inseln oder Felsen und das Château d'If [706]auf der gleichnamigen Insel. Der Rest des Weges bis nach Dupin, der nächsten Station, ist denkbar beschwerlich.

Er führt stets zwischen zwei Steilwänden entlang. Furchtbarer Staub, alle Olivenbäume waren davon ganz weiß und staubig. Zwischen Dupin und Aix ist die Straße offener, aber die gesamte Landschaft recht trostlos: Felsen und viele Steilwände. Aix liegt auf halber Höhe am Berg. /223/ Dort kamen wir am Nachmittag an und gingen noch vor dem Abendessen spazieren, das wir in einer annehmbaren Herberge zu uns nahmen.

Die Stadt darf zu Recht als „hübsch" bezeichnet werden, denn sie schließt eine große Anzahl an schönen Häusern ein. Der Platz vor dem Rathaus sieht sehr gut aus. Es gibt auch viele weitere mit Buchen bepflanzte Plätze. Der Spazierplatz ist von vollendeter Schönheit. Ihn zieren vier Becken mit Springbrunnen, denen prachtvolle Bäume Schatten spenden. Auf der einen Seite ist er offen und endet an einem Hang, der wie eine Terrasse geformt ist und von der man über eine große Fläche des Tals sieht, in dem die Arc fließt. Da dieser entzückende Ort sich gerade als wir ihn verließen, um uns zurückzuziehen, langsam mit Menschen füllte, und da man von einem Ball unter den Bäumen begleitet von einem Feuerwerk redete, begab sich mein Prinz Johann Georg nach dem Abendessen wieder dahin und kam erst spät in die Unterkunft zurück.

Am 21.
Beim Tagesanbruch ging ich mit ihm in das Orbitelle-Viertel, das an die Promenade angrenzt, um die Frische des Morgens unter den hohen Kastanienbäumen zu genießen, die dieses gut und regelmäßig gebaute Viertel zieren. Seine Einwohner schliefen zu dieser Stunde sehr tief, so dass dieselben Straßen menschenleer und absolut leise wirkten, die am Vorabend und in der Nacht so belebt gewesen waren.

Als wir zur Herberge zurückkamen, waren die Pferde vorbereitet. Die Hügel und die vernachlässigten Landschaften der Provence muten äußerst traurig an. Viele brachliegende Felder, ein Boden aus weißem Lehm, Olivenbäume und ein wenig Weinbau.

Nachdem wir Pont-Royal[707] passiert hatten, fuhren wir durch eine Ebene, die zu beiden Seiten eine lange Felsenreihe hat. Ganz nah fließt die Durance, ohne dass sie jedoch der Reisende sieht, der die Hauptstraße nicht verlässt. In Orgon nähert man sich den Felsen auf der linken Seite und fährt dann um sie herum. Dann wird die Ebene weiter, da sie rechts nichts mehr begrenzt. /224/

In Sankt Remy gab uns ein Chorherr, den wir zufällig getroffen hatten, Information zu zwei römischen antiken Sehenswürdigkeiten: Es handelte sich vermeintlich um einen Triumphbogen von Caius Marius[708] mit einem Grab.[709] Er fügte hinzu, dass der Überlieferung nach hier eine Stadt namens *Glanum* existiert habe. Der Chorherr begleitete uns sogar dorthin. Wir fanden diese Monumente nicht weit von der Stadt St. Remy entfernt, ein wenig abseits von der Straße. Da sie meiner Kenntnis nach den Reisenden unbekannt sind, schreibe ich die architektonische Beschreibung ab, die Herr von Erdmannsdorff davon anfertigte: „Das Eine ist ein Triumphbogen, den man entgegen aller Wahrscheinlichkeit Cajus Marius zuschreibt. Ich nenne ihn Triumphbogen, weil es Brauch ist, diese Bezeichnung den Bögen zu verleihen, die die Römer errichteten, um einer Person oder eines Ereignisses zu gedenken, obwohl die Triumphe, die in Rom gefeiert wurden, keinen Bezug hierzu hatten. Das zweite Monument ist ein ziemlich außergewöhnliches Grabmal. Der Unterbau ist eine Art quadratischer Sockel, der mit Basreliefs verziert ist, die Kämpfe und eine Wildschweinjagdszene darstellen. Auf diesem Sockel stehen 14 Arkaden, auf denen wiederum eine Reihe von 14 korinthischen Säulen errichtet worden ist. Auf ihnen liegt zuletzt eine Art Kuppel. Dieses Grabmal hat eine wenig übliche Struktur im Vergleich zu dem, was wir anderswo an Überresten der Antike gesehen haben. Es ist sehr gut erhalten, obwohl es – wie auch der Triumphbogen – nicht aus Marmor ist. Der obere Teil des letzteren ist nicht mehr vollständig, die Kapitelle fehlen, aber die Säulenweiten sind mit großen Basreliefs geschmückt. Innen weist der Bogen eine Kassettendecke auf und die Friese der Außenseiten sind guter Qualität“.[710] Ich füge hinzu, dass beide Monumente nicht besonders groß sind.

In der Nähe der Rhône-Ufer ist die Landschaft ganz flach und so offen, dass nichts den Blick versperrt, der sich bis zum Horizont weitet. Tarrascon und Baucaire, die eine diesseits, die andere jenseits der Rhône sind zwei alte Städte, die direkt einander gegenüber auf den Ufern eines der größten Flüsse Europas liegen. /225/ Eine lange Pontonbrücke verband sie zurzeit, da die bekannte Messe von Baucaire voll im Gange war, die jährlich stattfindet. Als wir über die Brücke gegangen waren, brach die Nacht herein. Während die Pferde gewechselt wurden, ergriff mich eine kleine Unruhe: Der Prinz Johann Georg war ausgegangen, weil er einige Einkäufe erledigen wollte und er kam lange nicht zurück. Er sah sich dann gezwungen, einen Führer anzuwerben, um die Station wieder zu finden, die ziemlich weit entfernt von den Läden war.

Zwischen Baucaire und Nîmes fährt man, sofern ich es sehen konnte, durch eine einheitliche Ebene. Die Station auf der Hälfte der Strecke ist eine einsame Herberge. Als wir uns ihr näherten, machte ein schöner Mondschein die Nacht zu einer der reizendsten in diesem Sommer. Gleichzeitig hörten wir den Ton eines Tamburins, das ein Konzert lustiger Stimmen begleitete. Wahrlich hätte man hier mit dem Tier aus der Fabel sagen können: Gehen Sie mal und sehen Sie

Ob man dort tanzt, und wenn ja, tanzen Sie mit
Ob man dort küsst, und wenn ja, holen Sie mich!,[711]

denn es war ein Tanz von jungen Bäuerinnen aus dem Languedoc und noch dazu im wahrhaften Geschmack antiker Bacchanalien. Ungefähr fünfzehn bildeten einen Kreis, weitere ungefähr fünfzehn sangen, lachten und tummelten sich, eine einzige schlug auf das Tamburin. Wir versuchten, mit ihnen zu reden, aber sie verstanden uns nicht, zumal sie mit ihrem Spaß so beschäftigt waren, dass sie uns kaum wahrnahmen. Die Wirtin sagte uns, sie seien Dörflerinnen, die mit ihren Eseln ihre Früchte und Gemüse nach Nîmes brächten, und dass sie sie hier abends versammelten und bis Mitternacht warteten, um die Stadt bei Tagesanbruch zu betreten. Dies passiere jeden Tag und, fügte sie hinzu, „wenn das Wetter schön ist, ist es hier kontinuierlich so lebhaft wie jetzt, denn dort sehen sie ein Zimmer, wo sich noch weitere fünfzig aufhalten. Sie lösen einander unentwegt ab und sind einige müde, so erholen sie sich auf der Streu da hinten, bevor sie wieder anfangen". Was für eine Energie! Was für ein wallendes Blut! /226/ Allesamt waren sie rund, wohlgenährt und hatten solche Brüste[712], dass es ein Segen war. Die italienische Sprache verstanden sie, die französische keineswegs. Herr Le Roy sagte zu ihnen „Eh ehi vorrebe over mamme grosse cosi? Le abbiam perche dio ce le ha mandate"[713] erwiderten sie fast akzentfrei.

In Nîmes kamen wir lange vor dem Anbruch der Dunkelheit an und ließen uns in einer Herberge im Vorort nieder. Bis jetzt fand ich die französischen Straßen weder schön noch bequem. Wir fahren zugegebenerweise ziemlich schnell, aber die Wagen verschleißen zusehends.

Am 22.
Der regierende Fürst beschloss, noch am heutigen Tag weiterzureisen. Daher standen wir sehr früh auf, um uns die Monumente anzusehen, die der Grund unseres Aufenthaltes waren. Es gibt ein kleines Buch mit dem Titel: *Eclaircissemens des Antiquités de la Ville de Nîmes*[714], das gleichermaßen präzise und ausführlich von diesen berichtet. Es soll hier als Grundlage meiner Darstellung gelten, die sonst sehr dürftig wären.

Die alten Mauern umfassten einen weit größeren Raum als die Stadt in ihrem heutigen Zustand. Sie kann dennoch zur ersten Reihe der zweitwichtigsten Städte im Königreich gezählt werden. Ihre Straßen sind meist eng, aber dennoch sauber. Es findet sich dort eine ausreichende Anzahl von guten privaten Häusern, von denen allerdings keines richtig schön ist.

Daher sieht die Stadt ziemlich düster aus, und das hat sie mit allen alten Städten gemeinsam, in denen die Gebäude so aneinander gereiht sind, dass man weder Regelmäßigkeit noch Häuserflucht erkennen kann. Ein Teil der alten Stadtmauer mit einem nunmehr schmucklosen Tor existiert noch, das heute Frankreich-Tor[715] genannt wird. Die Stadtmauer flankierten abwechselnd runde und eckige Türme. Die Kurtine wurde auf zwei Reihen großer Steine gebaut, die um einen halben Fuß eingezogen sind. Ihre Höhe ergibt sich aus einer Anordnung von 65 Reihen von einem halben Fuß langen und einem Drittel Fuß hohen Steinen, die sehr gut aufeinander passen. /227/ Darauf liegen zwei Reihen von großen Steinen, die die Basis der Schießscharten bilden.

Unter den noch bestehenden Türmen fällt ein achteckiger besonders auf, der *große Turm*, für gewöhnlich *Tour Magne* genannt. Laut Spezialisten der Antike handelt es sich um die schönste Pyramide Galliens.[716] Sie wurde auf dem höchsten der Hügel errichtet, die die Stadt umgeben. Der *Tour Magne* liegt heutzutage ein wenig abseits von der Stadt, gehörte damals allerdings zur Stadtmauer. Er ist halb zerstört und nur noch fünfzehn Klafter hoch.

Das Amphitheater oder die Arena[717], ein Monument, das der Größe würdig ist, die die Römer in den Provinzen ihres Reiches an den Tag gelegt haben, ist eins der vollständigsten noch bestehenden Gebäude dieser Art. Auf der einen Seite ist die Fläche davor noch unbebaut und frei genug, so dass man die kreisförmige Außenseite gut sehen kann. Ansonsten wird die Sicht von einer Vielzahl armseliger Häuser verhindert. Solche füllen auch das Innere der Arena, und sind genau wie Schwalbennester gebaut. Der Bau ist oval mit zwei Reihen von jeweils 60 Arkaden, die zwei offene Galerien bilden, die versetzt übereinander stehen. Außen ziert sie ein Pilaster, der ein Gesims mit einem Fries rundherum stützt. Und auf diesem Pfeiler liegt ein Gesims, das wiederum ein anderes Gesims mit seinem Fries trägt. Das Ganze ist im toskanischen Stil* gebaut worden.

Sein Umfang beträgt 180 Klafter, sein Außendurchmesser 63, sein Innendurchmesser 47 und seine Höhe 10 Klafter und 4 Fuß. Es

---

* *Herr von Erdmannsdorff* meint, es sei eher im Dorischen Stil, und er *fügt hinzu*: „Dieses Amphitheater schien mir von etwas schwerfälligem Stil, wie das in Verona, aber es ist weniger umfangreich und von der Höhe wesentlich kleiner. Eine Besonderheit, die ich festgestellt habe, ist, dass es über vier große Eingänge verfügt, während die anderen Amphitheater in der Regel nur zwei haben. Der gesamte Bau ist aus groben Quadersteinen".

hat vier Hauptarkaden in den vier Himmelsrichtungen, die als Zugang zu dem Ort dienten, wo Gladiatoren übten und kämpften. Die anderen Arkaden jeder Galerie haben einen Eingang, der anders ist als die /228/ ersten, mit zahlreichen Aufstiegen und Treppen, die es ermöglichen, zu den verschiedenen Plätzen im Inneren zu kommen. Dieses Gebäude wurde aus großen Quadersteinen gebaut, die so hart sind wie der graue Marmor. Darauf sieht man noch einige Stiere als Halbrelief, eine Wölfin, die Romulus und Remus stillt und weitere Figuren. Der am häufigsten vertretenen Meinung nach wurde es unter der Herrschaft Hadrians oder Antonins[718] errichtet. Wahrscheinlicher ist es jedoch, dass dies unter Antonin geschah, der aus Nîmes stammte, denn man neigt stets dazu, die Orte zu verschönern, wo man geboren wurde. Dieses Amphitheater wurde von den Goten zum Teil abgerissen, die dann ein Schloss bauten[719], von dem zwei Türme übriggeblieben sind, die die Engländer haben stehen lassen, als sie im Jahr 1417 das Schloss zerstörten.[720] Unter der Herrschaft Ludwigs XIII.[721] und dem Ministerium Kardinal Richelieus[722] wurde vorgeschlagen, alle Häuser abzureißen, die den inneren Raum der Arena füllen und diese bestmöglich instand zu setzen. Der gleiche Gedanke kehrte unter Ludwig XIV., seinem Nachfolger, wieder, um in der Mitte des Amphitheaters eine Reiterstatue des Königs zu errichten. Jedoch stieß man auf so viele Hindernisse, dass man darauf verzichtete.

Als der Kaiser Hadrian in Nîmes verweilte, ließ er zu Ehren von Plotina, die kurz davor gestorben war, eine Basilika prächtiger Bauart errichten*, die noch existiert, sofern die Basilika und das rechteckige Haus nicht zwei unterschiedliche Bauten sind. Dieses Gebäude pflegt man angesichts seiner Form, eines langen Vierecks, „rechteckiges Haus“ zu nennen. Es ist 12 Klafter lang, 6 breit und 6 hoch. Es ist aus großen Steinen gebaut, die so hart und so weiß wie Marmor sind, aber die Zeit hat sie dunkler werden lassen. Überall sind Häuser um diesen Bau herum errichtet worden, allerdings so, dass man ihn immer noch ganz umrunden kann. /229/ Dieses Monument liegt auf einem 6 Fuß hohen Sockel und wird von 30 ausgekehlten korinthischen Säulen mit schön verarbeiteten Kapitellen außen geschmückt. Ringsherum sieht man einen Architrav mit Fries und Gesims. Aber nirgendwo sieht man ein Fenster oder eine andere

---

* An der Schönheit der Architektur erkennt man mühelos, dass sie aus dem Jahrhundert stammt, in dem diese Kunst bezüglich der Eleganz ihren Höhepunkt bei den Römern erreicht hatte. *Bemerkung des Herrn von Erdmannsdorff.*

Öffnung, die das Tageslicht hereinlassen. Eigenartig im Gesims ist, dass die Sparrenköpfe verkehrtherum angebracht sind.*

Die zwei Seiten nach Norden und Osten deckt ein großes, sehr regelmäßiges und kühnes Frontispiz. Die nördliche Fassade, die auf der Seite des Eingangs ist, bildet einen Vorplatz oder eine Vorhalle, zu der man über mehrere Stufen gelangt, die so breit sind wie die Fassade selbst. Und während die restlichen Säulen des Tempels zur Hälfte ihres Durchmessers in der Mauer des Gebäudes (mit Sims, Fries und Architrav) integriert sind, stehen die zehn Säulen der Vorhalle, davon sechs ganz vorn, für sich allein und tragen das Gesims. Das Tor ist groß und wohlproportioniert und auf seinem Gesims erkennt man noch viele Verzierungen. Über dem Tor hat man zwei Konsolen angebracht, die ein wenig schwerfällig wirken und die vielleicht dazu vorgesehen waren, Büsten zu tragen. Der Fries auf dieser Seite wurde nicht wie die anderen behauen, denn dort standen Inschriften über zwei Zeilen (die letztere war ein wenig kürzer). Man sieht noch die Stellen, wo die Eisenklammern befestigt waren, um die Buchstaben zu halten, die verschwunden sind, und die viele Fragen klärten, wenn sie noch existierten**, da sich nicht alle einig sind[723], dass das viereckige Haus tatsächlich die Basilika sei[724], /230/ die Hadrian zu Ehren Plotinas[725] errichten ließ. Für andere ist dieses Haus vielmehr ein Praetorium, in dem Recht gesprochen wurde. Tatsächlich diente es noch während der Herrschaft der Goten und der *Vicomtes*[726] als Rathaus. Aber die Form des Baus, ein langes Viereck, veranlasst stark dazu, doch zu glauben, dass es tatsächlich die Basilika ist, die Spartianus[727] erwähnt, denn die Mehrzahl dieser kleinen Tempel, die die Römer errichteten, sahen dem ähnlich, wie auch die drei großen von Paestum[728], die man nicht vergessen sollte. Nachdem er vielen Unglücken ausgesetzt worden war, bekam dieser Tempel seinen ursprünglichen Zustand zurück, zumindest sofern es möglich war, dank der großzügigen Mühe von Herrn de Baville[729], als er im Languedoc

---

* Dafür sehe ich keine Erklärung und keiner würde es wagen, diese Besonderheit nachzuahmen“. *Bemerkung von Herrn von Erdmannsdorff*

** Es gab Gelehrte, vor allem Herr Seguier von der Akademie von Nîmes, die die Inschrift mittels der Löcher entziffert haben, in denen die bronzenen Buchstaben befestigt waren, aus denen sie sich zusammensetzten. Ihrer Meinung nach lautete sie folgendermaßen: C. Caesari. – Aug. f. Cos. L. Caesari. Aug. f. Cos. Designato. Principibus. Juventutis. Dies würde uns lehren, dass es sich um ein Monument handelt, das Cajus und Lucius, des Sohnes Julias (der Tochter Augustus’ und Agrippas) gedenken soll, die dieser Kaiser adoptiert hatte. *(Bemerkung von Herrn von Erdmannsdorff).*

Intendant war. Seither ist er zu einer Kirche umgewandelt worden, die heute von Augustinermönchen in Anspruch genommen wird[730] und die Inschrift über der Tür gilt Ludwig XIV. (den man hier *Magnus* nennt)[731]. Innen findet sich nichts Antikes mehr.

Der Tempel, der gewöhnlich als Tempel Dianas bezeichnet wird[732], befindet sich außerhalb der Stadt am Fuße des Hügels, auf dem der achteckige Turm steht. Er sieht viel älter aus als die zwei Monumente, von denen ich gerade berichtet habe. Die Betrachtung dessen, was dem Zahn der Zeit entgangen ist und von den traurigen Folgen der Bürgerkriege verschont worden ist, ermöglicht es, sich vorzustellen, wie prächtig er mal war. Er wurde neben einer Quelle errichtet, ist 9 Klafter lang, 7,5 breit und 6 hoch (dabei werden die zwei Feuerstätten nicht berücksichtigt, die auf beiden Seiten des Altars existierten). Zehn Säulen gemischten Stils schmücken ihn. Diese Säulen gemischten Stils stützen ein Gesims, das sich ab dem Anlauf des Gewölbes um das ganze Gebäude erstreckt. Zwischen den Säulen sind Nischen zu sehen, in denen Statuen aufgestellt wurden. Das Gewölbe besteht aus großen Bruchsteinen, die 6 Fuß lang, anderthalb dick und 3 Fuß breit sind. Eine Steinreihe ist vor-, die andere einspringend. Der Eingang des Tempels ist nach Osten, der Altar und die Feuerstätten nach Westen ausgerichtet. Auf der Nord- und der Südseite gab es damals zwei überdachte Gänge. /231/ Eine uralte und sehr bedeutende Überlieferung lehrt uns, dass dieses Gebäude stets Tempel der Diana genannt worden ist. Man weiß nicht genau, wann und durch wen er gebaut wurde, oder welcher Gottheit er gewidmet war. Palladio hat ihn in seinem Traktat zur Architektur innen und außen ausführlich beschrieben und hat den Plan des Tempels in seinem vollständigen Zustand gezeichnet.[733] Als die Nonnen[734] des Sankt-Benedikt-Ordens sich hier etablierten[735], wurde ihnen der Tempel geschenkt und ihr Kloster in unmittelbarer Nähe gebaut. Während der verschiedenen Unruhen, die die Unterschiede zwischen den Religionen hervorriefen, ließen die Einwohner der Stadt sowohl Teile des Tempels abreißen, so dass er das jetzige Aussehen erhielt, als auch das gesamte Kloster[736], da sie befürchteten, dass beide Gebäude zum Nachteil ihrer eigenen Befestigungsanlagen der gegnerischen Partei als Zufluchtsort dienen könnten. Daher ist dieser Tempel heute sehr beschädigt. Die Tabernakel existieren nur noch auf der Nordseite. Auf der Südseite sind sie ganz zerstört worden. Um die Reste zu erhalten, wurde neulich eine Mauer auf dem Fundament der alten errichtet, die den Tempel einfasst, der im Innern voll von ungeordneten antiken Fragmenten ist.

Der Brunnen, der in unmittelbarer Nähe aus demselben Hügel oder fast unfruchtbaren Felsen sprudelt[737], ist eine Quelle, deren reine Wasser berühmt waren. Die Einwohner hatten die

Befürchtung, dass diese Quelle wegen des Schlamms und des angehäuften Kieses völlig versiegt und sie beschlossen 1738 daher, sie zu beräumen. Im Laufe der Räumung machte man erstaunliche Entdeckungen, die die Gemeinde aufmunterten, die Arbeiten noch intensiver durchzuführen. Die bedeutendsten Entdeckungen sind ein großer Entlastungskanal, dessen Mündung, direkt am Brunnen, 10 Fuß hoch ist; zwei Treppen im Halbkreis mit vier Stufen, auf denen man bis zum Brunnen heruntergeht, um das Wasser zu schöpfen, das im benachbarten Tempel nötig ist, und zuletzt zwei Mauern aus gleichmäßig behauenen und perfekt angepassten Steinen. Der Raum zwischen den zwei Mauern wird nach und nach enger, nachdem er das Wasser an der Stelle aufgenommen hat, wo es entsprang und führt es /232/ bis zu einem zwei Fuß hohen Reservoir. Von dort verteilt es sich in Form von Kaskaden auf ein mit breiten Steinen gepflastertes Gelände, in dessen Mitte ein Sockel errichtet wurde, der ca. einen Klafter hoch ist, und an der Spitze mit einem perfekt behauenen Fries geschmückt ist. Dieses Gelände, in dem einige ein Nymphäum sehen wollen, war ein auf jeder Seite ca. 22 Klafter breites Rechteck, in dem zellenförmige Kämmerchen eingerichtet worden sind, die zum Teil ein Quadrat, zum Teil einen Halbkreis bilden. Die ganze Fläche ist aus großen Quadersteinen gebaut und auch damit bedeckt. Die vordere Seite ist auf der gesamten Breite offen und vorne mit einer Kolonnade abgestützt, die um das ganze Bauwerk herumgeht. Wenig entfernt von der Südseite wurde eine erstaunliche Anhäufung von Trümmern ausgegraben. Darunter fand man außerordentlich große Steine, die im Viereck angeordnet waren und fünf klar zu erkennende Reihen bilden. Deswegen wurde vermutet, dass es hier Bäder oder einen besonderen Bau gegeben hat. Dort ist in unseren Tagen ein Becken gebaut worden, das man „Römerbecken“ nennt. Schließlich entdeckte man während des Aushubs eine Vielzahl von umgestoßenen Säulen, Inschriften, Bleirohren, Altären, Statuen, die im Tempel der Diana untergebracht worden sind, mehrere Gold- und Silbermedaillen aus der ersten Zeit des römischen Kaiserreichs, einige Karneole, Gold- und Eisenringe, wie diejenigen, die die römischen Ritter trugen, und weitere Seltenheiten. Nachdem alles geräumt wurde und all diese Entdeckungen gemacht worden waren, hat man begonnen, diese Quelle wieder zu verzieren. Aus diesem Grund hat man, sofern es ging, wieder die römischen Bauten errichtet, d. h. den großen Entlastungskanal, das Nymphäum, die halbkreisförmigen Treppen und die zwei viereckigen Terrassen, die dazu gehörten. Von dort gelangt man über eine weitere, mehrstufige Treppe zu einer weiteren Terrasse, die sich um das gesamte Becken der Quelle erstreckt. Um auf diese Terrassen herunterzugehen, läuft man über eine Treppe mit zwei Rampen, die an den halbkreisförmigen endet, und die von einem vorspringenden trommelförmigen Bau gestützt ist, auf dem zwei Inschriften von Augustus[738] zu lesen sind, die in den zwei Halbkreisen entdeckt wurden, /233/ was belegt, dass alle antiken Werke des Brunnens zurzeit und unter der Herrschaft dieses Fürsten errichtet wurden. Zwischen diesen zwei vollkommen ähnlichen Inschriften ist eine neuere zu lesen. Da wir von Bauwerken rund um den Brunnen berichtet haben, die auf dem Fundament der alten und mit den alten Steinen restauriert worden sind, so sollen auch die Bauten des Nymphäums beschrieben werden. Als sie verbessert wurden, hat man versucht, sie schöner zu gestalten. Dort sieht man einen Säulengang unterhalb des Quellenbeckens, Säulen vor den vier Mauern, die ein hervorspringendes Gesims tragen sowie ein flaches Gewölbe, das einen fast zwei Klafter breiten Korridor darstellt, unter dem Nischen und Säulenhallen zu finden sind. Mehrere Marmorbänke in regelmäßigen Abständen und eine brusthohe Balustrade aus weißem Stein, die allen Brüstungen der anderen Terrassen ähnelt, bilden den Hauptschmuck. Nun zum Sockel. Sein Fundament ist das Werk der Römer, sein Fries wurde nach dem Muster gestaltet, das man bei den Ausgrabungen gefunden hat. Auf diesem Fries befindet sich ein Gesims, geschmückt mit einer Brüstung, die der ähnlich ist, von der wir gerade berichtet haben. In der Mitte dieses Sockels wurde ein Piedestal aus sehr weißem Kalkstein von Saint-Leu[739] errichtet. Auf jeder Seite findet man einen Rahmen, in dem Inschriften angebracht sind. Darauf hat man eine Nymphe gestellt, die mit beiden Händen eine Urne hält. Durch das Wasser, das sie ausgießt, stellt sie symbolisch die Quelle dar. Folgen wir nunmehr dem Lauf des Wassers. Sobald es das Nymphäum verlässt, läuft es durch mehrere Aquädukte und ergießt sich im Römerbecken. Dieses Becken bildet ein Viereck, das ein wenig länger als breit ist. Geschmückt wird es durch 24 Säulenbögen und einer Brüstung. Die sechs Säulenbögen auf der Seite des Brunnens sind offen und haben alle ein Reservoir mit einem Ausguss in Form eines Rabenschnabels, wodurch das Wasser abläuft. Die gegenüberliegenden Seiten sind geschlossen, aber rechts und links sind sie ganz offen und ermöglichen das Auslaufen des Wassers, das sich durch zwei breite Arme in zwei große Becken ergießt, die zum Kanal gehören. Die Mauern dieser Arme und des Kanals bestehen aus Steinschichten und enden mit einem Mauerband und einer Brüstung aus Quadersteinen. Die Wände der zwei Becken sind im gleichen Stil gebaut, /234/ aber die Winkel sind aus Quadersteinen mit einem Vorsprung gebaut. Der Grund beider Becken ist gepflastert und mit einer dicken Schicht Kitt versehen. Der Kanal ist acht Klafter breit, drei tief und ca. 300 lang. Er wird durch drei Brücken mit zwei Bögen und zwei Abläufen unterbrochen. Über den Spornen dieser Brücken und von zwei weiteren (die eine wurde in der Nähe des Quellbeckens gebaut, die andere grenzt an die Stadtmauer) sind verschiedene Wappen angebracht worden. Auf der rechten Seite des Kanals ist ein Entlastungsaquädukt errichtet worden, das zwischen den zwei Becken beginnt. Am Ende des Kanals und unter dem letzten Ablauf ist eine Tränke für Pferde und, in unmittelbarer Nähe derselben, ein Waschplatz eingerichtet worden. Ebenfalls hat man ein Becken und mehrere Kanäle dem Gard entlang für die Färber gebaut. Die Kais an den Seiten des großen Kanals, sowie die Kais der Arme und der Becken sind alle 8 Klafter breit und mit Linden bepflanzt, die bezaubernde Alleen und Promenaden bilden. Bleibt nur noch vom Luststück und von den anderen modernen Bauten, die den Brunnen zieren, zu reden. Die Insel, auf der sich das Luststück befindet hat von Ost nach West eine Länge von 120 Klaftern und von Norden nach Süden misst sie 50. Man erreicht sie sowohl über eine Brücke, die den Kanal zwischen den zwei Becken unterbricht, als über die zwei Brücken des Verteilerbeckens. Auf diesem Luststück atmet man wegen der Nähe zum Wasser eine sehr erfrischende Luft ein und alle Gegenstände, die zu sehen sind, machen es zu einem äußerst angenehmen Ort. Es ist oval und hat in der Mitte drei schöne Reihen von Kastanienbäumen, zwischen denen Eiben gepflanzt worden sind. Darüber hinaus sind zahlreiche Steinbänke zur Bequemlichkeit des Publikums aufgestellt. Von diesen Alleen steigt man über drei große Treppen zu einer Terrasse hinauf, in deren Mitte das Römerbecken steht. Bis auf den Kanal selbst, sind alle Bauten von drei Eisengittern mit Türen eingefasst. Vor der Fassade des Tempels sieht man eine in Kreuzform angepflanzte Baumgruppe, so dass die zwei Spazierplätze beiderseits vom Nymphäum gleichmäßig erscheinen. Verlässt man das Luststück durch das Haupttor, /235/ so betritt man einen 300 Klafter langen und 30 breiten Spazierplatz. Er ist mit vier Lindenreihen bepflanzt mit einem großen Platz in der Mitte.

Das ist alles was wir, allerdings sehr schnell, von dieser großen Promenade betrachteten, die eins der schönsten Ornamente der Stadt Nîmes darstellt. Ansonsten gibt es noch in dieser Stadt mehrere antike Statuen in einem groben und barbarischen Stil. Eine von diesen, die man für gewöhnlich „die vier Beine“[740] nennt, ist an der Mauer ganz in der Nähe der Arena zum Palast hin angebracht. Sie stellt zwei weibliche Körper von der Taille bis zum Fuß dar und darauf eine Art Sockel, der den Kopf eines Mannes mit einem langen Bart trägt. Dieser Gedanke ist zweifelsohne eigenartig und sie liefert den Spezialisten der Antike allerhand Diskussionsstoff. Einige behaupten, es handle sich dabei um ein Monument zu Ehren von bestimmten mutigen Mädchen, die sich der Wut einer Armee opferten, die aufgebracht und bereit war, ihr Vaterland zu zerstören, und dieses retteten, indem sie es mit der Scheide verteidigten. An vielen anderen Orten sieht man in der Stadt römische Adler in Originalgröße, die schön gezeichnet sind, aber keine Köpfe mehr haben.[741] Es wird vermutet, dass entweder die Goten ihnen diese Beleidigung zufügten, um hervorzuheben, wie sie die Römer verachteten, oder eine andere Nation, die die Römer und die Zeichen ihrer Herrschaft hasste, was ziemlich nachvollziehbar ist.

Nachdem wir den ganzen Vormittag damit verbracht hatten, hier und dorthin zu laufen, fuhren wir in unsere Herberge zurück, um einer nach einer solchen Bewegung sehr angenehmen Pflicht nachzugehen: Wir aßen Mittag und fuhren dann wieder los. Ich nahm wahr, dass Nîmes unterhalb eines Berges liegt, der sich bis zur Brücke über den *Gard* erstreckt, man lässt diesen Berg links und die Ebene von Beaucaire bleibt rechts. Gegen Abend erreichten wir dieses bekannte Monument, das eine Brücke und ein Aquädukt zugleich ist, das zwei gegenüberliegende Berge verbindet, die ein Tal trennt, in dessen Grund ein kleiner Fluss fließt. Diese Brücke[742] besteht aus drei Etagen Arkaden. Sie ist insgesamt /236/ 25 Klafter und 5 Fuß hoch, das heißt 10 Klafter 4 Fuß für die erste Stufe, vom Karnies oben bis zur Oberfläche des mittelgroßen Flusses Gardon. Die zweite ist 10 Klafter 2 Fuß hoch von dem unteren Teil des oberen Karnieses bis oberhalb des unteren Karnieses. Die dritte hat eine Höhe von ungefähr 3 Klaftern und 4 Fuß von unterhalb der Platten, die das Aquädukt bedecken bis zum oberen Teil des Karnieses der zweiten Etage. Die erste Etage besteht aus sechs großen Arkaden, unter einer davon fließt der Fluss, die zweite aus elf, wobei die größte eine Weite von mehr als 80 Fuß hat, und die dritte aus 36 Arkaden. Die zwei ersten Etagen sind aus Quadersteinen, die letzte aus Ziegelsteinen. Die erste Etage, d. h. die Brücke im eigentlichen Sinne, ist auf der rechten Seite (wenn man aus Nîmes kommt) um einen halben Klafter breiter als die anderen. Sie war bereits damals für die öffentliche Nutzung bestimmt. Sie ist allerdings so eng, dass sie nur zu Fuß oder mit Maultieren benutzt werden konnte. Um diesen Nachteil zu beheben, hat die Provinz[743] eine schöne neue Brücke hinzugefügt, die 1745 fertiggestellt wurde.[744] Ganz oben in dem Bauwerk befindet sich der Kanal, durch den das Wasser fließt. Er ist drei Fuß hoch und man kann ihn erreichen, indem man den Berg besteigt. Viele der Platten, die ihn bedeckten, fehlen nunmehr, aber in gewissen Abständen sieht man noch einige. Man konnte keine Inschrift entdecken, die einen Hinweis auf die Entstehungszeit des Monumentes gegeben hätte oder auf den Namen desjenigen, der es errichten ließ. Daher ist man gezwungen, diesbezüglich

Vermutungen anhand der drei Großbuchstaben A. E. A. anzustellen[745], die darin eingraviert sind. Der allgemeinen Meinung nach wurde es durch Agrippa gebaut[746], um das Wasser der Quelle Eure aufzunehmen und zu transportieren, die jenseits der Stadt Uzès hervorsprudelt. Das Aquädukt[747], das das Wasser leiten sollte, war nicht weniger prächtig. Es wandt sich dermaßen durch die Berge und Felsen, die sich auf dem ihm bestimmten Weg befanden, dass dieser fast 9 Meilen lang war. Nachdem es bis zur Brücke* geführt worden war, die das Wasser auf die andere Seite des Flusses (der sich hier zwischen zwei Berge drängt) beförderte, verlief es noch bis eine Meile von Nîmes entfernt. Dort teilte /237/es sich in mehrere Teile, die dementsprechend viele Aquädukte bildeten.

Wir hielten eine ganze Weile an, um dieses große Bauwerk zu betrachten, dem die Nachtdämmerung einen beeindruckenden Prunk verlieh. Wie ehrgeizig waren die Römer bei der Planung und der Durchführung ihrer öffentlichen Bauwerke! Was die privaten betrifft, so glaube ich, bemerkt zu haben, dass die Römer viel zurückhaltender waren. Die Rudimente, die wir gesehen haben, deuten zumindest nur Bauten geringen Umfangs an. In dieser Hinsicht fallen nicht einmal ihre Tempel im Vergleich zu unseren mittelgroßen Kirchen ins Gewicht.**

Die Villa Hadrians[748] widerspricht anscheinend dieser Beobachtung. Erstens waren zur Zeit dieses Kaisers die Städte des Kaiserreichs freilich bereits mit allen notwendigen öffentlichen Gebäuden versehen. Zweitens scheint dieses Landhaus eher eine Anhäufung von Häusern (die wahrscheinlich den Hofleuten gehörten) als ein einziger Palast zu sein. Allein die Gräber entsprechen nicht der Regel, da sie kolossal sind und in keinem Verhältnis zu den schmächtigen sterblichen Überresten stehen, die sie enthalten und bedecken sollten.

In diese Überlegungen vertieft setzte ich meinen Weg fort. Bald wichen die Schatten der Finsternis. Zwischen Connaux und Bagnuls[749] überraschte uns ein schreckliches Gewitter, das furchtbare Donnerschläge und ein Wolkenbruch begleiteten. Mehrmals hielten die Pferde plötzlich an und unsere Kleidungsknöpfe funkelten vom Licht der Blitze, das sie widerspiegelten. Kurzum,

---

* An diesem Ort, d. h. am linken Ufer sieht man noch sehr viele Trümmer. Auf der anderen Seite verschwindet die Brücke im Berg.

** Die Kuppel der Petruskirche ist die in allen Maßen treue Kopie des Pantheons, der der größte Tempel des antiken Roms war. Palladio und Bramante, um ihm die Stirn zu bieten, bauten absichtlich die über ihre Stadt ragende Entsprechung dieses Pantheons.

dieses Gewitter war schlimmer als alle Beschreibungen, die ich davon jemals in einem Gedicht gelesen hätte.

Gegen Mitternacht brach der Mond durch die Wolken und der Himmel wurde klar und rein. Wir fuhren über die Saint-Esprit Brücke, die diesen Namen trägt, weil es dieses göttliche Wesen der Legende nach nicht für unter seiner Würde gehalten habe, beim Bau selbst mitzuwirken.[750] /238/ Diese Brücke ist vielleicht die längste Steinbrücke, die es gibt, und ist so schön wie sie in der Zeit, in der sie gebaut wurde, sein konnte.[*] [751]

Dort beginnt die Grafschaft Venaissin.[752]

Am 23.
La Pallud. Die Wege waren sehr schlecht. Pierrellate, erste Stadt des Dauphinés, die am Fuß eines Felsens liegt, der allein aus einer Ebene herausragt. Nach Douzere wurden die Straßen noch schlechter. Chateau-Neuf steht am Ende einer engen Schlucht. Da es erneut, und zwar den ganzen Vormittag geregnet hatte, waren unsere Leute bis auf die Knochen nass. Sogar wir selbst waren es, obwohl wir in den Wagen gesessen hatten, die ihrerseits ruiniert waren. Aus diesen Gründen sahen wir uns gezwungen, in Montélimard zu rasten, wo wir gegen Mittag ankamen.

Am 24.
Essen und Schlafen tragen stets dazu bei, dass ein gesunder Körper sich von allen Mühen erholt, die er erlitten hat, und zwar sehr rasch. Das war auch bei uns der Fall. Seit heute in aller Frühe befahren wir wieder fröhlich das Pflaster Frankreichs.

Eine Station von Montélimard entfernt sprachen wir mit einem Edelmann vom Lande, der mit seiner Flinte und seinem Hund auf die Jagd ging. Er erzählte uns, dass die Hyäne[753], von denen die Gazetten seit zwei Jahren so voll waren, nichts anderes als ein Wolf gewesen sei, wenn auch größer und gefräßiger, als diese Tiere sonst sind. Es stimme, dass man mehrmals große Vorbereitungen getroffen habe, um ihn zu fangen. Man habe die anderen Jäger der Gegend und zahlreiche mit Jagdtuch und Netzen ausgestatten Bauer versammelt. Schlussendlich habe ein anderer ihm bekannter Edelmann ihn allein getötet.[**] /239/

---

* Sie ist 420 Klafter lang und 2 Klafter 4 Fuß breit. Sie ruht auf 19 großen Arkaden und 7 kleinen. Sie wurde 1309 nach fast 45 Jahren Bauzeit fertiggestellt.

** Die erstaunlichen Anekdoten, ob wahr oder falsch, die zu diesem Ungeheuer kursiert waren, hatten meine Neugier so geweckt, dass ich mich während dieser Fahrt nach ihm bei sozusagen allen, denen

Valence zeigt sich in einer schönen Ebene, die Alpen auf der einen Seite und die Berge des Languedocs auf der anderen. Wir erreichten die erste Station hinter Valence, wo wir die Isère passieren sollten. Trotz der Warnung, der Fluss sei stark über die Ufer getreten, beschlossen wir, mithilfe von einigen Führern sie über ein großes Gebiet überschwemmter Wiesen zu überqueren. Oft mussten die Führer nach dem Weg und den Deichen mit langen Stangen suchen. Das Ganze war nicht risikofrei, denn es hätte gereicht, dass der Wagen kippt und wir wären ertrunken. Den Fluss selbst durchquerten wir über eine schwimmende Brücke.[755] Die Isère floss erstaunlich schnell, was damit zum Teil zusammenhängt, dass sie angeschwollen war, und zum Teil, dass sie sich noch sehr nah an den Alpen befand, aus denen sie entspringt.

Nachdem wir dieses Hindernis überwunden hatten, aßen wir in Tain ein Stück kalter Pastete, die wir mitgenommen hatten. Diese Stadt liegt gegenüber Tournon, einer weiteren großen Stadt, und zwischen ihnen fließt die Rhône, so dass die Lage der Stadt sehr gut ist. In der Gegend wächst der beste *vin d'hermitage*[756], den wir in Übereinstimmung mit dem antiken, nationalen und lobenswerten Brauch, die guten Weine zu verkosten, wenn man sich in deren Anbaugebieten befindet, nicht versäumten zu probieren. Nach Tain verläuft der Weg weiterhin der Rhône entlang, die man daher sehr oft sieht, mal, wenn man sich auf einem erhöhten Ufer befindet, mal, wenn man am Wasser entlang fährt. Wegen der Nacht konnte ich meine Beobachtungen nicht fortsetzten.

Am 25.
Bei Tagesanbruch fuhren wir durch die uralte Stadt Vienne und ihre dunklen und engen Straßen. Von hier nach St. Fons, der letzten Station, /240/ sind die Wege schlecht, der Rest der Strecke seit Montélimard war gut gewesen. Nähert man sich St. Fonds, so entdeckt man am anderen Ufer des Flusses die Hänge des Lionnais',

---

wir begegneten, erkundigte, ohne etwas in Erfahrung zu bringen, sei es, weil sich die Leute schämten, oder weil das Tier nicht direkt hier gewütet hatte. Ich lache noch, wenn ich mich erinnere, wie ich eine Dienerin fragte, *was die Hyäne wohl gewesen sei.* Da sie das Wort „Hyäne" nicht verstand, wollte ich es paraphrasieren und sagte *das große Biest, das die Menschen fraß.* Herr Le Roy, der anwesend war, antwortete mir *Ah! Non sa niente della grand Bestia che mangia gli' uomini, cognosce meglio quel altera piccopia che gli fa.*[754] Es ist so wahr, dass ich kurze Zeit später in Paris, unter den Schüler, der Militärschule den in den Adelstand erhobenen kleinen Jungen gesehen habe, der sich dadurch ausgezeichnet hatte, dass er seine Kameraden aus dem Maul des Wolfs gerettet hatte.

die von Wohnhäusern und näher an Lyon von Landhäusern bedeckt sind, so dass sich das Auge ohne Unterlass freut. Dabei handelt es sich nicht mehr um die malerische Landschaft der Ausonia[757], denn ihre schönen Obstgärten sind hier sozusagen nur ein Element unter Tausenden, die die Gegend schön machen.

Lyon hat ein sehr angenehmes Aussehen. Die Stadt liegt zum großen Teil auf der Landzunge, die der Zusammenfluss der Rhône und der Saône bildet, und nur ein kleiner Teil liegt am Hang des Berges am rechten Ufer der Saône. Nach einer Fahrt durch einen Vorort überquert man die Rhône über eine schöne Steinbrücke.[758] Wir kamen gegen elf Uhr morgens an und bezogen unser Quartier in einer geräumigen und schönen Herberge mit Blick auf die Saône. Zum ersten Mal konnten wir behaupten, eine saubere und gute Unterkunft gefunden zu haben.

Wir hatten Briefe für Herrn Auriol[759] den Jüngeren, einen Händler, der sich äußerst eifrig bemühte, die Fürsten zu bedienen und all ihren Wünschen zuvorzukommen. Neben Bordeaux gilt Lyon als die wichtigste Stadt des Königsreiches nach der Hauptstadt. Sie ist sehr gut gebaut, obwohl auch hier, wie in allen großen Städten, zahlreiche enge Straßen zu finden sind. Aber sogar diese werden in Lyon durch die Geschäfte der Händler verschönert. Der Platz Louis XIV.[760] ist wahrhaft prachtvoll und das angrenzende Viertel besteht nur aus geräumigen und geraden Straßen. Das Rathaus am Place des Terreaux[761] stellt ein Gebäude dar, das einer sehr reichen Stadt wie dieser würdig ist. In einem anderen schönen Gebäude befindet sich das Schauspielhaus[762] mit seinen Foyers, mit Räumen, in denen die Bälle und die Versammlungen der besseren Gesellschaft stattfinden, die hier wie in Marseille aus dem Stand der Kaufleute besteht. Ihre Börse oder ihr Comptoir[763], ein schönes kleines Gebäude auf einem so schönen wie kleinen Platz, sieht nicht schlecht aus. Das umfangreiche Krankenhaus, das man auch *Hôtel-Dieu* nennt[764], /241/ wird mit so viel Nächstenliebe wie Korrektheit verwaltet. Das große Jesuitenkolleg[765] zeichnet sich durch seinen Prunk aus. Längs der Ufer der beiden Flüsse erstrecken sich schöne Kais. Fünf Brücken über die Saône (nur eine davon ist aus Stein) ermöglichen eine Verbindung zum Stadtteil jenseits der Saône und zu den Vororten, die in Richtung des Lyonnais liegen. Alles in allem ist Lyon eine der Städte, die man den misslaunigen Philosophen zeigen kann, die sich gegen die Einrichtung der bürgerlichen Gesellschaft erklären.

Dort gibt es auch einige Rudimente aus der Antike, die es jedoch nicht lohnt zu besichtigen: Teile der Mauer eines Reservoirs im Ursulinen-Kloster[766], Spuren eines Theaters bei den Minimen[767], all das am Hang des Berges am rechten Ufer der Saône. Auf der gleichen Seite sieht man an den Sankt-

Irénée-Toren beträchtliche Reste eines prachtvollen Aquädukts, die sich bis in die Wälder hinein erstrecken. Wir sahen sie auf dem Gipfel eines Hügels als wir aus Saint-Fonds kamen.

Der Handel in Lyon ist so berühmt, dass ich mir dessen Beschreibung sparen kann. Wir versäumten es nicht, die wichtigsten Stoff- und Bortenmanufakturen zu besichtigen. Deutschland ist das Land, das am meisten davon kauft und verwendet, und unsere Händler kommen vorzüglich hierhin, um diese Artikel zu besorgen und mit ihnen ihre Lager zu füllen.

Das Theater interessierte uns sehr. Der Saal ist schön und geräumig genug. Eine Truppe aus erlesenen Schauspielern arbeitet hier, die so gekleidet sind, wie man es in einem Ort erwartet, die für halb Europa Gold und Seide spinnt. Zum ersten Mal sahen wir dort das entzückende Werk *Le Roi et le Fermier*[768] in dem Herr Caillot[769], der deswegen aus Paris angereist war, die Rolle von Richard spielt. Nie wieder werde ich in einem Theater etwas empfinden, was dem Gefühl ähnelt, das diese komische Oper, dieser unnachahmliche Schauspieler und die harmonische und berührende Musik in mir hervorriefen. Ein anderes Stück, das gespielt wurde, war *Le Seigneur de Pourceaugnac* von Molière[770]. Es möge jemand versuchen, ernst zu bleiben, /242/ wenn Pourceaugnac plötzlich quer über die Bühne flüchtet, mit dem Apotheker und seinem mit Spritzen versehenen Gehilfen auf den Fersen. Schließlich sucht er unter der Bühne Zuflucht, bevor er durch den Souffleurkasten wieder erscheint, wobei sofort hinterher eine auf ihn gerichtete Spritze zum Vorschein kommt, die ihn schon berührt, bevor man weiß, wer sie hält. Ich prustete los und bitte deswegen die Leute um Entschuldigung, die vom Ernst so erfüllt sind, dass sie sich ohne Bewegung der Lachmuskeln zum ersten Mal eine solche Posse ansehen können.

Während einer Vorstellung von *Sydney*[771] erlebte ich eine der angenehmsten Überraschungen meines Lebens. Ich war in die Loge der Fürsten gegangen und kaum hatte ich dort Platz genommen, als ich in der Nachbarloge zwei runde Gesichter erblickte, die ich wiederzuerkennen glaubte. Nachdem ich sie eingehender betrachtet hatte, entdeckte ich den Landgraf von Hessen[772] und meinen alten Freund Wreech[773]. Herr Auriol, der mich ins Theater begleitet hatte, sah meine Ehrerbietung gegen den Landgraf und fragte ganz leise „Darf ich es wagen, Sie zu fragen, wer der Mann, der dickste aller Ausländer, ist, den Sie gerade erkannt haben?“ „Raten Sie bitte, welchem Stand er angehört“. „Leider“ erwiderte er, „halte ich, um ganz ehrlich zu sein, nicht viel von ihm und er sieht nicht sehr reich aus“. „Wie Sie ihn jetzt sehen, hat nichts zu bedeuten. Im letzten Krieg führte er 20 000 Mann gegen Sie“. Im Übrigen hatte Herr Auriol nicht ganz Unrecht. In einem kleinen grünen, sehr abgetragenen Kleid sah seine Königliche Hoheit in der Tat wie jemand aus, der pleite ist. Er und seine Gefolgschaft standen unmittelbar vor der Abreise nach Genf. Dennoch gab seine Hoheit der Landgraf den inständigen Bitten der Fürsten nach und verschob seine Abfahrt auf den folgenden Tag. Wir verbrachten die Nacht in der Begleitung von Wreech. In Lyon spricht das gemeine Volk ziemlich gut Französisch. Bis dahin hatte ich nur Dialekte gehört.

Am 29.
Sobald man die Stadt verlässt, steigt man auf die Berge. Daher ist von Lyon bei einem Blick zurück nur noch die Stadtmauer zu sehen, die wie in Genua ganz oben auf den Erhebungen steht, sowie einige Klöster. /243/ Das Land ist schön, fruchtbar und gut bestellt. Die Berge bleiben links und rechts die Saône, die stark über die Ufer getreten war. Die Straßen sind sehr guter Qualität und die Kutscher lenkten so schnell, dass es mir unmöglich wurde, die Landschaft gut zu beobachten und zu beschreiben. Wir aßen in Mâcon Mittag, der ersten Stadt Burgunds. Als wir uns wieder auf den Weg machten, gabelte der regierende Fürst einen armen jungen aus München stammenden Mann auf, der von Beruf Friseur ist und gerade aus dem Krankenhaus entlassen worden war. Er hieß Faust und der regierende Fürst nahm ihn in seine Dienste, um Beuchling zu ersetzen.[774] Wir fuhren noch durch eine schöne Landschaft bevor wir dann Tournus, den Ort unserer Herberge erreichten.

Am 30.
Chalôns sur Saône liegt in einer großen, anscheinend wenig fruchtbaren Ebene. Beaune ist eine gut aussehende Stadt. Die Sauberkeit der Herberge und die Berühmtheit der Weine dieser Gegend luden uns ein, hier das Essen zu bestellen. Wir wurden nach unseren Wünschen bewirtet und der Rebensaft übertraf alle unsere Erwartungen. Der Glanz des schönsten Rubins verblasst im Vergleich zu der Farbe eines in einem klaren und gut gespülten Glas servierten köstlichen Weins von Beaune. Die gute Laune ergriff unsere Herzen im gleichen Maße wie der Wein dem älteren Fürsten und seinem Diener Berenhorst in den Kopf stieg. Ein angenehmer Zwischenfall, der mir den Aufenthalt in Beaune tief einprägte. Eine Station von dieser Stadt entfernt erreicht man eine zweite große Ebene. Gegen Abend fuhren wir durch die große und schöne Stadt Dijon. Ein kleiner, ziemlich zerlumpter Taugenichts sprach den Prinzen Johann Georg an und bat ihn voller Demut, ihm einen Platz in seinem Wagen zu gewähren, damit er nach Paris zurückfahren kann. Er behauptete, Kind

einer ehrbaren Familie zu sein, und die Dummheit begangen zu haben, aus dem väterlichen Haus zu fliehen. Er bereue es nun, da ihn die Not erdrücke, bitter. Die Postschreiber bestätigten die Wahrheit seiner Angaben: Sein Vater sei einer der Beamten des Posthauses von Paris. Der Prinz nahm sich also seiner an, dem Beispiel seines durchlauchtigen Bruders folgend[775], und brachte ihn zum Ort seiner Geburt zurück. Wir fuhren dann nachts durch das Tal, in dem der kleine Fluss Ouche fließt. /244/

Am 31.
In Rouvray wurde es wieder Tag. Von dort bis nach Vermenton sieht man vereinzelt Wälder und sehr schön bestellte Felder. Burgund sieht im Allgemeinen wie Deutschland in unserer Gegend aus. Gleiches lässt sich in Bezug auf die Einwohner allerdings nicht behaupten, denn ich kann mich nicht erinnern, einen einzigen mit Tuch bekleideten Bauern gesehen zu haben und noch weniger Pferdegespanne und Wagen, wie bei den Bauern unseres Landes. Hier besitzen sie nur magere Ochsen und Esel. Holzschuhe und Kittel aus grobem Stoff sind ihre einzige Kleidung. In dieser Provinz, die die beste Frankreichs ist, gibt es nur verstreute Dörfer und oft sieht man so weit wie das Auge reicht, kein einziges. Dadurch kann man sich vorstellen, wie es in den anderen Provinzen aussieht. Die großen Straßen hingegen sind im besten Zustand, breit und bequem und über lange Strecken schnurgerade und sie führen durch durchbrochene Hügel und zugeschüttete Täler. Auf den Posten findet man stets vorbereitete Wechselpferde und die Abfertigung erfolgt auf der Stelle mit einer bewundernswerten Schnelligkeit.

Hinter Vermenton erhebt sich ein beträchtlicher Berg, den man hochfährt und dann bleibt die Landschaft bis Auxerre bergig[776]. Von weitem sieht diese Stadt sehr vorteilhaft aus. Fährt man hinein (davor muss die Yonne in der Nähe des Stadttors überquert werden), ist man jedoch enttäuscht, denn sie ist alt und schlecht gebaut. Dort aßen wir zu Mittag.

Zwischen Auxerre und Joigny ist die Landschaft vollkommen schön. Bei der Einfahrt in Joigny überquert man erneut die Yonne. Die recht hübsche Stadt Joigny gehört zur Champagne. Man wird mir leicht glauben, dass wir das Abendessen nicht ohne diesen Wein genossen.

Soeben hielt den Wein der Pfropfen noch,
Jetzt schäumt Champagner ihm ins Glas hinein.
Seht, Freunde, wie ein Blitz der Pfropfen schießt
Zur Decke auf.[777]

Am 1. August 1766
Ab Joigny fährt man die Yonne entlang auf einer bequemen und angenehmen Straße /245/ und lässt rechts von sich fruchtbare und bebaute Weinberge, die die Flüssigkeit tragen, bezüglich derer ich gerade Voltaire zitiert habe. Villeneuve le Roi ist klein und hübsch. Sens ist schlecht gebaut und nicht groß. Dort stehen viele Fachwerkhäuser. Nachdem wir wieder einmal die Yonne über eine Brücke überquert hatten, ließen wir sie rechter Hand. Ab dieser Stelle ist die Straße bis nach Paris mit quadratischen Steinen gepflastert, was die Fahrt sicherlich erleichtert. Moret ist am Waldesrand sehr hübsch gelegen, der Wald umgibt die Stadt von drei Seiten. Dieser Wald hat eine schöne grüne Farbe. Später wird er allerdings dunkel und besteht nur noch aus Kiefern und Tannen. Fontainebleau liegt mitten in diesem Wald, an einem Ort, der trauriger und unfruchtbarer ist, als alles, was man sich vorstellen kann. Eine kahle, mit großen Felsen und grauen Steinen übersäte Erhöhung ist das, was man hauptsächlich vom Schloss erblickt. Genau die gleiche dunkle Farbe haben zahlreiche schiefergedeckte kleine Häuser, so dass das Ganze vollkommen düster wirkt.

Wir bestellten das Mittagessen in einer kleinen Gaststätte und besuchten anschließend den Wohnsitz der Könige[778]. Dieser ist sehr umfangreich und umschließt allerhand Bauten, Flügel, Plätze und Höfe. Er hat eine gemischte, da zugleich gotische und moderne Architektur. Innen ist er größtenteils ohne Möbel. Jedes Mal, wenn der Hof sich hier aufhält (gewöhnlich ab Oktober und für sechs Wochen), werden Stühle, Tische, Betten usw. sogar Vorhänge hierher gebracht. Ein schön verschwenderischer Posten! Der König und dementsprechend seine ganze Gefolgschaft haben eine schlechte Unterkunft und man wundert sich stets, wie ein Herrscher samt seines dem Luxus verfallenen Hofes sich damit abfinden kann. Die symmetrischen Gärten mit ihren zurückgeschnittenen Bäumen sind wenig reizvoll. Dennoch verleiht ihnen ihr Umfang etwas majestätisches, vor allem, wenn man die Phantasie bemüht, um sich in die Zeiten Franz I. oder Heinrichs IV. zurückzuversetzen.[779] Dies fällt an einem solchen einsamen und verlassenen Ort nicht besonders schwer. /246/ Ich wenigstens achtete darauf, mir diese Galerien, Korridore und Plätze mit den Schatten von Gabrielle, Entragues, Sully, Ossat, Crillon, La Noue, Mornet, La Tour d'Auvergne[780] usw. mit ihren Kammermädchen, ihren Papageien[781], Pagen und Narren zu beleben. Die Stadt ist klein und sehr mittelmäßig.

Dann fährt man noch anderthalb Stationen im Wald und danach beginnt die breite, mit Bäumen bepflanzte Allee, die bis zu den Toren der Hauptstadt führt. Zum Rest der Strecke kann ich nur sagen, dass ich einige Landhäuser wahrnahm, bis die Dunkelheit ihre Herrschaft antrat.

Am 2.
Nach Mitternacht erreichten wir Paris und ließen uns im Hôtel de Saxe in der Rue Jacob im Vorort Saint Germain nieder.

Bis hierhin habe ich also mein Tagebuch geführt und ich wäre zutiefst erfreut, wenn der wohlwollende Leser damit zufriedener wäre, als ich es selbst bin. Denn, um ehrlich zu sein, gefällt mir diese Arbeit wenig. Vielleicht ginge ich dieser Aufgabe weniger schlecht nach, wenn ich es zu dieser Stunde täte. Ich wage es zu glauben angesichts der Unzufriedenheit, die ich empfinde, nachdem ich mein Werk noch einmal durchgelesen habe. Eine kleine Entschuldigung könnte ich wohl anführen, wenn man bereit ist, sie anzunehmen: Wir sind in der Regel mit einer ziemlichen Hast gefahren, die sich sogar nach Turin verdoppelt hatte. Daher hatte ich während der Strecke seither bloß die Zeit, einige vereinzelte Fragmente zu sammeln, in der Absicht, sie als Material zu benutzen, das ich, mich außerdem auf mein gutes Gedächtnis verlassend, zu einem späteren Zeitpunkt umfangreich gestalten würde. Da ich während unseres ersten Aufenthaltes in Paris nicht einmal die Gelegenheit fand, diese wenigen Notizen zu redigieren, gab ich alles auf und schrieb nichts mehr. Nun sind mir diese Notizen selbst unverständlich geworden, meist weil ich vergessen habe, worauf sie sich beziehen. Dazu kommt, dass die Schrift, die ich für meine Tafeln verwendete, eine Art Kode war. Dennoch habe ich alles widergegeben, was ich daraus ziehen konnte. Einige Briefe werden den Rest bilden und das wird es gewesen sein. /247/

ZWEITER TEIL

Bis zum 8. August verlief die Zeit sehr schnell. Wir waren damit beschäftigt, die bemerkenswertesten Sachen in Augenschein zu nehmen. Wir besuchten Versailles und das Trianon. An allen diesen Unternehmungen nahm auch Herr Logier Teil, der aus Marseille angekommen war. Wir begaben uns zu Herrn Darget[782], Sekretär und Kustos der Archive der königlichen Militärakademie, der früher Lektor seiner Majestät des Königs von Preußen war. Ich kannte ihn vorher nur vom Hörensagen und durch das, was mir sein Schwager Herr Cesar[783] berichtet hatte. Dennoch beabsichtigte ich, ihn zu unserem Vertrauensmann zu machen und der Erfolg dieses Unterfangens übertraf bei Weitem meine Erwartungen. Der Prinz Johann Georg mietete die zweite Etage des Hôtel de Modène, das sehr nah am Hôtel de Saxe liegt, wo wir dann die gesamte Zeit unseres Aufenthaltes in Paris gewohnt haben. Schließlich begleiteten wir am 8. den regierenden Fürsten nach St. Denis. Dort besichtigten wir diese berühmte Abtei und aßen noch einmal zusammen. Darauf reisten der regierende Fürst, Herr von Erdmannsdorff und Herr Logier nach England ab. Mein Prinz und ich selbst fuhren nach Paris zurück und nahmen von unserer neuen Wohnung Besitz.

Brief an den regierenden Fürsten aus Paris, den 18. August 1766
Eure Durchlaucht. Von den Schmerzen, die unsere Trennung verursacht hat, werde ich nicht berichten. Erst der Augenblick des Wiedertreffens wird uns dafür entschädigen können, und ich sehe ihm mit so viel Ungeduld wie Freude entgegen. Zwischen Saint-Denis und Paris habe ich nichts wahrgenommen, und als ich endlich aufblickte, sah ich die Augen Ihres Bruders mit Tränen erfüllt, die er aus seiner zarten und aufrichtigen Freundschaft für Sie vergoss.

Ansonsten leben wir, Eure Durchlaucht, dem Plan gemäß, den wir entworfen haben und sind damit zufrieden. Vorgestern haben wir Ihre zwei Briefe und den von Erdmannsdorff mit dem Rest des Pakets erhalten. Ich nehme an den Unannehmlichkeiten, die die Meeresbewegungen bei Ihnen hervorgerufen haben, regen Anteil. Jedoch ist es Ihnen sicherlich eine große Erleichterung gewesen, sich an einem Ort zu erholen, /248/ der nicht von diesem springenden Ungeziefer befallen ist, dem ich hier in unserer Wohnung noch nicht Herr geworden bin. Ich hoffe, in Kürze die Nachricht von Ihrer glücklichen Ankunft in London zu erhalten.

Brief XIII
Paris, der 22. August 1766
In dieser Hauptstadt der Welt – in Bezug auf Mode, versteht sich – leben wir in einer sauberen und bequemen Wohnung. Die Art und Weise, wie wir leben, ist allerdings noch nicht sehr glänzend: ein Sprach- und ein Tanzlehrer, für den Prinzen ein Fechtmeister und für mich ein Lehrer der italienischen Sprache bilden unsere gesamte Gesellschaft. Gehen wir aus, so ist es nur, um die öffentlichen Gebäude, die Paläste, die Landhäuser usw. zu besuchen und abends sehen wir uns regelmäßig Schauspiele an.

Diese Methode betrachte ich als die geeignetste, damit mein lieber und ehrwürdiger Prinz die notwendigen Talente erlangt, die er benötigen wird, um nach unserer Rückkehr aus England in der Welt aufzutreten. Gleichzeitig ist es immerhin etwas, die Außenseite dieses Landes kennenzulernen und wir werden später umso mehr Muße haben, den Zugang zu seinen Gesellschaften zu suchen.

Das Theater ist für uns von großer Bedeutung. Ich kann Ihnen nicht sagen, wie sich Lekain, Molé, Brizart, la Dumesnil und la Dubois[784] in ihrem Beruf auszeichnen, auch wenn man hier ihre Vorgänger unendlich bevorzugt. Vorgestern erlebten wir die Premiere von *Artaxerce*, einer neuen Tragödie von Herrn Lemierre[785], dem Autor von *Hypermnestre*. Das Stück wurde mit allgemeinem Beifall aufgenommen, trotz aller Gründe, die zahlreiche Kritiker mit rechteckigen Perücken[786] zu beanstanden fanden.

Wenn Sie sich alles überlegen, werden Sie meinen, dass es mir gut geht. Ich bestreite es nicht, obwohl ich eine geheime Neigung spüre, die mich in unsere Heimat zieht und es verhindert, dass ich das Gute einer Situation vollkommen genieße, die ich mir dennoch gewünscht, und von der ich seit meiner frühen Jugend geträumt hatte. Von ganzem Herzen trauere ich der armen Brandt[787] nach (der sie nicht so schnell folgen werden, /249/ wie Sie es denken)[*], aber unsere fruchtlose Trauer ruft sie nicht ins Leben zurück.

Brief von Herrn von Erdmannsdorff, London, am 17. August 1766
Nun sind wir beide, mein lieber Freund, Du in Paris und ich in London, in den zwei Hauptstädten von Europa, die diesem

———

* Nur zu schnell folgte er ihr tatsächlich: am 1. Juni 1769.

gesamten Teil des Universums, der sich rühmt, am zivilisiertesten zu sein, ihr Gesetz und ihre Moden vorschreiben. Ich ahne jedoch, dass weder Du noch ich versucht werden, diese Moden zu übernehmen. Im Zentrum der Weichheit, der Künstlichkeit und der Oberflächlichkeit lebst Du zurückgezogen und widmest Deinen Rückzug dem Studium, der Genugtuung, Du selbst zu sein und der Süße eines geregelten Lebens. Was mich betrifft, so betäubt mich die ständige Leier mit den großen Worten Parlament, Ministerium, Freiheit, von denen man sogar hier scheinbar bloß den Namen kennt, und ich fühle mich allen Narrheiten der Politik gegenüber gleichgültig, die dieses Volk in einer ständigen Unruhe hält. Es ist eben unser Los, mein Freund! Es war uns erlaubt, uns für einige Zeit diesem glänzenden Schauspiel zu nähern, das die große Welt genannt wird, nicht um darin eine interessante Rolle zu spielen, sondern nur um zart deren Freuden zu streifen und einige Blumen zu pflücken, mit denen wir eines Tages unsere friedliche Einsiedelei schmücken werden. Hätte uns das Schicksal befohlen, auf dieser entscheidenden Bühne zu erscheinen, so hätten wir uns vielleicht mit ein wenig mehr Unverschämtheit aus der Affäre gezogen, wie so viele es bereits getan haben (und wenn das Glück uns begünstigt hätte, sogar mit ein wenig Glanz). – Ich kann Dir versichern, dass unsere Trennung in Saint-Denis mich sehr berührt hat. Ich war wegen der aufrichtigen Freundschaft, die ich für Dich hege und meiner respektvollen Zuneigung für den Prinzen Johann Georg sehr bewegt. Aber darüber hinaus, das muss ich zugeben, habe ich mich nicht weniger innerlich gefreut, als ich sah, wie bei dieser Gelegenheit nicht affektierte Tränen flossen. Du weißt, wie ich mich stets bemüht habe, in unserer kleinen Republik eine gute Harmonie aufrecht zu erhalten.

Unser Aufenthalt in London wird nur so lange dauern, /250/ bis der Fürst der königlichen Familie seine Aufwartung gemacht hat, wobei noch nicht feststeht, wann dies stattfinden wird. In der Stadt findet man fast kaum Adlige. Es gab einige Schauspiele, aber um ehrlich zu sein, trauere ich bis jetzt dem Pariser Theater nach. Vaux-Hall[788] stellt in dieser Jahreszeit den besten Zeitvertreib dar. Davon werde ich Dir zu einem späteren Zeitpunkt berichten. Wahrhaft bietet er einen prachtvollen und in seiner Art vielleicht einmaligen Anblick.

Brief von Seiner Durchlaucht, dem herrschenden Fürsten, aus High Wycombe[789], den 27. August 1766

Ich beantworte Ihren Brief vom 18., um Ihnen mitzuteilen, dass ich ihn gerade zum Zeitpunkt meiner Abreise aus London erhalten habe. In dieser Gegend habe ich einige

Gärten besucht und der Graf von Schulenburg* [790], der Sie auch grüßt, hat mich bis zu diesem Ort geführt.

Ich bin gerade dabei, von hier abzufahren, um den Weg zu nehmen, der uns direkt nach York und zu den Bädern von Scarborre führen soll. Es wird behauptet, wobei ich nicht weiß, ob es sicher ist, dass die Pferderennen von Newmarket[791] dieses Jahr früher als sonst stattfinden werden. Ich werde Ihnen rechtzeitig Bescheid sagen, und sollte es mehrere geben, so werde ich Ihnen nur von den letzten berichten, denn sie ähneln sich alle und Ihre Zeit in Paris wird Ihnen wohl so teuer sein wie mir meine während meiner Reisen.

Brief XIV[792]
Paris, den 5. September 1766
Seit unserem letzten Brief gab es in unserer Lebensweise keinerlei Veränderungen. Allerdings, da wir nunmehr die lokalen Eigenschaften von Paris ein wenig mehr kennen, sind wir im Begriff, uns mit einigen unseren Bekanntschaften in Verbindung zu setzen und uns somit in den Trubel zu stürzen. Wir hatten es gewagt, uns an einen gewissen Herr Darget, ehemaligen Vertrauter in literarischen Angelegenheiten von Seiner preußischen Majestät, zu wenden, damit er uns dabei hilft und er scheint entzückt zu sein, uns einen leichteren Zugang zur Gesellschaft zu verschaffen. Die Zukunft wird uns zeigen, wie er es machen will.

Ich bin Ihnen für die Nachrichten, die Sie mir geschickt haben, sehr dankbar. /251/ Nur eine betrachte ich als übertrieben: Ihre Absicht, das Reich der Toten zu bereichern, die Ihnen erneut durch den Kopf geht. Vergessen Sie bitte diese dunkle Phantasievorstellung** und lassen Sie uns noch einige Jahre im Schoß der Freundschaft und der Ruhe leben. Das Reich des Entführers von Proserpina[793] ist eine kleine Zuflucht, die uns sowieso sicher ist, also müssen wir es nicht eilig haben, dorthin hinabzusteigen.

Heute Abend ist es sehr spät, ich glaube sogar nach Mitternacht. Ich habe viel geschrieben und habe obendrein noch Kopfschmerzen wegen der schrillen Musik einer neuen Oper [794], mit der unsere Ohren heute gefoltert wurden. Erlauben Sie daher, dass ich Ihnen eine gute Nacht wünsche. Ich bin und werde für alle Ewigkeit Ihr Freund sein, das heißt, etwas mehr als Vater, Mutter und Bruder.

---

* Kommandeur des Teutonischen Ordens, der das Kommando von Lucklum innehat.

** Ich war zu diesem Zeitpunkt überzeugt, dass seine Mattigkeit eher eine Einbildung als eine reale Krankheit war.

Brief an den regierenden Fürsten, Paris, am 13. September 1766
Der letzte Brief, den der Prinz Ihnen geschrieben hat, Eure Durchlaucht, war vom 3. dieses Monats. Ein gewisser Herr Ayscough sollte ihn übermitteln, da er wünschte, Ihre Bekanntschaft zu machen, eine Ehre, der er nicht unwürdig war, wie es mir schien.

Herr Darget macht Ihnen seine Empfehlung. Er bezeigt Ihrem Bruder weiterhin viel Höflichkeit, aber auf so verlegene Weise, dass ich nicht weiß, was ich davon halten soll. Am letzten Sonntag hat Herr de Croismare[795], Generalleutnant und Gouverneur der Militärakademie, dem Prinzen das gesamte Korps seiner bewaffneten Schüler mit aller vorstellbaren Vornehmheit gezeigt. Der Herzog von La Rochefoucauld[796], der sich in Rom aufgehalten hat, war auch mit seiner Frau anwesend. Wir haben außerdem gerade die Bekanntschaft des Barons von Wimpffen[797] gemacht, eines Obersten, der das Regiment La Marck befiehlt. Er ist ein verdienstvoller und zurzeit sehr bekannter Mann, da sein Regiment bei der Parade in Compiègne den ersten Preis bekommen hat. Ansonsten haben wir zwei Abbés eingestellt, um den Sprachgebrauch zu erlernen. Der eine ist ein ehrwürdiger, ziemlich gebildeter Greis namens Buttler, der aus Irland stammt. Der andere ist eingebildet, ein wenig frech, ein Schöngeist nach Art des Landes und Sprachmeister von Beruf. Oft lassen wir sie mit uns Mittag essen. /252/ Von Zeit zu Zeit nehmen wir unser Abendessen bei einer englischen Dame ein, die es offensichtlich gut mit dem Prinzen meint. Sie ist geistreich und heißt D'Allzel. Alle Engländer versammeln sich bei ihr und Gast ist unter anderem der berühmte Wilkes.[798] Der Prinz macht in seinen Übungen Fortschritte und seine Sprachkenntnisse werden auch besser.

So ist unsere Situation. Und wie geht es Ihnen, Eure Durchlaucht? Wie geht es Ihrer Brust? Das ist die wichtigste Frage. Ich erhoffe mir sehr von der Geschicklichkeit der englischen Äskulape, dass sie es schaffen, Ihre Eingeweide wieder in Ordnung zu bringen und dass Sie bald wieder alle Kraft zurück gewinnen, die für die glorreiche Expedition notwendig ist, durch welche Sie sich mit der Majestät des Preußischen Throns verbinden werden.[799]

Brief von Herrn von Erdmannsdorff, Newcastle, 18. September 1766
Auf Deinen Brief habe ich noch nicht geantwortet, mein lieber Freud. Ich erhielt ihn kurz vor unserer Abreise aus London und wir sind seither so viel gereist, dass ich darin eine Entschuldigung für meine Verspätung finde.

Ich beabsichtige nicht, Dir jetzt einen Bericht unserer Reise oder eine Beschreibung Schottlands zu liefern, die Dich wenig erbaute. Dies behalte ich mir für einen günstigeren Zeitpunkt vor. Ich habe ein angenehmeres Thema, über das ich Dir schreibe. Eigentlich handelt es sich um einen ausdrücklichen Befehl des Fürsten, aber es geschieht auch zu meiner unendlichen Zufriedenheit, denn es betrifft die Ankunft seiner Durchlaucht des Prinzen Johann Georg in England. Wie Du bereits weißt, ist eure Ankunft für den 10. Oktober geplant, aber ich soll Dir präzisere Informationen zu der Reise mitteilen. Wenn ihr es einrichtet, am 9. in den frühen Stunden in Calais anzukommen – dabei empfehle ich euch, im *Lion d'Argent* zu übernachten, einer Herberge, die auch die königliche Post ist –, braucht ihr nur einen der Paketschiffkapitäne von Dover zu euch zu rufen, von denen sich immer einer in diesem Hafen befindet und ihm zu sagen, dass ihr am folgenden Tag abreisen wollt, sobald die Gezeiten es ermöglichen. Den Preis könnt ihr in Dover bei Herrn Minet[800] bezahlen, dem Mann, dem die Leitung aller Paketschiffe unterliegt. /253/ Im Übrigen wirst Du diese Schiffe viel bequemer finden als alle genuesischen Feluken und so sicher wie das beste Kriegsschiff.

Was eure Kleidung angeht, so ist wohl der leichteste Weg, dass ihr kurz vor der Ankunft an der englischen Küste euch die Mühe macht, euch selbst so viel wie möglich anzuziehen, wenigstens, was ihr an neuesten Sachen besitzt und es eure Diener genauso machen lasst mit dem Befehl, ihren Gehrock obendrüber zu ziehen. Ihr braucht nur mit dem Kapitän des Schiffes zu reden, der euch helfen wird, alles zu regeln.

Insgesamt müsst ihr euch keine Sorgen machen: Sobald ihr den Fuß auf englischen Boden setzt, werdet ihr von einem Freund empfangen, der euch äußerst ungeduldig erwartet. Ja, Du kannst sicher damit rechnen, mich in Dover zu finden, wenn ihr dort ankommt und ich werde darauf achten, alles vorzubereiten, damit eure Kleider sicher sind und um euch die Strapazen der Reise vergessen zu lassen, die hoffentlich problemlos sein wird.

Der regierende Fürst befiehlt mir angesichts der Tatsache, dass Seine Durchlaucht sein Bruder, Herrn Le Roy mitbringen soll, hinzuzufügen, dass für diesen in London eine Unterkunftsmöglichkeit besteht, dass er aber in der Hauptstadt bleiben wird, während wir selbst die Provinzen bereisen. Ich möchte Dir auch Bescheid sagen, dass man in Calais ohne Schwierigkeiten und Aufgeld Guinee gegen Louis d'or wechseln kann. Schließlich kann ich Dir vorhersagen, dass dieses Landes Dir in vielen Teilen neue und unterhaltende Dinge zeigen wird und dass Du es nicht bereuen wirst, für einige Zeit die zu verführerischen Reize von Paris verlassen zu haben. Lebe wohl. Ich bin überzeugt, dass ihr unsere Erwartungen nicht enttäuschen werdet und dass wir uns zur festgesetzten Zeit sehen werden.

Brief des regierenden Fürsten, ebenfalls vom 18. datiert.

Fleißige Freunde. Mitten in diesen britischen Inseln,
Glücklicher Aufenthaltsort der Freidenker,
Wo mein Leben ruhig fließt.

Ich schätze mich so frei und glücklich wie die Insulaner, im Kreis derer ich zufrieden und sorgenfrei lebe und wo nur eins fehlt, damit mein Glück vollkommen ist: die Freude, es mit Ihnen zu teilen. /254/ Lachen Sie mit uns hier über das Leid, wie wir über das Wetter lachen, wenn der Himmel nicht heiter ist, was manchmal hier auf dieser Insel passiert. Sie werden meine Freundschaft wohl nicht anzweifeln, aber seien Sie überzeugt, dass ich Sie noch mehr liebe, sofern dies möglich ist, wenn ich Sie froh und guter Laune sehe. Sie brauchen sich nur mit dem Willen zu wappnen, es zu sein und Sie werden es tatsächlich. Kommen Sie daher alsbald! Freundschaft, reizvolle Mädchen, exzellentes Roastbeef und Sauberkeit erwarten Sie. Ein französischer Petit-Maître[801] wird sicherlich sagen: dies sei wahrhaft zum Teil materielles Ragout. Aber ich lache über diesen Petit-Maître und genieße weiterhin Roastbeef und schöne Mädchen.

Um von meinen Reisen zu erzählen, kann ich Ihnen in wenigen Worten sagen, dass ich gerade aus Schottland zurückgekommen bin, wo ich einige Tage auf dem Besitz eines meiner Freunde verbracht habe. Ich bin nicht über Glasgow hinaus gefahren, wo ich Boswell[802] begegnete, der Sie herzlich grüßt. Als Anwalt hielt er ein Plädoyer für einen armen bedauernswerten Menschen, der trotz dieser Verteidigung wahrscheinlich hängen wird. Der vorsitzende Richter war Lord Auchinleck[803], der Vater von Boswell. Am Abend brachten wir einen Trinkspruch aus: „*Our absent friends, che vol dir*, unsre abwesende Freunde!"*[804]. Das sind alle Sprachen, die

---

* In den Provinzen Englands und noch mehr in Schottland, Ländern in denen der alte redliche Glaube mit der modernen Höflichkeit um einiges streitet, ist es Brauch, im Esszimmer einen Nachttopf aufzustellen. Er steht nicht direkt ungedeckt, sondern versteckt in einer speziellen Vorrichtung für diesen Gebrauch, sogar oft unter dem Buffet. Wenn Damen am Tisch sitzen, wartet man wahrscheinlich, bevor man sich dieses Abtrittes bedient, bis sie sich zurückgezogen haben, was geschieht, sobald man den Tisch abdeckt und die Trinksprüche gebracht werden. Hier geschah es allerdings anders. Die Gäste waren so gut gelaunt, dass ihnen der Wein vor dem besagten Zeitpunkt in den Kopf stieg. Daher wurde von der Bequemlichkeit der Nachttöpfe in Anwesenheit der Ladies – einige Herzoginnen waren dabei – Gebrauch gemacht, offensichtlich ohne dass jemand daran Anstoß nahm. Ich möchte gern, dass mir ein Moralist klar erklärt, ob dies ein Beweis für oder gegen die guten Sitten ist.

ich jemals habe reden hören, bis auf die indianische[805] und die barbarische Sprache unserer teuren O'Gradies und Logier[806].

Nun werde ich noch wenige Tage auf den Ländereien des Bruders des Generals Clavering[807] verweilen und werde dann zu Mylord Rockingham[808] und zum Herzog von Rutland[809], dem Vater von Mylord Granby fahren, um sie auf ihren Ländereien zu besuchen und mit ihnen zu jagen. /255/ Dennoch werde ich vor Ihrer Ankunft in London sein und Sie werden Nachrichten von mir erhalten, sobald Sie in Albion Ihren Fuß auf die Erde setzen. Ich rechne damit, dass Sie meinen Brief erhalten haben, in dem ich den Wunsch äußere, dass Sie am 10. Oktober in Dover sind.

Brief an den regierenden Fürst, Paris, den 25. September 1766
(Dieser Brief ist die Antwort auf den vorigen, auf den sich der regierende Fürst bezieht).
Ihr Bruder hat sich entschlossen, Eure Durchlaucht, wie Sie in dem Brief lesen können, den er Ihnen geschrieben hat, nicht zu den Pferderennen zu gehen und bei dem Termin zu bleiben, den Sie gemeinsam bei Ihrer Trennung vereinbart hatten. Es schmerzt mich sehr, dass der glückliche Augenblick verschoben wird, in dem ich Sie gegen mein Herz werde drücken können, und dass ich die Gelegenheit verliere, einem Schauspiel beizuwohnen, das seit langem meine Neugier weckt. Obwohl wir uns deswegen fast gestritten haben, muss ich letzten Endes zugeben, dass ich seine Entscheidung nicht so missbilligen kann, wie es den Anschein hat: Langsam macht er Fortschritte und er ist zurzeit in seinem Studium und seinen Übungen an einem Punkt angelangt, wo eine Unterbrechung ihm viel nachteiliger wäre als in sechs Wochen.

Herr Dargets Verhalten ist nicht mehr so verlegen. Zumindest nehme ich seine Verlegenheit weniger wahr als zu dem Zeitpunkt, bevor er sich mit seiner Umgebung vertraut gemacht hat. Es ist offenbar ein natürlicher Zug seines Charakters, ein wenig verlegen zu sein, bevor er mit den Menschen bekannt genug ist. Er hat uns mit zwei Frauen aus seinem Freundeskreis bekannt gemacht*, um uns *un pochetto*[810] an den Verkehr mit solchen Wesen zu gewöhnen.

Brief an den regierenden Fürsten, Paris, den 5. Oktober 1766
Durch Ihren liebenswürdigen Brief vom 18. des vorigen Monats rufen Sie mein ganzes Bedauern und meine ganze Ungeduld

* Madame du Pin[811], Gattin eines sehr reichen, ehemaligen Financiers, in deren Haus J. J. Rousseau mehrere Jahre Angestellter war. Madame de Riberolles, eine sehr geistreiche Frau. Beide sind bereits ziemlich alt.

erneut hervor. Ich brenne darauf abzureisen, und bereits am ersten des kommenden Monats werden wir nicht mehr in Paris sein und nie werden die Küsten Albions mit zufriedeneren Augen als meinen erblickt worden sein. /256/ Je besser ich die Franzosen kennen lernen, desto weniger gefallen sie mir. Sie sind allesamt höflich, haben alle Lebensart, reden alle sehr gut. Aber wenn man einen kennt, kennt man alle. Bresilius hat unter einem heißen Fieber gelitten, von dem es ihm sehr schlecht ging, aber jetzt ist er außer Gefahr.

Brief des regierenden Fürsten, London, am 4. Oktober 1766
Sie können niemals so sehr wie ich die Verschiebung Ihrer Ankunft in England bedauern. Vor allem ich muss mich über mein Unglück darüber beklagen. Ich hatte meine Reise durch die Nordprovinzen beschleunigt und mich an keinem Ort so lange aufgehalten, wie ich es gewünscht hätte und hatte alles so eingerichtet, dass Sie sich sicherlich gut vergnügt hätten. Sie hätten einen Großteil dieses Landes mit der größten Bequemlichkeit der Welt entdeckt. Schließlich war ich im Herzen so froh, wie ich nun traurig und verträumt bin. Meine Pläne sind so durcheinander, dass ich nicht weiß, was ich tun soll, bis ich alles neu geplant habe.

Ich werde mich hier nicht meinem Bruder gegenüber über etwas beklagen, von dem ich Ihnen so oft erzählt habe und was mich stets tief bewegt hat. Ihnen werde ich bloß sagen, dass Sie durch diese Verspätung unendlich viel verlieren. In vier oder fünf Landhäusern waren Sie erwartet, wo Sie unkompliziert empfangen worden wären. Jene Leute werden Sie nunmehr in London kennenlernen, wo sie auf eine Art leben, die Ihnen nicht sehr gefallen wird, wenn sie Ihnen nicht vorher bekannt sind. Bei unserer Trennung konnte ich dies alles nicht vorhersehen und mir war auch nicht bekannt, dass das Parlament sich so früh versammeln würde. Alles in allem hätte mein Bruder nur drei Wochen von der Zeit verloren, die er eingeplant hatte, denn auch er will dieses Land sehen. Kurzum, Sie beide und ich selbst leiden unter dieser Verschiebung, aber darüber will ich nicht mehr reden. Ich bitte Sie bloß darum, mich rechtzeitig von der Abfahrt meines Bruders zu informieren. /257/

Brief an den regierenden Fürsten, Paris, den 22. Oktober 1766
Hätte ich vorausgesehen, dass die Verschiebung unserer Abreise bei Ihnen ein solches Missfallen hervorrufen würde, wie ich sehe, Eure Durchlaucht, so hätte ich das ganze Ansehen, das ich bei Ihrem Bruder genieße, benutzt, um ihn unverzüglich abreisen zu lassen. Leider ist es dafür zu spät und meine Betrübnis darüber ist unbeschreiblich. Begehen Sie jedoch, Eure Durchlaucht,

nicht die Ungerechtigkeit, an seiner Neigung Ihnen gegenüber zu zweifeln. Ich glaube, sein Herz zu kennen, und ich kann Ihnen versichern, dass nur wenige Menschen auf der Welt so warmherzige und aufrichtige Freunde finden, wie Sie in der Person Ihres Bruders. Er empfindet für Sie hundertmal mehr, als er zeigt, und ich hoffe, dass Sie beide noch lange genug zusammen leben werden, damit Sie sich davon überzeugen können, dass meine Worte der exakten Wahrheit entsprechen.

Die schmeichelhafteste unserer Hoffnungen ist die, Sie wiederzusehen und England wird uns immer gefallen, solange Sie dort sind. Dazu kommt, dass wir, wegen der vielen achtenswerten Menschen dieser Nation, denen wir bisher begegneten und deren Zahl hier noch angewachsen ist, sehr positiv voreingenommen sind und somit die besten Neigungen England gegenüber mitbringen.

Am achten des kommenden Monats werden wir abfahren und nirgendwo anhalten, so dass Sie besser als ich unsere Ankunftszeit in Calais und Dover werden berechnen können.

Brief XV
Paris, den 20. Oktober 1766
Ich besitze von Ihnen eine ununterbrochene Reihe von Briefen, und meine Dankbarkeit dafür, dass Sie immer so pünktlich antworten, kann ich nicht genug zum Ausdruck bringen. Es gibt jedoch eine andere Sache, mit der Sie mir noch einen größeren Gefallen tun. Das ist die Gefälligkeit, gesund zu werden.[812]. Dies betrachte ich als ein nicht zweideutiges Zeichen der Achtung, die Sie meinen Ratschlägen entgegenbringen. Gehaben Sie sich weiterhin bestens. Man rechnet also damit, den Prinzen Johann Georg bald wieder zu sehen? Ich wünschte mir, dass /258/ dies wahr wäre, aber ich kann es ihm nicht raten. Die Erfahrung einer von Dessau so unterschiedlichen Welt ist ihm zu notwendig, und der Umgang mit dem Land, in dem wir uns jetzt befinden, bekommt ihm zu gut, um bereits die Rückreise anzutreten. Dies zu tun würde alles vernichten, was die Reise ihm bisher gebracht hat.

Reden wir nun ein wenig über Paris und seine Einwohner. Wir haben angefangen, uns allmählich öffentlich zu zeigen und einige Bekanntschaften zu knüpfen. Wenn man gründlich denken kann und von den glänzenden Nichtigkeiten nicht geblendet wird, geschieht dies nicht zum Vorteil der Franzosen. Im Allgemeinen ist ihre ganze Nation höflich, dienstfertig und alle können gut reden. Bei meiner Ehre sind diese Züge allerdings ihr einziger Verdienst. Sobald man diese Eigenschaft erwähnt hat, gibt es nichts mehr zu sagen. Die Franzosen reden schlecht über andere, sie sind falsch, und kaum dreht man ihnen den Rücken zu, vergelten sie schnell mit guten oder schlechten Scherzen die kleinen Gefälligkeiten, die sie Ihnen in Ihrer Anwesenheit erwiesen haben. Denn ihre Höflichkeit ist eher ein Gesetz, das sie sich aufgezwungen haben, als eine Regung aus einem natürlichen Wohlwollen. Und oft wären sind gern ungehobelt, wenn es nicht Mode wäre, höflich zu sein. Sie sind redegewandt, genauer gesagt, sie schwatzen auf hübsche Weise, aber dieser Vorzug geht zu Lasten des gesunden Menschenverstands und eines soliden Urteils, indem man die Redekunst zu der höchst vollkommenen Eigenschaft macht. Hier leben viele Engländer, die meist nur wenige Manieren haben. Sagt mir einer von Ihnen jedoch einige Worte, so stammen sie von ihm und er hat sie erdacht. Das erste Genie Frankreichs hingegen liegt mir dauernd in den Ohren mit wohlklingenden Sätzen, Früchte der Schauspiele, die er gesehen hat oder der Koterie[813], in der er verkehrt. Man denkt nicht, um zu reden, aber man empfindet auswendig und der gute Ton ist nichts weiter als ein umfangreiches Wörterbuch von Komplimenten für alle Ereignisse des Lebens.

Im Übrigen kennen sich die Franzosen sehr gut und sprechen sich Recht. /259/ Als Beispiel zitiere ich hier einen Auszug aus einer ihrer reizvollen komischen Opern (La Fee Urgéle), der sie selbst großen Beifall gespendet haben:

Unseren jungen Leuten
Fehlt die Artigkeit
Die Zeit wird schlechter
Ah die schlechte Zeit.
Nichts, als Eitelkeit
Lenkt der Jugend Triebe
Pracht ohne Großzügigkeit,
Freude ohne Fröhlichkeit
Ohne Zärtlichkeit
Ist die heutige Liebe,
Unsrer Jugend Triebe
Sehn nach Weichlichkeit[814]

Sie lachen als erste, wenn sie solche Vorwürfe hören, ohne daran zu denken, sich zu verbessern, denn der bloße Gedanke einer Verbesserung wäre ein Verstoß gegen die Sitten. Die Mode herrscht über sie. Sie dächten und wären echte Menschen, wenn dies dem Brauch entspräche. Aber die Oberflächlichkeit ist tonangebend, und daher soll man sich Geringfügigkeiten widmen, was sie wahrlich mit Erfolg tun.

Vor sehr wenigen Tagen erhielt ich erneut den Beweis, dass von zwei Kleinigkeiten stets die geringfügigste bevorzugt wird. Kurz nach unserer Ankunft wurde Artaxerce[815], eine neue Tragödie, aufgeführt. Darüber wurde geredet, man ging dahin, sah sich das Stück an, man urteilte darüber und das war es. Nun verlässt eine Schauspielerin die Oper, um ihr Debüt in der Comédie Française zu geben und plötzlich rumort es in Paris und man fragt sich neugierig, ob sie Erfolg haben wird oder nicht. Es wird zu einem Ereignis, das die gesamte Aufmerksamkeit des Publikums auf sich lenkt. Um einen Parkettplatz zu ergattern, muss man jemanden bereits am Morgen schicken, man erzählt nur von der neuen Schauspielerin, man verbündet sich[816], man intrigiert und zu behaupten, dass Mademoiselle Durancy* [817] schlecht gespielt habe, es zu behaupten, sage ich, vor einer Dame ihrer Partei, könnte dazu führen, dass diese Dame alle schönen Redewendungen, die sie gelernt hat, plötzlich vergisst. /260/

Der Erbprinz von Braunschweig hielt sich, wie Sie wissen, einige Zeit im Frühling hier auf. Über ihn redet man viel und im Guten. Was erzählt man sich aber? Nichts von seinen Kenntnissen, seinen Heldentaten und übrigen Verdiensten.[818] Nein, gepriesen wird sowohl seine Geschicklichkeit, in fast allen Koterien aufgenommen zu werden, als auch sein Glück, gleichzeitig von den vier oder fünf Frauen geschätzt zu werden, die in Bezug auf Koketterie tonangebend sind. Vor allem wird die Gunst des Schicksals bewundert, denn es verfügte, dass er in Friedberg[819] geschlagen wurde, damit der Prinz von Condé ohne Mühe ein Fest für ihn in Chantilly organisieren konnte.

Die Wissenschaften sind hier auch nicht sehr verbreitet. Man kennt nicht einmal das, was man nicht ohne Schande ignorieren kann. Ich traf einige, die den Kaiser seine königliche Hoheit nannten, andere, die in Erfahrung bringen wollten, ob der König von Preußen Frieden mit allen seinen Nachbarn geschlossen habe und noch weitere, die mich für einen Engländer hielten, gegen Calvin[820] wüteten, den Stifter der

---

* Ein paar Monate später wurde ihr zu Ehren folgendes Epigramm verfasst:

Ihr h war hart
Ihr a war hart
Ihr e war hart
Ihr f war hart
Bei ihr sind alle Töne hart,
Und nur Po und Brust wahrhaft zart.

Mademoiselle Durancy war darüber sehr betrübt, wie man sich denken kann, denn das schelmische Pamphlet würdigt nicht nur alle ihre Talente herab, sondern griff sie an allen empfindlichen Stellen an. Eine Abends war der Fürst im Theater, als diese Schauspielerin sich darüber einem alten Herr gegenüber beklagte, der offenbar an ihrem Leid großen Anteil nahm und ihr zum Trost sagte: „Nun gut, Mademoiselle, diese Verse beweisen, dass ihr Autor nie mit Ihnen geschlafen hat".

Hugenottensekte, hatten sie doch keine Ahnung von der Ähnlichkeit zwischen der anglikanischen und der Genfer Kirche.

Wegen eines uralten Vorurteils vermutet man bei uns, dass der Franzose leicht zugänglich ist und gern auf überflüssige und störende Manieren verzichtet. Wie man sich dabei irrt! Wir sind viel geselliger als sie. Ein Ausländer zu sein ist in Deutschland ein schönes Privileg. Der Dümmste, sofern er genug Geld hat, um nach Berlin oder Dresden zu fahren, empfindet die zarte Genugtuung darüber, dass man seine Gesellschaft sucht, ihn hört, bewundert, und dass seine Worte entscheidend wie ein Orakel sind. Hier hingegen braucht man Gewährsleute, Zeit und vor allem Geld, um in dem, was sie bessere Gesellschaft nennen, aufgenommen zu werden. Die Verpflichtungen und die Regeln des Anstands sind unendlich, alles wird vorgeschrieben und man tut sich allerhand Zwang an, um ungezwungen zu erscheinen. So ist es zum Beispiel gegen den Anstand, einen zugeknöpften Rock zu tragen und es mangelt an Sittsamkeit, wenn ein wenig Staub auf den Schuhen liegt. /261/ Den Degen am Bein entlang und mit dem Griff nach hinten zu tragen, lässt verlegen aussehen und einen Handschuh in die Hand zu nehmen, um eine Frau zu führen (was mir einmal passierte), ist der Gipfel der Lächerlichkeit. In die Häuser, in denen man empfangen worden ist, muss man mindestens ein oder zwei Mal in der Woche gehen. Versäumt man dies, so wird sofort jemand zu Ihnen geschickt, um sich nach Ihrem Wohlbefinden zu erkundigen. Eilen Sie dann nicht sofort dahin, um sich für das freundliche Interesse, das man Ihnen gezeigt hat, zu bedanken, dann ist es vorbei. Bei nächsten Mal schickt Sie der Türsteher weg. Somit sehen sie, dass ein volles Dutzend Häuser reicht, um seine gesamte Zeit bei Besuchen zu verlieren. Die Dame, die Ihnen zu essen gibt, fungiert während des Großteils der Mahlzeit als Schreierin: Sie gibt den Namen aller Speisen an, die sie servieren lässt und lädt jeden mit Namen ein, davon zu kosten. Dann muss man wissen, welche Zutaten zur Zubereitung dieser Speisen notwendig war, damit man sich für die Einladung mit einer Lobrede auf das Ragout oder das Frikassee bedankt, von denen die Rede ist.

Keiner hat die Franzosen besser gekannt als Madame de Graffigny und Herr von Muralt. Lesen Sie die Briefe über die Engländer und die Franzosen von ihm[821] und die Briefe einer Peruanerin von ihr[822], und Sie werden das wahre und nicht geschmeichelte Gemälde aller Sitten, Vorurteile, Bräuche, Laster und Tugenden dieser bedeutenden Nation sehen. Dabei wissen Sie selbst, wie weit die Bemerkungen, die ich gerade gemacht habe, reichen und ich wäre mehr als ungerecht, wenn ich keine Ausnahme machen würde. Wir wurden einmal eingeladen, jede Woche an einem bestimmten Tag bei einer sechzigjährigen Dame Abend zu essen (und das tun wir oft immer noch), die sehr reich ist und trotzdem vernünftig, gebildet und gutherzig ist (Madame du Pin). Die Gäste sind gewöhnlich Literaten: Herr de Mairan, der Abbé de Mably, Abbé de Condillac sein Bruder, Herr Vaucanson, der Abbé Pluquet, Herr Bernard, Autor der lyrischen Tragödie *Castor und Pollux* und mehrerer schöner Gedichte, Herr de Ruhlières, Herr Marin, Zensor der Polizei, Herr Thiriot, alter Freund von Voltaire und literarischer Korrespondent des Königs von Preußen, /262/ Herr Loyseau de Mauleon, berühmter Rechtsanwalt, einer der guten Redner der Anwaltskammer, Herr Le Poivre, der über den Ostindienhandel geschrieben hat.[823] Alle sind erwiesenermaßen verdienstvoll und ihr Umgang unendlich lehrreich. Herr Darget ist uns wirklich sehr behilflich. Obwohl wir ihm bei unserer Ankunft gänzlich fremd und unbekannt waren, übertrifft er tagtäglich unsere Erwartungen bei dem, was er für uns tut.

Im Übrigen stimmt es wirklich, dass man in keiner Stadt der Welt angenehmer leben kann als hier, sofern man nicht arm, sondern reich ist. Alles bis zu den kleinsten Möbeln und Utensilien, die man im Leben braucht, ist besonders bequem und elegant. Es ist natürlich, dass eine fleißige Nation, die sogar Tand verziert, darin fortschrittlich ist. Dies beweisen unter anderem zum Beispiel die 50 verschiedenen Sorten von Wagen, von denen jeder seinen eigenen Namen hat. Ich bin wirklich überzeugt, dass ein Bettler, der früh um zehn Uhr hunderttausend Ecu in der Lotterie gewonnen hätte, um 2 Uhr in seinem Haus ein luxuriöses Essen geben, um 4 Uhr mit seinem Pferdegespann und seiner Dienerschaft auf dem Boulevard spazieren gehen und um 9 Uhr die Oper verlassen könnte, um mit seiner Maitresse zu Abend zu essen.

Ich kann es jedoch kaum erwarten, von dem zu reden, was in Paris am vollkommensten ist: die Schauspiele. Die Comédie Française verdient zu Recht, als erste erwähnt zu werden. Über den dunklen, kleinen und dreckigen Raum[824], wo man die Stücke aufführt, werde ich nichts berichten, denn die Comédie Française ist eine Königin, die in einem Ort der Ausschweifung lebt. Ich gebe mit Bedauern zu, dass ihre Qualität der allgemeinen Meinung nach abnimmt, in Bezug sowohl auf die Stücke als auch der Schauspieler. Ich weiß nur, dass die Herren Lekain und Brizard, Mademoiselle Dumesnil und Du Bois – als Freunde der Melpomene, – die Herren Molé, Belcourt, Préville, die Mademoiselles Préville, D'Oligny[825], Luzy-Favoriten der Thalia – die einzigen Personen sind, die mich hier unterhalten, indem sie mich abwechselnd zu Tränen rühren oder zum Lachen bringen.

Eine regelmäßige und majestätische Schönheit hat eine jüngere Schwester, die trotz unregelmäßiger Gesichtszüge und wenig Figur viel Anmut in sich vereint, aber auch viel Koketterie. Diese Beschreibung entspricht dem Verhältnis der Comédie Italienne zur Comédie Française. /263/ Sie ist kaum besser untergebracht[826], wird dennoch mehr besucht als ihre ältere Schwester. Während es zuweilen im französischen Theater nicht einmal 200 Zuschauer gibt, ist das italienische jeden Tag voller Menschen. Man nennt es italienisch, da jeden Abend in der Regel ein italienisches Possenspiel mit zwei komischen Opern auf Französisch aufgeführt werden. Diese kleinen Schauspiele behandeln entweder Themen aus dem Landleben oder stellen Theateradaptionen von Geschichten La Fontaines oder Boccacios dar. Mehrere dieser Stücke werden von einer schönen Musik begleitet, unterstützt durch angenehme Stimmen, und von ausgezeichneten Schauspielern gespielt. Man kann auf der Bühne nichts Zauberhafteres sehen. Die besten Schauspieler sind dort die Herren Caillot, la Ruette und Clairvall und die Fräulein La Ruette, Mandeville und Baupré[827], sowie der italienische Harlekin, Carlino[828], der ein wirklich geistreicher Mann ist. In diesem Theater wird auch sehr gut getanzt und Frau Catinon und Fraulein La Fond predigen[829] durch ihre Haltung die Wollust genauso wie ihre Gefährtinnen durch ihren Gesang.

Kommen wir jetzt zu der Königlichen Musikakademie.[830] So lautet der pompöse Name, den man der Oper verliehen hat. Bis ihr definitives Gebäude in der Nähe des Palais-Royal fertiggebaut ist, werden die Opern in einem prachtvollen Saal der Tuilerien aufgeführt. Der Text dieser Opern ist auf Französisch, und die Musik ebenfalls Französisch. Dank J.-J. Rousseau[831] dürften Sie eine Vorstellung von letzterer haben. Es gibt jedoch etwas Gutes: die Chöre, die es in der Oper in Italien nicht gibt. Aber diese Chöre, aus denen so viel Nutzen gezogen werden könnte, werden exakt so gesungen wie unsere Psalmen und die Ähnlichkeit ist so frappierend, dass ich mich inmitten meiner Mitbürger in der großen Kirche glaube. Die Dekoration ist schön und die Ballette übertreffen alles, was in dieser Gattung zu sehen ist und dies sowohl in Anbetracht der Zahl und der Geschicklichkeit der Tänzer als auch des Geschmacks und der Pracht der Kostümen. Allerdings verdirbt die Monotonie, die in der Musik herrscht, auch diese Ballette. Die Italiener springen ohne Unterlass. Die Franzosen hingegen verlassen so gut wie nie den Boden und rühmen sich damit, nirgendwo ernsthafter zu sein als beim Tanz. Im Theater der Comédie Italienne hat man es verstanden, /264/ diese beiden Extreme zu vereinen. Ebenfalls hat man dort ein wenig die ultramontane Harmonie mit dem Inhalt der Kompositionen und der Methode von Lully und Rameau[832] kombiniert. Das Ergebnis ist entzückend.

Hier ist ein Brief, dem Sie mindestens nicht vorwerfen können, zu lang zu sein. Am 8. des nächsten Monats reisen wir nach England und ihre Briefe werden mich daher dort suchen müssen. Nunmehr sind wir seit einem Jahr voneinander entfernt.

Brief des regierenden Fürsten aus Kimbolton[833]*, dem Schloss des Herzogs von Manchester im Huntingtonshire, am 16. Oktober 1766*
Ich erhielt gestern Ihren Brief und den meines Bruders datiert vom 5. dieses Monats. Die anderen vom 3. September, die von diesem englischen Herrn übermittelt wurden, habe ich erst vor einigen Tagen bekommen, als ich wieder in der Stadt war. Daher habe ich nicht gewusst, dass Rasumowski in England ist und habe ihn also nur für einen Augenblick vor meiner Abreise gesehen. Mein größter Wunsch ist es, dass Sie sich hier vergnügen, und ich zweifle nicht, dass es der Fall sein wird, da ich mit aller denkbaren Freundschaft und Güte behandelt werde, worüber ich erzählen werde, wenn ich Sie wiedersehe. *Miss Chudleigh*[834] ist zum zweiten Mal in Deutschland gewesen und erst vor kurzem zurückgekommen. Sie grüßt meinen Bruder und Sie sehr herzlich. Einige Tage habe ich in ihrer Begleitung auf dem Besitz des Herzogs von Kingston[835] in Nottinghamsshire verbracht, von wo aus ich hierher gekommen bin. Sie können glauben, dass wir oft über Dessau geredet haben. Sagen Sie meinem Bruder, dass ich es nicht erwarten kann, ihn wiederzusehen, dass ich alle seine Briefe erhalten habe, und dass Herr Leclerc, der Arzt von Rasumowski, mir gesagt hat, was er für Fortschritte in der französischen Sprache gemacht hat.

Das Schicksal bringt so oft in unserem Leben die bestvorbereiteten Pläne durcheinander. Dies erfuhren wir auch bei der Reise, die wir vorhatten. /265/ Als die Zeit unserer Abreise nahte, wurde der Fürst Johann Georg plötzlich von ziemlich schlimmen Halsschmerzen befallen. Sofort benachrichtigte ich den regierenden Fürsten per Brief. Schließlich, nachdem eine Linderung eingetreten war, fuhren wir von Paris am 11. November ab. Der Fürst hatte einen englischen Hauptmann mitgenommen, dessen Namen ich vergessen habe (Barnes). Obwohl er mir nicht gefiel, ritt er die ganze Strecke neben uns, wie auch Herr Le Roy, der seit Rom im Allgemeinen auf diese Art reist. Unsere Unterkunft für die erste Nacht war in Clermont, für die zweite in Abbeville und für die dritte in Calais. Dort kamen wir früh in der Nacht an und trafen auf den treuen Christophe Hesekiel in der Poststation. Er überbrachte mir folgenden Brief.

Brief von Herrn von Erdmannsdorff aus Dover, den 11. November 1766
Seit drei Tagen bin ich hier und warte darauf, Dich und den Prinzen jeden Moment ankommen zu sehen. Du kannst Dir leicht denken, wie mich die Nachricht seiner Unpässlichkeit betrübt

hat. Da der Brief an den regierenden Fürsten an den Gasthof adressiert war, in dem ich untergebracht bin und er mir in die Hände fiel, habe ich nicht gezögert, ihn zu öffnen, denn ich war sicher, dass er mich über eure Abfahrt aus Paris informieren sollte. Da ich glaube, hier nicht länger verweilen zu können, habe ich Christophe mit dem Befehl, auf euch zu warten nach Calais geschickt. Im Übrigen beziehe ich mich auf den Brief vom 18. September für alles, was die Fortsetzung eurer Reise betrifft.

Der Herr Minet spricht Französisch und sogar ein wenig Deutsch. Ihr werdet problemlos an einem Tag die Strecke zwischen Dover und London bewältigen, wenn ihr bei Tagesanbruch losfahrt und eine Postkutsche mit 4 Pferden nehmt. Sie verkehrt täglich von London, kostet dennoch mehr[836]. Eure Koffer solltet ihr der Eilkutsche übergeben, die am gleichen Tag losfährt.

Nun ist für euch alles vorbereitet. Aber ich, der sich sehr darauf gefreut hat, euch hier mit allen Gefühlen zu empfangen, die die Freundschaft hervorruft, /266/ verlasse Dover betrübt, denn es schmerzt mich sehr, um die Freude gebracht zu sein, euch, den Prinzen und Dich, in diese reichbegüterte Insel einzuführen. Obwohl der Aufenthalt in diesem kleinen Hafen nicht besonders lustig ist, so bliebe ich gern einige Tage länger, wenn der regierende Fürst währenddessen nicht allein wäre und er mir nicht auf mein eigenes Drängen hin erlaubt hätte, hierhin zu fahren. Aus diesem Grund wage ich es nicht, länger hier zu verweilen. Ich sende Wünsche für die Genesung des Prinzen, und hoffe, dass dies bald geschieht. Beeilen Sie sich so schnell, wie ich es mir wünsche!

Brief des regierenden Fürsten aus London, den 13. November 1766
Ich schreibe Ihnen diese Zeilen in der Hoffnung und mit dem sehnlichsten Wunsch, dass sie Sie nicht mehr erreichen werden. Für den Fall, dass mein Bruder noch nicht wieder vollkommen gesund ist, bitte ich Sie darum, ihm sowohl mein Bedauern ob seiner Unpässlichkeit als auch meine Freude, ihn wieder zu sehen auszudrücken (eine Freude, um die ich erneut gebracht worden bin). Ich war auf dem Weg nach Dover, um Sie zu treffen, als Erdmannsdorff, der an jenem Ort auf Sie gewartet hatte, von dort mit Ihrem Brief zurückkam. Nun wünsche ich umso mehr, Sie ankommen zu sehen, als dies mir der beste Beweis für die Genesung meines Bruders sein wird. Ich hoffe, dass Sie nicht in der Notwendigkeit sein werden, diesen Brief zu beantworten.

Brief XVI
Aus London, am 17. November 1766
Wir verließen Paris am 11. Der Weg, den wir genommen haben, führte über Chantilly, Clermont, Amiens, Abbeville, Boulogne und

Calais. Am Morgen des 14. schifften wir uns auf ein Paketschiff nach Dover ein. Wir fuhren bei einem sehr günstigen Wind ab, der leider bei den Kreidefelsen von Dover zum Gegenwind wurde und uns somit wieder zu den französischen Küsten trieb. Dann wurde es gänzlich windstill und unser Schiff, das von seinen Segeln keinen Gebrauch machen konnte, fing an, in dem sehr bewegten Meer zu schlingern. Bis zu diesem Augenblick ging es mir gut, /267/ aber dann begann ich, mich mit allen Kräften zu übergeben und setzte diese Übung bis um 7 Uhr abends, dem Zeitpunkt, zu dem wir in der Nähe von Dover anlegten, fort.*

Der Prinz war dieser Unannehmlichkeit dadurch entkommen, dass er sich die ganze Zeit auf dem Oberdeck aufgehalten hatte. Dank der Luft des Festlandes und vor allem eines Landes, das ich seit so langem zu sehen wünschte, erholte ich mich alsbald. Zu Abend aß ich auf englische Art, d. h. gut und wenig maßvoll und legte mich dann schlafen.

Am folgenden Morgen warfen wir uns in eine Postkutsche und eilten nach London. Was für ein zauberhafter Tag! Nichts ähnelte den anderen Ländern, die ich bereits gesehen hatte und alles bot neue Dinge dar. Ich wage es, England das europäische China zu nennen, denn hier wie in China findet man alle Künste und alle Erfindungen, aber unter einer anderen Form und Erscheinung. Alles, was die Engländer haben, ist besser als woanders, abgesehen von ihren Häusern. Diese sind sehr klein, dafür jedoch sehr sauber und elegant. Das erste, was uns auffiel, als wir uns der riesigen Hauptstadt näherten, war die Beleuchtung durch Laternen, die gleich bei der Abenddämmerung angezündet werden und alle großen Wege beidseitig bis weit

---

* Ich war in einem dieser Betten, die wie die Schubladen eines großen Schrankes übereinander auf beiden Seiten des Zimmers aufgestellt sind. Christophe lag sterbend wie ich in einem Armsessel. Auf einem Bett gegenüber von meinem waren all die schönen Kleider ausgebreitet, die die Matrosen und die Diener vor der Landung anziehen sollte. Plötzlich kam taumelnd ein verdammter Friseur aus Paris, den ich für den regierenden Fürsten mitnehmen sollte. Er wusste nicht, wo er hinging, so benommen war er. Er hielt wahrscheinlich die Öffnung des Bettes, auf dem unsere Kleider lagen, für den Bord des Schiffes und steckte den Kopf hinein. Unser ganzer Glanz, unsere ganze äußerliche Pracht drohte, verloren zu gehen. Ich hatte nicht einmal die Kraft zu schreien, und machte bloß eine heftige Bewegung in meinem Käfig. Zum Glück nahm es Christophe wahr. Er sprang aus seinem Sessel, ergriff den Pariser am Schwanz und zwang ihn, eine andere Haltung einzunehmen. Es war höchste Zeit, denn im gleichen Augenblick wurde er zu einer Fontäne. Später entließ ihn der Fürst, der mit ihm nicht zufrieden war und schickte ihn nach Paris zurück.

in das Land hinein säumen. Am gleichen Abend hatten wir die Genugtuung, den regierenden Fürst zu treffen, der gesund und sehr erfreut war, uns wiederzusehen. Das war vorgestern. Heute sind wir dem König[837] vorgestellt worden, der uns seinem Charakter entsprechend sehr freundlich empfing.

Ich habe nicht die geringste Gelegenheit zu schreiben. Da wir in einer Welt gelandet sind, in der /268/ der ältere Fürst sehr bekannt und sehr geliebt ist, bleibt uns die Verlegenheit erspart, den Zugang zu ihr zu suchen. Auf der anderen Seite sind wir dadurch einer unendlichen Anzahl von Verpflichtungen unterworfen, um die Freundlichkeitsbekundungen entgegenzunehmen. Daher schreibe ich Ihnen diese Zeilen zu Lasten meines Schlafes. Jedoch will ich nicht versäumen, Ihnen zu sagen, dass ich Mylord Granby, Temple, Tyrawley, Ligonier, den Admiral Saunders[838] und eine Vielzahl von anderen bekannten Leuten, von denen die Zeitungen so oft voll waren, gesehen und gesprochen habe.

Brief XVII
Aus London, den 3. Dezember 1766
London ist wirklich unermesslich groß, sofern diese Bezeichnung in Bezug auf die Ausdehnung einer Stadt verwendet wird, aber die meisten Straßen sehen nicht gut aus; die Häuser sind aus Ziegelstein und nicht verputzt und verbreiten somit den Eindruck einer starken Einförmigkeit. Mehrere Plätze (squares) und einige der Hauptstraßen haben ziemlich hohe und große Häuser, aber sie lassen sich nicht mit Paris und noch weniger mit Italien vergleichen.

Die St. Pauls Kirche[839] ist der größte Bau Londons, aber steht zu St. Peter in Rom in einem Verhältnis von fünf zu neun. Das Haus des Lord Mayors[840] und die Börse[841] sind ebenfalls beträchtliche Gebäude, wenn auch ihre Architektur nicht die beste ist. Drei oder vier Kirchen sind anscheinend nach ordentlichen architektonischen Grundsätzen errichtet worden. Die gewöhnlichen Häuser sehen den Häusern von Dessau ein wenig ähnlich, aber ihre Türen und Fenster unterscheiden sich von den unsrigen sehr, denn sie sind hier bestens gebaut. Ihre Einrichtung ist nicht prachtvoll, dafür sauber und bequem.

Drei Dinge lassen meines Erachtens England im Auge der Ausländer glänzen: die Mädchen, die Pferde und die Fenster. Unter fünf Bäuerinnen, die man während einer Reise trifft, sind mindestens drei hübsch. Sie reiten auf Pferden, um ihre Waren zu den Märkten zu bringen. Ihre normale Kleidung besteht aus kleinen, roten, und sehr sauberen Mänteln und schwarzen Hüten. /269/ Was die Pferde betrifft, so wird sie ein guter Reiter begehren wie er die Dorfbewohnerinnen begehrt. Auch die in den anderen

Ländern so hässlichen Postpferde sind hier schön. Die große Anzahl an Glashütten sorgt dafür, dass die Verglasung nicht teuer ist und alle Fenster im Königreich haben daher einen gewissen Glanz. In London gibt es weder ein Geschäft noch eine Werkstatt, die keine Glasscheiben hätten und alle Nahrungsmittel, ja sogar das Gemüse, sieht man durch sehr klare Scheiben. Aus diesem Grund wirken die Straßen reich und gleichzeitig freundlicher. In Bezug auf das, was von den Sinnen wahrgenommen wird und was demzufolge die äußere Seite der Dinge angeht, so geben die Stiche Hogarths[842] eine sehr exakte Vorstellung von England.

Die drei Parks[843], die sozusagen in der Mitte des Stadtteils aneinander liegen, den man Westminster nennt, sind sehr praktisch, um spazieren zu gehen. Daher sind sie immer voller Menschen, sobald das Wetter dort halbwegs erträglich ist. Der Hydepark ist die Promenade der Damen, wenn sie reiten wollen und sie werden sich denken, dass es deswegen an Männern nicht fehlt. Und wahrhaft glänzen die Engländerinnen bei dieser Gelegenheit. Ich kann Ihnen nicht sagen, warum es so ist, aber auch die hässlichste von ihnen besitzt eine gewisse Anmut, sobald ihr Gesäß auf einem Sattel sitzt. Zu den schönen sage ich nichts. Es ist ein entzückendes Schauspiel, sie zu sehen. Und wie sie reiten! Sie überwinden Hindernisse ohne zu zögern.

Die Straßen in London sind zwar sehr dreckig, verfügen jedoch beiderseits über Bürgersteige für die Fußgänger und alle gehen vormittags, d. h. bis um 3 Uhr nachmittags spazieren. Ein einfach bekleideter Mann mit einem Stock in der Hand, den man dann trifft, kann genauso gut ein Herzog und Pair, ein millionenschwerer Händler, ein Zeitungsredakteur, ein Handwerker sein, kurz er kann zu jedem Stand des Staates gehören, da die Kleidung keinerlei Unterschiede zwischen den Menschen macht. Die gleiche Freiheit gilt auch für die Damen. Sie gehen zu Fuß spazieren oder reiten, allein oder in Begleitung, wie es ihnen gefällt. Jedoch sollte man einen Grundsatz haben, um sie zu unterscheiden, der nur selten falsch sein wird: die Hässlichen für Menschen von Stand und die Hübschen für Libertinen zu halten. /270/

Tatsächlich verdienen die Freudenmädchen einen besonderen Abschnitt, wenn von London die Rede ist: Keine Stadt der Welt ist so reich damit bestückt und nirgendwo scheint diese Brut verführerischer zu sein als hier. Ein Vorurteil dieser Nation führt dazu, dass alle schönen Kreaturen der drei Königreiche, wenn sie keine Eltern haben, mit ihnen nicht zufrieden sind, oder wenn sie nicht versorgt sind oder wenn sie verführt worden sind, also kurz, auf welche Art auch immer, die Hauptstadt als einen Zufluchtsort betrachten und sich dahin begeben, um reich zu werden. Dort leben sie von dem Geld, das sie mit ihren Reizen verdienen. Einige habe eine sehr dezent ausgestattete Wohnung, Silbergeschirr und zwei oder drei Dienerinnen. Und sie sind alle mindestens sehr gut gekleidet, so dass die Vorstellung des Elends, die man überall mit ihrem Stand verbindet, in dieser Stadt vollkommen verschwindet, wo die Buhlerin anscheinend die gleichen Privilegien genießt wie diejenigen, die ihr damals Theben oder Athen[844] gewährten. Viele unter ihnen lassen sich beim Schauspiel, auf den Bällen oder auf den Promenaden blicken und mischen sich dabei unter die Damen der besten Herkunft. Dazu kommt, dass man nicht wenige Beispiele von ehrenhaften Leuten sieht, die sie heiraten. Nicht einmal vor sechs Monaten hat ein Mitglied des Unterhauses eine der schönsten und berühmtesten (Miss Kitty Fisher [845]) geehelicht und weit davon, sich dafür zu schämen, prahlt er eher damit und zeigt sich überall in ihrer Begleitung. Es wird behauptet, dass er mehrere Tausend Pfund Schulden gemacht hat, als er sie geheiratet hat. Man muss allerdings sagen, dass die Libertinage in England sehr weit getrieben wird: so essen Leute mit leichten Mädchen in den Wirtshäusern, und sie schlafen im Bagno[846], als ob nichts dabei wäre, und sogar die ehrwürdigsten Männer machen daraus kein Hehl.

Sie wissen genug, was das ist, aber nichts ist so lustig wie eins dieser Essen in der Taverne. In diesen Häusern führt ein Bediensteter, den man *Vheitre*, oder genauer *Pimp* nennt[847], eine Liste der Kunden. Sobald Mädchen verlangt werden, erteilt er seine Befehle und wenige Minuten danach erscheinen sie, eine nach der anderen, den Hut tief ins Gesicht gezogen. Bescheiden begrüßen sie die Gesellschaft und setzen sich hin. Diejenigen, die keinen markanten Eindruck hinterlassen und mit denen keiner redet, /271/ ziehen sich gleich wortlos zurück. Unter den anderen sucht jeder Gast seine bessere Hälfte aus. Angesichts ihrer schüchternen Haltung könnten diese Mädchen für Dorfpfarrerstöchter gehalten werden. So erlauben sie sich in der Öffentlichkeit keinerlei anzügliche Gesten. Einige haben ein solches Taktgefühl, dass sie sich an einem Abend nur ein einziges Mal küssen lassen. Noch weniger ist es ihnen erlaubt, den Liebhaber in dieser Zeit zu wechseln.

Lassen Sie uns nun andere Themen behandeln. In vielerlei Hinsicht ist London das Gegenteil von Paris. In Letzterem will jeder etwas darstellen, und es fehlt fast allen an Geld. Der Grund dafür ist zum Beispiel, dass man mit 20 000 Livres Rente versucht, so zu leben, als hätte man 30 000 und ein solches Verhältnis gilt für alles. Hier hingegen zeigen die Menschen wenig Prunk, wenngleich sie sehr wohlhabend sind. In Paris gibt es nur Koterien, keine großen Gesellschaften, in London dagegen keine Koterien, aber viele große Gesellschaften und öffentliche Bälle, so dass ein Ausländer innerhalb von 15 Tagen die gesamte Gesellschaft kennt, zumindest vom Sehen. Allerdings gefällt mir diese Lebensweise nicht sehr: Man vergnügt sich schlecht inmitten einer Menge von Menschen, die man bloß oberflächlich kennt und von denen Sie niemand anspricht. Denn während die Franzosen den ersten Schritt machen, um ein Gespräch anzufangen, warten die Engländer, dass man es tut, und würde man sie nicht ansprechen, so würde man unter ihnen alt werden, ohne jemals die Gelegenheit zu haben, ein einziges Wort zu sagen. Nur wenige von ihnen geben sich die Mühe, wenn sie einen Ausländer sehen, ihn zu fragen, wer er ist und woher er kommt. Ich glaube gern, dass ihre Komplimente viel ehrlicher sind als diejenigen ihrer Nachbarn, dafür gehen die Engländer viel sparsamer als die Franzosen damit um. Im Allgemeinen verdächtige ich sie, nicht zu höflich zu sein. Ich werde wohl später feststellen, was daran ist oder nicht. Sie laden ziemlich oft zum Essen ein.

London besitzt drei große Theater: eins für die italienische Oper und die zwei anderen für englische Stücke.[848] Im Winter sind letztere bis auf Sonntags immer auf. Im ersteren hingegen spielt man nur zwei Mal die Woche. Alle drei sind schön verziert /272/ und glänzend von Gold und Spiegeln. Die Sitze de Parterre sind im Halbkreis aufgestellt und je weiter sie sich vor dem Mittelpunkt der Bühne befinden, desto höher sind sie und damit ahmen sie die antiken Amphitheater nach. Ich brauche Ihnen nicht zu sagen, dass ich kein Urteil über die Tragödien oder die Komödien fällen kann, da ich die Sprache nicht kann, aber ich weiß bereits, dass die Schauspieler nicht meine Zustimmung haben. Das Genie und der Geist brauchen, um sich zu zeigen, keineswegs Worte. Meines Erachtens lassen sich beide an der bloßen Art, sich vorzustellen, zu gehen oder sich zu verabschieden, erkennen. Unter den hiesigen Herren Schauspielern, die allesamt ungeschickt, von unedler Gestalt und ohne die geringsten Manieren sind, sehen die alten wie unsere Bauern (Pächter, Amtleute[849]) und die jungen wie Ladenburschen (Ladendiener[850]) aus. Die Frauen sind richtige Kammerzofen, welche Rolle als Königin oder Prinzessin sie auch spielen. Was Garrick[851] betrifft, so habe ich ihn nur ein einziges Mal spielen sehen, und zwar in einem so seltsamen Stück, dessen Komik so primitiv war, dass ich seine Qualitäten nicht einschätzen kann, nicht einmal das, was nur das Theaterspiel angeht. Die Zuschauer in der Oper sind alle Leute von Stand und die Oper ist der Treffpunkt der schönen Welt. Dort sitzt man nur aufgeputzt. Ins Englische Theater von Drury Lane und Coventgarden hingegen gehen die Männer im Frack und die Frauen im Negligé[852] mit einem Hut auf dem Kopf. In allen diesen Schauspielen sitzen Männer und Frauen gemischt und ohne Ordnung.

Der König und die Königin, die Prinzessin von Wales, die Herzöge von York, Glocester und Cumberland[853] wohnen alle in Privathäusern. Zwei Mal in der Woche ist bei der Königin Gesellschaft. Dann begeben sich der König und sie selbst gegen zwei Uhr zum St. James Palast und ebenso die Standesleute beider Geschlechter sowie die Ausländer, Botschafter, Bevollmächtige aller Mächte, die hier zahlreich vertreten sind (einschließlich die von Marokko und Tripoli). Ein solcher Andrang bildet einen glänzenden und großen Hof. Drei Mal in der Woche geht man zum „Aufstehen des Königs", einem Zeremoniell, das auf gleiche Weise erfolgt, außer, dass natürlich die Frauen nicht daran teilnehmen und dass ihm gewöhnlich nur wenige Leute beiwohnen. /273/

Georg III. ist sicherlich der König, der sich auf der Welt am meisten bemüht, freundlich zu wirken. Eine gewisse Verlegenheit in seinem Verhalten verhindert jedoch, dass es ihm vollkommen gelingt. In allen diesen Gesellschaften und Zeremonien des Aufstehens spricht er zu jedem Einzelnen, und auch wenn Sie sich in einer Ecke des Zimmers verkriechen, so bedrängt er Sie trotzdem, um Ihnen etwas zu sagen. Die Königin folgt seinem Beispiel. Sie können sich vorstellen, wie langweilig diese Rolle für sie sein muss. Dennoch versäumen sie dieses Ritual nicht. Ansonsten leben sie immer noch zusammen wie Turteltäubchen und erfreuen sich daran, Kinder zu zeugen als auch sie großwerden zu sehen. Sie gehen ab und zu ins Theater, machen Musik und stören niemanden. Trotz allem sind weder die Einheimischen noch die Ausländer mit diesem sanften und schüchternen König zufrieden[854], und obwohl er nicht viel Übel anrichten kann, wirft man ihm noch vor, zu gutmütig zu sein. Es scheint, als haben uns die Könige so weit gebracht, dass wir nicht einmal mehr wollen, dass sie gutmütig sind.

Die Erbprinzessin von Braunschweig[855], die einzige Bewohnerin des alten Bergfrieds von St. James, ist sehr zuvorkommend. Ohne wirklich schön zu sein, hat sie eine sehr vorteilhafte Körpergröße, sie ist blond, weiß vom Teint und pummelig und ihr ganzes Aussehen entspricht der Vorstellung, die man sich von einem erstklassigen Stück machen kann, das eine Nation dem tapferen Held schenkt, der für sie gekämpft hat.

Die Brüder des Königs[856] sind ihrem älteren Bruder sehr ähnlich, sowohl bezüglich der Gesichtszüge als auch der Eigenschaften, mit dem Unterschied, dass sie ihm in allen diesen Punkten unterlegen sind. Und sind die Sitten des Königs tadellos, so sind es ihre hingegen äußerst wenig.

Auf dies alles beschränkt sich das, was ich Ihnen von England berichten kann. In wenigen Tagen reisen wir in die Provinz ab und je nachdem, wie meine Kenntnisse wachsen, werde ich es nicht versäumen, sie Ihnen mitzuteilen. Ansonsten bin ich entzückt, zu sehen, welche Fortschritte Sie in der Kunst machen, wohlauf zu sein. Wenn man gesund ist, das können Sie mir glauben, ist es ziemlich angenehm, zu fühlen, wie man lebt, und überzeugt zu sein, dass es Leute gibt, die sich /274/ ernsthaft für unser Wohlbefinden interessieren. Ich brauche Ihnen nicht zu sagen, wie sehr ich es in Ihrem Fall tue.

Brief XVIII
Aus London, den 12. Februar 1767
Zwischen dem 22. Dezember und dem 18. Januar sind wir durch die Provinzen gereist und falls Sie mit dem Finger unsere Strecke auf der Karte verfolgen möchten, so ist der Weg, den wir genommen haben: *Buckingham*, *Stowe*, der Besitz von Mylord Temple, *Woodstock*, *Rousham*, der Besitz des Chevalier Cotterel Dormer[857], *Oxford*, *Cirencester*, *Bath*, *Bristol*, ein zweites Mal *Bath*, *Bowoodparc*[858], der Besitz von Mylord Shelburne, dem Staatssekretär[859], *Chippenham*, *Salisbury*, *Dorchester*, *Salisbury* ein zweites Mal, *Southampton*, *der Besitz vom General Clavering*[860] in der Nähe von Southampton, *Ramsay*, *Winchester*, *Portsmouth*, *Guilford* und *London*. Während dieser Reise haben wir uns auf unserem Weg immer die Landhäuser und die Gärten angesehen, von denen es nicht wenige gibt. Wir verbrachten einen Tag bei Mylord Temple, vier bei Sir Cotterel, einen bei Mylord Shelburne und vier beim General Clavering, einem Mann, den ich wegen seiner Talente und Verdienste an die Spitze dessen setze, was ich in England gesehen haben.

Der Winter war sehr hart und wir haben während unserer Fahrt viel unter der Kälte gelitten, denn hier in Albion ist man wegen des gemäßigten Klimas weder gegen Kälte noch gegen Wärme gerüstet. Die Kamine sind sehr hübsch, aber sehr klein und wir waren froh, manchmal Kohle zu finden, die eine angenehme und konstante Wärme verbreitet, die viel weiter ausstrahlt als die Wärme des Holzes, was zugleich sehr seltsam ist. Ich zöge allen Heizarten das Heizen mit Steinkohle vor, wenn diese nicht einen schrecklichen Staub verursachte. Jener ist sehr unangenehm, nicht nur, weil man jeden Tag alles bis zu den kleinsten Möbeln reinigen lassen muss, sondern es ist außerdem unmöglich, saubere Hände zu haben und er schadet zudem der Kleidung. /275/ Der Rauch der Steinkohle ist sehr dick, aber zu meiner großen Erleichterung nicht reizend und daher nicht augenschädlich[861]. Auf allen

Städten liegt eine dicke Wolke dieses Qualms und über London löst er sich nicht auf, auch wenn die Sonne scheint.

Oxford, die erste große Stadt, über die wir gefahren sind, ist ein sonderbarer Ort: 22 gut gebaute Colleges[862], die Klöstern ähneln, ein großes Gebäude für die öffentlichen Vorlesungen, eine rotundenförmige Bibliothek[863], ein Theater für die Verteidigung von Dissertationen, eine weitere für die Anatomie[864] stellen die gesamte Stadt dar. Sie werden von der eigenartigen Kleidung gehört haben, die die Säuglinge der Musen tragen müssen. Sie unterscheiden sich sehr von den Kleidern, die in Leipzig oder Jena üblich sind, vor allem die Hüte sind sehr nach chinesischem Geschmack. In diesem Land von rautenförmigen Hüten empfehle ich jedem Ausländer, auf die Form des seinen aufzupassen. Was ich sah, machte mich kühn; und ich wagte es, mit einem grauen Reisehut durch die Straßen zu wandern, wie sie in Frankreich für gewöhnlich getragen werden, aber ich werde es nie wieder tun, denn ich schwöre Ihnen, ich sah dem Augenblick entgegen, in dem man mir mit lautem Geschrei öffentlich nachsetzen würde. Bei der Beschreibung der Bräuche und Organisation dieser berühmten Universität kann ich nicht ins Detail gehen, sonst würde aus meinem Brief einer in Folio, und es ist den Leuten nicht erlaubt, die kein Latein können, nach einer solchen Ehre zu streben.

Bath liegt in einem von Bergen umgegeben Tal und ist eine der schönsten Städte Europas. Sie ist immer voller Menschen, außer im Sommer. Hier werden die Liebesabenteuer angefangen oder beendet. Die Promenaden in der Umgebung sind entzückend: Eine kristallklarer Fluss[865] belebt sie. Im Übrigen ist es die einzige Stadt nach London, die ein ständiges Theater[866] besitzt. Ein großer viereckiger Platz, ein anderer in Form einer Arena[867], würden auch Rom oder Venedig nicht verunzieren. Beide, wie auch der Rest der Stadt, sind aus einem Stein gebaut, der in unmittelbarer Nähe zu finden ist. Wenn man ihn abbaut, ist er so weich, dass /276/ man ihn mit dem Messer schneiden kann. An der frischen Luft verhärtet er aber. Sie spüren wohl, wie ein solcher Vorteil die Bauvorhaben vereinfacht, die weiterhin unentwegt realisiert werden. Fünf Tage blieben wird dort.

Bristol, eine große und blühende Stadt unterhält mit Liverpool den größten Handel des Königreiches nach London. Obwohl sie fünf bis sechs englische Meilen von der Mündung des Severn liegt (einem Fluss, der angesichts seiner Breite an dieser Stelle wie ein Meer wirkt), können die Schiffe über den Avon bis in die Stadtmauer hineinfahren. Es ist ein seltsamer und schöner Anblick, diesen Fluss zu sehen, der gedrängt zwischen hohen Bergen fließt und von Schiffen bedeckt ist, die zu den zwei Indien[868] fahren. Die gesamte Umgebung von Bristol ist von größter Liebenswürdigkeit. Dort findet man Mineralquellen, die im Sommer sehr besucht sind. Voltaire spricht darüber, wenn er sagt:

> „Die schöne Rosamore,
> Die Bristol teuer ist und von Tumbridge
> abgöttisch geliebt wird".[869]

Die Gebäude, die für die Besucher gebaut worden sind, erstrecken sich bis zu den Vororten der Stadt.

Bei Dorchester haben wir das berühmte römische Lager betrachtet, das *Maiden Castle*[870] genannt wird, d.h. Schloss der Jungfernschaft. Mir ist nicht bekannt, woher dieser Name voller Grazie wohl stammt, aber es ist sicher, dass dieses Schloss eine Besichtigung verdient: Es handelt sich um eine verschanzte Erhöhung, deren dreifacher Graben, der Schutzwall sowie die Verteidigungsanlagen der Tore noch fast intakt erhalten sind. Und obwohl diese Anlage nur mit Erde errichtet worden ist, hat sie der Zeit mehr Widerstand geleistet als alle Monumente aus Stein und Marmor Italiens. Auch für viel Geld würde ich nicht auf das Privileg verzichten, dieses Bauwerk gesehen zu haben, da es mir allerhand von der Technik erklärt hat, die die Römer bei dem Bau eines Militärlagers verwendeten.

Der Hafen von Portsmouth hat endlich die Neugier gestillt, die ich stets für alles empfunden habe, was die Marine betrifft. Einen ganzen Vormittag verbrachte ich damit, alle Winkel der Brittania zu durchsuchen, einem Kriegsschiff mit 112 Kanonen[871], das nie ausgelaufen und ganz neu ist. /277/ Es muss richtigerweise bemerkt werden, dass das, was man Hafen von Portsmouth nennt, eher eine große Meeresbucht ist, an deren Ufer die Stadt Portsmouth mit ihren Werften sowie einige Marktflecken liegen.

Die anderen Städte, die wir besuchten, sind nicht besonders bemerkenswert: kleine Häuser aus Ziegelstein, gute Glasscheiben und eine wohltuende Luft kennzeichnen sie alle. Überall sind die Straßen gut gebaut und ordentlich unterhalten, und dies gilt auch für die meisten Querfeldeinwege. Ansonsten ist das flache Land weniger bestellt, als ich es vermutet hätte. An mehreren Orten sind Häuser rar und man bemerkt Heiden und lange Reihen von brachliegenden ginsterbedeckten Hügeln. Dies ist eine ziemlich natürliche Folge der bedeutenden Seefahrt, da diese immer Männer kostet und viele zwingt, zölibatär oder zumindest inaktiv zu bleiben. Dazu tragen auch die Kolonien bei. In der Nähe von London verhält es sich anders: Man reist durch einen ununterbrochenen Garten, den Landhäuser, Brücken, Kanäle usw. zieren. Alles sieht aus, als ob es erst vorgestern errichtet worden wäre: keine Spur des Verfalls oder des Alters, denn

Untertanen, die ihren Besitz vor Beraubung sicher wissen, mögen es, ihn zu pflegen und bis in die kleinsten Teile auszubessern.

Um mit der denkbar größten Bequemlichkeit zu reisen, ist England das beste Land in der Welt. Für alles ist gesorgt und die kleinsten Hindernisse beseitigt. Zuerst einmal sind die Postkutschen so bequem – um nicht zu sagen, so elegant – wie möglich. Wir hatten in London für diese Reise zwei gemietet, da wir einige Koffer mit uns führten. Ansonsten wäre es nicht nötig, denn man findet Postkutschen in allen Gasthäusern des Königreichs. Erreicht man eine Herberge oder Post (beide Wörter sind hier Synonym), kommt eine Dienerin bis zur Kutschentür, macht eine ziemlich ordentliche Verbeugung (darin glänzen die Engländerinnen, sogar die kleinsten Bäuerinnen verbeugen sich), /278/ dann lädt sie Sie ein, auszusteigen und einen Happen zu essen. Ein guter Engländer lässt sich dazu nicht lange bitten: man steigt aus, betritt ein kleines Zimmer, das so sauber ist wie eine Schatulle. Die Tischdecke ist schon aufgelegt und die Beefsteaks, die Hammelsteaks[872], die Schnitzel[873], die Mairüben und die Suppen[874] werden sofort gebracht. Der Clairet[875] und der Portwein glänzen in sauberen Gläsern, man trinkt, man isst und steigt dann wieder in die Postkutsche. Streit mit den Postillionen gibt es nicht. Zwei leicht bekleidete Jungen schwingen sich auf die Pferde und fahren Sie weg. Sie galoppieren zuerst und oft laufen sie am Ende wie auf der Rennbahn und so erreichen Sie die Poststation ohne zu wissen, wie. Dann wiederholt sich, wenn Sie wollen, die Szene in der Post. Wenn nicht, dann fahren Sie innerhalb der nächsten fünf Minuten weiter. Überall, wo man übernachten möchte, findet man mit Sicherheit eine gute Herberge. Einmal verbrachten wir die Nacht in einem gänzlich abgelegen Gasthaus an einer wenig befahrenen Straße (in der Nähe von Cirencester) und dennoch bekamen wir bis zu fünf Speisen zu essen und jeder von uns Vieren erhielt ein eigenes Schlafzimmer.

Wie ein zweiter Tom Jones[876] versäume ich bei diesen Gelegenheiten nie, einen Blick in die Küche zu werfen und diese verdient angesichts der erstaunlichen Sauberkeit, die dort herrscht, einen solchen Blick wirklich. So sieht man auch, bis in welche Einzelheiten das erfinderische und nachdenkende Genie dieses reichen und glücklichen Volkes sich herablässt. Die kleinsten Utensilien, die man in diesen Werkstätten der Schlemmerei findet, sind mit einem ganz besonderen Fleiß verarbeitet. Einen weiteren Hinweis, dass man zur Ordnung und zum Kalkül neigt, sind die Uhren, die hier als ein unverzichtbares Möbelstück stehen.

Der gesunde Menschenverstand und der philosophische Geist sind das Hauptkennzeichen der Engländer. Der Geschmack und das Schöngeistliche sind Ihnen nicht besonders zuteil geworden. Daher haben sie weder Musik noch Malerei. Daher kommt auch, dass in ihren dramatischen Dichtung wie in allen anderen Dichtungsarten, /279/ nach dem, was man mir gesagt hat, schöne und erhabene Gedanken neben Plattitüden und Unanständigem stehen. Die Engländer wären dennoch sehr zu schätzen, wenn sie sich mit dem zufrieden gäben, was sie besitzen, wie es die Bürger zweiten Rangs tatsächlich tun. Die Mehrzahl der Standesleute, und vor allem die jungen Herren, aus denen sich die schöne Welt zusammensetzt, streben mit aller Macht nach dem von ihren Überseenachbarn so geliebten Flitterglanz. Gerade jetzt passiert es, dass die alten englischen Bräuche mit den Pariser Sitten zusammenschmelzen. Bleibt nur zu wissen, was daraus entstehen wird. Fragten sie mich nach meiner Meinung, so würde ich ihnen empfehlen, so zu bleiben, wie sie bisher waren, denn sie verlieren sichtlich bei dem Tausch. Dass dies stimmt, können Sie daran sehen: am Morgen sehen Sie einen Mann, der im Frack spazieren geht oder reitet, und Sie bewundern sein gutes Aussehen. Der gleiche erscheint am Nachmittag in französischer Kleidung vor Ihren Augen. Bei den Frauen ist es noch auffallender. Morgens beim Frühstück, wenn sie Tee servieren, sind sie einfach angezogen, und wirken mit ihren Hüten, ihren Schürzen aus Musselin und ihren Halstüchern reizend. Dies alles steht ihnen ausgezeichnet. Putzen sie sich hingegen heraus, nehmen sie ein linkisches und unordentliches Aussehen an, das sie nicht mehr loswerden.

Ein weiterer Beweis meiner Behauptung liegt darin, dass die Engländer in London, wo sie sehr vornehm tun, ungesellig und griesgrämig sind. Es gibt hingegen nichts Liebenswürdigeres und Gastfreundlicheres als die Engländer, die auf dem Lande wohnen. Sobald Ihnen dort der Hausherr gesagt hat, wie er sich freut, Sie zu empfangen, und sobald er Ihnen Ihr Zimmer gezeigt hat, betrachtet man Sie als ein Familienmitglied. Man geht ein und aus, kurzum, man tut, was man möchte und kein Haus ist bei Anwesenheit des Herren ohne von ihm mitgebrachte oder eingeladene Gäste.

Ihre Lebensart bis vier Uhr nachmittags ist sehr artig. Danach allerdings habe ich den Eindruck, dass sie zu viel essen. Ich werde Ihnen die Details erzählen: Jeder entscheidet nach Belieben, wann er aufsteht. Um 10 Uhr wird gefrühstückt /280/: Die gesamte Gesellschaft setzt sich an einen sauber gedeckten Tisch, auf dem Tee, Kaffee, Schokolade, frische Butter, Honig, Kuchen, Butterbrote, Toasts usw. usf. liegen. Am Tisch bleibt man ungefähr eine Stunde, dann geht man spazieren, denn auch der Winter schließt Spaziergänge nicht aus, sofern das Wetter auch nur erträglich ist. Um 3 Uhr kleidet man sich um, bevor um 4 Uhr gegessen wird, und dies nicht schlecht, das kann ich Ihnen versichern. Nachdem man anderthalb bis zwei Stunden zu Tisch verbracht hat, ziehen sich die Frauen zurück, man deckt den Tisch ab und die Flaschen beginnen, an einer schönen Mahagonitafel die Runde zu machen und der Nachttopf, den jeder danach ungeniert benutzt, wird unter das Buffet gestellt. Man zecht ein wenig aber ohne Schwelgerei und die durch den Wein erwärmten *Briten* werden freundlich und vergnügen sich. Wenn dies vorbei ist, begibt man sich wieder zu den Frauen. Kaffee wird angeboten und man fängt an zu plaudern und ich kann mir vorstellen, dass man während der schönen Jahreszeit noch spazieren geht. Gegen neun Uhr serviert die Hausherrin zum zweiten Mal Tee, der mit Butterbroten angeboten wird, und wenig später wird Abend gegessen. Danach wird der Tisch wie vorhin abgedeckt, und die Flaschen nehmen ihre Herrschaft wieder auf. Nunmehr jedoch ergreifen die Frauen nicht mehr die Flucht (denn die Männer hatten bereits Zeit genug, sich ausgiebig schlüpfrig zu unterhalten). Vielmehr halten sie gut mit. Erst spät trennt man sich.

Viele dieser Landhäuser sind von königlicher Pracht und auch diejenigen, die nicht so prunkvoll, aber trotzdem mit großer Sorge um die Reinlichkeit ausgestattet sind, haben wenigstens den Vorzug, hübsch zu sein. In den Gärten richtet sich die Kunst nach dem Gang der Natur und man verschönert sie bloß da, wo sich die Gelegenheit dafür bietet. Auch wenn sie sich einschränken, finden die reichen Käuze dennoch die Möglichkeit, riesige Summen dafür auszugeben. Vor allem spielen sie gern mit Wasser und bemühen sich, es heran zu schaffen, koste es, was es wolle. Die gesamte Nation hatte eine große Vorliebe für die Gartenarbeit und genießt die Zufriedenheit, auf diesem Gebiet vollkommen erfolgreich zu sein. Seien sie groß oder klein, die englischen Gärten sind immer schön, /281/ und auch dem Winter gelingt es nicht, sie aller ihrer Annehmlichkeiten zu berauben. Gewöhnlich verweilt man in London nur zwischen Januar und Mai oder Juni und die Leute, die sich bereits vor Weihnachten nach London begeben, fahren dann wieder aufs Land, um dort die Feiertage verbringen.

Kommen wir nun zum gemeinen Volk, diesem so achtbaren und dennoch woanders so wenig geachteten Teil der bürgerlichen Gesellschaft. Hier genießt es alle Vorteile, die ihm zukommen sollten. Ich fand es sanftmütig und ehrlich, aber man darf es freilich nicht verärgern. Es ist entzückend zu sehen, wie zufrieden und gut ernährt alle aussehen. Alle sind dezent angezogen. Die Händler und die Handwerker tragen entweder runde Perücken oder einen Topfschnitt. Die kleinen Bürgerinnen haben Mäntel aus rotem Stoff, die bis unter die Taille gehen.

Es gibt aber nichts Schöneres als die Kinder von wohlhabenden Leuten: Die Jungen haben alle die gleiche Frisur und um den Hals einen gekräuselten Kragen aus Falbel mit einem Spitzenrand, wie man sie auf den Gemälden von van Dyck[877] sieht. Die Mädchen tragen ein Blumenband um den Kopf, ihr

Hals ist frei, sie tragen kein Korsett (so etwas kennt man hier nicht), ein Schal umhüllt ihre Hüften und ihre Schuhe sind ohne Absätze. Man lässt beide Geschlechter ziemlich lange in dieser Kinderkleidung, und sehr oft tragen sie sogar Mädchen, die selbst problemlos Mutter sein könnten. Sowohl die Laxheit als auch der Zwang, mit denen wir unsere Kinder erziehen, sind hier verbannt.[878] Jungen und Mädchen gehen im Sommer wie im Winter spazieren, laufen lange Strecken und gehen durch Straßenkot ohne zu wanken. Die zwei Geschlechter dürfen auch so fröhlich sein wie sie wollen, und nur hier lässt sich feststellen, wie gutmütig und liebenswürdig Menschen im Frühling des Lebens sind: Vor allem die Jungen sind sehr glücklich. Sie springen, schreien, schlagen Purzelbäume, so oft es ihnen gefällt, und nur die Ungeschickten werden von ihren Eltern gerügt.

Ich weiß nicht, ob man die Engländer als reich bezeichnen kann. /282/ Es ist sicher, dass sie viel Geld haben. Es klingt vielleicht paradox, aber wenn Sie berücksichtigen, dass ein Landedelmann mit 4 000 Livres Rente ein guter Verwalter sein muss und diese gut aufzuteilen verstehen muss, um anständig leben zu können, dann verschwindet, hoffe ich, der scheinbare Widerspruch. Im Norden des Königreiches ist es anders und man kommt dort mit der Hälfte des Geldes aus.

Was das englische Theater betrifft, so muss ich Ihnen noch von den Pantomimen[879] erzählen: Diese kleinen Stücke werden in der Regel nach den großen aufgeführt und man findet darunter einige sehr lustige. Oft ist das Dekor sehr kunstvoll gemalt, das Zusammenspiel der Maschinen und der Wechsel der Szenen geschehen mit penibelster Exaktheit. Die Musik ist entweder italienisch oder deutsch. Um das Volk zu belustigen, mokiert man sich gern ein wenig über die Franzosen. Immer erscheint irgendein Kammerdiener oder ein Koch, mager, die Nase mit Tabak verschmiert, mit Papiermanschetten und einer ungeheuerlich dicken Börse. In einer dieser Pantomimen hofiert ein junger Offizier Kolumbine. Wie üblich entführt sie Harlekin. Der Liebhaber, Pantalone und der Rest des Zuges fangen an, sie zu verfolgen. Die Bühne stellt eine unfruchtbare Landschaft mit einer Höhle dar. Der Gauner führt die Verfolger an. Plötzlich kommt die Hyäne aus der Höhle angesprungen, ergreift den Unglücklichen und trägt ihn fort. Das Bühnenbild wechselt dann und stellt ein Dorf dar. Die Hyäne erscheint, sie hält ihre Beute im Maul, wie ein Vorstehhund ein Feldhuhn oder einen Hasen apportiert. Darauf greift eine alte, mit einem Besen bewaffnete Frau, gefolgt von einer Kinderschar, das Monster an und entreißt ihm endlich den kleinen Offizier. Sie können sich vorstellen, was für ein schallendes Gelächter eine solche Vorstellung in London hervorruft. Um das Bild dieser riesigen Hauptstadt zu vervollständigen, das ich versucht habe, Ihnen zu vermitteln, möchte ich anschließend eine lange Straße beschreiben, die unter verschiedenen Namen, aber vor allem der Bezeichnung *Strand*[880] die ganze Stadt durchquert, und ich möchte sie Ihnen gegen Mittag vorstellen. Denn zu dieser Zeit ist sie nicht nur voll von einer unendlichen Menge von Menschen und Kutschen, /283/ sondern es stellen sich dort auch alle gefälligen jungen Damen zur Schau. Während man durch diese Ware der Unzucht promeniert, sieht man hinter schönen Glasscheiben alles, was der Luxus jemals hat erfinden können, um unsere Bedürfnisse zu vermehren. Diese Läden reihen sich auf beiden Seiten lückenlos aneinander und es steht fest, dass es auf der Welt nichts gibt, was man hier nicht gegen Geld finden könnte. Ich muss Sie noch davon in Kenntnis setzen, dass Sie bald Ihren Herrn[881] wiedersehen werden, der nächsten Montag oder Dienstag abreisen soll. Der Prinz und ich selbst bleiben noch einige Wochen in England.

Brief XVIIII
London, den 18. Februar 1767
Heute, auf den Tag 16 Monate nach unserer Abreise aus Dessau, fährt der regierende Fürst in Begleitung von Erdmannsdorff und einem gewissen Kaplan namens Morgan[882] aus London fort, den er erst gestern eingestellt hat, um mit ihm die englische Sprache zu praktizieren. Wie ich es Ihnen bereits gesagt habe, bleiben mein Prinz und ich zuerst hier. Dann werden wir zu unserem Quartier nach Paris zurückkehren. Alles in unserem Haus ist in einem solchen Durcheinander und es herrscht ein dermaßen großer Wirrwarr, dass ich mich gezwungen sehe, diesen Brief fast zu dem Augenblick zu beenden, zu dem ich ihn angefangen habe. Mit einem unendlichen Bedauern trenne ich mich vom regierenden Fürsten und von Erdmannsdorff. Ich bin traurig und melancholisch. Leben Sie wohl!

An den regierenden Fürsten, London, 26. Februar 1767
Der starke Wind, der am 20. wehte, hat uns sehr beunruhigt. Letztendlich hat uns der Kompass von Herrn von Schulenburg, den wir konsultierten, ein wenig beruhigt, denn er gab an, dass der Wind doch günstig ist. Dennoch bin ich hochbeglückt zu wissen, dass Ihre Reise bis auf die kleinen schwangerschaftsbedingten Unannehmlichkeiten sehr gut verlaufen ist.[883]

Sie können sich gar nicht vorstellen, wie sehr diese angenehme Nachricht uns hier alle erfreut und wie oft wir sie wiederholen mussten, seitdem wir sie erfahren haben. /284/ Am letzten Dienstag sind wir aus Ihrem Haus am *Compton Street the corner of Greek street* ausgezogen und haben in einer kleinen möblierten Wohnung in der *Jermyn-Street*, in der Nähe der St James Kirche Quartier bezogen.

Seit Ihrer Abreise erscheint uns London doppelt so leer und dunkel als vorher. Der Frühling, den Sie sozusagen als Gefolge mit sich bringen, und der mit glänzenden Farben diese Bäume verkleiden wird, die sie eigenhändig gepflanzt haben und die Kunst, die Sie sicher beherrschen, von Ihren Untertanen aufrichtig geliebt zu werden, werden gleichermaßen dazu beitragen, Ihnen glückliche Momente zu bereiten.

Brief des regierenden Fürsten an den Prinzen Johann Georg. Maubert Fontaine[884]*, den 26. Februar 1767*
Mein lieber Bruder. Diesen Brief sende ich Ihnen aus einem Gasthaus, das den Herbergen in Neapel vollkommen ähnlich ist, bis auf die Tatsache, dass die hiesige noch dreckiger ist. Die Wege sind schlecht und die Jahreszeit nicht günstiger. Jeden Tag sind unsere Diener nass bis auf die Knochen, und obwohl wir in der Champagne sind, haben wir noch keinen genießbaren Wein getrunken. Die Herberge, aus welcher ich Ihnen schreibe, ist nicht die einzige dieser Art, die wir vorgefunden haben, und alle Gestalten, die wir seit mehreren Tagen gesehen haben, sind wie Figuren von Ostade[885]. Wie ist Ihrer Meinung nach die Stimmung unseres englischen Reisegefährten?[886] Würden Sie nicht meinen, alle dieses Ungemach ließe ihn verzweifeln? Aber keineswegs. Vielmehr macht er sich über all dies lustig und heitert uns somit auf. Was mich betrifft, so bin ich allerdings schlecht gelaunt.

Da ich erfahren habe, dass die Reitschule von Cambrai nur aus zwanzig Dragonern besteht*, die in einer Reitbahn üben[887], können Sie sich denken, dass ich mich dort nicht lange aufgehalten habe.

Lille hat mich zwei Tage beschäftigt: Ich habe die Zitadelle, die Befestigungsanlage[888] und einige Truppen der Garnison gesehen. /285/ Der General, Herr de Merville[889], der diesen Platz befiehlt, zeigte sich mir gegenüber ziemlich freundlich.

Ich könnte schon viel weiter sein, wenn die Straßen nicht so grauenhaft wären. Gestern konnten wir nur sechs Stationen und heute nur fünf fahren. Da ich diesen Brief nicht senden kann, bevor wir Luxemburg erreicht haben, werde ich ihn von dort schicken, so dass Sie auch erfahren können, wann wir dort sind. Grüßen Sie währenddessen Herrn von Berenhorst, den Major Ainsly[890] und alle, von denen Sie wissen, dass ich Ihnen wohlgesonnen bin.

---

* Dem Fürsten hatte man nicht die Wahrheit gesagt. Später stellten wir fest, dass die Reitschule viel größer ist.

Sie sind, hoffe ich, überzeugt, dass ich von Herzen und der Seele usw.

Sedan, den 27. Februar.[891]
Damit die Erinnerungen an die italienischen Gasthäuser perfekt sind, hat man mir letzte Nacht mein Gewehr gestohlen. Durch diesen Zwischenfall konnte ich heute nicht Luxemburg erreichen. Daher sende ich Ihnen meinen Brief auf das Drängen des Postmeisters von hier, der mir versichert, dass Sie ihn wohl erhalten werden.

Brief desselben. Leipzig, den 21. März 1767[892]
Sie werden kaum glauben, dass ich noch nicht in Dessau angekommen bin. Und dies obwohl ich nur 6 Tage in Frankfurt Halt gemacht habe. Die restliche Zeit habe ich auf unangenehmste Art auf den Straßen verbracht, wovon ich Ihnen nicht detailliert berichten könnte ohne Sie zu langweilen. Diese wenigen Zeilen senden ich Ihnen bloß, damit Sie wissen, was aus mir geworden ist. Ich schreibe im Zimmer, in dem mir mein Bruder Albert[893] das Abendessen gespendet hat.

Brief des Prinzen Johann Georg an den regierenden Fürsten, London, den 16. April 1767
Vielleicht werden Sie sich wundern, dass ich noch hier bin, aber ich muss Ihnen sagen, dass es mir jetzt unmöglich ist, die Länder zu verlassen, von deren Frühling Sie so geschwärmt haben, ohne dass ich einige Landhäuser in ihrer Schönheit gesehen habe. Ich werde mit den Herren Errington[894] und Ogilvy[895] am 19. dieses Monats nach Newmarket fahren, wo die Pferderennen am 20. beginnen. Dort werde ich vier oder fünf Tage verbringen, und dann noch eine andere kleine Reise unternehmen, /286/ um einige Landstriche in der Nähe von London zu besichtigen. Anschließend nehme ich Abschied und fahre sofort ab. Missbilligen Sie bitte nicht, dass ich noch ein wenig hier bleibe, nachdem ich mich vom König verabschiedet habe. Alle versichern mir, dass es kein Problem wäre und unter anderem Mylord Shelburne hat mir gesagt: „Darum kümmere ich mich und nehme es auf mich, mit dem König darüber zu reden“.

Nun werde ich zum Erzähler von Nachrichten. Hier sind die Neuigkeiten, die ich Ihnen mitteilen kann: Der Erbprinz von Braunschweig[896] ist vor drei Tagen angekommen, und wie Sie es gewünscht habe, plane ich, ihn morgen zu besuchen. Der Graf von Maltzahn[897] wird mich vorstellen. Der Graf von Paar, der Sie grüßt, ist hier angekommen und ich muss Ihnen sagen, dass er sich ein wenig zu seinem Vorteil verändert hat. Ich darf nicht vergessen, Ihnen mitzuteilen, wie höchstfreundlich der Graf von Brühl[898] mich behandelt. Sehr oft esse ich bei ihm. Am Anfang des vorigen Monats hat der General Clavering einige Tage hier verbracht. Er hat mir für Sie verschiedene Samen gegeben, die ein Offizier seines in Amerika stationierten Regiments ihm gerade geschickt hat.

Brief des Prinzen Johann Georg an Seine Durchlaucht, den regierenden Fürsten, London, den 5. Mai 1767

Wie ich es Ihnen in meinem letzten Brief angekündigt hatte, bin ich nach Newmarket gefahren und über Cambridge zurückgekommen. In Newmarket habe ich sieben Mal vorausgesehen, welches Pferd gewinnen würde, aber da ich nur zum Spaß wettete, habe ich nur ein Paar Guineen gewonnen. Die großen Spieler, als sie bemerkten, dass ich mich nie irre, kamen schließlich zu mir, um in Erfahrung zu bringen, auf welches Tier sie setzen sollen.

Bei meiner Rückkehr fand ich Ihren Brief vom 9. April vor, in dem Sie schreiben, wie sehr Sie wünschen, dass ich London verlasse. Daher habe ich ohne Verzögerung diese andere kleine Reise angefangen und sende Ihnen die Beschreibung der Strecke, die ich gewählt habe. Ich kann Ihnen sagen, dass ich nur ganz Ihrer Meinung bin: es gibt nichts Schöneres zu sehen als die Gärten dieses Landes. Um zu erfahren, ob ich die gleichen gewählt habe, die Sie am meisten bewunderten, /287/ habe ich diejenigen aufgezählt, die mir am besten gefallen haben. Im Garten des Esq. Valler[899] war ich geneigt, es wie dieser Engländer zu tun, der am Ufer des Albanersees sterben wollte. Erst gestern bin ich von meiner Runde zurückgekommen, und um Ihnen zu gefallen, fange ich meine Abschiedsbesuche bereits heute an und rechne demzufolge damit, in fünf oder sechs Tagen abzureisen.

Als ich wieder in der Stadt war, fand ich einen Brief, den mir Glaffey[900] aus Paris geschrieben hat. Ich kann nicht ausdrücken, wie ich es bedauere, nicht dort zu sein, erstens um Ihnen mit ihm zu dienen, und zweitens, weil ich ihn gern gesehen hätte. Denn ich bin sicher, dass er mir vieles erzählt hätte, das ich sehr gern gehört hätte.

Strecke:
Wimbleton Park, bei Mylord Spencer[901]
2) Der Garten des Herzogs von Newcastle in Claremont[902]
Der Garten von Mrs. Pelham, im gleichen Ort
Oatlands-Park in Vedbrigde, Besitz von Mylord Lincoln
Der Garten von Mylord Portmore, im gleichen Ort

3) Der Garten von Mr. Hamilton, Esq. In Cobham
Hampton Court
Der Park von Windsor
Das Schloss von Windsor
Der Garten des Generals Convay bei Henley

4) Der Garten von Mr. Valler, Esq. In Beconfield
Der Garten von West Wycombe, Besitz von Mylord Spencer[903]
Der Garten von Clifden, Besitz von Mr. O Brien
Bulstrode, Besitz des Herzogs von Portland
Sionhaus, Besitz des Herzogs von Nothumberland

Zusatz von Berenhorst.
Das Schicksal beraubt mich der Freude, Ihre Aufträge in Paris zu übernehmen, Eure Durchlaucht, und es zwingt mich, hier zu bleiben, während ich Ihnen an anderer Stelle hätte nützlich sein können. Dies erfüllt mich mit Trauer und verwandelt in Bedauern die Zufriedenheit, die ich empfand, als ich durch diese anmutenden Gärten lief, von denen Sie mir so oft erzählt habe, und in denen ich keinen Schritt gemacht habe, ohne an Sie zu denken. Diese Gärten fand ich noch schöner als alles, was Sie mir darüber gesagt hatten.

Liste der Personen, von denen wir bei unserer Abreise aus London Abschied genommen haben. /288/

D a m e n
Herzogin von Norfolk[904]
––– d'Hamilton[905]
––– d'Ancaster[906]
––– Mylady Temple[907]
––– Stanhope[908]
––– Nuneham[909]
––– Carlisle mit ihren Töchtern[910]
––– Shelburne[911]
––– Shelburne Witwe[912]
––– Gage[913]
––– Ailesbury[914]
––– Flemming[915]
––– Harrington und ihre Töchter[916]
––– Hertford[917]
––– Berkeley[918]
Die Gräfin von Viry[919]
Lady Cottrell[920]
Miss Chudleigh
Lady Pitt[921]

Miss Blosset[922]
Miss Chetvynd[923]

Hof und Regierung
Der Herzog von Manchester
Mylord Hertford
––– Huntingdon[924]
––– Harcourt[925]
––– Shelburne, Staatssekretär
General Conway[926], Staatssekretär
Mylord Burrington
Hillsborough[927]
Danby[928]
March[929]
Baron v. Behr, Gesandter aus Hannover[930]

Weitere
Der Herzog von Norfolk[931]
––– von Northumberland[932]
––– von Buccleuch[933]
Mylord Temple
––– Clare[934]
––– Lorne[935]
––– Chesterfield[936]
––– Fife[937]
––– Botetourt[938]
––– Gage
––– Nuneham
––– Rosborrov[939]
––– Mansham
––– Cathcart[940]
––– Molyneux[941]
––– Thonmore
General Amherst[942]
––– Honeywood[943]
Oberst St. John[944]
Mrs d'Errington.
Ritter Cotterel Dormer
Mr.George Pitt[945]
––– Samson Gideon[946]
––– Trent
––– Mant Major
––– Ayscough
––– Horth
––– Ogilvy

––– Logie
––– Wrottesley[947]
––– Dillon
––– Robinson

Diplomatencorps
Der Graf de Saylan mit seiner Gattin[948]
Der Graf de Guerchy mit der Gräfin und seiner Tochter[949]
Der Prinz de Masserano mit seiner Gattin[950]
Der Graf de Weldern mit seiner Gattin[951]
Der Graf von Maltzahn und der Gräfin[952]
Herr Musin-Pushkin mit seiner Frau[953]
Der Graf von Brühl
Der Baron von Nolcken, Schwedischer Gesandter[954]
Herr Mello, aus Portugal[955]
Marquis Carracioli, aus Neapel[956]
Graf von Haslang, aus Bayern[957]
Graf Poggi[958]
Herr de Vignola[959]

Botschaftsräte
Graf Bonde, aus Schweden[960]
Herr von Raygersfeld, aus Wien[961]
Herr Koepken, aus Preußen
Herr Ernst, aus Sachsen

Ausländer
Der Herzog de Fronsac[962]
Conte di Lavagna, Bruder des Prinzen von Masserano[963]
Herr von Mersen, Holländer

Brief des Prinzen Johann Georg an den regierenden Fürsten. Paris, den 29. Mai 1767
Bevor ich London verließ, sah ich drei Regimenter der Kavallerie in Wimbledon-Common Revue passieren. Der König schien zufrieden zu sein. An seiner Stelle wäre ich es nicht gewesen, denn sie entsprachen in keiner Weise /289/ der Vorstellung, die ich mir von ihnen gemacht hatte. Und ich bitte Sie aufrichtig um Verzeihung, sollte ich Ihnen jemals in Bezug auf dieses Land widersprochen haben. Nun liebe ich es wahnsinnig und sobald wir allein sind, bezieht sich jedes dritte Wort von mir darauf.

Nachdem wir durch das französische Flandern gefahren sind, wie ich es Ihnen angekündigt hatte, bin ich wieder hier. Sobald ich die Zeremonie der Vorstellung beim König hinter mich gebracht habe, werde ich mich bemühen, meinen alten

Lebensstil wieder aufzunehmen und die Stunden, die ich noch hier verbringe, sinnvoll zu nutzen. Noch ein Wort zu London. Als ich eines Tages beim Grafen von Guerchy war, nahm mich Mylady Walgrave[964] beiseite, denn sie wollte Neuigkeiten über Sie wissen. Sie sagte mir, ich solle Ihnen mitteilen, wie sehr sie bedauere, Sie vor Ihrer Abreise nicht noch einmal gesehen zu haben. Die Unruhe, mit der sie mit mir sprach, zeigte mir zur Genüge, dass Sie ihr nicht gleichgültig gewesen sind.

Brief an den regierenden Fürsten, vom gleichen Tag.
Nun erreichen wir den wichtigen Zeitpunkt, zu dem der Prinz dem Monarchen Galliens vorgestellt wird und seit gestern früh sind wir damit beschäftigt, die entsprechenden Informationen zu sammeln und alle für diese Zeremonie notwendigen Schritte zu unternehmen. Wie lästig und langweilig das ist, muss ich Eurer Durchlaucht nicht sagen.

Am 16. dieses Monats verließen wir die schöne und gute Hauptstadt Englands und schifften uns in Londonbridge ein, um nach Greenwich zu fahren. Obwohl ich mich oft an der Vielzahl der Schiffe der Themse an dieser Stelle erfreut habe, hätte ich nie gedacht, dass es doch so viele gibt, wie ich es während dieser Fahrt feststellte. Sie liegen so vor Anker, dass sie schwimmende Stadtviertel bilden, und dabei große Kanäle freilassen, die Straßen ähneln, damit die anderen durchfahren können. Auch die antike Stadt Tyrus bot anscheinend kein vergleichbares Bild eines wunderbar aktiven Handels. Am gleichen Abend sahen wir noch den schönen Garten von Calcraft[965] in der Nähe von Dartford, der in der Tat den Beifall verdient, den er bei Ihnen gefunden hat. Am 18. durchquerten wir /290/ sehr angenehmerweise innerhalb von fünfeinhalb Stunden den Ärmelkanal. Danach fuhren wir über Dünkirchen, Lille und Cambrai und sind vorgestern hier angekommen.

Brief des Prinzen Johann Georg an den regierenden Fürsten. Paris, den 12. Juni 1767
Am vorigen Dienstag, dem 9. dieses Monats wurde ich dem König und der königlichen Familie in Versailles vorgestellt. Wir hatten vereinbart, mein lieber Bruder, dass ich mich dazu an den Herzog von Choiseul[966] wenden sollte, aber es ist gegen die Etikette, dass jener jemanden vorstellt. Durch den Einführer der Botschafter vorgestellt zu werden, kostet nicht nur fast 100 Louis, sondern bringt ein aufwendiges Zeremoniell mit sich, das der Herzog von Choiseul mir riet, zu vermeiden. Zusammen mit mir bat er selbst den Grafen von Mercy d'Argenteau[967], den Botschafter des Kaisers, mich

vorzustellen. Dieser übernahm sehr gern diese Aufgabe. Darget, den ich nie versäume, um Rat zu bitten, hat dieses Verfahren gebilligt und mir gesagt, dass kein anderer Weg möglich sei.

Gestern habe ich beim Herzog von Orléans[968] sowie bei seinem Sohn, dem Herzog von Chartres[969] hofiert. Erstere nimmt weder durch seine Figur noch durch sein Verhalten jedermann für sich ein. Hier in Paris traf ich den Herzog von Arenberg[970] und den Prinzen von Nassau (den Bruder desjenigen, der im Dienste Preußens ist[971]), die beide der Königin und Kaiserin[972] dienen.

Brief an den regierenden Fürsten, gleiches Datum
Bei der Vorstellung sagte der König einige Worte zum Prinzen und die Königin tat es ebenfalls, was in diesem Land als ein nicht geringes Zeichen der Gunst erachtet wird. Der Herzog von Choiseul zeigt ihm viel Wohlwollen und wir haben bereits zwei Mal bei ihm gegessen. Im Allgemeinen empfängt er uns ziemlich gut, aber es ist hier nicht wie in St. James, wo der Prinz durch einen älteren Bruder wie Sie, Eure Durchlaucht, eingeführt worden ist. Ansonsten ist der Prinz vollkommen gesund und hat seine Studien und Übungen wieder aufgenommen. Alle seine Lehrer bezeugen, dass er während seiner Abwesenheit nichts vergessen habe, und sie sind mit ihm zufrieden. /291/

Brief XX.
Paris, den 14. Juni 1767
So sehr es mir angenehm ist, Ihnen meine Freundschaft zu versichern, so sehr ist es mir unmöglich, wieder den Faden unserer unterbrochenen Korrespondenz zu knüpfen, und zu allen Gegenständen zurückzukommen, von denen ich Ihnen erzählen wollte. Fehlte nicht die Bereitschaft zu schreiben, so fehlte die Zeit dazu. In dieser prachtvollen Stadt Paris, in der man stets geschmückt sein muss und stets Komplimente machen soll, hat man keinen Augenblick für sich. Der Frack und die Gutgläubigkeit Londons erscheinen mir sehr achtenswert im Vergleich zu diesem zeremoniösen und von Nichtigkeiten erfüllten Leben. Nur Geduld! Auch dies wird vergehen und die wohltuende Schnelligkeit der Zeit wird mich zweifelsohne davon befreien.

Damit ich Sie doch nicht gänzlich in Unkenntnis dessen bleiben lasse, was ich seit meinem letzten Brief gemacht habe, werde ich Ihnen eine detaillierte Beschreibung unserer Reise geben. Eine Woche nach Ostern sind wir nach Newmarket gefahren, um den Pferderennen beizuwohnen. Bei der Rückkehr haben wir uns einen Tag in Cambridge aufgehalten. Danach haben wir die sechs ersten Tage des Monats Mai benutzt, um uns die bekanntesten Gärten und Landhäuser in der Nähe von

London anzusehen. Ach! Wie schön ist der Frühling in England! Alles, was die Dichter jemals zur Gartenkunst erfanden, fand und sah ich hier. Nach dieser kleinen angenehmen Reise, die mein Bedauern, abreisen zu müssen, noch gesteigert hat, haben wir am 16. vergangenen Monats London verlassen. Am gleichen Tag fuhren wir in der Nähe von Dartford[973] durch einen der schönsten Gärten. Er erstreckt sich über eine Reihe von Hügeln am Ufer der Themse, die stets voll von flussab- und -aufwärts fahrenden Schiffen ist. Die Nacht verbrachten wir in Rochester.

Am folgenden Morgen besuchten wir den Hafen von Chatham an der Medway. Das Wetter war gewittrig und regnerisch. Trotzdem stiegen wir in einen Kahn, um an Bord der *Viktoria* zu gehen, ein anderes neues Schiff mit 112 Kanonen[974]. Der Fluss ist hier so breit wie ein Meeresarm. Als wir auf das Oberdeck stiegen, kam ein Posten und teilte uns mit, dass ein ausdrücklicher Befehl der Admiralität allen Ausländern den Zugang zu Kriegsschiffen verbiete, /292/ und dass sie, die wachhabenden Soldaten, sich erst vor kurzem gezwungen sahen, sogar dem Fürsten von Anhalt den Zutritt zu verwehren. Dieser Misserfolg ärgerte uns und wir fuhren nach Rochester zurück, um unseren Weg fortzusetzen. Am Abend kamen wir in Dover an.

Am 18. überquerten wir bei einem frischen aber günstigen Wind den Ärmelkanal, so dass wir ziemlich früh am Nachmittag in den Hafen von Calais einliefen.

Am 19. am Morgen besuchten wir Herrn de La Boulie[975], den Statthalter des Königs. Durch eine Art Höflichkeit, die seiner Nation eigen ist, zwang er uns, dem traurigen Schauspiel der Hinrichtung eines Deserteurs des Königlichen Regiments beizuwohnen. Dieser wurde zu den Klängen der Trommeln, Clairons und Querpfeifen vor den vier Bataillonen dieses Regiments standrechtlich erschossen. Danach zeigte uns der Oberst der Pioniereinheit, Herr Grant de Blairfindy[976], sowohl die Stadt als auch die Befestigungsanlagen. Dieser freundliche Offizier schottischer Herkunft hat in Jena und Göttingen[977] studiert und spricht unsere Sprache sehr gut. Er übergab uns Briefe für die Offiziere der Garnison von Dünkirchen und Lille. Wir fuhren unmittelbar danach ab, fuhren über Gravelines und erreichten Dünkirchen erst spät in der Nacht.

Unser Brief war für einen Leutnant des Regiments „Royal-Baviere“ bestimmt. Hier blieben wir bis zum 21. und fuhren dann über Cassel nach Lille.

Unser Brief empfahl uns Herrn von Brommer[978], Hauptmann und Adjutant des Majors im Piemont-Regiment. Dieser Offizier deutscher Herkunft bemühte sich eifrig darum, dem Prinzen dienlich zu sein. Er führte uns zu Herrn de la Merville, dem Statthalter des Königs und Kommandant.

Herr Chevalier de Sarfield*[979], Maréchal de camp der Kavallerie überhäufte uns mit Zeichen seiner Freundschaft. Wir aßen zu Mittag und zu Abend bei ihm. /293/

Das Regiment Piemont lud den Prinzen zu einem Festessen ein. Der Marquis de Bouzols[980], Oberst und Inhaber des Lyonnais-Regiments versorgte uns mit Reitpferden. Alles, was eine Militärperson in einer Festung zu sehen wünscht, wurde uns gezeigt, und die Offiziere erwiesen dem Prinzen alle möglichen Ehren.

Am 24. gegen Mittag fuhren wir nach Douai und von dort nach Cambrai. Vor allem hatten wir den Wunsch, in letzterer Stadt die berühmte Reitschule zu sehen. Am folgenden Morgen trafen wir Herr de la Porterie[981], Maréchal de camp und Leiter dieser Einrichtung (für ihn hatten wir Briefe von Herrn de Guerchy), der gerade im Begriff war, aufs Land zu reisen.

Er wollte seine Reise verschieben, aber der Prinz lehnte dies ab. Dennoch wurden die Befehle erteilt, dass auserlesene Schüler aufs Pferd steigen sollen und Herr de la Porterie wohnte trotz der dringenden Bitte des Prinzen einem Großteil der Übung bei. Sie zu betrachten war bezaubernd: Alles, was ein Reiter beherrschen muss, führen sie mit Präzision und Anmut aus. Dazu kommt, dass die Schüler in allen Künsten und Wissenschaften unterrichtet werden, die einen Bezug zu ihrem Stand haben können.**

Danach zeigten uns die Herren Offiziere des Navarre-Regiments die Befestigungsanlagen und ihre Parade.*** /294/

---

* Zu seiner Person kann ich vermerken, dass er der gebildetste Militärangehörige ist, dem ich jemals begegnet bin. Alle Fakten und Ereignisse des letzten Krieges zwischen den preußischen und österreichischen Armeen kannte er detailliert und auswendig. Er kannte sozusagen alle einzelnen Personen der preußischen Armee und erzählte Anekdoten, die mich in Erstaunen versetzten. In seiner Verhaltensweise schien er mir ziemlich deutlich, den General Seydlitz nachahmen zu wollen.

** Unter anderem erschien mir eine Erfindung ausgezeichnet: ca. 20 ungezügelte Pferde wurden in einer Reihe aufgestellt. Drei oder vier Dragoner vor ihnen sollten sie zurückhalten. Ihnen gegenüber, in einer Entfernung von fünfzig Schritten stand eine Futterkrippe voller Hafer und dahinter eine Reihe von Dragonern zu Fuß, mehrere andere hielten sich an den beiden Seiten auf. Diese begannen zu schreien und zu ballern. Die Pferde, die an dieses Signal gewöhnt waren, zeigten ihre Lust, los zu galoppieren. Und als ihnen dies erlaubt wurde, rannten sie ungestüm los und ihre Wucht wurde nicht mal durch die Salve gebremst, die die Reihe der Dragoner, die hinter der Futterkrippe stand, aus nächster Nähe abfeuerte.

*** Auszug aus dem Brief an einen Offizier der preußischen Armee: Sie wollen wissen, was ich vom französischen Militär nach der Reform

Wir besuchten auch den Erzbischof[983], den kleineren Bruder des Herzogs von Choiseul, aßen eine Kleinigkeit in unserer Herberge und fuhren dann ab, um in Péronne zu schlafen.

Am 26. fuhren wir über Pont Ste. Maxence bis nach Chantilly. Einen Teil des Abends und des folgenden Vormittags nutzen wir dazu, uns den Park und die Gärten anzusehen. Freilich ist das hier einer der schönsten Orte, die es gibt – und mein Urteil ist nicht ohne Gewicht, ist mein Kopf doch noch voll von dem, was ich in dieser Gattung in England gesehen habe.

Am 27. kamen wir endlich in Paris an. Die Avenuen dieser Hauptstadt schienen mir diesmal fast menschenleer im Vergleich zu denen von London, wo die Postkutschen und die Reiter wie Blitze ununterbrochen an einem vorbeirasen. Die wenig bewohnten Vororte mit schlecht verglasten, wegen der Witterung gleichmäßig grau gewordenen Fenstern rufen den gleichen Eindruck der Menschenleere hervor und dies lässt nicht ahnen, dass diese Straßen zum Herzen des Luxus und des Reichtums führen.

Am 7. dieses Monats waren wir in Versailles, um unsere Pflichten dem Herzog de Choiseul gegenüber zu erfüllen und ihm die Briefe des Grafen de Guerchy zu übergeben. Dieser Premierminister[984] empfing uns sehr freundlich und am 9. stellte uns der Graf d'Argentau dem König und der königlichen Familie vor.

Dies dürfte ungefähr alles sein, was Sie am meisten interessieren dürfte. Was Sie betrifft, so bitte ich Sie, ihre Annalen fortzusetzen: Da die unfruchtbare Zeit Sie nicht ausgetrocknet hat, sollte die fruchtbare, in der Sie sich zurzeit befinden, dafür sorgen, dass Sie an Nachrichten überlaufen.

Billet von Frau Geoffrin[985]
Mme Geoffrin ist darüber sehr verärgert, nicht von der Ehre profitiert zu haben, die ihr der Prinz von Anhalt und Herr von Berenhorst erwiesen haben, indem sie bei ihr vorbei gekommen sind. Sie bittet beide, sie für das, was

---

halte? Ich versichere Ihnen, dass hier große Fortschritte gemacht worden sind, und bleibt man konsequent, wird dies sehr weit führen. Alle Details werden penibel beachtet, die Soldaten sind intelligent und reagieren ordentlich. Sie werden sehr gut geführt und ordnen sich langsam unter. Herr de Choiseul ist die Seele dieser Veränderung. Er befolgt konsequent seine Grundsätze, und wenn er viel Unterstützung fände, so wäre seine Reform noch erfolgreicher. Aber die Alten sind gegen ihn. Unterdessen findet man jedoch auch sehr gute Untertanen unter [denen][982], die die Nützlichkeit und die Notwendigkeit der Erneuerungen erkennen.

sie verpasst hat, zu entschädigen, /295/ indem sie am nächsten Mittwoch, dem 24. Juni bei ihr Abend essen.

Billet derselben, 1. Juli 1767
Frau Geoffrin bittet den Prinzen von Anhalt und Herrn Berenhorst, sich jeden Mittwoch als zum Abendessen eingeladene Gäste zu betrachten. Natürlich steht ihnen frei, diese Einladung nicht wahrzunehmen, wenn sie anderen Verpflichtungen nachgehen sollten. Sie macht sich keine Hoffnung, die Ehre zu haben, sie bereits heute zu sehen, denn sie wohnen sicherlich der Heerschau[986] bei, und dies zu Recht. Da sie dem Prinzen und Herrn von Berenhorst ihren Wunsch zeigen möchte, ihnen in diesem Land irgendwie behilflich zu sein, hat sie der Herzogin de La Vallieres[987] von ihnen erzählt. Diese ist eine sehr liebenswürdige Dame, die bei sich eine auserlesene Gesellschaft versammelt. Man kann sie fast immer gegen fünf oder sechs antreffen. Sie wohnt am Caroussel[988]. Sie versicherte Frau Geoffrin, dass sie mit großer Freude den Prinzen und Herrn von Berenhorst empfangen werde. Sie können an ihrer Tür vorstellig werden, wenn es ihnen beliebt.

Ich zitiere diese Billets als den Ursprung sowohl einer Bekanntschaft, die für uns höchst vorteilhaft war, als auch der tiefsten inneren Zufriedenheit. Der wohltätige, großzügige und wahrhaft philosophische Charakter dieser Dame ist sogar in den fremden Ländern genug bekannt. Wir hatten das Glück, sie bis zu einem Punkt zu unserer Freundin zu gewinnen, der für uns äußerst schmeichelhaft ist. Das gewöhnliche Essen, zu dem wir durch dieses Billet eingeladen wurden, versammelte folgende Personen: der Bailly de Fleuri, Botschafter des Malteserordens[989], der Graf von Creutz, Gesandter Schwedens[990], der Fürst Gallitizin, Gesandter Russlands, der Marquis Sorba, Gesandter aus Genua[991], Herr de Souza, Gesandter Portugals, der Baron Gleichen, Gesandter Dänemarks[992], der Abbé Marquis Gagliani, Rat der neapolitanischen Botschaft[993], Herr Crommelin, Gesandter aus Genf[994], der Vicomte de Narbonne, Generalleutnant[995], Herr de Béon, Fähnrich bei der Leibwache[996], Herr de St. Lambert[997], Herr de Sainte Foix[998], /296/ Herr de Marmontel[999], Herr d'Alembert[1000], Herr de Mairan[1001], Herr Thomas[1002], Herr Helvetius[1003], Herr de Burigny[1004], der Abbé Morellet[1005], Herr Grimm, Literat deutscher Herkunft.[1006] Dazu kamen weitere Gäste, die extra eingeladen wurden und die sich durch ihren Rang und noch öfter durch ihre Verdienste auszeichnen. Mme Geoffrin gibt in der Woche ein anderes Abendessen, zu dem sie die berühmtesten Künstler sowie den Prinzen de Turenne einlädt, der wegen der Unordnung seiner Finanzangelegenheiten sehr zurückgezogen lebt.[1007] Damit wir auch diese Welt entdecken, lud uns Mme Geoffrin auch einige Male zu diesem Essen ein. Zuletzt organisiert sie auch ein festgelegtes Souper für hübsche Mädchen und die Leute der besseren Gesellschaft. Auch an diesen Essen durften wir bald regelmäßig teilnehmen.

Innerhalb kurzer Zeit waren wir ähnlich gestellt bei der verwitweten Marquise de la Ferté-Imbault[1008], der Tochter Madame de Geoffrins, die mit ihr im gleichen Haus wohnt. Wie ihre Mutter lud sie wöchentlich zum Mittag- und Abendessen ein. Die gewöhnlichen Gäste waren, über einige Gäste von Madame Geoffrin hinaus, die zwei Brüder, Graf und Chevalier Montazet[1009] – der ältere ist Generalleutnant, der jüngere Maréchal de camp, der Graf de Narbonne, Neffe des Kardinals de Bernis und Maréchal de camp[1010], Herr von Bailli de Grollier, Generalleutnant[1011], der Marquis de Chastellux, Maréchal de camp[1012], der Graf de Chabrillant, Maréchal de camp[1013], der Graf de Montbel[1014], einer der Erzieher der königlichen Kinder, der Abbé de Cissé; der Abbé Pluquet[1015], ein weiterer Abbé, Vikar des Kardinals de Bernis, Herr Bérenger[1016], Herr l'Oiseau de Mauléon[1017], Herr Berthelot[1018] Frau Berthelot, eine so gutmütig wie höfliche Frau, die sowohl mit der Mutter als auch der Tochter befreundet ist. Eine alte Gräfin de la Tournemine empfing uns zu ihren Soupers.

Herr Darget führte uns zu Herrn Pâris Duverney[1019], einem Staatsrat, der uns ebenfalls ein für alle Mal zu seinen Gästen erklärte. Als Herr Helvetius nach dem Fest des Heiligen Martin nach Paris zurückkam, gewährte er uns das gleiche Privileg. Die Herzogin de La Vallière, die nur selten ein Souper gibt, ermöglichte uns hingegen den Zugang zu den berühmten Soupers des alten Präsidenten Hénault[1020], /297/ bei dem uns eine Gräfin von Journac, seine Nichte[1021], gebührend empfing. Eine gewisse Frau de Villemur, Mutter von Frau de St. Severin[1022], die sehr alt und sehr reich ist, erlaubte uns, sie in ihrem Landhaus zwei Meilen von Paris zu besuchen, wann wir wollen. Dort gebe es wegen des Spiels, das sie sehr mag, stets eine große Gesellschaft.

Diese Bekanntschaften, zusammen mit den alten und weiteren, auf die ich nicht näher eingehe (da ich mich auf die Personen beschränke, die uns als Mitglied des Hauses oder der Koterie betrachteten) bildeten für uns einen vergnüglichen und lehrreichen Gesellschaftskreis, der allerdings nicht unsere ganze Zeit in Anspruch nahm und uns somit Zeit ließ, zu atmen und uns mit anderen Sachen zu beschäftigen. Es ist sicher, dass wir ein zweites Jahr in Paris hätten leben können, das viel angenehmer als das erste gewesen wäre, denn als die Zeit unserer Abreise nahte, hatten wir alle Schwierigkeiten überwunden, mit denen ein Ausländer, der sich hier in diesem Land niederlassen möchte, konfrontiert ist, und wir waren im Begriff, die Früchte der Mühe zu ernten, die man sich geben muss, um die Zuneigung und das Wohlwollen von Freunden zu verdienen.

Unter den ausländischen Häusern verkehrten wir am meisten in dem des Grafen Fuentes[1023], des kaiserlichen und spanischen Botschafters. Wir waren auch mit dem Grafen Creutz, dem Gesandten aus Schweden, sehr befreundet.

Die jährliche Heerschau der Truppen des königlichen Hauses erfolgt an einem Ort namens „Höllenloch"; ganz in der Nähe des Gartens von Marly. Mir scheint es, dass man von diesem Kavalleriekorps keine richtige Vorstellung hat, das aus 17 Schwadronen besteht, d. h.:

Eine Schwadron von Grenadieren zu Pferden, die einen Hut aus Bärenfell und Schnurrbart tragen; der Rest der Uniform ist, bis auf einige kleine Unterschiede, der gleiche wie bei den Leibgardisten, auf die ich zu sprechen komme. Das sind Grenadiere, die sich tadellos benehmen und von ausgewählter Größe sind und /298/ die aus allen Regimentern der Infanterie ausgesucht werden. Diese Schwadron scheint mir gut zu sein und seine Soldaten sehen wie richtige Kämpfer aus.

Dann vier Kompanien von Leibgardisten die acht Schwadronen bilden. Jede Kompanie hat einen anderen Schulterriemen. Ansonsten hat die Uniform folgende Farben: der Rock ist blau, die Weste, sowie der Umschlag und die Ärmelaufschläge rot, und alles ist reichlich mit silberner Tresse versehen.

Die einfachen Gardisten haben Offiziersrang: die älteren sind Hauptmann, die anderen Leutnant. Es sind hübsche Soldaten, unter denen viele Edelleute zu finden sind. Früher standen sie hinter den roten Gardisten. Seit Ludwig XIV. halten sie den ersten Rang und den rechten Flügel, da ihnen die Person des Königs anvertraut ist und sie ihn genauso schützen wie den Rest der königlichen Familie. Ihre Pferde sind gut und von unterschiedlicher Farbe. Man sieht leicht, dass diese Truppe nicht genug Übung und Training hat. Zumindest hat sie aber davon die ersten Grundsätze mit den erforderlichen Qualitäten, so dass ein Kommandant, der seinen Beruf gut kennte, aus ihnen ohne Schwierigkeiten ein gutes Kavallerieregiment machen könnte. Aber so wie sie jetzt sind, würde ich ihnen nicht empfehlen, sich mit anderen Schwadronen zu messen, die aus gut ausgebildeten und disziplinierten Bauern bestehen.

260[1024] Meister sind in roten Strümpfen stets im Dienste des Hofes und halten Wache in den Räumen und Vorzimmern. Während der Messe des Königs, haben sie ihr Gewehr auf der linken Schulter und den Hut unter dem rechten Arm. Gehen der König, die Königin, der Kronprinz oder die Prinzessinnen aus, sei es, um zu jagen oder um spazieren zu gehen, so werden sie von ihnen begleitet. Zu diesem Zweck unterhält der König 250 normannische Pferde, mit kurzen Schweifen, die die schönsten Tiere Frankreichs sind und von diesen Soldaten dann beritten werden. Wenn von den Haustruppen des Königs die Rede ist, nennt man die Leibgardisten die „Blauen", im Gegensatz zu den anderen acht Schwadronen, die „die Roten" genannt werden.

Unter letzteren sind die Musketiere die wichtigsten: zwei Kompanien, die „graue" /299/ und die „schwarze" (wegen der Farbe der Pferde), die jeweils aus zwei Schwadronen bestehen. Sie tragen einen roten Rock, eine rote Weste und eine blaue Überweste. Der Tressenbesatz ist aus Gold bei den grauen und aus Silber bei den schwarzen Musketieren. Sie halten ihr Gewehr auf dem rechten Knie, was so sinnlos wie lästig ist, wenn sich die Schwadron formiert hat.

Die Kompanie der Gendarmen der Garde besteht ebenfalls aus zwei Schwadronen. Sie tragen einen roten Rock mit schwarzen Aufschlägen, genau wie die Weste, und mit goldenem Tressenbesatz und Haarbeutel.

Die Chevaulegers der königlichen Garde bilden zwei Schwadronen. Sie tragen einen roten Rock, weiße Aufschläge, weiße Weste und einen goldenen Tressenbesatz.

In diesen acht Schwadronen dienen nur Edelleute, die meist den Rang eines Hauptmanns haben. Trotz ihres Adels und der Vielzahl von Tressen, die alle Nähte[1025] der Uniform decken, geben sie eine erbärmliche Kavallerie ab. Hundert Husaren würden sie problemlos schlagen.[1026] Sie sehen schlecht aus, sind keineswegs trainiert und können nicht einmal auf ihren elenden Pferden reiten. Bei den Gendarmen und den Chevaulegers sind die Pferde meist Miet- oder Kutschpferde. Darüber hinaus greifen die Soldaten als Ergänzung auf die Pferde der Manege der Militärschule zurück.

Es ist lustig, dass das Pariser Publikum dies nicht berücksichtigt, sondern diese Reiter aufgrund ihres alten Rufes (ob dieser begründet war oder nicht, sei dahingestellt) für eine furchterregende Truppe hält, die man nur auf den Feind loslassen bräuchte, damit dieser umgestoßen wird. In der Tat verstehen sie, vor alle die Musketiere, die Kunst ziemlich gut, sich mit dem Degen zu schlagen und zu fechten. Die Fertigkeiten des guten Reiters und des guten Soldaten, die man zu Recht von ihnen verlangen könnte, haben sie hingegen seit Langem vernachlässigt. Viele der älteren Soldaten führen, im Gegenteil, das weiche Leben eines Zivilisten, haben Frauen und Kinder, und denken nicht daran, später in der Armee zu dienen und befördert zu werden. Ihr Aussehen entspricht ihrem Verhalten: Hat man eine Gemeinschaft von Händlern in Uniform und zu Pferde, die irgendeiner verlobten Prinzessin entgegenreitet, die ihre Stadt passiert, so kann man sich ein perfektes Bild von den roten Helden der Hauses des Königs von Frankreich machen. Sie tun nicht /300/ den geringsten Dienst.

Die Heerschau war nur folgendermaßen: die Manöver sind ziemlich dürftig: Der König in Rot mit goldenen Tressen, ging durch die offenen Reihen, wonach dann jedes Korps an ihm vorbeidefilierte, Mann für Mann. Am Ende marschierten alle 17 Schwadronen geteilt über die rechte Seite, um sich dann auf der gleichen Linie wieder zu formieren. Der Menschenandrang und die Menge der Kutschen waren außergewöhnlich. Vor der Ankunft des Königs versorgt jeder Hauptmann seine Kompanie an langen Tischen, die für diesen Zweck hinter der Kompanie aufgestellt wurden.

Brief von Fürst Johann Georg an den regierenden Fürsten, den 15. Juli 1767
Wenn es möglich wäre, Sie mehr zu lieben als ich es jetzt schon tue, so hätte Ihr letzter Brief, das fühle ich zu gut, durch die Zeichen der Freundschaft, die Sie mir darin zu Teil werden lassen und denen gegenüber ich in höchstem Maße sensibel bin, mich dazu gebracht.

Erlauben Sie, dass ich Ihnen als wahrer Freund noch einmal die Komplimente in Bezug auf Ihre nahe Hochzeit[1027] wiederhole, und dass ich Ihnen für immer die Zufriedenheit wünsche, der Sie sich gerade erfreuen, weil ich mir vorstelle, dass sie auf dem Gipfel des Glücks sind. Ich versuche, mir die Tage Ihrer Hochzeit auf die eine oder andere Art so angenehm wie möglich zu machen, um nicht um die Freude gebracht zu werden, deren Jubel zu teilen. Ich bitte Sie, der charmanten Fürstin Louise meine Komplimente zu übermitteln und sie meiner zartesten Ergebenheit zu versichern. Sie kann sich umso mehr darauf verlassen, als Sie sie lieben und von ihr geliebt werden.

Morgen werde ich nach Compiègne reisen, wo ich nur für einige Tage Halt mache, um nicht zu viel Zeit weit weg von meinen Lehrern zu verlieren.

Sie wissen anscheinend, dass der Graf von Brühl Mylady Egremont heiratet.[1028] Ich nehme daran großen Anteil, da er, wie ich es Ihnen schon gesagt habe, mein dienstbeflissener Freund geworden ist. Er macht mir die Freude, mir von Zeit zu Zeit zu schreiben und er hat mir einige Empfehlungsbriefe für diese Stadt gegeben, die mir von großem Nutzen gewesen sind.

Brief an den regierenden Fürsten vom selben Datum /301/
Ja, Ihr Bruder hat die Güte, mich Ihre Briefe lesen zu lassen, Eure Durchlaucht, und, da Sie die Großzügigkeit haben, sich

dafür zu interessieren, weil Sie es wollen, bin ich froh und glücklich. Ich fühle vor allem eine besondere Zufriedenheit beim Schreiben dieser Zeilen, durch den Gedanken, dass diese Sie erst erreichen, nachdem Sie eine der genussreichsten Nächte Ihres Lebens verbracht haben werden. Ihr Geburtstag[1029] wird gleich dieser reizvollen Zeit folgen. Nutzen Sie sie, um jemanden zum Leben zu erwecken, der Ihnen in allem ähnlich ist und um sich noch einmal an uns zu erinnern, an diejenigen, die an jenem Tag so viele Wünsche für Ihr Glück haben.

Brief an einen Freund noch einmal unter demselben Datum
Dass ich nicht schreibe, ich, der durch die Welt fährt, ich, der mitten in der prächtigsten Hauptstadt Europas lebt, gibt dies euch Anderen, Faulen, das Recht, es genauso zu machen? Ihr, die ihr euch nur darum sorgt, auf dem Lande zurückgezogen zu leben, euren Frauen Kinder zu machen oder es wenigstens zum Vorwand habt. Wie, ich soll der Schurke sein? Du hast fast zwei Jahre vergehen lassen, ohne mich Deiner Verbundenheit, Deiner Schätzung oder Deiner Freundschaft zu versichern! In Wirklichkeit bin ich zu gutmütig, um mich ernsthaft zu erzürnen. Da ich jedoch voller Gnade den Menschen gegenüber bin, für die ich Güte empfinde, will ich gern der Erste sein, der das Schweigen bricht und Dich von meiner Person und meinen Reisen unterrichtet. Von diesen könnte ich Dir einen ausführlichen Bericht geben, aber da ich weiß, dass Du lange Briefe in dem Maße hasst wie Du lange Essen liebst, werde ich mich rühmen, kurz und knapp zu sein.

Es soll Dir also genügen zu wissen, dass ich Rom gesehen habe und den Papst, London und das Parlament, Paris und den Hof. Ich habe zehn Monate in Italien verbracht, sechs in England, fünf in Frankreich.

Wenn man schreibt, muss man versuchen, sein Publikum mit Themen zu unterhalten, die es amüsiert und dessen Neigungen entspricht. Daher erzähle ich den einen von den politischen Verfassungen dieser verschiedenen Länder, den anderen von den verschiedenen Annehmlichkeiten des schönen Geschlechts in all diesen /302/ Klimas, wieder anderen von der römischen oder preußischen Taktik, die nach Frankreich übertragen wurde.

Aber für Dich, mein lieber H…, weiß ich genau, was Deinem Ohr in voller Übereinstimmung mit Deiner Kehle schmeichelt. Ich werde es kitzeln mit den sonoren Namen Montefiascone, Montepulciano, Lagrime Christi, Vin d'Aix, de Sillery, de Beaune, de Pomai, de Coterôti, de Grave, schmackhafte Flüssigkeiten!, von denen ich direkt aus der Quelle getrunken habe, während Du Dich leider mit deren schlechter Kopie zufrieden geben musst. Würdest Du nicht angenehm lächeln, wenn ich Dir wenigstens einige kleine

Proben davon zukommen lassen könnte! Aber, da das absolut nicht geht, musst Du Dich darauf beschränken, in Gedanken davon zu trinken. Dies ist zwar traurig, aber immerhin noch etwas. Übrigens weiß ich wohl, dass Du früher die Zeit damit verbracht hast, Verse zu schmieden. Poeten haben ein lebhaftes Vorstellungsvermögen, Du musst also Deinem nur freien Lauf lassen und beim Lesen ausgiebig trinken. Durch diese kleine flüssige Reise wirst Du es nicht versäumen, Dich für Frankreich und Italien auszusprechen. Lassen wir die Zügel locker und beeilen wir uns nicht! Ah, was für ein gebrautes Bier gibt es in den Provinzen des schönen Englands. Das ist ein Öl, ein stärkender Balsam! Das Bier von Dorchester, das Ale, das Porter, selbst das einfache Bier, all diese machen bewundernswerte Getränke aus, die schon beim Anblick dick machen und die deinem Bauch in weniger als sechs Wochen die Rundheit verschaffen würden, für die er vorgesehen zu sein scheint.

Lieber Freund, was hat man wenig getrunken, wenn man bloß in seiner Heimat getrunken hat! Reiß Dich schnell aus den Armen Deiner jungen Ehefrau, komm von diesen Flüssigkeiten kosten, die allein Ersatz für alles sind. Übrigens, wie geht es Dir? Hast Du immer noch Appetit? Schläfst Du gut? Das Trinken geht ja sowieso. Was mich angeht, so mache ich all das mit äußerster Perfektion, sowie auch noch eine andere Sache, die Du wegzulegen scheinst und die dennoch im Haushalt notwendig ist. Adieu.

Brief XXI
Aus Compiègne am heutigen 27. Juli 1767 /303/
Ich bin Ihnen wegen der ausführlichen Neuigkeiten, die sie mir haben zukommen lassen, sehr verbunden. Ich nehme daran immer Anteil, besonders amüsieren mich die Verbeugungen, die der kleine schlaue Gott unsere Landsleute machen lässt. Nach dem, was er uns in seinem letzten Brief geschrieben hat, muss unser geliebter Fürst vorgestern in Charlottenburg geheiratet haben. Ich empfinde mit ihm, so sehr wie es möglich ist und ich erwarte mit großer Ungeduld zu erfahren, dass er mit seiner Eroberung wieder zu Hause ist.

Wir sind unsererseits dem Hof nach Compiégne gefolgt, wo wir uns seit dem 16. des laufenden Monats befinden. Uns beschäftigen die Heerschauen, Jagden, die Zeremonien des Vorzimmers, des morgendlichen Aufstehens des Königs, das Spiel bei der Königin, Essen bei den Gesandten, Soupers, Bälle und Schauspiele. Es fängt an, meinem lieben Kompagnon zu gefallen und ich bin weit davon entfernt, ihn dafür zu tadeln, da sie, außer dass diese Dinge seinem Alter entsprechen, seinen Geist wecken und ihn beleben. Was mich angeht, so kennen Sie mich genug, um zu erraten, auf welche Art ich das bewegte Leben aushalte, das ich gezwungen bin zu führen.

Die Heerschau wird wie eine nebensächliche Belustigung behandelt, die man dem König bereitet. Da alle Tage der Jagd vorbehalten sind, bleibt nur der Sonntag frei. Demzufolge kommt von den Regimentern, die in Soissons in Divisionen geteilt sind, je eine am Samstag her, baut das Lager auf, manövriert am Sonntag und zieht am Montag wieder ab.*

Die erste Division war aus Schweizer Regimentern zusammengesetzt, stand unter dem Befehl vom Grafen de Waldner[1030], Generalleutnant. Gestern war es eine Division von nationalen Regimentern, kommandiert von Herrn de Ségur[1031], ebenfalls Generalleutnant. Der König sieht sie nicht ins Lager einziehen. Am Tag der Heerschau kommt er nur am Nachmittag raus, er reitet an der zur Parade aufgestellten Linie entlang, /304/ gefolgt von der Königin, dem Rest der königlichen Familie und allen Hofdamen in Kutschen. Die Trommeln werden geschlagen, die Fahnen neigen sich, die Offiziere salutieren. Dann wird seine Majestät an einen passenden Ort geführt, die Wagen werden geparkt, das Exerzieren beginnt und es folgen einige Manöver.

Vor allem wird vorgeführt, was beeindrucken soll. Daher gibt es eine große Variation an Salven. Wenn Sie vom Fach wären, so versäumte ich es nicht, Ihnen vom Zustand der Truppen zu berichten. So geben Sie sich damit zufrieden, zu erfahren, dass die Soldaten klein sind, gut und sauber angezogen und dass sie die Waffen ziemlich präzise handhaben. Ansonsten bemerkt man sehr wohl, dass sie erst seit kurzem die neue Technik erlernen. Allerdings ist der Anfang gar nicht schlecht, sie dürfen nur (in ihren Bemühungen) nicht nachzulassen.

Der wichtigste Urheber dieses Wandels ist der Herzog von Choiseul.[1032] Er tut sein Möglichstes, um in dieser militärischen Epoche den König von Preußen nachzuahmen. Er rennt hier hin und dort hin, erteilt Befehle und fährt die Offiziere so heftig an, dass es zu einem lustigen Schauspiel wird.

Indessen langweilt sich der König von Frankreich zu Tode. Zum Schluss defilieren die Regimenter immer vor ihm. Fast jedes Bataillon hat einen großen Klangkörper aus Oboen,

---

* Der Rest der Zeit dieses Tages gehört den Staatsgeschäften, der König nimmt am Rat teil und die Pagen, die Bediensteten der Pferdeställe und der Equipagen sagen dann: „*Heute* macht der König nichts, er ist bei seinem Rat“. Die geistreichen Leute versäumen es nicht, diese Art zu sprechen auf ihren wahren Sinn zurück zu führen und dem zuzustimmen.

Signaltrompeten und Jagdhörnern. Sobald sie vor Seiner Majestät defiliert sind, stellen sie sich ihr gegenüber und spielen die köstlichsten Märsche, bis die Oboen des nächsten Regiments sie ablösen. Obwohl diese Maßnahme getroffen worden, um für Abwechslung zu sorgen, konnte der König gestern nicht umhin, aufzuschreien: „Oh mein Gott! Wird das nie ein Ende haben?“, da die Kolonne, die aus elf Bataillonen bestand, ein wenig lang war.

Zwei Mal hat mein Prinz mit dem König gejagt: Einmal war Hirsch- und einmal Wildschweinjagd angesagt. Was mich betrifft, so habe ich nur an der ersten dieser Jagden teilgenommen. Um Pferde zu erhalten, wendet man sich an den Herrn Premier[1033] (so die verkürzte Bezeichnung für den ersten Stallmeister des Königs) und gegen einen Louis, den man den Stallburschen schenkt, bekommt man prachtvolle Pferde mit einem Zaumzeug aus Gold, Samt und Seide. /305/ Der Stallmeister hatte uns auch welche für die Parade zur Verfügung gestellt. Während der Jagd, der ich beigewohnt habe, folgten wir dem König, der in Begleitung von drei Offizieren der Leibgarde und einem Stallmeister reitet. Eine Vielzahl von jungen Herren bildet den Rest des Zuges. Die Jagd selbst ähnelt nur wenig der Unseren. Die Jagdgesellschaft reitet in ziemlicher Unordnung in einem der ordentlichsten Wälder der Welt, den breite und ebene Allen in Rechtecke teilen. Hier erschien der König viel lebhafter und er ritt sehr schnell. Wenn er anhielt, trällerte er Fanfaren und erkundigte sich bei allen, denen er begegnete, nach dem Tier. Es regnete in Strömen. Dennoch wurde die Jagd bis gegen sieben Uhr am Abend fortgesetzt und der König kehrte ohne Beute zurück. Ich muss allerdings hinzufügen, dass die Jagd erst am Nachmittag angefangen hatte.

Hier in Compiègne, wo die Prinzen und Prinzessinnen von königlichem Geblüt im Schloss untergebracht sind, gibt es sehr wenig Platz. Dessen ungeachtet steht in allen ihren Vorzimmern eine Ehrengarde von Leibgardisten. Als ich durch diese Räume lief, bemerkte ich eine gewisse Anzahl von gerollten Matratzen, deren Verwendung ich ungefähr erriet. Dennoch war ich sehr überrascht, als ich eines Abends, nachdem ich beim Herzog von Penthièvre[1034] und seiner Schwiegertochter, der Prinzessin von Lamballes[1035], ein Souper genommen hatte, das gesamte Vorzimmer voller Feldbetten sah und ein halbes Dutzend Leibgardisten, die darin schnarchten. Sie waren ausgezogen, wie man sich in seinem Schlafzimmer auszieht, und die Karabiner, die Schulterriemen, die Hüte, die Hosen usw. lagen verteilt auf Tischen und Stühlen. Die Damen liefen so nah an diesen Betten vorbei, dass die Zipfel ihrer Kleider, die sie hochziehen mussten, um durchlaufen zu können, über die Nase dieser Herren glitten. Daran waren sie offenbar gewöhnt, denn keine wunderte sich darüber. Wenige Tage später wurde der Prinz Zeuge davon, dass der Graf de Noailles[1036] bei einem ihrer Brigadiers um Entschuldigung bat, weil er den Schlaf dieser Herren Leibgardisten durch einen Ball unterbrochen hatte, den er in seiner Wohnung, die an eins der Vorzimmer angrenzt, das ihnen, wie man will, als Wache oder Schlafsaal dient, gegeben hatte. /306/ Wenn man für die Mitglieder der königlichen Familie den Tisch deckt, begleitet eine Abteilung der Leibgarde die Speisen von der Küche bis zum Tisch. Um sich über die Leibgarde lustig zu machen, sagen die roten Garden, dass diese ebenfalls das Urinal der Mesdames de France[1037] eskortieren, wenn es geleert wurde.

Sagen Sie bitte seiner Durchlaucht dem Fürsten, dass der Herzog von York[1038] vor einigen Tagen hier angekommen ist. Die Herren Morrison, St. John und Wrottesley[1039] sind mit ihm. Er hat sich unter dem Namen Graf von Ulster dem König vorstellen lassen. Man rühmt sich, ihn gut zu behandeln und er seinerseits benimmt sich auch sehr gut. Er zeigt sich dem Prinzen Johann Georg gegenüber sehr freundlich.

Brief XXII
Paris, den 6. August 1767
Ihr Brief hat mich über alles informiert, was bei Ihnen passiert ist, und ich bin Ihnen sehr verpflichtet. Ich habe ihn vor acht Tagen, nach meiner Rückkehr aus Compiègne, vorgefunden. Nach meiner Berechnung müssten Sie heute meinen Brief vom 27. des vergangenen Monats erhalten haben[1040]. Dies nenne ich einen raschen Briefwechsel! Hätte ich nur die Muße und noch dazu die Lust, Ihnen etwas Unterhaltsames zu schreiben. Bis mich das Dichterfeuer wieder ergreift, kann ich Ihnen bloß von den großen Ausflügen berichten, die meine Person vor Ort unternommen hat: Morgen fahren wir wieder nach Compiègne, um uns die Parade des Korps der Carabiniers anzusehen, von dem man hier so viel hält wie von der unbesiegbaren Kavallerie Thessaliens, mit der Alexander seine Feinde, seien es die Perser oder die anderen, so gut verprügelte. Danach fahren wir nach Chantilly, wohin der Prinz von Condé[1041] den Prinzen Johann Georg eingeladen hat, ihn zu besuchen. Diese Reisen hin und her werden den gesamten Monat füllen.

Ich bin entzückt, dass Ihr Herr Ihnen Beschäftigung gibt, da ich überzeugt bin, dass Sie alles tun werden, um dieses Zeichens des Vertrauens würdig zu sein. /307/

Wie ich sehe, erträgt unser Freund ---[1042] die Witwerschaft und gibt sich viel Mühe, um wieder den Zustand zu erreichen, den er gerade verlassen hat. Sein Wille geschehe! Welche der beiden Mamsellen es ihm auch gefällt zu wählen, so hoffe ich, dass er die findet, die ihm entspricht.

Aus einer gewissen Ermattung, die ich langsam in den Fingern spüre, schließe ich, dass dieser Brief sich seinem Ende neigt. Er ist aber sehr kurz, werden Sie sagen. Ich stimme mit Ihnen überein, aber ich kann Ihnen nur die entgegensetzte Antwort von der geben, die ich von einer jungen Dame aus dem Languedoc gehört habe, als sie gefragt wurde, warum sie selbst und ihre Gefährtinnen so lange Brüste hätten. „Das rührt daher", erwiderte sie, „dass Gott sie uns nicht kürzer gemacht haben". Leben Sie wohl! Ob ich Ihnen nun viel oder sehr wenig schreibe, bleibe ich Ihr Ergebenster

Brief des Prinzen Johann Georg an den regierenden Fürsten, Paris, den 25. August 1767

Ich könnte mich mit Recht über Ihr so langes Schweigen beklagen, aber ich verzeihe Ihnen. Ich weiß, dass Sie Ihre Zeit viel besser in den Armen einer reizenden Ehefrau verbringen. Alle, die das Glück haben, sich ihr nähern zu dürfen, sind entzückt. Ich kann Ihnen versichern, dass wir in den Briefen, die wir aus Dessau erhalten, nur lobende Worte über sie finden. Sie können sich gut die Freude vorstellen, die ich bei dem Gedanken empfinde, Sie so glücklich zu sehen.

Der letzte Brief, den ich unserem lieben Onkel[1043] geschrieben habe, wird sie darüber in Kenntnis gesetzt haben, dass ich in Compiègne war. Der Hauptgrund meiner Reise war der Wunsch, mir die Truppen anzusehen, die mir sehr gut gefallen haben. Aber auch ohne diesen Grund hätte ich gut daran getan, dahin zu fahren, denn es ist der Ort, an dem man innerhalb von 14 Tagen mehr Menschen kennenlernen kann als in Paris in sechs Wochen. Mehrere Bekanntschaften habe ich gemacht, unter anderem die des Grafen von Guignes[1044], der gerade aus Deutschland gekommen ist. Er hat mir gesagt, ich solle Sie darum bitten, ihn dafür zu entschuldigen, dass er nicht nach Dessau gekommen ist, wie er es Ihnen anlässlich der Parade in Magdeburg gesagt hatte. /308/ Während meiner Rückfahrt aus England habe ich in Cambrai das Navarra-Regiment gesehen, dessen Besitzer und Oberst er ist und ich kann Ihnen sagen, dass dieses Regiment dem Grafen viel Ehre macht. Es ist eins der bestexerzierten von allen französischen Truppen. In Lille werden Sie auch ein sehr schönes Regiment gesehen haben: Royal Vaisseaux. Im Lager von Compiègne hat es großen Beifall geerntet.

Ich komme gerade aus Chantilly, wo mir der Prinz von Condé die Ehre einer Einladung gemacht hatte. Ich brauche Ihnen nicht zu sagen, dass es ein entzückender Ort ist, das wissen Sie selbst. Die Feste, die der Fürst dort veranstaltete, entsprechen vollkommen dem Ort.

Zusatz von Berenhorst.
Ich wiederhole alle meine Wünsche für das glückliche Ereignis, das, wie Sie uns berichten, gerade passiert ist.[1045] Der Himmel möge Sie segnen und Sie mit seinen teuersten Wohltaten überhäufen. Indessen können Sie sich, Eure Durchlaucht, darauf verlassen, dass der Besitz einer liebenswürdigen Frau nicht die kleinste Wohltat auf dieser Erde ist. Nichts fehlt zu meiner Freude als Sie in Ihrem neuen Zustand zu sehen, weil ich davon überzeugt bin, dass Sie mir Gerechtigkeit werden widerfahren lassen und glauben, dass mich Ihr Glück glücklich macht.

Brief XXIII
Paris, den 17. September 1767
Es wird gesagt, dass sich die älteren Frauen in diesem Lande für uns interessieren müssen. Unter denjenigen, von denen ich Ihnen im vorigen Jahr berichtet habe, hat uns unser guter Stern noch zwei andere finden lassen, die uns wirklich mit Höflichkeiten und Freundschaftsbekundungen überhäufen. Es handelt sich um Madame Geoffrin und ihre Tochter, die Marquise de la Ferté-Imbault. Das Haus der ersteren ist der Treffpunkt aller berühmten Künstler und aller Literaten, unter denen auch Herr Marmontel weilt. Die Marquise, die mehr mit der Welt verkehrt, hilft uns diesbezüglich sehr: Sie hat uns in Chantilly eingeführt, wo wir bei einem liebenswürdigen Gastgeber[1046] und an einem bezaubernden Ort acht Tage verbracht haben. Die vornehmsten Personen des Hofes und von Paris waren dort versammelt, so dass an einem Abend /309/ bis achtzig Personen anwesend waren, Männer und Frauen, ohne die des Hauses des Fürsten mitzurechnen. In dieser Menge sah ich nur drei Ehemänner in Begleitung ihrer Frau, ein Zeichen, wie stark die Vorurteile gegen die Ehe in dieser Nation sind.

Am ersten Tag trafen wir nur einige Damen, die häufige Besucherinnen des Hauses sind: eine Gräfin de La Guiche, natürliche Schwester des Fürsten[1047], eine Gräfin de Bentheim[1048] und drei oder vier andere. Sie waren im großen Gesellschaftssaal und nachlässig gekleidet, sie trugen bloß Korsette und Pet-en-l'air[1049]) und ihre Haare waren unordentlich und flatternd. Ihr Verhalten war in dieser neckischen Kleidung dermaßen ungezwungen, dass wir, die wir sie noch nicht gut kannten, nicht wussten, wie wir uns benehmen sollten. Sie foppten den Fürsten von Condé und schubsten ihn sich gegenseitig zu, kniffen ihm in die Backen, kurzum sie behandelten ihn, als ob er ein kleiner, pausbäckiger Junge wäre. Dann begannen sie, ziemlich verbissen Karten zu spielen. Ich kann sagen, dass sie auf mich ein wenig wie Mänaden[1050] wirkten. Aber an solche Sachen gewöhnt man sich.

Um meine Beschreibung jedoch abzumildern, füge ich hinzu, dass es unter ihnen keine Jugendliche gab. Am folgenden Tag kleideten sie sich auch nicht. Erst am dritten Tag, als der Besucherandrang größer wurde, machte man sich die Mühe, sich richtig anzuziehen.

Der Prinz von Condé selbst zeigte uns die Galerie des kleinen Schlosses, in der Gemälde die Heldentaten des großen Condés[1051] darstellen, die wir sehr aufmerksam betrachteten und die mir Gelegenheit gaben, einige schmeichelnde Worte auszusprechen. „Ah, Eure Durchlaucht", sagte unsere naive Marquise, „was macht es für eine Freude, dies zu hören und zu sehen, vor allem wenn man sich einander so nah fühlt". „Gnädige Frau", erwiderte er und wurde dabei ein wenig rot, „ich bin Ihnen für dieses Kompliment sehr verpflichtet".

Vor dem Portal des Schlosses von Chantilly, um die Reiterstatue des Marschalls de Montmorency[1052] herum stehen vier Kanonen, die bei der Schlacht am Johannisberg den Alliierten abgenommen worden waren.[1053] Der König hat sie dem Fürsten geschenkt, /310/ nachdem er sie mit einer Inschrift hat schmücken lassen, die darüber Auskunft gibt, dass er diese Trophäen erobert hat. Als der Erbprinz von Braunschweig[1054] letztes Jahr hier war, ließ der Fürst diese Kanonen von ihrem Platz entfernen und sie irgendwo in Sicherheit bringen. Der Erbprinz erfuhr davon und bat den Fürsten von Condé, sie wieder an ihre Stelle zurück bringen zu lassen, was zu einem hoch interessanten Schlagabtausch von Höflichkeiten zwischen den zwei Fürsten führte.[1055]

Die Feiern waren von königlicher Pracht, die der freundliche und bescheidene Condé mit der Ungezwungenheit des Privatlebens zu verbinden weiß. Von allen Unterhaltungen, Jagden, Bällen, Spaziergängen usw. haben mir die Schauspiele am meisten gefallen und in der Tat werde ich in dieser Gattung nie wieder etwas Schöneres erleben. Stellen Sie sich Kinder zwischen sieben und dreizehn Jahren vor, schön wie Amor, prunkvoll bekleidet und auf einer herrlichen Bühne die mit höchster Perfektion singen, spielen und tanzen. Sie stammten aus dem sogenannten „Magazin de l'Opéra"[1056], d. h. aus einer Gesangs- und Tanzschule, die die Oper selbst finanziert und aus der sie ihre neuen Mitglieder schöpft. Alle Kinder der drei verschiedenen Pariser Theater werden dort in diesen angenehmen und eitlen Künsten unterrichtet und die Anzahl der Schüler ist nicht gering, da zum Talent der Schauspielerinnen zu unterhalten und zu gefallen auch noch das der Fruchtbarkeit kommt. Der Prinz von Condé hat dafür gesorgt, dass unter diesen Säuglingen von Terpsichore und Polymnia die schönsten ausgesucht werden, um sie durch geschickte Schauspieler in der Vortragskunst unterrichten lassen und das Deklamieren gelingt ihnen nunmehr besser, als man es sagen kann.

Die Fürsten königlichen Blutes, die in Paris so schwer anzutreffen sind, da sie vor Ausländern flüchten, die sich nur der Jagd widmen*, sind auf dem Lande und in ihrem Privatleben hingegen sehr zugänglich.

Davon erhielt ich hier einen Beweis. Eines Tages geschah es, dass der Hirsch erst ziemlich /311/ weit von Chantilly zur Strecke gebracht wurde. Da es an Reitpferden fehlte, saß ich in einer Art Kutsche, die man wegen der hohen Anzahl an Sitzen darin Eilkutsche[1057] nennt. Alle Sitze waren von Damen besetzt. Allein ein Ritter des Malteserordens saß auf dem hinteren Teil. Die Pferde der Jäger waren sehr erschöpft. Nach der Jagd sagte der Prinz von Condé zu unserem Kutscher: „Nun Picard[1058], überlasse mir deinen Platz!" Bei diesen Worten setzte er sich auf den Kutschersitz und nahm die Zügel in die Hand. „Chartres[1059]", fuhr er fort, „sei mein Postillion!" Sofort stieg der Herzog von Chartres auf die vorderen Pferde. Die zwei Prinzen übergaben ihre Jagdhörner meinem Gefährten hinten auf der Eilkutsche und ihre Pferde dem Fürsten von Lamballes[1060], dem so der Posten des Stallburschen zu Teil wurde. Auf diese Weise wurden wir von drei Prinzen aus dem Königshaus zum Schloss geführt, die jeweils als Kutscher, Postillion und Stallbursche, der die Pferde an der Hand führend hinterher ritt, fungierten. Ich muss sagen, dass unsere zwei Lenker ihre Aufgabe bestens erledigten, denn es ist jetzt hier Mode, dass ein junger Herr einen Wagen gut zu lenken versteht, und man findet keinen Stutzer, der nicht wenigstens ein Kabriolett besitzt, und dazu, sofern er es sich leisten kann, noch ein ganzes Gespann.

Um Ihnen eine Probe der Lebensweise zu geben, die Sie am Französischen Hofe nicht erwartet hätten, möchte ich Ihnen erzählen, was sich bei einem Whistspiel ereignete, das ich mit dem Herzog von Coigny[1061] (einem Mann von 28 bis 30 Jahren, der ein sonniges Gemüt hat und den der König sehr mag) und zwei Ehrendamen der Königstöchter machte. Neben uns wurde Landsknecht[1062] an einem großen runden Tisch gespielt. Von Zeit zu Zeit gaben unsere zwei Begleiterinnen einem der Spieler dieses Tisches einen Louis, damit sie diesen in ihrem Namen einsetzen. Die Münzen verschwanden eine nach der anderen und bald gaben die Damen nichts mehr. „Mein Herr", sagte der Herzog, „da Sie Ausländer sind, fordert das Gastrecht nun, dass ich mich um Ihr Interesse sorge, indem ich Sie darauf aufmerksam mache, dass bei unseren beiden schönen Damen die Schäferstunde schlägt. Nach

---

* Daher sagte der Graf von Creutz: es ist unmöglich, während des Sommers den Fürsten einen Ausländer vorzustellen, es sei denn, es handelt sich um einen Hasen oder ein Rothuhn.

dem, was Sie sehen können, sind sie mit ihrem Geld am Ende. Nehmen Sie morgen vier oder fünf Louisdor, begeben Sie /312/ sich zur Aufstehenszeit zu der, die Ihnen am besten gefällt, und Sie werden mir für meinen Ratschlag danken". Es waren recht muntere Worte. Die Damen antworteten dann: „Mein Herr, Sie wissen wohl, dass es an den Höfen gewisse Leute gibt, die das Vorrecht haben, alles sagen zu dürfen, ohne dass dieses Konsequenzen nach sich zieht. Der Herzog de Coigny gehört zu diesen. Er bemüht sich, uns zu verunglimpfen, aber wir bilden uns ein, dass ein vernünftiger Ausländer sich hüten wird, einen solche Vorstellung von uns zu haben". „Wahrhaftig", sagte der Herzog, „verlassen Sie sich auf die Ausländer. Wenn Sie nur wüssten, was man in Deutschland von den französischen Frauen denkt! Dies habe ich erfahren, als ich mich ein wenig in diesem Land emanzipieren und die Frauen auf die gleiche Art behandelt wollte, wie ich es mit Ihnen und mit Ihresgleichen tue. Jedes Mal erhielt ich die Antwort: ‚Halten Sie uns nicht für Französinnen!' Stimmt das nicht, mein Herr?", fügte er hinzu, „ist das nicht die Antwort, die die deutschen Frauen bei Ihnen zuhause dann geben?" Ich war sehr verlegen und sagte: „So können unsere Frauen einem unserer Landsleute nicht entgegnen, und ich sehe sehr wohl, dass der Herzog auf meine Kosten scherzt". „Um Gotteswillen, nein", erwiderte er. „Lassen Sie sich nicht durch ihre Worte einschüchtern. Gehen Sie morgen früh beherzt zu Ihnen, wenn es Ihnen passt, und Sie werden wohl sehen, ob ich sie kenne". Und wenn ich Ihnen meine Meinung sagen soll, so glaube ich, dass er nicht irrte. Man spielte an diesem Abend hohes Spiel und nur selten war der große Gesellschaftsraum nicht gänzlich voll mit Spielern.

Am letzten Samstag fuhr die Marquise de la Ferté-Imbault extra nach Versailles, um uns der Gräfin von Marsan[1063], der Gouverneurin der Königskinder und Schwester des Fürsten von Soubise[1064] vorzustellen, sowie der Fürstin de Guimené[1065], der Tochter desselben Fürsten, die die Stellung ihrer Tante erben soll, bei denen wir aßen.

Diese Damen von so hohem Rang sind kaum untergebracht, wie man es an einem so prunkvollen Hofe erwarten würde. Mit ihren kleinen Prinzessinnen wohnen sie im Erdgeschoss, dessen Fenster eigentlich Türen zum Garten sind. Ein beträchtlicher Teil des Soupers wurde im Kamin des Vorzimmers zubereitet. Die Töchter des Königs[1066] leben auf gleiche Weise. An dieser Art, die Töchter des Königs unterzubringen, sieht man gut, dass sich von allen /313/ europäischen Nationen, diese im größten Widerspruch zu den orientalischen Sitten befindet. Es wird behauptet, dass die Töchter des Königs alle Bequemlichkeiten ihrer Wohnung ausnutzen. Ich weiß es nicht. Wie dem auch sei: Das Glück derjenigen, die sich auf diese Art mit dem

Geschlecht der Bourbonen vereinigen und ihm ebenbürtig werden, scheint mir nicht äußerst beneidenswert zu sein.

Gestern aßen wir am Abend mit einer Frau, die an die Zilia der Peruanischen Briefe[1067] erinnert, d. h. mit einer jungen Inderin, die ein Offizier während des letzten Krieges gefangengenommen hat und aus Großindien nach Paris mitgebracht hat. Selbstverständlich wurde sie getauft und mehrere alte Damen, ihre Patentanten (unter ihnen unsere liebe Mutter[1068]) geben ihr die Erziehung einer jungen Frau aus gutem Haus. Einer geriet nach dem Essen in Verlegenheit: ich selbst. Es ging darum, die Gemäldeausstellung der „Académie de peinture"[1069] anzusehen und mir fiel Fräulein Zimzi zu. Ich sah mich daher gezwungen, ihr die Hand zu geben und eine Stunde lang mit meiner schönen Braunhaarigen in einer Menge von drei bis vierhundert Personen spazieren zu gehen, die mich anscheinend alle für ihren Entführer hielten. In diesem Augenblick hätte ich mir gewünscht, dass alle über meine entschiedene Vorliebe für blonde Frauen so gut informiert gewesen wären wie die gute Frau, die angeblich mein Horoskop für Dezember, d. h. für die Zeit nach meiner Rückkehr in Dessau, gelesen hat.*

Brief XXIIII
Aus Paris, den 6. Oktober 1767
Wegen der Gebrechen, die Sie so oft plagen, bin ich sehr traurig und betrübt. Von ganzem Herzen möchte ich, dass Ihr Schicksal Ihnen weniger Gelegenheit gäbe, Ihre philosophischen Grundsätze anzuwenden. Da man sich jedoch dem Schicksal uneingeschränkt beugen soll, ist es wünschenswert, dies bereitwillig zu tun. Allerdings ist es auch nicht verboten, eine günstige Wende zu erhoffen. Sollten Sie unterdessen in meinem Mitleid, verbunden mit meiner Anwesenheit, ein wenig Trost finden, so seien Sie sich des Ersteren versichert und allem Anschein nach /314/ werden Sie in drei bis vier Monaten das Andere genießen dürfen, aber nicht früher. Denn allmählich gefällt meinem lieben Prinzen das Leben in diesem Land zunehmend. Darüber hinaus scheint das Zusammentreffen von Umständen und Schicklichkeit uns immer stärker binden zu wollen. Ich sehe daher schon im Voraus, dass wir uns letzten Endes nur mit einem Kraftakt von diesem Land werden trennen können.

---

* Sie hatte vorhergesagt, dass ich mich, sowie ich ankomme, in Fräulein de Foreade verlieben würde. Mein Schicksal hat es anders beschlossen, indem es mich die Gefahr umgehen ließ, diese gefährliche Schönheit zu sehen.

Übermorgen fahren wird nach Fontainebleau, wo sich der Hof zurzeit aufhält. Ich habe nur wenig Muße zu schreiben und beende daher meinen Brief.

Brief des Prinzen Johann Georg an den regierenden Fürsten. Paris, den 7. Oktober 1767
Mit Recht könnte ich Ihnen den Inhalt Ihres letzten Briefes vorwerfen. Aber ich bin überzeugt, dass Sie mir die Gerechtigkeit werden widerfahren lassen, nicht zu glauben, dass der Mangel an Nachrichten, mit dem Sie mir drohen, mich mehr als die Gefühle, die ich für Sie hege, dazu bewegen könnten, nach Hause zu fahren. Ich kenne die Gründe ihres Schweigens besser: Wenn man so beschäftigt ist wie Sie, denkt man nicht daran, Nachrichten zu schicken.

Nun stehe ich kurz vor der Abreise nach Fontainebleau. Zum letzten Mal werde ich den Hof außerhalb von Versailles sehen. Ich habe vor, ungefähr acht Tage dort zu bleiben und ich rechne damit, dort den Fürsten de Soubise kennen zu lernen, wozu ich bisher keine Gelegenheit hatte.

Ich kann nicht umhin, Ihnen zu sagen, dass es hier eine Marquise de la Ferte-Imbault gibt, die mir gegenüber eine so starke Zuneigung zeigt, dass ich, wenn ich an die Seelenwanderung glaubte, versucht wäre zu vermuten, dass Sie es sind, die sie beleben.

Brief vom gleichen Datum an den herrschenden Fürsten.
Wie zufrieden ihre Seele ist, Durchlaucht, bemesse ich an der Leere, die ich selbst empfinde: Dessau, Wörlitz und Oranienbaum müssen Ihnen sicherlich im Glanz einer glücklichen Liebe genauso neu und angenehm erscheinen wie mir die Gegenstände dieses Landes hier abgenutzt und langweilig unter dem Rost der Gleichgültigkeit. Eine solche Einstellung wäre dem armen Herzog von York[1070] sehr heilsam gewesen, /315/ der sozusagen in den Vergnügungen gestorben ist. Nachdem er in fast allen großen Städten Frankreichs getanzt hatte, hat ihm ein Ball, der ihm zu Ehren in Marseille gegeben wurde, das Letzte gegeben. Es steht fest, dass er sich das Blut verdorben hat, indem er zu viel reiste und Kapriolen machte. Das ist zum Beispiel eine Art zu sterben, die ich nicht fürchte.

Ihr Bruder, Eure Durchlaucht, beabsichtigt, Paris im Laufe des Dezembers zu verlassen. Was mich betrifft, so würde ich am liebsten morgen abreisen, obwohl ich mich in keiner Weise über den Empfang beklagen kann, den man uns hier bereitet. In Bezug auf die Zuneigung, die ich für mein Vaterland empfinde, bin ich schweizerischer als die Schweizer. Allerdings handelt es sich bei mir nicht um einen blinden

Instinkt für das Fleckchen Erde, wo ich geboren wurde, sondern es ist, weil dieses schöne Land Ihnen gehört und Sie es nur besitzen, Eure Durchlaucht, um es glücklich zu machen.

Auszug aus einem Brief an den Grafen von Brühl[1071]*, Paris, den 20. Oktober 1767*
Viele Komplimente soll ich Ihnen von den zwei Fürsten von Anhalt und, wenn Sie es gestatten, auch von mir machen. Der Jüngste und ich kommen gerade aus Fontainebleau zurück, wo wir das Glück hatten, gut empfangen worden zu sein. Wir haben zumindest bei mehreren Ministern Mittag und bei allen Hofdamen, die eine Gesellschaft haben, Abend gegessen. Frau Geoffrin und ihre Tochter behandeln uns weiterhin auf eine Art, die nicht nur die größte Dankbarkeit unsererseits erfordert, sondern die uns zugleich stets an den erinnert, dem wir ihre Freundschaft verdanken.

Brief des Prinzen Johann Georg an den regierenden Fürsten, Paris, den 1. November 1767
Nach dem, was Sie mir geschrieben haben, werden Sie sich wundern, dass ich immer noch hier bin. Es ist jedoch nicht meine Schuld, dass Ihre Hoffnung, mich früher zu sehen, enttäuscht wurde. Bereits in London hatte ich darauf geachtet, Sie zu benachrichtigen, dass ich nicht der Absicht war, vor Ende des Jahres in meine Heimat zurückzukehren. Dabei kann ich Ihnen versichern, dass ich viel lieber bei einem geliebten Bruder wäre als hier, aber der Grund, aus dem ich länger bleibe, ist, /316/ dass ich allem Anschein nach nie wieder hierhin kommen werde, und dass es nicht ins Gewicht fällt, wenn ich einige Wochen mehr fern bleibe. Zweitens sind sich alle meine Freunde und Bekannten einig, mir zu sagen, dass ich Paris nur zur Hälfte gesehen hätte, wenn ich es nicht im Winter gesehen hätte. Seien Sie versichert, dass ich alsbald die Freude haben werde, Sie zu umarmen.

Brief an den regierenden Fürsten, vom gleichen Datum
Von ganzem Herzen hätte ich gewünscht, dass Ihre Vorahnung, Eure Durchlaucht, Sie nicht getäuscht hätte. Statt an Sie zu schreiben, wäre ich heute Abend bei Ihnen in der Verzückung der Freundschaft und trunken vor Freude. Bald aber werde ich Ihnen nicht mehr schreiben. Der Tag naht, an dem wir dieses Land der guten Manieren verlassen, in dem niemand lästert[1072] und in dem man nur spricht, um lügnerische Komplimente zu sagen.

Wie ich es bereits die Ehre hatte, Ihre Durchlaucht, Ihnen zu sagen, werden wir zu Weihnachten abreisen. Sonst ziehe ich ab.[1073] Aber es wird nicht so weit kommen müssen: Obwohl es Ihrem Bruder hier sehr gefällt, freue ich mich, zu sehen, dass in seinem Herz die Freundschaft für Sie seinen Hang für das Vergnügen übersteigt. Eure Durchlaucht, Sie haben eine entzückende Gattin, wenn nicht alle lügen; sie haben als Bruder einen ehrbaren Menschen, der Sie liebt und alle Ihre Untertanen sind Ihre Freunde. Darin liegt, so scheint es mir, sowohl die Definition des wahren Glücks als auch ein sehr großes Lob.

Darget, der Sie sozusagen nur einen Augenblick gesehen hat, ist jedes Mal höchst erfreut, wenn ich Ihm sage, dass Sie sich an ihn erinnern. Herr Le Roy ist für ein halbes Jahr in seinem Vaterland und sollte gegen Ende des Monats von dort zurückkommen.

Keiner, der meine Briefe läse, könnte sich vorstellen, dass sie von mir an Sie sind. Dies bewirkt Ihre unvergleichliche Güte, die die Distanz verringert und auch erlaubt, dass die Verehrung und eine aufrichtige Liebe ihre Stimme bis zu einem freundschaftlichen Ton erhebt.

Brief XXV
Aus Paris, den 19. November 1767
/317/
Genau heute vor einem Monat sind wir aus Fontainebleau zurückgekommen, wo wir ungefähr zehn Tage an einem Hofe verbracht haben, der einen ziemlich sonderbaren Anblick bietet.

Sie werden bestimmt vom Hang des Königs für das Geschlechtliche gehört haben.[1074] Dennoch behauptet man, dass er nur mit wiederholten Gewissensbissen sündigt und dass nur eine besondere Art von Verführung ihn dazu bringt, eine Verfehlung zu begehen. Offenbar zürnt er denjenigen nicht, die ihm eine Falle stellen, denn die Zahl der schönen Mädchen ist schier unglaublich, die man ihm zur Schau stellt. Die Hofleute handeln diesbezüglich gerade wie Pferdehändler, die ihre Pferde stets vor denjenigen traben und galoppieren lassen, die sie zum Kauf verleiten wollen. Bei allen öffentlichen Gelegenheiten, ja sogar während der Messe, sieht man diese Ware, die man an ihrer schüchternen und verlegenen Miene erkennt (man holt sie aus der Provinz), sowie an ihrer prachtvollen, aber geliehenen Kleidung, die ihnen nicht richtig passt. Man behauptet darüber hinaus, dass diese Mädchen nur für diese Tête-à-Têtes abgerichtet werden, da der König selbst nie den Handel sucht. Er sieht sie kommen, aber sie müssen die ersten vier oder fünf Schritte machen. Im Park von Versailles befindet sich ein Gebäude, das von allen der „Serail"[1075] genannt wird.

Der Prinz de Soubise, sagen alle, ist der beste Freund des Königs und nach ihm der Herzog de Deux-Ponts[1076]. Der Prinz de Soubise ist zuvorkommender und höflicher, als man es mit Worten ausdrücken kann. Stellen Sie sich vor: Bei einem großen

Abendessen, das er gegeben hat, ließ er selbst mich am ersten Tisch sitzen, an dem alle Prinzen vom königlichem Hause aßen, da man aus Platzmangel den Tisch an allen Spieltischen gedeckt hatte, so dass es eine Vielzahl von kleinen Gesellschaften ergab. Er lief unaufhörlich von einem Tisch zum anderen, um die Gäste zu unterhalten. Auch mich vergaß er nicht und war dabei so freundlich, sich mit mir über den Krieg in Deutschland zu unterhalten.

Die Hofleute sind in Fontainebleau wie /318/ in einem Feldquartier untergebracht, aber sie ertragen alles, um sagen zu können, dass sie beim König wohnen. Wir besuchten die Gräfin de Forcalquier[1077] über dem Hundezwinger und die Gräfin de Bentheim[1078] in einem Hochparterre, das nicht höher als sechs Fuß war usw. Am besten gefielen mir die Abendessen beim Herrn Chevalier de Talaru[1079], erstem Hofmeister der Königin, bei dem eine seiner Verwandten einen Empfang gab. Diese ist eine bereits ältere Frau, die aber ehrlich, höflich und offen ist. Der Fürst von Tingri[1080] und seine Frau zeigten sich uns gegenüber stets wohlwollend.

Schreiben Sie mir weiterhin, bis ich Ihnen den Tag unserer Abreise angebe. Viele würden sich an meiner Stelle hüten, an diesen Tag zu denken. Denn wir leben hier sehr angenehm und haben sogar hier Menschen, die wie Freunde sind und ich glaube, dass der Fürst mir sogar sein Hemd geben würde. Trotz aller dieser Vorteile sehne ich mich danach, mein Zuhause wieder zu sehen.

Billet der Marquise de la Ferté-Imbault
Madame la Marquise de F. I. teilt dem Prinzen von Anhalt und Herrn von Berenhorst mit, dass sie gerade den Marschall de Broglie[1081] verlässt, der ihr gesagt hatte, er habe zuerst geglaubt, sie seien bereits abgereist und dies habe ihn daran gehindert, sich zum Prinzen zu begeben, um ihn zum Abendessen einzuladen, aber er wolle nun doch zu ihm gehen.[1082]

Der Prinz und Herr von Berenhorst sollten beim Marschall vorbeischauen, der sich in seinem Haus in der Rue Varonne aufhält.

In Fontainebleau haben wir den tapferen kleinen Hauptmann kennengelernt, der als einziger im Verlauf des letzten Krieges das hatte, was man Erfolgt nennen kann. Das war beim Abendessen bei einer Hofdame*, wo er von mehreren Trägern

---

* Die Frauen beklagten sich darüber, dass er sie nur mit Schlacht- und Belagerungserzählungen unterhielt, und dass er beim Reden zu sehr schrie. Es war nicht ohne Grund: Sein Beruf, den er liebt, erfüllt ihn. Hätte Frankreich viele Leute dieses Schlags!

des blauen Bands in den Hintergrund gedrängt wurde (denn er genießt zurzeit keine große Gunst), die sich wegen des Kredits, den sie vermeintlich genießen, breit machten. /319/

Sobald wir erfahren hatten, wer er war, wendeten wir uns an ihn und zeigten ihm den Respekt, den er angesichts seines Wertes und seiner Talente verdient. Diese Ehrerbietung machten wir ziemlich offensichtlich, so dass unsere freiwillige Würdigung, da wir Ausländer sind, für eine gewisse Überraschung und Aufsehen in der Gesellschaft sorgte. Dies schmeichelte gewissermaßen dem Marschall. Er hielt es uns offenbar zugute und wurde in der Unterhaltung lebhafter. Später hatten wir ihm während unseres Aufenthaltes in Fontainebleau gesagt, dass wir beabsichtigten, bald abzureisen. Daher war er überzeugt, als er mit dem Hof nach Paris zurückfuhr, dass wir bereits nicht mehr dort waren.

Während der kurzen Zeit, die wir noch dort blieben, aßen wir noch ein paar Mal bei ihm. Er ist sehr lebhaft in seinen Gesprächen und redet auch gern. Eines Tages sagte er: „Ich möchte noch einen oder zwei Feldzüge als Adjutant seiner Königlichen Hoheit dem König von Preußen machen".

Dann erzählte er, wie er das Marodieren in seiner Armee abgeschafft habe. Statt wie gewohnt auf der Stelle diejenigen aufhängen zu lassen, die man von ihren Einheiten versprengt fand, eine harte Maßnahme, die niemals den geringsten Eindruck gemacht hat, hatte er im Gegensatz in seinem Hauptquartier ein halbes Dutzend starke und kraftvolle Korporäle aus Deutschen und Schweizerischen Regimentern geholt und die Todesstrafe in eine Tracht Prügel verwandelt, die öffentlich erteilt wurde. Somit gelang es ihm, diese Unordnung auszumerzen, die der Französische Soldat bis dahin als Mutprobe betrachtet hatte. Ach, sagten die Soldaten. Ein mutiger Mann kann den Galgen ertragen, aber Stockschläge sind zu viel. Sie nannten diese unteren Offiziere die Korporäle *Schlag zu*[1083].

Der Marschall de Broglie hat einen elf- bis zwölfjährigen Sohn[1084], dem er als Gouverneur einen deutschen Offizier gegeben hat, sowie einen Diener der gleichen Nation. Er äußerte den Wunsch, dass sein Sohn sich mit uns in unserer Sprache unterhält und war entzückt, als wir ihm sagten, er spreche sie perfekt, was bei dieser Methode unfehlbar klappen sollte. /320/

Der Marschall und sein Bruder, der Graf[1085] wohnen zusammen und mögen einander sehr. Beide haben eine große Familie, in deren Schoß sie sich sehr wohl fühlen; Dies unterscheidet sie von den Großen ihrer Nation. Der Prinz und ich selbst bedauerten es sehr, erst spät eine solche Bekanntschaft gemacht zu haben.

Brief des Prinzen Johann Georg an den regierenden Fürsten, aus Paris, den 3. Dezember 1767
Es ist so lange her, dass ich Nachrichten von Ihnen erhalten habe, dass ich wohl fürchten könnte, dass Sie mich vergessen haben. Aber ich beruhige mich stets, wenn ich an alle Freundschaftsbekundungen denke, die Sie mir stets erwiesen haben.

Seitdem ich in Paris bin, habe ich nichts von Winckelmann erfahren. Dies wundert mich jedoch nicht, da er in seinem letzten Brief, den ich in London erhielt, behauptet hatte, er würde mir nicht schreiben, solange er mich in Paris weiß. In Bezug auf seine Prophezeiung, dass der Aufenthalt in diesem Lande mich denaturalisieren würde, so schmeichle ich mir, Sie zu überzeugen, dass er mehr Wissenschaftler der Antike als Prophet ist. Und wenn Sie sehen, dass ich Sie so sehr liebe, wie man jemanden lieben kann, so werden Sie wohl zugeben müssen, dass mindestens mein Herz an Empfindsamkeit nichts eingebüßt hat.

Eines Mittwochs als wir beim Essen der Madame de Geoffrin nicht anwesend waren, erhielten wir sofort von ihr folgende Nachricht: „Madame Geoffrin hatte sich geschmeichelt, gestern den Prinzen von Anhalt und Herrn von Berenhorst zum Abendessen zu empfangen. Da sie ihr diese Ehre nicht gemacht haben, sorgt sie sich um ihre Gesundheit. Sie wünscht eine Nachricht und bittet den Prinzen und Herrn v. B. --- von dem liebevollen Interesse überzeugt zu sein, dass sie für alles hegt, das sie betrifft. Donnerstag, den 3. Dezember.

Die nichtssagenden und falschen Komplimente sind mir extrem lästig und ich verachtet sie, woher sie auch kommen. Ich schätze und achte sehr hingegen diejenigen, die ich für ehrlich halte. – Sie stellen einen großen Teil meines Glücks dar und ich tue mein Möglichstes, /321/ um sie zu verdienen, aber nicht um sie anzuziehen.

Brief XXVI
Paris, den 20. Dezember 1767
Bevor ich Frankreich verlasse, muss ich einige Punkte meiner Briefe des letzten Jahres relativieren, wo ich ein wenig überstürzt und ohne Kenntnis der Sachlage geurteilt habe.

Alles in allem muss man den Franzosen Gerechtigkeit widerfahren lassen und erkennen, dass sie wahrhaft die gastfreundlichste Nation in Europa sind, aber ihre Gastfreundschaft ist wohlüberlegt und sie sind von der Schwäche frei, die bei uns anzutreffen ist: sofort für alles zu schwärmen, was von außerhalb kommt. Daher habe ich die Wahrheit gesagt, als ich behauptet habe, dass sowohl Zeit als auch Bürgschaften notwendig seien, um von ihnen aufgenommen zu werden.[1086] Hören Sie bitte, welche Gründe sie für dieses Verhalten aufführen, und Sie werden sie für stichhaltig halten. Erstens ist es die große Anzahl an Ausländern, die wie Ebbe und Flut ohne Unterlass kommen und gehen und unter denen so viele Rüpel anzutreffen sind. Würde man alle feierlich empfangen, wie wir selbst es mit unserer germanischen Leichtigkeit tun, so wären die Franzosen wie im Belagerungszustand. Zweitens meinen sie Folgendes: „Es ist uns sogar unangenehm, die Bekanntschaft von verdienstvollen Ausländern zu machen, denn je mehr wir ihre Freundschaft gewinnen, desto mehr bedauern wir dann, sie nach einer gewissen Zeit zu verlieren. Stets stehen wir vor der Wahl, uns entweder mit langweiligen und griesgrämigen Ausländern zu belasten oder freundliche Leute aus dem Kreis unserer Gesellschaft zu verlieren". Weit entfernt von der Kühle der Engländer sind die Franzosen in allen kleinen Diensten des Lebens sehr entgegenkommend, die dieses fast immer viel angenehmer machen als der Umgang mit den Großen, die man nur selten braucht, vor allem wenn man ein Ausländer ist. Es ist sicherlich ein Trost, Unterstützung zu bekommen, wenn uns ein Ereignis in Bedrängnis bringt, aber dies geschieht nicht oft. Der Vergleich, den jemand zwischen den Diensten und dem Geld gemacht hat, ist zutreffend: zehn Mal am Tag greift man zu seiner Börse, weil man Kleingeld braucht und nur von Zeit zu Zeit geht man wegen eines Wechsels zu seinem Bankier. /322/

Wenn ich in dieser Hinsicht zufrieden bin, so bedauere ich zutiefst, dass die Natur dermaßen aus ihrem Privatleben verdrängt worden ist. Daher herrscht in der gesamten Gesellschaft etwas Gezwungenes, Starres, ja sogar Förmliches. Oft lachen wir, der Prinz und ich, über die Meinung verschiedener Personen bei uns, die sich vorstellen, französische Manieren zu haben, wenn sie ungezwungene haben. Die „vernünftigen" Leute gehen mit einer Art Anstand viel zu weit, dessen Sklaven sie dann wirklich werden, denn mich dünkt, dass es der Freude erlaubt sein muss, von Zeit zu Zeit Abstand vom Anstand zu nehmen, andernfalls zeigt sie sich nie. Man fühlt sich in einer mittleren Gesellschaft am besten, weil sie nicht nach dem besten Ton strebt. Je feiner der Kreis aber ist, je mehr hübsche Frauen dabei sind (dieses Wort verwendet man nunmehr statt „petites maîtresses"), desto nichtssagender die Gespräche. Bei diesen Gelegenheiten möchten alle brillieren und geistreich sein, und Sie wissen, wie es sich mit Glanz und Geist in den Gesprächen verhält, wenn man sie krampfhaft sucht. „Kitzeln wir uns, um zu lachen", dies steht auf der Stirn aller geschrieben. Hört man „Gestern waren wir bei Frau Soundso zum Abendessen, die Gesellschaft war reizend, entzückend, wir haben uns sehr amüsiert und vergnügt!“, so kann man sicher sein, dass man sich zu Tode gelangweilt hat.

Ein weiterer starker Beweis dafür, dass man sich in Paris gegen die Äußerungen der Sinnlichkeit versteift, ist die Art und Weise, wie man Liebe praktiziert. Es ist sehr in Mode, Mädchen zu unterhalten, aber man tut es weniger aus Neigung als aus Prahlerei. Der Grund für mein Urteil liegt darin, dass ein Mädchen ohne Tand und ohne Ruhm, und wäre sie auch eine Venus, höchstens einen Musketier findet, der sie unterhält. Sind Mädchen jedoch durch viele Hände weitergereicht worden, haben viele bekannte Leute sie besessen und sind sie mit Edelsteinen versehen und vielleicht auch noch mit anderen Schätzen, so überbieten sie sich und die Höhe ihrer Pension steigt, denn all dies ist geregelt, und man weiß, wie viel ein Monat dieser *Mädchen von Welt* (so lautet ihre anständige Bezeichnung) kostet, genauso wie man weiß, was ein Tanz- oder ein Fechtmeister monatlich kostet. Ein Engländer, der nicht so gut war, wie diese Prinzessinnen gewöhnlich die Engländer sonst beurteilen, /323/ hatte sich mit einer der berühmtesten auf eine Summe von 30 Louis pro Monat geeinigt. Nach der ersten Nacht überreichte er ihr einen Louis. „Was bedeutet denn dies“, fragte sie ihn? „Ich bezahle Ihnen Ihre Nacht“, erwiderte er. Mit den 29 anderen können Sie machen, was Ihnen gefällt, denn ich erlasse sie Ihnen“. Seit dieser Zeit wird im Voraus gezahlt und diese Damen zeigen sich dadurch erkenntlich, dass sie die Engländer ihren „Mylord pot au feu“ nennen, wobei sie sie im Übrigen durch „greluchons“ und „farfadet“ ersetzen. Suchen Sie bitte im Wörterbuch das Wort Greluchon.[1087] Farfadet bedeutet ein zeitweiliger Liebhaber, der die Gunst eines Augenblicks kauft.

Die Schönheit ist in Paris eine reine Frage von Konvention und Ruf. Das Publikum vergibt einstimmig denjenigen das Attribut „schön“, die er dessen würdig findet und die Frauen, die einmal mit diesem Titel versehen werden, behalten ihn bis zum Grab. Die *schöne Herzogin de la Vallière*, die *schöne Frau de Flavacourt*[1088] sind Damen zwischen 50 und 60. Wehe jedoch demjenigen, der die Frechheit besäße, sie trotzt der Altersgebrechen, die sie plagen, nicht schön zu finden! Gleiches geschieht mit den Schauspielerinnen. Fräulein Arnoud[1089] aus der Oper (die Mätresse von Herrn de Lauragais) ist eine alte, lange und magere Stute. Dessen ungeachtet erstarren die Kenner vor Wohlbehagen, wenn sie spielt, ebenso wegen ihrer Züge und ihres Spiels, das affektiert und unerträglich ist.

Ich kann die Franzosen nicht vom Hang zur üblen Nachrede freisprechen, dessen ich sie beschuldigt habe. Ihre unglücklichen Ansprüche an den Geist und ihr stetiges Geschwätz, das, koste es, was es wolle, aufrechterhalten werden muss, verleiten sie zwangsweise dazu. Betritt jemand ihre Zirkel, so tauscht man Bemerkungen über ihn aus, sobald er sich umdreht. Noch schlimmer ist es, wenn er erwartet wird. Denn in diesem Fall lässt man sich lange über ihn aus, man redet von ihm, so dass er bereits beschrieben und gezeichnet, bevor er überhaupt ankommt. Wenn jemand weg geht, dann drehen sich sofort alle Gespräche um ihn, man hört „wenn", „aber" und endlose Anekdoten, die mit einigen lobenden Worten verziert werden, damit man den Schein wahrt. So ist das Los des ersten, der eine Versammlung verlässt, aber auch das des zweiten und des dritten. Derjenige, der zuletzt bleibt, lästert mit der Hausherrin /324/ über die gesamte Gesellschaft. Dies bringt allerdings keine Konsequenzen mit sich. Vier oder fünf Tage später sieht man die gleichen Leute versammelt, und sie behandeln sich mit der denkbar größten Achtung, die sogar wie Freundschaft aussieht. Kurz nachdem wir angefangen hatten, in der Welt zu verkehren, nahmen wir folgende Maxime an: sofern es geht, als erste anzukommen und als letzte zu gehen. Darüber hinaus machten wir diese Maxime scherzend publik, die sowohl als vernünftig als auch geistreich erachtet wurde.

Sofern ich es feststellen konnte, benehmen sich die adligen Damen ziemlich gut. Zumindest hört man wenig Geschichten über sie. Vielleicht hängt dies damit zusammen, dass die Herren alle in der Hand der Theatermädchen und der Kurtisanen sind, so dass sie sich um die adligen Damen nicht kümmern. Die gleichen jungen Herren beschuldigen die Damen, sich dafür mit den Kutschern heimlich zu entschädigen. Es ist wahrhaft eine Verleumdung in neun von zehn Fällen, aber grundlos ist die Sache nicht. Die Kutscher der hochsituierten Damen sind die schönsten Männer der Nation. Eins der ersten Gebote der Repräsentation besteht darin, einen großen und schönen Kutscher zu haben. Dieser muss die Pferde nicht striegeln. Einen Augenblick bevor seine Herrin herauskommt, schwingt er sich auf den Sitz und ein Stallbursche reicht ihm die Peitsche und die Zügel. Wenn die Wagen vor den herrschaftlichen Häusern oder den Theatern warten, sieht man nicht selten, wie ihre Lenker lässig auf dem Sitz liegen, ja sogar manchmal im Wagen selbst, und einen Roman lesen, während ein Lastträger oder ein Savoyard[1090] die Pferde hält. Die Mode verlangt, dass man unbedingt schöne Diener hat, die vor allem großgewachsen oder hoch (wie man sagt) sein sollen. Mehr als einmal habe ich eine Dame als erstes fragen hören, als ihr einige angeboten wurden: „Wie groß ist dieser Junge dort?" und sie wussten genauso gut wie die erfahrensten Offiziere auf Fuß und Zoll genau, was die Angabe bedeutet.

Eine sehr seltsame Sache scheint seit kurzer Zeit aufzukommen: /325/ Ich beobachte, wie sich mehrere Ehemänner offen mit ihrer Gattin zeigen, mit der sie sich anscheinend gut verstehen. Das Publikum lässt es gewähren und nimmt daran keinen Anstoß. Der Versuch, der Natur zu ihren Rechten zu verhelfen, wäre in diesem Land ein sehr lobenswerter Versuch, aber ich kann noch nicht tiefer untersuchen, ob diese Neuerer nicht eher aus Widerspruchsgeist oder aus der Lust am Neuen so handeln, als aus wohltätiger Absicht.

Im Übrigen geht man in Paris mit der Zeit nicht so unordentlich um wie in unseren großen Residenzen. Gewöhnlich ist um Mitternacht jeder wieder zu Hause. Ich rede hier von den guten Häusern. In den unzüchtigen ist es selbstverständlich vollkommen anders.

Da wir in Paris zuerst in der Comédie Française verkehrten, sehe ich keinen Anlass, an dem, was ich Ihnen geschickt habe, etwas zu korrigieren. Le Kain ist der ausgezeichnetste Schauspieler für die Tragödie. Was die Komödie betrifft, so teilt er diesen Rang mit Preville. Beide sind wie die Äsop[1091] und Roscius [1092] zur Zeit Ciceros. Ein dritter namens Molé zeigt sich in der Rolle des Liebhabers sehr talentiert. Er ist jung und hat ein Aussehen, das sehr gefällt. In seinem Verhalten verbindet er das Edle und das Angenehme, so dass er einem jungen Zuschauer als Modell angeboten werden könnte. Das Publikum mag diesen Molé bis zu einem Grad, der mir sehr gefallen hat. Im vergangenen Herbst wurde er schwer krank. Bei jeder Vorstellung hat sich das Publikum im Parkett nach seinem gesundheitlichen Zustand erkundigt, und als er nach seiner Genesung wieder erschien, wollte der Applaus nicht enden.

Die berühmte Mademoiselle Clairon hat sich nun von der Bühne zurückgezogen, um mit ihrer Pension, die laut Frau Geoffrin – die darüber in der Tat sehr gut informiert sein könnte – 16 000 Francs beträgt, das Leben einer Adligen zu führen. Über die Mittel, die sie verwendet hat, um dieses Geld zu erwerben, wie auch über ihre restlichen Abenteuer, kursieren äußerst unterschiedliche Erklärungen. Für die einen war ihr Verhalten stets tadellos. Für andere hingegen hat sie genau das gleiche getan wie die meisten ihrer Gefährtinnen, wobei sie noch dazu ihre Laufbahn als Freudenmädchen begonnen hat. Für dritte zeigt ihr Körperbau den gleichen Makel /326/ wie denjenigen, der damals die Königin Elisabeth gezwungen hat, unfreiwillig Jungfrau zu bleiben.[1093]

Um sich irgendwie zu ersetzen, hat sie aus der Tochter ihrer Kammerzofe eine entzückende Schauspielerin gemacht: die junge und vielversprechende Fräulein d’Oligny. Ihr Verhalten erbaut alle ein wenig frommen Damen, die sich daher um die Wette bemühen, sie auszustatten und sie damit auf das gleiche Niveau wie die Schauspielerinnen mit den besten, durch ihre Liebhaber bezahlten Pensionen zu setzen.

Man erzählt, dass sie sich vor kurzem weigerte, einem jungen Adligen die Hand zu geben, weil sich einzig und allein vermeiden wollte, dass er Ärger mit seiner Familie bekommt.

Mehrmals haben wir bei Frau Geoffrin mit der Clairon zu Abend gegessen. Wenn sie sich danach fühlt, rezitiert sie Tiraden. Einmal haben wir sie in der Rolle von Blanche[1094] bei Frau Herzogin von Villeroy[1095] gesehen. Diese Dame besitzt in ihrem herrschaftlichen Haus[1096] ein kleines Theater, wo sie von Zeit zu Zeit Stücke aufführen lässt, die nicht öffentlich gespielt werden. Bei diesen Gelegenheiten bittet sie die besten Schauspieler der *Comédie française* aufzutreten, die ihr diesen Gefallen tun und lässt zusätzlich auch Privatpersonen auftreten, die die Schauspielkunst mögen. Auf diese Weise haben wir *die Jagdpartie von Heinrich dem IV.*[1097] gesehen, in der Brizard als König und Préville als Müller uns mit einem guten Teil der patriotischen Rührung ansteckten, die alle hat weinen lassen.

Der Grund dafür, dass der König Heinrich IV. nicht selbst auf der Bühne erscheint, ist vermeintlich die königliche Würde. Der wahre Grund ist indes der zu spürbare Unterschied zwischen ihm und Ludwig XV. sowie zwischen Sully[1098] und den heutigen Ministern. Warum wird *Blanche und Guiscard* nicht gespielt? Na ja, ich weiß keine andere Erklärung als dass es eine wahre Tragödie ist, der man vorwirft, zu blutig zu sein.[1099]

Fräulein Clairon hat seit langem in der Person der alten Dumesnil eine Rivalin. Sicherlich besteht der eigene Charakter dieser Frau aus mehreren: dem von Agrippina, Athalie, Merope und Semiramis.[1100] Woher nähme sie sonst die Heftigkeit, den Mut /327/ oder die Seelengröße, mit denen sie ihre Rollen beseelt? Dazu kommt, dass sie diese nicht einstudiert. Bei jeder Aufführung erneuert sie sie und gibt ihnen einen unterschiedlichen Ausdruck, indem sie sich allein dem Feuer ihrer Natur und den Bewegungen ihrer Seele überlässt. Ihre Gestalt entspricht vollkommen der Vorstellung, die man sich von diesen Personen macht: sie ist groß, hat eine Adlernase und hervorspringende Augen, die Funken sprühen.

Fräulein Clairon ist das exakte Gegenteil davon: Sie ist klein, aber man bemerkt noch, dass sie schön gewesen ist, denn sie ist mindestens 12 oder 15 Jahre jünger als die andere und scheint in ihrem neunten Lustrum zu sein. Es geht zweifelsohne viel Zärtlichkeit und Sanftmut in ihr Spiel ein und sie hat eine rührende und modulierende Stimme, deren Artikulation tief beeindruckt. Aber alles ist Kunst, alles ist einstudiert. Sehen Sie sie zehn Mal in der gleichen Rolle, so wird sie jedes Mal genau das Gleiche tun und wird nicht die kleinste Betonung, die kleinste Handgeste vergessen. Stets sieht man die gleiche

Haltung, hört man den gleichen Ton. Auch eine Kleinigkeit kann sie unterbrechen. Als sie eines Abends bei Frau Geoffrin rezitierte, fiel ihr im Eifer des Gefechts ein Armband herunter. Man wollte es aufheben, aber mit einem Zeichen deutete sie an, man solle es liegen lassen. Dem bevollmächtigten Gesandten von Genua[1101] gelang es dennoch nicht, seinen Instinkt der Galanterie zu überwinden, der ihn aufstehen und sich bücken ließ, um das Armband aufzuheben. Dies brachte Fräulein Clairon dermaßen durcheinander, dass sie aufhörte vorzutragen. Sie beschimpfte den höflichen Genueser und konnte ihre Deklamation nicht fortsetzen, obwohl sie selbst es sehr gewünscht hätte.

Was die Oper betrifft, so muss ich frühere Bemerkungen in aller Form widerrufen. Alles in allem kann sie gut mit der Italienischen Oper anderer Länder und Höfe mithalten. Zwar ist ihre Musik mit Sicherheit nicht so glanzvoll und melodiös wie die italienische Musik. Sie ist dafür auch nicht so laut wie diese, die die Worte erstickt und den Geist zugunsten des Ohres opfert. Die betonte Deklamation der Franzosen und ihr Gesang, von dem der Zuhörer keine einzige Silbe verliert, ist begleitet von einer tiefen und monotonen Symphonie, an die man sich jedoch mit der Zeit gewöhnt, wenn man bemerkt, /328/ dass sie zum Sinn der Worte wie auch zur Poesie, deren Ausdruck sie hervorbebt, passt. Ich hörte wie die Gräfin de la Marche, geborene Prinzessin de Modena[1102] und eine andere Dame italienischen Ursprungs sagten, sie vermissten die Opern ihrer Heimat nicht mehr, da deren Musik oft so zart sei, dass sie fade werde. Auch die Ballette erweisen sich als sehr nützlich, denn es handelt sich bei ihnen nicht um Zwischenstücke in den Pausen, sondern sie werden zur angemessenen Zeit aufgeführt und von der Thematik geleitet. Die Tänzer erscheinen nacheinander als Götter, Göttinnen, Helden und Heldinnen und in der Gestalt von Nymphen, Bacchanten, Hirten, Kriegern, Wilden, Sylphen, Pan, Aegipan, Oreaden, Undinen, Salamandern, Gnomen, Jägern, Jägerinnen, Winden, Quellen und in Gott weiß welcher Erscheinung. Jeder nur etwas längeren Szene folgt ein solcher Auftritt, der den Zuschauer wieder weckt. Und wirklich, die Franzosen tanzen nicht immer mit dieser Ernsthaftigkeit, von der ich mich letztes Jahr überzeugt hatte, als ich einige Ballette sah, die sie den hohen Tanz nennen.[1103] Nunmehr betrachte ich es als ein Prinzip, dass im Vergleich zu den tanzenden Menschen von Paris alle anderen nur Luftsprüngemacher sind. Dies kann als sichere Tatsache erachtet werden und ich bin davon überzeugt.

Im vorigen Winter wurde eine neue Oper namens *Sylvie*[1104] aufgeführt, die wir uns noch einige Male nach unserer Rückkehr aus England ansahen. Mir scheint es, dass das Verführerische in der Tanzkunst nirgendwo anders als in dieser Oper zur Vervollkommnung gebracht worden ist. Ein Pas de deux zwischen Vestris und der Guimard[1105], und ein anderes zwischen Dauberval und l'Allart[1106], bleiben für immer in meiner Fantasie eingeprägt. Das Wort „Ballett" allein reicht, damit ich sie mir sofort wieder mit all ihren Haltungen vorstellen kann. Das letzte Ballet ist in meinem Kopf gezeichnet und eingeprägt: die Tänzerin stellte eine jagende Nymphe dar, der Tänzer, ein Wilder, der sie verfolgte, fing sie trotz ihres Widerstandes ein und gerade in dem Augenblick, in dem er sich ihrer bemächtigte, wurde er von der Liebe überrascht und bezaubert, während er ihr zuvor aus bloßem Instinkt hinterher gerannt war. Im gleichen Moment siegte auch die Liebe über die Nymphe. Und als der Wilde sie losließ, /329/ kam sie bereitwillig wieder zu ihm, betrachtete voller Zärtlichkeit ihren Entführer und ergab sich. Ihre Schritte verschmolzen, ihre Arme schlangen sich ineinander und das Paar verließ die Bühne mit harmonischen Bewegungen, die dem guten Verhältnis entsprachen, das gerade zwischen ihnen entstanden war.

Es wäre fast begründet zu behaupten, dass sich alles, was Frankreich an schönen Frauen hervorbringt, als Elite auf den Brettern des Theaters der Oper wiederfindet, da die Tänzerinnen und vor allem die Statistinnen so schön sind. Denn das ist der Weg, den das Glück in Paris den mittellosen Favoritinnen der Natur eröffnet. Die wohlgeformten Mädchen bemühen sich um die Wette, die Statistinnenplätze zu bekommen, und bald erwerben sie die für diese Aufgaben notwendigen Talente. Und es wird behauptet, dass die Herren Direktoren aus diesem Grund das Privileg genießen, Sultane von Gallien zu sein. Ebenfalls suchen die reichen Unternehmer in dieser Talentschmiede von Kythira die Personen aus, die ihnen gefallen. Die geheimen Pensionen sind am höchsten, und fängt eine dieser Kreaturen plötzlich an, Edelsteine zu tragen, so sagt man: „Sie gehört sicherlich irgendeinem Bischof".

Erst vor 10 bis 15 Jahren hat man angefangen, die Lebhaftigkeit grotesker Tänze anzunehmen. Da man früher beim Tanzen den Boden nie verließ, waren die Kleider lang und mit Schleppe und die Tänzerinnen trugen keine Unterhose. Allmählich begannen sie mehr zu springen und die Stoffe wurden leichter und kürzer, ohne dass jedoch dafür die Unterhosen eingeführt wurden. Man erzählt, dass der Klerus zu dieser Zeit äußerst viel Geld ausgab, um die vergitterten Logen unterhalb der Bühne zu mieten. Heute ist dort wie in allen anderen Theatern die erfreuliche Aussicht von diesen unterirdischen Kammern gesperrt und die Zahl der Vermietung ist beträchtlich zurückgegangen. Die französische Musik steckt zum Zeitpunkt unserer Abfahrt in einer tiefen Krise. Eine Partei hat sich erfolgreich mit dem

Anspruch gebildet, sie mit der italienischen Methode zu verbinden bzw. die zwei Geschmacksrichtungen zu verschmelzen, um eine besondere Gattung zu gründen. Die Geister scheinen auf die Revolution durch die komischen Opern vorbereitet zu sein. Ich glaube, dass Rousseau[1107] die erste treibende Kraft /330/ dieser allgemeinen Gärung war. Die Anhänger von Rameau und der alten Musik tun ihr Möglichstes, um ihr Steine in den Weg zu legen. Gleichwohl hat Phillidor[1108], der große Schachspieler, vor kurzem, um sich auf der Bühne zu behaupten, das Drama eines Dichters vertont. Dieser ist nicht ohne Talent, aber dumm durch eine unfassbare Gutgläubigkeit, die seine schlauen Landsleute unmenschlich missbrauchen. Er heißt Poinsinet und seine lyrische Tragödie *Ernelinde*[1109]. Man hat sie diesen Winter gespielt. Ganz Paris ist zur Uraufführung hingefahren. Wir selbst haben nur Karten für die dritte Aufführung bekommen können.

Der Erfolg seines neuen Stücks ist noch nicht entschieden und die Meinungen sind geteilt.[1110] Sicherlich wird dieser erste Versuch nicht reichen, aber nach und nach, je mehr die nachfolgende Generation an Bedeutung gewinnt, werden Rousseau und Phillidor sich durchsetzen. Der Prinz und ich selbst begrüßen sehr diesen Versuch. Ich werde zwei oder drei Arien davon mitbringen, die uns vorzüglich gefallen haben, denn das Neue besteht vor allem in diesen Melodien. In den französischen Opern gab es bisher nichts, was eigentlich „Arie" genannt werden könnte. Nur von Zeit zu Zeit hört man Verse, die dem restlichen Text innewohnen, und vom ganzen Orchester begleitet werden und mir, der ich die Grundsätze der Musik ignoriere, als etwas zwischen einer Arie und dem obligatorischen Rezitativ erscheinen.

Die Bühnenbilder und die Kostüme, die schon für gewöhnlich so schön und geschmackvoll sind, sind es in dieser Tragödie ganz besonders, der die Direktoren der Oper sowie die meisten Schauspieler allen anderen den Vorzug geben. Das Thema ist sehr kriegerisch. Das schönste Bühnebild stellt eine belagerte Stadt dar, die der Feind gerade stürmt. Die Mauer sieht man von der Innenseite der Festung aus. Ein Rammbock und das Feuer schlagen eine Bresche. Die Sieger betreten die Festung über die Bresche, durch die man die gesamte aufgestellte Armee sowie ein Feldlager in der Ferne sieht. Danach kommt ein Triumphzug in der Kleidung der Nationen des Nordens im Mittelalter. Mehr kann man sich in der Kunst der Maschinen und der Dekoration nicht wünschen. /331/

Brief an den regierenden Fürsten, Paris, den 3. Januar 1768
Den letzten Brief, den Sie mir die Ehre gemacht haben, zu schreiben, habe ich erhalten. Er bestätigt mich in diesem

Grundsatz: die Liebe schwächt in wohlgeborenen Seelen die Freundschaft nicht. Endlich, Eure Durchlaucht, habe ich die Freude, Ihnen unsere Abfahrt anzukündigen. Heute in 14 Tagen werden wir Paris verlassen haben und das ist absolut sicher. Nur der Tod oder eine schwere Krankheit könnte uns davon abbringen. Der Prinz wird Ihnen die Strecke mitteilen, die er zu nehmen beabsichtigt. Sie, Eure Durchlaucht, die Sie so gut wissen, was Freundschaft ist, werden sich vorstellen können, welche Freude mich beseelt. Ich nähere mich dem Moment, ja er ist greifbar nah, der mich nach einem Jahr der Trennung wieder mit Ihnen vereinen wird. Hier herrscht eine strenge Kälte und seit acht Tagen ist die Seine so gefroren, dass man sie an vielen Stellen zu Fuß überqueren kann. Am Neujahrstag haben wir beim Herzog de Choiseul zu Abend gegessen. Nie in meinem ganzen Leben habe ich dermaßen unter Kälte gelitten.*

Es ist also nun das letzte Mal, dass ich Ihnen schreibe, Eure Durchlaucht. Der Briefverkehr ist ein Trost für Freunde, die abwesend sind, das weiß ich, aber ich tröste mich nicht gern auf diese Art und es ist mir unvergleichbar angenehmer, Ihnen mündlich alle meine Gefühle des Respekts, der Liebe und der Dankbarkeit erklären zu können, von denen mein Herz voll ist.

Brief des Prinzen Johann Georg an den regierenden Fürsten, Paris, den 4. Januar 1768

In 14 Tagen werde ich sicher abreisen und über Straßburg, Hechingen, Frankfurt und Kassel fahren. Vor kurzem habe ich indes einen Brief von Winckelmann erhalten. Er merkte an, dass er in Neapel gewesen ist in der Absicht, nach Sizilien zu fahren, aber er sei /332/ gegen alle Erwartungen, in dieser Stadt so gut empfangen worden, dass er dort bis zu der Zeit, in der der Kaiser in Rom erwartet wurde, geblieben sei, was ihn

---

* Die Anzahl der Tische war bei diesem Minister ungeheuerlich groß, da an dem Neujahrstag alle Botschafter, Gesandte, Residierende und Fremde zum Hof gehen. Darüber hinaus essen bei ihm auch der Generaloberst der Schweizer und Graubündner und alle Offiziere der Schweizer Garde. Um das Bild zu vervollständigen, das ich weiter oben von der wenig geräumigen Art gegeben habe, mit der die Hofleute überall untergebracht sind, sage ich jetzt, dass man, beengt durch den Platzmangel aus der Treppe das Büffet für die Tische der ersten Etage gemacht hatte, denn Tische gab es auch vom Erdgeschoss bis zur dritten Etage. Erwähnt habe ich auch, dass dieser Minister ein militärisches Aussehen aufweist. Daher füge ich hinzu, dass die Regimentsadjutanten der Schweizergarde bei ihm die Funktion von Cavaliers de la cour übernehmen. Unter ihnen bemühte sich der Baron de Rall, dem Prinzen Höflichkeiten zu bezeugen.

gezwungen hatte, wieder dorthin zurückzukehren und seine Reise nach Sizilien auf das nächste Frühjahr zu verschieben.[1111]

Mein lieber Bruder, haben Sie die Güte zu glauben, dass ich vor Lust brenne, sowohl in Ihnen den wichtigsten meiner Freunde wiederzusehen als auch Ihre Gattin kennenzulernen. Alles, was ich über sie erfahre, flößt mir die höchste Achtung ein. Leben Sie wohl! Der Zeitpunkt unseres Wiedersehens wird fast der gleiche sein wie der unserer Trennung vor einem Jahr in London.

Brief XXVII
Paris, den 4. Januar 1768
Hier erhalten Sie endlich den letzten meiner Briefe. So viel Zufriedenheit mir unser Briefwechsel bereitet hat, so beende ich ihn mit noch mehr Freude. Ich wünschte nur, dass ich Sie so gesund wiederfände als ich sicher bin, Sie als meinen Freund wieder zu finden. Ihr Gesundheitszustand betrübt mich und bricht mir das Herz. Soll denn stets etwas die spürbarsten Freuden vergiften? Wie dem auch sei, ich verspreche mir viel von Ihrer Jugend, von den Heilmitteln und vom Wetter.

Am 15. oder 16. dieses Monats werden wir losfahren, aber da wir auf dem Weg an mehreren Orten anhalten werden, rechne ich damit, erst Ende Februar anzukommen. Mein Herz und mein Kopf sind so voll von dieser sanften Hoffnung, dass ich sie nicht weiter beschreiben kann. Des Weiteren bereiten mir die Vorbereitungen der Abreise großen Kummer, aber diese sind nichts verglichen zu den Besuchen (der Hauptbeschäftigung in diesem Lande), die ein solches Ereignis mit sich bringt. Also, leben Sie wohl, leben Sie wohl. Bald, Gott sei Dank, bald werden wir uns wiedersehen.

Paris, den 20. Januar 1768
Abreise aus Paris. Unterkunft in La Ferté sous Jouare

Am 21.
In Chalons sur Marne.

/333/

Am 22.
In Bar le Duc.

Am 23.
In Nancy, einer Stadt, die der selige König Stanislas I.[1112] sehr verschönert hat. Diejenigen, die wir von den zwei Grenadierbataillonen von Frankreich unter dem Befehl des Grafen von Stainville[1113] sahen, schienen uns sehr schöne Leute zu sein.

Sie waren von Kopf bis Fuß als Preußen verkleidet. Die Uniform sah bis auf wenige Kleinigkeiten der ähnlich, die das Regiment trug, welches der Fürst Dietrich d'Anhalt[1114] damals befahl.

Am 24.
In Saarburg. Die Bewohner des Landes nicht weit von dieser kleinen Stadt sind Deutsche und kennen nur ihre Sprache. Davon erhielten wir durch die unkultivierte aber altertümliche Einladung den Beweis, die einer von ihnen Herrn le Roy machte, als dieser auf Französisch fragte, ob wir auf dem richtigen Weg wären.

Am 25.
In Straßburg. Am 26. Erholungstag. Wir stiegen auf den Turm vom Münster, um einen Blick auf die Flüsse Rhein und Iller zu werfen und um in der Ferne die Berge des Schwarzwaldes und der Vogesen sowie des größten Teils des Elsasses zu betrachten. Am Abend sahen wir den bekannten Aufrene[1115] in der Rolle des Familienvaters[1116]. Ich fand das Urteil begründet, das ich in Paris gehört hatte, das heißt, dass es für die Hauptstadt eine Schande sei, dass ein solcher Schauspieler durch die Provinz zieht.

Am 27.
In Rastadt

Am 28.
In Stuttgart. Das alte Schloss, sowie das neue, das ein Brand zum Teil verwüstet hat[1117], kurz nachdem es fertiggebaut wurde, sind wegen der Unstetigkeit und der Laune des Herzogs leer und verlassen.[1118] Die Stadt leidet offenbar /334/ darunter, dass der Hof abwesend ist, sie vegetiert dem Anschein nach dahin. Das ist schade, denn davor muss sie als eine der besten Städte Deutschlands gegolten haben.

Am 29.
Wir fuhren über Tübingen und kamen abends in Hechingen an. Das Hauptansinnen dieser beträchtlichen Abweichung von unserer Strecke war, einen alten Freund des Prinzen und von mir wiederzusehen: Herrn von Steuben[1119], der zurzeit Hofmarschall des Prinzen von Hohen-Zollern ist. Von Zeit und Zeit beliebt es dem Schicksal, die guten Taten zu belohnen. Diesmal hielt er uns das Opfer, das wir der Freundschaft brachten, zugute. In dem Fürsten und seiner Gattin, einer geborenen Gräfin von Königsegg[1120], in dem Bruder des Prinzen, d. h. dem Grafen von Hohenzollern (der nunmehr Abt ist)[1121], in dem Feldmarschall Graf von Königsegg, dem Onkel der Prinzessin[1122], und in vier Gräfinnen, den Schwestern

der Prinzessin und vor allem in den beiden jüngeren, Crescentia und Antonia[1123] fanden wir eine so freundliche, so herzliche und entgegenkommende Familie, dass die Tage zu Stunden wurden, und dass es uns schwer viel, von ihr Abschied zu nehmen. Alle anderen Personen, die zu ihrer Umgebung gehören, schienen an dem Charakter, der dieses ehrwürdige Haus beherrschte, teil zu haben, denn die Freundlichkeit und die guten Manieren können zum Glück so gut wie ihr Gegenteil übertragen werden.

Unter den Unterhaltungen, für die unseretwegen gesorgt wurde, gefiel mir vor allem eine Aufführung von *Minna von Barnhelm*, einer neuen Komödie von Lessing[1124], ein Stück, dessen sich unsere Nation zu Recht brüsten kann. Die Prinzessin spielte die Rolle der Minna, eine ihrer Schwestern ihre Zofe, eine weitere die Witwe, unser Freund Steuben Tellheim, der in Bezug auf Unglück nur allzu viele Verbindungen mit dessen Schicksal hat. Die Herren von Iloeden (im Dienste Preußens), von Schilling und ein holländischer Offizier übernahmen jeweils die Rollen vom Wirt, von Just und von Paul Werner (meines Erachtens der eigentliche Held des Dramas) mit einer Intelligenz, einem Ausdruck und einer Wahrheit, die nichts zu wünschen übrig ließen. Ein origineller Text, ein Meisterwerk, /335/ von edlen Leuten mit einer solchen Perfektion aufgeführt, waren mir ein gutes Omen für den aktuellen Zustand der Literatur in der Heimat, in die ich zurückkomme. Steuben führte uns zu unserer ursprünglichen Strecke zurück.

Am 2. Februar
Bis nach Tübingen. Dort aßen wir gemeinsam Mittag und bei unseren letzten Umarmungen, ließ uns die Freundschaft beim Vorgefühl einer wahrscheinlich ewigen Trennung Tränen vergießen. Die Nacht verbrachten wir in Stuttgart.

Am 3.
Wir fuhren durch den Markflecken und das Schloss von Ludwigsburg[1125], was dadurch möglich wurde, dass der Herzog an einer Jagdpartie teilnahm. Ich fand, dass dieses Schloss nicht der Vorstellung entspricht, die man sich davon macht, wenn man die Öffentlichkeit hört. Ich sage nichts zu den Wachen – oder zu den anderen Uniformen, die sklavisch aus Preußen übernommen worden sind –, die man an diesem Ort voller Wachen umherstreifen sieht. Nacht in Heilbronn. Im gesamten Herzogtum von Württemberg sind die Straßen schön und prächtig.

Am 4.
In Mannheim. Am 5. – Erholungstag, den wir damit verbrachten, die Stadt, das Schloss, das Theater usw. gründlich anzuschauen.

Am 6.
In Frankfurt. Dort fanden wir die Prinzessin Henriette[1126] zwar nicht, aber wir blieben trotzdem am 7. und 8. in dieser Stadt. Herr Le Roy, der den Umweg über Hechingen nicht gemacht hatte, war bereits hier gewesen.

Am 9.
Wir gingen uns das Schlachtfeld von Bergen[1127] ansehen. Wir waren mit den besten Plänen ausgestattet, die von diesem Tag existieren und stellten fest, dass sie äußerst exakt waren. Der Zufall wollte, dass der Postillion, der uns als Reiseführer diente (denn wir ritten zu Pferde) früher bei den Husaren von Luckner[1128] gewesen war und am Tag des Kampfes /336/ im Rücken der französischen Armee patrouillierte. In Villbeil kehrten wir zu unserer Kutsche zurück und fuhren nach Gießen, um dort zu übernachten.

Am 10.
In Jesberg, einem Dorf. Nichts zu essen, kein Stroh, um ein Nachtlager zu machen.

Am 11.
In Kassel. Dort wurden wir von einem anderen Freund, Herrn von Wreech, Oberstleutnant, Adjutant und Kammerherr erwartet. Seine Durchlaucht der Landgraf[1129] empfing den Prinzen mit der denkbar größten Ehrerbietung, dazu gehörte, ihn im Schloss unterzubringen. Die anmutige, freundliche und gesellige Prinzessin Charlotte[1130] vertrat die erste Dame[1131] und empfing uns bei Ihrer Durchlaucht, Ihrem Cousin.

Der Hof von Kassel versammelt alles, um glänzen zu können. Der Verzicht auf eine gestelzte Etikette und auf alle überflüssigen Zeremonien macht das Hofleben dort unbefangen und angenehm. Die Summen, die der Landgraf für Schauspieler, Sänger und Musiker ausgibt, sind recht ordentlich. Daher gab es eine Italienische Oper, eine Französische Komische Oper, Französische Komödien, Bälle, Redouten[1132] und Konzerte. Die Gesamtheit von Hof, Stadt und Garnison bildet eine höfisch-militärische Zusammensetzung, die, wenn auch in knapperer Form, als das Pendant zu Berlin gelten kann. Dennoch glaube ich, dass sich ein Ausländer hier besser fühlt.

Die Schönheit der Frauen war nicht besonders glänzend und die meisten Damen waren abgetakelt. Es gab kaum hübsche, junge Damen. Fräulein de Belcastel[1133], erste Ehrendame der Fürstin de Soubise[1134], unterhielt sich auf ungezwungene Art und besaß noch die bestmöglichen

Manieren. Die zweite, Fräulein de Donop[1135] gefiel durch eine entzückende Treuherzigkeit, die zu ihrem Alter passt.* /337/

Was Fräulein von Baer betrifft, die Ehrendame der Prinzessin Charlotte, so machte sie mir einen ein wenig mürrischen, obgleich sehr geistreichen Eindruck. Die Adjutanten des Landgrafen: die Herren Juckheim[1136], von Hachenberg[1137], von Bischhausen[1138], von Donop[1139], von Wreech, von Schönfeld[1140] und an ihrer Spitze die Generäle von Wakenitz[1141] und von Schlieffen[1142], bildeten eine Gruppe von verdienstvollen, geschickten und erfahrenen Offizieren und, ein wesentlich interessanterer Punkt für den Menschen, es sind Leute von allgemein anerkannter Rechtschaffenheit. Sie hatten sich in einer Art Bund der Ehre und der Tugend zusammengeschlossen, zu dem auch Herr du Rosey, Großmarschall des Hofes[1143] und Herr von Wittorf, der erste Stallmeister gehören[1144], und der zum Ziel hatte, zu vermeiden, dass ihr Herr, sollte er ohne legitimen Grund mit einem seiner Diener nicht zufrieden sein, eine Ungerechtigkeit begeht. Eine solche kann dadurch verhindert werden, dass der Fürst stets die Gewohnheit hat, sich über den, der ihm missfallen hat, bei einem der Mitglieder des Bundes zu beschweren. Geschieht es also, verteidigen alle, die der Fürst um Ratschlag bittet, den Angeklagten und greifen hierfür auf dieses oder jenes Argument zurück, um den Fürsten von seiner Entscheidung abzubringen und ihn zu überzeugen, dass er unrecht hat. Eine derartige Vereinigung ist wahrhaft selten und ich wünsche, dass sie noch lange besteht.

Während meines Aufenthaltes in Kassel konnte ich in der Meinung, die ich immer gehabt habe, bestätigt werden, dass die Offiziere der hessischen Truppen eine Gruppe von Menschen darstellen, die in Bezug auf die Ehre

---

* Hier ein Beweis dafür: Es wurde über die Schulden mehrerer Personen am Hofe geredet. Herr von Hachenberg, der ein Mitwisser war, sprach sie an und sagte ihr scherzend: „Und Sie auch, mein Fräulein, haben Schulden". Das arme Kind errötete: „Ach, mein Herr, das ist nicht wahr. Ich schulde niemandem etwas. Das ist eine Verleumdung. Oder benennen Sie meinen Gläubiger!". Darauf nahm Herr von Hachenberg eine ernsthafte Miene an und sagte. „Haben Sie denn keine Schulden bei dem Kürschner für die Pelze, mit denen Sie seit Kurzem ausgestattet sind?". „Ach, mein Gott! erwiderte sie, „es ist richtig, aber ich schwöre Ihnen, dass ich es gänzlich vergessen hatte. Monsieur, ich bitte Sie um Verzeihung, aber ich hatte nicht aus Böswilligkeit die Sache geleugnet. Ohne Verzögerung werde ich dem Händler sein Geld zukommen lassen". Das Lustigste war, dass diese Sache sich durch Zufall als wahr herausstellte und dass sie das Futter eines Pelzmäntelchens auf Kredit gekauft hatte.

sehr empfindlich sind. Die Ereignisse des letzten Krieges sind dafür ein guter Beweis. Es ist zu bedauern, dass Ihre Durchlaucht, der Landgraf wegen seines zu großen Interesses für ausländische und vor allem preußische Offiziere, mehrere brüskiert hat, die dann den Dienst quittiert haben.[1145] /338/

Wir haben uns sehr befleißigt, die Schlachtfelder von Landvernhagen, Lutternberge und Wilhelmsthal[1146], sowie alle anderen Umgegenden von Kassel, die für das Studium des Kriegshandwerks so bemerkenswert geworden sind, gründlich anzusehen. Herr Major von Wurmb[1147], vom Leibregiment, begleitete uns bei unseren Ausflügen, weil er bei den meisten dieser Kämpfe anwesend war.

Neben einer Equipage für die Hirschjagd unterhält der Landgraf noch Falknereien für alle möglichen Vogelsorten. Eines Tages ritten wir aus mit Falken, die auf Hasen abgerichtet sind. Nichts in der Welt ist erstaunlicher als zu sehen, wie ein solcher Falke und ein Windhund gemeinsam handeln. Der Hund verfolgt das Tier und hindert es daran, sich zu verkriechen oder zu verstecken, während der Vogel in der Luft gleitet und auf den Moment wartet, sich auf die Beute zu stürzen. Einmal geschah es, dass der Hase einen hohlen Baum erreichte und sich darin eingenistet hatte. Als wir dazu kamen, fanden wir den Hund und den Falken nebeneinander vor dem Loch sitzen, das sie bewachten.

Ich stelle außerdem fest, dass die Kaskade oder *Winterkasten*[1148] ein Bauwerk ist, das nicht so viel Berühmtheit hat, wie es verdiente. Ich wage zu behaupten, dass es nach dem Petersdom, Caserta mit seinem Aquädukt, dem Louvre und den Tuilerien und St. Paul in London das größte Bauwerk ist, das wir während unserer Reisen gesehen haben. Und es ist nicht nur groß, sondern auch monumental und kühn, was die Fantasie überrascht. Was wäre diese Kaskade, wenn sie nach dem Modell fertiggestellt worden wäre, das man in Kassel zeigt? – Hätte man dafür nicht die Staaten von Hessen mit diesem Maßstab messen müssen? In dem Bau des großen Beckens sieht man noch die Spuren der schönen und einzigartigen Verteidigung durch einen Korps von 120 schottischen Highlandern am 22. September 1761[1149]. Die schöne Orangerie[1150] und der *Auengarten* verdienen sehr die Aufmerksamkeit eines Reisenden. Man bewahrt (ich glaube, in der *Kunstkammer*) ein vollständiges Sortiment von Männer- und Frauenkleidern aus dem Anfang des 16. Jahrhunderts auf. /339/ Denn, trotz alledem, was J.-J. Rousseau und diejenigen, die ihn wiederholen[1151], darüber sagen, ist die Notwendigkeit und die Kunst, sich zu bekleiden, ein wesentliches Kennzeichen unserer Gattung, die sich in Gegenden verbreitet hat, deren Klima nicht erlaubt, dass man *in naturalibus* herumläuft und zugleich ein Problem, das uns Menschen vom Feigenblatt der Eva bis zu den Aufmachungen aus Gold und Silber, die dieses ersetzt haben, beschäftigt hat. Ich meine, dass diese Garderobe, die von Mitgliedern des illustren hessischen Hauses stammt, einer Besichtigung nicht unwürdig ist.

Am 27. Februar
Wie reisten von Kassel ab und übernachteten in Bischhausen.

Am 28.
In Mühlhausen.

Am 29.
In Weißensee.

Am 1. März
In Freyburg.

Am 2.
Tag und Nacht unterwegs über Merseburg, Landsberg und Zörbig.

Am 3. März 1768
Früh am Morgen geschah etwas, was wir während unserer gesamten Fahrt nicht erlebt hatten. Unser Wagen versank im Schlamm und brach in so viele kleine Teile, dass es ein regelrechter Schiffbruch wurde. Dieser unangenehme Zwischenfall passierte zwischen Radegast und Hinsdorf in der Nähe von Heyersdorf. Wir ließen einen Bauernwagen holen, auf welchem wir in Dessau am Morgen zwischen 9 und 10 Uhr einzogen.

ANMERKUNGEN

1 Christian Fürchtegott Gellert (1715–1769) war 1751 zum Professor der Philosophie in Leipzig ernannt worden.

2 *Das Leben Gustav Adolphs des Grossen, Königs von Schweden*, Leipzig 1760/61 ist die Übersetzung des Werkes von Walther Harthe, *The History of the life of Gustavus Adolphus, king of Sweden, surnamed the Great*, London 1759.

3 Seit der Mitte des 17. Jahrhunderts gehörte das Rittergut Breitenfeld der Familie von Brösigke.

4 Heinrich Gottfried Koch (1703–1775), ehemaliges Mitglied der „Neuberschen Truppe", der in Leipzig seine eigene Theatertruppe gegründet hatte.

5 Gemeint ist das Reitzenstein-Palais; es wurde zwischen 1761 und 1768 von Carl Philipp Christian von Gontard gebaut.

6 Das zwischen 1744 und 1748 gebaute markgräfliche Opernhaus.

7 Friedrich III. von Brandenburg-Bayreuth (1711–1763).

8 Friederike Sophie Wilhelmine von Preußen (1709–1758), seit 1731 Frau von Friedrich III. von Brandenburg-Bayreuth (1711–1763).

9 Friedrich Christian von Brandenburg-Bayreuth (1708–1769).

10 Friedrich III. von Brandenburg-Bayreuth (1711–1763). Seine Herrschaft wurde durch ein großes Engagement für Kunst und Wissenschaft gekennzeichnet (Vgl. hierzu Karl Müssel, *Markgraf Friedrich von Brandenburg-Bayreuth 1711–1763,* Teil II: *Von der Verlobung bis zum Regierungsantritt [1731–1735]*, Bayreuth 1956).

11 Solger, Adam Rudolf (1693–1770). B.s Urteil ist sehr hart verglichen zu dem, was Georg Andreas Will und Christian Conrad Nopitsch schreiben „Und nichts ist liebreicher und lehrreicher", schreibt Will, „als die Art, womit der Herr Prediger seine Schätze zu zeigen weiß. Es wird kein Gelehrter von ihm gehen, ohne die wichtigsten und artigsten Anekdoten zur Bücherkenntniß gehört und gesammlet zu haben, wenn er auch gleich selbst ein guter Bücherkenner ist" (*Nürnbergisches Gelehrten-Lexikon oder Beschreibung aller Nürnbergischen Gelehrten*, 8 Bde., Nürnberg-Altdorf 1755–1808).

12 Eugen Franz, Prinz von Savoyen-Carignan (1663–1736).

13 John Churchill, 1th Duke of Marlborough (1650–1722).

14 Johann Baptist Graf von Arco (1650–1715).

15 Charles Sévin Marquis de Quincy (1666–1739): *Histoire Militaire Du Règne De Louis Le Grand, Roy De France, Oú L'On Trouve Un Détail De toutes les Batailles, Sieges, Combats particuliers, & generalement de toutes les actions de Guerre qui se sont passées pendant le cours de son Regne, tant sur Terre que sur Mer*, Bd. 5, Paris 1726, S. 270ff.

16 Hermann Otto II. von Limburg-Styrum* (1646–1704).

17 Maximilian II. Emanuel (1662–1726).

18 Claude-Louis-Hector de Villars (1653–1734).

19 Camille, Duc d'Hostun, Comte de Tallard (1652–1728).

20 Ferdinand de Marcin (oder Marsin) (1656–1706).

21 Antoine de Pas, Marquis de Feuquières, *Mémoires De M. Le Marquis De Feuquiere, Lieutenant-General Des Armeés Du Roi: Contenans ses Maximes sur la Guerre, & l'application des Exemples aux Maximes*, Bd. 3, Paris 1741, S. 381 ff.

22 Raymond Lafage (1656–1684).

23 Elias Holl* (1573–1646).

24 Gemeint ist das als Zeughaus bekannte Waffenarsenal, das zwischen 1602–1607 gebaut wurde.

25 Das 1605 umgebaute Wertachbrucker Tor.

26 Ulrich von Augsburg (890–973). Im Jahre 955 leitete er als Reichsfürst die Verteidigung von Augsburg, das von ungarischen Truppen belagert war.

27 Joseph Ignaz Philipp von Hessen-Darmstadt (1699–1768), Bischof von Augsburg ab 1741.

28 Mittlerer Steinpfeiler eines Portals

29 Vgl. dazu Walter Caspar, *Hydraulica Augustana, das ist ausführliche Beschreib- und Auslegung alles dessen, was in des Heil. Röm. Reichs-Stadt Augspurg in den daselbst befindlichen drey obern Haupt-Wasser-Thürmen so wohl, als in den Brunnen-Häusern … den Fremden, Passagiers und Liebhabern pflegt gezeiget zu werden: woneben unterschiedliche … verfertigte Modell von Wasser-Machinen, hölzernen Bruggen vorgestellet zu sehen*, Augsburg 1754.

30 Georg Philipp Rugendas der Jüngere (1701–1774).

31 Georg Philipp Rugendas der Ältere (1666–1742).

32 Der *Verlustkatalog der Gemälde aus dem Besitz der Joachim-Ernst-Stiftung*, Dessau 2000 erwähnt die *Plünderung nach der Schlacht* von Philipp Rugendas dem Älteren.

33 Die hier erwähnte Episode soll 1484 stattgefunden haben und das von B. unten erwähnte Kreuz 1504 errichtet worden sein. Vgl. Ignaz Zingerle, *Sagen aus Tirol, Gesammelt und herausgegeben von*, Innsbruck 1891, S. 558.

34 Maria Theresia von Österreich (1717–1780) ließ die Triumphpforte 1765 aus Anlass der Hochzeit ihres Sohnes, Erzherzogs Leopold, (1747–1792) mit der Prinzessin María Ludovica von Spanien (1745–1792) errichten.

35 Franz Stephan von Lothringen.

36 Gemeint ist die Hofburg.

37 María Ludovica von Spanien.

38 So lautete der Titel (lat. *Rex. Romanorum*) der Herrscher des Heiligen Römischen Reiches für die Zeit zwischen ihrer Wahl zum König und ihrer Krönung zum Kaiser. Diesen Titel trug ab März 1764 der Erzherzog Joseph (ab 1765 Joseph II.)

39 Franz Stephan starb am 18. August 1765.

40 Das Adelige Damenstift. Vgl. hierzu Inge Gampl, *Adelige Damenstifte. Untersuchungen zur Entstehung adeliger Damenstifte in Österreich unter besonderer Berücksichtigung der alten Kanonissenstifte Deutschlands und Lothringens*, Wien [u. a.] 1960.

41 Dieses 1420 gebaute Gebäude ist als „das goldene Dachl" bekannt.

42 Die Domkirche.

43 Die zwischen 1553 und 1563 errichtete Hofkirche. Seit 1553 waren die Franziskaner mit der Seelsorge in der Hofkirche betraut.

44 Maximilian I. wurde auf eigenen Wunsch doch in der St.-Georgs-Kapelle der Burg in der Wiener Neustadt begraben.

45 Alexander Collin (1527/1529–1612).

46 Erst 1562 wurde er allerdings in die Habsburger Dienste berufen.

47 Franz I. (1494–1547).

48 Don Fernando Álvarez de Toledo y Pimentel, 3. Herzog von Alba (1507–1582).

49 B. schreibt irrtümlicherweise „Bassa". Die hier erwähnten Gegenstände gehörten zwei Sforzas: Pallavicino marchese di Cortemaggiore und Sforza conte di Santa Fiora. Vgl. Joseph Bergmann, *Übersicht der kaiserlich-königlichen Ambraser-Sammlung (im unteren k. k. Belvedere) nach ihrer dermaligen Aufstellung*, Wien 1858.

50 Erzherzog Ferdinand II. von Österreich.

51 Gemeint ist der Gang des Liebhabers zum Balkon der Liebsten.

52 Karl IX. (1550–1574).

53 Maximilian II. (1527–1576).

54 Karl V. (1500–1558).

55 Klemens VII. (1478–1534).

56 Nach Alois Primissers *kaiserlich=königliche Ambraser=Sammlung* (Wien 1819) handelt es sich vielleicht um das als *Freydal* bekannte *Turnierbuch Kaiser Maximilians I.*

57 Nikolaus Sterzinger (1726–1774). Vgl. hierzu Jakob Vogel, *Ein schillerndes Kristall: Eine Wissensgeschichte des Salzes zwischen Früher Neuzeit und Moderne*, Köln 2008, S. 215 ff.

58 Gemeint ist das Castello del Buonconsiglio.

59 Gemeint ist hier Cristoforo Francesco Sizzo di Nobis.

60 Dieses fand in Trient in den Jahren 1545–1563 statt.

61 Diese Orgel wurde 1532–1536 von Caspar Zimmermann (?–1539) gebaut und 1686 von Eugen Casparini (1623–1706) umgebaut.

62 Im Original ist „Ein indianisch Vogel" bereits auf Deutsch.

63 Der auch als Palazzo di Cansignorio bekannte Palazzo del Capitano wurde im 14. Jahrhundert gebaut.

64 Theoderich der Große (451–526).

65 Gemeint ist die Veroneser Klause.

66 Die Porta Borsari (1. Jahrhundert v. Chr.) wurde im dritten Jahrhundert auf Veranlassung vom Kaiser Gallienus (218–268) umgebaut.

67 Die Porta Leoni.

68 Der Arco dei Gavi (1. Jahrhundert).

69 Das Tribunal della Justizia.

70 Sie wurde 1356 fertiggestellt.

71 Das Castelvecchio.

72 Gemeint ist Venedig, unter dessen Herrschaft Verona seit 1405 stand.

73 Das „Collegio militare di Verona" wurde 1759 gegründet. Vgl. zu dieser Militärschule Ralf-Torsten Speler (Hg.), Friedrich Wilhelm von Erdmannsdorff. *Kunsthistorisches Journal einer fürstlichen Bildungsreise nach Italien 1765/66* (Kataloge und Schriften der Kulturstiftung Dessau-Wörlitz, 12), München/Berlin 2001, S. 93.

74 Zwischen 1648 und 1669 belagerten die Osmanen die Festung Candia auf Kreta. Deren Übergabe markierte das Ende der venezianischen Herrschaft auf Kreta.

75 Michele Sanmicheli (1484–1559).

76 Er war z. B. Architekt folgender Gebäude in Verona: Ponte Nuovo, Palazzo Canossa, Palazzo Bevilacqua, Palazzo Pompei, Porta Nuova Porta San Zeno, Porta Palio und an der Restaurierung bzw. Änderung unter anderem folgender Kirchen beteiligt: Dom und Kirche San Giorgio in Braida.

77 B., der wahrscheinlich irrtümlicherweise „Paglia" verstanden hatte, übersetzt diesen Namen mit „de la paille".

78 Zu dieser 1543 gegründeteten Akademie, vgl. Johann Georg Keyßler, *Neueste Reisen durch Deutschland, Böhmen, Ungarn, die Schweiz, Italien und Lothringen worinnen der Zustand und das Merkwürdigste dieser Länder beschrieben, und vermittelst der Natürlichen, Gelehrten und Politischen Geschichte, der Mechanik, Maler- Bau- und Bild-*

hauerkunst, Münzen und Alterthümer, wie auch mit verschiedenen Kupfern erläutert wird. Neue und vermehrte Auflage welche mit Zusätzen und mit einer Vorrede von dem Leben des Verfassers begleitet hat M. Gottfried Schütze Königlich Dänischer Consistorial-Assessor, des Pädagogii zu Altona Rector, der Königl. Preuß. Akademie wie auch der Königl. Dänischen Societät der Wissenschaften Mitglied, Bd. 2, Hannover 1751, S. 1018 f., und zur „Philotica“, vgl. Erdmannsdorff, *Journal*, S. 92.

79 Scipione Maffei (1675–1755).

80 Laut Erdmannsdorff hörten B. und die Fürsten *Antigono* (1765), eine Oper von Sarti mit einem Libretto von Metastasio. Vgl. Erdmannsdorff, *Journal*, S. 95.

81 Giovanni Mansuoli oder Manzoli* (1720–1782).

82 Lucrezia Aguiari* (1741–1783).

83 Francesco Galli da Bibiena (1659–1739).

84 In der Transkription steht irrtümlicherweise „de mise“ statt „démise“.

85 Einer davon war Ottavio, Marchese Canossa. Zu den Gebrüdern Canossa vgl. Erdmannsdorff, *Journal*, S. 92.

86 Zur Sammlung des Grafen Bevilacqua vgl. Keyßler, *Neueste Reisen durch Deutschland,* Bd. 2, S. 1020, und Hirsch, Ludwig Georg, *Reise durch Frankreich und Italien in den Jahren 1752 und 1753*, o. O. 1808, S. 23 f.

87 Hirsch beschreibt den Garten der Grafen Giusti* in seiner *Reise durch Frankreich und Italien*, S. 26 ff.

88 So befand sich z. B. in der Kirche San Giorgio in Braida *Das Martyrium des heiligen Georg* und *Barnabas heilt Kranke*. Bei dem Grafen von Bevilacqua waren laut Hirsch eine *Venus* und eine *Judith* zu sehen (*Reise durch Frankreich und Italien*, S. 23).

89 An dieser Stelle scheint B. Paul Veronese mit Alessandro Veronese, auch bekannt als Alessandro Turchi und als L'Orbetto (1578–1649) zu verwechseln, von dem Gherardini eine stattliche Sammlung besaß. Vgl. Erdmannsdorff, *Journal*, S. 94.

90 Pietro Antonio Rotari (1707–1762).

91 Gianbettino Cignaroli* (1706–1770). Vgl. hierzu Erdmannsdorff, *Journal*, S. 92.

92 Friedrich August II. (1696–1763), ab 1733 König von Polen unter dem Namen August III. Zur Anekdote mit dem Bild für August von Polen, vgl. Erdmannsdorff, *Journal*, S. 95.

93 Giovanni Battista Tiepolo (1696–1770). Zur Decke im Palazzo Canossa vgl. Erdmannsdorff, *Journal*, S. 92.

94 Zur Ponte di Veja vgl. ebd., S. 93.

95 Gemeint ist vermutlich die Gegend um den Berg Baldo, der sich in der Provinz Lessinia befindet.

96 Zweirädrige Wagen, die halb bedeckt sind.

97 Eine italienische Meile entspricht 1,851 km.

98 Diese Vermutung ist falsch, denn Theodor Stephan Freiherr von Neuhof, der 1736 kurz König von Korsika wurde, verließ die Insel im gleichen Jahr. Er starb 1756 in London.

99 Die Villa „La Rotonda“ wurde zwischen 1567 und 1571 von Palladio im Auftrag von Paolo Almerico (1514–1589) gebaut und 1591 an Odorico und Mario Capra verkauft. Zur Rotonda siehe Erdmannsdorff, *Journal*, S. 97

100 Gaetano Valmarana* (1727–1794). Die sogenannte Villa Valmarana ai Nani ist, wie Berenhorst richtigerweise vermutet, nicht von Palladio (im Gegensatz zum Palazzo Valmarana), sondern wahrscheinlich von Francesco

Muttoni gebaut worden und ging zu Beginn des 18. Jahrhunderts in den Besitz der Grafen von Valmarana über.

101 Jeweils zwei der fünf Räume der Villa sind den Werken Gianbattista Tiepolos zu Aeneis bzw. zu Ariost gewidmet. Vgl. hierzu Corinna Höper u. a., *Tiepolo und die Zeichenkunst in Venedig im 18. Jahrhundert*, Stuttgart 1997, S. 91 ff. Zu den Bildern, die dort zu sehen sind, vgl. Erdmannsdorff, *Journal*, S. 97.

102 Gemeint ist die seit 1435 in der Obhut des „Ordo Servorum Mariae“ stehende Wallfahrtskirche von Monte Berico.

103 Hier ist in der Transkription „gregue“ statt „grecque“ zu lesen.

104 Das „Abendmahl des Heiligen Gregor des Großen“ (1572).

105 1576 wurde das Santuario della Madonna di Monte Berico nach Plänen von Palladio umgebaut.

106 Der Palazzo Vecchia-Romanelli (zwischen 1748 und 1750 von Giorgio Massari gebaut). Zu diesem Palast siehe Erdmannsdorff, *Journal*, S. 96.

107 Gemeint sind folgende Gemälde: *Der bethlehemitische Kindermord*, *Der Raub der Sabinerinnen*, *Salomos Urteil*, *Die Vertreibung der Händler aus dem Tempel*.

108 Eigentlich Palazzo della Ragione. Vgl. hierzu Erdmannsdorff, *Journal*, S. 97.

109 Das *Teatro Olimpico*, wurde nach Plänen von Palladio zwischen 1580 und 1585 gebaut. Vgl. dazu Erdmannsdorff, *Journal*, S. 96.

110 Das „Haus von Palladio“ ist eine andere Bezeichnung für die Casa Cogollo, die Palladio 1559 restaurierte bzw. neu gestaltete.

111 Möglicherweise die *Didone abbandonata*, für die Domenico Natale Sarro (1679–1744) die Musik komponierte und die 1724 uraufgeführt wurde.

112 Die 1222 gegründete Universität von Padua verfiel ab den letzten Jahrzehnten des 17. Jahrhunderts. Vgl. Lucia Rossetti, *Die Universität Padua. Ein geschichtlicher Querschnitt*, Triest 1985.

113 *Äneis*, I, 242–249: „Antenor potuit, mediis elapsus Achivis, / Illyricos penetrare sinus, atque intima tutus / regna Liburnorum, et fontem superare Timavi, / unde per ora novem vasto cum murmure montis / it mare proruptum et pelago premit arva sonanti. / Hic tamen ille urbem Patavi sedesque locavit / Teucrorum, et genti nomen dedit, armaque fixit / Troia; nunc placida compostus pace quiescit“ („Antenor konnte aus der Mitte der Archiver entrinnen, bis in die illyrischen Buchten und, ungefährdet, in die Reiche der Liburner vordringen und sogar den Quell des Timavus erreichen. Aus neuen Schlünden stürzt unter gewaltigem Grollen des Berges er heraus wie ein Meer und ergießt sich mit seinen brausenden Wassermassen ins Flachland. In Italien aber gründete jener die Stadt Patavium, eine Heimstätte der Terucer, gab dem Volk einen Namen und weihte die trojanischen Waffen den Göttern. Nun ruht er sich aus, in behaglichem Frieden geborgen“ (Vergil, *Aeneis*, übers. von Gerhard Fink, Düsseldorf 2007, S. 14).

114 Auf der heutigen Piazza Antenore ist dieses Grabmal noch zu sehen.

115 Zum Titus-Saal, vgl. Keyßler, *Neueste Reisen durch Deutschland*, Bd. 2, S. 1065.

116 Es gibt Kupferstiche mit Venedig-Ansichten im Mezzanin im Schloss Wörlitz.

117 Der Palazzo Ducale wurde in seiner jetzigen Form 1340 gebaut.

118 Jacopo Robusti, genannt il Tintoretto (1518–1594).

119 Die bereits im 14. Jahrhundert durch eine Schenkung von Pe-

trarca gestiftete Biblioteca Marciana. Vgl. dazu Marino Zorzi, *La Libreria di San Marco. Libri, lettori, società nella Venezia dei Dogi*, Mailand 1987.

120 Der Fondaco dei Tedeschi. Dieses bereits 1228 bekannte und im 16. Jahrhundert neu aufgebaute Gebäude war eine Niederlassung der deutschen Händler. Vgl. hierzu Keyßler, *Neueste Reisen durch Deutschland,* Bd. 2, S. 1119 (Das Werk von Keyßler wird hier nach der leicht zugänglichen elektronischen Ausgabe, die unter zeno.org zu finden ist, zitiert): „*Il Fontico dei Tedeschi* oder das Deutsche Haus ist gleichfalls in dieser Nachbarschaft, und die Niederlage oder das Magazin aller Kaufmannswaaren, so aus Deutschland kommen oder dahin abgehen."

121 Tiziano Vecellio (um 1490–1576).

122 Dieses Bild „Die Hochzeit zu Kanaa" von 1563 wurde 1797 nach Paris transportiert und hängt seitdem im Louvre.

123 Der Fontego dei Turchi wurde bereits im 13. Jahrhundert gebaut. Zu den restriktiven Maßnahmen der Republik den Türken gegenüber, vgl. hierzu Agostino Sagredo/Federico Berchet, *Il Fondaco dei Turchi in Venezia: studi storici ed artistici*, Mailand 1860, S. 23 ff.

124 Vgl. Johann Heinrich Zedler, *Grosses vollständiges Universallexikon aller Wissenschaften und Künste …*, Bd. 30, Leipzig/Halle 1741, Sp. 1645: „Redoute, Ridotto, heißt in Venedig, und sonst an allen Orten, wo ein Carnaval oder Festnachtslust gehalten wird, derjenige Platz, allwo man vermasquieret zusammen kommet, um zu tanzen, zu spielen und andere Lustbarkeiten zu treiben".

125 Eigentlich „Ferraiolo".

126 *L'Amore in ballo* (1765) von Giovanni Paisiello (1740–1816).

127 Gemeint ist das „Ospedale della Pietà". Vgl. hierzu Helen Geyer, *Musik an den venezianischen Ospedali Konservatorien vom 17. bis zum frühen 19. Jahrhundert*, Rom 2004.

128 Jean-Baptiste Boyer d'Argens, *Lettres Juives, ou Correspondance Philosophique, historique & critique, entre un Juif Voyageur en différents Etats de l'Europe, & ses Correspondants en divers endroits*, Paris 1764, Bd. 2, XLIX. Brief, S. 202–205: « Il y a dans Venise un nombre étonnant de courtisannes. Elles jouissent d'une pleine liberté, & viennent souvent à s'acquérir une grande considération parmi le peuple. Elles vont dans les couvens de religieuses voir les sœurs de ceux avec qui elles sont en commerce, en reçoivent beaucoup de caresses, qui sont toujours suivies de quelques présens consistant en confitures & en *agnus*; car les courtisanes de Venise sont aussi nombreuses & aussi dévotes que celles de Rome. Elles jeûnent le samedi : elles ont beaucoup de respect pour quelque sainte, sous la protection de qui elles se mettent ; elles font, en un mot, leur métier très-pieusement.
Il n'est rien de si amusant pour un philosophe, ou pour tout homme qui met en usage sa raison, que de faire un tour de promenade, sur les neuf heures du soir à Rome dans la rue de la Serène. On y voit deux cent femmes assises sur les portes de leurs Maisons, qui attendent tranquillement la bonne fortune. Lorsqu'il plaît à quelqu'un d'acheter un repentir éternel, il choisit parmi toutes ces beautés celle à qui il veut donner le mouchoir ; nouveau sultan, elle le conduit dans son appartement. Les chambres de ces prêtresses de Vénus sont toutes faites à peu

près de même. Elles sont à rez de chaussée, & de plain-pied à la rue. Un lit garni de rideaux blancs, une table, trois chaises de bois, une image de quelque *Madone*, devant laquelle brûle une lampe qui sert aussi à éclairer la chambre, en composent tout l'ameublement.
Avant de pousser les choses jusqu'à un certain point, on tire un rideau devant l'image de la *Madone*, pour qu'elle n'apperçoive rien de ce qui se passe : lorsque tout est fini, on découvre le tableau. Il est ainsi couvert & découvert dix fois dans un jour, si la maîtresse de la Maison a dix galanteries différentes. Jusqu'où ne vont point les préjugés, & avec quels désordres ne croit-on pas pouvoir accommoder la religion ? »
(Es gibt in Venedig eine erstaunliche Anzahl an Kurtisanen. Sie genießen volle Freiheit und schaffen es oft, großes Ansehen beim Volk zu erlangen. Sie gehen in die Nonnenklöster, um die Schwestern derjenigen zu besuchen, mit denen sie verkehren. Von diesen Nonnen bekommen sie viele Liebkosungen, die immer von einigen Geschenken, bestehend aus Konfitüre oder aus „Agnus", gefolgt sind, weil die Kurtisanen von Venedig genauso zahlreich und fromm sind wie die von Rom. Sie fasten samstags: sie haben viel Achtung für einige Heilige, unter deren Schutz sie sich stellen. In einem Wort, sie üben ihren Beruf sehr gottesfürchtig aus.
Nichts ist amüsanter für einen Philosophen oder für jeden vernunftbegabten Mann als gegen neun Uhr abends einen Spaziergang in der Rue de la Serène in Rom zu unternehmen. Man sieht dort zweihundert Frauen, die auf den Schwellen ihrer Häuser sitzen und ruhig auf ihr Glück warten.
Möchte jemand die ewige Reue kaufen, dann sucht er sich unter all diesen Schönheiten diejenige aus, der er das Taschentuch geben möchte. Den neuen Sultan nimmt sie mit in ihre Wohnung. Die Zimmer dieser Venuspriesterinnen sehen fast alle gleich aus. Sie befinden sich im Erdgeschoss, ebenerdig zur Straße. Die ganze Einrichtung besteht aus einem mit weißen Vorhängen verhangenen Bett, einem Tisch, drei Holzstühlen und einem Bildnis irgendeiner *Madonna*, vor dem eine Lampe brennt, die auch das Zimmer erhellt.
Bevor man die Sache zu einem bestimmten Punkt kommen lässt, zieht man einen Vorhang vor das Bildnis der *Madonna*, damit sie nichts von dem, was passiert, bemerkt. Wenn alles vorbei ist, deckt man das Bild wieder auf. So wird es täglich zehn Mal auf- und zugedeckt, wenn die Hausherrin zehn verschiedene galante Erlebnisse hat.
Wie weit gehen denn die Vorurteile und mit welcher Unordnung, glaubt man, verträgt sich die Religion?")

129 Sehr derbes italienisches Schimpfwort (wörtlich „Hoden"), das „Pfeifen" oder „Säcke" bedeutet.

130 Der Canale bianco.

131 „Santerra" steht hier in der Transkription falscherweise für „Santerno".

132 Zu den Überschwemmungen in diesem Gebiet siehe Erdmannsdorff, *Journal*, S. 104.

133 La „buona mancia" ist eine Praxis, die vielen Reisenden in dieser Zeit auffällt. Vgl. z. B. Pierre Jean Grosley/Johann Matthias Schröckh, *Neue Nachrichten oder Anmerkungen über Italien und über die Italiener: In drey Theilen von zween schwedischen Edel-*

leuten, Bd. 1, Leipzig 1766, S. 64; Abbé Richard, *Description historique et critique de l'Italie*, Paris 1769, S. 174.

134 Porta Cybo. Bereits zu B.s Zeiten wurde dieses Tor als Porta Serrata bezeichnet. Vgl. hierzu Erdmannsdorff, *Journal*, S. 106.

135 Amalasuntha (?–535) war die Tochter von Theoderich dem Großen. Zu diesem Grabmal vgl. Robert Heidenreich/Heinz Johannes, *Das Grabmal Theoderichs zu Ravenna*, Wiesbaden 1971.

136 Sant'Apollinare Nuovo. Vgl. hierzu Erdmannsdorff, *Journal*, S. 108. Das hier erwähnte Mosaik, das den Palast von Theoderich darstellt, wurde im 6. Jahrhundert fertiggestellt.

137 Zu diesem Sarg aus Porphyr vgl. Erdmannsdorff, *Journal*, S. 108, und Keyßler, *Neueste Reisen durch Deutschland,* Bd. 2, S. 931: „An seinem untern Theile findet sich ein sehr großes Gefäß oder Sarg aus Porphyr eingemauert, worinnen ehemals dieses obgedachten Königs Asche und Gebeine über der hiesigen *Rotonda* verwahret gewesen".

138 Sant'Apollinare in Classe. Vgl. hierzu Erdmannsdorff, *Journal*, S. 110, der die gleiche etymologische Deutung wie B. vertritt.

139 Mit dem Kloster „des Leuchtturms" („du Phare") meint B. eigentlich das Kloster „Santa Maria in Porto".

140 Nach lat: classis, die eine militärische Einheit bezeichnete.

141 Guido Reni (1575–1642), *Der Mannaregen* (1614/15).

142 Federico Barocci oder Baroccio* (1526/1535–1612), *Das Martyrium des heiligen Vitalis* (1583). Zu diesem Bild siehe Erdmannsdorff, *Journal*, S. 108.

143 Tatsächlich wurde Galla Placidia in Rom begraben. Zu dieser Galla Placidia Kappelle vgl. Keyßler, *Neueste Reisen durch Deutschland,* Bd. 2, S. 937.

144 Flavius Placidus Valentinianus (419–455), weströmischer Kaiser (reg. 425–455).

145 Flavius Honorius (384–423), Halbbruder der Galla Placidia und weströmischer Kaiser (reg. 395–423).

146 Marcus Tullius Cicero (106–43).

147 Den Verweis auf Jornandes übernimmt B. aus Keyßler, der anlässlich folgender Bemerkung: „Drey bis vier Meilen vor Ravenna kömmt man durch einen Wald, der aus Pigni besteht, welche Bäume vollkommen den Fichten oder vielmehr Führen gleichen, ausgenommen, daß sie sich oben in breite Kronen ausbreiten, und ihr Holz nach Gewürzen riecht", anmerkt: „Dieses Waldes gedenket schon IORNANDES *de reb. Gothicis*". Vgl. Keyßler, *Neueste Reisen durch Deutschland*, Bd. 2, S. 929. Auf diesen Wald verweist Jornandes oder Jordanes (?–nach 552) tatsächlich in *De origine actibusque Getarum.*

148 Diese Verlegung erfolgte 1697 auf Anordnung des Papstes Innozenz XII. (1615–1700).

149 Zur Salzgewinnung in dieser Gegend vgl. Erdmannsdorff, *Journal*, S. 110 f.

150 Hier steht in der Transkription „Cescastico" statt „Cesenatico".

151 Es handelt sich um den Fiumesino. Vgl. hierzu Johann Jacob Volkmann, *Historisch-kritische Nachrichten von Italien: welche eine genaue Beschreibung dieses Landes, der Sitten und Gebräuche, der Regierungsform, Handlung, Oekonomie, des Zustandes der Wissenschaften, und insonderheit der Werke der Kunst nebst einer Beurtheilung derselben enthalten*, Bd. 3, Leipzig 1771, S. 461: „Ein paar Meilen von Cesenatico passirt man den Fiumesino, und ein

paar hundert Schritte davon den Pisatello, der in den Fiumesino fällt".

152 Sie wurde 14 n. Chr. durch Augustus begonnen und 21 unter Tiberius fertiggestellt. Zu dieser Brücke vgl. Erdmannsdorff, *Journal*, S. 111

153 Die Arco die Augusto, vollendet im Jahre 27 v. Chr.

154 Eigentlich wurden diese Änderungen von den Ghibellinen im 10. Jahrhundert vorgenommen.

155 Pandolfo Malatesta (1267–1326), Herrscher über Rimini ab 1317. Zur Familie Malatesta vgl. Erdmannsdorff, *Journal*, S. 111.

156 Die jetzige Kathedrale di Santa Colomba, die auch Tempio Malatestiano genannt wird.

156[a] „Gemeint ist die Überschreitung des Rubikons durch Julius Cäsar (100–47 v. Chr.) im Jahre 49."

157 Antonius von Padua (1195–1231). Vgl. Erdmannsdorff, *Journal*, S. 111. Zu dieser Episode siehe auch *Actus Beati Francisci et sociorum eius*, Assisi 1988, Kap. XLV: Qualiter s. Antonius predicavit piscibus.

158 Während Erdmannsdorff sich diesbezüglich zurückhaltend zeigt (*Journal*, S. 110), verweist B. hier implizit auf eine Anmerkung von Keyßler: „Hinter dem Kapuzinerkloster zeiget man noch etliche wenige *rudera*, die von einem Amphitheater übrig geblieben seyn sollen. Weil solche in einem Garten liegen und nicht sogleich in die Augen fallen, so hat man für nöthig erachtet, an einer Mauer außerhalb des Klosters eine Hand einzuhauen, welche mit dem Finger andeutet, wohin man sehen soll; uno liest man über derselben: *Amphitheatri olim P. Sempronio Cos. excitati reliquias indigitat Sen. Ar.*" (*Neueste Reisen durch Deutschland*, Bd. 2, S. 923).

159 Irrtümlicherweise steht in der Transkription „Catholica" statt „Cattolica".

160 Federico Barocci* (1526/1535–1612), *Beata Michelina* (1606).

161 Claude Lorrain (1600–1682).

162 Das von Giacomo Torelli (1608–1678) zwischen 1655 und 1677 gebaute Theater della Fortuna, das 1839 zerstört wurde

163 Der Glücksbrunnen, erbaut von Ludovico Torresini zwischen 1697 und 1699.

164 Der Arco d'Augusto, gebaut 9. v. Chr. Vgl. dazu Erdmannsdorff, *Journal*, S. 113.

165 Gemeint ist die zwischen 1494 und 1512 erbaute Kirche San Michele.

166 Diese Inschrift lautet „Imp. cesar divi f. Augustus pontifex maximus cos. XIII tribunicia potestate XXXII imp XXVI pater patriae merum dedit". (hier zitiert nach Keyßler, *Neueste Reisen durch Deutschland*, Bd. 2, S. 919).

167 *Christus übergibt Petrus die Schlüssel zum Himmelreich* (1627). Seit 1796 hängt dieses Bild im Pariser Louvre.

168 Hier ist „ports" statt „bords" zu lesen.

169 Im Jahre 207 v. Chr.

170 Dieser zwischen 100 und 116 n. Chr. errichtete Triumphbogen wurde zu Ehren des Kaisers gebaut, der den Hafen hatte vergrößern lassen. Vgl. dazu Erdmannsdorff, *Journal*, S. 113.

171 Vgl. Keyßler, *Neueste Reisen durch Deutschland*, Bd. 2, S. 930: „Ueber demselben stehen an der *Facciata* gegen die Stadt die Worte: Rand rechts: Inscriptionen. *Imp. Cæsari. Divi. Nervæ f. Nervæ/ Trajano. Optimo. Aug. Germanic. / Dacico. Pont. Max. Tr. Pot. XVIIII. Imp. IX. / Cos. VI. P. P. Providentissimo. Principi. / Senatus. P. Q. R. quod. accessum. / Italiæ hoc. etiam.*

addito. ex. pecunia. sua. / Portu. tutiorem. navigantibus. reddiderit. Zwischen den Seulen liest man zur linken Hand desjenigen, der den Bogen von der Stadtseite ansieht: *Plotinæ / Aug. Conjugi. Aug.* / und zur rechten: / *Divæ Marcianæ Sorori. Aug.*"

172 Dies geschah durch die Sarazenen im Jahre 848.

173 Bei dieser Statue handelte es sich laut Winckelmann um eine Reiterstatue von Trajan („Oben auf diesem Bogen stand dieses Kaisers Statue zu Pferde, wovon noch ein Huf auf dem Rathhaus zu Ancona verwahrt wird", Johann Joachim Winckelmann, *Geschichte der Kunst des Alterthums. Nach dem Tode des Verfassers herausgegeben, und dem Fürsten Wenzel von Kaunitz-Rietberg gewidmet von der kaiserlichen königlichen Akademie der bildenden Künste*, Bd. 2, Wien 1776, S. 830). Laut Louis Moreri, *Le grand dictionnaire historique, ou melange curieux de l'histoire sacrée et profane, qui contienet en abregé, les vies et les actions remarquebles des patiarches, des juges, des rios, des juifs etc.*, Amsterdam 1702, S. 168, handelt es sich um das als „Loggia dei Mercanti" bekannte Haus der Kaufleute.

174 Der Arco Clementino, der zu Ehren des Papstes Clemens XII. 1735 nach Plänen von Vantivelli errichtet wurde.

175 Vgl Keyßler, *Neueste Reisen durch Deutschland*, Bd. 2, S. 912: „Von Loreto bis Ancona sind fünfzehn italienische Meilen in einer angenehmen Ebene".

176 Piazza della Madonna.

177 Damit ist das Haus, in dem Maria geboren worden sein soll, gemeint. Kurz bevor die Sarazenen Bethlehem stürmten, wurde dieses Haus auf wundersame Weise nach Loreto transportiert. Vgl. dazu Erdmannsdorff, *Journal*, S. 114f., sowie Keyßler, *Neueste Reisen durch Deutschland*, Bd. 2, S. 890.

178 Zum Beispiel Gian Cristoforo Romano, Andrea Sansovino und Antonio da Sangallo.

179 Der Text von B. ist hier unklar. Bei dem Gegenstand, den er beschreibt, handelt es sich um einen tragbaren Altar, den Gondola in seiner Beschreibung Loretos so darstellt: „Ein altare portabile aus viereckigem Stein, so von dem heiligen Apostel zur Verrichtung des allerheiligsten Messopfers ist geweyhet und gebraucht worden". Joseph Gondola, *Historische Kurze Beschreibung Des heiligen Hauß zu Loreto: Sodann Merckwürdigen Anfangs, beglückten Fortgangs, und bewehrten Gnaden-Stands Des In der Kupfergassen zu Cöln erbauten Closters Deren unter dem Ordinario stehenden Theresianischen Carmeliten Discalceatessen, S. Josephi Kirchen, und in selber sich befindenden Lauretanischen Capellen*, Bonn 1759, S. 26.

180 Gemeint ist der entscheidende Sieg Eugens gegen die Türken im August 1717.

181 Die *Madona del Loreto*, eine Kopie des sich im Besitz des Familie Borghese befindenden gleichnamigen Werkes, die 1717 der Basilika von Loreto geschenkt wurde. Vgl. zu diesem Bild Erdmannsdorff, *Journal*, S. 116.

182 Es handelte sich um eine Kopie der *Scuola di cucito*, eines Werkes, das im Besitz vom Cardinal Mazarin war und nunmehr in der Eremitage zu sehen ist (nach *L'opera completa di Guido Reni/ presentazione di Cesare Garboli. Apparati critici e filologici de Edi Baccheschi*, Mailand 1971, S. 109).

183 Das Agnus Dei oder Osculatorium ist eine Darstellung Christi,

die sich die Gläubigen nach dem Abendmahl reichen, um den Friedenskuss der alten Kirche symbolisch darzustellen.

184 Vgl. hierzu Keyßler, *Neueste Reisen durch Deutschland*, Bd. 2, S. 886: „Wenn man von Foligno nach Tolentino reiset, und über den ersten Ort in wenig hinaus an einen Berg kömmt, thut man wohl, bey *Castro Pales*, woselbst eine berühmte Papiermühle ist, abzusteigen, um daselbst in dem Pallaste des Bischofs *Orvietano Marchese d'Elisei*, dem dieser Ort gehöret, eine besondere Grotte zu betrachten, worinnen der Tropfstein allerley Zierrathen, deren etliche den Seulen, wie auch Weintrauben, Birnen und andern Früchten gleichen, abgebildet hat. *Castro Pales. Grotta Elisea*."

185 Gemeint ist die Kirche Sant' Anna, die zum „Monastero delle Contesse" gehört.

186 Die *Madonna di Foligno* (1511/12), die seit 1816 im Vatikan zu sehen ist. Addison erwähnt sie in *Anmerkungen über verschiedene Theile von Italien aus dem Englischen von Herrn Addison übersetzt*, Altenburg 1752, S. 126: „Auf meinem Wege von Loreto nach Rom ging ich durch Recanati, Macerata, Tolentino und Foligni. An dem letztern Orte ist ein Nonnenkloster, la Contessa genannt, welches in der Kirche ein unvergleichliches Marienbild vom Raphael hat".

187 Vgl. Pierre Charles Joseph Mengin-Fondragon, *Nouveau voyage topographique, historique, critique, politique et moral en Italie, fait en 1830*, Paris 1833, S. 142: « En sortant de Vene on voit à gauche de la route un petit temple antique construit près de la source du Clitumne (aujourd'hui Vene), et fort bien conservé ; on l'a transformé en chapelle chrétienne, Mais il s'appelle encore *temple de Clitumne* ». („Wenn man Vene verlässt, sieht man links der Straße einen kleinen antiken, sehr gut erhaltenen Tempel, der in der Nähe der Quelle des Clitumnus [heute Vene] gebaut wurde. Man hat ihn in eine christliche Kapelle umgewandelt, aber er heißt immer noch „Tempel des Clitumnus".)

188 Diese Inschrift lautet: „Sanctus Deus Angelorum qui fecit resurrectionem / Sanctus deus apolostorum qui fecit remissionem / sanctus deus prophetorum quifecit redemptionem" (Nach Judson J. Emerick, *The Tempietto del Clitunno near Spoleto*, Bd. 1, University Park/PA 1998, S. 8, 13).

189 In der Transkription steht statt „Pissignano" „Pessignano".

190 B. schreibt Spoletto.

191 Der „Ponte delle Torri" wurde gegen 500 von Theoderich gebaut.

192 „Busara": wörtlich: „Betrug", hier im Sinne von „verflixt!"; „Managgio di San Pedro!": wörtlich: „Verdammter Petrus!", sinngemäß: „Zum Teufel!".

193 Dieser Katarakt wird jetzt Cascata delle Marmore genannt. Zum Wasserfall von Terni vgl. Erdmannsdorff, *Journal*, S. 118 ff.

194 Diese wurde tatsächlich unter Augustus gebaut und im 8. Jahrhundert n. Chr. weitgehend zerstört.

195 „Ein tüchtiger Musiker."

196 Dies bezeugt auch Johann Jacob Volkmann, *Historisch-kritische Nachrichten von Italien: welche eine Beschreibung dieses Landes, der Sitten … und insonderheit der Werke der Kunst enthalten*, Leipzig 1772, S. 480.

197 Es handelt sich dabei vermutlich um den Castello delle Formiche.

198 Dort lag vielmehr in der Antike Falerii, die Hauptstadt der Falisker. Fascennium, ebenfalls eine

Faliskerstadt, lag an der Stelle, wo sich heute Corchiano befindet.

199 B. zitiert hier ungenau. Denn bei Keyßler, *Neueste Reisen durch Deutschland*, Bd. 2, S. 914, steht eigentlich: „Die Gestalt und Farbe der Einwohner von Ancona, absonderlich des Frauenzimmers, ist schöner als in dem übrigen Italien, dergestalt, daß sie fast scheinen allhier von anderm Geblüte zu seyn, und währet dieses über Senigallia, Fano und Pesaro bis Rimini. Wenn es wahr ist, daß die blühende Jugend, welche sich auf den Akademien aufhält, nebst dem zahlreichen Hofstaate vieles beyträgt, daß Leipzig, Halle und Dresden in Deutschland gleichsam Baumschulen des schönsten Frauenzimmers sind: so könnte man auch die gute Gestalt des weiblichen Geschlechtes von Fano, Ancona etc. dem häufigen Durchreisen der Fremden und Pilgrime beymessen".

200 Vgl. *Carmina* I, 9: „vides ut alta stet nive candidum Soracte?" („In tiefen Schnee gehüllt siehst Soracte du / erstrahlen", Horaz, *Werke in einem Band*, übers. von Manfred Simon, Berlin/Weimar 1972, S. 11).

201 Siehe Erdmannsdorff, *Journal*, S. 123 ff.

202 Johann Friedrich Reiffenstein (1719–1793).

203 Bevor Reiffenstein Ulrich von Lynar 1760 nach Rom begleitete, war er einige Jahre Bibliothekar am Hofe von Hessen-Kassel.

204 Vgl. Erdmannsdorff, *Journal*, S. 123 ff.

205 Georg August von Mecklenburg-Strelitz (1748–1785).

206 Johann Goessel* (?–1779), 1765/66 Hofmeister und Reisebegleiter des Prinzen Georg August von Mecklenburg-Strelitz, später Kanzleirat in Neustrelitz. Vgl.: Dieter Fratzke (Hg.), Lessing im Spiegel zeitgenössischer Briefe, Teil 2: Anhang, Kommentar und Register, Kamenz 2003, S. 540.

207 Zu Karl Ludwig von Dewitz vgl. Gerd Heinrich, *Staatsdienst und Rittergut. Die Geschichte der Familie von Dewitz in Brandenburg, Mecklenburg und Pommern*, Bonn 1990, S. 122.

208 Philipp Frey (1729–1793), Sohn des Kupferstechers Jakob Frey (1681–1752), der sich 1702 in Rom niedergelassen hatte. Vgl. Heinrich Wilhelm Tischbein, *Aus meinem Leben*, hg. von Kuno Mittelstädt, Berlin (Ost) 1956, S. 117–160.

209 Roxellane ist eine Figur aus *Les Trois Sultanes ou Soliman Second* (1761) von Charles-Simon Favart (1710–1792). Iphigenie ist so oft zum dramatischen Stoff bearbeitet worden, dass eine Zuordnung unmöglich ist.

210 James Francis Edward Stuart, „the Old Pretender" (1688–1766) hielt sich seit 1719 in Rom auf, wo er am 1. Januar 1766 starb.

211 Alessandro Kardinal Albani (1692–1779), der als Kardinalsprotektor der deutschen Nation deren Interessen im Konsistorium und im Kardinalkolleg zwischen 1765 und 1779 vertrat.

212 Diese italienische Bezeichnung bedeutet „Von seiner Heiligkeit unserem Vater".

213 Clemens XIII. Carlo della Torre di Rezzonico (1693–1769), Papst seit 1758.

214 Die Gräfin Checca Cherofini* geb. Gerardhi (1709–1778) war die Mätresse des Kardinals Albani.

215 Giovanni Francesco Stoppani (1770–1774).

216 Vgl. Herbert Beck/Peter C. Bol (Hg.), *Forschungen zur Villa Albani. Antike Kunst und die Epoche der Aufklärung* (Frankfurter Forschungen zur Kunst, Bd. 10), Berlin (West) 1982, S. 17.

217 Tressette ist ein Kartenspiel.

218 Prospero Lorenzo Lambertini (1675–1758), seit 1740 Papst Benedikt XIV.

219 Die Söhne der Gräfin waren Marcello (1733–1768), Kanoniker in der Kirche St. Maria in Via Lata in Rom, und Sempronio (1738–1778), der in der Garde des Papstes war. B. erwähnt hier nur Letzteren. Die Töchter waren Vittoria (geb. nach 1742) und Maddalena (geb. nach 1747). Vittoria heiratete 1764 den Marquis Giuseppe Lepri.

220 Hier: „Verflixt!"

221 Christian Friedrich Karl Alexander von Brandenburg-Ansbach (1736–1806).

222 Das „poudre à la Maréchale" wird so genannt, weil die Frau des Maréchals d'Aumont (1522–1595) dieses Puder selbst gern zubereitete. Vgl. Eugène-Humbert Guitard, „Parfum à la Maréchale". In: Bulletin de la Société d'histoire de la pharmacie, 2/9 (1914), S. 143–144.

223 „Die Herrin des Hauses".

224 Auf Deutsch in der Quelle.

225 „Dienende Ritter".

226 In den von Anderson verfassten Konstitutionen von 1723 werden die Voraussetzungen für die Aufnahme in einer Loge folgendermaßen definiert: „Diejenigen, so Maurer seyn wollen, müssen Freygebohrne, (oder keine Leibeigene) von reiffem Alter und guter Beschaffenheit, frisch und gesund, und zur Zeit ihrer Aufnehmung weder an der Gestalt, noch an den Gliedmassen geschändet seyn. Weibes-Personen und Verschnittene werden nicht zugelassen". James Anderson, *Neues Constitutionen-Buch Der Alten und Ehrwürdigen Brüderschafft Der Frey-Maurer: Worin Die Geschichte, Pflichten, Reguln derselben Auf Befehl der Grossen Loge, Aus Ihren alten Urkunden, glaubwürdigen Traditionen und Loge-Büchern, Zum Gebrauch der Logen verfasset worden*, Frankfurt 1741, S. 234. Welche „Sache" laut Berenhorst zum Ausschluss aus der Freimaurerei führt, ist hier nicht auszumachen.

227 Der *Dottore* und *Pulcinello* sind zwei Charaktere der *Commedia dell'arte*.

228 Es handelt sich hierbei um die *Basilica Sanctae Mariae de Ara coeli al Campidoglio*. Vgl. hierzu Siegfried von Kortzfleisch/Karl Heinrich Rengstorff (Hg.), *Kirche und Synagoge: Handbuch zur Geschichte von Christen und Juden. Darstellung mit Quellen*, Bd. 1, Stuttgart 1968, S. 225.

229 Porta San Giovanni in Laterano (16. Jahrhundert).

230 Ein Procaccio ist ein öffentlicher Bote.

231 Die Genueser gelten als die Erfinder des Lottospieles.

232 Gemeint sind die *Aqua Claudia* (erbaut von Caligula und Claudius zwischen 38 und 52 n. Chr. und die *Aqua Marcia*, die zwischen 144 und 140 v. Chr. vom Prätor Quintus Marcius Rex (195–118) gebaut und dann sukzessiv umgebaut bzw. erweitert wurde. 212/13 ließ Caracala (188–217) die sogenannte Aqua Marcia Antoniniana errichten, damit seine Thermen mit Wasser versorgt werden können.

233 Die heutige Stadt Lanuvio.

234 Der Monte circeo.

235 Der Berg Cora heißt nunmehr Monti Lepini.

236 Cora, die heutige Stadt Cori, wurde möglicherweise bereits 2000 v. Chr. gebaut.

237 B. beschreibt hier Sermoneta.

238 Norba wurde 82 v. Chr. von Sylla zerstört.

239 Vgl. hierzu Keyßler, *Neueste Reisen durch Deutschland*, Bd. 2, S. 733, sowie Jacob Georg Chris-

tian Adler, *Reisebemerkungen auf einer Reise nach Rom*, Altona 1784, S. 221.

240 Vgl. *Apg* 28,15: „Dort hatten die Brüder von uns gehört und kamen uns entgegen bis Forum Appii und Tres-Tabernae. Als Paulus sie sah, dankte er Gott und gewann Zuversicht."

241 Zu Terracina vgl. Erdmannsdorff, *Journal*, S. 208 f.

242 Gemeint ist der Tempel des Jupiter Anxur.

243 Zu Fondi vgl. Erdmannsdorff, *Journal*, S. 208.

244 Zum Cäcuber vgl. z. B. Horaz, *Carmina* I, 20 „Caecubum et prelo domitam Caleno / tu bibes uvam: mea nec Falernae / temperant vites neque Formiani /pocula colles" („Wohl schlürfst sonst du Käkuber, Saft von Trauben /. Aus kalen'schen Keltern: Doch meine Becher / füllen nicht falernische Reben, füllt kein / Weinberg", *Werke in einem Band*, S. 22); Martial, *Epigramme* XIII, 115: „Caecuba Fundanis generosa cocuntur Amyclis, / vitis et in media nata palude viret." („Der edle Caecuber reift in Amydae bei Fundi / Und mitten im Sumpfland wächst und gedeiht die Rebe", M. Valerius Martialis, *Epigramme*, hg. und übers. von Paul Barié und Winfried Schiedler, 2. Aufl., Düsseldorf 2002).

245 Die moderne Bezeichnung ist „Formia".

246 Vgl. Horaz: *Carmina* I, 17: „Velox amoenum saepe Lucretilem / mutat Lycaeo Faunus et igneam / defendit aestatem capellis / usque meis pluviosque ventos" („Behende kommt der Faun von Lycaeusberg / gar oft zum anmutsvollen Lucretilis / und wehrt mir dann von meinen Ziegen / sommerlich Glut und die Regenwinde", *Werke in einem Band*, S. 19).

247 Dieser Aquädukt wurde nicht von Trajan (53–117), sondern, wie auch das Amphitheater, bereits von Augustus (63–14) oder Tiberius (42–37) gebaut. Vgl. hierzu Richard Stillwell u. a. (Hg.), *The Princeton encyclopedia of classical sites*, Princeton/N. J. 1976.

248 Eigentlich Capo del Monte dragone. Zu dieser Bezeichnung siehe Franciscus Schottus/Andreas Schottus, *Histoire de l'Italie*, Paris 1627, S. 922.

249 Gemeint ist die alte Stadt Sessa Aurunca. Vgl. hierzu J. de Blainville, *Reisebeschreibung durch Holland, Oberdeutschland und die Schweiz, besonders aber durch Italien: Enthaltend eine Beschreibung von Neapel mit der umliegenden Gegend*, Lemgo 1765, S. 491.

250 „Ova die Buffalo" ist die regionale Bezeichnung für den Käse „Bocconcini".

251 Vgl. Titus Livius, *Ab urbe condita*, hg. von Thomas Alan Dorey, Leipzig 1971, Buch XXII, 16.

252 Das Amphiteater, das B. hier beschreibt, wurde unter Augustus gebaut und unter Trajan restauriert.

253 Vgl. dazu Erdmannsdorff, *Journal*, S. 210.

254 Gemeint ist hier Caserta.

255 Der Bau des *Palazzo Reale* wurde im Auftrag von Karl III. von Spanien, damals noch Karl der V. von Neapel und Sizilien, 1752 nach Plänen von Luigi Vanvitelli angefangen und erst 1774 abgeschlossen.

256 Gemeint ist der „Palazzo Reale di Napoli".

257 Erdmannsdorff spricht seinerseits von einer „sehr weichen und sehr leichten Gesteinsart" (*Journal*, S. 211).

258 Zum alten Schloss vgl. ebd., S. 211.

259 Der sogenannte *Acquedotto Carolino* wurde zwischen 1753 und

1762 ebenfalls nach Plänen von Vanvitelli gebaut.

260 Vgl. hierzu Erdmannsdorff, *Journal*, S. 212.

261 Vgl. edb., S. 59.

262 Der Dom San Gennaro wurde im 14. Jahrhundert geweiht.

263 Bischof von Neapel und Märtyrer (enthauptet, um 305). Zu dem ihm gewidmeten Kult, siehe Erdmannsdorff, *Journal*, S. 212, und Keyßler, *Neueste Reisen durch Deutschland*, Bd. 1, S. 793 ff.

264 Gemeint ist der Anfang des 17. Jahrhunderts gebaute *Palazzo Reale*. „König beider Vulkane" ist eine offenbare Anspielung B.s auf den Titel „König beider Sizilien" sowie auf die zwei Vulkane Vesuv und Ätna.

265 Ferdinando Antonio von Bourbon war zwar seit 1759 König beider Sizilien, aber die Macht lag bei einem Regentschaftsrat.

266 Gemeint sind hier das Teatro dei Fiorentini und das Teatro San Carlo. Vgl. Karyl Lynn Zietz, *Breve storia dei teatri*, Rom 2001, S. 44.

267 Die Galiote ist hier eine Art zweimastige Galeere. Die Schebecke (*sciabecco*) ein dreimastiges Schiff, das ursprünglich von den Mauren gebaut wurde und im 18. Jahrhundert von Piraten und der französische Marine verwendet wurde.

268 Karl V. von Neapel und Sizilien wurde 1759 unter dem Titel Karl III. König von Spanien.

269 Maria-Amalia von Sachsen (1724–1760) hatte 1737 Karl IV. geheiratet.

270 Erdmannsdorff (*Journal* S. 212 f.) erwähnt u. a. *Rinaldo und Amilda* (1600–1601) von Annibale Carraci (1560–1609), die *Caritas* von Bartolomeo Schidone (1578–1615) sowie *Die Erweckung des Lazarus* von Jacopo da Ponte Bassano (1515–1592). Für eine ausführliche Beschreibung der Sammlungen des Palazzo Reale vgl. Stanislas d'Aloe, *Naples ses monuments et ses curiosités. Avec un catalogue détaillé du Musée Royal Bourbon. Suivi d'une Description d'Herculanum …*, Neapel 1856, S. 183 ff.

271 Das *Collegio dei Cinesi* gegründet 1724 von Matteo Ripa (1682–1746) und offiziell 1732 vom Papst Clemens XII. anerkannt. Vgl. dazu Erdmannsdorff, *Journal*, S. 216 f., und zuletzt Karl J. Rivinius, *Das Collegium Sinicum zu Neapel und seine Umwandlung in ein Orientalisches Institut Ein Beitrag zur Geschichte*, St. Augustin 2004.

272 San Gennaro de Poveri. Vgl. hierzu Karl August Mayer, *Neapel und die Neapolitaner: oder, Briefe aus Neapel in die Heimat*, Bd. 1, Oldenburg 1840, S. 100 ff.

273 1654 starben in Folge der Pest über zwei Drittel der Bevölkerung von Neapel.

274 Die in der 1. Hälfte des 14. Jahrhunderts gegründete Certosa di San Martino.

275 B. bezieht die Bemerkung auf seine eigene Sehschwäche.

276 Dieser Eremit hieß Claude Velene (?–1773). Vgl. Joseph Jérôme Le Français de Lalande, *Voyage d'un François en Italie, fait dans les années 1765 & 1766*, Yverdon 1769, S. 168: « ayant été obligé de quitter la France où il étoit dans le service, il se retira sur cette montagne vers 1750 ; il est mort en 1773, & il a été remplacé par un autre Picard qui avoit été perruquier & soldat. L'hermite reçoit les étrangers ; on trouve chez lui du vin, des fruits & quelques rafraîchissemens proportionnés à son état : Mais ceux qui ont envie d'y être bien traités, ont loin d'y faire porter des provisions ». („Nachdem er gezwungen war,

Frankreich zu verlassen, wo er im Dienst gestanden hat, zog er sich gegen 1750 auf diesen Berg zurück; er ist 1773 gestorben und wurde durch einen anderen Picard ersetzt, der Perückenmacher und Soldat gewesen war. Der Eremit empfängt die Fremden; man findet bei ihm Wein, Obst und einige Erfrischungen, die im Verhältnis zu seiner Lage stehen: Diejenigen jedoch, die gern gut bewirtet werden möchten, sollten besser ihre Vorräte mitbringen". Vgl. dazu David Mc Callam „Pique-niquer sur le volcan: une pratique culturelle de Winckelmann à Sade", *French Studies* (2009), 63 (3), S. 259–270.

277 Augustus John Hervey, 3rd Earl of Bristol (1724–1779), ein Marineoffizier, wurde im Oktober 1766 Sekretär seines Bruders Frederick Hervey, des zukünftigen 4. Earl von Bristol (1730–1830), er verweilte in Sizilien, bevor er 1767 Bischof of Cloyne wurde. 1768 wurde er Bischof von Derry. Er diente ab 1766 seinem Bruder, George William Hervey, 2nd Earl of Bristol (1721–1775), der Lord-Lieutenant von Irland war.

278 Raimondo VII. di Sangro, Fürst von Sansevero (1710–1771).

279 Vgl. hierzu *Dissertation sur une Lampe antique trouvé à Munich en l'année 1753. Ecrite par Mr. le Prince de St. Severe pour servir de Suite a la prémière partie de ses Lettres à Mr. l'Abbé Nollet à Paris*, Neapel 1756. Zum Fürsten von San Severo, vgl. Erdmannsdorff, *Journal*, S. 221.

280 Giovanni Carafa (1715–1768), 7. Herzog von Noja*. Die hier erwähnte Sammlung wurde 1769 vom König Ferdinand I. von Bourbon angekauft (siehe dazu Winckelmann, *Geschichte der Kunst des Alterthums*. Tl. 3, Bd. 4/3, 2008, S. 119).

281 Giovanni Maria Della Torre (1712–1782). Sein Werk *Storia e fenomeni del Vesuvio* (Neapel 1755) wurde 1760 vom Abbé Pétion übersetzt und unter dem Titel *Histoire et phénomènes du Vesuve* in Paris publiziert. Bei der zweiten, fehlerhaften Titelangabe meint B. wahrscheinlich *Nuove osservazioni intorno la storia naturale*, Neapel 1763.

282 Zu Portici, vgl. Erdmannsdorff, *Journal*, S. 216.

283 Zur Sedia, siehe die Beschreibung von Goethe: „Das Fuhrwerk der Vetturine, welches noch Sedia, ein Sessel, heißt, ist gewiß aus den alten Tragsesseln entstanden, in welchen sich Frauen, ältere und vornehmere Personen von Maultieren tragen ließen. Statt des hintern Maultiers, das man hervor neben die Gabel spannte, setzte man zwei Räder unter, und an keine weitere Verbesserung ward gedacht" (*Italienische Reise*. In *Werke* [Hamburger Ausgabe], Bd. 11: *Autobiographische Schriften*, 1998, S. 120).

284 Zu Paestum, vgl. Erdmannsdorff, *Journal*, S. 222 f.

285 Diese Episode in der Geschichte der Stadt Poseidonia geschah 510 v. Chr.

286 B. meint hier die Porta Sirena.

287 Diese Tempel wurden im 5. Jahrhundert gebaut. Vgl. hierzu Lutz Thomas, *Die Wiederentdeckung der Tempel von Paestum: ihre Wirkung auf die Architektur und Architekturtheorie besonders in Deutschland*, Freiburg 1987.

288 Der Travertin wird auch Antikmarmor genannt.

289 In seinem *Wörterbuch der deutschen Sprache* verweist z. B. Joachim Heinrich Campe auf folgende Verse von Justus Friedrich Wilhelm Zachariae (1726–1777): „feierlichen Stille verbunden zu sein pflegt. / Ein mächtiger

Schauer rauscht / Durch das erschrockne Thal", und von Johann Friedrich von Cronegk (1731–1758): „O, senkt euch herab von rauschenden Wipfeln, / Heilige Schauer, die ganz die Seele des Dichters empfindet", Bd. S-T, Braunschweig 1810, S. 87.

290 Erst gegen 1750 wurden diese Tempel wiederentdeckt. Einen großen Anteil an diesen Entdeckungen hatte Gabriel Martin Dumont (1721–1790), der 1769 folgendes Werk von John Berkenhout übersetze und edierte: *Les ruines de Paestum, autrement Posidonia, ville de l'ancienne grande Grèce, au Royaume de Naples: ouvrage contenant l'histoire ancienne & moderne de cette ville, la description & les vues de ses antiquités, ses inscriptions, &c. : avec des observations sur l'ancien Ordre Dorique.* Dumont reiste in Begleitung von Jacques-Germain Soufflot (1713–1780), dessen Rolle z.B. in den *Göttingischen Anzeigen von Gelehrten Sachen unter der Aufsicht der Königl. Gesellschaft der Wissenschaften* (Jg. 1768, S. 1052) hervorgehoben wird. Es ist nicht auszumachen, auf welche von beiden B. hier anspielt.

291 Zu Pompeji vgl. Erdmannsdorff, *Journal*, S. 224 ff.

292 Die Zerstörung von Pompeji fand Ende August 79 statt, zwei Monate nachdem Titus Flavius Vespasianus (39–81) Kaiser geworden war.

293 Roque Joaquín Alcubierre (1702–1780) fing im April 1748 mit systematischen Ausgrabungen in Pompeji an.

294 Der Isis-Tempel wurde im Dezember 1764 unter der Leitung von Francesco La Vega (?–1815) entdeckt. Vgl. Peter Hoffmann, *Der Isis-Tempel in Pompeji*, Hamburg 1991, S. 24.

295 Zur „mofetta", vgl. Erdmannsdorff, *Journal* S. 228.

296 Die Marchesa Tanucci war die Ehefrau von Bernardo Tanucci (1698–1783), der 1758 zum Vorsitzenden des Regentschaftsrats ernannt wurde.

297 Diese Anlage ist die älteste Festung von Neapel.

298 Bernardo Galiani. Er gab 1758 *L'Architettura di M. Vitruvio* heraus (Neapel).

299 B. verweist hier auf folgende Publikationen: *Johann Winckelmanns Sendschreiben von den Herculanischen Entdeckungen: an den Hochgebohrnen Herrn, Herrn Heinrich Reichsgrafen von Brühl*, Dresden 1762 und *Johann Winckelmanns Nachrichten von den neuesten Herculanischen Entdeckungen: an Hn. Heinrich Füssli aus Zürich*, Dresden 1764.

300 Vgl. dazu Stanislas d'Aloe, *Naples. Ses Monumens et Ses Curiosités. Avec un Catalogue détaillé du Musée Royal Bourbon*, Neapel 1856, S. 185. Zum Palast von Portici vgl. Erdmannsdorff, *Journal*, S. 217 f.

301 Vergils vollständiger Name war Publius Vergilius Maro.

302 Vgl. dazu Keyßler, *Neueste Reisen durch Deutschland*, Bd. 2, S. 836.

303 Vgl. dazu ebd., S. 840: „Kaum hundert Schritte von diesen nützlichen Schwitzgewölbern, findet sich eine kleine ohne Menschenhände gemachte Höhle, die unter dem Namen *Grotta del Cane* bekannt ist, weil man insgemein einen Hund erwählet, um daran die Proben der wunderwürdigen Wirkung dieser Höhle zu machen".

304 Vgl. dazu Erdmannsdorff, *Journal*, S. 232.

305 Zu Paestum, vgl. ebd., S. 222.

306 William Hamilton (1730–1803) war zwischen 1764 und 1799 Gesandter der englischen Krone in

Neapel und Isaac Jemineau seit 1763 Generalkonsul in Neapel.

307 In der Transkription steht irrtümlicherweise „vint bien“ für „veut bien“.

308 „Wenn Gott sich selbst ein Vergnügen bereiten möchte, geht er ans Fenster, sieht Neapel und genießt es.“

309 Als „Scuola di Virgilio“ bezeichnet man die Trümmer einer römischen Villa, die sich am Posillipo befindet. Vgl. dazu Erdmannsdorff, *Journal*, S. 234.

310 Zur Grotta della dragonara, einem ehemaligen Wasserreservoir, und zur „mofetta“ vgl. ebd., S. 87, 235.

311 Gemeint ist das als „Piscina mirabilis“ bekannte Wasserreservoir von Misenum. Vgl. hierzu ebd., S. 235.

312 Diese Verliese sind auch als „Carceri di Nerone“ berühmt.

313 Vgl. hierzu Erdmannsdorff, *Journal*, S. 237.

314 Dieser Tempel wurde im 5. Jahrhundert gebaut.

315 Ferdinand von Sizilien war zu dem Zeitpunkt erst 14 Jahre alt.

316 Domenico Cattaneo (1698–1782), Principe di San Nicandro.

317 „Lazzaroni“ ist eine abwertende Bezeichnung für die niedrigen Bevölkerungsschichten von Neapel. Der Begriff bezieht sich auf den aussätzigen Lazarus des Neuen Testaments (Lk 16,20–21).

318 „Ah no, Signora! L'impedisce di crescere.“ („Ah nein, meine Dame, es hindert ihn am Wachsen.“)

319 Zur Cocagna vgl. die Beschreibung von Goethe, *Italienische Reise*, S. 341: „Es sind verschiedene Tage im Jahr, besonders die Weihnachtsfeiertage, als Schmausfest berühmt; alsdann feiert man eine allgemeine Cocagna, wozu sich fünfhunderttausend Menschen das Wort gegeben haben. Dann ist aber auch die Straße Toledo und neben ihr mehrere Straßen und Plätze auf das appetitlichste verziert. Die Butiken, wo grüne Sachen verkauft werden, wo Rosinen, Melonen und Feigen aufgesetzt sind, erfreuen das Auge auf das allerangenehmste. Die Esswaren hängen in Girlanden über die Straßen hinüber; große Paternoster von vergoldeten, mit roten Bändern geschnürten Würsten; welsche Hähne, welche alle eine rote Fahne unter dem Bürzel stecken haben. Man versicherte, dass deren dreißigtausend verkauft worden, ohne die zu rechnen, welche die Leute im Haus gemästet hatten. Außer diesem werden noch eine Menge Esel mit grüner Ware, Kapaunen und jungen Lämmern beladen, durch die Stadt und über den Markt getrieben, und die Haufen Eier, welche man hier und da sieht, sind so groß, dass man sich ihrer niemals so viel beisammen gedacht hat. Und nicht genug, dass alles dieses verzehret wird: Alle Jahre reitet ein Polizeidiener mit einem Trompeter durch die Stadt und verkündet auf allen Plätzen und Kreuzwegen, wie viel tausend Ochsen, Kälber, Lämmer, Schweine usw. der Neapolitaner verzehrt habe. Das Volk hört aufmerksam zu, freut sich unmäßig über die großen Zahlen, und jeder erinnert sich des Anteils an diesem Genusse mit Vergnügen.

320 Felipe Antonio Infant von Spanien (1747–1777), Sohn des Königs Karl III.

321 Isaac Jemineau*. Vgl. Anm. 306.

322 Den ersten Teil dieser Sammlung wurde im Jahre 1772 dem englischen Parlament verkauft und ging in den Bestand des Britischen Museums über, das Hamilton später weiter großzügig beschenkte.

323 Catherine Barlow (1738–1782) heiratete 1758 Lord Hamilton.

324 (a) Wills Hill (1718–1793), 1st Marquess of Downshire, Earl of Hillsborough ab 1751.
(b) Lady Margaretta (?–1766), Tochter von Robert FitzGerald 19th Earl of Kildare (1675–1744).
(c) Samuel Sharp* (1700–1778).
(d) Siehe S. /81/.
(e) Die zwei ersten Bände von Lawrence Sternes (1713–1768) *Tristam Shandy* erschienen 1759, die sieben weiteren ab 1761.
(f) Vgl. z. B. die Urteile von Samuel Johnson oder Horace Walpole über Sterne in Alan B. Howes (Hg), *Laurence Sterne. The critical heritage*, 2. Aufl., London/New York 2002.
(g) Erst 1768 erschienen. Im Kapitel „Auf der Straße" wird Smelfungus so dargestellt; „Der gelehrte Smelfungus reiste von Boulogne nach Paris – von Paris nach Rom – und so weiter; aber er litt an Spleen und an der Gelbsucht, als er seine Reise begann, und folglich war alles, was er sah, verfärbt und verzerrt. – Er schrieb einen Bericht darüber, allein es war nur der Bericht über seine eigenen erbärmlichen Gefühle" (Laurence Sterne, *Yoricks Reise des Herzens durch Frankreich und Italien*, übers. von Helmut Findeisen, 2. Aufl., Leipzig 1968, S. 46). Mit „Smelfungus" bezeichnet B. sowohl hier als auch im Satz „Sein Smelfungus stellte einen weiteren Sonderling dar" Scharp wahrscheinlich wegen seines seltsamen Verhaltens.
(h) Es handelt sich entweder um die Komposition von Tommaso Bai (1636–1714) oder von Gregorio Allegri (1582–1652). Vgl. Franz Sales Kandler, *Über das Leben und die Werke des G. Pierluigi da Palestrina genannt der Fürst der Musik, Sängers, dann Tonsetzers der päpstlichen Kapelle, auch Kapellmeisters an den drei Hauptkirchen Roms. Nach den Memorie storico-critiche des Abbate Giuseppe Baini. Hrsg. mit einem Vorworte und mit gelegentlichen Anmerkungen von R. G. Kiesewetter*, Leipzig 1834, S. 197: „Vom J. 1714 bis 1767 theilten sich die beiden Miserere von Allegri und Bai in die Herrschaft in der päpstl. Kapelle, indem sie die von f. Anerio und Al. Scarlatti auf immer verdrängten".
(i) vgl. S. /125/.
(j) Eine solche Erwähnung ist nicht belegt.
(k) *Predigten*. Aus dem Englischen übersetzt, Zürich 1766. Der Originaltitel dieses Werks von Sterne lautet *The Sermons of Mr. Yorick*.
(l) Samuel Sharp, *Lettres from Italy*. London 1766.

325 Eigentlich war es seine Kopie des Gemäldes von Corregio L'Educazione di Cupido (1528). Vgl. Michael Symes: *Mr Hamilton's Elysium. The Gardens of Painshill*, London 2010, S. 53.

326 Das Klarissenkloster der Basilica di Santa Chiara. Vgl. *Encyclopédie méthodique: ou par ordre de matières: par une société de gens de lettres, de savans et d'artistes*, Bd. 2, Paris 1784, S. 432: « Le couvent de Sainte-Claire est le plus célèbre de Naples, & il est destiné à la noblesse. Il fut fondé par Robert, qui fut roi de Naples en 1309, & par la reine Sancia, son épouse. On y a vu jusqu'à 400 religieuses : il n'y en a guère que 150 aujourd'hui. Elles reçoivent compagnie, sans grilles intermédiaires, dans des pièces où l'on est assis à côté d'elles, sans aucune séparation : usage qui a lieu dans la plupart des Maisons religieuses de Naples », und Keyßler,

Neueste Reisen durch Deutschland, Bd. 2, S. 787: „In das dabey befindliche Kloster wird nur Frauenzimmer vom vornehmsten Adel des Landes aufgenommen. Das größte Nonnenkloster der Welt. Ihre Anzahl erstrecket sich ohne die Aufwärterinnen und Bedienten über dreyhundert und fünfzig, und leben sie in großer Freyheit".

327 In der Schlacht an den Kaudinischen Pässen im Jahre 321 v. Chr. besiegten die Samniten die römischen Legionen.

328 Diego d'Avalos (1697–1776), Marchese del Vasto e Marchese di Pescara.

329 Der 114 gebaute „Trajansbogen". Vgl. Erdmannsdorff, *Journal*, S. 236 f.

330 Siehe S. /80/.

331 Wahrscheinlich ein schwarzafrikanischer Diener in Dessau. (Nach damaliger Auffassung hatten Farbige – ebenso wie Tiere – keine Seele.)

332 Vermutlich der Bruder B.s Karl Franz von Berenhorst (1735–1804).

333 Die Villa Ruffinella (zu dieser Villa, vgl. Erdmannsdorff, *Journal*, S. 384, Anm. 576).

334 Der sogenannte „Antinoos Mondragone". Vgl. Johann Joachim Winckelmann, *Geschichte der Kunst des Alterthums*, Bd. 1, Wien 1776, S. 279: „Der schönste Kopf des Apollo, nach dem im Belvedere, ist ohne Zweifel der Kopf einer wenig bemerkten sitzenden Statue desselben, über Lebensgröße, in der Villa Ludovisi; und es ist derselbe eben so unversehrt als jener, und einem gütigen und stillen Apollo noch gemäßer".

335 Diese befindet sich nunmehr in den Sammlungen des Vatikans. Vgl. Charlotte Anne Eaton, *Rome, in the nineteenth century. Containing a complete account of the ruins of the ancient city, the remains of the middle ages, and the monuments of modern times*, Bd. 2, London 1827, S. 410.

336 Gemeint ist das im 13. Jahrhundert gegründete Kloster Santa Maria di Palazzuolo. Vgl. dazu Johann Joseph Ignaz von Döllinger, *Materialien zur Geschichte des fünfzehnten und sechzehnten Jahrhundert*, Regensburg 1863, S. 27).

337 Seit 1758 wohnten Passionistenmönche auf dem Monte Cavo.

338 Zu diesem Grab vgl. Erdmannsdorff, *Journal*, S. 245.

339 Zum Grabmal der Horatier und Kuriatier vgl. ebd., S. 243.

340 Vgl. ebd., S. 242.

341 Die Oreaden sind Nymphen bzw. Bergnymphen.

342 Vgl. zu diesem Emissarium Antoine Chrysostôme Quatremère de Quincy, *Dictionnaire historique d'architecture, comprenant dans son plan les notions historiques, descriptives, archaelogiques, biographiques, théoriques, didactiques et pratiques de cet art*, Paris 1832, S. 575 f. Zum Emissarium des Albaner-Sees, das im Jahr 355 Naturerscheinungen hervorrief, die die Römer irritierten, vgl. Titus Livius, *Römische Geschichte*, übers. von Konrad Heusinger, Braunschweig 1821, Buch V, 15.

343 Kardinal Domenico Silvio Passionei (1682–1761). B.s Bemerkung basiert auf der Beschreibung der Besuche beim Papst, die Volkmann, *Historisch-kritische Nachrichten von Italien*, Bd. 2, S. 700, liefert: „Diese Ceremonien werden von allen Fremden ungehindert angesehen. Als Benedict XIV. einstens das Fußwaschen verrichtete, und einige Fremde vorzüglich bemerkte, fragte er den Kardinal Paßionei, wer sie wären. Dieser antwortete mit seiner gewohnlichen Freymüthigkeit: Hei-

liger Vater, es sind Holländer, die nach Rom gekommen, um heute die Excommunication der Bulle in Coena Domini aus der ersten Hand zu holen, und nachgehends beym Bibliothekar des heiligen Stuhls (welches er selbst war) das Mittagsmahl einzunehmen".

344 Die Bulle *In coena Domini* ist Sammlung von Exkommunikationssentenzen, die jedes Jahr am Gründonnerstag verlesen wurde. Ab 1363, unter Papst Urban V. (1310–1370), diente sie der Verfluchung der Ketzer. Im Laufe der Jahrhunderte wurde sie regelmäßig überarbeitet. Erst 1770 verzichtete die Kirche unter Clemens XIV. (1705–1774) auf die Verlesung. B. verweist hier auf folgende Textstelle: „Und verbannen und verfluchen im Namen des allmächtigen Gottes des Vaters, des Sohnes und des heil. Geistes, auch unter dem Ansehen der seeligen Apostel Peters und Pauls und dem Unseligen, alle Hussiten, Wiclefiten, Lutheraner, Zwinglianer, Calvinisten, Hugenotten, Wiedertäufer, Trinitarier und Abgefallene vom christlichen Glauben, wie auch alle und jede andere Ketzer, wie sie auch heissen mögen, und von welcher Secte sie auch seyen [...]" und „Desgleichen verbannen und verdammen wir auch alle Seeräuber, Corsaren und Meerdiebe, welche auf unsern Meer streifen, besonders vom Berg Argentaro an, bis nach Terracina, und alle ihre Gönner, Beschützer und Vertheidiger". Vgl. *Zwo der berühmtesten päbstlichen Bullen In coena Domini und Unigenitus. Aus dem Lateinischen übersetzt*, o. O. 1781, S. 2.

345 Carlo della Torre di Rezzonico (1693–1769), Papst Clemens XIII. seit 1758.

346 B. verweist hier auf die erste Ausgabe des Werkes des Abbés Jérôme Richard, *Description historique et critique de l'Italie, ou Nouveaux mémoires sur l'état actuel de son gouvernement, des sciences, des arts, du commerce, de la population et de l'histoire naturelle*, Paris 1766.

347 Wortwörtlich „Vorabend". Zur Prima sera vgl. Johann Daniel Ferdinand Neigebauer, *Neuestes Gemälde Italiens, der jonischen Inseln und Maltas, oder Beschreibung der Lage, des Klimas, der Naturprodukte, Landeskultur, merkwürdigen Städte, Gegenden, Kunstwerke, Ruinen und Denkmäler*, Wien 1834, S. 399 f.: „Die Prima Sera wird im Winter im Palast irgend eines Großen zugebracht, wo am Ende einer langen erleuchteten Zimmerreihe die Signora Prinzipessa im weiten, nie geheizten Zimmer die Gäste empfängt. Der Caldarino (eine Art Kohlenbecken) wird, nachdem er der Dame des Hauses gedient hat, den ausgezeichnetsten Gästen angeboten, und muntere Gespräche füllen die Zeit bis zur Oper, oder bis die Spieltische einiger blos zu diesem Zweck geöffneten Häuser in Bereitschaft sind".

348 Dabei handelt es sich um eine Assemblee, zu der sowohl Einheimische als auch Fremde eingeladen wurden (zu „Conversazione", vgl. Carl Burney, *Tagebuch einer Musikalischen Reise durch Frankreich und Italien*, Bd. 1, Hamburg 1772, S. 188).

349 Vittoria Sforza (1742–1778), Ehefrau von Antonio Boncompagni Ludovisi Duca d'Arci. Vgl. Nicola Rati, *Della famiglia Sforza*, Rom 1794, S. 359.

350 Herzogin von Grillo, Schwester von Zuan Carlo Grimani und Ehefrau des Herzogs von Grillo. Vgl. hierzu Grete Klingenstein

(Hg.), *Europäische Aufklärung zwischen Wien und Triest: die Tagebücher des Gouverneurs Karl Graf von Zinzendorf 1776–1782*, Bd. 1, Wien 2009, S. 242.

351 Margherita Gentili Boccapaduli (1735–1826). Vgl. Paula Findlen, *Italy's eighteenth century. Gender and culture in the age of the grand tour*, Stanford 2009, S. 62.

352 Enea Silvio Piccolomini (1709–1768).

353 „Einige Denare".

354 Hier ist die Quelle sprachlich sehr unsicher.

355 Gemeint ist das Kapitolinische Museum, das Sixtus IV. (1412–1484) mit der Schenkung einer Sammlung von Skulpturen antiker griechischer und römischer Götter an die Stadt Rom 1471 stiftete. Zur Diogenes-Büste vgl. Wolfgang Helbig, *Führer durch öffentlichen Sammlungen klassischer Alterthümer in Rom*, Bd. 1: *Die vatikanische Skulpturensammlung; Die kapitolinische und Das lateranische Museum*, Berlin 1891).

356 Zu dieser Episode vgl. Johann Joachim Winckelmann, *Briefe*, hg. von Hans Diepholder und Walther Rehm, Bd. 4: *Dokumente zur Lebensgeschichte*, Berlin/Boston 1957, S. 255.

357 Teverone*. Gebräuchlich ist heutzutage der Name „Aniene", der allerdings bereits im 18. Jahrhundert verwendet wurde. Vgl. Keyßler, *Neueste Reisen durch Deutschland*, Bd. 1, S. 699.

358 Zu diesem Grab vgl. Aloys Ludwig Hirt, *Die Geschichte der Baukunst bei den Alten*, Bd. 2, Berlin 1822, S. 292 f.: „Tiefer unter Tivoli am Brande des Teverone, wo man den Fluss auf dem Ruin einer alten Brücke – *Pons Lucanus* – übersetzt, liegt das thurmartige Grabmal der Plautier. Seine geringere Zerstörung rührt daher, daß es im Mittelalter als Festung diente, um den dortigen Uebergang der Brücke zu beherrschen. Ueber einem viereckigen Untersatz erhebt sich ein runder Thurm in der Art, wie das Grabmal der Caecilia Metella an der Appischen Heerstraße, und ist, wie dieses, in Quadern von Travertin erbaut. Gegen die Seite des Weges springt über dem Sockel ein Vorbau in sechs Halbsäulen vor, zwischen welchen die Inscriptionstafeln von Marmor eingelassen sind […] Die mittelste trägt den Namen und die Würden des Erbauers. Es war M. Plautius Silvanus, Sohn des Marcus, wegen eines in Illyrien glücklich geführten Feldzuges erhielt er vom Senate die Ehrenzeichen des Triumphes, und war Consul, nämlich im Jahre 752 zugleich mit Augustus. Noch bemerken wir hierbei, daß Winkelmann *(Storia delle arti* tom. II. lib, XI. c. II. § 12. *Ed. fen.)* die Inschrift nicht genau las, und daß die Worte *VIXIT. Ann. IX*, sich nicht auf den Marcus, sondern auf den Aulus Plautius, den Sohn desselben, beziehen, der als ein Jüngling von 9 Jahren starb".

359 Caecilia Metella Cretica (ca. 100–69), Tochter von Quintus Caecilius Metellus Creticus.

360 Anton von Maron: *Ganzfiguriges Bildnis des Fürsten Leopold III. Friedrich Franz von Anhalt-Dessau* (1740–1817).

361 Vgl. Erdmannsdorff, *Journal*, S. 256.

362 Gemeint ist die Tiburtinische Sibylle.

363 Gaius Cilnius Maecenas (70–8). Vgl. Erdmannsdorff, *Journal*, S. 259 f.

364 Der Travertin ist ein poröser Kalkstein.

365 Horaz, *Carmina*, III 13, 1: „O fons Bandusiae, splendidior vitro, / dulci digne mero non sine flori-

bus" – „Dir, Bandusias Quel, klarer noch als Kristall, / wert des süßesten Weins, leuchtenden Blumenschmucks" (Horaz, *Werke in einem Band*, S. 75). Vgl. dazu Erdmannsdorff, *Journal*, S. 255.

366 Vgl. dazu Erdmannsdorff, *Journal*, S. 255 f.

367 Johann Joachim Winckelmann, *Schriften und Nachlaß*, Bd. 4: *Geschichte der Kunst des Alterthums*, Teil: 1: *Text: erste Auflage Dresden 1764, zweite Auflage Wien 1776*, hg. von Adolf H. Borbein, Mainz 2002, S. 798: „Unter andern Gebäuden sind die sogenannten hundert Kammern berühmt und sehenswürdig, in welchen die Kaiserliche Garde lag, welches Wohnungen waren, die keine Gemeinschaft eine mit den andern hatten, sondern vermöge eines hölzernen Ganges von außen, welcher durch eine Wache konnte besetzet und geschlossen werden".

368 Vgl. Carl Lamb, *Die Villa d'Este in Tivoli. Ein Beitrag zur Geschichte der Gartenkunst*, München 1966.

369 Zu diesen Inseln, vgl. Keyßler, *Neueste Reisen durch Deutschland*, Bd. 1, S. 703.

370 Dieses wurde während der Herrschaft von Trajan (53–117) im Jahre 103 gebaut.

371 Der Bau des Hafenbeckens fand unter Claudius (10–54) im Jahre 42 statt. Zu diesem Hafen vgl. Erdmannsdorff, *Journal*, S. 262.

372 Diese Festung wurde gebaut, um den *Portus Trajani*, der nunmehr als *Civitas Flavia Costantiniana Portuensis* oder als *Portus Romae* bezeichnet wurde, zu schützen.

373 Die Torre Boacciana. Vgl. dazu Erdmannsdorff, *Journal*, S. 262.

374 Carlo della Torre di Rezzonico (1693–1769), Papst Clemens XIII seit 1758.

375 Giovanni Battista Rezzonico (1740–1783), seit 1763 Großprior des Großpriorates von Rom des Souveränen Malteserordens.

376 Eigentlich hatte Clemens XIII. drei Neffen: Zu den zwei, die B. unten erwähnt, kam Lodovico Rezzonico hinzu.

377 Prospero Lorenzo Lambertini (1675–1738), ab 1740 Benedikt XIV. Dieser wegen seiner hohen Bildung bewunderte Papst sorgte dafür, dass die Grenzen der Sittlichkeit auf der Bühne beachtet wurden. Vgl. hierzu Ludwig von Pastor, *Geschichte der Päpste seit dem Ausgang des Mittelalters. Mit Benutzung des päpstlichen Geheim-Archives und vieler anderer Archive*, Bd. 16: *Geschichte der Päpste im Zeitalter des fürstlichen Absolutismus von der Wahl Benedikts XIV. bis zum Tode Pius' VI. (1740–1799)*, Freiburg im Br. 1931, S. 105 f.

378 Kardinal Carlo Rezzonico (1724–1799).

379 Abbondio Rezzonico* (1742–1810).

380 Luigi Maria Torreggiani* (1697–1777) war Kardinalstaatssekretär zwischen 1758 und 1769.

381 Die Flanqueure waren Reiter, die vor der Kavallerie operierend diese vor Überraschungsangriffen schützen sollten. Vgl. hierzu A. f. von Krohn: *Anweisung zur Bildung des Soldaten. Ein Beytrag zum innern Dienst*, Kiel 1815, S. 201 ff.

382 Vgl. S. /37/.

383 Vgl. zu diesem Abschnitt Erdmannsdorff, *Journal*, S. 265 ff.

384 Zu diesem Mosaik vgl. Erdmannsdorff, *Journal* sowie Johann Joachim Winckelmann, *Schriften und Nachlaß*, Bd. 4, Mainz 2006, S. 107

385 Vgl. dazu Erdmannsdorff, *Journal*, S. 207.

386 Das *Tribunal Rotae Romanae* ist ein 1331 gegründeter Appellationsgerichtshof. Giovanni Battista

de Pergen (1720–1807) war dessen Mitglied, bis er 1770 Bischof von Mantua wurde.

387 Die Skulptur des betrunkenen Herkules steht auf einem Konsoltisch im Schlafzimmer des Fürsten im Schloss Wörlitz.

388 Enea Silvio Piccolomini (1709–1768), Gouverneur von Rom und Vize-Camerlengo ab 1761. Im Herbst 1766 wurde er zum Kardinal ernannt.

389 Das Gemälde „Der Schiffbruch" von Claude Joseph Vernet (1714–1789) befindet sich im Schlafzimmer des Fürsten in Wörlitz.

390 „Sie müssen damit zufrieden sein."

391 „Diese Unglücklichen, die meisten von ihnen sterben an der französischen Krankheit." Als französische Krankheit wurde die Syphilis bezeichnet.

392 Georg Anton Benda (1722–1795) stand seit 1750 im Dienst des Herzogs Friedrich III. von Sachsen-Gotha (1699–1772), mit dessen Unterstützung er in den Jahren 1765/66 einige Monate durch Italien reiste. Vgl. dazu Wilhelm Hosäus, *Friedrich Wilhelm Rust und das Dessauer Musikleben 1766–1796*, Dessau 1882, S. 20–28.

393 Pietro Nardini (1722–1793).

394 Giovanni Francesco Albani (1720–1803), Kardinal ab 1747.

395 Fabrizio Serbelloni (1695–1775), Kardinal ab 1753.

396 Domenico Orsini, (1719–1789), Kardinal ab 1744.

397 Niccolò Oddi (1715–1769), Bischof von Traianopolis in Rhodope 1754, Kardinal erst ab September 1766.

398 Giuseppe Maria Feroni (1693–1767), Kardinal ab 1753.

399 Carlo Alberto Guidoboni Cavalchini (1683–1774), Kardinal ab 1763.

400 Orazzi Albani, Principe di Soriano al Cimino (1717–1792).

401 Principe Marcantonio IV. Borghese (1730–1800).

402 Matthäus Dominicus Baron de Saint-Odile* (1715–1775)

403 Graf Cyrill Grigorjewitsch Rasumowski* (1728–1803). Dank der Protektion durch Zarin Elisabeth (1709–1762) konnte er bereits 1753 Hetman von Kleinrussland werden, das er unter Zarin Katharina II. (1729–1796) jedoch 1764 verlor.

404 Nicolas Gabriel Leclerc* (1726–1798). Er wurde als Militärarzt von Rasumowski 1759 eingestellt, den er bei seinen Reisen begleitete. Ab 1770 ist er wieder in Russland tätig. Später publizierte er mehrere Bücher zu Russland: *Éducation morale et physique des deux sexes, pour les rendre aussi utiles aux autres qu'à eux-mêmes*, Besançon 1777 und *Histoire de la Russie ancienne et moderne*, 6 Bde., Paris 1783–1794 (zu Leclerc vgl. Jean-Pierre Poussou, *L'influence française en Russie au XVIIIe siècle*, Paris 2004, S. 267 ff.).

405 John Tylney, 2nd Earl Tylney* (1712–1784). Zum Grund seines Aufenthaltes in Florenz vgl. Johann Georg Krünitz, *Oeconomische Encyclopädie oder Allgemeines System der Land-Haus- und Staats-Wirthschaft*, Bd. 41, Berlin 1787, S. 166.

406 Der Bau dieser Straße wurde von den Cassiern im dritten Jahrhundert veranlasst.

407 Antonio Farnese (1679–1731) starb ohne Nachkommen, so dass die Linie der Farnese mit ihm ausstarb. Erbin wurde seine Schwester Elisabetta Farnese (1692–1766), die Philipp V. von Anjou (1688–1746), König von Spanien (1700–1746) sowie bis 1714 von Sizilien und Neapel, heiratete. Ihr Sohn Karl III. (1716–1788) war zwischen 1735 und 1759 König von Sizilien.

408 Vgl. z. B. De Rogissart, *Les Délices de l'Italie, ou description exacte de ce pays, de ses principales villes, et de toutes les raretez, qu'il contient*, Bd. 1, Paris 1707, S. 330 ff., Keyßler, *Neueste Reisen durch Deutschland*, Bd. 1, S. 418, J. de Blainville, *Reisebeschreibung durch Holland, Oberdeutschland und die Schweiz, besonders aber durch Italien*, Bd. 2/3, S. 543 ff.

409 Dieses Bild konnte auch im Buch von Mario Praz, *Il Palazzo Farnese di Caprarola*, Turin 1981 nachgewiesen werden.

410 Rosa von Viterbo (1233–1252).

411 Johannes Fugger (?–1110). Zu dieser Anekdote vgl. Jérôme Richard, *Description historique et critique de l'Italie: ou Nouveaux mémoires sur l'état actuel de son gouvernement, des sciences, des arts, du commerce, de la population & de l'histoire naturelle*, Bd. 3, Paris, S. 344: « Dans l'ancienne église de *San Flaviano* est une tombe plate, sur laquelle est gravée une figure, dont les ornemens ressemblent à ceux d'un évêque ou d'un abbé, avec cette inscription autour ... *Est, est, est propter nimium est Johannes de Foucris, dominus meus, mortuus est* Ce Jean de Foucris étoit un Allemand d'Ausbourg, qui voyageant en Italie, envoyoit dans toutes les villes où il devoit s'arrêter, un de ses domestiques, qui goûtoit le vin des cabarets, & qui écrivoit fur la porte de celui où il avoit trouvé le meilleur, le mot *est*. Etant arrivé à Montefiascone, il trouva le vin du pays si bon, qu'il écrivit trois fois le mot *est* fur la porte. Le maître fut du goût du valet, & but tant de vin, qu'il en mourut fans aller plus loin. Le cabaret où cette aventure est arrivée, subsiste encore, & a pour enseigne un gros homme à table, avec cette inscription: *est, est, est* » („In der alten Kirche San Flaviano gibt es ein flaches Grabmal, auf dem ein Figur eingraviert ist, deren Zierrat dem eines Bischofs oder Abbés ähnelt, mit dieser Inschrift um das Grabmal herum ... Est, est, est propter nimium est Johannes de Foucris, dominus meus, mortuus est. Dieser Jean de Foucris war ein Deutscher aus Augsburg, der, als er durch Italien reiste, einen seiner Diener in alle Städte schickte, in denen er Halt machen wollte. Dieser verkostete den Wein der Schänken und schrieb an die Tür desjenigen, bei dem er den besten gefunden hatte, das Wort *est*. Als er in Montefiascone angekommen war, fand er den Landwein der Gegend so gut, dass er drei Mal das Wort *est* an die Tür schrieb. Der Herr hatte den Geschmack des Dieners und trank so viel Wein, dass er daran starb, ohne weiterzureisen. Die Schänke, in der sich dieses Abenteuer, dieser Vorfall ereignete, gibt es noch und hat als Zeichen einen dicken Mann am Tisch mit dieser Inschrift: *est, est, est*").

412 Hier spricht B. vom „Blut", was als Rasse, Geschlecht u. ä. zu verstehen ist.

413 B. zitiert „friandes, dignes de la bouche d'un roi". Das Originalzitat von La Fontaine heißt dennoch: „Ayant trouvé telle de nos Rémoises / Friande assez pour la bouche d'un roi." Zit. nach Jean de La Fontaine, *Contes*, Bd. 2, Paris 1969, S. 97. (Die Originalausgabe erschien unter dem Titel *Contes et Nouvelles en Vers*, 1664 ff.)

414 Vgl. dazu Keyßler, *Neueste Reisen durch Deutschland*, Bd. 1, S. 406: „Gedachte Akademie ist anitzt in schlechtem Zustande, und erstrecket sich die Anzahl derer auf selbiger studirenden Deutschen nicht über zehn bis zwölfe". Dieser

Verfall setzte allerdings erst ab der Mitte des 18. Jahrhunderts ein. Vgl. dazu Mathis Leibeseder, *Die Kavalierstour. Adelige Erziehungsreisen im 17. und 18. Jahrhundert*, Köln/Weimar 2004, S. 28f.

415 La Branda. Dazu schreibt Keyßler (*Neueste Reisen durch Deutschland*, Bd. 1, S. 407): „Platz, der unter Wasser gesetzt werden kann. Der vor demselben sich befindende große Platz, so *la Branda* genennet wird, gleicht einer Schüssel oder vielmehr einer Muschel, und kann (wie man vorgiebt) bey Feuersgefahr, oder wenn man Schauspiele mit kleinen Schiffen geben wollte, vermittelst der vielen Brunnen, die man in der Stadt antrifft, unter Wasser gesetzt werden."

416 Die Cattedrale di Santa Maria Assunta (13.–14. Jahrhundert). Vgl. dazu ebd.: „Unter den geistlichen Gebäuden ist die bischöfliche Kirche das vornehmste. Ihr Mauerwerk besteht sowohl außen als innen aus weißem und schwarzem Marmor, welche schicht- oder lagenweise mit einander abwechseln".

417 Katharina von Siena (1347–1380). B.s Bemerkung spiegelt die distanzierte Position der Aufklärer zur mystischen Vermählung Katharinas. Vgl. z.B. Voltaire: *Dictionnaire philosophique portatif*, Bd. 1, London 1764.

418 Zur Beschreibung dieses Hauses, vgl. Keyßler, *Neueste Reisen durch Deutschland*, Bd. 1, S. 410.

419 Bartolomeo Neroni, genannt Riccio (1505–1571)/Arcangelo Salimbeni (1536–1579): *Nozze mistiche di Santa Caterina* (1578).

420 Bereits Keyßler (*Neueste Reisen durch Deutschland*, Bd. 1, S. 333) stellte zur Universität Pisa fest: „Die im Jahre 1339 aufgerichtete Universität ist gleichfalls in schlechtem Stande, ob es gleich weder an Stiftungen und Collegiis, noch an Professoren, welche der Großherzog ernennet, fehlet".

421 Auch diese Bemerkung B.s basiert auf Keyßler (ebd., S. 340): „In der Stadt sind drey Brücken über den Arno, worunter die mittelste die schönste und von Marmor aufgeführet ist. Das gemeine Volk der beyden Theile der Stadt hält jährlich einen Kampf auf derselben, wie zu Venedig auf der Brücke bey St. Barnaba zwischen den Castellani und Nicoloti sonst vorzufallen pflegete, und auf solchen Streit zielet die Inscription, welche an dem zweyten Pfeiler von der Brücke zu Pisa in folgenden Worten eingehauen ist".

422 Gemeint ist der Palazzo Reale (14. Jahrhundert).

423 Dom Santa Maria Assunta.

424 Auch diese Information stammt von Keyßler (*Neueste Reisen durch Deutschland*, Bd. 1, S. 336): „Außerhalb der Domkirche steht auf einer Seule eine große Urne oder weißmarmornes Gefäß, so einem Bluhmentopfe nicht unähnlich, und mit guten *bas-reliefs* versehen ist. Ob es zu Verwahrung der Asche von verbrannten Leichen oder zu anderm Gebrauche gedienet, ist ungewiß, weil die darunter befindliche Nachricht zu neu ist, als daß man ihr völligen Glauben beymessen könnte. Es ist solche aber in folgenden Worten verfasset: *Questo e il Talento, che Cesare Imperatore diede a Pisa, col quale si misurava lo censo che a lui era dato*".

425 Beatrix von Lothringen (1017–1076).

426 Mathilde von Tuszien (ca. 1046–1115), Markgräfin von Canossa.

427 Hildebrand von Soana (ca. 1020–1085), ab 1073 Gregor VII. Beatrix und ihr Mann, Gottfried III. der Bärtige, unterstützten Gregor VII. während des Investiturstreits.

427[a] Die Transkription „Si je suivis“ ist offenbar fehlerhaft. Vielmehr müsste „survis“ stehen.

428 Gemeint ist das Viertel *Venezia Nuova*.

429 Die Fortezza Vecchia, die Quadratura dei Pisani und die Fortezza Nuova.

430 Filippo Bourbon del Monte (1708–1780), Gouverneur von Livorno ab 1757.

431 John Dyck (1720–1804). Vgl. zu ihm Johann Joachim Winckelmann, *Werke*, Bd. 1: *Geschichte der Kunst des Altertums*, Dresden 1839, S. 468.

432 Leopold II. (1747–1792), seit 1765 Großherzog der Toskana und María Ludovica von Spanien (1745–1792), seit dem gleichen Jahr Frau von Leopold.

433 Abbé Richard: *Description historique et critique de l'Italie Ou nouveaux Mémoires sur l'état actuel de son Gouvernement; des Sciences, des Arts, du Commerce, de la Population & de l'Histoire Naturelle*, Bd. 3, Dijon/Paris 1766, S. 273 f.: « La synagogue des Juifs est une des plus belles de l'Europe ; elle est bâtie en quarré long avec des bas-côtés soutenus par des colonnes d'assez belle proportion : au-dessus est une galerie grillée, où se placent toutes les femmes ; elles y montent par deux escaliers qui font dans le vestibule de la synagogue. Au milieu de la nef est une tribune bâtie de marbres choisis, avec des pupitres de même. A chaque angle font quatre grands chandeliers d'argent à sept branches ; c'est-là que se placent les chantres & les rabbins. Au fond de la nef, vis-à-vis de la tribune, est une espèce de sanctuaire séparé de la nef par un grand rideau, dans lequel est une très – grande armoire, où sont enfermés les différens volumes de l'écriture sainte, qui servent aux rabbins & aux chantres ; ils sont conservés avec autant de soin que de respect, enveloppés des plus riches étoffes, recouverts de couronnes d'argent & d'autres ornemens à l'usage des Juifs. J'ai remarqué un des volumes principaux, celui qui sert aux fêtes solennelles, qui étoit garni par le bas de grenades & de clochettes d'argent, dans le même goût que celles que le grand prêtre portoit autrefois au bas de sa robe. Ces clochettes se font entendre quand on déploie le sacré volume, & tiennent toute l'assemblée dans le plus grand respect. Toutes les bibles que j'ai vu dans ce sanctuaire, sont des rouleaux d'une belle écriture, Mais peu ancienne. Entre les colonnes qui soutiennent les bas-côtés, sont suspendues d'espace-en espace de très-grosses lampes d'argent, qui servent à éclairer la synagogue » („Die Synagoge der Juden ist eine der schönsten Europas. Sie ist in Form eines länglichen Rechtecks gebaut und hat Seitenschiffe, die durch Säulen von ziemlich schönen Proportionen gestützt werden: Oben gibt es eine vergitterte Galerie, in der alle Frauen sitzen. Sie steigen über zwei Treppen nach oben, die sich im Vorraum der Synagoge befinden. In der Mitte des Schiffes befindet sich eine Tribüne aus ausgewähltem Marmor mit Pulten aus selbigem. In jeder Ecke gibt es vier große, silberne Kerzenständer mit sieben Armen. Dort sitzen die Vorsänger und die Rabbiner. Hinten im Schiff, der Tribüne gegenüber, gibt es eine Art Altarraum, der vom Schiff durch einen großen Vorhang abgetrennt ist. Dort steht ein großer Schrank, in dem die verschiedenen Bände der Heiligen Schrift eingeschlossen sind, die den Rabbinern und den Vorsängern dienen. Sie sind mit

ebenso viel Sorgfalt wie Respekt gehütet, in die edelsten Stoffe gewickelt, mit Silberkronen und anderen den Juden dienenden Zierstücken bedeckt. Mir fiel einer der Hauptbände auf, derjenige der zu weihevollen Feierlichkeiten dient, der unten durch Granatäpfel und silberne Glöckchen verziert war, im gleichen Stil wie die, die der Großpriester damals unten an seiner Robe trug. Diese Glöckchen hört man, wenn man den Heiligen Band aufschlägt und sie halten die Versammelten im größten Respekt. Alle Bibeln, die ich in diesem Altarraum gesehen habe, sind Schriftrollen mit einer schönen Schrift, aber sie sind nicht sehr alt. Zwischen den Säulen, die die Seitenschiffe stützen, hängen sehr große Silberlampen, die die Synagoge beleuchten").

434 *Sanctum officium* ist eine gängige Bezeichnung für die Kongregation der Inquisition.

435 Gemeint sind die San-Giuliano-Termen. Die bereits in der Antike als *Acque pisanae* bekannten Termen wurden während der Herrschaft von Franz Stephan von Lothringen, Großherzog der Toskana ab 1737, restauriert.

436 Déodat-Emmanuel de Nay, Comte de Richecourt (1694–1768) war zwischen 1749 und 1757 Mitglied des Regentschaftsrats in der Toskana. Zu Richecourt vgl. Renate Zedinger, *Franz Stephan von Lothringen (1708–1765). Monarch, Manager, Mäzen*, Wien 2008, S. 161 f.

437 Diese Brücken heißen *il Ponte alla Carraia*, *il Ponte di S. Trinità*, *il Ponte Vecchio*, und *il Ponte alle Grazie* (nach Keyßler, *Neueste Reisen durch Deutschland*, Bd. 1, S. 403).

438 Dieser Palast wurde 1458 nach Plänen von Filippo Brunelleschi (1377–1446) von der Kaufmannsfamilie Pitti erbaut bzw. angefangen; bereits 1468 wurden die Arbeiten aus finanziellen Gründen eingestellt. 1549 ging er in den Besitz Cosimos de Medici (1519–1574), der 1569 Großherzog der Toskana wurde, über, der unter der Leitung von Giorgio Vasari (1511–1574) zahlreiche Veränderungen vornehmen ließ.

439 Für eine Auflistung der besten dort bewahrten Gemälde vgl. Keyßler, *Neueste Reisen durch Deutschland*, Bd. 1, S. 370 f.

440 Das nach Plänen von Bernardo Buontalenti (1531–1608) errichtete Forte di Belvedere (16. Jahrhundert).

441 B. schreibt hier „tables", was sowohl „Tafel" als auch „Tisch" bedeuten könnte. Angesichts des Kontextes handelt es sich jedoch wahrscheinlich um Altäre.

442 Zum Boboli-Garten vgl. Keyßler, *Neueste Reisen durch Deutschland*, Bd. 1, S. 372 f.

443 Möglicherweise die Villa di Poggio Imperiale.

444 Von Cosimo I. de Medici ursprünglich als Verwaltungsgebäude geplant, wurden die Uffizien von seinem Nachfolger Francesco (1541–1587) zu einem Museum umfunktioniert.

445 B schreibt hier „ouvrages […] de piètre commesse". „commessi in pietre dure" bezeichnen Einlegearbeiten aus hartem Stein. Vgl. die abweichende Meinung Keyßlers zu solchen Arbeiten in *Neueste Reisen durch Deutschland*, Bd. 1, S. 353: „Florentinische Arbeit. Insbesondere wird hier an den Stücken von zusammen gesetzten Edelgesteinen und kostbarem Marmor, so die Natur und Gemälde aufs wunderbarste nachahmen, gearbeitet". Zu dem Altar von San Lorenzo schreibt er: „Kostbarer Altar. Es ist solches zwar noch nicht völlig

fertig, indessen aber doch schon von dergleichen Schönheit und Kostbarkeit an Edelgesteinen und florentinischer Arbeit, daß man sich über den Pracht dieses Werkes höchlich verwundern muß" (ebd., S. 369).

446 Vielleicht meint B. hier u.a. den *Bacchus* (vgl. Keyßler, *Neueste Reisen durch Deutschland*, Bd. 1, S. 557) sowie den *Brutus* (vgl. August Jean Boyer d'Agen, *Michel Ange. Les sculptures*, Paris 1900, S. 4, 14).

447 Bei seiner danach folgenden ausführlichen Beschreibung des Kabinetts der Hermaphroditen rekurriert B. auf traditionelle Kategorien bei der Bestimmung der Erscheinungsformen der Venus: *Urania* (himmlisch), *Pandemos* (vulgär, allen zugänglich) *Pontia* (der Meere) oder *Victrix* (siegreich). B. vermischt hier offenbar Werke aus der Tribuna und aus dem Aphroditenkabinett (für eine Liste der in diesem Kabinett ausgestellten Werke vgl. *Galerie Royale de Florence von Galleria degli Uffizi*, Florenz 1850, S. 126ff.).

448 Sie gilt als die im 1. Jahrhundert v. Chr. hergestellte Kopie einer Bronzestatue.

449 Vgl. Keyßler zu solchen Arbeiten in *Neueste Reisen durch Deutschland*, Bd. 1, S. 354ff.
«ho veduto tutto porce uscierei di lo letto» („Ich habe alles gesehen, warum sollte ich aus meinem Bett raus?"); «Puo essere ma sto anche bene in casa Pitti» („Kann sein, aber ich fühle mich auch im Hause Pitti wohl"); «Povretto! vorrebbe esser vino» („Der Arme! Er wäre gerne Wein.").

450 Satiro col kroupèzion. Kopie eines Originals aus dem 2. Jahrhundert.

451 B. nennt ihn den „Rotator". Andere Bezeichnung sind auch der Arrotino oder der Skythe (1. Jahrhundert v. Chr.).

452 Vom 1. Jahrhundert datierte Kopie eines Originals aus dem 3. Jahrhundert v. Chr.

453 Vgl. hierzu Keyßler, *Neueste Reisen durch Deutschland*, Bd. 1, S. 360f.

454 Vgl. dazu Wolfram Prinz u. a., *Die Sammlung der Selbstbildnisse in den Uffizien*, Berlin 1971.

455 Anton Raphael Mengs (1728–1779)

456 Erst 1773 gab Mengs den Uffizien sein Selbstbildnis.

457 Das Teatro della Pergola.

458 Eine Burletta ist eine kleine komische italienische Oper.

459 Kathedrale Santa Maria del Fiore. Vgl. Keyßler, *Neueste Reisen durch Deutschland*, Bd. 1, S. 375f.

460 Sie ist unter dem Namen „Biblioteca Medicea Laurenziana" bekannt.

461 Zu diesem Manuskripts der *Aeneis*, vgl. Keyßler, *Neueste Reisen durch Deutschland*, Bd. 1, S. 387.

462 1523 war Michelangelo vom zukünftigen Papst Clemens VII. (1478–1534) mit der Anfertigung der Pläne für diese Bibliothek beauftragt worden. Den tatsächlichen Bau leitete er jedoch nicht.

463 Die Neue Sakristei (*Sagrestia Nuova*), die in den Jahren 1520–1527 bzw. 1530–1534 errichtet wurde.

464 Gemeint ist die Fürstenkapelle. Sie wurde 1605 angefangen.

465 Mit dem Tod von Gian Gastone de' Medici (1671–1737) endete die Dynastie der Medici.

466 Vgl. dazu Keyßler, *Neueste Reisen durch Deutschland*, Bd. 1, S. 384.

467 Die heutige Piazza della Signoria.

468 Gemeint ist der *Raub der Sabinerinnen* von Jean de Boulogne alias Giambologna (1529–1608). B. verweist hier auf Keyßler, *Neu-*

este Reisen durch Deutschland, Bd. 1, S. 352: „Alles Lob aber übersteigt das nahe dabey befindliche *Gruppo*, auf welchem eine erschrockene Sabinerinn von einem jungen muntern und über seiner erhaltenen Beute höchst erfreueten Römer weggetragen wird, unterdessen daß der Vater der entführten Person zur Erde geworfen liegt, und aus seinem Gesichte Schmerzen, Zorn und Rache lesen läßt. Der Raub des sabinischen Frauenzimmers ist an den *bas-reliefs* des Piedestal ausgedrückt, und das ganze Werk machet seinem Meister Giov. Bologna viel Ehre", bzw Abbé Richard, *Description historique et critique de l'Italie*, Bd. 3, S. 99 f. « Le troisiéme est de Jean de Bologne ; il est en marbre, composé de trois figures qui représentent un Romain qui enleve une Sabine ; aux pieds du Romain est un vieillard abattu qui paroît être le pere de la jeune femme enlevée, & qui fait d'inutiles efforts pour arrêter le ravisseur ; la colere *ou* la douleur sont bien exprimées sur son visage ; les mouvemens du soldat Romain sont vigoureux ; son aspect a de la fierté & une sorte de fureur que lui inspirent la résistance qu'il éprouve, & la force qu'il faut qu'il emploie pour enlever la femme qu'il soutient en l'air, & se débarrasser en même temps du vieillard qui veut l'arrêter ; la jeune femme est d'une taille légere & agréable ; l'effroi & la crainte sont marqués par les traits de son visage ; ces passions alterent sa beauté, Mais ne la détruisent point. Ce groupe excellent réunit une belle représentation des trois âges de la vie, de la jeunesse, de l'âge viril & fort, & de la foible vieillesse [...]. La base sur laquelle il est placé est ornée d'un bas-relief en bronze, qui représente l'histoire entiere de l'enlevement des Sabines » („Das dritte ist von Jean de Bologne. Es ist aus Marmor, es besteht aus drei Figuren, die einen Römer darstellen, der eine Sabinerin entführt; zu Füßen des Römers liegt ein niedergeschlagener Alter, der der Vater der jungen entführten Frau zu sein scheint und der unnütze Anstrengungen unternimmt, um den Entführer aufzuhalten. Die Wut oder der Schmerz kommen auf seinem Gesicht gut zum Ausdruck. Die Bewegungen des römischen Soldaten sind kräftig. Sein Aussehen vereint Stolz und eine Art Wut, welche die Widerstandsfähigkeit, die er spürt, in ihm hervorruft, und die Kraft, die er aufwenden muss, um die Frau zu entführen, die er in der Luft hält und sich gleichzeitig von dem Alten zu befreien, der ihn aufhalten will. Die junge Frau ist von leichter und angenehmer Gestalt. Das Entsetzen und die Angst zeigen sich durch ihre Gesichtszüge. Diese Empfindungen beeinträchtigen ihre Schönheit, aber zerstören sie nicht. Diese ausgezeichnete Figurengruppe vereint ein schöne Darstellung der drei Lebensalter: der Jugend, der Männlichkeit und Stärke und des schwachen Alters. Der Sockel, auf dem sie steht, ist mit einem Flachrelief aus Bronze verziert, das die ganze Geschichte des Raubes der Sabinerinnen zeigt").

469 Lucien de Samosaste, *Les Amours*, übers. von Nicolas Perrot d'Ablancourt, Bd. 1, Paris 1664, S. 481 f.: « Du reste, l'industrie de l'Artisan s'estoit efforcée de surmonter la matière ; si bien que la dureté' du marbre exprimoit les traits les plus délicats d'un si beau corps. A ce spectacle, Caridés s'écria comme hors de soy : O Mars,

mille fois heureux, d'avoir esté surpris couché avec cette Déesse [Venus], & qui plus est, lié avec elle par des chaînes qui ne se pouvoient rompre. [...] Cependant, Callicratidas demeuroit froid & pensif : Mais comme le Sacristain nous eut fait entrer par une fausse porte, qui estoit de l'autre costé, pour voir la statue de toutes parts, il s'écria plus fort que Caridés : Dieux ! que ces épaules sont bien tournées ! ces flancs charnus ! ce derrière ni trop gros ni trop petit ! ces cuisses pleines si bien proportionnées avec la jambe ! Tel dans le Ciel, Ganymede, verse le Nectar à Jupiter. Car pour moy, je ne voudrais pas prendre le verre de la Main d'Hebé. A ces mots, qu'il prononça comme en fureur, Caridés demeura tout immobile, & laissa couler des larmes, soit de compassion, ou de dépit. En suite, ayant aperceu quelque tache à la cuisse de la Déesse, qui paroissoit d'autant plus, que le reste estoit d'un marbre blanc tres poly, je creus que c'estoit un défaut delà pierre, comme il arrive assez souvent, veu que les plus grandes beautez même ne sont pas sans quelque légère imperfection qui en rehausse l'éclat, au lieu de le diminüer ; & admiray l'adresse de l'ouvrier, d'avoir sceu cacher ce défaut en un endroit où il n'estoit pas si incommode. Mais le Sacristain, ou plutôt la Sacristine, car on tient que c'est une femme, nous fît un discours qui nous étonna. Elle nous dit qu'un jeune homme d'illustre naissance, Mais dont l'infamie a fait perdre le nom poussé de quelque mauvais génie, vint à s'embraser de l'amour de cette statue. Il passoit donc tout le jour dans le Temple à la contempler, ayant toûjours les yeux fichez sur elle, & murmuroit tout bas des plaintes amoureuses, comme pour exhaler son feu, & adoucir le tourment qu'il enduroit » („Ansonsten hat sich die Geschicklichkeit des Künstlers bemüht, das Material zu überbieten, so gut, dass die Härte des Marmors die feinsten Züge eines so schönen Körpers zum Ausdruck bringt. Bei diesem Schauspiel rief Carides außer sich aus: ‚Oh Mars, tausend Mal glücklich bin ich, mit dieser Göttin (Venus) liegend überrascht worden zu sein und noch dazu durch Ketten mit ihr verbunden, die sich nicht zerschlagen lassen.' Callicratidas jedoch blieb kalt und nachdenklich: aber da uns der Sakristan durch eine falsche Tür, die auf der anderen Seite war, hat eintreten lassen, um die Statue von allen Seiten zu sehen, schrie er lauter als Carides: ‚Gott! Wie sind die Schultern wohlgestaltet! Diese üppigen Hüften! Dieses nicht zu große und nicht zu kleine Hinterteil! Diese vollen wohlproportionierten Schenkel! Ganymed, schenke Jupiter den Nektar ein. Denn was mich betrifft, so würde ich nicht das Glas aus der Hand Hebes nehmen wollen.' Bei diesen Worten, die er wie in Wut aussprach, blieb Carides völlig regungslos und ließ die Tränen fließen, sei es aus Mitgefühl oder aus Verdruss. Dann, nachdem er einige Flecken auf dem Schenkel der Göttin bemerkt hatte, die umso mehr hervorstachen als der Rest aus weißem, glattem Marmor war, ich glaube, es war ein Fehler des Steins, wie er ziemlich häufig vorkommt, angesichts der Tatsache, dass selbst die größten Schönheiten nicht ohne einige kleine Unvollkommenheiten sind, die den Glanz erhöhen, statt ihn zu mindern und bewunderte die Geschicklichkeit des Arbeiters, den Fehler an einer Stelle versteckt zu haben, wo er nicht so unangenehm war. Aber der Sakristan oder eher die Sakristanin, weil wir glauben, dass es eine Frau war, hielt uns einen Vortrag, der uns überraschte. Sie sagt uns, dass ein junger Mann erlauchter Herkunft, der aber wegen Ehrlosigkeit seinen Namen verloren hat, in Liebe zu dieser Statue erglühte. Er kam also jeden Tag in den Tempel, um sie zu bewundern, er starrte sie an, murmelte Liebesklagen, wie um sein inneres Feuer auszuströmen und die Pein zu mildern, die er erduldete").

470 Bei seiner Beschreibung des Mausoleums von Paul III. vermerkt Keyßler (*Neueste Reisen durch Deutschland*, Bd. 1, S. 561): „Mit der andern Statue aber, welche die Religion abbildet, und an welcher man sonderlich den Kopf bewundert, hat es eine ganz andere Bewandniß; indem sie als eine junge wohlgewachsene und wollüstige Weibsperson in einer solchen Lage vorgebildet ist, daß einsmals ein Spanier nach dem Exempel Pigmalions sich in ihre Schönheit verliebet, und als er sich in die Kirche verschließen lassen, in solchen Unternehmungen betroffen worden, welche ihm an andern Orten den Kopf würden gekostet haben, hier aber nicht so genau genommen wurden, weil er dem Kardinal Caraffa zugehörte oder in dessen Diensten stund".

471 Gemeint ist der Parco delle Cascine.

472 Dieser Triumphbogen wurde nach Plänen von Jean Nicolas Jadot (1710–1761) eigentlich 1739 fertiggebaut. Vgl. Renate Zedinger, *Franz Stephan von Lothringen (1708–1765). Monarch, Manager, Mäzen*, Wien/Köln/Weimar 2008, S. 133).

473 „Gehen wir zur Porta San Gallo, um einen Schluck Fiesionaler Luft zu schnappen".

474 Palazzo Gerini Palazzo (im 15. Jahrhundert errichtet und im 17. Jahrhundert stark umgebaut) und Palazzo Medici Riccardi (15. Jahrhundert).

475 Leopold II. (1747–1792), Erzherzog von Österreich und ab 1765 als Peter Leopold Großherzog von Toskana.

476 María Ludovica von Spanien (1745–1792).

477 In der *Servante Justifiée* heißt es: « Elle étoit fille à bien armer un lit / Pleine de suc, & donnant appetit » (La Fontaine, *Contes*, Bd. 2, S. 53).

478 Antoniotto Botta Adorno (1688–1774). Zwischen 1757 und 1765 leitete er die Staatsgeschäfte in der Toskana.

479 Tatsächlich zog sich Botta erst Ende September 1766 zurück. Vgl. *Indication sommaire des réglemens et loix de son altesse royale l'archiduc Léopold, grand duc de Toscane (1765–1778)*, Brüssel 1769, S. 22.

480 Friedrich Eugen Herzog von Württemberg (1732–1797) hatte zwischen 1753 und 1769 das Kommando über das „Preußische Dragoner-Regiment Herzog von Württemberg".

481 Antonio di Filippo di Lorenzo Niccolini (1701–1769).

482 Horace Mann* (1701–1786) war seit 1740 britischer Gesandter in Florenz. Vgl. *L'Italia del secondo Settecento nelle relazioni segrete di William Hamilton, Horace Mann e John Murray, a cura di Gigliola Pagano De Divitiis,* Neapel 1997.

483 Clarice Minerbetti (1727–?). Zu Minerbetti vgl. Samuel Sharp, *Letters from Italy, describing the customs and manners of that country, in the years 1765 and*

1766. To which is annexed, An admonition to gentlemen who pass the Alps, in their tour through Italy, 2. Aufl., London 1767, S. 253 ff.

484 George Nassau Clavering-Cowper, 3rd Earl Cowper* (1738–1789).

485 Margaret Shirley, 15th Baroness Clinton (1709–1781), Mutter von George Walpole, 3rd Earl of Orford (1730–1791).

486 B. zitiert hier aus der 1762 uraufgeführten komischen Oper *Le Roi et le fermier* von Michel-Jean Sedaine (1719–1797) und Pierre-AlexandreMonsigny(1729–1717): « Est-il une félicité comparable à la volupté / D'un souverain qui peut se dire: / Tout ce que le Ciel m'a soumis, / Tous les sujets de mon empire / Sont mes enfants et mes amis » (I, 12).

487 Zu Bottas schwieriger Lage nach der Übernahme der Herrschaft durch Leopold vgl. Adam Wandruzka, *Leopold II. Erzherzog von Österreich, Großherzog von Toskana, König von Ungarn und Böhmen, römischer Kaiser*, Bd. 1, Wien/München, S. 1225 f.

488 Am 5. Mai.

489 1759, vor seiner Versetzung zum Stab von Friedrich Heinrich Ludwig von Preußen (1726–1802), wurde B. zum Hauptmann befördert.

490 Gabriele Freiin von Reischach (17??–1813). Im Jahr 1767 heiratete sie Anton Maria Joseph Graf von Thurn und Valsassina.

491 Maria Amalia von Sachsen (1724–1760).

492 Anton Maria Joseph Graf von Thurn und Valsassina (1723–1806), Major ab 1759, Generalmajor ab 1765 und ab 1766 Kapitän der Nobelgarde in der Toskana.

493 Angiolo Pasquali (1721–1799), Kanzler am Hofe des Großherzogtums und ab 1764 Senator.

494 Cammillo della Gerardesca* (1735–1807).

495 Andrea Serristori (1716–1795).

496 Giovanni Battista Pavini.

497 Cocchi, Raimondo (1735–1775). Vgl. Edward Gibbon, *Gibbon's journey from Geneva to Rome. His journal from 20 April to 2 October, 1764*, London 1961, S. 201 ff.

498 Hippolyt Philipp Cavaliere Orlandini (?–?), Generalfeldwachtmeister ab 1760.

499 Marchese Giovanni Corsi (1721–1781).

500 Franz Xaver Wolfgang von Orsini-Rosenberg (1723–1796). Dieser enge Vertraute Leopolds wurde 1766 Obersthofmeister und Leiter der großherzoglichen Staats-, Kriegs- und Finanzkanzleien.

501 Josef Maria Kaspar Graf Wilczek* (1700–1777), wurde 1766 zum Rat des *Consiglio supremo di economia* in Mailand ernannt.

502 Hier ist die Bemerkung von B. fehlerhaft, vgl. S. /154/.

503 Marchesa Anna Ximenes.

504 Ehefrau von Niccolò di Ottavio, Marchese Guadagni (1730–1805).

505 B. meint den Asinelli-Turm.

506 Das 1651 gebaute *Teatro Malvezzi* wurde 1745 durch einen Brand zerstört.

507 Das *Nuovo Teatro Publicco* wurde nach Plänen von Antonio Galli da Bibbiena (1700–1774), gebaut und 1763 eröffnet.

508 Gemeint ist das Kloster der Dominikanernonnen vom *Monte della Guardia*. Dieses wurde bereits im 12. Jahrhundert errichtet, aber erst im ersten Drittel des 18. Jahrhunderts in der noch existierenden Form umgebaut. Zu diesem Kloster vgl. Keyßler, *Neueste Reisen durch Deutschland*, Bd. 2, S. 953.

509 Das der Legende nach vom Pilger Theokles aus Konstantinopel mitgebrachte Madonnenbild soll im 15. Jahrhundert die Stadt Bologna vor einer Katastrophe gerettet

haben. Vgl. Patrizia Angiolini Martinelli, *„L'icona della Beata Vergine di San Luca"*. In: Mario Fanti/Giancarlo Roversi (Hg.), *La Madonna di San Luca in Bologna: otto secoli di storia, di arte e di fede*, Cinisello Balsamo 1993, S. 13–27.

510 Zur sinkenden Studentenzahl an der Universität Bologna vgl. Walter Rüegg, *Geschichte der Universität in Europa*, Bd 2: *Von der Reformation zur Französischen Revolution (1500–1800)*, München 1996, S. 250 ff.

511 Vgl. hierzu Keyßler, *Neueste Reisen durch Deutschland*, Bd. 2, S. 972.

512 Giovanni Francesco Albani (1649–1721), ab 1700 Papst Clemens XI.

513 Luigi Ferdinando Marsili (oder Marsigli) (1658–1730).

514 Giovanni Antonio Galli (1708–1782). Die von B. beschriebenen Modelle existieren im Museo Ostetrico „Giovan Antonio Galli" des Museums der Universität von Bologna.

515 Guido Reni (1575–1642), Francesco Albani (1578–1660), Raffaello Santi (1483–1520), Domenico Zampieri alias Domenichino (1581–1641), Francesco Carracci (1593–1622), Giovanni Francesco Barbieri alias Guercino (1591–1666), Agostino Carracci (1557–1602).

516 Marquis Ludwig von Angelelli de Malvezzi (1716–1797). Zwischen 1756 und 1758 diente er in der preußischen Armee, zuletzt als Generalmajor.

517 Giovanni Luca di Pallavicini (1697–1773)

518 Commedia dell'Arte.

519 So beschreibt Goethe den Zendale in seiner *Italienischen Reise*: „Der Zendale ist eine große Kappe, mit langen Barten, die Kappe selbst durch ein Drahtgestell hoch über den Kopf gehalten, die Barte aber wie eine Schärpe um den Leib geknüpft, so daß die Enden hinterwärts herunter fallen". *Werke* (Hamburger Ausgabe), Bd. 11: *Autobiographische Schriften*, 1998, S. 44.

520 Gemeint ist der Anfang des 17. Jahrhunderts gebaute *Palazzo Albergati*.

521 Francesco Albergati Capacelli* (1728–1804). Zu diesem Palast vgl. Luigi J. Albergati Capacelli, *Descrizione del palazzo Albergati Capacelli e delle pitture*, Bologna 1837.

522 Sieg der Preußen gegen die Österreicher am 3. November 1760.

523 Franz Joseph Johann Nepomuk Freiherr von Reischach (1730–1807) (erst 1810 wurde der württembergische Zweig der Familie Reischach in den Grafenstand erhoben), Oberst seit 1759, 1760 Oberst im Kürassier-Regiment „Großherzog Maximilian". Das Regiment, dessen Namen B. angibt, existierte 1765 noch nicht.

524 Während der Schlacht von Torgau war Reischach Offizier im Cürassier-Regiment No. 8, Prinz Carl von Preußen. Vgl. hierzu Andreas Thürheim, *Die Reiter-Regimente der k. k. österreichischen Armee*, Bd. 1: *Die Cürassiere und Dragoner*, Wien 1862, S. 197.

525 Hans Joachim von Zieten* (1699–1786).

526 Regiment N° 5 Markgraf von Ansbach-Bayreuth.

527 Franz Moritz Graf von Lacy oder Lascy (1725–1801).

528 Hans-Friedrich von Krusemarck* (1720–1775), seit 1747 Flügeladjudant von Friedrich II.

529 Ein Ordensbruder.

530 Caterina Fava, in dritte Ehe Frau des Marschalls Pallavicini. Aus der ersten Ehe mit Camillo Boccadiferro entstammte Camilla Boccadiferro (1734–1808).

531 Camilla Boccadiferro heiratete 1752 den Grafen Giacomo Marulli (?–1799).

532 In der Transkription steht folgende Anmerkung auf Deutsch: „Im Original sind in der Nummerierung zehn Seiten übersprungen." Auf Französisch: „Hier hat der Schreiber begonnen, sich bei der Nummerierung der Seiten zu irren, es fehlt allerdings gar keine?"

533 Der Palazzo Ducale wurde 1634 unter Francesco I. d'Este (1610–1658) angefangen. Zu diesem Schloss vgl. Keyßler, *Neueste Reisen durch Deutschland*, Bd. 2, S. 987.

534 Gemeint ist die Kirche San Giovanni Battista.

535 Dieser als *Palazzo della Pilotta* bekannte Palast wurde während der Herrschaft von Ottavio Farnese (1524–1586) angefangen. Vor allem die vom Herzog Ranuccio I. Farnese (1569–1622) 1622 begonnenen Arbeiten wurden nie abgeschlossen.

536 Heute *Teatro Farnese*. Zu diesem Theater vgl. die ausführliche Beschreibung Keyßlers (*Neueste Reisen durch Deutschland*, Bd. 2, S. 997).

537 Vgl. ebd., S. 998 ff.

538 Vgl. zu diesen Funden Pierre Rousseau, *Journal Encyclopédique*, Bd. 12, Lüttich 1761, S. 144.

539 Oder Valleia.

540 Philipp, Herzog von Parma (1720–1765).

541 Correggio: „Die Madonna des Heiligen Hieronymus". Dieses ursprünglich für San Antonio Abate gemalte Bild wurde 1755 in die *Accademia di Belle Arti di Parma*, die Philipp im *Palazzo della Pillota* gegründet hatte, gegeben (nach Helmina von Chézy, *Leben und Kunst in Paris seit Napoleon I.*, Berlin 2009, S. 576).

542 Ferdinand von Bourbon (1751–1802).

543 «Trovato nel anno 1747 nella villa di Macinesso fra i Moni e le Colline del Territorio Piacentino di qua dalla Nura e 18 Milia lunge d'alla citta die Piacenza». („Gefunden im Jahr 1747, in der Villa von Macinesso zwischen den Bergen und den Hügeln von Piacenza diesseits der Mauer und in 8 Meilen Entfernung von der Stadt Piacenza"). – Zu diesen Ausgrabungen vgl. *Novelle letterarie pubblicate in Firenze*, Florenz 1749, S. 306.

544 Dieser gehört zum Dom von Piacenza (14. Jahrhundert).

545 Gemeint ist der Torrazzo di Cremona (1261–1284)

546 B. spielt auf die Schlacht von Cremona (1. Februar 1702) an, in der Prinz Eugen von Savoyen dank eines nächtlichen Überraschungsangriffs zahlreiche französische Soldaten töten oder gefangen nehmen konnte.

547 Ein Priester namens Cassoli hatte 400 Soldaten von Eugen über eine Kanalisation in die Kirche St. Maria eingeschleust. Dank des mutigen und koordinierten Einsatzes von zwei irischen Regimentern konnte der Angriff zurückgeschlagen werden. Während der Kämpfe wurde die Brücke, die B. erwähnt, abgerissen und die Kirche tatsächlich in einem Racheakt zerstört. Vgl. hierzu James Campbell, *Ireland, its history, past and present elucidated*, London 1847, S. 329 ff., sowie Luigi Gualtieri di Brenna/Cesare Cantù, *Grande illustrazione del Lombardo-Veneto, ossia, Storia delle città, dei borghi, comuni, castelli, ecc*, Mailand 1858, S. 660 f.

548 Gemeint ist das von dem ungarischen General Simon, Graf von Forgách* (?–1730) 1702 aufgestellte Husaren-Regiment.

549 Das 1744 vom Marchese Antonio Giorgio Clerici (1715–1768) gegründete Infanterie-Regiment.

550 Der *Duomo di Santa Maria Nascente* wurde am Ende des 14. Jahrhunderts angefangen und erst 1858 fertigestellt.

551 Das *Teatro Regio Ducale.* 1778 wurde dieses durch einen Brand zerstört.

552 Gemeint ist die Stadtmauer, die zwischen dem 1. und dem 17. Jahrhundert stets erweitert und verbessert wurde.

553 Das *Castello Sforzesco.* Dieses ließ Francesco I. Sforza (1401–1466) nach seiner umstrittenen Machtübernahme nach dem Tod von Filippo Maria Visconti (1392–1447) an der Stelle errichten, wo das *Castello di Porta Giovia* der Familie Visconti gestanden hatte.

554 4. Kreis-Infanterie-Regiment, dessen Inhaber Karl Friedrich von Baden (1728–1811) war.

555 Johann Baptist Graf Serbelloni (?–1778), Feldmarschall ab 1758 und seit 1760 kommandierender General der Lombardei.

556 Karl Borromäus (italienisch Carlo Borromeo) (1538–1584) wurde 1561 zum Kardinal und 1564 zum Erzbischof von Mailand berufen. Er wirkte intensiv für das Wohlergehen seiner Stadt und für eine Reform des Klerus (z. B. durch die Gründung eines Priesterseminars).

557 Die *Porta Vigentina.*

558 Diese Zerstörung durch Friedrich I. Barbarossa (1122–1190) erfolgte im Zuge seines Kampfes gegen die lombardinischen Städte im Jahre 1162.

559 Karl Gotthard von Firmian (1716/18–1782). Seit 1756 war er bevollmächtigter Minister der Lombardei. Vgl. Erdmannsdorff, *Journal*, S. 282.

560 Francesco III. d'Este (1698–1780). Generalvikar ist hier im mittelalterlichen Sinne als Vertreter eines weltlichen Machthabers zu verstehen. 1753 wurde der Herzog von Modena trotz seiner Parteinahme für Frankreich während des Österreichischen Erbfolgekriegs gegen Maria Theresa von ihr zum Statthalter der Lombardei ernannt. Vgl. hierzu *Journal historique et littéraire. La Clef du Cabinet des princes de l'Europe, ou Recuëil historique & politique sur les matières du tems*, November 1753, S. 360 f.: « On s'attend d'apprendre au premier jour que le Duc de Modene sera allé à *Milan* prendre possession de sa nouvelle Dignité de Gouverneur Général & perpétuel du *Milanez* & de Vicaire Général de la Maison d'Autriche en *Italie.* »

561 Philipp II. von Orléans (1674–1723), Regent von Frankreich ab 1715 bis zu seinem Tod. Der Herzog von Modena heiratete 1720 Philipps Tochter Charlotte Aglaé von Orléans, die als Mademoiselle de Valois bekannt ist (1700–1761). Vgl. dazu Erdmannsdorff, *Journal*, S. 283 f.

562 Ferdinand Karl Anton Joseph Johann Stanislaus von Österreich (1754–1806). Er heiratete tatsächlich Maria Beatrice d'Este (1750–1829) am 15. Oktober 1771, die Tochter von Ercole III. Rinaldo d'Este (1727–1803), der ab dem Tod seines Vaters Francesco III. d'Este 1780 Herzog von Modena und Reggio war.

563 Gemeint ist die Familie von Antonio Litta (1700–1770), Marchese di Gambolò, Generalkommissar in Mailand bis 1747. Zu Antonio Litta vgl. Heinz Gärtner, *Johann Christian Bach. Mozarts Freund und Lehrmeister. Mit Werkverzeichnis, Diskographie*, München 1989, S. 154, sowie Erdmannsdorff, *Journal*, S. 282, 783.

564 Erdmannsdorff kam am 3. Juni 1766 in Mailand an.

565 Vgl. S. /64/.

566 Vgl. Erdmannsdorff, *Journal*, S. 286.

567 B. schreibt „Laveine".

568 Die Isola Madre bildet mit der Isola Bella, der Isola die Pescatori und der Isola Giovanni die als Borromäische Inseln bekannte Inselgruppe.

569 Es ist nicht auszumachen, woher B. seine Vorstellung von Mohammed hat. Zum Bild Mohammeds in der Aufklärung vgl. Olivier Henri Bonnerot, „Le prophète et la guerre. Mahomet dans la pensée des Lumières". In: Paul Vialleneix/Jean Erhard (Hg.), *La Bataille, l'armée, la gloire (1745–1871)*, Bd. 1, Clermont-Ferrand 1985, S. 69–80.

570 George Anson, 1st Baron Anson (1697–1762). Tinian ist eine kleine Insel im Pazifischen Ozean, die Anson während seiner Reise 1740–1744 und später als ein kleines Paradies beschrieb. Vgl. *A Voyage Round The World, In the Years MDCCXL, I, II, III, IV.*, Bd. 2, 3. Buch, 2. Kap., S. 132 ff., der Ausgabe Edinburgh 1781. Bereits 1749 erschien beim Verlag Abraham Vandenhoeck (Leipzig und Göttingen) eine Übersetzung unter dem Titel: *Des Herrn Admirals, Lord Ansons Reise um die Welt, welche Er als Oberbefehlshaber über ein Geschwader von Sr. Großbritannischen Majestät Kriegsschiffen, die zu einer Unternehmung in die Südsee ausgeschickt worden, in den Jahren 1740, 41, 42, 43, 44, verrichtet hat.*

571 Gemeint ist die Insel Ogygia, wo die Nymphe Kalipso lebte, die Odysseus sieben Jahre lange gefangen hielt (vgl. *Odyssee*, V, 55–72).

572 Eigentlicher Besitzer war laut Abbé Richard (*Description historique et critique de l'Italie*, Bd. 1, Paris 1770, S. 298) Renato III. Borromeo (1710–1778). Empfangen wurde Richard dennoch von Federico Borromeo (1703–1779), und er lobt seine Höflichkeit und seine Freundlichkeit (« la manière polie & gracieuse dont le Comte Frédéric Borromée reçoit les étrangers qui vont visiter son habitation », ebd., S. 305). Allerdings galt er auch bei seinen Zeitgenossen als extravagant (vgl. Pietro Canetta, *Albero genealogico storico biografico della nobile famiglia Borromeo Arese*, [Mailand] 1903, Nr. 141: Borromeo Federico), so dass vermutet werden kann, dass B. dem gealterten Federico begegnete.

573 In der Ausgabe von 1770 der *Description historique et critique de l'Italie* (Bd. 1) ist dieser Abschnitt auf S. 300 zu lesen.

574 Marchese Paolo Antonio Menafoglio (1700–1769).

575 Bei dieser verlustreichen Schlacht schlugen die Franzosen am 16. August 1705 die verbündeten Kräfte Preußens und Österreichs.

576 Jean-Charles Chevalier de Folard (1669–1752), *Mémoires pour servir à l'histoire de Monsieur le Chevalier de Folard*, Ratisbonne 1753, S. 32 ff.

577 Maria Beatrice d'Este* (1750–1829).

578 Der Herzog von Parma trennte sich von seiner Frau um 1740 nach einer Affäre, die diese mit dem Herzog von Richelieu hatte.

579 Ercole III. Rinaldo d'Este (1727–1780).

580 Ferdinand Karl Anton Joseph Johann Stanislaus von Österreich (1754–1806). Er heiratete tatsächlich Beatrix 1771.

581 Baron Corruvias de Leyva. Der Dienstrang des „Général de bataille" existiert in der deutschen

Militärhierarchie nicht, entspricht aber am ehesten dem Generalleutnant.

582 Sieg der französischen Truppen gegen die Österreicher und die Preußen am 16. August 1705.

583 Vermutlich hat B. die im Brief angekündigte Beschreibung in der überarbeiteten Fassung seines Journals letzendlich weggelassen, da er die Borromäischen Inseln an anderer Stelle bereits beschrieben hatte (vgl. S. /174/).

584 B. hält hier offenbar einen Titel für einen Eigennamen. Ein Gonfaloniere ist ein Bannerträger.

585 Cesare Beccaria (1738–1794).

586 Gian Galeazzo Visconti (1351–1402). Zur Beschreibung dieser Kartause vgl. Keyßler, *Neueste Reisen durch Deutschland*, Bd. 1, S. 297 ff.

587 Marcus Aurelius (121–180). Vgl. dazu Abbé Richard, *Description critique*, Bd. 1, S. 206 f.

588 Karl Emanuel I. (Carlo Emanuele I.) (1701–1773).

589 Die Festung Santo Vittorio wurde erst unter der Herrschaft von Viktor Amadeus III. Maria (Vittorio Amedeo III. Maria [1726–1796], König ab 1773), zwischen 1773 und 1778 restauriert (und 1796 fast vollständig zerstört).

590 Vgl. Keyßler, *Neueste Reisen durch Deutschland*, Bd. 1, S. 220 f., und Abbé Richard, *Description critique*, Bd. 1, S. 58.

591 Abbé Richard, *Description critique*, Bd. 1, S. 59 f.: « Au sortir de la porte-neuve, on trouve la belle promenade du *Valentin*; elle est formée par plusieurs allées plantées de grands arbres à quatre rangs, tenues de la plus grande propreté, & bordées de petits canaux où coulent des ruisseaux d'eau vive. [...] La promenade extérieure du Valentin est la plus belle qui soit en Italie; rien n'est plus brillant & plus animé que le coup d'œil qu'elle présente un beau jour de fête, sur-tout au printems ; une multitude d'équipages dans les grandes allées, un peuple immense, bien vêtu & fort gai dans les allées de côté ; la Famille Royale qui s'y promene ordinairement avec son cortége, & cela avec tant d'ordre, une si grande tranquillité, que le tout a l'air d'une même famille, composée à la vérité de gens de différens ordres, Mais tous faits pour être ensemble » („Wenn man durch die Porte neuve fährt, trifft man auf die schöne *Valentin-Promenade*. Sie wird durch mehrere Alleen gebildet, die mit großen Bäumen in vier Reihen bepflanzt sind und äußerst sauber gehalten werden. Sie werden von kleinen Kanälen gesäumt, wo Bäche mit lebhaftem Wasser fließen. Die äußere Promenade des Valentin ist die schönste, die es in Italien gibt. Nichts ist glanzvoller und belebter als der Anblick, den sie an einem schönen Festtag bietet, vor allem im Frühling. Es gibt eine Vielzahl an Equipagen in den großen Alleen und viel gut angezogenes und sehr lustiges Volk auf den Seitenalleen, die königliche Familie, die gewöhnlich mit ihrem Gefolge dort spazieren geht, und das alles mit solch einer Ordnung und so großer Ruhe, dass das Ganze aussieht, als wäre es von der gleichen Familie, die aber in Wirklichkeit aus Menschen verschiedenen Ranges besteht, aber alle gemacht, um beisammen zu sein"). – Johann Jacob Volkmann selbst gibt zu, wie viel er dem Werk (*Voyage d'un Français en Italie*, 8 Bde., Venedig/Paris 1769) von Joseph Jérôme Lalande verdankte. So schreibt er in der Einleitung seiner *Historischen-kritischen Nachrichten von Italien* (Bd. 1,

Leipzig 1770, S. xv f.: „Ich hatte mir bereits [...] einen Plan in Gedanken entworfen, wie man eine gute Beschreibung von Italien einrichten könnte. Diesen hat la Lande ohngefähr auf eben die Art ausgeführt. Ich habe ihn also völlig zum Grunde gelegt, und theils frey übersetzt, theils viele Dinge, die einem Franzosen, wichtiger sind als einem Teutschen, oder die mir sonst entbehrlich geschienen, herausgelassen, theils andere hinzugefüggt, die ich angenehm und nützlich zu seyn geglaubt."

592 Vgl. Abbé Richard, *Description critique*, Bd. 1, S. 60: « l'autre jardin est un parterre réservé à la famille Royale, & sur-tout aux Princesses qui souvent vont s'y promener ».

593 Seit 1618 war dieser Platz dem hl. Karl Borromäus (1538–1584) gewidmet.

594 Der sogenannte *Palazzo Madama*. Er wurde zwischen 1718 und 1721 im Auftrag von Maria Johanna von Savoyen umgestaltet (1644–1724), der Frau des Herzogs Carlo Emanuele II. (1634–1675), der auch Fürst von Piemont war.

595 Gemeint ist die *Akademie Reale*, eine Militärakademie, die von König Karl Emmanuel gegründet wurde. Vgl. dazu Joseph Jérôme Le Français de Lalande, *Voyage d'un françois en Italie Fait Dans Les Années 1765 & 1766: Contenant l'Histoire & les Anecdotes les plus singulieres de l'Italie, & sa description; les Mœurs, les Usages, le Gouvernement, le Commerce, la Littérature, les Arts, l'Histoire Naturelle, & les Antiquités; avec des jugemens sur les Ouvrages de Peinture, Sculpture & Architecture, & les Plans de toutes les grandes villes d'Italie*, Bd. 1, Venedig/Paris 1769, S. 118 f.

596 Diese wurde zwischen 1564 und 1577 nach Plänen von Francesco Paciotto (1521–1591) gebaut. Zu dieser Zitadelle vgl. Abbé Richard, *Description critique*, Bd. 1, S. 35 f.

597 Schloss Stupinigi, eine nach Plänen von Filippo Juvarra (1678–1736) zwischen 1729 und 1735 gebaute Schlossanlage.

598 La „reggia di Venaria Reale", eine Residenz der Fürsten von Piemont, die zwischen 1658 und 1679 nach Plänen von Amadeo di Castellamonte (1610–1683) errichtet wurde.

599 Gemeint ist der *Castello di Moncalieri*, wo König Viktor Amadeus II. (1666–1732) von seinem Sohn Karl Emanuel I. (1701–1773) auf Anraten von Carlo Francesco Marchese Ormea (1680-1745) gefangen gehalten wurde Vgl. dazu Abbé Richard, *Description critique*, Bd. 1, S. 32 ff.

600 Luigi-Vittorio di Savoia-Carignano, Principe di Carignano (1721–1778).

601 Das *Castello Reale* in Racconiggi, im 18. Jahrhundert nach Plänen von Giovanni Battista Borra (1713–1786) umgestaltet. Vgl. Lalande, *Voyage d'Un François En Italie*, Bd. 1, S. 141 ff.

602 Wahrscheinlich Francesco Flaminio, Conte di San Martino e Marchese di San Germano ed Agliè (1701–1767).

603 Wahrscheinlich Finck von Finckenstein.

604 Pierre Fatio* (1704–1774). Vgl. Emmanuel May, *Histoire militaire de la Suisse, et celle des Suisses dans les différens services de l'Europe*, Bd. 7, Lausanne 1788, S. 2, 338.

605 Zu dieser Festung vgl. Keyßler, *Neueste Reisen durch Deutschland*, Bd. 1, S. 166.

606 Vgl. Abbé Richard, *Description critique*, Bd. 1, S. 27 f.: « Mais

ce qui mérite d'être vu, est l'arc de triomphe érigé en l'honneur d'Auguste hors de la ville, très-près d'un château ancien qu'habitoient les marquis de Suze. On voit très-bien encore que ce morceau, quoique dégradé, est du beau temps de l'architecture romaine. [...] » („Aber was es sich lohnt zu sehen, das ist der Triumphbogen, der zu Ehren Augustus' außerhalb der Stadt, sehr nah an einem alten Schloss, das die Marquis de Suza bewohnten, errichtet wurde. Obwohl er schon beschädigt ist, sieht man noch sehr gut, dass dieses Stück aus der schönen Zeit der römischen Architektur stammt").

607 Johann Nepomuk Gotthard von und auf Kynast, Freiherr zu Trachenberg, Graf Schaffgotsch (1713–1775). Vgl. A. Altmann, *Entwurf zu einer Chronik oder Beschreibung von Warmbrunn und seinen Heilquellen: aus Acten, Documenten, Büchern und anderen Schriftstücken*, hg. von Ulrich Junker, Bodnegg 2008, S. 85 f.

608 Pierre Fatio diente seit 1754 als Lieutenant im Regiment seines Vaters Vgl. May, *Histoire militaire de la Suisse*, Bd. 7, S. 425.

609 Wahrscheinlich Alessandro Vittorio d'Antoni (1714–1786).

610 Sieg der von Herzog Viktor Amadeus II. von Savoyen (1666–1732) und Eugen von Savoyen (1663–1736) geleiteten Piemontesen und Österreicher gegen die Franzosen am 7. September 1706. Dabei spielte der von Leopold I., Fürst von Anhalt-Dessau geführte Angriff eine entscheidende Rolle.

611 Castello di Rivoli. Die aus dem 9. Jahrhundert stammende Anlage wurde mehrmals zerstört und wiederaufgebaut. Die letzte Baumaßnahme initiierte Viktor Amadeus I. (1666–1732). Die Arbeiten wurden dennoch nie zu Ende geführt.

612 Vgl. hierzu Michael Ranft: *Des weltberühmten Fürstens Leopoldi von Anhalt-Dessau Leben und Thaten* [...] Leipzig/Frankfurt 1742, S. 63 ff.

613 Gemeint ist das Anfang des 17. Jahrhunderts gebaute *Castello di Pianezza*.

614 B. verwendet hier den mittlerweile veralteten Fachterminus „Biaillere".

615 Eigentlich steht dieses Zitat „le prince Eugène fut assez heureux pour traverser la citadelle" auf S. 73 des ersten Bandes der *Description critique*.

616 Gemeint ist die Kirche Madonna di Campagna, die 1942 zerstört wurde. Zum Grabmal Marsins vgl. Keyßler, *Neueste Reisen durch Deutschland*, Bd. 1, S. 218 f.

617 Ferdinand de Marsin (1656–1706) wurde während der Schlacht von Turin verwundet und starb kurz darauf (vgl. auch supra, S. /7/).

618 Dieses Bild ist möglicherweise ein Werk von Christian Jacob Paritius (vgl. Abbildung).

619 Johann Sigismund Friedrich, Fürst von Khevenhüller (1732–1801), Gesandter des Wiener Hofes.

620 Die zwischen 1707 und 1731 errichtete Basilica di Superga. Dazu Keyßler, *Neueste Reisen durch Deutschland*, Bd. 1, S. 201 f., sowie Abbé Richard, *Description critique*, Bd. 1, S. 70 f.

621 Karl Emanuel I. Vgl. dazu Abbé Richard, *Description critique*, Bd. 1, S. 78 ff.

622 Eigentlich sind es die Enkel des Fürsten Leopold I. von Anhalt-Dessau. Dem Sprachgebrauch der Zeit entsprach jedoch die Bezeichnung Neffen. Vgl.: Adelung, Grammatisch-kritisches Wörterbuch der Hochdeutschen Mundart, Bd. 3, Leipzig 1798,

S. 456 f.: „2. Der Nêffe, des -n, *plur.* die -n, ein vorzüglich im Oberdeutschen übliches Wort, einen Enkel, d. i. des Sohnes oder der Tochter Sohn, ingleichen des Bruders oder der Schwester Sohn zu bezeichnen. Daß du mir, noch meinen Kindern, noch meinen Neffen keine Untreue erzeigen wollest, 1 Mos. 21, 23." (Zit. nach www.zeno.org.)

623 Vgl. dazu Giovanni Gaspare Craveri, *Guida de' forestieri per la real città di Torino,* Turin 1753, S. 96 ff.

624 Maria Antonia von Spanien (1729–1785), seit 1750 Ehefrau von Viktor Amadeus III. Maria (1726–1796).

625 Benedetto Maurizio (1741–1808), Herzog von Chablais.

626 Der König hatte aus seiner zweiten Ehe drei Töchter: Eleonora Maria (1728–1781), Maria Felicita (1730–1801) und Maria Luisa (1729–1767), aber Letztere im Kloster. Maria Vittoria, seine Töchter aus dritter Ehe, verstarb bereits als Kind (1740–1742).

627 Viktor Amadeus, Herzog von Savoyen wurde ab 1773 unter dem Namen Viktor Amadeus III. dennoch rechtmäßiger Nachfolger seines Vaters.

628 Zwischen 1751 und 1766 gebar Maria Antonia von Spanien 12 Kinder. Zum Zeitpunkt von B.s Aufenthalt waren jedoch Carlotta Isabella (1752–1753) und Amedeo Alessandro (1754–1755) bereits verstorben.

629 Beide Prinzessinnen blieben unverheiratet.

630 Francesco Joseph (Giuseppe), Graf von Viry (1706–1766).

631 Der in London 1762 unterschriebene Vertrag war eins der Abkommen, die den Siebenjährigen Krieg beendeten. Die Diplomatie Sardiniens hatte dabei zwischen Frankreich und seinen Gegnern vermittelt. Vgl. Etienne Alexandre Bardin, *Dictionnaire de l'armée de terre: ou recherches historiques sur l'art et les usages militaires des anciens et des modernes*, Bd. 7, Paris 1841, S. 4272 f.

632 Cavaliere Raiberti (?–1771).

633 Giovanni Battista Lorenzo Bogino (1701–1784), seit 1759 Gouverneur von Sardinien.

634 Giuseppe Luigi Graneri della Rocca (1724–1786). Vgl. Giuseppe Ricuperati (Hg.), *Storia di Torino*, Bd. 5: *Dalla città razionale alla crisi dello Stato d'Antico Regime, (1730–1798)*, Turin 2002, S. 487.

635 Vgl. herzu Keyßler, *Neueste Reisen durch Deutschland*, Bd. 1, Kap. 29, S. 208 ff.: „Von des Königs in Sardinien Kriegesverfassung".

636 Vgl. für eine Auflistung dieser Regimenter Ferdinando Augusto Pinelli, *Storia militare del Piemonte in continuazione di quella del Saluzzo, cioè dalla pace d'Aquisgrana sino ai di nostri: con carte e piani*, Bd. 1: (1748–1796), Turin 1854, S. 27 ff.

637 Maria Amalia Susanna von Liechtenstein (1738–1814).

637[a] Eine lange Jacke mit Watteaufalten und Stecker.

638 Möglicherweise Giovanni Domenico Pignatelli.

639 Möglicherweise Wenzel Johann Joseph von Paar (1719–1792) und seine Frau Antonia geb. Gräfin Estherhazy (1719–1771).

640 Die Textvorlage ist hier äußerst unsicher. Dort ist von dem „seigneur hivernois" die Rede. Vielleicht handelt es sich um einen Transkriptionsfehler, der aus „Invernois" (im Sinne eines Einwohners von Inverness) „hibernois" gemacht hätte. Dennoch wirft diese Interpretation ein weiteres Problem auf, denn Inverness liegt nicht in Irland. – Goethe erwähnt in seiner *Italienischen Reise* die

Anwesenheit von Iren bzw. Schotten (Rom, den 1. November 1786), wobei er auf die Sprache „Hibernisch" verweist: „Dann nach verlesenen einigen lateinischen Gedichten ähnliches Gegenstandes traten bei dreißig Seminaristen nach und nach auf und lasen kleine Gedichte, jeder in seiner Landessprache: Malabarisch, Epirotisch, Türkisch, Moldauisch, Elenisch, Persisch, Kolchisch, Hebräisch, Arabisch, Syrisch, Koptisch, Sarazenisch, Armenisch, Hibernisch, Madagaskarisch, Isländisch, Boisch, Ägyptisch, Griechisch, Isaurisch, Äthiopisch etc. und mehrere, die ich nicht verstehen konnte." Zit. nach Johann Wolfgang von Goethe, *Italienische Reise*, bearb. Von Erich Trunz und Herbert von Einem, 2. Aufl., München 2010, S. 159.

641 Viele der hier angegebenen Informationen stammen aus dem *Neuen Adress-Handbuch der Staaten von Europa wie auch der Churfürsten und Fürsten Des Römisch-Deutschen Reichs, nebst der neuesten Genealogie der mittelbaren Reichs- auch ausländischen Fürsten und Grafen. Des neuen Genealogischen Reichs- und Staats-Handbuchs*, Bd. 2, Frankfurt a. M. 1766, S. 172 ff.

642 Brisquerasque*.

643 Valguarnera* (?–1770).

644 Louis Joseph Wicardel de Fleury.

645 Giuseppe Roberto Berthoud de Malines (1714–1783).

646 Carl Vinzenz Maria Graf von Ormea, Stallmeister seit 1763.

647 Pietro Vacca Conte di Piozzo* (?–1806).

648 Maria Luisa Enrichetta Dal Pozzo della Cisterna (1743–1803), seit 1762 Ehefrau von Pietro Vacca Conte di Piozzo.

649 Angelo Carron di San Tomaso, Marquis d'Aigueblanche* (1718–1796).

650 Giuseppe Alfonso, Principe di Cisterna d'Asti, Marchese di Voghera (1754–1819).

651 Marchessa de Voghera, Anna Enrichetta Caresana dei Conti di Carisi (?–1784).

652 Vermutlich Marie Joseph Louis d'Albert d'Ailly (1741–1762), ab 1762 Duc de Picquigny.

653 Alonso Verdugo y Castilla, Comte de Torrepalma (1720–1767). Vgl. Didier Ozanan, *Les diplomates espagnols du XVIIIe siècle: introduction et répertoire biographique*, Madrid 1998, S. 463.

654 Oberst von Zieten*, Regiment von Lenthe seit 1763.

655 Vielleicht Karl Emmanuel von Leutrum-Ertingen.

656 Vermutlich Carlo Amedeo San Martino d'Agliè e San Germano, Marchese di Rivarolo.

657 Die sogenannte „Mura di Asti".

658 Joseph Franz, Graf von Bellegarde d'Entremont (1692–1775). Vgl. *Fortgesetzte neue genealogisch-historische Nachrichten von den vornehmsten Begebenheiten, welche sich an den europäischen Höfen zugetragen*, Teil 157, Leipzig 1775, S. 324 f.

659 Die Cittadella di Alessandria, die ab 1728 gebaut wurde.

660 Diese Festung entstand durch Umbauarbeiten in den Jahren 1626–1629.

661 Dieser Palast aus dem Ende des 16. Jahrhunderts wurde 1597 von Giovanni Andrea Doria (1539–1606), einem bekannten genuesischen Admiral, erworben und umgebaut.

662 Vgl. dazu Keyßler, *Neueste Reisen durch Deutschland*, Bd. 1, S. 311 f.

663 Diese entstand im Zuge der Renovierung und Modernisierung des Stadtbildes durch den Architekten Galeazzo Alessi (1512–1572) in den Jahren 1551–1583. Zu dieser Straße vgl. Abbé Richard, *Description critique*, Bd. 1, S. 130 f.

664 Die Via Balbi, deren Bau 1601–1608 von der gleichnamigen aristokratischen Familie initiiert wurde, spiegelt ebenfalls den Willen, ein modernes Stadtbild zu schaffen, wider.

665 Die Basilica di Santa Maria Assunta, die nach Plänen von Galeazzo Alessi zwischen 1552 und 1603 gebaut wurde.

666 Keyßler, *Neueste Reisen durch Deutschland*, Bd. 1, S. 321: „Wenn man von der *Piazza Sarsano* nach der auf der Höhe gelegenen Kirche St. Mariä geht, kömmt man durch eine breite Straße, um deren Anlegung willen die Familie der Sauli alle auf diesem Grunde und Boden vorher gebauete Häuser an sich gebracht und theils eingerissen theils anders eingerichtet hat. Zu Ende dieser Straße folget eine steinerne Brücke, welche nun zwo sonst durch ein Thal von einander abgesonderte Höhen der Stadt mit einander vereiniget, und nicht ohne Verwunderung angesehen werden kann. Sie besteht aus einem kleinen und dreyen großen Schwibbögen, welche von so außerordentlicher Höhe sind, daß unter derselben Häuser von vier bis sechs Stockwerken (über deren letztern dennoch noch ein freyer Platz von zehn bis zwölf Schuhen bleibt) stehen und bewohnet sind."

667 James Holford (?–1788).

668 Gemeint ist John Dyck (1720–1804), der englische Konsul von Livorno, dem B. begegnet war (vgl. S. /281/).

669 Richard Spry (1715–1775), ab 1766 Commodore und Commander der englischen Flotte im Mittelmeer.

670 Eigentlich Bresilius.

671 Promontorio di Capo Mele.

672 Ein Kap in der Nähe des Capo Nero.

673 „Haben Sie keine Zweifel, das ist ein wahrhaftes Damenwetter, ein Wetter, bei dem man überall hinfahren kann."

674 Gemeint ist „Notre Dame de la Garoupe", zu der die „Notre-Dame de la Garde" gewidmete Kapelle gehört.

675 Schlacht am 5. November 1757, in der Friedrich II. die vom Prinz von Soubise (1715–1787) geführten französischen Truppen besiegte.

676 Die Festung der Ile Marguerite, eine der drei Îles de Lérins wurde von Richelieu gebaut und von Vauban erweitert.

677 Es wurde am Ende des 1. Jahrhunderts gebaut.

678 Maximin, Marquis de Bompart (1698–1773).

679 Jean-Baptiste Riviere de Montreuil, Chevalier de Coincy (1709–1797). Er war „Maréchal de camp", ein Dienstgrad, der zwischen Oberst und Generalleutnant steht und dem Rang eines Brigadegenerals am ehesten entspricht.

680 Charles de Vintimille, Marquis du Luc (1741–1814). Er war nicht nur Oberst, sondern auch Besitzer des Regiments Royal-Corse.

681 François, Comte de Lastic* (1729–1785).

682 Pierre Paul Puget (1620–1694) schuf zwischen 1655 und 1657 diese berühmten Karyatiden des *Hôtel de ville* von Toulon.

683 Dieses Kriegsschiff, das zwischen 1740 und 1744 in Toulon gebaut wurde, verfügte tatsächlich über 80 Kanonen.

684 Dieses Schiff wurde zwischen 1764 und 1766 ebenfalls im Arsenal von Toulon gebaut.

685 Seit der Abschaffung einer eigenständigen Galeerenflotte 1748 dienten die Galeeren als Unterkunft für Gefangene von Strafkolonien.

686 Auch die Befestigungen von Toulon wurden ab dem 17. Jahrhundert von Vauban neu gestaltet.

687 Gemeint ist Fort Lamargue (gebaut zwischen 1764 und1767).

688 Die Festung Faron (oder manchmal Pharaon) wurde ab 1764 errichtet.

689 Kurz nachdem René III. de Froulay, Comte de Tessé (1648–1725) während der Belagerung von Toulon im Spanischen Erbfolgekrieg die strategisch wichtige Höhe von Sainte Catherine zurückerobert hatte, beschloss Eugen von Savoyen den Rückzug.

690 Étienne-François de Choiseul d'Amboise* (1719–1785). Als Kriegsminister ab 1761 unternahm er zahlreiche Reformen zur Verbesserung der französischen Armee.

691 Die Übersetzung des Gedichtes erfolgt hier nur sinngemäß, da die französische Version auf einem Wortspiel zwischen Kriegs- und Liebesdienst beruht. Die von B. unterstrichenen und hier kursiv angegebenen Wörter sind im Französischen militärische Fachausdrücke.

692 Zu dieser „Ecole des gardes marines de Toulon" vgl. Philippe Florent Ouisieux Maihows, *Voyage en France, en Italie et aux Isles de l'Archipel ou Lettres écrites d plusieurs endroits de l'Europe et du Levant en 1750, et avec des observations de l'auteur sur les diverses productions de la nature et de l'art, traduit de l'anglois*, Paris 1763, S. 337f.

693 Joseph de Sabran, Comte de Grammont et de Beaudinar* (1702–1775). Er führte seit 1757 den Namen „Sabran-Grammont".

694 Dieser Saal befand sich in der damaligen Rue de la Comédie.

695 Dieses Schiff wurde während der Französischen Revolution „Vengeur-du-Peuple" getauft.

696 Dieser Vertrag vom 15. Februar 1763 beendete den Siebenjährigen Krieg.

697 Der Blaue Band („le ruban bleu") war seit 1759 eine Auszeichnung für militärische Verdienste.

698 Im Text Vau d'Ollioules.

699 Ab der Mitte des 17. Jahrhunderts wurde das Stadtzentrum nach Plänen von Pierre Puget modernisiert.

700 Gemeint ist womöglich der Theatersaal der 1684 gegründeten Marseiller Oper.

701 In der Grotte Sainte Baume soll Maria Magdalena Zuflucht vor ihren Verfolgern gefunden haben. Vgl. Philippe Devoucoux du Buysson, *The Sainte Baume: a mountain steeped in geological and religious history*, Marseille 1992.

702 „piacevolmente", angenehm, schön.

703 Nach den italienischen Kriegen beschloss König Franz I. (1494–1547), eine Festung auf dem Hügel zu bauen, auf dem sich die Kapelle „Notre-Dame de la Garde" befand.

704 Chapelle (d.i. Claude Emmanuel Lhuillier)/François le Coigneux de Bachaumont: *Voyage de Chapelle et de Bachaumont: suivi de leurs poésies diverses, du Voyage de Languedoc et de Provence par Lefranc de Pompigan, de celui d'éponne par Desmahis, et de celui du Chevalier de Parny ; précédé de mémoires pour la vie de Chapelle, d'un éloge de Bachaumont, et d'une préface par de Saint-Marc*, Paris 1826 (Originalausgabe 1750), S. 42. Dort heißt es, die Kirche sei ein baufälliges und absturzgefährdetes Gebäude: « Une description magnifique, qu'on a faite autrefois de cette place, nous donna la curiosité de l'aller voir. Nous grimpâmes plus d'une heure avant que d'arriver à l'extrémité de cette montagne,

où l'on est bien surpris de ne trouver qu'une méchante masure tremblante, prête à tomber au premier vent » („Eine wunderschöne Beschreibung, die man früher von diesem Platz gemacht hat, machte uns neugierig darauf, ihn zu besichtigen. Wir kletterten mehr als eine Stunde lang, bevor wir auf der Höhe dieses Berges ankamen. Dort waren wir sehr überrascht, nur eine elende, wacklige Bruchbude vorzufinden, die drohte, beim ersten Windstoß zusammenzufallen").

705 Vgl. ebd.: « C'est Notre-Dame de la Garde; Gouvernement commode et beau, / A qui suffit, pour toute garde, / Un suisse avec sa hallebarde, / Peint sur la porte du château ».

706 Diese Festung wurde zwischen 1524 und 1531 im Auftrag von Franz I. gebaut.

707 Eine seit 1740 bestehende Poststation.

708 Der Triumphbogen von Glanum wurde im 1. Jahrhundert gebaut. Zu B.s Zeiten schrieb man dessen Bau Gaius Marius (157–86) zu.

709 Das Mausoleum von Glanum.

710 Das, was von Erdmannsdorffs Journal erhalten ist, bricht in Florenz ab, so dass die von B. zitierte Textstelle nicht verifiziert werden konnte.

711 Diese Verse stammen aus Jean-Baptiste Joseph Willart de Grécourts (1683–1743) Fabel „l'Ane et la chèvre": « J'entends bien du bruit, il me semble ; / Allez voir, c'est proche d'ici ; / Écoutez le son de la vielle : / Si l'on y danse, dansez-y ; / Si l'on y baise, qu'on m'appelle » (*Œuvres diverses*, Bd. 1, Amsterdam 1772, S. 35). Die Originalausgabe ist von 1711. Sie wurde dennoch stets mehrfach erweitert.

712 Im französischen Text steht „letton", was eine falsche Transkribierung für „téton" sein dürfte.

713 „Hey hey, möchten Sie so fette Mamas haben? – Die haben wir, weil sie uns Gott gesandt hat."

714 Ch. Chaumette, *Eclaircissemens sur les Antiquités de la ville de Nismes*, Nîmes 1775. Später zitiert nach der Ausgabe von 1790.

715 Nachdem die „Porte Couverte" anlässlich eines Besuches Ludwigs XIV. mit Inschriften verziert wurde, in denen „Franciae" mehrmals erschien, erhielt dieses Tor den Namen „Porte de France".

716 Die *Tour Magne* maß in vorrömischer Zeit 18 Meter. Während der römischen Zeit wurde sie auf 36 Meter erhöht.

717 Dieses Amphitheater wurde um 70 n. Chr. gebaut. B. übernimmt hier fast wortwörtlich manche Auszüge der Beschreibung Chaumettes in der *Eclaircissemens sur les Antiquités*, S. 26 ff.

718 Publius Aelius Hadrianus (76–138), Kaiser ab 117, und Antoninus Pius (86–161), Kaiser ab 138.

719 Dies geschah im 5. Jahrhundert.

720 Unter der Führung von Louis II. de Chalon-Arlay (1390–1463), Fürst von Orange eroberten englische Truppen Nîmes und zerstörten weite Teile der gotischen Festung.

721 Ludwig XIII. (1601–1643), ab 1610 König von Frankreich und Navarra.

722 Armand-Jean du Plessis, 1. Duc de Richelieu (1585–1642), Kardinal ab 1622 und ab 1624 Premierminister.

723 In seinem Werk *Dissertation sur l'ancienne inscription de la Maison-Carrée de Nismes* (Paris 1759) hatte Antoine-Louis Séguier (1726–1792) diese Hypothese formuliert. (vgl. *Eclaircissemens sur les Antiquités*, S. 34). Diese lateinische Inschrift bedeutet: „Caius Cesar, dem Sohn Augustus', Konsul und Lucius Cesar,

Sohn Augustus', designiertem Konsul, Fürsten der Jugend gewidmet".

724 Zu B.s Zeiten wurde die Möglichkeit noch diskutiert, dass die Basilika von Plotina und die Maison Carrée dasselbe Gebäude seien. Allerdings, und dies belegt bereits Chaumette, ging man allmählich davon aus, dass dies nicht der Fall wäre (vgl. *Eclaircissemens sur les Antiquités*, S. 32 ff.). In seiner Beschreibung schöpft B. erneut reichlich aus dem Werk Chaumettes (vgl. ebd., S. 34 f.).

725 Pompeia Plotina (vor 70–nach 123), Ehefrau von Trajan. Sie sorgte dafür, dass Hadrian zum Nachfolger Trajans bestimmt wurde.

726 Gemeint sind die eigenständigen Herrscher über Nîmes ab 972. Vgl. dazu Hélène Débax, *La féodalité languedocienne*, Toulouse 2003.

727 Siehe *Historiae Augustae scriptores sex: Aelius Spartianus, Julius Capitolinus, Aelius Lampridius, Vulcatius Gallicanus, Trebellius Pollio, Flavius Vopiscus; ad optimas editiones collati praemittitur notitia literaria accedit index*, Bd. 1, Zweibrücken 1787, Kap. XII, 2, S. 14: „Per idem tempus in honorem Plotinae basilicam apud Nemausum opere mirabili extruxit".

728 Vgl. S. /84/.

729 Nicolas Lamoignon, Marquis de Bâville (1648–1724), Intendant von Languedoc zwischen 1685 und 1718. Zu den Restaurierungsarbeiten, die er veranlasste, vgl. ders.: *Mémoires pour servir à l'histoire du Languedoc*, Amsterdam 1734, S. 312 f. Auch dieser Abschnitt stammt von Chaumette, *Eclaircissemens sur les Antiquités*, S. 35.

730 Vgl. dazu Etienne Goiffon, *Les Ordres religieux mendiants à Nîmes, d'après Ménard et les documents originaux*, Nîmes 1875.

731 Die von B. erwähnte Inschrift lautet: „*Ludovicus Magnus / Hanc Aedem arte & vetustate conspicuum / Labentem restituit. / Profanam Sacris addixit. / Cura & studio Nicolai de Lamoignon / Per Occitaniam Proefecti / Anno Domini* 1689".

732 Zum Diana-Tempel vgl. die Beschreibung Chaumettes in *Eclaircissemens sur les Antiquités*, S. 36 ff.

733 Vgl. Andrea Palladio (1508–1580), *Die vier Bücher zur Architektur*, hg. von Andreas Bayer, Basel 2009, Buch III, Kap. 29, S. 410 f.

734 Irrtümlicherweise steht in der Transkription „Religieuses de St Benoît".

735 Dies geschah im 11. Jahrhundert. Vgl. Alexandre Charles Germain, *Histoire de l'église de Nîmes*, Bd. 1, Nîmes 1838, S. 134 f.

736 Dies geschah 1560.

737 Auch hier und bis zur Seite 234 des transkribierten Textes übernimmt B. weitgehend Teile der Beschreibung Chaumettes in: *Eclaircissemens sur les Antiquités*, S. 46–56.

738 *Imp. Caesari divi f. / Augusto Cos. Nonum / Defignato decimum / Imp. Octavum.* Hier zitiert nach Chaumette, *Eclaircissemens sur les Antiquités*, S. 49.

739 Saint-Leu-d'Esserent im jetzigen Departement Oise, wo diese besondere Kalksteinart gefördert wurde.

740 Zu dieser noch existierenden Plastik vgl. Jean-François-Dieudonné Maucomble, *Histoire abrégée de la ville de Nimes avec la description de ses antiquités*, Amsterdam 1767, S. 6 ff.

741 Vgl. ebd., S. 209.

742 Auch hier beruht B.s Darstellung größtenteils auf Chaumettes *Eclaircissemens sur les Antiquités*,

S. 39 f. Der einzige Zusatz B.s besteht in der Datierung des Baus der neuen Brücke.

743 Gemeint ist die Verwaltung der Province „Languedoc Royal", die zwischen dem 13. Jahrhundert und 1791 existierte.

744 Dieses unter der Leitung von Henri Pitot (1695–1771) errichtete Bauwerk wurde 1793 zerstört.

745 Zu den verschiedenen Interpretation der Buchstaben „A. E. A." zu B.s Zeiten vgl. Léon Ménard, *Histoire civile, ecclésiastique et littéraire de la ville de Nismes. Avec des notes et des preuves. Suivie de dissertations historiques & critiques sur ses antiquités & de diverses observations sur son histoire naturelle*, Bd. 7, Nîmes 1768, S. 121.

746 Marcus Vipsanius Agrippa (64/63–12), der Schwiegersohn von Augustus (63–14). Bereits zu B.s Zeiten war diese Zuordnung nicht absolut sicher. Vgl. z. B. Nicolas Bergier, *Histoire des grands chemins de l'Empire romain: contenant l'origine, progrès et étenduë quasi incroyable des chemins militaires, pavez depuis la ville de Rome jusques aux extrémitez de son empire. Où se voit la grandeur & la puissance incomparable des Romains; ensemble l'éclaircissement de l'Itinéraire d'Antonin & de la carte de Peutinger*, Bd. 2, 2. Aufl., Brüssel 1736, S. 183, und Claude Devic/Joseph Vaissète, *Histoire générale du Languedoc*, Paris 1733 (hier zitiert nach der Ausgabe Toulouse 1872, Bd. 1, S. 265).

747 Ab dem 6. Jahrhundert fing man an, das Aquädukt zu zerstören, um Baumaterialien zu gewinnen. Zu diesem Aquädukt vgl. Devic/Vaissète, *Histoire générale du Languedoc*, S. 308 f.

748 Vgl. S. /139/.

749 Das heutige Bagnol-sur-Cèse.

750 Zum Bau dieser Brücke in der zweiten Hälfte des 12. Jahrhunderts soll der Heilige Geist selbst in der Form eines besonders geschickten Handwerkers beigetragen haben.

751 Zu diesen Angaben vgl. Robert de Hesseln, *Dictionnaire universel de la France: contenant la description géographique et historique des Provinces, Villes, Bourgs et Lieux remarquables du Royaume ; l'état de sa Population actuelle, de son Clergé, de ses Troupes, de sa Marine, de ses Finances, de ses Tribunaux & des autres parties de son Gouvernement …*, Bd. 5, Paris, 1771, S. 414 f.

752 Eine seit dem Anfang des 13. Jahrhunderts bestehende päpstliche Enklave; die erst mit der Französischen Revolution Frankreich angeschlossen wurde.

753 Gemeint ist die Bestie vom Gévaudan, die zwischen 1764 und 1767 die Gegend der heutigen Lozere terrorisierte. Zwei Wölfe wurden als „Bête du Gévaudan" ausgemacht, die sukzessive im September 1765 durch François Antoine (um 1675–?) und im Juni 1767 geschossen wurden. Allerdings ebbte das Interesse der Bevölkerung bzw. der Presse bereits nach dem Tod des Ersteren ab. Vgl. dazu Jean-Marc Moriceau, *La bête du Gévaudan: 1764–1767*, Paris 2008, S. 51 ff.

754 „Ah, er hat keine Ahnung von der großen Bestie, die Menschen frisst, er kennt besser die kleine, die sie macht."

755 Es konnte nicht geklärt werden, was B. hier wirklich meint, denn im Sprachgebrauch der Zeit verwendete man die Bezeichnung „pont volant" für eine Gierseilfähre, aber auch für eine „fliegende Brücke", wie sie Johann Rudolph Fäsch in seinem *Kriegs-, Ingenieur-, Artillerie- und*

Seelexicon: worinnen alles was einem Officier, Ingenieur, Artilleristen, und Seefahrenden … zu wissen nöthig, sattsam erkläret, und mit dazu dienlichen Kupffern erläutert ist. Ingleichen die verschiedenen Arten derer Soldaten, so wohl zu Fuss als zu Pferde, deren Rüstung und Gewehr …, Dresden/Leipzig 1735, S. 126, definiert: „eine Brücke von zweyen an einander gefügten Schiffen gemacht, darüber ein Boden geleget, und mit starcken Bretern überdielet, und an einem langen Seil befestiget ist, damit man Volck, Artillerie, und andere Dinge über einen Fluß führen kan".

756 Jetzt Tain L'Hermitage nach dem Namen des sehr bekannten Weins „L'Hermitage", den B. hier preist.

757 Landschaft in Unteritalien.

758 Die als *Pont du change* oder einfach *Pont de Pierre* bekannte Brücke wurde in der zweiten Hälfte des 11. Jahrhunderts gebaut und 1842 zerstört.

759 David Auriol*. Vgl. Yves Krumenacker: *Des protestants au siècle des lumières: le modèle lyonnais*, Paris 2002, S. 150.

760 Die heutige *Place Bellecour* hieß ab 1715 und bis zur Französischen Revolution *Place Louis-Le-Grand*.

761 Das Rathaus wurde im letzten Drittel von Jules Hardouin-Mansart (1646–1808) restauriert und erweitert.

762 Das von Jacques Germain Soufflot (1713–1780) entworfene und zwischen 1754 und 1756 gebaute *Grand théâtre*, das ein Brand 1826 zerstörte.

763 Die sogenannte *Loge du Change* wurde ebenfalls von Soufflot zwischen 1748 und 1750 umgebaut.

764 Soufflot baute zwischen 1741 und 1761 dieses Krankenhaus.

765 Das 1519 gegründete *Collège de la Trinité* wurde von den Jesuiten ab 1565 bis zu ihrer Vertreibung 1762 geleitet. Das Gebäude existiert immer noch unter dem Namen „Collège-lycée Ampère".

766 In dem 1512 gegründeten Kloster der Ursulinen waren noch Ruinen von römischen Bädern zu sehen. Vgl. dazu André Clapasson, *Histoire et description de la ville de Lyon, de ses antiquités, de ses monumens & de son commerce, avec des notes sur les hommes celèbres qu'elle a produits*, Lyon 1761, S. 224.

767 Zu dem 1555 gegründeten Kloster des „Ordo Minimorum" (Paulanerorden) vgl. ebd., S. 211.

768 Komische Oper (1762) von Pierre-Alexandre Monsigny (1729–1817).

769 Joseph Caillot (1733–1816).

770 *Le Seigneur de Pourceaugnac von Molière*: *Monsieur de Pourceaugnac* (1669), Komödie von Molière (1622–1673).

771 Drama (1745) von Jean-Baptiste-Louis Gresset (1709–1777).

772 Friedrich II. (1720–1785), Landgraf von Hessen.

773 Wohl Friedrich Wilhelm Feodor von Wreech* (1733–1785), Kammerherr und Hofmarschall des Prinzen Heinrich von Preußen.

774 Vgl. S. /203/.

775 Hier ist die Anekdote mit dem Friseur Faust gemeint (vgl. S. /243/).

776 Berenhorst verwendet hier den Neologismus *montueux*.

777 « Dont la mousse pressée / De la bouteille avec force élancée / Comme un éclair fait voler son bouchon ». Zitat aus *Le Mondain* (1736), einem Gedicht von Voltaire (François Marie Arouet, 1694–1778). Vgl. *Recueil de pièces fugitives en prose et en vers*, Paris 1740, S. 111 (dt. Fassung nach Voltaire, *Ein Lesebuch für unser Zeit*, hg. von Martin Fontius, Berlin 1989).

778 Der Bau des Schlosses von Fontainebleau wurde von Franz I.

(1494–1547) ab 1528 intiiert, von seinem Sohn Heinrich II. (1519–1559) fortgesetzt und erst unter Ludwig XIII. (1601–1643) abgeschlossen. Dieses Schloss war bis zur Revolution einer der Wohnsitze der französischen Könige.

779 Das von B. verwendete Wort „rétroplanter“ ist ein Neologismus.

780 Gabrielle d'Estrées (1570/3–1599) und Catherine Henriette de Balzac d'Entragues* (1579–1633) waren Mätressen König Heinrichs IV. (1553–1610), Maximilien de Béthune, Herzog von Sully (1559–1661) sein bedeutendster Minister. Der Bischof Arnaud d'Ossat* (1537–1604) und der protestantische Theologe Philippe de Mornay, Seigneur du Plessis-Marly (1549–1623) unterstützen die Politik des Königs auf religiösem Gebiet, Louis des Balbes de Berton de Crillon (1543–1615), François de La Noue* (1531–1591) sowie Henri de La Tour d'Auvergne, Vicomte de Turenne (1555–1623) seine militärischen Unternehmen.

781 Zu dieser Mode am Hofe Heinrichs IV. vgl. Louis Battifols, *Le Louvre sous Henri IV et Louis XIII: la vie de la Cour de France au XVIIe siècle*, Paris 1949.

782 Claude Etienne Darget* (1712–1778). Nach einigen Jahren als Lektor Friedrichs II. kam Darget 1753 nach Frankreich zurück und besetzte die von Berenhorst erwähnten Stellen, bis er als Diplomat in Speyer und Lüttig tätig wurde. Vgl. Heinrich Künisch, Henri de Catt, Vorleser und Gesprächspartner Friedrichs des Großen – Versuch einer Typologie. In: Martin Fontius/Helmut Holzhey (Hg.), *Schweizer im Berlin des 18. Jahrhunderts,* Internationale Fachtagung, 25. bis 28. Mai 1994 in Berlin, Oldenburg 1996, S. 116.

783 Charles Philippe resp. Karl Philipp Cesar* (1726–1795), der später Direktor der königlichen Bank in Berlin wurde.

784 Henri Louis Cain alias Lekain* (1729–1778), François-René Molé* (1734–1802), Jean Louis Britard, genannt Brizard (1721–1791), Marie-Françoise Marchand, genannt Mademoiselle Dumesnil (1711–1803) und Marie-Madeleine Blouin, genannt Mademoiselle Dubois wurden zu den besten Schauspielern des 18. Jahrhunderts gerechnet.

785 Antoine-Marin Lemierre (1733–1793). Seine Tragödien *Hypermnestre* und *Artaxerce* wurden 1758 bzw. 1766 uraufgeführt.

786 Vgl. Joseph Addison, *Le mentor moderne, ou discours sur les mœurs du siècle*, La Haye 1723, S. 197: « La *Perruque carrée*, qui jette ses ondes partagées réguliérement sur les deux cotez de la poitrine marque un Jurisconsulte, ou un Politique ». Im übertragenen Sinne handelt es sich hier um Pedanten. Zur Rezeption der Stücke von Lemierre vgl. z. B. die Kritik im *Mercure de France*, Oktober 1766, Bd. 1, S. 162 ff.

787 Friederike Henriette von Seydewitz* (?–1766), seit 1759 Ehefrau von Ludolf Heinrich Carl Friedrich Brandt von Lindau (1732–1779).

788 Ein 1660 entstandener und unter dem Namen *Vauxhall Gardens* bekannter Vergnügungspark.

789 Sitz des William Petty, 2nd Earl of Shelburne (1737–1805)

790 Daniel Christian Georg von der Schulenburg, ab 1757 Kommandeur der um 1260 gegründeten Kommende des Deutschordens in Lucklum. Vgl. dazu Hans Helmuth Rimpau, *Deutschordenskommende Lucklum*, Braunschweig 1958. Schulenburg organisierte die erste Reise des

Fürsten Franz nach England 1763. Vgl. Michel Stürmer/Ursula Bode/Thomas Weiss, *Den Freunden der Natur und Kunst. Das Gartenreich des Fürsten Franz von Anhalt-Dessau im Zeitalter der Aufklärung*, Stuttgart 1997.

791 Bereits im 18. Jahrhundert waren die Pferderennen von Newmarket europaweit berühmt.

792 Im Original „XIIII".

793 Pluto, der Gott der Unterwelt.

794 Vielleicht ist hier *Erosine. Pastorale héroique* von François-Augustin Paradis de Moncrif (1687–1770) und Pierre Montan Berton (1727–1780) gemeint, die am 29. August 1766 in der *Salle des machines* der Tuilerien uraufgeführt wurde.

795 Chevalier Jacques-René de Croismare (1699–1773).

796 Louis-Alexandre de La Rochefoucauld (1743–1792), seit 1762 Herzog. Er heiratete im Dezember 1762 Louise-Pauline de Gand de Mérode (1747–1767). Im Jahr 1765 hatte er sich in Rom aufgehalten.

797 François Georges de Wimpffen* (1735–1806). Seit 1759 Kommandeur des deutschen Regiments „Comte de la Marck".

798 John Wilkes* (1727–1797) befand sich seit 1764 wegen seiner skandalösen Schriften im Exil und lebte abwechselnd in Paris und Italien. Erst 1768 kehrte er nach England zurück.

799 Vermutlich die Heirat mit Prinzessin Louise Henriette Wilhelmine von Brandenburg-Schwedt (Verlobung 1765).

800 Eventuell William Minet, Sohn des Isaac Minet.

801 Petit-Maître: Laut Zedler ein „in Frankreich solcher junger Mensch, der in seiner Aufführung viel Brutalité und Verwegenheit, auch lächerliches Wesen blicken lässt, thut als wisse er alles, und habe alle Klugheit gefressen, auch sich über alles aufhält; anbey aber die Caffée-Sauf, Spiel, und Huren=Häuser fleißig besuchet" (*Grosses vollständiges Universallexikon*, Bd. 27, S. 556).

802 James Boswell, 9th Laird of Auchinleck* (1740–1795), besuchte Dessau 1764.

803 Alexander Boswell, Lord Auchinleck (1706–1782).

804 "Our absent friends" (unsere abwesenden Freunde), „che vuol dir" („was bedeutet").

805 Das französische Wort „indien" könnte auch mit „indisch" übersetzt werden.

806 Gemeint ist die irische Sprache.

807 Thomas Clavering (1719–1794), Bruder von John Clavering (1722–1777).

808 Charles Watson-Wentworth, 2. Marquess of Rockingham (1730–1782).

809 John Manners, 3rd Duke of Rutland* (1696–1779) war Vater von John Manners, Marquess of Granby* (1721–1770).

810 Italienisch: „ein wenig".

811 Louise Marie Madeleine Dupin (1706–1766), die 1722 Claude Dupin (1686–1769) heiratete. Rousseau arbeitete für sie als Sekretär zwischen 1745 und 1751).

812 Bei dem letzten Brief, den B. von seinem Freund erhalten hatte, zeigte sich dieser sehr krank (vgl. S. /252/).

813 Cotterie: „eine Anzahl von mehreren Personen, die vertraulich mit einander umgehen und gemeinschaftliche Lustbarkeiten mit einander anzustellen pflegen z.E. zum Ausreiten, zum Spatzierenfahren, zum Concert, zum Schmausen, Pickenick, Kränzchen u.d.g.m." (Krünitz, *Oekonomische Encyklopädie, oder Allgemeines System der Staats- Stadt- Haus- u. Landwirthschaft, in alphabetischer Ordnung*, Bd. 8, Berlin 1785, S. 406).

814 „C'est une misère / Que nos jeunes gens! / L'âge dègènére, / Ah le pauvre tems! / Tout est vanité, / Faste sans largesse, / Plaisir sans gaité; / Amour sans tendresse, / Leur délicatesse / Est dans leur santé". *Die Fee Urgèle* ist eine komische Oper von Egidio Romualdo Duni (1709–1775) nach einem Libretto Charles Simon Favart und Claude Henri de Fusée de Voisenon. Zum Zitat vgl. *La Fée Urgèle ou ce qui plaît aux dames. Comédie en quatre actes mêlée d'ariettes*, Paris 1765, S. 37 (2. Akt, 4. Szene). Die deutsche Übersetzung beruht zum Teil auf dem Libretto der Oper von Ignaz Josef Pleyel *Die Fee Urgele oder was den Damen gefällt. Ein Singspiel in vier Aufzügen*, Mainz 1776, S. 46 ff. (2. Akt, 4. Szene).

815 Vgl. S. /248/.

816 In der Transkription steht „se ligner" statt „se liguer".

817 Céleste Durancy (1746–1780).

818 Karl Wilhelm Ferdinand von Braunschweig-Wolfenbüttel (1735–1806). Er kämpfte tapfer im Siebenjährigen Krieg und setzte sich gegen die Willen seines Vaters manchen Gefahren aus.

819 Sieg der von Louis V. Joseph de Bourbon-Condé, 8. Fürst de Condé (1740–1818) geführten französischen Truppen über die Armee des Herzogs Karl von Braunschweig-Wolfenbüttel-Lüneburg (1713–1780) in Friedberg bei Bad Nauheim am 30. August 1762. Schuld an der Niederlage des Herzogs von Braunschweig war vor allem das unüberlegte Verhalten seines Sohnes, des Erbfürsten Karl Wilhelm Ferdinand.

820 Johannes Calvin (1509–1564).

821 Beat Ludwig (Béat Louis de) von Muralt (1656–1749). B. verweist hier auf dessen *Lettres sur les Anglois et les François et sur les voyages*, 3 Bde., Paris 1726.

822 Françoise d'Issembourg d'Happoncourt de Graffigny (1695–1758). Ihre 1747 erschienenen *Lettres d'une Péruvienne* (Briefe einer Peruanerin) wurden zum Bestseller.

823 Die hier erwähnten Persönlichkeiten stellen einen Querschnitt der französischen Aufklärung dar, waren doch im Salon von Madame Dupin sowohl Naturwissenschaftler als auch Philosophen und Literaten als Gäste vertreten. Jean Jacques d'Ortous de Mairan* (1678–1771), Gabriel Bonnot de Mably (1709–1785), Étienne Bonnot de Condillac (1714–1780), Jacques de Vaucanson (1709–1782) François-André-Adrien Pluquet (1716–1790), Pierre-Joseph Bernard (1708–1775), Claude Carloman de Ruhlières* (1735–1791), François-Louis-Claude Marin (1721–1809), Nicolas-Claude Thiriot (oder Theriot) (1696–1772), Alexandre-Jérôme Loyseau de Mauléon (1728–1771), Pierre Poivre* (1719–1786).

824 Zwischen 1687 und 1770 war die Comédie Française in dem *Salle des Fossés-Saint-Germain*, einem ehemaligen Ballhaus der Rue des Fossés-Saint-Germain-des-Prés untergebracht.

825 Zu den Vertretern von Thalia, der Muse der komischen Dichtung, rechnet B. Jean Claude Gilles Colson, genannt Belcour oder Bellecour (1725–1778), Pierre-Louis Dubois, genannt Préville (1721–1799), Marie Angélique Drouin (1731–1798), genannt Madame Préville, Louise Adélaïde Berthon de Maisonneuve, genannt d'Oligny (1746–1823) und Dorothée Luzy* (1747–1830). Angaben nach Alexandre Ricord, *Les Fastes* de la *Comédie-Française*, 2 Bde., Paris 1921/22. – Zu den anderen, die B. als Vertreter von Melpomene, der Muse der tragi-

schen Dichtung, bezeichnet vgl. S. /248/.

826 Seit der Fusionierung der Komischen Oper mit dem Italienischen Theater 1762 war dieses im *Hôtel de Bourgogne* untergebracht.

827 Joseph Caillot (1733–1816), Jean-Louis Laruette oder La Ruette (1731–1792), Jean-Baptiste Guignard genannt Clairval* (1735–1795), Marie-Thérèse Villette, Madame Laruette (1744–?), Marie-Jeanne Milon, genannt Félicité Mandeville (1746–1814), Pétronille-Rosalie Beaupré (um 1748–?), Angaben nach Emile Campardon, *Les Comédiens du roi de la troupe italienne*, 2 Bde., Paris 1880.

828 Charles Antoine Bertinazzi, genannt Carlino* (1713–1783).

829 Catherine-Antoinette Foulquier, genannt Catinon (?–?), Mademoiselle La Fond.

830 Diese wurde 1669 gegründet.

831 Durch sein Werk *Le Devin de village* 1752 initiierte Rousseau in Frankreich die Gattung der komischen Oper.

832 Jean-Baptiste Lully* (1632–1687) und Jean-Philippe Rameau (1683–1764) waren führende Komponisten im Frankreich des 17. und 18 Jahrhunderts.

833 Kimbolton Castle, seit 1615 Sitz der Herzöge von Manchester. Zu B.s Zeiten war George Montagu, 4. Herzog von Manchester (1737–1788) der Besitzer.

834 Elizabeth Chudleigh*, Gräfin von Bristol und zukünftige Herzogin von Bristol (1720–1788).

835 Evelyn Pierrepont, 2. Herzog von Kingston-upon-Hull (1711–1773).

836 In der Transkription ist dieser Satz nur begrenzt lesbar.

837 Im Berenhorst-Zimmer im Schloss Wörlitz gibt es einen Kupferstich nach A. Ramsay mit dem Porträt des Königs.

838 John Manners, Marquess of Granby (1721–1770), Henry Temple, 2nd Viscount Palmerston (1739–1802), möglicherweise James O'Hara, 2nd Baron Tyrawley (1682–1774), John Ligonier, 1st Earl Ligonier (1680–1770), Admiral Charles Saunders (1715–1775).

839 Die zwischen 1676 und 1708 gebaute St Paul's Cathedral.

840 Das zwischen 1739 und 1752 gebaute Mansion House.

841 The Royal Exchange. Das 1669 errichtete Gebäude wurde 1838 durch einen Brand zerstört.

842 Der Maler und Graphiker William Hogarth* (1697–1764). Zur Hogarths Rezeption in Deutschland vgl. Hans-Georg von Arburg, Zwischen „dünner Schale" und „ekelhafter Anatomie". Versuch einer Paradigmatik des Hogarth-Bildes in Deutschland, 1750–1800. In: The Germanic Review: Literature, Culture, Theory, 75/4 (2000), S. 280–295.

843 Der 1668 angelegte Green Park, der zwischen 1728 und 1738 errichtete Kensington Gardens und Hyde Park 1728.

844 Im Unterschied zu den *pórnai*, die die niedrigste Form der Prostitution darstellten, gehörten in der Antike die Hetären zu einer besonderen Klasse und genossen ein gewisses soziales Ansehen. Vgl. Wolfgang Schuller, *Die Welt der Hetären. Berühmte Frauen zwischen Legende und Wirklichkeit*, Stuttgart 2008.

845 Kitty Fisher* (?–1767). Sie heiratete John Norris, den Enkel von Sir John Norris (1670–1749), Admiral und Mitglied des Parlaments.

846 Ursprünglich Bezeichnung für Kaffeehäuser mit Dampfbad und dann Begriff für Freudenhaus.

847 Vielleicht „waiter" (engl., Kellner). „Pimp" ist ein engl. Begriff für Zuhälter.

848 B. meint hier folgende Theater: das *Theatre Royal*, seit 1663 in der Drury Lane, das 1732 eröffnete *Royal Opera House* und das seit 1720 existierende *Theatre Royal Haymarket*. Eigentlich gab es zum Zeitpunkt seines Aufenthalts noch ein weiteres, das *Sadler's Wells*, das nach einer Renovierung 1765 neu eröffnet wurde.

849 Auf Deutsch im Originaltext.

850 Auch hier auf Deutsch im Originaltext. Möglicherweise wollte B. die französische Bezeichnung noch herausfinden.

851 David Garrick (1717–1779). Einer der berühmtesten Schauspieler des 18. Jahrhunderts.

852 Eine lockere, nicht höfische Kleidung. Vgl. Marita Bombek, *Kleider der Vernunft. Die Vorgeschichte bürgerlicher Präsentation und Repräsentation in der Kleidung*, Münster 2005, S. 194.

853 Georg III. Wilhelm Friedrich (1738–1820), König ab 1760; Sophie Charlotte, Herzogin zu Mecklenburg 1744–1818, ab 1761 Königin; Prinzessin Augusta of Saxe-Gotha-Altenburg (1719–1772), nach ihrer Hochzeit mit Frederick, Prince of Wales (1707–1751) Princess of Wales (und nach dem Tod desselben Dowager Princess of Wales); Prince Edward, Duke of York (1739–1767); Prince William, Duke of Gloucester and Edinburgh (1743–1805); Prince Henry, Duke of Cumberland and Strathearn (1745–1790).

854 Im Originaltext steht irrtümlicherweise „ni […] ni […] pas content".

855 Augusta Friederike Luise von Hannover (1737–1813).

856 Der Herzog von York (1739–1767), der Herzog von Gloucester (1743–1805), der Herzog von Cumberland (1745–1790).

857 Charles Cotterell-Dormer (?–1779), master of ceremonies.

858 Eigentlich *Bowood Estate*.

859 William Petty, 2nd Earl of Shelburne* (1737–1805).

860 John Clavering (1722–1777).

861 Seit seiner Jugend litt B. an einem Augenleiden (was der offizielle Grund für sein Ausscheiden aus der Armee 1762 war), und die Sorge um seine Augen begleitete ihn bis zum Lebensende.

862 Diese hießen zu B.s Zeiten: All Souls College, Balliol College, Brasenose College, Christ Church, Corpus Christi College, Exeter College, Hertford College, Jesus College, Lincoln College, Magdalen College, Merton College, New College, Oriel College, Pembroke College, St Edmund Hall, St John's College, The Queen's College, Trinity College, University College, Wadham College, Worcester College sowie verschiedene Halls. Vgl. *A pocket companion for Oxford: or, guide through the University. Containing an accurate description of the public edifices, the buildings in each of the colleges; the gardens … To which are added, correct descriptions of the buildings …*, Oxford 1764.

863 Radcliffe Camera (erbaut zwischen 1737 und 1749).

864 Das Gebäude des heutigen Ashmolean Museum (1678–1783).

865 Der Avon.

866 Das *Old Orchard Street Theatre* (ab 1768 *Theatre Royal*).

867 Der zwischen 1754 und 1768 gebaute „Circus".

868 Gemeint sind West- und Ostindien.

869 Voltaire, *La Pucelle d'Orléans. Poëme divisé en 20 chants avec des notes*, o. O. 1762 (Originalausgabe 1734), Lied VIII, S. 155: « Son nom était Judith de Rosamore, / Cher à Bristol, & que Cambridge honore ».

870 Ein Burgwall aus dem Neolithicum, das bis zum 1. Jahrhundert benutzt wurde.

871 Die *HMS Britannia*, 1762 gebaut, führte 100 Kanonen.

872 B. schreibt „Mottensteak“, wobei das Wort für „Muttonsteak“ stehen dürfte.

873 B. schreibt „scolopp“. Wahrscheinlich meint er „scalopp“ in der Bedeutung von Schnitzel (und nicht, wie ebenfalls möglich, von Jakobsmuschel).

874 B. schreibt „Potoelge“, was wahrscheinlich die fehlerhafte Transkription von „potages“ ist.

875 Roséartiger, heller Rotwein aus der Region von Bordeaux.

876 Held eines satirischen und sozialkritischen Romans (1749) von Henry Fielding (1707–1754), der zwischen 1750 und 1751 in der Übersetzung von Matthias Arnold Wodarch (1715–1761) unter dem Titel *Historie des menschlichen Herzens, nach den Abwechselungen der Tugenden und Laster in den sonderbaren Begebenheiten Thomas Jones, eines Fündlings: Moralisch und satyrisch beschrieben* erschien.

877 Anton van Dyck (1599–1641), ab 1632 Hofmaler am englischen Hof.

878 Hintergrund dieser Bemerkung dürfte die in Deutschland zu dieser Zeit rege geführte pädagogische Diskussion gewesen sein. Vgl. Hedwig Blankertz, *Die Geschichte der Pädagogik. Von der Aufklärung bis zur Gegenwart*, Wetzlar 1982.

879 Diese Gattung fand in England eine große Resonanz nach der Publikation des Traktats von John Weaver *History of the Mimes and Pantomimes* 1728. Zur Rezeption dieser Gattung in Deutschland zu B.s Zeiten vgl. z.B. Gotthold Ephraim Lessing, *Theatralische Bibliothek*, Bd. 3, Berlin 1755, S. 279ff.

880 Diese Straße verbindet die City of London und Westminster.

881 Daraus lässt sich schließen, dass der Adressat jemand aus dem Umkreis des Fürsten Franz ist.

882 Es ist der Kaplan der Königin, Dr. W. Morgan, der Ende 1767 laut Tagebuch der Fürstin Louise in Dessau war. Vgl. *Der Alltag der Fürstin Louise von Anhalt-Dessau. Ihre Tagebuchaufzeichnungen 1756–1805 zusammengefasst von Friedrich Matthison*, Berlin 2010, S. 141.

883 B. meint wohl die Übelkeit bei Seekrankheit.

884 Eine Stadt in den französischen Ardennen.

885 Adriaen van Ostade (1610–1685). Seine Werke sind durch eine Neigung zur Karikatur gekennzeichnet.

886 Hier ist Morgan gemeint.

887 Diese von Herrn de la Porterie geleitete Reitschule existierte zwischen 1765 und 1771. Vgl. dazu *L'Intermédiaire des chercheurs et curieux: Notes and queries français: questions et réponses, communications diverses à l'usage de tous, littérateurs et gens du monde, artistes, bibliophiles, archéologues, généalogistes, etc*, Paris 1923, S. 450f.

888 Nach Plänen von Sébastien Le Prestre de Vauban (1633–1707) zwischen 1668 und 1671 gebaute Anlage.

889 De la Merville, Maréchal de Camp (?–1777).

890 Vermutlich ein Adjutant des Generals Henry Seymour Conway (1721–1795).

891 Brief von Leopold III. Friedrich Franz.

892 Brief von Leopold III. Friedrich Franz.

893 Prinz Albert von Anhalt-Dessau (1750–1811).

894 Möglicherweise William Stanhope, 2nd Earl of Harrington (1719–1779).

895 Eventuell David Ogilvy, 6th Earl of Airlie (1725–1803).
896 Karl Wilhelm Ferdinand von Braunschweig-Wolfenbüttel (1735–1806)
897 Joachim Carl Graf von Maltzahn* (1733–1817), preußischer Gesandter.
898 Hans Moritz von Brühl (1736–1809).
899 Im ersten Viertel des 17. Jahrhunderts erwarb die Familie Waller* in Beaconsfield ein Anwesen, in dem Edmund Waller (1606–1687) zwischen 1651 und 1687 einen Garten anlegte. Vgl. dazu Valentin Hammerschmidt/Joachim Wilke, *Die Entdeckung der Landschaft. Englische Gärten des 18. Jahrhunderts*, Stuttgart 1990, S. 10 f.
900 Wohl der Hofmarschall Eucharius Karl Friedrich von Glaffey* (1738–1822).
901 John Spencer, 1st Earl Spencer (1734–1783)
902 Zu diesem und den darauf erwähnten Gärten siehe Hammerschmidt/Wilke, *Die Entdeckung der Landschaft*, S. 45–50, 85, 112.
903 Eigentlich 11th Baron Le Despencer, Sir Francis Dashwood (1708–1781).
904 Mary Blount* (1712–1773), seit 1727 Duchess of Norfolk.
905 Elizabeth Campbell (1720–1790), seit 1752 Duchess of Hamilton.
906 Wahrscheinlich Mary Anne Layard* (1733–1804), Duchess of Ancaster.
907 Mary Temple geb. Mee (1752–1805).
908 Grizel Stanhope geb. Hamilton (1745–1811).
909 Elizabeth Venables-Vernon (1746–1826), seit 1765 Ehefrau von Simon Harcourt, 1st Earl Harcourt, of Nuneham (1714–1777).
910 Isabella Byron (1721–22 January 1795), seit 1743 Lady Carlisle*. Sie hatte vier Töchter, unter anderem: Lady Anne Howard (1744–1799), Lady Frances Howard (1745–1808), Lady Juliana Howard (1750–1849).
911 Lady Sophia Carteret (1745–1771), Ehefrau von William Petty, 2nd Earl of Shelburne.
912 Mary FitzMaurice heiratete 1734 John Petty, 1st Earl of Shelburne (1706 –1761).
913 Elizabeth Gideon, seit 1757 Ehefrau von William Hall Gage, 2nd Viscount Gage of Castle Island (1718–1791).
914 Lady Caroline Campbell, seit 1739 Lady Ailesbury.
915 Vielleicht Lady Clementina (?–1799), Tochter von John Fleming, 6th Earl of Wigtown (?–1744).
916 Lady Caroline FitzRoy (1722–1784), seit 1746 Ehefrau von William Stanhope, 2nd Earl of Harrington* (1719–1779). Sie hatte fünf Töchter: Caroline (1747–1767), Isabella (1748–1819), Amelia (1749–1780), Henrietta (1756–1781) und Anna Maria (1760–1834).
917 Isabella FitzRoy (1726–1782), seit 1741 Ehefrau von Francis Seymour-Conway, 1st Marquess of Hertford (1718–1794).
918 Elizabeth Drax (1719–1792, seit 1744 Ehefrau von Augustus Berkeley, 4th Earl of Berkeley* (1715–1755).
919 Henrietta Jane geb. Speed, Ehefrau von Joseph Marie François Justin, Comte de Viry (1737–1807).
920 Ehefrau von Charles Cottrell-Dormer*.
921 Hester Grenville (1720–1803), seit 1754 Lady Pitt.
922 Wahrscheinlich Harriet Blosset (?–1819).
923 Vielleicht Frances Chetwynd (?–nach 1767).
924 Francis Hastings, 10th Earl of Huntingdon* (1729–1789).
925 Simon Harcourt, 1st Earl Harcourt* (1714–1777).

926 Henry Seymour Conway (1721–1795) war seit 1765 Secretary of State for the Southern Department.
927 William Wills Hill, 1st Marquess of Downshire und Viscount Hillsborough* (1718–1793).
928 Thomas Osborne, 4th Duke of Leeds and Earl of Danby (1713–1789).
929 Charles Lennox, 3rd Duke of Richmond, Earl of March* (1734–1806).
930 Burckhard Christian von Behr* (1714–1771).
931 Edward Howard, 9th Duke of Norfolk (1686–1777).
932 Hugh Percy, 1st Duke of Northumberland (1714–1786).
933 Henry Scott, 3rd Duke of Buccleuch and 5th Duke of Queensberry* (1746–1812).
934 Robert Craggs-Nugent, 1st Earl Nugent, ab 1767 Viscount Clare* (1702–1788).
935 John Campbell, 5th Duke of Argyll, Marquess of Lorne (1723–1806).
936 Philip Stanhope, 5th Earl of Chesterfield (1755–1815).
937 James Duff, 2nd Earl Fife (1729–1809).
938 Henry Somerset, 5th Duke of Beaufort, 5th Baron Botetourt* (1744–1803).
939 Vielleicht Thomas Rosborough (?–1810).
940 Charles Schaw Cathcart, 9th Lord Cathcart (1721–1776).
941 Charles William Molyneux, 1st Earl of Sefton* (1748–1795).
942 William Amherst (1732–1781).
943 General Philip Honeywood* (1727–1788).
944 Henry St John (1738–1818).
945 George Pitt, 1st Baron Rivers (1721–1803).
946 Sampson Gideon (1699–1762).
947 Sir John Wrottesley, 8th Baronet* (1744–1787).
948 Möglicherweise Comte de Saillans.
949 Claude-Louis-François de Régnier, Comte de Guerchy (1715–1767). Er heiratete 1740 Gabrielle-Lydie d'Harcourt (1722–1801).
950 Möglicherweise Vittorio Filippo Ferrero-Fieschi, Principe di Masserano (1713–1777).
951 Jan Walraad, Graaf van Welderen van Oploo* (1725–1807).
952 Joachim Carl Graf von Maltzahn (1733–1817). Er heiratete 1761 Ernestine von Mudrach (1744–1795).
953 Aleksei Semenovich Musin-Pushkin (1730–1817).
954 Gerhard Gustaf Adam Nolcken (1733–1812).
955 Martinho de Mello e Castro, Conte de Galveias* (1716–1795).
956 Domenico Caracciolo, Marchese di Villamaina (1715–1789).
957 Josef Franz Xaver Graf von Haslang (1700–1783).
958 Camillo Conte Poggi.
959 Cesare Vignola*.
960 Graf Bonde*.
961 Johann Nepomuk Lukas von Raygersfeld* (1735–1818).
962 Louis Antoine Sophie de Vignerot du Plessis, duc de Fronsac (1736–1781).
963 Marino Ferrero-Fieschi Conte di Lavagna* (1721–1771).
964 Lady Elfled Enid Elizabeth Malloren (1737–?) heiratete 1762 Fortitude Harleigh Ware, 5th Earl of Walgrave* (1736–?).
965 John Calcraft, Earl of Ormond (1726 –1772). Der besuchte Garten war Ingress Abbey.
966 Étienne-François de Choiseul d'Amboise (1719–1785), seit 1766 Außenminister.
967 Eigentlich Florimond-Claude, ComtedeMercy-Argenteau*(1727–1797), seit 1766 österreichischer Botschafter in Frankreich.
968 Louis-Philippe Ier d'Orléans (1725–1785).
969 Louis Philippe Joseph d'Orléans (1747–1793).

970 Karl Maria Raimund, Herzog von Arenberg* (1721–1778) diente zwischen 1743 und 1776 in der österreichischen Armee, zuletzt als Feldmarschall.

971 Friedrich August von Nassau-Usingen (1738–1816). Bis 1790 stand er in österreichischen Diensten, zuletzt als Feldmarschall. Sein älterer Bruder Johann Adolph von Nassau-Usingen (1740–1793) wechselte 1764 zur preußischen Armee.

972 Maria Theresia von Österreich (1717–1780).

973 Der Garten von John Calcraft.

974 Eigentlich die *HMS Victory* mit 104 Kanonen.

975 Etienne de La Tour de la Boulie (1685–1772), Brigadier und Lieutenant du Roi.

976 Grant de Blairfindy*. Dieser Offizier spielte eine bedeutende Rolle bei Choiseuls Vorbereitung einer Landung in England. Vgl. Georges Lacour-Gayet, *La marine militaire de la France sous le règne de Louis XV*, 2. Aufl., Paris 1910, S. 441 ff.

977 Eine Immatrikulation in Jena konnte nicht nachgewiesen werden. Die Matrikel der Universität Göttingen belegen hingegen die Immatrikulation eines „J. Grant, Scotus“ im Jahr 1752. Vgl. Götz von Selle, *Die Matrikel der Georg-August-Universität zu Göttingen: 1734–1837*, Bd. 2: *Register*, hg. v. Wilhelm Ebel (Veröffentlichungen der Historischen Kommission für Hannover; 9,3,2), Hildesheim 1974, S. 95.

978 Der *Etat militaire de la France pour l'année 1760*, 3. Aufl., Paris 1770, S. 204, erwähnt tatsächlich einen „M. Brommer“ als Hauptmann.

979 Möglicherweise Jacques-Hyacinthe, Vicomte de Sarsfield (?–1786).

980 Anne Joachim de Montaigu, Marquis de Bouzols* (1737–1814), Oberst des Regiments du Lyonnais seit 1762.

981 François de la Porterie (1709–1788).

982 Die Syntax in der Quelle ist an dieser Stelle fehlerhaft.

983 Léopold Charles de Choiseul (1724–1774), Erzbischof von Albi (1759–1764) und dann von Cambrai (1764–1774).

984 Eigentlich war Choiseul zu diesem Zeitpunkt Secrétaire d'État aux Affaires étrangères, d. h. Außenminister.

985 Marie Thérèse Geoffrin geb. Rodet (1699–1777). Sie unterhielt ab 1749 einen Salon, wo die bedeutendsten Vertreter der französischen Aufklärung verkehrten.

986 Vgl. dazu S. /297/.

987 Anne-Julie Françoise de Crussol d'Uzès (1713–1797), seit ihrer Hochzeit mit Louis César de La Baume Le Blanc, Duc de Vaujours (1708–1780) im Jahre 1732, Duchesse de La Vallière.

988 Gemeint ist der *Place du Carrousel*, der seinen Namen einem als „Carrousel“ (d. h. ein Ritterspiel) bekannten Fest verdankt, das Ludwig XIV. 1662 zu Ehren seiner Mätresse Françoise Louise de La Baume Le Blanc, Herzogin de La Valliere (1644–1710) veranstalten ließ. Zu diesem Platz vgl. Théophile Lavallée, *Histoire de Paris depuis le temps des Gaulois jusqu'a nos jours*, Bd. 2, 2. Aufl., Paris 1857, S. 265 ff.

989 Pierre François Rosset de Fleury (1729–?).

990 Graf Gustav Philipp von Creutz (1726–1785).

991 Augustin Paul Dominique Sorba (1715–1771).

992 Heinrich Karl Freiherr von Gleichen (1733–1807).

993 Ferdinando Galiani (1728–1787).

994 Jean Pierre Crommelin (1716–1768).

995 Jean-François, Comte de Narbonne-Pelet-Fritzlar (1725–1804).

996 Vielleicht François, Comte de Béon et de la Palu.

997 Jean-François, Marquis de Saint-Lambert (1716–1803), Schriftsteller und Philosoph.

998 Germain-François Poullain de Sainte Foix* (1698–1776), Dramaturg.

999 Jean-François Marmontel (1723–1799), Schriftsteller.

1000 Jean-Baptiste le Rond d'Alembert (1717–1783), Mitherausgeber der *Enzyklopädie*.

1001 Jean Jacques d'Ortous de Mairan* (1678–1771), Naturwissenschaftler.

1002 Antoine Léonard Thomas (1732–1785), Schriftsteller.

1003 Claude Adrien Helvétius (1715–1771), Philosoph und Materialist.

1004 Jean Lévesque de Burigny (1692–1785), Historiker.

1005 Abbé André Morellet (1727–1819), Mitarbeiter der *Enzyklopädie*.

1006 Friedrich Melchior, Baron von Grimm (1723–1807).

1007 Charles-Godefroid de la Tour d'Auvergne, Prince de Turenne (1706–1771). Seine Spielsucht ruinierte ihn.

1008 Marie-Thérèse Geoffrin, Marquise de La Ferté-Imbault* (1715–1791). Sie wurde bereits mit 21 Jahren Witwe.

1009 Antoine-Marie, Comte de Montazet (1711–1768), Generalleutnant ab 1758, und Jacques-Antoine de Malvin, Chevalier de Montazet (1715–1807), Maréchal de camp ab 1761.

1010 Jean François de Narbonne-Pelet (1725–1804). Er heiratete 1756 Louise Charlotte Philippine de Narbonne-Pelet (1734–1762), deren Mutter Françoise Hélène de Pierre de Bernis, die Schwester von François-Joachim de Pierre, Kardinal de Bernis (1715–1794) war.

1011 Charles Joseph Grollier de Servières (?–1776).

1012 François Jean de Beauvoir, Marquis de Chastellux* (1734–1788).

1013 Wahrscheinlich Jacques-Aimard de Moreton, Comte de Chabrillan (1729–1802).

1014 René-François, Comte de Montbel (1703–1780). Eigentlich war er als *„sous gouverneurs"*, d.h. als „Untererzieher" angestellt.

1015 François-André-Adrien Pluquet (1716–1790), Philosoph und Historiker.

1016 Laurent-Pierre Bérenger* (1749–1822), Dichter und Moralist.

1017 Alexandre Jérôme Loiseau de Mauléon* (1728–1771), ein berühmter Jurist.

1018 Möglicherweise der Mathematiker und Ingenieur Claude François Berthelot (1718–1800).

1019 Joseph Pâris Duverney* (1684–1770), einer der bedeutendsten Financiers des 18. Jahrhunderts.

1020 Charles-Jean-François Hénault d'Armorezan* (1685–1770), Jurist und Schriftsteller.

1021 Marie Françoise (1695–1731), die Schwester von Président Henault, heiratete 1713 Louis-Pierre Joseph Bouchard d'Esparbès de Lussan, Comte de Jonzac (1691–1738). Vgl. *Mercure de France*, September 1747, Paris, S. 171 ff., und Charles-Jean-François Hénault, *Mémoires du président Hénault, écrits par lui-même, recueillis et mis en ordre par son arrière neveu, le Baron de Vigan*, Paris 1855, S. 155 ff.

1022 Louise Françoise Fillion de Villemur, Mutter von Marie-Louise-Françoise (1738–

1782), die Alphonse Marie Louis de Saint-Séverin d'Aragon (1705–1757) heiratete.

1023 Joaquín Atanasio Pignatelli de Aragón y Moncayo y Fernández de Heredia (1724–1776).

1024 In der Quelle steht (wohl ein Tippfehler) irrtümlicherweise „2&0".

1025 Couture statt conture. Couture und tailles haben die gleiche Bedeutung: Naht.

1026 Die von B. benutzte Wendung « Faire voir la lune en plein midi » bedeutet, jemanden dazu zu bringen, Unglaubliches zu glauben.

1027 Die Hochzeit zwischen dem Fürsten und Louise fand am 25. Juli 1767 statt.

1028 Hans Moritz von Brühl (1736–1809) heiratete am 6. November Alicia Maria, countess of Egremont (1726 –1794).

1029 Leopold III. Friedrich Franz wurde am 10. August 1740 geboren.

1030 Chrétien Frédéric Dagobert Waldner de Freundstein (1712–1783), Generalleutnant seit 1762.

1031 Philippe Henri, Marquis de Ségur (1724–1801), Generalleutnant seit 1760.

1032 Seit 1761 bemühte sich Choiseul um eine Reform der französischen Armee, die besser ausgebildet und disziplinierter werden sollte. Vgl. dazu Emile G. Léonard, *L'armée et ses problèmes au XVIIIe siècle*, Paris 1958 und André Corvisier, *L'Armée française de la fin du XVIIe siècle au ministère de Choiseul. Le soldat*, Paris 1964).

1033 Im Französischen „Monsieur le Premier".

1034 Louis Jean Marie de Bourbon, Duc de Penthièvre (1725–1793).

1035 Marie-Louise von Savoyen-Carignan (1749–1792) heiratete 1767 Louis Alexandre Joseph Stanislas de Bourbon, Prince de Lamballe (1747–1768).

1036 Philippe de Noailles, Comte de Noailles (1715–1794).

1037 Dieser Titel wurde von den unverheirateten Töchtern des Königs getragen. Zum Zeitpunkt der Reise des Fürsten und B.s lebten noch Marie Adélaïde de France (1732–1800), Victoire-Louise-Marie-Thérèse (1733–1799), Sophie Philippe Elisabeth Justine (1734–1782) und Louise-Marie (1737–1787).

1038 Prinz Eduard August von England und Hannover (1739–1767).

1039 Henry St. John (1738–1818) und Sir John Wrottesley, 8th Baronet (1744–1787) waren „lords of bedchamber", und George Morrison (1704?–1799) war Stallmeister des Herzogs von York.

1040 Vgl. S. /302/.

1041 Louis Joseph de Bourbon, Prince de Condé (1736–1818). Als einziger französischer General errang er einige Siege während des Siebenjährigen Krieges.

1042 Möglicherweise Ludolf Heinrich Carl Friedrich Brandt von Lindau (1732–1779), dessen Frau Friederike Henriette am 1. August 1766 verstorben war (vgl. S. /248/).

1043 Vermutlich Friedrich Heinrich Eugen von Anhalt-Dessau (1705–1781).

1044 Adrien Louis de Bonnières et Souastre, Graf (ab 1776 Herzog) von Guines (oder Guignes) (1735–1806). Er war mit Friedrich II. befreundet und wurde 1768 Botschafter in Berlin. Seit 1761 war er Oberst des Navarre-Regiments. Vgl. Louis Susane, *Histoire de l'infanterie française*, Bd. 2, Paris 1876, S. 290–351.

1045 Gemeint ist die Hochzeit zwischen dem regierenden Fürst und Louise am 25. Juli 1767 in Berlin.

1046 Louis V. Joseph de Bourbon-Condé, 8. Fürst de Condé (1740–1818).

1047 Anne Henriette de Bourbon (1725–1780) stammte aus einer unehelichen Beziehung von Louis III. de Bourbon Condé (1688–1710) mit Armande Félicité de la Porte Mazarin (1691–1729). Sie heiratete 1740 Jean Roger de La Guiche (1719–1770).

1048 Vielleicht Lydie de Bournonville (1720–1791), ab 1747 Comtesse de Bentheim.

1049 Eine lange Jacke mit Watteaufalten und Stecker.

1050 In der griechischen Mythologie die Begleiterinnen von Dyonisos.

1051 Louis II. de Bourbon-Condé (1621–1686), einer der erfolgreichsten Feldherren Frankreichs.

1052 François-Henri de Montmorency-Bouteville (1628–1695), als Marschall von Luxemburg bekannter Feldherr.

1053 Die Schlacht am Johannisberg (30. August 1762) endete mit einem Sieg der französischen Truppen unter Condé und Soubise über die vom Erbprinz von Braunschweig geführten Preußen.

1054 Karl Wilhelm Ferdinand hielt sich im Frühjahr 1766 in Paris auf. Vgl. dazu *Mercure historique et politique contenant l'état présent de l'Europe, ce qui se passe dans toutes les Cours …*, Mai 1766, S. 338).

1055 Vgl. dazu Magnus Jakob Crusenstolpe, *Der Versailler Hof. Vom Anfange des achtzehnten bis zur Mitte des neunzehnten Jahrhunderts*, Bd. 4, Hamburg 1856, S. 122: „Schon im Jahre 1759 hatte [der Prinz von Condé] sich in der Schlacht bei Minden hervorgethan. Als er später eine Division, die aus allen Waffengattungen zusammengesetzt war, anführte, errang er verschiedene Vortheile über den Herzog von Braunschweig; Ludwig der Fünfzehnte schenkte ihm zur Belohnung und als Zeichen dauernder Anerkennung die von ihm eroberten Kanonen, und als der Herzog von Braunschweig ihn später in Chantilly besuchte und die Kanonen, die der Prinz von Condé ihm einst abgenommen hatte, nicht sah, sagte er: ‚Sie haben mich durchaus zweimal besiegen wollen, einmal im Kriege durch Ihre Waffen und einmal im Frieden durch Ihre Bescheidenheit'."

1056 Ort in der Rue Saint-Nicaise, an dem die von Ludwig XIV. gegründete Tanzschule zwischen 1713 und 1813 untergebracht war. Vgl. Albert de Lasalle, *Les Treize salles de l'Opéra*, Paris 1875, S. 36 ff.

1057 Im Französischen „diligence".

1058 Bis zum Ende des Ancien Régime war es üblich, die Diener nach ihrer geographischen Herkunft zu nennen.

1059 Louis Philippe Joseph d'Orléans, Duc de Chartres (1747–1793). Erst 1785 wurde er zum Duc d'Orléans.

1060 Louis Alexandre Joseph Stanislas de Bourbon, Prince de Lamballe (1747–1768).

1061 François-Henri de Franquetot, Duc de Coigny (1737–1821).

1062 Karten-Glücksspiel, das zur Zeit des Dreißigjährigen Krieges erfunden wurde.

1063 Marie Louise de Rohan (1720–1803), Schwester von Charles de Rohan, Duc de Rohan-Rohan, Prince de Soubise (1715–1787) und Ehefrau von Gaston de Lorraine, Comte de Marsan (1721–1743). Sie war zwischen 1754 und 1776 Erzieherin der

Kinder von Louis Ferdinand de Bourbon, Dauphin de Viennois (1729–1765).

1064 Charles de Rohan, Duc de Rohan-Rohan, Prince de Soubise (1715–1787).

1065 Eigentlich Victoire Armande Josèphe de Rohan, genannt Madame de Guéménée (1743–1807), Tochter von Charles de Rohan (1715–1787) und Erzieherin der Kinder des Königs Ludwigs XVI. zwischen 1776 und 1782.

1066 Vgl. S. /306/.

1067 Junge, von den Spaniern entführte Peruanerin, Heldin der *Lettres d'une Péruvienne* (1747), eines erfolreichen Briefroman von Françoise de Graffigny (1695–1758).

1068 B. meint wohl scherzend die Gräfin Marsan.

1069 *L'Académie royale de peinture et de sculpture*: Eine 1648 gegründete Institution, die die Kunstproduktion im französischen Ancien Régime regulierte. Einmal im Jahr veranstalte sie eine als „Salon" bekannte Ausstellung.

1070 Prinz Eduard August von England und Hannover (1739–1767).

1071 Hans Moritz von Brühl (1736–1809), dem B. bereits begegnet war (vgl. S. /286/).

1072 B. verwendet hier eine mittlerweile aus dem Sprachgebrauch verschwundene Redewendung „porter le Chapeau sur la tête".

1073 Wahrscheinlich ist „baiser le camp" als „baisser le camp" zu verstehen.

1074 Louis XV. hatte im Laufe seines Regnums zusätzlich zu seinen vierzehn Favoritinnen und Mätressen eine Vielzahl von Abenteuern mit Mädchen, mit denen er sich im berüchtigten Parc aux Cerfs traf. Vgl. Joseph Valynseele, *Les enfants naturels de Louis XV: étude critique, biographie, descendance avec de nombreux documents inédits*, Paris 1953 sowie Barthélemy François Joseph Moufle d'Angerville, *Vie privée de Louis XV, ou principaux événements, particularités et anecdotes de son règne, publiée et annotée par Albert Meyrac*, Paris 1921 (Originalausgabe 1781).

1075 Vgl. ebd., S. 284 f.

1076 Charles de Rohan, Prince de Soubise (1715–1787). Seine Karriere verdankte er zum nicht unerheblichen Teil den Favoritinnen des Königs Jeanne-Antoinette Poisson, Marquise de Pompadour (1721–1764) und Jeanne Bécu (1743–1793). Christian IV. de Deux-Ponts-Birkenfeld (1722–1775), d. i. Christian IV. von Pfalz-Zweibrücken.

1077 Marie Françoise Renée de Carbonnel de Canisy (1725–1814), Ehefrau von Louis-Bufile, Comte de Forcalquier, ab 1750 Marquis de Brancas (1710–1753).

1078 Marie Lydie de Bournonville (1710–1791), seit 1746 mit Friedrich Karl Philipp, Graf von Bentheim (1725–1803) verheiratet.

1079 César Marie, Marquis de Talaru et de Chalmazel (1725–1794), seit 1763 „Premier maître d'hôtel de la Reine".

1080 Charles François Christian de Montmorency-Luxembourg (1717–1787), ab 1765 Prince de Tingri.

1081 Victor-François, Duc de Broglie (1718–1804), Marschall ab 1759.

1082 Die französische Quelle ist hier sprachlich sehr unsicher.

1083 Die deutsche Wortgruppe „Schlag zu" übersetzt B. nicht.

1084 Charles Louis Victor de Broglie (1756–1794).

1085 Charles-François de Broglie, Comte de Broglie (1719–1781)

1086 Vgl. S. /260/.

1087 Laut Dominique Joseph Mozin/J. Th. Biber, *Nouveau dictionnaire complet à l'usage des Français et des Allemands*, Bd. 1, Stuttgart/Tübingen, 1802, S. 763, ist ein *Greluchon* „der geheime Liebling eines Frauenzimmers, welches sich von anderen Liebhabern bezahlen läßt".

1088 Hortense Félicité de Mailly, Marquise de Flavacourt (1715–1763), die einzige der vier Töchter von Louis de Mailly, Marquis de Nesle et de Mailly (1689–1767), die nicht zur Mätresse des Königs Louis XV. wurde.

1089 Sophie Madeleine Arnoud (1744–1802); Louis Léon de Brancas, Comte de Lauragais (1733–1824). Vgl. Martial Teneo, *Le comte de Lauragais et Sophie Arnoud*, Paris 1905.

1090 Die einfachen Leute aus Savoyen galten als Inbegriff eines rohen Menschen.

1091 Clodius Aesopus (1. Jahrhundert), berühmter Tragödienschauspieler.

1092 Quintus Roscius Gallus (um 126–62), bekannter Schauspieler in Rom.

1093 Laut einigen Historikern litt Königin Elisabeth I. (1533–1603) unter einer Infirmität, die sie außer Stand setzte, sexuell aktiv zu sein. Vgl. z. B. die Bemerkung von Nicolas Amelot de la Houssaye (1634–1706): « Je ne sai pas, si tout ce que l'on a dit ou écrit des amours & des amans de la Reine Elisabeth est bien vrai ; Mais il est certain, qu'elle n'avoit point de vulve » („Ich weiß nicht, ob alles, was man über die Amouren und die Geliebten der Königin Elisabeth gesagt oder geschrieben hat, wahr ist, aber es ist sicher, dass sie keine Vulva hatte") (hier zitiert nach Pierre Bayle, *Dictionnaire historique et critique*, Bd. 2, 3. Aufl., Amsterdam 1720, S. 1063, Anm. X).

1094 *Blanche et Guiscard*, Tragödie (1763) von Jean de Saurin (1706–1781) nach der Tragödie *Tancred and Sigismunda* (1745) von James Thompson (1700–1748).

1095 Jeanne Louise Constance d'Aumont (1731–1816), seit 1747 Ehefrau von Gabriel Louis François de Neufville, Duc de Villeroy (1731–1794).

1096 Das zwischen 1713 und 1724 nach Plänen von François Debias-Aubry (?–1773) gebaute *Hôtel de Villeroy*.

1097 *La Partie de chasse de Henri IV* (1764), Komödie von Charles Collé (1709–1783).

1098 Maximilien de Béthune, Duc de Sully (1559–1641), umsichtiger Minister von König Heinrich IV., der die Finanzen erfolgreich sanierte.

1099 B. spiegelt hier offenbar die Reaktion des deutschen Publikums wider: Während die französischen Rezensionen äußerst positiv sind (vgl. z. B. *Année Littéraire*, Bd. 2, Amsterdam 1764, S. 97–113, *Mercure de France*, März 1764, S. 177–207, oder *Journal encyclopedique ou Universel*, Bd. 2,Teil 2, Bouillon, März 1764, S. 95–109) war es beispielsweise für die *Göttingischen Gelehrten Anzeigen* (Zugabe, 29. Stück, 7. August 1773, S. ccxxxiv) eine „in der That grauensvolle Trauergeschichte".

1100 Julia Agrippina (15–59): Mutter Neros und literarische Figur, z. B. in *La Mort d'Agrippine* (1654) von Savinien Cyrano de Bergerac (1619–1655) oder *Britannicus* (1669) von Jean Racine (1639–1669). Athalie: Hauptfigur der gleichnamigen Tragödie (1691) von Racine. Merope: Hauptcharakter der Tragödie *La Mérope française* (1743) von Voltaire. Semiramis: Königin von Babylon und zentrale Figur mehrerer Tragödien wie *Semiramis* (1717) von Prosper Jolyot de Crébillon (1674–1762) oder des gleichnamigen Werks von Voltaire (1748).

1101 Augustin Paul Dominique Sorba (1715–1771).

1102 Maria Fortunata d'Este-Modena (1734–1803), seit 1759 Ehefrau von Louis François Joseph de Bourbon-Conti, Comte de La Marche (1734–1814).

1103 Vgl. Seite /263/. Vgl. dazu Paul Boursier, *Histoire de la danse en Occident*, Bd. 1: *De la Préhistoire à la fin de l'école classique*, Paris 1994, S. 119 ff.

1104 *Sylvie* (1765), Oper von Jean-Claude Trial (1732–1771) nach einem Libretto von Pierre Laujon (1727–1811).

1105 Auguste Vestris (1760–1842) und Marie-Madeleine Guimard (1743–1816).

1106 Jean Dauberval (1742–1806) und Marie Allard (1742–1802).

1107 Jean-Jacques Rousseau trat ab 1753 sowohl als Theoretiker als auch als Komponist auf. In dieser doppelten Funktion trug er maßgeblich zur Entstehung der durch eine Abwechslung von musikalischen Stücken und gesprochenen Dialogen gekennzeichneten *Opera comique* bei. Vgl. hierzu Béatrice Didier, *La musique des Lumières: Diderot, l'Encyclopédie, Rousseau*, Paris 1985.

1108 François-André Danican Philidor (1726–1795). Er war sowohl ein europaweit bekannter Schachspieler und -theoretiker (1749 publizierte er sein bahnbrechendes Werk *L'analyse du jeu des échecs*) als auch ein anerkannter Komponist.

1109 Gemeint ist *Ernelinde, Princesse de Norvège* (1767), eine *tragédie lyrique* (eine von Jean-Baptiste Lully geprägte Operngattung), deren Libretto von Antoine Alexandre Henri Poinsinet (1735–1769) verfasst wurde.

1110 Zur ambivalenten Rezeption dieses Werkes, vgl. *Journal encyclopedique ou Universel*, Bouillon, Bd. 8, Teil 1, Dezember 1767, S. 75–87, und *Journal politique pour l'année 1767*, Bouillon, Dezember 1767, S. 57 f., und *Mercure de France*, Paris, Januar 1768, Bd. 1, S. 211–248.

1111 Zwischen September und November 1767 verweilte Winckelmann in Neapel, setzte seine Reise nach Sizilien jedoch nicht fort. Vgl. dazu den Brief Winckelmanns an L. Usteri vom 19. August 1767: „Ich war gewillet nach Sizilien zu gehen, und gemählte Gefäße zeichnen zu lassen; ich muß aber diese Reise aussetzen, weil der Kayser und der Groß=Herzog von Toskana im November zugleich mit der Königin in Spanien nach Rom kommen werden, bis nach der Abreise derselben, auf 12 oder 14 Tage Rom sehen wollen" (Johann Heinrich Winckelman, *Briefe*, Bd. 3: 1764–1768, Berlin 1956, S. 309). Erst 1769 fuhr der Kaiser nach Italien, und die Reise Winckelmanns nach Sizilien fand nicht mehr statt. Anfang April 1768 unternahm Winckelmann eine Reise nach Deutschland, die er jedoch bereits in Regensburg unterbrach. Auf der Rückfahrt wurde er in Triest am 8. Juni ermordet.

1112 Stanislaus I. Leszczyński (1677–1766). Seit 1737 war Stanislaus, der ehemalige König Polens,

Herzog von Bar. In seiner Regierungszeit unternahm er ab 1751 umfangreiche architektonische Arbeiten in Nancy.

1113 Jacques Philippe de Choiseul* (1727–1789), ab 1786 Duc de Choiseul-Stainville.

1114 Gemeint ist das Infanterie-Regiment N° 10, das zwischen 1730 und 1750 von Dietrich Prinz von Anhalt-Dessau (1702–1769) geführt wurde.

1115 Jean Aufrene.

1116 *Le Père de famille* (1761), bürgerliches Drama von Denis Diderot (1713–1784).

1117 Das alte Schloss wurde in sukzessiven Bauphasen zwischen dem 10. und dem 16. Jahrhundert gebaut. Das neue Schloss wurde auf Anregung von Karl Eugen, Herzog von Württemberg, (1728–1793) ab 1746 angefangen. 1762 wurde ein Flügel durch einen Brand zerstört.

1118 Vgl. dazu Karlheinz Wagner, *Herzog Karl Eugen von Württemberg. Modernisierer zwischen Absolutismus und Aufklärung*, Stuttgart 2001, S. 22 ff. Zu diesem Zeitpunk seiner Herrschaft hatte sich Karl Eugen von jeglicher Vorsicht in Finanzangelegenheiten verabschiedet und ging ungebremst seiner Leidenschaft für neue Bauten nach.

1119 Friedrich Wilhelm Ludolf von Steuben (1730–1794) wurde 1764, nach seinem Abschied aus der preußischen Armee, Hofmeister von Josef Friedrich Wilhelm von Hohenzollern-Hechingen (1717–1798).

1120 Maria Theresia, Gräfin von Waldburg-Zeil (1732–1802), Tochter des Grafen Franz Ernst von Waldburg zu Zeil und Wurzach (1704–1781) und seiner Frau Maria Eleonore, Gräfin von Königsegg-Rothenfels* (1711–1766) heiratete 1732 Josef Friedrich Wilhelm von Hohenzollern-Hechingen.

1121 Johann Nepomuk Karl (1732–1803).

1122 Graf Christian Moritz von Königsegg und Rothenfels* (1705–1778). Bruder von Maria Eleonore, Gräfin von Königsegg Rothenfels; Sohn von Albrecht Eusebius, Graf von Königsegg-Rothenfels (1669–1736).

1123 Abgesehen von Maria Crescentia (1752–1784) und Maria Antonia (1753–1819) lässt sich nicht ausmachen, welche der zu B.s Besuch noch lebenden Schwestern der Fürstin von Hohenzollern, und somit welche lebenden Töchter Franz Ernsts, Graf von Waldburg zu Zeil und Wurzbach, er traf. Es könnten Walburga Maria Anna (1730–1789), Maria Felicitas Antonia (1733–1796), Eleonore, Gräfin Wurzach (1735–1804), Maria Karolina Antonia Johanna (1738–1779), Maria Anna Josepha (1740–1794) oder Augusta Maria Friederica (1743–1776) gewesen sein.

1124 1767 uraufgeführtes Lustspiel von Gotthold Ephraim Lessing (1729–1781).

1125 Das zwischen 1704 und 1733 erbaute Residenzschloss.

1126 Seit 1753 lebte die wegen unsittlichen Verhaltens verbannte Henriette Amalie Prinzessin von Anhalt-Dessau (1720–1793) in Bockenheim bei Frankfurt.

1127 Französischer Sieg während des Siebenjährigen Krieges am 13. April 1759.

1128 Nikolaus Graf Luckner (1722–1794) befehligte im Siebenjährigen Krieg das u. a. in der Schlacht von Bergen eingesetzte Kurhannoversche Husarenregiment. Vgl. dazu Joseph Goessmann, *Beiträge zur Geschichte des vormaligen Fürstenthums*

Fulda. Nebst einer Beschreibung des alten Buchenlandes nach seiner Gaueintheilung, Fulda 1857, S. 59 f.

1129 Friedrich II. von Hessen Kassel (1720–1785).

1130 Charlotte Wilhelmine Christiane Marie von Hessen-Darmstadt (1755–1785), die Cousine von Friedrich II. von Hessen-Kassel.

1131 Maria von Hannover (1723–1772), seit 1740 Ehefrau von Friedrich II. von Hessen-Kassel.

1132 Vgl. S. /32/.

1133 Wahrscheinlich Marie Anne Charlotte de Belcastel.

1134 Anne Victoire Marie Christine de Hesse-Rheinfels-Rothenbourg (1728–1792), dritte Frau von Charles de Rohan, Prince de Soubise (1715–1787).

1135 Vielleicht Maria Henriette Johannette (1744–?). Sie war Hofdame am Hof in Kassel und heiratete 1768 Wilhelm Gottlieb Levin von Donop. Vgl. dazu Wilhelm Gottlieb Levin von Donop, *Des Obermarschalls und Drosten Wilhelm Gottlieb Levin von Donop zu Lüdershofen, Maspe Nachricht von dem Geschlecht der von Donop*, Paderborn 1796, S. 34.

1136 Wahrscheinlich Friedrich Christian Arnold von Jungkenn (1732–1806).

1137 Möglicherweise Clemens Ferdinand von Hachenberg. Vgl. *Hochfürstl.-Hessen-Casselischer Staats- und Adreß Calender*, Kassel 1774, S. 3.

1138 Carl Ernst von Bischhausen.

1139 Wahrscheinlich Karl Emil (Carl Aemil) Ulrich von Donop (1732–1777).

1140 Nikolaus Heinrich von Schönfeld (1733–1795), Kammerherr und Flügeladjudant.

1141 Dietrich-Wilhelm von Wakenitz* (1728–1805), General und Staatsminister.

1142 Martin Ernst von Schlieffen (1732–1825), General und Minister. Zu Jungkenn, Wakenitz und Schlieffen vgl. Wolf von Both, Wolf/Hans Vogel, *Landgraf Friedrich II. von Hessen-Kassel. Ein Fürst der Zopfzeit* (Schriften zur Hessischen Kulturgeschichte, 2), München 1973.

1143 Alexander Eugen du Rosey* (1706–1779), seit 1763 Oberhofmarschall.

1144 Julius Jürgen von Wittorf* (1714–1802).

1145 Vgl. dazu Both/Vogel, *Landgraf Friedrich II. von Hessen-Kassel*, S. 100 ff.

1146 Schlachten während des Siebenjährigen Krieges: Landwehrhagen (10. Oktober 1758), Lutternberg (23. Juli 1762), Wilhelmsthal (23. Juli 1762). Die erste gewannen die Franzosen, die anderen verloren sie.

1147 Ludwig von Wurmb* (1736–1813), seit 1766 Major im Leibregiment.

1148 Der Winterkasten und die Kaskaden sind Teil einer heute als „Herkules" bekannten Anlage, die zwischen 1696 und 1717 errichtet wurde.

1149 Vgl. dazu Carl Renouard, *Geschichte des Krieges in Hannover, Hessen und Westfalen von 1757 bis 1763: nach bisher unbenutzten handschriftlichen Originalien und anderen Quellen politisch-militairisch bearbeitet*, Bd. 3: *Die Feldzüge von 1761 und 1762*, Cassel 1864, S. 415 f.

1150 Zwischen 1703 und 1711 erbaute Anlage.

1151 Rousseau hatte sowohl in seiner *Abhandlung über die Frage: Hat der Wiederaufstieg der Wissenschaften und Künste zur Läuterung der Sitten beigetragen* (1750) als auch in seiner *Abhandlung über den Ursprung und die Grundlagen der Ungleicheit unter den Menschen* (1754) die Vorteile des Lebens vor der Zivilisation und dabei auf den überflüssigen Charakter der Kleidung hingewiesen. Vgl. dazu Jean-Jacques Rousseau, Schriften zur Kulturkritik, hg. von Kurt Weigand, Hamburg 1995, S. 5 ff., 77 ff.

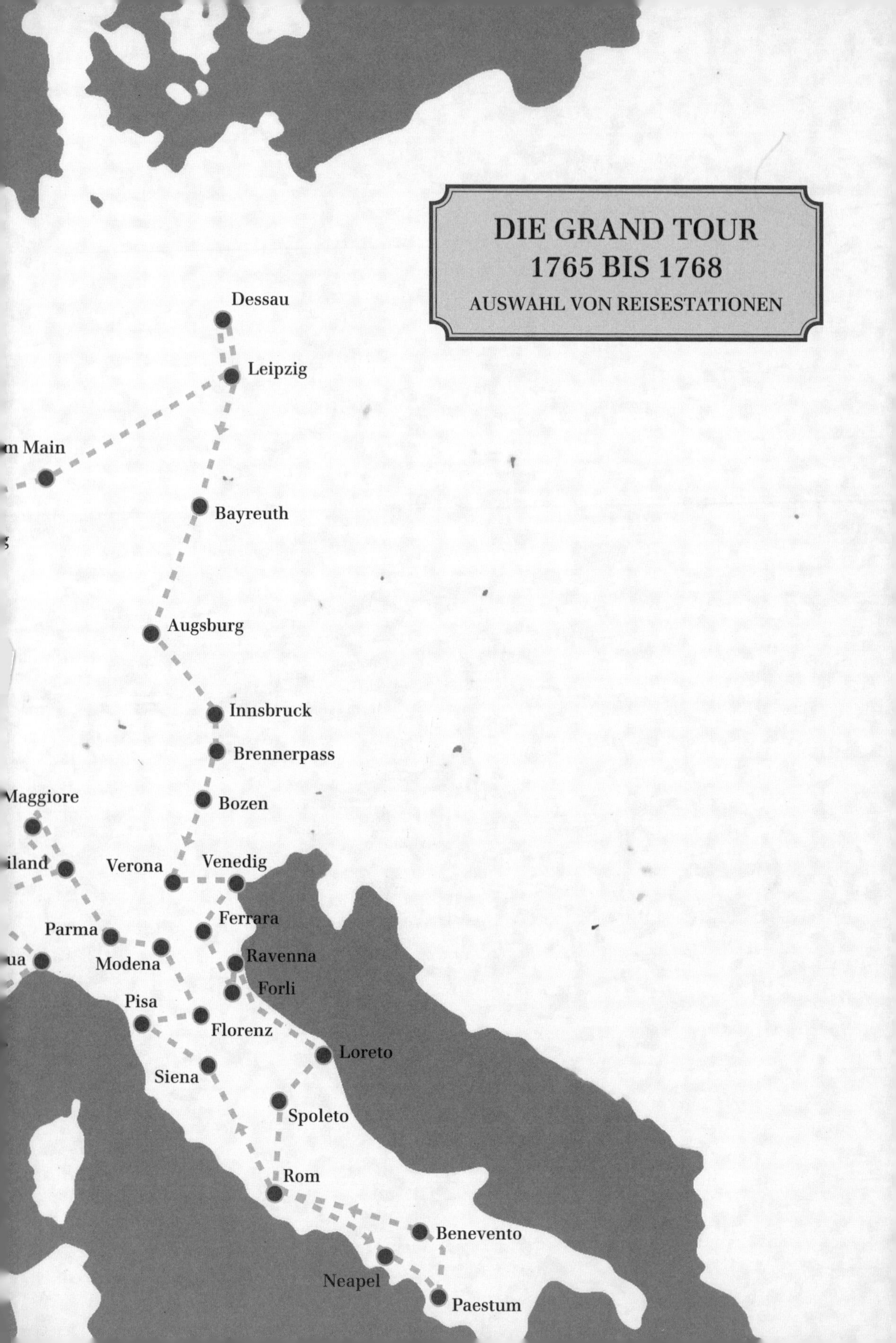

DIE GRAND TOUR
1765 BIS 1768
AUSWAHL VON REISESTATIONEN
Dessau
Leipzig
Main
Bayreuth
Augsburg
Innsbruck
Brennerpass
Bozen
Maggiore
Verona
Venedig
Ferrara
Parma
Modena
Ravenna
Forli
Pisa
Florenz
Loreto
Siena
Spoleto
Rom
Benevento
Neapel
Paestum

DIE GRAND TOUR DES FÜRSTEN
FRANZ VON ANHALT-DESSAU
UND DES PRINZEN JOHANN GEORG
DURCH EUROPA

Band 2

DIE GRAND TOUR DES FÜRSTEN FRANZ VON ANHALT-DESSAU UND DES PRINZEN JOHANN GEORG DURCH EUROPA

Aufgezeichnet im Reisejournal des Georg Heinrich von Berenhorst 1765 bis 1768

Herausgegeben und kommentiert von Antje und Christophe Losfeld
unter Mitarbeit von Uwe Quilitzsch

Im Auftrag der Kulturstiftung DessauWörlitz

Band 2: Französisches Original, Bibliographie, Personen- und Ortsregister

mitteldeutscher verlag

Kataloge und Schriften der
Kulturstiftung DessauWörlitz
Hg. von Thomas Weiß
Bd. 32

Sachsen-Anhalt und das 18. Jahrhundert

Anhalt 800

Gefördert durch das Kultusministerium
des Landes Sachsen-Anhalt

Umschlagabbildung: Der Hafen von Neapel mit Blick zum Vesuv;
Gemälde von Antonio Joli, um 1770
Vorsatz: Auswahl von Reisestationen der Grand Tour 1765 bis 1768
Nachsatz: Schloss Wörlitz, zentrales Deckenmedaillon im Wohnzimmer des Herrn von Berenhorst; Stuckarbeit um 1773 (Fotomontage)
Frontispiz: Georg Heinrich von Berenhorst;
Gemälde von Christoph Friedrich Reinhold Lisiewsky, um 1760

Bibliografische Information der Deutschen Nationalbibliothek
Die Deutsche Nationalbibliothek registriert diese Publikation in der Deutschen Nationalbibliografie; detaillierte bibliografische Daten im Internet unter http://d-nb.de.

www.mitteldeutscherverlag.de

Gesamtherstellung: Mitteldeutscher Verlag, Halle (Saale)

ISBN 978-3-89812-931-2

Printed in the EU

INHALT

BAND 1

BAND 2

Anhang

GEORG HEINRICH v. BERENHORST

JOURNAL DU VOYAGE EFFECTUÉ ENTRE LE 18 OCTOBRE 1765 ET LE 3 MARS 1768 PAR LES PRINCES LEOPOLD III ET JEAN GEORGES D'ANHALT-DESSAU

/1/ Illustres Frères
Mes trés gracieux Princes et Patrons ! Je suis fort eloigné d'attribüer le moindre prix à ce Journal de Vos Voyages que j'ai l'honneur de Vous présenter : sans Lettres, destitué de beaucoup de connaissances necessaires, et n'ayant qu'un peu de lecture ; par quel Miracle serais je parvenu à produire quelque chose digne d'attention? C'est lá la raison pour quoi j'ai negligé si longtems les papiers qui contenaient mes remarques. Dans le Mois de Janvier de l'année derniére la pensée me vint pourtant de les transcrire et de les mettre au net ; je songeai qu'en vous retraçant la route que vous avez tenüe, qu'en vous rappellant quelques traits que le tems commence déja à effacer de Votre mémoire, je m'occuperais d'une chose qui pourrait servir à Vous amuser un moment. J'y employai mes matinées d'hiver ; le retour de la belle Saison interrompit mon travail : je l'ai repris avec le commencement de l'Année prèsente, et maintenant je viens de l'achever. Encore une grande imperfection d'ont mon ouvrage se trouve enrichi, c'est la langue. Je le composai en Français ; certainement pas dans l'erreur de croire mieux m'exprimer dans une Langue étrangere que dans la nôtre (je suis trop convaincu que malgré toute habileté possible, c'est toujours sa langue maternelle que l'on sait le mieux) ce ne fut au contraire que le besoin que j'avais de m'exercer dans l'Idiome qui a cours par toute l'Europe, qui me porta à en faire usage. Peut etre aurais je dû présentement traduire au lieu de rédiger, mais outre que le second me paraissait plus court, mes expressions, ma façon de raconter, auraient perdu dans la translation le peu d'energie que la vivacité de la premiére conception peut leur avoir pretée. Voilá, Illustres Frères, ce que j'avais à observer au sujet de mon Journal. Daignez recévoir (sic !) à cette occasion encore une fois mes trés humbles actions de grace de m'avoir choisi pour Vous accompagner, et soyéz (sic !) persuadés, qu'a ce /2/ témoignage de Votre bienveillance, mon coeur reconnaissant sait ajouter tous les autres bienfaits, d'ont Vous m'avez comblé de puis Votre plus tendre enfance jusqu'au jour d'aujourd'hui.

Dessau ce 19. d'Avril 1775.
de Berenhorst

PREMIERE PARTIE.

Monseigneur le Prinçe Régnant ayant résolu de faire un voyage dans les Pays étrangers conjoinctement avec son frere Monseigneur le Prinçe Jean George, il fit la grace á Monsieur d'Erdmansdorf et moi de nous nommer pour les suivre.

Le reste de L'équipage consistait dans les personnes suivantes: Mrs Kottowski et Rust, Musiçiens de la Chambre; Ezechiel, homme de Chambre, et Benchling friseur du Prinçe Régnant; Maitre Ehrlich sculpteur, Jaenicke Cuisinier, André dit Bresilius homme de Chambre du Prinçe Jean George, Stockmar Domestique de Monsieur d'Erdmansdorf, et Reith mon Domestique. Nous eumes deux Voitures; dans la premiere toute neuve mais extrémement pésante véritable Vaisseau de Guerre (comme nous l'appellames en plaisantant) etaient les deux Prinçes, Monsieur d'Erdmansdorf et moi: la seconde fut une Chaise couverte de la Façon de celles qu'on a nommées autrefois des Chaises de Landau.

Nous partimes;

Le 18. D'Octobre 1765.
Et arrivames encore le même soir à Leipzicq, òu le lendemain nous fimes la connaissançe du célébre Professeur Gellert; lequel nous trouvames un homme modeste et doux, mais nullement embarrassé dans la conversation comme on nous l'avait dépeint.

Le 20.
Nous allames voir le Champ de Bataille de Breitenfeld connu par la /3/ victoire de Gustave Adolphe en 1631. Nous nous servimes de la rélation que l'on trouve dans la vie de çe Roi par le Sieur Harthe traduitte de L'Anglais: mais il nous fut bien difficile de conçevoir une ldée juste de Cette journée le terrein ne faisant qu'une plaine absolument rase sans les moindres élevations. Enfin par les reçits d'un Gentilhomme du nom de Brosigke propriétaire du Village de Breitenfeld asséz instruit des traditions, qui nous montra les lieux oú l'on avait enterré les morts, et d'autres oú en labourant on avait trouvé des boulets, munitions etc. Collationnés avec la susditte rélation. Nous conclûmes que l'Armée Impériale aurait étée postée probablement; la gauche au Village de Breitenfeld et au Bois qui en est proche; la droite vers le Village

de Seehausen, ayant les Villages de Groset Klein Wedderitsch au dos; et qu'aprés que l'aile droite eut été renversée, L'Armée se fut ralliée dans le Bois de Breitenfeld, qu'on nomme aussi le Bois de L'Indenthal. Il y eut à Leipzicq, la troupe de Koch, nous en vimes trois représentations qui me parurent passablement bonnes.

Le 21.
Aprés avoir pris tendrement congé des personnes qui nous avaient accompagnés, nous partimes de Leipzicq et passammes la nuit à Gesnitz.

Le 22.
De Gesnitz à Reichenbach. Les Chemins étaient si excessivement gatés que depuis le matin jusqu'au soir, nous ne pûmes faire que trois milles et demi.

Le 23.
De Reichenbach à Hoff.

Le 24.
De Hoff à Bareuth. Cette Ville est de moyenne grandeur, les rües en sonts spaçieuses pour la plupart et tirées au Cordeau. Tout çe qui a eté bati depuis les derniers tems, c'est à dire la moitié de la Ville est de pierres et selon de bons prinçipes. Plusieurs maisons /4/ même peuvent passer pour des Palais, surtout celle qu'on construit actuellement pour un certain Monsieur de Reizenstein qui réunit les emplois différens et contradictoires de Président de la Chambre des finançes, et de Colonel de Hussards; mais il faut remarquer que, comme je crois, dans toute L'Allemagne on ne batit pas à si bon prix qu'içy: en premier lieu, le pays abonde en bois de construction, en second la grande carriere de Dohndorff n'est qu'a une petite lieuë de La Ville, de sorte qu'une pierre taillée de grandeur ordinaire ne s'y vend que deux gros la piéçe.

La maison d'Opéra fait un bel Edifiçe, la façade quoi qu'elle ne soit pas fort grande est pourtant d'une bonne architecture. Au dedans Il y a quatre rangs de loges richement dorées. Le Théatre est suffisamment vaste, en un mot rien ni manque, c'est le dernier Margrave qui l'a bati.

Colnberg est une jolie petite maison tout proche de la Ville; elle appartenait autrefois à Madame la deffunte Margrave, soeur du Roy de Prusse; à présent c'est un particulier qui en est le possesseur. La Situation de l'Hermitage est la plus agréable qu'on puisse souhaiter; la nature y a beaucoup fourni, et malgré que tout çe qu'on ait fait içi ne soit pas généralement dans un gout bien noble, je juge cet endroit pourtant fort digne d'etre vû. Un Corps

de logis au milieu du jardin, à coté, plusieurs habitations séparées en forme de cabannes et cachées dans une espéçe de petit désert, semblent respirer un air de soçieté douçe et paisible, et rendent temoignage du caractere de çes personnes, maintenant mortes et oubliées qui y passerent une partie de leurs jours. Il est fort à plaindre que çes différens batimens ne soient pas construits plus durablement, car à présent qu'on les néglige, déja la plupart en menaçent ruine. Mais c'est une destinée qui parait commune aux lieux de plaisançe de nos Prinçes et Souverains en Allemagne; rarement l'héritier se plait à entretenir, à conserver les ouvrages de ses prédeçesseurs. /5/ La maison du Brandenburger ne mérite pas l'attention d'un etranger; Le dehors, la répartition intérieure, l'ameublement et le Jardin, tout y est mauvais et commun.

Le Marggrave d'aujourd'hui, Frederic Chrétien, d'une humeur triste et sombre, forme un contraste complet avec çet affable et splendide Frederic à qui il a succédé. La Ville semble s'en ressentir. Sans avoir parû à la Cour nous en partimes;

Le 26.
Allames la nuit et arrivames

Le 27.
A Nürnberg, Ville asséz grande mais pas trop peuplée à ce qu'il me semble. Les rues en sont irrégulieres et étroites et les maisons (qui à cause de l'infinité de logemens qu'elles contiennent, ne ressemblent pas mal à des ruches) hautes et antiquement baties, ce qui rend encore les rües obscures; elles sonts cependant propres et bien pavées. Autrefois le commerçe fleurit içi; présentement il languit. On en donne plusieurs raisons; d'anciennes loix trop exactement observées en peuvent étre une.

Nous nous sommes fait montrer tout çe qu'on croit le plus remarquable. Les pieçes servant au couronnement des Empereurs, comme sont le glaive, la couronne, le globe et le sçeptre de Charlemagne, avec bon nombre de reliques d'ont l'odeur de sainteté s'est evaporée içy. Une fontaine de bronze, qui n'est pas encore posée, et la Bibliothéque. Un des prinçipaux Ministres d'Eglise nommé Solger en était le Biblioteçaire. Nous trouvames en lui un dernier rejetton des pédants qui dans le dernier Siécle ont illustré notre patrie. Une vie de soixante et treize ans, passée à fouiller de vieux parchemins et Manuscripts, avait imprimé aux rides de son front (et cela sans éxageration) une ressemblançe de Caracteres grecs et hébreux. Il apostropha Les Prinçes dans toutes les langues mortes de L'univers, ne soupçonnant pas seule-/6/ ment qu'il y eut des gens qui les ignorassent, des vivantes il ne sçavait pas même la nôtre comme il faut. Avec celá

il etait vif et enjoué à sa façon, et Lutherien à bruler. Il possède lui même une Bibliothéque qui vaut presque çelle de la ville.

Nous visitames encore les Manufactures avec un grand nombre d'atteliers de toutes sortes d'artisans. Nous ne negligeames pas non plus d'aller à Fürth pour y voir plusieurs fabriques et des ouvriers en différens métiers.

Les environs de Nurnberg sont trés beaux ; dans un terroir des plus fertiles et des mieux cultivés, les Villages ressemblent à autant de petites Villes ; en un mot on voit içy, combien l'image seulement de la liberté est encourageante.

Le 31.
Nous quittames Nurnberg. Marche de nuit.

Le 1r. Novembre.
Au matin nous arrivames à Donaverth, qui est un lieu petit et antique situé sur le Danube et nullement remarquable, sinon à cause du combat qui s'est donné le 4. Juillet 1704. aux portes de la Ville sur la montagne nommée le Schellenberg, entre l'armée des Alliés sous le Prinçe Eugène et le Duc de Marlborough, et un corps de troupes françaises et Bavaroises sous le General Comte d'Arco. Les retranchements que le dernier y a fait faire, se voyent presqu'encore dans leur entier. Une grosse pluyë qui continua du matin jusqu'au soir nous retint çe jour la au logis.

Le lendemain 2ond.
Nous primes des chevaux de poste afin de reconnaitre le terrein depuis Donaverth jusqua Höchstädt si mémorable pour l'histoire militaire du siécle présent. Outre ce que Quincy en rapporte, nous étions encore muni de plusieurs rélations en manuscript ; d'aprés elles, nous parvinmes à déméler asséz bien les différentes manoeuvres des deux batailles qui s'y sonts données ; scavoir, çelle du General Comte de Limburg Stimm contre L'Electeur de Baviere et le Marechal de /7/ Villars le 20. Septembre 1703 ; et la seconde du Prinçe Eugéne et du Duc de Marlborough, contre les Marechaux de Tallard et de Marsin le 13. Aoust 1704. J'y trouve à remarquer, premiérement : que la Nebelbach, que toutes çes relations font fort haute de bords, ne l'est dans aucun endroit, mais il y a en revanche des préz marecageux des deux cotés. Secondement, les Hayës des Villages de Lützingen et d'Oberckl au d'ont on y fait mention, en cas qu'elles ayent existé, ne si trouvent plus maintenant. Troisiemmement Le Village de Blindheim est plutost petit que grand, et l'on s'etonnera toujours avec raison, comment le Marechal de Tallard y a pû fourer 27. Bataillons, quandmême ils auraient etés faibles comme Quincy le prétend.

Notons que je me suis informé auprés des Habitans les plus agés lesquels m'onts assurés que le Village n'avait point eté brulé le jour de la Bataille, et qu'il était encore le meme qu'alors. Le Marquis de Feuquieres, qui n'en a pas eté témoin oculaire, parait bien mal instruit de ce qui s'est passè à cette journée, ensorte que le raisonnement qu'il en fait n'est rien moins que fondé.

Le 3.
Nous atteignimes Aousburg. J'ai observé pendant tout çe trajet, que par tout on commençe à réparer les chemins, déja depuis deux postes avant Nürnberg nous avons envoyagés sur des chaussées pour la plupart du tems.

Le commerce semble en vigeur à Aousbourg ; la Ville est peuplée et infiniment mieux batie que Nurnberg. La maison de Ville fait un beau morçeau d'architecture. II y a une trés belle Salle, et chose qu'on ne croirait pas trouver dans une Ville Impériale, les grotesques qui y sonts peintes sur muraille, représentent toutes sortes d'Attitudes et Figures obsçenes dans le gout de la Fage et encore plus liçencieuses. L'architecte s'en appelle Houl ; il a de mêmes bati L'Arsenal et encore un autre Edifiçe public servant pour perçevoir les Impots sur le vin et la bierre. Tous çes ouvrages sont d'un fort bon gout. /8/

L'Eglise de S^t. Ulric est pleine d'Ornemens ; à coté gauche du maitre Autel on voit le tombeau du Saint, que le dernier Evéque, un Prinçe de la maison de Hesse a fait construire. Marbres, sculptures, trumeaux, rien n'y est épargné, c'est un petit Sépulcre tout à fait élégant, et certainement le Vainqueur des Huns peut se dire agréablement enterré. Un Autel est au dessus, et vis à vis de celui cy, un autre, décoré de trois belles Statues de bronze.

La Cathedrale ou le Dôme est vaste et gothique comme tous ses confreres, à cause que le gout de les fonder a disparû depuis des Siécles.

Plusieurs fontaines de bronze contribuent beaucoup à l'embellissement de la Ville. Une machine Hidraulique de trois tours pourvoit la Ville d'eau, qui par des tuyaux souterrains est conduitte dans toutes les maisons.

Je ne parlerai point d'une autre invention mécanique, qui sert pour faire desçendre un pont levis, et pour ouvrir et fermer trois portes d'une entrée par laquelle on passe pendant la nuit lorsque les autres portes de la Ville sonts closes ; c'est un grand apparat pour peu d'effet, qui parait prouver, que les traditions des entreprises risibles des ançiens Habitans de ce cercle ne sont pas toutes si mal fondées qu'on pense.

Le Magistrat est moitié protestant et moitié catholique. Un çitoyen de trés bon sens, lequel par l'etablissement

d'une manufacture de toiles peintes fait subsister au delá de mille ouvriers nous assura qu'il était fort content des loix et constitutions de sa patrie, de la je conclue qu'elles sont bonnes.

Nous allames visiter selon nôtre coutume, les fabriques et les artistes. On travaille içi beaucoup en argent d'ont le débit se fait par la moitié de L'Europe. Chéz deux négocians, nous vimes des depots d'argenterie bien considérables; ils nous dirent qu'il y avait au de lá de trois cents Orfevres dans la Ville.

Il existe encore un fils de l'asséz renommé Rugendas, graveur, peintre /9/ et trés bon dessinateur; les objets de ses ouvrages sont des marches et combats; le Prinçe régnant acheta trois de ces tableaux. Ce serait à peu prés tout çe que jai à remarquer d'Aousbourg, nous le quittames asséz contens pour continuer notre route.

Le 6.
A Stetten par de bons chemins réparés.

Le 7.
Nous nous mimes en chemin avant la pointe du jour. Lorsqu'il faisait asséz clair pour disçerner les objets au loin, nous nous trouvames au pied des hautes montgnes du Tirol. Ce fut un Spectacle bien frappant pour nous, qui n'en avions jamais vû de pareilles. Le soleil perçait justement les nües sans les dissiper; elles reposerent encore sur le milieu des monts d'ont les sommets couverts de neige se montraient de tems en tems a travers leurs ouvertures et présenterent pour ainsi dire de nouvelles montagnes dans les cieux. En poursuivant le chemin par Füssen on cotoye encore pour quelques heures le Lech, dont les eaux paraissent vertes, comme en general toutes les autres de çes montagnes. Le Kniepas petitte forteresse ançiennement batie, est environ à un mille de Fuessen. Non loin de ce Kniepas on entre dans une gorge profonde et étroite entre deux montagnes escarpées, sur çelle de la droite il y a une Citadelle, et un autre Fort ferme en bas le passage de la gorge. Tout l'ensemble s'appelle die Ehrenberger Klause: l'armée de Xerxçes s'éfforçerait vainement de penetrer içy dans le pays. pendant une bonne distançe le chemin continüe à étre fort penible à cause qu'il va toujours en montant et par des creux oú le soleil ne tombe jamais, apres çelá il devient fort commode allant dans une vallée peu large mais unie et pleine d'habitations. Le gite d'aujourd'hui fut à Lermes.

Le 8.
De Lermes jusqu'à un autre endroit nomme Parvis les objets deviennent encore plus interressans. En voyant au dessus de la tête les /10/ rochers inacçessibles d'ont on est environné, on

se croit dans des abimes, cependant lorsqu'on jette les yeux en bas on en découvre de véritables aux fonds desquels il y a des Lacs d'un verd fonçé, qui en répétant l'image des Cieux et des préçipices, semblent de grands trous à travers le globe par ou le ciel des antipodes se montre. Le chemin tourne en mille manieres différentes et toujours la sçene est variée. Tantot çe sont des montagnes couvertes d'un bois sombre et touffu de sapins et de mélézes, tantot de rochers tout nuds qui ne paraissent consister qu'en étages de pierres énormes entassées l'une sur l'autre. Quelque fois les torrens viennent se préçipiter de la cime des rochers. Içi une riviere roule sur des cailloux en écumant et à grand bruit ; là elle se répand dans le Vallon qu'elle quitte en se pressant par détroits passages. En un mot je n'aurais jamais fait si je prétendais décrire tous les pompeux tableaux de cette contrée.

La route sur laquelle on voyage est une belle chaussée suffisamment large par tout ; elle suit les vallées ou s'éléve jusques par dessus la moitié des monts ; dans çe dernier cas, elle est ou taillée dans le roc ou soutenue par de bonnes murailles quand il en a eté besoin.

En desçendant dans la plaine de L'Inn, on découvre une infinité de bourgades et de Villages qui paraissent comme collés au penchant des hautes montagnes qui bordent cette plaine des deux cotés. Proche du bourg de Zürll se trouve le rocher appellé die Martinswand, ou l'Empèreur Maximilian l. en grimpant avec trop d'Ardeur aprés les Chamois n'a sçu passer plus outre. On révoque en doute cet événement ; je ne vois point pourquoy : rien de plus naturel qu'un tel acçident à un Chasseur passionné, comme l'était Maximilien, le précipiçe est terrible et tout perpendiculaire comme un mur. A peu prés à la troisiéme partie de son élevation, se voit une Caverne dans laquelle, suivant la tradition L'Empereur s'est arreté. On a pratiqué depuis un sentier le long du roc et dans l'ouverture de la Caverne, il a /11/ eté érigé en mémoire de cet événement un Cruçifix, avec les Statuës de la vierge et de S^{t}. Jean, qui quoi qu'au dessus de la grandeur humaine, semblent si minçes d'en bas, qu'on a de la peine à les apperçevoir, et toute l'ouverture ne parait pas plus grande qu'un trou de garenne. J'avoüe qu'en le regardant seulement j'ai senti des Vertiges.

Innspruck est situé de l'autre coté de la riviere et se présente trés bien à la vuë, nous y arrivames vers le soir. Cette Capitale du Comté de Tyrol n'est pas bien grande mais asséz jolie ; elle est sans ençeinte. Il y a plusieurs belles maisons. la ruë la plus considérable, est terminée par une belle porte en Arc de triomphe que L'Imperatriçe Reine vient defaire élever. Son Buste en marbre celui de L'Empereur son Epoux et çeux de la plupart de sa famille, en forment la décoration.

Le Chateau est vieux, et l'arrangement des appartemens peu commode, ependant la Cour y a passé tout réçemment plusieurs semaines pour la consommation du mariage de L'Archiduc Leopold avec L'Infante d'Espagne. Les meubles qui sont déjá renvoyés y avaient été transportés de Vienne. Comme l'on sçait, L' Empereur deffunt François I. voulant aller voir le Roi des Romains son fils fût atteint d'Apopléxie en entrant dans l'Antichambre, ou il expira presque en même tems. L'Impératriçe sa Veuve convertit a présent cette Antichambre en une Chappelle, et fonde une Congrégation de Dames nobles qui demeureront dans le Chateau. Du frontispiçe de la Chancellerie sort une espéçe de balcon, lequel au commençement du XVIeme siécle, les Archiducs d'Autriche, en signe de leur opulençe ont fait couvrir d'or; mais les tuiles étant un peu minçes on ne croit pas que la valeur de cette merveille aille au dela de 250 000. écus de la monnoyë d'aujourd'hui. L'Eglise Cathédrale attenante au chateau est belle, il y a beaucoup de marbre rouge. Le Jardin du chateau, tout à fait negligé et sauvage, petit par dessus, n'a rien qui mérite d'etre vû qu'une Statue équestre de /12/ bronze avec cinq Océanides du méme métal et d'un fort beau dessein. L'Eglise des P. P. Françiscains reçéle le beau monument de Maximilien I. qui pourtant n'y est pas enseveli. Il consiste en vingt quatre reliefs d'Albâtre enchassés dans du marbre noir qui représentent les actions les plus mémorables de çe fondateur de la puissançe Autrichienne. Le sculpteur s'en appelle Collin de Mechle, la datte est de 1560.

Le Chateâu d'Ambras, distant d'un demi mille d'Inspruck, est bati sur le penchant des montagnes du midi. Les choses rares et préçieuses qui s'y gardent, ont eté amassées par les Archiducs de la maison d'Autriche possesseurs du Tyrol; pour le reste c'est un vieux Donjon qui n'a rien d'extraordinaire. Dans la premiere salle ou l'on est introduit, se trouvent toutes sortes d'armes offensives et deffensives, pour hommes et chevaux, comme elles sont eté en vogue dans le quatorze, quinze et seizieme siécle. Dans la seconde sont les armures avec les chevaux de battaille, empaillés et restitués en pleine posture, de plusieurs prinçes et guerriers célébres, comme de François I. Roi de Françe, du Duc d'Albe etc. Dans une troisiéme il y a l'habillement de deux Bassas et leurs chevaux (conservés de la façon sur mentionée) avec grandnombre d'Armures de gala de plusieurs Empéreurs, Archiducs, Rois et autres gens illustres; il y en a parmi qui imitent en açier les modes et la maniere d'ont on s'est porté alors en étoffe. la plus singuliére, c'est une armure de noçes d'un certain Archiduc Ferdinand. De petites cuirasses d'enfançe pour les jeunes prinçes de la maison, ne sonts pas moins remarquables. La quatrieme salle renferme plus de vingt figures à cheval, elles représentent des seigneurs de la Cour, visages de cire, vétus a l'Espagnole, avec d'horribles pannaches; en

y entrant on se croit au milieu d'un escadron de revenans. Je passe sous silençe une infinité d'armes de toute espéçe avec d'autres inventions curieuses dont une cependant m'a paru bien plaisante: C'est un baton d'environ sept /13/ pieds de long, de la grosseur d'un bras, qui étant coupé d'un bout à l'autre, devient une echéle dés qu'on l'ouvre. Les amoureux du tems de Maximilien faisaient porter devant eux de çes machines en allant en bonne fortune. Une Chambre voisine est garnie de trophées remportés sur les Turcs en diverses occasions, comme drapeaux, queües de cheval, sabres, lançes, arcs, turbans, boucliers et harnois de chevaux. On monte de lá à une Gallerie òu çe qu'on appelle le thrésor est contenu. Je n'entreprendrai pas d'en donner une description circonstançiée c'est hors de ma sphére; mais il est sûr qu'il y a beaucoup de Choses dignes d'attention soit en productions naturelles, ou en chefs d'oeuvres de L'art. Les connaisseurs estiment beaucoup la grande et complette collection de monnoyes d'or, d'argent et de cuivre. Les vases et d'autres éspéçes d'Ustencilles de Crystal et de toutes sortes de pierres préçieuses artistement travaillées, sont en grandnombre. Il y a de méme une bonne quantité de meubles en or massif, je me ressouviens entre autres d'un encrier asséz pésant et bien façonné, représentant Neptune et Amphitrite, d'ont Charles IX. Roi de Françe a fait présent à L'Empéreur Maximilien II. Le cor de Chasse avec le ceinturon y appartenant de Maximilien I. de méme qu'une épée de Charles quint d'un travail fort fin, sont aussi compris sous cet article. Encore une autre gallerie est décorée par les têtes en bronze des douze premiers Césars; et par quelques bustes de marbre qu'on prétend étre antiques. Tout çeçi est du butin que L'Empéreur Charles Quint a fait sur le Saint Pere aprés la prise de Rome L'année 1527. Une histoire des tournois et fétes qui se sonts donnés durant le treiziéme et quatorzieme siécle à la cour d'Autriche, écrite sur du parchemin avec des peintures, m'a paru fort curieuse et montre parfaitement bien le gout dans les divertissemens de çes tems reculés.

L'ameublement du Chateau est trés antique, et quoi qu'il y ait une multitude de tableaux il n'y a pourtant rien de bon parmi. La vüe des appartemens supérieurs est superbe toute la vallée de L'Inn, depuis /14/ Halle jusqu'au de la d'Inspruck se présente avec mille variations; à l'opposite sont des rochers sourcilleux, les plus hauts de tonte la Province, c'est sur leurs sommets inaccessibles, que la Chamois habitant des précipices, se trouve en plus grand nombre. A un Mille au dessous d'Inspruck est la petite Ville de Hall; le sel qu'on trouve en pierre dans le sein des Montagnes, aprés étre détrempé dans de l'eau douce sur le lieu est conduit içi par des tuyaux. II n'y a pas longtems qu'un Médecin d'Insbruck a trouvé une nouvelle méthode qui abrége

considérablement la façon de le cuire et préparer, et l'on vient d'achever de beaux et solides édifices d'aprés ses principes.

Le 11.
Aussitot que sorti de la Ville d'Inspruck ; on s'approche du Schoenberg, unique montagne du pays que l'on soit obligé de monter jusqu'a la Cîme. Le chemin en est large et applani avec tout le soin imaginable. Un brouillard épais ou plutot des nües qui nous enveloppérent ne permirent pas de voir au loin. Nous passames encore le méme jour le Brenner, qui à cause que le Schoenberg lui sert de base ne paroit point considérable ; c'est cependant ici la plus grande élevation des Alpes tyroliennes, et les rivieres qui prennent leur source dans cet endroit vont au Nord et au Midi. D'un Lac ou plus proprement d'un étang proche du lieu oú l'on change de Chevaux, l'Adige découle ; elle roule ses petits flots tout à coté de la route sous le nom de l'Eysack. L'aspect de ces environs est bien rude et sauvage. Nous séjournames au Village de Mittvald pour cette nuit.

Le 12.
On commence à voir par ci et par lá des arbres ; et l'Eysack qui grandit à vüe d'oeil nous accompagnait toujours ; nous l'avons passé et repassé plusieurs fois ce jourci. Brixen est un petit lieu bati déjà à l'Italienne avec des Arcades sous les maisons. Entre ici et Kolmau premiére Poste, les objets sont fort pittoresques. De lá á Deutschen, seconde /15/ Poste, c'est la contrée la plus aride par oú nous ayons passé jusqu'a présent. Quel mélange grossier de milliasses de pierres ! les rochers roides qui touchent les nües sont quelques fois recourbés et pendent sur le voyageur. Trés souvent la riviére écumante de rage est chassée de son lit par l'éboulement d'une rampe de cailloux. On est tenté de croire que le sein de la terre se soit entr'ouvert ici, et que l'on chemine au fond de la crévasse. Effectivement, les précipices des deux cotés paraissent s'étre joints autrefois, et les énormes morçeaux de rocher épars çá et lá semblent des débris de la secousse qui les a séparés. Plusieurs Chateaux en ruines correspondent parfaiterent à tout le reste. Aprés ceci on est agréablement supris lorsque tont d'un coup le scéne change. Les rochers deviennent fertiles et portent des Vignes, les arbres frutiers reparaissent et se multiplient, les ondes de l'Adige cessent d'écumer, les coteaux sont parsemmés de maisons de Campagne, et le tout se termine par une ville florissante située dans un vallon que des Montagnes environnent.

Bolzano petit mais bien peuplé, s'enrichit par le commerce ; quatre foires s'y tiennent l'année ; les habitans ont l'air aisé. Nous y passames 1a nuit dans une hôtellerie, d'ont

la distribution intérieure des piéces amuse notre curiosité, par la différence singuliere avec la façon de batir chéz nous.

Le 13.
De cette Ville à Trente le chemin va toujours à coté de L'Adige, et 1a Vallée qui s'élargit un peu, est remplie d'arbres qui bordent les champs et soutiennent des vignes.

Le 14.
Les Trentins ne sont, ni Allemands, ni Italiens, les deux langues s'y parlent également mal.* /16/

Le Palais Episcopal est un tres ancien batiment, une tour qui en compose une partie, est méme antérieure, selon la tradition, à L'ere commune ; un des derniers Evéques y a ajouté une aile que ses successeurs habitent ; celle lá est passablement meublée. La Cathedrale fait une imitation en petit de S^t^. Pierre à Rome. S^te^. Marie Majeure oú le fameux Concile s'est tenu a des Orgues trés belles. Un particulier l'en a decoré à ses dépens au commencement du XVIeme Siécle Toutes sortes d'Instrumens y peuvent être imités avec délicatesse.

La Ville est entourée de plus prés qu'il est possible de grandes montagnes et de rochers, parmi lesquels il y en a un, d'ont un ruisseau se précipite au niveau des plus hauts clochers. Nous en repartimes ;

Le 15.
Les environs de Roveredo et principalement du coté d'Alla sont les plus remarquables peut être de toute l'Europe, je m'étonne qu'on en entende si peu parler. C'est véritablement la Nature en ruines et rien au monde ne prouve mieux le grand dérangement arrivé jadis à notre Globe. Aussi loin que l'oeil porte on ne voit pas un seul arbre, pas la moindre herbe, tout semble retracer le triste tableau du bouleversement des êtres. La contrée est couverte d'une épaisse couche de pierres noirâtres et brûlées et d'affreux

---

* J'en fus la dupe : à la derniere maison de poste en deça de Trente m'étant transporté dans la Cuisine, je ne sais pour quel besoin, j'apperçûs dans l'interieur du Poële ou fourneau quelque chose de vivant qui remuait bien fort. Intriqué de sçavoir ce que celá pouvait étre ; j'allai demander à un jeune homme de la maison ce qu'ils tenaient enfermé dans leur poële. *Ein indianisch Vogel*, me dit il. Un oiseau Indien dans une telle cage excitait encore davantage ma curiosité *montrez moi cet animal je vous prie !* Mon jeune homme s'en va appeller une servante, qui aprés bien des efforts de part et d'autre dans le Ventre du fourneau, parvint à la fin à en tirer par la queue un Dindon des plus ordinaires.

morceaux de rochers entre lesquels on découvre de tems en tems des endroits unis, posés un peu en biais, d'une ardoise contigüe de couleur de cendre, mais tellement égale et polie que de loin on est tenté de prendre ces endroits pour des piéces d'eau. Je ne puis exprimer l'impression que cette Scéne a faite sur moi, elle me donna l'image la plus vive de la destruction d'une Planéte. /17/

A la Borghetta on entre dans le territoire de Vénise et les montagnes se rapetissent peu à peu. L'Adige arrose des guerets qui méritent le nom de Jardins, ils sont des deux cotés de la route et de vingt à vingt pas de longues rangées d'arbres les traversent; la vigne s'y marie au meurier et sentrelasse avec sa voisine par des festons allongés. Point de villages, toute la campagne est habitée. Quand les foyers se rassemblent en plus grand nombre, ce sont des bourgs pour la plupart asséz bien batis jusqu'aux fenétres prés qui manquent de vitres; le climat ne me semble pourtant pas asséz doux pour celá. Nous passames la nuit à un petit endroit nommé Péri.

Le 16.
A Neuf milles D'Italie, de Péri; on entre enfin dans un pays de plaine. Le campagne continüe à étre couverte de vignes et de mûriers et l'olivier s'y assoçie encore. La ville de Vérone termina la Journée.

Cette Ville d'une étenduë fort considérable est partagée en deux par D'Adige. Je suis en suspends de la nommer belle ou non. Des palais de la meilleure architecture s'y joignent à une multitude de maisons vieilles et difformes. Toutes çes villes d'Italie en général ne se laissent point comparer aux nôtres; tout décele leur antiquité; les édifiçes y sonts nés de décombres et de ruines. Dans les villes comme à la campagne les fenêtres sonts dépourvuës de vitrage en plus grande partie, et lá oú il y en a encore, dans les palais même, il est si mal conditionné et tellement sale, que la lumiére du Jour n'y entre qu'avec peine. La malpropreté va à un point extrême, les vestibules des plus grandes maisons servent de lattrines à tout le monde, l'odorat en est offensé aussitot qu'en y entre. Les rües de Vérone peu spaçieuses d'ailleurs, sonts couvertes d'immondiçes, quelques unes seulement en souffrent une exçeption, un grandnombre de boutiques leur donne encore un nouveau lustre. Tout considéré cette ville a cependant l'air d'une grande cité; différentes belles plaçes, préférablement celle du Cours; L'amphitéatre; un superbe Palais /18/ pour le Capiton mais qui est resté imparfait; une ançienne porte de théodoric, Roi des Lombards, et L'Academie la décorent.

L'Amphiteatre un des plus intéressans monumens de l'antiquité est trop connû et trop souvent décrit pour que j'osasse l'entreprendre. Il est au milieu de la ville; les pierres d'ont il

est construit sont une espéçe de marbre rougeâtre, tiré d'une carriere non loin d'içi du coté de la Chiusa. On en peut faire le tour par dehors, mais les arcades converties en boutiques et atteliers dérogent beaucoup à la splendeur de çe reste de la magnificencé romaine. Dans l'intérieur se trouvent encore 45. gradins en leur entier, bien que restitués, surtout ceux d'en bas.

Les autres antiquités sont en si grand nombre, qu'il n'y a peut étre que Rome qui en puisse davantage. Selon quelques auteurs ançiens; Verone a eté trés grande, mais on en pourrait douter. La Porte galienne conservée dans son entier, et celle des lions dont on voit les crénaux posés au milieu d'une ruë, marquent suffisamment l'ançienne enceinte, et sont aujourd'hui considerablement eloignées de la nouvelle. – Theodoric Roi des Lombards qui a beaucoup ajouté à la Ville, a fait construire une porte, laquelle s'est pareillement conservée; d'un autre coté il a compris dans le mûr dont il a entouré cet aggrandissement, l'entrée d'un tombeau de la Famille des Gaves, ressemblant en quelque façon à un arc de triomphe. Le Forum Justitiae, dont la porte existe encore, parait avoir eté fort petit. Les deux piedéstaux des piles de la derniére arche du pont* sont encore d'antiquité romaine. Au pied de la Montagne du chateau de S^t^. Pierre, on suppose un Théatre, à cause qu'on a tiré des excavations d'une maison bâtie dans cet endroit, des fragmens de colonnes et de corniches avec d'autres ornemens de marbre qui semblent des débris d'un pareil édifiçe. De tous çes monumens, il n'y a que la porte Galienne seule qui ait encore quelqu'apparençe, devant les /19/ autres on passerait cent Fois sans s'aviser d'y chercher quelque chose d'extraordinaire si l'on n'en etait pas averti.

Un pont du moyenage, de trois arches d'une trés grande largeur, surtout la troisiéme qui est remarquable pour celá, conduit au vieux Chateau. La Republique vient d'y établir une Ecole militaire, et depuis huit jours on avait assemblé vingt quatre jeunes Gentilshommes fils d'Officiers afin d'y étre élevés et instruits. On nous les montra en parade. A Juger d'aprés les apparences, il faudra bien du tems, avant qu'on vienne à bout de ranimer cet esprit Guerrier qui ôsa dans le dernier siécle, disputer si valeureusement la conqute de la Candie sux Ottomans.

L'Achitecture moderne n'est pas moins riche en monumens à Veronne que l'ançienne. Vers la moitié du XVIeme Siécle vivait ici un architecte nommé Michaelo San Michaeli; il fault que cet homme ait sçu joindre aux talents de son art encore celui de

---

* J'ai negligé d'en noter le nom, peutetre se trouverat-il dans le Journal de Mr. d'Erdmansdorf.

la persuasion, car il n'est pas croyable combien d'édifiçes il a achevés ou commencés. La plus grande partie des Eglises, des Autels, des Edifices publics et presque tous les palais sont de lui. Il a eté encore sculpteur et Ingénieur; on dit que l'invention de faire des parapets de terre lui appartient. ce qui lui fait le plus d'honneur, sont: une porte vers Mantoüe nommée de la paille, qui n'étant pas achevée, sert maintenant à une espèçe de petit arsenal; la Chappelle de Pellegrini dans l'Eglise de St. Bernard, et les Palais de Canossa, de Bevilacqua et de Maffei.

L'Academie Philarmonique et Philotanique est connüe; l'avant cour est entourée d'un corridor, dans la muraille du quel, le célébre Marquis Maffei a fait incruster tous les marbres, bas reliefs et inscriptions, qu'il a pu amasser. Pour un Scrutateur de l'antiquité il y a de l'occupation ici pour plusieurs jours. Le Théatre de l'Opéra compose une partie de cet Edifice, nous y vîmes représenter celui d'Antigonus Gonatus, à l'occasion de la foire d'Automne. Le fameux Virtüoso Man-/20/ soli, avec une jeune Chanteuse nommée L'Ajugari, laquelle ne paraissait que depuis peu sur la Scene, en chanterent les premieres parties et remporterent tous les suffrages. Le Spectacle etait brillant, la Musique bonne, et nos Souverains d'Allemagne qui y dépensent tant, n'ont certainement rien de meilleur dans cette espéce que la noblesse de Verone, à qui L'entreprise n'on coutait que 2 500. Séquins.* Les décorations qui appartiennent en propre à cette noblesse sont de Bibiena.

Le beau monde de Vérone nous acceuillit avec civilité, l'hospitalité n'etant pas de mise dans ce pays-ci. Deux freres Marquis de Canossa de qui nous fimes la connaissance par pur hazard s'employèrent avec la façon du monde la plus obligeante, à nous montrer leur patrie, comme à nous introduire dans les maisons; et rien de plus facile puisque tous leurs Compatriotes sont affables et prévenans envers les étrangers.

---

* La façon de laquelle les Italiens prennent ce divertissemens n'est pas indigne detre rapportée. Chaque famille a sa loge à elle. Ces loges sont tapissées, ornées de glaces et de lustres et pourvües de sophas ou autres siéges bien matelassés. La Dame s'y tient entourée de ses *Cavalieri Serventi*. Pendant le spectacle on va leur faire des visites; quand l'espace commence à manquer les premiers venus, les *Cicisbei* avant tous sortent pour faire place. Dans ces conversations on parle haut, quelquefois méme on fait des parties de jeu, le Partere ne se tait pas non plus; l'ensemble compose un tintamarre étourrdissant qui ne permet pas d'entendre la Musique. L'on ne fait silence que lorsqu'un des premiers acteurs chante son air; immédiatement aprés le bruit recommence. Ces usages sont generaux par tout le pays il ny a qu'à Rome ou l'on se tienne un peu plus tranquile.

Le français se parle peu ici, mais on n'en est pas moins poli pour celá! Ils ne sont pas riches ces bonnes gens c'est pourquoi ils ne donnent pas à manger; peut-on les en blamer?* /21/

Les Marquis de Bevilacqua possedent de trés belles statües et têtes antiques. Une Cerés, une Baccante et un des enfans de Niobé étendu sur le dos, tous ensembles de grandeur naturelle et bien conservés, méritent d'etre vûs. Il y a ensuite une tête de Livie, et une autre d'Auguste avec la Couronne Civique qui sont renommées. Un hermaphrodite couché, environ de la longueur d'un pied est bien beau pareillement. Leur Palais est élégamment meublé et orné de tableaux des meilleurs Maitres d'Italie.

Le Jardin des Comtes Justi est renommé par plusieurs descriptions de Voyages; rempli de piedestaux, Corniches, et autres marbres chargés d'Inscriptions Romaines, il est sitüé au pied d'une Montagne dont il renferme en meme tems le sommet. Il parait fort négligé; ce qu'il y a de meilleur sont des Ciprés trés hauts agés de 260. ans. L'escarpement est fort bien mis en oeuvre; aprés y avoir monté, on trouve des petits Temples d'oú l'on découvre par dessus les Cîmes des Cyprés, toute la Ville avec ses trois Chateaux ou Citadelles.

Le fameux Paul Veronése a enrichi sa Patrie d'un grand nombre de beaux témoignages de son habileté. Dans l'Eglise de S[t]. George, chéz les Bevilacqua, et dans la maison de Gherhardi, on trouve beaucoup de ses ouvrages. N'en pouvant pas juger pertinamment, je me borne à dire qu'un Loth avec ses filles m'a beaucoup plu. Les grands traits de maitre dans leurs chefs d'oeuvres, qui ravissent les connaisseurs, ne touchent que peu mon ignorance, mais lorsque le choix du sujet, joint au brillant des couleurs, me fait naitre des Idées agréables, ou (j'ose l'avouer)

---

* Je remarquerai à ce sujet le trait suivant. En arrivant et dés que nous fumes descendus dans l'auberge, il se vint présenter un Laquais de louage. C'était un homme deja agé, mal mis, mais à qui epée et canne, une bourse et le chapeau sous le bras donnaient un certain air. Le méme soir les Princes allerent encore à l'opera. Aprés avoir fermé la portière du Carosse il prit une Lanterne en main et se mit à marcher à coté. *Est-ce loin à l'Opera?* lui dit on. – *Tres loin*, reprit il. *Eh bien mettez vous donc sur la Voiture? Messieurs cela ne me convient pas. – Et pourqu'oi s'il vous plait? – par ce que je suis un homme de condition qui s'appelle le Comte de la Cise*. Il disait vrai, car effectivement il etait de la maison de Bevilaqua. Aussi quand le matin nous allames dans des maisons on ne manqua jamais de lui presenter le chocolat comme à nous. Du reste il ne faisait pas la moindre difficulté de se charger de toutes les commissions d'un Domestique, excepté de monter deriere la Carosse, ce qu'il stipula dés le premier soir.

voluptueuses, alors mon imagination éveillée s'exerce, et je m'amuse. C'est aussi pourquoi je n'ai pû m'empécher de regarder avec plaisir plusieurs tetes de filles du Comte Rotari, lesquelles je le sçai bien, ne sont pas des morceaux sublimes. /22/ De Peintres vivans, il y a le Signor Zignarola à Vérone que nous avons eté voir, célébre par toute l'Italie, ses ouvrages me paraissent avoir bien des graces; si je me trompe j'en demande pardon.

Parmi la riche Collection de tableaux du Marquis Gherhardi, on nous en montrait un d'Alexandre Turchi, représentant l'Adoration des Mages, pour lequel le défunt Roi de Pologne Auguste III. a offert dit on, la somme de 20000. Ecus. Les calamités de la guerre derniére survenües dans ces entrefaites, l'ont empeché de conclurre le marché. Mais aussi sans calamités, je crois que c'est tout ce qui soit permis, à un Souverain de payer pour une peinture, fut-elle d'Apollon lui méme. Dans la maison de nos serviables Canossa j'ai vû deux beaux plafonds, d'ont l'un, Triomphe d'Hercule, est de Diépolo Vénitien.

L'ancien Champ de Mars sert aujourd'hui à un usage bien différent; entouré d'une muraille quarrée, les foires s'y tiennent dans une petite Ville de boutiques d'ont les rües forment une etoile. Vis à vis l'entrée Capitale est un Sallon, Siége d'un Tribunal de justice, pour décider sur le champ des cas litigieux. Durant ces foires il y a toujours une grande affluence d'Etrangers, et vers le soir les Cavaliers et Dames s'y promènent.

Je viens à présent à la description d'un endroit appellé le Pont de Véga situé du coté de Péri dans la partie la plus aride des Bolessines de Vérone. Cet endroit singulier fut ignoré des Véronais, jusqu'à ce qu' un Hollandais nommé Vander Nesse, en venant examiner une chose aussi rare, d'ont à peine on savait lui montrer le chemin, a mis à la mode d'y aller. Nous primes des Sedia (Voitures à deux roües, à demi couvertes) pour faire les premiers huit Milles*, jusqu'a Lugo.

Lá on nous avait commandé des ânes pour le reste du chemin qui est de cinq. Les deux Princes s'etaient pourvûs de selles et bridons pour leur commodité dans de pareilles rencontres. C'etait un plaisant Spec-/23/ tacle que des bandets enharnachés à l'Anglaise, mais lorsque ces deux grands Jouvenceaux monterent dessus il le fût encore plus. Néammoins l'Escadron se mit en marche ayant Mr. le Comte de la Cise à la tte qui encore en cette occasion n'avait quitté ni son epée ni sa bourse. L'expédition avait ses difficultés, un sentier etroit longeait d'affreux abîmes,

---

* Milles d'Italie, ici et dans tout le reste du Journal, quand il s'agit de ce pays ci.

et nos roussins d'Arcadie peu dociles au frein allaient selon leur caprice. Enfin nous arrivames au pied du rocher en question. Je ne sçais si je reussirai à donner une idée de ce jeu de la Nature, laquelle en construisant un Pont a tranché ici de l'Architecte. D'en bas, le rocher parait bien formidable à cause de sa grande élévation ; en haut il est partagé en deux sommets qui se joignent par une Arche naturelle. Cette arche ou Pont rergarde d'un coté la Vallée, de l'autre il y a une plaine asséz étendüe, d'oú il vient un ruisseau, qui ayant passé au dessous de l'arche fait une chute d'environ 60. pieds. Du coté escarpé se trouve une grotte en forme de Nymphée sur laquelle laditte arche pose comme sur un soubassement. La petite cataracte se précipite en nappe d'eau justement à l'entrée de cette grotte, se rassemble au méme endroit dans un bassin et tombe ensuite de cascade jusqu'au fond de la Vallée. Ceçi est charmant, et m'étant niché au fond du Nymphée, voyant le rideau transparent devant moi, son bassin à mes pieds, la voute ornée d'herbes pendantes, je me crus richement recompensé des peines avec lesquelles j'avais grimpé, toujours à coté des cascades, pour parvenir à ce point de repos. En sortant de la grotte, on rencontre à main gauche l'Ouverture d'une Caverne, elle est asséz large au commencement et haute de 6. à 7. pieds ; ensuite on est obligé de faire une cinquantaine de pas à quatre pattes, et la lumiére du jour se perd pour faire place aux plus épaisses ténébres. On continüe son chemin à la lueur des flambeaux et torches. Pendant une certaine distance on monte, aprés quoi la Spélonque s'élargit et se trouve bien voutée. Je n'ai pas besoin de dire, quelle idée une demi douzaine de /24/ Paysans avec des torches et fascines allumées firent naitre dans cette obscurité. Tout en arriére, la caverne a sa plus grande étendüe et finit en plusieurs tuyaux par lesquels il est impossible de passer. Beaucoup de noms et de dates, marquent les curieux qui ont eu la hardiesse de s'avanturer jusqu'ici. Aprés avoir revû le jour et repris haleine, nous achevames de monter sur le Pont. Il est long de 60. et large de 25. à 30. pas, et si le reste du terrein le permettait, les plus grandes voitures y passeraient commodement. Sur un plateau à coté se trouve une multitude de pierres qui toutes ressemblent à des piédestaux de Colonnes. Dans le voisinage un hermite s'est choisi sa demeure lequel se dérobe autant que possible à tout commerce des hommes. Les gens du pays ne scavent ni quand, ni d'où il est venu. L'Opinion en fait le Roi théodore de Corse objet infortuné de tant de fables et traditions.

Avant de partir de Vérone, le Prince Jean George achèta une Voiture légere à deux places. J'y allais avec lui, nos deux domestiques sur le devant. La Landau menaçant naufrage fut vendüe ici à Vérone.

Le 22.
De Vérone à Vizence ; chemin large et bon ; terrein peu coupé. Les Champs sont entourés d'Arbres, mais les rangées n'en sont pas trop proches l'une de l'autre. On voit à coté gauche fort distinctement les montagnes du Tyrol, comme celles du Trentin dont l'éloignement n'est pas grand. Deux ou trois petites riviéres que l'on passe se trouvent plus hautes que le plat pays, en sorte que sans les digues qui les entourent, elles iraient se répandre par toute la Campagne.

La Ville de Vizence est située au bas d'un rang de Collines qu'on découvre à la droite, elle parait moins vaste que Vérone mais ornée de beaucoup de Palais, qui quoi que peu grands ne laissent pas d'etre de beaux morceaux d'Architecture ; et en ceci semble avoir consisté préférablement le gout du célébre Palladio, d'ont Vizence est la patrie. Qu'on lui ait donné une maison ordinaire à batir ; par ses /25/ talens et par des ornemens choisis il en sçavait faire un Palais. L'Elégançe simple de ses maisons de campagne est surtout inimitable, hacune d'elles inspire l'idée d'y terminer ses jours loin du monde et de ses agitations. Celle des Marquis de Capra est fort belle et peu distante de la Ville. Une autre appartenante au Comte de Volmerano est tout auprés ; je doute qu'elle soit de Palladio. Tous les appartemens en sont peints *al fresco* de Diépolo Vénitien. Avec bien des graces ce peintre y a rendu plusieurs sujets de Roland furieux et de L'Enéide. Dans une enfilade de Chambres dérriere une gallerie séparée de la maison, le même Maitre a représenté toutes sortes de masques qu'on ne voit pas non plus sans plaisir.

L'Eglise délla Madona in Monte appartient à un Couvent de Servites extrémement riche ; construit au sommet des collines d'ont j'ai parlé, toute la vaste plaine qui s'etend vers le Golphe de Venise, s'y expose à la vüe. Dans le réfectoire se trouve un grand et beau tableau de Paul Veronése, qui représente Jesus Christ banquétant avec le Pape et les Cardinaux et se faisants servir par des Pages en gregues. De ce couvent on descend vérs la ville par un chemin couvert d'arcades, au moins la longueur de 2 000. pas. Cet ouvrage qui coute considérablement, n'est pas encore entièrement achevé ; on le batit d'aumones pour la commodité des pellerins.

Un grand pré devant la porte qui mene à Veronne ; s'appelle le Champ de Mars ; à son entrée parait un Arc de Triomphe de l'invention de Palladio, qui élevé tout simplement et sans dépense a pourtant son mérite.

Le Palais de la famille Vecchia dans le fauxbourg mérite d'etre vu attentivement de tous ceux à qui leurs facultés permettent de batir des maisons. Si jamais de ma vie jai vu une habitation riante, meublée avec gout et distribuée commodément c'est ce charmant Palais. Quatre tableaux de Luc Jordan en décorent le Sallon.

La Piazza Maggiore est la plus remarquable de toutes. La Maison de /26/ Ville, ou *Casa della raggione*; comme on l'appelle içi fait un batiment vieux et Gothique au quel Palladio rendit quelque lustre par un Corridor d'ont il l'entoura soutenu d'un rang de Colonnes. Le meme Architecte a encore exécuté dans L'Académie Olimpique l'idée qu'il s'est formé d'un Théatre ancien. Le Proscennium est petit en proportion, non compté que tout le théatre n'est pas grand. La scéne représente un Edifice orné de basreliefs Colonnes, Bustes &c. Par trois portes qui y sont pratiquées, trois rües se montrent en perspective. Les acteurs n'ont point d'autre entrée ni sortie que ces portes là. Je ne puis pas dire que celá fasse un grand effet, à moins qu'il ne paraisse autrement étant Illuminé. L'Amphiteâtre est composé de douze gradins; en haut régne une Colonnade et des Statües. Tout ce Theâtre est partie de bois, partie de Stuc, du reste on ne s'en sert point.

La Maison de Palladio prouve encore mieux son génie que ses Palais sur deux fenêtres de largeur il a sçu la rendre par dehors agréable à la vüe, et en dedans capable d'etre habitée avec aisance.

J'ai vû à Vizence la premiére Comedie Italienne, c'etait une piéçe sérieuse de Metastasio. Déja ce serieux n'annoncait rien de bon, cependant les histrions qui la représenterent, crocheteurs quant aux maniéres, et vrais arracheurs de dents quant à la déclamation, la rendirent encore plus détestable. J'aurais voulu que tous ceux de nos compatriotes qui aiment tant à humilier nos Comediens, eussent assisté à ce spectacle; en même tems je supplie de se ressouvenir que Vizençe est pourtant une ville fort peuplée et pleine de Noblesse.

Le 24.
De Vizence à Padoüe la route est large et fort fréquentée, mais pas trop bonne. On s'apperçoit qu'on approche de Venise par le grand nombre de petites chaises de poste à deux rouës (Sedia) et d'autres voitures qu'on rencontre; Une campagne plaine et unie va en s'élargissant de tout coté.

La Ville de Padoüe est trés grande quoi que mal batie en comparaison /27/ des deux autres dont je viens de parler. Tous les premiers étages des maisons reposent sur des Arcades, l'on s'y promene à sec quelquetems qu'il fasse et en été à l'ombre; mais pour le reste l'obscurité qui régne sous ces allées couvertes, ne contribüe pas peu à augmenter l'air sombre de cette antique Cité. Je n'ai pas besoin de dire quelle réputation son Académie eut Jadis, nôtre Nation surtout aima beaucoup à y faire ses études; maintenant cette splendeur s'est évanouie, et deux cents Etudians environ, avec le Pédantisme des siécles passés dans la maniére d'enseigner, sont tout ce qui en reste.

Sur un Passage de L'Enéide, on se plait à croire qu'Anténor ait été le Fondateur de Padoüe, de plus on s'imagine d'avoir retrouvé les ossemens de ce Héros Troyen et déja au commencement du XIIIeme. siécle, on lui a (quoique trés exclu du sein de l'Eglise) élevé un tombeau, dont la Structure gothique et romanesque, joint aux édifices dans le meme gout qui l' entourent, ferait une belle décoration de théatre. Anténor cependant n'est pas le seul de sa croyance, qui jouisse içi des honneurs de la sépulture; Tite Live a son monument dans la grande salle de la *Casa della raggione*, un de ses bras s'y garde en guise de rélique, si non sainte du moins littéraire. En attendant comme il faut que tout soit à sa Place et dans son rang, S^{t}. Antoine le grand Prédicateur des poissons se trouve enseveli avec un luxe bien différent. Dans un vaste temple consacré à lui, son sépulcre est entouré et couvert de richesses immenses, en Or comme en Argent, et la Venération va si loin que les marbres sous lesquels il repose portent l'empreinte des baisers innombrables y appliqués depuis des siécles. Ceci n'est pas une façon de parler et tous ceux qui passeront à Padouë pourront s'en convaincre, en voyant les deux coins proche d'une fente (par où en effet sort une odeur de rose) écornés et arrondis; c'est à dire celui d'en haut, par les baisers et attouchemens de front, et celui d'en bas, par les génuflexions.

L'Eglise de S^{te}. Justine n'a rien, de prévenant en dehors, malgré /28/ qu'elle soit fort grande, mais son intérieur est beau et mérite d'etre vû. Une simpliçité dont aucune autre Eglise Catholique ne pourra se vanter, avec tout ce qu'on puisse voir de plus beau en marbres la rendent remarquable.

A Padoüe le Prince régnant acheta un vis à Vis mieux adapté à la façon du pays, et laissa le grand Carosse dans L'hotellerie jusqu'à son retour de L'Italie. Il s'entend qu'aussi les autres Voitures furent laissées a Padouë pendant le tour à Venise.

Le 26. Nov.

De Padouë à Venise. Nous nous embarquames dans une de ces barques qui vont et viennent sans cesse sur le Canal de la Brenta entre Padoüe et Venise. Les objets qu'offre ce trajet me ravirent. Heureux d'avoir fait jusqu'içi si peu d'expériences en ce genre, la belle Ausonie affecte toutes mes facultés de sentir, et chaque jour je goute en la parcourant quelque contentement nouveau. De 25 Milles de Chemin, la moitié du moins est couverte de Campagnes des plus opulens entre la Noblesse de Venise. Il y a parmi elles des édifices superbes qui peuvent servir de modéles dans l'art de batir, et à coté d'eux, de ces jolies petites maisons qui les surpassent, et qui feraient balancer longtems un chacun qui devrait s'en choisir une.

La grande route va toujours le long du Canal, lequel est aussi chargé de barques et bateaux, que l'autre est pleine de Carosses et Voitures. Trois Bourgades entremelées avec les Maisons de plaisançe bordent le rivage. Presque de Mille en Mille on trouve des boutiques avec des rafraichissemens. En un mot rien de si vivant que cette voyë tant sur terre que sur eau. Le tems était doux et serein et nous fîmes bonne chère dans nôtre barque qui était propre et bien meublée.

A Fusine on entre dans la Lagune, qui pour tous ceux qui n'ont jamais vû la Mer peut la représenter. D'içi l'on voit devant soi à une distance de 6. milles, l'unique ville de son espéçe, Venise qui semble sortir des ondes. Le Soleil se couchait justement; dans un grand /29/ lointain, à droite se montrerent sur un fond bleu, les Vaisseaux à la rade de Malamocco. Proche de la Ville toute la Lagune était couvertes de barques et gondoles dont les images se reproduisaient dans l'eau. La Lune qui grossit toujours les objets éclaira nôtre entrée dans le grand Canal et si l'on veut aussi celle dans L'auberge.

Qu'on ne s'attende point de trouver, une description des Eglises, Canaux et places publiques. Il n'y a presque personne qui ne les connaisse du moins par les fréquentes estampes qu'on en a, et qui ressemblent toutes. En géneral ce sera sur les grandes Villes que je m'etendrai le moins; Tant de fois décrites elles font encore si souvent la matiére des conversations que tout le monde en est au fait je dirai seulement que je m'étais formé une idée plus brillante de Venise.

Tous les Voyageurs conviennent que les deux Places de S^{t}. Marc sont des plus belles de l'Europe. Le Pont de Rialto, avec le quartier *delle Mercerie*, illuminés le soir, ressemblent en toutes les saisons à ce petit recoin de Leipzicq, en tems de foire, quon appelle Auerbachs Hoff, et qui est si célébre en Saxe. Mais il me semble que ceci s'efface par la grande Malpropreté, le mauvais état des fenétres et certain aspect terne qui dominent dans tout le reste. Le coup d'oeil le plus agréable, est sans doute le tableau varié de marine et d'Edifices, qu'offre la partie du Canal de la Giudecca, entre la petite place de S^{t}. Marc, S^{t}. George majeur et l'Arsenal.

Ce dernier compose présqu' une Ville à part et renferme toutes les provisions de guerre de la République, soit de mer ou de terre. Celles-ci ne sont pas fort considérables, mais le dépôt pour la marine est peut étre un des plus riches qui existent. 25. Vaisseaux de guerre avec autant de Galéres, à sec sous de grandes remises et sur des échaffaudages, sont toujours tenus prets à étre lançés dans l'eau On assure que 3 000. hommes travaillent un jour comme l'autre dans les divers attelliers et Magasins de cette vaste enceinte; mais je ne crois pas aux

10 000. piéces de Canons qui doivent s'y trouver. /30/ Les forces navales des Vénitiens consistent principalement dans les Galéres; on en voit un bon nombre dans divers endroits de la Lagune, appareillées et prétes à mettre à la voile. Leur chiourme fournit un ample sujet de réflexions sur la misére humaine, qui certainement ici se trouve poussée à son plus haut période.

La Salle du grand Conseil dans le Palais de S^t. Marc est notable par les immenses peintures de Tintoret, et par son etendüe. 8 à 900. Nobles pensent y régler les affaires de l'Etat, mais en effet c'est le conseil des dix tout seul, qui les dirige. Le Doge, sans pouvoir comme l'on sçait, habite une partie de ce Palais, le reste des appartemens sert pour les assemblées de divers autres Conseils, de même que pour les Tribunaux de Justice. Il est permis d'entrer dans ces Tribunaux et d'y entendre plaider; celá se fait d'une Véhémence demesurée et risible pour un etranger. Je vis un de ces Orateurs de Barreau, qui à force de crier et de se démener suait comme un Athléte. Je ne puis pas m'empêcher de remarquer l'horrible saleté de l'entrée, des Corridors et Antichambres; toutes ces piéces sont si pleines d'ordures qu'on se pame presque' en les parcourant; et ce n'est pas le Palais de S^t. Marc seul, il en est de même par tout ailleurs. En vain quelques particuliers, pour garantir leurs Vestibules de pareilles Insultes les munissent-ils de signes de croix peintes au pié des murailles, on s'en moque, et tout sert de cloâque à Venise.

Un art estimé jadis, mainentant quasi oublié en Europe, celui de prédire l'avenir, subsiste encore sous les Portiques de S^t. Marc. Des Prophêtes et Prophêtesses d'ont ce lieu est tout plein offrent leur ministère aux passans moyennant une trés petite rétribution. C'est aussi sous ces même portiques que sont les Mascarons pour les dénonciations secrétes, dans les gueules desquels un chacun peut jetter son billet. Au dessus de chaque Mascaron il y a une Inscription qui indique pour quelle sorte d'avis il est destiné. Ces preuves d'un Gouvernement despotique et soupçonneux sont encore repetées aux coins /31/ et sur les escaliers de la plupart des autres Edifices publics.

Vis à vis du Palais est la Bibliotheque, son escalier est superbe; à cause d'un renouvellement des tablettes, on en avait justement transporté ailleurs la plus grande partie des livres. Parmi une Collection de Statües et bustes antiques, deux grouppes de la main de Phydias, selon la tradition, se distinguent beaucoup. Ils sont environ sur deux pieds de hauteur. L'un d'eux représente Léda, serrant son Cigne entre les cuisses; l'autre c'est Jupiter en aigle sur le croupion de Ganiméde, qu'il enléve dans les airs. Tout ce qu'un gout étrange et peu connû dans nos climats peut avoir de voluptueux et de piquant, se trouve exprimé sur ces marbres.

Le Fondaco, est un batiment que la République a fait construire en faveur des marchands de la Nation Allemande; ils jouissent de grands priviléges; ceux d'entre eux qui ne sont pas mariés peuvent y demeurer et logent fort commodément. La Salle à manger est meublée de tableaux du Titien d'ont plusieurs ont beaucoup souffert, trois seulement qui représentent des sujets agréables, se sont encore asséz bien conservés et méritent d'être vûs.

Les amateurs de la peinture ne négligent pas d'aller contempler dans le réfectoire du Couvent de S[t]. George majeur, les Nôces de Cana par Paul Veronése. Il est extrémement grand et beau ce tableau. Derriere le Couvent est un Jardin qui par tout ailleurs ne mériterait pas la moindre attention, mais étant dans un lieu où le terrein est si rare et au milieu de la mer il devient notable par sa situation. Cependant il y en a encore quelques uns dans l'Isle de la Guidecca, avec un manége et quelques misérables Chevaux à L'usage des jeunes nobles. Les Turcs ont un hôtel à Venise aussi bien que les Marchands de nôtre Nation, mais ils y sont un peu sous la férule, par la raison de quelques extravagances auxquelles les Asiatiques sont enclins. Précisément au tems de L'Avé, on les enferme, et leur Gouverneur nous les fit voir dans leurs Chambres, qui sont le long d'un Corridor, éxacte-/32/ ment comme l'on montre des bêtes rares. Un jeune garçon qu'ils avaient avec eux, me parût pourtant avoir échappé à la Sagesse vigilante du Sénat.

Je ne puis parler des moeurs et du caractére des Vénitiens; le peu de tems que nous nous y sommes arretés ne nous a pas permis de faire des connaissances. En général il m'a parû qu'on ne leur fait pas grand tort en les accusant d'être insoçiables et méfians et il serait difficile qu'ils ne le devinssent pas par la forme de leur Gouvernement.

Depuis le 4. d'Octobre on commence déja à se proméner en masque; celá dure jusqu'a la fin du Carnaval, de façon que soit de jour ou de nuit, les rües ressemblent à ces assemblées masquées qu'on appelle chéz nous Rédoutes. Le reste du tems presque tout le monde porte de longs manteaux de couleurs différentes. Aussi dans les autres parties de l'Italie, les manteaux sont fort en usage, on les appelle *Ferrajuoli*, le petit peuple ne porte quasi que cela.

Sept Théâtres furent ouverts pendant cet Automne, mais ils n'étaient point toujours bien remplis de monde. Ce qu'on paye en entrant n'est pas içi à un taux fixe, on achéte la Clef d'une Loge à la place de S[t]. Marc à tel prix qu'on en peut convenir. L'Opéra Comique qui se donnait au Theâtre de San Moïsé, m'a plû préférablement à tous les autres. Toutes les femmes tant Actrices que Danseuses, en étaient bien jolies, et si jeunes, que dans les ballets la scène paraissait un vrai temple d'Hebé. Avec

cela, la morale de ce charmant spectacle fut des plus mauvaises; tout L'enchainement de la piéce roulait sur ce qu'un homme de Condition ouvrait une armoire pour voler une bourse de Mille écus. Jamais je n'ai vû représenter cet Opérá sans que les acteurs n'eussent etés obligés de répéter ce passage. Dans un ballet un amant mettoit tout d'un coup deux pistolets de poche sur la poitrine de ses deux rivaux, lesquels saisis de peur se jetterent subitement par terre; encore ceçi remportait de grands applaudisse-/33/ mens. La plus belle Musique se fait dans les Eglises des deux Hopitaux d'Orphelins et enfans trouvés des Mendicanti et della Pietá. Tous les instrumens sont joüés par des filles, et pour les voix ce sont sans contredit les meilleures qu'on puisse entendre ici bas. Quoiqu'il soit permis à ces Musiciennes de se marier, on m'a dit qu'on avait grand soin d'en retenir les plus habiles, et celá par toutes sortes de moyens; en outre elles sont obligées de faire voeux de ne jamais se montrer sur aucun théâtre, les Directeurs de ces Orchestres, bien pensionnés par la République, sont toujours de sçavans Musiciens et Compositeurs célébres.

Les Gondoles surpassent en commodité toute autre espéce de voiture, c'est dommage qu'elles soient noires l'une comme l'autre, sans distinction. En sortant en visite ou pour faire des tours de promenade on n'a besoin d'aucun autre domestique que ces Gondoliers, qui etant des garçons entendus et adroits, s'acquittent trés bien de toutes sortes de fonctions. Ce sont à Venise des domestiques d'une fort grande utilité en réunissant le double emploi de Cheval de Carosse et de laquais.

Les Vénitiens en parlant de leur Souvérain, disent; le Prinçe, ou San Marco. Ils se plaisent surtout d'appartenir à ce dernier, en quoi, pourvû que ce fut fondé ils n'auraient pas tort. Un Souverain de cette trempe est beaucoup moins ncommode que plusieurs autres pleins de vie.

Quand on sait qu'il n'y a point d'eau douce à Venise, et que celle d'ont on s'y sert est apportée de terre ferme, on receüillie de la pluye, on est étonné de la trouver plus claire, et plus pure que par tout ailleurs. La cause en est dans les Citernes, artistement construites; l'eau s'y filtre à travers du gravier et des éponges et se purifie des plus petites parties étrangeres.

A coté de l'hotel garni, où nous étions logés il y avait une petite rüe étroite et obscure; dans une porte ouverte j'avais remarqué plu-/34/sieurs soirs une de ces Courtisantes du dernier rang, d'ont on trouve un article circonstancié dans les Lettres Juives du Marquis d'Argens. Pour vérifier les faits j'y entrai un Soir. Cette demeure était un véritable attelier, sans fenétres et sans autre issüe que la porte de plein pied avec la rüe. Une laupe, un lit, un priedieu devant une Madonna avec le rideau à coté en composaient

tout l'ameublement; en un mot tout etoit conforme au rapport du Marquis. Comment pouvéz vous loger ici? dis-je à la petite personne. *Je n'y loge pas*, reprit elle, *j'y viens seulement le soir pour travailler*, il faut remarquer qu'elle avait quelque ouvrage à la main.

Jai eu occasion de me familiariser un peu à Venise avec la Marine, chose que j'ai beaucoup desiré depuis ma premiére jeunesse. A cette fin je fis plusieurs promenades vers le Lido et au Port de Malamocco Un jour les deux Princes m'accompagnèrent à bord d'un vaisseau Anglais qui était à l'ancre Devant le Castel de Bovedia. Le Patron dont j'avais fait la connaissance en achetant une montre de lui, nous fit servir son diner avec cette cordialité qui va si bien à sa nation. Pendant que nous avions eté à table, un vent de terre s'était élevé, asséz violent pour faire balancer nos Gondoliers s'ils devaient nous ramener. *Coglioni*! s'ecria notre hôte à qui le ponche avait un peu monté à la téte, et sur celá il se mit lui même dans la premiére de nos deux Gondoles en ordonnant de ramer vers Malamocco. Ce n'etait pas bien loin du Vaisseau. Lá ayant mis pied à terre il courut de tout son pouvoir à l'autre coté de la petite Isle, qui est celui de la mer, afin de nous la montrer. Elle était fort haute et nous imprimait cette espéce de frayeur qu'un chacun doit ressentir en la voyant pour la premiere fois dans un apparat pareil. Le bon Marin transporté d'aise et fier de son élément prit le Prince Jean George par la main, et lui dit: *Mynheer comment vous plait il mar?* Ensuitte il fit détacher la Couverture de l'une des Gondoles, nous y fit coucher tous les trois avec nôtre domestique, nous donna les quatre Gondoliers, et en leur /35/ enjoignant de bien travailler, comme à nous de ne rien craindre, il nous fit partir. Je ne puis pourtant pas me vanter d'avoir exécuté cet ordre si à la lettre, surtout d'abord aprés le départ, mais peu à peu la confiance revint, la Lagune était véritablement tres agitée, et pendant cinq quarts d'heures que dura le trajet, les vagues balotterent la Gondole comme une coque de noix, ainsi qu'elles nous mouillérent jusqu'aux os en venant se briser contre les bords.

Messieurs Kottofsky, Rust et le Sculpteur Ehrlich furent envoyés à Rome avec le Courrier.

Le 7. Décembre.
Retour à Padouë par le même chemin par lequel nous étions arrivés.

Le. 8.
Quand on va de Padouë à Rovigo on voyage le long du Canal de Ferrare, lequel reste au commencement à la droite, ensuitte de quoi on le passé pour le longer de l'autre coté. Ce Canal est un ouvrage d'un grand travail et tellement élevé en plusieurs endroits que les petits ruisseaux qu'il rencontre passent au dessous à travers

des voûtes. La vuë d'ont on jouit pendant ce chemin est trés gaie; une belle maison de Campagne agréablement située remplace tout de suite celle qui disparait. J'ai meme admiré l'industrie et le gout des paysans à se faire de jolies petites Cabannes éparses ça et lá sous les arbres dont toute la contrée se trouve épaissement couverte. Le terrein est marécageux et coupé par une infinité de fossés, de façon que hors du grandchemin, il n'est pas possible d'y faire seulement un mille. Vers Monsalice sont les Montagnes apellées *il Monte galdo*; le lieu meme en est entouré. A 8. Milles de Monsalice nous avons passé l'Adige asséz large dans cet endroit. Nous le quittames enfin aprés l'avoir vû naitre et s'aggrandir. Rovigo, où nous passames cette nuit, est une Ville peu considérable.

Le. 9.
Aprés avoir laissé derriére nous le Canal blanc nous sortimes du /36/ Territoire de S^t^. Marc pour entrer dans celui de S^t^. Pierre. Celui-ci ne parait pas si bon Régent que le premier dont les sujets semblent beaucoup plus à leur aise. Le Pô, que nous passames à Francolino est d'une largeur trés considérable dans cet endroit; son eau est bourbeuse comme celle de l'Adige aprés qu'elle a quitté le Tyrol.

Ferrare est une belle Ville grande et bien. batie, mais on voit peu de monde dans des ruës longues et spacieuses. Sans nous y arréter nous poussames encore jusqu'a une hotellerie nommée S. Nicolo. – Le pays parcouru ce jour-ci continüa à etre toujours des plus impracticables, ce ne sont que fossés, digues et arbres touffus chose qui dans la saison présente nous sembla bien étrange.

Le 10. La différence de ce climat-ci au nôtre devient fort sensible, il a fait extrémement chaud aujourd'hui. A Bastia nous avons passé le Pô primario, et ensuitte il Fiume di Santerra á S. Lorenzo. Ce terrein est assurément un des plus difficiles qu'il y ait au monde; marécageux et entrecoupé de riviéres, fossés et ravines, on ne trouve ni chemins, ni ponts; les moindres riviéres il faut les passer dans des bacs, qui à chaque moment menacent de couler à fond. Le Sol parait beaucoup moins fertile que dans l'Etat de Venise les habitations clair semées, les maisons de plaisance ont disparu entiérement, bref, tout le pays respire cette sainte pauvreté qui conviendrait si bien à ceux qui le foulent. Nous séjournames à Lugo qui est une petite Ville peuplée. D'ici à Ravéne il n'y a que deux postes, Cependant les chemins étoient tellement gatés par le débordement des torrens et des riviéres, que quoi qu'il n'eût pas pleu depuis trois semaines, nous nous vimes obligés d'aller le lendemain à Faenza pour essayer de parvenir à Ravéne par ce coté la.

Le 11.
Le chemin est trés mauvais tant qu'il cotoye le Canal del Molino en/37/touré de digues fort hautes à cause que le fond de son lit est au niveau de la Campagne. Vers Castel Bolognése le terrein devient ouvert et les champs sont sans clotures d'arbres, mais les fossés ne diminuent point. A la porte de la susditte Ville, on entre dans la chaussée de Bologne qui va à Faenza en ligne droite. Ce lieu m'a parû joli et d'une étenduë raisonnable.

Quelquefois en passant par des Villes de cette espéce, le Prince Jean George et moi pendant qu'on attelloit nous entrames dans les Boutiques des Caffetiers (si nettes et si élégantes) pour prendre une tasse de Chocolat et faire un peu la Conversation avec les gens qui s'y trouvoient. On nous dit ici qu'il y avait beaucoup de Noblesse et deux Théatres.

Trouvant encore la communication entre Faenza et Ravéne coupée, nous poursuivimes nôtre route jusqu'à Forli toujours sur la meme chaussée. Nous y arrivames d'asséz bonne heure pour aller voir quelques tableauxdans les Eglises avant de nous coucher. Forli n'est pas si bien bati, ni si bien peuplé que Faenza.

Il y a une mauvaise Coutûme dans ce pays ci, c'est que lorsqu'on arrive dans une Aubérge, on trouve toujours une quantité de personnes officieuses, qui aident à décharger les voitures sans qu'on les en prie et meme malgré qu'on en ait, afin de pouvoir demander aprés celá quelque chose à boire (*la buona mancia*). On a raison de se défier de ce secours importun, et ici le Prince régnant fut volé d'une epée et d'une belle paire de pistolets. Une défense sevére aux domestiques, de ne plus laisser approcher aucun auxiliaire; causa par la suitte plusieurs combats à coups de poings entre les sujets de sa sainteté et ceux du Prince d'Anhalt Dessau.

Le 12.
Nous eumes bien de la peine à porter le Courrier Ordinaire à L'entre prise de nous mener à Ravéne, il ne le fit que sur nos risques et fortunes. Mais en vérité ce ne fut pas sans danger, et de ma vie je n'ai /38/ rencontré un chemin plus profond et bourbeux. Pendant 20. Milles il va si prés des bords escarpés du Ronco, qu'être versé et englouti ne ferait qu'un. Au surplus le terrein était peu ferme et prét à s'ébouler à chaque pas. Des chevaux n'étant pas capables de traîner les Voitures dans certains passages, nous eûmes des relais de boeufs qui nous suivirent. Il faisait encore fort chaud cette journée. Au reste, rien au monde de plus misérable que toute cette province. Ce que la rapacité de ses maîtres laisse encore en arriére, lui est ravi par la Nature elle méme. Le grand nombre de torrens et riviéres, qui des trop proches Appenins

se précipitent rapidement dans la mèr, expose cette contrée malheureuse à des innondations perpétüelles, et celá malgré les travaux qu'on fait sans césse pour s'en garantir. Au travérs de toutes ces difficultés nous arrivames heureusement à Ravéne.

Son port et celui de Miséne furent las deux premiers ports de guerre de L'Empire Romain. Dans ce tems lá, la Ville etait présque entourée d'eau; maintenant la mer s'est éloignée de ses murs pour le moins de 3. Milles. A ce point la Suite des tems détruit et change tout; les choses mêmes qui semblent devoir lui faire le plus de résistance. Devant la Porte Cybo, on montre deux anciennes tours dont l'une est encore entiére. Elles servirent, dit-on, à y attacher la chaîne avec laquelle on fermait le Port. Il y a des gens ici qui révoquent en doute la vérité de cette tradition. Je ne sçais ce que j'en dois croire; il est vrai que ces tours sont extremmement minces ensuitte elles ne sont qu'à environ 300. pas de la susditte Porte, le bassin donc qu'elles eussent protegé ne parait pas avoir suffi pour contenir la moitié des forces navales d'un aussi puissant Empire. Il s'en faut de même beaucoup qu'on puisse déterminer avec assurance en quel endroit le port antique ait eté. Les ruines du Phare se trouvent d'un coté presqu'opposé a celui ci, à 1. Mille et demi de la Ville, au milieu d'un verger. Il en existe encore environ la hauteur de 40. à 45. pieds, 10. à 12. autres sont sous terre à cause qu'elle s'est accrüe d'autant. Sur ce tronc a etée batie /39/ une petite tour qui sert de clocher au Couvent y attenant.

La Chapelle ronde hors de la Ville entre la Porte Cybo et celle de Pamphili, que suivant l'opinion commune Amalasonthe Reine des Goths a élevée pour servir de sépulture à son pere Theodoric est en fort mauvais état. Dépouillée de ses ornemens extérieurs elle est en dedans pleine d'eau, et il lui manque 9. a 10. pieds au niveau par la raison que le terrein autour a eté succ̜essivement rehaussé par les décombres en meme tems que l'Edifice s'est affaissé sous le poids de l'énorme pierre qui toute d'une piéce en forme la Coupole. Il est impossible de s'imaginer de quelle façon cette pierre ait eté apportée seulement sur le lieu, sans parler des moyens de la soulever et d'en couvrir la Chapelle. Un Architecte de la Ville nous dit, que son opinion était qu'on l'avait fait venir de Gréce, et que, moyennant les dépenses d'un Monarque, la chose lui semblait faisable. Cependant quand on songe au tems comme à la puissance de Théodoric et d'Amalasonthe, on trouvera qu'il devait leur être asséz difficile de se faire enterrer à si grands fraix.

Dans une rüe de la Ville se voit un reste de la Façade de derriere du Palais de Théodoric, lequel ne décele aucune splendeur, et le dessein de l'édifice entier qui se trouve en mosaïque dans l'Eglise de S^t. Appollinaire atteste qu'il n'a eté ni grand, ni superbe. Au bas du fragment de la Façade parait un

cercueil de porphyre encastré dans le mur, il passe pour celui du Conquérant, qu'on aurait oté de dessus la couppolle de la Rotonde.

Sous un Ciel mal sain et nuisible tout respire la pauvreté dans les tristes environs de Ravéne. L'insalubrité de l'air empéche plusieurs endroits d'être habités. Les moines du Couvent de la Classe; par exemple, et ceux du Couvent du Phare ont laissé vuides leurs Monasteres pour aller demeurer dans la Ville. Elle est mal batie, peu grande et tellement dépeuplée que l'herbe croit dans les rües. Tout ce qu'on y rencontre sont des gueux, à chaque pas on en est attaqué, ce qui incom-/40/mode extremmement un etranger qui comme nous aime à courir ça et lá. Cependant jai vu mandier ici d'une façon asséz brillante. Un jour nous rencontrames deux Pelerins bien mis, bien poudrés et si beaux que nous en demeurames étonnés, mais nous le fûmes bien davantage, lorsque avec beaucoup de noblesse dans l'action, et sans le moindre embarras, ils nous demanderent l'aumone. Erdmansdorff leur donna une bagatelle, ils nous en remercierent humblement et passerent outre. Le lendemain ils vinrent faire leur visite, et nous apprimes qu'ils etaient des Cadets de famille de l'Etat de Venise, ayant formés le projet de parcourir en pélerinage toute l'Italie, L'Espagne, la France, une partie de l'Allemagne et de se rendre ensuite à Jérusalem. Ils ne destinaient à cette tournée rien moins que six ans. C'étaient des jeunes gens de fort bonnes maniéres, qui finirent pourtant à demander une seconde fois l'aumone.

Dans la Cathédrale, dans l'Eglise de St. Appollinaire, et dans celle de S. Vitale, se trouvent beaucoup de beaux marbres antiques; la derniere est en outre enrichie de plusieurs Colomnes et autres grands morceaux de Porphire. La nef de l'Eglise du Couvent de la classe à 2. Milles de Ravéne, repose sur deux rangs de Colonnes de marbre grec, de douze piéces chacune, et ce qui est le plus rare, elles sont toutes taillées en largeur et non cas en longueur en suivant les veines du marbre, comme cela se pratique ordinairement. Tous ces marbres en général sont des choses d'ont on a depouillé les monumens antiques. Du Couvent de la Classe je dois encore remarquer, qu'il y a de la vraisemblance qu'il soit construit des ruines d'un Camp Romain, ou comme l'on dirait aujourd'hui des Casernes pour les troupes de la marine; aussi le nom l'indique, la plupart des Voutes de ces quatre Eglises sont décorées de figures et tableaux en Mosaique. Si cet art n'était pas inconnu* ou trop couteux

---

* Jai eté dans l'erreur; il est tout retrouvé. A Rome on y travaille sous la munificence des Papes, qui font éterniser par cette belle invention les plus grands tableaux du Temple de St. Pierre; on l'a déjà meme poussé a une perfection bien supérieure à celle des Anciens.

de nos jours, on en pourrait faire de belles choses, vû le grand effet que ceci fait tout vieux et grotesquement dessiné qu'il soit.

/41/ De peintures il y a dans la Cathédrale un Moïse faisant pleuvoir la manne, de Guido Rhéni, et dans la sacristie de S^{t}. Vitale, le Martyre du Saint de ce nom, par Boraccio, natif de Ravéne, à qui selon mon entendement j'ôse donner la préférence sur l'autre.

La petite Chappelle tombeau de Galla Placidia, fille de Théodose le grand, touche à un coin des Jardins du Monastère de S^{t}. Vitale. Avec Galla reposent encore son Epoux Constantius, son fils Valentinien III. et son frère Honore; il ny a cependant que trois cercueils d'albâtre à cause que le pere et le fils sont dans le méme. Le dehors de la Chapelle ne promet rien, entré en dedans, on trouve simplement un caveau carré et vouté en dôme, d'ont le pavé d'un marbre antique a eté emporté en plus grande partie. Un mosaïque regne partout du haut jusqu'en bas; malgré la révolution de treize Siécles ce travail s'est conservé et brille encore, Quiconque voudrait puiser de nouvelles idées, pour les ornemens maintenant à la mode qu'on appelle à la grecque, devrait aller voir ce tombeau, òu la manière de chamarrer dans ce gout, et cela à plusieurs couleurs, parait de la façon la plus riche et la mieux ordonnée.

Il est étonnant combien peu les Italiens estiment tous ces monumens qui rendent leur pays intéressant. On a de la peine à les démeler des baraques qui les entourent. Le Sépulcre des trois Empereurs, sert en partie de remise pour le bois de chauffage des moines; pour parvenir à la Rotonde d'Amalasonthe, on traverse une étable de porcs et ainsi du reste.

Un étranger serait embarassé à chercher les choses remarquables, objets de sa curiosité, malgré les descriptions multipliées qu'on en a, heureusement, il se trouve dans toutes ces Villes anciennes une espéce de gens qui fonts profession de les montrer moyennant une rétribu-/42/tion légére. Ces gens la ne sont que trop instruits de tout ce qui peut le moins du monde mériter d'etre vû, bien des fois meme il arrive qu'ils font entreprendre pour des vétilles une course considérable à l'ultramontain qu'ils guident; par ci et par la on en rencontre qui ne sont nullement ignorans dans l'histoire; en général ils aiment à étaler leur sçavoir dans un flux de paroles, et c'est je crois la raison pourquoi en leur a donné le titre pompeux de *Ciceroni.* Si cependant le Consul orateur de qui ils usurpent le nom pouvait revenir, son orgeuil serait peu flatté en voyant quelques uns de ses arriére petits neveux en éloquence, qui souvent sont des gueux misérablement mis, qu'avant d'en étre au fait en regarde avec étonnement, quand ils disent: Vouléz-vous que je sois votre Ciceron?

La porte Cybo quoique moderne fait un beau morceau d'architecture. Jai pu voir encore des

Clochers* de Ravene les montagnes du Tyrol que De l'autre coté on découvre de s bords du Danube.

Le 15.
En partant pour Rimini on laisse à main gauche la grande et ancienne foret de *Pigni*, qui présente à l'oeil d'un Allemand un aspect tout nouveau. Un historien du VI. Siècle (Jornandés) en fait déja mention. Le terrein qu'on traverse est marécageux; à la droite ce ne sont que des fondriéres à perte de vüe, couvertes de joncs et de roseaux. On passe ensuitte par Cervia, petite Ville qui à cause du mauvais air a eté transposée de son ancienne assiéte à 1. Mille du lieu ou elle se trouve à présent. Cela parait incroyable, mais l'expérience le démontre, combien quelque fois dans une trés petite distance la Salubrité de l'air est différente. Le soleil de cette côte est si puissant dans les mois de l'Eté qu'il convertit en Sel en 24. heures de tems les eaux de la mér, lesquelles avec le flux on laisse entrer par des /43/ écluses sur une certaine étendüe de prairies; ceci fait un des plus considérables révenus de la province.

Depuis Cervia jusqu'a Rimini on cotoye la mér à quelques centaines de pas. Les Apennins se montrent à la droite à une distance de 15. à 20. Milles. Aussi loin que l'oeil porte la contrée est triste et ne consiste qu'en sables et marais dépourvus d'arbres comme d'arbustes.

Cesenatico, a un petit port qui n'est proprement que le Canal d'une riviére qui tombe ici dans la mér. Proche de ce lieu ci, coule une autre riviére bien célébre dans l'histoire, c'est le Rubicon de Cesar, aujourd'hui le Pisatello. Le Pont sur lequel on le passe est de 30. pas. Il recoit ici le Fiumicino** pour aller se décharger ensemble dans la mér qui n'est qu'a 400. pas de leur confluent.

Rimini semble un peu mieux peuplé que Ravéne, mais son aspect presqu'encore plus antique. Le pont d'Auguste et de Tibére parait construit tout récemment tant il s'est bien conservé. L'Architecture en est noble; il va sur la Marecchia dont l'embouchure sert de port lequel était antiquement revêtu de marbre. L'Arc de Triomphe de César Octave fait un monument du premier ordre parmi tous ceux qui sont parvenûs jusqu'a nous.

---

* A propos de clochers. Nous ne nous arrêtons nulle part sans y monter, c'est une methode utile laquelle je puis recommander à tous les voyageurs que la Topograffie interresse pour le moins autant que les jeux en vogue parmi la bonne societé.

** Les Postillons n'en scavaient point d'autre nom. Peut étre est ce ici comme en Poméranie où la Persante n'est connue que sous la dénomination expressive: *Das Water*.

Les deux petites portes de coté ne s'y trouvent plus, tout le reste parait dans son entier. Les Goths ont mis des crénaux de briques dessus qui le défigurent un peu. Il est au milieu d'une rüe, à quelques pas de la porte de Pesaro. Pandolphe de Malatesta en a imité le dessein dans l'Eglise de S[t]. François, élevée des marbres dont il avait dépouillé le port; néammoins il entre dans tout le plan de cette Eglise un mélange de gothique. A la grande place on montre un piédestal, duquel à ce que la tradition porte l'heureux rebelle aurait harangué ses soldats aprés le passage du Rubicon pour les disposer à la guerre civile. L'ancien Phare a conservé sa hauteur, mais la moitié du diamétre manque; comme celui /44/ de Ravéne il est maintenant à une bonne distance de la mér. Une petite chapelle prés du port est érigée en mémoire du miracle de S[t]. Antoine, lequel s'amusa dans cet endroit à exerçer sa Rhétorique sur les poissons, Deux arcades et demie qui composent une partie d'un bastion rend de l'ençeinte de la Ville, sont les restes d'un Amphithéatre ainsi qu'une inscription en haut sur le rempart l'indique.

Le 16.
Le voyage a eté trés agréable aujourd'hui. Depuis Rimini jusqu'a la Catholica la rive est un peu élevée, de façon qu'on peut voir asséz Loin dans la mer laquelle étant fort agitée, offrait a moi qui la contemplai avec sécurité du fond de la voiture un spectacle bien amusant.*

A main droite se présente le stérille rocher qui fait tout le territoire de la petite et pauvre République de S. Marino, dont on nous a dit ici, que les habitans fuyaient tellement le commerce des autres hommes, que lorsqu'un étranger, animé par la curiosité de voir leur Ville (par laquelle il ny a pas d'ailleurs le moindre passage) venait chéz eux, ils se cachaient dans les maisons laissant les rües désertes.

---

* Jamais de ma vie je n'oublierai les momens délicieux que jai passé durant ce voyage à coté de mon cher Prince. Des objets nouveaux d'une Nature tantot majestueuse et tantot riante passerent sans cesse devant nos yeux, notre façon d'appercevoir et de sentir avait beaucoup d'analogie, et nous nous communiquames nos idées avec une satisfaction intime et mutuelle. Quelquefois des disputes naquirent. Malgré l'harmonie de vos Caracteres? Me dira quelqu'un. – Non pas malgré, mais peut etre justement à cause d'elle. Il me semble que quand les sentimens et le gout sont les mémes on se peut convenir autant par la différence que par la conformité des Opinions. La douce correspondance des ames ne consiste certainement pas à se dire toujours oui ni à bien sucrer les non qu'on prononce. Je veux que mon ami ôse me contredire, et le Prince le voulait aussi.

A La Catholica, le terrein devient montagneux, mais les montagnes sont cultivées et le pays en général recommence à ressembler à l'Etat de Venise, c'est à dire qu'on voit des arbres, des vignes et des guerets. Plus on s'approche de Pesaro et plus la vüe devient riante. La place /45/ elle méme a un bon rempart revetu de pierres de taille, avec un fossé sec. Avant d'y entrer on passe le Foglia dont l'embouchure sert de Port comme celle de la Marecchia à Rimini. La Ville de Pesaro, grande, commerçante et peuplée peut passer pour une des meilleurs de cette partie de l'Italie que nous avons parcourüe jusqu'a présent. Une Sainte Miquelaine de la main de Barozzi dans l'Eglise de S^{t}. François, est un des tableaux d'Elite pour moi. Nous étions déja ressortis de la Ville afin de continuer notre route, le lorsque le Prince régnant se trouva si mal de son malheureux crachement de sang que nous fumes obligés de rebrousser chemin et de passer la nuit ici.

Le 17.
Nous partîmes de Pesaro avant l'aube du jour. – aussitot l'on commence à monter une montagne. Lorsque nous en fûmes au haut, le soleil sortit justement du sein de la mér devenüe calme pendant la nuit. Le verd bleuâtre des ondes, l'aurore qui colorait l'horisont: devant nous au bas de la montagne, une vaste rade, qui se courbe en demi lune vers Fano, cette ville au lointain, et dériere elle le Promontoire d'Ancone; tout cet ensemble formait un tableau digne du pinceau d'un Claude Lorrain.

Fano est petit, cependant il y a un joli Théâtre et une fontaine sur la grande place. Le plus remarquable est un Arc de Triomphe dedié à Auguste comme celui de Rimini, mais moins bien conservé. Du coté dela Ville on le prendrait plutot pour une vieille porte cochere que pour un reste de la splendeur Romaine, et ce n'est que du coté opposé qu'on s'apperçoit de ce qu'il a eté. Une des petites entrées est couverte par une Eglise; l'autre sert de porte à une chétive maisonnete y appliquée. En haut on voit une couple de Colonnes dont la moitié est de bout, avec plusieurs autres renversées. La dédicace sans etre endommagée remplit une espace considérable du fronton, des herbages et des broussailles dont paroi et par la elle est couverte l'embelissent de beaucoup dans son état présent. Sur la /46/ muraille de la même Eglise qui cache une des entrées, le dessein présomptif de tout l'ouvrage est taillé dans la pierre. Dans l'Eglise de S^{t}. Pierre Il y a un beau Tableau du Guido qui représente cet Apotre recevant les clefs. Fano a un de ces petits borts comme j'en ai décrit, c'est à dire formé par l'embouchure d'une riviére.

L'aprés midi nous continuames notre chemin, la centrée n'est pas agréable mais trés unie, on y passe le Metaure, qui a

donne le méme nom qu'il conserve encore aujourd'hui, à la celebre défaite des Carthaginois sous Asdrubal. la mer était redevenue haute et orageuse; le grand chemin qui la cotoye, va à la fin tout à fait sur les sables de la rade ensorte que les flots en retombant sur le rivage passoient au dessous des voitures et encore loin au de la. Six grandes Barques tinrent la méme route par la mér que nous sur le continent. Depuis Fano nous les vîmes combattre contre les vagues. Nos domestiques qui ne connaissaient la navigation pas méme en peinture, les crurent cent fois perdues en les voyant aller au plus prés du vent, et par conséquent toutes couchées sur le bord. Vers le soir elles entrerent dans le port de Sénégaglia en même tems que nous y entrames par la porte.

Ce lieu est fort bien bati, et l'on est encore à y élever toute sorte d'Edifices, en un mot Il y a du commerce. Le port, ou la bouche de la Misa est revetu de pierres taillées. Les batimens du quai le long de cette riviére sont magnifiques, et je ne sais aucun endroit à Venise qui put lui étre préferé. Un bon rempart revetu, avec un fossé sec, entourent la Ville. En entrant comme en sortant, j'ai remarqué des Ouvrages réguliers de bonne défense.

Longeant toujours la mér, qui pendant la nuit semblait redoubler ses mugissemens, nous arrivames fort-tard à Ancone.

Cette Ville se trouve bâtie sur le penchant d'un promontoire, qui s'étend en coude dans la mér. Son port, estimé le premier du Golfe Adriatique fait un oeuvre de l'art; L'Empéreur Trajan l'avait aggrandi; et le bel Arc de Triomphe sur l'ançien Môle, est un monument de /47/ la gratitude du Sénat et du peuple d'Ancone. Avec le nom de l'Empéreur, ceux de son épouse et de sa soeur, y sont consignés à la postérité. Il est de marbre grec trés blanc, cet arc, et quoique dépouillé de beaucoup d'ornemens de bronze qui le décoraient, il est si brillant encore qu'au premier coup d'oeil on le prendrait pour un ouvrage tout neuf. Les grandes piéces carrées joignent encore parfaitement bien, et rien que la clef de voute du coté de la Ville est un peu dérangée, apparamment par les tremblemens de terre qui d'époque en époque se sont fait sentir ici. Il y eut autrefois une Statüe équestre dessus: un pied du Cheval incrusté en la muraille sur la porte de la grande salle de la maison de Ville, en peut faire foi. Le premier Môle n'étant pas suffisant pour garantir le port, les Papes l'ont fait allonger, et y mettre pareillement un Arc de Triomphe de leur façon. On travaille encore actuellement à quelques nouveaux ouvrages dans la mer, contre lesquels les vagues vinrent se briser à grand bruit, et puisque ces ouvrages n'étaient que fort peu avancés au dessus du niveau, les vagues en rejaillissant y verserent à chaque fois une bonne quantité d'eau, qui découlait incessamment de l'autre coté. Soit qu'on regarde du Môle vers la Ville, ou de l'Eglise Cathédrale

qui est au Sommet de la Montagne vers la mer, la vüe est superbe. Le nombre des Vaisseaux dans le port était bien peu considérable.

Le Prince régnant se trouva fort malade ici, un Chirurgien mal habile qui le saigna, lui fit une profonde blessure au pied d'ont il demeura estropié jusqu'a Rome.

Le 19.
D'Ancone à Loretto. Pour la première fois je trouve mon ami Keysler en défaut : il dit que d'Ancone à Loretto on allait dans une belle plaine ; au lieu de cela, c'est un terrein trés bossu, et la montagne de Cemorano n'est pas une des moindres de l'Italie.

Loretto, ce Delphes moderne, est une petite ville trés mediocre, batie en long sur la crète d'une colline. La grande place est belle, /48/ elle forme un carré ; un édifice à deux rangs d'Arcades en fournit deux cotés, il sert pour loger les pélérins de grande qualité (s'ils'en trouve) le Gouverneur et les Prétres qui desservent le temple ;la façade de l'Eglise fait le troisiéme, et le quatriéme est composé par des maisons particuliéres qui répondent asséz mal au reste. Au pied du perron de l'Eglise se voyent une fontaine et la Statüe en bronze de Sixte V.* L'Eglise en elle meme n'est n'y des plus vastes, n'y des plus magnifiques, mais elle entoure et contient la merveille qui attire ici les devots comme les voyageurs. Il serait difficile de dire à quoi cela ressemble proprement, cependant tachons d'en donner une idée !

Ce n'est pas asséz que la Sainte Maison soit au milieu du Temple, un batiment de marbre blanc la couvre encore dans le quel elle se trouve enfermée comme une tabatiére dans son étui. Un des cotés le moins large de ce batiment servant d'enveloppe de figure oblongue, fait façe à l'entrée capitale de l'Eglise et sert de maitre autel. Plusieurs Sculpteurs célébres ont prodigué leurs talens pour orner les trois autres. En bas sont les Statües de dix Prophétes, en haut d'autant de Sybilles. Tout le reste consiste en demi réliefs qui réprésentent ou des Sujets de la Bible ou d'autres ayants rapport à l'histoire du prodige, comme par exemple son arrivée miraculeuse &c.

Intérieurement la sainte maison se trouve partagée en deux parties. La plus grande en fait l'antichambre. On y entre par deux portes opposées, gardées par autant de sentinelles papales la bayonnette au bout du fusil. Des lampes d'argent mais d'une grandeur extraordinaire suspendües aussi prés qu'il est possible l'une de l'autre, l'éclairent ; sans elles on n'y verrait goute, car la

---

* Toutes les Statües des Papes sont assises sur le Siége apostolique en action de donner la bénédiction.

seule fénétre qu'il y a, et sans laquelle l'Ange annonciateur aurait été obligé d'entrer par la porte, est voilée et donne sur la table du maitre autel d'ont j'ai /49/ parlé. Vis à vis de la fénétre, est un petit autel de la fabrique des Apôtres, et deriére lui une grille d'argent qui sépare le Saint des Saints d'avec cette chapelle. Pour en achever la description, figuréz-vous une cabanne de briques non enduites et mal jointes, de laquelle vous auriéz oté tout l'intérieur jusqu'aux chevrons, noire de suye, et remplie d'une trentaine d'énormes lampions d'argent. Il n'y a point de communication entre ces deux piéces, l'on ressort dans l'Eglise pour entrer chéz la Madonne. Cela ne se fait que par une porte celle qui y répond étant murée en dedans. L'appartement est trés étroit, six personnes le remplissent d'un bout à l'autre. Mais l'or que ce petit réduit enferme, et l'infinité de pierries qui couvrent la maussade Idole, sont incroyables. Celui qui en possederait seulement les enfans d'or massif serait puissamment riche. L'image de bois est si noire par la fumée des lampes, qu'un ignorant pourrait penser voir la tête d'une négresse plantée sur une ruche d'abeilles. Aucun Temple payen n'a recelé tant de richesses, mais lorsqu'on compare la belle Vénus d'Athénes à la difforme Marie de Lorrette, la Mytologie l'emporte sur la Légende qui lui a succédé. Au dessous de la Madonna est sa cheminée revetue et plaquée d'argent. Tout ceci pourtant est peu de chose en considération du Thresor de la grande Gallerie à coté de l'Eglise; l'or et les diamans y abondent, mais à cause de l'inaction dans laquelle ils sont ici, ils redeviennent ce qu'ils étaient ordinairement, d'inutiles Riens. La bourse que jai dans ma poche a plus de valeur réelle que tout ce fatras de la Déesse des Jésuites. Au milieu de tant de faste escroqué à des ames faibles et crédules, le genre humain croupit dans la misère et meurt de faim. Une foule de mandians couverts de haillons et de vermine nous environnait en élevant ses cris par dessus les hymnes des Corybantes mutilés de la Vierge. Avec tout ce qui est nécessaire pour former un ménage complet, elle a aussi son Arsenal sous la direction d'une vielle femme qui le montre. Aprés la journée de Belgrade /50/ le grand Prince Eugéne envoya à la Madonna une queuë de Cheval avec plusieurs Drapeaux. On les voit dans un coin de l'Eglise. Un autre genre de faiblesse, apparemment que la Superstition en a eté la cause, car on verra ces Trophées encore longtems ici. Dans une des Sacristies jai vu une Sainte famille en grand, et une autre an petit de Raphäel, mais dans le méme lieu une Ecole de filles du Guido attirait mes yeux par les agrémens d'un pinceau plus poëtique.

La principalle rüe de Loretto est pleine de boutiques òu l'on vend des Chapelets de toute sorte de prix, des Agnus Dei et des Clochettes bénites de grande vertu contre le Tonnère. Des mesures de la longueur, largeur et grosseur de

la S^{te}. Vierge, avec des lambeaux de sa dépouille s'y trouvent pareillement. Dans ce trafic et dans ce que les Aubergistes gagnent des étrangers, consiste tout le commerce de la Ville.

Le 20.
Le terrein entre Loretto et Tolentino n'est pas remarquable, il est montagneux depuis Ancone comme je l'ai déja dit. Jai seulement observé qu'au lieu qu'en Allemagne les Villes dans les montagnes se trouvent presque sans exception dans les vallées, ici au contraire elles sont baties sur les sommets des monts. Il ne peut pas manquer que cette méthode n'entraine plusieurs inconveniens comme les aqueducs par exemple, mais elle fait preuve du naturel guerrier des anciens habitans de ces contrées qui ne se rassemblerent en societé que pour former des forteresses.

Tolentino est au pied des Appenins; ils sont couverts de neige, pour le reste il s'en faut bien qu'ils approchent des montagnes du Tyrol. Le tems était si doux qu'on aurait pu facilement se passer de toute sorte de chauffage.

Le 21.
Nous trouvames beaucoup de neiges dans les montagnes; elles ne sont pas fort hautes mais nües et sans bois, quoiqu'il y ait peu de rochers parmi. Le grand chemin passablement reparé, va souvent le long des /51/ précipices sans que les gardefous s'y trouvent, qu'en Tyrol on a toujours eu soin de mettre aux endroits périlleux. Entre Serravalle et Tolentino est une plaine de 3 Milles de diamêtre, entourée tout autour de montagnes, ensorte qu'elle parait l'Arène d'un Amphithéatre de géans. Bien qu'on donne cet endroit pour le point le plus élevé des montagnes, il est tellement fangeux que de vingt à vingt pas on y enfonce; Aussi les gueux de Serravale ne demandent ils l'aumone qu'en promettant de prier la S^{te}. Vierge d'assister dans un passage de cette conséquence. Quelques chétives Cabannes dans un vallon profond, portent le nom de *Case nuove*; nous passames la nuit dans cette espéce de coupe-gorge.

Le 22.
En remontant on trouve d'abord à main droite le Bourg de Pales Castro. Nous y descendîmes de nos voitures pour voir une grotte d'ont Keysler fait mention. Au bas d'un rocher asséz considérable en hauteur est un vieux et antique Palais qui toute fois n'est pas encore achevé (comme la troisiéme partie des Eglises et Palais, que nous avons rencontrés jusqu'ici, ne l'est pas non plus). D'un de ses appartemens du réz dechaussée, on entre dans la petite Caverne. Aprés y avoir fait 12. à 15. pas en desçendant par un passage extrémement étroit, on arrive dans un rond vouté

d'environ 10. a 12. pas de circonférence. Un grand nombre de petites colonnes naturelles, qui comme la voute semblent d'architecture gothigue, entourent ce rond, et forment plusieurs autres petits réduits ou halles à coté. La matiére que la Nature a mis en oeuvre est une eau pétrifiée qui en dégoutant s'est durcie. On apperçoit surtout cette manière de procéder aux colonnes, qui sont cannelées à peu prés comme une bougie dont la cire a découlé. Plusieurs personnages célébres ont eté succçessivement ici, comme des inscriptions l'apprenent, pour voir cet antre curieux.

Foligno, une des villes du premier Ordre de l'Etat Ecclésiastique, /52/ est au pied des Appenins de ce coté-ci. Nous y vîmes dans l'Eglise du Couvent des Franciscaines appellées les Comtesses, un beau Raphaël, représentant la S^te^. Vierge qui apparait à S^t^. Jean, dont Addison parle.

En sortant de Foligno on entre dans une belle plaine au milieu delaquelle coule une petite riviére bien célébre dans le paganisme sous le nom de Clitumne, maintenant assez inconnuë sous celui de l'eau de la Véne. Le Dieu de cette riviére eut ici une forét consacrée, son culte et son Temple. Ce dernier seul a résisté au tems, mais la Deïté couronnée de roseaux, a fait place à l'Ange qui présidera à la résurrection. Une dédicace sur la frise du frontispice indique le nouveau possesseur, on remarque pourtant qu'elle est subsistuée à la place de l'ancienne. Quoique ce Temple ne soit pas grand il est d'une figure fort agréable. Il se trouve au bas d'un coteau, au dessus de lui est le Village de Pessignano, autrefois Piscina Jani. Justement derriére le Temple passe le grand chemin, et va presque au niveau de son toit. Cela peut avoir eté toujours ainsi, peut étre aussi le terrein s'est il éboulé peu à peu. De ce coté ci, on voit dans le tambour du fronton un bas rélief de marbre qui représente une croix de feuillage, comme il y en a une pareille de l'autre coté au méme endroit dessus le portail. Ces signes de croix, joints à la dédicace, persuadent à beaucoup de gens, que depuis son origine ce monument avait été chrétien. Personne au monde cependant, ne pourra dire avoir jamais vu une Chapelle dans ce gout là, de quelqu'Epoque que ce soit. Pour moi, il me semble que ceux qui convertirent le Temple en Chapelle, pouvaient bien facilement en changer aussi la dédicace, et mettre les dits bas réliefs dans les frontons des deux cotés.

Presque au pied du Temple découle de la montagne une source abondante d'une eau claire comme du Crystal. Elle tombe sur le lieu même dans le Clitumne déjà riche en eau, quoique l'endroit d'où il sort de dessous le Coteau par trois ou quatre veines, ne soit qu'a environ 700. pas d'ici. Le Temple se mire dans les ondes de son ruisseau, /53/ qui coule paisiblement sur un lit tapissé d'herbages. Quand on se place sur le penchant du

coteau un peu au dessus du Temple, on découvre un paysage charmant plein d'arbres, et principalement d'Oliviers verds en hiver. Spoletto dans les montagnes en forme le lointain.

Nous y arrivames encore à tems pour examiner l'Aqueduc ancien, restauré par les Pontifes, L'eau qui vient d'une haute montagne, est conduitte le long d'une autre jusqu'aux réservoirs, qui aprés l'avoir receuillie, la font entrer dans le Canal de l'Aqueduc. Cet ouvrage consiste en 10. Arcades fort étroites, mais trés hautes, celle du milieu où la vallée a le plus de profondeur, ayant pour le moins 450. pieds d'élévation. Le mur au dessus de la voute des Arcades peut avoir 8. pieds de largeur. Six en sont employés à un sentier sur lequel on passe de la montagne des réservoirs à celle de vis-à-vis où est le chateau, Quand on est sujet à prendre des Vertiges, il faut ne pas regarder en bas faisant ce passage. Sur les deux autres pieds de largeur le mur est continué encore d'environ 24. pieds en hauteur pour porter le Canal qui est découvert et n'a qu'un pied de diàmètre. Après avoir traversé le Chateau on vient sur une place où toute cette eau sort d'une fontaine et tombe dans un bassin. De la elle retombe dans des tuyaux qui la distribuent par la ville. Tout Spoletto est bati sur le penchant et autour de la même montagne dont le sommet porte le Château. Cette Ville se presente asséz bien et a cela de singulier, qu'aussi bien que Venise, mais par une raison différente, elle est impracticable pour toute sorte de voitures. En dedans des Murailles qui sont au pied du mont, la voie publique fait le tour de la Ville sans y entrer.

En allant à Terni on passe la montagne appellée la Somme, bien périlleuse par ses précipices. Plus d'une fois la route se trouve si peu large qu'il ne reste pas un pied de terrein entre les roües de la Voiture et un abîme qui fait frissonner. Dans ce passage on monte /54/ 5. Milles pour en descendre 6. Nous fimes ce chemin ci de nuit, mais autant que j'ai pû discerner les objets au clair de la Lune, la contrée m'a paru singuliérement belle. Beaucoup de rochers consistans dans des étages de pierres carrées, semblent autant de ruines gigantesques que la Nature s'est pluë à orner encore de beaux bouquets d'arbres, lesquels malgré la saison étaient épaissèment couverts de feüilles. Le reste du chemin était bon et commode. Vers minuit nous atteignimes Terni.*

---

* Un voyageur du bon ton ne s'abbaisse pas facilement à parler des Postillons. Je ne vois pas ce qui m'empecherait de faire mention d'une espéce d'hommes si utile, et de plus en si grande rélation avec moi et mes confreres, les faiseurs d'Itinéraire. Les Postillons donc d'Italie, n'ont ni la livrée ni le cornet des nôtres, mais ils mènent en révanche beaucoup

Le 23.
Nous employames cette matinée à aller voir la Cataracte du Veline proche de Pepenia environ à 4. Milles de Terni. De Pepenia situé sur une montagne ronde et escarpée on descend dans la vallée que le Velino arrose ; elle est remplie d'Oliviers d'Orangers et de Lauriers, et ce furent les premiers arbres de ces espéces que nous vîmes en pleine terre. Dés qu'on est au bas de la montagne on passe la riviére laquelle on cotoye ensuitte en la laissant à main droite. C'est bien la promenade la plus agréable qu'on puisse faire ; toujours on va sous des Voutes de rochers pittoresques, et dans des allées d'Orangers, de Lauriers et de ces Chênes toujours verds nommés Licini. Le Velino qui ne peut pas encore oublier sa chute, roule impétueusement sur un lit de grands cailloux. De l'auter coté se présente une Chaine de monts qui portent des Oliviers, des Pins et des broussailles /55/ de Licini. A mesure qu'on approche, le bruit de la Cataracte qu'on a déjà entendu de loin, augmente. Etant arrivés nous grimpames sur un rocher vis à vis, à une distance d'environ 300. pas. La montagne de laquelle l'eau se précipite est considérablement haute ; j'estime sa premiére chute dans un creux de rochers pour le moins de 200. pieds, aprés quoi elle descend de Cascade en Cascade encore une centaine de pieds. En haut la riviére sort d'un bois touffu, d'un verd foncé ; toutes les montagnes voisines sont pareillement couvertes d'épaisses broussailles. A coté du Volume principal, il y a trois ou quatre filets qui se précipitent de méme. Aussitôt qu'elle se montre, l'eau n'est plus qu'écume. Une fumée blanche sort de l'Abime et remonte dans l'air, bien au dessus des montagnes. Etourdis par le bruit horrible qui ne permet pas qu'on s'entende, nous demeurames tout interdits sur le petit Plateau d'où nous contemplames ce grand et superbe spectacle.

De retour à Terni nous nous remimes en chemin par la Vallée de la Nera, autre fois le Nar. Elle coule au bas de la montagne sur la quelle se trouve la Ville de Narni. Lorsque nous en fumes prés nous sortimes des voitures, pour aller voir les ruines du Pont qu'on croit etre d'Auguste. De tous les monumens antiques que j'ai vus jusqu'à présent, celui-ci est le plus majestueux. Il consistait en 4. Arches

---

mieux que ceux de la basse Allemagne sans distinction. Pour l'ordinaire ce sont de gros lourdauts d'un air fort déterminé, que hors leur ministére on pourrait fort bien prendre pour des Bandits. Ils pestent et blasphèment d'une façon étonnante, quelques fois même en termes choisis, et en celá je ne crois pas qu'ils ayent leurs pareils par toute la terre où Postillon y a. Ceux de l'Etat Ecclésiastique surpassent encore les autres : autant de pas autant de *busara* ! Quand on approche de la Métropole l'expression dominante change, ils disent alors *Managgio di San Pedro !* qui est une bravade à ce Prince des Apotres. Je m'abstiens de paraphraser le premier.

d'une élévation surprenante. De 3. il ne reste que les piliers, la quatrieme seule qui touche à la Ville, est encore entière. Etant tout à fait à sec l'on peut passer dessous, et l'on s'émerveille alors avec raison, de voir suspendües fort au dessus de sa tete les prodigieuses masses de pierre, qui à cause qu'elles ne joignent plus comme il faut, laissent par ci et par la, entrevoir le Ciel à travers les fentes. Chaque pierre (celles des Voutes exceptées) est taillée à facettes, et tout l'ouvrage a eté fait sans ciment comme sans crampons. A cause du fleuve il n'aurait pas été nécessaire de porter le Pont à la hauteur où il est, mais on a voulu joindre en méme tems /56/ les montagnes des deux cotés, afin d'épargner une descente et une montée pénible. La porte de la Ville est ancienne, et construite des mémes pierres taillées, elle est de plus tournée en biais de façon qu'elle donne en ligne droite sur le Pont. Mais le tems a détruit jusqu'aux moindres vestiges la Chaussée qui y menait, aussi bien que sa continuation de l'autre coté, où ce n'est plus qu'un rocher inacçessible dont on voit de grands morceaux détachés au milieu de la riviére. Une des raisons qu'on donne de la destruction de ce Pont est, que le troisiéme pilier, à compter du coté de la Ville, n'ayant pas rencontré un fond assez solide, en s'affaisant aurait entrainé l'Arc qu'il portait. Cette Opinion parait plausible vû qu'effectivement on apperçoit qu'il s'est enfoncé pour le moins de 6. pieds. Toutes ces ruines sont couvertes de brousailles, ornemens qui ne contribuent pas peu à les embellir dans leur etat de défaillance. J'ai encore remarqué que le Pont avait si peu de largeur que je ne sai pas, si deux de nos voitures eussent pu s'y éviter.

De Narni à Otricoli la contrée est des plus belles, surtout proche de Narni, mais nous l'avons passée de nuit. Passablement fatigués nous nous arrétames a Otricoli pour y souper et prendre quelques heures de repos.

Dans une des chambres de l'hotellerie, le Prince régnant ayant rencontré un joli petit garçon de 4. à 5. ans, le caressa et lui prit la main, sur cela l'enfant commenca à crier de toutes ses forces. L'hotesse à qui il appartenait étant survenüe, le Prince lui dit : qu'a cet enfant, il est transi de peur et tremble quand je lui témoigne de l'amitié ? Je m'en vais vous dire Monsieur, repart elle, il vous prend pour un Chirurgien par ce qu'il n'y a pas long tems, que j'en fis venir un pour lui faire une Opération – Une Opération ! que lui manquait il donc ? – Rien Monsieur, j'en ai fait faire un Musicien. – Dieu ! comment avéz vous pu commetre une telle barbarie ? Ah ! Monsieur avec le tems il sera *un bravo Musico* et fera la fortune /57/ de son père, de sa mère et de toute sa famille. – Oséz vous donc faire cela impunément ? – Nous nous arrangeons avec le Chirurgien qui nous donne un Certificat que l'Opération a eté nécessaire à cause de quelques défaut naturel.

Beaucoup de ces malheureuses victimes ne deviennent pas Musiciens malgré la mutilation, alors Loretto leur sert d'azile, où L'on les reçoit charitablement pour serviteurs du sanctuaire, et encourage par là une coutume aussi cruelle qu'humiliante pour l'humanité.

Le 24.
En sortant d'Otricoli, on laisse à la droite quelques mazures, restes de l'ancienne ville d'Ocrée, dont tout le terrein fait à présent un champ cultivé. On passe ensuitte prés d'un vieux Chateau qui peut avoir appartenu à la ditte ville, je n'en ai cependant rien pu apprendre. Dans ce méme endroit nous vîmes le Tybre pour la premiére fois, on le passe quelques tems après aux environs de Borghetto sur un beau Pont de pierres.

Civita Castellana, probablement jadis la ville de Fescennium, se trouve placée tout singuliérement sur un rocher séparé des autres par des précipices profonds. Les rochers et ces précipices ont des couleurs qu'on ne trouve nulle part ailleurs, ils sont en outre tellement tapissés d'herbes et de plantes sauvages, dont de longues files de verdure pendent en bas, que dans la belle saison ils doivent paraitre autant de grands feuillées. D'un bon nombre de grottes et cavernes plusieurs sont converties en habitations. Le tout forme un tableau qui ne se laisse point rendre par la plume, mais qui requiert le pinceau. Une chose qui ne contribuait pas peu à preter un Vernis agréable à ces objets, fut que toutes les créatures femelles que je remarquai en passant, me parurent d'une beauté non commune. Cependant ces choses là étant si fort sujettes au changement, je n'ôse pas me rendre garant de ce que j'avance ici, que pour un Lustre tout au plus. Jen ai fait l'éxpérience avec notre fèal Kesler; ce bon homme /58/ prétend avoir observé, que par le fréquent passage des étrangers et des pélerins, le sexe sur la Côte de la mèr adriatique depuis Ravéne jusqu'a Loretto était non seulement poussé à un certain dégré de beauté, mais encore entretenu dans cette perfection de génération en génération. S'il ne s'est point trompé dans ses conjectures, il faut qu'étrangers et pélerins s'y appliquent maintenant avec moins de succés, parceque tout ce qui pendant ledit trajet, s'est montré à mes yeux, comme à ceux de mes illustres compagnons de voyage, a démenti son assertion.

En allant de Civita Castellana à Rhignano, on laisse la montagne isolée de San Oreste à une petite distance à main gaugche; c'est la méme de laquelle Horace parle dans son Ode à Taliarque sous le nom de Soracte; depuis Otricoli jusqu'à Rome on ne la perd plus de vüe.

Passé Rhiguano on entre dans la Via Flaminia; l'espace de deux postes elle est en bon état et rien n'y manque, excepté par ci

et par là un rébord de pierres mises sur le coté étroit (ou posées de champ) d'une élevation de 5 à 6 pouces. Le reste du pavé consiste dans une espèce de cailloux ronds et trés plats d'une forme si égale, qu'ils paraissent comme sçiés par le milieu. Cependant la satisfaction de voyager sur une chaussée romaine est un peu modérée par les rudes secousses qu'elle donne; incommodité qui augmente par la suitte lorsqu'on la trouve reparée avec des cailloux ordinaires. Toute la largeur de cette Chaussée ancienne est de 12. pieds au plus. Du reste elle monte et descend suivant le terrein et se courbe en mille maniéres comme un chemin de traverse des plus ordinaires, chose qu'on aurait pu éviter trés souvent.

La contrée depuis 35. Milles de Rome est des plus incultes, les champs n'étant couverts que de ronces et de chardons, pas la moindre habitation, les bourgs où sont les postes ressemblent plutot à des refuges de voleurs qu'à des demeures de Citoyens, en un mot je n'ai jamais traversé un pays plus triste d'une étendüe aussi considérable. /59/ Ce n'est pourtant pas ici la faute du Sol, il parait passable, et je suis persuadé que l'industrie et le travail, le rendraient fertile en peu de tems. A la fréquentation de la route je ne me suis pas non plus apperçu m'approcher d'une grande Ville; quelques Muletiers avec leur betes, voila tout ce que nous avons rencontré.

Dans un éloignement de 21. Milles on découvre déjà la Coupole de S^t^. Pierre fort distinctement. Non loin de Rome nous repassames le Tybre sur un beau Pont de pierres. Il faisait nuit lorsque nous fimes notre entrée dans cette Capitale, toute fois un Laquai de louage qui attendait encore fortune à la porte du peuple, s'accrocha de nos voitures et nous mena par des rues désertes et non éclairées dans un Hotel garni à la Place D'Espagne.

L'envie de voir et de s'instruire fut si vive dans nos Princes, que tandis que les domestiques étaient occupés a enménager nous montames dans un Fiacre pour aller contempler le Capitole au clair de la Lune. L'on ne doutera pas que le lendemain matin nous nous rendîmes de bonne heure a S^t^. Pierre.

La Saison nous a beaucoup favorisé, durant un mois entier le doux Ciel de l'Italie a été serein et sans nüages, de façon que nous en pourrons compter un hyver de moins dans notre vie.

Parvenus à l'un des principaux buts de notre voyage, je cède la plume à mon ami Erdmansdorff. Connaisseur, Peintre et Architecte lui mème il réussira mieux que moi, à traiter de tous ces objets dignes d'attention, qui pour l'amateur des Arts rendent Rome à juste titre la première Ville de l'Univers. Pour ne pas rompre tout à fait le fil de mon Journal, je transcrirai une couple de Lettres écrites à un ami à Deßau. Qu'elles suppléent autant que faire se pourra à la Lacune que je laisse!

Lettre I. A Rome ce 16. Janvier 1766.
Nous sommes aussi bien logés qu'on sçaurait l'etre dans ce pays-ci, où l'on ne doit pas s'attendre ni à un plancher, ni à des portes, ni /60/ à des fénètres. Si cela vous effraye, vous n'avez qu'a rabaisser un peu cette figure de rhétorique, elle signifiera alors à peu pres: que toutes ces choses là sont en assez mauvais état, que les portes et fénètres ne ferment pas bien, que le plancher est de briques mal entretenuës &c.

Le Prince régnant avec Erdmannsdorf, habite le premier étage d'un Hotel garni situé an bout de la Place d'Espagne à l'entrée de la petite rüe qui va vers la Villa Medici. Le Prince Jean George et moi, nous demeurons à 150. pas de là dans une autre maison appartenante au même propriétaire. Pour aller du Prince régnant chéz nous, on tourne autour du coin au bout de la rüe à main gauche, notre maison se présente alors en façe sous la figure d'un Corps de logis avec deux ailes. Aprés avoir traversé une petite Avant cour, on entre de plein pied dans notre appartement quoi que du coté du Jardin il fasse le premier étage ayant un rez de chaussée sous lui, par ce que la maison est bâtie sur le penchant de la Colline; immédiatement au dessus de nous est la Villa Medici.

Tous les matins je me lève à 5. heures pour donner audience à un Abbé qui m'apprend l'Italien. De 7. heures jusqu'a neuf je fais le même métier chez le Prince Jean George à qui j'enseigne le Français le moins mal que je puis, car vous connaisséz ma force dans la Grammaire. Puis nous nous habillons pour aller courir par cette Ville si fort remarquable. Rien n'échappe à notre curiosité, et nos travaux doivent prospérer d'autant plus que nous étudions les Antiquités sous la direction du célébre Abbé Vinckelman Sous Bibliothécaire du Vatican. Pour Cicerone en sous-ordre, le Prince régnant s'est attaché un certain Monsieur Reiffenstein natif de Koenigsberg en Prusse, qui fait ce métier lá auprès des étrangers de distinction; c'est un homme instruit qui possede bien la langue du pays, il a le titre de Conseiller de la Cour du Landgrave de Hesse Cassell.

Je ne vous entretiendrai point de tous ces objets frappans, restes /61/ de la grandeur des maitres du monde, ni des chefs d'oeuvres de sculpture qui se sont conservés jusqu'a nos jours. Je me tairai de même sur les prodiges que la peinture a produits depuis les deux derniers siécles, comme sur tant d'autres choses dignes d'admiration et qui rendraient Rome rémarquable quand même elle n'auroit jamais été puissante. Vous verrés tout cela à notre retour dans le Mémoire que Monsieur d'Erdmannsdorf en fait.

Pour reprendre le détail de notre journée je vous dirai que nous revenons à 3. heures pour diner. Ayant employé le matin à acquerir des idées neuves et variées, vous jugeréz bien que la

Conversation doit être animée pendant le repas. Reiffenstein est commensal ordinaire, Vinckelman vient fort souvent, d'autres étrangers encore y assistent de tems en tems, desquels il me suffit de vous nommer le Prince George Auguste de Meklenbourg, Strelitz, frere cadet de la Reine d'Angleterre, avec ses deux Compagnons, le Conseiller Goesßell, et le Gentilhomme de la chambre de Dewitz. C'est grand dommage que notre Prince ainé, qui se fait aimer des Etrangers comme de son frère, et de nous ses sujets, ne puisse pas partager en plein la Joye de sa table. Un Médecin d'ici, nommé Frey, (d'origine Allemande, mais né à Rome) l'a mis sous un régime sévére, en ne le faisant subsister que d'Orge moudé alternativement avec une bouillie de farine. A notre grande satisfaction cependant cela lui fait du bien, et il s'en porte à souhait.

Le diné fini et ayant digeré jusqu'à 6 heures, nous reprenons nos études. Quelque fois aussi pour nous délasser et régaillardir, nous visitons les spectacles. Il n'y en a à Rome que durant le Carnaval, le reste de l'Année les Théatres sont fermés. Le Carnaval présent fournit deux Opéra serieux, et deux burlesques sur quatre Théatres differens, encore y en a t'il un cinquième pour les farces.

Je ne scais pas si vous sçavéz déjà que le beau sexe est exclu de la Scène dans la Cité Sainte ; des Châtrés font ici les rôles d'Iphi-/62/génie, de Roxellane &c. Quoi qu'il en soit, je ne puis asséz vous dire avec quelle facilité l'oeil s'accoutume à voir habillés en filles ces hermaphrodites artificiels qui pour la plupart sont trés jolis et imitateurs heureux des graces féminines.*

Les danseuses dans les Balets sont des jeunes garçons, lesquels ne laissent pas non plus d'avoir sous leur travestissement un air fort ragoûtant. Bref si c'est l'intention de la Loi de prévenir les tentations, il me semble qu'elle manque son but doublement. Tant y a que Messieurs les Mutilés sont en grand Crédit auprés

---

* Par rapport à celá, on ma régalé d'un trait plaisant. Un Anglais non prévenu de cet usage, assista à un Opéra bouffon. La premiere Actrice s'y présenta à merveille de façon qu'elle parvint à faire une profonde impression sur le coeur du preux *Britton*. De retour du Spectacle il ne put cesser de parler des perfections de la charmante chanteuse. Il fit son domestique de louage son confident, et lui dit à la fin qu'il donnerait, je ne sais combien, s'il pouvait avoir un souper téte a téte avec elle. Mylord, lui dit celui la, il n'y a rien de si facile au monde ! et s'en va faire le message. L'Eunuque se trouve fort honoré de la civilité, et ne manque cas de se trouver au rendéz vous à l'heure marquée dans son habillement ordinaire. Mais quel a été l'étonnement du pauvre amoureux de se voir si horriblement deçu dans ses espérances ! Du commencement, il ne pouvait se convaincre du qui proquo, et il lui a fallu longtems, m'a t'on dit pour revenir de sa belle passion.

des femmes, dont il s'en trouve qui prennent plaisir et s'amusent à les ajuster et pomponner quand Ils vonts jouer aux Théatres.

Nous venons de jouir d'un Spectacle d'une autre nature mais non moins interressant dans son espéce, ce fut de passer en revüe la garnison ecclésiastique de cette Capitale. Le jour de l'an mourut le vieux Prétendant, appellé ici Jacques III. Roi d'Angleterre. A ses funérailles celebrées avec la plus grande pompe, tous les Ordres réguliers avec toutes les Confrairies étaient sous les armes. Je vous assure que celá faisait véritablement une Armée qui défila en Colonnes sous des Uniformes différens, et bien souvent le Prince Henri de Prusse s'est vu pendant la derniére guerre à la téte d'un Corps de Trouppes beaucoup inférieur en nombre à ces Cohortes psalmodiantes.

Jusqu'à présent les Princes ne se sont fait présenter nulle part que chéz le Cardinal Alexandre Albani, protecteur de la Nation Allemande ; /63/ la connaissance avec le beau monde, nous la reservons jusqu'à ce qu'il n'y aura plus rien de mieux à faire. Il ne faut pourtant pas oublier de vous dire comme j'ai eu l'occasion d'attraper une bénédiction particulière et spéciale *di Sua Santita di nostro padre.* – Voici comment : Le Sacrément est exposé journellement dans une des paroisses de la Ville ; celá va tour à tour. Quand sa santé le permet ; le vraiment pieux Clément XIII. ne manque jamais de s'y rendre. Nous vimes ce Viellard vénérable en priére fervente, à genoux, au pied de l'Autel. Aprés avoir fini, il se leva pour se retirer. Il sortit soutenu sous chaque bras en donnant sa bénédiction à droite et à gauche ; tout le monde s'agénouilla à son passage. Pour le voir de plus prés je m'etais posté dans la porte de l'Eglise, et lorsqu'il approcha je fis comme les autres, je me mis à genoux. Sur cela, jugeant à ma contenance que je n'etais pas accoutumé à une cérémonie pareille, il s'arreta, se tourna de mon coté, et en s'inclinant un peu, me donna sa bénédiction de si prés que rien n'y manquait que l'imposition des mains ; mais d'un air tellement affectueux et paternel que J'en fus touché.

Lettre II. A Rome ce 27. Janvier.
Je vous dis derniérement comme nous ne fréquentions aucune maison que celle du Cardinal Albani ; depuis il s'y est joint encore celle de la Comtesse Cheroffini, en liaison avec la premiére. Avant d'expliquer cela, je dois vous parler d'une autre connexion de cette Eminence, plus interressante pour nous, qui est l'Abbé Vinckelman. Le Cardinal le loge dans son Palais et lui donne avec sa table une pension et encore sa confidence. Quant aux deux derniers articles, le Cardinal Stoppani en agit de même, procédé qui occasionne au sujet de ce Savant une espéce de rivalité entre les deux Cardinaux qui leur fait honneur. Vinckelman tire

encore quelque chose de son sous Bibliothé-/64/cariat, ensorte que ses revenus peuvent se monter a 400. scudi par an.

Le Cardinal Albani a 80. et quelques années, il est quasi aveugle, mais il a conservé encore asséz de vivacité melée d'une certaine rudesse plaisante. Dans sa jeunesse il a été Capitaine de Grenadiers, lorsqu'en 1708. le Saint Siége a fait l'armement célébre contre les Troupes impériales qui se saisirent de Ferrare et de Commachio. Antiquaire trés expert, il est en général Connaisseur et protecteur des beaux arts. A la premiére visite, où nous fumes conduits par Vickelman, il dit au Prince régnant: que parmi ceux hors du giron de l'Eglise, il préferait de beaucoup les Protestans a ces malheureux français qui y tenaient et n'y tenaient pas, et au fond n'étaient que de francs Athées. Les soirs il y a une manière d'assemblée chez lui; bien des personnes, surtout les étrangers y viennent. Il joüe alors au Trisset pour la plupart du tems avec la Comtesse Cheroffini son ancienne amie. C'est au sujet d'elle, que le défunt Pape Benoit XIV. a dit, la voyant avec une belle montre d'or à son coté, dont le Cardinal lui avait fait présent: *l'offrande est sur l'Autel.**

Cette Comtesse a un fils et deux filles que le bon Cardinal cherit comme si c'etaient ses propres enfans. Le fils est Enseigne dans les Gardes Avignonnaises. Des filles, l'ainée est mariée à un certain Marquis Léri, et passe pour une des belles personnes de Rome. Il n'en est pas tout à fait de même avec la Cadette, un peu plus que brune, il faut pourtant qu'elle ayë du piquant, à cause que quelqu'un des notres, qui n'est n'y le Prince ainé, n'y Erdmansdorf, n'y moi la trouve trés fort à son gré.

Je fus un peu surpris la première fois que je vis Albani, ce Prince /65/ de l'Eglise, faire sa partie de jeu. Il était dans l'habillement ordinaire des Cardinaux, c'est à dire en manteau court et bas rouges, mais un bonnet de nuit blanc sur la téte. Lorsqu'il arrivait que les autres ne jouaient point selon sa fantaisie, il jurait que c'etait une bénédiction, et frappait du poing sur la table que chandeliers et mouchettes sautoient. Son juron favori n'est pas de nature à étre prononcé en bonne compagnie, cependant il lui est arrivé tout récemment qu'en introduisant le Prince de Mecklenburg,

---

* Ce même Pape, célébre diseur de bons mots, a eu un jour une repartie du jeune Marggrave d'Anspach aujourd'hui regnant, qui mérite d'etre conservée. *Boit on encore tant à vos Cours d'Allemagne?* a t'il l'étourderie de demander. *Non, trés Saint Père*, replique le Marggrave, *cet abus ne subsiste plus maintenant que dans les Cours Ecclésiastiques.* La chose en elle même est d'ailleurs si bien fondée que peut étre le Marggrave l'a ditte comme un simple aveu de la vérité, sans songer à vouloir piquer.

à l'Audience du Pape, il se heurta le pied contre le seuil de la porte, broncha et s'écria: *Cazzo del diavolo!* et tout en disant celá il vous mena son Prince aux pieds du Pontife. Fait comme il est il ne peut pas manquer que le débonnaire Pape ne l'aime guére; quoiqu'il en soit, Clement veut la paix et laisse aller le monde comme il va.

Les Princes ne sont pas intentionnés de se faire présenter au Pape; de la façon solitaire qu'il vit, celá ne sert de rien, et puis la cérémonie du baisaillement de la pantouffle, ou du moins d'en faire semblant, de quel coté qu'on veuille l'envisager, n'a rien de glorieux pour celui qui s'y soumet.

Lettre III. à Rome ce 4. Février.
Nous avons échoué dans notre premiére entrée chez les Dames, d'une façon si plaisante que je ne puis vous en épargner le recit. Ayant deja fourni un bon espace de notre Cours en beaux Arts, il fut jugé à propos d'entamer un peu celui du beau monde avant notre voyage de Naples, fixé à La mi-fevrier. Tout le monde nous prévint d'éviter toute sorte de bonnes odeurs parce que les Romaines les avaient tellement en horreur, qu'elles préféraient de beaucoup les mauvaises qui ne leur étaient pas si contraires; que la premiére chose dont elles s'informaient en voyant un étranger, était: quel fumet il avait? et qu'avec elles on pouvait impunément puer, – pourvu qu'on ne fut point parfumé &c. Personne de nous ne l'était hormis le /66/ Prince régnant qui avait un peu de poudre à la Maréchalle dans son Coffre. Il donna ordre que pendant plusieurs jours on mit ses habits au grand Air, ensorte que n'y Vinckelman, n'y personne n'en sentit plus rien.

L'assemblée (qu'on appelle *Conversazione*) se tint chéz la Princesse Barberini Palestrina. Le soir venu, le Prince de Mecklenburg qui devait faire l'Introduction, vint prendre nos Princes et nous. La *Padrona di Casa*, nous reçut fort poliment à la porte de la Salle, mais à peine le Prince regnant lui eut-il fait sa révérence qu'elle détourna la téte, et lorsque le Cadet qu'elle ne regardait déja plus lui fut présenté, elle nous montrat le dos et s'en fut.

Un moment aprés elle revint à la charge ayant les narines bouchées d'herbe matricaire (zu Deutsch Katzenkraut) --- qu'elles ont toujours sous la main.) Cependant elle n'y pouvait durer. Les hommes qui virent l'embarras de la Scéne, vinrent nous entourer et tachoient de lier un entretien. En attendant il s'éleva un murmure sourd; les Cicisbei* tirerent de leurs poches des enveloppes de Lettres et en brulerent les cachets. Affin de regagner contenance quelques uns de nous approchérent des

---

* En plus grande partie Ecclésiastiques, MonSignori et Abbés.

tables de jeu pour aborder les Dames, mais tout de suitte elles se leverent comme à l'aspect d'un pestiferé. La dessus le Cicisbeo de la maison vint faire de grandes excuses au Prince, roulantes sur l'extréme aversion des Dames pour les choses odoriférentes. Le Prince repondit que c'etait à lui méme d'en faire, mais qu'aprés les précautions d'ont-il avait usé, il n'avait pas cru avoir la moindre odeur, que toutes fois il allait quitter la place pour ne plus incommoder Madame la Princesse et son assemblée.

Ce fut pourtant trop tard l'Air était dejá tout infecté. Sur l'escalier nous trouvames la plupart des femmes en pleine fuite, emportées par les *Cavaglieri serventi.* En un mot lá deroute fut générale, le /67/ beau sexe deserta la maison exactement comme une peuplade de pigeons sort du Colombier où une belette fait des ravages.

Cette répugnance surnaturelle n'est pourtant pas sans fondement, on nous a cité des exemples averés de femmes, lesquelles ont fait des fausses couches pour avoir senti inopinement des parfums, et d'autres qui en sont tombées griévement malades. L'année derniére un Français a eté obligé de s'habiller à neuf des pieds jusqu'a la téte, et de laisser tout son linge en un mois entiér dans le Tybre. Depuis il a passé en Coutume de n'admettre aucun Individu de cette Nation parfumée sans que quelqu'un s'en rende garant. Bon Soir ! cher ami, jouisséz de la permission qu'on a chéz nous d'etre en bonne odeur, nous allons nous piquer de mauvaise.

Lettre IV. A Rome ce 13. Fevrier.
Le Carnaval qui finit avant hier devient ici d'une grande splendeur les derniers quinze jours de son régne. Avant ce terme il est le plus maigre de toute l'Italie, et sans les Opéras l'on ne s'on apperceverait pas du tout, puisque Bals et danses sont aussi prohibés par la ville que la chose qui exclut de l'Ordre des Francsmaçons l'est aux Theatres. Durant ces 15. jours donc, (les Dimanches et autres jours de féte encore décomptés) des coups de Canon du Château de S^{t}. Ange donnent le Signal vers les trois heures de l'aprés midi. Alors le *Corso**, une belle rue droite large et longue qui va de la Place du Peuple jusqu'au pied du Mont Capitolin, de prés d'une heure de chemin, s'emplit de Masques tant à pieds qu'en Carosse.

Ces Carosses forment deux files dont l'une descend en méme tems que l'autre remonte, ensorte qu'on voit passer succçessivement toutes les voitures tandis qu'on est vu de toutes. Cochers, domestiques, les Cheveaux méme, tout

---

* On se proméne aussi en voiture dans le Corso le reste de l'année, pendant l'hiver c'est l'aprés dinée.

est travesti. Le trottoir des deux cotés, aussi /68/ bien que l'intervalle entre les Voitures, fourmille d'une foule immense de Masques, les Maisons sont tendües de draps et tapisseries, toutes les fénètres remplies de monde. Cela compose un coup d'oeil magnifique qui me fait naitre le souhait qui me vient si souvent dans ce voyage : de pouvoir vous le montrer.

Les Dames tiennent de grands sacs de dragées à coté d'elles, qui pour épargner la depense sont de Stuc ; quand elles rencontrent quelqu'un, soit en Voiture ou à pied, qu'elles croyent reconnaitre, elles lui en jettent une poignée à la téte en signe de leur bienveillance, laquelle décharge, sans le Masque qu'on porte sur le Visage pourrait fort bien éborgner son homme. On fait pleuvoir les mémes dragées à pleines mains des fénètres.

Les Romains sont très gais et de bonne humeur en cette occasion ; tantot ils viennent se placer sur les bottes de la voiture pour tenir toutes sortes de propos facétieux à ceux qui sont dedans ; ou bien, un *Dottore* entre en dispute avec un *Pulcinello*, sur des matiéres plaisantes, et fort souvent on ne peut s'empécher d'applaudir à l'esprit comme à l'éloquence qu'ils y mettent.

Qand cette vie a durée une couple d'heures, le Signal des Canons est repeté, les Carosses s'arretent et se rangent des deux cotés de la rüe, de façon que le milieu en reste libre. A la place du peuple on met alors une douzaine de Chevaux en ligne derriere une corde qui les arréte. Les Chevaux appartiennent aux Princes et Grands ; ils sont nuds, excepté qu'on met aux plus paresseux un leger harnois sur le dos, qui lorsque en courant s'agite, les pique un peu et les anime. Mais il n'en est guere besoin, ils ne sont que trop avides de s'elancer. Sur un troisiéme signal la corde tombe et les Chevaux prennent leur essor comme l'Eclair. Pour peindre un Coursier dans toute sa fiére beauté, il faudrait avoir vu courrir ces Barbes*, la crinière au vent, le feu jaillissant sous leurs pieds. /69/

---

* Plusieurs de ces Princes élevent des Chevaux de fort bonne race, mais en géneral les Italiens (j'en excepte les Napolitains) sont de pauvres Cavaliers au point que celui qui risque d'aller au galop passe pour un audacieux outré. Durant notre second séjour à Rome nous traversames un matin une des Cours du Palais Colonna. Quatre á cinq Palfreniers etoient occupés á mettre une grosse Longe autour d'une Pilare (Pilier en François) qu'il y avait au milieu. Ils tenaient tous ensemble l'un des bouts de la Longe, l'autre allait dans une écurie dont la porte ettait ouverte. Ils tiraient de toutes leurs forces en s'éloignant de la Pilare. Nous ne scavions ce que cela deviendrait, mais aux apprêts nous jugeames que pour le moins ce serait un Taureau furieux qu'on allait tuer, lorsqu'il parut un jeune Cheval bridé de deux ou trois licols, extremmement forts, les yeux bandés. Il résistait un peu et se laissa trainer ; à la fin il fut la tete contre la Pilare, mais sans

La témérité du peuple à ce sujet est incroyable, il remplit stupidement l'espace destiné aux Chevaux et ne l'ouvre qu'a mesure qu'ils approchent; par conséquent il arrive de tems en tems qu'il ya des gens renversés tués même.

L'autre bout du *Corso* est fermé par des toiles de Chasse; la premiére et seconde toile, n'étant pas attachées en bas, flottent comme des rideaux. Les Chevaux qui arrivent avec la plus grande impétuosité, les passent ordinairement, et ce n'est qu'a la troisième qu'ils s'arrétent aprés avoir rallenti leur course.

Les prix préposés consistent dans des morceaux d'etoffes de soie fournis par les Juifs qu'on tolère ici, à condition que chaque famille, depéche un jour de la semaine un de ses membres, pour entendre un sermon de conversion dans l'Eglise d'Aracèli. Pour anéantir les efforts de les sauver, ces ames incrédules y ont longtems assisté les Oreilles bouchées de Cotton; à la fin on s'en est douté, et maintenant, lorsqu'ils entrent dans l'Eglise, les moines vigilans leur visitent préalablement l'Organe de l'ouïe.

Voici apparemment ma derniére Lettre de Rome pendant le Sejour présent, à cause que nous comptons partir dans la huitaine.

/70/ *Le 21. Février 1766.*
Pour aller à Naples on sort de la porte S. Giovanni.*

Jusqu'a une bonne distance de Rome on découvre de tems en tems des morceaux de vielles mazures, restes des Tombeaux que les anciens placerent le long des grandes routes. Proche de Mezzavia, qui est la premiére poste, le chemin va au milieu des superbes Aqueducs de Claude et de Caracalla, dont les premiers sont encore en bon etat et portent de l'eau. Toute cette vaste Campagne qui n'offre rien que des ruines, excite de belles pensées sur la vicissitude des choses et forme un coup d'oeil rare et pittoresque.

Mazino est la seconde poste. Cette Ville se trouve au pied des deux Montagnes appellées Cavo et Artemisio, pour la plupart

---

faire le moindre mouvement. Les Palfreniers en etaient alors éloignés de la longueur de toute la Longe. Il y eut une dispute entre eux à qui hazarderait le Coup. Celui qui l'entreprit approcha avec toutes les précautions imaginables détacha subtilement le bandeau, et se sauva en soubresauts. Le Cheval resta le plus tranquile du monde, et nous éclatames de rire.

* Messieurs Kotofsky, et Rust y furent envoyés par le Procaccio, M^r. D'Erdmannsdorf alla à Cheval; et le Prince regnant prit M^r. Reiffenstein dans son vis à vis. Le jour de notre départ on avait tiré à Rome le *Lotto genovére* d'ont la fureur est si universellement répandüe dans ce pays-ci, que des paysans qui labouraient, voyant passer M^r. d'Erdmansdorf, quitterent leurs charrües et coururent à lui pour s'informer quels Numeros en étaient sortis?

couvertes d'un bois, qui comme l'on présume, ne contribüe pas peu à garantir Rome des mauvaises exhalaisons des Marais Pontins.

Etant parvenu jusqu'a une certaine hauteur, on découvre derriére soi en bas le Lac d'Albano, et sur ses bords élevés Castel Gandolfo, maison de plaisance des souverains Pontifes. Aprés avoir fait une Poste et demie sur le dos de ces deux Montagnes, on en descend à 3. Milles de Velletri, pendant laquelle descente on jouit d'une vüe admirable qui plonge sur cette Ville, en exposant à la droite sur une colline Civita Lavinia (patrie d'Antonin le pieux) et dans l'éloignement la mèr, le grand Promontoire de Circé et les Isles de Ponza et de S. Maria.

Velletri est une jolie Ville et passe pour étre la patrie d'Auguste. Aprés l'avoir traversé on entre dans une plaine qui a la haute Montagne de Corée à gauche, dans le Sein de laquelle se présente la Ville de ce nom, (anciennement une des Capitales des Volsques) et /71/ sur la cîme Rocca massima et Norma.

Cisterno reste à main droite; de ce coté commence une forét considérable qui s'étend jusqu'aux Marais. Puis le chemin tire à gauche vers Sarmoneta; en s'en approchant on découvre les ruines de Norba, dans la plaine au pied de la montagne.

Audelà des Sarmoneta une source soulphoureuse qui remplit l'air de ses évaporations püantes, sort de la Montagne et se décharge d'abord dans les Marais tout proche de cet endroit. Avant d'arriver à la Poste suivante on passe encore devant les ruines des trois Tavérnes, Hotellerie dont il est fait mention dans les Actes des Apôtres. Piperno au sommet d'une Montagne d'une montée fort pénible est un petit lieu; l'Auberge une des plus sales, fit craindre d'y passer bien mal la nuit.

Le 22.

Aprés étre desçendu du Mont sur lequel Piperno comme presque toutes les Villes de cette contrée se trouve batie, on passe une belle forèt de Liéges de 2. Milles de longueur; ensuitte on voyage ayant toujours à gauche la chaine des Montagnes d'hier, et à droite quoique dans un certain éloignement les Marais Pontins. L'Intervalle en est rempli par des champs passablement cultivés quelque chose d'asséz rare dans ce pays. Le chemin est terrible à cause de la multitude de pierres dont les espaces où il n'y a point de pavé, sont couverts, et la où il éxiste il est si mal entretenu, que la fatigue est partout la mème. Environ à 3. Milles de Terracina on rencontre la Via Appia sortante à main droite du milieu des Marais et des roseaux. Rompüe dans beaucoup d'endroits, on en trouve seulement de tems en tems quelque distance qui s'est conservée. Non loin de la Ville des Sépulcres en ruines dont le nombre se peut monter à 25. ou 26. bordent la voie des deux cotés.

Terracina est petite et mal batie; quoique tout proche du rivage elle n'a point de port; ses rochers escarpes vers la mèr, sont d'une vue /72/ excellente. Celui au dessus de la Ville est orné par de belles et grandes ruïnes, l'autre porte une forteresse mais non pas sur son sommet, elle regne en corridor autour de lui, sans autre avenüe qu'en bas à travers le Corps du roc, dans lequel l'escalier aussi bien que les logemens pour le garnison sent taillés. Nous saluames ici la Mediterannée pour la premiére fois. On la cotoye une couple de Milles, ensuitte de quoi on prend à gauche dans le pays. C'est un Canton fertile rempli de bétail et surtout de Buffles. Le Chemin rase de prés les Montagnes laissant le grand Lac de Fondi à main droite. Bien que tout prés de Terracina le territoire de Naples commence déja, ce n'est qu'après avoir fait quelques Milles qu'on passe par une Tour fortifiée où l'on est visité. Un paysage charmant, plein d'Orangers et de Myrtes s'ouvre alors. Deux beaux sépulcres conservés parfaitement, semblent étre l'Embléme du Repos et du Silence que cet endroit inspire. Aprés avoir rencontré encore plusieurs Monumens renversés, nous vîmes Fondi sortir du milieu d'une petite forét d'Orangers, dont le grand nombre de fruits dorés qu'ils portaient effaçait le verd des feuilles.

Le 23.
Fondi, le Fundanum des anciens, est une exception à la régle générale, etant situé en rase Campagne au bas des Monts. Il y a pareillement de l'autre coté de la Ville beaucoup d'Orangers et toutes les brousailles sont des Myrtes; avec celá la Contrée est fort aride. D'ici jusqu'a Garigliano, qui est à 3. Postes, la Via Appia existe dans tout son entier au grand Créve coeur des Voyageurs; car c'est decidé qu'il n'y a pas un chemin au monde qui soit plus rude. De terribles volumes de Cailloux plats, qui à présent ne sont plus asséz égaux, abiment les Voitures, et rompent les membres à ceux qui sont dedans. A 3. Milles derriére Fondi la Plaine finit et les Montagnes vont jusqu'a la mèr. En les montant le maudit chemin pavé redouble d'incommodité, et le /73/ meilleur c'est de le faire à pied. Les rochers nuds des deux cotés ne portent rien, et les petits champs cultivés qu'on voit par ci et par la, sont couverts de pierres.

La Situation d'Itri est plus heureuse, de la jusqu'a Mola on voyage dans des Vergers enclos par des Haïes de Myrtes et de Lauriers. Le bois à bruler dont on se sert dans ce Canton, sont des fagots faits des Arbustes mentionnés; la fumée qui en sort est tellement odoriférante, qu'en approchant des Habitations on respire un air vraiment parfumé. Les Montagnes à la droite sont le Mont Coecube des anciens, fameux par le bon Vin qui croissait sur le méme terrein où présentement à peine viennent des Arbustes. Le Golfe de Gaëta se présente fort agréablement;

la Ville elle méme est batie sur le Promontoire. On se retourne à gauche pour aller à Mola, jadis Formium. Le Vesuve, la Cote sourcilleuse de Sorrento, les Isles de Capri et d'Iischia, embellissent le tableau maritime dont on jouit dans ce petit Port.

Le terrein entre Mola et Garigliano est une Plaine cultivée et fertile, où l'on rencontre de tems en tems des mazures des tombeaux détruits. Une file de Collines s'étend au pied des Appenins qui sont derriére elles. C'est ici qu'on pourrait Placer la Terre qu'Horace dit avoir dans les environs de Formium et de Minturne, sur les Coteaux de Lucretille. Les ruines de Minturne sont proche de la maison de Poste, appellée Garigliano du fleuve qui y passe. Un Aqueduc, venant de Trajetta qui est sur les Collines, un Amphithéatre, et un Théatre, environnés de plusieurs autres morceaux de mazures, s'y distinguent encore. Ma Compagnie prit le devant pour faire atteler, moi je grimpai sur un tas de pierres de l'Amphithéatre démoli. Mes regards se promenerent. Le verd nouveau de ces Champs solitaires, les Coteaux raisonnans de Chalumeau d'un Pâtre, la mèr, tant de preuves de l'instabilité des choses humaines qui m'entouraient, monterent mon Ame sur un ton de tristesse douce. Mes pensées se tournerent naturellement sur l'instant de notre existence absorbé dans les Abîmes du tems. Il me sembla voir claire-/74/ ment, que toute notre destinée dans cette vie, quand on la dépouille d'un certain nombre d'incidens plus ou moins variés, ne consiste qu'à se détacher, à quitter successivement, toutes nos liaisons les plus chéries. Je fis des applications, et m'arrachai enfin de ma place dans une disposition, qui me fit considerer mes Compagnons avec des yeux humides et un coeur serré.

Nous passames le Garigliano (Liris des Romains) en Bac. Le reste du chemin fut bon et agréable; il va dans une plaine et laisse le *Capo Dracone*, jadis le Mont Falerne, à la droite. Nous gîtames dans un petit Village nommé Santa Agatha proche Sezza en des chambres sans fénétres à simples Contrevents, faisant d'un banc notre table à souper, où nous mangeames des *Ova di buffalo* en paix et concorde.

Le 24.

En passant par Sezza je découvris dans la Ville mème quelques vestiges de la Via Appia, mais je n'ai pû remarquer hier en quel endroit elle a passé proprement le Liris; je ne doute cependant pas qu'on pourrait le déméler quand on voudrait s'en donner la peine et le tems.

Non loin de Sezza on traverse un torrent profond à bords escarpés, aprés quoi on entre dans une plaine d'une étendüe médiocre, environnée tout au tour de montagnes. Si je devais former des conjectures, je placerais ici le lieu où selon Tite Live,

Annibal fut enfermé par Fabius. Le défilé profond et difficile de Francolissi m'a fortifié encore plus dans cette supposition. Tout l'espace de cette Poste, la route est extrémement gatée, en dépit de plusieurs inscriptions menteuses qui vantent les réparations qu'on prétend y avoir faites. Derriére Francolissi, les plaines fertiles de la Campanie commencent; les Appennins les couronnent à gauche, le Capo Draconc reste derrière; en face se présente le Vésuve avec les Montagnes de Sorrento qui s'étendent au loin dans la mer; à la droite l'Isle de Capri semble fermer le Golphe. Le Vesuve poussait de la fumée mais asséz faiblement comme il parut d'ici.

/75/ Capoue est bien batie qucique de peu de circonférence; ses fortifications ne sont pas grand chose, cependant la Garnison y fait le service comme dans la plus importante forteresse, et les Portes sont rigoureusement fermées dés que la Nuit commence. Nous arrivames ici environ vers les 11. heures du matin et aussitost nous primes des *Carozzini** pour aller voir Caserta.

C'est la promenade la plus agréable qu'on puisse s'imaginer, une plaine trés cultivée remplie de Bourgades et de laboureurs. D'abord à 2. Milles de la Ville on rencontre les restes de l'ancienne Capoüe, parceque la Capoue d'aujourd'hui s'appelait *Casilinum* alors. Une Porte à deux passages, l'une pour l'entrée, l'autre pour la Sortie, selon la mode des anciens, est le premier objet qui s'offre. Un peu plus à gauche, entouré d'arbres fruitiers, se trouve un Amphithéatre, qui peut avoir à peu de chose prés la grandeur de celui de Vérone. Il y en a des restes considérables, mais ils doivent diminuer de jour en jour vû qu'il est permis à un chacun d'en ôter les briques. Une des entrées capitales en est le morceau le mieux conservé, et prouve par l'Ordre qu'on y reconnait que cet Edifice appartient aux tems du bon gout. Présque dans le méme endroit, sont encore deux autre ruines que j'ose croire des Temples malgré qu'on les prenne ordinairement pour des Tombeaux. Il est vrai que la grandeur n'en est pas bien considérable, mais quand on voudra faire attention à la petitesse de tous les Temples anciens de Rome, le seul Pantheon excepté, on ne trouvera pas ma conjecture trop invraisemblable.

Aprés avoir passé le Bourg de S[te]. Marie de Capoue, bati en partie sur les ruines de l'antique Cité, on trouve deux véritables sépulcres asséz entiers, mais dont l'Architecture se ressent déja de la décadence du gout.

On arrive enfin sur le lieu où le superbe Palais du Roi des deux Sici-/76/les se construit depuis 13. années. Il est parvenu

---

* Voiture de ce pays ci à deux roües mais dont le Corps est entier et à trois glaces, comme celui d'un Carosse. J'en ai vû à Naples de fort élégantes.

présentement jusqu'au second Etage. Dans sa hauteur il est distribué de la façon suivante : un Souterrain, des Offices, des Entresoles, deux Etages, des Mezzanines. Par le milieu regne un grand Portique, et tout l'Edifice forme un Carré long, divisé en quatre Cours. Il est vaste et fera quand il sera achevé un des plus beaux Monumens du Siécle présent. La plupart du travail se fait par des Esclaves Affricains et par des Forçats ; on nous dit que 8000. Ducats y étaient employés par Mois. Le plus singulier c'est, que tout ce grand ouvrage est élevé d'une espéce de terre grasse, qu'on trouve pour ainsi dire sur le lieu méme, laquelle étant exposée à l'air se durcit et se pétrifie en perdant de son poids. Je n'ai cas besoin de vous dire combien cette circonstance en doit faciliter la Batisse. Crainte d'être obligés de rester devant la Porte, nous nous retournames dans l'intention d'y revenir le Lendemain, et nous revîmes dans l'apparat du soir la belle Plaine par laquelle nous étions arrivés.

Le 25.

Nous sommes allés ce matin une seconde fois à Caserta et nous y avons vu le vieux Chateau que la Cour habitait autrefois. Il est aussi simple et modeste que le nouveau est superbe et grand. On en pourrait dire qu'il est justement autant au dessous d'un Roi des deux Siciles que l'autre en est au dessus. Ensuitte nous allames voir l'Acqueduc destiné pour les eaux du Jardin. Le chemin tire vers Mattelone qui est au pied de la Montagne ; on la monte par un fort bon chemin ; parvenu jusqu'au haut, il y a un endroit duquel on a l'aspect d'une grande partie de cette belle Province, unie, rase et parsemée d'un nombre infini de Bourgades et d'Habitations. Aprés une heure de chemin on arrive à l'Aqueduc qui est dans le voisinage d'un lieu nommé la *Valle di Mattelone.* Il joint deux montagnes par une élévation respectable de trois rangs d'Arcades, l'un sur l'autre, ayant en haut 800. pas de longeur. Selon /77/ moi, cet Aqueduc est le seul de tous les Monumens modernes que nous ayons vu jusqu'ici qui puisse ranger avec S^t^. Pierre. Je souhaiterais seulement, qu'une nécessité plus utile que cette de voir jaillir des eaux dans un grand Jardin dénaturé*, eut fait entreprendre ce bel Ouvrage.

Un chemin qui passe dessous et qui est presque toujours rempli de monde, ne contribüe pas peu à rendre la Contrée pittoresque, qui pour le reste n'est pas des plus riantes ; le Vésuve s'y montre en perspective.

De retour à Casèrta, nous examinames une seconde fois le Palais. On nous suscita plusieurs doutes sur la bonté de

---

* Il le sera tant par l'emplacement qu'on lui donne, que par la façon dont on s'y prend pour le planter.

cette pierre molle, appelée *Piètra morta*, dont on s'y sert; c'est à dire qu'elle attirait l'humidité, et ne parvenait jamais à un degré raisonnable de dureté, de manière que tout ce qu'on en avait bati jusqu'ici, s'était fort peu conservé. Il serait dommage si cela devait avoir le meme effet pour cet Edifice. Cependant on ne découvre pas encore les moindres traces d'affaissement, ou de vicissitude dans tout le batiment qui néanmoins, comme je l'ai déja dit, a eté commencé depuis 13. ans.

Le chemin de Casèrta à Naples est fort bon et entretenu avec soin. La Contrée d'ailleurs belle, se trouve vers Naples un peu marécageuse. Il faisait asséz obscur lorsque nous y entrames; il nous fallut au dela d'une bonne demi heure pour aller de la Porte jusqu'à notre logement, qui était sur le bord de la mér, dans le voisinage du Chateau de l'Oeuf. De nos appartemens nous jouïmes de la vüe de tout le Golfe, de l'Isle de Capri et du Vésuve, lequel poussait de tems en tems de petites bouffées de fumée.

La Cathédrale est dédiée à S^t^. Janvier. La téte et les Phioles avec le Sang de cette Idole des Napolitains sont gardés dans une Armoire d'argent derriére l'Autel de l'une des Chappelles. Quatre ou Cinq fem-/78/mes, les tètes couvertes et couchées par terre, la faisaient retentir de leurs sanglots; un Vièllard plus dévot encore, dévorait de ses baisers les portes de l'Armoire. Tant de ferveur nous étonna, cependant quelqu'un nous apprit, que bien souvent c'étaient des adorateurs à gages, qui moyennant une rétribution venaient acquitter les Voeux d'autrui. Dans une Chapelle souterraine dessous le Maitre Autel, gisent les restes de la Carcasse de ce personnage célébre, qui malgré la grande vénèration où il est, ne me parait pourtant pas aussi aisé que son Confrère Antoine de Padoüe, beaucoup mieux meublé que lui cent fois. Le plus plaisant du Culte qu'on rend ici à Janvier, me parait la Cérémonie, quand deux fois dans l'année on expose sa téte dans des Tribunes publiques, expressement construites à cet usage, où les reliques des autres Saints, l'Image de la Vierge même, viennent lui faire leur Cour; chacun y étant porté par des attelages lestes et brillans d'Evéques, de Moines, et d'autres espèces d'Ecclésiastiqües.

Le Palais des Rois des deux Volcans est bien peu de chose; pármi les Palais de Sorte de Rome il y en a peu qui ne le surpassent à tout égard, la malpropreté exceptée, qui toute fois n'est pas petite ici. Toutes sortes de Joüets d'enfans, répandus dans les appartemens du jeune Monarque, témoignent qu'on le laisse encore s'amuser à des choses nullement conformes à l'age où il est parvenu. Pour le reste, on dit qu'on l'élève avec austérité et dans une grande contrainte.

Le grand Théatre de la Cour est fort beau, et vaste autant que possible pour que les voix ne s'y perdent point. Les Loges trés

spacieuses sont partagées de manière que des coins les plus reculés on puisse voir la Scène. On y donne pendant l'Hiver trois Opéras divers, et un pendant l'Eté, ensorte que de toute l'Année il n'y a que le tems du Carème où il soit fermé. Outre celui-ci, Naples possède encore deux petits Thèatres pour les Farces et Operas Comiques.

Le Port enclavé par un Môle est petit, par conséquent fort rempli de Vaisseaux. Avec les Batimens étrangers la plus grande partie de la /79/ Marine du Roi s'y trouve. Elle consiste en général: En 1. Vaisseau de 54. Canons, qui vient d'etre achevé. 2. Frégattes. 4. Galliottes. 5. Galères et 6. Chébeqs.

L'Arsenal est pareillement sur la mèr et renferme un petit Bassin fort commode pour la Construction aussi bien que pour le radoub des Vaisseaux, dont plusieurs se tiennent toujours ici à l'Ancre.

Sur la Montagne de *Capo di Monte* le Roi d'Espagne étant encore Roi des Deux Siciles, a fait commencer un Palais, que depuis la mort de la Reine son Epouse il a laissé imparfait. La plupart des Tableaux de la Couronne s'y gardent. Entremelées avec un grand nombre de piéces médiocres, il y en a de bien belles. Le plus remarquable de ce Palais consiste dans la précieuse Collection de Monnoiës, exposée encore trés commodement pour etre considérée, avec les instructions nécessaires à ce sujet. Une monnoie de cuivre de l'Empereur Othon y est comprise, munie de toutes les marques d'Authenticité. La Collection des Camées et Pierres taillées, est sans doute la plus complette dans son genre, et surpasse de beaucoup celle des Jésuites à Rome.

En câs qu'on voulut acquérir une légère notion des moeurs et de la langue Chinoise, on ne négligera pas d'aller voir le Séminaire de cette Nation. Sept jeunes Chinois avec les Ecclésiastiques qui les elévent, nous reçurent fort civilement. Ils nous firent voir toutes sortes de Vètemens, Ustencilles, et autres choses de leur Patrie; déclamèrent, écrivirent et chanterent dans leur langue. La déclamation des vers me parut trés singuliere; elle consiste dans une espèce de Chant, qui marque le mètre et l'harmonie des vers. Après avoir achevé leurs etudes on leur donne la Prétrise et les renvoye affin de propager la foy, chose dans laquelle ils doivent s'y prendre avec beaucoup de circonspection pour ne pas etre découverts. Il y avait encore dans le méme Séminaire plusieurs jeunes Grecs élevés à la méme destination, dont la Phisionomie contrastait à merveille avec les faces chinoises.

La Maison des Pauvres de S[t]. Janvier hors des Murs, est une belle /80/ fondation. Audelà de 1 500. jeunes filles sont élevées dans son enceinte, et 7. à 800. infortunés y trouvent un Azile charitable. En sortant du coté droit de l'Eglise on entre dans deux Cavernes qui forment l'entrée dans trois Etages d'immenses Catacombes. Elles

sont taillées dans un roc de tuf, et mettent par le grand travail que cela doit avoir couté, asséz en évidence que jamais les premiers Chrétiens dans les tems de persécution n'ont pu entreprendre clandestinement de pareils ouvrages. Toutefois il est bien possible qu'ils leur peuvent avoir servi de réfuge. On n'en montre à présent que deux Etages, le troisiéme avec un grand nombre de rameaux qui s'étendaient fort au loin a eté muré. Pour en donner une idée je les comparerai à de grandes Caves voutées qui se communiquent, avec des excavations oblongues l'une sur l'autre dans les murailles comme des trous de tiroir. Apparemment c'étaient les Sépultures des gens du Commun, qui n'avaient pas les moyens pour se faire bruler. Les ossemens qu'il y eut ont été inhumés autre part, ou bien ont servi pour en faire des réliques, et le grand nombre de Squéletes qui s'y trouvent encore à présent, sont les effets d'une peste qui ravagea Naples vers le milieu du dernier Siécle. On se promène dans ce Séjour de ténèbres et d'horreur le flambeau à la main.

Quand on veut jouir de la vüe la plus riche qu'il y ait sur notre Globe (je ne dis pas la plus étendüe, puisque dans ce sens la, celle du haut de l'Etna la surpasserait) il faut monter à la Chartreuse de S^{t}. Martin. Une Ville grande, belle et peuplée s'y découvre tellement en détail, qu'on discerne les personnes et les voitures dans les rües ; un pays dont la Nature offre des variations sans nombre ; un Port ; un Golfe ; un Volcan ; la Mer et des Isles ; forment si j'ose hazarder l'expression, une Encyclopedie d'objets, qui ne laisse plus rien desirer à celui qui les contemple. Que je benis le mortel industrieux, qui par l'invention de tailler le verre, a rendit à mon /81/ Ame une faculté si abondante en satisfactions dont mon destin avait voulu me priver ! Si peut étre quelqu'autre que ceux qui ont vu avec moi devait lire ce Journal, je lui fais des excuses de m'arreter si souvent aux *Vües* ; mais je ne balance point d'avouer que dans la partie de notre Europe par moi parcourüe, rien ne m'a plus frappé que celá. Pour observer les hommes, et les petites différences qui les caractérisent dans les pays policés, il me faut vraiment troquer ma Lunette d'approche contre le Microscope, si je veux trouver quelque chose à noter.

Le 28.
Dernier jour du Mois nous allames monter le Vésuve. Aprés avoir fait sur des Anes le pénible chemin de Portici* (qui est au pied de la Montagne) jusqu'a l'endroit où il faut commencer

---

* Le tems était si doux, qu'avant d'aller au Vésuve nous dinames à Portici dans un Jardin en plein air, comme à peine on aurait pû faire chèz nous au Mois de May.

à grimper, nous descendîmes de nos montures pour nous abandonner à des Paisans dont on est trainé jusqu'a l'ouverture du Volcan. Je puis certifier que c'est une rude entreprise qui fait bien süer, en marchant tantot sur la surface pointüe des Laves et tantot dans les Cendres jusqu'aux genoux.

Pendant tout le Chemin nous avions remarqué que de 20. en 20. Minuttes environ, la Montagne faisait un grand bruit; cependant dans le moment que nous atteignimes l'entonnoir, ayant déja marchés une bonne distance a travers la fumée qui sortait de tout coté du Sol ardent, ce bruit qui nous avait paru asséz sourd de loin revint avec tant de violence accompagné de mugissemens souterrains, qu'une salve de plusieurs Bataillons melée de Coups de Canon, ne rendrait que faiblement. Nous et nos Conducteurs, croyants que toute la Montagne allait crouler, nous réculames de plusieurs pas, surtout lorsqu'une copieuse decharge de pierres vint après le fracas.*

/82/ Etant revenus de la frayeur nous considerames cet Abîme autant que la fumée voulut le permettre. Je n'ai pas besoin de dire quel coup d'oeil admirable composent les Villes de Naples et Portici, le Golfe la Mèr et les Isles, qu'on decouvre d'ici à vüe d'oiseau. La descente est beaucoup plus facile, là où il n'y a point de pierres, on n'a qu'a se laisser aller aux cendres, qui en s'éboulant entrainent les pieds. De retour au lieu où nous avions laissé nos Anes, nous trouvames l'Hermite de la Montagne voisine, qui sur une Nappe asséz propre, avait servi toutes sortes de rafraichissemens. Il etait Français de Nation et prétendait avoir servi sous Louis XIV.

Nous n'avons pas negligé de lier connaissance avec plusieurs gens renommés pour leur sçavoir, ou du moins par l'inclination qu'ils ont pour les sciences.

Le Prince de San Severo Sangro passe entre ceux la pour etre grand Chymiste, aussi se vante t'il avoir trouvé (par un de ces hazards qui arrivent en Chymie de rencontrer ce qu'on ne cherche pas) une espéce de feu eternel qui se nourrit de l'air. Il reserve à ce qu'il dit, cette Matière précieuse, (qu'il ne saurait plus reproduire) pour une Lampe auprés de son Tombeau. Parmi beaucoup d'inventions futiles, une maniére de teindre le Marbre de Carare avec une autre de peindre en Cire, m'ont paru les plus curieuses.

---

* Peu de jours après notre départ de Naples une compagnie anglaise en fut trés maltraitée, outre quelques blessures plus légères des uns. M. Hervey, frère de Mylord Bristol eut un bras cassé. Ce M. Hervey etait Chappelain du Vice Roi d'Irlande, emploi que ce méme Mylord Bristol remplissait alors, qui a fait avoir par la suitte un Eveché (celui de Londondery) dans ce pays à son cadet.

Le Duc de Noya est un homme d'asséz d'erudition. Il possède une grande quantité de Vases Etrusques, joints à une Collection de Médailles de toutes les Villes Greques ou Etrusques, qui se trouverent dans l'etendüe de pays que contient à présent le Royaume de Naples.

Nous avons sçu nous concilier, principalement le Prince regnant, /83/ l'amitié du Pere de la Torré, Bibliothecaire du Roi et Président de l'Imprimerie. Il est grand Physicien, et s'est rendu célébre dans la République des Lettres par : Les nouvelles observations sur l'histoire naturelle, et par une Histoire de Vésuve, qu'il a publiées. A la Cour on le considère.*

Voyage à Pesto.
Le 2. Mars.
D'abord en sortant de Naples on commence sans s'en nppercevoir à voyager sur le pied du Mont Vésuve. A une petite distancé derriére Portici, on passe le Torrent de Lave de l'eruption de L'année 1760. qui s'est répandue jusque tout prés de la Mèr. Cotte éruption n'a point découlé de l'ouverture ordinaire, mais de trois Collines qui sont au bas de la Montagne. L'on voit encore au milieu de ce fleuve petrifié les debris de plusieurs maisons qu'il a entrainées.

Aprés avoir fait la premiere poste qui est à un Bourg appellé la Torre dell'Annunziata, on passe devant les Vignes qui couvrent Pompeja, en les laissant à gauche. Depuis on s'eloigne du rivage de la Mèr et l'on coupe le Promontoire d'Amalfi ou de Sorrento. Ce Canton d'arides Montagnes reste à la droite pendant que le Chemin traverse une Campagne bien cultivée et pleine de Vignobles, couverte par les Apennins du coté du Lévant.

Derriére Cava on descend des Montagnes vers le Golfe de Salerno ; cette gorge toute remplie de jolies petites Villes, placées avec autant de gout que le dessinateur le plus habile pourrait les arranger, fait une des plus charmantes contrées de l'Italie. L'Empire de Thetis /84/ avait aujourd'hui le poli d'un Miroir, de petits vents de terre en frisaient seulement de tems en tems la verte surface. Dans ces occasions je regrette toujours que les expressions ne sont jamais suffisantes pour représenter

---

* Ce savant homme a un grand faible pour les petits chiens ; il en a toujours cinq a six dans sa chambre, qui car cette raison sent exactement comme un Chenil. Il aime à les mèdicomenter, et il n'est pas rare de le trouver, ayant un d'eux sous le bras gauche, à qui il applique un Lavement delà main droite. Lorsque dans les maisons de sa connaissance on ne la vu de longtems, on n'a qu'a lui faire savoir que le Chien se trouve malade, et le voila tout de suitte qui arrive. La Cour lui entretient une Voiture a deux Mulets.

ces belles scènes de la Nature. Quel plaisir! si je pouvais les peindre comme je les vois, et si je pouvais communiquer à mon Lecteur tout ce que je sens dans ces momens fortunés!

Le Chemin tourne ensuitte tout à coup à gauche; taillé dans le roc, il descend en pente douce le long de la mer, vers Salerno. C'est une Ville d'assez d'apparence, quoique les rües en soient fort étroites. Il m'a paru comme si quelque commerce se faisait ici.

Jusqu'a Evoli on parcourt encore une plaine d'une grande étendüe entre la Mér et les Appenins; Evoli en est au bas et termine la plaine. Le quartier fut établi dans une Auberge hors de la Ville. Les chemins de toute la route d'aujourd'hui étaient entretenus avec soin, il y avait aussi de bons Chevaux de Poste.

Le 3.

On nous avait fait peur à Naples d'un passage extrémmement difficile d'Evoli à Pesto, nous primes donc des sedia pour cette expédition. Laissant la grande route on tire vérs la mér. Après un voyage de 4. heures de tems par un Terrein marécageux qui sert en plus grande partie de paturage pour les Buffles, nous arrivames aux ruines de Pesto dans une Campagne entourée de Montagnes et de la Mér, dont elles sont éloignées d'environ 300. pas.

Les Sybarites chassés par les Crotoniates vinrent à Pesto et lui donnerent le nom de Possidonium, par la suitte des tems celui de Pesto a prévalu de nouveau. Les Monumens de cette ville sont peut étre aprés les Pyramides d'Egypte ce qu'il y a de plus ancien au monde en fait d'Architecture; elle formait un Carré long; toute la Muraille de la hauteur de 24. pieds en plusieurs endroits, existe encore. Nous employames une heure et demie pour en faire le circuit. /85/

Une des Portes s'est pareillement conservée, et l'on distingue les autres de méme que deux Tours. Trois Temples d'un aspect majestueux, subsistans presqu'en entier, s'élevent au milieu. Ils sont tous les trois de figure carrée oblongue et reposent sur des Colonnes. L'Architecture n'est pas bien belle, mais on y decouvre déja les bons principes de l'art qui s'est perfectionné depuis. Les Colonnes sont d'une épaisseur hors de proportion avec leur élevation de sorte qu'elles dégénerent presqu'en Cones par la trop subite diminution vers les Chapitaux. Ceux-ci sont plats, et comme les Colonnes d'une circonférence démesurée. Le Tout consiste dans une pierre fort dure mais poreuse qui n'est pourtant pas le *Travertino*. Dans un autre endroit on trouve un monceau de décembres avec des débris de Colonnes d'un grand Edifice, et non loin de là, se reconnaît l'emplacement d'un petit Amphithéatre. le Tableau solitaire de cette Ville détruite, de ces Temples, de cette enceinte labourée et couverte de pierres, est mélancolique et grand. Il réveille ce doux sentiment

de frayeur, que les Poëtes appellent un frisson sacré. Les Temples, les Murs, les Tours, tout est constuit des mémes grandes pierres taillées, et par tout l'ordre de l'Architecture se ressemble; celà pourrait induire à croire que toute la Ville avait eté batie à la fois et en meme tems. Elle était entièrement ignorée. A cause du mauvais air qui régne ici en Eté, il n'y a que de pauvres Laboureurs qui viennent dans les deux Saisons, des Semailles et de la récolte pour en faire le travail; ils connaissaient ces Temples de génération en génération et furent bien éloignés de se douter de quelque chose d'extraordinaire à leur égard, jusqu'a ce qu'un Peintre Français les découvrit il y a 8. ou 10. ans, dans un voyage pittoresque qu'il avait entrepris, et les mit dans la Consideration qu'ils méritent. Outre quelques Granges et autres batimens à l'usage de l'Economie rurale l'Evéque du Diocese a fait batir depuis une maison de Cam-/86/ pagne dans cet endroit.

Le 4.
En revenant nous considérâmes les découvertes de Pompeja; cette Ville non pas submergée par la Lave comme Herculanum, mais simplement ensevelie sous une épaisse couche de cendres et petits cailloux, que le Volcan vomit au tems de sa terrible éruption sous l'Empereur Tite Vespasien n'est sous terre que de la hauteur de ses Edifices et pas méme de tant en plusieurs endroits. Malgré cette facilité de la retrouver elle ne l'a eté qu'en 1748. Un Théatre avec un Temple à coté lequel comme une inscription* l'indique, fut consacré à Isis, sont ce qu'il y a de plus digne d'attention; depuis 18. Mois seulement on les a découverts.

Du Théatre il n'y avait que la Circonférence extérieure des Siéges, avec la moitié de la scéne qui étaient netoyées. J'y ai remarqué que Palladio de Vicence ne s'est pas du tout troupé dans ses conjectures sur les Théatres des Anciens. Le Temple, la plus jolie Antiquité qu'on puisse voir, est petit, son arrangement tombe par conséquent dans le Colifichet en outre il n'est construit que de briques, mais tout y parait si blanc et si neuf qu'il ressemble autant à un Edifice qui se construit qu'à une ruine qui se deterre. La Niche ou la maisonnette de l'Idole, ouverte par devant, est placée au fond du Parvis qu'une Muraille Carrée entoure, le long de laquelle regne intérieurement une Gallerie de petites Colonnes de briques, enduites avec du Stuc. Cette Gallerie a eté couverte par un toit venant de la Muraille en guise d'appentis. Sur la méme

---

* Si ma memoire, d'ailleurs asséz bonne ne me trompe cette inscription est sur un morceau de Marbre employé dans la muraille comme une pierre commune et semble par cette raison un fragment d'un autre Temple anterieur à celui ci.

Muraille, il y a des Arabesques d'une fraicheur qui ferait jurer que le Peintre venait de s'en retirer. A coté de la Niche parait un autre petit réduit isolé orné de quelques basreliefs en Stuc qui semb-/87/ le avoir servi pourque les Prétres s'y habillassent pas tout à fait au milieu du Parvis, mais en plein air, est l'Autel pour les Sacrifices, de forme carrée, haut environ de 4. pieds et demi. On en ôtait justement les terres au fond desquelles se trouvent les Ossemens des dernières Victimes qui avaient été des Pigeons, d'autres petits Autels, apparemment pour y bruler l'Encens, sont sous la Gallerie entre les Colonnes; un Puits s'y voit pareillement. Tout le Ton de ce Temple s'approche de l'Architecture que nous nommons Chinoise. L'Image de la Déesse a été vainement cherchée, l'on n'y a trouvé que deux statües avec quelques Vases et Chandeliers de bronze. Derriére l'Enceinte du Temple parurent 5. Arcades qui semblerent mener à un Sallon peint sur Stuc, mais on en avait pas encore achevé le Déblai.

Pour avoir une Idée de la lenteur avec laquelle cet ouvrage s'exécute, je dirai que nous n'y trouvames que 40. Travailleurs en tout. Il y a 200. ans que pour conduire un Ruisseau dans un certain endroit on tira un Canal souterrain exactement au dessous de l'emplacement du Temple; à présent cette eau coule au fond du Puits mentionné; mais puisque dans ces tems là on ne s'appliquait point à de pareilles recherches, celle ci aura eté négligée vraisemblablement. Les terres qui couvrent l'Amphithéatre (éloigné de 600. pas du Temple) ne sont pas asséz hautes pour empécher de s'appercevoir que c'en est un; néanmoins le mauvais air (Muffeta) y enfermé ne permet point de le décombrer. Quatre hommes entreprenants d'ouvrir un des Caveaux tomberent subitement malades, et un Chien qu'on y glissa mourut dans une demi heure de tems. Il en fut de méme de plusieurs autres Souterrains, qui ont eté abandonnés pour cette raison. Dans un autre endroit nous observames hors de terre la porte d'une maison et proche de lá trois chambres d'une maison attenante; ces piéces sont trés petites et sans aucune fénètre, mais joliment peintes sur /88/ Stuc. De cet Appartement, on entre dans une espéce de Vestibule au milieu duquel il y eut un bassin rond de marbre, qui se trouve actuellement dans le Musaeum de Portici. Le reste du pavé dont ce Bassin etait environné consiste dans un Mosaïque. La Porte qui menait vers Herculanum est dégagé en plus grande partie; elle a deux petites entrées ou portines à coté, comme en ont les Arcs de Triomphe. En sortant de Pompeja se montre d'abord à main droite le Piédestal d'une Statüe colosale; la Statüe elle méme, n'a pas été retrouvée. Vis à vis à gauche, sont deux Siéges de pierre en demi Cercle, pour une quinzaine de personnes chacun. De l'un des deux il ne reste que l'emplacement, le Siége lui méme étant exposé dans la Cour du Musaeum. La Chaussée dont un

espace d'environ 30. pieds est ouvert, se trouve pavée de la méme façon que les autres grands chemins antiques; la Singularité qu'il y a c'est, qu'on reconnait incontestablement pour de la Lave, la plus grande portion de ce Pavé. Ce n'est pourtant pas la seule preuve des éruptions du Vésuve, antecédantes à celle sous Tite, parce qu'on demele sans peine dans toutes ces maçonneries une bonne quantité de pierres brulées et lancées par le Volcan. Les Edifices aussi bien que la circonference apparente de Pompeja dénotent suffisamment que cette Ville n'a pas eté fort considérable. Aujourd'hui il faut se l'imaginer comme un Verger touffu, des excavations par ci et par lá, et dans ces excavations des mazures detruites.

En retournant nous rencontrames plusieurs Carosses. Nous apprimes depuis que ç'avait eté l'Epouse du premier Ministre, invitée à venir à Pompeja pour assister à quelque découverte dont on se doutait, et qu'en effet on avait déterré en sa présence, une Statüe d'Isis, conjoinctement avec les fragmens d'une autre, dans un coin de la Gallerie carrée du Temple. Alors nous nous rappellames d'avoir remarqué un monceau de décombres dans ledit endroit.

Notre demeure etant prés du Château de Pizzifalcone, dans le voisinage de celui de l'Oeuf nous allames toute la longueur de la Ville /89/ sur le quai proche de la mer. Un vent asséz violent l'agitait, et je me complaisais beaucoup à suivre une rüe pleine de monde et de Carosses, ayant d'un coté des maisons et des boutiques, et de l'autre la Mèr,ècumante, couverte dé Barques et de Vaisseaux.

Il serait à present bientot tems de parler d'Herculanum et du Musaeum de Portici, mais ces objets sont beaucoup trop connus pour que j'entreprenne d'en faire un rapport circonstancié; Laissant toute Erudition à part, comme au dessus de ma portée, j'avertis, qu'avant de sortir de Naples pour voir ces curiosités, on fera bien d'aller chéz le Marquis Gagliani, traducteur de Vitruve, pour se faire montrer le Modèle qu'il a composé du Théatre d'Herculanum; et de lire les deux Lettres de l'Abbé Vinckelman, addressées l'une au Comte de Bruhl, L'autre à Mr. Fuesli, touchant le Musaeum de Portici. Sans cette préparation, le profit qu'on tirera de ses recherches sera trés médiocre.

Au milieu de la Ville de Portici on trouve l'entrée du Théatre dans une petite rüe où de plus de 50. pieds sous terre il est couvert par une couche de cendres, ainsi que d'une fonte de Lave énorme en épaisseur. On y descend moyennant un escalier comme dans une Cave, et puis, l'Anglais, où l'Allemand avide de s'instruire, marche courbé, dans des conduits souterrains, ayant un Maçon pour guide, qui lui explique tout ce qu'il en a entendu déraisonner. Quand on veut on peut aller loin, mais on ne le ferait qu'en pure perte.

La Fouille d'Herculanum se traite comme l'exploitation des Mines; quand on rencontre une maison, en poussant

des Tuyaux on y entre, remüe les cendres prend ce que l'on trouve et passe outre. Par dessus il se peut accepter pour constant que tous les Edifices en sont écrasés et détruits.

Les peintures trouvées soit à Herculanum soit à Pompeja, se gardent dans trois Chambres du Palais Royal de Portici. Elles sont toutes sur Stuc ; on possède l'art de le détacher des Murailles en trés grands morceaux sans les casser. Il faut etre fortement prévenu en /90/ faveur de la chere Antiquité pour voir réuni dans ces Tableaux toutes les beautés dont la peinture et le dessein sont susceptibles ; cependant il y a des Figures bien gracieuses parmi ; mais je conseille à ceux qui auront envie de les voir de se dépecher. Croyant les mieux conserver on les a fait couvrir d'un certain vernis ; maintenant il en arrive que n'ayant pas bien consulté, la nature, des couleurs, ce malheureux vernis saute, et emporte avec soi, tout ce que le feu, l'eau, et 1 700. ans avaient épargné.

Le Musaeum fait une aile séparée du Palais. Les rares et précieuses Antiquités qu'il renferme, y sont rangées soigneusement et avec gout. Il est vrai que partout ces meubles, Ustencilles sacrés et profanes, et Tableaux etalés ici, on peut se former une idée asséz juste des moeurs comme de la vie privée des Anciens ; et il me semble qu'aucune de nos aises et commodités ne leur manquait. Toutes les inventions dont nous jouissons dans ce genre, s'y trouvent jusqu'aux superfluités méme : une boëte de Crystal de roche, remplie de fard, peut en faire foi. Quant à la splendeur il n'y a rien aujourd'hui qui en approche. Les choses les plus communes sont travaillées avec une élégance, avec un gout, qui devrait servir de modèle à tous les Artistes modernes. Jai eté vraiment indigné en songeant combien rarement on rencontre un morceau digne d'approbation, méme dans nos Meubles de plus grande valleur, lorsqu'au contraire à Herculanum, à Pompeja, à Stabia, petites Villes de Province, les moindres necessités portent l'empreinte de l'intelligence et du gout des Artisans qui les fabriquerent.

Le Palais de Portici est un ouvrage fortement opposé aux bons principes, pour s'en excuser, on a coutume d'en donner la faute à la defunte Reine qui passe pour avoir eté l'Architecte en chef de cette belle merveille.

J'ay à présent rendu compte (à ma façon s'entend) de tout ce qu'il y a du coté méridional de Naples. Tournons nous maintenant vers le Septentrion. C'est d'abord la Montagne de Pausilippe qui couvre de ce /91/ coté-ci la Ville, et s'étend en pointe vers la Mèr. Le Tombeau nommé celui de Virgile, est au dessus de l'entrée du passage à travers la Montagne et tout prés de la Ville. Après avoir grimpé sur le rocher, on trouve ce Sepulchre dans le coin d'un petit potager. La tradition se fonde sur un témoignage du XVI. Siècle, affirmant que l'Urne de Maron

avait eté retrouvée ici. Ce monument figure beaucoup mieux dans les Estampes et desseins qu'on en a, que dans la Nature. Le Vigneron qui en parut le possesseur n'en sçavait autre chose si non : que Virgile avait eté Anglais et bon maitre d'Ecole ; et en disant celà, il plumait sans miséricorde un petit Laurier, planté ou crû sur le faite de la Ruine pour nous en offrir des rameaux.

La Grotte de Pausilippe, ou le passage à travers le Montagne, a 900. pas de longueur, sans y comprendre les Gorges aux deux bouts, qui ne sont pas couvertes. Une nuit éternelle avec une poussiére méritant la méme épithéte y ont établi leur empire. On est accoutumé et nécessité tout à la fois de le passer avec des flambeaux.

En sortant de ces ténébres on entre dans une belle Campagne pleine d'Arbres et de Vignes. Il y a deux chemins qui vont également à Puzzuolo ; celui à main droite passe auprés du Lac d'Agnano. Ce Lac est une grande Chaudiére entourrée de monts. Un petit trou dans un rocher de ses rives porte le nom de la Grotte du Chien, à cause qu'un tel animal y est selon l'Usage, la Victime d'une petite expérience. Aprés que son maitre lui a lié les pattes, il le met à terre dans la caverne, le Chien prend en peu de tems des convulsions, et en cas qu'on voulut l'y laisser encore quelques minuttes il en mourrait indubitablement. Toutes fois il faut que bien rarement on pousse la chose à cette extremité, parce que le méme Chien que nous y vîmes faisait ce metier depuis plusieurs années. Quand l'homme le retira du trou, il resta quelque tems immobile et ne revint que peu à peu. Je n'ai pas besoin d'ajouter que tout cela est un effet des exhalaisons venimeuses de ce gouffre. A peu de pas de là, il y en a de plus salutaires /92/ une vapeur soulphoureuse excessivement chaude sort de la terre. Ce lieu est couvert d'une petit Edifice partagé en Cellules selon les differens dégrés de chaleur. On s'en sert avec succès pour guerrir en süant, de certaine maladie, laquelle ne se gagne pas en gelant, à ce qui se dit. Les gens qui en avaient l'inspection nous raconterent ingenument que la plupart de leurs malades étaient des personnages de l'Eglise.

D'ici on va à Puzzuolo, Ville à présent peu considerable. Sur le Marché se voit de Piédestal de la Statüe de L'Empereur Tibère, que 14. Villes de l'Asie mineure érigerent en mémoire des graces qu'il leur avait accordées, aprés avoir eté quasi détruites par un Tremblement de terre. Toutes ces Villes se trouvent personnifiées dans un bas relief. Proche du Port sont les ruïnes du Temple de Jupiter Serapis, comme on se plait à le nommer, déterrées depuis 15 ans environ. Rien ne démontre plus clairement les révolutions différentes de cette Côte que ledit monument. Il a eté sous terre au moins de 18. pieds, cependant

une grande quantité de Pholades* pétrifiées dans leurs trous se trouve dans toutes les Colonnes jusqu'à une hauteur égale.

C'est donc une preuve que durant un Espaçe ces ruïnes doivent avoir été d'autant sous l'eau qu'elles on eté ensuitte sous terre. Les restes d'un Môle à piliers qui fermait le Port, sont à peine reconnaissables.

L'Amphithéatre au dessus de la Ville sur le penchant de la Montagne, est aprés le Collissée, et celui de Véronne, le mieux conservé de ceux que j'ai vû; il n'est pas petite en méme tems. S[t]. Janvier aprés avoir eté léché par les Lions qui n'oserent pas le manger, y fut décapité suivant la Légende.

De cet Amphithéatre nous primes le Chemin qui mene au sommet de la hauteur dans l'endroit de la Solfatare. Un vaste Crater environné de /93/ bords élevés, porte visiblement les marques d'un ancien Volcan. En y entrant on a les yeux éblouis d'un sol blanc comme de la Céruse. Dans un coin de cette plaine blanche, plusieurs petites ouvertures vomissent impétueusement et sans cesse une fumée soulphoureuse. Je ne sçaurais rien citer qui rendit plus au naturel cette image que le goulot de nos Chaudrons à Thé quand l'eau y bout. Tout le fond de cette centrée est creux, pour s'en convaincre, on n'a qu'a jetter une piérre d'un poids médiocre centre la terre.

Trouvant que mes Lettres contiennent par ci et par lá des détails en connexion avec ce Journal, je continuerai d'en extraire ce qui est propre à y étre inseré.

Lettre V. à Naples le 7. Mars.
Nous sommes de retour depuis le 4. d'un Voyage dans le pays pour voir les celebres Temples de Pesto. Vous voyéz donc que jai déja fait mon Solstice, et qu'aprés avoir passé par le point du plus grand éloignement, je commence à me rapprocher. A cause de la briéveté de notre séjour à Naples, nous ne ferons pas la dépense en peines, ni d'aller à la Cour, ni de faire des connaissances parmi le peuple qualifié. Nous sommes dédommagés de la perte que peut étre nous faisons par là par la fréquentation des Maisons du Ministre et du Consul d'Angleterre, car il faut que vous sachiéz que notre Prince regnant, est partout reçu et traité de cette Nation comme un Compatriote cheri et respecté.

Hier le Vésuve commence à jetter des flammes, je ne sais pas encore ce qu'il fait ce soir. Cependant pour le savoir je n'aurais qu'à me lever de la Table où j'écris.

---

* Petites Moules qui vivent sous l'eau dans des pierres qu'elles creusent par un mouvement doux mais continuel.

Tous les membres de la Caravanne jouissent d'une bonne santé ; le Prince est intentionné, si la Saison vint bien le permettre, de s'en retourner à Rome par Mér.

En cás que vous dussiéz croire aux Amulettes voici une feuille de /94/ Laurier du Tombeau de Virgile, si cela ne peut pas vous rendre Poëte, je souhaite qu'elle vous fasse du moins prosateur épistolaire, étant décidé que vous étes un Correspondant paresseux. Je pourrais entrer en plusieurs détails, mais puisque vous paraisséz ne pas faire asséz de Cas de mes Lettres, je ne veux pas obliger un ingrat ; outre celà envoyant celle ci en droiture sans aucune autre addresse, je doute beaucoup qu'elle vous parvienne. Adieu.

Le 10. nous primes une Barque à 6. rames afin de voir le Golfe entre Puzzuolo et Baja. La Mèr était ce jour ci un peu agitée du fond, malgré cela, ce petit Voyage fut la proménade la plus agréable. C'est un magnifique coup d'oeil que la Ville de Naples du coté de la Mér ; elle s'expose à la vüe en forme d'un Amphithéatre immense. Aussi les Napolitains eux mémes en sont tellement persuadés, qu'ils disent en Proverbe : *Quando Dio vuol darsi un piacere, s'effacia in finestra, vede Nacoli e se negode.* Le Vesuve se montre la tête enveloppée dans des Nuages de fumée ; Portici et Resinia s'élevent sur ses racines, enfin c'est le Promontoire de Sorrento avec l'Isle de Capri, qui reste pour ainsi dire derriére celui qui regarde Naples étant sur le Golfe.

Aprés avoir doublé le Cap de Pausilippe par le petit détroit qu'on appelle l'Ecole de Virgile, et passé l'Isle de Nisita, nous tirames en droiture vers le Cap de Miséne, où nous débarquames aprés une navigation de deux heures. Il serait aussi difficile de décrire toutes les Ruïnes qui se trouvent sur ce rivage, que de les expliquer. Je me contenterai de passer rapidement dessus. La Grotta Dragonnara au dessous de la Montagne qui forme le Cap est au Labyrinthe de Galleries voutées, dont il est absolument impossible de deviner l'usage ; c'est déja une entreprise asséz penible de la parcourir, puisqu'elle sert de retraite aux bétes à Cornes. Parmi les autres restes de L'Antique Ville on deméle un Théatre et des Bains. La Langue de terre qui joint /95/ ce Cap au Continent est basse et peu large ; aprés avoir marché à peine 300. pas du lieu òu l'on débarque en laissant le Cap à gauche, on retrouve la Mèr et les Isles de Procida, et d'Ischia vis à vis en perspective.

Nous nous remimes en bateau afin de traverser un petit Golfe, lequel comme on présume (et comme c'est aussi vraisemblable) faisait le Port òu la Flotte se tint.*

---

* Le peu de circonference dont j'ai trouvé encore ce Port ci me fait croire qu'on ne se trompe point à Ravéne dans l'emplacement

Débarqués une seconde fois, nous parcourumes les environs d'un Lac qui communique par une écluse avec le Golfe; cet endroit rempli de Tombeaux dont il y en a qui se sont bien conservés, s'appelle les Champs Elisées, comme le Lac porte le nom de L'Acheron. De la nous montames une Colline pour descendre dans le grand réservoir d'eau douce, conduite ici du Voisinage de Caserta à l'usage de la Marine. Ce grand Edifice souterrain a deux ouvertures en haut par lesquelles on y entre sur un escalier; il consiste en 5. Galleries longues, traversées par 13. autres en largeur. Le tout est en trés bon etat et le Salpetre qui couvre les murailles comme une Coagulation pétrifiée, démontre évidemment qu'il a eté plein d'eau, et qu'il l'a eté pendant longtems. A quelques Centaines de pas parait un Edifice presque pareil, de deux etages, que le vulgaire appelle les Prisons de Neron. Le Sépulcre d'Agrippine mère de cet Empereur doit pareillement sa dénomination aux habitans; il ne mérite guerres la peine d'y entrer à quatres pattes sinsi que l'en est obligé de faire. Le peu de gens d'ont cet endroit est peuplé, demeure pour la plupart dans des Sépulcres qu'ils se sont appretés en maisons.

Tandis que nous allames à pied, notre Barque cotoya le rivage; nous /96/ y rentrames pour mettre pied à terre au dessous du Chateau de Baja. On est le maitre d'attribuer à quelle Divinité qu'on veut, les trois Temples qui se trouvent ici, par ce qu'aucune tradition sur cet article ne s'est conservée; leurs ruines offrent cependant de beaux et de variés sujets de peinture. Nous eumes un Ciceron de Puzzuolo avec nous, Ciceron de la derniére classe, seulement pour nous indiquer le chemin qu'il fallait tenir. Aprés avoir dédié de son plein pouvoir le mieux conservé des Temples à Venus, il me montra au doigt les restes du Môle de Pùzzuolo de l'autre coté de la rade, en me demandant si je scavais ce que c'était? ayant répondu que non, il dit en élevant la voix: *c'est un Pont, que le Tvran hérétique de Neron fit commencer, pour venir épouser de force, la chaste Déesse qui logeait ici.* Quelques jours auparavant en nous conduisant au Temple de Serapis, Monsieur d'Erdmansdorf demanda à ce savant homme: D'où l'on sçavait que ce Temple avait été consacré à Jupiter? *Par son Epitaphe,* répondit il, *qu'on a trouvée.* Dans l'un de ces Temples à moitié couvert de la Montagne et plein d'eau l'on est porté car les gens

---

qu'on assigne pour l'autre. Conclusion: les Navires des Anciens ont eté petits, et leurs forces navales bien minces. Quel serait l'étonnement d'un fièr Consul si dans sa Trirème il rencontrait un Vaisseau de Guerre Anglais, qui pourrait emporter sur son Tillac, à la place de sa Chaloupe, lui son monde et tout son batiment.

du pays; cette Cavalcade risible le parut principalement avec nous qui étions tous plus grands de la téte que nos montures.

Un troisième voyage maritime nous porta aux bains chauds, dits de Neron. De la nous continuames notre chemin par terre et à pied au tour du Lac Lucrin vers celui d'Averno. Le premier des ces Lacs est couvert à présent en plus grande partie par la Montagne neuve, reste d'un Volcan qui prit son éruption l'année 1538. Le Second est environné tout autour de montagnes; en tournant à main gauche on entre dans la Grotte obscure de la Sybille de Cumes. Trois cents pas faits en ligne droite, nous conduisirent dans un endroit où la Spélonque se trouve bouchée par des décombres. Ici, dit notre habile Antiquaire, fut le Palais de la Prophetesse! Il nous montra en méme tems à main droite une Porte, par laquelle il voulut nous faire descendre plus bas, pour nous introduire dans l'appartement des Bains. Cepen-/97/ dant puisque pour ce faire il fallait remonter une seconde fois à Cheval à cause de l'eau, et fatigués déja de tant de promenades souterraines aucun de nous n'eut envie d'entreprendre encore celle ci. De l'autre coté du Lac est un Temple d'Appollon à peu prés vis à vis de la Grotte. Des Orangers et des Lauriers, crus volontairement sur ses débris, – ambellissent de beaucoup cette vénérable Ruine, et paraissent encore rendre hommage au Dieu à qui ils étaient consacrés.

Aprés une rude montée de la Montagne, qui comme je l'ai déja observé entoure le Lac d'Averno, nous trouvames des Sedia, qui nous ménèrent en suivant la Via Appia, (dont pourtant il n'y a plus le moindre vestige) vérs le lieu òu était anciennement la Ville de Cumes. L'une de ses Portes fut ce que nous considerames des restes de cette Ville jadis existante. Nous reposames ici un peu, attirés par la belle vüe dans la Mèr, et d'un autre coté sur la Plaine vers Capo Dracone, qui s'ouvre de cette éminence. Ensuitte nous retournames sur nos pas pour voir finalement les Rudera de Campana et grand nombre de Tombeaux des deux cotés de la Via Appia, dont plusieurs sont tout à fait jolis, si autrement cela se peut dire d'Objets qui retracent l'image de la mort.

Par le Croquis que je viens de crayonner, on verra pour le moins combien cette Contrée célèbre fut remplie et chargée de Villes, d'Edifices en tout genre, et d'habitations. Redresséz à présent par un coup de la Baguette magique de l'imagination çes Mazures; rendéz leur le lustre, l'etat de perfection où elles furent sous Auguste, sous Marc Auréle; ressuscitéz les générations dont elles fourmillerent, et vous concevréz alors la satisfaction avec laquelle les fameux personnages de Rome, vinrent se delasser ici, aussi bien que les éloges qu'ils donnent au rivage de Baja et de Puzzuolo.

Le jour qui baissait nous fit ressouvenir qu'il était tems de songer à la retraite. Nous la fimes par Puzzuolo, par la

belle Campagne entre cette Ville et la Grotte de Pausilippe, entiérement satisfaits de /98/ notre Journée. En rentrant dans Naples le Vesuve nous régala encore de plusieurs bouffées de feu, qu'il jettait de tems en tems, et que la Mér copiait d'un pinceau sombre et majestueux dans ses ondes.

J'ai déja touché un mot de la Marine de ce Royaume; l'armée de Terre consiste en 28 000. hommes tout y compris, mais on compte que l'Etat aurait besoin de 35 000. pour son entière sureté. Ces Trouppes, l'Infanterie surtout, sont certainement les derniéres de l'Europe, avant de les avoir vües, on ne peut pas avoir d'idée jusqu'a quel point la discipline militaire puisse étre négligée. Le Regiment des Gardes suisses, 4. Regimens d'Alemands et un d'Albaniens, seraient encore ceux à qui l'on pourrait faire l'honneur de les comparer aux Trouppes du Pape. Le reste n'est que des Gueux enrégimentés. Dans aucune Armée sur la terre on ne verra une plus grande variété d'Uniformes; toutes les couleurs imaginables s'y trouvent. Les Dragons sont bien montés et passablement équippés, mais ils ne sçavent ni se tenir à Cheval, ni avoir seulement l'Epée à la main. La subordination est si bien établie, que ce doit étre quelque chose d'asséz ordinaire de voir des soldats qui se battent contre leurs Officiers, et lorsque le Roi prit sa premiere séance dans le Conseil de la Guerre, on lui fit accorder la grace d'un soldat qui avait assassiné son sergent.

Les Revenus de la Couronne se montent selon les avis les plus sûrs qu'on en puisse avoir, environ à 2. Millions de sequins, le reste est dans les mains du Clergé et d'une Noblesse puissante.

La plus grande partie des Affaires pendant la minorité, roule sur la Marquis Tanucci, Sécretaire d'Etat, Natif de Florence, il a professé ci-devant la Jurisprudence à Pise. Ici il a commencé par l'Emploi d'Auditeur général de l'Armée durant la derniére Guerre d'Italie. Puis il s'est poussé jusqu'au Poste où il est à présent. On vante son désinterressement avec sa grande application aux Affaires; en revanche on n'est pas trop édifié des Lumieres de son esprit, et encore moins de la façon dont il commande à ses inférieurs, laquelle tend fort au /99/ Despotisme. Le Prince de San Nicandro de Génes est Gouverneur du Roi; il entre aussi pour beaucoup dans les Affaires.

Le Roi lui méme doit étre fort enfant pour son âge, toutes ses occupations étant des plus puerilles. Il est obligé par ordre du Roi son pére de prendre aussi souvent que possible le divertissement de la Chasse. Pour l'y animer encore davantage, on prend soin de cacher sur son chemin toute sorte de gibier estropié ou tué, ensuitte, en le faisant tirer dessus, on lui fait accroire que c'est lui qui l'a tué ou estropié. Non obstant ces encouragemens on dit qu'il aime infiniment mieux s'amuser avec des Poupées ou bien

aux Polissonneries des jeunes Courtisans. Pour cette fin il arrive souvent, que le premier Maréchal fait sçavoir aux Gentilshommes de la Chambre de paraitre à la Cour habillés en Lazaroni.*

Le Roi leur appréte alors une *Cocagna* de Confitures qu'ils pillent en s'entrebattant, tout comme les Modéles qu'ils imitent.

L'Infant Philippe Antoine, frere ainé du Roi, déclaré imbécille et incapable de régner, est pourtant quasi élevé avec lui. Il le suit soit à Portici ou à Caserta, et partout, son Appartement est à coté de celui du Roi. Ils se voient souvent, et de bons Phisiologistes m'ont assuré, comme selon ce qu'il en paraissait, la différence entre ces deux génies Royaux, n'était pas bien considérable.

Je dois la plupart de ces Anecdotes à M. Hamilton, Ministre d'Angle-/100/terre, c'est pourquoi je puis garantir leur Authenticité.

La Ville de Naples est fort peuplée, on prétend méme qu'elle contient 400 000. Ames, mais c'est assurément exageré. Quoiqu'on ait beaucoup bati ici l'Architecture Napolitaine n'est pas à recommander en aucun égard.**

L'Art au contraire de faire toutes sortes de Voitures et de les mèner se trouve poussé à un degré fort sublime. C'est un spectacle unique de voir la *Strada Nova* dans des Occasions solemnelles, tant pour le grand nombre, la beauté et la varieté des Carosses, que pour l'addresse avec laquelle on sait les diriger. Un bon cocher fait un personnage principal dans une maison montée; ils vont trés grand train, et sçavent en courrant à bride abbatüe s'éviter de si prés que les essieux se touchent pour ainsi dire. Tel Seigneur entretient jusqu'a 20. Equipages qui ne donne jamais à manger à

---

* Je ne scais pas comment les jeunes Seigneurs scavent peut etre enjoliver cet habillement qui, dans sa nature est des plus simples, et ne consiste qu'en trois pièces; un bonnet, une chemise et une Culotte ouverte pardevant et par derriére comme les Caleçons des femmes. A travers ces ouvertures on laisse pendre un bout de la Chemise, et voilà qui est fait. Cette façon commode de se porter est adoptée pour tous les enfans qui ne sont pas de Condition notable, rien n'y manque hormis le bout de la chemise. On les laisse aller vetus ainsi quellques fois jusqu'à un age assèz avancé. Les meres sont fort portées pour cette mode: voulèz vous savoir leurs raisons, les voila. Mr. Hamilton avait un homme de Chambre marié à Naples; son Epouse allait faire de tems en tems sa visite à Mdme. Hamilton et lui amena un joli petit garçon qu'elle avait. Mdme. Hamilton cajolla l'enfant mais un jour elle dit à la Mere habillèz le donc un peu plus decemment, et donnéz lui une Culotte entière ! *Ah nò Signora ! l'impedisce di crescere*; fut sa réponse.

** désigner quelque chose de bien baroque dans les Ornemens il a passé depuis en Proverbe chéz nous de dire: c'est dans le gout Napolitain.

personne. On les dit encore grands joueurs et peu sociables ; ce n'est pas à moi d'en juger puisque nous ne les avons point pratiqués.

Par ce que j'ai observé en général, je vois, qu'un Roi des deux Siciles, s'il voulait, et s'il en avait les talens, pourrait étre le Souverain heureux d'un peuple content et respectable. Ses deux Royaumes, outre la grande et visible commodité pour le commerce, sont encore situés d'une façon, qui en les éloignant de voisins ambitieux et puissans, les écarte des Troubles, où une assiéte contraire entraine souvent le Monarque le mieux intentionné, la Nation montre beaucoup de qualités qui la rendent susceptible de cultivation en tout genre, et le pays produit chacune des nécessités requises pour accorder à ses habitans une indépendance Nécessaire des autres Etats.

Une liaison bien gracieuse que nous avons contractée, est celle de Mr. Hamilton et Mdme. son Epouse ; il n'est guerre possible de concilier mieux les devoirs de la politesse, avec les empressemens de /101/ l'amitié, que ce Couple choisi a fait à notre égard. – Aussi Mr. Jemminot, Consul general de la méme Nation nous a comblé de civilités*. /102/

---

* Chéz Mr. Hamilton aussi bien que chez Mr. Jemminot il y avait une Assemblée en toutes les formes de Dames Anglaises, car le beau Sexe de cette Nation voyageante n'aime pas à rester seul à la maison, et les richesses plus repandües, fournissent aux maris comme aux pères, la douce satisfaction de montrer aux personnes aimées, toutes ces merveilles que nous autres allons voir solitairement. Mylord Hilsborough venait de perdre à Naples son Epouse qu'il y avait amené avec toute sa famille, consistante dans un petit garçon et deux charmantes filles de 13. et de 14. ans. Du certain Mistre Scharp, Chirugien de Bath, courrait le monde avec trois progenitures feminines, aussi laides que les autres étaient jolies. Mr. Hervey, dont jai parlé plus haut avait son Epouse avec lui, et encore d'autres. Ce fut aussi à Naples que nous fimes la connaissance de ce Sterne qui par la suitte s'est rendu si célébre sous le nom de Yorick. Il etait déja alors connu de ses Compatriotes par son Tristam Schandy dont le débit lui avait procuré les moyens de voyager. Mais il passait en meme tems entre eux, pour avoir la tête un peu timbrée ; sort asséz ordinaire aux grands genies. Il faut avouer cependant qu'il se conduisait bizarrement. Un soir nous étions chez Mr. Jermminot. Il jouait avec des Dames, les contorsions et grimaces qu'il faisait, les propos qu'il tint, auraient suffi pour le faire déclarer fol à lier chéz un peuple moins solide et moins accoutumé aux Originaux. Il ne cessait de lécher les mains à l'une des filles de Scharp, (le smel fungus de ses *sentimental Travels.*) J'étais dans une fenetre pour contempler les explosions de feu que le Vesuve jettait par intervalles. On s'en entretenait. *Venez,* lui dis je, dans ce moment il va s'en faire une ! *Monsieur,* me repondit il, me repondit-il pathétiquement, *je suis bien plus interressé à voir le feu qui sort des prunelles de Mis Scharp.* hélas ces pauvres yeux

Le Ministre allie avec les conaissances d'un homme du monde, encore beaucoup d'érudition et une inclination décidée pour les Beaux Arts et pour l'étude de l'Histoire naturelle. Il receuille actuellement une Collection de Vases Etrusques et Grecques qu'il destine pour le Musaeum Brittanicum à Londres. Il est déjà asséz riche et avancé dans son entreprise. Madame

---

n'avaient jamais songé à en laisser sortir, mais chaque sujet lui etait bon quand il se trouvait dans ses extases. A Rome je fus son voisin dans la Chappelle Sixtine pendant qu'on y chantait le fameux miseréré de la Semaine Sainte. Il fut si plein des remarques que cette Cérémonie sombre lui faisait faire, que ne pouvant les supprimer il me parla continuellement à l'oreille, et souvent si haut, que sa voix s'élevait de pair avec celle de l'Orchestre des Eunuques. Au nom de Dieu! mon cher Monsieur lui dis je, vous nous feréz chasser avec ignominie. A la fin desesperant de le porter au silence, je me vis obligé de me lever et de chercher un autre place. Nous le retrouvames à Londres Msgr. le Prince regnant m'a assuré, comme au Cercle de S^t^. James il a eté forcé pareillement bien des fois de le planter là pour les discours indécens qu'il lui avait tenus. En parlant de son Tristam Schandi, il dit au méme Prince: qu'ayant écrit plusieurs ouvrages sensés, sans le moindre succès, il avait composé un Livre rempli d'extravagances singuliéres ausquelles souvent il ne comprenait rien lui méme, que malgré ceci le méme Livre lui avait valu de l'argent et de la reputation; et qu'il était maintenant à en composer un autre, dans lequel il serait fait mention de nous tous. Peut etre aurait ce eté dans la seconde partie de ses *Travels* en parlant de l'Italie. Le Lendemain du depart du Prince regnant, de Lomdres, je le rencontrai dans la rüe: *Comment se porte votre Prince?* me demanda t'il. Il est parti pour l'Allemagne, lui dis je, et je suis en peine par rapport à son trajet de Douvres, à cause de Vent Violent qui souffle. Sur cela il mouilla un doigt, éleva le bras, et aprés avoir resté quelques instans dans cette posture: *Ne craignéz rien* dit il, *le vent est favorable*; et s'en alla. C'était la derniére fois que je l'ai vu. En Italie il portait l'epée et une bourse. La Taille douce à la téte de la Traduction allemande de ses sermon lui ressemble beaucoup. Il m'a parû être roux, sa couleur était pâle il avait des marques de la petite Vérole, clair semées et noires dans le Visage. Son smel fungus faisait un autre Original. Un jour il voulut me persuader d'apprendre l'Anglais. Toute la difficulté dit il reside dans la prononciation de la Diphtongue *The*, mais moyennant une certaine façon de plier la langue, vous l'aurez incessament surmontée. *Comme Anatomiste je dois scavoir cela. Regardéz moi faire!* Il ouvrit la gueule et me montra la sienne. *Voyéz comment il faut s'y prendre. A ça prononcéz The! The!* Par complaisance j'essayai cette prononciation une couple de fois, lorsque tout d'un coup j'eus les doigts du sieur Scharp dans la bouche, qui prétendit m'arranger la Langue. On le voyait dans toutes les Eglises et Lieux publics, ses Tablettes à la main, son *Cicerone* à coté, écrivant ce que celui la lui dictait. De ces Observations jointes aux avantures dans les Auberges, se sont accrües les *Lettres sur l'Italie*, qui pendant notre sejour en Angleterre furent achetées et lües avec une telle Avidité que je ne doute nullement qu'il n'ait tiré de ce Livre tous les frais de son Voyage.

Hamilton fait une jeune femme des plus aimables parmi plusieurs autres Talens de son Sexe, elle touche le Clavecin dans un degré de perfection qui lui mérite les applaudissemens de tous les connaisseurs. Aprés trois ou quatre ans de mariage, elle est encore fort éprise de son Epoux; c'est un penchant dont elle ne fait pas du tout parade, elle s'efforce plutôt à le cacher, afin de complaire encore en ceci à Mr. Hamilton, qui semble le désirer. Cette passion transpire pourtant de tout coté malgré qu'elle en ait (signe distinctif d'une veritable) et cela par des traits ingénus, infiniment flatteurs pour celui qui en est l'objet. J'en rapporterai un qui m'a plu préférablement. Mr. Jemminot avait fait copier un Cupidon (je crois de Vanlo) que Mr. de Hamilton possédait. On plaça les deux Amours L'un à coté de L'autre, et l'on trouva qu'il était impossible de les distinguer. Mdme. Hamilton s'approcha insensiblement de son Epoux et lui dit de basse voix: *Hamilton. je demèle bien le votre à son air mutin.*

Cette Dame était fort aimée dans deux Couvents de filles nobles de /103/ la première extraction; elle eut la bonté de nous y mener un matin. Dans le premier dont la regle est sévére on lui en députa trois: si on avait voulu représenter les trois ages de beauté de la femme un chacun dans le plus grand éclat dont il soit susceptible, on n'aurait pu mieux rencontrer. La Mère était une personne de 28. à 30. Ans trés Appétissante, des Appas parvenus à maturité; son maintien modeste et sage ne marquait pas la moindre Cagotterie. La seconde pouvait avoir 17. a 18. ans: belle dans toutes les acceptions de ce mot, elle ressemblait aux Madonna des plus habiles peintres. Elle était sur le point de prendre le voile et de faire ses voeux. Mdme. Hamilton tacha de l'en dissuader, mais l'entousiasme s'était emparé de son coeur inexpert, loin de réfflechir aux raisons de Mdme. Hamilton elle essaya de la convertir elle même, et de la persuader de quitter le monde et son Mari. Une telle proposition faite à notre Ambassadrice fournit plusieurs situations agréables. Quel dommage! s'ecria la pauvre innocente, que la perte d'une ame comme celle de cette chere Hérétique. Durant la Controverse, la plus jeune, enfant de 11. à 12. ans, promenait des regards frippons à travers la Grille, qui faisaient suffisamment entendre combien elle applaudissait aux Argumens de la charitable Anglaise.

Dans le Second des Couvents on vit avec beaucoup moins de constrainte. Le Parloir n'etait divisé que par une grande porte ouverte, dont le seuil simplement marqué au parquet, traçait la séparation. Le Duc de Noya, qui y avait trois filles vint avec nous. Mr. Hamilton badinait avec les petites Religieuses; il faisait semblant de vouloir franchir la ligne de démarcation; elles le prièrent en riant de ne pas l'entreprendre;

Mr. Hamilton mit du moins la jambe dans l'espace interdit, et les Nonettes accoururent pour la repousser. Enfin cette plaisanterie anima la Conversation, qui fut on ne peut pas plus gaye.

Le 11.

/104/ L'aprés midi nous quittames Naples. Le chemin jusqu'à Arienzo est fort bon et va dans une plaine, mais lá commence une gorge qui monte dans les Appennins en s'etrécissant. Dans le voisinage d'un Bourg appellé Arpago les habitans montrent vaguement l'endroit des Fourches Caudines, d'ont au moins le nom s'est conservé parmi eux. Ce passage entre les Montagnes a cependant toutes les qualités qui doivent avoir concouru à une evenement de cette nature, et aprés avoir examiné le tout, je ne doute presque plus que ce n'en soit ici la scéne. A Monte Sarchio, où nous arrivames tard, nous trouvames au Château un Soupèr prèt et des Chambres préparées par Ordre du Marquis del Vasto Avalos à qui ce lieu appartient.

Le 12.

De grand matin nous partimes pour Benevento. Parceque les Chemins sont impraticables pour les Voitures, notre généreux hôte que nous ne connaissions pas seulement de vuë, avait eu soin de nous envoyer 4. beaux Mulets magnifiquement enharnachés. Il est sûr qu'on ne pourrait pas faire ce Chemin-ci à cheval, mais le mulet marche avec une circonspection surprenante, jamais il ne pose le pied sans avoir sondé préalablement si les pierres sont firmes. Je remarquai des Montagnes asséz hautes dans cette Province habitée jadis par la Nation guerriére des Samnites, à qui ces montagnes servirent pour un tems de rempart contre la rapacité Romaine. Nous ne mîmes pied à terre à Benevento que pour considerer le bel Arc de Triomphe de Trajan, le seul de tant d'autres Monumens de cette espèce qui se soit tout à fait conservé. Riche d'ornémens et de Bas reliefs, de façon qu'il en pourrait déplaire au premier coup d'oeil, il a celá de particulier, qu'il se trouve sans portes de coté, n'ayant qu'une entrée capitale. Tout ce qu'il y a de gaté, consistant dans les parties les plus sortantes des Basreliefs, ne l'a eté ni par le tems ni par les révolutions arrivées; mais aux jours de fète, les garçons de la rüe s'attroupent, et s'exercent à /105/ exterminer par des coups de pierre, ces restes du Paganisme qui à ce que cette populace s'imagine, ne conviennent plus à une Ville Chrétienne.

Etant de retour à Monte Sarchio à une heure apres midi nous allames encore jusqu'à Capoüe. Autant que j'ai vu de ce Royaume, les plaines sont cultivées et fertiles; dans les montagnes mème, en allant à Benevento, jai trouvé beaucoup de Champs labourés. La province m'a paru passablement peuplée en

considèrent que la Contagion qui régna il y a deux ans a emporté au dela de 400 000. ames. Le préjugé vulgaire fait les Napolitains fourbes et méchans je n'en ai pas fait l'expérience, au contraire les gens du commun, avec lesquels on a à faire ordinairement en voyageant, m'ont paru d'une asséz bonne trempe. Leur pays produit toutes les choses nécessaires, et encore quelques unes des superflües. Des grains, du Ris, du Sucre, du Vin ; on y éleve des betes à corne en multitude, et de bons chevaux ; la soye qu'on gagne est abondante. La Sicile livre du fer. Combien d'Articles pour le Commerce ! Cependant il n'y en a point ici, on n'y songe pas méme. En un mot comme je l'ai deja dit, le peuple aussi bien que le pays offrent une vaste et non pas ingratte Carriére à leur jeune Roi, de se rendre celebre en faisant le bien. Mais selon l'éducation qu'on lui donne et selon les talens qu'il fait paraître ce ne sera pas sous lui que cette Nation s'élevera.

Le 13.
De Capoüe à Fondi.

Le 14.
De Fondi à Piperno. Comme l'on voit nous retournons sur nos pas ; je ne fais donc point d'autres remarques que celle lá : qu'il m'a paru que tout le pavé de la Via Appia etoit de la Lave, et si l'on voulait douter qu'elle eut eté prise du Vésuve, je puis appuyer ma conjecture des Volcans éteints de l'Isle d'Ischia, lesquels fourniraient encore au-/106/jourd'hui de la Lave suffisamment pour en paver tous les grands chemins de l'Italie.

Le 15.
De Piperno à Rome. Ce jour ci nous rencontrames le Courrier ordinaire. Son monde était plaisamment composé : de 5. ou 6. sedia il y avait dans chacune un gros et vigoureux Moine à coté d'une fille d'apparence joyeuse. Quand je songe aux nuits que cette Compagnie choisie va passer en chemin dans les Auberges je ne puis m'empécher de rire.

Lettre VI.
à Rome ce 17. Mars 1766.
Nous sommes de retour à Rome mais non pas par mér comme ce fut notre intention. Il n'y avait point à Naples de Vaisseau Anglais prét à faire Voile pour Civita Vecchia ou Fiumicino, et les Batimens Italiens, outre qu'ils sont malpropres, en allant avec eux on s'expose à la possibilité d'être accroché par un Corsaire barbaresque, qui ne laissent pas d'infester ces parages, et vous comprenés bien que ce n'est pas mon affaire d'aller vous écrire

d'Alger ou de Tripoli. Cependant nous avons taté un peu du liquide Elément en allant de Naples au Cap de Miséne; il était ému autant qu'il le fallait pour balancer tout doucement notre Bateau, mouvement qui nécessita le Prince Jean George de décharger dans le sein d'Amphytryte, nous autres tinmes bon.

Ici nous ferons probablement encore un sejour de plusieurs semaines; j'y souscris de bon coeur, jai mes petites aises, et je m'applique à la langue: si cependant on voulait partir, avant ce terme, je n'en serais pas faché non plus, puisque ce n'est qu'en quittant une Ville aprés l'autre que je reverrai nos Dieux domestiques.

Je plains la mort du pauvre Moufti, il m'aimait, et perdre une Créature qui nous aime, c'est toujours perdre, quand méme l'existence de son ame ne serait pas bien prouvée.

Salüëz Charles et dites lui que je n'épargnerai rien pour le satis-/107/faire; je doute pourtant qu'on fabrique ici des armes, une couple d'Indulgences serait plus facile à trouver qu'une paire de Pistolets.

Voyage de Castel Gandolfo et de Porto d'Anzo.
Le 19.
Le Cardinal Albani, ayant fait au Prince L'offre obligeante de ses Maisons de Campagne, nous partimes dans la Compagnie du Prince Mecklenburg Streelitz, de ses deux Compagnons de voyage, et de l'Abbé Vinckelman pour aller voir les environs de Rome du coté Méridional. Nous dirigeames d'abord notre route sur Frascati; cette petite Ville est à 12. Milles de Rome au pied d'une partie des Montagnes qui d'un coté s'appellent *Monte Cavo*, et de l'autre *Monte Artemisio.* Cette Contrée jadis pleine de Maisons de Campagne des gens les plus célébres de la République, n'en est point dépourvüe de nos jours. Celles que nous visitames de ces *Villa* furent: La Taverna, Monte Dragone, des Jésuites, le Belvedere, et de Conti. Dans celle de Monte Dracone il y a une tête colossale d'Antinoüs, que Mr. Vinckelman range d'abord aprés l'Appollon en egard à la beauté de l'art. La Cascade du Belvedere est bien belle, les eaux jaillissantes, y sont employées en plusieurs maniéres plaisantes. Dans celle de Conti j'ai admiré la grandeur des arbres qui ont véritablement la méme élevation où les Dessinateurs les poussent si souvent sur le papier, la vue principale de toutes ces *Villa*, baties sur le penchant de la Montagne audessus de Frascati, va vers la Capitale; mais je ne trouve pas que cette vaste plaine tout à fait dénuée d'arbres, d'arbustes, d'eau et de Villages, forme un aspect agréable.

Parvenu au sommet de la Montagne, on rencontre une Mosaïque, sur laquelle les R. R. P. P. Jésuites, qui en sont les possesseurs, on fait élever un petit Bâtiment, pour la garantir

des injures du tems. Le Carreau du milieu représente une téte de Minerve, et la Tradition veut, que ce plancher soit un reste de la Maison de Ciceron, qu'elle place /108/ dans cet endroit ci. Vis à vis sur la cîme d'une Montagne voisine paraissent les ruines de Tusculum, consistant dans des mazures et monceaux de pierres couvertes de ronces.

Le chemin de Frascati vers Grotta Ferrata va entre des hayes entetenües, de façon qu'on pense voyager continuellement dans un Jardin. Vers le soir nous arrivames à Castello dans la Maison de notre bon Cardinal, où des appartemens propres et commodes, joint à la bonne societé dans laquelle nous nous trouvames, nous promirent un séjour délicieux.

Le Lac d'Albano semble former un grand Carré long à peu prés de 6. Milles de circonférence. Une Digue de hautes montagnes l'entoure, mais que cette bordure parait belle à celui qui se proméne sur sa créte ! tout ce qu'un endroit peut avoir de riant en orne les deux talus, chaque pas offre une scéne nouvelle. Le plat pays, Rome, la Mér, le Promontoire de Circé, des bois composés de Ciprés, de Lauriers et de Lecini ; des Collines ; tous ces Objets se montrent dans des perspectives différentes.

Castel Gandolpho est eu haut de la ditte bordure du coté de Rome. A son opposite sur le mème lieu où fut autrefois Alba Longa, est le Couvent de Pallazzuolo, au dessus de lui s'eléve la cime du *Monte Cavo* qui porte un Monastere bati sur les fondemens du Temple de Jupiter Latiaris, où tout le Latium venait sacriffier dans de certaines occasions, et qui pouvait aussi etre vu de tout le Latium.

Quand on fait le tour extérieur de ce grand rébord du Lac, Albano est le Bourg le plus voisin de Castillo ; des Jardins embellis par plusieurs belles et grandes ruines, des Maisons de plaisance, de hautes Allées d'arbres, unissent ces deux Endroits. Devant la Porte d'Albano à main droite, se trouve un reste du Mausolée qu'on dit être celui du grand Pompée. Entre Albano et la Riccia est situé le Monument célébre connu sous le nom de celui des Horaces.

De là on remonte vers Genzano une autre Montagne qui renferme dans /109/ son sein le Lac de Nemi, comme le Lac d'Albano est renfermé par la sienne. Le Bourg de Nemi est vis à vis Genzano ; en bas sur le bord de l'eau se montrent quelques mazures, vestiges du Temple de cette *Diana Taurica*, appellée ici Nemonensis, dont toujours un Gladiateur fut le premier Pontife ; avec l'obligation de se battre contre chaque autre Gladiateur aspirant à ce Poste sanglant, dont celui qui tuait l'autre restait revetu.

Mais veut-on voir des lieux vraiment poëtiques, des lieux tels que la fantaisie se plait quelques fois à parcourrir dans

des réves mélancoliques, il faut descendre sur les rives du Lac d'Albano. Deux Grottes ou Nymphées, consacrés apparemment à ses Orades avec beaucoup d'autres objets analogiques, et la superbe Ecluse, ou Emissaire comme on la nomme, vous mettront en doute si vous ne songéz pas. Tite Live a deja parlé de cet Emissaire, une des grandes entreprises des Anciens Architectes. Je n'entre pas dans la description de cet ouvrage, ni de ses environs ; il est des details difficiles à rendre sans s'ennuyer, et si cela arrive on peut étre persuadé d'ennuyer aussi son Lecteur.

Nous fumes de fort bonne humeur à Castello, entre autres il passa une scéne burlesque entre le Prince de Mecklenburg et Vinckelman. Ce dernier s'etant engagé d'etre notre pourvoyeur, le Maitre d'hôtel du Cardinal lui avait envoyé deux Anes avec des vivres. Le dernier jour il se trouva, que la voracité allemande avait mis en défaut la sobre prévoyance italienne ; au diner nous nous vîmes à bout de nos victuailles et n'avions rien à souper. Vinckelman en fut trés fâché et même honteux, je ne sais pas si c'était pour nous ou pour son Cardinal ; il tâcha cependant de dissimuler. Le Prince de Mecklenburg s'en étant appercu, et aimant à le turlupiner, chagrin par dessus de se coucher à jeun, ne cessa pas d'en parler et de faire des reproches à Vinckelman. Celui ci s'impatienta bientôt, et des paroles /110/ ils vinrent aux coups, qui, pour étre portés en riant, n'étaient pas du tout sans aigreur des deux cotés.

Le 22.

De Castello notre petite Société se rendit a Porto d'Anzo. En descendant de Castel Gandolpho on entre dans une plaine qui va jusqu'a la Mér. A main gauche reste Velletri au pied des Montagnes, dont la chaine s'allonge vers Terracina. C'est ici la Contrée basse avoisinant les Marais Pontins. Aprés un chemin de 5. Milles on atteint une Foret qui communique aux dits Marais et de laquelle on ne sort plus que tout prés de Porto d'Anzo. Ici une autre Campagne de l'Hospitalier Albani tout aussi jolie que celle que nous venions de quitter, nous servit de rechef d'azile. Batie sur le rivage de la Mér, le petit Port devant elle, la vüe dont on y jouit est admirable. A la droite s'étendent le long de la rive les ruines d'Antium et de son Môle, à la gauche se présentent deux autres maisons de Campagne avec leurs Jardins, ainsi que la Ville de Nettuno. Tout cela fut visité et parcouru.

En attendant les ânes de Vinckelmann étaient revenus chargés outre mesure ; il appella le Prince son Antagoniste et nous tous, en nous demandant si nous étions contens, et si du moins nous ne mangerions pas les Porteurs ? Pour l'en punir nous nous donnames le môt de faire notre possible afin

de le mettre une seconde fois à sec; mais il avait pour le coup si bien pris ses mesures que nos peines furent perdües.

Nous poussames par la suitte nos excursions jusqu'à la Tour d'Astura à 7. Milles de Porto d'Anzo, pour y voir les grandes *Substructions* sous l'eau, sur lesquelles cette Tour fortifiée est batie. Dans ce chemin on rencontre encore plusieurs autres ruines couvertes par la Mèr, quon reconnait sans contredit pour des Maisons de Campagne submergées.

Mais le plus beau que j'ai vu durant notre sejour fut le spectacle /111/ superbe de la Mér soulevée et furieuse. Un vent impetueux de Nord Ouest l'ayant battüe 36. heures de suitte les vagues monterent à un degré de hauteur extraordinaire. J'avoüe cependant que sur cet article mon imagination avait outrepassé la réalité : tout terrible que soit l'aspect d'une Tempète, j'en avais une idée plus grande encore. Le bruit qui l'accompagnait fut ce qui me surprit le Plus; il n'y a rien dans la Nature à quoi il soit comparable, le fracas méme du Tonnere disparait dans le paralelle.

Le 26.
Retour à Rome. La belle Saison commence son régne, mais elle arrive imperceptiblement, et n'opére pas la révolution brillante de nos climats. La raison en est qu'une grande partie des arbres conservant leurs feuilles dans ce pays-ci, l'hiver reste toujours verd quoi que d'un coloris sombre et foncé. Chéz nous au contraire, où il est brun s'il n'est pas blanc, le retour du Printems occasionne un changement total de la Scéne, un vrai coup de Théatre; l'oeil est d'autant plus ravi du verd nouveau, qu'il en a eté privé pendant six mois, sans compter que le verd des arbres qui se dépouillent, est toute une autre chose, que celui de ceux qui gardent leurs feuilles. – Un Printems éternel ne serait pour moi qu'un quart de Printems et la Monotonie; pourquoi serait elle plus agréable dans la Nature que dans la Musique ou dans la Peinture?

Lettre VII.
à Rome ce 2. Avril.
Je viens d'avoir mon excommunication de premiére main (comme a dit le feu Cardinal Passionnei) sous l'article de Corsaires et Calvinistes; car c'est ainsi que la Bulle *in Cena Domini* sait classifier ses Damnés. Nous nous trouvames à la Cérémonie aussi vaine qu'auguste du Jeudi Saint, pour ainsi dire sous les ailes du Souverain Pontife, ou pour parler plus proprement, immédiatement à coté du brancard porté /112/ par des Valets de Chambre en Soutanne, duquel il lance la foudre, signifiée par un Cierge de grandeur médiocre.

Dés que l'on commence à monter vérs les hauteurs, on passe tout prés devant le. Tombeau des Plautes bati sous Auguste ; c'est un grand et beau Monument de figure ronde et fort semblable à celui de Metella, connu sous la dénomination de *Capo di Bove* hors la Porte S[t]. Sebastien à Rome. Ensuitte on laisse la riviére toujours à gauche.

A mi-côté de la Montagne commence la Ville, une partie en est de ce coté-ci du Tréveronne, et tout en haut elle s'étend aussi de l'autre. Dans l'endroit ou Tivoli entoure la riviére des deux cotés, se fait la grande Cascade ; de la, divisée en plusieurs bras /115/ grands et petits, l'eau va tomber par des chutes nombreuses, jusqu'au fond de la Vallée, ou toute la rivière se réunit de nouveau. Pour jouir de ce spectacle il faut sortir de la Porte supérieure ; avant d'y arriver on passe le Pont qui joint les deux parties de la Ville et au dessous duquel l'eau se perd en écumant dans des profonds Abîmes entre les rochers.

Etant hors de la ville on tourne à gauche pour suivre le cours de la riviére. Le premier objet qui s'offre alors est le Temple de la Sybille, qui, quoiqu'il soit dans la Ville, ne se présente nulle part si avantageusement que d'ici. Il pose sur des soubassemens d'une hauteur extraordinaire, et les flots de l'Anio ne passent que d'une cinquantaine de brasses an dessous de lui.

Aprés avoir marché une petite demi-heure dans la ditte direction, par un chemin qui tient le milieu de la Montagne, on se trouve à l'endroit de la première partie des Cascatelles, (dont la seconde n'est éloignée que d'environ 600. pas.) on peut approcher tout prés de la rivière qui sort à main gauche des rochers pour les voir d'en bas, et quand on se met sur une hauteur opposée on les découvre d'en haut. De quel coté qu'on les considère c'est un coup d'oeil ravissant. Neuf ou dix torrens se précipitent dans des lieux divers, tous de façon différente. L'un saute impétueusement de rocher en rocher, l'autre se glisse doucement à travers les herbes, encore un autre se rassemble dans un Bassin, serpente une trentaine de pas sur une rampe et recommence à tomber. Tout ceci se fait sur le penchant d'une Montagne couverte de Verdure, Tivoli au dessus.

Les grandes ruïnes de la Villa de Mécène décorent la seconde partie des Cascatelles moins belle que la premiére. Par une des ouvertures ou fenêtres de ce Palais antique, sort un troisiéme bras de la riviére pour se précipiter en bas, et justement dans le mémé en-/116/ droit, nait un Liérre touffu, s'étend au loin et tapisse les murailles.

Pour retourner dans la Ville il faut achever de descendre dans la Vallée. Sous deux Arcades Antiques on trouve ici une Source d'eau receuillie dans deux grandes Auges de Travertino,

où elle sert d'Abbreuvoir aux troupaux ; rien de plus clair de plus limpide que cette fontaine à qui des Arbres surannés prétent une Ombre favorable. Vinckelman est d'opinion qu'on pourrait, (non sans être fondé,) la croire le *Fons Blandusium* d'Horace.

On repasse ensuitte le Teverone par un autre Pont, et remonte vers Tivoli sur le pavé antique de la chaussée qui conduisit dans la Sabine que l'Anio sépara du Latium.

La *Villa Adriani* est à 4. Milles de Tivoli, du coté de Palestrina dans la Plaine. Des Vignes au pied des Monts en couvrent à présent les vastes ruïnes. Si la chose n'était pas si bien constatée, on croirait trouver les restes d'une Cité considèrable, mais cette grande étendüe empéche en méme tems de se former la moindre notion du plan de cet immense Edifice. Sans parler des Portiques, Crypti portiques, Salles, Bains et autres Appartemens, je me bornerai à dire, qu'il y a trois Temples et deux Théatres, mieux conservés que la plupart de tant d'autres ruïnes qu'on voit ailleurs. Une grande Construction appellée le *Cento Camerelle*, peut avoir servi selon l'idée de Mr. Vinckelman, à une espece de Cazerne pour le Gardes Prétoriennes ; le grand nombre de Chambres sans communication entre elles rend cette conjecture trés vraisemblable.

Nous employames 4. heures de tems pour visiter et parcourir ce Labyrinthe de mazures, malgré cela nous fumes obligés d'en abandonner plusieurs parties. Les Statües les plus précieuses de Rome, L'Appollon et le Làocoon exceptés, ont été trouvées ici ; et sans doute en trouverait-on encore si on faisait fouiller avec soin. /117/

La *Villa Estense* à Tivoli, mérite plus d'attention à cause de sa vüe vers *Monte Celio* et *Palombara*, que par sa Gallerie de Pissotieres et quelques autres Jets d'eau.

Le 5.
De Tivoli à Rome. Le Lac des Isles nageantes n'est pas loin de Tivoli et fort peu distant de la route de Rome. C'est proprement un Etang d'une étendüe médiocre sur lequel on voit en effet quelques Islès qui nagent sur une eau de souffre dégoutante à voir. La plus grande n'aura pas je crois 30. pas de circonférence, et plusieurs des petites pourraient étre emportées commodément. Il se reconnait facilement que toutes ne consistent qu'en quelques roseaux et joncs détachés des bords et accrus par la substance épaisse de l'eau. Ordinairement elles se tiennent attroupées dans un coin du Lac, quand le vent change il les pousse dans un autre. De ce Lac découle encore le ruisseau de souffre qui traverse la plaine, qui remplit l'air de ses exhalaisons, et dont un bras se perd sous terre.

Voyage à Fiumlcino et retour.
Le 9.
Les rives du Tibre de ce coté ci sont un peu mieux cultivées que les autres environs de Rome. Avant d'arriver au Bassin de Trajan on laisse à main droite les ruïnes d'un Temple dont la voute est tombée en bas tout nouvellement. Le Port ou Bassin lui méme est encore rempli d'eau, mais il n'y plus la moindre communication avec la Mèr; un revétement élevé couvert de broussailles, l'entoure. Le Port de Claude sa trouve à coté, tout rempli de fanges, ce n'est plus qu'un Marais. Ces deux objets, joints au reste de la Contrée, composent un coup d'oeil triste et désagréable. Un vieux Castel du moyen âge tout prés du Port de Trajan, sert d'hotellerie, et s'appelle Porto. De la il y a encore 3. Milles jusqu'a l'embouchure du Tibre, defendüe par une Tour quarrée et fortifiée Un certain nombre de Huttes à L'usage des gens de Mèr situées sur la /118/ rive droite, de l'autre une Maison de Campagne avec ses appartenances, portant le nom de Fiumicino, mais le tout s'abandonne pendant l'Eté à cause du mauvais air. Cette embouchure ci, est seule navigable, la seconde qui passa à 3 Milles plus bas proche d'Ostia, étant bouchée. La Navigation qui se fait à Fiumicino est bien peu de chose; quelques Barques pour la péche, quelques petits Bateaux allant au plus loin à Naple ou à Livourne, et voila tout.

Lettre VIII.
à Rome 12. Avrill.
Le Pape. qui quoiqu'on en dise a sçu acquerir mon amitié, se mèle peu des affaires du Gouvernement. Son unique passion c'est de bien manger, et en faisant celà il se conforme à l'étiquette qui veut qu'il dine seul. Le Majordôme, second de ses Neveux, lequel il aime préférablement aux deux autres, y assiste debout; il est encore grand Prieur de l'Ordre Malte et Ministre de la guerre. On dit qu'il sait bien amuser son oncle sans y mèler des Clabauderies; j'ai observé qu'en conséquence de celá il est fort bien vu partout. Du reste sa figure n'est point prévenante, ètant petit et contrefait, mais il aime à vivre, et visite les Spectacles à l'insçu du Pape qui ne manquerait pas d'en gémir puisque le Clergé n'ose pas y assister ouvertement sous le regne de Clément XIII. – Du tems de Benoit XIV. cela s'est fait, le Pape lui méme s'est hazardé une seule fois d'aller incognito à L'Opéra, mais le lendemain on trouva écrit sur la Porte du Théâtre: *Indulgence pleniére.*

L'ainé des Rezzonico décoré de la pourpre mène quoique dans la fleur de l'age, une vie extremmement exemplaire.

Le Cadet qu'on appelle Don Abundio a la Charge de Senateur de Rome qui est seculière (l'unique de quelque considèration.) C'est un vèritable Antinous en beauté, avec des

maniéres douces, affables et polies, Jai oublié de dire qu'aussi Monsignor Rezzonico se pique de beaucoup de Civilité. Ni l'un ni l'autre, à ce qu'il parait, n'entrent point dans /119/ les affaires, de façon qu'on est asséz content du présent Népotisme. C'est le Cardinal Torregiani Florentin qui tient le Gouvernail, ayant le département de secrétaire d'Etat. J'entens qu'on se plaint de lui ; je ne suis pas à portée d'approfondir si c'est à tort ou non.

L'Abbé Vinckelman m'a dit que le Saint Siége n'etait pas si riche qu'on le croyait parmi nous, et que ses revénus, la Daterie y comprise, n'excedaient point la somme de 2. Millions de Scudi. L'Economie intérieure de la Maison des Souverains Pontifes semble affirmer celà, une trés grande modicité regne par tout dans leurs meubles ; à Castel Gandolpho jai observé des Chaises de bois dans les Chambres méme où le Pape demeure.

Le Cortége ordinaire du S[t]. Père quand il sort, parait asséz singulier avant qu'en y soit accoutumé. Un détachement de ses Chevauxlegers fait l'Avant garde le pistolet à la main, exactement comme en pleine guerre un parti de Cavallerie pousse ses flanqueurs au devant. Vient aprés monte sur une Mule le Guidon, qui est au Prélat portant la Croix. Plusieurs autres Ecclésiastiques tant à Cheval que sur des Mulets. Le Postillon et le Cocher sans Chapeaux en grandes perruques carrées. Le Carosse est d'une étendüe démesurée et ressemble à un Salon ambulant. Encore un autre Carosse, et puis une brigade de Cuirassiers de la Garde forme la marche.

Les Chevauxlégers et Cuirassiers ont des Uniformes chamarrés d'or et d'argent de même que les housses, mais j'en ai remarqué parmi les derniers ayant attaché leurs Cuirasses avec des ficelles. En génèral on ne peut se défendre de rire en les voyant pour l'air gauche et bourgeois qu'ils ont. Cependant un jour la Comtesse Cheroffini m'appella a la fenétre afin de me montrer ces Troupes de la maison de ses Souverains, et me demanda ensuitte : si jamais j'avais vu une Cavallerie plus leste ? Cette Dame est plaisante ; un bon nombre de *Conclave*, dans lesquels le Saint Esprit ne s'est point avisé de nommer Albani, ne lui a point du tout abbatu le courage, elle espere toujours de le voir sur le Siège /120/ de S[t]. Pierre. – Comme elle voit que la Prince Jean George marque du gout pour sa cadette la *bella Léna*, elle lui a dit en confidence, qu'aussitot qu'il apprendrait que le Cardinal Albani fut Pape, il devrait revenir à Rome, en lui faisant sentir, qu'alors les plus grands emplois, celui par exemple de Commander l'Armée, seraient à sa disposition.

Vous voulèz cher ami que je vous indique quelques traits du Caractere de l'Abbé Vinckelman : c'est un homme plein de feu qui ne parle guère avec quelque continuation sans s'animer. S'il avait moins de capacité on dirait qu'il eût le ton tranchant, mais

un Sçavant tel que lui, possède à bon titre le privilége de décider. Il a cependant des prejugés qui sautent a des yeux aveugles en comparaison des siens; non obstant cela, je ne conseille pas de lui contredire, surtout à Table, où en bon Allemand le Vin d'Orviéto, qu'il aime de préfèrence, lui monte souvent à la Tête. Il arriva dans une pareille occasion, que venant à parler du Roi de Naples il mesura peu les termes, disant tout net: *c'est une bête* Monsieur l'Abbé! lui dit le Prince de Mecklenburg, qui dans ce moment se souvint peutétre d'avoir un Roi pour beaufrère, songéz que vous parlez d'une Téte couronnée, et que dans peu de jours ce jeune Roi sera déclaré majeur. *Parbleu!* s'écria Vinckelman, *ce sera alors une bête majeure.* Il ne me parait pas aimé du Vulgaire; ses maniéres brusques en peuvent étre une raison, en second lieu, Messieurs les Romains se trouvent honteux qu'un Vandale, comme ils disent vienne expliquer leurs Antiquités avec une Erudition qui surpasse toutes leurs connaissances, et qui les étonne. Vinckelman est de taille mèdiocre, asséz maigre, le dos un peu vouté; ses yeux sont gris et vifs, les os au dessous sortans; le néz arqué; il est marqué de petite Verole; sa démarche est vite et précipitée.

On donne à la Ville de Rome 150 000. habitans, je n'en doute presque pas, quoique en général le tableau de ses Places et rües soit asséz désert; une grande monotonie y domine encore, parceque l'on ne voit /121/ quasi que des Ecclesiastiques ou des Moines. Bien des personnes mariées endossent ici l'habillement d'Abbé comme celui qui donne le plus de consideration; c'est ainsi que jadis dans les Etats de Prusse, la plupart des gens en place, depuis le Conseiller privé jusqu'au Commis de la Doüanne, affectaient l'air militaire, et porterent des habits bleus, justes et courts.

La mendicité est extremmement répandüe à Rome; quand on a fait sa premiere Visite à un Cardinal, le lendemain il vient sa *famiglia*, c'est à dire une députation de ses domestiques, à qui l'on donne quelque argent pour boire, *buona mancia*, mot qui retentit car toute l'Italie,

Voyage de Rome à Palestrina et Retour.
Le 17. Avrill.
Palestrina, l'antique Préneste, et à 24. Milles de Rome. On sait asséz quels événemens la rendent celebre dans l'histoire. Il y eut jadis un vaste Temple consacré à la Fortune. Afin de porter cet Edifice la pente de la Montagne a été repartie en 7. Terrasses ornées de Galleries et Portiques. Aujourd'hui le Chateau des Princes Barberini, à qui Palestrina appartient pose sur les fondemens du Temple, comme le reste de la Ville est bati sur une partie des murs du soutenement des terrasses. De ces dernieres, les trois d'en bas seules, se demelent bien distinctement. La totalité des ruines de cet Ouvrage

colossal suffit pourtant pour s'en former une Idée. La Montagne me semble appartenir aux Appennins; vers son sommet se reconnait l'ancienne enceinte de Préneste dans toute sa circonference, dont la Ville moderne n'occupe qu'une portion inférieure, mais rien que le pied du mur ne s'est conservé. La Contrée opposée consiste dans une plaine environnée tout autour de Collines excepté vers Rome, où une gorge spacieuse reste ouverte. Du Château on voit par dessus les Collines, entre les deux hautes Montagnes de Cavo, et de Coré droit vers la Mèr. La ligne de direction ira à peuprés sur /122/ Nettuno. Du tems que le Temple existait il a du étre vu d'une grande étendüe de Pays. Dans le méme Chateau on montre un pavé mosaïque d'une trés grande Antiquité; Vinckelman le dérive du tems de Sylla et dit que c'est la plus ancienne Mosaïque dont il ait connaissance. Nous fumes témoins de la découverte d'un autre pavé mosaïque, que le Cardinal Albani acheta depuis, elle se fit dans une Vigne hors de la Ville au pied de la Montagne.

Lettre IX.
à Rome ce 20. Avrill
Nous sommes présentement sur notre départ. Afin de couronner ses oeuvres, le Cardinal albani a fait appréter un grand répas dans sa *Villa* ou nous avons mangé le Paon et le Cigne, sans oublier les *Maccaroni* et encore moins les *Granelli frittati*. Ce diner avec un ou deux chéz Monsignor Pergen Auditeur de Rôte, qui cependant est Allemand, sont les seuls que nous ayons remportés, s'entend des Romains, car du reste les étrangers dinent fort souvent entre eux. Le méme Cardinal a fait présent au Prince régnant d'un Hercule yvre, Statüe antique de 2. pieds de hauteur, trés estimé; et le Gouverneur Monsignor Piccolomini, lui a donné un beau Vernet: *debbono esser paghi*.

Vous me demandéz si je suis content de la Societé de ce pays-ci? – pas trop; elle n'est ni instructive ni gaye. Les hommes ne sont guère estimables, je leur préfére infiniment les femmes, et mène les Châtrés s'il le fallait; parmi lesquels il y en a que vraiment on ne peut pas mépriser. Ah! Ecoutéz-donc ce que Vinckelman dit l'autre jour à leur sujet: *Questi sfortunatacci, muojono per la maggior parte del mal francese*. C'est preuve, que d'un certain coté au moins, ils ne sont pas aussi infortunés qu'on présume.

Je vous envoye ci-joint quelques pierres taillées; le vil prix pour lequel on les achéte des gens de la Campagne met leur Authenticité hors de doute. Mais il serait difficile de dire à quoi les Anciens les ont employées, vu le grand nombre qu'on en trouve. Les présentes con-/123/sistent en une Rome assise, une Venus marine, un Appollon, un Sacrifice à Priape, et enfin dans votre animal favori, la Chimére.

Les Scorpions ne sont pas si rares ici qu'on le dit ordinairement, nous avons déja trouvé cinq de ces diables; ils ne sont pas à la vérité de la belle taille des Africains, comme j'en ai vu dans les Cabinets d'histoire naturelle, nais il faut pourtant étre sur ses gardes, surtout maintenant, que le Printems et les chaleurs font sortir ces insectes.

Cette Lettre sera ma derniérc de Rome mais je vous écrirai à la premiere occasion, apparemment de Florence. Quand vous serez exact vous méme dans la Correspondance, vous pourrez compter d'avoir de mes Lettres avec chaque paquet qui part. Adieu

Avant de cesser de perler de Rome je remarquerai une couple de Circonstances relatives à la continuation de notre voyage. Monsieur d' Erdmansdorf resta lá et ne devait venir nous retrouver qu'aprés notre départ de Florence. Mr. Rust partit au commencement du Mois dans la Compagnie de Mr. Benda Maitre de Chappelle de la Cour de Gotha, dans l'intention de profiter du célébre Nardini qui se trouvait à Livourne. C'etait Mr. Godofsky qui pendant l'absence de Monsieur d'Erdmansdorf tenait compagnie au Prince régnant dans son vis à vis. Du reste notre Societé s'etait accrüe d'un membre: le Prince regnant d'abord aprés son arrivée à Rome souhaita de trouver un homme de Lettres, Français de Nation pour lire à haute voix avec lui, afin de s'habiliter dans la prononciation de cette Langue Franque de l'Occident. On lui recommanda un jeune homme du Collége Liégeois, avec lequel il lut l'histoire Romaine, et qui par une conduite honnete et des maniéres agréables sut bientot gagner la bienveillance des deux freres, aussi bien que l'amitié de nous autres. Le Prince Jean George ayant le meme besoin d'accent dans un degré plus marqué résolut de /124/ se l'attacher. Deux jours avant notre départ il lui en fit la proposition, et Monsieur le Roy ne balança pas longtems à troquer son habit d'Abbé contre un Frac et des bottes, Equipage dans lequel il monta gayement sur son Bidet de poste.

Ayant négligé de la faire moi même, Mr. d'Erdmansdorf m'a donné depuis L'Enumération suivante de nos Connaissances de Rome, parmi laquelle il se trouvent quelques unes que nous avons fait à Naples ou que nous y avons retrouvées.

Romains ou demeurant à Rome.
Le Cardinal Alexandre Albani.
Le Card. Jean François Albani.
Le Card. Serbelloni.
Le Card. Orsini.
Le Card. Oddi.
Le Card. Ferroni.

Le Card. Calvalchini.
Le Card. Rezzonico.
Monsignor Rezzonico.
Le Senateur Rezzonico.
Le Gouver. de Rome Monsgr. Piccolomini.
Auditeur de Rote Comte Pergen.
Prince Albani.
Prince Borghesse.
Prince Borghesse frere de la Princesse Altieri.
Le Duo de Grillo.
Le Duc de Lanti.
Le Prince Milliani avec deux freres, dont l'un Ecclesiast.
Msgr. Palestrina, fils de la Princesse.
Mr. Piccolomi, epoux d'une belle femme.
Le Marquis de Breteuil, Envoyé de Malte.
Mr. De S^{t}. Odille Envoyé de Toscane.
Mr. Bianconi Envoye de Saxe.
Mr. Melon Secretaire d'Ambassd de France.
Le Capitne. Ravena
L'Enseigne Cheroffini
Mr. Clerissau. Peintre.

Dames
La Duchesse Grillo.
La Duch. D'Arci.
La Princesse Palestrina.
La Pr. Albani belle soeur du Cardinal.
La Pr. Milliani et sa mère fille de la Pr. Albani
La Pr. Cella mara.
La Pr. Altieri.
Mdme. Marescotti.
Mdme Piccolomini
/125/ Mdme. Carpegna.
Mdme. Bolognetti.
Mdme. Accajuoli. Florentine niéce de la premiére.
Mdme. Valentiniani.
Mdme. Boccapaduli.
La Ctsse. Cheroffini.
Mdme Lepri, Signa. Lena, ses filles
Mdme. D'Onis.
Mdme Clerisseau.

Etrangers d'autres Nations.
Le Comte de Rosenberg de Vienne designé
Ambassadeur en Espagne.

Le Prince de Los Barbaces Espagnl. avec son Epouse et son fils.
Le Comte Rasumofsky Hettman de Cosaques.
Mr. Clerc, son Compagnon de Voyage, Medecin.
Le Duc de San Nicola di Gaeta.
Le Comte de Paar de Vienne.
Le Lieutenant Colonel Oflanagan Irlandais. Son Gouverneur.
Mr. Affligio. Lieutenant Colonel Autrichien.
Marquis Dupleix, Français.
Mr. De Niesemanschel Capitaine Saxon.
Comte Crotti de Crémone.
Mr. L'Abbé Longo de Milan.
Mr. Simonetti Chevalier de Malte.
Mr. Nunetz.
Mr. Sarristori Florentin, Cicisbeon en pied de Mdme. Accajuoli.

Anglais.
Mylord Hilsboroug avec ses deux filles.
Mylord Tilney.
Mr. Child. Son neveu
Mr. Skrine.
Mr. Errington.
Mr. Sterne.
Mr. Beckford.
Mr. Trent. Americain.
Mr. Fuller.
Mr. Macdonald Ecossais.
Mr. Stevard Capitaine de Fregatte.
Mr. Cocks.
Mr. Jenckins, Brocanteur.
Scharp avec trois filles

/126/ Le 23. d'Avrill 1766.
Il ne m'est pas possible d'entrer dans une description circonstanciée du Terrein de tout ce voyage ; il est trop varié et trop uniforme en méme tems. Uniforme eu ce qu'il est bossu et montagneux partout ; varié puisqu'il ne peut pas manquer que ces changemens continuels de Collines de Vallées et de Montagnes, n'offrent de distance en distance des points de vüe trés differens, Le chemin suit au reste l'ancienne direction de la *Via Cassia* qui regna entre Rome et Siéne ; j'en ai remarqué quelques Vestiges entre la premiere et la seconde Poste, dont entre autres un espace de 4. à 500. pas est pleinement conservé, mais deçuis on n'en découvre plus rien.

A Ronciglione les deux Princes et moi nous sortîmes du grand chemin en prenant des Chevaux de Selle pour aller voir à Caparola le fameux Palais pentagone de la Famille Farnèse,

maintenant appartenant au Roi des deux Siciles. Ce chemin peut passer pour un des plus difficiles qu'on puisse entreprendre à Cheval : deux fois nous descendimes dans de profonds Vallons, pour monter ensuitte autant de Montagnes par un sentier trés peu fréquenté et rempli de ronces et d'epaisses broussailles.

Je me dispense du détail de ce Palais, d'ailleurs trés digne de l'attention d'un voyageur, comme je passe sous silence les peintures qui s'y trouvent ; tout celà est décrit, dessiné et gravé. Un seul Médaillon, peint dans la frise d'une Chambre des Appartemens du réz de Chaussée, m'a paru singulier. Il représente un accouchement dans toutes les formes, de maniére que la première entrée dans le monde, s'y montre de façe et sans rideau. Celá dénote un peu les idées que l'on se faisait de la pudicité dans le courant du XVI. Siècle.

L'assiéte du Château sur une haute Montagne
est incomparable ; devant lui s'étend la Ville sur une
Langue de terre inférieure en hauteur, entre deux beaux
Vallons. Dans le lointain d'une plaine à perte de Vüe,
le Soracte elève sa tête bleuâtre jusqu'aux nües.

/127/ Pour rentrer dans la route nous traversames une belle foret sur la Croupe de la Montagne, voyant le Lac de Vico à main gauche en bas. A Monte di Veterbo, Station de Poste entre Viterbo et Ronciglione, nous rejoignimes les Voitures ; depuis cet endroit on s'approche de fort prés du Lac susmentionné.

Jai trouvé aujourd'hui plus de Champs cultivés
que nulle autre part dans l'Etat Ecclesiastique,
ce n'est pas coucher gros pourtant.

Viterbo, où nous pernoctames est une Ville considerablement grande, et fort bien batie, elle a de beaux Edifices avec des rües larges et bien pavées de pierres carrées. En attendant qu'on préparat le repas nous allames faire une Visite à S[ta.] Rose Patrone de la Ville, cette jeune Sainte (car elle est morte au printems de sa vie) nous fit présent de certains petits cordons de vertu miraculeuse dans les accouchemens.

Le 24.

Nous n'avons eu garde de manquer aux deux choses dont chaque loyal Voyageur s'aquitte en passant car Montefiascone, où l'on n'entre pas vu que la Poste est devant la Porte : c'est en premier lieu, d'aller dans une Eglise pareillement hors de la Ville, pour y voir l'Epitaphe d'*Est, Est*, ou la pierre qui couvre les ossemens d'un bon Compatriote Allemand à qui le Vin de cette contrée couta la vie il y a des Siécles ; et de gouter ensuitte du méme jus, dans lequel il se noya, dont je puis assurer qu'il est delicieux. La Figure gravée sur la Tombe indique un homme d'Eglise portant la Mître ; le Cabaret où la Catastrophe se passa existe encore.

Le chemin de Montefiascone à Bolsena, cotoye le Lac du méme nom sur un bord de rochers qui abime les Voitures. Ce Lac d'une circonference de 15. à 20. Milles, présente avec les deux Isles qu'il renferme, un aspect trés agrèable.

Castel San Lorenzo, la Poste suivante, est situé dans un beau petit Vallon ; de là on remonte une Montagne considérable.

/128/ Aquapendente parait toute détruite, des ronces et d'autres herbes qui couvrent ordinairement les vielles mazures, ornent celles-ci trés richement. On s'en approche par un fond entouré de rampes de Collines garnies d'arbres et de buissons, la Ville se présente en face sur une Montagne, en y entrant on est surpris de trouver ces ruines tant soit peu habitées.

Derriere Acquapendente il n'y a plus que des Champs incultes et en friche, mais la quantité de plantes sauvages qu'ils portent, dénote leur fertilité. Cela va si loin, que dans plusieurs endroits, il ne se trouve pas le moindre signe de population, la grande route exceptée. En les parcourant je me suis fait une Idée de ce que durent sentir, ceux qui découvrirent des Terres nouvelles, des Isles desertes.

Un petit ruisseau coulant sur un large lit de cailloux sépare de la Toscane l'Etat des Successeurs de S[t]. Pierre. En entrant dans celle-là, on trouve d'abord une belle chaussée pour preuve d'une Police plus attentive, mais le pays est ici sans doute un des plus ingrats du Globe. La Chaussée monte une Montagne nüe, affreuse, presque dépourvüe de terres, et toutes les autres, aussi loin que l'oeil porte, lui ressemblent. Le Chateau avec le Bourg de Radicofani sont au haut de cette Montagne ; nous y passames là Nuit, et goutames du Montepulciano.

Le 15.

Durant deux Postes au de la de Radicofani les objets demeurent arides et stériles, mais aprés en devenant plus doux, ils se reconcilient peu à peu avec les yeux. Les habitations multiplient, l'on voit des gens qui semblent aimer le travail et qui ne sont plus couverts de haillons comme dans l'infortuné Territoire de l'Eglise, Le sang méme parait aimable ; j'ai observé parmi les jeunes Paysannes avec leurs Chapeaux de paille, *des morceaux dignes de la bouche d'un Roi*, comme dit la Fontaine. Beaucoup de ces jolies Créatures étant employées à garder les Troupeaux, on est charmé de voir se réaliser en partie les images des Idylles et poésies Pastoralles qu'on a lües.

/129/ Siène se montre au loin sur une haute Montagne. Je l'anpellerais *La Propre* par excellence, puisqu'au lieu de la Saleté des autres Villes de l'Italie, où l'on est forcé de retenir l'haleine de peur de respirer de la merde, on trouve ici des rües

nettes et sans immondices. Son Université n'est plus rien. Ce qu'il y a de plus remarquable à voir sont primo; la Brenda ou la grande Place formant un demi Cercle devant la Maison de Ville; secundo la Cathédrale. Celle-ci, beau Monument de la meilleure Architecture gothique (qui quoi qu'on en dise, n'est pas si offensante qu'on le pretend) est construite intérieurement comme extérieurement de marbre blanc et noir, qui se succede alternativement en longue raies l'une sur l'autre. Cet arrangement donne à tout l'Edifice la ressemblance d'une Gueritte prussienne. Le pavé devant le Maitre Autel, représente des sujets de l'Histoire Sainte, tracés sur le marbre avec une grande legereté et précision, et nuancés par des morceaux gris qui y sont incrustés.

Siene jouit encore de l'avantage d'être la patrie de S^te^. Catherine, promise si non Epouse (la Légende ne decide pas bien le fait) de Jesus Christ. Elle vécut vers la fin du XIVeme siècle, et fit des miracles pendant sa vie comme aprés sa mort. Toutes les Chambres de la maison qu'elle habita sont converties en chappelles; plusieurs Tableaux y retracent des Scénes amoureuses entre le belle Sainte et son amant, lequel lui lit des Visittes fréquentes. Un de ces Tableaux représentent comme Notre Dame la fiance à son fils, et comme David joüe de la Harpe à cette Cérémonie. S'il y a des Directeurs asséz pervers à Siène pour abuser de la foi de leurs tendres pénitentes, combien ces peintures ne doivent elles pas leur etre favorables!

Le 26.
L'on cotoye une bonne partie du chemin la Rivière d'Elsa qui se décharge à la fin dans l'Arno. Tout ce que des vües diversifiées d'un Mille à l'autre, la belle Nature et le printems peuvent produire quand /130/ ils sont d'accord, s'est montré à mes yeux enchantés durant cette journée-ci. Les Alpes du Tyrol offrent des Objets qui surprennent, les environs de Tivoli et du Lac d'Albano excitent l'admiration, mais il est réservé à la belle Toscane de flatter les sens d'une maniére douce et paisible. Ce sont des paysages que l'on croit avoir deja vus, qui charment malgré cette familiarité, et que pourtant on chercherait vainement partout ailleurs.

La Situation de la Ville de Pise est des plus heureuses; l'Arno la partage en deux au milieu d'une plaine agreable entourée de Montagnes de trois cotés. Ses rües sont larges et bien pavées, ses Maisons bien baties. L'air y est bon et pur, cependant la Ville est fort dégarnie d'habitans. L'université a le sort de toutes les autres d'Italie, c'est à dire d'etre dans la derniére décadence. D'Edifices publics, il y en a trois Ponts sur l'Arno; celui du milieu célébre par le Combat qui s'y donne tous les trois ans, est de marbre et

d'une belle construction, le Palais Ducal sur la rive droite de la Rivière, est de si médiocre apparence que difficilement on le distingue des autres maisons particulières, la Cathédrale, d'Architecture gothique comme celle de Siéne est toute fois plus grande; La Tour penchante, le Battistère et le Campo Santo (Grand Cimetière public) Edifices pareillement gothiques l'entourent, et donnent à cette Place un air de basse antiquité qui peut plaire.

La Tour penchante est un Monument bizarre du XIIeme. Siècle, elle incline si fort qu'au commencement on la regarde avec effroi. Les sentimens sont partagés à son sujet; quelques uns pensent qu'originairement elle ait été droite, et qu'elle se soit affaissée depuis par son poids. Pour moi je ne puis pas etre de cet avis: l'on sait asséz le gout pour le merveilleux de quelque genre que ce fut, de ces tems la; ensuite tous les grands morceaux de marbre dont elle est construite, joignent encore si exactement le tout penche avec tant de régularité, qu'on apperçoit sans peine, que ce ne peut pas être l'effet du hazard.*

/131/ Au pied du perron devant le Dôme, se voit un Vase de marbre, élevé sur une petite Colonne de granite. La sculpture en est belle et dénonce les meilleures Epoques de l'art; cependant l'ignorance de l'Université de Pise a eté asséz crasse, de le prendre longtems pour une mesure de bled, dont Caesar devrait s'être servi en percevant les dîmes de la Ville. Depuis quelques années seulement on a oté de la Colonne une Inscription qui affirmait, cette sottise.

Un Sarcophage antique, ayant servi de Sépulture à Béatrix mere de la Comtesse Matilde, fameuse bienfaitrice de Grégoire VII, se trouve infixé dans le mur extérieur de l'Eglise. Il est remarquable pour avoir contribué à la résurrection du bon gout dans In Sculpture et dans le Dessein, encore que l'art qu'on y découvre ne soit pas grand chose: les Basreliefs représentent une Chasse de Meléagre, sujet repeté à l'Infini dans ces sortes d'ouvrages.

Le 28.

Je n'apperçois avec chagrin d'une monotonie ennuyante qui commence à régner dans ce petit Journal; mais en dépit de tous

---

* Mr. le C. de Lamberg dans son memoriae d'un Mondain p. 138. dit: Je ne crois point que la Tour de Pise se soit affaissée, les murs etant d'une épaisseur inégale. Si la Tour eut foncée l'intérieur de l'édifice devroit etre oblique – Le Lord Baltimore a trouvé dans les fauxbourgs de Pise l'inscription suivante qui l'assure: [*Anm. des Transkriptors*: das folgende ist abgeschnitten]

mes soins je ne puis parvenir à l'éviter. Ayant sans cesse à parler de Villes et d'Edifices, il est au dessus de mes Talens de varier assèz le Style pour le rendre moins trainant dans des objets qui se ressemblent tous, Que peut on dire d'une Ville, d'un Edifice, si non qu'il est grand ou petit, bien ou mal construit, &c. ? De plus ce que je couche par écrit ne doit servir qu'a des points d'appuy ou d'accrochement pour ma mémoire. Si je suivis à nos courses, j'espere en relisant ces Chiffons un jour, me rappeller les Tableaux entiers, qui sans ces esquisses s'effaceraient peu à peu sans laisser les moindres traces. Je continuerai donc hardiment.

/132/ Le chemin de Pise à Livourne va dans un terrein uni et sablonneux, pour la plupart couvert de bois. C'etaient des Marais autrefois, et l'on passe sur grand nombre de Canaux, tirés pour leur dessèchement. En entrant dans Livourne, on ne croit plus etre en Italie : au lieu de l'oisiveté si cherie des autres Peuples de ce pays tout s'occupe et tout se remüe ici. Quarante mille habitans remplissent tous les coins de cette petite Ville, qui non obstant le peu d'espace qu'elle occupe, renferme presque tout ce qu'on rencontre dans les plus grandes. La Place d'armes ou le Marché est tellement spacieux, qu'a l'exception de la Place Navonne à Rome, il ne s'en trouve pas de pareille en Italie. Il y a plusieurs belles maisons dans la Ville. Un quartier traversé par des Caneaux qui fourmillent de Bateaux, ressemble parfaitement à Venise, dont il porte aussi le nom. Une bonne fortification et trois espéces de Cittadelles font de Livourne une Place de guerre ; bref, c'est un endroit qui plaira à quiconque le verra. Toutes les Nations s'y trouvent, ensorte que le Costume trop uniforme des Europeennes, est coupé agréablement par des Figures Turcques, Grecques et Africaines. Le Port prouve suffisamment le Commerce considérable qui se fait Ici ; il contient en tout tems un grand nombre de Vaisseaux de tous les Pavillons possibles. Les ouvrages qui le couvrent de méme que son Môle, sont magnifiquement construits. De la Tour du Fanal, batie sur un rocher au milieu de la Mèr, on dècouvre les Isles d'Elba, de Pianosa, de Caproja et de Gorgona fort distinctement, la Corse mème quand le tems est clair.

Il y a à Livourne une Garnison de 5. Bataillons de 400. hommes chacun sous les Ordres du Général Bourbon del Monte Gouverneur de la Ville, homme poli et affable qui nous a témoigné toutes sortes de Civilités pendant notre séjour, les poussant méme jusqu'à un diner. Mais Mr. Dyck Consul d'Angleterre nous a traité comme des amis bien chers qu'il aurait connû de longue main. Par son moyen nous avons fait la connaissance de beaucoup de Negocians de sa Nation, pour la plupart gens de /133/

mérite, d'un savoir bien plus étendu que leur état ne le demande. J'ai rencontré encore un homme fort instruit dans la personne de Mr. Langen Major de la Place.

Livourne a un petit Théatre ouvert pendant toute l'année où l'on donne des Opèra Comiques. Le beau monde consiste dans des Marchands, parmi lesquels les Anglais tiennent le premier rang qu'ils soutiennent avec dignité. Dans le tems que nous y étions, on etoit fort occupé des préparatifs pour les fêtes que la Ville se proposait de donner à l'Archiduc et à l'Archiduchesse ses nouveaux Maitres, attendus pour le 18. du Mois de Mai.

Pour ajouter un mot du Commercé, il se trouve pour la plupart dans les mains des Anglais; ils nous ont assurés, que le seul article des Soies crües exportées par eux, s'etait monté autrefois au dela d'1. Million de Livres Sterling, mais que depuis qu'on s'y etoit appliqué dans la Caroline méridionalle, cette branche avait cessé presque totalement, les mémes Négocians prétendent que Livourne seule contrebalance les revenus de tout le Grand Duché de Toscane, dont ils font aller le tout à la Somme de 1200000. Ecus d'Allemagne.

Une grande quantité de Cotton du Levant se garde dans un Hopital hors de la Ville. Cette Marchandise aussi bien que les gens venants du méme pays, sont traités avec la plus grande circonspection; la quarantaine ordinaire étant de 40. et l'extraordinaire de 120. Jours. Beaucoup de ce Cotton va en Angleterre, il y en a cependant qui est travaillé dans ce pays ci.

Les branches de Corail, pechées par les Napolitains et les Génois dans les Mérs de Sicile et de Sardaigne, sont achetées par les Juifs de Livourne, qui aprés leur avoir fait donner la façon, les revendent en plus grande partie aux Nations barbares.

Un Magasin d'huile, où elle est enfermée dans des Caisses d'ardoise, mérite d'être vu pour l'ordre et la grande propreté qui y regnent. /134/ Les Anglais, Hollandais et autres Protestans, possédent un petit Cimetiére hors de la ville, qui fait la plus jolie chose du monde dans ce genre; c'est un Jardin en compartimens de plattes bandes de fleurs, à qui les Tombeaux de Marbre blanc servent d'ornement.

Les Juifs, jouissent ici, comme l'on sait, de trés grands privilèges; leur Sinagogue est grande et belle, je trouve pourtant que d'autres Voyageurs, l'Abbé Richard par exemple, en parle trop magnifiquement. L'Inquisition ne les regarde point; il n'y a que les vielles femmes dont ils se défient, à cause que quand elles attrapent un enfant Juif seul, il arrive qu'elles le batisent, en lui jettant une main pleine d'eau sur la tête, et l'amènent ensuite au S^{t}. Office comme un Prosélyte, ce qui aprés cela cause de grands embarras aux parents.

Connaissances de Livourne.*
Baron Bourbon del Monte, Gouverneur.
Bar. de Theilléres, Colonel.
Mr. de Langen, Major de la Place.
Mr. de Meinhardi. Maj. d'Artillerie.
Mr. le Comte d'Aspremont, Capitaine.
Mr. Dyck, Consul d'Angleterre.
Mrs. Robertford, Sapte, Radenau Negocians Anglais
Mr. Logue, fils du Consul de Suèd à Alger.
Mr. Barnaby, Chappellain Anglais.
Mdme. Dick.
Mdm. Pattochi.
Madme Cambiasi.
Madame Schmedt.

Le 2. Mai
Livourne est un cul de Sac ; le chemin de Pise que seul y conduit en ra-/135/méne aussi. Du tems des Romains il exista la Via Emilia qui menait de Livourne à Rome par un pays où maintenant il est presque impossible de pénétrer à pied.

A trois milles au dela de Pise, au bas du Mont S^t^. Julien, sont des Bains chauds. Le Comte de Richecourt, Ministre de l'Empereur dans la Toscane, les fit rébatir il y a 25. ans dans le gout des anciens et avec magnificence ; il les a enrichis encore de toutes les commodités qu'on puisse souhaiter. Les environs sont des plus rians. D'y passer une saison dans une Compagnie choisie, serait une des choses que Je pourrais desirer.

On traverse ensuite les Montagnes qui séparent le Territoire de Pise de celui de Lucques par une gorge spacieuse et unie, remplie d'Arbres, de Vignes, de Champs cultivés et de Villages. Tout d'un coup on entre comme dans une espèce de grand Bassin, c'est à dire dans une plaine entourée tout à l'entour de hautes Montagnes ; – Lucques s'elève au milieu d'elle d'un aspect singulier. Au premier coup d'oeil on n'en découvre que le rempart d'une fortification modernement antique, qui porte dans tout son circuit des Trembles et des Frênes d'une élévation considerable. Ces arbres cachent tout ce qu'on pourrait voir de la Ville à l'exception de quelques Clochers dont les pointes dépassent la haute muraille de verdure.

La Ville n'a rien de remarquable si ce n'est la forme de sa constitution aristocratique. Un Conseil de 80. personnes gouverne,

* J'avertis qu'ici comme par la suitte, je ne nommerai sous cette rubrique que les personnes avec qui nous avons eu un Commerce plus particulier.

et choisit entre ses membres de deux mois en deux mois, un Gonfalonnier avec 9. Conseillers qui représentent la Puissance Supréme. Ces 10. Personnes sont nourries aux dépens du Thrésor (dans le Palais) de la République pendant leur regne passager. Pour leur service il y a des Valets de pied portant la Livrée de la Ville, aussi bien qu'une Garde de 80. suisses à la sureté du Prince de deux mois; lequel ce terme expiré, quitte avec ses 9. Assistans le Palais, que tout aussi tot /136/ leurs successeurs occupent.

Cette Cité de Lucques est fort peuplée, mais elle ne m'a pas paru aussi commerçante qu'on avait voulu me le faire accroire; ses rües sont étroites et obscures, pavées de grandes plaques de pierre fort larges de forme irréguliére. Elle renferme une quantité démesurée de Couvents d'hommes et de filles: mieux que cela sont les promenades du rempart. On y fait le tour entier de la Ville à l'ombre des Frénes d'ont j'ai déjà parlé. Vers le Soir tout Lucques s'y rend, de façon qu'une seule Soirée suffit pour passer en revüe les Citadines, qui pour la plupart sont trés jolies et trés bien mises.

Nous montames sur une Tour pour voir la carte de presque tout le Territoire de la petite République, consistant dans la plaine environnée de ses Montagnes, dont la plus grande étendüe est vers Pistoja. Rien de plus habité cependant, et de mieux cultivé, que cette Contrée. Toutes les montagnes sont couvertes de Maisons jusque vers leurs Cîmes, où il y a des Tours destinées pour les feux d'allarme, allumés aussitost que la Ville en donne le signal. Dans ce câs lá, tous les hommes en état de porter les armes y courent, on m'a dit que le nombre s'en pouvait monter à 30 000. Ils trouvent dans l'Arsenal les armes nécessaires, et les remparts sont garnis d'une Artillerie asséz nombreuse.

Quoique l'enceinte soit bonne et solide, les Angles saillans demeurent sans defense; du reste il n'y a point d'ouvrages avancés, pas méme un Chemin couvert.

Sur le Comble d'une vieille Tour ruinée comprise dans la Ville, sont venus plusieurs Orangers, dont 3. ou 4. d'une grandeur non médiocre.

Au Printems avant que les travaux Champetres commencent, les jeunes paysannes descendent par troupes des Montagnes et viennent dans la Ville faire de la Musique. Elles ont le Tambourin antique, le Violon, la Cymbale dont elles accompagnent leur Chant. Celá compose une harmonie gaye, qui flatte l'oeil autant que l'oreille. Nous nous en /137/ regalames à plusieurs reprises dans notre Auberge. Ces Musiciennes de bonne humeur poussent leurs courses dans les pays circonvoisins, elles vont surtout à Livourne à, bord des Vaisseaux où elles gagnent de l'argent, et par dessus encore bien souvent un petit Marin qu'elles reportent dans leur Patrie.

Le. 4.
La Province entre Lucques et Florence est bien belle, souvent on parcourt des parties qui prises seules, et enclavées, feraient de ces Jardins qu'en Angleterre l'art tache de copier d'aprés la Nature. On passe par les Fauxbourgs de Pistoja. Sortant de Prato derniére Poste devant Florence, cette Ville se présente à 8. Milles de distance environnée superbement de 5 000. Maisons de Campagne.*

Selon l'opinion commune Florence contient une population de 80 000. ames ; ce nombre me parait raisonnable à peu de chose prés du moins le soir (un Dimanche) que nous y entrames, j'eus lieu d'en prendre une Idée avantageuse. Toutes les Proménades au tour de la Ville étaient remplies d'une quantité prodigieuse de monde qui rentrait en foule par les Portes qu'on était sur le point de fermer.

Florence a plusieurs rües spacieuses, celles qui ne le sont point, ont pourtant le mérite de la propreté. Les unes comme les autres se trouvent pavées de ces grandes pierres plattes, dont j'ai fait mention à Lucques, mais qui joignent si bien ici, qu'en allant en Carosse on ne ressent jamais la moindre sécousse. Differens Palais et Edifices publics avec un grand nombre de Statües, parent les Places. Quatre beaux Ponts de pierre entretiennent la Communication entre les deux parties de la Ville que l'Arno sépare. Le Large lit de cette rivière est pour la plupart du tems quasi à sec, et ses eaux toujours bourbeuses.

Dans la /138/ partie de la rive gauche, moins grande que l'autre, le Palais Pitti fait la residence ordinaire des Grands Ducs de Toscane. Si cet Edifice eut eté achevé selon le plan projetté, il serait une imitation du Temple de la Fortune à Palestrina, maintenant il y manque tout un étage avec les avenües extérieures. Son ameublement n'a rien de somptueux, l'Objet de plus grande valeur, consiste dans un bon nombre de Tableaux des grands et fameux peintres.

Le Jardin derriére le Palais, va en s'elevant par degrés vers une Colline, du sommet de laquelle on a la vüe de tout Florence avec une partie considérable des environs. Sur le méme Sommet se trouve une espèce de petite Citadelle nommée la vieille forteresse. Tout le reste de l'eminence est employé au Jardin, et il faut avouer que l'art n'a pas mal mis en oeuvre la situation riche et heureuse du Local.**

———

* Voila ce qu'on en assuré ; si c'est outré, ce n'est pas de beaucoup. Elle est enfermée de trois cotés par de hautes Montagnes, vérs Pistoja seulement, s'etend une plaine qui peut avoir jusqu'à 10. Milles de largeur.

** C'est ce Jardin ci nommé Boboli qui a contribué principalement a donner naissance au gout purifié du Jardinage. Les Anglais furent les

Au pied du Jardin ou de la Colline on rencontre la Porte Romaine. D'abord en sortant de cette Porte, une belle Allée de Cyprés conduite par une montée douce et presqu'imperceptible, vers Poggio Imperiale, placé sur une autre Colline. Je m'en tairai à cause que tout y est fort ordinaire.

Dans la partie de Florence sur le rive droite de l'Arno, le plus remarquable est sans doute l'Edifice degli Uffici, carré long de trois etages, ouvert vers la grande Place, et fermé du coté de la riviére. Tous les Tribunaux rélatifs a la police de la Ville tiennent leurs séances au premier étage, où les membres ont leur logement en méme tems. Le second sert de domicile à plusieurs sortes de gens qui travaillent pour la Cour, et surtout pour ces Artistes inutiles composans les ou-/139/vrages longs et infinis de *pietre commesse*, chose que tout homme de gout doit abhorrer. J'en ai vu des Tables, asséz bigarrées à la vérité, mais qui outre des sommes excessives, coutaient encore au de la de trois Siécles de tems, en supputant celui que différentes personnes y avaient perdus. Le Maitre Autel destiné pour la nouvelle Chappelle sepulcrale des Grands Ducs dans l'Eglise de S[t]. Laurent, est resté imparfait à deux bons tièrs prés, malgré le travail continu de 25. hommes pendant 158. ans ; et cet Autel n'est pas méme bien grand. Le troisiéme étage enfin, forme cette célébre Gallerie de Florence, amassée et receuillie par la Maison des Medicis, si fameuse par ses débauches et par son mérite, pour les Arts et pour les belles Lettres.*

---

premiers qui observerent quel plus grand effet fait la Nature embellie en comparaison de la triste simetrie, en usage jusqu'alors dans les autres pays. Puisqu'ils avaient de l'argent ils exécuterent chéz eux ce qu'ils avaient vu en Italie. Cependant je ne pense pas, que ce soit le raffinement qui ait enseigné aux Italiens les bons principes ; peut etre s'ils avaient pu auraient ils applanis leurs Coteaux et collines, mais la nature pour ainsi dire plus forte chéz eux que l'art, les necessita de se preter à elle, de la suivre, et de se contenter de l'adoucir et de l'orner.

* On se plait à raconter encore à present plusieurs Anecdotes du dernier Grand Duc de cette tige. Comme l'on scait il a passé les derniers tems de sa vie au lit se portant fort bien d'ailleurs ; à des remontrances pour en sortir, il a repondu : *ho veduto tutte porché uscirei di mio letto?* Le plus grand regal qu'il a sçu se donner dans cette situation, a consisté de faire venir chéz lui des jeunes epoux venant de recevoir la benediction, afin de consommer le Mariage dans sa présence. Je conçois l'amusement qu'il a pu y trouver, mais jai de la peine à croire ce qu'on ajoute, qui est : qu'il interceptoit d'une façon qui revolte l'imagination, la libation indispensable selon les Legistes pour parfaire l'ouvrage. A la fin se trouvant reellement malade et voyant approcher sa mort, un Confesseur se dispose à l'y preparer, à ce but il lui fait une description superbe du Paradis et des félicités de l'autre vie : *Puo essere* replique t'il,

La Gallerië regne intérieurement du cote de la cour le long de tout L'Edifice, l'espace extérieur étant reparti en plusieurs grandes pièces. Les Statües et les Bustes de marbre sont rangés des deux cotés, de façon qu'il y a toujours une Statüe et un Buste alternativement, avec un vis a vis symmetrique a cet ordre. Les Bustes composent une Suite d'Empereurs avec leurs Epouses, depuis Caesar jusqu'a la chute entiére de l'Empire ; le reste ce sont des Philosophes. Il ne peut pas manquer que ces ouvrages ne soient d'un style trés different, et l'on est étonné de voir de degré en degré, avec quelle rapidité l'Art a disparu. Entre les Statües il y a de bien beaux morceaux grecs des meilleurs tems, avec /140/ une couple de modernes de Buonarotti parmi. Mais les principales sont dans un Sallon rond qu'on appelle la Tribune de Venus.*

Trois Images de cette grande Déesse la décorent ; celle du milieu, retrouvée dans la *Villa* d'Adrien prés de Tivoli, avant presque trois Siécles, porte par préférence le nom de la Venus de Medici. Je n'ai pas besoin de dire combien elle est belle ou plutot attrayante ; il n'y a qu'une Voix sur cela. Sa phisionomie, son attitude, sa chevelure dorée, enfin tout ce qu'elle montre aux regards, est connu et décrit. Le tout dénote une femme potelée de 23. à 25. ans. L'Artiste s'est plu à exprimer par des traits indicibles mais significatifs, qu'elle n'est plus pucelle ; quelques legeres rides sur le bas ventre, portent méme témoignage qu'elle a engendré. Sa Compagne à gauche marque le contraire : un Maitre non moins habile l'a douée de tous les indices d'une Virginité intacte. Une mine timide, de petits tettons pointus et serrés, un Ventre arrondi, des fesses, des hanches et des reins d'une délicatesse admirable, attributs et prérogatives du printems de l'age, développent son Idée à merveille. C'est dommage qu'une drapperie cache les Cuisses et les Jambes. Les Connaisseurs de l'antiquité appellent la premiére une Venus publique, ou bien maritime, à cause du Dauphin qu'on lui a donné dans la restauration ; et celle ci Celeste, en égard du Diadème qu'elle porte. La troisième à main droite est une Venus ordinaire, munie d'appas robustes qu'il ne faut pas mépriser. Elle tient la pomme adjugée dans la main, c'est pourquoi on lui donne le nom de Victorieuse. Les autres Statües de la Tribune sont un Faune, le Rotateur, et les Lutteurs ; toutes Chefs d'oeuvres de l'Art ; Il y a aussi le Tableau de la Venus du

---

ma sto anche bene in casa Pitti. Dans sa jeunesse il passa à Manheim visitant son Beaufrère l'Electeur Palatin. Celui-ci pour comble de bonne chere lui fait gouter des vins du Rhin les plus vieux, aprés quoi il demande comment il trouvait ce via la ? *Povretto ! vorrebbe esser vino* a t'il dit.

* Cette Tribune de méme que toutes les Chambres et Sallons dont je vais parler, composent comme j'ai deja dit la moitié extérieure de la Gallerie.

Titien, avec quelques autres bonnes pieces de ce peintre. Comme un peu analogique au sujet, on trouve dans un Cabinet voisin un Priape colossal de marbre, qui pose sur deux pieds de Lion; pour ornement il a un /141/ collier de jolis petits Priapes de formes différentes. Il est affublé d'une tête de Lion, faite de Carton battu afin de ne pas blesser la décence. Un Sallon pareil à la Tribune est meublé d'une collection de portraits des plus célébres peintres, faits de leur propre main; outre que cette entreprise honore le mètier, il en résulte encore l'avantage, qu'en s'imprimant le nom et la Phisionomie du maitre, on acquiert en méme tems une connaissance de sa méthode et de son pinceau. Le Sieur Mengs cependant, a eu l'insolence de refuser le sien, qu'on lui a fait l'honneur de demander. S'il y a plusieurs Artistes parmi qui ne méritent pas de lui être comparés, ce Monsieur n'a pas non plus considéré, combien il s'y en trouve en revanche à qui il restera inferieur à Jamais. Un troisiéme Sallon avec la Chambre attenante renferme le Cabinet des Camées, pierres taillées, et médailles. Un jeune savant nommé Cochi qui en a l'Inspection nous le montra; je puis dire que sa connaissance personnelle faite en cette occasion, m'a procuré autant et plus ce plaisir que les choses rares qu'il nous expliquait, entre lesquelles, je donne la prèfèrence à une pierre gravée, representant le sujet favori des Anciens: une Leda, d'une attitude gracieuse et piquante. Lèda se tient debout, et plie un peu les genoux en serrant le Cygne amoureux entre les cuisses; sa Téte est penchée en avant, et le Cygne la mord dans le Col derriere le Chignon; par un excés de Volupté, propre comme l'on sait à tous les Oiseaux.

Le reste des Chambres et Sallons contient encore un grand nombre de peintures des plus habiles Maitres, des Effets de prix, des curiosités en tout genre, des travaux rares et ingenieux, des Instrumens Astronomiques et Mathématiques, avec une trés grande quantité de petites figures de bronze restes de l'antiquité; comme des Idoles domestiques Patères &c. parmi lesquelles une Couronne murale, une Aigle légionnaire, et deux Victoires emportant un Guerrier tüé m'ont paru les plus remarquables.

La Ville de Florence est bien pourvue en Théâtres: le plus grand où /142/ les Opera serieux se donnent, n'a rien d'extraordinaire, il s'appelle *della Pergola*. L'autre *del Cucumero* ouvert ordinairement, est de grandeur médiocre mais fort joli; ses avenües sont toutes trés propres, spacieuses méme à l'égard de son etendüe. Pendant notre sejour on y donna des Comedies alternativement avec des Bourlettes en musique. La troupe des Comédiens ne veut pas accepter ce titre et se qualifie d'Accademiciens. Ce sont en effet des particuliers qui n'en font pas profession exprés, mais qui exercent encore d'autres metiers où emplois. Ils s'imaginent etre les meilleurs de toute

l'Italie. Je ne sais pas combien cette Opinion de leur mérite peut etre fondée; tant y a qu'en France, en Angleterre, chez nous méme ils seraient peu admirés. Les Danseurs valaient mieux, un Arlequine entre autres faisait quelqu'impression.

La Cathédrale – vaste Edifice gothique avec une Tour d'une hauteur extraordinaire. Cette Tour aussi bien que l'Eglise sont revetües de marbres de plusieurs couleurs, parmi lesquelles la Brune et la Noire dominent, ensorte que le tout prend une espece de ressemblance avec nos grandes Armoires de bois de noyer.

La Bibliothéque de S^t^. Laurent ne consiste qu'en des manuscripts les plus rares; il y en a un de Virgile du Veme Siécle, le plus ancien qui soit connu. La Gallerie où cette Bibliothéque se garde, est de l'invention de Buonarotti. L'Eglise du méme nom (de S^t^. Laurent) mérite d'etre vüe par ses deux Chappelles; l'une pareillement de l'Architecture de Buonarotti, est fort simple et sert de Tombeau à la famille Medici. L'autre commencée car la méme Maison et destinée au meme usage, est restée imparfaite après son extinction. Elle a couté des sommes immenses, et en couterait encore si on voulait l'achever. Il y a sept Monumens pour les sept Ducs qui ont régné. Jusqu'au Cornichon ce sont des marbres de toutes les couleurs possibles, avec du bronze doré; mais c'est justement cette grande bigarrure qui lui ôte un partie de son mérite, en manifestant le mauvais gout du dernier Siécle.

/143/ Le Monument de Michel Angelo Buonarotti, qu'on voit dans l'Eglise De Sta. Croce, est de sa propre main, comme aussi son Büste. La memoire de ce grandhomme qui posséda dans un degré sublime les talens différens de la peinture, de la sculpture et de l'arcnitecture est encore en grande vénération parmi ses Compatriotes et sa postérité fleurit de nos jours; j'ai connu et fréquenté un Marquis de Buonarotti qui descendait de lui en droite ligne.

Je ne dois pas oublier de faire mention d'une espece de Colonade à la place du Grand Duc, appellée la Loggia, puisque c'est sons l'ouverture de ses arcs que se trouve le Chef d'oeuvre de la sculpture moderne, lequel dispute le pas aux plus célébres travaux des anciens: c'est du Grouppe nommé *il Ratto*, par Jean de Bologne, que je veux parler, Tout ce que Keysler et l'Abbé Richard en disent est vrai. La Sabine, plus on la regarde et d'avantage elle enchante. Des contours plus voluptueux, et plus appétissans que ceux de ce marbre ne sont pas à imaginer. Cela va si loin que j'ai entrevu la possibilité du sacrilége de ce jeune étourdi que Lucien rapperte dans son Dialogue intitulé les Moeurs (Tom. l. pag. 481. Traduct. d'Ablancourt. Edit. de Paris 1664.) ou de la frédaine d'un Espagnol sur le tombeau du Pape Paul III. (Keisler Tom. l. pag. 561.)

Les Proménades de Florence sont belles, et les Florentins aiment à en profiter; chaque soir on y trouve tous les Carosses de la ville; les Dimanches et autres jours de féte toute la populace s'y rend. *Alle Cassine* est une foret de haute futaye, remplie, d'un taillis épais par en bas. Cette foret s'etend le long de l'Arno, une grande et belle allée de Pigni d'une hauteur et d'une épaisseur considerable, la traversc en paraléle avec la riviére et cent autres petites allées, croisent le bois et les prés de différentes façons. C'est un spectacle satisfaisant de voir fourmiller tout celà d'un peuple nombreux, content et bien vetu.

La Nation Toscane mérite en général une grande préférence sur les au-/144/tres peuples de l'Italie: elle est douce, laborieuse et bienfaisante; il est trés rare qu'il arrive des desordres dans ses divertissemens, et s'il en arrive, le pire c'est des coup de poing, là où les autres mettent le stilet en usage.

La Proménade de devant le Porte S^t^. Gallo, n'est pas si étendüe elle consiste dans un Cercle de quelques rangées d'arbres, qu'un Arc de Triomphe décore, érigé eu honneur de l'Empereur défunt, lorsque en 1735. il vint en Toscane. Au lointain de cette proménade on voit l'antique Cité de Fiesoli sur une haute montagne quasi ronde; il n'en reste rien aujourd'hui que la Cathédrale d'architecture ancienne gothique, un Couvent et quelqu'autres batimens. Mais vers le Soir un petit vent frais venant de la ditte Montagne, purifie l'air et tempere les chaleurs du jour; de là la façon de parler: *Andiamo alla porte di San Gallo, per pigliare una boccata d'aria Fiesolana.*

Une grande allée d'arbres regne encore autour de toute la Ville du coté septentrional de l'Arno; en un mot, les environs de Florence sont si beaux, que partout où l'on puisse en sortir, on trouve toujours des promenades.

Aucune Ville au monde n'est plus riche en Hopitaux et antres institutions splendidement dotées; mais quoi qu'on y reçoive grand nombre de malades et qu'on les entretienne passablement, il y a beaucoup d'Abus dans l'Administration des revenus de ces fondations pieuses; les bien portans mangent en partie le pain aux Malades.

On nous avait vanté les Palais Gerini et Riccardi comme plusieurs autres touchant leur ameublement et peintures, nous n'y avons cependant rien trouvé passant le médiocre. Quand on n'a pas vu Rome on sera émerveillé de Florence mais ayant commencé par la premiére, on apprend à apprécier au juste ce qui se rencontre ici.

Le Grand Duc accomplit justement sa 19eme année le jour que nous lui fumes presentés. Sa phisionomie sans étre spirituelle n'est pas méme eveillée, du reste il est fort bienfait; une gravité étonnante pour /145/ son âge ou naturelle ou

affectée, imprime tout autre chose que le respect ; embarassé par dessus, quand il parle il a un peu l'air d'un écolier qui recite. Il se communique trés peu, ce n'est que lorsque il y a grand appartement ou Académie de Musique qu'il parle à quelques uns de ses Courtisans, qui attendent cet honneur avec impatience, en pliant le genou dés qu'il approche. Tous les propos que je lui ai entendu tenir, roulaient sur des objets triviaux, c'est à dire sur des Chevaux, sur des accidens qu'on peut avoir en montant à Cheval, et principalement sur les circonstances de sa propre santé, car il venait de se relever d'une fievre d'Estomac. Il sait encore tirer en longueur ces vagues entretiens, toute la Cour en est pourtant fort édifiée. Sa complexion doit être bien délicate, si c'est vrai que les premiéres nuits des Nôces l'ont renversées.*

Madame l'Infante au contraire ne parait pas sujette aux indispositions provenantes de la mème cause, on pourrait plutot lui appliquer l'expression de la Fontaine : *Faite pour armer un Lit.* Elle a de l'affabilité, et quand elle parle c'est avec une naïveté gracieuse. Pour ce qui regarde l'esprit il faut qu'il lui vienne encore. Causant avec notre Prince ainé elle lui a dit en confidence : qu'elle avait peur de Livourne (où la Cour se disposait d'aller) par rapport aux Juifs, et qu'en Espagne la police à cet égard était beaucoup meilleure, parce qu'on y brulait cette engeance sans faire de cérémonies. Son regard est un tant soit peu égaré, avec tout celà on ne peut s'empecher de s'interresser pour elle.

Les Occupations ordinaires de ce Couple illustre, sont de se promener vers le soir en Carosse, et d'assister régulièrement à la Comedie, où ils se plaisent beaucoup tous les deux ; pour éviter aussi toute distrac-/146/tion, ils ont une Loge particuliere sur le Théatre dans laquelle ils se tiennent seuls. En sortant à la promenade, ou lorsqu'ils paraissent au Spectacle, il n'est pas croiable combien le peuple s'empresse à les voir. Les Courtisans ne manquent pas d'en attribuer la cause à un amour excessif des Sujets ; et ceci n'est pas sans fondement, étant tout naturel qu'il soit trés agréable à la Nation d'avoir ses Maitres chéz elle, quand au lieu de celá il est prouvé, que pendant les 27. ans de regne de l'Empereur François I. prés de 30. Millions de Florins Toscans sont sortis du Pays, de maniere que si l'on n'y avait

---

* Des goguenards pretendoient que sur cela il était arrivé un interdit de la part de S. M. l'Impératrice mère, suspendant l'exercice des devoirs conjugaux jusqu'à nouvel ordre, et que *S. A. Royale l'Archiduc Grand Duc* (c'est ainsi que le dit Prince est intitulé dans le langage de sa Cour) accoutumé a une obeissance aveugle, observait religieusement ce regime en dépit de sa Convalescence complete.

pas promptement remédié, la Circulation allait cesser. Mais non compté que l'appareil d'une Cour forme un Coup d'oeil nouveau pour les Florentins, la curiosité avec une certaine badauderie propres aux Italiens en general y contribuent du leur. Partout où l'on passe pourvu qu'on aïe une Voiture de quelque apparence, on cause la méme surprise : aux Postes, pendant que les Chevaux sont changés, cent, deux cents spectateurs la bouche ouverte, ne bougent pas durant tout le tems qu'on s'arrete.

Le Grand Duc se trouve à peu prés dans une situation semblable à celle du Roi des deux Siciles ; à portée d'operer le bien sans opposition, tout lui tend les bras pour seconder ses efforts. La Conjoncture lui est encore trés favorable pour se faire aimer. L'Administration passée s'est rendue odieuse n'ayant eu d'autre but que de sucer tout doucement la Province, pour envoyer une somme aprés l'autre à Vienne dans le Coffre fort de l'Empereur, et le vieux Marechal Botta Gouverneur de l'Etât, est parvenu à se faire haïr au suprème degré, simplement par des façons peu affables et austeres. Tout considéré, je doute pourtant que S. A. Royale prenne le bon parti ; l'activité jointe à la pénétration nécessaire ne semblent pas entrer asséz dans son Caractère ; les Italiens rusés qui l'environnent ne laisseront pas de s'en appercevoir, et quand méme le Marechal, qui jusqu'à présent conserve toute son influence, sera éloigné comme c'est le projet, ils continueront d'amuser leur maitre à des bagatelles et des projets de /147/ néant, puisque ce Prince voulant s'occuper manquera de discernement pour distinguer les choses utiles et vraiment salutaires, de celles qui ne le sont pas.*

Le Cérémonial de la Cour est grand, et l'on tranche autant que faire se peut, de la royauté ; il parait mème que ce mal soit épidemique ; la plupart des Courtisans s'etant guindés sur un certain ton qui les défigure puisqu'il ne leur est pas propre, car ces Florentins sont fonciérement de bonnes gens.

Le Grand Duc entretient une garde noble de 60. et quelques hommes ; pour y entrer il faut avoir ses quartiers pleins. Les simples gardes ont le grade de Lieutenant, les Caporaux de Capitaine, et le Capitaine de General Major. La plupart de nos Rois n'ont pas un corps de satellites aussi pompeux que celui-ci. Le Régiment de Dragons Prussiens dont le Prince Eugène de Vurtemberg est le proprietaire a lieu de se flatter, à cause que c'est son uniforme

---

* Je suis ravi de m'etre trompé : selon les avis publics ce souverain fait merveille ; il protége les Arts encourage l'agriculture, et chose bien plus rare, helas ! presque incroyable dans notre siécle d'extorsions ; il allége les impots, lesquels deja avant lui n'etaient point poussés à l'enorme taux des autres pays.

qu'on a daigné copier pour cette trouppe distinguée. Quand il y a appartement ou Concert a la Cour, deux en sont en faction dans la Chambre avec leurs Carabines, tandis que les autres qui sont de garde en bandouilleres et bottes fortes font le joli coeur avec les Dames : vient l'heure de se relever, et deux autres s'avancent d'un pas mesuré, pénetrent à travers les baleines, et font les tems du manîment avec toute l'exactitude possible ; ce qui compose une scéne militaire d'une espece asséz singuliére.

L'etablissement de la Cour a eté nuisible à la Societé et au commerce aisé qui ont regné jusqu'ici dans la Ville. Une classification de la noblesse a semé la jalousie parmi les familles, comme une espece de censure des moeurs du beau sexe, à l'instar du Tribunal de chasteté de Vienne, a rendu ces aimables personnes beaucoup plus /148/ circonspectes. Malgré ces infractions Florence fait toujours encore un lieu charmant. Rien au monde de plus prévenant de plus poli que les Dames ; peu en savent le Français, quoi qu'elles le comprennent presque toutes. A leur téte je nommerai la Marquise de Ximènès, pour son esprit, et pour ses manieres nobles, et obligeantes. Les autres dont j'ai fait la connaissance particuliére ont eté la Comtesse Viciardini, Msdms Orlandini, Giani, Forzoni et Pagliotti.

Pour donner une Idée de leur façon de vivre, il faudrait savoir bien détailler cette sorte de chevallerie qu'on nomme Cicisbéisme qui en fait le premier mobile et dont on a une idée asséz fausse dans les autres pays. Ces engagemens contractés en plus grande partie par vanité et coutume, ne sont pas si préjudiciables au lien conjugal qu'il parait de loin ; on serait bien bon en attendant d'imaginer que celà, ne passat jamais les bornes d'un amour platonique, comme ici on voudrait le faire accroire, surtout lorsque le *Cavalier servente* et sa Dame font des voyages ensemble, ainsi qu'il en arrive souvent. A tout prendre les maris n'y perdent qu'autant qu'ils veulent, puisque personne n'est sans liaison, et que le droit du Talion s'observe fidélement. Par ce que j'observe je me confirme de plus en plus qu'en fait de galanterie toutes les grandes Villes se ressemblent, et que dans celle-ci, non obstant la grand liberté dont jouissent les femmes, elles ne sont pas plus débauchées que partout ailleurs. Mais je me suis beaucoup diverti d'entendre, comme cela m'est arrivé plusieurs fois, qu'elles se croyent des Lucréces en comparaison de celles de Berlin, qu'elles accusent de trafiquer avec des biens qu'il fallait accorder magnanimement et gratis

Dans la personne de l'Abbé Antonio Nicolini, nous avons acquis un ami d'un mérite avéré, d'un vrai Philosophe. Avec beaucoup de sciences il unit autant de simplicité et de modestie. Ayant du bien il se borne au nécessaire pour employer le superflu à adoucir la misère publique. L'Angleterre et L'Allemagne lui

sont parfaitement connües, comme des pays dans lesquels il s'est arreté longtems. Plus d'une fois des em-/149/plois distingués lui ont eté offerts qu'il a toujours refusés préférant la liberté d'un sage au vain éclat des titres; cependant il n'a pas laissé de servir sa patrie et l'Eglise dans des occasions importantes. Un Caractère comme celui-là, peut il étre assèz loué? – A la cour comme parmi ses concitoyens une estime universelle est son partage.

La Nation Anglaise continüe à nous naturaliser; le Chevalier Man, Envoyé extraordinaire à la Cour de Toscane, n'aurait pas pu faire une autre reception au premier Pair de sa patrie, que celle qu'il a faite à notre Prince et à son frere. Ce Chevalier fort homme de mérite est encore d'un commerce aimable et facile; il se trouve à Florence depuis 35. ans, et quoique sa cour ait voulu le charger de commissions de plus grande conséquence, il a mieux aimé rester ici, où il jouit de toutes les aises de la vie, rehaussés encore par la satisfaction de se voir chèri unanimement. A cette resignation la Signora Clarice Minorbetti qu'il sert avec une constance à l'epreuve du tems, a contribué au sien, comme de justice.

Une raison semblable retient Mylord Coowper dans cette Capitale deja au dela de 12. ans. Mylord Tillney est domicilié ici, de mème que Mylady Orford la mère.

Il faudrait que je fusse bien difficile pour n'etre pas content de la noblesse de Florence; nous en avons eu tout ce qu'un étranger qui ne fait qu'un séjour trés limité peut desirer raisonnablement. Je n'oublie pas de remarquer qu'elle nous a donné à diner: cela veut dire quelque chose, dans un pays où il y a des gens qui se pratiquent 20. ans sans avoir jamais mangé la soupe ensemble.

Le Maréchal Botta a fait de son mieux pour témoigner aux Princes sa bonne volonté: il est vrai que ses maniéres sont peu engageantes mais un Allemand en sera moins choqué qu'un autre à cause qu'il est à moitié devenu notre Compatriote, sur le pied Autrichien s'entend. La Cour aurait pu aller plus loin sur cet article; pourtant si je fais réfflexion, que ce jeune couple Illustre ne sait pas encore vivre; que /150/ l'un ne connait rien au dela du faste empesé de Vienne que l'autre a eté élevé dans les grandeurs solitaires de Madrid; je me reconcilie, et j'en suis content aussi.*

---

* Le tems n'était pas encore venu où un Joseph II. trop clairvoyant pour ne pas sentir que la morgue d'un souverain n'extorque point l'admiration d'un Siécle éclairé, eut osé renvoyer parmi les autres Antiquailles une étiquette ridicule faite pour les tems obscurs que nous venons de franchir. Ce Monarque en prenant le Chemin contraire, celui de se montrer aux hommes comme leur Confrère, (chose qu'Alexandre lui méme ne put leur cacher) s'est deja approprié l'hommage volontaire, non pas de ses sujets seuls mais de tous ses Contemporains.

La Contrée circonvoisine de Florence est je crois la plus abondante en Maisons de plaisance de toute la terre. De celles qui en appartiennent au Grand Duc nous avons vu Poggio Imperiale, Poggio Cajano, la Petraja, Castello et Lapeggi. Nous avons de méme visité la montagne de Fiesoli. Tous ces endroits offrent la vüe incomparable d'un beau pays cultivé et peuplé, bonheur à S. A. R! si en se mettant dans les fenêtres de ces maisons, elle peut chanter un jour avec le Roi de l'Opera du Roi et du Fermier:

Est il une félicité
Comparable à la volupté
D'un Souverain qui peut se dire:
Tout ce que le Ciel m'a soumis,
Tous les Sujéts de mon empire
sont mes enfans, sont mes amis?

Je noterai encore que le Grand Duché de Toscane dans les recoltes ordinaires ne produit que pour 9 mois de bleds, de façon qu'il est obligé de tirer sa subsistance pour les 3. restans de l'étranger.

Lettre X.
à Florence ce 23. Mai 1766.
La Toscane est sans doute la plus belle province que nous ayons vüe jusqu'a présent, et le printems releve encore son amoenité, mais il est sur le point d'expirer dans ces Climats pour faire place aux chaleurs de l'Eté qui commence deja à se faire sentir rigoureusement.

/151/ La Cour autrichienne établie ici est montée sur un ton terriblement haut et ceremonieux, un de ses buts principaux étant de s'arroger les honneurs royaux; par rapport à cela, elle vient de recevoir une humiliation bien salutaire. Dans la lettre de notification de son arrivée à Florence le Grand Duc s'est plu à honorer le Roi d'Angleterre du tendre nom de *frere*, mais ce dernier lui a fait insinüer que malgré l'estime la plus distinguée pour sa personne, il osait le prier de se conformer aux usages réçus et de renoncer à la Confraternité, laquelle il n'y avait point entre eux.

Jusqu'a la ditte époque le Marechàl de Botta à presidé aux affaires en guise de Viceroi, qualité qui s'est transformé maintenant dans l'apparence d'un premier Ministre. Bien qu'on ne puisse rien dire à la charge de son intégrité, on se plaint amerement de ses façons d'agir. Je fus député vers lui pour lui annoncer l'arrivée de nos Princes. Je me rendis de bonne heure le matin au Palais Pitti. Le Marechal y a un appartement quoiqu'il demeure en Ville. Ayant attendu quelque tems dans une Antichambre deserte il revint de sa conference ordinaire

du Grand Duc. Je fus introduit chéz lui tout de suite. Il me reçut trés bien. Ne sachant pas s'il connaissait suffisamment les grandes maisons de notre patrie, je lui détaillai un peu celle d'Anhalt, et n'oubliai point d'appuyer sur la réputation du Prince Leopold le grand pere. Il était pourtant asséz au fait de tout celà, principalement sur le chapitre du vieux Prince il semblait s'animer. *Parléz-moi donc Allemand, me dit il, croyéz vous que je ne sache point votre langue?* Il finit l'entretien en me disant: assuréz vos Princes de mon respect et de l'estime que j'ai pour leur Illustre famille; aujourd'hui c'est un grand jour à notre Cour, le jour de naissance du Grand Duc; le Cérémonial veut qu'il dine seul avec son Epouse; que les Princes me fassent donc l'honneur de venir manger chéz moi, aprés quoi ils auront leur Audience. Je m'en fus. Lui et moi nous avions oublié quelque chose. Il me rappella: étes vous peut être Gentilhomme? –. Quel titre /152/ avéz vous? Je n'en ai point? j'ai eté Capitaine dans l'Armée prussienne. Eh! Monsieur, venéz donc aussi vous, diner chéz moi; vous devéz pareillement avoir votre Audience de l'Archi Duc et de l'Archi-Duchesse; pardonnéz moi de ne m'en etre pas enquis plutot. Dans ce procedé-ci, il n'y avait certainement rien de rébarbatif, mais par la suitte je me suis bien apperçu, que tout le monde ne le trouve pas dans une disposition aussi favorable, et qu'en general le public ne lui fait pas trop d'injustice.

Le 14. leurs A. R. partirent pour Pise et pour Livourne afin de voir les belles Villes qu'elles possedent. – Pendant qu'elles furent ici nous leur avons fait trois fois la Cour, et une fois les Princes ont diné avec elles.

Madame l'Infante est beaucoup plus gracieuse et affable que Monseigneur L'Archi-Duc, elle a surtout une façon agréable de s'énonçer en francais méme en le parlant passablement mal. J'eus une audience à part de chacun d'eux, se trouvant contre l'étiquette que je leur fusse présenté avec les Princes. La grande Maitresse se tint tout prés derriére l'Infante, laquelle entra d'abord en matiére et commença à jaser. Elle me demanda si je la comprenais? car il m'arrive, dit-elle, presque ordinairement de ne l'etre pas. – Mais savéz vous bien que je ne sais aucune langue: dans mon enfance à Naples je fus élevée par la Reine ma mère et par des femmes de Chambre Allemandes, ce qui devint par conséquent mon premier langage. Ensuitte on voulut que j'apprisse l'Italien y ayant fait quelques progrés, je me vis transportée en Espagne où je dus m'appliquer à la langue du Pays. Ici je reprens l'Italien, on m'enseigne aussi le Français, mais vous voyéz comme celà va &c. La grande Maitresse la tira plusieurs fois par la robbe, pour l'avertir qu'il était tems de faire le signe du congé, avant qu'elle put arreter le flux de son caquet.

Toute la Cour à l'exception de deux personnes, consiste dans des Florentins bien fiers du nouveau rang qu'ils tiennent; les gens de la /153/ Ville en revanche, sont tout ce que l'on puisse rencontrer de plus poli, c'est avec raison que les étrangers se louent de Florence. Le Cicisbeisme qui fleurit ici dans toute sa splendeur, forme un manege fort amusant à voir; celà va au point, que quand une brouillerie entre la Dame et son *Cavalier Servente* arrive, c'est l'affaire du mari de les reconcilier, – par ce qu'il y va de sa reputation que sa femme ne soit point abandonnée. Avient-il que le Cicisbeo tombe malade, sa Dame se rend chéz lui, le soigne, ne parait point ou trés rarement dans le public, selon les divers dégrés de la maladie, et si l'on veut savoir comment le malade se porte, c'est à elle qu'il faut s'addresser. Ces devoirs sont réciproques. Le Cicisbeo ou la Cicisbea choisissent aussi les Medecins et les payent, bref, en apparence chaque mari a deux femmes, chaque femme deux maris. Afin de se conformer aux usages, le Prince Jean George s'est enrollé tout doucement dans cette milice amoureuse, et sert un peu une certaine Signora Orlandini; chose qui plait à tout le monde, et lui concilie une bienveillance générale, à cause que les Florentins aiment qu'on se prète à leurs moeurs.

Un homme, que je ne connaissais qu'en effigie m'a eté de beaucoup d'utilité à Florence. Un jour dinant chéz Mylord Tillney, un gros et grand personnage m'aborde en Allemand. Je lui témoignai une maniére d'étonnement de ce qu'il savait si bien notre langue. C'est asséz naturel me dit-il, ayant servi pendant un espace considérable le Roi de Prusse. Aprés lui avoir demandé son nom avec le Régiment dans lequel il s'etait trouvé. J'appris que le premier étoit Rosetti, et le second celui d'Anhalt à Halle; surquoi je me ressouvins d'abord de son histoire qui n'est pas des plus belles. Pour lui épargner quelque embarras, je nommai un autre Régiment en lui déclarant comme j'avais servi dans la méme armée. Par la suite je vis qu'il ignorait ce qu'on avoit fait à sa memoire aprés son départ précipité. Il avait eté placé depuis dans les Regimens Toscans que le défunt Empereur a eu à l'armée autrichienne durant la derniére guerre, où il était parvenu /154/ au grade de Major. Comme ces Corps ont eté reformés en partie aprés la paix, il jouit d'une demi paye; étant en outre d'une fort bonne maison de ce pays-ci, il vit à Florence où il est asséz répandu et consideré dans le monde. Il s'attacha fort à moi; par son moyen j'ai fait plusieurs connaissances que je n'aurais pas faites sans lui.

Un Capitaine, Aide de Camp du Maréchal, Allemand de nation, s'est pareillement ingenié à me faire plaisir. Il est doux de rencontrer dans des endroits où l'on est inconnu de ces caracteres lians et serviables, mais celà impose en méme tems le devoir, quand on est de retour dans sa patrie, d'aller à son tour au devant de l'étranger qui se présente et qui demande notre appui.

Tant y a t'il de Florence que je quitterais demain bien gayement, si j'avais eu les moindres nouvelles de Dessau. Nous allons à Bologne et de la à Milan.

Connaissances de Florence.
Le Marèchal Marquis de Botta.
l'Abbé Marquis Nicolini.
Le Comte de Thurn, General Major et Capit. des Gardes Nobles. Allemand de Nation.
Le Chevlr. Pasquali, le Comte della Gherardesca Brigdrs. des memes Gardes.
Le Senateur Serristori Chambellan.
Le Major Rosetti.
Mr. Pavini Scretr. dans les affaires étrangeres.
Le Docteur Cocchi.
Le Prince Corsini de Rome.
Le General Orlandini de l'armée Autrichienne.
Le Marquis Corsi, Grand Veneur.
Le Chvlr. Man Envoyé extraord. d'Angleterre.
Mylord Coowper.
Le Comte de Rosenberg, de retour de Rome.
Le Cmte. de Wilseck de Milan, chambellan de la Cour de Vienne. Allemand.
La Comtesse de Thurn, Grande Maitresse, belle soeur du Comte, Allemande.
La Marquise Ximénés.
La Generale Orlandini, Allemande.
Mdme. Giani.
La Comtesse Guicciardini.
La Marquise Corsi.
La Princesse Corsini de Rome.
Madame Minorbetti.
Madme. Alemanni. La Mrqse. Allessandi Guadagni
Madme. Vanini, notre hotesse une des belles femmes que j'aie vu.

Le 24. May.
Tout ce que je vois de la Toscane est montagneux mais fort cultivé. Une grande chaussée trés bien entretenüe mene de Florence à Bologne; elle va sans cesse en montant ou en descendant les collines. Environ à 20. Milles de Florence on entre dans les Appennins pour les traverser; à gauche ils tournent vers le territoire de Génes. Ils ne sont pas défrichés mais beaucoup moins arides que dans bien d'autres endroits puisqu'ils portent de l'herbe et des arbres.

Dans la Romagne la contrée redevient belle, les monts s'abbaissent, et le moindre petit terrein qui en soit susceptible est converti en vigne ou en gueret. L'aspect de ces coteaux et vallons qui se succedent, les uns comme les autres couverts de bleds, de vignobles et d'arbres touffus, est consolant à voir et brille d'une beauté tranquile et paisible. Nous arrivames bien tard à Bologne aprés avoir passé souvent sous de hautes voutes gothiques de branchages, et par mille arcs de verdure, éclairés des rayons de la Lune qui parcourut cette nuit l'horizon dans tout sen éclat.

Pour ce qui concerne l'étendüe comme le nombre des habitans, j'estime Bologne égale à Florence, au reste ces deux Villes ne se ressemblent point. Il y a beaucoup plus de Palais dans la premiére, mais ils sont dans un autre gout. – Devant toutes les maisons particulieres regnent ces Arcades dont jai parlé à Padoüe et produisent aussi le meme effet, qui est de rendre les rües étroites et obscures; elles sont cependant propres, ainsi que les Palais et les autres édifices publics. Deja depuis que nous sommes en Toscane cette terrible salopperie a cessé, et je suis bien aise de voir qu'ici elle ne recommence pas.

Au milieu de la Ville est une tour excessivement élevée et menüe en mème tems, ce qui à quelque distance devient encore plus frappant; de son haut on reconnait fort distinctement, les Montagnes du Tyrol. De plus prés Bologne est située de façon qu'elle a d'un coté des Collines /156/ qui touchent aux Appennins, et de l'autre les plaines de la Lombardie ressemblantes à une foret touffüe par la quantité d'arbres et de vignes dont elles sont couvertes. A peu de pas de la dite tour s'en trouve une autre démolie jusqu'a la moitié de son élevation, ce qui en reste incline de maniere à faire peur. C'est la troisiéme de ces tours obliques que nous voyons en Italie, mais celle-ci ne penche certainement pas à dessein.

A la place du Théatre consumé par le feu, la ville en a fait construire un nouveau tellement incombustible que les loges avec tout le reste de l'intérieur sont de pierre ou de terre cuite. Il est vaste, grand et magnifique, mais la bonne architecture a eté peu consultée dans la décoration interne, chose qui est fort à plaindre, vû que pour l'espace des Corridors derriére les loges, pour les appartemens des Acteurs, et pour la distribution des avenües, je n'en ai point vu de pareil.

Avant d'avoir tant donné au plaisir on a fait bien d'avantage pour la religion. Au Sommet d'une des Collines prés de la Ville se trouve un Couvent de Religieuses de St. Dominique, avec je ne sais quelle image miraculeuse de la vierge; à son honneur et pour y parvenir plus commodement, soit en procession soit en pelerinage, on a bati un portique depuis la porte de la Ville

jusqu'a l'Eglise, de trois milles de longueur, consistant en 900. arcades. Le droit chemin n'en importerait pas tant, mais on est allé en zig zag, afin d'éviter les montées trop rudes.

L'Academie de Bologne d'une si grande celebrité jadis, n'a presque plus qu'une ombre de son ancienne splendeur, et celà malgré bon nombre d'arrangemens dispendieux en faveur des sciences dont les Universités de notre patrie ne peuvent pas se vanter. L'édifice public de l'Académie, appellé *il Studio*, fait un grand et magnifique palais ; celui de l'Institut ne le lui cede pas. Ce dernier est une fondation commune de Clement XI. de la Cité de Bologne, et d'un particulier, /157/ le Comte Marsigli. L'architecture, la Sculpture, la Medecine, l'Anatomie, la Chimie, et la Phisique, en font les objets principaux. Parmi d'autres habiles gens, le Docteur Galli enseigne dans cette maison l'accouchement. Pour rendre sa doctrine plus claire et plus intelligible, surtout aux sages femmes que préférablement il tache de former, il se sert d'une quantité d'uterus en cire avec les parties naturelles. Ces modéles représentent les degrés d'une grossesse de quinze en quinze jours, de méme que tous les accidens des enfantemens irréguliers dont il a pu faire l'expérience dans une pratique trés longue. Aprés que plusieurs professeurs eurent en la bonté de nous montrer des expériences conformes aux sciences de leur ressort, ce savant utile, à qui déjà un nombre considérable de ses concitoyens et concitoyennes est redevable de la vie, nous fit (sur nos prières) une leçon de deux heures, où il nous expliqua en premier lieu : les opinions diverses sur la génération ; en second, tout ce qui regarde la grossesse et l'accouchement avec ses accidens et suites.

Les Palais de Bologne ont pour la plupart le mérite d'une architecture bonne et commode, ils sont en outre richement ornés de tableaux aussi bien que les Eglises, ensorte que pour la peinture je range cette Ville-ci d'abord aprés Rome : il n'y a quasi point de bon maitre de qui on ne trouve pas des ouvrages, nommément de Guido Réni, de l'Albane, de Raphaël, de Domenichino, de Franceschino, de Quercino, des Carraches.

Je m'abstiens de parler des differentes branches du commerce de Bologne puisque c'est si connu ; celle la en est fort plaisante qui se fait des Chiens hideux que les Dames des pays etrangers recherchent : on vend ces petits monstres dans des corbeilles faites à jour pour la facilité du transport.

Le 29. nous eumes l'occasion de voir la féte *Corpus Domini* qui fut fort brillante. De longues rües tendües et couvertes de tapisseries de couleur égale, les portiques le long des maisons parés de méme, dans /158/ l'ouverture de leurs arcades des Orangers en fleurs, firent un effet aussi pompeux à l'oeil qu'agréable à l'odorat. Je me

tais sur la procession en elle méme: les milices de l'Eglise furent nombreuses, bien équipées, bien nourries, ici comme à Rome.

Le Prince régnant trouva à Bologne le Marquis d'Angelelli lequel il avait connu à l'Armée Prussienne; il nous offrit ses services pour nous introduire dans les familles, mais parceque peu de tems nous restait, nous n'en avons pu profiter comme nous aurions bien voulu, neanmoins il nous a présenté au Maréchal Comte Pallavicini et à quelques Dames.

Par le peu que j'en ai vu, la façon de vivre de cette noblesse ne m'a pas paru fort variée; la promenade au Cours le soir, avec une Comedie dans un petit Théatre particulier, semblerent en composer les révolutions les plus notables. Les Comediens qui y jouerent étaient de Venise, ils donnerent *delle Comedie improvisate*, genre dans lequel on les trouvait habiles. Les femmes de la bonne bourgeoisie portent le Zendale (grand morceau d'étoffe de soie, noir) qui est fort en usage dans cette partie de l'Italie, mais sans s'en couvrir le visage comme ailleurs, elles savent l'arranger d'une façon qui en n'enveloppant que les épaules, laisse à découvert, et marque le reste de la taille, par un grand noeud sur le croupion. Jai vu des figures longues et sveltes parmi; avantages qui me parait asséz communs au sexe de l'Italie.

Une Campagne à 6. Milles de Bologne du coté de Modène, appellée *il Sole*, mérite un petit voyage à part; sa structure particuliere mais noble, est moins curieuse encore qu'une grande et belle salle dans un gout non commun. Cette maison qui a une vüe superbe de ses étages supérieurs, se trouve placée au milieu d'une étendüe riante de préz et de champs; son possesseur actuel est le Senateur Albergatti.

Les chaleurs ne continuent pas ainsi qu'elles commencerent; ces jours-ci elles n'ont pas eté plus fortes qu'on les essuye parfois chéz /159/ nous dans la saison présente; Nous avons eu souvent des pluies occasionnées par de legers Orages.

Ici à Bologne nous joignit le Sieur Charles l'Amerique, nègre du Prince régnant, venant de Dessau, de mème que la grande voiture restée à Padoüe, Mr. Godofsky et Maitre Erlich allerent à Venise afin d'y attendre Mr. Rust, pour s'en retourner ensemble en Allemagne dans le vis à vis.

Lettre XI.
à Bologne ce 26. Mai.
Jai reçu quatre de vos Lettres à la fois; je vous suis fort obligé de tout ce que vous avéz voulu me mander et vous pouvéz etre assuré que loin de m'ennuyer vous m'amuserés toujours. Continuéz, ecrivéz moi tout ce que vous savez et tout ce que vous pourréz, mais que cela ne vous coute pas les moindres peines; il y a des tems où notre

genie sterile et retif se refuse au moindre service, il y en a d'autres où les pensées decoulent du cerveau plus vite encore que l'encre ne coule sur le papier, il faut absolument se regler en conséquence; longues ou bréves pourvu que j'aie de vos Lettres je serai content.

Je trouve l'action de voyager si remplie d'occupations et de distractions, que le tems s'en va à pas de géant; sans cette ressource je serais quelque fois un peu mélancolique, car je ne puis vous exprimer combien je desire me rejetter dans les bras de ma chere Solitude, et me livrer de nouveau à cette oisiveté laborieuse qui pour moi a tant de charmes.

Cette Lettre-ci, retera une couple de jours ouverte, puisqu'avant de faire partir Godofsky, il nous faut attendre Erdmansdorf qui est resté à Rome. Se présente-t-il pendant cet intervalle encore quelque chose, je commencerai un nouvel alinéa, si non adieu! jusqu'a la suivante.

Ce 30. Mai

/160/ Je reviens à la charge pour vous rendre compte d'un trait qui me parait remarquable dans mon histoire. Vous vous ressouviendrés qu'en vous parlant de la journée de Torgau, je vous ai raconté comme le Roi courut risque d'etre fait prisonnier la nuit aprés la Victoire, accident lequel comme cet autre de sa contusion, le plus profond oubli semble vouloir dérober et couvrir de son voile. Durant notre sejour dans cette ville-ci, nous trouvames entre deux ou trois autres étrangers, le Comte de Reischach Colonel de Cavalerie le et Commendant du Regiment du Prince Albert de Saxe, de l'armée autrichienne. Ayant appris que le Prince ainé et moi noua avions servi dans l'armée prusienne nous nous entretinmes des faits et opérations de la derniére guerre. Messieurs, nous dit-il je m'en vais vous communiquer une anecdote dont je n'ai garde de parler à tout le monde, et peut être balanceréz-vous d'y ajouter foi, je puis pourtant vous donner ma parole d'honneur qu'elle est de la plus exacte vérité. A la. bataille de Torgau je commandois un esquadron du Regiment de --- Cuirassiers.*

aprés avoir combattu et repoussé la Cavallerie de votre aile gauche, je menai mon Escadron à plusieurs reprises sur votre Infanterie qui se retira en desordre, comme vous savéz; celá m'avait si fort éloigné du gros de nos trouppes, que vèrs la nuit je m'en trouvai tout séparé. Aprés plusieurs tentatives pour les rejoindre, je fus encore pleinement desorienté. En attendant j'entendis le feu de l'attaque du Général Ziethen, et mes flanqueurs me rapporterent

---

* Le nom s'est effacé dans l'Original de la Lettre, et il m'est impossible de me le rappeller.

que toute la plaine de notre coté se remplissait de vos Bataillons qui revinrent. Sur cela je pris la résolution de m'enfoncer dans la foret et d'attendre le jour. Enfin le combat cessa et la nuit etoit des plus noires, lorsque selon mon Opinion vérs les 9. heures j'entendis une trouppe s'avancer vers moi qui me prit à revers. Je fis faire volte face, dans le moment méme on m'attaqua. Aprés un choc asséz mou, suivi d'une courte /161/ melée, ne sachant à quel parti j'avais à faire, je me retirai plus loin. Quand j'eus rallié mes gens il se trouva que nous avions perdu deux ou trois maitres, et pris en revanche un Lieutenant du Regiment de Bareuth nommé Tschirnhausen. L'Officier me dit qu'il avait eté en patrouille avec une trentaine de Dragons. Le jour étant revenu, je me remis en chemin et ne regagnai le Corps de Lascy que le lendemain, aprés mille détours par des chemins écartés. Monsieur! me dit alors mon prisonnier: Savéz vous bien que vous auriéz pu prendre le Roi tout aussi facilement que moi? il était au milieu de la melée avec toute sa suite, je lui servais d'escorte. Je vous repete, poursuivit le Comte de Reischach, que je vous raconte ceci mot pour mot et que vous pourréz m'en croire. Je lui dis comme je me sentais d'autant plus éloigné d'en douter que je m'etais trouvé moi méme dans la suite de sa Majesté, et par conséquent peut etre asséz prés de lui le Comte, dont j'avais maintenant l'honneur de faire la connaissance. Ensuitte je lui détaillai à mon tour l'affaire ainsi qu'elle s'était passée.*

---

* Lorsque la bataille fut pleinement gagnée le Roi se trouva à la téte du Régiment de Bareuth; il donna les ordres necessaires, ajoutant qu'il passerait le reste de la huit dans le Village de Neiden; endroit où l'on viendrait lui faire les rapports, aprés quoi il dit: *qui est ce qui en sait le chemin?* Un chasseur s'étant présenté pour guide, le Roi partit au pas et sa suite aprés lui. Mr. de Krusemarck Aide de Camp Général s'en retourna à une petite distance et dit au Colonel de Bulov Commendant de ce Régiment: *Ça vite, donnez nous un peloton pour escorte!* ce que celui ci fit. Nous cheminames tout doucement à cause de l'obscurité, le chasseur au devant, le Général de Krusemarck et moi à quelques pas derriére lui, les Dragons fermerent la marche. Aprés un bon quart d'heure de tems le chasseur s'arreta: *je vois la*, dit il, *contre le clair de l'horisont des Cavaliers.* Nous les apperçumes comme lui tout prés de nous; ils commencerent à remuer, et à leur accens nous comprimes que c'etaient des ennemis. *Dragons marche!* s'écria le Général, nous les chargeames et les mîmes en fuite. Ces fuilles ci, apparemment la seule chose qui survivra un peu à ma mèmoire, me serviront pour leur confier encore l'avanture suivante. Dans le plus fort du Combat, lorsque notre Infanterie plia de tout coté, le Roi se tint au milieu de la ligne. Il n'avait auprés de lui que le Comte Frederic d'Anhalt et moi avec deux jeunes Pages (Ils s'appellaient Podevils et Wagner.) et un Palfrenier. Deux Grenadiers autrichiens desertés à la téte de leurs Compagnies vinrent se refugier chez nous. *Comment va t'il de votre*

/162/ J'ai enfin trouvé une paire de pistolets pour Charles ils sont bons et de la fabrique de Brescia, Godofsky vous les remettra avec une caisse de Chocolat romain. Mais devineriez vous leur premier possesseur? je les tiens d'un Moine, d'un *Frato*, qui s'en est servi en allant la nuit en bonne fortune. Un nouveau Prieur plus rigide, en abolissant ces courses nocturnes, venait de contraindre ses confreres à mettre bas les armes, et à aller vaquer aux petits besoins de leurs pénitentes sans bouches à feu; c'est pourquoi celui ci s'en défit. Nous partons demain.

Connaissances de Bologne
Le Maréchal Comte Pallavicini.
Le Général Marquis d'Angelelli.
Son frère l'Abbé d' Àngelelli.
Le Marquis de Marulli, gendre du Maréchal.
Le Docteur Galli. Le Comte Mazzolani de Faenza,
 Chambellan de l'Empereur.
Le Comte de Sylva. Ce petit Officier duquel on nous,
 dit, qu'il avait eté bien venu de la Czarine.

---

coté? leur demanda le Roi. *Le Marechal lui méme mene à présent la réserve à la charge*, repondirent ils. Nos trouppes en attendant reculerent toujours, de sorte qu'entre le Roi et l'ennemi il n'y avait plus personne. Abandonné ainsi ce Monarque se trouva sur une petite elevation de terrein, justement à la lisiere du bois vis a vis du village de Süplitz, à son coté gauche le Comte d'Anhalt, et moi 8. ou 10. pas derriére, Je regardais d'autre part, lorsque le Comte d'Anhalt cria d'une voi d'Angoisse: Berenhorst: je levai les yeux et je vis le Roi qui laissait aller la bride et penchait en arriére. J'arrivai à tems pour l'empecher de tomber. Le C. d'Anhalt ayant un bras estropié ne pouvait rien faire; le Palfrenier et les pages sauterent à terre et accoururent; l'un de ces derniers fut blessé grievement aux pieds du Roi, et encore dans le méme moment le cheval du Roi et le mien, car nous étions tous proches de la Ligne de l'ennemi qui s'avançait. Il s'agissait de nous sauver sans délai. Le Palfrenier menait les chevaux, moi je tenais le Roi entre mes bras; ce fut dans cet etat que nous le ramenames évanoui dans le bois. Une balle reçüe contre la poitrine lui avait coupé la respiration; le Lendemain on la trouva dans sa chemise; elle avait percé un Manteau doublé de pelisse, ensuite le surtout et le Iustancorps tous deux boutonnés ainsi que le gilet. Sans ces remparts elle l'aurait tué infailliblement le coup étant parti de si prés. Aprés 5. ou 6. minuttes le Roi revint: *Voyez s'il y a du sang*, me dit il: L'ayant déboutonné et ne trouvant rien: *Ma vie est ce qui m'importe aujourd'hui le moins*, continua t'il, *allons faire notre devoir, malheur à ceux qui ne le font pas!* Je reconnais bien que le service que nous lui rendîmes dans cette rencontre n'est pas plus extraordinaires, quoi que le pèril fût grand et que sans notre assistance il aurait eté pris pour le moins; mais je scais pourtant aussi, que si nous l'eussions rendu à tout autre héros il aurait je crois daigné en parler, ceque celui-ci ne fit point.

Le Comte de Reischach, Colonel de Cavallerie Commendant
le Regiment du Prince Albert de Saxe.
Le Baron de Nesselroth, gentilhomme de la
Chambre de l'Electeur de Saxe.
Madame la Comtesse Pallavicini.
Madame Linghianié, Madame la Mrqse Marulli, ses filles
Madame la Marquise Malvasia.*

/163/ *Le 1. de Juin*
Depuis Bologne jusqu'à Milan le pays reste quasi toujours le méme, beaucoup de riviéres ou plutot torrens qui viennent des Appennins et s'en vont vers le Pô, le traversent; pour le reste c'est un Jardin continüel rempli de Maisons de plaisance. Un grand carré de verdure entouré d'arbres fruitiers avoisine à l'autre, et puisque la nature n'a point de monotonie, ces objets si uniformes pour le recit ont des variations infinies dans la réalité. L'oeil ne se lasse point de suivre les festons de pampres qui regnent le long du chemin comme autour de chaque portion de champ; l'air qu'on y respire vient de passer par des milliars de fleurs; tel se montre en général le tableau de la Lombardie. Les chemins sont ferrés en partie et assez bons jusqu'a Plaisance.

Modéne est une petite Ville un peu fortiffiée. Sans la nouvelle rüe et bon nombre d'antres maisons baties tout récemment, elle aurait fort mauvais air. Le Chateau des Ducs n'est pas encore achevé bien qu'il y ait un siécle qu'on l'a commencé. Ce qui m'y surprit le plus, fut le grand nombre d'Uniformes différens dont il fourmillait partout: vraiment je pensais me trouver dans le quartier Général d'une Armée nombreuse, lorsque j'appris que les forces de Son A. S. ne passaient pas les 3000. hommes, dont un tiers pouvait étre en garnison ici.

Reggio est presque plus considérable que Modéne; nous l'avons parcouru pendant une heure, malgré celá je n'en saurais rien dire sinon que nous y passames la nuit.

Le 2.
Parme une Ville d'asséz d'étendüe n'est point mal batie, les rües Capitales sont larges et droites, toute fois depuis Bologne je n'ai plus vü de Palais. La riviere de Parme passe par la ville située /164/ dans une plaine dont un petit cercle autour des fortifications reste clair et sans arbres. Du clocher de S^t^. Jean

---

* Im Original sind in der Nummerierung 10 Seiten übersprungen. «Ici le Copiste a commencé a se tromper en numérotant les pages, il n'en manque pourtant aucune».]

on peut découvrir les Limites de presque toute la Lombardie. A l'Orient du coté de Férrare et de Padoüe on voit les plaines qui s'ouvrent vers le Golphe de Venise, comme à l'Occident les Alpes de la Suisse élevent leurs tetes altiéres. Vers le Septentrion se présentent les Montagnes du Veronais et du Bresan, à une distance de 25. à 30. Milles. Vis à vis vèrs le Midi, mais beaucoup plus proches, sont les Appennins et nommement le San Pellegrino avac les montagnes du Génois. De Bologne à Milan on voyage entre ces deux chaines de montagnes, c'est à dire du Veronnais, et du Bressan à la droite, et les Appenins à la gauche.

Le Palais du Duc de Parme est aussi peu achevé que celui du Duc de Modéne; il y a une des grandes salles qui peuvent exister, convertie en Théatre depuis un siécle et demi. C'est le fameux Theatre de Parme dont on fait bien du bruit. Je m'en promettais beaucoup avant de l'avoir vû. L'Amphithéatre ou l'espace pour les spectateurs ne forme pas le demi cercle des anciens; étant de figure oblongue il représente plutot la moitié d'un cirque. Les rangs des gradins dans lesquels il y a deux *Vomiteria*, sont surmontés par deux Portiques l'un sur l'autre. L'Architecture de tout ceci serait asséz bonne si elle ne consistait en des planches peintes qui partout menacent ruine, et dont les couleurs se sont effacées depuis longtems, mais la propagation du Son est merveilleuse: celui qui se tient à l'entrée de la salle, entend à une distance de plus de 120 pas, distinctement ce qu'un autre déclame dans le fond du Théatre sans élever la voix plus qu'a l'ordinaire.

Proche de cette Salle est une Gallerie avec des modéles en platre des meilleures Statües de Rome et de Florence, pour l'instruction des jeunes gens qui veulent s'appliquer à la sculpture et à la peinture. Il y a pareillement deux grandes Statües en marbre, deux petites eu bronze, plusieurs inscriptions et dédicaces, avec d'autres petites /165/ antiquailles, de l'antique ville de Macinesso, couverte comme l'on présume par l'écroulement d'une montagne, et déterrée en 1760. Le lieu où elle a eté découverte dans les montagnes du territoire de Plaisance s'appelle Valleja. Le Défunt Infant y a fait construire deux maisons de bois, à cause qu'il faisait quelques fois – sejour dans cet endroit. Je ne puis donner un détail plus raisonnable de cette découverte ne sachant pas asséz de Latin pour entendre toutes les incriptions, surtout une trés grande sur une placque de cuivre trouvée précédemment dans l'année 1747.*

---

* Voici ce que j'ai trouvé au dessous de cette placque écrit en Italien – *Trovato nel anno 1747. nella villa di Macinesso fra i Monti e le Colline del Territorio Piacentino di quà dalla Nura e 18. Milia lungi d'alla citta di Piacenza.*

D'ailleurs l'inspecteur de cette espéce de Gallerie etait une vieille femme incapable d'en donner les moindres eclaircissemens. Le fameux tableau du Corrége représentait une Magdelaine belle au de la de toute expression, qui baise le grand orteil à l'enfant Jesus, est recelé dans la mème Gallerie.

Le Palais du Jardin avec le Jardin qui l'entoure méritent peu la peine d'en parler; le jeune Infant Duc y va tous les soirs pour se promener.

Les fortifications de Parme sont en fort mauvais état, la Citadelle qui est hors de la Ville m'a paru mieux entretenüe et capable de défense, mais je ne l'ai vüe que du Clocher.

Le 3.
Le Prince Jean George et moi nous partîmes de Parme dans une sedia, la voiture de Vérone se trouvant tellement délabrée que nous fumes obligés de la donner pour rien. Au sortir de la ville dans une rüe fort peuplée, un homme inconnu nous jetta brusquement deux Lettres à nos pieds dans la Sédia et passa outre sans mot dire. Je les ramassai et vis que l'une était pour Lodi, l'autre pour Milan. La façon de faire quelqu'un porteur d'une missive, nous parut asséz neuve, /166/ cependant pour ne pas mettre en defaut la confiance de notre commettant, j'eus soin de les faire parvenir à leur addresse.

Nous allames d'abord à Plaisance; y étant arrivés nous nous promenames un peu par les rües ensuite de quoi nous montames sur un Clocher. La ville est généralement mal batie, les rües fort étroites; en grandeur elle me parait surpasser Parme, la situation est justement la méme, excepté qu'ici le Pô coule tout prés.

De Plaisance il y a encore 18. Milles le long du fleuve jusqu'à Crénone. C'est un chemin de traverse exposé aus inondations, nous le trouvames bon, mais dans les saisons humides il y a apparence qu'il devient impracticable. Vis a vis de Crémone on passe le Pô dans un Bac, il est fort large.

Le lendemain nous montames une Tour qu'on dit etre la plus haute de toute l'italie; les escaliers en sont aussi commodes qu'un Edifice de cette sorte puisse le comporter; il se termine en un petit Sallon où rien n'offusque la vüe qui par cette raison est admirable. On se trouve ici au beau milieu de la Lombardie, également éloigné des montagnes de Parme et de Plaisance comme de celles de Brescia et de Bergamo. Le Pô qui se courbe en plusieurs façons a presque entièrement changé de cours dans cet endroit de memoire d'homme. Lá où l'année 1703. il y eut le pont, se trouve maintenant terre ferme, à l'autre bout de la ville au contraire, le fleuve s'est tellement approché du rempart que quasi il y touche.

Les fortifications d'une methode fort ancienne sont par dessus en trés mauvais état, et comme tout semble le persuader,

elles ne peuvent pas avoir eté beaucoup mieux déjà du tems de la fameuse surprise. L'égout par lequel les trouppes du Prince Eugéne entrerent subsiste encore aujourd'hui sans le moindre changement, une eau qui entre dans la Ville le remplissait a peu de chose prés. A la place de l'Eglise de S[te]. Marie la neuve, que les Français détruisirent par rancune, on a elevé une nouvelle sous le nom de S[te]. Marie *Stelle.* /167/ De la maison du prètre on ne voit plus les moindres vestiges. Nous suivîmes le rempart vèrs la Porte de tous les Saints. et de la vèrs celle de S[te]. Margueritte jusqu'au quartier des Irrlandais, occupé à présent par le Régiment de Fergatsch Hongreis.

La veille nous avions vu faire l'exercice à ce Régiment dans la Place devant la Citadelle.*

J'avoüe d'avoir eté frappé de l'accuratesse et de la vivacité avec lesquelles ce corps mania les armes. Les tems, copiés d'aprés les prussiens à quelque leger changement prés, furent exécutés avec une précision qui aurait fait honneur à un Regiment de Prusse dans les meilleures époques. Les charges sur le lieu réussirent de la méme façon, mais les évolutions, c'est à dire les charges en avançant et en retirant avec les différentes manieres de défiler, de se former, briser et reformer, ne repondirent point à ce commencement, quoi qu'aussi fidelement imitées que le maniment des armes.

Il en est de l'art militaire comme des autres, les inventeurs gardent longtems le pas. Ces Hongrais savaient tout excepté se mouvoir, celà m'a encore d'avantage fortifié dans l'opinion où j'ai toujours eté, que non seulement la mobilité (où jusqu'ici les trouppes prussiennes excellent préférablement à toutes les autres) mais la simple action de marcher, est le point le plus difficile comme le plus essentiel de toute la tactique.

Crémone n'est pas petite mais fort mal batie ; elle est peuplée.

Le 4.

Pizzigithone à une Poste de Crémone, est une petite place bien forte, autant que j'en ai pû juger en la traversant seulement. Lodi éloigné de Milan de deux postes, parait asséz grande, bien bâtie et bien peuplée. Depuis Bizzigtihone le terrein se trouve entrecoupé par une infinité de canaux, qui arrosent les champs et les prairies ; /168/ les mémes canaux regnent aussi des deux cotés du grand chemin. Entre Crémone et Milan la route n'est point reparée, par conséquent elle doit etre fort mauvaise dans les saisons pluvieuses.

---

* Il y avait encore à Crémone le Regiment de Clerici ; je n'en parle point a cause qu'il restait inférieur en tout a l'autre.

Pour finir mes remarques touchant ce dernier voyage, j'ajouterai encore que les fortifications de Modéne, de Reggio, de Parme, de Plaisance, de Cremone et de Lodi, se ressemblent toutes : un vieux corps de Place révétu, un fossé sec à moitié comblé, avec quelques restes d'un chemin couvert.

Milan est presque comparable à Rome pour la quantité des maisons, mais non pas pour la qualité, outre que la seconde la surpasse aussi en étendüe ;' pourtant aprés Rome et Naples, Milan peut etre taxé la plus grande Ville d'Italie, comme la plus riche aprés Venise. Les Champs cultivés, ou plutot les Vergers vont jusqu'aux portes, ensorte qu'il n'y a point d'espace au tour de la Ville qui soit ouvert.

La Cathédrale un trés vaste Edifice gothique, approchant en grandeur à S^{t}. Pierre, n'est point achevée, il y manque méme beaucoup quoi qu'on y travaille journellement* et qu'on expose par la le Spectacle singulier de voir construire de nos jours dans un gout barbare qui déja depuis des siecles ne subsiste plus.

La Place devant cette Cathédrale, l'unique dont Milan puisse se vanter, est asséz mauvaise. Un Théâtre pareillement, le seul de son espéce est fort grand sans étre beau. On compte 130 000. habitans à Milan ; l'évidence demontre que ce nombre n'est point grossi, puisque méme de nuit les rües ne desemplissent point de monde. Elles sont mal allignées et étroites, quelques unes seulement ont de la largeur.

La Citadelle est située sur la périphérie du Cercle que la ville dé-/169/crit, de façon qu'une moitié de son emplacement occupe un terrein exterieur, et l'autre un espace interieur aux remparts. Il ne peut donc pas manquer que de ce coté-ci, les maisons n'approchent de prés la contrescarpe, pourtant il reste entre la Ville et le chemin couvert une esplanade asséz large pour s'y proméner. Le Chateau de la Citadelle, bati par les Usurpateurs plutot pour s'assurer de la Ville que pour la defendre, a été entouré par les Espagnols d'ouvrages modernes qui forment un sexagone régulier. Tous les appartemens de ce Chateau sont convertis en logemens pour les soldats, ou en magazins, et l'on a élevé encore plusieurs autres batimens destinés au méme usage.

Les trouppes qui se trouvent à Milan sont en garnison dans la Citadelle, la ville ayant le privilége d'en étre exemte. – Il y avait le Regiment d'Infanterie de Baade Baade. Lorsque les Princes vinrent dans la Citadelle, nous le trouvames

---

* On se donne bien de garde de l'achever à cause de plusieurs fonds considerables legués a cet usage, et qui retourneraient à leurs possesseurs naturels si tot qu'on aurait dit qu'il ny a plus rien à faire.

rangé en parade dans la premiere Cour sur les Ordres du Feld Maréchal Serbelloni. La couleur blanche des uniformes, fut la seule chose que ce Corps avait gardé de son ancien habillement, tout le reste en était servilement imité d'aprés les Prussiens; non obstant ces efforts il était bien peu en ordre, et beaucoup moins discipliné que le Régiment de Forgatsch.

Le Patron que la Ville de Milan révère me parait le plus respectable de tous ses autres Confreres; uniquement occupé à faire du bien à sa Metropole, comme à contribuer au bonheur de ses concitoyens, son Carlo Borromeo mérite en quelque égard les honneurs qu'on rend à sa memoire, qui pour dire le vrai vont cependant bien loin. Son corps répose sous le maitre Autel de la Cathédrale, dans une Châsse de crystal de roche, tout le reste du Sépulcre est orné d'argenterie avec profusion, et tapissé de drap d'or. Avant que de lever les toiles qui couvrent la Châsse un Chanoine avec deux assistans se prosternent pour adorer le Saint, ensuite de quoi on a la permission de le contempler; – quand il est recouvert le Chanoine observe la mème céré-/170/ monie. On montre dans la Sacristie les présens que S^t^. Charles a reçu des coeurs fideles depuis sa canonisation, ils ne sont pas peu considérables, pourtant tout l'avoir de ce bienheureux ci, n'entre point en comparaison avec les richesses de la Madonne de Lorette.

Ce qui se trouve à Milan d'antiquité Romaine consiste dans une rangée de 16. Colonnes prés de la Porte de Pavie; Frédéric I. dans le Sac de la Ville n'exemta qu'elles avec trois Eglises, de la destruction générale.

Le Comte de Firmian gouverne la Ville ainsi que tout l'Etat sous le titre de Ministre plenipotentiaire, tandis que le Duc de Modéne se voit décoré de celui de Vicaire général en Italie. Ce Comte est un Seigneur affable et poli envers un chacun, qui cultive les belles lettes à coté des connaissances les plus étendües qu'un emploi tel que le sien exige. Il possede de belles maniéres, et quoique son poste soit un des premiers de la Cour de Vienne, il n'y a pas en lui la moindre trace de cette arrogance qu'on reproche (je ne crois pas sans fondement) à la plupart des Courtisans de cette Capitale. En un mot, toute la conduite de ce Ministre dénote un esprit au dessus de la faiblesse de s'enorgeüillir d'un titre. Lorsque je lui fis ma révérence pour lui porter les complimens des Princes, il me reçut avec une bonté qui surpassa mon attente. La seule chose qui pourrait un peu nuire aux impressions favorables dont son commerce prévient d'abord, c'est qu'on remarque par la suite que cette affabilité, n'est pas tant naturelle, que plutot une loi qu'il s'est imposée pour captiver la bienveillance universelle. Mais je repens presque mon observation, puis qu'il est décidé qu'il ne faut juger les hommes que sur ce qu'ils

font, – fermer les yeux sur les motifs secrets, qui les déterminent, et se boucher les oreilles sur ce qu'ils promettent de faire.

Le Duc de Modène sous la tutelle du Comte Firmian, ne m'oblige pas à une mention aussi honorable. La figure sous laquelle il se présen-/171/te est des plus singulieres comme des plus inattendües; agé de 68. ans il met du blanc et du rouge; sa perruque comme le reste de son habillement appartiennent encore aux tems de la regence du Duc d'Orléans, dont il a fidelement conservé la façon de se porter.*

Pour ce qui concerne sa maniere de penser je ne puis avoir une bonne idée de quelqu'un qui pouvant etre le maitre chéz soi va dependre d'autrui et se glorifier d'un emploi dont il na que l'Apparence. Il ne parle pas beaucoup, mais ce qu'il dit est bien tourné; du reste on s'apperçoit asséz dans tout son maintien combien il se trouve honoré de l'alliance projettée entre sa petite fille et le frere de l'Empereur.

Cette Princesse n'est nullement belle, la jeunesse méme qui enjolive tout, ne lui sert de rien, et c'est grand dommage, car elle est gracieuse et montre de la vivacité. L'Italien et le Français sont ses langues maternelles; elle les parle fort bien toutes deux, mérite qui n'est pas petit quand on considére combien il en coute d'en savoir comme il faut. Depuis deux ans qu'elle a l'esperance dépouser l'Archiduc, elle s'est encore appliquée à l'Allemand et y réussit, malheureusement c'est le Dialecte autrichien qu'on lui enseigne.

Le Feld Marechal Serbelloni commande toutes les Trouppes de la Lombardie; il m'a fait l'honneur de me confier beaucoup de ses maximes et principes sur le métier de la Guerre, qui se réduisent tout à une grande circonspection, à bien des réflexions avant que d'entreprendre, et à rejetter les attaques vives de la Cavallerie comme extremement pernicieuses. Il s'enonce également mal soit en Allemand, /172/ soit en Français; on le dit honnete homme mais fort avare.

La Maison Litta s'est appliquée à témoigner des civilités aux Princes nous y avons dinés une fois, deux fois à la Cour,

---

* Maintenant que je transcris mon Journal, je suis plus indulgent sur cet article; je conçois qu'un Viellard peut chérir les modes de sa jeunesse comme autant de souvenirs de ses joyes passées. Ce Duc avait été fort acceuilli a la Cour debauchée, brillante et spirituelle du Régent de France dont il avait épousé une fille naturelle. Le beau pere s'était apparamment étudié a bien traiter un gendre de cette espece, cent autres raisons peuvent encore y concourir; qu'y a t il donc de surprénant que celui-ci aime a se transporter autant qu'il peut dans une époque de sa vie que vraisemblablement il prefere aux autres.

le reste chéz le Comte de Firmian. Le Duc de Modéne assiste aux Diners dans la Ville, mais non pas la Princesse.

Il y eut une Comedie Italienne pendant le tems que nous fumes à Milan, où je ne puis pas me vanter d'avoir fait beaucoup de connaissances; j'y manquai de confident, et sans avoir un seul homme avec qui l'on soit un tant soit peu lié dans un monde étranger, il est fort difficile de s'y annexer en si peu de tems, et d'apprendre quelque chose d'interressant de ceux qui composent la societé; bien des fois, on est meme embarrassé d'en savoir seulement les noms. Les moeurs s'approchent et s'entremèlent de coutumes françaises, cette langue est aussi fort répandüe, en un mot, les Lombards ne sont déjà plus la meme Nation que les autres Italiens.

Monsieur d'Erdmansdorf nous rejoignit peu de jours aprés notre arrivée; il avait eté blessé à Ronciglione par le croc de fer d'une sédia qui en passant tout prés de lui par derriere, lui avait fait une profonde playe dans les parties charnües, accident qui avait retardé son voyage.

Le Prince Jean George acheta une Voiture neuve à deux places comme la premiere; elle a servi jusqu'à son retour à Dessau.

Nous trouvames à Milan Madame Lépri de Rome avec Mr. son mari* de qui nous fîmes ici la connaissance puisque du tems de notre sejour à Rome ils n'étaient point en bonne intelligence ensemble.

De méme Mr. le Hetman de Rasumofsky nous atteignit à Milan et logea dans la meme auberge; il me parait une asséz bonne trempe de Russe** /173/ dont on s'étonne à voir combien il a encore

---

* Leur cause était devant un Tribunal et les piéces imprimées; il en appert que le Sr. Lépri se plaignait de certaines difficultés et embarras dont peut etre un autre n'aurait point eté faché; Madame Lépri, dans ses reponses en rejettait aussi toute la faute sur lui comme de raison. Maintenant ils sont en si bonne harmonie, qu'on est en droit de croire que tout soit applani et les obstacles levés.

** Comme un trait qui n'est pas a rejetter dans l'idée qu'on a à se former du Caractére de cette nation qui commence présentement si fort a se produire dans l'Europe, voici ce qui arriva au Comte Rasumofsky à Rome. Pendant l'Office solemnel de la Grand-Messe du Pape à l'Eglise de St. Pierre, il se trouva tout prés du Throne parmi un grand nombre d'étrangers de Communions différentes; eux tous, Anglais. Allemands, Hollandais, se conformerent aux usages et se mirent à genoux quand il le fallait, le seule Russe dont le Rite comporte quasi les mémes cérémonies, dédaigna de le faire, et se tint droit comme un piquet. Cette attitude sauta aux yeux à cause de sa taille gigantesque; il y eut quelqu'un qui le lui fit remarquer en lui conseillant d'éviter le scandale, mais il n'en fit n'y plus n'y moins. Peu d'instans aprés, un deputé de la part du sacré

réüssi à s'éclairer l'esprit, n'ayant paru à la cour de Petersbourg qu'en un âge déja asséz mûr et dans l'etat d'un demi Sauvage.

Parmi d'autres connaissances il sait l'Allemand et le Français passablement. Mr. Clerc son Medecin et Compagnon de voyage, est un Français tel qu'on en rencontre ordinairement, instruit sur toutes sortes de choses, un peu Poëte, riche en Anecdotes, décidant sans trop de timidité, du reste d'une conversation agréable. J'ajoute que nous les retrouvames à Turin, à Paris et à Londres. Il ne faut pas non plus que j'oublie ici à Milan la rencontre de l'ainé de nos chers Canossa de Vérone, qui s'était engagé comme Lieutenant dans le Régiment de l'Empereur, Dragons.

Voyage aux Isles Borromées.
Le 9.
Nous partîmes dans deux sedia. En envoyant les domestiques, par un chemin plus court, nous choisîmes la route de Varèse; à 4. Milles en deça de ce Bourg on commence à monter, et puis on voyage dans les Avant-Colonnes des Alpes, c'est à dire dans les rochers de la grandeur des Appennins mais qui paraissent ici peu importans où les majestueuses Alpes les surmontent d'un aspect redoutable. On laisse le lac de Varése à main gauche et celui de Lugano à main droite quoi qu'on ne le voye point, au lieu que le chemin longe le premier.

/174/ Aprés un Voyage de 42. Milles nous arrivames à un petit endroit nommé Laveine sur les rivages du Lac majeur. Cette vaste piece d'eau fait une des vües les plus pompeuses, les plus pittoresques et les plus frappantes de tout notre voyage; elle était si calme ce soir que l'on remarqua à perte de vüe le Sillon tracé par notre petite Barque en glissant sur son miroir. Les Montagnes qui l'entourent sont chargées d'habitations et de Villages; fort au dessus d'elles, les Glacieres de la Suisse et de la Savoye montrent leurs tétes blanches de neige. Des Villes et des Campagnes sans nombre bordent en bas les rives de tout coté, et l'onde les multiplie encore en les copiant. Dans la voute du Ciel il n'y avait pas un soupçon de Nüage, c'etait L'Ether tout pur. Ami Lecteur! je laisse à ton imagination d'achever ce superbe tableau que je ne puis que croquer; la mienne fut bien délicieusement occupée à le comtempler du centre de la surface d'une masse d'eau limpide et claire comme Crystal.

A 500. pas de l'*Isola Madré* nous entrames tout d'un coup dans une Atmosphaere parfumée par des exhalaisons d'orangers en fleurs, d'oeillets et de roses. Telle serait je crois l'approche du

---

collége vint le prier, ou de vouloir bien se preter aux coutumes ou de détaler. et voila mon Hetman des cosaques qui s'agenouilla tout de suite.

Paradis de Mahomet s'il pouvait exister. La navigation depuis L'aveine avait duré en tout l'espace d'une bonne heure.

Nous primes terre. En petit la Nature n'a certainement rien produit de plus *amène*, de plus séduisant que cette Isle qui s'éleve dans le Lac comme une Montagne platte d'environ 15. à 1 600. pas de circonference. Deux bouquets de hauts arbres ornent en grôs le reste des beautés qu'elle renferme sans que des mains mortelles paraissent s'en etre melées. C'est la Tinian de l'Amiral Anson en racourci, ou l'Isle de Calypso ; j'avais à lutter contre mon Imagination qui à chaque moment voulut me faire voir des Nymphes sous l'ombre des Bosquets de Myrtes et de Lauriers. L'industrie humaine ne se montre que dans quelques terrasses, berceaux et espaliers. Une maison com-/175/mode est habitée par un Cadet de la famille. La vüe qu'offre ce lieu enchanté est en général la méme que je viens de décrire ci-dessus ; plus en détail on voit d'un coté la Ville de Palenza environ à deux Milles de distance, et de l'autre L'*Isola bella*, qui n'en est pas éloignée de tant.

J'eus de la peine à quitter sitot la charmante *Isola madré*. Que ce Borromée est heureux qui coule ici sa vie ! mais on le dit hypocondriaque et imbécille. Avant de me rembarquer je me vautrai sur le gazon du rivage en acte de prise de possession imaginaire. Nous fimes ramer vers l'*Isola bella* où nous avions fait prendre le devant à nos gens qui nous y attendaient avec le souper. Nous arrivames a l'entrée de la nuit.

Le 10.
Le lendemain matin nous examinames notre gîte, c'etait un fort beau Palais*, mais en convertissant l'Isle entière (qui est un peu plus grande que l'autre) dans un Jardin symmetrique, l'art a gâté le Local, il y a tant de terrasses murées, tant d'ornemens d'Architecture, que le Jardin parait tout de pierre, et que

---

* Je transcrirai ici le passage suivant de l'Abbé Richard. T. l. p. 285. comme étant entièrement de son avis : « Ce qu'il y a de plus agréable à mon gré dans le Palais de l'*Isola bella* est l'appartement du réz de chaussée tout en grotte rustique, pavé, revetu, et plafonné de petits cailloux de toutes sortes de couleurs. Il est composé de plusieurs piéces et d'une grande Gallerie d'où on a la vüe du Lac et des autres Isles. Cet appartement est destiné uniquement à prendre le frais, et doit étre delicieux dans la saison des chaleurs. Rien n'est plus simple et en méme tems plus agréable que cette espece de construction, qui n'exige aucun ornement étranger. Touchant la contradiction où je me trouve avec cet auteur sur le Borromée de l'*Isola madré* je ne sais que faire ; je rapporte ce que j'ai entendu à Milan et encore sur le lieu méme. Peut être ne parlons nous pas de la méme personne, puisque l'Abbé visita l'*Isola Madré* déjà l'année 1761.

l'ensemble prend la ressemblance d'un service de dessert. Nous décidames : L'*Isola bella*, est bien maussade en comparaison de sa compagne moins parée. De toute l'expédition il nous parut avoir vecu dans un Roman depuis hier au soir.

Vers les 10. heures du matin nous partimes. Le Lac se trouva, un peu agité, l'on nous dit que sa vague montait fort haute, au point que /176/ souvent il était impossible dc le passer, surtout en Eté où les bourrasques étaient fréquentes. Nous mîmes un peu plus de tems que hier à faire le trajet de Laveine.

A Varése le Marquis de Menafoglio prevenu par le Comte de Firmian nous donna à diner. Une maison distribuée et meublée on ne peut pas plus décemment et plus commodément, plusieurs bons livres épars sur les rebords des Cheminées et sur les sophas, previnrent en faveur de ceux qui l'habitaient ; et certainement ni Mr. le Marquis, ni Madm. son epouse, ni encore un autre homme, qui composaient toute la societé, ne démentirent point cette prévention avantageuse. C'étaient des gens qui avaient l'esprit orné, instruits sur tout ce qu'en pouvait mettre sur le tapis, outre qu'ils étaient pleins d'attentions et de bonnes façons. Aprés table nous nous promenames dans le Jardin : en homme de gout Menefoglio s'était contenté d'aider la Nature aux desseins de la quelle il s'était soumis, méthode qui dans un pays comme celui-ci ne manque jamais de produire des beautés. Situé sur le Sommet d'une Montagne ainsi que la maison, et contenant, encore une partie de la pente, des Objets superbes se présentent aux yeux dans ce joli Jardin : des Alpes, des Lacs, et des prés le beau Bourg de Varése au bas du précipice. A Minuit nous fumes de retour à Milan.

Voyage au Champ de Bataille de Cassano.
Le 13
Je n'en puis dire autre chose, si non que la description que le Chevalier de Folard donne du terrein est des plus exactes, presque tout se trouve encore dans le méme état que l'année 1705. les deux Cassines sur le Ritorto qui furent forçées avant le combat, étant de pierres, subsistent sans le moindre dérangement, de méme qu'au Chateau de Cassano, on peut fort bien reconnaitre l'endroit où les Français placerent les Canons, qui enfilèrent les Impériaux. Du fossé comme du rempart de la téte du Pont, bienque rasée il en /177/ reste pareillement des traces visibles.

Le Milanés est le pays le plus fertile de toute l'Italie, ses productions surpassent de beaucoup le besoin des habitans, quoi qu'il soit bien peuplé, ensorte que les exportations en grains, en soye, en bestiaux, en fromages &c. sont infiniment considérables ; des revenus que l'Imperatrice en tire aprés que toutes les charges sont payées, et 12. Régimens qui s'y trouvent, entretenus, il en va encore des somes fortes à Vienne.

Lettre XII. de Milan ce 13. Juin 1766.
Les malles étant faites, le congé pris, je veux prendre une Couple d'heures sur mon sommeil pour vous forger une Lettre car nous partons demain. – Avant que les Princes fissent leur visite au Duc de Modéne, un de ses Officiers Irlandais de Nation vint les voir. Il dirigea le Discours sur son Maitre et dit: que souvent les étrangers se montraient trop frappés de sa figure, qu'il voulait donc les prévenir qu'ils verraient un homme agé, vetu antiquement, avec une singuliere façon de perruque et fardé pardessus. Ce fut une précaution qui vraiment n'était point superflue. Ce Duc vit à Milan avec sa petite fille la Princesse Marie Beatrix, le reste de sa famille réside à Modéne, où il tient le Prince heréditaire son fils, dans une espéce de captivité par la raison qu'il ne veut point consentir, à ce qu'on dit, au Mariage de sa fille avec l'Archi-Duc Ferdinand. Ici à Milan le Duc de Modéne habite le Palais des Gouverneurs; sa cour consiste pour la plus grande partie en Officiers de ses trouppes, dont le Chef a le grade de General de Bataille, titre bien ronflant pour un Capitaine de 3000. hommes de Milices paisibles.

Nous avons fait deux excursions pendant le séjour de Milan asséz différentes dans leur espèce. L'une, dont nous revenons aujourd'hui, était pour le Champ de Bataille de Cassano: quelques ossemens blanchis, couverts de mousse, que les charitables Laboureurs ont receuil-/178/ lis sur de petits bancs de bois avec une Croix a coté, accusent encore tacitement la barbarie de leurs souverains qui les y sacrifierent: Ce furent des Allemands et des Français: avec combien de travaux et de peines, leurs possesseurs ne les avaient ils point traînés jusqu'ici, pour trouver une mort douloureuse et sanglante! Un verd buisson entoure ces tristes Monumens sur le bord d'un clair ruisseau. Ah! si les péres des peuples pouvaient faire de ces proménades ils auraient pitié de la pauvre humanité, qu'ils font gémir en tant d'occasions!

Pardonnez moi ces réflexions anti-héroiques, je m'en vais vous égayer par la description de deux Isles fortunées, lanuelle vous croirez exagérée, romanesque, et qui pourtant sera vraïe. – En y allant le Prince Jean George et moi, aprés avoir rassasié nos yeux de rochers et de précipices, nous nous rendimes dans notre sédia aux invitations d'un doux sommeil qui appesantissait nos paupiéres, lorsque tout d'un coup nous nous sentimes comme lancés d'une Balliste. Je crus faire un saut de la hauteur de plusieurs centaines de Brasses. Avec l'image de tant d'abimes dans la téte, jugéz de mon effroi; cependant en ouvrant les yeux, je me trouvai étendu sur l'herbe à coté de mon Prince, et nous vîmes notre sedia qui continuait son chemin en suivant l'autre, sans que le postillon daignat seulement regarder en arriére. Nous criames fort. Le Prince regnant, Erdmansdorf, les Postillons accoururent, on nous

réleva, personne ne pouvait comprendre quelle sorcellerie nous avait enlevés de notre place, car notre Conducteur jura que la Sédia n'avait pas un moment cessé d'aller, et qu'avant nos cris il ne s'était apperçu de rien. Le lendemain nous donna la Solution du Probléme. La Sédia du Prince regnant passa devant comme à l'ordinaire, le Prince Jean George et moi nous avions justement les yeux fixés sur elle, de grands cailloux dans le chemin lui firent faire des Cahots, en conséquence desquels, le Corps dé la Voiture branla de coté et d'autre. Un achoppement enfin, élevant trop violemment les soupentes, le Corps de la Sedia pencha subtement du /179/ coté gauche, versa les deux Messieurs, (Erdmansdorf dessous sur le dos, le Prince dessus sur le Ventre) fort proprement dans un ruisseau qui coulait le long des Orniéres, et se redressa tout de suite. Nous comprimes alors que nos Voitures manquaient d'une certaine courroye, qui en attachant le Corps aux brancards empeche qu'etant balotté il ne tombe d'un coté et vomisse comme ici ses entrailles.

Connaissances de Milan.
Le Comte de Firmian
Le Feld Maréchal Serbelloni. Le Vieux Marquis Litta, Commissaire general.
Le Marquis de Litta son fils. Le Comte de Vilseck, premier subalterne du C. de Firmian, de retour de Florence,
Mr. Selvatico, Grand-Maitre du Duc de Modéne.
Mr. Gonfaloniere, Chambellan de la Princesse Beatrix.
Le Général Castiglioni.
Le Baron de Straas, Lieut. Colon, dans le R. de Bade Bade, Chevalier de l'Ordre militaire de S. Thérèse.
Le Comte Corruvias de Leyva, Général de Bataille du Luc de Modéne.
Mr. Menifi, Irlandais, Officier et Chambellan du Duc de Modène.
Le Marquis de Carnena, Le Marquis de Beccaria, Gens de Lettres
Le Comte d'Allepri de Vérone
Mr. Dépri de Rome, gendre de S. E. Mr. le Cardinal A.
Le Marquis de Menafoglio avec Mdme. son Epouse à Varése

Dames
La. Marquise Litta.
La Comtesse de Castel Barco.
Madame Cusani, fille de la Merouise Litta.

le 14. Juin
Le pays est fort beau encore entre Milan et Pavie; des ruisseaux et des caneaux remplis d'une eau claire et pure,

arrosent une infinité de préz entourés de frenes et de hétres d'une élevation surprenante. Ces arbres forment des perspectives, de hautes murailles de verdure que l'oeil du voyageur enfile et parcourt avec un plaisir indicible.

A 4. Milles de Pavie nous nous écartames un peu du chemin pour aller voir la célébre Chartreuse fondée par Galeace Visconti* l'an 1392.

/180/ Peu de Couvens dans l'Europe égaleront la magnificence de celui-ci dont l'Eglise est une des plus rémarquables de l'Italie. On y découvre principalement jusqu'y quel degré la sculpture s'était deja relevée dans le Cours du quinze et du seizieme siecle : réellement les progres qu'elle a faits depuis ne sont guere considérables. De cinquante six Religieux nourris dans cette agrèable Solitude, vingt trois environ jouissent du bénéfice de loger seuls dans de petites habitations séparées bien jolies. Un appartement d'été, avec un cabinet aboutissant à une petite Gallerie ouverte ou Portique, d'où l'on entre dans un jardin conforme en grandeur, composent le réz de chaussée. Au dessus il y a les mémes pièces pour l'hiver, avec quel qu'autres Chambrettes destinées à différens besoins, comme bois de chauffage &c. Un ameublement asséz propre et commode s'y joint encore, de façon qu'il me semble que parvenu à un certain age, avec du gout pour la lecture et du dégout pour le monde, on y pourrait vivre sans regret comme sans inquiétude.

Pavie est fortifiée de la méme maniére que les Lieux ci-dessus cités, elle est grande passablement et antique outre mesure ; le Tesino en baigne les mûrs ; il y a un Château qui sert de quartier à la garnison. Devant le Palais de l'Eveque se trouve une Statüe équestre de bronze, représentant un Empereur. Le cheval ainsi que le corps de l'homme sont mal travaillés et paraissent des derniers tems. Pour la téte qui vaut beaucoup mieux, on la reconnait facilement pour un Marc Aurele. Nous dinames à Pavie**, puis nous poussames plus avant.

A une petite distance du Tesino on passe encore le Canal Bravalone, aprés quoi, en sortant du bac, on met le pied dans les Etats du Roi de Sardàigne. La Contrée est rase et couverte d'arbres aussi loin /181/ que l'oeil porte, du coté de Gènes seulement se montrent des Collines. Nous passames le Pô à l'entrée de la nuit

---

* Keysler dit : *il mourut en 1494.* Vol l. pag. 238.

** C'est ici la mode que les hommes portent des Evantails aussi bien que les femmes ; les Officiers de la Garnison. consistant dans un Régiment de Croates, étaient jolis à voir cette arme à la main, fortement en contraste avec leurs moustaches et le reste de la figure.

dans un endroit depourvu d'habitations. L'obscurité m'empecha d'observer le terrein jusqua Voghera, qui est un grand Bourg dans lequel nous gîtames. J'ai trouvé les chemins de cette journée-ci dans leur état de simple nature et sans reparations. Les chaleurs commenceaient à se faire sentir avec violence.

Le 15.
La plaine devient fort vaste, rien ne borne la vüe que les Montagnes de Génes qui paraissent dans l'éloignement. Le pays est peu entrecoupé en comparaison de celui d'ou nous venons. Une grande allée d'arbres méne vers Tortone qu'on découvre de bien loin. La Ville se trouve au pied d'une Montagne ; sur cette Montagne qui reste à gauche quand on vient de Voghera, est la Citadelle. Les fortifications de Tortone m'ont paru irrégulieres et négligées, sa grandeur est moyenne ; je n'en puis rien dire de plus, nous n'y avons fait que changer de chevaux.

Le terrein entre Tortone et Alexandrie reste la méme grande plaine. Nous passames pareillement par Alexandrie comme encore par Asti sans nous arreter. Je me reserve de parler de toute cette étendüe de pays, lorqu'en allant à Gènes je la traversai une seconde fois.

Le Jour d'aujourd'hui nous n'arrivames devant les portes de Turin qu'aprés minuit et graces à la Coutume absurde quoique trés commune de les fermer au milieu de la paix comme en pleine guerre, nous fumes obligés de passer le reste de la nuit dans une mauvaise Auberge du fauxbourg du Ballon ; moi je pris le parti d'essayer de dormir un peu dans la voiture ce qui ne me mit pas de la meilleure humeur du monde, étant à demi roti des chaleurs excessives du jour, et ayant été presque déchiré des puces la nuit précédente à Voghera. L'Italie en général est infectée de cette maudite vermine, et celà a été une des plus grandes incommodités pour moi en la parcourant. Combien de nuits /182/ n'ai je pas passé sans clorre l'oeil quelqu'envie et besoin que j'eusse de dormir.

Turin n'est pas grande mais elle fait une des jolies Villes d'Italie ; il y a cependant une extréme différence entre la partie ancienne et celle qui a eté batie depuis ; les rües de cette dernière sont spacieuses, tirées au Cordeau, et traversent en droite ligne tout l'espâce entre les remparts, de façon que dans Plusieurs on les voit aux deux bouts, les maisons sont belles. Au milieu des rues passe un petit Canal d'eau courante qui entretient la propreté. La rüe du Pô, et celle qui va du Château à la porte neuve sont d'une largeur considérable.

Sur le Glacis de la Citadelle on a planté des tilleuls en grand nombre ; d'un Coté ils forment des Allées, de l'autre un quinconce, ce qui donne une promenade fort agréable. Il y en a encore deux

autres qui sont publiques, savoir celle du Valentin* hors de la Porte neuve, est le Jardin derriere le Palais royal, dont l'accés ne fut rendu libre que du tems de notre séjour à Turin, auparavant il avait fallu attendre les absences de la Cour pour pouvoir y aller.

La Place d'armes ou de S[t]. Charles grande et belle forme un Carré long dont les deux cotés principaux consistent dans des Edifices symmetriques dont les premiers étages reposent sur des Arcades.

La Place du Château recoit son plus grand lustre du Palais du Prince de Piémont; ce palais en occupe justement le milieu et la partage en deux. La partie immédiatement au devant du Chateau Royal peut passer pour une des premieres places publiques qui existent: /183/ d'un Coté, ledit Château; vis à vis, des maisons particulieres décorées de portiques; à main gauche (venant du Chateau) le Palais de Piémont avec une façade moderne fort bonne qui couvre un vieux Corps, et à l'opposite de celui-ci d'autres maisons pareillement avec des portiques; s'il y avait encore une Statüe ou fontaine au centre, rien ne resterait plus à souhaiter. Les quatre cotés de l'autre partie sont le derriere du palais de Piémont; les secretaireries en ligne égale avec le Chateau; le grand Théatre comme une aile de l'Edifice carré de l'Academie; et de belles maisons particulieres qu'on pourrait nommer des Palais. Autour de cette Place-ci de méme que par toute la rüe du Pô régnent des Arcades.

C'est dommage qu'en général les maisons de Turin ne soient point crépies chose qui en gate un peu le coup d'oeil.**

---

* Voyéz la description de ce Valentin dans la *Description historique et critique de l'Italie* par Mr. L'Abbé Richard Tom. l. pag. 59 Je conseille en général d'avoir recours à cet ouvrage partout où j'ai négligé d'entrer dans les détails, principalement ici à Turin où je n'ai fait que griffoner en courant, faute de loisir. L'Abbé Richard posséde parfaitement bien le talent de décrire les objets qu'il a vus; pour ce qui regarde l'érudition Keysler le surpasse, eux deux ensemble sont les écrivains qui selon mon opinion, ont le mieux traité de l'Italie, sans en excepter ni M[r.] de la Lande ni son scholiaste Mr. Volckman.

** Parmi les Idées que je conserve, je range Leipzicq, Livourne, Turin et Bath, dans la méme classe par ce qu'il me parait trouver une certaine analogie entre ces 4. Villes; Il faut convenir cependant que la premiere est inférieure en tout aux trois autres. Je note encore que les habitans de Turin n'ont pas cet *air de magnificence et d'Opulence* comme il a paru à M[r.] l'Abbé Richard T. l. pag. 89. pour celá je ne prétens pas nier qu'ils soyent asséz à leur aise, un quantité exhorbitante de femmes grosses m'a prouvé qu'eu moins on va gayment à l'oeuvre de la propagation, et certainement ceci n'est pas un petit signe de prospérité.

Derriére le Château Royal les secrétaireries et l'Académie d'un coté, et le boulevard de l'autre, s'étend le Jardin qui contient l'emplacement de presque trois bastions ; de beaux berceaux de tilleuls, fort rares dans ce pays-ci avec un grand bassin d'eau en font les principaux ornemens ; mais il est dans sa plus grande splendeur les Soirs quand il se trouve rempli d'une infinité de monde qui s'y proméne ; alors les eaux du bassin jouent, et l'on a soin de n'y laisser entrer que des gens bien mis.

J'ômets de traiter des fortifications de la Ville comme d'un objet trop inconnu. La Citadelle nous fut montrée sur les ordres exprés du Roi, faveur qu'il n'accorde guére. Ce serait une entreprise aussi rude qu'inutile de parcourir toutes les galleries souterraines qui /184/ rendent cette forteresse si terrible ; nous nous bornames a en visiter autant qu'il faut pour avoir une idée des ouvrages de la méme espéce, qui vont tout autour, car je ne crois pas qu'il y ait une place forte au monde qui surpasse celle-ci en ce qui regarde les mines et la défense qu'on peut faire sous terre ; et quoi qu'elle ne soit pas bien grande une garnison nombreuse y est pleinement à l'arbre des bombes par la quantité de Casemattes et logemens voutés, dont elle est pourvue.

Les environs de Turin sont aussi beaux que la Nature puisse former des environs ; du coté de l'Orient un rond morceau de Collines* s'eléve au milieu des plaines du Piedmont ; vis à vis au Couchant, les Alpes gisent en demi-cercle majestueux alentour d'un paysage riant. De la Porte neuve il part en droite ligne une allée d'arbres de plusieurs Milles de longueur vers Stupini, et de la Porte Susine une plus longue encore, tout aussi droite, vers Rivoli ; sans parler d'un grand nombre d'autres qui bordent presque tous les chemins traversants la Campagne.

La Vénèrie à deux heures de Turin compose maintenant une petite Ville ! Le Palais du Roi est un ouvrage un peu irrégulier consistant en plusieurs Edifices élevés en différents tems. Le Corps du Logis est Le plus petit de tous ; de là sort une aile fort longue qui communique avec la Chappelle par le moyen d'une Gallerie, comme aussi avec les Ecuries et l'Orangerie, batiment trés considérable. Le Jardin n'offre rien d'extraordinaire bien qu'il ne manque pas d'agrémens, mais la façon dont on a accommodé le bois voisin pour la chasse du Cerf, le grand nombre d'Allées qui le traversent avec une multitude

---

* Ce monceau n'est pas petit il est de l'autre coté du Pô et porte la *Madonna della Vittoria*, Chiere, Montcallier et plusieurs autres endroits.

innombrable de peupliers* plantés dans des allignemens à perte de vüe, sont des choses qu'on ne rencontre nulle part ailleurs. L'équipage de chasse se tient ordinairement ici ; pendant la Saison du Printems on /185/ court le Cerf dans ces environs, au lieu que l'on s'en va à Stupini dans celle de L'Automne.

Cette derniére maison de chasse est pareillement à deux heures ou 5. Milles piémontais de Turin. une allée d'arbres laquelle commence à la Porte neuve (comme j'ai dit plus haut) et qui va jusques dans la cour du chateau, y conduit. Tout l'édifice se courbe en cercle laissant une seule ouverture pour l'entrée, au reste tant de pavillons et autres petits batimens entrent dans sa composition, qu'il est fort difficile de se former une Idée distincte de la répartition des piéces

Ni à Stupini, ni à la Vénerie, la moindre somptuosité dans l'ameublement ne frappe les yeux, tout prouve au contraire que ce n'est nullement par le faste qu'on cherche à se distinguer dans cette cour. La foret entoure Stupini de trois cotés, ainsi que le centre du grand sallon fait le point où cinq allées aboutissent. D'autres habitations ne se trouvent point ici une seule exceptée qui reste à main gauche quand on vient de Turin.

Le vieux Donjon de Montcallier n'est remarquable que par la Catastrophe du Roi Victor Amedée** ; il est situé au

---

* Cet arbre, un des plus beaux du regne des plantes, outre qu'il croit plus vite qu'aucun autre ravit les yeux par sa forme gracieuse ; ce sont autant d'Obélisques de feuillage dont les hautes Cîmes se balancent dans l'air.

** Sur cet événement j'ajoute à la note de l'abbé Richard T. l. p. 31. et 32. qu'on m'a dit comme le Gouverneur de la Citadelle n'avait eté pas du tout gagné par le vieux Roi, quoique celui ci eut compté pour sûr qu'il ne manquerait pas de se déclarer pour lui étant sa créature et un homme qui lui devait sa fortune. Que dans cette confiance il était venu se présenter la nuit devant la Citadelle avec la prétention d'y étre introduit, mais que ledit Gouverneur, ne balançant pas un moment entre la fidélité qu'il devait à son Roi effectif et les obligations qu'il pouvait avoir à l'autre, avait differé sous des pretextes, specieux de faire ouvrir, envoyant en attendant en avertir le Jeune Roi, lequel extremement frappé, comme l'on peut penser, de la nouvelle, avait assemblé en hâte son conseil pour savoir s'il devait ceder la Couronne où la maintenir ? que méme il s'était montré tout disposé au premier parti préférant le respect filial à toutes les autres considérations, malgré l'Archevéque et tous les autres membres qui lui avaient representé comme ce serait abandonner sa personne et tout l'etat au Caprice d'une femme ambitieuse qui gouvernait un Viellard radottant ; qu'enfin le Roi Charles Emanuël ne s'était rendu à leurs instances et fortes priéres que lorsque les Marquis d'Ormea, Ministre et favorit, le voyant entiérement déterminé à céder, se fut jette a ses pieds pour lui demander du moins autant de tems qu'il fallait pour mettre sa téte en sûreté.

bas de la Montagne, de façon pourtant qu'il domine la petite Ville du méme nom tout en bas sur les rives du Pô. La vüe y est belle, mais dans ce beau pays tout fait perspective et tableau dés qu'on se trouve seulement sur un lieu élevé.

/186/ Le 23. Juin le Prince de Carignan eut la politesse de nous mener à son chateau de Raconi endroit dans lequel il a son équipage pour le Cerf, je préfére cette maison ci à toutes celles dont je viens de parler; elle fait face vers la Ville de Raconi ayant de l'autre coté un vaste Jardin ou parc qui dans son espéce est le plus beau que j'aie encore vu. De simples plants de charmilles et de hêtres sont si bien menagés que tantot l'on se croit dans un bois sauvage et tantot dans un Jardin entretenu. Toutes ces remises fourmillent de phaisans que le Prince fait élever et garder ici avec grand soin. Plus prés du Château un partere de fleurs et d'Orangers parfume l'air. Le Château lui méme forme un Carré plein, c'est à dire sans Cour intérieure; le fond de sa construction est ancien, mais par des réparations et des changemens considérables le possesseur actuel en a fait un Edifice moderne. les appartemens sont meublés légérement et avec gout, et les Ornemens tous rélatifs à la charge sont encore tres bien choisis; Une propreté exemplaire s'étend jusqu'aux Ecuries et aux Chénils; quand on ajoute à cela la façon dont il fait nourrir et soigner ses chiens de chasse, on trouvera la condition d'un chien de chasse du Prince de Carignan la meilleure des conditions possibles d'un pareil animal.

Aussitost que nous fumes arrivés, nous montames à Cheval affin de parcourir le pays et les bois du district de Raconi; ils ont été plantés pour la plupart par le Prince. Lequel a préferé son plaisir et sa passion pour la Chasse au profit qu'il en aurait tiré en les laissant des Champs cultivables. Un bon déjeuner de phaisans en plusieurs maniéres nous attendoit au retour, dont le Prince notre hôte fit les honneurs avec cette cordialité et franchise qui semble préfé-/187/ rablement l'appanage des militaires et des chasseurs leurs frères.

Nous étions parti de Turin à 4. heures du matin, à 2. heures de l'aprés midi nous nous trouvames de retour pour diner chez le Marquis d'Aglié l'un des premiers Ecuyers du Roi, malgré un éloignement de 14. Milles. Le Prince de Carignan qui souvent se plait à mener lui même, aime à aller grand train, cette fois ci il lui en couta un cheval de ses attélages qui créva la nuit suivante.*

---

* Il était encore bel homme, avec celá poli, affable et communicatif, le dernier presque trop, car il parlait avec une profusion étonnants. Notre Prince régnant dit: qu'il ne connaissait pas deux hommes qui pour ce qui regarde les façons, se ressemblassent davantage que le Prince de Carignan et le Comte Schafgotsch Grand Ecuyer de la Cour de Prusse.

Le 27. nous entreprimes le voyage de Suse ville à 4. Postes de Turin. Un ordre de la Cour de traiter les Princes avec toutes les distinctions imaginables les avait précédé ; ce fut donc sur ce pied là que le Comte de Frinc Gouverneur, et le Général Facio – chef d'un Régiment suisse, les y reçurent. Ils logerent dans la maison du dernier lequel nous donna aussi à manger aux dépens du Roi et s'en acquitta de la façon la plus obligeante. Je regrette de ne pouvoir peint m'etendre sur les objets que nous rencontrames ici, nous commençons si fort à nous dépécher que le tems d'écrire me manque absolument.

L'ancienne Ville de Suse n'a qu'une vielle enceinte, elle est petite, mal batie, et porte un grand air de destruction. La gorge dans laquelle elle est située se divise en deux par le Rochemelon, montagne, ou Alpe fort élevée. La Vallée à main droite est fermée par la forteresse de la Brunette asséz prés de la Ville pour lui servir de Citadelle. Cet ouvrage singulier, qui quoique dominé presque tout autour ne laisse pas d'etre d'une trés grande défense et dont l'art en se roidissant contre ses propres regles et principes a sçû faire une des plus fortes Places de l'Europe guerroyante, mériterait des détails où il m'est impossible de descendre, autant faute de connaissances asséz étendües dans le Génie, que de loisir. Toute la communi-/188/cation entre les Bastions, enveloppes &c. se fait par des passages souterrains trés spacieux. Les Ouvrages eux mémes sont couverts, blindés, et voûtés, en sorte que de toute la garnison sous les armes il n'y a d'exposé que quelques sentinelles seulement.

Je trouvai sans en étre prévenu, un Arc de Triomphe romain tout prés de la maison du Général Fatio, dans une espece de jardin ; il n'est pas fort endommagé mais peu remarquable en comparaison de ceux dont nous avons parlé.*

Le lendemain 28. nous allames voir Exilles accompagnés du Général et de plusieurs autres Officiers du Régiment de Fatio ; outre ce Régiment ci il y avait encore un autre Piémontais en garnison tant à Suse qu'à la Brunette. Exilles barre la Vallée à main gauche mais à une distance de deux heures de chemin de Suse. C'est un rocher isolé qu'on a rendu imprénable (s'entend dans l'acception ordinaire du terme) par des travaux immenses auxquels on était encore occupé actuellement. Fossés, Casemattes, tout est taillé dans le roc les premiers sont de véritables abîmes en profondeur. D'un coté il est pourtant dominé par une montagne voisine, mais on a sçu obvier à cet inconvénient par des traverses et épaulemens murés, ouvrages dans l'application desquels

---

* L'Abbé Richard T. l. pag. 27 en donne la description, mais il en fait trop de câs apparemment puisque ce fut le premier qu'il vit.

on excelle en ce pays ci, à cause que la situation de toutes ces forteresses dans les Alpes force souvent d'y avoir recours. En batimens il n'y a rien ici qu'un vieux Donjon qui est petit.*

Aprés avoir été comblés de politesses, préférablement, de la part du Général Fatio et de ses Officiers, dont je nomme Mr. Dunant et Mr. /189/ Fatio le fils Lieutenants, et Mr. Garnier Enseigne, nous partimes de Suse dans l'aprés diné et arrivames à Rivoli le Soir. Nous y trouvames le Chevalier d'Antoni Major dans le Corps d'Artillerie et du Génie ayant avec soi un grand et exacte Plan de la Bataille de Turin joint à d'autres notices rélatives à cet événement, le tout tiré des Archives Royaux. Il vient de la Part du Roi pour servir de guide et pour expliquer le terrain aux Princes qui avaient fait connaitre à sa Majesté comme ils desiraient de voir ce célébre Champ de Bataille en revenant de Suse. Des Chevaux de Selle des écuries ne furent point oubliés.

Ce Soir ci, avant de nous coucher nous allames nous proméner vérs le Château bati sur une Colline au bas des Montagnes qui commencent ici. Il n'est point achevé et ne le sera vraisemblablement jamais, c'est pourquoi nous n'y entrames point. La vüe dans la plaine, la Capitale en façe est incomparable. La Ville de Rivoli au dessous de la Colline est peu considérable ; il n'y en a guere dans tout le Piémont qui le soient. J'ai dejá fait mention de la superbe allée d'arbres qui va d'ici à la Porte Susine.

le 29. nous montames à Cheval à la pointe du jour. Aprés avoir examiné la position de l'Armée des Alliés entre Rivoli et la Doire, nous passames cette rivière a Alpignan en suivant la marche de laditte Armée au Camp prés de la Vénèrie. Chemin faisant nous entrames dans le Chateau de Pianèza à une heure et demi du Champ de Bataille. Il porte encore maitenant des marques tres visibles du coup de main par lequel le Prince Leopold l'emporta l'avant veille de la Bataille. Dans plusieurs des trous faits par les boulets et par les balles, on trouve le fer ou le plomb qui les causa- Le Conduit souterrain par où il entra, de méme que l'escalier dérobé par lequel il déboucha dans une Chambre du réz de chaussée, n'ont pareillement pas changé d'état. La mémoire de ce Prince est encore bien vivante dans ce pays-ci,

---

* Les Piémontais sont extrémement circonspects en les gardant jaloux de les montrer aux Etrangers, surtout à Messieurs leurs voisins. Le C. Frinc nous raconta qu'avant peu un Officier de marque étant venu avec la prétention de voir la brunette, sur son refus lui avait dit : vous faites bien les renchéris, venéz chéz nous en France et je vous montrerai toutes nos Places. Cela n'est pas étonnant lui avait il répliqué, le Roi votre maître a des armées puissantes pour les'soutenir, le mien n'en ayant pas tant, ne trouvéz pas mauvais que nous vous cachions un peu nos merveilles.

tout le /190/ monde le nomme en racontant ses exploits. Au reste j'ajoute que le Château de Pianezza n'est point un vieux Dojon gothique, comme je me l'étais imaginé, mais une maison moderne qui a fort bon air quoique inhabitée et démeublée. Ensuite nous reconnumes le Camp prés de la Vénèrie avec les différens chemins tenus par les Colonnes pour aller à l'attaque du retranchement.

Nous parcourumes enfin bien attentivement la fameuse plaine dans laquelle l'an 1706. le 7. de Septembre notre nation triompha des Français et sauva le Duc de Savoye et sa capitale. A l'aide de notre conducteur et de son plan, et moyennant un grand nombre de pierres ou bornes qui indiquent la direction du retranchement forcé, nous parvinmes facilement à nous former des notions justes sur cet événement mémorable*, malgré que le terrain ait changé beaucoup depuis et que le nombre des métairies, arbres et bïailleres (petits canaux pour arroser les champs) ait considerablement augmenté, la seconde position de l'armée française aprés l'assaut et la prise des lignes, comme aussi une derniére où un grand corps de trouppes a mis bas les armes, sont pareillement marquée de pierres qui portent toutes la datte de 1706.

Le Prince Jean George ne s'était point arrêté à Rivoli; il alla en droiture à Turin incommodé d'une violente colique qui lui avait pris à Suse.

Nous le trouvames soigné par le Médecin du Roi que S. M. avait envoyé tout de suite qu'elle eut appris son indisposition. Quelques jours aprés je retournai avec lui au champ de Bataille pour le lui montrer. Ayant tout vu nous entrames finalement chez les Capucins de notre Dame de la Campagne pour contempler le Tombeau du Maréchal de Marsin. En ressortant de l'Eglise nous considérames sous le cloitre du Monastère un Tableau représentant le secours de Turin; quoi qu'il soit /191/ passablement mal peint on reconnait sans peine trois figures du devant à leurs uniformes et attributs, pour le Duc de Savoye, le Prince Eugéne et le Prince Leopold.

Je demandai aux Peres: qui est celui la en habit bleu avec le cordon jaune? C'est le Prince de Dessau, me dirent-ils qui le premier avec ses trouppes entra dans le retranchement, et qui en génèral par sa valeur extraordinaire a contribué préférablement à la victoire de ce jour. Nous quittames le Couvent pour remonter à cheval lorsque toute la Confrairie accourut et nous environna pour regarder le Prince Jean George, la bouche béante et faisant une profonde révérence aprés l'autre. Ne

---

* L'abbé Richard lache une grande sottise T. l. p. 69. lorsqu'il dit: *Le Prince Eugène fut asséz heureux pour traverser la Citadelle* &c.

pouvant comprendre ce que cela signifiait, un Ecuyer du Comte Khevenhuller qui nous accompagna nous apprit comme en sortant il avait dit aux Capucins : savéz vous bien que le jeune Monsieur que voilá, est petit-fils du Prince de Dessau dont vous parliez ; et que sur celá, les bonnes gens avaient couru à toutes Jambes appeller leurs Confrères, afin qu'ils le vissent aussi.

L'on se doutera bien que nous ne négligeames point d'aller voir un autre jour l'Eglise *della Superga ou Medonna della Vittoria*, que le Roi Victor construisit pour acquitter son voeu : *s'il gagnait la Bataille*. Edifice superbe qui sert en méme tems de Tombeau à la famille Royale et qui prouve suffisamment de quelle importance le succés de cette journée parut à son Fondateur, la Bibliothéque du Monastère est asséz riche en livres modernes surtout en Français.

Le Roi est menu de taille, d'une phisionomie peu élevée, simple dans son habillement et modeste dans ses discours, le jour que nous le vîmes la premiére fois, il portait un habit de drap gris brun avec un petit galon d'or ; une perruque ronde, un peu allongée en arriére, finissant par un noeud ; au lieu de col une épaisse cravate blanche ; toute petite épée, courte canne, petites boucles aux souliers. J'avoüe que cet ensemble compose une prestance qui n'annonce point un /192/ Roi tel qu'il est, et quelqu'un qui le jugerait d'aprés la mine serait bien trompé. Dans toutes les matiéres qu'il agite il se montre fort instruit. Tres gracieux en général envers les étrangers, il s'étudia à faire à nos Princes l'acceuil le plus distingué. Ils lui furent présentés par le Comte de Khevenhuller Ministre de la Cour de Vienne. *Messieurs !* leur a t'il dit, *je suis ravi de voir chéz nous les Neveux d'un grand homme, à qui moi et mon état nous devons beaucoup ; je tacherai pendant votre séjour de m'acquitter autant que je puis de mes obligations.* Quelques minuttes aprés l'entrée des Princes Mr. d'Erdmansdorf et moi nous fumes aussi introduits. Sa Majesté daigna nous dire à un chacun en particulier quelques mots, ensuitte elle rendit la conversation générale. Je fus vraiment surpris d'entendre s'enoncer un Roi dans le ton d'un simple particulier ; en parlant de son Royaume, de ses trouppes, de ses arrangemens, de ses guerres, il dit toujours *nous*, jamais *moi* ; si on ne l'avait pas sçu, on eut point deviné que ce fut un Souverain qui s'expliquait. Par la suite il chercha dans le public toutes les occasions d'addresser la parolle aux deux Princes et leur parla avant tous les autres. Dans la Ville ils eurent un Equipage de la Cour conduit par le méme Cocher qui méne ordinairement le Roi, un attelage de six pour les tours de campagne, et des chevaux de selle des Ecuries quand il leur plaisait. Nous autres eumes pareillement notre Carosse et la livrée du Roi, mais pour satisfaire à l'etiquette de la Cour il fallut que le Prince régnant nous déclarat ses Chambellans.

Entretenons nous encore un peu du Roi, je me plais à parler d'un mortel si digne du Thrône et qui en possede tous les talents; pendant la guerre il a conduit lui méme ses trouppes, pendant la paix c'est encore lui méme qui gouverne, ses Ministres n'étant que des instrumens dans sa main dont il se sert pour regner. Quoiqu'il soit d'une fermeté qui tient un peu du Despotisme, tous ses sujets peuvent lui par-/193/ler et lui addresser leurs plaintes. On lui reproche une Oeconomie récherchée, cependant en réfléchissant sur la situation dans laquelle il se trouve on verra qu'il y est obligé. Je n'ai pas besoin de parler de la fine politique dont cette Cour a toujours fait usage; certainement le Roi Charles Emanüel ne s'écarte pas. Dans toutes les Provinces la Police est au mieux, à Turin il y a toutes les fondations nécessaires à la Capitale d'un pays, hopitaux, maisons d'Orphelins, maisons de pauvres &c. Au lieu que dans tout le reste de l'Italie, on est sans cesse entouré et obsédé d'une foule de Mandians, personne ici ne demande l'aumone. Le Roi est grand ami de l'ordre et présque trop ponctuel; depuis qu'il régne un jour de sa vie ressemble à l'autre. On sait sur la minutte quand il se levera le matin, quand il ira entendre la Messe, quand il se mettra à table, quand il sortira; bref tout ce qu'il entreprend et fait a son heure et ses minuttes fixées.*

Un Officier qui avait eté longtems page de S. M. m'a assuré que j'amais elle n'avait eu besoin de lui demander à boire, puis qu'il connaissait le moment où il fallait le lui présenter. Pour entretenir cet ordre il y a des pendules dans toutes les Antichambres, et un horloger payé pour celá qui n'a point d'autre affaire, va les régler et les accorder tous les matins. Pendant le Carnaval à 5. heures et tant de minuttes l'Opéra commence, à 10. heures précises le Voile tombe, le Gentilhomme préposé au spectacle tient la montre à la main pour diriger le tout ensorte que la représentation ne finisse ni une minutte trop tot ou trop tard.

Il y a plusieurs cérémonies à cette Cour, celle là par exemple de paraitre en queüe de rénard** et non pas en bourse quand on a l'honneur de parler au Roi et à la famille Royale.

---

* Jai demandé à des Courtisans si cette exactitude ne les genait pas? ils m'ont dit que tout au contraire elle les mettait à leur aise, puisqu'elle les delivrait de l'ennuy de croquer le marmot et de perdre leur tems à attendre.

** Queüe de renard: les cheveux sont liés par derriere comme à l'ordinaire, mais au lieu de les entortiller aprés cela d'un ruban, pour en faire une queüe, on les laisse flottants faisant appliquer quelques boucles en bas. Celui qui n'est pas asséz riche en cheveux naturels en prend de postiches qu'on trouve ici tous faits, il n'y a pas longtems que le Ministre

Pour le reste rien au monde de plus régulier que cette méme Cour; quand elle est à Turin voilà ce qu'elle fait un jour comme l'autre. Le matin avant les 11. heures on s'assemble dans l'antichambre du Duc de Savoye; à 11. heures environ S. A. R. parait et parle à quelques uns principalement aux étrangers. Quand il manque encore quelques minuttes à 11. heures et demie, un Gentilhomme de la Chambre vient l'en avertir aussitost elle rentre dans sa Chambre pour se rendre chéz le Roi par un escalier dérobé. La Duchesse de Savoye, le Duc de Chablais, et les deux Princesses font le méme de leur coté, et tout le monde, étrangers et Courtisans va à l'Antichambre du Roi. Précisément à 11. heures et demie les deux battans s'ouvrent, un chacun selon son rang précéde, immédiatement devant le Roi vient la famille royalle, et l'on va entendre la Messe. La Messe finie on s'en retourne dans le méme ordre. Le Roi s'entretient aprés celá encore quelques minuttes avec les Ambassadeurs et Envoyés, et ceux qui ont ce qu'on appelle les grandes Entrées, puis il se met à table. Toute la famille dine toujours ensemble, personne de quel rang que ce soit ne peut y être admis. L'aprés midi le Roi s'occupe encore aux affaires, et les Princes et Princesses sortent parfois pour faire des promenades. Le Roi va de tems en tems passer la Nuit à Stupini. A 8. heures du Soir les Dames et ceux qui en ont envie, s'assemblent dans les Antichambres du Roi; quelques minuttes aprés (à un tems préfix, comme l'on peut croire) l'assemblée entre. Les Princesses sont assises, et les Dames /195/ toutes en robbes (que les Princesses et leurs Dames d'atour ne quittent jamais) se rangent en Demi-cercle autour d'elles, le Roi avec les Princes se tiennent de bout dans la seconde fenètre, les Ambassadeurs et ceux des grandes entrées les entourent pareillement. Le Princesses se levent et vont dire l'une aprés l'autre quelques mots à chacune des Dames, tandis qu'un Gentilhomme de la Chambre leur tient la queüe. Le Roi et le Duc de Savoye font la méme chose aux hommes. Quand un bon quart d'heure s'est écoulé, il fait la révérence et tout le monde se retire. Cette conversation s'appelle Cercle et celà à juste titre, le Duc de Chablais n'y parait point; on ne veut pas l'exposer aux tentations de la chair, en voyant les Dames dans cette espece de nudité à laquelle l'habillement en robbe les oblige.

---

d'Angleterre ayant à présenter quelque *Gentlemen* de sa Nation lui dit: Mr. pourvoyez-vous d'une queüe de renard pour la cérémonie de demain et n'y manquéz pas. Le matin venu il mene son compatriote à la Cour. Lorsqu'ils montent le grand escalier, le Ministre s'apperçoit qu'il est en bourse. Mais mon cher ami ne vous dis-je pas hier d'avoir une queüe de renard? – Si fait Monsieur, j'en ai une, et en disant celá il tire de sa poche une véritable, laquelle il jura avoir eu beaucoup de peine à trouver.

Il n'est pas coyable dans quelle contrainte ce Prince aussi bien que son ainé vivent; c'est la seule chose en quoi je trouve le Roi sans excuse, et par laquelle il force sa propre famille à souhaiter d'en être délivrée. Le Duc de Chablais est tenu exactement comme un enfant, toujours il a son Gouverneur derriere lui quoi qu'il accomplisse sa 25.eme année; le méme Gouverneur couche aussi partout à coté de son lit. A la voix de ce Prince on s'apperqoit avec combien de fidelité le Roi son pére est secondé dans ses intentions, il l'a encore alternativement gréle et forte, comme les Adolescens de 15. à 16. ans, chéz qui la puberté ne fait que s'annoncer. Le Duc de Savoye lui même, bien qu'âgé de 40. ans et pére d'une nombreuse famille, a jusqu'à présent de certains devoirs à observer qui le rajeunissent pour le moins de 25. ans. Il est aimé et estimé universelement, et certes personne n'en est plus digne, son affabilité, ses grandes connaissances et sa modestie conspirent à l'envi à lui concilier tous les suffrages. Outre celá il est bon pére et un modèle de mari, car c'est chose décidée qu'il n'a jamais manqué à la foi conjugale, il faut observer pourtant que le contraire lui au-/196/rait été impossible.

Malgré tous ces mérites le Duc de Savoye a le desagrément de voir que, si le choix dépendait du Roi son père, ce serait le Duc de Chablais et non pas lui qui succéderait. Pour dédommager autant que possible ce fils cheri des caprices de la fortune, le Roi lui a assigné à ce qu'on prétend un appannage si fort qu'il est en disproportion avec les révenus de l'Etat, et de lá on présage des mésintelligences un jour entre les deux fréres. Le Duc de Chablais a de la vivacité avec tout ce qu'une éducation soigneuse peut donner, mais je ne sais pas, il ne prévient pas tant que son ainé.

On remarque facilement que Madame la Duchesse de Savoye n'a jamais été belle, et quand méme elle eut eu cet avantage, il y a longtems que ses grossesses continuelles l'en auraient privée. Elle aime son Epoux et étudie jusqu'a ses moindres penchans pour les prévenir. Tout bien pesé, 10. enfans dont il la rendu mère en 15. années de mariage, méritent bien quelque gratitude de sa part; c'est un bonheur qui n'arrive que rarement aux Infantes. Pour le reste elle fait profession du Caractere commun de la famille royale qui est civilité gracieuse; on vante fort son esprit.

Les deux Princesses sont grandement sur leur retour, celá n'empéche pas de voir qu'elles ont eu des agrémens, et que leur sort ne repond pas à leur destination. Par les mesures prises pour veiller à l'innocence du Duc de Chablais, on peut juger quelles précautions sont mises en usage pour les Princesses: un air de langueur répandu sur toute leur phisionomie en fait foi, et rappelle au plus vif l'image d'une fleur qui se fane sur sa tige. Vraiment elles ont toutes ma compassion: ce n'est pas que j'ignore combien

il y a de Princesses dans le monde qui ne se marient point, mais si aprés avoir atteint l'age où la politique ne compte plus sur elles, et durant lequel *Dame Nature* se fait pourtant sentir ordinairement avec le plus /197/ d'efficace, elles conservent l'intégrité de leurs Thresors, il y a du libre arbitre; à Turin c'est bien autre chose, on n'y est pas non seulement pucelle, mais on doit encore rester dans toute la force du terme, sans *si* et sans *Mais*. Elles ont toutes deux de fort bonnes maniéres, et ce n'est pas peu de les avoir acquises dans l'état d'éloignement du monde où elles se trouvent. La troisiéme vit à Chiéri dans un Couvent, de tems en tems les autres vont l'y voir.

Toutes les Dames d'honneur sont l'une toujours plus vieille et plus laide que l'autre, l'on n'a qu'a les voir en robbes, la gorge et les épaules nües, pour prendre une idée des différens degrés de la décrepitude, et de quelle façon la vieillesse opére d'époque en époque sur la chair humaine.

Le plus grand amusement du Roi et de et de ses fils est la chasse et surtout la chasse du Cerf; le Duc de Savoye y excelle tant pour la hardiesse que pour l'addresse avec lesquelles il court. Le Roi a fait la méme chose pendant qu'il s'est trouvé en vigueur, et encore présentement il est bon homme de Cheval, mais il court avec précaution et ne s'expose plus tant, quoi qu'il y mette bien de la vivacité pour son âge. Il faut aussi que le Duc de Savoye use modestement de ses avantages, en évitant souvent de se trouver à la mort du Cerf quand le Roi y manque, s'il veut avoir du beau tems.

Le Comte de Viry a le département des affaires étrangéres: on peut d'abord accepter pour certain qu'ici personne n'est employé s'il n'a pas pour le moins les talents indispensablement nécessaires pour remplir sa place. Le Comte de Viry qui ne s'est pas borné à celá, se trouvant comme Ambassadeur à la Cour de Londres l'année 1762. a servi de premier mobile à la médiation de son Maitre entre les deux puissances belligerantes. C'est un grand homme maladif et sec qui ne sort jamais de sa Chambre. Son second est un certain Chevalier Raiberti premier Commis dans le méme Département, homme /198/ de mérite qui plus d'une fois s'est vu à la téte des affaires pendant les intervalles où la Charge de Ministre vaquait. Pour peindre par un seul trait la bonne Oeconomie et l'éloignement du Luxe de ce pays, je dirai que ce Chevalier Raiberti n'a point d'équipage à lui, et qu'il se promene à pied par la Ville. Sa pension est de 6000. Livres piémontaises, somme dont il ne jouit que depuis trés peu de tems ayant été encore plus mal appannagé au paravant.

Le Comte de Bogin ministre de la guerre a beaucoup de crédit auprés du Roi, et le plus d'Autorité de tous les autres ministres, d'une extraction basse et obscure, il s'est avancé de degré en degré jusqu'au poste qu'il occupe. Il se montra trés poli envers les Princes: il me semble qu'il n'est pas trop hai

de ceux qui sont sous sa dépendance. Le Comte de la Roque Lieutenant général, a l'inspection de l'Infanterie, son pouvoir dans l'armée est fort limité par celui du Comte de Bogin.

Comme le Piémont fait un état militaire, qui quoiqu'entouré de voisins puissants, s'est aggrandi par des conquétes, le métier de la guerre y est fort considéré*; par conséquent tous les gens de qualité servent ou ont servi.

Avec celá la Cour n'a nullement égard à la Naissance; il faut commencer par les grades inférieurs et rarement elle fait des exceptions pour avancer quelqu'un hors le tour de son ancienneté, ce qui va trés lentement vu que la maxime: de mettre de coté les vieux Officiers, n'y est point encore établie. Il en résulte entre autres que les premiéres Dames quant aux maisons, sont femmes de Lieutenans, méme d'Enseignes, constitution qui du commencement nous parut étrange par la raison que dans les autres trouppes ce sont /199/ ordinairement des cadets de famille, ou de jeunes gens qui remplissent ces grades subalternes, et qu'un Enseigne homme de Condition et pére de famille, serait la chose du monde la plus plaisante à Berlin, Paris &c.

Les gens de guerre de S. M. Sarde, n'ont pas ce qu'on appelle de nos jours la bonne mine du Soldat, le Roi actuel n'ayant pas apporté le moindre changement depuis qu'il regne, soit dans l'habillement, soit dans les armes aussi peu que dans le reste de la discipline.**

L'Infanterie fait le Service charge et tire sans avoir la Bayonnette au bout. Quand on a vu des soldats prussiens, peints comme ils étaient au commencement du Siécle, on a vu le fantassin piémontais. Les trouppes nationnales sont bien mal payées, les Allemands le sont mieux, et les Suisses splendidement. Parmi ceux lá, j'ai trouvé des Officiers trés instruits et de beaucoup de mérite. L'armée consiste présentement en 32. Bataillons, savoir 14. Piémontais y compris l'Artillerie. 10. Suisses. 4. Allemands. 2. Savoyards, 2. Français. Douze Bataillons de Milice peuvent étre assemblés au bout de 6. Jours. La Cavallerie est faible (la

---

* A cause de celá je m'étonne que ni le Roi ni les Princes de la Maison ne portent jamais l'uniforme. Au fond celá ne dit rien puisqu'il y a des Princes, qui bien qu'ils rendent cet honneur imaginaire à leurs fiers combattans, démontrent asséz par le reste de leur conduite, combien peu ils estiment intérieurement cette Classe respectable de Citoyens qui leur consacre sa vie et son sang.

** Tandis que sur tous ces articles, la France, l'Autriche, de méme que plusieurs petits souverains varient et changent depuis une vingtaine d'années, pour ainsi dire d'un mois a l'autre.

nature du pays fait qu'on n'en a guére besoin) 6. Regimens sur le pied de 5. Escadrons, en paix seulement de 3. voilá tout. Le revenus de l'etat montent à 10. Millions et demi de florins.

Il est comme décidé que dans chacune des Cours de l'Italie, nos Princes trouvent un Ministre étranger qui s'interesse d'affection pour eux, et les comble d'amitié et de politesses. C'est ici le Comte de Khevenhüller que leur bonne destinée a chargé de ce rôle généreux. Il s'en acquitte au point que je suis en doute s'il pouvait faire quelque chose de plus pour un Archiduc fils de sa Souvéraine. Avec des maniéres moins prévenantes peut etre que le /200/ Comte de Firmian, celui ci oblige non pas par étude mais par une inclination innée qui le force, si j'ose le dire, à obliger ; et il me semble qu'on doit lui en savoir d'autant plus de gré : j'ÿ souscris de tout mon coeur. Madame son epouse, née princesse de Lichtenstein fait une femme fort aimable. Ils se voyent dejà une postérité asséz nombreuse pour leur âge. Je n'ai pas voulu approfondir sur quel pied ils sont ensemble, puis qu'il m'a paru trouver des indices que ce n'est pas sur un bien bon. Elle marque beaucoup de bienveillance à un homme qu'on ne soupçonnerait certainement pas de posseder asséz d'agremens pour faire oublier un mari comme Monsieur de Khevenhuller, et si ce dernier ne s'en doute pas, on ne peut point le blâmer d'avoir asséz mauvaise opinion de soi méme pour craindre embuche du coté d'où il lui vient.

A l'exemple de la Cour on n'est pas liberal en diners à Turin, celui du Marquis d'Aglié fut le seul dont Messieurs les Piemontais nous régalérent. D'assemblées publiques il n'y en a que deux la semaine, et celà chez les Ministres de la Cour de Vienne et de Madrid. Le dernier s'appelle Comte de la Torre Palma, nous avons aussi mangé chéz lui ; je ne parle pas du premier, nous étions enfans de la maison. Le Ministre d'Angleterre se trouvait absent.

Les Dames de Turin tant pronées par les Voyageurs sont peu belles. Il est vrai que du tems de notre sejour il y en avait déja quelques-unes à la Campagne. Parmi celles que j'ai eu occasion de voir, la seule Comtesse de Pioz mérite cette epithéte. Madame Borgharetti pourrait bien y prétendre pareillement, mais moi je la raie de la liste, vu de certains remèdes par lesquels elle se donne la peine de passer maintenant. Madme. de Rivarola favorite du Prince de Carignan, et Mdme. de Chatillon sont fort jolies, le reste, mon cher Lecteur, n'est que du rebut, Crois-m'en sur ma parolle. Pour ce qui regarde leur Caractère, voici ce que notre Compatriote Keysler en a couché par écrit il y a 37. ans.

/201/ Tom. l. pag. 240. il en parle de la sorte ; « la façon de vivre des Dames de Turin est fort libre, elles parlent beaucoup avec les hommes, et rient tant et d'une maniére si outrée, que dans d'autres endroits on y trouverait facilement à redire. Chacune

a son amant et entremetteur de ses intrigues amoureuses, mais pour des étrangers qui ne sont pas disposés à dépenser beaucoup d'argent, il y a peu à faire, de méme qu'ils ne doivent pas compter de contracter des connaissances intimes. L'ambition avec l'envie d'etre louées font qu'elles les acceuillent fort poliment, se levent quand ils entrent, leur parlent du tems, de l'Opéra et de choses pareilles; elles en restent la. Comme elles se sont montrées envers un Etranger la premiere semaine, telles se montrent-elles aprés trois Mois; méme quand elles se doutent qu'on restera longtems à la Cour ou dans la Ville, les politesses diminuent. Elles parlent peu le français, mais pour la plupart du tems leur piémontais qui est un mélange de la langue Italienne et Française. –» C'etaient les meres et les grandes meres de la génération présente, cependant, elles ont si bien transferé leurs moeurs à leurs filles, que j'ai trouvé encore tout ceci exactement vrai, la langue Française exceptée, qu'elles parlent toutes trés bien à l'heure qu'il est; mais en revanche ignore t'on l'Italien presque généralement.*

Les Piémontais ne se comptent pas non plus aux Italiens, ils disent: vous alléz en Italie?, ou, vous venéz de l'Italie? Ils ont la prétention de faire une nation à part.

D'abord en sortant de table on va faire la visite aux Dames, on passe alors par plusieurs pièces où le jour condamné à fait place aux plus profondes ténébres; dans la derniére on les trouve enfin, pour la plupart, en compagnie de quelques hommes jamais de femmes.

/202/ Je m'imagine qu'il faut venir de trés bonne heure afin d'étre le premier pour mettre à profit cette obscurité favorable, où ceux qui arrivent aprés, éblouis de la lumière, passent quelques minutes sans voir goute. Tout ceci est en été s'entend, comme on se tire d'affaire en hiver je l'ignore. Aprés les 4. heures elles sortent pour se proméner, et de là elles vont au spectacle qui pour le coup n'était pas bien brillant, consistant dans une trouppe de mauvais Comédiens qui se piquaient de jouer des piéces sérieuses sur le Theatre de Carignan.

En général, Thalie n'est pas bien servie dans le meme pays où son art ressusita, quand elle se montre dans ses vétemens déçens; mais dés qu'elle s'affuble de la colotte des bouffons, ou qu'elle met le peten-l'air d'une polissone, la chose va un peu mieux.

Je reviens encore une fois aux femmes: des gens qui en pouvaient parler avec connaissance de cause m'ont assuré qu'on ne leur faisait pas la moindre injustice en les coyant un

* Le peuple se sert encore de son pathois, mais le français est généralement compris et tout le monde jusqu'aux artisans le parlent.

peu plus que galantes et que leur effronterie allait au point qu'entre elles il ne s'agissait pas du plus leger mistere, tant sur leurs avantures que sur les suites qu'elles entrainent souvent dans ce climat chaud. Par rapport à celá Mdme. Borgharetti m'a servi de preuve; dés la premiére visite, elle ne nous faisait pas un sécrèt de sa maladie, bien au contraire, elle en détailla les divers symptômes en demandant notre avis, et elle ne pouvait pas cesser de rire en se ressouvenant des occasions multipliées dans lesquelles elle l'avait gagnée. Elle souffrait cependant violemment et ne pouvait quitter le lit.

Pour donner en passant une idée, combien encore de nos jours les Italiens sont romanesques et enclins à la chevallerie, je note que le Comte Pignatelli ministre de Naples, éperdument amoureux de Mdme. Borgharetti, menaçait un chacun qui aurait l'impertinence de croire que son mal ne provient d'une cause naturelle et inno-/203/cente. Il n'avait pas le moindre scrupule de sa vertu, tandis qu'elle méme se mocqua des Visions de ce Paladin bénévole, et nous dit comme pendant 4. ou 5. ans qu'il soupirait pour elle, il ne s'etait jamais émancipé de lui demander la plus petite faveur, pas méme un baiser. Cependant cet homme ne manquait, ni d'esprit ni de connaissances, il parlait plusieurs langues et entre autres aussi l'Allemand sans avoir jamais eté dans le pays.*

Nous rencontrames à Turin Mr. le Comte de Paar avec son Mentor Mr. le Lieutenant Colonel d'OFlennagan, lequel Mentor trouva bon de s'amouracher de Madame Borgharetti en depit de tous ses remedes dont il connaissait fort bien l'objet. Ce couple fut joliment assorti, car outre le petit bien que possédait la Dame, Mr. le Lieutenant Colonel pouvait lui apporter en dote la goute et la gravelle qui le tourmentaient tour à tour; vu cependant leur situation actuelle, la belle passion du seigneur hibernois n'aboutit qu'a des propos galans de part et d'autre.

Mr. Rust nous arriva ici de Livourne par Gènes, il fut expedié pour aller rejoindre Mr. Godofsky à Venise et s'en retourner ensemble de là à Dessau, comme j'ai deja rapporté ailleurs. Le friseur Beuchling demanda et obtint son Congé à Turin.

---

* Le Duca di San Nicola dont nous fimes la connaisance à Rome et que nous retrouvames à Naples sa patrie, savait pareillement, un peu l'allemand et s'y appliquait encore. Apparemment c'avait eté la défunte Reine des deux Siciles, princesse de Saxe qui avait mis cela à la mode, le Pr. Jean George ayant pris en amitié ce Duc, lui envoya par la suitte de Londres un petit choix des meilleurs auteurs de notre Nation.

C o n n a i s s a n c e s.
Le Marquis de Viry, Ministre des affaires étrangères.
Le Comte de Bogin, Ministre de la guerre.
Le Comte de la Roque, Lieutenant Général
et Inspecteur de l'Infanterie.
Le Comte de Briquelas, Gouverneur de la Citadelle.
Le Comte de Frinc, Gouverneur de Suse.
Le General Fatio, Chef d'un Régiment suisse à Suse.
Le Chevalier Raiberti, Premier Commis des affaires
Etrangeres.
Don Emanüel Volguamera Sicilien, Lieut. General.
Le Marq. de Fleury, autrefois Sous-Gouverneur du Duc
de Savoye.
Le Gouverneur du Prince de Piémont.
/204/ Le Marquis d'Ormea, Le Marquis d'Aglié
Premiers Ecuyers du Roy.
Le Chevalier d'Antoni, Major de l'artillerie.
Le Chevalier de Pioz, Maitre des Cérémonies.
Le Comte de Pioz, mari d'une belle femme.
Le Marquis d'Aigleblanche, premier Ecuyer du Duc de Savoye.
Le Prince della Cisterna, fils de la Marquise de Voghera,
Dame que nous avons vu beaucoup,
et mere de Madame de Pioz.
Le Duc de Pecquigny, Français.
Le Duc de Sambiasi, Espagnol.
Le Comte de Khevenhüller, Ministre de Vienne.
Le Comte de Pignatelli, Ministre de Naples.
Le Comte della Torre-Palma, Ambassadeur d'Espagne.
L'Abbé Morelli, Résident de la Cour de Rome.
Mr. de Ménézes, Ministre de Portugal.
Mr. de Ziethen, Col. propriétaire d'un R. allemand à Turin.
Le Baron de Leutrum, Lieut. Col. du R. de Ziethen
Le Bar. de Schulenburg, Capitaine au méme Régiment
Mr. de Seffreis, secretaire d'Ambassade de Vienne.
Mr. de Rivarola Cadet du Marquis d'Aglié.
Le Marquis de S^{t}. Marsan.
Le Comte de Mazin.
Le Prince Doria de Rome.
Le Marquis Rossi son Gouverneur.
Le Comte d'Antoni, Le Chevalier Tomasi, Siliciens,
voyageurs.
Le Chevalier de Surri, Colonel, Mr. Dunant, Lieutenant, Hr Fatio
Lieutenant. Mr. Garnier Enseigne, du R. de Fatio a Suse.
Le Comte de Carpenet, père de Mdme. de Chatillon
ami de la maison de Mr. de K.

Le 5. de Juillet
le chemin le plus court de Turin à Alexandrie serait de passer le Pont du Pô, de monter la Montagne, et d'aller tout droit à Chieri ; mais pour éviter une montée trop rude et penible on sort par la porte neuve, ne passe le Pô qu'à Montcallier et monte de la vers Chieri ; Ville d'asséz d'etendüe quoique mal bâtie et d'un air détruit. Sa situation élevée procure une vüe des plus vastes par dessus la plaine et vers les Alpes. Le lieu où nous changeames de Chevaux, étant hors de la Ville, nous mit à méme de jetter un dernier coup d'oeil sur une bonne partie du Piémont.

A San Michele, troisiéme Poste, on descend des Collines, qui restent ensuite aux deux cotés et s'élargissent vers Asti. Cet Asti n'a qu'une vieille enceinte. Poussant plus outre on rentre de nouveau dans un terrein montueux. Alexandrie est placé dans la plaine entre /205/ le Tanaro et la Bormida. On laisse la Cittadelle à main gauche, et passe le Tanaro pour entrer dans la Ville. Ce fut vérs les trois heures de l'Aprés midi dans une chaleur étouffante que nous y arrivames.

Ayant abordé dans une Auberge, il parut dans le moment Mr. le Cmte. d'Entremont Gouverneur, et Mr. le Cmte. de San Michèle Commandant, à la téte de tout leur Etat Major, pour reçevoir et complimenter les Princes. Aprés que ceux ci leur eurent dit, comme ils comptaient repartir demain matin de bonne heure, il fut résolu d'aller tout de suitte visiter la Citadelle. On s'y rendit à pied. Elle occupe un terrain qui faisait partie de la petite Ville s'appelant il Borgo ; le Roi Victor commença à la batir. C'est un sexagone régulier qui renferme trois Cavaliers. Les fossés sont comblés pour corriger l'air, lequel en dépit de cette précaution est ensore si mal sain qu'on n'y tient point de garnison.

Tout étant examiné nous fumes reconduits à travers la Ville (qui est grande et me semble bien peuplée) vers une maison préparée pour les hôtes de S. M. Sarde. Une Compagnie entiére avec son Drapeau y était de garde d'honneur.*

Nous nous mimes en gala avec précipitation afin de paraitre chéz Monsieur le Gouverneur. Toute la noblesse des deux séxes, tous les Officiers de la Garnison avec leurs femmes, et filles, y composerent une assemblée brillante et nombreuse. Présentations à droite et à gauche ; complimens à celui-ci, à celle-là ; comme celá va dans de pareilles rencontres. Ceci passé l'on se mit à discourir.

Quand on voudra faire attention de quelle façon nous avions employé notre journée, on me croira facilement si je dis que j'etais sur les dents de fatigue ; j'avais outre celá bon

---

* A Suse il en avait été de méme.

appétit, par conséquent je soupirais aprés le moment de nous mettre à table. Mais nous n'en étions point encore lá.

/206/ Aprés un long intervalle il se fit un mouvement qui n'aboutit qu'a placer des tables pour jouer. Le jeu fini il se faisait tard, et je me crus au but de mes esperances ; on ota les tables : helas ! ce ne fut que pour recommencer la conversation. Je m'addressai à quelqu'un et lui dis : ne soupéz vous jamais ? eh ! oui, dit il ; un bon Souper vous est destiné, mais comme c'est aujourd'hui un jour maigre on laisse approcher minuit afin de vous faire faire gras. Triste solution du Problème ! Il fallut donc aller au bout, s'armer de patience et attendre. Comme tous les évènemens futurs, il eut lieu à la fin ce Souper tant desiré ; la Compagnie ne fut pas nombreuse mais bien choisie, et le reste se passa asséz agreablement. Notre sommeil fut bon quoi que trés limité.

Le 6.
Le passage de la Bormida se fait en bac à une petite distance de la Ville ; c'est la route de Tortone, que l'on quitte immédiatement aprés en prenant à droite vers Novi. Plaine sterile et mauvais chemins, Novi se trouve au pied des montagnes Appennines. L'Etat de Gennes commence ici. La Ville est remplie de monde ; rües étroites ; maisons hautes ; un air de bien être repandu, signe distinctif de toute domination républicaine d'espéce quelconque.

Jusqu'a Gavi les Montagnes ne sont pas incultes, ce n'est que depuis qu'elles deviennent un peu sauvages. La forteresse de Gavi se présente sur un rocher d'un aspect pittoresque, surtout en venant de Génes. Le Chemin pavé de cailloux va toujours en se tournant et en se recourbant au tour de monts. Le Chateau della Bocchetta sur leur cîme ferme le passage. On découvre de lá les murs de Génes sur les crétes opposées lesquelles s'abbaissent vers la mér.

La descente de ces Appennins offre des objets plus agréables, habitations, vergers, Champs cultivés. A la derniére Poste, le Chemin suit la rivière de Polcevera, bordée de Maisons de Campagne, lesquel-/207/les plus prés de la Ville ce réunissent en un long fauxbourg de beauté singuliére. (San Pedro d'Aréna) Rien de plus riant que toute cette avenüe. Je devrais en parler d'une façon plus animée, mais je me trouve épuisé sur les termes. Le Lecteur aura la bonté de s'imaginer que jusqu'a présent je n'ai rien vu de plus attrayant, surtout en fait de jolies maisons de plaisance.

Notre entrée à Génes avait quelque chose de semblable à celle de Florence, excepté qu'arrivant à meilleure heure, ce fut ici le moment que le monde sortait pour la proménade ; événément qui vivifia encore ce tableau charmant.

Comme le séjour que nous fimes dans cette Ville ne fut que de deux jours seulement, j'en ai peu à dire; mais j'avoüe qu'ayant vu Rome*, Naples, et Venise, j'ai été pourtant étonné de Gènes.

C'est sans contredit la plus belle Ville d'Italie, et je ne m'attens plus à en voir une qui la surpasse. Pour tracer son idée en peu de mots: c'est un Amphithéatre de Palais, d'Eglises et de Magasins, qui entoure un vaste Port, couvert d'une forèt de mats et de voiles. Dë Vaisseaux Anglais seuls, Il y en avait 24.

Quasi tous les Palais ont une vüe sur la mér soit par derrière soit par devant; celle du Palais Doria dans le voisinage du Fanal, compose la plus belle piéce de marine que l'on puisse imaginer. Plusieurs de ces Palais se trouvant addossés contre le penchant de la hauteur, sont pourvus de beaux Jardins au niveau du premier étage. C'est aussi agréable que peu commun de voir une longue enfilade de Chambres dont un Parterre de fleurs, ou bien un berçeau de verdure forme le fond et où l'on peut sè transporter de plein pied. Il y en a de méme un (j'en ai oublié le nom) de qui le second étage d'une aile, communiquant à la montagne, un bosquet d'orangers était attenant à la Chambre à /208/ coucher du maitre.

Tous ces édifices sont meublés avec gout et non pas sans profusion. La propreté y régne; pas le moindre soupçon de la crasse vénitienne ou Romaine.

De maisons particuliéres, j'en ai remarqué qui avaient jusqu'a sept étages en hauteur. La plupart des rües forme de perspectives, à cause de l'emplacement amphithéatral de la Ville; par cette méme raison il n'y a ni voitures ni chariots; le peu de largeur dont elles sont est compensé par leur fraicheur et leur netteté. Mais la Strada nova, la Strada Balbi, suffisamment élargies, sont plus belles, plus gaies à voir que les meilleures estampes que l'on a de rües et de Palais, supposé méme qu'elles fussent enluminées, car les batimens de ces rües le sont aussi, et celá de toutes sortes de couleurs.

De l'esplanade devant l'Eglise de S^te^. Marie d'une situation fort elevée, la vüe se perd dans la mér; l'on nous dit que de sa coupolle la Corse pouvait se voir quand il faisait bien clair. Dans cet endroit-ci se trouve encore le fameux Pont de Sauli, dont on peut chercher la description dans Keysler.

Des connaissances ne furent point contractées, excepté que nous allames chéz le Consul d'Angleterre, qui ensuite nous accompagna partout pendant notre court sejour. Ce ne fut point

---

* Rome a sans doute bien plus de majesté; mais puisque la mér lui manque et avec elle tous les aspects, de navigation, de commerce et de vie que cet élément procure aux Villes qui lui sont adjacentes j'ose appeller Génes plus belle.

un Dick, mais un bon Marchand asséz serviable selon sa guise. Il nous régala la veille de notre départ d'une proménade en bateau dans la mèr, qui quoique calme et lisse comme une glace avait des balancemens doux, pareils à ceux d'un Vase rempli jusqu'aux bords que l'on agite Imperceptiblement. La Soirée fut trés belle ; loin dans la plaine liquide au bout de l'horizon – nous apperçûmes des Dauphins qui se jouaient sur l'onde. Bel aspect maritime, éclipsé cependant par cet autre contre la superbe Génes et son Port ! Nous n'en jouîmes pas longtems, le Prince regnant commença à se trouver mal et à cracher du Sang /209/ copieusement, par conséquent nous nous hâtames de regagner notre Logis.

Je ris encore d'une petite niche que nous y éprouvames ; un Peintre apparemment avait dessiné avec beaucoup d'art un Scorpion sur la muraille, tout prés d'un miroir, comme sur le point de se cacher derriére le cadre. Il n'y eut personne de nous tous qui ne fut attrapé, l'un d'une façon l'autre d'une autre, à cette polissonnerie permanente.

Le. 9

Vers midi nous nous embarquames sur trois Félouques ; l'une en était pour nous, avec quelques domestiques ; la seconde pour les autres et pour les Voitures qu'on avait démontées la troisiéme fut destinée pour prendre le devant et pour reconnaitre la mèr* puisqu'il y a quelques fois des Corsaires Africains dans ces parages.

Ces Felouques sont des batimens à trois mats, ouverts et petits, où l'on est fort mal à son aise. Elles vont sous le Pavillon de Jerusalem lequel Saint Pavillon n'est pas fort respecté de Messieurs d'Alger et de Tripoli.

Comme j'ai déjà eu occasion de le dire, la perspective de Gènes du coté de la mèr, est une des plus pittoresques de l'Europe, il n'y a que celle de Naples qu'on puisse lui comparer. Mais bientot l'envie de vomir suspendit chéz nous le plaisir de voir. Mr. le Roy en donna le Signal, et Messeigneurs tous les deux suivirent son exemple. Pour moi sentant pareillement s'approcher les douleurs de l'Enfantement, je me couchai tout de mon long sur un petit bout du tilliac du coté de la poupe, afin de parer le coup. Il ne faisait pas ce jour la moindre Vent, pourtant la haute mér était un peu

---

* Le Commodore Spry avec le Centurion, averti par Mr. Dycq de Livoume, nous avait attendu plusieurs jours afin de nous prendre à son bord et de nous transporter en France ; il n'avait mis à la voile que deux jours avant notre arrivée, ne pouvant s'arreter plus longtems, sans cela nous aurions en l'espece de satisfaction de faire notre Voyage sur ce célébre Navire.

agitée au fonds, /210/ et ce sont justement les mouvemens doux et irréguliers que le Vaisseau fait alors, qui causent le plus les nausées et les vomissemens. Vers le Soir nous eumes le vent tout a fait contraire, ce qui nous obligea de rélacher à Arenzano dans le territoire de la République. Une petite Auberge nous servit de gîte.

Le 10.

A Deux heures du matin, nous mimes de nouveau en mèr. Le vent etait plus frais que le Veille, mais guéres plus favorable. Ce fut une journée bien ennuyeuse; nous étions tous cloués sur nos matelas étendus en plein air, où les Matelots nous marchaient de tems en tems sur le ventre. Il n'y eut que le Prince Jean George qui se releva par reprises par ce que la mér opérait doublement sur lui, et tout malades que nous étions, nous ne pumes nous empécher de rire, le voyant assis dans sa chaise curule dressée sur la proüe de la Félouque, soutenu par Brasilius André, et par deux matelots, qui se tenaient à coté du Trône.

Aprés midi le vent redevint contraire, ensorte qu'il nous fut impossible de doubler le *Capo delle Melle*; nous rélachames donc une seconde fois à *L'anguelia*, pareillement encore dans l'Etat de Génes.

Une maison asséz jolie en apparence, se présenta tout prés du rivage. Nous nous y établimes croyants passer une nuit tranquile et nous ravigotter. Vaine illusion! toutes les punaises, toutes les puces, tous les Cousins de cette rade, s'etaient reunis pour nous assaillir dans ce coupe gorge. Delogé de mon lit aussitost qu'y entré, je me rendis dans la Salle où couchait le Prince regnant; je le trouvai combattant contre la vermine, mais bientot il fut deposté comme moi. Erdmansdorf nous joignit peu de tems après. Le seul Prince Jean George tint ferme, jusqu'a ce qu'on vint l'éveiller et ne se plaignit que de quelques picqures de cousins.

Le 11.

/211/ Minuit passé le vent changea et se mit au Levant. On leva L'ancre, les voiles se remplirent, et nos Félouques commencerent à fendre les flots avec rapidité.

Il est plaisante de voir cingler ces batimens lá avec un vent favorable qui vient un peu de travers. On les met tout de coté, et le bord opposé aux vents, rase pour ainsi dire l'eau. Nous passames le Capo Verde. Les Montagnes semblaient avoir des ailes et nous fimes sept à huit milles d'Italie par heure.

Mais peu à peu le vent devint plus fort; le verd de la Mér se changea en bleu foncé et les flots se couvrirent d'écume à mesure qu'ils grandissaient. C'etait un coup d'oeil étrange pour

nous, nés et élevés au beau milieu du Continent. Nos marins cependant riaient de nos inquiétudes; le Patron de la Félouque ordonna qu'on gagnât la haute mèr, et qu'on tirât droit vers les Cotes Françaises. Ensuite fatigués du travail de la nuit ils allerent tous ensemble se coucher, de façon qu'il n'y eut absolument que nous et celui qui était ou gouvernail, qui ne dormaient pas.

C'est singulier qu'aussitost que le Vaisseau fait des mouvemens réguliers quoique forts, on se trouve soulagé; nous en fimes tous l'expérience. En attendant le vent augmenta toujours, et les vagues monterent à une hauteur considérable. Ceci me déplut un peu, et je ne pûs m'empecher d'en faire part au Pilote, le seul comme je l'ai déja dit, qui ne ronflait pas: *No si dubiti*, me disait ce coquin, *è un vero tempo da dame, un tempo per andar da per tutto*. Mais malgré ces assurances, Eole en disposait autrement; le tems devint grôs dans toutes les formes, une ou deux bonnes sécousses réveillerent tous les dormeurs, et *non si dubiti*, fût le premier à faire mauvaise mine. il était environ neuf heures du matin. Il n'y avait pas à badiner, ces Félouques ne sont pas faites pour tenir la mér en tems de tourmente, et s'il etoit survenu une bourrasque c'eut eté fait de nous.

Quoique ce ne fut pas encore ce qu'on appelle proprement une /212/ tempéte en style de marine, je suis cependant obligé d'avouer, qu'aucun des périls de la vie qu'on court communément à la guerre, n'a pas tant fait d' impression sur moi. Ces vagues noires et écumantes, que le Soleil néclairait d'une triste lumiére que pour les rendre encore plus terribles peignirent à mon imagination le Danger sous des couleurs plus sombres que n'ont fait le fer et le feu.

Notre petite Féluque d'avant garde perdit le gouvernail, et ce fut celle qui risqua le plus. Le Cuisinier Jänicke qui y était m'a assuré depuis, que de sa vie il n'avait sué à plus grosses gouttes. Par bonheur nous eumes le vent en poupe, et quant à la vitesse nous allames que c'etait un charmé faisant douze Milles par heure. A onze heures les Montagnes de la Provence commencerent à paraitre; une demi heure aprés on découvrit les Clochers d'Antibes*, et bientôt nous entrames dans le Port.

C'est un changement aussi subit qu'agrébale, lorsque tout d'un coup à l'abri de la furie des flots, on vogüe dans le Port tout aussi paisiblement que sur un petit étang où l'on se proméne. A cette épreuve il en succéda de prés une autre non moins agréable, c'est à dire que nous trouvames dans une Auberge asséz propre,

---

* C'est l'Eglise de Notre Dame de la garde, batie sur une éminence, qui se montre la premiere.

un bon diner tout prét oú quelques verres de Bourgogne nous firent bientot oublier les risques et incommodités de la mer.

La premiére chose qui s'offrit à nos regards en sortant de la maison fut une Ecole d'escrime ; un Grenadier de la Garnison l'avait établie dans un Etable, où il donnait, avec cris et grimaces, des leçons à ses camarades dans l'art noble autant qu'utile de s'entretuer. Je n'avais point vu de ces guerriers depuis la bataille de Rosebach, j'eus maintenant de la peine à les reconnaitre, leur dehors ayant changé de fond en comble. Ils étaient habillés à la prussienne avec un pli francais adapté à cette maniére et qui allait /213/ fort bien avec elle. Outre celá ils étaient fort propres, qualité qui autrefois leur manquait radicalement.

La Ville est fort petite, et mal batie, mais les fortifications qui ne sont pas encore entièrement achevées, en sont bonnes. La vüe du rempart en se tournant vèrs la mér, domine la Ville et le Port.

Le 12.

D'Antibes à Cannes le chemin va présque toujours le long de la mèr, laissant des Montagnes à la droite. Vis à vis de Cannes qui a un petit Port, l'Isle de S^{t}. Honorat, et l'Isle de S^{te}. Margueritte avec sa forteresse, se présentent pas trop éloignées du Continent. L'Idée des pauvres infortunés enfermés dans cette prison d'état, en attriste la vüe. Passé Cannes on tourne vérs les Montagnes et y entre peu de tems aprés. Elles sont fort hautes et fort sauvages ; cet aspect fut encore augmenté par les traces d'un incendie qui avait devasté une antique forèt qu'elles renferment.

Esterelles est pourtant dans un site extrémement agréable. Nous fîmes un diner dans cette Hôtellerie delicieux par la bonne humeur et le contentement de l'ame, qu'un lieu tout romanesque, ombragé d'arbres d'une hauteur majestueuse, nous inspirait.

Continuant notre Chemin nous montames encore plus haut. Des grenadiers, des figuiers, des mirthes en fleurs décoraient cette Contrée. De la plus grande élévation on découvre le plat pays, pas proprement plat, mais un pays de Collines. Ensuite on descend vers Frejus.

Cette Ville n'est pas désagréable quoique fort petite. La mér s'en est si considérablement éloignée aujourd'hui, que tant qu'on se trouve en rase Campagne, on ne la découvre pas du tout. Nous eumes encore le tems d'aller voir les restes d'un petit Amphithéatre romain : les gradins ou sieges n'en subsistent plus, au lieu que la base de la circonférence extérieure s'est conservée jusqu'a la hauteur de plusieurs pieds. L'Auberge dans laquelle nous pernoctames était bien, comme celle d'Antibes, fort différente en celà des /214/ Auberges des petites villes d'Italie.

Le 13.
Avant de partir je fis encore un tour avec le Prince Jean George hors des Portes; nous en découvrimes une qui était ancienne, avec les vestiges d'un Aqueduc dans les Jardins y attenans, consistant dans plusieurs morceaux de piliers qui l'avaient porté. Ceci fait, nous nous mimes en route.

Le pays n'est pas bien cultivé ensorte qu'il en parait pauvre et stérile. Les Collines sont entremelées avec des rochers. Les mirthes, les grenadiers et mille especes d'herbes odoriférentes continuaient. Les petites Villes ou bourgs qu'on traverse, sont bien peuplés mais malpropres; les chemins incommodes. Ils ne consistent que dans de grands cailloux jettés au hazard sans qu'on ait pris la peine d'en former un pavé. Nous arrivames tard à Toulon par l'accident d'une roüe cassée de la Voiture du Prince regnant.

Il n'y a rien de plus aisé que de lier connaissance avec le militaire français, le Comte de Paar avec son conducteur, que nous trouvames établis ici dejà depuis quelques jours nous en faciliterent encore les moyens. D'abord nous fumes menés chéz Monsieur de Bompart, Lieut. Général des armées navales commandant le département de Toulon, homme de grand mérite, ayant servi avec beaucoup de réputation pendant la derniére guerre, où il s'est trés distingué par dessus les autres chefs de la marine française; Ensuitte chez Mr. de Coincy, Maréchal de Camp de l'Infanterie; chéz Mr. le Marquis du Luc et Mr. le Comte de Lasticq, l'un Colonel du Régiment Royal-Corse, l'autre Colonel Commandant celui de Lamballe; et encore chéz plusieurs autres Officiers commandans des Corps. Tous ces Messieurs s'empresserent à l'envi de nous montrer chaque chose sans exception que nous pourrions desirer de voir, la Ville, le port, les arsenaux, les fortiffications

La Ville est médiocrement grande, mais beaucoup inférieure en édifices /215/ à toutes les Villes d'Italie de la méme étendüe. La seule maison de Ville mérite quelque remarque; principalement pour les deux termes qui semblent porter un balcon, au dessus de l'entrée qui donne sur le Quai. Le fameux Puget s'étant plu à leur donner la ressemblance comique de deux notables Bourgeois lesquels il n'aimait pas. L'Esplanade, ou le large Quai en façe du Port, est beau, quoiqu'il n'y ait point de maisons bien apparentes. Le Port lui méme forme un vaste carré dont deux Canaux communiquent au grand bassin dans l'Arsenal, qui est à main droite, en regardant du Quai vers l'entrée du Port. Vingt deux Vaisseaux de guerre s'y trouvaient desappareillés. Je me rendis un soir avec le Prince Jean George à bord du Tonnant de 90. pièces, ce fut le premier Vaisseau de guerre que nous vîmes. Ensuite nous visitames encore le Languedoc.

Les Arsenaux* ne nous parurent point trop pourvûs: de travailleurs il n'y en avait guere d'autres que plusieurs chaînes de forçats; ces miserables émeuvent d'autant plus à compassion, quand on refléchit combien il est facile dans ce pays-ci, qu'un innocent subisse un sort si crüel.

Le rempart aussi bien que les ouvrages extérieurs de Toulon sont dans le meilleur état du monde, presque tout y est neuf. Actuellement on travaille avec assiduité à plusieurs forts détachés. Mrs. les Officiers fournirent obligeamment des Cheveux de selle pour aller les éxaminer, c'est à dire: le fort de la marque placé sur une colline, qui portait naguère le meilleur Vin de toute la contrée; le fort Pharaon, et encore deux autres forts pour fermer la vallée. En revenant nous passames par le Champ de Bataille de l'Affaire du 15. Aoust 1707. en conséquence de laquelle les Alliés levérent le Siège.

La garnison consistait en onze Bataillons; nous assistames à toutes ses parades. Comme je l'ai déja dit, le militaire français a /216/ pris une nouvelle forme. Un esprit d'exactitude rigoureuse, préférablement à l'égard des uniformes et de l'ajustement, s'est emparé de toutes les tétes. Justaucorps, Vestes, Culottes, Paremens, tout est racourci et retreci. Les Officiers portent des Cols rouges, soutenant que c'etait ainsi dans l'armée prussienne qui est le modéle que l'on se propose. Pour armes ils ont le fusil avec la bayonnette, et des gibernes; sur la veste, ils portent le Ceinturon blanchi de céruse comme la bandouillere. En général ils ne sont différenciés du soldat que par le hausse-col, le galon du Chapeau, l'epaulette et le drap plus fin de l'habit, dont les basques sont retroussées comme celles des Soldats. Tout consideré, l'air de ces trouppes me plait asséz, c'est l'air prussien enjolivé, enquoi, selon le caractére de la nation, ils vont cependant un peu loin et approchent du Comique. Le ruban par exemple pour nouer et entrelasser les cheveux, qu'ils portent en chignon, doit etre conforme aux paremens; il y a donc par conséquent des chignons jaunes, rouges, verds et bleus. Quand ils mettent des queües elles sont encore de la meme couleur.

Mr. le Duc de Chaiseul pour introduire la discipline Allemande, de laquelle on a compris l'utilité pendant la derniére guerre, commence par les coups de batons, lesquels se distribuent libéralement. Cette innovation déplait beaucoup aux soldats et les met de méchante humeur Une désertion copieuse en est la suite première. Mr. de Lasticq attentif au bien du service

---

* Je dis les Arsenaux, puisque l'arsenal consiste en un enclos d'un grand nombre de batimens, Magazins, Remises &c.

vient de faire composer et mettre en musique une chanson pour égayer les siens. Il prétendait les retenir et les accoutumer au frein par cet expédient ingénieux. Voici la Chanson : Elle est caracteristique et peint l'humeur du soldat français.

Galans Officiers de France,
Mes Compagnons, mes amis,
Des *grands points de l'ordonnance*
Je vais vous faire un précis.
Des leçons que je propose,
Profitéz, Guerriers charmants,
Et je-vous promets la rose.
Qu'amour reserve aux amants.

/217/ Si belle d'aimable allure
S'offre à vos yeux amoureux,
D'abord sur linge et chaussure
Portéz des regards soigneux.
Passez ensuite en revüe
Son air, sa position,
sa coiffure, et sa tenüe ;
Et voila *l'inspection*.

Si la fille était novice,
Dégourdissez la d'abord,
Montréz lui de l'exercice
Toujours les tems les moins forts,
Ne plaignez pas votre peine,
Soyez doux et patients,
Dut-elle pendant quinzaine,
Etre au *petit manîment*

Faites la passer ensuite
A des tems brillans et forts,
Qui s'exécutent bien vite ;
Qu'ils soient faits tout prés du Corps,
Passant toujours, mais sans presse
La main droite promptement,
Afin que l'arme se dresse.
Et c'est le grand *manîement*.

Que votre *charge* soit prompte,
Jamais ne vous arrêtéz !
Tiréz et qu'un autre compte
Tous les coups que vous portéz.

Instruiséz sur tout la belle
A ne partir qu'avec vous;
C'est en suivant *l'homme d'aile*
Que le plaisir est plus doux.

Pour mieux couvrir le mistere
Et tromper tous les jaloux;
Marchéz *le pas ordinaire*
En allant au rendez-vous.
Approchez en défiance,
Si vous étes écouté;
Faites alte en grand silence
Avec immobilité.

Prés de l'Objet qui vous pique,
Arrivez au *petit pas*;
Vous pouvez du *pas oblique*
User aussi dans ce cas.
Si par Argus ou la mere,
Votre bonheur est troublé,
/218/ Marchéz le *pas en arriére*
Et puis le *pas redoublé!*

Arriver, vaincre une belle,
Ainsi *l'ordre* fut prescrit,
D'une plume de son aile
Un dieu charmant l'écrivit,
Qu'une si douce ordonnance
Soit Votre étude toujours
Et nous servirons la France
Aussi bien que les Amours.

l'Ordonnance pour ce qui concerne la Tactique vient d'être changée Deux fois en dixhuit mois le tems. La présente ne subsiste que depuis le mois de Mars, de façon qu'ils ne savant pas encore bien l'executer. Néanmoins Mr. de Montabonne, Capitaine au Régiment de Beauce, Officier instruit actif, ayant la passion de son metier, sçut occasionner qu'un bataillon composé de 400. hommes d'élite de son Régiment, maneuvrat devant les Princes. Je suis obligé de dire que cette trouppe exécuta aux mieux toutes les évolutions qu'elle entreprit. Desquelles le pas redoublé me parut une invention fort bien imaginée, tant pour le resserrement afin de fermer la Colonne, que pour sa marche et son deployement. Je présume bien que quelques uns de nos militaires empésés, pourraient rire de laditte manoeuvre, mais n'importe! il est

hors de doute qu'elle peut avoir sa grande utilité dans les cas susmentionnés. La seule chose qu'il y a c'est qu'elle exige des gens lestes et dispos, et qu'il ne faut pas que des lourdants s'en melent.

Messieurs de la Marine nous régalerent pareillement de leur sçavoir faire. Ils nous montrerent les jeunes Gardes Marines* dans leur Ecole à l'Arsenal, où une grande salle contient des Mats dressés, avec des voiles, agrets et cordages ; des sabords appliqués dans la muraille ; et des canons. Par cette méthode on leur enseigne les premiers rudimens de leur métier, lesquels ils vont mettre ensuitte en pratique à bord des Frégates, que de tems en tems on envoye faire des courses à /219/ cette fin.

Mr. de Bompart eut l'attention de donner un grand repas aux Princes, Tous les Officiers de marque de son département de Marine aussi bien que des Trouppes de terre en etaient. Il y avait de méme une couple de Dames, comme Mdme. de Coincy et Mdme de Foulconnis. Je m'entretenais préférablement avec un Mr. de Sabran-Gramont Chef d'Escadre, en qui je découvris ce caractère rassis, sage et poli, qu'on rencontre asséz souvent chez les individus de mette nation, aprés que le feu de la jeunesse s'est évaporé et son vent calmé. Entre autres ce Mr. de Sabran me dit comme toute la rade de Toulon était aussi sûre que le meilleur Port, à cause de son fonds de Vase.

Mr. de Bompart est d'un Caractére franc et ouvert, fort obligeant avec celá, le tout sans étude et naturellement. Il est encore renommé par un noble desinterressement, façon de penser qui lui a fait refuser depuis peu le mariage d'une veuve riche visant a son rang. Mais il jouit de la recompense la plus douce qu'un guerrier puisse envisager pour bien faire ; de la satisfaction de se voir estimé de ses concitoyens, j'en eus une preuve un Soir qu'il vint à la Comédie par civilité pour les Princes, car autrement il ne la fréquente guère Les actrices interrompirent leur jeu pour lui faire de profondes révérences. Ce ne fut point pas coutume, je m'en informai, mais par un mouvement de respect volontaire.

Melpoméne et Thalie aux gages de la garnison, s'étaient établies dans un jeu de Paume de mince apparence. La Décoration et l'habillement y répondoient, mais les Comédiens me parurent excellens en comparaison de ceux d'Italie que je venais de voir. Deux Grenadiers en faction dans le fond de la Scéne, avaient pour moi quelque chose d'analogique avec la Chanson de Lasticq et les chignons bigarrés.

Le 16. le Marseillois vaisseau de 74. piéces fut lancé à l'eau ; nous assistames à cette operation qui se fit avec beaucoup

---

* On on entretient jusqu'au nombre de 180.

de ceremonies. Dans le Chantier il y avait des Amphithéâtres de Charpente pour les /220/ Spectateurs. Je m'y plaçai, l'un de mes voisins etoit un vieil Abbé. *Mr!* dit-il *apparemment vous ne voyez rien lá de nouveau, car je vous crois Anglais?* – Pardonnez moi, je suis Allemand et n'ai jamais assisté à chose pareille, la dessus il me crut de Strasbourg et commença à m'examiner sur les affaires du chapitre de cette Ville. Comme par la suite du discours, il se montra trés peu instruit en géographie et que pourtant il voulut sçavoir de quel coté de l'Allemagne j'étais, je lui dis que j'étais du Voisinage des Etats du Roi de Prusse. *Ah ce grand Roi!* s'ecria-t-'il: *que, je me suis interressé à lui pendant la cruelle guerre qu'il a soutenüe! A t-'il à présent la paix avec tous ses ennemis?* – Eh mon dieu ne savéz vous pas encore que la paix fut conclüe à Houbertsbourg, au mois de février, l'an 1763? – *Sans doute le sais je; mais je vous demande, s'il a la paix avec ces autres Nations sauvages, Cosaques, Calmouques. Pandours &c.*

Ayant raconté ce trait-lá à Mrs. mes Compagnons, le Comte de Paar nous dit, qu'avant peu de jours Mr. de Coincy lui avait demandé: *Si son Altesse Royale l'Empereur était Cordon bleu?* Le meme jeune Comte avait la Clef de Chambellan; cette Clef il fut obligé de la laisser à la maison, puis qu'il ne pouvait suffire aux Curieux qui lui addressaient la question: *ce que c'était que cette grande Clef, qu'il portait sur la Croupe?* et que la clef elle méme ne faisait que passer d'une main à l'autre.

Le 17.
Ce que les environs de Toulon produisent le plus libéralement sont des capres, il en vient quasi sur tous les petits plateaux de rochers. Vau d'OlliouIes, passage terrible, rochers nuds et calcinés, triste Contrée, le peu de Sol qui s'y trouve n'est qu'une espece de Chaux, Bausset. Cièges. la Baume.*

/221/ On ne découvre pas Marseille, le chemin allant sans cesse entre des murailles, une chaleur et une poussiére excessives.

Les deux jours que nous nous arrétames à Marseille furent employés a roder partout dans cette celle Ville marchande. Le Port était plein de Vaisseaux, quoique pour la plupart français ou Italiens.**

Il est plus long que large et aboutit à une plaçe. Des deux cotés sont des quais, celui à main droite en allant vèrs la

---

* Ce que j'ai noté de ces endroits dans mes Tablettes m'est indéchiffrable, tant par la mauvaise écriture, que par l'effet du frottement d'une feuille de parchemin sur l'autre.

** Comme le Port de Toulon est purement pour la guerre, celui-ci appartient au Commerce tout entier.

mér, a de jolies maisons. On s'y promene à l'ombre des Voiles et des banderolles qui pendent des Beauprés que l'on a au dessus de la tete, et qui vont jusques tout prés des fenetres du premier étage des maisons opposées. J'aime extremement un tel tableau de navigation et de commerce. Derriére ce quai-ci est la vieille Cité; une longue rüe fort étroite en paraléle au quai la traverse et conduit au centre de la Ville. Toute cette partie parait bien peuplée; les maisons en sont hautes de plusieurs étages, la Ville neuve répartie en carrés réguliers, forme des rües spacieuses, tirées au Cordeau, où l'on trouve de fort bons Edifices mais plus rien d'architecture Italienne. Le Cours d'une belle largeur et planté d'arbres offre un Coup d'oeil fourmillant lorsqu'il se remplit de monde. Vers le soir plusieurs bandes de Musiciens s'y firent entendre et le Tambourin provençal marquait joyeusement la cadence de leurs airs. Le flux et reflux des promenans promenées, promeneurs et promeneuses était trés considerable.

La Salle de Spectacle est magnifique au prix du jeu de paume de Toulon; acteurs, décorations et tout le reste en conséquence.

Au bout du quai à main gauche en allant vers la mér proche de l'entrée du port est l'Abbaye de S^t^. Victor batie au dessus de la grotte de S^te^. Magdelaine. A coté de celle-ci il y a de vastes Catacombes. D'excursions nous en fimes deux: l'une en bateau pour aller nous placer sur la pointe d'un des rochers qui forment la rade, et con-/222/templer de là la Ville, le port, la mér et les petites Isles avec toutes ces Felouques, Barques et Bateaux qui vont et viennent sans cesse. Aspect superbe! qui se grave *pia cevolmente* dans la mémoire. L'autre à cheval pour monter à l'Eglise, au Couvent et au Chateau de Notre Dame de la Garde, sur le sommet de la plus haute montagne de toute la cote. Ce Chateau, ou pour mieux parler, cette Tour, platte et ouverte par en haut, n'est pas si misérable, que Bachaumont et Chapelle, la font dans leur Voyage bachique. C'est un Donjon gothique de Structure trés durable dont l'intérieur est méme entretenu proprement. Le Suisse avec sa hallebarde se trouve encore peint sur la porte, et se conserve à cause d'un auvent qui le garantit des injures du tems. La vüe, de la platte forme ou terrasse est une des remarquables de notre voyage. On peut s'en former une idée en songeant qu'une bonne partie de la province, la Ville avec ses environs remplis d'une infinité de maisons de plaisance, le port, la rade une grande plaine mér parsemée d'Isles, je dis que tout celá se trouva comme développé aux pieds de celui dont les regards plongent à vüe d'Oiseau sur ces objets grands et varies.

Nous nous retrouvames ici de nouveau avec Mr. le C. de Paar et Mr. d'Oflannagan. De méme rencontrames nous Mr. Logie, arrivé en cette Ville par mér de Livourne. Je dois encore me

plaindre des Auberges de Marseille et de Toulon, qui ne sont pas comme on se les prometterait dans des Villes comme celles-ci.

Le 20.
A une lieüe de Marseille, on voit encore quand on se retourne, la rade, les Isles ou rochers, et le Chateau d'If, sur celle du méme nom. Le reste du chemin jusqu'á Dupin, premiére poste, est le plus facheux du monde; toujours entre deux murailles. Terrible poussiére; les Oliviers en étaient tout blancs et poudrés. De Dupin à Aix le Chemin est plus ouvert mais la Contrée fort triste; rochers et beaucoup de murailles. Aix se présente élevé sur la moitié de la Montagne. Nous /223/ y arrivames dans l'aprés dinée et nous nous proménames encore avant de souper dans une Auberge passable.

La Ville mérite à juste titre qu'on l'appelle jolie, contenant un bon nombre de belles Maisons. La place devant la maison de Ville a de l'apparence. Beaucoup d'autres places avec des Arbres qui sont de hétres. Le Cours est de toute beauté, il est orné de quatre bassins d'eaux jaillissantes, auquels des arbres magnifiques prétent leur ombre. D'un coté il se trouve ouvert aboutissant à un escarpement formé en terrasse, qui domine une grande étendue de la Vallée où coule la riviére d'Arc. Comme cet endroit charmant commenceait à se peupler de beau monde justement lorsque nous le quittames pour nous retirer, et qu'on parlait d'un bal sans les arbres, accompagné d'un feu d'artifice, mon Prince Jean George y retourna aprés le Super et ne revint au Logis que tard.

Le 21.
A l'aube du jour, je me rendis avec lui dans le quartier d'Orbitelle attenant le Cours, pour jouir du frais de la matinée sous les hauts Maroniers qui décorent ce quartier bien et réguliérement bati, dont tous les habitans ensevelis dans le plus profond sommeil laissaient le rues désertes et dans le plus grand silence; ces memes rües qui pendant le Soir et la nuit avaient été si richement peuplées.

Revenus à l'Auberge nous trouvames les chevaux mis. Rien de plus triste et de plus inculte que les Collines et les Campagnes de la Provence. Beaucoup de terrain en friche; un sol d'argile blanche, des Oliviers avec un peu de Vignoble.

Aprés avoir passé le Pont royal nous voyageames dans une plaine qui a des deux cotés de longues files de rochers. La Durance coule ici Prés, sans qu'elle se montre, à celui qui reste dans le grand chemin. A Orgon on s'approche des rochers de la gauche pour tourner autour d'eux, aprés quoi la plaine s'élargit, n'y ayant plus rien à main droite qui la borne.

/224/ A S^{t}. Rémy, un Chanoine que nous rencontrames par hasard, nous donna avis de deux antiquités romaines, qu'il dit

être un Arc de Triomphe de Caius Marius, avec un Tombeau. Il ajouta que selon la tradition, il y avait eu dans le méme endroit une Ville nommée *Glanum*. Il fit plus il nous y accompagna. Nous trouvames ces Monumens à une petite distance de la Ville de S[t]. Rémy un peu à coté de la route. Puis qu'ils ne sont pas connus des Voyageurs que je sache, en voici la description architectonique qu'en fit Mr. d'Erdmansdorf. « L'un est un Arc Triomphal, que l'on dit, quoique probablement contre toute vraisemblance de Cajus Marius. Je le nomme Triomphal, parce qu'on a coutume de donner cette épitéte à ces Arcs que les Romains ont érigés en mémoire de quelque personne ou de quelque fait, bien que les Triomphes qui se faisaient à Rome n'y ayent point de rapport. Le Second de ces Monumens est un Tombeau asséz singulier. Le soubassement forme une espèce de piedestal quarré orné de Basreliefs qui representent des Combats et une Chasse au Sanglier. Sur ce soubassement s'elévent quatre Arcades et celles-ci soutiennent encore un Ordre de quatorze Colonnes Corinthien, lequel est terminé par une espece de coupole. Ce Tombeau est d'une Structure peu commune à ce que nous avons vû d'ailleurs de restes de l'Antiquité. Il s'est trés bien conservé, quoi qu'il ne soit point de marbre non plus que l'Arc Triomphal. La partie supérieure de celui-ci ne subsiste plus entiérement, les Chapitaux y manquent, mais les Entrecolonnemens sont ornés de grands Basreliefs L'intérieur du Ceintre de cet Arc est travaillé en Caissons, les Frises des Cotés extérieurs sont d'un asséz bon stile ». J'ajoute que pour ce qui concerne la masse ils ne sont pas d'une grandeur bien considérable.

Vers les bords du Rhône le pays est tout rase et si ouvert que rien que l'horison – n'arréte la vüe. Tarrascon et Baucaire, la premiére en deça, l'autre au delá, sont deux anciennes Cités situées éxactement l'une vis à vis de l'autre, sur les rives d'un des plus grands /225/ fleuves de l'Europe. Un long Pont de bateaux les joignait quant à présent, par ce que c'etait la célébre Foire de Baucaire, qui se tient annüellement. Lorsque nous l'eumes passé le jour tomba. J'eus une petite inquiétude tandis que les Chevaux furent chargés. Le Pr. Jean George étant allé faire quelques emplettes, tarda à revenir, et s'etait vû obligé de prendre un guide pour trouver la Poste qui était asséz éloignée de l'endroit des boutiques.

Entre Baucaire et Nîmes regne une plaine unie autant que j'ai pu le discerner. La poste à mi chemin est une hotellerie isolée. Lorsque nous en approchames, un beau clair de Lune rendait la nuit une des plus delicieuses de l'été, en meme tems nos oreilles furent frappées par le Son d'un Tambourin qu'accompagnait un Concert de Voix gaillardes. Vraiment ce fut ici qu'on aurait pu dire avec l'animal de la Fable : allèz voir, et

si l'on y danse, danséz-y;
si l'on y baise qu'on m'appelle!

Car c'etait une danse de jeunes paysannes Languedocinnes, et de plus, dans le vrai gout des Baccanales de l'Antiquité. Une quinzaine en formait un cercle, une autre quinzaine y chantait, riait et folatrait, une seule battait le Tambourin. Nous essayames de leur parler, mais elles ne nous comprirent point, outre qu'elles etaient si appliquées à leur divertissement, qu'a peine elles nous apperçeurent. L'hotesse nous dit, que c'etaient des Villageoises, qui alloient avec des ânes apporter leurs fruits et légumes à Nîmes; qu'elles s'assemblaient ici le soir et attendaient minuit pour entrer à la Ville avec la pointe du Jour. Que c'en etait de mème un jour comme l'autre: *et quand il fait beau*, ajouta t-elle, *la vie que voilá, ne discontinue point, car voici une chambre où il y en a encore une cinquantaine. Elles se relayent sans cesse, et lorsqu'il y en a qui sont lasses, elles vont se reposer un moment sur la litiére, et puis reviennent.* Quelle vivacité! Quel sang bouillant! elles étaient toutes /226/ ensembles rondes et replettes, et pourvües de lettons que c'étaient une bénédiction. L'Italien elles le comprenaient, mais point du tout le français. Mr. le Roi leur dit *Eh ehi vorrebbo aver mamme grosse cosi? – Le abbiam perche dio ce le ha mandate*; repartirent elles en prononçant ces paroles presque sans accent.

Nous arrivames à Nîmes fort avant dans la nuit et primes notre quartier dans une Auberge du faubourg. Jusqu'ici je n'ai trouvé les Routes françaises ni belles et encore moins commodes. On fait asséz de Diligence, de celá il faut en convenir; mais les Voitures s'usent à vüe d'Oeil.

Le 22.
Le Prince regnant se determina à repartir encore ce méme jour, par conséquent nous nous levames de bonnes heure pour aller examiner les objets qui nous avaient fait venir ici. Il existe un petit ouvrage sous le Titre: *Eclaircissemens des Antiquités de la Ville de Nimes*; qui rend un Compte aussi exacte que détaillé sur tous ces Articles. Je le mettrai pour base de mes recits, lesquels sans ce secours seraient fort peu satisfaisans.

Les anciens murs renfermaient un beaucoup plus grand espace que n'occupe la Ville telle qu'elle est à présent; on pourra la mettre neammoins au premier rang des Villes du second ordre du Royaume. Ses rües sont étroites pour la plupart, du reste assez nettes, il y a un nombre suffisant de bonnes maisons particulieres, mais point de belles. Il en résulte un air sombre, commun à toutes ces anciennes Villes, dont les Edifices se trouvent accumulés l'un sur l'autre, sans régularité et sans allignement. Une portion de

ces anciens murs subsiste encore avec une porte dépouillée de ses ornemens, appellée aujourd'hui la porte de France. Ils étaient flanqués de Tours alternativement rondes et carrées. La Courtine qu'on y voit était fondée sur daux rangées de grosses pierres qui ont demipied de retraite, elevée par 65. allignemens d'autres pierres, qui n'ont qu'un demipied de /227/ longueur et un tiers de hauteur, qui sont parfaitement bien ajustées, sur lesquelles reposent deux autres rangées de grosses pierres qui soutiennent les crenaux.

Parmi les Tours qui restent il s'en distingue une en forme octogone qu'on appelle *grande Tour* et vulgairement *Tour magne*. Selon des Antiquaires c'etait la plus belle Pyramide des Gaules, batie sur la plus haute des Collines qui sont autour de cette Ville. Elle en est aujourd'hui à quelque distance bien que autrefois elle fit partie de l'enceinte, et se presente à demi ruinée n'ayant plus que quinze toises de hauteur.

L'Amphithéatre ou les Arénes, monument digne de cette grandeur que les Romains deployent dans les Provinces de leur empire, est un des plus entiers de ceux qui existent encore. D'un coté une partie de la circonférence extérieure se trouve suffisamment dégagée et libre pour être considérée; le reste en est offusqué par des maisons chetives, dont aussi tout l'intérieur est plein, précisement comme les hirondelles vont coller leurs nids. Cet édifice est de figure ovale avec deux rangées d'Arcades qui forment deux Galleries ouvertes, croisées l'une sur l'autre, de 60. Arcades chacune: elles sont ornées au dehors d'un pilastre qui soutient une Corniche avec sa frise, tout autour, et sur ce pilastre est placé une corniche qui supporte pareillement une autre corniche avec sa frise, le tout de l'Ordre Toscan.*

Son pourtour est de 180. Toises, son grand Diametre de 63. son petit de 47. et sa hauteur de 10. Toises 4. pieds. Il y a quatre Arcades principales tournées vers les quatre coins du monde, qui servirent d'entrées dans le lieu des Combats et des exercices des Gladiateurs; les autres Arcades dè chaque Gallerie ont une entrée différente des /228/ premieres, avec grand nombre de montées et escaliers pour arriver aux differens emplacemens intérieurs. Ce batiment était construit avec de gros quartiers de pierres qui sont aussi dures que les marbre gris: on y voit encore sur quelques unes des Tauraux taillés en demi-relief, une Louve allaitant Romulus

---

* *Mr. d'Erdmansdorf dit*: de l'Ordre Dorique. *Il ajoute*: cet Amphithéâtre m'a paru d'un style un peu pesant, comme celui de Vérone, mais il est moins vaste, et a bien moins de hauteur. Ce que j'y remarque de singulier c'est qu'il a quatre grandes entrées, les autres n'en ayant ordinairement que deux. Tout l'Edifice est d'une pierre de taille fort grossiére.

et Remus, et autres figures. L'Opinion la plus commune est qu'il fut bati, ou sous le regne d'Adrien, ou celui d'Antonin. Il est plus vraisemblable néammoins que ce fut sous l'empire d'Antonin, qui était Originaire de Nismes : on est toujours porté à decorer les lieux où l'on a pris naissance. Cet Amphithéatre fut, abbatu en partie par les Gots, et ils y firent bâtir un Château d'ont il reste encore deux Tours que les Anglais laisserent en le démolissant en 1417. sous le régne de Louis XIII. et sous le ministere du Cardinal de Richelieu, on avait proposé d'abbatre toutes les maisons qui remplissent le Sol de l'Amphithéâtre, et le reparer autant qu'il serait possible. Méme idée était revenüe sous le régne de Louis XIV. son Sucesseur, et d'y placer au milieu sa Statüe équestre ; mais on trouva tant d'Obstacles à surmonter, qu'elle ne fut pas suivie.

L'Empereur Adrien pendant qu'il séjournait à Nîsmes, fit élever à L'honneur de Plotine morte depuis peu, une Basilique de superbe Structure* qu'on voit encore, supposé que la Basilique et la Maison carrée ne soient pas deux édifices differens. Cet edifice est appellé communément Maison carrée à cause de sa figure qui est un Carré long. Il a 12. Toises en Longueur, 6. en Largeur, et 6. en élevation ; il est bati avec de grosses pierres, aussi dures et aussi blanches que le marbre, mais que le tems a noircies. Il se trouve tout environné de maisons de maniére pourtant qu'on en peut faire le tour d'un coté à /229/ l'autre. Ce Monument est elevé sur un Socle de 6. pieds de hauteur et enrichi au dehors de 30. Colonnes canelées de l'Ordre Corinthien, avec leur Chapiteaux parfaitement bien traités ; L'Architrave, une Frise, et une Corniche regnent tout autour. Mais il n'y a ni fenetres, ni aucune autre ouverture pour laisser entrer le jour. Ce qu'il y a dans la Corniche de singulier est que les modillons sont placés à rebours.**

Les deux faces qui regardent le septentrion et l'orient, sont couronnées d'un grand frontispice trés régulier et fort hardi. La façade du Septentrion qui est du coté de l'entrée, forme un parvis ou vestibule où l'on monte par plusieurs larges degrés qui tiennent toute la longueur de la façade ; et au lieu que les Colonnes sont liées jusqua la moitié de leur Diamétre dans le mur de l'Edifice avec son Architrave, sa frise et sa corniche, celles du Vestibule savoir 10. dont 6. de front sont isolées, et soutiennent l'entablement en l'air. La Porte est grande et bien proportionnée, sa corniche est

---

* A la beauté de l'architecture on reconnait aisément qu'il est du Siècle où cet Art etait arrivé au dernier degré d'élégance chéz les Romains. *Remarque de Mr. d'Erdmansdorff.*

** Chose dont je ne conçois aucune raison et que l'on n'oserait pas imiter. *Remarque de Mr. D'Erdmansdorf.*

encore bien ornée. Au dessus de la porte on a placé deux espéces de consoles un peu lourdes, qui peut etre auront eté destinées à porter des bustes. La frise de cette façe n'est point taillée comme les autres; c'etait la plaçe d'une inscription en deux lignes, la seconde moins étendüe. On y voit encore les lieux où étaient placés les crampons de fer pour soutenir les caractéres qui n'y sont plus, et qui éclairciraient bien des doutes, s'ils existaient; * car tous ne conviennent pas que la maison carrée soit véritablement /230/ la Basilique d'Adrien à l'honneur de Plotine, et il y en a qui l'estiment au contraire un Prétoire ou l'on administrait la Justice. Il est encore vrai que sous la domination des Gots, celle des Comtes et Vicomtes, on s'en servit pour l'Hôtel de Ville. Mais la forme de cet Edifice qui est un carré long, est une des circonstances les plus pressantes pour se déterminer à croire que c'est véritablement la Basilique dont parle Spartian, car la plupart de ces petits Temples, que les Romains faisaient élever, avaient cette méme figure, aussi bien que les trois grands de Pesti dont il faut se souvenir. Aprés avoir été exposé à bien des disgraces, ce Monument-ci a eté restitué dans son premier état, du moins autant qu'il a eté possible par les soins genereux de Mr. de Baville lorsqu'il etait Intendant du Languedoc. Depuis il a eté converti en une Eglise, aujourd'hui occupée par des Religieux Augustins, avec une Inscription de Louis XIV. (ici nommée *Magnus*) sur la porte. Dans l'intérieur on ne voit plus rien d'antique.

Le Temple vulgairement appellé de Diane, se trouve hors de la Ville au pied de la Colline qui porte la Tour octogone. Il parait bien plus ancien que les deux derniers Monumens dont je viens de rendre compte, et l'on en conçoit une idée magnifique par l'inspection de ce qui en reste et qui a échappé à l'injure des tems et aux suites malheureuses des guerres civiles. Il est construit auprés de la Fontaine; il a 9 Toises de long 7½. de large et 6. de hauteur, sans y comprendre les deux Foyers qui sont à coté de l'Autel: il est enrichi de 10. Colonnes d'ordre Composite, qui portent une Corniche qui régne alentour du Temple, depuis la naissance de la Voute. On voit entre les Colonnes 10. Niches qui servaient à mettre des Statues; la Voute est de gros quartiers de pierres de 6. pieds de long, d'un pied et demi d'épaisseur, et de 3. pieds de largeur, une

---

* Il y a eu des savans et surtout Mr. Seguier de l'Academie de Nismes, qui ont déchiffré l'Inscription de laquelle il ne se voit plus que les trous dans lesquels étaient affermis les caracteres de bronze qui la formaient. Selon eux elle était la'suivante: C. Caesari. Aug. F. Cos. L. Caesari. Aug. F. Cos. Designato. Principibus. Juventutis. – Ce qui nous enseignerait que c'etait un Monument en memoire de Cajus et Lucius, fils de Julie fille d'Auguste, et d'Agrippa, adoptés par cet Empereur. *Remarque de Mr. d'Erdmansdorf.*

rangée de pierres sont hors d'oeuvre, l'autre y rentre, l'entrée du Temple, est du coté du Soleil levant, l'Autel et les Foyers sont au Couchant, au Septentrion et au /231/ Midi, il y avait au dehors deux allées couvertes. Une tradition immémoriale, qui est d'un grand poids, nous apprend qu'il a toujours été appellé Temple de Diane. On ne sait pas précisément en quel tems ni par qui il a été bati, ni pour quelle Divinité. Palladio en son traité d'Architecture, en a fait une description, également étendüe pour l'intérieur comme pour l'extérieur, avec un Plan de l'elévation de cet édifice lors de son entier. A la fondation des Religieuses de S^{t}. Benoit, ce Temple leur fut donné, et leur Monastère bati tout auprés. Mais pendant les divers mouvemens qu'exciterent la diversité des Religions, ceux de la Ville craignants qu'il ne servit de retraite au parti contraire, et ne portat préjudice à leurs fortifications, ils l'abbatirent tel qu'on le voit, et le Monastere en entier. Ce Monument est donc aujourd'hui tout dégradé. Les Tabernacles n'existent que du coté du Nord; ceux du Midi sont entiérement détruits: et pour conserver ce qui reste, on a construit depuis peu un nouveau mur sur le fondement de l'ancien qui fait la cloture du Temple dont l'intérieur est rempli de fragmens antiques placés sans ordre.

La Fontaine qui sort ici tout prés de la méme colline ou rocher presque stérile, est une source dont les eaux pures ont eté célébres. La crainte ou les habitans étaient de perdre entiérement cette fontaine, à cause du limon et du gravier qui s'étaient accumulés dans son bassin, les détermina en 1738. à la faire déblayer. A mesure que les travaux se continuaient, on fit des découvertes surprenantes, qui exciterent la Communauté à y faire travailler avec plus d'ardeur. Les plus considérables en furent un grand Canal de décharge, dont l'embouchure prenait naissance à la fontaine et qui a 10. pieds de hauteur; deux escaliers en demi Cercle, chacun de quatre marches, par lesquels on desçendait à la source pour puiser de l'eau à l'usage du Temple voisin; deux murailles construites avec des pierres également taillées et parfaitement bien unies, qui se rétrécissaient peu à peu, aprés avoir pris les eaux du lieu d'où elles sortaient et les condui-/232/ saient jusquà à un réservoir de deux pieds de hauteur, d'où elles se répandoient en forme de Cascade sur un terrein pavé de larges pierres, au milieu duquel était élevé un Socle carré d'environ une toise d'élévation décoré au Sommet d'une frise parfaitement sculptée. Ce terrain que plusieurs ont dit un Nymphee, était un carré long d'environ 22. Toises de largeur à chaque façe, où l'on avait pratiqué des loges en forme de Cellules, dont les unes carrées et les autres en demi cercle, le tout bati et couvert de grosses pierres de taille, et soutenu par le devant, qui était ouvert dans toute sa largeur, d'une Colonade qui régnait tout autour de

l'ouvrage. Un peu avant du Coté du Midi, on déterra un amas étonnant de débris, parmi lesquels on trouva des pierres d'une grosseur extraordinaire plantées en carré formant cinq rangs distingués ; ce qui fit présumer qu'il y avait eu des Bains dans cet endroit, ou bien quelqu'edifice particulier. On y a construit aujourd'hui un bassin auquel on a donné le nom de Bassin des Romains. On trouva enfin lors du creusement, quantité de colonnes renversées, des Inscriptions, des tuyaux de plomb, des Autels, des Statües, qu'on a placé dans le Temple de Diane ; plusieurs médailles d'or et de bronze du haut empire, beaucoup de petites médailles et monnoyes d'argent quelques cornalines, des bagues d'or et d'acier, telles que les portaient les Chevaliers Romains, et autres raretés. Quand on eut déblayé et fait toutes ces découvertes, on voulut travailler à orner de nouveau cette source. En conséquence on a rétabli autant qu'il a été possible les ouvrages des Romains, c'est à dire le grand canal de décharge, les Nymphée, les escaliers en demi cercle et les deux plattes formes carrées qui les accompagnent ; d'où l'on monte par un autre escalier de plusieurs marches sur une autre terrasse pour faire le tour du bassin de la source. Pour descendre sur ces plates formes, est un escalier de deux rampes, qui aboutit à ceux en demi-cercle, soutenu par un ouvrage avancé en forme de Tambour, où sont enchassés deux Inscriptions d'Auguste, qui furent trouvées dans les deux demi /233/ cercles, et qui prouvent que tous les ouvrages antiques de la Fontaine furent construits du tems et du régne de ce Prince. Entre ces deux inscriptions en tout semblables, on en lit une moderne. Ayant parlé des ouvrages qu'on a reparé autour de la source, sur les memes fondemens, et avec les mémes pierres des anciens, il faut décrire ceux du Nymphée. En les perfectionnant on a taché de les embellir. On y voit une Colonade péristlie au dessous du bassin de la Source et des colonnes au devant des quatre murs qui soutiennent une corniche en saillie et une voute platte formant un corridor de prés de deux toises de largeur sous lequel se trouvent les niches ou portiques ; des bancs de marbre placés de distance en distance, et une balustrade de pierres blanches à hauteur d'appui, conforme à celles qui se trouvent à toutes les terrasses, en font le principal ornement. Venons au Socle : sa base est l'ouvrage des Romains, sa frise a été faite sur le modéle de celle qu'on y trouva lors du déblayement. Sur cette frise est une corniche ornée d'une Balustrade pareille à celle dont on vient de parler. On a construit au milieu de ce socle un piédestal de pierre de Leus fort blanche avec un cadre à chaque façade pour mettre des inscriptions : on y a elevé une Nymphe tenant des deux mains une Urne qui par l'eau qu'elle verse représente la Source. Suivons maintenant les eaux dans leur cours. Au sortir du Nymphée, elles passent par divers

Aqueducs et se dégorgent dans le Bassin des Romains. Ce bassin forme un carré un peu plus long que large, il est orné tout autour de 24. portiques et d'une balustrade : les 6. portiques du coté de la source sont ouverts, et ont chacun un réservoir à bec de corbin par où se vuident les eaux ; ceux du coté opposé sont fermés ; mais à droit et à gauche ils sont entiérement ouverts, et donnent une issüe aux eaux qui vont par deux vastes brassiéres se décharger dans deux grands bassins qui font partie du canal. Les murs de ces brassiéres et du canal sont batis de moëlons posés en assises et couronnés d'un cordon, et d'un parapet en pierres de taille : ceux des deux bassins sont /234/ bâtis du méme gout mais les angles sont elevés en pierres de taille en bossage, le plat-fond des uns et des autres est pavé et garni d'un épais ciment. le canal a 8. toises de largeur, 3. de profondeur, et environ 300. de longueur : il est coupé par 3. ponts à. 2. Arches et par 2. épanchoirs. Au dessus des becs avancés de ces ponts, et de deux autres construits l'un prés du bassin de la source, et l'autre joignant les murs de ville ; sont placés différentes armoiries. Sur la droite du canal est pratiqué un aqueduc de décharge, qui prend naissance entre les deux bassins. Au bout du canal, et au dessous du dernier épanchoir, est pratiqué un abbreuvoir pour les chevaux ; tout auprés on a construit des lavoirs pour le linge. On a aussi fait faire un réservoir et des canaux le long de la Gand pour l'usage des teinturiers. Les quais qui accompagnent les flancs du grand canal, de méme que ceux des brassières et des bassins, ont chacun 8. toises de largeur et sont complantés de tilleuls qui forment par tout des allées et des promenades charmantes. Reste à parler du Parterre et des autres ouvrages modernes qui ornent la Fontaine. L'Isle qu'occupe le parterre a environ 120. toises du Levant au Couchant, et 50. du Nord au Midi : on y arrive par un Pont qui coupe le canal entre les deux bassins, et par les deux Ponts du bassin de distribution. On respire dans ce parterre la fraicheur de l'air, causée par l'eau qui l'environne, et les objets qui s'y présentent de toute part le rendent extemement agréable. Il est de forme ovale, et a dans le milieu trois belles allées allignées de Maroniers, des Ifs entre deux, et pourvües d'une infinité de bancs de pierre posés avec Ordre pour la commodité du Public. De ces Allées on monte par trois grands escaliers sur une terrasse, au milieu de laquelle est le bassin des Romains. Tous les ouvrages, à l'exception du canal, sont renfermés par trois grilles de fer avec des portes à claire voye. Devant la façade du Temple est un bosquet planté en quinconce, qui rend egaux, les deux promenoirs des cotés du Nymphee. Au sortir du parterre par /235/ la principale porte on entre dans un cours qui a 300. toises de longueur sur 30. de largeur : il est planté de quatre rangées de tilleuls avec une grande place au milieu.

Voila ce que nous examinames, mais trés hativement de cette belle proménade, un des plus grands omemens de la Ville de Nismes. Il y a encore dans cette Ville plusieurs Statües antiques d'un Style grossier et barbare, dont l'une appellée vulgairement, les *Quatre jambes* se trouve infixée dans le mur tout auprés des Arènes du coté du Palais. Elle represente deux Corps de femmes de la ceinture en bas surmontés d'une espèce de Socle qui porte une téte d'homme avec une grande barbe. Cette idée est sans doute singuliere, par conséquent elle fournit aux Antiquaires de quoi raisonner. Il y en a qui prétendent que ce soit un Monument en honneur de certaines filles courageuses qui en s'immolant à la fureur d'une armée soulevée et toute prete à detruire leur patrie, la sauverent en la défendant par le fourreau. En bien d'autres endroits de la ville on voit des Aigles romaines dans leur grandeur naturelle, d'un beau dessein, mais sans téte. On présume que ce furent les Gots qui leur firent cet outrage, pour marquer le mépris qu'ils faisaient des Romains, ou bien quelqu'autre Nation ennemie de leur nom, et des marques de leur domination; ce qui est asséz sensible.

Ayant ainsi employé toute la matinée à courir ça et là, nous nous en retournames à notre Auberge pour vacquer à un devoir bien doux à remplir aprés un tel exercice: nous dînâmes, et puis, partîmes. Je vis que la Ville de Nismes est située sous une Montagne qui s'étend jusqu'au *Pont de Gard*; on laisse cette Montagne à gauche, la plaine vers Beaucaire reste à droite. Vers le Soir nous atteignîmes ce Monument fameux, Pont et Acqueduc ensemble, qui joint deux Montagnes opposées et divisées par le Vallon au fond duquel coule la petite riviére. Il est composé de trois étages d'Arcades; son élévation en tout est /236/ de 25 Toises 5. Pieds, savoir 10. T. 4. P. pour le premier depuis le haut de la cymaise qui le couronne jusqu'à la superficie des eaux mediocres du Gardon. Le second a 10. T. 2. P. de hauteur depuis le dessous de la Cymaise qui le termine jusque dessus celle du premier. Le troisiéme enfin a 3. T. 4. P. de hauteur depuis le dessus des Dalles qui couvrent l'Acqueduc, jusqu'au dessus de la Cymaise du second étage. Le premier étage est composé de 6. grandes Arcades, sous une desquelles passe la riviére. Le second en a 11. dont la plus ample embrasse plus de 80. pieds. Le troisiéme a 36. Arcades. Les deux premiers étages sont de pierre de taille, le troisieme n'est que de briques. Le premier etage ou le Pont proprement dit, plus large (du coté droit en venant de Nismes) d'environ demi-Toise que les autres, était déjà destiné à l'usage du Public; mais le passage était si étroit qu'il ne pouvait servir qu'a des gens de pied, ou des bétes de somme. Pour obvier à cet inconvénient la Province y ajouta un beau Pont moderne achevé en 1745. Tout au haut de l'Edifice est le canal dans lequel l'eau coula; il a 3. pieds de hauteur. On peut y

parvenir en grimpant car la Montagne: beaucoup des Dalles qui le couvrirent manquent, mais il y en a encore de distance en distance. On n'a pu découvrir aucune Inscription qui ait indiqué le tems auquel ce Monument avait été bati, ni par qui; et on est réduit à tirer des conjectures de trois Lettres capitales A. E. A. qui s'y trouvent gravées. Suivant l'opinion commune il fut élevé par Agrippa pour prendre et porter les eaux de la Fontaine d'Eure, qui ont leur source au delà de la ville d'Uzés. L'Acqueduc destiné pour les conduire n'etait pas moins superbe; il faisait tant de contours à travers les Montagnes et les rochers qui se trouvent sur la route qu'on lui avait donnée, qu'elle en avait prés de 9. lieües de long. Aprés avoir été conduit jusqu'au Pont*, qui le portait à l'autre bord de la riviére (serrée ici par deux montagnes) il était encore continué jusqu'à une lieue de distance de la Ville de Nismes; et lá se divi-/237/sait en plusieurs parties, qui formaient autant d'Acqucducs séparés.

Nous nous arrétames un bon espace de tems à contempler ce grand ouvrage, auquel le crépuscule du Soir prétait de sa pompe imposante. Comme ces Anciens avaient des idées vastes et savaient les exécuter dans leurs entreprises publiques! pour les Edifices privés je crois avoir remarqué qu'ils étaient bien plus réservés; au moins ce que nous en avons trouvé de Vestiges, indique des batimens peu considérables en égard à l'étendüe. Dans cette considération leurs Temples méme disparaissent vis a vis de nos Eglises de grandeur médiocre.**

La Ville d'Adrien semble s'opposer à cette observation: mais du tems de cet Empereur les Cités de l'Empire étaient déjà pourvües de tout ce qu'il leur fallait en ouvrages publics; en second lieu cette maison de campagne parait plutôt un assemblage d'habitations (appartenantes vraisemblablement aux gens de la Cour) qu'un Palais unique. Les seuls Tombeaux sortent de la régle pour étre colossaux et pleinement en disproportion avec la chétive dépouille qu'ils étaient destinés à renfermer et à couvrir.

Avec ces réflexions je continuai mon chemin. L'obscurité succeda bientot aux Ombres. Entre Connaut et Bagnols, un terrible Orage nous surprit, acoompagné de coups de Foudre effrayans et d'une pluye qui tomba en torrents. Plusieurs fois les Chevaux s'arrêterent tout court et les réverbérations des éclairs

---

* Dans cet endroit, qui est la rive gauche, on en voit encore grand nombre de ruines, de l'autre coté il s'enfonce dans la montagne.

** La Coupolle de S[t]. Pierre est la copie du Panthéon dans toutes ses Dimensions. Ce Pantheon était pourtant le plus grand des Temples de l'ancienne Rome. Palladio et Bramante pour la braver se plurent à placer l'équivalant du méme Panthéon au haut de leur Métropole.

sautillaient en étincelles sur les boutons de nos habits. Bref cet orage était pire que je n'en aye trouvé dans aucun Poëme.

Vers minuit la lune perçait les nüages et le ciel devint clair et pur. Nous passames le Pont S^t. Esprit, ainsi nommé à cause de la Légende qui veut que cet Etre Divin n'ait pas dédaigné de s'y employer /238/ corporellement. Ce Pont est peut etre le plus long de tous ceux qui existent en pierre, et aussi beau qu'on le pouvait faire dans le tems qu'il construit.*

Ici on entre dans le Comtat Venaissain.

Le 23
La Pallud ; les chemins étaient trés mauvais. Pierrelatte, premiere ville du Dauphiné située au pied d'un rocher qui se trouve seul dans une plaine. Depuis Douzère les chemins empirerent encore. Chateau neuf ferme une gorge étroite. Comme il avait plu de nouveau toute la matinée, nos gens étaient mouillés jusques aux os, nous mémes l'étions quoique dans les voitures, et celles-ci délabrées. Tant de raisons nous obligerent de faire halte à Montélimard où nous arrivames vers midi.

Le 24.
Manger et dormir ne manque jamais de restaurer un corps sain de toutes les fatigues qu'il peut avoir essuyées et celá promptement. C'était notre câs. Aujourd'hui de bon matin nous recommençames à rouler gayement le pavé de la France.

A une Poste de Montélimard nous parlames à un Gentilhomme campagnard qui allait à la chasse avec son fusil et son chien. Il nous dit, que l'Hyéne, dont les Gazettes avaient été si pleines depuis deux ans, n'avait été autre chose qu'un Loup, plus grand, et plus vorace, qu'ils ne sont ordinairement, qu'il était vrai qu'a plusieurs réprises on avait fait de trés grands préparatifs pour le prendre ; assemblé les Chasseurs des environs et nombre de gens de la Campagne avec Toiles et Rats. Qu'a la fin un autre Gentilhomme de sa connaissance l'avait tué se trouvant tout seul.**

---

* Il a 420. Toises en longueur sur 2. Toises 4. Pieds de largeur, et pose sur 19 grandes et 7. petites Arcades. Il fut achevé en 1309. les travaux ayant duré prés de 45. ans.

** Les Anecdotes surprenantes, vraies et fausses, qui avaient courües au sujet de ce Monstre, avaient excité ma curiosité au point que pendant ce trajet je m'enquis de ses nouvelles, pour ainsi dire à tous les passans. Mais soit qu'on en eu honte, ou bien puisque ce n'était pas proprement le Théatre de ses ravages, je n'en pouvais rien apprendre. Je ris en me souvenant qu'un jour, ayant demandé à une servante :

/239/ Valence se présente dans une belle plaine, d'un coté les Alpes, de l'autre les Montagnes du Languedoc. Parvenus à la premiére Poste au de là de Valence, il s'agissait de passer l'Isére. On nous prévint, qu'elle était fort débordée; néanmoins nous l'entreprîmes en nous munissant de Guides à travers un grand terrein de prairies, tout innondé. Souvent ils étaient obligés de chercher le chemin et les Digues avec de longues perches. Ce ne fut pas sans risques, par ce que probablement il ne fallait qu'un renversement nour être noyé. La riviére elle meme, nous la passames dans un Pont volant. Elle se précipitait avec une rapidité étonnante, causée en partie de son enflement, en partie de la proximité des Alpes d'où elle vient de sortir.

Aprés avoir surmonté cet obstacle, nous mangeames à Tein un morceau d'un paté froid que nous portions. Cette Ville est située vis à vis de Tournon, autre Ville considérable, le Rhône entre deux, ce qui occasionne une belle assiétte. Dans ces environs croit le meilleur Vin d'Hermitage, dont nous ne manquames pas de faire l'essai, en conformité de l'usage antique, national, et louable; de gouter des bons Vins chaque fois qu'on se trouve sur le terrein qui les produit. Aprés Tein le chemin se poursuit toujours le long du Rhône, lequel on voit souvent, tantot en se trouvant sur un rivage élevé, et tantot en le longeant au niveau de ses Ondes. La nuit m'empecha d'observer davantage.

le 25

Avec la pointe du Jour nous traversames l'antique Ville de Viénne et ses rües sombres et serrées. D'ici jusqu'a S^t^. Fonds, derniere Poste, /240/ les chemins sont mauvais. Le reste de la route depuis Montélimard avait été bon. En s'approchent de S^t^. Fonds, on découvre de l'autre bord du Fleuve les Coteaux du Lionnais, ils sont chargés d'habitations, et plus prés de Lyon, de maisons de campagne, ensorte qu'ils ne laissent pas de réjouir la vüe; toute fois ce ne sont plus les scénes pittoresques de l'Ausonie, ses beaux vergers, on les trouve à dire, avec mille autres beautés du Local.

Lyon se montre d'un aspect fort agréable, la Ville est placée en plus grande partie sur la langue de terre formée par

---

ce que ç'avait été que l'Hiéne? et qu'elle ne comprenant pas le mot, pour périphraser ma question, je lui dis *la grande Bete qui a mangé les hommes*. Mr. le Roy, qui y était present me répondit: *Ah! non sa niente della gran Bestia che mangia gli' uomini, cognosce meglio quel altera piccola che gli fa*. Autant est vrai, que peu de tems après, je vis à Paris parmi les Eleves de l'Ecole royale militaire, le petit Garçon annobli, qui s'était distingué en sauvant son camarade d'entre ses dents.

le confluant du Rhône et de la Sâone; une moindre partie en occupe le penchant, de la Montagne sur la rive droite de la derniére. Aprés avoir traversé un faubourg, on passe le Rhône par un beau Pont de pierre. Nous arrivames environ vers les 11. heures du matin, et prîmes notre quartier dans une grande et belle Auberge qui donne sur la Saône, où pour la premiere fois nous pumes nous dire bien et proprement logés.

Nous avions des Lettres pour Mr. Aurid le fils Négociant, qui s'empressa de la facon du monde la plus prévenante de servir les Princes en tout ce qu'ils pouvaient desirer de lui. Lyon passe avec Bordeaux pour la premiere Ville du Royaume aprés la Capitale; elle est fort bien batie, quoi qu'il y ait comme dans toutes les grandes Villes, bon nombre de rües étroites, mais le Commerce avec ses boutiques embellit encore celles-ci. La Place de Louis XIV. est de toute magnificence, et le quartier circonvoisin ne consiste que dans des rües spacieuses et allignées. La Maison de Ville dans la place des Terreaux fait un Edifice digne d'une Cité opulente comme celle-ci. Un autre bel Edifice contient la Salle des Spectacles, et ses foyers, avec des Appartemens pour les Bals et assemblées du beau monde, composé ici comme à Marseille par l'ordre des Marchands. Leur bourse ou Loge du Change, un joli petit batiment, dans une Place tout aussi jolie que petite, ne se montre pas mal. Le vaste Hôpital, nommé Hotel /241/ Dieu est administré avec autant de charité que d'exactitude. Le grand Collége des Jesuites se rend remarquable par beaucoup de splendeur. Le long des deux riviéres regnent de beaux Quais. Cinq ponts sur la Saône dont un seulement de pierre, communiquent à la partie d'au de là et au faubourg du coté du Lyonnais. Somme totale, Lyon est une des Villes que l'on peut montrer à ces Philosophes de mauvaise humeur qui se déchaînent contre l'établissement de la Société civile.

Il y a aussi quelques vestiges d'antiquités, qui cependant ne méritent guere la peine d'aller les voir; des morceaux de mûr d'un réservoir, chez les Ursulines, des traces d'un Théatre chez les Minimes; tout celá sur le penchant de la Montagne à la rive droite de la Saône. Aux portes de S^{t}. Irenée du méme coté sont les restes considérables, d'un superbe Acquéduc, lesquels s'étendent jusque dans les Forets; nous les avions apperçus sur le haut du coteau en arrivant de S^{t}. Fonds.

Le commerce de Lyon est si connu, que je puis me dispenser d'en faire mention. Nous ne négligeames point de visiter les principales des Manufactures en Etoffes aussi bien qu'en Galons. L'Allemagne est le pays qui en achéte et consume le plus, et c'est ici que nos Marchands en modes viennent préférablement se pourvoir, et munir leurs Magazins de ces articles.

Le Théatre nous attira beaucoup ; la Salle est belle et suffisamment spacieuse. Une Trouppe de Comédiens choisis, habillés comme on peut se le promettre d'un endroit qui file l'or et la soyë pour la moitié de l'Europe. Nous y vîmes pour la premiére fois pour nous, la charmante *Pièce du Roi et du Fermier*, dans laquelle le Sieur Caillot qui était venu de Paris jouait le Role de Richard. En fait de sensation Dramatique, je n'éprouverai plus rien qui approche de ce que je sentis en voyant cet Opéra comique, cet acteur inimitable dans son genre, et en écoutant cette Musique harmonieuse et touchante. Une autre dés Pieces jouées fut le Seigneur de Pourceaugnac de Moliére : garde le sérieux /242/ qui peut, lorsqu'il en vient à sa fuite précipitée à travers la scéne, talonné par l'Apoticaire et ses suppôts les seringues à la main ; cherchant à la fin un refuge au dessous du Théatre, et remontant de lá par le trou du souffleur, où immédiatement aprés lui, parait une seringue déjà braquée et appliquée, avant qu'on puisse appercevoir celui qui en est armé. Moi je pouffai de rire, et j'en demande pardon aux personnes assez graves pour voir sans émotion de muscles une pareille farce pour la premiére fois.

À une représentation de Sydney il m'arriva une surprise des plus agréables de ma vie. Je m'y étais rendu aprés les Princes ; avant pris place dans la Loge, je remarquai à coté de moi dans la loge voisine deux visages d'embonpoint lesquels je crus connaitre ; aprés les avoir regardé plus fixément je découvris le Landgrave de Hésse et mon ancien ami Vreech. Mr. Auriol qui m'avait accompagné à la Comédie, voyant les déférences que je témoignai au Landgrave, me demanda tout bas : *Mr. oserais-je m'informer, quel est l'homme, le plus gros de ces Etrangers, que vous venez de reconnaitre ? – Devinéz ?* lui dis je, *de quelle condition vous parait-il ? – Hélas !* me répondit-il, *si je dois vous parler franchement, je n'en ai pas grande opinion, il m'a la mine peu opulente* ; – *N'importe, tel que vous le voyez, il a eu 20 000. hommes contre vous pendant la derniére guerre.* Au reste Mr. Auriol n'avait pas tort ; dans un petit habit verd, fort usé, S. A. S. avait certainement un air de banqueroute. Lui et sa Suite étaient sur le point de partir pour Genéve, cependant Msgr. le Landgrave se rendit eux instances des Princes, et differa son départ au lendemain. Nous passames la nuit avec Vreech. A Lyon le petit peuple parle la langue assez bien, jusques là je n'avais entendu que du patois.

Le 29.

Aussitot que l'on sort de la ville on monte la Montagne, celá fait que quand on regarde en arriére, on ne voit plus rien de Lyon que ses mûrs (qui comme ceux de Génes sont sur la créte des hauteurs) et /243/ quelques couvents. Le pays est beau, fertile et cultivé.

Des Montagnes restent à gauche, la Saône à droite, laquelle était fort débordée. Les chaussées sont trés bonnes et les Postillons menaient si vite, qu'il me devint impossible de bien observer et décrire le terrain. Nous dinames à Macon premiere ville de la Bourgogne. En repartant le Prince régnant accrocha un pauvre jeune homme natif de München et Friseur de son métier, qui venait de sortir de l'Hopital. Il s'appellait Faust, et le Prince regnant le prit à son service à la place de Benchling. Nous traversames encore une belle contrée avant d'arriver à Tournus où fut le gîte.

Le 30.
Challons sur Saône dans une grande plaine qui ne parait pas fertile. Baune Ville de bonne apparence. La propreté de l'hôtellerie, joint à là célébrité du vin de ces environs nous inviterent à y ordonner le diné. Nous fumes servis à souhait et le jus de la treille surpassa notre attente. Le brillant du plus beau rubis perd en comparaison de la couleur d'un bon vin de Baune dans un verre clair et bien rincé. La bonne humeur s'empara de nos coeurs, comme le Vin un tant soit peu de la tête du Prince ainé, et de celle de son serviteur Berenhorst. Incident agréable qui m'imprime le Souvenir de Banne. A une poste de cette Ville on entre dans une séconde grande plaine. Vers le Soir nous passames par Dijon, grande et belle Ville; un petit vaurien passablement déguenillé s'y addressa au Prince Jean George le suppliant humblement de lui accorder une place sur sa Voiture pour s'en retourner à Paris. Il se disait enfant de famille honéte, qui ayant fait la fredaine de s'evader de la maison-paternelle, s'en répentait maintenant, que la misére le pressait, amérement. Les Commis de la Poste certifiaient qu'il en était ainsi, et que son pére était un des Officiers du Bureau de la Poste à Paris. Le Prince s'en chargea donc à *l'instar* de Msgr. son frère et le conduisit au lieu de sa naissance. Voyageant ensuite dans la Vallée que forme la petite riviére d'Ouche, /244/ nous courumes la Nuit.

Le 31.
A Rouvrai il devint jour. Delá jusqu'a Vermanton, le pays est parci et par lá couvert de bois, mais fort bien cultivé, la Bourgogne en général ressemble à l'Allemagne comme elle se montre chez nous: la méme chose ne peut pas se dire de ses habituas, car je ne me souviens point d'avoir vu un seul paysan avec un habit de drap sur le corps, n'y encore moins des attelages de chevaux et des chariots comme en ont nos gens de la campagne. Ceux ci ne possèdent que des boeufs maigres et des ânes. Des Sabots et des souquenilles de grosse toile composent leur vétement. Dans cette meilleure Province de la France les Villages sont encore fort clair semés; bien souvent on voit tout un horizon, sans en découvrir un seul.

Qu'on juge par là des autres. Les grandes routes en revanche sont au mieux, larges, commodes, allant pour de trés grands espaces en droite ligne, des collines percées, de vallons comblés. Aux Postes on trouve les relais toujours prèts, dans le moment méme on est expédié, et menés ensuite avec une diligence admirable.

Derriére Vermanton s'eléve une Montagne considérable que l'on monte, aprés quoi le terrain reste montueux jusqu'à Auxérre. Cette Ville se présente favorablement de loin, lorsqu'on y entre on en est desabusé en la trouvant vieille et mal batie; prèalablement on passe la rivière d'Yonne prés de la Porte. Nous y mangeames à midi.

D'Auxerre jusqu'a Joigny le pays est de toute beauté. En entrant à Joigny on repasse L'Yonne. Cette fort jolie ville appartient à la Champagne. On croira facilement que nous ne soupames point sans boire de ce Vin:

dont la Mousse pressée
De la bouteille avec force élancée
Comme un éclair fait voler son bouchon.

Le 1. d'Aoust 1766.
De Joigny l'Yonne se côtoye sur un chemin commode et agréable, laissant /245/ à main droite des coteaux cultivés et fertiles qui portent la liqueur au sujet de laquelle je viens de citer Voltaire. Ville neuve le Roi est petite et jolie. Sens est mal batie et peu grande, il y a beaucoup de maisons de Charpente. Aprés avoir passé ici L'Yvonne sur un Pont on la laisse à main droite. Dans cet endroit ci, la route commence à etre pavée de pierres carrées, et continüe ainsi jusqu'a Paris, ce qui n'est pas de grande aisance. Moret à l'entrée de la foret bien plaisamment situé; le bois l'entoure de trois cotés. Ce bois est d'une belle verdure, mais plus avant il devient sombre et ne consiste guére qu'en Pins et Sapins. Fontainebleau se trouve au milieu de la forêt, dans un endroit le plus triste et le plus aride que l'on puisse s'imaginer. La principalle vüe du Château donne exactement sur une hauteur nüe, couverte de grands morceaux de rocher et de cailloux de couleur grisâtre. La quantité de ces Pavillons couverts d'ardoise, correspond parfaitement à ce coloris foncé, et forme un ensemble pleinement lugubre.

Nous commandames le diner dans une petite Auberge, et allames en attendant voir la Résidence des Rois. Son enceinte est vaste; nombre de bâtimens, ailes, places, cours. Son Architecture un mélange de gothique et de moderne. L'Intérieur est demeublé en plus grande partie; à chaque fois que la Cour y vient, ce qui se fait dans le mois d'Octobre pour six semaines ordinairement, on y transporte chaises, tables, lits &c. jusqu' aux tentures. Bel article de dissipation! Le Roi et à mesure tous ceux qui le suivent,

sont mal logés, de maniére que l'on reste fort étonné comme un Souverain avec une Cour tellement adonnée au luxe, s'en puisse accomoder. Les Jardins symmetriques avec leurs arbres tenus sous les ciseaux, offrent peu d'agrémens. Cependant, comme toutes ces parties sont en grand, Fontainebleau ne laisse pas d'avoir quelque chose de majestueux, surtout lorsqu'on veut bien appeller l'imagination à son aide, et rétroplanter dans les termes de François I. ou de Henry IV. L'Opération n'est pas difficile dans un endroit délaissé et soli-/246/taire. Moi du moins, j'eus soin de me peupler ces galleries, corridors et places par les ombres des Gabrielle, Entrague, Sully, Ossat, Crillon, La Noüe, Mornay, la Tour d'auvergne, &c. avec leurs Soubrettes, perroquets, pages et bouffons, la Ville est petite et fort médiocre. On fait ensuite encore une Poste et demie dans la Foret, aprés quoi commence la grande allée d'arbres qui va jusqu'aux Portes de la Capitale Je ne puis rien dire du reste du chemin, sinon d'avoir remarqué quelques maisons de campagne, avant que l'obscurité établit son régne.

Le 2.
Minuit passé, nous atteignimes Paris et débarquames dans l'Hôtel de Saxe, rüe Jacob, faubourg S^{t}. Germain.

J'ai donc conduit mon Journal jusqu'ici, et je serais au comble de la Joye si le Lecteur bénévole en était un peu plus satisfait que moi méme, puisque pour parler franchement, la besogne ne me plait guère. Peut être m'en acquitterais je moins mal si j'avais à la faire à l'heure qu'il est; j'ôse le croire par le mécontentement avec lequel j'ai repassé mon ouvrage. J'aurais bien une petite excuse si on veut l'accepter: on aura pû remarquer que nous voyageames en général avec un peu de précipitation; elle redoubla encore depuis le départ de Turin. Par conséquent durant ce dernier trajet je n'eus que le tems de receuillir chemin faisant quelques traits épars, comptant m'en servir comme de matériaux auquels je courrais donner de l'étendüe par la suite; me fiant en outre à ma bonne mémoire. Mais n'ayant pas pu trouver le loisir de rédiger seulement ce peu d'annotations pendant notre premier séjour à Paris, j'abandonnai le tout et n'écrivis plus rien. Maintenant ces annotations mémes, m'étaient devenües inintelligibles en plus grande Partie par l'oubli, à quoi se joignit encore l'écriture de mes tablettes qui est une espéce de Chiffre. Toutefois, ce que j'en ai pu tirer je l'ai donné, quelques Lettres composeront le reste, et voilá qui sera fait

SECONDE PARTIE

jusqu'au 8. d'Aoust le tems s'écoula fort vite. Nous nous occupames à donner un Coup d'oeil aux choses les plus remarquables. Nous allames voir Versailles et Trianon. De toutes ces parties était Mr. Loghie arrivé de Marseille. Nous nous rendîmes chez Mr. d'Arget, Secrétaire et Garde des Archives de l'Ecole Royale militaire, et ci-devant lecteur de S. M. le Roi de Prusse. Je ne le connaissais que de réputation et par ce que son beau frère Mr. Caessar m'en avait dit; mais j'avais formé le dessein d'en faire notre homme de confiance, et cette démarche réussit au delá de tout ce que je m'en étais promis. Le Prince Jean George loüa le second étage de l'Hotel de Modéne tout prés de celui de Saxe, où nous demeurames par la suite pendant tout le tems que nous avons passé à Paris. Enfin le 8. nous accompagnames le Prince regnant à S^{t}. Denis, vîmes cette Abbaye célébre et dinames encore une fois ensemble, aprés quoi le Prince regnant, Mr. d'Erdmansdorf et Mr. Loghie partirent pour l'Angleterre. Mon Prince et moi, nous nous en retournames à Paris et prîmes possession de notre nouveau logis.

Lettre au Prince régnant de Paris le 18. d'aoust 1766.
Monseigneur, je ne vous parlerai point des peines que notre séparation nous a données; rien que le moment de notre réunion pourra nous en dédommager, et je l'envisage avec autant d'impatience que de plaisir. – Je n'ai rien vu depuis S^{t}. Denis jusqu'à Paris, et quand j'élevais enfin mes yeux je rencontrai ceux de votre frère baignés de larmes qu'une amitié tendre et sincère lui fit verser. –

Pour le reste M. nous vivons conformement au Plan que nous nous sommes proposé, et nous nous en trouvons bien. C'était avant hier que nous réçumes vos deux Lettres et celle d'Erdmansdorf avec le reste du paquet. Je compatis aux incommodités que les mouvemens de la mér vous ont derechef fait souffrir, cependant il a du vous être d'un grand Soulagement de-vous reposer de vos fatigues dans un lieu non infecté /248/ de cette maudite vermine bondissante que je ne puis pas encore parvenir a domter ici dans notre demeure. Je me flatte de recevoir bientôt la nouvelle de votre heureuse arrivée à Londres.

Lettre XIII De Paris ce 22. d'Aoust 1766.
Dans cette Capitale du monde, pour les modes s'entend, nous occupons un appartement propre et commode; mais notre façon de vivre n'est pas encore bien brillante: un Maitre de langue, un maitre de danse, un maitre en fait d'Armes pour le Prince; un maitre de langue Italienne pour moi, composent toute notre Société. Quand nous sortons c'est pour voir les Edifices publics, les Palais, les malsons de Campagne &c; les Soirs nous assistons réguliérement aux spectacles.

Cette méthode me parait la plus propre pour faire acquérir à mon cher et respectable jeune Compagnon les Talens nécessaires pour se produire dans le monde aprés notre retour d'Angleterre. En méme tems ce sera autant de gagné que de connaitre la face extérieure de ce pays-ci, et nous en aurons par la suite mieux le loisir de rechercher l'accès dans ses Sociétés.

Le Théatre nous est d'une grande ressource; Je ne puis vous dire combien le Kain, Mollet, Brisard, la Duménil et la Dubois, excellent dans leur métier, encore qu'on leur préfére ici leurs prédécesseurs infiniment. Avant hier nous nous trouvames à la premiére représentation d'Artaxerces, Tragédie nouvelle par Mr. Lemierre Auteur d'Ipermnestre. La piéce fut recue avec un applaudissement général, malgré tout ce qu'un grand nombre de critiques en perruques carrées y trouvaient à redire.

Considerant tout ceci Vous diréz que je me trouve bien. Je n'en disconviens pas, cependant un penchant secret m'entraine vers notre Patrie et m'empeche de gouter à plein le bien etre d'une situation que j'ai désiré, dont jai revé, depuis ma premiere Jeunesse. Je regrette de tout mon coeur la pauvre Brand (que vous ne suivrés point de si prés /249/ comme vous vous l'imaginez*;) mais nos stériles regrets ne rappellent pas a la vie.

Lettre de Mr. d'Erdmansdorf. à Londres le 17. d'Aoust 1766.
Nous voila donc, cher ami, toi à Paris, et moi, à Londres, dans ces deux capitales de l'Europe, qui donnent la loi et les modes à toute cette partie de l'Univers qui se vante d'être la plus policée. Je soupçonne néanmoins que nous ne serons guére tentés, ni l'un ni l'autre, d'en adopter le ton. Au centre de la mollesse, de l'artifice et de la frivolité tu consacres ta retraite à l'étude, à la satisfaction d'etre toi même, et à la douceur d'une vie reglée. Et moi étourdi de l'éternel refrain de ces grands mots de Parlement, de Ministére et de Liberté de laquelle il me parait que mème ici on ne connait que le nom seul, je me sens une indifférence

* Il ne la suivit que de trop prés! le 1. Juin 1769.

supréme pour toutes ces manies de politique qui tiennent ce peuple dans une agitation continuelle. Tel est notre sort, ami! il nous fut permis d'approcher pour quelque tems de ce brillant spectacle qu'on nomme le grand monde, non pour y jouer un rôle interessant, mais pour en effleurer légèrement les plaisirs, et pour y receullir quelques fleurs dont nous ornerons un jour notre paisible Hermitage. Si le destin nous eut ordonné de paraître sur cette scéne critique, peut etre qu'avec un peu plus d'impudence nous nous serions tiré d'Affaire comme bien d'autres, et si la Fortune nous eut favorisé mème avec un peu d'éclat. – Je t'assure que j'ai été touché de notre séparation à S^t. Denis; outre que la sincere amitié que je te porte et un attachement plein d'estime que je me sens pour le Prince Jean George m'a attendri trés vivement à notre départ, je t'avoüe que j'ai eté intérieurement non moins réjoui de voir couler des larmes non affectées, dans cette occasion. Tu sais comme j'ai toujours taché de travailler pour entretenir la bonne Harmonie dans notre petite République.

Notre séjour à Londres ne durera qu'autant qu'il faudra de tems au /250/ Prince pour faire sa Cour à la famille Royalle, ce qui néanmoins n'est pas encore fixé. Il n'y a presque point de Noblesse en Ville. Plusieurs spectacles, mais à te dire la vérité, jusqu'a présent je regrette encore bien le Théatre de Paris. Vaux-hall est le meilleur amusement qu'on ait ici dans cette Saison; je t'en parlerai une autre fois; il est sûr que c'est un coup d'oeil brillant et peut etre unique dans son genre.

Lettre de Msgr. Le Prince régnant de Hey-Vickham le 27. Aoust. 1766.

Je vous répons à votre Lettre du 18eme, pour vous dire que je l'ai recüe justement au moment de mon départ de Londres. J'ai vu quelques Jardins dans ces environs et le Comte de Sohulenburg*, qui vous salüe, m'a conduit jusqu'à cette place-ci.

Je pars d'ici dans ce meme instant pour entrer dans le Chemin qui me menera droit vers Yorck et aux Bains de Scarborre. – On dit mais je ne le sais pas encore pour certain, que les courses de Nuemarket se tiendront cette année ci plutôt qu'a l'ordinaire. Je vous en avertirai à tems, mais en câs qu'il y en eut plusieures, je ne vous parlerai que des dernieres. Elles se ressemblent toutes, et votre tems à Paris vous sera aussi précieux que m'est le mien dans mes Voyages.

---

* Commandeur de l'Ordre Teutonique, possédant la Commanderie de Lucklum.

Lettre XIIII. De Paris ce 5. Septembre 1766.
Pas le moindre changement dans notre façon d'etre depuis ma derniere ; mais à présent que nous connaissons, deja un peu le local de Paris et de ses environs, nous sommes sur le point de contracter quelques connaissances, afin de nous glisser dans le tourbillon. Un certain Mr. D'Arget, jadis Confident en belles Lettres de S. M. Prussienne à qui nous avons osé nous addresser, parait charmé de nous en faciliter les moyens ; le tems va nous montrer de quelle maniére il s'en acquittera.

Je vous suis bien obligé des nouvelles que vous m'avez mandé, il /251/ n'y en a qu'une seule que je regarde comme abusive : c'est le dessein d'aller grossir l'empire des morts, qui de nouveau vous passe par la téte. Laissez là cette fantaisie noire*, et vivons plutot encore quelques bonnes années ensemble dans le sein de l'amitié et du repos ! Le royaume du ravisseur de Proserpine est un petit refuge qui ne nous échappe pas, par conséquent ne nous pressons point d'y descendre. –

Il est fort tard ce Soir, je crois méme minuit passé. J'ai beaucoup écrit, et par dessus j'ai la téte rompüe par la Musique discordante d'un nouvel Opéra dont aujourd'hui on nous a écorché les Oreilles souffréz donc que je vous dise la bonne nuit. Je suis et je serai à jamais votre ami, c'est à dire quelque chose de plus que père, mère, et frère.

Lettre au Prince régnant, de Paris ce 13. septembre 1766.
– La derniere que le Prince vous a écrite Msgr., était du 3. du Courant ; un Mr. Ayscough s'en est chargé souhaitant de faire votre connaissance, avantage dont il ne m'a pas paru indigne.

Mr. D'Arget vous fait ses complimens ; il continüe de témoigner beaucoup de politesses à votre frère mais avec des maniéres si embarassées que je ne sais qu'en penser. Dimanche dernier Mr. de Croismare lieutenant général et Gouverneur de l'Ecole militaire a montré au Prince tout le Corps de ses Eléves sous les armes, avec toutes les distinctions imaginables. Le Duc de la Rochefoucault, celui qui a été à Rome, s'y trouva pareillement avec son Epouse. Nous venons aussi de faire la connaissance du Baron de Vèmpfen Colonel Commendant le Rgtm. de La Marck, homme de mèrite et fort en vogue maintenant, à cause que son Régiment a remporté le prix à la revüe de Compiegne. Pour le reste, afin d'avoir l'usage de la langue, nous nous sommes appropriés deux Abbés ; l'un en est un Viellard vénérable, asséz

---

* J'etais persuadé que sa maladie de langeur était plus imaginaire que réelle.

instruit, du nom de Buttler, d'Origine Irlandaise; l'autre fat, un peu insolent, bel esprit selon la mode du Pays, et maitre de langue de profession; nous les faisons souvent diner /252/ avec nous. Les Soirs nous soupons de tems en tems chez une Dame Anglaise qui semble vouloir du bien au Prince, et qui a de l'esprit, elle s'appelle D'Allzel. Tout ce qu'il y a de Bretons à Paris s'y rassemble, entre autres le fameux Vilkes. Le Prince fait des progrés dans ses exercices, et profite de méme dans la langue.

Telle est notre Situation; pour vous Msgr., comment vous portés vous? et comment va-t-il de la poitrine? c'est lá le point principal. J'espere beaucoup de l'habileté des Esculapes Anglais! qu'ils parviennent seulement à rétablir les Viscères et vous ne manquerez pas de reprendre bientost toute la vigueur qu'il vous faut pour l'Illustre expédition, par laquelle vous devéz vous allier à la Majesté du Thrône prussien. –

Lettre de Mr. d'Brdmansdorf a Nevcastle ce 16. de Septembre 1766.
Je n'ai pas encore repondu à ta Lettre cher ami; je la reçus peu avant notre dèpart de Londres, et depuis nous avons tant couru, que je puis donner quelque excuse de mon retardement.

Je ne prétends pas te faire à présent une rélation de notre voyage ni une description de l'Ecosse dont tu ne serais pas fort édifié. Ceci te sera réservé pour un tems plus favorable. J'ai un sujet plus agréable sur lequel je t'ecris, proprement par Ordre du Prince, mais vraiment aussi pour ma part avec une satisfaction infinie, c'est à dire sur l'arrivée de Msgr. le Pr. Jean George en Angleterre. Tu sais déja que le Jour est fixé au 10. d'Octobre pour votre débarquement à Dover, mais je dois te donner des nouvelles plus précises sur ce voyage. Si vous vous arrangez de façon à etre le 9. un peu de bonne heure à Calais, (où je vous conseille de loger au Lyon d'argent, qui est aussi la Poste royalle) vous n'avez qu'a faire appeller un des Capitaines de Paquebots de Dover, dont il s'en trouve toujours quelqu'un dans ce Port, et lui dire que vous vouléz partir le lendemain aussitost que la marée pourra le permettre, et que pour le prix vous le regleriez à Dover avec Mr. Minet, l'homme qui a la direction de tous ces Paquebots. Au reste tu /253/ trouveras ces batimens bien plus commodes que nos Felouques Génoises, et sures autant que le meilleur vaisseau de guerre.

Pour ce qui est de vos habits, l'expédient le plus facile sera que peu avant d'arriver sur la Cote Anglaise, vous preniez la peine d'en mettre vous méme, et d'en faire mettre à vos gens autant qu'il sera possible, au moins ce que vous en aurez de plus neuf, avec la précaution de leur ordonner de mettre leurs Redingottes dessus. Vous n'avez qu'a en parler au Capitaine du Paquebot qui vous aidera a arranger celá.

En général n'en soyéz point en peine, car dés que vous mettrez le pied en Angleterre, vous y serez reçu d'un ami qui vous attend avec la derniére impatience. Oui, tu peux compter surement de me trouver à Dover au moment que vous y arriverez, où j'aurai eu soin d'arranger le necessaire pour la sureté de vos hardes, et pour vous faire oublier les fatigues du trajet, qui sera heureux comme j'espere.

Le Prince regnant m'ordonne d'ajouter, comme il dépend de Msgr. son frere d'amener Mr. le Roy, qu'il se trouvera de la place pour le loger à Londres, mais que dans le tems que nous voyagerons dans les Provinces il restera dans la Capitale. Je dois encore t'avertir qu'on change à Calais de G-uinées contre des Louis sans difficulté et sans agiot. Je puis te prédire que ce pays-ci te présentera en plusieurs parties des objets nouveaux et amusans, et que tu ne regretteras pas d'avoir quitté pour quelque tems les charmes trop seduisans de Paris. Adieu, je suis persuadé que vous ne tromperéz point nos espérances, et que nous vous verrons au tems prescrit.

Lettre du Prince régnant, de la méme date du 18.

Amis studieux ! Au milieu de ces:
rives brittaniques
Des libertins heureux séjour,
Où coulent doucement mes jours ;

Je m'estime aussi libre et fortuné que sont les Insulaires parmi lesquels je vis content et sans Soucis, et où il ne me manque pour rendre mon bonheur complet, que le plaisir de le partager avec vous. Moquez /254/ vous ici avec nous des chagrins, comme nous nous moquons du tems quand le Ciel n'est pas serein, chose qui arrive par fois dans cette Isle. Vous ne douterez pas de mon amitié, mais soyez persuadés que je vous aime encore davantage, si c'est possible, lorsque je vous vois gai et de bonne humeur, et vous n'avéz qu'a vous armer de la volonté de l'etre et vous le serez. Venéz donc bientôt ! l'amitié, des filles charmantes, d'excelllent Rosbif, et la netteté vous attendent. Un français petit maitre dira : ce sont des ragouts bien matériels en partie. Mais je me ris du petit maitre, et continue à aimer Rosbif et filles.

Pour vous parler de mes Voyages, sachéz en peu de mots que je reviens de l'Ecosse, où j'ai passé quelques jours sur la Terre d'un mien ami. Je n'ai pas poussé mon chemin plus avant que Glasgow, lá j'ai trouvé Bosvel qui vous salüe beaucoup. Il plaida en avocat la cause d'un pauvre malheureux, lequel probablement sera pendu malgré l'Apologie. Le juge qui presida était Mylord Auchinleck, pere de Bosvel. Les soirs nous bumes le Toast : *our*

absent friends, che vuol dire, unsre abwesende Freunde* – Voilá toutes les langues que jamais j'ai entendu parler, à lexception pourtant de l'Indien et du Barbare de nos chers O Gradys et Loghies.

Jevais à présent m'arreter encore quelques jours ici prés sur les Terres du frere du Général Clavering, puis je me rendrai chéz Mylord Rockingham et chez le Duc de Ruthland pére de Mylord Granby, pour les visiter à leurs Campagnes et pour chasser avec eux. Néanmoins je serai /255/ toujours à Londres avant que vous y arriveréz, et vous trouveréz de mes nouvelles aussitost que vous mettréz pied à terre en Albion. Je compte que vous auréz eu ma lettre qui vous dit que le 10. d'Octobre est le jour où je souhaite que vous soyez à Dover.

Lettre au Prince regnant de Paria ce 25. Septembre 1766. (Cette Lettre ci est la reponse sur la Lettre antérieure à laquelle le Prince régnant se rapporte.) Votre frére s'est déterminé Msgr. comme vous verréz par la Lettre qu'il vous écrite, à ne pas voir les courses, et de s'en tenir au terme dont vous convintes ensemble en vous séparant. Je suis mortifié de voir par lá prorogé le moment heureux où je pourrai vous serrer contre mon coeur, et de perdre en méme tems l'occasion d'etre témoin d'un Spectacle dont j'ai eté curieux depuis longtems. Mais malgré que nous nous sommes presque brouillés, il me faut cependant avouer qu'au fonds je ne puis pas tant desaprouver sa résolution comme je fais paraître. Commençant à faire des progrés, il est justement à l'heure qu'il est, arrivé dans ses Etudes et dans ses exercices à un point, où une interruption pourrait lui etre beaucoup plus desavantageuse que d'ici en six semaines. –

Mr. D'Arget prend des maniéres moins gênées, ou plutôt je m'apperçois qu'avant qu'il se soit asséz familiarisé avec ses gens un peu d'embarras entre naturellement dans son caractére.

---

* C'est asséz la coutume dans les Provinces de l'Angleterre et encore davantage en Ecosse, où l'antique bonne foi chicane un reste de terrein a la politesse moderne, de placer – un pot de chambre dans les salles à manger. Il n'y est pas justement à découvert, mais caché dans une machine à cet usage, bien souvent sous le Buffet méme. Lorsqu'il y a des Dames à table on attend sans doute de se servir de cette aisance, jusqu'a ce qu'elles se soient retirées, ce qu'elles font dés qu'on a levé la nappe et que les Toast commencent. Ici il en arriva autrement; les Convives furent tellement en humeur que le vin leur monta à la tete avant l'epoque indiquée; par conséquent on profita de la commodité des Pots de Chambre en présence des Ladys, parmi lesquelles Plusieurs Duchesses, le tout sans le moindre scandal apparent. – Je voudrais qu'un moralist m'expliquat bien clairement si cela prouve pour ou contre les bonnes moeurs.

Il nous a presenté chez deux femmes de sa connaissance*, pour nous accoutumer *un pochetto* au commerce de ces êtres là.

Lettre au Prince régnant, de Paris ce 5. d'Octobre 1766.
Vous réveillez Msgr. par votre charmante Lettre du 18. du mois dernier, tous mes regrets et toute mon impatience. Je brule de partir, le premier du mois qui vient ne doit plus nous trouver à Paris, et jamais les Côtes d'Albion n'auront frappé des yeux plus contens que les miens. /256/ A mesure que j'apprens à connaître les Français à mesure ils me plaisent moins. Ils sont tous polis, Ils savent tous vivre, ils parlent tous joliment; mais qui en connait un, les connait tous, – Bresilius a passé par une fiévre chaude dont il a eté fort mal, mais il est hors de danger à présent.

Lettre du Prince régnant de Londres le 4. d'Octobre 1766.
Vous ne pourréz jamais autant que moi regretter le retardement de votre arrivée en Angleterre. C'est à moi de me plaindre de ma mauvaise fortune en celá. J'avais haté mon voyage dans les Provinces du Nord de maniére, que je ne me suis arreté en aucun endroit aussi longtems que j'aurais souhaité, et j'avais arrangé le tout d'une façon que je suis sûr que vous vous seriéz amusé, et que vous auriéz vu une bonne partie de ce pays avec la plus grande commodité du monde; enfin j'eus le coeur saisi de joye autant que je suis triste et réveur maintenant, et si dérouté dans mon plan que je ne sais que faire avant d'avoir formé un tout nouvel arrangement.

Je ne me plaindrai pas ici à l'egard de mon frere, d'une chose dont je vous ai souvent parlé et qui m'a toujours vivement touché. – Je vous dirai seulement comme vous perdez infiniment vous mémes par ce retardement. Vous étiez attendus dans quatre ou cinq maisons de Campagne, òu vous auriez eté reçus sans la moindre géne. Ces gens lá vous les trouveréz maintenant à Londres; là ils sont sur un tout autre pied, lequel ne vous plaira pas trop si vous n'etes auparavant lié avec eux. A notre séparation je ne pouvais pas prévoir tout celà, j'ignorais aussi que le Parlement s'assemblerait de si bonne heure. Tout compté mon frere n'aurait perdu que trois semaines sur le tems qu'il s'était, proposé, puisque pourtant il veut voir ce pays-ci. En un mot vous deux et moi aussi nous souffrons par ce delai, mais je ne veux plus en parler, je vous Prie seulement de m'avertir à tems du départ de mon frére.

---

* Madame du Pin, épouse d'un ancien Financier fort riche, dans la maison duquel J. J. Rousseau a eté plusieurs années Commis. Madame de Riberolles femme de beaucoup d'esprit. Toutes deux dejà sur l'age.

Lettre au Prince régnant, de Paris ce 22. d'Octobre 1766.
/257/ Si j'avais prévu que le retardement de notre voyage vous causerait tant de déplaisir, comme je vois Msgr., j'aurais employé tout mon credit auprés de votre frère pour le faire partir incessamment; mais il n'en est plus tems, et le chagrin que j'en ai est inexprimable. Cependant Msgr. ne lui faites pas l'injustice de soupçonner ses inclinations pour vous, je crois connaitre son coeur, et je puis vous assurer que peu hommes au monde trouvent des amis aussi tendres aussi sinceres, que vous en avez un dans la personne de votre frere. Il sent cent fois plus pour vous qu'il ne fait paraitre, et j'espere que vous vivrez encore asséz longtems ensembles, pour que vous puissiez étre convaincu que ce que je vous dis présentement est l'exacte Vérité.

La plus flatteuse de nos espérances est celle de vous revoir, et nous nous plairons toujours en Angleterre quand vous y seréz, sans compter que déja avantageusement prevenus par beaucoup de gens estimables de cette Nation que nous avons rencontré jusqu'a présent, et dont le nombre s'est encore accru ici, nous apportons les dispositions les plus favorables. –

Nous partirons le 8. du mois prochain sans nous arrèter en aucune façon en chemin, vous pourrés par conséquent calculer mieux que moi mème, le tems de notre arrivée à Calais et à Dovres.

Lettre XV. à Paris ce 20. d'Octobre 1766.
La Suite des Lettres que je possede maintenant de vous va sans interruption, et je ne puis jamais vous exprimer asséz combien je vous sais gré de votre exactitude; il y a cependant une autre chose par laquelle vous m'obligéz encore davantage, c'est la complaisance que vous avez de rentrer en bonne santé. Je prens ce procedé comme une marque non équivoque de la déférence que vous avéz pour mes Conseils, et continüe à vous exhorter de nouveau à vous porter toujours parfaitement bien. – On compte donc de revoir bientot le Pr. Jean George? Je voudrais que /258/ celá fut vrai, mais je ne puis pas le lui conseiller. La pratique d'un monde different de celui de Dessau, lui est trop nécessaire, et le commerce de celui où il se trouve actuellement lui profite trop bien, pour s'en retourner dejá. Il n'aurait qu'a faire cette démarche pour anéantir tout le fruit de ses voyages. –

Entretenons nous à présent un peu de Paris et de ses habitans. Nous commençons à nous produire tout doucement et à faire quelques connaissances, mais ce n'est point en quoi les français gagnent avec des gens qui pensent un peu solidement, et qui ne sont cas d'abord enchantés de tous leurs riens étincelans. Toute la Nation en général est polie, serviable, et parle bien, mais voilá aussi sur mon honneur tout son mérite; ayant cité ces

bonnes qualités là, il ne reste plus rien à dire. Ils sont médisans et faux, et vous n'avéz qu'a leur tourner le dos, ils se payeront vitement par de bonnes ou mauvaises plaisanteries, des petits services qu'ils vous ont rendus dans votre présence, puisque leur politesse est plutôt une Loi qu'ils se sont imposée, qu'un mouvement de bienfaisance naturelle, et bien souvent ils seraient grossiers de bon coeur, si ce n'était pas la mode d'être poli. Ils sont éloquens, ou plus proprement, ils jasent joliment, mais ils ne jouissent de cet avantage qu'aux dépens du bon sens et du jugement, en envisageant l'art de parler comme la plus grande de toutes les perfections. Il y a beaucoup d'Anglais ici dont la plupart ont peu de manieres, cependant que le moindre d'eux me dise une parolle, elle sera à lui, il l'aura pensée, au lieu que le premier génie de France, me rebbattra les Oreilles avec des phrases cadencées, fruits des Comédies qu'il aura vu jouer, et de la Cotterie qu'il fréquente. On ne Pense pas pour parler mais on sent par coeur, et le bon ton n'est autre chose qu'un vaste Dictionnaire de complimens pour tous les Evénemens de la vie.

Avec tout celá, les Français se connaissent bien eux mémes et se ren-/259/dent justice ; voici un passage d'un de leurs charmans Opera-Comique (la Fee Urgéle) fort applaudi par eux même.

C'est une misère
Que nos jeunes gens !
L'age dègènére,
Ah le pauvre tems !
Tout est vanité,
Faste sans largesse,
Plaisir sans gaité ;
Amour sans tendresse,
Leur délicatesse
Est dans leur santé.

Ils sont les premiers à rire de pareils reproches, sans songer seulement à se corriger, puisque ce serait contre les usages. La Mode les domine. Ils penseraient, ils seraient hommes, si c'etait la coutume, mais la frivolité régne, il faut donc s'occuper à de petites choses, et vraiment on y réüssit.

Il n'y a que trés peu de jours que j'eus encore une preuve qu'entre bagatelle et bagatelle, c'est toujours la plus bagatelle qui l'emporte. Peu de tems àprès notre arrivée on donna Artaxercés Tragédie nouvelle. On en parla, on alla la voir, on en jugea, et c'etait tout. À présent une Actrice quitte l'Opéra pour débuter à la Comédie Française, et voilá tout Paris en rumeur, et intrigué de savoir si elle réussira ou non, c'est un évenément qui attire

toute l'attention du Public. Pour avoir une place à l'Orquestre il faut y envoyer quelqu'un dés le matin; on ne parle que de la nouvelle Actrice, on se ligne, on cabale, et de dire que Mlle. Durancy* n'a pas bien joué; le dire dis-je, devant une Dame de son parti, celá pourrait bien faire oublier pour un moment à cette Dame lá toutes les jolies expressions qu'elle sait,

/260/ Le Prince héréditaire de Brunsvic, comme vous savéz, s'est arreté ici quelques Tems pendant le Printems. On parle beaucoup de lui et en bien, mais que dit-on? en laissant lá ses connaissances, ses exploits, et tous ses autres mèrites, on loüe son addresse à se faire admettre dans presque toutes les Cotteries, on vante le bonheur qu'il a eu d'etre goûté par quatre ou cinq femmes qui sont à la téte de la Coquetterie, et on admire surtout son Destin propice, qui l'a fait battre exprés à Friedberg afin que le Prince de Condé n'eut point de difficulté pour lui donner une féte à Chantilly.

Les Sciences ne sont pas trop répandües non plus; les choses mème qu'on ne peut ignorer sans honte on ne les sait pas. J'en ai trouvé qui appellerent L'Empereur son Altesse Royale; d'autres qui s'informerent si le Roi de Prusse avait maintenant la paix avec tous ses voisins; et encore d'autres qui me prenant pour Anglais se dechainerent contre Calvin, auteur de la Secte des Huguenots, à cause qu'ils ignoraient la conformité entre l'Eglise Anglicanne et celle de Genève.

Par un ancien préjugé établi chez nous on suppose le Français d'un accés facile et pleinement exempts de façons superflües et genantes. Qu'on s'y trompe! Nous sommes bien plus sociables qu'eux. Le beau privilége en Allemagne que le titre d'étranger; le plus grand Sot pourvu qu'il ait l'argent nécessaire pour se rendre à Berlin ou à Dresde peut jouir de la douce satisfaction de se voir recherché, écouté, admiré et de décider en

---

* Quelques mois aprés on fit en son honneur l'Epigramme suivante:

Dure en ci
Dure en là
Dure en mi
Dure en fa
Dure enfin dans tous les tons
Excepté F--- et Tetons.

Mdlle. Durancy en fut désolée comme l'on peut penser, puisque le Libel – le malicieux ne dénigra pas seulement tous ses Talens mais l'attaqua encore par tous les endroits sensibles. Le Prince se trouvant un soir au Foyer de la Comédie, cette Actrice s'en plaignit amérement à un vieux Seigneur qui semblait entrer dans ses peines, et pour la consoler lui dit enfin: Eh bien! Mademoiselle, ces vers prouvent que leur auteur n'a jamais couché avec vous.

Oracle ; au lieu qu'ici il vous faut des garans, du tems, et surtout de l'argent pour étre admis dans ce qu'ils appellent la bonne societé. Les devoirs, les convenances, sont sans fin ; tout est prescrit, et l'on se gène en France trés réellement pour paraitre aisé. Il est contre la bienséance par exemple, d'avoir le just'aucorps boutonné ; on manque à l'honneteté quand on a un peu de poussiére sur les souliers ; /261/ arranger son épée le long de la jambe, la poignée en arriére donne un air embarrassé, et prendre un gant à la main pour mener une femme (comme cela m'arriva un jour) est du dernier ridicule. Dans les maisons òu l'on a eté reçu il faut aller pour le moins une ou deux fois la semaine, y manque t-on, tout de suite on envoye savoir comment vous vous portez, et si aprés celá vous n'y volez pas pour présenter vos actions de grâce de l'intérêt obligeant qu'on a daigné prendre, c'est fait de vous, le Suisse vous renvoit. Vous voyez donc qu'il ne faut pas une douzaine complette de Maisons pour perdre tout votre tems en visites. La Dame qui donne à manger fait le métier de crieuse pendant la plus grande partie du repas, elle nomme tous les plats dont elle sert, et invite un chacun par son nom d'en essayer, il faut alors savoir tout ce qui entre dans la composition de ces mets, pour répondre a l'invitation par un petit panégirique à l'honneur du ragout ou de la fricassée en question.

Personne n'a jamais mieux connu les Français que Madme. de Graffigny et Mr. de Muralt ; lisez les lettres sur les Anglais et sur les Français du premier, et le Lettres d'une Péruvienne de la Seconde, et vous y trouverez le tableau non flatté mais vrai, de toutes les moeurs, préjugés, coutumes, vices et vertus, de cette Nation importante. Avec tout celá vous savéz vous mème jusqu'où l'on doit étendre les remarques que je viens de vous communiquer, et je serais plus qu'injuste si je parlais sans aucune exception. Nous sommes priés une fois pour toutes un certain jour de la semaine, au diner (et bien souvent nous y soupons encore) d'une femme de soixante ans, fort riche et malgré celá, raisonnable, instruite et bonne. (Mdme. du Pin). Les Convives ordinaires sont des Gens de Lettres : Mr. de Meyran ; L'Abbé de Mably ; L'Abbé de Condillac son frere ; Mr. de Vaucanson ; L'Abbé Pluquet ; Mr. Bernard Auteur de la Tragèdie lyrique de *Castor et Pollux*, et de plusieurs poesies agréables ; Mr. de Ruilliéres ; Mr. Marin, Censeur de la Police ; Mr. Thiriot, ancien ami de Voltaire et Correspondant Littéraire du Roi de Prusse ; /262/ Mr. l'Oiseau de Maulson Avocat célébre, l'un des bons Orateurs du Barreau ; Mr. le Poivre qui a écrit sur le Commerce des Indes Orientales ; tous des gens d'un mérite prouvé et d'un commerce infiniment instructif. Mr. d'Arget nous rend des services bien réels ; absolument étrangers et inconnus à lui en arrivant, il surpasse tous les jours notre attente en ce qu'il fait pour nous.

Pour le reste il est vrai qu'il n'y a pas une Ville au monde où l'on puisse vivre avec plus d'agréments, pourvu que l'on soit plus riche que pauvre. Tout jusqu'aux moindres meubles, jusqu'aux moindres Ustencilles dont on puisse avoir besoin dans la Vie, est d'une commodité, d'une élégance toute particulière. Il est naturel qu'une nation industrieuse, qui raffine à enjoliver les nippes, y fasse des progrés. Par exemple cinquante espéces différentes de Voitures, dont chaque espéce a son nom propre, en portent entre autres, témoignage. Enfin ceci va si loin que je suis bien persuadé qu'un gueux qui aurait gagné le matin à dix heures cent mille ecus à la lotterie, pourrait à deux heures donner un diner splendide dans sa maison; aller à quatre heures se promèner au Boulevard dans son Equipage, suivi de sa livrée; et sortir à neuf heures de l'Opéra pour souper chéz sa maitresse.

Mais il me tarde à parler de ce qu'il y a de plus parfait à Paris – des Spectacles. La Comèdie Française mérite à juste titre d'etre nomnée avant les autres. Je ne vous dirai rien de la Salle obscure, malpropre et petite, òu elle se donne: c'est une Reine qui habite un lieu de dèbauche; Je vous avoue de mème avec regret, que tout le monde convient qu'elle décline, soit en Piéces: soit en Acteurs; je sais seulement que Mrs. le Kain, Brizard, Mlles. Dumenil, et Du Bois, amis de Melpomene; Mrs. Mollé, Belcourt, Prèville, Mdlles. Prèville, D'Oligny, Lucie, favoris de Thalie en excitant tour à tour mes pleurs et mon sourire, sont les seules personnes qui m'amusent ici.

Une beauté réguliére et majestueuse a une soeur cadette qui avec des traits irréguliers, avec peu de figure, réunit beaucoup de graces, et beaucoup de Coquetterie. Voilá ce que la Comédie Italienne est à la /263/ Comedie Française. Elle n'est guère mieux logée, mais bien plus fréquentée que son ainée. Quand quelques fois il n'y a pas deux cents personnes au Théatre Français, le Théatre Italien est plein de monde un jour comme l'autre. On l'appelle Italien, puisque ordinairement chaque soir on y donne une Farce Italienne avec deux Opera-Comiques en Français. Ces petits Drames consistent ou en des sujets Champétres, ou en des Contes de Bocace, de la Fontaine et d'autres, accommodés au Théatre, plusieurs d'eux accompagnés d'une belle Musique, soutenus par des voix agréables, et joués par des acteurs excellens, sont tout ce qu'on peut voir de plus enchanteur sur la scéne. Les premiers Acteurs en sont Mrs. Caillot, La Ruette, Clairval; Mdlles. La Ruette, Mandeville, Beaupré et l'Arlequin Italien, Carlin, qui est vraiment un homme d'esprit. On danse aussi trés bien sur ce Théatre et Mdme. Catinon, et Mlle. La Fond préchent autant la Volupté par leurs attitudes que leurs Compagnes par leur chant.

Venons enfin à L'Académie royale de Musique, titre pompeus qu'on a bien voulu donner à L'Opéra ; il se tient dans une magnifique salle du Palais des Thuilleries, en attendant que l'Edifice qu'on lui batit actuellement au Palais royal, soit achevé. Le Texte des Opera est Français comme aussi la Musique ; J. J. Rousseau vous aura donné une idée de la derniére ; il y a cependant quelque chose de bon, ce sont les Choeurs, dont l'Opéra est destitué en Italie. Mais ces Choeurs dont on pourrait tirer tant de parti, sont chantés éxactement comme nos Pseaumes, et la ressemblance est telle que je me crois au milieu de mes concitoyens dans la grande Eglise. Les Décorations sont belles, et les Ballets surpassent tout ce qui existe dans ce genre, tant soit pour le nombre et l'habileté des danseurs et danseuses, que pour le gout et la magnificence des habits. Mais la méme Monotonie qui régne dans la Musique vient encore gâter les Ballets. Les Italiens sautent toujours, les Français en revanche ne quittent quasi jamais la terre, et ne se piquent de gravité nulle part plus qu'en dansant. Au Théatre de la Comedie Itali-/264/enne on a sçu concilier ces deux extrémes, de mème qu'on a melé un peu de l'harmonie Ultramontaine, à ce qu'il y a réellement dans les compositions et la méthode des Lulli et Rameau ; l'effet qui ne résulte est charmant.

Voici une Lettre à la quelle vous ne pourréz pas disputer du moins le merite d'etre longue. Nous partons pour l'Angleterre le 8. du mois prochain, ce sera là par conséquent, que vos Lettres doivent aller me chercher. Une année d'éloignement s'est à présent écoulée.

Lettre du Prince regnant. de Kimbolten Chateau du Duc de Manchester dans Huntigtonschire, le 16. d'Octobre 1766.
Hier je reçus votre Lettre et celle de mon frere datées du 5. du courant ; les autres du 3. de Septembre dont ce Monsr. Anglais s'est rendu porteur, ne mont été remises que depuis quelques jours que je fus de retour en Ville, de cette façon j'ai ignoré que Rasumofsky était en Angleterre, et je ne l'ai vu que pour un instant avant mon départ. – Mon plus grand souhait est celui que vous vous amusiéz ici, et je n'en doute pas puisque l'on a toute l'amitié et bonté possible pour moi, de quoi je Vous ferai la rélation en vous revoyant. *Miß Chindleigh* a eté seconde fois en Allemagne et n'en est de retour que depuis peu. Elle fait bien des Complimens à mon frere et à Vous ; j'ai passé quelques jours dans sa compagnie sur les terres du Duc de Kingstone en Nottinghamschire, d'óu je me suis rendu ici. Vous pourrez croire que nous avons souvent parlé de Dessau. Dites à mon frère que je brule d'envie de le revoir ; que j'avais reçu toutes ses Lettres, et que Mr. Clerc Médecin de Rasumofsky m'avait dit, comme il avait fait des progrés dans la Langue Française.

Comme il en arrive si souvent dans notre vie dont la destinée se plait à déranger les desseins les mieux concertés, nous l'éprouvames dans /265/ notre voyage projetté. Vers le tems fixé pour notre départ le Prince Jean George fut attaqué d'un mal de gorge asséz grave. J'en informai tout de suite le Prince régnant par une lettre. A la fin le Pr. se trouvant soulagé, nous partimes de Paris le 11. de Novembre, le Prince s'etait chargé d'un Capitaine Anglais dont j'ai oublié le nom (Barnes) puisque le personnage ne me revenait pas, il nous accompagna à franc étrier comme fit aussi Mr. le Roy, de qui c'est la façon ordinaire de voyager depuis Rome. Le gite de la premiére nuit fut à Clermont ; le second à Abbeville, et le troisiéme à Celais. Nous y arrivames asséz avant dans la nuit et trouvames le fidéle Christophe Ezéchiel dans la Poste. Il ne donna la Lettre suivante.

Lettre de Mr. d'Erdmansdorf de Dover ce 11. de Novembre 1766.
Je suis ici depuis trois jours, cher ami, dans l'attente de te voir arriver à chaque moment avec le Prince. Tu peux juger aisément combien j'ai été affligé de la nouvelle de son indisposition. Car la lettre au Prince régnant addressée à l'Auberge òu je suis, étant tombée entre mes mains, je n'ai pas hésité de l'ouvrir, puisque j'étais assuré qu'elle devait m'instruire sur votre départ de Paris. Comme je ne crois pas pouvoir m'arreter ici plus longtems, j'ai fait partir Cristophe pour Calais avec ordre de vous y attendre. Au reste je me rapporte à ma Lettre du 18. Septembre pour tout ce qui regarde la continuation de votre Voyage.

Le Sieur Minet parle français et mème un peu Allemand. Vous pourrez aller aisément en un jour de Dover à Londres en partant à la pointe du jour, et en prenant une Chaise de Poste à 4. Chevaux. (de Londes qui …rt chaque jour…nt cela a son prix … lé et la Diligeance). Pour vos malles il faut les mettre à la Diligence arrive pareillement le méme jour.

Voilá donc tout arrangé pour vous, mais moi, qui m'etais fait une féte de vous recevoir ici avec tous les sentimens que l'amitié m'inspire, je /266/ pars de Dover avec la mortification de me voir privé du plaisir de vous introduire, le Prince et toi, dans cette Isle fortunée. Quoique le sejour de ce petit Port-ci, ne soit pas des plus amusans, je m'y arreterais volontiers encore quelques jours, si le Prince regnant n'était pas seul en attendant, et si ce n'eut eté sur mes Instances qu'il m'a permis de me rendre ici. C'est par cette raison que je n'ose point prolonger mon absence. Je fais des voeux pour le rétablissement du Prince, et me flatte que cet événement ne sera point éloigné. Hatez vous autant que je le désire !

Lettre du Prince régnant, de Londres ce 13. de Novembre 1766.
Je vous ecris ces lignes dans l'espérance et avec le souhait ardent qu'elles ne vous trouvent plus. En câs que mon frére ne dut pas encore étre rétabli entiérement je vous prie de lui marquer mes vifs regréts tant à l'égard de son indisposition que du plaisir de le revoir dont je me suis vu de nouveau privé. J'étais en chemin vérs Dover pour vous rencontrer lorsque Erdmansdorf qui vous avait attendu audit endroit, en revint avec votre Lettre. Je désire à l'heure qu'il est d'autant plus vivement de vous voir arriver, que ce sera la meilleure preuve du rétablissement de mon frere. J'espere que vous ne seréz pas dans la nécessité de répondre à celleci.

Lettre XVI.
de Londres ce 17. Novembre 1766.
Nous quittames Paris le 11. La route que nous avons tenüe fut par Chantilly, Clermont, Amiens, Abbeville, Boulogne, et Calais. Le 14. du Matin nous nous embarquames sur un Paquebot de Dover. Nous partimes par un vent fort favorable, mais assez prés des Montagnes de craye de Dover, il devint contraire et nous ramena vers les cotes Françaises, ensuite il cessa entiérement, et notre Navire qui ne pouvait pas se servir de ses voiles, commença à rouler dans la mér qui était fort agitée. Je m'étais bien porté jusqu'a ce moment là, mais alors je com-/267/mençai à vomir de toutes mes forces, et je continuai dans cet exercice jusqu'à sept heures du soir que nous abordames prés de Dover.*

Le Prince avait esquivé cette incommodité en se tenant sans cesse sur le tillac. L'air de terre et sur tout l'air d'un pays que j'ai si long tems souhaité de voir me remit bientot; je soupai à l'Anglaise, qui veut dire bien et peu sobrement, et me couchai.

———

* J'étais dans un de ces Lits qui comme les Tiroirs d'une grande armoire, sont l'un au dessus de l'autre des deux cotés de le chambre, Christophe était dans une chaise à bras agonisant ainsi que moi. dans l'un des Lits vis à vis de celui que j'occupais, se trouvaient étalés tous nos beaux habits, pour etre mis sur le corps des Matelots et des domestiques au moment du débarquement. Tout d'un coup il entra en chancellant un maudit Friseur de Paris que j'amenais au Prince regnant. Il ne savait pas òu il allait tant la téte lui avait tourné et prenant probablement l'ouverture du Lit òu étaient les habits pour le bord du Vaisseau, il mit la téte dedans – Tout notre brillant, toute notre splendeur extérieure perichita. – Je n'avais pas la force de crier, je fis seulement un mouvement impétueux dans ma cage. Par bonheur Christophe s'en apperçut. Il s'élança de son fauteuil, saisit le Parisien par la queüe et lui fit changer de position. – Plus un moment à perdre, dans l'instant méme il devint fontaine. Par la suite n'étant pas content de lui le Prince lui donna, son congé et le renvoya à Paris.

Le lendemain matin nous nous jettames dans une chaise de poste et courumes vers Londres. Quelle charmante journée ! rien ne ressemblait aux autres pays que j'avais vu, tout offrait des objets nouveaux. J'ose nommer l'Angleterre la Chine Européenne, à cause qu'ici comme dans la Chine, tous les Arts, toutes les inventions s'y trouvent, mais que toutes ont pris une autre forme, une autre tournure. Les Anglais ont tout au mieux aux maisons prés ; celles-là sont très petites, mais d'une grande propreté et élégance. Ce qui nous frappa d'abord en approchant de l'immense Capitale, fut l'illumination des Lanternes, lesquelles allumées dès l'entrée de la nuit, – s'étendent fort loin dans la campagne des deux cotés de tous les grands chemins. Le méme soir nous eumes encore la satisfaction de trouver le Prince régnant en fort bonne santé et trés content de nous revoir. Ce fut avanthier ; aujourd'hui nous avons eté présentés au Roi, qui conformément à son caractere nous a reçu gracieusement.

Je n'ai pas le moindre loisir d'écrire ; étant tombé dans un monde où /268/ le Prince ainé est trés connu et trés aimé, nous nous voyons éxempts de l'embarras d'en rechercher l'accés, mais en méme tems assujettis tout de suite à un nombre infini de devoirs pour en receuillir les politesses. C'est aux dépens de mon sommeil que je vous trace ces lignes. Toutefois il ne faut pas que j'oublie de vous dire comme j'ai déja vu et parlé à Mylords Gramby, Temple, Tyrawley – Légonier, L'Amiral Saunders, et à grand nombre d'autres de ces gens célébres, de qui les gazettes ont tant de fois retenti.

Lettre XVII.
De Londres ce 3. Décembre 1766.
L'étendüe de Londres est véritablement immense, c'est à dire autant qu'on puisse appliquer cette épithéte à la grandeur d'une Ville ; mais la plupart des rües sont mal apparentes et les maisons baties de briques sans étre enduites, ce qui repand une grande uniformité. Plusieurs Carrés (Squares) et quelques unes des rües principales, ont des maisons asséz hautes et grandes, mais tout celá n'approche pas de Paris et encore moins de l'Italie.

L'Eglise de S[t]. Paul est le plus grand Edifice de Londres, cependant sa proportion avec S[t]. Pierre de Rome se trouve comme 5. à 9. La maison du Lord Maire et la Bourse sont pareillement des batimens considérables mais non pas de la meilleure architecture. Trois ou quatre Eglises paraissent élevées d'aprés de bons principes. Les maisons ordinaires ressemblent un peu à nos habitations de Dessau, la grande difference git dans les portes et les fenetres, car tout celá est ici au mieux. L'ameublement n'est pas magnifique, mais propre et commode.

Il y a trois choses qui selon moi, font briller l'Angleterre aux yeux des étrangers : les filles, les chevaux et les fenètres. De cinq païsannes qu'on rencontre en voyageant, trois au moins seront jolies. Elles vont à cheval pour porter leurs deurées aux marchés, leur vêtement ordinaire consiste alors dans des petits manteaux rouges fort propres, /269/ et des chapeaux noirs. Pour les chevaux un bon Cavalier les convoitera autant que les Villageoises, ceux de Poste méme ordinairement si hideux dans les autres pays sont beaux dans celui-ci. La grande quantité des Verreries fait que le vitrage ne coute pas cher, moyennant celá quasi toutes les fenètres du Royaume ont quelque lustre ; à Londres il n'y a point de boutiques, point d'attelier qui ne soit à glaces et les commestibles jusqu'aux legumes et herbages se montrent derriére des vitres trés claires, Tout ceci donne un air d'opulence en méme tems que la rüe est égayée. Pour ce qui tombe sous les sens et regarde par conséquent la face extérieure des choses, les Estampés de Hogard procurent des idées fort justes de l'Angleterre.

Les trois Parcs qui s'avoisinent, pour ainsi dire au milieu de la partie de la Ville qu'on nomme Vestmunstre, sont d'une grande commodité pour se promener, aussi dès que le tems est seulement supportable ces lieux ne désemplissent pas de monde, le Hideparc fait la proménade des Dames quand elles vont à cheval ; vous jugeréz bien que les hommes n'y manquent pas, et vraiment c'est à cette occasion que les Anglaises brillent, je ne saurais vous dire en quoi celá consiste proprement, mais la plus laide montre des agrémens lorsqu'elle a le cul en selle. Je me tais sur les jolies, c'est un spectacle ravissant de les voir : et comme elle vont ! elles vous franchissent des barriéres sans balancer.

Les rües de Londres sont fort mal propres, mais en revanche y a t-il des trottoirs des deux cotés pour les gens à pied ; et tout le monde s'en va ainsi le matin, qui veut dire jusqu'a trois heures de l'aprés midi. Un homme qu'on rencontre vetu simplement un baton à la main, peut fort bien être un Duc et Pair, un Négociant possedant des Millions, un Ecrivain de Gazettes, un Artisan ; enfin de toutes les conditions de l'Etat ; l'habillement ne différencie personne. Les femmes jouissent du meme privilége ; elles sortent à pied et à cheval, seules ou accompagnées comme il leur plait. Cependant pour les distinguer il y a un principe à établir qui ne sera en defaut que rarement ; c'est prendre les laides /270/ pour des personnes de condition et les jolies pour des Libertines. En effet les filles de joye méritent un article exprés quand on parle de Londres ; aucune ville au monde n'en est si richement pourvüe, et nulle part cette engeance ne parait plus séduisante. Par un préjugé nationnal toutes les jolies créatures des trois Royaumes, qui nont point de parens, ou qui n'en sont pas contentes, ou qui manquent d'établissement,

ou qui ont étés subornées, en un mot de quelle façon que ce soit, regardent la Capitale comme un refuge et s'y rendent pour faire fortune. Là elles vivent du produit de leurs charmes; il y en a qui ont leur logement fort déçemment meublé, de la vaisselle d'argent, et deux ou trois servantes. Toutes au moins sont trés bien mises, en sorte que l'idée de misére inséparable par tout ailleurs de leur etât, disparait pleinement ici, où la courtisanne semblc jouir des mémes privilèges que jadis Thébes et Athénes lui accorderent. Beaucoup d'entre elles paraissent aux Spectacles, aux Bals, aux proménades, péle méle avec les femmes de la plus grande extraction. De plus, les exemples que d'honétes gens les épousent, ne sont pas du tout rares: il n'y a pas encore six mois qu'un membre de la chambre des communes se maria publiquement à une des plus belles et plus célébres (Miß Kitty Fischer) et loin d'en avoir honte il en fait plutot parade, et se montre par tout avec elle. On dit qu'il s'était chargé encore de plusieurs mille Livres de dettes en l'épousant. Il est vrai le libertinage va à un point notable en Angleterre; on soupe aux Tavernes avec des filles, et l'on couche au Bagno, comme si de rien n'était, les gens les plus respectables ne s'en cachent pas méme.

Vous savez asséz ce que c'est, mais rien de si drole qu'un de ces Soupers de Taverne. Dans ces maisons un Officier qu'on appelle *Vheitre*, ou plus proprement, *Pimp*, tient la Liste des pratiques; aussitost qu'on lui demande des filles, il envoye ses ordres, et quelques minutes aprés, elles arrivent une aprés l'autre, leurs chapeux enfoncés dans le visage saluent modestement la compagnie et s'asseyent. Celles qui ne font point /271/ d'impression, et à qui personne ne parle se retirent tout de suite sans mot dire, parmi les autres chaque convive choisit sa moitié. A leur contenance timide on les prendrait pour des filles de Curé de Village, aussi ne permettent elles pas le moindre geste indécent en public, il y en a meme qui poussent la délicatesse au point de ne se laisser embrasser qu'une seule fois dans la Soirée, encore moins est il permis de troquer.

Passons à d'autres objets: à beaucoup d'égards Londres est l'opposé de Paris; dans ce dernier un chacun veut représenter, et presque un chacun aussi manque d'argent, la raison en est qu'avec par exemple vingt mille livres de rente on s'efforce de faire la meme figure comme si l'on en avait trente mille et ainsi à proportion; ici au contraire les gens affectent peu de splendeur, mais ils ont beaucoup de bien. A Paris il n'y a que des Cotteries et point de grandes assemblées, à Londres il n'y a point de Cotteries, mais grand nombre d'assemblées et de Bals publics; de maniére, qu'en 15. jours de tems un étranger connait toute la Societé du moins de vüe. Cependant cette façon de vivre ne me plait pas trop; on s'amuse mal au milieu d'une cohüe

que l'on ne connait que superficiellement, et dont personne ne vous parle; car au lieu que les Français font le premier pas pour entamer la conversation, les Anglais vous attendent, et si on ne les abordait pas, on vieillirait au milieu d'eux sans avoir l'occasion de proferer une seule parole. Peu d'entre eux se donnent la peine en voyant un étranger, de s'enquerir qui il est, et d'où il vienne. Je veux croire leurs complimens plus sincères que ceux de leurs Voisins, mais ils en sont diablement chiches. En général je les soupconne un peu de n'être pas trop civiles; je verrai par la suite ce qui en est. Ils donnent asséz souvent à diner.

Londres posséde trois Théatres l'un pour l'Opera Italien, les deux autres pour les piéces Anglaises; ceux-ci sont ouverts tous les jours pendant l'hiver, le dimanche excepté; au Théatre de l'Opéra au contraire on ne joüe que deux fois la semaine. Ils sont tous bien ornés /272/ et brillans de glaces et dorures. Les siéges du parterre qui rangés en demi-cercle s'elevent en s'éloignant du centre, imitent les Amphithéatres des anciens. Je n'ai pas besoin de vous dire que ne sachant pas la langue je ne puis juger des Tragédies et Comédies qui s'y donnent, mais je sais bien que les acteurs n'ont pas mon approbation. Pour se manifester, l'esprit et le génie n'ont que faire de paroles; ils se décélent suffisamment à mon gré par la simple action de se présenter, d'etre là, de s'en aller. De ces Messieurs-ci, tous extrèmement gauches, de figure ignoble, et sans les moindres manieres, les vieux ressemblent à nos Fermiers; (Pachter, Amtleute) et les jeunes à nos Courtauds de boutique. (Laden Diener) Les femmes sont de véritables filles de chambre quelque rôle de Reine ou de Princesse qu'elles jouent. Quant à Garrick je ne l'ai vu qu'une seule fois, et celá dans une pièce si bizarre et d'un Comique si bas que je ne saurais apprécier son mérite, pas méme en ce qui regarde uniquement le jeu de Théâtre. Les Spectateurs de l'Opéra ne sont que des gens de qualité, c'est le rendez vous du beau monde, et l'on y assiste paré; aux Théatres Anglais à Drurylane, à Coventgarden au contraire, on va en Frac, et les Femmes en Négligé leurs chapeaux sur la tete. Dans tous ces divers Spectacles, hommes et femmes sont assis pèle-mèle et au hazard.

Le Roi avec la Reine, la Princesse de Galles, les Ducs d'Yorc, de Glocestre, de Coumberland, tous habitent dans des Maisons particuliéres. Deux fois la semaine, est cercle chéz la Reine; le Roi et elle se rendent alors au Palais de S[t]. James vérs les deux heures, de meme que tous les gens de qualité des deux sexes, avec les Etrangers, Ambassadeurs, et Ministres Plenipotentiaires dont il y a ici de toutes les puissances, Maroc, et Tripoli, inclusivement; affluence qui compose une Cour brillante et nombreuse. Trois autres fois on va au lever du Roi, Cérémonial qui se traite de la

méme façon exepté que les Dames, comme c'est naturel, n'y assistent pas, et qu'en général asséz peu de monde le fréquente.

/273/ George III. est assurément le Roi du monde qui fait le plus d'efforts pour paraitre affable, mais de certaines maniéres embarassées l'empechent d'y rëüssir pleinement. Dans tous ces Cercles et levers il parle à un chacun, et dans quelque coin éloigné de la chambre qu'on se fourre, il vous rélance pour vous dire quelque chose. La Reine imite son exemple : vous pourrez vous imaginer combien ce rôle lá doit les ennuyer, cependant ils n'y manquent jamais. Pour le reste ils vivent toujours ensemble comme des Tourterelles ; s'amusent à faire comme à voir grandir leurs enfants ; vont de tems en tems aux spectacles ; font de la Musique et n'incommodent personne. Avec tout ceci, ni les nationnaux, ni les étrangers ne sont pas contents de ce Roi doux et timide, et quoi qu'il ne puisse pas faire beaucoup de mal, on lui reproche encore d'etre trop bon. Il semble que les Rois nous ayent réduits à un tel point que nous ne veuillons plus méme qu'ils soient bons.

La Princesse héréditaire de Brunsvic, la seule qui habite le vieux Donjon de S[t]. James a des maniéres fort engageantes. Sans étre belle elle est d'une taille avantageuse, blonde, blanche et grassolette et toute sa prestance répond parfaitement bien à l'idée que l'on peut se former d'un morceau de prix, qu'une Nation donne au héros vigoureux qui a combattu pour elle.

Les freres du Roi ressemblent beaucoup à leur ainé, soit quant aux traits, soit quant aux qualités, avec la distinction qu'ils lui sont inférieurs dans toutes ces choses, et avec l'exception, qu'au lieu que les moeurs du Roi sont tout à fait exemplaires, les leurs le sont extrémement peu.

A ceci se réduit ce que jusqu'à présent je puis vous mander de l'Angleterre ; en peu de jours nous partirons pour la province, et à mesure que mes connaissances augmenteront je ne manquerai point de vous en faire part. Je suis ravi au demeurant des progrés que vous faites dans l'art de vous bien porter. Avec de la santé croyéz moi, il est asséz doux de se sentir exister, et d'etre convaincu qu'il y a des gens qui s'inter-/274/essent sincerement à notre bien étre. Je n'ai pas besoin de vous dire combien je le fais.

Lettre XVIII.
De Londres ce 12. Février 1767.
Depuis le 22. de Décembre jusqu'au 18. de Janvier, nous avons parcouru les Provinces en câs que vous voulussiéz nous suivre avec le doigt sur la carte, voici la route que nous avons tenüe : *Bukingham* ; *Stove*, Terre de Mylord Temple ; *Voodstock* ; *Rosham*, Terre du Chevalier Cotterel Dormer ; *Oxford* ; *Cirenchestre* ; *Bath* ; *Bristol* ; *Bath*, une seconde fois ; *Bovoodparc*, Terre de

Mylord Schelbourne, Secrétaire d'Etat; *Chippenham*; *Salisbury*; *Dorchestre*; *Salisbury*, une seconde fois; *Southampton*; *la Terre du Général Clavering* dans le voisinage de Southampton; *Rumsay*; *Vinchestre*; *Portsmouth*; *Guildford* et *Londres*. Pendant ce voyage nous avons toujours vu les Campagnes et Jardins qui étaient dans notre chemin et dont le nombre n'est pas peu considérable. Nous passames un jour chéz Mylord Temple, quatre chéz Sire Cotterel, un chéz Mylord Schelbourne, et quatre autres chéz le Général Clavering, homme que pour ses talens et mérites, je mets à la téte de tout ce que j'ai vu en Angleterre.

L'hiver a eté fort rigoureux, et nous avons enduré beaucoup de froid durant notre tournée, car ici en Albion, à cause du climat tempéré, on n'est préparé ni contre le froid, ni contre le chaud. Les cheminées sont bien gentilles, mais bien petites; heureux encore où nous trouvames des charbons, qui donnent une chaleur agréable et constante, laquelle se répand beaucoup plus au loin que celle du bois, chose qui en meme tems est trés rare. Je préférais en général les charbons de terre à toute autre espece de chauffage, si ce n'était la terrible poussière qu'ils causent, mais celle-ci est fort incommode, non seulement puisqu'il faut faire nettoyer tous les jours jusqu'aux moindres meubles, mais encore n'y a t-il pas moyen d'avoir les mains nettes, sans comp-/275/ter le tort que celá fait aux habits. Leur fumée est aussi fort épaisse cependant à mon grand soulagement, elle n'est pas mordante ni par conséquent nuisible aux yeux. Sur toutes les villes il en repose un grand nüage, celui au dessus de Londres ne se dissipe quasi jamais malgré que le soleil en ait.

Oxford la premiére grande Ville par où nous passames fait un lieu singulier; vingt deux collèges bien batis, qui ressemblent à des couvents, un grand Edifice pour les Leçons publiques, une Bibliotheque en forme rotonde, un Theatre pour les Dissertations, avec un autre pour l'Anatomie, composent presque toute la ville. Vous auréz entendu parler de l'habillement bizarre qu'ici les Nourrissons des Muses sont obligés de porter; c'est très different au moins de la façon dont on se met à Leipzicq et à Jena, surtout pour les chapeaux lesquels sont dans un gout tout à fait chinois. Neanmoins dans ce pays de chapeaux en losange, je conseille à chaque ètranger de veiller sur la forme du sien. Enhardi par ce que je voyais, j'osai me proméner par les rües avec un chapeau de voyage gris, comme on les porte en France, mais je n'y retournerai plus, car je vous jure d'avoir entrevu le moment où j'allais étre hué publiquement. Je ne puis entrer dans le détail des usages et constitutions de cette Université célébre, ma Lettre deviendrait un Infolio, et il n'est pas permis à des gens qui ignorent le Latin d'aspirer à un si grand honneur.

Bath, situé dans un Vallon que des montagnes entourent fait une des plus jolies villes de l'Europe. Elle est sans cesse remplie de monde, l'eté excepté. Ici les intrigues amoureuses sont ou entamées ou finies. Les proménades des environs sont charmantes; une riviére claire comme un crystal les vivifie; c'est en outre l'unique ville aprés la capitale qui ait un Théatre permanent. Une grande place carrée, avec une autre en forme de cirque figureraient méme à Rome et à Venise. Tout ceci comme aussi le reste de la ville est construit de pierres que l'on trouve tout prés, molles en sortant de la terre au point qu'on /276/ peut les tailler avec le couteau elles se durcissent à l'air. Vous sentéz bien combien une telle commodité doit faciliter les entreprises pour batir que l'on fait encore continuellement. Nous nous y arretames cinq jours.

Bristol, ville grande et florissante fait avec Liverpool le commerce le plus considérable de tout le Royaume aprés Londres; et quoi qu'elle soit éloignée de cinq à six Milles anglais de l'embouchure de la Saverne, qui à cause de sa largeur est une mér dans cet endroit, la rivière d'Avon lui apporte les vaisseaux au milieu de ses murailles. C'est un aspect singulier et beau de voir cette riviére, qui se presse à travèrs de hautes Montagnes, couverte de vaisseaux qui vont aux deux Indes. Tous les environs de Bristol sont de la plus grande aménité. Il y a des sources minérales fort fréquentées en Eté. Voltaire en parle quand il dit:

––– la belle Rosamore
Chère à Bristol, et que Tumbridge adore.
Les Batimens élevés à l'usage de ceux qui viennent les
visiter, touchent aux Fauxbourgs de la ville.

Prés de Dorchestre nous avons examiné le fameux camp Romain, nommé *Maedencastle*, qui veut dire chateau de pucellage. Je ne sais pas d'où peut lui venir ce nom plein de grace, mais il est certain qu'il mérite fort d'étre vu; c'est une éminence retranchée, dont le triple fossé, les remparts, et les défenses des portes, éxistent présque encore dans leur entier; et malgré que toutes ces fortifications soient simplement de terre, elles ont mieux résisté au tems, qu'aucun des Monumens de pierre et de marbre de l'Italie. Je ne céderais pas pour beaucoup l'avantage d'avoir vu cet ouvrage, à cause des éclaircissemens qu'il m'a donné touchant la Castrametation des Romains.

Le Port de Portsmouth a enfin rassasié la curiosité que j'ai toujours eüe pour tout ce qui regarde la marine. Jai employé une matinée entiére à fureter tous les récoins de la Brittania, Vaisseau de guerre de 112. /277/ piéces, qui n'étant jamais encore sorti du Port se trouve tout à fait neuf. Il est bon de remarquer

que ce qu'on appelle le Port de Portsmouth est plutot un petit Golfe sur le bord duquel se trouvent la ville de Portsmouth avec ses chantiers, de méme que plusieurs autres Bourgades.

Les autres Villes que nous visitames sont bien peu considérables; des petites maisons de briques, de bonnes vitres et un air vivant les caractérisent toutes. Partout les routes sont faites et réparées, mème la plupart des chemins de traverse. Pour le reste le plat pays est moins cultivé que je ne l'eusse cru; en plusieurs endroits les habitations sont asséz rares et l'on voit des Landes et de longues files de collines incultes et couvertes de genèst. C'est une suite asséz naturelle de la grande navigation qui coute toujours des hommes tandis qu'elle en retient un grand nombre d'autres dans le Célibat, ou du moins dans l'inaction; les colonies y contribüent du leur. La chose est différente aux environs de Londres, on y voyage dans un Jardin continu décoré de maisons de plaisance, de Ponts, de Caneaux &c. tout celà ne parait fait que depuis avant hier; pas le moindre vestige de défaillance ou de vétusté, car des sujets sûrs de posséder sans véxations, aiment à prendre soin et à perfectionner leur bien jusques dans les moindres parties.

Pour voyager avec toutes les aises imaginables il n'y a que l'Angleterre au monde, tout y est prévu, les plus minces obstacles sont levés. D'abord les chaises de poste sont de la plus grande commodité pour ne pas dire élégance; nous en avions loué deux à Londres pour ce Voyage puisque nous portions quelques Valises, sans quoi ce n'est pas néçessaire, l'on en trouve dans toutes les Auberges du Royaume. Arrivé à une Hôtellerie ou maison de poste (c'est sinonime) voilá une servante qui vient à la portière, elle fait une révérence asséz bien tournée, (car en ceci les Anglaises brillent, les moindres païsannes vous en /278/ tirent) ensuite elle vous invite de desçendre et de manger un morceau. Un bon Anglais ne se fait pas prier pour celá; on descend, on entre dans une petite chambre propre comme une cassette, la nappe est déja mise et les *Bifstecks*, les *Mottenstecks*, les *Skollops*, les *Tournips*, et les *Potoelges*, paraissent tout de suite. Les vins de clair et de Port brillent dans des verres bien rinçés, on boit, on mange, on remonte dans la Chaise de Poste; point de démelé avec les Postillons; deux garcons lestement habillés s'élançent sur les chevaux et vous emménent. Ils commencent d'abord par le gallop, trés souvent ils finissent par la carriére, et de cette façon là vous arrivéz à l'autre poste sans savoir comment. Si vous vouléz c'est repetition de scéne, si non, vous partéz dans cinq minutes de tems. Partout où l'on veut on peu pernocter, et l'on est sûr de trouver bon gîte. Une fois nous passames la nuit dans une hôtellerie toute isolée, qui n'était pas sur une route fréquentée, (ce fut dans le voisinage de Cirenchestre) cependant nous eumes jusqu'a cinq plats pour notre soupér et chacun de nous quatre eut une chambre à part pour coucher.

Dans toutes ces occasions comme un second Tom Jones je ne laisse jamais de donner un coup d'oeil à la cuisine, et vraiment elles le méritent bien pour la propreté étonnante qui y régne, et pour voir jusqu'a quelles minucies le génie inventeur et réfléchissant de ce peuple riche et heureux daigne descendre. Les moindres ustencilles dont on peut avoir besoin dans ces atteliers de la gourmandise, sont travaillées avec une industrie toute particuliere, et ce qui marque encore combien on est porté pour l'ordre et le calcul, sont les pendules qui s'y trouvent comme un meuble indispensable.

Le bon sens, et l'esprit philosophique caractérisent principalement les Anglais ; le gout et le bel esprit ne sont pas trop leur partage. De là vient qu'ils n'ont ni musique ni peinture, et de là vient encore que dans leurs Poëmes dramatiques, comme dans le reste de leur /279/ Poësie, à ce qu'on m'a dit, les pensées belles et sublimes sont à coté des platitudes et des incivilités. Cependant ils seraient toujours bien estimables, s'ils voulaient se contenter de ce qu'ils possedent, comme font réellement les citoyens du second ordre, mais la plupart des gens de qualité, et surtout les jeunes seigneurs qui composent le beau monde, courent de toutes leurs forces aprés le clinquant de leurs chers voisins d'outre mèr. Maitenant c'est justement l'époque òu les vieilles coutumes anglaises et les moeurs parisiennes fermentent ensemble ; il est à savoir ce qui en résultera, s'ils me demandaient mon avis, je leurs conseillerais de rester comme ils étaient, puisqu'ils perdent visiblement au change. Celà est si vrai, que le méme homme que vous avez vu le matin se promener en Frac, ou monter à cheval, et dont vous avéz admiré la bonne mine, vous paraîtra tout autre l'aprés midi étant habillé à la française. Chéz les femmes c'est encore plus palpable ! Le matin au dèjeuner quand elles servent le Thé, elles sont charmantes dans la simplicité de leur ajustement, avec leurs chapeaux, leurs tabliers de mousseline et leurs mouchoirs de col. Tout celá leur va à merveille, mais en se pomponnant elles prennent un air gauche et mal peigné qui ne les quitte plus.

Encore une autre preuve de ce que j'ai avancé, c'est qu'à Londres où ils vivent sur le grand ton, ils sont insociables et maussades, au lieu qu'à la campagne il n'y a rien de plus affable de plus hospitalier qu'eux. Aussitot que le maitre de la maison vous a dit qu'il est bien aise de vous voir chez lui et qu'il vous a montré votre chambre, vous étes compté comme appartenant à la famille. On sort on revient, bréf on fait tout ce qu'on veut et il n'y a point de maison où le maitre se trouve présent qui soit sans des gens amenés ou invités par lui.

Leur façon de vivre jusqu'a 4. heures de l'aprés midi est fort sage, mais ensuite ils me semble qu'ils mangent trop. Je vais

vous en faire le détail. On se lève selon son bon plaisir ; à 10. heures on déjeune, /280/ toute la compagnie se met à une table proprement couverte où il y a du Thé, du Caffé, du Chocolat, du beurre frais, du miel, des gateaux, des beurrées, des Tostes, &c. &c. &c. On reste une heure ou environ, puis on se proméne, car si le tems est seulement supportable, l'hiver n'exclüt point les promenades. À 3. heures on s'habille de nouveau, à 4. heures on dine, et non pas médiocrement je vous en assure. Aprés avoir passé une heure et demie ou deux heures à table, les femmes se retirent la nappe est levée, les bouteilles commencent à faire la ronde sur une belle table de Mahagony, et le pot de chambre est posé sous le buffet dont un chacun se sert sans façon. On chopine un peu mais sans crapule, et les *Brittons* réchauffés par le vin deviennent aimables et se livrent à la joye. Ceci fini on va rejoindre les femmes. le Caffé est présenté, on se met à causer, et dans la belle Saison je m'imagine qu'on va encore faire des proménades. Vers les 9. heures la maitresse de la maison sert une seconde fois le Thè qu'on donne avec des beurrées, et peu de tems aprés l'on se met à souper. Aprés le souper la nappe est levée comme ci-dessus, et les bouteilles recommencent leur regne ; mais à présent les femmes ne les fuyent plus (les hommes ont déjà eu le tems de s'épaucher et de parler gras) au contraire elles y tiennent trés bien leur place, et l'on ne se sépare que tard.

Beaucoup de ces maisons de campagne sont d'une magnificence royale, et celles qui n'approchent pas de cette somptuosité, meublées avec un grand gout de propreté, ont du moins l'avantage d'étre jolies. Dans les jardins l'art ne fait autre chose que de suivre la marche de la Nature, et de l'embélir là où l'occasion s'en offre ; mais en se bornant à ceci les richards trouvent pourtant le moyen de dépenser des sommes immenses ; ils aiment surtout à jouer avec l'eau et à se la procurer coute qu'il coute. Toute la nation est fort portée pour le Jardinage, aussi elle jouit de la satisfaction d'y réussir pleinement. Soit en grand, soit en petit, les jardins anglais sont toujours beaux, et /281/ méme l'hiver ne peut pas les dépouiller de tous leurs agrémens. Communément on n'est à Londres que depuis le mois de Janvier jusqu'au mois de Mai ou de Juin, ceux qui s'y rendent avant Noël retournent à la Campagne pour y passer les fétes.

Passons au peuple ; cette partie de la société civile si respectable et si peu respectée ailleurs, jouit ici de tous les avantages qui lui sont dûs. Je l'ai trouvé doux et honéte, mais assurement il ne faut pas l'irriter. C'est un charme à les voir comme ils ont tous l'air contents et bien répus. Tout le monde est décemment mis. les Marchands et les Artisans portent ou des perruques rondes ou les cheveux coupés

autour de la tète. Les petites bourgeoises ont des manteaux de drap rouge qui leur vont au dessous de la taille.

Mais rien de si joli que les enfans des gens à leur aise; les garçons ont la chevelure pareillement coupée et autour du col un rabat en falbalas bordé de dentelles, précisément comme vous les voyéz sur les portraits de van Dyck. Les filles ont un bandeau de fleurs qui leur ceint la tete, la gorge est nüe, point de corps de baleine, on ne connait pas celá, une écharpe leur entoure les reins, et leurs souliers sont sans talons. On laisse les deux séxes asséz longtems dans cet habillement d'enfance, et bien souvent des filles qui commodément pourraient etre mères à leur tour, le portent encore. La mollesse aussi bien que la contrainte dans les quelles nous élevons nos enfans, sont bannies d'ici; les filles de même que les garçons, se proménent en hiver comme en eté, font de longues traites, et marchent par la crotte sans branler. Les deux séxes ont aussi la permission d'etre gais autant qu'ils veulent, et ce n'est qu'ici qu'on peut voir combien nous sommes bons et aimables dans le printems de la vie. Les garçons surtout sont trés heureux, ils sautent, ils crient, ils font la culebutte tant qu'il leur plait, il n'y a que les maladroits qui soient réprimandés par les parents. Je ne sais pas si l'on peut nommer les Anglais riches; il est sûr qu'ils /282/ ont beaucoup d'Argent. Ceci pourrait paraitre paradoxe, mais lorsque vous considérez, qu'un Gentilhomme de campagne avec 4 000. Livres de rente doit etre bon économe et bien savoir les repartir pour vivre avec décence, la contradiction apparente disparaitra j'espère. Dans le Nord du Royaume c'est différent et l'on y vit avec la moitié moins.

Touchant le Théatre anglais j'ai encore à vous parler des Pantomimes: ces petites piéces se donnent ordinairement aprés les grandes et il y en a de fort amusantes. Les décorations en sont souvent peintes avec art, et le jeu des machines, les changemens des scénes, se font avec la plus grande exactitude. La Musique est ou Italienne, ou Allemande. Pour amuser le peuple on aime à s'y moquer un peu des Francais, toujours il parait quelque valet de chambre ou cuisinier, maigre, le nez barbouillé de tabac, avec des manchettes de papier, et une bourse d'une grandeur énorme. Dans l'une de ces Pantomimes c'est un jeune Officier qui fait la cour à Colombine; Arlequin comme à l'ordinaire l'enléve: l'Amoureux, Pantalon, et le reste du cortège, se mettent à le poursuivre. Le Théatre représente une campagne aride avec une caverne; l'Egrefin est à la téte des poursuivans. Tout d'un coup la fameuse Hyène sort, s'elance de la caverne, saisit le malheureux et l'emporte. Le Théatre change une seconde fois et représente un Village. L'Hyène reparait portant sa proye dans la gueule comme un chien d'arrést apporte une perdrix ou

un lièvre. Sur celà une vieille femme armée d'un balai suivie d'une foule d'enfans, attaquent le monstre et lui arrachent enfin le petit Officier. Vous pourréz vous imaginer les éclats de rire qu'une pareille représentation excite à Londres. Afin d'achever l'idée que j'ai taché de vous faire de cette grandissime Capitale, je voudrais finalement pouvoir vous peindre une longue rüe qui sous différens noms, mais principalement sous celui de *Strand* la traverse quasi d'un bout à l'autre ; et je voudrais pouvoir vous la présenter vérs midi, òu hormis le nombre infini de monde et de carosses qui la remplissent, toutes /283/ les filles complaisantes, viennent encore s'y exposer. Tandis qu'on se proméne parmi cette marchandise de la Luxure, on a à noté sous de belles glaces tout ce que le luxe à jamais pu imaginer, pour augmenter le nombre de nos besoins. Ces boutiques régnent sans interruption des deux cotés, et il est constant qu'il n'y a rien au monde, que moyennant de l'argent on ne soit sûr de trouver ici – Je dois encore vous avertir que vous alléz bientot revoir votre Maitre, il va partir d'ici Lundi ou Mardi prochain. Le Prince et moi nous resterons encore pour quelques semaines en Angleterre.

Lettre XVIIII.
De Londres ce 18. Février. 1767.
Enfin aujourd'hui, le méme quantiéme que nous partimes de Dessau il y a 16. Mois, le Prince régnant part de Londres accompagné d'Erdmansdorf et d'un certain Chapellain nommé Morgan qu'il n'a enrollé que depuis avant hier, pour avoir l'usage de la langue Anglaise. Comme je vous ai déjà dit, mon Prince et moi nous demeurons ici, et puis nous nous en retournerons à notre Station de Paris. – Tout dans notre maison est dans une telle confusion, tant de remüe ménage dans ce moment, que je me vois obligé de finir la présente présque dans le tems méme que je la commence. – C'est avec des regrets amers que je me separe du Prince régnant et d'Erdmansdorf. Je suis triste et mélancolique – Adieu.

Au Prince régnant de Londres ce 26. Février 1767.
Le grand vent qu'il faisait le 20. nous a causé de vives allarmes, à la fin la boussole de Mr. de Schulenbourg, que nous allames consulter, nous rassura un peu, en nous apprenant qu'il etait favorable. Néanmoins je suis bien charmé de savoir à présent positivement que votre trajét a eté heureux aux petits inconvéniens de grossesse prés.

Vous ne sauriéz vous imaginer Msgr. combien de part on prend ici à cette agrèable nouvelle, et combien de fois nous avons été obligés depuis à /284/ la répèter. Mardi dernier nous

delogeames de votre maison dans *Comxton Street the corner of Greeck street*, pour aller demeurer dans un petit logement garni dans *Jermyn-Street*, prés de la Paroisse de S[t]. James.

Depuis votre départ Londres nous parait vuide et plus sombre de la moitié qu'au paravent. – Le printems que vous amenez, pour ainsi dire à votre suite, et qui va revetir de ses couleurs brillantes ces arbres plantés par vos mains, joint à la science certaine d'etre aimé sincérement de tous vos sujets, conspireront, à vous préparer des momens fortunés.

Lettre du Prince régnant au Prince Jean George ;
de Maubert Fontaine le 26. Février. 1767.
Chér frére, je vous addresse cette Epitre d'une Auberge qui ressemble en tout à celles du Royaume de Naples, à l'exception que celle-ci est encore un peu plus sale. Les chemins sont mauvais, et la saison ne nous est guere plus favorable ; nos domestiques sont tous les jours mouillés jusqu'aux os, et quoique nous nous trouvions dans la Champagne nous n'avons pas de vin qui soit buvable. Le gite d'où je vous écris n'est pas le seul dans ce gout que nous ayons rencontré, et toutes les figures que nous voyons depuis quelques jours sont des Ostades. Que vous semble-t-il de l'humeur de notre compagnon anglais ? ne diriez vous pas qu'il serait au desespoir de tous ces malaises ? mais point du tout ; c'est au contraire lui qui par sa façon de plaisanter sur tout celá nous égaye ; néanmoins moi pour ma part je ne suis pas de bonne humeur.

Comme j'ai appris l'Ecole d'Equitation de Cambrai se borne à vingt Dragons qui montent au manège, vous pourréz donc bien vous imaginer que je ne m'y suis pas longtems arreté.*

Lille m'a occupé deux jours ; j'y ai vu la Citadelle, les Fortifications et /285/ quelques Trouppes de la Garnison, le Général Mr. de Merville, Commandant de cette Place se montra asséz poli envers moi.

Je pourrais déja être bien plus avancé dans mon chemin, si les routes n'étaient pas si abominables : hier je n'ai fait que six et aujourd'hui cinq Postes seulement. Ne pouvant faire partir cette Lettre avant mon arrivée à Luxembourg, je la garderai pour vous marquer le tems auquel j'y serai rendu. Faites en attendant bien des Complimens à Berenhorst au Major Ainsley et à tous ceux, à qui vous savez que je veux du bien. Vous etes, j'espere persuadé que je suis de coeur et d'ame &c.

---

* On n'avait pas dit la vérité au Prince, nous trouvames comme il se montera par la suite cette école plus considérable.

de Sedan le 27. Février.
Afin de me retoucher a plein le souvenir des hôtelleries d'Italie on m'a volé mon fusil la nuit passée. Cet accident m'a empéché d'atteindre aujourd'hui Luxembourg; je vous expédie donc ma Lettre d'ici sur les assurances du Maitre de peste qu'elle vous parviendra.

Lettre du méme au méme de Leipzicq le 21. Mars 1767.
Devriez vous croire que je ne suis pas encore arrivé à Dessau; cependant je ne me suis arreté à Francfort que six jours, tout le reste du tems je l'ai passé le plus desagréablement en route, dont je ne pourrais vous faire un plus ample détail sans vous ennuyer. Je ne vous addresse ces peu de lignes qu'afin que vous sachiez ce que je suis devenu. J'écris dans la chambre où notre frere albert m'a donné à souper. –

Lettre du Prince Jean George au Pr. régnant, de Londres le 16. d'Avril 1767.
Vous vous étonnerez peut etre que je sois encore ici, mais il faut que je vous dise qu'il m'est impossible maintenant de quitter les pays dont vous m'avéz tant loué le printems, sans voir quelques maisons de Campagne dans leur beauté. J'irai avec Mrs. Errington, et Ogilvy le 19 de ce Mois-ci à Neumarcket où les courses de chevaux commencent le 20. Cela me prendra quatre ou cinq jours; puis je ferai encore un autre petit /286/ voyage pour voir quelques unes des campagnes aux environs de Londres, aprés quoi je prendrai congé et partirai tout de suite. Ne désapprouvéz pas que je m'arréte encore apres avoir pris congé du Roi, tout le monde m'assure que celá ne fait rien, et entre autres Mylord Schelbourne m'a dit; je m'en charge; et je prens sur moi d'en parler au Roi.

A présent je vais commencer de faire le Gazettier, et voilà les nouvelles que je puis vous mander. Le Prince héréditaire de Brunsvic est arrivé depuis trois jours, et comme vous l'avéz voulu, je pense d'aller demain chéz lui; c'est le Comte de Malzahn qui me présentera. Le Comte de Paar, qui vous fait fait faire ses complimens, est arrivé ici, et je dois vous dire qu'il s'est changé un peu à son avantage. Il ne faut pas oublier de vous dire comme le Comte de Bruhl me traite avec toutes les amitiés imaginables; je dine trés souvent chéz lui. Au commencement du mois dernier, le Général Clavering passa quelques jours ici; et m'a donné pour vous differentes semences qu'un Officier de son Régiment (lequel se trouve en Amérique) vient de lui envoyer.

Lettre du Pr. Jean George à Msgr. Le Pr. regnant, de Londres ce 5. Mai 1767.
Jai fait le voyage de Neumarcket comme je vous le marquai dans ma derniére, et en revenant j'ai passé par Cambridge. A Neumarcket j'ai deviné sept fois de suite le cheval qui a gagné, mais puisque je ne pariai que pour badiner celá ne m'a valu qu'autant de Guinées. Les grands joueurs, voyant que je ne me trompais jamais, vinrent à la fin s'addresser à moi pour savoir sur quel cheval il fallait gager.

A mon retour je reçus votre Lettre du 9. d'Avril dans laquelle vous marquéz comme vous souhaitéz que je quitte Londres ; je me suis donc haté de partir pour cet autre petit tour dont je vous envoye la route que j'ai prise. Je puis vous dire que je suis maintenant tout à fait de votre sentiment : on ne peut rien voir de si beau que les Jardins de ce pays-ci. Pour savoir si j'ai choisi les mémes qui ont eu votre ad-/287/miration principale, j'ai numéroté ceux qui m'ont plu préférablement. Dans celui d'Esgr. Valler j'étais tenté de faire comme cet Anglais qui voulut mourir aux rives du Lac d'Albano. Je ne suis revenu que hier de ma tournée, mais pour vous complaire je commence dès aujourd'hui à faire mes visites de Congé, ensorte que je compte partir en cinq ou six jours.

En rentrant dans la Ville j'ai trouvé une Lettre de Glafey écrite de Paris. Je ne puis vous exprimer combien je regrette de ne m'y pas trouver, en premier lieu pour vous servir de concert avec lui, et aprés celà aussi pour le voir, car je suis persuadé qu'il m'aurait raconté beaucoup de choses qui m'auraient fait plaisir d'entendre

Route
Vinbleton-Pare, à Mylord Spencer.
2) Le Jardin du Duc de Nevcastle à Cleremont.
Le Jardin de Mrs. Pelham dans le méme endroit.
Ofland-Parc à Vegbridge, appartenant à Mylord Lincoln.
Le Jardin de Mylord Portmore dans le méme endroit.

3) Le Jardin de Mr. Hamilton Esgr. à Cobham.
Hamptoncourt.
Le Parc de Vindsor.
Le Chateau de Vindsor.
Le Jardin du Général Convay prés de Henley.

1) Le Jardin de Mr. Valler Esgr. à Béconfield.
Le Jardin de Vert Vicome à Mylord Spencer.
Le Jardin de Clifden à Mr. O Brion.
Bulstrode au Duc de Porthland.
Sionhaus au Duc de Northumberland.

Apostille de la part de Berenhorst.
– Le hazard qui me prive du plaisir de me charger de vos commissions à Paris, Monseigneur, et me retient ici quand j'aurais pu vous etre utile ailleurs, me remplit de chagrins, et convertit en regréts la satisfaction que j'ai sentie en parcourant tous ces Jardins charmans dont vous m'avéz entretenu tant de fois, où je n'ai pas fait un pas sans votre idée, et que j'ai trouvé encore au dessus de tout ce que vous m'en avéz dit.

Liste des personnes chéz nui nous avons pris Congé en partant de Londres

/288/ D a m e s
La Duchesse de Nordfolck.
––– D'Hamilton
––– D'Aukastre
Mylady Temple.
––– Stanhope.
––– Nuneham
––– Carlile avec ses filles.
––– Schelbourne.
––– Schelbourne la Veuve
––– Gage
––– Ailesbury.
––– Flemming.
––– Herrigton et ses filles.
––– Hertford.
––– Berckley.
La Comtesse de Viry.
Lady Cotterel.
Miss. Chind leigh.
Lady Pitt.
Lady Cotterel.
Mylord Gage.
Miss. Blosset.
Miss Chetvynd.

L e C o u r e t l e M i n i s t é r e.
Le Duc de Manchester.
Mylord Hertford.
––– Hundtington.
––– Harcourt.
––– Schelbourne. Secr. d`Etat.
Le Général Convay. Sec. d`Etat.
Mylord Barrington.

––– Hilsborough.
––– Denby.
––– Martsch.
Bar. de Baer. Ministre d`Hanovre.

A u t r e s
Le Duc de Nortfolck.
––– de Nordhumberland.
––– de Buclugh.
Mylord Temple.
––– Clair.
––– Lorne
––– Chesterfield.
––– Fife.
––– Battetouste.
Mylord Gage
––– Nuneham.
––– Rosborrov.
––– Mansham.
––– Cathcart.
––– Mollineux.
––– Thonmore.
Le Général Amherst.
Le Général Honnivood.
Le Colonel S^{t}. John.
Mrs. D'Errington.
Le Chr. Cotterel Dormer.
Mr. George Pitt.
––– Samson Gideon.
––– Trent.
––– Mant Major.
––– Ayscough.
––– Horth.
––– Ogilvy.
––– Logie.
––– Vrottesley.
––– Dillon.
––– Robinson

C o r p s D i p l o m a t i q u e.
Le Comte de Saylan avec M. son Epouse
Le Comte de Guerchy avec M. la comtesse et sa fille
Le Pr. de Masserano avec la Prsse.
Le C. de Veldern avec M. son Epouse.
Le C. de Malzahn et la Comtesse.

Mr. Moussin Puschkin avec Madame.
Le Comte de Bruhl.
Le Baron de Nolcken. Ministre de Sude
Mr. Mella de Portugal.
Marquis Carraccioli de Naples
Comte de Haslang de Baviére
Comte Poggi.
Mr. fe Vignola.
Conseillers d'Ambassade.
Le C. Bondi. De Suède.
Mr. de Reigersfeld. De Vienne.
Mr. Koepken – de Prusse.
Mr. Ernst. – de Saxe.

Etrangers
Le Duc de Fronsac.
Le Comte de Lavagne. Frere du Pr. De Masserano.
Mr. de Mersen. Hollandais.

Lettre du Pr. Jean George au Prince regnant de Paris ce 29. Mai 1767.
Avant de quitter Londres j'ai vu passer la revüe à trois Régimens de Cavallerie sur Vimbleton-Common. Le Roi en paraissait satisfait, moi à sa place je ne l'aurais pas eté puisqu'ils ne répondaient aucune-/289/ment à l'idée que je m'en etais faite. Mais par rapport à l'Angleterre je vous demande bien pardon si je vous ai jamais contredit en quelque chose à l'egard de ce pays lá ; je l'aime maintenant à la folie et dès que nous sommes seuls mon troisieme mot en est toujours.

Enfin aprés avoir fait le tour par la Flandres francaise, dont je vous ai parlé, me voilá arrivé ici, où aussitot, que j'aurai passé par la Cérémonie d'etre presenté au Roi, je tacherai de reprendre mon ancien train de vie, et de bien employer les heures qui me restent. – Un mot encore de Londres. Mylady Valdgrave me prit un jour à Coté chéz le Comte de Guerchy pour savoir de vos nouvelles. Elle me dit de vous exprimer combien elle regrettait de n'avoir pas pu vous voir encore avant votre départ. Le trouble avec lequel elle me parla, me découvrit suffisamment que vous ne lui avéz pas été indifférent.

Lettre au Prince regnant de la méme date.
Nous touchons maintenant à l'époque importante où le Prince va etre présenté au Monarque des Gaules, et depuis hiér au matin nous sommes occupés à prendre les informations nécessaires comme à faire les démarches réquises pour

cette Cérémonie. Combien tout celà embarrasse et ennuye je n'ai pas besoin de vous le dire Monseigneur.

Ce fut le 16. du courant que nous quittames la bonne et belle Capitale de l'heureuse Angleterre, en nous embarquant à Londonbridge pour aller à Greevich. Quoique j'eusse déja bien des fois délecté mes yeux de la Multitude de Navires qui couvrent la Tamise dans le dit endroit, je n'avais pourtant pas imaginé que leur nombre fut tellement immense, comme je l'ai trouvé pendant cette descente. Ils sont rangés par quartiers comme une ville flottante, laissant de grands canaux libres pour le passage, qui ressemblent à des rües. – L'ancienne Tyr n'avait apparemment rien d'approchant à ce coup d'Oeil prodigieux de commerce. Le méme Soir nous vimes encore le beau Jardin de Calcraft prés de Dartford, qui mérite si bien l'approbation dont vous l'honorez. Le 18. enfin nous passames fort /290/ heureusement la mér en cinq heures et demie de tems. Aprés quoi nous prîmes la route de DunKerque de Lille et de Cambray pour venir ici où nous arrivames avant hier.

Lattre du Pr. Jean George au Pr. régnant, de Paris ce 12. de Juin 1767.
Je fus présenté au Roy et à la famille Royale à Versailles Mardi dernier 9.eme du courant. Nous étions convenu cher frère que je devais m'addresser pour cette fin à Mr. le Duc de Choiseuil, mais il est contre l'étiquette que celui là présente quelqu'un, et par l'Introducteur des Ambassadeurs, outre que celá fait une dépense de prés de cent Louis, il entraine encore dans un trés grand Cérémonial, que le Duc de Choiseuil m'a conseillé d'éviter; luimeme a prié avec moi le Comte de Mercy d'Argentan Ambassadeur de l'Empereur de me présenter, qui s'en est chargé fort volontiers. D'Arget que je ne manque pas de consulter, a approuvé cette démarche et m'a dit que je ne pouvais pas faire autrement.

Ce matin ci, j'ai fait ma Cour au Duc d'Orléans et à son fils le Duc de Chartres; la figure aussi bien que les façons du premier de ces Seigneurs ne sont pas trop prévenantes. J'ai trouvé ici à Paris le Duc d'Aremberg et le Prince de Nassau, frère de celui qui est au service du Roi de Prusse, tous deux au Service de l'Impératrice Reine.

Lettre au Pr. régnant de la meme date.
A la présentation le Roi dit une couple de paroles au Prince et la Reine pareillement, faveur qui n'est pas comptée pour peu de chose dans ce pays ci. Le Duc de Choiseuil lui témoigne de la bonne volonté, nous avons déjà diné deux fois chez lui. En général on nous reçoit assézbien, cependant ce n'est pas ici comme à St. James où le Prince fut introduit par un ainé comme

vous. Msgr. Au reste il se porte parfaitement bien et reprend ses études et ses exercices. Les maitres lui donnent tous le témoignage qu`il n'a rien oublié pendant son absence et sont contens de lui.

/291/ *Lettre XX. De Paris ce 14. Juin 1767.*
– Autant qu'il m'est doux de vous assurer de mon amitié autant m'est il impossible de reprendre le fil de notre correspondance interrompüe, et de remonter à tous les objets dont j'avais encore dessein de vous entretenir. Si ce n'était la disposition, ce serait le loisir d'écrire qui me manquerait; car ici dans cette pompeuse Ville de Paris, où toujours on doit etre paré, où toujours on doit faire des complimens, on n'a pas un moment à soi. Le Frac et la bonne foi de Londres me paraissent bien estimables en comparaison de cette vie cérémonieuse et remplie de riens. Patience! il faut aussi passer par ceci, la vélocité bienfaisante du tems m'en tirera sans faute. –

Pour ne pas vous laisser entiérement ignorer ce que j'ai fait depuis ma derniére, je vous donnerai au moins le précis de nos voyages. La semaine aprés Pâques nous la passames à Neumarcket pour voir les Courses; au retour nous nous arrétames un jour à Cambridge. Aprés celà nous avons employé les premiers six jours du Mois de Mai pour aller voir les Jardins et maisons de Campagne les plus renommées aux environs de Londres. Ah! que le printems est beau en Angleterre! Tout ce que les Poëtes ont jamais imaginé en fait de Jardinage, je l'ai trouvé et vu. Ce petit voyage agréable fini, qui n'a fait qu'augmenter mes regrets de partir, nous avons quitté Londres le 16. du moi passé. Ce méme jour nous parcourumes encore un des plus beaux Jardins de tous, dans le voisinage de Dartford; il occupe une file de Collines sur le rivage de la Tamise qui ne desemplit pas ici de vaisseaux qui vont et viennent. La Nuit fut passée à Rochester.

Le lendemain matin nous allames voir le Port de Chatham sur la Médivay. Le tems fut orageux et pluvieux, néanmoins nous nous mimes dans un bateau pour aller au bord de la *Victoria* autre vaisseau neuf de 112. Piéces. La riviére est large comme un bras de mér. Lorsque nous fumes montés sur le Tillac, la Garde vint nous annoncer que par un ordre exprés /292/ de l'ammirauté l'accés des vaisseaux de guerre etait défendu à tous les étrangers, et qu'il n'y avait pas longtems encore, qu'ils s'étaient vus (eux la Garde) dans la nécessité de le refuser méme au Prince d'Anhalt. Mécontens du succés nous retournames à Rochester afin de poursuivre notre chemin; le soir nous arrivames à Dover.

Le l8. nous passames le Canal avec un vent frais mais favorable qui nous fit entrer l'aprés midi d'asséz bonne heure dans le Port de Calais

Le 19. matin nous fîmes notre visite à Mr. de la Boulie Lieutenant de Roi, qui par une sorte de politesse propre à sa nation, nous obligea d'assister au triste Spectacle de l'exécution d'un Deserteur du Regiment Royal, lequel fut passé par les armes au son des Tambours Clairons et Fifes à la tete des 4. Bataillons dudit Régiment. Aprés quoi le Colonel du Corps de Génie Mr. Grand de Blairfaindy, nous montra et la Ville et les fortifications. Cet Officier affable Ecossais de Nation qui avait étudié à Jena et Göttingen parlant fort bien notre langue nous donna des Lettres pour des Officiers des Garnisons de Dunquerque et de Lille. Nous partimes immédiatement aprés, passames par Gravelines et n'atteignimes Dunkerque que fort avant dans la nuit.

Notre Lettre était pour un Lieutenant du Régiment de Royal Baviére. nous nous arrétames ici jusqu'au 21. continuant ce jour là notre route par Cassel à L'Ille.

Notre Lettre nous recommandait à Mr. de Brommer Capit. ayde Major au Rgtm. de Piemont, cet Officier allemand d'origine s'empressa à rendre service au Prince. Il nous mena chéz Monsieur de la Merville Lieutenant de Roi et Commendant. Mr. le Chevalier de Sarfield* Maréchal de Camp de la Cavallerie nous combla de politesses, nous dinames et soupames chez lui.

/293/ Le R. de Piémont donna un repas de corps au Prince. Mr. le Marquis de Boujols Colonel propriétaire du R. de Lyonnais nous fournit des chevaux de selle. Tout ce qu'un militaire peut souhaiter de voir dans une Place de guerre nous fut montré, et tous les honneurs imaginables de la part des Officiers furent rendus au Prince.

Le 24. vérs midi nous nous rendimes à Douai et de là à Cambrai. La fameuse Ecole d'Equitation était ce que nous desirames principalement de voir dans cette Ville. Nous trouvames le lendemain matin Mr. de la Porterie Marèchal de Camp et chef de cette institution (pour qui nous avions des Lettres de Mr. de Guerchy) justement sur le point de partir pour la Campagne, il voulut remettre son voyage mais le Prince ne le lui permit pas ; cependant ces Ordres furent donnés qu'une Elite des Eléves montat à Cheval et malgré les instances du Prince il assista encore à une bonne partie des manoeuvres.

---

* Par rapport à lui je note que c'est le Militaire le plus instruit que j'aye encore rencontré ; tous les faits et événemens de la derniere guerre entre les Armées Prussiennes et Autrichiennes, il les savait au doigt jusqu'aux minucies. Il connaissait quasi tous les individus de l'armée Prussienne et savait des anecdotes qui m'étonnerent. – Dans sa façon d'agir il me parut asséz palpablement vouloir imiter le Général Seydlitz.

C'était un charme de leur voir faire le Manége : tout ce qu'un Cavalier peut jamais avoir occasion de faire, ils le font avec précision et avec grace sans compter qu'ils sont instruits dans tous les arts et sciences qui peuvent avoir rapport à leur état.*

Ceci fini Mrs. les Officiers du R. de Navarre nous montrerent les fortifications et leur Parade.**

/294/ Nous allames aussi faire une visite à Mr. l'Archevéque frere cadet du Duc de Choiseuil, mangeames un morceau à notre Auberge et partimes ensuite pour aller coucher à Pérone.

Le 26. nous poussames par Pont S^te^. Maxence jusqu'a Chantilly. Une partie du soir et du lendemain Matin furent employés à en examiner le Parc et les Jardins. C'est assurément un endroit des plus agréables, et mon jugement n'est point sans poids puisque j'ai encore la tete remplie de ce que j'ai vu en Angleterre en ce genre.

Le 27. enfin nous arrivames à Paris. Les avenües de cette Capitale nous parurent bien desertes cette fois-ci en comparaison de celles de Londres, où les Chaises de Poste, les gens à cheval passent comme des éclairs et sans interruption à coté de celui qui arrive. Les faubourgs peu peuplés avec leurs maisons mal vitrées uniformement grisâtres par l'injure des tems correspondent à cela, et ne laisserait pas deviner que c'est à travers elles que l'on va au centre du luxe et de l'Opulence.

Le 7. du courant nous avons eté à Versailles rendre nos devoirs au Duc de Choiseuil et lui présenter des Lettres de la part du

---

* Une invention entre autres me parut excellente : on rangea une vingtaine de chevaux debridés en ligne avec trois ou quatre Dragons devant eux pour les retenir. Vis à vis à une distance de cinquante pas il y avait une mangeoire remplie d`avoine, et derriere elle un rang de Dragons à pied, plusieurs autres se tenaient des deux cotés : ceux-ci commencerent à crier comme à tirailler. Les chevaux accoutumés à ce signal témoignerent leur envie de partir, et lorsqu'on le leur permit ils s'elancerent avec la plus grande impétuosité, laquelle ne fut point du tout rallentie par la decharge du rang des Dragons derriére la Mangeoire, qui leur fut lachée quasi à bout portant.

** *Extrait d'une Lettre à un Officier de l'armée Prussienne.* Vous vouléz savoir mon sentiment du Militaire français refondu. Je vous assure qu'on a fait de grands progrès, et si on persiste on ira loin. Le détail est exactement observé, les soldats ont de l'intelligence et de l'Appel ; ils sont fort bien tenus et la subordination commence à prendre. C'est Mr. le Duc de Choiseuil qui est l'ame de tout celá ; il est constant à suivre ses principes, et s'il avait beaucoup de gens qui le secondassent il réussirait encore mieux, mais les vieux sont contre lui. Cependant on trouve aussi de fort bons sujets parmi qui reconnaissent l'utilité et la nécessité des innovations.

Comte de Guerchy. Ce premier Ministre nous reçut fort bien et le 9. Mr. le Comte d'Argentan nous présenta au Roi et à la famille Royale.

Voici à peu prés ce qui pourra vous interresser le plus. Pour vous je vous prie de continuer vos annales, les tems Stériles ne vous ayant pas mis à sec, il faut que l'époque féconde òu vous vous trouvéz actuellement, vous fasse déborder en nouvelles.

Billet de Mdme. Geoffrin
Mdme. Geoffrin est bien fachée de n'avoir pas profité de l'honneur que lui a fait Mr. le Prince d'Anhalt et Mr. de Berenhorst en passant à sa Porte, elle les prie l'un et l'autre de la dédommager de ce /295/ qu'elle a perdü, en voulant bien venir diner chéz elle mercredy prochain 24. Juin.

Autre Billet de la méme du ler de Juillet 1767.
Mdme. Geoffrin prie Mr. le Prince d'Anhalt, et Mr. Berenhorst de se tenir tous les Mercredis priés à diner chéz elle en leur laissant entiére liberté d'y manquer quand ils se trouveront d'autres engagements. Elle ne se flatte pas d'avoir l'honneur de les voir aujourd'hui, ils iront surement à la revüe et ils feront trés bien. Comme elle veut témoigner au Prince et à Mr. de Berenhorst le desir qu'elle a de pouvoir leur étre de quelque utilité en ce pays, elle a parlé d'eux à Mdme. la Duchesse de la Valliére qui est une Dame trés aimable, et qui rassemble chéz elle trés bonne compagnie. On la trouve présque toujours chéz elle sur les cinq ou six heures : elle loge au Caroussel. Elle a assuré Mdme. Geoffrin qu'elle recevrait le Prince et Mr. de Berenhorst avec grandplaisir. Ils peuvent se présenter à sa porte quand celà leur conviendra. ---

Je donne ces billets comme la premiere origine d'une connaissance qui nous a eté du plus grand avantage ainsi que de la satisfaction la plus intime. Le Caractere bienfaisant, généreux, et vraiment philosophique de cette femme respectable est suffisamment connu dans les pays étrangers méme. Nous eumes le bonheur de gagner son amitié à un point extrémement flatteur pour nous. Le diner ordinaire duquel elle nous fit membres par ce billet était composé des personnes suivantes. Le Bailli de Fleuri, Ambassadeur de l'Ordre de Malthe ; le Comte de Creutz, Ministre de Suéde, le Prince Gallitzin, Ministre de Russie ; Le Marquis de Sorba, Ministre de Génes ; Mr. de Souza, Ministre de Portugal ; Le Baron de Gleichen, Envoyé de Danemarck ; L'Abbé Marquis Gagliani, Conseiller d'Ambassade de Naples ; Mr. Crommelin Ministre de Genève ; Le Vicomte de Narbonne, Lieutenant général ; Mr. de Beon, Enseigne aux gardes du Corps ; Mr. de S^{t}. Lambert ; Mr. de S^{te}. /296/ Foix ; Mr. de Marmontel ; Mr. d'Alembert ; Mr. de Meyran ; Mr. Thomas ;

Mr. Helvetius; Mr. de Burigny; Mr. L'Abbé Morellet; Mr. Grimm, homme de Lettres Allemand de Nation; à qui se joignirent encore d'autres priées extraodinairement, distinguées par leur rang et plus souvent par leur mérite. Elle avait un autre diner car semaine des plus célébres Artistes, dont était le Pr. de Turenne qui à cause du dérangement de ses affaires vivait dans une grande retraite. Pour nous montrer aussi ce monde lá, elle nous mit une couple de fois de la Compagnie. Finalement elle avait encore un souper fixe de Jolies femmes et gens du grand monde, de qui elle nous rendit bientot aprés pareillement assistans ordinaires.

En peu de tems nous fumes sur le mème pied chéz Mdme. la Marquise de la Ferté-Imbant veuve, fille de Mdme. Geoffrin, demeurant dans la méme maison avec elle. Comme sa mère elle avait son diner hebdomadaire et ses soupers. Ses convives les plus ordinaires étaient outre plusieurs de ceux de Mdme. Geoffrin, Les deux freres Comte et Chevalier de Montazet, l'ainé Lieut. Gen. le cadet March. de Camp; Le Comte de Narbonne, neveu du Card. de Bernis, March. de camp; Mr. le Bailli de Grollier, Lieut. Genr. Le Marq. de Chatellux, Maréchal de camp; Le Comte de Chabrillant, Maréchal de camp; Mr. le Comte de Montbel, un des sousgouverneurs des Enfans de France; Mr. l'Abbé de Cissé; Mr. l'Abbé Pluquet; un Abbé, Vicaire du Card. de Bernis; Mr. Berengier; Mr. l'Oiseau de Mauleon; Mr. Berthelot. Madme. Berthelot bonne autant qu'aimable était l'amie commune de la mère et de la fille. Une vieille Comtesse de la Tournemine, pareillement amie de cette maison nous admit à ses soupers.

Mr. D'Arget nous mena chéz Mr. Paris du Vernay Conseiller d'Etat, qui nous fit ses commens aux invités une fois pour toutes. Aprés la S^t^. Martin lorsque Mr. Helvetius fut de retour à Paris, il nous accorda la mème Prèrogative. Mdme. la Duchesse de la Valliére, qui ne donnait à Souper que rarement, nous procura en revanche l'accès aux soupérs /297/ fameux du vieux Président Hénaut, chèz qui une Comtesse de Journac sa niéce faisait les honneurs. Une certaine Mdme. de Villemur mère de Mdme. de S^t^. Severin, trés agèe et très riche nous donna la permission de venir quand il nous plairait chéz elle à sa campagne à deux lieües de Paris, oú il y avait sans cesse grande compagnie à cause du jeu qu'elle aimait.

Celles-ci, joint à nos anciennes connaissances, et quelques autres de qui je ne fais point mention (me réduisant simplement à celles dont nous étions regardès comme appartenans à la Maison ou du moins à la Cotterie) composerent pour nous un cercle de Société douce et instructive, qui ne remplissant pas justement toutes nos heures et journées, nous laissa le tems de respirer et de nous appliquer encore à d'autres Objets. Et il

est sûr que nous n'aurions pas manqué de passer une seconde année à Paris beaucoup plus agréable que la premiére; car au tems de notre départ nous avions pleinement vaincu les difficultés qu'un etranger trouve à s'etablir dans ce pays ci, et nous allions justement jouir du fruit des soins que l'on doit employer pour mériter l'affection et la bienveillance de ses amis.

Des Ministres étrangers c'étaient les maisons des Ambassadeurs de l'Empereur et de l'Espagne, du Comte le Fuentes, que nous fréquentames le plus. Pour Mr. le Comte de Creutz, Ministre de Suéde nous fumes fort liés avec lui.

La revüe annuelle des Trouppes de la maison du Roi, se fait dans un endroit nommé le trou d'enfer, tout prés du Jardin de Marli. Il me semble que communement on n'a pas une notion juste de ce corps de Cavallerie qui consiste en 17. Escadrons: savoir

1. Escadron de Grenadiers à cheval avec des bonnets d'ourson et des moustaches; le reste de l'uniforme est le méme à quelques legeres differences près, que celui des Gardes du Corps que je vais indiquer. Ce sont des Grenadiers, d'une conduite épurée, et d'une taille choisie que /298/ l'on tire des Regiments de toute l'Infanterie. Cet escadron parait bon il a la mine guerriére.

Puis 4. Compagnies de Gardes du corps qui forment 8. Escadrons; chaque compagnie a une Bandouillere différente, le reste de l'uniforme est justaucorps bleu, vestes rouges, ainsi que les paremens et les revers, le tout richement galonné en argent.

Les simples Gardes du corps ont le rang d'Officier, les plus anciens de Capitaines, les autres de Lieutenants. Ce sont de belles gens et bon nombre de Gentilshommes parmi. Autrefois les rouges passaient devant eux, mais sous Louis XIV. ils eurent le premier rang et l'aile droite, à cause que la personne du Roi leur est confiée, et qu'ils le gardent aussi bien que le reste des individus de la famille royale. Leurs chevaux sont bons de couleurs differentes. On voit bien que cette Trouppe n'est pas suffisamment dressée et exercée, mais du moins en a t'elle les premiers principes avec les qualités requises, ensorte qu'un Commandant sachant son métier viendrait facilement à bout d'en faire un bon Régiment de Cavallerie. Tels qu'ils sont à présent, je ne voudrais pas leur conseiller d'aller se mesurer avec autant d'autres Escadrons, composés de paisans bien disciplinés et instruits. 2&0. Maitres en sont sans cesse de service à la Cour, faisant les sentinelles dans les salles, et antichambres, en bas rouges. A la Messe du Roi, ils ont la Carabine sur l'epaule gauche et le chapeau sous le bras droit. Quand le Roi, la reine, le Dauphin, les Princes ou les Princesses sortent, soit pour la Chasse ou pour la proménade ils les accompagnent et pour cette fin le Roi entretient 250. cheveaux Normans, courtes queües, les plus belles

bètes qu'il y ait en France qu'ils montent alors. En parlant des Trouppes de la Maison, on appelle ces gardes du corps les Bleus, en opposition aux autres 8. Escadrons qu'on nomme les rouges.

De ceux ci les Mousquetaires sont les premiers; 2. Compagnies, la grise /299/ et la noire, (à cause de leurs Chevaux) dont chacune forme 2. Ecadrons. Justaucorps et vestes rouges soubrevestes bleues. Les gris galonnés en or, les noirs en argent. Ils portent le fusil sur le genouil droit, façon absurde autant qu'embarassante en Escadron formé.

La Compagnie des Gens d'armes de la Garde, pareillement en deux Escadrons. Justaucorps rouges paremens noirs, veste pareille, galonnés en or avec des bourses à cheveux, de meme que la compagnie des chevaux Legers, deux Escadrons, Justaucorps rouges, paremens blancs, veste blanche, galons d'or.

Ces 8. Escadrons sont tous des Gentilshommes, ayant pour la pluspart le rang de Capitaines; mais malgré leur noblesse et l'immense quantité de galons qui couvrent toutes les contures et tailles de leur Uniforme; que celà fait une cavallerie pitoyable! une centaine de Hussards leur ferait voir la Lune en pleine midi. De mauvaise apparence nullement exercés, ils ne savent pas seulement monter leurs misérables chevaux, dont la plupart de ceux des Gendarmes et Chevaux Légers étaient de louage ou de Carosse. Les Chevaux de Manège de l'Ecole Militaire, par exemple, servirent à completter les derniers.

Cependant sans s'arreter à cela il est plaisant que le Public Parisien, les croye sur leur réputation ancienne, fondée ou non, une Trouppe terrible, laquelle il ne fallait que lacher sur un ennemi pour le renverser. Il est vrai qu'ils entendent asséz bien l'art de férailler et de s'escrimer, préférablement Messieurs les Mousquetaires, mais les Talents de bons cavaliers et soldats, qu'avec raison on pourrait exiger d'eux, ils les ont négligés depuis longtems. Beaucoup des plus anciens, menent au contraire une vie civile et molle, ont femmes et enfans, et ne songent pas à etre placés avec le tems dans l'armée et à s'y pousser. Leur air est en conformité de leur conduite, quand on a vu une Communauté de Marchands à cheval et en Uniformes qui va au devant de quelque Princesse fiancée passant car leur Ville, on peut se former une idée complette des héros rouges de la Maison du Roi de francs. Ils ne font pas /300/ le moindre service. La revüe voilà tout, les manoeuvres en sont bien minces: Le Roi en habit rouge, galonné d'Or, passa par les rangs ouverts, aprés quoi chaque Corps défila devant lui, homme par homme. Finalement tous les 17. Escadrons marchèrent par la droite en Divisions, le reformerent sur la méme ligne. L'Affluence de monde et de Carrosses fut prodigieuse. Avant l'arrivée

du Roi, chaque Capitaine traita sa Compagnie à de Longues Tables dressées pour cet Usage derriére les Compagnies.

Lettre du Pr. Jean George au Pr. regnant
de Paris ce 15. de Juillet 1767.
Je sens que s'il était possible de vous aimer plus que je ne fais, votre, derniére Lettre m'y porterait par les marques d'amitié que vous m'y donnéz et aux quelles je suis au plus haut degré sensible.

Permettéz que comme vrai ami je vous réitère mes complimens au sujet de votre prochain mariage, et que je vous souhaite à jamais le contentement dont vous jouisséz actuellement, car je m'imagine que vous étes au comble du bonheur. Je tacherai de me rendre les jours de vos Nôces de maniére ou autre aussi agréable que je pourrai, pour ne pas rester privé du plaisir d'en partager l'allegresse. Je vous prie de faire bien des complimens à la charmante Princesse Louïse et de l'assurer de ma part du plus tendre dévouëment; elle doit y compter d'autant plus que vous l'aimez et que vous en etes aimé.

Demain je partirai pour Compiégne où je ne m'arreterai que peu de jours pour ne pas perdre trop de tems loin de mes Maitres. –

Vous sauréz apparemment que le Comte de Bruhl épouse Mylady Egremont, J'y prens beaucoup de part puisqu'il est, comme je vous ai dejà marque, devenu mon zelé ami. Il me fait le plaisir de m'écrire de tems en tems, et m'a donné quelques Lettres de recommendetion pour cette Ville, qui m'ont etées d'une grande utilité. –

Lettre au Pr. Régnant de la méme date.
/301/ Oui, votre frere a la bonté pour moi de me faire lire vos Lettres Monseigneur, et puisque vous avéz la générosité de vous y intérresser, puisque vous le vouléz, je suis content et heureux. Je sens surtout une satisfaction particuliére en vous écrivant ces lignes, par la réfléxion qu'elles ne vous parviendront qu'aprés que vous aurez passé une des plus delicieuses nuits de votre vie. Votre jour de Naissance va suivre de près cette époque charmante; employèz la à donner l'existence à quelqu'un qui vous ressemble en tout, comme à vous ressouvenir de nous qui formerons ce jour là tant de Voeux pour votre bonheur.

Lettre à un Ami encore sous la méme date.
Si je n'écris pas, moi, qui parcours le monde; moi, qui vis au milieu de la Capitale la plus brillante de l'Europe: est-ce que celà vous authorise, vous autres fainéants à en faire autant? Vous qui ne vous occupéz qu'a planter vos Choux, qu'a faire des enfans à vos femmes, ou du moins à leur en fournir le pretexte.

Comment scélérat? laisser passer présque deux ans sans m'assurer de ton attachement, de ton estime, de ton amitié &c. En vérité je suis trop bon de ne pas me facher sérieusement.

Cependant comme je suis plein de clémence envers les gens pour qui j'ai de la bonté, je veux bien étre le premier à rompre le silence et à t'entretenir de ma personne et de mes voyages, dont je pourrais te faire un ample récit; mais sachant que tu détestes les grandes Lettres, autant que tu aimes les longs répas, je me picquerai d'être suceint.

Qu'il te suffise donc de savoir que j'ai vu Rome et le Pape, Londres et le Parlement, Paris et la Cour. Jai passé 10. Mois en Italie, 6. en Angleterre, 5. en France.

Quand on écrit il faut tacher d'entretenir son monde de sujets qui puissent l'amuser, et qui se trouvent analogues à ses penchants; c'est pourquoi je parle aux uns des constitutions politiques de ces différens pays; aux autres des agrémens variés du sexe dans tous ces /302/ climats; encore à d'autres de la Tactique romaine, prussienne, transplantée en France. Mais pour toi mon cher H--- je sais bien ce qui flate ton oreille parfaitement d'accord avec ton gôsier; je la chatouillerai par les noms sonores de Montefiascone, Montepulciano, Lagrime Christi, Vin d'Aï, de Sillery, de Baune, de Pomai, de Coteroti, de Grave; liqueurs délicieuses! dont j'ai bu à la source, tandis hélas! que tu est forcé de te contenter de leurs mauvaises Copies. Ne sourirais-tu pas agréablement, si je pouvais t'en faire tenir au moins quelques petits échantillons! mais celá ne se pouvant pas absolument, il faut te borner à en boire en idée. C'est triste que celá, mais c'est toujours quelque chose; d'ailleurs ne sais je pas, qu'autrefois tu t'es amusé a faire des vers? les Poetes ont l'imagination vive, tu n'as donc qu'a laisser aller la tienne et t'abbrever en lisant. Par ce petit Itinéraire liquide, tu ne manqueras pas de prononcer pour la France et pour l'Italie; --- bride en main! pour ne pas nous précipiter. Ah! quelle bière en brasse dans les provinces de l'heureuse Angleterre! c'est une huile, c'est un baume vivifiant! La bière de Dorchestre, l'Aile, le Porter, la petite bière méme, tout celá fait des boissons admirables qui engraissent à vüe d'oeil, et qui en moins de 6. semaines donneraient à ton ventre toute la rotondité à laquelle il semble éstre destiné. A cher ami, qu'on a peu bu quand on n'a bu que dans sa patrie! Arrachetoi vite des bras de ta jeune Epouse; viens gouter de ces liqueurs, qui seules peuvent tenir lieu de toutes choses. Au reste, comment te portes tu? as tu toujours appétit? dors tu bien? le boire va sans dire. Pour moi, je fais tout celá à la derniére perfection comme encore un autre point, que tu semblés mettre de coté, et qui pourtant est nécessaire au ménage. Adieu.

Lettre XXI. De Compiégne ce 27. Juillet 1767.
/303/ – Je vous suis obligé des nouvelles circonstanciées que vous m'avéz mandées ; j'y prens toujours quelque part, les courbettes surtout que le petit Dieu malin fait faire à nos bons Compatriotes, m'ammusent singuliérement. – Avant hiér notre bien aimé Prince doit s'étre marié à Charlottenburg, à ce qu'il nous a marqué dans sa derniére. J'y suis sensible autant qu'on le puisse être, et j'attens avec beaucoup d'impatience d'apprendre qu'il soit de retour chéz lui avec sa conquête.

Nous de notre coté, nous avons suivi la Cour à Compiégne où nous nous trouvons depuis le 16. du courant. Les revües, les chasses, les antichambres, levérs du Roi, Jeux de la Reine, Dinérs chez les Ministres, Soupérs, Bals et Comédies nous donnent de l'occupation, mon cher compagnon commence à s'y plaire, et je suis bien éloigné de l'en blamer, car outre que ces choses là sont de son âge, elles lui reveillent l'esprit et l'animent. Pour moi vous me connaisséz suffisamment pour deviner de quelle façon j'endure la vie agitée que je me vois forcé de mener.

La revüe des Trouppes se traite comme un amusement hors d'oeuvre que l'on donne à sa Majesté ; tous ses jours étant pour la Chasse il ne reste de vuide que le Dimanche*, par conséquent des Régimens répartis en Divisions à Soissons, il en arrive une les Samedis, se campe, manoeuvre le Dimanche, et part le Lundi.

La premiére Division était composée de Régimens Suisses, sous les ordres de Mr. le C. de Valdener Lieutenant Général. Hier ce fut une Division dè Régimens nationnaux commandée par Mr. de Ségur lieutenant Général pareillement.

Le Roi ne les voit pas entrer au Camp. Le jour de la revüe il ne sort que l'aprés Dinée ; il passe à cheval le long de la ligne mise en parade, /304/ suivi de la Reine, du reste de la famille royale et de toutes les Dames de la Cour en Carosses. Les Tambours battent, les Drapeaux se baissent, les Officiers font le Salut. Ensuite l'on place sa Majesté dans un endroit convenable, range les Voitures, et le maniement des Armes commence ; quelques évolutions suivent aprés.

On s'attache principalement à exécuter des choses qui frappent la vüe de lá une grande variété de feux. Si vous étiéz du métier, je ne manquerais pas de vous entretenir de l'etat

---

* Le reste du tems, ce jour lá appartient aux affaires de l'Etat le Roi assiste au Conseil, et les Pages, les Officiers des Ecuries avec ceux des Equipages pour la Chasse disent alors : *aujourd'hui* le Roi ne fait rien ; il est à son Conseil. Les gens d'esprit ne manquent pas de ramener cette façon de parler à son véritable sens et d'y souscrire.

des Trouppes, maintenant contentéz vous de savoir que les hommes sont petits, bien et proprement ajustés, et qu'ils manient les armes avec asséz de précision; pour le reste on voit bien qu'ils sont des apprentifs dans la nouvelle Tactique, cependant le commencement ne va pas mal, ils n'ont qu'a persister.

Le premier mobile de tout ceci c'est Mr. le Duc de Choiseuil; il fait tout son possible pour imiter le Roi de Prusse dans ces jours militaires; il court ça et là, donne des Ordres et rabroüe les Officiers que c'est une comédie à voir.

Le Roi de France en attendant s'ennuye mortellement: la fin c'est toujours que les Régimens défilent devant lui. Quasi chaque Bataillon a un corps nombreux, de Hautbois, de Clairons, et de corps de chasse; aussitost qu'ils ont passé devant sa Majesté, ils se placent vis à vis d'elle, et jouent les Marches les plus délicieuses, jusqu'à ce que les Hautbois du Régiment suivant viennent les remplacer; mais en dépit de cette précaution, hier le Monarque ne put s'empécher de s'écrier: *mais mon Dieu est ce que celà ne finira jamais!* à cause que la Sèquelle était un peu longue consistant en 11. Bataillons.

Mon Prince a chassé deux fois avec le Roi; une fois au cerf, l'autre au sanglier; moi je ne me suis trouvé que de la premiére de ces chasses. Pour avoir des chevaux on s'addresse à Mr. le Premier (c'est ainsi qu'on nomme par élision le premier Ecuyer du Roi) et moyennant un Louis donné aux palefreniers, on en a de superbes, enharnachés d'or, de velours et /305/ de soye. Il nous en avait aussi fourni pour les Revües. A la Chasse dont j'étais nous suivimes le Roi qui court environné de trois Officiers des Gardes du Corps et d'un Ecuyer; un grand nombre de jeunes Seigneurs compose le reste du cortége. La Chasse en elle méme ressemble fort peu à la nôtre elle va fort irrégulièrement dans une forèt la plus réguliere du monde, coupée en carrés par des allées larges et applanies. Le Roi parut ici beaucoup plus animé et allait grand train; quand il s'arretait il frédonnait des Fanfares, et s'enquerait à tous les passans des nouvelles de la béte. Il pleuvait à verse, néanmoins la Chasse fut poursuivie jusques vérs les sept heures du soir, où il s'en retourna sans avoir pris. Il faut que je dise qu'on n'était sorti qu'aprés midi.

Ici à Compiégne òu les Princes et Princesses du sang sont logés au chateau, espâce est bien rare, celá, n'empèche pas qu'il n'y ait une Garde d'honneur des Gardes du Corps dans toutes leurs Antichambres; en les traversant j'avais observé un certain nombre de Matelas roulés, dont j'avais a peu prés deviné l'usage, mais je fus bien surpris lorsqu'un Soir, ayant soupé chéz Mr. le Duc de Penthiévre et la Princesse de Lamballes, sa belle fille, je vis toute l'Antichambre remplie de lits de camp, et une demi-douzaine de Gardes du Corps dedans ronflans, deshabillés comme

l'on se deshabille dans sa chambre à coucher, et les carabines, bandouilleres, chapeaux, culottes &c. répandus sur les tables et chaises. Les Dames rasaient ces lits de si prés, que les pans de leurs robbes qu'elles étaient obligées de ramasser afin de pouvoir passer, glissaient sur le néz de ces Messieurs. Il fallait en méme tems que ceci leur fut tout à fait familier, puisqu'aucune n'en paraissait étonnée. Quelques jours aprés le Prince fut témoin des excuses que faisait le Comte de Noailles à un de leurs Brigadiers, d'avoir interrompu le sommeil de ses Messieurs les Gardes du Corps par un Bal qu'il avait donné dans son appartement, voisin d'une des antichambres /306/ qui leurs servent de corps de garde, ou de dortoir, comme l'on veut. Quand on sert la table pour les personnes de la famille royale, un détachement des Gardes du Corps escorte les plats de la cuisine à la table. Les rouges disent pour s'en mocquer, qu'ils escortaient de méme, l'urinal de Mesdames de France lorsqu'il venait d'étre rincé.

Dites à Msgr. le Prince, que le Duc d'Yorck est arrivé ici depuis quelques jours. Mrs. Moirisson, S^t^. John, et Vrottesley sont avec lui, il s'est fait présenter au Roi sous le nom du Comte d'Ulster, on se pique de le bien traiter, et aussi lui de son coté il se conduit fort bien. Il témoigne au Pr. Jean George beaucoup d'amitié, –

Lettre XXII.
De Paris ce. 6. Aoust 1767.
Votre Lettre m'a mis au fait de tout ce qui s'est passé chéz vous, dont je vous ai bien des obligations. Je la trouvai en revenant de Compiègne il y a huit jours. Selon ma supputation vous devez avoir reçu aujourd'hui la mienne du 27. du Mois dernier; voilà ce qui s'appelle une correspondance qui va grand train. Si j'avais seulement le loisir et avec le loisir l'envie de vous écrire quelque chose d'amusant, mais en attendant que ma verve se rouvre, je ne puis rien faire que vous indiquer simplement les grands mouvemens locaux de mon individu; c'est à dire que demain nous allons repartir pour Compiégne afin d'y voir encore la revüe du Corps des Carabiniers, dont ici on ne fait pas moins de câs que de cette invincible Cavallerie Thessalienne avec laquelle Allexandre rossa si bien les Persans et ses autres ennemis. Aprés ce voyage nous en ferons un à Chantilly òu le Prince de Condé a invité le Prince Jean George de venir le voir. Ces tours et retours rempliront tout le Cours du mois présent. –

Je suis charmé que votre Maitre vous donne de l'occupation, étant persuadé que vous feréz tout votre possible pour mériter ces marques de sa confiance. –

/307/ Comme je vois l'ami ––– supporte impatiemment le veuvage et se donne bien du mouvement pour rentrer dans l'état

duquel il vient de sortir. Que sa volonté soit faite! Laquelle des deux Douzelles qu'il lui plaira de choisir, il trouvera à qui parler j'espere.

Une certaine lassitude que je commence à sentir dans les doigts, ne fait augurer que la présente tire vérs sa fin. Elle est pourtant bien courte diréz vous. J'en conviens, mais je n'ai point d'autre réponse à vous faire, si ce n'est l'inverse de celle qu'un jour j'ai entendu donner par une jeune Languedocienne, à qui on demandait: pourquoi elle et ses compagnes avaient les tetons si longs? C'est, disait elle, puisque dieu ne nous les a pas envoyés plus courts. Adieu, soit que je vous écrive beaucoup ou fort peu, je n'en suis pas moins le votre.

Lettre du Prince Jean George au Prince régnant de Paris ce 25. Aoust 1767.
J'aurais raison de me plaindre d'un si long silence de votre part, mais je vous le pardonne. Je sais que vous employéz beaucoup mieux votre tems dans les bras d'une épouse charmante. Tous ceux qui ont le bonheur de l'approcher en sont enchantés; je puis vous assurer que dans les Lettres que nous recevons de Dessau il n'y a rien autre chose que ses éloges. Vous pouvéz bien vous imaginer le plaisir que j'ai à vous savoir si heureux.

La derniére Lettre que j'ai écrite à notre cher Oncle vous aura instruit que j'ai été à Compiégne; le but principal pour lequel j'y fus était de voir les Trouppes qui m'ont beaucoup plu. Mais aussi sans cette raison j'aurais fort bien fait d'y aller car c'est l'endroit où l'on peut faire plus de connaissances en quinze jours qu'a Paris en six sémaines. J'en ai fait plusieurs, entre autres j'y ai trouvé le Comte de Guignes qui vient tout nouvellement de l'Allemagne. Il m'a dit de vous faire ses excuses de ce qu'il n'a pas passé par Dessau comme il vous l'avait promis à la revüe de Magdebourg. En revenant /308/ de l'Angleterre j'ai vu à Cambrai le Regiment de Navarre duquel il est Colonel propriétaire, et je puis vous dire qu'il lui fait bien de l'honneur; c'est un des mieux exercés de toutes les Trouppes Françaises. A Lille vous auréz vu aussi un trés beau Régiment qui est celui de Royal Vaisseaux; il a eu beaucoup d'approbation au camp de Compiégne.

Actuellement j'arrive de Chantilly où le Prince de Condé m'avait fait l'honneur de m'inviter. Je n'ai pas besoin de vous dire que c'est un lieu enchanté, vous le savéz vous méme. Les fêtes que le Prince y donna correspondirent parfaitement bien à l'endroit.

Apostille de Berenhorst.
Je reitère tous mes voeux pour l'evénement dont vous venéz Msgr. de nous mander l'heureux accomplissement. Que le Ciel vous bénisse, et vous comble de ses bienfaits les plus chers!

En attendant Msgr. vous pouvéz compter que la possession d'une Epouse aimable n'en est pas un des moindres dans ce bas monde. Rien ne manque à ma joye que de vous voir dans votre nouvel état, car je suis persuadé que vous me rendéz la justice de croire que je puis étre heureux de votre bonheur.

Lettre XXIII.
De Paris ce 17. Septembre 1767.
Il est dit que dans ce pays-ci les femmes agées doivent s'intérresser pour nous; entre celles dont je vous ai parlé l'année derniere, notre bonne étoile nous en a fait trouver encore deux autres, qui en vérité nous comblent de politesses et d'amitiés. Ce sont Madame Geoffrin et sa fille Mdme. la Marqse. de la Ferté-Imbant. La maison de la premiére est le rendez-vous de tous les artistes célébres et de tous les gens de lettres, entre lesquels Mr. de Marmontel y demeure. Mdme. la Marqse. plus répandüe dans le grandmonde, nous sert de ce coté-ci: elle nous a introduits à Chantilly où Nous avons passé huit jours chez un hôte aimable et dans un lieu enchanteur. Tout ce qu'il y a de plus distingué à la Cour et dans la Ville y était de façon qu'il y eut un soir /309/ jusqu'a quatrevingt personnes, hommes et fermes, sans y comprendre la maison du Prince. Parmi ce grand nombre je n'ai remarqué que trois maris qui fussent avec leurs Epouses tant les préjugés anticonjugaux sont établis chéz cette nation.

Le premier jour nous n'y trouvames que quelques Dames fort familiéres à la maison: une Comtesse de la Guiche, soeur naturelle du Prince; une Comtesse de Bentheim, et trois ou quatre autres. Elles étaient dans la grande Salle de Compagnie, en profond négligé, n'ayant que des corsets des simples pèt en l'air, et la chevelure en desordre et flottante. Leurs façons étaient si peu contraintes dans cet habillement mutin, que nous, qui ne les connaissions pas encore sur ce pied-là, savions à peine qu'en faire. Elles turlupinaient le Prince de Condé, se le jettaient l'une à l'autre, lui pinçaient les joües, bréf le maniaient comme s'il avait été un petit joufflu de garçon. Ensuite elles se mirent à jouer aux cartes avec asséz d'acharnement. Je puis dire que je leur trouvai un peu de l'air des Ménades. Mais l'on apprivoise avec de pareilles choses; cependant pour tempérer ma description, je note qu'il n'y avait point de jeunes parmi. Le jour suivant elles ne firent point de toilette non plus; ce ne fut que le troisiéme òu l'affluence de monde augmenta que l'on prit soin de s'ajuster.

Le Prince de Condé nous montra lui mème la Gallerie du petit Château, dans laquelle les exploits du grand Condé sont peints. C'était des objets que nous considérames attentivement, et qui me fournirent l'occasion de dire plusieurs choses flatteuses. *Ah! Msgr.*,

dit notre naive Marquise, *que celà fait plaisir à voir et à entendre, surtout lorsqu'on s'en sent prés. Madame*, repondit il, en rougissant un peu, *je vous suis sincerément obligé de votre compliment.*

Devant le Portail du chateau de Chantilly, autour de la Statüe pédestre du Maréchal de Montmorency, il y a quatre piéces de Canons, prises sur les Alliés à l'affaire de Johannisberg en Hesse. Le Roi en a fait pré-/310/sent au Prince, apres les avoir fait orner d'une inscription qui apprend que ce sont des Trophées remportés par lui. Lorsque le Prince héréditaire de Brounsvic fut ici l'année derniere, le Prince de Condé avait fait ôter ces Piéces de leur place, et les mettre à couvert quelque part. Le Prince héréditaire qui en fut informé pria le Prince de Condé de les faire reconduire à leur endroit, ce qui fit naitre entre les deux Princes un combat de politesses fort interressant.

Les fétes étaient d'une magnificence royale, que l'affable et modeste Condé sait allier à toutes les aisances de la vie privée. De tous les divertissemens, Chasses, Bals, et Proménades &c. c'est la comédie qui m'a amusé le plus, et en effet je ne verrai plus rien de si joli dans ce genre. Imaginéz vous des enfans depuis sept ans jusqu'à treize, beaux comme les amours, richement habillés et sur un Théatre superbe; qui chantent, jouent et dansent dans la derniére perfection. Ils étaient tirés de ce qu'on appelle le Magazin de l'Opéra, c'est à dire d'une école pour le Chant et pour la Danse, que l'Opéra entretient à ses dépens, et d'où il tire ses recrües. Tous les enfans des trois differens Théatres de Paris, y sont instruits dans ces sciences agréables et frivoles, et le nombre des éléves n'est pas petit, vû qu'aux Talens d'amuser et de plaire, les Actrices joignent encore celui de la fécondité. Entre ces petits nourissons de Terpsichore et de Polymnie, le Prince de Condé avait eu soin de choisir les mieux faits pour les faire instruire par d'habiles acteurs dans l'art de déclamer où ils ont réussi en de lá de l'expression.

Les Princes du Sang si difficiles à voir à Paris òu ils fuyent les étrangers s'adonnant uniquement à la chasse*, sont des hommes fort populaires à la campagne et dans leur vie privée.

J'en eus une preuve ici. Il arriva un jour que le Cerf fut pris asséz /311/ loin de Chantilly: faute de chevaux de selle je me trouvai dans une espéce de voiture qu'on appelle des diligences à cause du grand nombre de Siéges qu'elles contiennent qui tous furent occupés par des Dames, un seul, Chevalier de Malte, était sur le derrière. Les Cheveaux de chasseurs furent extrémement

---

* Cela fit dire au Comte de Creutz: à moins qu'un étranger ne soit Liévre ou Perdrix, il n'y a pas moyen qu'on le présente aux Princes du Sang pendant l'été.

harassés. Aprés la Curée le Prince de Condé dit à notre cocher ; A çà Picard, céde moi ta place et en disant celá il se mit sur le siège et prit les rénes. Chartres, poursuivit il sers moi de postillon. Tout de suite le Duc de Chartres monta sur les Cheveaux de devant. Les deux Princes donnérent leurs trompes à mon compagnon derriére la Diligence et leurs chevaux au Prince de Lamballes à qui par conséquent échut le poste de Palfrenier. De cette façon nous fumes menés au Chateau par trois Princes du Sang faisant les fonctions de cocher, de Postillon et de Palfrenier suivant avec des chevaux de main. Je dois dire que nos deux Conducteurs s'acquittérent de leur emploi à merveille, car maintenant c'est fort la Mode qu'un jeune Seigneur sache bien méner un char, et il n'y a point de petit maitre qui n'ait pour le moins son cabriolet, s'il peut, il y joint encore un attélage complet.

Pour vous donner un échantillon d'une façon de vivre que vous n'auriéz pas cherché à la cour de France, je vais vous raconter ce qui m'arriva à une partie de Vhist que je fis avec le Duc de Coigny (homme de 28. à 30. ans, d'un caractére enjoüé que le Roi aime beaucoup) et deux Dames d'honneur de Mesdames de France. A coté de nous on joua au Landsquenet à une grande table ronde ; et nos deux compagnes donnérent de tems en tems un Louis à quelqu'un des Joueurs, afin de les risquer pour leur compte. Une pièce aprés l'autre s'en alla, bientot elles n'envoyérent plus rien. *Monsieur*, dit le Duc, *comme vous étes étranger, le droit de l'hospitalité, veut que je prenne soin de vos intérests, en vous faisant remarquer que maintenant l'heure de Bergér sonne chéz nos deux belles Dames. A ce que vous voyéz elles sont au bout de leur finance : demain prénéz quatre ou cinq Louis d'or, rendéz vous au Le-/312/ver de laquelle qui vous plait le mieux, et vous me sauréz gré de mon conseil.* C'etait un propos asséz gaillard. Les Dames rèpondirent : *Mr. vous n'ignorerés point que dans les Cours il y a de certaines gens qui jouissent de la permission de tout dire, sans que celá tire à conséquence, Mr. le Duc de Coigny est de ce nombre. Il tache de nous décrier, mais nous nous flattons qu'un étranger raisonnable se gardera bien de prendre une telle idée de nous. Ah ! oui*, dit le Duc : *fiéz vous aux étrangers. Si vous saviéz l'opinion que l'on a de vous autres en Allemagne. J'en ai fait l'expérience lorsque je voulais m'émanciper un peu dans ce pays lá et traiter les femmes sur le méme pied que vous et vos pareilles ; toujours. j'eus pour réponse ; ne nous prenéz pas pour des Françaises. Celá n'est il pas vrai Monsieur?* ajouta-t-il, *n'est ce pas la la réponse qu'elles font chez vous ?* Je fus vraiment embarrassé, je dis : *ce n'est pas ainsi que nos femmes peuvent répliquer à un de leurs compatriotes ; et je vois bien que Mr. le Duc me badine. Sur mon Dieu ! non* repartit il :

ne vous arrétez point à leurs maniéres de parler, alléz hardiment demain les voir, si c'est autrement de votre convenance, et vous verréz si je les connais, pour vous dire mon sentiment, je crois qu'il ne se trompait pas. On joua trés grand jeu et rarement la grande Salle de Compagnie desemplissait toute la nuit de joueurs.

Samedi dernier M. la Mqse. de la Ferté Imbant alla expressément à Versailles pour nous présenter à Madame la Comtesse de Marsan, Gouvernante des Enfans de france, soeur du Prince de Soubise, et à Madame la Princesse de Guiméné, fille du méme Prince, ayant la survivance de la Place de sa tante, chéz lesquelles nous soupames.

Ces Dames d'un rang si distingué ne sont guères logées comme on le croirait bien d'une cour tellement fastueuse; elles demeurent avec leurs petites Princesses au rèz de chaussée dont les fenetres sont des Portes du coté du Jardin. Une bonne partie du soupér fut appretée dans la cheminée de l'Antichambre. Mesdames de France habitent de la mème façon. Par cette maniére de loger les filles de Roi, on voit bien que de tou-/313/tes les Nations Européenes, celle-ci se trouve dans le plus grand contraste avec les moeurs Orientales. On dit que Mesdames mettent à profit les aisances de leur domicile: je n'en sais rien; quoiqu'il en soit, le bonheur de ceux qui s'allient au sang des Bourbons par cette voie de plein pied, ne me parait pas extrémement digne d'envie.

Hiér nous dinames avec une espèce de Zilia des Lettres Péruviennes, c'est à dire avec une Jeune Indienne que pendant la derniere guerre un Officier à fait prisonnière et a amenée des grandes Indes à Paris. On l'a batisée comme de raison et plusieurs vieilles Dames ses Marreines, du nombre desquelles est notre chère mère, lui donnent une éducation de Demoiselle. Mais qui fut bien embarassé, aprés Diner ce fut moi; il s'agissait d'aller voir l'exposition des Tableaux de l'Académie de Peinture, et Mdlle. Zimzi me tomba en partage. Je me vis donc obligé de lui donner la main et de me promener avec ma belle brune, pendant une heure au milieu de trois à quatre cent personnes, qui toutes apparemment me prirent pour son ravisseur. Dans ce moment j'aurais souhaité que tout le monde eut eté aussi bien instruit de mon gout décidé pour les blondes que la bonne Dame qui a prétendu tirer mon horoscope pour le mois de Decembre, quand je serais de retour à Dessau.*

---

* Elle avait predit que tout aussitot qu'arrivé je tomberais amoureux de Mlle. de Foreade. Ma dstinée en a disposé autrement en m'esquivant le péril de voir cette beauté dangereuse.

Lettre XXIIII.
De Paris ce 6. d'Octobre 1767.
Les infirmités qui vous accablent si fréquemment m'affligent et m'attristent; je voudrais de tout mon coeur que votre destin vous donnât moins d'occasions d'exercer votre Philosophie, mais puis qu'il faut absolument s'y soumettre il est bon de le faire de bonne grace avec celá il n'est pas deffendu d'esperer un changement favorable. Si en attendant toute ma compassion joint à ma présence peuvent vous servir de quelque consolation, vous pouvéz être assuré de l'une, et vous jouiréz /314/ apparemment de l'autre en trois ou quatre mois d'ici, mais pas plutot; mon cher Prince se plait de tems en tems d'avantage à la vie de ce pays-ci, où par dessus un Concours de circonstances et de convenances semble vouloir nous attacher toujours plus fortement, ensorte que je prévois qu'a la fin il faudra nous en arracher de vive force. –

Aprés demain nous partirons pour Fontainebleau où la cour se trouve actuellement. J'ai fort peu de loisir décrire par conséquent je finis en &c.

Lettre du Pr. Jean George au Pr. régnant,
de Paris ce 7. d'Octobre 1767.
Je pourrais avec raison vous faire des reproches sur le contenu de votre derniére; mais je suis persuadé que vous me rendés plus de justice que de croire comme le manque des nouvelles dont vous me menacés, plutot que mes sentimens pour vous pussent m'engager à m'en retourner chéz nous. Je sais mieux la raison pourquoi vous vous taiséz; c'est qu'on ne songe pas à mander des nouvelles étant occupé comme vous l'etes.

Maintenant je suis sur le point de me rendre à Fontainebleau. J'y verrai la Cour pour la dernière fois hors de Versailles. Je me propose d'y rester huit jours ou environ, et je compte de faire dans cet endroit la connaissance du Pr. de Soubise dont je n'ai pas encore eu l'occasion.

Je ne puis pas m'empecher de vous dire qu'il y a ici une Marqse. de la Ferté Imbant qui me témoigne tant d'affection que si je croyais a la Métempsycose je serais tenté de soupçonner que c'était vous qui l'animiez.

Lettre au Prince régnant sous la mème date
– Je mésure le contentement de votre ame Msgr. par le vuide de la mienne: Dessau, Voerlitz, et Oranienbaum, doivent vous paraitre aussi nouveaux et agréables sous le coloris de l'Amour heureux, que les objets de ce pays-ci me paraissent usés et monotones sous la rouille de l'indifférence. Une semblable disposition aurait été fort salutaire /315/ au pauvre Duc d'Yorck qui pour ainsi dire, s'est noyé

dans le plaisir. Aprés avoir dansé dans toutes les grandes Villes de la France, un bal qu'on lui a donné à Marseille l'a enfin achevé. Il est constant qu'il s'est brûlé le sang à force de voyager et de cabrioller. C'est un genre de mort par éxemple que je ne crains pas.

Votre frère Msgr. se propose de quitter Paris dans le Mois de Decembre. Pour moi je voudrais que ce fut demain; quoique je ne puisse pas du tout me plaindre de l'acceuil que l'on nous fait ici. Je suis plus que Suisse quand il s'agit d'inclination pour la patrie; mais ce n'est pas chéz moi un instinct aveugle pour le coin de terre qui m'a vû naitre, c'est puisque ce pays agréable vous appartient et que vous ne le possédéz Msgr. que pour le rendre heureux.

Extrait d'une Lettre au Comte de Bruhl
de Paris ce 20. d'Octobre 1767.
J'ai beaucoup de complimens à vous faire de la part des deux Princes d'Anhalt, et si vous le permettéz aussi de la mienne – Le Cadet et moi avec lui, nous ne faisons que revenir de Fontainebleau, òu nous avons eu le bonheur d'etre bien reçus, au moins avons nous dinés chèz plusieurs Ministres, et soupés chéz toutes les Dames de la Cour qui tiennent maison. Mdme. Geoffrin et sa fille continuent de nous traiter d'une façon, qui non seulement éxige la plus grande reconnaissance de notre part, mais qui nous rappélle en méme tems sans cesse le souvenir de celui à qui nous sommes redevables de leur amitié. –

Lettre du Pr. Jean George au Pr. régnant de
Paris ce l. de Novembre 1767.
Aprés ce que vous m'avez écrit vous seréz étonné que je sois encore ici, mais ce n'est pas ma faute si vous vous étes trompé dans l'espérance de me revoir plutot. J'ai eu soin de vous prévenir déjà à Londres comme je ne comptais pas de retourner dans ma patrie avant la fin de l'année. Je puis vous assurer que j'aimerais beaucoup mieux d'etre chéz un frère chèri qu'ici, mais la raison pourquoi je m'arrête encore, /316/ c'est, que comme selon toutes les apparences je n'y reviendrai jamais, il me semble qu'il ne faut pas avoir égard à quelques semaines de plus. En second lieu, tous mes amis et connaissances s'unissent à me dire, que je n'aurais vu Paris qu'a demi, si je ne l'avais vu en hiver. Soyez persuadé que j'aurai bientot le plaisir de vous embrasser. –

Lettre au Prince régnant, de la mème date.
J'aurais voulu de tout mon coeur que votre pressentiment ne vous eut pas trompé Msgr; au lieu de vous écrire je serais ce Soir auprés de vous dans l'extase de l'amitié et ivre de joye. Mais bientost je ne vous écrirai plus, le jour approche òu nous quitterons ce pays des

bonnes façons, ce pays òu personne ne porte le Chapeau sur la téte, òu l'on ne parle que pour prononcer des Complimens menteurs.

Comme j'ai déjà eu l'honneur de vous dire Msgr., nous partirons à Noël, sinon, je baise le camp. Mais je n'aurai certainement pas besoin d'en venir là : quoique votre frère se plaise beaucoup ici, j'ai la satisfaction de voir que l'amitié pour vous surmonte dans son coeur le penchant pour les plaisirs. Msgr. Vous possédéz une Epouse charmante si tout le monde ne ment pas ; vous avéz pour frère un honnete homme qui vous aime, et tous vos sujets sont vos amis. Ceci comme il me semble renferme à la fois la définition du vrai bonheur et un trés grand éloge.

D'Arget qui pour ainsi dire ne vous a vu qu'un moment est enchanté toutes les fois que je lui dis que vous vous ressouvenéz de lui. Mr. le Roy est un semestre dans sa patrie d'où il doit étre de retour vérs la fin du Mois.

Personne en lisant mes Lettres n'imaginerait qu'elles fussent de moi à vous ; mais c'est votre bonté sans ègale qui sait rapprocher les Distances, et qui permèt que la vénération et l'amour sincére éléve sa voix jusqu'au ton de l'amitié.

Lettre XXV.
Paris ce 19. de Novembre 1767.
/317/ Aujourd'huy il y a justement un Mois que nous sommes de retour de Fontainebleau òu nous avons passé une dixaine de jours à une cour qui est asséz singuliére à voir.

Vous auréz entendu parler du grand penchant du Roi pour le Sèxe, cependant on soutient qu'il ne péche qu'avec des remords toujours renouvellés, et qu'il lui faut une espéce de séduction pour le faire tomber en défaut. Apparemment ne se fâche-t-il pas de ceux qui lui tendent les rèts, puisqu'il n'est pas croyable combien de belles filles on lui montre en parade. Les Courtisans agissent en celà exactement comme les Maquignons, qui sans cesse font trotter et galopper leurs chevaux sous les yeux de ceux qu'ils veulent exciter à l'achapt. En toutes les occasions publiques, à la célébration de la Messe mème, on voit de cette marchandise, que l'on distingue aisement à leur air timide et embarrassé (on les tire des provinces) et aux habits magnifiques mais empruntés qui ne leur vont pas justes. On prétend encore, qu'il faut les dresser singulièrement pour les téte à téte, à cause que ce n'est jamais le Roi qui cherche noise ; il les voit venir, et ce doit étre à elles de faire les quatre ou cinq premiers pas. Dans le Parc de Versailles il y a un batiment nommé publiquement le Serrail.

Le Prince de Soubise est le premier ami du Roi, et aprés lui le Duc de Deuxponts, à ce que tout le monde dit. Le Pr. de Soubise est un Seigneur affable et poli au de lá de toute expression.

Imaginéz vous dans un grand souper qui se fit chéz lui, il alla lui méme me placer à la premiére table òu étaient la plupart des Princes du Sang, car faute de place on avait mis le couvert à toutes les tables de jeu qui formérent autant de petites parties. Il faisait continuellement le tour des tables pour entretenir les Convives, j'en eus ma part comme les autres, et il poussa la bonne contenance jusqu'a me parler de la guerre en Allemagne.

Les gens de la Cour logent à Fontainebleau comme dans un quartier de /318/ Cantonnement, mais ils endurent tout, pour se dire logés chez le Roi. Nous avons eté voir la Comtesse de Forcalquier au dessus du Chénil; Mdme. la C. de Bentheim dans un Entresol qui n'avait pas 6. pieds de haut &c. Où je me suis plû préférablement c'était aux dinèrs de Mr. le Chevalier de Talaru premier Maitre d'hôtel de la Reine, chéz qui une sienne parente, femme déjà un peu sur l'age, mais franche, poli et ouverte, faisait les honneurs. Mr. le Prince de Tingri et son épouse nous ont montré de la bonne volonté.

Continuéz toujours de m'ecrire, jusqu'a ce que je vous marque le jour de notre départ. Beaucoup d'autres à ma place, peut étre n'auraient garde d'y songer; nous vivons ici fort agréablement, nous avons méme des étres qui ressemblent à des amis, et le Prince me donnerait la chemise je crois; malgré tous ces avantages je languis de revoir mes foyers. –

Billet de Mdme. la Marquise de la Ferté-Imbant.
Mdme. la Mrqse. de la F. I. mande à Mr. le Prince d'Anhalt et à Mr. de Berenhorst, qu'elle quitte Mr. le Maréchal de Broglie qui lui a dit qu'il les croyait partis, que c'etait ce qui l'avait empeché d'aller chéz le Prince pour le prier à diner, mais qu'il irait. Le Prince et Mr. de Berenhorst feront bien de passer chéz le Maréchal qui logé à son Hôtel rüe Varonne.

Nous avions fait à Fontainebleau la connaissance de ce brave petit Capitaine, le seul qui dans le Cours de la derniére guerre a eu ce qu'on peut appeller du succés. C'était au Soupér d'une Dame de la Cour*, où il fut éclipsé (n'etant pas pour lors en grande faveur) par plusieurs autres Cordons bleus qui se carraient en raison du crèdit dans lequel apparemment ils se croyaient être.

/319/ Mais nous, aussitost que nous eumes appris qui il était, nous nous addressames à lui, en lui témoignant cette déférence

---

* Les femmes se plaignirent qu'il ne les entretenait que de Batailles et de Siéges, et qu'il criait trop en parlant. Ce n'est pas sans fondement; il est plein de son métier et il l'aime. Si la France avait beaucoup de ces gens la!

qu'il mérite par sa valleur et par ses talens. Nous faisions ceci avec quelqu'éclat, de façon que notre hommage volontaire, étrangers comme nous étions, causa une espéce de surprise qui faisait sensation dans la société, et qui avait du flatteur pour le Maréchal. Il parut nous en tenir compte et devint animé dans son entretien. Par la suite, pendant notre séjour à Fontainebleau, nous lui avions dit, comme nous comptions partir dans peu, ce qui à son retour à Paris avec la Cour, lui avait persuadé que nous n'y étions plus.

Durant le court espace que nous restames encore nous dinâmes une couple de fois chéz lui. – Il est fort vif dans ses Discours et aime à parler. – Il dit un jour: Je voudrais pouvoir faire encore une ou deux Campagnes comme Aide de Camp de S. M. le Roi de Prusse.

Il raconta comment il avait aboli la maraude dans son Armée: au lieu de faire pendre sur le champ comme de coutume ceux qu'on avait trouvé écartés de leurs corps, rigueur qui n'a jamais fait la moindre impression, lui, au contraire il avait assemblé dans son quartier général une demi douzaine de caporaux robustes et forts, des Régimens allemands et suisses; et, convertissant la peine de mort, dans une bonne volée de coups de baton, administrée publiquement, il était parvenu à déraciner ce desordre que jusques lá le Soldat Français avait envisagé comme une preuve de bravoure. Ah! dirent ils, un homme de courage peut affronter la potence, mais pour les coups de bâton, c'en est trop! Ils avaient appellé ces bas Officiers, les Caporaux Schlag-Zu. –

Mr. le Maréchal de Broglie avait un fils de onze à douze ans, à qui il avait donné pour Gouverneur un Officier Allemand, de méme qu'un domestique Allemand de Nation. Il voulut qu'il nous entretient dans notre langue, et fut enchanté quand nous lui dîmes qu'il la parlait en perfection, chose, que s'y prenant de cette maniére ne pouvait manquer.

/320/ Le Maréchal et son frére le Comte demeuraient ensemble et s'aimaient beaucoup; ils avaient tous deux une nombreuse famille, au sein de laquelle ils se plaisaient contre le caractéristique des Grands de leur Nation. – Le Prince et moi nous regrettames bien fort d'avoir fait si tard une telle connaissance.

Lettre du Prince Jean George au Prince régnant, de Paris ce 3. de Decembre 1767.

Il y a si longtems que je n'ai reçu de vos nouvelles que j'aurais lieu de craindre que vous m'avéz oublié; mais je me rassure lors que je pense à toutes les marques d'amitié que vous m'avéz toujours données. –

Depuis que je suis à Paris, je n'ai pas eu des nouvelles de Vinckelman ce qui pourtant ne m'étonne pas, puisque dans sa

derniére que je reçus à Londres, il me déclara qu'il ne m'écrirait point tant qu'il me saurait en France. Mais quant à ce qui regarde la prédiction qu'il fit! que mon sejour dans ce pays-ci me dénaturaliserait; je me flatte de vous convaincre qu'il n'est pas aussi grand Prophète que savant Antiquaire; et en voyant que je vous aime autant que l'on puisse aimer quelqu'un, vous seréz obligé d'avouer que du moins mon Coeur n'a rien perdu de sa sensibilité.

Un Mercredi ayant manqué au dinér de Madame Geoffrin nous en reçumes tout de suite le Billet suivant. «Mdme. Geoffrin s'était flattée d'avoir hiér à dinér chéz elle, Mr. le Pr. d'Anhalt et Mr. de Berenhorst: comme ils ne lui ont point fait cet honneur elle est inquiéte de leur santé. Elle en demande des nouvelles. Elle prie le Prince et Mr. de B.--- d'etre bien persuadés du tendre intérést qu'elle prend à tout ce qui les touche. Ce Jeudi 3. de Décembre». Les Complimens fades et faux me sont extremement à charge. et je les méprise de quel coté qu'ils me viennent, mais je sais priser et je fais beaucoup de câs de ceux que je crois sincéres. – Ils font une grande partie de ma félicité. Je fais tout mon possib-/321/le pour les mériter, pour me les attirer.

Lettre XXVI.
De Paris ce 20. Décembre 1767.
Avant de quitter la France je dois restreindre plusieurs points dans mes Lettres de l'année derniére, òu j'ai jugé un peu trop précipitamment et sans connaissance suffisante de cause. –

Tout consideré, il faut rendre la justice aux Français qu'ils sont la nation la plus vraiment hospitaliére de l'Europe, mais leur hospitalité est réfléchie, et ils sont exempts de là faiblesse de la notre, de sengoüer tout de suite de ce qui lui vient du dehors. Par conséquent j'ai dit la vérité lorsque j'ai avancé: qu'il fallait du tems et de garans pour étre admis bien particuliérement par eux. Ecoutéz leurs raisons là dessus qui vous paraitront valables; la premiere, c'est la grande quantité d'étrangers qui comme un flux et reflux, vont et viennent sans cesse, et parmi lesquels il y a tant d'Ours mal léchés. Ils en seraient obsédés s'ils voulaient féter tout celà avec notre facilité Germanique. En second lieu, disent ils, il nous est méme desagréable à quelqu'egard de faire la connaissance d'étrangers de mérite, car plus ils savent se concilier notre amitié, plus nous regrettons de les perdre au bout d'un certain tems. Continuellement nous éprouvons l'alternative, ou, de nous mettre sur les bras des gens maussades et ennuyeux, ou de perdre des membres aimables du cercle de notre société. Loin de la froideur des Anglais les Français sont prévenans dans ces petits services de la vie, qui la rendent présque toujours

plus douce que les grands dont on n'a besoin que rarement, surtout un Etranger. Sans doute est-il consolant de trouver de l'assistance lorsqu'un événement nous presse, mais le câs n'en arrive pas souvent. La comparaison que quelqu'un a fait entre les services et la monnoye est juste; dix fois le jour on a recours à sa bourse pour les petites piéces, au lieu que de tems en tems seulement on va chéz son Banquier pour une Lettre de Change.

/322/ Satisfait de ce coté-ci, je déplore que la nature soit si fort chassée de leur vie privée; de là il régne par toute la Société, plus ou moins quelque chose de pincé, de roide, de cérémonieux même. Nous rions souvent, le Prince et moi, de l'Opinion de plusieurs personnes chèz nous qui s'imaginent d'avoir les maniéres Françaises quand il les ont bien sans façon. Les gens raisonnables ne poussent que trop loin une certaine espèce de bienséance d'ont ils se rendent vèritablement esclaves, car il me semble qu'il doit étre permis à la joie de s'en écarter de tems en tems à une petite distance, faute de quoi elle ne se montre jamais. C'est dans la société mitoyenne qui n'aspire pas trop au grand ton, où l'on est le mieux; mais à mesure que la partie est fine, qu'il y a de jolies femmes (môt qui se mét maintenant a la place de petite maitresse) à mesure la conversation devient fade. Dans ces occasions un chacun veut briller et avoir de lesprit, et vous savéz comme il est de ces choses lá quand on les cherche. *Chatouillons nous pour rire*, semble écrit sur le front de tous. Lorsqu'on entend dire à quelqu'un: hiér nous soupames chéz Madame une telle, la compagnie était charmante, délicieuse, nous avons folâtré, nous nous sommes amusé! on peut compter pour sür qu'il s'est ennuyé comme un chien.

Encore une forte preuve combien on se roidit à Paris contre le témoignage des sens, c'est la façon de faire l'amour. Il est fort en vogue d'entretenir des filles, mais on le fait pour le moins autant par ostentation que par penchant; la raison qui me le fait juger c'est; qu'une fille sans nippes et sans célébrité, fut-elle une Venus ne trouve que tout au plus un Mousquétaire pour entreteneur. Mais dés qu'elles ont passé par bien des mains, ont été à des gens de nom, sont pourvües de pierreries, et peut etre d'autres thrésors encore; elles enchérissent et le taux de leur pension hausse; car ceci est réglé, et l'on sait ce que coute le mois des *Demoiselles du monde* (leur dénomination honnéte) comme l'on sait le Mois d'un Maitre de Danse ou en fait d'armes. Un Anglais, pas si bon comme ces Princesses là les trouvent ordinaire-/323/ment, s'ètant arrangé avec une des plus célébres à 30. Louis par mois, lui en présenta un, aprés la premiére nuit: *qu'est ce que cela?* lui dit elle. *Je vous paye votre nuit*, dit il – *des 29. restantes, vous pourréz faire ce qu'il vous plaira car je vous les*

reméts. Depuis ce tems là on se sert de la voie de prénumeration avec eux, et en reconnaissance elles les appellent: *mon Mylord pot au feu*, leur substituant pour le réste gréluchons et Farfadets. Cherchéz le mot de Gréluchon dans le Dictionnaire: Farfadet veut dire un amateur passager, qui achéte les faveurs d'un moment.

La Beauté est purement à Paris une affaire de convention et de renommée; le public s'accorde d'octroyer l'epithéte de belle à qui il lui semble bon, et les femmes lesquelles en sont gratifiées une fois la gardent jusqu'au tombeau. *La belle Duchesse de la Valliere, la belle Madame de Flavocourt*, sont des personnes entre les 50. et les 60. Cependant malheur à celui qui aurait l'impudence de ne pas les trouver encore belles, en dépit des infirmités de la Vieilliesse qui les affligent. Il en est de mème avec les actrices; Mdlle. Arnould (Maitresse de Mr. de Lauragais.) de l'Opéra, est une vielle haquenée, longue et maigre, celà nempéche pas les connaisseurs de se pâmer d'aise quand elle joüe, autant de ses attraits que de son jeu, lequel est affecté et insupportable.

Je ne puis pas disculper les Français du penchant pour la médisance dont je les ai accusés: leurs malheureuses prétentions à l'esprit avec le caquet éternel qui doit étre soutenu coute qu'il coute, les y induisent. Quelqu'un entre-t-il dans leurs cercles, on se communique des observations dans tous les endroits ou il tourne le dôs. Pire encore s'il est attendu; car alors on s'etend, on discute sur lui, ensorte qu'il est deja décrit et dessiné avant qu'il arrive. Sort il quelqu'un, crac, voilá que l'entretien roule sur lui, ce sont des si, des mais et des anecdotes sans fin brochés de quelques éloges équivoques afin de sauver les apparences. C'est le sort du premier qui quitte l'assemblée, du second et du troisiéme; le derniér restant médit avec la maitresse de la maison /324/ de toute la Compagnie. Celà ne tire pourtant pas à conséquence; quatre ou cinq jours après, on revoit assemblées les mémes personnes se traitant comme auparavant avec tous les égards imaginables qui ont parfaitement le dehors de l'amitié. Peu de tems aprés avoir fréquenté le monde, nous adoptames pour maxîme, d'etre, autant que faire se pouvait, les premiers arrivés comme les derniers restans; de plus, nous publiames par la suite notre maxime en badinant, et on la trouva aussi raisonnée que spirituelle.

Autant que j'ai pu m'en appercevoir les femmes de qualité se conduisent asséz bien, du moins y a-t-il fort peu d'histoires sur leur compte. L'abandon général òu elles sont des jeunes gens peut en étre une cause, parce que ces Messieurs là appartiennent tous aux filles de Théatres et aux courtisannes. Les mémes jeunes Seigneurs accusent les Dames de s'en dedommager en secrét avec leurs cochers. C'est calomnie assurément pour les neufs dixiemes; mais sans fondement la chose n'est pas. Les cochers des grandes

Dames sont les plus beaux hommes de la nation, c'est un des premiers articles de la représentation d'avoir un grand et beau cocher. Il ne panse point les chevaux, le moment d'avant que la Maitresse sort il se mét sur le Siége et un palfrenier lui présente le foüet et le rénes. – Quand les carosses attendent devant les Hôtels, ou devant les Théatres, il n'est pas rare d'en voir les conducteurs couchés négligemment sur le Siège, et quelques fois dans la voiture mème, lisants un Roman, tandis qu'un garçon crocheteur ou quelqu'autre Savoyard leurs tient les chevaux, la Mode veut absolument qu'on ait beaux domestiques surtout de belle taille, ou élevés (comme on dit.) Plus d'une fois j'ai entendu que lors qu'on en a proposé, la Dame demanda pour premiére question; *combien ce garçon là a-t-ile de mesure?* et elles la savaient cette mésure par piés et pouces aussi bien que les Officiers les plus expérts.

Une chose fort singuliére semble vouloir s'introduire depuis peu; /325/ j'observe plusieurs Maris qui se montrent ouvertement avec leurs femmes et paraissent bien s'entendre ensemble. Le public le souffre et ne s'en scandalise point. Ce serait dans ce pays ci quelque chose de fort loüable que d'essayer de rendre à la nature ses droits, mais je ne puis pas encore approfondir si ces Novateurs n'agissent point par esprit de contradiction et envie du plus nouveau, plutot que par des vües bienfaisantes.

Du reste on ne vit pas à Paris à l'égard du tems d'une façon tellement désordonnée que dans nos grandes Résidences; à minuit ordinairement on est de retour chez soi. Je parle des bonnes maisons, pour les parties de débauche il s'entend que c'est autrement.

Comme la Comédie Française a été notre premiére fréquentation ici à Paris, je ne trouve quasi rien à rectifier dans ce que je vous en ai mandé. Le Kain est l'Acteur par excellence dans le Tragique, dans le Comique je méts Préville à coté de lui; ce sont Esope et Roscins du tems de Cicéron. Un troisieme sous le nom de Mollé montre beaucoup de Talens dans les rôles d'Amoureux; il est jeune et d'une figure qui plait; dans ses maniéres il sait allier la noblesse à l'agrément de façon qu'on pourrait le proposer pour modéle à un jeune Spectateur. Le Public aime ce Mollé à un point qui m'a fait plaisir; l'Automne passé il fut dangereusement malade; à chaque représentation le partere demanda de ses nouvelles, et lorsqu'il reparut aprés sa convalescence ce furent des applaudissemens sans fin

La célébre Mdlle. Clairon, s'est retirée présentement de la Scéne pour vivre en femme de condition, de ses rentes qui se montent à 16 000. francs selon Madame Geoffrin qui peut fort bien le savoir. Touchant les moyens de les acquerir, comme sur le reste de ses avantures, les leçons sont extrémement differentes. Suivant

les uns sa conduite a toujours été irréprochable; suivant d'autres elle a fait comme la plupart de ses compagnes ayant par dessus commencé sa carriére comme coureuse des rües. Suivant des troisiémes, il se trouve dans sa conformation le méme défaut /326/ qui força jadis la Reine Elisabeth à une virginité involontaire. Pour se remplacer en quelque façon, elle a fait de la fille de sa femme de Chambre une actrice charmante, c'est la jeune Mdlle. d'Oligny, laquelle promet beaucoup. Sa conduite est l'édification de toutes les Dames un peu dévotes, qui ont soin de l'équiper à l'envi la mettant par là au niveau des autres actrices les mieux pensionnées par leurs amans. On raconte comme avant peu elle avait refusé de donner la main à un jeune homme de condition qu'elle avait aimé, par la seule raison de ne pas le mettre mal avec sa famille.

Nous avons soupé plusieurs fois avec la Clairon chéz Madame Geoffrin; quand elle est en humeur elle déclame des tirades. Une fois nous la vîmes dans le rôle de Blanche chez Mdme. La Duchesse de Villeroy. Cette Dame a un petit Théatre dans son hôtel, où de tems en tems elle fait jouer des piéces que l'on ne donne pas publiquement. Dans ces occasions elle prie les meilleurs acteurs de la Comédie française, qui lui font ce plaisir, leur adjoignant des particuliers, amateurs de l'art dramatique. C'est de cette façon que nous avons vu la partie de Chasse de Henry IV. dans laquelle Brizard dans le rôle du Roi, et Préville dans celui du Meunier, sçurent nous communiquer une bonne partie du saisissement patriotique qui tira des larmes de tous les yeux.

La raison apparente pourquoi Henry IV. n'est pas mis sur la scéne, c'est la Dignité royale; mais la raison véritable réside dans le contraste trop sensible entre lui et Louis XV, entre un Sully et les Ministres d'aujourd'hui. Pourquoi l'on ne joüe pas Blanche et Guiscard? – Ma foi je n'en scaurais point d'autre si ce n'est que celá fait une véritable Tragédie à laquelle on reproche d'être trop sanglante.

Mdlle. Clairon a eu depuis longtems une rivale dans la personne de la vieille Duménil; certainement le Caractère propre de cette femme doit étre un composé de ceux d'Agrippine, d'Athalie, de Mérope, et de Sèmiramis; d'où prendrait elle autrement la véhémence, le courage, la /327/ grandeur d'ame, qu'elle mét dans ces rôles? Avec celá elle ne les étudie point; à chaque représentation elle est neuve, et rend, et exprime différemment, se laissant aller uniquement, au feu de son naturel, aux mouvemens de son ame. Sa figure répond parfaitement à l'idée, que l'on se forme de ces personnages; grande, néz acquilin, yeux à fleur de téte, qui jettent des étincelles.

Mdlle. Clairon l'opposé de tout ceci, est petite, mais on voit encore qu'elle a été belle, car elle est plus jeune que

l'autre pour le moins de 12. ou de 15 ans, et semble dans son neuviéme lustre. Il entre sans doute beaucoup de tendresse et de douceur dans sa composition. Une voix touchante et fléxible dont les articulations s'impriment profondément. Mais tout est art tout est étudié. Que vous la voyéz dix fois dans le méme rôle, elle fera une fois comme l'autre, pas le moindre accent, le moindre petit geste de la main ne sera omis. Toujours on revoit la mème attitude, entend le mème son. Aussi un rien peut l'interrompre : en déclamant un soir chéz M. Geoffrin, il lui tomba un brasselet dans le fort de l'action ; on voulut le ramasser, elle fit signe de le laisser. Mr. le Ministre plenip. de Génes ne put pourtant pas résister à un instinct de galanterie qui le poussa de se lever, et de se baisser pour le prendre ; Mdlle. Clairon en fut tellement déconcertée qu'elle cessa la déclamation en pestant contre le courtois Génois, et ne put jamais la reprendre quelqu'envie qu'elle en eut elle méme.

L'Opéra me force à une rétraction formelle, tout pesé il peut fort bien marcher de pair avec les Opéra Italiens des autres pays et Cours. Sa Musique est destituée du brillant, du mélodieux de la Musique Italienne, c'est sûr ; mais en revanche manque-t-elle aussi du bruyant de l'autre qui étouffe les parolles et sacrifie l'esprit à l'oreille. La déclamation notée des Français, et leur chant de qui l'Auditeur ne perd pas une seule syllable, sont accompagnés d'une Symphonie grave et monotone, à laquelle cependant on s'accoutume avec le tems, en s'apper-/328/cevant qu'elle est adaptée au sens des mots comme à la Poësie dont elle reléve l'expression. J'ai entendu dire à Madame la Comtesse de la Marche, née Princesse de Modéne, et à une autre Dame d'origine Italienne ; qu'elles ne regrettaient plus les Opéra de leur patrie, dont la Musique à force de douceurs se chargeait de quelque chose de fade. Et les Ballets deviennent d'une grande ressource ; ce ne sont pas ici des Entreactes qui viennent hors de propos : le sujet les amene, les Danseurs arrivent à la suite des Dieux, Déesses, Héros et Héroïnes, sous la figure de Nymphes, Bacchantes, Bergérs, Guerriers, Sauvages, Sylphes, Pans, Egipans, Oreades, Ondins, Salamandres, Gnomes, Chasseurs, Chasseresses, Vents, Fontaines, et le Ciel sait sous quelle apparence. Chaque scéne d'un peu d'étendüe est suivie d'une pareille entrée qui réveille le Spectateur, et vraiment les Français ne dansent pas toujours de la méme gravité, comme je me l'étais persuadé l'année derniére, sur quelques Ballets que j'avais vu alors, qui étaient de ce qu'ils appellent la Danse haute. Je pose pour principe maintenant, que vis à vis de la gent dansante de Paris, tous les autres ne sont que des faiseurs de Cabriolles : c'est une chose sûre dont je suis convaincu.

L'hiver dernier on avait mis sur la scéne un nouvel Opéra, nommé Sylvie, duquel nous vîmes encore quelques représentations aprés notre retour d'Angleterre. Il me semble que le séducteur dans l'art de la Danse, ne peut pas étre poussé plus loin que dans cet Opéra; un Pas de deux entre Vestris et la Guimard, un autre entre Dauberval et l'Allard, resteront peints à jamais devant mon imagination, le seul mot de Ballet me les retrace tout de suite avec toutes leur attitudes. Le dernier est dessiné et gravé: la Danseuse représentait une Nymphe Chasseresse, le Danseur un sauvage qui la poursuivit, l'atteignit malgré sa résistance, et fut frappé et saisi par l'amour dans le moment mème de la prise, n'ayant auparavant courû, aprés elle que par instinct. La passion triompha dans le mème instant de la Nymphe; le sauvage la relacha, elle re-/329/vint de bon gré; regarda tendrement son ravisseur, et se rendit. Leurs pas s'unirent, leurs bras s'entrelasserent, et le Couple s'en alla en mouvemens harmonieux, conformes à la bonne intelligence qui venait s'établir entre eux.

On serait quasi fondé de soutenir que tout ce que la France produit en belles femmes, se trouve en élite sur les ais du Théatre de l'Opéra, tant ces Danseuses sont belles et principalement les figurantes. C'est lá le Chemin que la fortune ouvre à Paris aux favorites indigentes de la Nature. Les filles bienfaites briguent à l'envi les places de figurantes, puisque les Talens nécessaires pour les remplir sont bientot acquis; et l'on prétend que Mrs. les Directeurs jouissent par cette raison du plein privilége de Sultans des Gaules. C'est aussi dans cette Pépinière de Cythére que les riches entreteneurs vont choisir ce qui leur convient. Les pensions secrétes sont alors les plus fortes, et lorsqu'une de ces créatures se met soudainement en pierries, l'on dit: *il faut qu'elle soit à quelque Evèque.*

Depuis 10. à 15. ans seulement, la vivacité des Danses grotésques vient d'ètre adoptée; comme auparavant on ne quittait guère la terre, les robbes étaient longues et trainantes, et les Danseuses n'avaient point de Calleçons. Peu à peu elles commencérent à sauter davantage et la draperie devint plus légére et plus courte, sans que pour celá les Calleçons s'introduisissent. Il se raconte de cette époque que le Clergé paya estrémement chér les Loges grillées au dessous du Théatre; maintenant la vüe gaie de ces réduits souterrains se trouvant offusquée comme partout ailleurs, l'abonnement en a baissé considérablement. Nous laissons la Musique française dans une grande crise: il s'est formé successivement un parti qui prétend lui allier la mèthode Italienne, ou plutot fondre les deux gouts ensemble pour en composer un genre à part. Les esprits lui paraissent préparés à cette révolution par les Opéras comiques. Je crois que Rousseau a été le

premier moteur /330/ de la fermentation générale. Les adhérans de Rameau et de l'ancien font leur possible pour y mettre des entraves. Néanmoins Phillidor, le grand joueur d'échécs, afin de faire la planche vient de mettre en Musique le Drame d'un Poëte, non sans talens, mais imbécille par une crédulité inconcevable de la quelle ses compatriotes malins abusent inhumainement. Il s'appelle Poinsinet, et sa Tragédie lyrique Ernelinde. On l'a joué cet hiver. Tout Paris fut en mouvement à la première représentation ; nous ne pûmes avoir des places qu'a la troisiéme.

Le Succés de la nouvelle Pièce est encore indécis et les voix sont partagées. Probablement ce ne sera pas par ce seul coup d'essai que la chose s'effectuera, mais petit à petit, à mesure que la génération succedante monte en place, Rousseau et Phillidor gagneront leur Cause. Le Prince et moi nous aggréons beaucoup cette tentative ; je vais en apporter deux ou trois airs qui nous ont plu par préférance, car c'est dans les airs que consiste principalement l'innovation. Dans les Opéras français il n'y a pas jusqu'ici ce qu'on pourrait appeller proprement Air ; de tems en tems viennent seulement des vers inhérens au reste du texte, que tout l'Orchestre accompagne, et qui dans mon ignorance des principes de la Musique., me semblent un étre Mitoyen entre l'air et le récitatif obligé.

Les Décorations et l'habillement dejà d'ordinaire si beaux et si pleins de gout le sont par excellence dans cette Tragédie que les Directeurs de l'Opéra ainsi que la plupart des acteurs favorisent. Le sujét en est tout guerrier, la plus belle décoration représente une Ville assiégée, à laquelle l'ennemi livre un Assaut. Le mûr se voit du dedans de la place ; la bréche se fait par le Bélier et le feu. Les Vainqueurs entrent par la Bréche, à travérs on voit toute l'armée en bataille, et le Camp dans le lointain. Ensuite vient un Triomphe dans le Costume des Nations du Nord du moyen âge. C'est tout ce que l'on puisse souhaiter dans l'art des Machines et du Décorateur.

/331/ *Lettre au Pr. régnant de Paris ce 3. Janvier 1768.*
J'ai reçu la derniére dont vous m'avez honoré ; elle me confirme dans le principe ; que l'amour n'affaiblit point l'amitié dans les ames bien nées. – Enfin Msgr. j'ai le plaisir de vous annoncer notre départ : en quinze jours d'ici nous quitterons Paris, et celà pour sûr ; rien que la mort ou une grande maladie ne pourra nous en détourner. Le Prince vous marquera la route qu'il est intentionné de prendre. Vous Msgr. qui connaisséz si bien l'amitié, vous concevréz la joie qui m'anime. Je m'approche, je touche au moment qui va me réunir à vous aprés un en d'absence. – Il fait ici un froid rigoureux et déjà depuis huit jours la Seine est si bien prise qu'on la passe à pied en beaucoup

d'endroits. Le jour de l'an nous dinames chez Mr. le Duc de Choiseuil jamais de ma vie je n'ai enduré tant de froid.*

C'est donc pour la derniere fois que je vous écris Msgr. Le Commerce épistolaire est la Consolation de l'amitié absente, je le sais, mais j'aime à ne pas me consoler de cette façon-lá, et il m'est incomparablement plus doux de pouvoir vous expliquer de bouche tous les sentimens de respect, d'amour et de reconnaissance dont mon coeur abonde.

Lettre du Pr. Jean George au Prince regnant.
de Paris ce 4. Janvier 1768.
Au bout de quinze jours je partirai sans faute en prenant la route de Strasbourg, Hechingen, Franckfort et de Cassel. – Depuis peu j'ai pourtant reçu une Lettre de Vinckelman, il me marque qu'il a eté à Naples dans le dessein de passer en Sicile, mais qu'il a été si bien /332/ reçu dans cette Ville, contre son attente, qu'il s'y est arrété jusqu'au tems où l'on attendait l'Empereur à Rome, ce qui l'avait obligé d'y retourner et de remettre son voyage en Sicile au printems prochain. Mon chér frére, daignéz me croire si je vous dis que je brule d'envie de revoir en vous le premier de mes amis aussi bien que de faire la connaissance de votre épouse pour laquelle tout ce que j'en apprens m'inspire la plus haute estime. Adieu je vous reverrai à peu prés vers le méme tems où vous nous quittâtes à Londres il y a un an.

Lettre XXVII.
De Paris ce 4. Janvier 1768.
Enfin voici la derniére de mes missives, quelque satisfaction que m'ait donné notre correspondance, je la finis avec encore plus de plaisir; je voudrais seulement vous retrouver aussi bien portant que je suis sûr de vous retrouver mon ami. L'état de votre Santé m'afflige et me perce le coeur: y aura-t-il donc toujours quelque

---

* La quantité des Tables était prodigieuse chéz ce Ministre, parce que le jour de l'an tous les Ambassadeurs, Envoyés, Résidens et Etrangers vont à la Cour, outre que comme Colonel Général des Suisses et Grisons, tous les Officiers des Gardes suisses dinérent encore chéz lui. Pour achever l'idée que j'ai donnée plus haut de la façon peu spacieuse avec laquelle les gens de la cour sont logés partout, je dirai ici, comme gené par le manque de place, on avait fait de l'escalier le Buffet pour les Tables du premier étage, car il y en avait du réz de chaussée jusqu'au troisiéme. J'ai aussi fait mention de l'air Militaire que ce premier Ministre affecte, j'ajoute en conséquence de celá que les Aides Majors des Gardes Suisses font les fonctions de Cavaliers de la Cour chéz lui; parmi ceux-ci, Mr. le Baron de Rall s'est appliqué à témoigner des politesses au Prince.

chose qui empoisonne les plaisirs les plus sensibles? Quoi qu'il en soit j'espére beaucoup de votre jeunesse, des remedes et du tems. –

Nous partirons le 15. ou le 16. de ce mois, mais comme nous nous arrèterons à plusieurs endroits en chemin, je ne compte d'arriver que vérs la fin du mois de Février. – J'ai la tete et le coeur si pleins de cette espérance flatteuse que je ne puis pas écrire davantage, outre celá les arrangemens du décampement me tracassent furieusement, mais ce n'est rien encore en comparaison des Visites (l'occupation la plus importante de ce pays-ci) que cet événement entraine. – adieu donc, adieu, bientot grace au Ciel, bientot nous nous reverrons.

Le 20. Janvier 1768.
Départ de Paris, gîte à la Ferté sous Jouäre.

Le 21.
A Chalons sur Marne

/333/ *Le 22.*
A Bar le Duc.

Le 23.
A Nancy, ville fort embellie par le feu Roi Stanislas I. Ce que nous y vîmes des deux Bataillons de Grénadiers de France sons les Ordres du Comte de Stainville, nous parut d'extremement belles gens. Ils étaient convertis en Prussiens de pied en Cap. L'uniforme était à des riens prés, celui du Régiment qu'avait jadis le Prince Thierry d'Anhalt.

Le 24.
A Saarbourg. Non loin de cette petite Ville les habitans de la Campagne sont Allemands et ne savent que leur langue. Nons en eumes la preuve par l'invitation grossiére mais antique, que fit un d'eux à Mr. le Roi qui lui demanda en français si c'était le bon chemin?

Le 25.
A Strasbourg. Le 26. jour de repos. Nous montames sur la tour de Münster pour jetter un coup d'oeil sur les cours du Rhin et de l'Iller; et pour contempler dans l'éloignement les Montagnes de la Forét noire, et celles des Vosges, ainsi que la plus grande partie de l'Alsace. Le Soir nous vîmes le célébre Aufréne dans le role du Pere de famille. Je trouvai le Jugement fondé que j'en avais entendu porter à Paris, c'est à dire que c'était une honte pour la Capitale qu'une tel acteur courut la Province.

Le 27.
A Rastadt.

Le 28.
A Stuttgardt. Le vieux Chateau aussi bien que le nouveau, duquel à peine achevé le feu consuma une partie, se trouvent vuides et délaissés par l'inconstance et la caprice du Duc. La Ville semble se ressentir de la /334/ désertion de la Cour, elle offre un air de dépérissements C'est dommage avant celá elle doit avoir fait une des meilleures Villes de l'Allemagne.

Le 29.
Nous passames par Tübingen et arrivames le soir à Hechingen. Le but principal de cet écart considérable de notre route fut de voir un ancien ami du Prince et de moi, Mr. de Steuben, pour lors Maréchal de la Cour du Prince de Hohen-Zollern. De tems à autres le Fatum daigne récompenser les bonnes actions; cette fois ci il nous tint compte du Sacrifice à l'amitié. Nous trouvames dans les personnes du Prince et de Mdme, son Epouse, née Comtesse de Königseck; dans celles du Comte de Hohenzollern frére du Prince (maintenant Abbé) du Feld-Marechal Comte de Koenigseck Oncle de la Princesse; et de quatre Comtesses soeurs de la Princesse; mais bien préférablement dans les deux cadettes, Crescence et Antoinette; une famille si aimable si cordialement prévenante, que les jours nous devinrent des heures, et que le congé nous couta des peines. Toutes les autres personnes qui les environnaient, parurent participer du caractére dominant de cette maison respectable, car l'amabilité et les bonnes façons, se communiquent par bonheur aussi bien que leurs contraires.

Parmi les divertissemens que l'on s'étudia à nous donner, je mets à la téte une représentation de Minna de Barnhelm, Comédie Nouvelle de Lessing, piéce de qui notre Nation peut se prévaloir à juste titre. La Princesse fit le rôle de Minna, l'une de ses soeurs la Soubrette, une autre, la Veuve; notre ami Steuben, celui de Tellheim, qui pour l'infortune n'a que trop de rapport avec sa destinée. Mr. de Iloeden (au service de Prusse) de Schilling, et un Officier Hollandais, firent les rôles de l'Hôte, de Just et de Paul Verner (héros du Drame à mon sentiment) avec une intelligence, une expression, une vérité, qui ne laissaient rien à désirer. Une piéce originale, chef d'oeuvre, représenté par des /335/ gens de qualité, et représenté dans une telle perfection me fut d'un bon augure pour l'état actuel des belles Lettres en rentrant dans ma patrie. Steuben nous reconduisit.

Le 2. Février.
Jusqu'a Tubingen; nous y dinames ensemble, et des larmes versées par l'amitié sur le pressentiment d'une séparation vraisemblablement éternelle, coulerent à nos derniers embrassemens. La nuit à Stuttgard.

Le 3.
Nous parcourumes le Bourg et le Chateau de Ludvigsbourg, d'ont l'absence du Duc pour une partie de Chasse nous fournit le moyen. Je trouvai ce chateau ne remplissant pas l'idée que l'on s'en forme d'aprés la voix publique. Je me tais sur les Gardes et autres uniformes copiés servilement des Prussiens qu'on voit roder dans cet endroit hérissé de sentinelles. La nuit à Heilbrunn. Les routes dans tout le Duché de Vürtemberg sont belles et magnifiques.

Le 4.
A Manheim. Le 5. jour de repos, passé à perlustrer la Ville, le Chateau, le Théatre &c.

Le 6.
A Franckforth. Nous n'y trouvames point la Princesse Henriette, néanmoins nous séjournames le 7. et le 8. dans cette Ville. Mr. le Roy n'ayant pas été du détour à Hechingen nous avait devancé ici.

Le 9.
Nous allames examiner le Champ de Bataille de Bergen, pourvus des meilleurs Plans que l'on a de cette journée. Nous les trouvames de la plus grande exactitude. Le Hazard voulut encore que le Postillon qui nous servait de guide (car nous allames à cheval) avait été dans les Hussards de Luckner et s'etait trouvé le jour du combat en patrouille à /336/ dos de l'armée française. A Villbell nous rejoignimes notre Voiture et nous nous rendimes à Giessen pour y coucher.

Le 10.
A Jesberg village, rien à souper, point de paille pour en faire une litiere.

Le 11.
A Cassel. Lá un autre ancien ami, Mr. de Vréech, Lieutenant Colonel, aide de Camp et Chambellan, nous attendit. Msgr. le Landgrave reçut le Prince avec toutes les distinctions imaginables, celle de le loger au Chateau fut du nombre. Mdme. la Princesse Charlotte gracieuse, affable et communicative représenta la premiére Dame et fit les honneurs chéz Msgr. son cousin.

La Cour de Cassel réunit tout ce qu'il faut pour la constituer brillante, et le retranchement d'une étiquette empesée, comme de toutes les Cérémonies superflües, la rend libre de gène et agréable. Le Landgrave fait une dépense convenable en Acteurs, Chanteurs et Musiciens, par conséquent, il y eut Opéra Italien, Opéra Comique français, Comédies françaises, bals, redoutes, et conçerts. L'ensemble de la Cour, de la Ville, et de la Garnison, forme un composé Aulico-Militaire, qui peut passer, quoique en racourci, pour le second Tome de Berlin; mais je pense pourtant qu'un étranger se trouve mieux ici.

La beauté des Dames n'était pas dans sa plus grande splendeur la plupart étoient sur le retour. Il n'y avait guéres de Demoiselles jolies. Mdlle. de Belcastel, premiere fille d'honneur de Mdme. la Princesse de Soubise, avec une conversation aisée elle possedait encore les meilleures facons possibles. La seconde, Mdlle. de Donop, plaisait par une ingénuité* charmante, conforme à son age.

/337/ Pour Mdlle. de Baër, fille d'honneur de M. la Princesse Charlotte, elle Me parut un peu bourrüe quoi qu'avec beaucoup d'esprit. Les Aides de Camp du Landgrave: Mrs. Juckheim, de Hachenberg, de Bischhausen, de Donop, de Vréech, de Schoenfeld, et à leur téte Mrs. les Généraux de Vagnitz et de Schlieffen, composaient un assemblage d'Officiers de mérite, d'habileté et d'expérience; et un point bien plus intérressant pour l'homme, de gens d'une probité gènéralement reconnüe. Ils avaient une espéce de ligue honorable et vertueuse entre eux, dont étaient encore Mr. du Rosée grand Maréchal de la Cour, et Mr. de Vittorf, grand Ecuyer, ayant pour but, que quand leur Maitre était mécontent de quelqu'un de ses serviteurs, sans en avoir une raison légitime, de ne pas souffrir qu'il commit une injustice, chose qu'ils pouvaient effectuer moyennant la coutume constante du Prince, d'aller se plaindre de celui qui lui avait déplu à quelqu'un de

---

* Pour preuve. On parla des dettes de plusieurs personnes de la Cour; Mr. de Hachenberg qui était un compère l'apostropha et lui dit en plaisantant: *et vous aussi Mddlle., vous avez des dettes.* La pauvre enfant en rougit: – *Ah! Mr., ce n'est pas vrai, je ne dois à personne, ce sont des calomnies, et nomméz moi mes créanciers.* Lá dessus Mr. de Hachenberg prit un air serieux et dit: *comment ne devez vous pas encore au Pelletier les fourrures dont vous avéz eté munie depuis peu? – Ah! Mon Dieu!* reprit elle, *c'est vrai mais je vous jure de l'avoir eu entierement oublié, Mr. je vous demande pardon, mais ce n'est pas par malice que, j'ai nié le fait; dés ce pied je m'envais envoyer son argent au Marchand.* Car le plus plaisant c'était que par hazard la chose se trouva vraie, et qu'elle avait pris à crédit la doublure d'un mantelet fourré.

leur nombre. Or dés que celà arrivait, un chacun qu'il consultait faisait l'apologie de l'Accusé, et se servait l'un d'un Argument, l'autre de l'autre, pour le raméner et lui persuader son tort. Union d'un exemple bien rare ! je souhaite qu'elle subsiste longtems.

Pendant mon sejour à Cassell je me suis confirmé dans l'Opinion que j'ai toujours eüe, que les Officiers des Trouppes hessoises font une association de gens fort sensibles à l'honneur. Le événemens de la derniére guerre en sont une bonne preuve ; il est à plaindre que Msgr. le Landgrave, par une trop grande inclination pour les Officiers étrangers, surtout Prussiens, en ait choqué plusieurs qui se sont retirés du service.

/338/ Nous fumes fort appliqués à examiner les Champs de Bataille de Landvernhagen, de Lutternberge et Vilhelmsthal, de méme que tous les autres environs de Cassell, devenus si remarquables pour l'etude du métier de la guerre. Mr. le Major de Vurmb, du Régiment du Corps, nous accompagna dans nos excursions, comme s'étant trouvé à la plupart de ces affaires.

Avec un équipage de Chasse pour le Cerf, le Landgrave entretient encore des Vols pour toutes sortes d'Oiseaux. Nous sortimes un jour avec des Faucons dressés pour le Liévre. C'est la chose du monde la plus curieuse de voir le concert avec lequel un tel Faucon joint à un Lévrier agissent ensemble. Le Chien poursuit la béte et l'empéche de se blotir et de se cacher, tandis que l'Oiseau plane dans l'air et guete le moment pour fondre sur sa proye. Un coup il arriva que le Liévre ayant attrapé un Arbre creux s'y était niché ; lorsque nous survinmes, nous trouvames le Chien et le Faucon assis l'un à coté de l'autre, faisant la sentinelle devant le trou.

Je note encore que la Cascade ou le *Vinterkasten* est un Ouvrage qui n'a pas autant de celebrité qu'il mérite. J'ose soutenir qu'aprés S[t]. Pierre, Caserta et son Acqueduc, le Louvre et les Thuilleries, et S[t]. Paul de Londres, c'est le plus grand Edifice que nous ayons trouvé dans nos Voyages, et non seulement grand, mais colossal et hardi, qui frappe l'imagination. Que serait cette Cascade si elle eut eté achevée selon le Modéle qu'on en montre à Cassell ? – mais en revanche n'aurait il pas fallu mesurer les Etats de Hesse avec cette échelle. On voit encore dans le batiment du grand réservoir, les vestiges de la belle et singuliére deffense d'un Corps Ecossais montagnards de 120. hommes le 22. Septembre 1761. La belle Maison de l'Orangerie et le Jardin de l'*Aue* méritent beaucoup l'attention d'un Voyageur.

On garde (je crois que c'est dans la *Kunstkammer*) un assortiment complet de vétemens pour hommes et pour femmes du commencement, du sei-/339/ziéme siècle : puisque une fois, quoi qu'on en dise J. J. Rousseau et ses répétiteurs, la necessité et

l'art de s'habiller, est un point essentiel à notre espèce, répandüe dans des Climats qui ne permettent pas que l'on se proméne *in naturalibus*; point qui nous a occupés depuis la feuille de figuier d'Eve, jusqu'aux garnitures d'Or et d'Argent, mises à sa place; je dis, que cette garderobbe, qui est la dépouille de personnes de la Maison illustre de Hesse, n'est pas indigne d'être considérée.

Le 27. Fevrier
Nous partimes de Cassell et couchames à Bischhausen.

Le 28.
A Mulhausen.

Le 29.
A Veissensée.

Le 1. Mars.
A Freybourg.

Le 2.
Le jour et la nuit en chemin par la route de Merseburg, Landsberg et Zörbig.

Le 3. de Mars 1768.
De bon matin il nous arriva ce que nous n'avions point éprouvé pendant toutes nos courses; notre Voiture enfonça dans la boüe et se brisa en de si petits morceaux que ce fut un Naufrage en toutes les formes. Cet accident desagréable nous survint entre Radegast et Hinsdorf, dans le voisinage Heyersdorf. Nous envoyames chercher un Chariot de Paysan sur lequel nous fimes notre Entrée à Dessau le matin entre les 9. et les 10. heures.

BIBLIOGRAPHIE

QUELLEN

A pocket companion for Oxford: or, guide through the University. Containing an accurate description of the public edifices, the buildings in each of the colleges; the gardens […]. To which are added, correct descriptions of the buildings, […], Oxford 1764.

Actus Beati Francisci et sociorum eius, hg. von Jacques Cambell, Assisi 1988.

Addison, Joseph: *Anmerkungen über verschiedene Theile von Italien aus dem Englischen von Herrn Addison übersetzt*, Altenburg 1752.

Addison, Joseph: *Le mentor moderne, ou discours sur les mœurs du siècle*, La Haye 1723.

Adler, Jacob Georg Christian: *Reisebemerkungen auf einer Reise nach Rom*, Altona 1784.

Anderson, James: *Neues Constitutionen-Buch Der Alten und Ehrwürdigen Brüderschafft Der Frey-Maurer: Worin Die Geschichte, Pflichten, Reguln derselben Auf Befehl der Grossen Loge, Aus Ihren alten Urkunden, glaubwürdigen Traditionen und Loge-Büchern, Zum Gebrauch der Logen verfasset worden*, Frankfurt 1741.

Anhalt-Dessau, Louise von: *Die Englandreise der Fürstin Louise von Anhalt-Dessau im Jahre 1775*, hg. von Johanna Geyer-Kordesch (Kataloge und Schriften der Kulturstiftung DessauWörlitz, 26), Berlin 2007.

Anhalt-Dessau, Louise: *Der Alltag der Fürstin Louise von Anhalt-Dessau. Ihre Tagebuchaufzeichnungen 1756–1805 zusammengefasst von Friedrich Matthison*, eingeleitet von Ursula Bode (Kataloge und Schriften der Kulturstiftung DessauWörlitz, 29), Berlin 2010.

Anhalt-Dessau, Louise von: *Die originalen Tagebücher der Fürstin Louise Henriette Wilhelmine von Anhalt-Dessau. Auszüge aus den Jahren 1795 bis 1811*, bearb. von Ingo Pfeifer, Uwe Quilitzsch und Kristina Schlansky, Halle 2010.

Berenhorst, Georg Heinrich: *Aus dem Nachlasse von Georg Heinrich von Berenhorst. Verfasser der „Betrachtungen über die Kriegskunst“*, hg. von Eduard v. Bülow, 2 Bde., Dessau 1847.

Bergier, Nicolas: *Histoire des grands chemins de l'Empire romain: contenant l'origine, progrès et étenduë quasi incroyable des chemins militaires, pavez depuis la ville de Rome jusques aux extrémitez de son empire. Où se voit la grandeur & la puissance incomparable des Romains; ensemble l'éclaircissement de l'Itinéraire d'Antonin & de la carte de Peutinger*, 2 Bd., 2. Aufl., Brüssel 1736.

Bignamini, Ilaria/Wilton, Andrew (Hg.): *Grand Tour. The lure of Italy in the eighteenth century*, Ausst.-Kat., London 1996.

Blainville, J. de: *Reisebeschreibung durch Holland, Oberdeutschland und die Schweiz, besonders aber durch Italien: Enthaltend eine Beschreibung von Neapel mit*

der umliegenden Gegend, Lemgo 1765.

Boyer d'Argens, Jean-Baptiste: *Lettres Juives, ou Correspondance Philosophique, historique & critique, entre un Juif Voyageur en différents Etats de l'Europe, & ses Correspondants en divers endroits*, Bd. 2, Paris 1764.

Burlington, Charles: *The Modern Universal British Traveller*, London 1779.

Burney, Carl: *Carl Burney's der Musik Doctors Tagebuch einer Musikalischen Reise durch Frankreich und Italien: welche er unternommen hat um zu einer allgemeinen Geschichte der Musik Materialien zu sammeln*, 2 Bde., Hamburg 1772.

Campe, Joachim Heinrich: *Wörterbuch der deutschen Sprache*, Braunschweig 1807–1811.

Caspar Walter: *Hydraulica Augustana, das ist ausführliche Beschreib- und Auslegung alles dessen, was in des Heil. Röm. Reichs-Stadt Augspurg in den daselbst befindlichen drey obern Haupt-Wasser-Thürmen so wohl, als in den Brunnen-Häusern. den Fremden, Passagiers und Liebhabern pflegt gezeiget zu werden: woneben unterschiedliche verfertigte Modell von Wasser-Machinen, hölzernen Bruggen vorgestellet zu sehen*, Augsburg 1754.

Chapelle, Claude Emmanuel Lhuillier/Bachaumont, François le Coigneux de: *Voyage de Chapelle et de Bachaumont: suivi de leurs poésies diverses, du Voyage de Languedoc et de Provence par Lefranc de Pompigan, de celui d'éponne par Desmahis, et de celui du Chevalier de Parny ; précédé de mémoires pour la vie de Chapelle, d'un éloge de Bachaumont, et d'une préface par de Saint-Marc*, Paris 1826 (Originalausgabe 1750).

Chaumette, Ch.: *Éclaircissemens sur les antiquités de la ville de Nismes*, Nîsmes 1775 (Originalausgabe 1765).

Clapasson, André: *Histoire et description de la ville de Lyon, de ses antiquités, de ses monumens & de son commerce, avec des notes sur les hommes celèbres qu'elle a produits*, Lyon 1761.

De Rogissart, *Les Délices de l'Italie, ou description exacte de ce pays, de ses principales villes, et de toutes les raretez, qu'il contient*, Paris 1707.

Devic, Claude/Vaissète, Joseph: *Histoire générale du Languedoc*, Bd. 2, Paris 1733.

Erdmannsdorff, Friedrich Wilhelm v.: *Kunsthistorisches Journal einer fürstlichen Bildungsreise nach Italien 1765/66*, hg. von Ralf-Torsten Speler (Kataloge und Schriften der Kulturstiftung DessauWörlitz, 12), München 2001.

Etat militaire de la France pour l'année 1760, 3. Aufl., Paris 1770.

Fäsch, Johann Rudolph: *Kriegs-, Ingenieur-, Artillerie- und Seelexicon: worinnen alles was einem Officier, Ingenieur, Artilleristen, und Seefahrenden … zu wissen nöthig, sattsam erkläret, und mit dazu dienlichen Kupffern erläutert ist. Ingleichen die verschiedenen Arten derer Soldaten, so wohl zu Fuss als zu Pferde, deren Rüstung und Gewehr*, Dresden/Leipzig 1735.

Feuquières, Antoine de Pas, Marquis de: *Mémoires De M. Le Marquis De Feuquiere, Lieutenant-General Des Armeés Du Roi: Contenans ses Maximes sur la Guerre, & l'application des Exemples aux Maximes*, Paris 1741.

Folard, Jean-Charles Chevalier de: *Mémoires pour servir à l'histoire de Monsieur le Chevalier de Folard*, Ratisbonne 1753.

Fortgesetzte neue genealogisch-historische Nachrichten von den vornehmsten Begebenheiten, welche sich an den europäischen Höfen zugetragen, Bd. 157, Leipzig 1775.

Gibbon, Edward: *Gibbon's Journey from Geneva to Rome: his journal*

from 20 April to 2 October 1764, hg. von Georges A. Bonnard, London 1961.
Göchhausen, Louise von: *„Es sind vortreffliche italienische Sachen daselbst". Louise von Göchhausens Tagebuch ihrer Reise mit Herzogin Anna Amalia nach Italien vom 15. August 1788 bis 18. Juni 1790*, hg. von Juliane Brandsch (Schriften der Goethe-Gesellschaft, 72), Göttingen, 2008.
Goethe, Johann Wolfgang v.: *Italienische Reise*. In: *Werke* (Hamburger Ausgabe), Bd. 11: *Autobiographische Schriften*, 1998.
Goiffon, Etienne: *Les Ordres religieux mendiants à Nîmes, d'après Ménard et les documents originaux*, Nimes 1875.
Gondola, Joseph F., *Historische Kurze Beschreibung Des heiligen Hauß zu Loreto: Sodann Merckwürdigen Anfangs, beglückten Fortgangs, und bewehrten Gnaden-Stands Des In der Kupfergassen zu Cöln erbauten Closters Deren unter dem Ordinario stehenden Theresianischen Carmeliten Discalceatessen, S. Josephi Kirchen, und in selber sich befindenden Lauretanischen Capellen*, Bonn 1759.
Göttingische Anzeigen von Gelehrten Sachen unter der Aufsicht der Königl. Gesellschaft der Wissenschaften, Bd. 1, Götingen 1768.
Grécourt, Jean-Baptiste Joseph Willart: *Œuvres diverses*, Bd. 1, Amsterdam 1772.
Grosley, Pierre Jean/Schröckh, Johann Matthias: *Neue Nachrichten oder Anmerkungen über Italien und über die Italiener. In drey Theilen von zween schwedischen Edelleuten*, Bd. 1, Leipzig 1766.
Hamilton, William e.a.: *L'Italia del secondo Settecento nelle relazioni segrete di William Hamilton, Horace Mann e John Murray*, hg. von Gigliola Pagano De Divitiis (Biblioteca di storia economica e sociale, N. S.,1), Neapel 1997.
Harthe, Walther: *Das Leben Gustav Adolphs des Grossen Königs von Schweden*, Leipzig 1760/61 (Originalausgabe: *The History of the life of Gustavus Adolphus, king of Sweden, surnamed the Great*, London 1759).
Heinse, Wilhelm: *Tagebuch einer Reise nach Italien*, mit einem biographischen Essay von Almut Hüfler, Frankfurt a. M. 2002.
Hénault, Charles-Jean-François: *Mémoires du président Hénault, écrits par lui-même, recueillis et mis en ordre par son arrière neveu, le Baron de Vigan*, Paris 1855.
Hesseln, Robert de: *Dictionnaire universel de la France: contenant la description géographique et historique des Provinces, Villes, Bourgs et Lieux remarquables du Royaume; l'état de sa Population actuelle, de son Clergé, de ses Troupes, de sa Marine, de ses Finances, de ses Tribunaux & des autres parties de son Gouvernement ...*, Bd. 5, Paris 1771.
Hirsch, Georg Ludwig: *Reise durch Italien und Frankreich in den Jahren 1752 und 1753*, Ansbach 2005 (Nachdruck der Ausgabe von 1808).
Horaz, *Werke in einem Band*, hg. von Manfred Simon, Berlin (Ost)/Weimar 1972.
Indication sommaire des réglemens et loix de son altesse royale l'archiduc Léopold, grand duc de Toscane (1765–1778), Brüssel 1769.
Journal Encyclopédique, hg. Von Pierre Rousseau, Bd. 12, Lüttich 1761.
Journal historique et littéraire. La Clef du Cabinet des princes de l'Europe, ou Recueïl historique & politique sur les matières du tems, 1753.
Keyßler, Johann Georg: *Neueste Reise durch Deutschland, Böhmen, Ungarn, die Schweiz, Italien und Lothringen, worinnen der Zustand und*

das Merkwürdigste dieser Länder beschrieben, und vermittelst der Natürlichen, Gelehrten und Politischen Geschichte, der Mechanik, Maler- Bau- und Bildhauerkunst, Münzen und Altertümer, wie auch mit verschiedenen Kupfern erläutert wird, 2 Bde., Hannover 1751.

Krohn, A. F. v.: *Anweisung zur Bildung des Soldaten. Ein Beytrag zum innern Dienst*, Kiel 1815.

Krünitz, Johann Georg: *Oeconomische Encyclopädie oder allgemeines System der Land-, Haus- und Staats-Wirthschaft, in alphabetischer Ordnung/aus dem Franz. übers. und mit Anmerkungen und Zusätzen vermehrt, auch nöthigen Kupfern*, Berlin 1773–1858.

La Fontaine, Jean de: *Contes et Nouvelles*, Paris 1969.

Le Français de Lalande, Joseph Jérôme: *Voyage d'un François en Italie, fait dans les années 1765 & 1766*, Yverdon 1769.

Lucien de Samosaste: *Les Amours*, übersetzt von Nicolas Perrot d'Ablancourt, Bd. 1, Paris 1664.

Maihows *Voyage en France, en Italie et aux Isles de l'Archipel ou Lettres écrites de plusieurs endroits de l'Europe et du Levant en 1750, et avec des observations de l'auteur sur les diverses productions de la nature et de l'art, traduit de l'anglois*, Paris 1763.

Martial: *Epigramme*, hg. von Paul Barié und Winfried Schiedler, 2. Aufl., Düsseldorf 2002.

Maucomble, Jean-François-Dieudonné: *Histoire abrégée de la ville de Nimes avec la description de ses antiquités*, Amsterdam 1767.

May, Emmanuel: *Histoire militaire de la Suisse, et celle des Suisses dans les différens services de l'Europe*, Bd. 7, Lausanne 1788.

Ménard, Léon: *Histoire civile, ecclésiastique et littéraire de la ville de Nismes. Avec des notes et des preuves. Suivie de dissertations historiques & critiques sur ses antiquités & de diverses observations sur son histoire naturelle*, Bd. 7, Nimes 1768.

Mercure historique et politique contenant l'état présent de l'Europe, ce qui se passe dans toutes les Cours, 1766.

Moreri, Louis: *Le grand dictionnaire historique, ou melange curieux de l'histoire sacrée et profane, qui contient en abregé, les vies et les actions remarquables des patriarches, des juges, des rios, des juifs etc.*, Amsterdam 1702.

Mozin, Dominique Joseph/Biber, Th. H./Hölder, M.: *Neues vollständiges Wörterbuch der deutschen und französischen Sprache, nach den neuesten und besten Quellen, über Sprache, Künste und Wissenschaften: enthaltend die Erklärung aller Wörter, die Aussprache der schwierigern, eine Auswahl erläuternder Beispiele, die hauptsächlichsten sinnverwandten Wörter beider Sprachen, die Ausdrücke des Napoleon'schen Gesetzbuches, die Münzen, Gewichte und Maße der verschiedenen Staaten, ein Verzeichniß der gebräuchlichsten Eigennamen von Personen; nebst einem vollständigen Auszuge eines geographischen, sowohl die alte, als neue und allerneueste Ländereintheilung berücksichtigenden Wörterbuches*; 4 Bde., Stuttgart, 1823–1824.

Neues Adress-Handbuch der Staaten von Europa wie auch der Churfürsten und Fürsten Des Römisch-Deutschen Reichs, nebst der neuesten Genealogie der mittelbaren Reichs- auch ausländischen Fürsten und Grafen. Des neuen Genealogischen Reichs-und Staats-Handbuchs, Frankfurt a. M., 1766.

Novelle letterarie pubblicate in Firenze, Florenz 1749.

Nürnbergisches Gelehrten-Lexikon oder Beschreibung aller Nürnber-

gischen Gelehrten, 8 Bde., Nürnberg/Altdorf 1755–1808.

Quincy, Charles Sévin de: *Histoire Militaire Du Règne De Louis Le Grand, Roy De France, Où L'On Trouve Un Détail De toutes les Batailles, Siégés, Combats particuliers, & generalement de toutes les actions de Guerre qui se sont passées pendant le cours de son Regne, tant sur Terre que sur Mer*, Paris 1726.

Ranft, Michael: *Des weltberühmten Fürstens Leopoldi von Anhalt-Dessau Leben und Thaten* ... Leipzig/Frankfurt 1742.

Richard, Jérome: *Description historique et critique de l'Italie, ou Nouveaux mémoires sur l'état actuel de son gouvernement, des sciences, des arts, du commerce, de la population et de l'histoire naturelle*, 6 Bde., 2. Aufl., Paris 1770 (Originalausgabe 1766).

Schinkel, Karl Friedrich: *Reisen nach Italien*, hg. von Gottfried Riemann, Berlin (Ost) 1979.

Schottus, Franciscus/Schottus, Andreas: *Histoire de l'Italie*, Paris 1627.

Sterne, Laurence: *A sentimental journey through France and Italy and continuation of the Bramine's journal: the text and notes*, hg. von Melvyn New und W. G. Day, Gainesville/FL 2002.

Stolberg, Friedrich Leopold Graf zu: *Reise in Deutschland, der Schweiz, Italien und Sicilien*, hg. von Johannes Janssen, Bern 1971.

Strieder, Friedrich Wilhelm: *Grundlage zu einer hessischen Gelehrten- und Schriftstellergeschichte seit der Reformation bis auf gegenwärtige Zeiten*, Göttingen 1783.

Tischbein, Heinrich Wilhelm: *Aus meinem Leben*, hg. von Kuno Mittelstädt, Berlin (Ost) 1956.

Titus Livius, *Römische Geschichte*, übersetzt mit kritischen und erklärenden Anmerkungen von Konrad Heusinger, Braunschweig 1821.

Titus Livius: *Ab urbe condita*, hg. von Thomas Alan Dorey, Leipzig 1971.

Volkmann, Johann Jacob: *Historisch-kritische Nachrichten von Italien: welche eine genaue Beschreibung dieses Landes, der Sitten und Gebraeuche, der Regierungsform, Handlung, Oekonomie, des Zustandes der Wissenschaften, und insonderheit der Werke der Kunst nebst einer Beurtheilung derselben enthalten*, 3 Bde., Leipzig 1771.

Voltaire: *Dictionnaire philosophique portatif*, London 1764.

Voltaire: *La Pucelle d'Orléans. Poëme divisé en 20 chants avec des notes*, o. O. 1762.

Voltaire: *Recueil de pièces fugitives en prose et en vers*, Paris 1740.

Winckelmann, Johann Joachim: *Sendschreiben von den Herculaneischen Entdeckungen*, Dresden 1762.

Winckelmann, Johann Joachim: *Nachrichten von den neuesten Herculaneischen Entdeckungen*, Dresden 1764.

Winckelmann, Johann Joachim: *Geschichte der Kunst des Alterthums: Nach dem Tode des Verfassers herausgegeben, und dem Fürsten Wenzel von Kaunitz-Rietberg gewidmet von der kaiserlichen königlichen Akademie der bildenden Künste*, 2 Bde., Wien 1776.

Winckelmann, Johann Joachim: *Briefe aus Rom*, hg. von Martin Disselkamp (Excerpta classica, 15), Mainz 1997.

Winckelmann, Johann Joachim: Briefe, hg. von Walther Rehm in Verb. mit Hans Diepholder, Bd. 4, Berlin (West) 1957.

Winckelmann, Johann Joachim: *Schriften und Nachlaß*, Bd. 4: *Geschichte der Kunst des Alterthums*; Teil 2: *Katalog der antiken Denkmäler*: erste Auflage Dresden 1764, zweite Auflage Wien 1776,

hg. von, Adolf H. Borbein, Mainz am Rhein 2006.
Zedler, Johann Heinrich: *Grosses vollständiges Universallexikon aller Wissenschaften und Künste* ..., Bd. 30, Leipzig/Halle 1741.
Zinzendorf, Karl Graf v.: *Europäische Aufklärung zwischen Wien und Triest: die Tagebücher des Gouverneurs Karl Graf von Zinzendorf 1776–1782*, hg. Von Grete Klingenstein, Bd. 1, Wien 2009.
Zwo der berühmtesten päbstlichen Bullen In coena Domini und Unigenitus. Aus dem Lateinischen übersetzt, o. O. 1781.

SEKUNDÄRLITERATUR

Albergati Capacelli, Luigi J.: *Descrizione del palazzo Albergati Capacelli e delle pitture*, Bologna 1837.
Allert, Dietrich: *Arbeit für Berenhorst. Zur Biografie eines Anhaltiners*, Halle 1999.
Allert, Dietrich: *Georg Heinrich von Berenhorst. Bastard des Alten Dessauers*, Halle 1996.
Aloeb, Stanislas d': *Naples ses monuments et ses curiosités. Avec un catalogue détaillé du Musée Royal Bourbon. Suivi d'une Description d'Herculanum*, Neapel 1856.
Altman, A.: *Entwurf zu einer Chronik oder Beschreibung von Warmbrunn und seinen Heilquellen : aus Acten, Documenten, Büchern und anderen Schriftstücken*, hg. von Ulrich Junker, Bodnegg 2008.
Amat di San Filippo, Pietro: *Biografia dei viaggiatori italiani colla bibliografia delle loro opere*, Rom 1882.
Angiolini Martinelli, Patrizia: „L'icona della Beata Vergine di San Luca". In: Fanti, Mario/Roversi, Giancarlo (Hg.): *La Madonna di San Luca in Bologna: otto secoli di storia, di arte e di fede*, Cinisello Balsamo 1993, S. 13–27.
Arburg, Hans-Georg von: Zwischen „dünner Schale" und „ekelhafter Anatomie". Versuch einer Paradigmatik des Hogarth-Bildes in Deutschland, 1750–1800. In: *The Germanic Review: Literature, Culture, Theory*, 75/4 (2000), S. 280–295.
Baccheschi, Edi (Hg.): *L'opera completa di Guido Reni / presentazione di Cesare Garboli. Apparati critici e filologici de*, Milano 1971.
Bahn, Rudolf: *Georg Heinrich von Berenhorst, der Verfasser der „Betrachtungen über die Kriegskunst"*, Diss. phil., Halle 1911.
Bardin, Etienne Alexandre: *Dictionnaire de l'armée de terre: ou recherches historiques sur l'art et les usages militaires des anciens et des modernes*, Bd. 7, Paris 1841.
Battifols, Louis: *Le Louvre sous Henri IV et Louis XIII: la vie de la Cour de France au XVIIe siècle*, Paris 1949.
Bechtoldt, Frank-Andreas/Weiss, Thomas (Hg.): *Weltbild Wörlitz. Entwurf einer Kulturlandschaft*, Ausst.-Kat., Wörlitz 1996.
Beck, Herbert/Bol, Peter C.: *Forschungen zur Villa Albani. Antike Kunst und die Epoche der Aufklärung* (Frankfurter Forschungen zur Kunst, 10), Berlin 1982.
Bensch, Wolfgang: *Michelangelo. Das Gesamtwerk*, Frankfurt a. M. 1979.
Bergmann, Joseph, *Übersicht der kaiserlich-königlichen Ambraser-Sammlung (im unteren k. k. Belvedere) nach ihrer dermaligen Aufstellung*, Wien 1858.
Blankertz, Herwig: *Die Geschichte der Pädagogik. Von der Aufklärung bis zur Gegenwart*, Wetzlar 1992.
Bocca Centini, Claudia: *I personaggi che hanno fatto grande Torino: cento ritratti di protagonisti che hanno fatto la storia del capoluo-*

go piemontese, da Emanuele Filiberto a Rita Levi Montalcini, Rom 2007.

Bombek, Marita: *Kleider der Vernunft. Die Vorgeschichte bürgerlicher Präsentation und Repräsentation in der Kleidung*, Münster 2005.

Brilli, Attilio: *Reisen in Italien. Die Kulturgeschichte der klassischen Italienreise vom 16. bis 19. Jahrhundert*, Köln 1989.

Büttner, Anita: *Antike Bauten in Modell und Zeichnung um 1800*, Kassel 1986.

Campardon, Emile: *Les Comédiens du roi de la troupe italienne*, 2 Bde., Paris 1880.

Campbell, James: *Ireland, its history, past and present elucidated*, London 1847.

Canetta, Pietro: *Albero genealogico storico biografico della nobile famiglia. Borromeo* Arese, (Mailand) 1903.

Cantù, Cesare: *Grande illustrazione del Lombardo-Veneto, ossia, Storia delle città, dei borghi, comuni, castelli*, Mailand 1858.

Caravale, Mario (Hg.): *Dizionario biografico degli italiani*, Rom 1960 ff.

Chézy, Helmina v.: *Leben und Kunst in Paris seit Napoleon I.*, Berlin 2009.

Corvisier, André *L'Armée française de la fin du XVIIe siècle au ministère de Choiseul. Le soldat*, Paris 1964.

Craveri, Benedetta: Madame de la Ferté-Imbault (1715–1791) et son monde. In: *Revue d'histoire littéraire de la France*, Bd. 105 (2005/1), S. 95–109.

Craveri, Giovanni Gaspare: *Guida de' forestieri per la real città di Torino*, Turin 1753.

Crusenstolpe, Magnus Jakob: *Der Versailler Hof: vom Anfange des achtzehnten bis zur Mitte des neunzehnten Jahrhunderts*, Bd. 4, Hamburg 1856.

Der Vulkan im Wörlitzer Park, hg. von der Kulturstiftung DessauWörlitz, Berlin 2005.

De Tipaldo, Emilio: *Biografia degli Italiani illustri nelle Scienze lettere ed arti del secolo XVII, XVIII e de contemporani compilata da letterati italiani di ogni provincia*, Venedig 1834–1845.

Débax, Hélène: *La féodalité languedocienne*, Toulouse 2003.

Dilly, Heinrich/Zaunstöck, Holger (Hg.): *Fürst Franz. Beiträge zu seiner Lebenswelt in Anhalt-Dessau 1740–1817*, Halle 2005.

Döllinger, Johann Joseph Ignaz von: *Materialien zur Geschichte des fünfzehnten und sechzehnten Jahrhundert*, Regensburg 1863.

Eaton, Charlotte Anne: *Rome, in the nineteenth century: containing a complete account of the ruins of the ancient city, the remains of the middle ages, and the monuments of modern times*, Bd. 2, London 1827.

Emerick, Judson J.: *The Tempietto del Clitunno near Spoleto*, Bd. 1, University Park/PA 1998.

Encyclopédie méthodique: ou par ordre de matières: par une société de gens de lettres, de savans et d'artistes, Paris 1784.

Federico Berchet: *Il Fondaco dei Turchi in Venezia: studi storici ed artistici*, Mailand 1860.

Fétis, François-Joseph: *Biographie universelle de musiciens et bibliographie générale de la musique*, Brüssel 1837–1844.

Findlen, Paula: *Italy's eighteenth century: gender and culture in the age of the grand tour*, Stanford 2009.

Fürst Leopold I. von Anhalt-Dessau, „Der Alte Dessauer", Ausst.-Kat., Dessau 1997.

Galerie Royale de Florence von Galleria degli Uffizi, Florenz 1850.

Gampl, Inge: *Adelige Damenstifte. Untersuchungen zur Entstehung adeliger Damenstifte in Österreich unter besonderer Berücksichtigung der alten Kanonissenstifte*

Deutschlands und Lothringens, Wien 1960.
Gärtner, Heinz: *Johann Christian Bach. Mozarts Freund und Lehrmeister. Mit Werkverzeichnis, Diskographie*, München 1989.
Germain, Alexandre Charles: *Histoire de l'église de Nîmes*, Bd. 1, Nimes 1838.
Geyer, Helen: *Musik an den venezianischen Ospedali Konservatorien vom 17. bis zum frühen 19. Jahrhundert*, Rom 2004.
Goiffon, Etienne: *Les Ordres religieux mendiants à Nîmes, d'après Ménard et les documents originaux*, Nimes 1875.
Groehler, Olaf/Erfurth, Helmut: *Der Alte Dessauer. Fürst Leopold I. von Anhalt-Dessau*, Berlin 1991.
Guitard, Eugène-Humbert: Parfum à la Maréchale. In: *Bulletin de la Société d'histoire de la pharmacie*, 2/9 (1914), S. 143 f.
Hagemann, Ernst: *Die deutsche Lehre vom Kriege*, Berlin 1940.
Heidenreich, Robert/Johannes, Heinz: *Das Grabmal Theoderichs zu Ravenna*, Wiesbaden 1971.
Heinrich, Gerd: *Staatsdienst und Rittergut. Die Geschichte der Familie von Dewitz in Brandenburg, Mecklenburg und Pommern*, Bonn 1990.
Helbig, Wolfgang: *Führer durch öffentlichen Sammlungen klassischer Alterthümer in Rom. Die vatikanische Skulpturensammlung;* Die kapitolinische und *Das lateranische Museum*, Berlin 1891.
Hirsch, Erhard: *Die DessauWörlitzer Reformbewegung im Zeitalter der Aufklärung. Personen – Strukturen – Wirkungen* (Hallesche Beiträge zur Europäischen Aufklärung, 18), Tübingen 2003.
Hirsch, Erhard: *Fürst Leopold III. Friedrich Franz von Anhalt-Dessau*, München 2003.
Hirt, Aloys Ludwig: *Die Geschichte der Baukunst bei den Alten*, Bd. 2, Berlin 1822.
Hoefer, Jean Chrétien Ferdinand. *Nouvelle biographie universelle depuis les temps les plus reculés jusqu' à nos jours*, Paris 1852–1885.
Hoffmann, Peter: *Der Isis-Tempel in Pompeji* (Charybdis, 7), Hamburg 1991.
Höper, Corinna.: *Tiepolo und die Zeichenkunst in Venedig im 18. Jahrhundert*, Stuttgart 1997.
Hosäus, Wilhelm: *Friedrich Wilhelm Rust und das Dessauer Musikleben 1766–1796*, Dessau 1882.
Hyamson, Albert Montefiore: *A dictionary of universal biography of all ages and of all peoples*, 2. Aufl., London 1952.
Jenkins, Ian/Sloan, Kim (Hg.): *Vases & Volcanoes. Sir William Hamilton and his colllection*, Ausst.-Kat., London 1996.
Kadatz, Hans-Joachim: *Friedrich Wilhelm von Erdmannsdorff. Wegbereiter des deutschen Frühklassizismus in Anhalt-Dessau* (1736–1800), Berlin (Ost) 1986.
Kessel, Eberhard: Georg Heinrich von Berenhorst. Ein Anhaltinischer Theoretiker und Geschichtsschreiber der Kriegskunst am Ende des 18. Jahrhunderts. In: *Sachsen und Anhalt*, 9, 1933, S. 161–198.
Kloeden, Karin von/Pott, Ute/Quilitzsch, Uwe (Hg.): *Der Blick ins Innere. Das Verzeichnis der Fürstlichen Bibliothek zu Wörlitz 1778* (Kataloge und Schriften der Kulturstiftung DessauWörlitz, 27), Dessau-Roßlau 2008.
Köhler, Otto: *Die Matrikel der Universität Jena*, Bd. 3: *1723 bis 1764*, München 1992.
Kortzfleisch, Siegfried von/Rengstorff, Karl Heinrich (Hg.): *Kirche und Synagoge: Handbuch zur Geschichte von Christen und Juden. Darstellung mit Quellen*, Stuttgart 1968.
Kraemer, Stefanie: *Italien. Eine Bibliographie zu Italienreisen in der deutschen Literatur* (Bibliogra-

phien zur Literatur- und Mediengeschichte, 8), Frankfurt a.M. 2003.
Krumenacker, Yves: *Des protestants au siècle des lumières: le modèle lyonnais*, Paris 2002.
L'Intermédiaire des chercheurs et curieux: Notes and queries français: questions et réponses, communications diverses à l'usage de tous, littérateurs et gens du monde, artistes, bibliophiles, archéologues, généalogistes, etc, Paris 1923.
Lamb, Carl: *Die Villa d'Este in Tivoli. Ein Beitrag zur Geschichte der Gartenkunst*, München 1966.
Lasalle, Albert de: *Les Treize salles de l'Opéra*, Paris 1875.
Lavallée, Théophile: *Histoire de Paris depuis le temps des Gaulois jusqu'a nos jours*, Bd. 2, 2. Aufl., Paris 1857.
Legler, Rolf: *Der Golf von Neapel. Das Traumziel der klassischen Italienreise. Geschichte, Kunst, Geographie*, Köln 1990.
Leibetseder, Mathis: *Die Kavalierstour. Adelige Erziehungsreisen im 17. und 18. Jahrhundert*, Köln/Weimar 2004.
Léonard, Emile G.: *L'armée et ses problèmes au XVIIIe siècle*, Paris 1958.
Lutz, Thomas: *Die Wiederentdeckung der Tempel von Paestum. Ihre Wirkung auf die Architektur und Architekturtheorie besonders in Deutschland*, Bamberg 1991.
Mayer, Karl August: *Neapel und die Neapolitaner: oder, Briefe aus Neapel in die Heimat*, Oldenburg 1840.
McCallam, David: Pique-niquer sur le volcan: une pratique culturelle de Winckelmann à Sade. In: *French Studies*, Bd. 63/3 (2009), S. 259–270.
Mengin-Fondragon, Pierre Charles Joseph: *Nouveau voyage topographique, historique, critique, politique et moral en Italie, fait en 1830*, Paris 1833.
Michaud, Louis G.: *Biographie universelle, ancienne et moderne*, Paris 1843–1865.
Moriceau, Jean-Marc: *La bête du Gévaudan: 1764–1767*, Paris 2008.
Müssel, Karl: *Markgraf Friedrich von Brandenburg Bayreuth 1711–1763.* Teil II: *Von der Verlobung bis zum Regierungsantritt (1731–1735)*, Bayreuth 1956.
Neigebauer, Johann Daniel Ferdinand: *Neuestes Gemälde Italiens, der jonischen Inseln und Maltas, oder Beschreibung der Lage, des Klimas, der Naturprodukte, Landeskultur, merkwürdigen Städte, Gegenden, Kunstwerke, Ruinen und Denkmäler*, Wien 1834.
Neuhaus, Helmut: Wenn Fürsten reisen ... Die Frankreich- und Italien-Reise der Markgräfin Wilhelmine von Brandenburg-Bayreuth in den Jahren 1754/55. In: *Archiv für Kulturgeschichte* 84 (2002), S. 347–378.
Ozanan, Didier: *Les diplomates espagnols du XVIIIe siècle: introduction et répertoire biographique*, Madrid 1998.
Palladio, Andrea: Die vier Bücher zur Architektur, nach der Ausgabe Venedig 1570 aus dem Ital. übertr. und hg. von Andreas Beyer und Ulrich Schütte, 4. überarb. Aufl., 3. unveränd. Nachdr., Basel 2009.
Pastor, Ludwig von: *Geschichte der Päpste im Zeitalter des fürstlichen Absolutismus: von der Wahl Benedikts XIV. bis zum Tode Pius' VI. (1740–1799)*, Freiburg 1933.
Pfeifer, Ingo: *Verlustkatalog der Gemälde aus dem Besitz der Joachim-Ernst-Stift*ung (Kataloge und Schriften der Kulturstiftung DessauWörlitz 16), Dessau 2000.
Pinelli, Ferdinando Augusto: *Storia militare del Piemonte in continuazione di quella del Saluzzo, cioè dalla pace d'Aquisgrana sino ai di nostri: con carte e piani*, Bd. 1: 1748–1796, Turin 1854.

Poussou, Jean-Pierre: *L'influence française en Russie au XVIIIe siècle*, Paris 2004.

Primisser, Alois: *Die kaiserlich=königliche Ambraser=Sammlung*, Wien 1819.

Prinz, Wolfram: *Die Sammlung der Selbstbildnisse in den Uffizien*, hg. von Ulrich Middeldorf und Ugo Procacci, Bd. 1: *Geschichte der Sammlung*, Berlin (West) 1971.

Ratti, Nicola, *Della famiglia Sforza*, Rom 1794.

Reil, Friedrich: *Leopold Friedrich Franz, Herzog und Fürst von Anhalt-Dessau. Nach seinem Wirken und Wesen*, Dessau 1845.

Ricuperati, Giuseppe (Hg.): *Storia di Torino*, Bd. 5: *Dalla città razionale alla crisi dello Stato d'Antico Regime, (1730–1798)*, Turin 2002.

Rimpau, Hans Helmuth: *Deutschordenskommende Lucklum* (Burgen und Schlösser des Braunschweiger Landes, 6), Braunschweig 1957.

Rivinius, Karl J.: *Das Collegium Sinicum zu Neapel und seine Umwandlung in ein Orientalisches Institut. Ein Beitrag zur Geschichte*, St. Augustin 2004.

Ross, Ian Campbell: *Laurence Sterne: a life*, Oxford 2001.

Rossetti, Lucia: *Die Universität Padua. Ein geschichtlicher Querschnitt*, Triest 1985.

Rüegg, Walter: *Geschichte der Universität in Europa*, Bd. 2: *Von der Reformation zur Französischen Revolution (1500–1800)*, München 1996.

Salvan, Italo/Adorni, Daniela: *La grande storia del Piemonte*, Bd. 4; Florenz 2001.

Schudt, Ludwig: *Italienreisen im 17. und 18. Jahrhundert*, Wien/München 1959.

Selle, Götz von: *Die Matrikel der Georg-August-Universität zu Göttingen: 1734–1837*, Bd. 2: *Register*, hg. von Wilhelm Ebel (Veröffentlichungen der Historischen Kommission für Hannover, 9,3,2), Hildesheim 1974.

Sindona, Enio: *Michelangelo. Das Gesamtwerk*, Frankfurt a. M. 1979.

Spieckermann, Marie-Luise (Red.): *„Der curieuse Passagier". Deutsche Englandreisende des achtzehnten Jahrhunderts als Vermittler kultureller und technologischer Anregungen. Colloquium der Arbeitsstelle 18. Jahrhundert* (Beiträge zur Geschichte der Literatur und Kunst des 18. Jahrhunderts, 6), Münster 1980.

Stillwell. Richard (Hg.): *The Princeton encyclopedia of classical sites*. Princeton/NJ 1976.

Susanne, Louis: *Histoire de l'ancienne infanterie française*, Paris 1854.

Symes, Michael: *Mr Hamilton's Elysium: The Gardens of Painshill*, London 2010.

Tessin, Georg: *Die Regimenter der europäischen Staaten im Ancien régime des XVI. bis XVIII. Jahrhunderts*, Osnabrück 1986–1995.

Thomas, Lutz: *Die Wiederentdeckung der Tempel von Paestum. Ihre Wirkung auf die Architektur und Architekturtheorie besonders in Deutschland*, Freiburg 1987.

Thürheim, Andreas: *Die Reiter-Regiment der k. k. österreichischen Armee*, Bd. 1: *Die Cürassiere und Dragoner*, Wien 1862.

Trénard, Louis: *Histoire de Lille*, Bd. 3: *L'ère des révolutions*, Toulouse 1971.

Vogel, Jakob: *Ein schillerndes Kristall: Eine Wissensgeschichte des Salzes zwischen Früher Neuzeit und Moderne*, Köln 2008.

Wandruszka, Adam: *Leopold II. Erzherzog von Österreich, Grossherzog von Toskana, König von Ungarn u. Böhmen, Römischer Kaiser*, 2 Bde., Wien/München 1963/65.

Wilke, Joachim: *Die Entdeckung der Landschaft. Englische Gärten des 18. Jahrhunderts*, Stuttgart 1990.

Wyrwa, Ulrich: *Juden in der Toskana und in Preußen im Vergleich.*

Aufklärung und Emanzipation in Florenz, Livorno, Berlin und Königsberg i. Pr. (Schriftenreihe wissenschaftlicher Abhandlungen des Leo-Baeck-Instituts, 67), Tübingen 2003.

Zaunstöck, Holger (Hg.): Das Leben des Fürsten. Studien zur Biografie von Leopold III. Friedrich Franz von Anhalt-Dessau (1740–1817), Halle 2008.

Zedinger, Renate: *Franz Stephan von Lothringen (1708–1765). Monarch, Manager, Mäzen*, Wien 2008.

Zietz, Karyl Lynn: *Breve storia dei teatri*, Rom 2001.

Zingerle, Ignaz (Hg.): *Sagen aus Tirol, Innsbruck* 1891.

Zorzi, Marino: *La Libreria di San Marco. Libri, lettori, società nella Venezia dei Dogi*, Mailand 1987.

PERSONENREGISTER

Es wurden nur Namen von historischen Personen bis zum 18. Jahrhundert aufgenommen. Georg Heinrich von Berenhorst, Fürst Leopold III. Friedrich Franz und sein Bruder Johann Georg wurden aufgrund der Häufigkeit der Nennung nicht eingereiht. Angehörige des Hochadels sind unter ihren Herrschaftsgebieten (Österreich, Preußen) genannt.

Kursive Zahlen in Klammern verweisen auf die Endnote im Anmerkungsteil der Einleitung, kursive Zahlen ohne Klammern auf Endnoten in den Anmerkungen zum Reisejournal.

ORTSREGISTER

Die Namen von Flüssen oder Gebirgen sowie Archtiekturzeugnissen werden nur in Auswahl aufgelistet.

Kursive Zahlen in Klammern verweisen auf die Endnote im Anmerkungsteil der Einleitung, kursive Zahlen ohne Klammern auf Endnoten in den Anmerkungen zum Reisejournal.

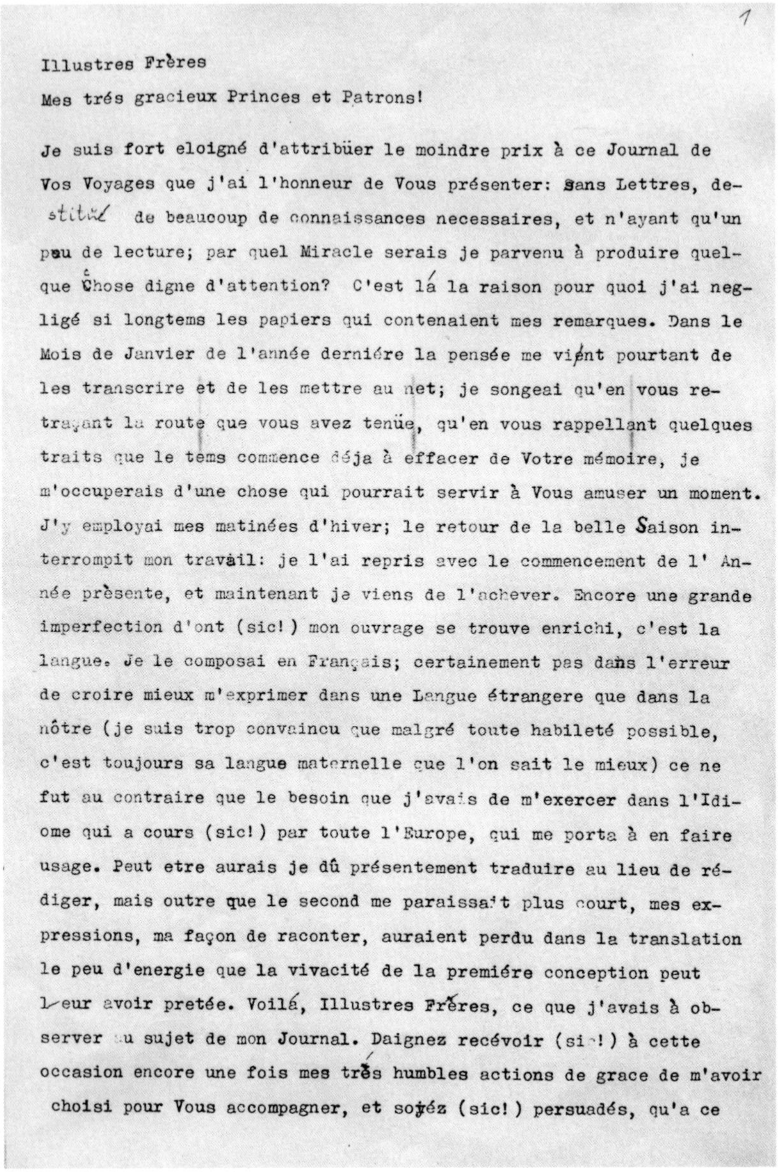

1

Illustres Frères

Mes trés gracieux Princes et Patrons!

Je suis fort eloigné d'attribüer le moindre prix à ce Journal de Vos Voyages que j'ai l'honneur de Vous présenter: Sans Lettres, destitué de beaucoup de connaissances necessaires, et n'ayant qu'un peu de lecture; par quel Miracle serais je parvenu à produire quelque chose digne d'attention? C'est là la raison pour quoi j'ai negligé si longtems les papiers qui contenaient mes remarques. Dans le Mois de Janvier de l'année derniére la pensée me vint pourtant de les transcrire et de les mettre au net; je songeai qu'en vous retraçant la route que vous avez tenüe, qu'en vous rappellant quelques traits que le tems commence déja à effacer de Votre mémoire, je m'occuperais d'une chose qui pourrait servir à Vous amuser un moment. J'y employai mes matinées d'hiver; le retour de la belle Saison interrompit mon travail: je l'ai repris avec le commencement de l' Année prèsente, et maintenant je viens de l'achever. Encore une grande imperfection d'ont (sic!) mon ouvrage se trouve enrichi, c'est la langue. Je le composai en Français; certainement pas dans l'erreur de croire mieux m'exprimer dans une Langue étrangere que dans la nôtre (je suis trop convaincu que malgré toute habileté possible, c'est toujours sa langue maternelle que l'on sait le mieux) ce ne fut au contraire que le besoin que j'avais de m'exercer dans l'Idiome qui a cours (sic!) par toute l'Europe, qui me porta à en faire usage. Peut etre aurais je dû présentement traduire au lieu de rédiger, mais outre que le second me paraissait plus court, mes expressions, ma façon de raconter, auraient perdu dans la translation le peu d'energie que la vivacité de la premiére conception peut leur avoir pretée. Voilá, Illustres Frères, ce que j'avais à observer au sujet de mon Journal. Daignez recévoir (sic!) à cette occasion encore une fois mes très humbles actions de grace de m'avoir choisi pour Vous accompagner, et soyéz (sic!) persuadés, qu'a ce

Die erste Seite der maschinenschriftlichen Abschrift des Originaltagebuchs von 1934

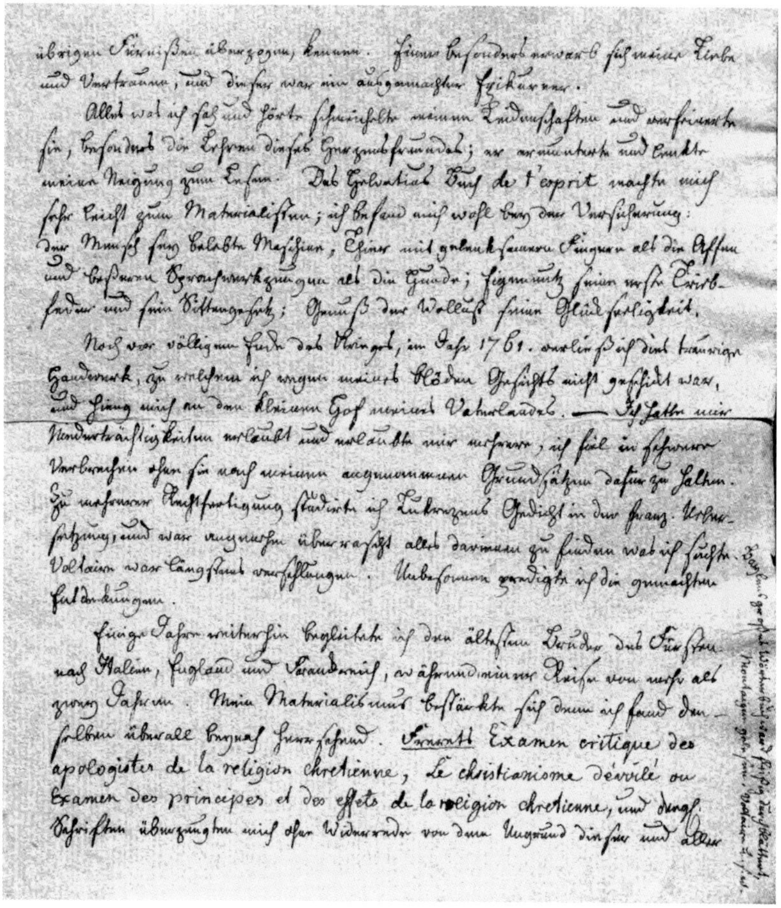

Seite 2 der handschriftlichen Autobiographie des Georg Heinrich von Berenhorst von 1796 (Landeshauptarchiv Sachsen-Anhalt, Abt. Dessau, E 98 Nachlass Berenhorst, Nr. 1)

[Seite 1] angefangen noch im Monat Juni 1796

[...]

Etwa ein Jahr und darüber nachher, kam ich zu dem Prinzen Heinrich
von Preußen, Bruder des Königs, an einen militarischen Hof. Ich lernte
daselbst Leute von Welt, schönen Anstande, schimmernden Witz und mit alle

[Seite 2] übrigen Fürnißen überzogen, kennen. Einer
besonders erwarb sich meiner Liebe
und Vertrauen, und dieser war ein ausgemachter Epikureer.
Alles was ich sah und hörte, schmeichelte
meinen Leidenschaften und verfeinerte
Sie, besonders die Lehren dieses Herzensfreundes; er ermunterte und lenkte
meine Neigung zum Lesen. Des Helvetius Buch de l' esprit machte mich
sehr leicht zum Materialisten; ich befand mich wohl bey der Versicherung:
der Mensch sey belebte Maschine; Thier mit gelenksamern Fingern als die Affen
und besseren Sprachwerkzeugen als die Hunde; Eigennutz sei erste Trieb-
feder und sein Sittengesetz; Genuß der Wollust seine Glückseeligkeit.
Noch vor völligem Ende des Krieges, im
Jahr 1761, verließ ich dies traurige
Handwerk, zu welchem ich wegen meines blöden Gesichts nicht geschickt war,
und hing mich an den kleinen Hof meines Vaterlandes. – Ich hatte mir
Niederträchtigkeiten erlaubt und erlaubte mir mehrere, ich fiel in schwere
Verbrechen ohne sie nach meinen angenommenen Grundsätzen dafür zu halten.
Zu mehrerer Rechtfertigung studirte ich Lukrezens Gedicht in der franz. Ueber-
Setzung, und war angenehm überrascht, alles darin zu finden was ich suchte.
Voltaire war längstens verschlungen. Unbesonnen predigte ich die gemachten
Entdeckungen.
Einige Jahre weiterhin begleitete ich den ältesten Bruder des Fürsten
nach Italien, England und Frankreich, während einer Reise von mehr als
zwey Jahren. Mein Materialismus bestärkte sich denn ich fand den-
selben überall beynah herrschend. Frerets Examen critique des
apologistes de la religion chretienne, la christianisme de violé on
Examen des principes et de effets de la religion chretienne und dergl.
Schriften überzeugten mich ohne Widerrede von dem Ungrund dieser und aller

[Am Rand senkrecht] „Baylens großes Wörterbuch ward fleißig
durchblättert, Montaigne gelesen, Voltaire u. s. w."

[Seite 3] Religion. Mein Zustand war Gemüthsruhe, mein Glaube Pantheismus
ohne Moralität. [...]

DIE BEARBEITER UND HERAUSGEBER

Antje Losfeld, geb. 1967, Gymnasiallehrerin für Fremdsprachen, zurzeit am Landesverwaltungsamt in Halle tätig.

Dr. phil. habil. Christophe Losfeld, geb. 1967, Agrégé d'allemand, Lehrer am Landesgymnasium Latina August-Hermann-Francke, PD am Institut für Romanistik und Mitarbeiter am Interdisziplinären Zentrum für die Erforschung der Europäischen Aufklärung der Martin-Luther Universität Halle-Wittenberg.
Publikationen zur deutschen und französischen Aufklärung (zuletzt: *Politesse, morale et construction politique. Pour une histoire des traités de comportement (1670–1788)*, Paris 2011 (Les Dix-huitièmes siècles; 143).

Uwe Quilitzsch, geb. 1956, Diplommuseologe, Referatsleiter in der Abteilung Schlösser und Sammlungen der Kulturstiftung DessauWörlitz.
Publikationen zum Gartenreich Dessau-Wörlitz (zuletzt: *Die originalen Tagebücher der Fürstin Louise Henriette Wilhelmine von Anhalt-Dessau. Auszüge aus den Jahren 1795 bis 1811*, bearb. zusammen mit Ingo Pfeiffer und Kristina Schlansky, 2 Bde., Halle 2010).